최신개정판 2026학년도 중등임용시험 대비

SANTA Succeed, Achieve, aNd Teach All!
설보연 교육학 단권화

2022 개정 교육과정

2025 기출문제 반영

- ✔ '핵심 테마 모아보기'로 과목별 조직화와 인출 촉진
- ✔ 개념별 핵심 이론 정리와 Level up 설명, 청킹 Tip으로 빠르고 깊이 있는 학습
- ✔ 테마별 논술형·객관식 기출문제로 체계적인 학습

학원/동영상 강의   지스쿨 www.g-school.co.kr

Succeed, Achieve, aNd Teach All!
나, 그리고 나를 통해 변화될 아이들을 위한 분투의 시간을 축복하며 응원합니다!

수험공부를 하며 행복하기란 무척 어려운 일입니다. 간절한 마음을 가지고 열심히 하면 할수록 오히려 스스로의 부족함을 더 자주 마주하게 되기 때문입니다. 이 과정이 과연 끝날 수나 있을까 하는 생각에 압도될 때면 눈물이 뚝뚝 흐르기도 합니다.

저는 이러한 과정이 얼마나 건강하고 귀한 것인지 말씀드리고 싶습니다. 나의 오랜 꿈과 소망을 성취하기 위해 매일 불안과 두려움에 맞서 싸우며 많은 때에 실패하고, 가끔 작은 승리를 맛보기도 하지만 대부분의 시간은 견디기 어려운 수만 가지의 괴로움을 온몸으로 맞으며 버텨가는 이 순간들이 선생님들을 성장시키고 성취하도록 하는 값진 시간임을 저는 압니다. 지금 이 순간은 행복하다 느끼기 힘드시겠으나, 훗날 뒤돌아 보았을 때 참으로 찬란하고 귀중한 때였다고 고개를 끄덕이게 되실 것입니다.

성취를 이룬 사람들에 대한 다수의 연구들은 재능을 넘어서는 다른 무언가가 성취에 보다 강력한 영향을 미친다는 결과를 보고하였습니다. 그것은 할 수 있다는 믿음과 성장할 수 있다는 믿음, 성취를 위해 쏟는 노력의 시간, 그리고 효과적인 전략의 사용으로 요약됩니다. 할 수 있음을 신뢰하고, 성장하는 자신을 믿으며, 성실히 노력의 시간을 쌓아가시길 바랍니다. 더불어 학습을 촉진하는 다양한 학습전략을 기반으로 구성된 본 교재를 강의와 함께 반복하여 인출 중심으로 학습하시면 교사라는 꿈이 반드시 이루어질 것입니다.

좋은 어른이신 우리 선생님들! 교사라는 꿈은 나 자신뿐 아니라 나를 통해 변화될 아이들의 삶을 향한 꿈이기에 더욱이 귀한 꿈이라는 생각을 하곤 합니다. 선생님들의 전문성과 아이들을 향한 사랑의 마음이 아이들의 삶에 닿아 아이들을 치유하고 변화시킬 그 시간들을 저 또한 꿈꿉니다.

쉽지만은 않은, 그러나 반드시 성취될 선생님들의 꿈을 진심으로 응원하며, 그 과정에 힘을 실어 드리고 싶은 마음을 담아 교재와 수업을 준비합니다. 지치고 힘드실 때마다 선생님들의 성취의 과정을 온맘으로 지지하고 지원하는 어느 한 사람이 있음을 기억하시며 다시 버틸 힘을 얻으셨으면 좋겠습니다. 어떤 상황 속에서도 부디 포기하지 마시길, 끝까지 완주하셔서 마침내 성취하시길, 그리하여 아이들을 살리고 세우는 교직 생활하시길 기도합니다.

SANTA 설보연

설보연 교육학 2026학년도 대비 연간 강의 계획

강좌	강의 안내	
1–2월 **S**ucceed 기초 이론	• 교육학 전체 파트를 구조화하여 교육학의 체계를 성공적으로 구축합니다. • 지루하고 방대한 교육학을 생생하고 한 눈에 보이도록 체계화합니다. • 교육학 파트별로 주요 핵심 이론과 기초적인 개념을 정리하고 상호 간 관계의 틀을 형성합니다. • 매 강의 진행되는 형성평가를 통해 깊이 있는 이해와 암기, 인출을 도모합니다.	설보연 SANTA 교육학 1, 2
3–4월 **A**chieve 심화 이론	• 교육학 기초 이론을 토대로 한층 상세하게 심화된 이론의 학습을 성취합니다. • 교육학 파트를 넘나들며 관련 이론을 연결시켜 교육 정책과 방향에 대한 통찰력을 획득합니다. • 교육학 이론을 정교화하고 종합함으로써 어떤 문제도 충분히 대처할 수 있는 탄탄한 교육학의 기본기를 완성합니다. • 매 강의 심화 형성평가를 통하여 교육학 이론 암기와 인출을 연습함으로써 논술형 시험에 철저하게 대비합니다.	
5–6월 **N**ever forget 기출 분석	• 교육학 이론에 대한 통찰과 이해를 바탕으로, 교육학 논술문제뿐 아니라 객관식 기출문제까지 철저히 정리하여 잊히지 않게 체화합니다. • 문제를 통해 교육학 이론의 구조를 체계적으로 다지고 확실히 정리합니다.	설보연 SANTA 교육학 단권화 (이론+기출 Ver.)
7–8월 **T**arget 영역별 모의고사	• 교육학 파트별 핵심개념 단락 모의고사를 통해 어떤 문제도 대처할 수 있는 교육학 논술 능력을 체득합니다. • 꼼꼼한 개별 첨삭과 베스트셀러 작가 출신 교수의 논술 수업을 통해 어떤 문제에도 대응할 수 있는 실제 글쓰기 능력을 함양합니다. • 자기주도학습 전문가가 제시하는 학습법을 토대로 끝까지 높은 수준의 동기와 목표를 가지고 수험기간을 성공적으로 완주합니다.	설보연 SANTA 교육학 단권화 (이론+기출 Ver.) or 설보연 SANTA 교육학 단권화 Thin (이론 Ver.) /프린트물
9–11월 **A**ccomplish 실전모의고사	• 최신 교육학 출제의 흐름을 완벽히 파악한 문제와 밀도 있는 교육현장 분석, 교육정책 학습, 글쓰기 능력 함양을 통해 임용 시험 1차와 2차의 수험 역량이 체계적으로 향상됩니다. • 현장의 정책과 교육의 흐름, 기출문제를 완벽 분석하여 출제하는 실전 예상문제를 통해 확실한 합격을 준비합니다. • 매 수업 진행되는 실전모의고사와 파트별 핵심 테마 출제포인트 시험 및 이론 정리를 통해 빈틈없이 교육학 실력으로 합격을 현실화합니다. • 꼼꼼한 개별 첨삭과 베스트셀러 작가 출신 교수의 논술 수업을 통해 어떤 문제에도 대응할 수 있는 실제 글쓰기 능력을 발전시킵니다. • 즉각적이고 교정적인 피드백과 학습 상담을 통해 마지막까지 흔들리지 않고 꿈을 성취할 수 있도록 집중 케어합니다.	

설보연 SANTA 교육학 후기

감히 말씀드릴 수 있는 건 설보연 교수님이 시키는 대로 하시면 됩니다.   - 박○○ -

OT 영상 속 교수님의 "나는 할 수 있다. 나는 합격한다. 나는 해낸다."는 말씀을 듣고 펑펑 울었던 날이 생생합니다. 교수님처럼 말의 힘을, 긍정적인 에너지를, 선한 영향력을 타인에게 전달할 수 있는 교사가 되겠습니다.   - 아○○ -

제가 생각하는 설쌤의 장점은 이렇습니다.
첫째, 체계적이고 철저한 1년 계획   둘째, 언제나 풍부하고 유용한 자료들
셋째, 뛰어난 강의력(기억하기 매우 쉬운 청킹☺)   넷째, 설쌤에게서만 나오는 엄청난 텐션   - 강○○ -

교수님의 강의 이름이 SANTA 교육학인 것처럼 교수님의 강의는 저에게 있어 'SANTA'가 주는 선물 꾸러미였습니다.
- 이○○ -

설 교수님이 "1차 때 준비해 놓은 게 2차에 도움이 될 거다."라고 말씀하셨던 기억이 있는데 진짜 맞는 거 같아요! 교수방법, 교육매체, 전학공, 연수, 협의회 등등을 2차 때 잘 활용했습니다! 그리고 조교분들이 카페에 올려 주시는 교육 뉴스! 면접 준비할 때 정말 도움 많이 됐습니다!   - 행○○ -

설보연 교수님의 강의를 수강하며 교수님께서 알려주신 개념 외에도 교수님께서 강조해 주시는 교육적인 방향과 높은 자신감이 합격에 중요하게 작용하였다고 생각합니다. 매주 월요일마다 마음을 위로받는 진심 어린 조언과 자신감 전달, 힐링을 기다리며 임용을 계속 해올 수 있었고 이번 시험에서 교육학 고득점을 통해 초수 합격할 수 있었습니다.
- 권○○ -

설보연 교수님의 강의는 실제로 현장에서 어렵게 느껴졌던 교육학 시험과 면접에서 높은 점수를 받을 수 있었던 이유였습니다. 저와 같이 초수인 상황에서는 효율적인 교육학 공부가 효과적이고 설보연 교수님은 그에 대한 해답이므로 주저없이 교수님을 믿고 따라주셔도 된다고 말씀드리고 싶습니다.   - 송○○ -

교육학 강의는 물론이고, 강의에서 말씀해 주신 조건을 놓치지 않는 끊어읽기와 기출공부 방법이 실제로 도움이 많이 되었습니다. 이는 교육학뿐만 아니라 전공에도 정말 도움이 되었어요.   - 조○○ -

카페 소개

https://cafe.naver.com/santaedu

카페를 통해 학습 자료 제공받기, 스터디 구하기, 공부 내용 질문하기, 자료 공유하기 등 다양한 혜택을 누리세요!

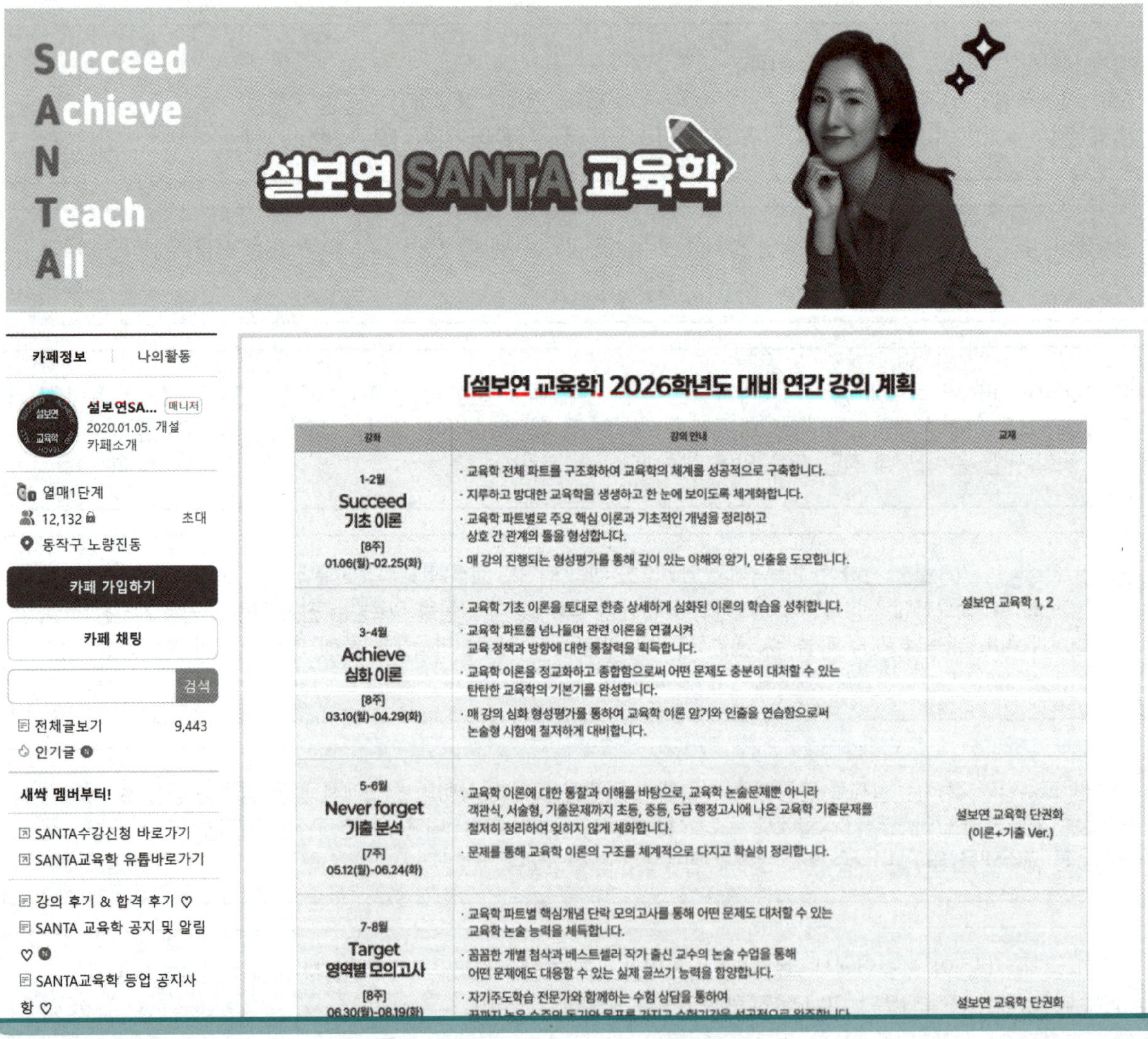

유튜브 소개

www.youtube.com/@santaedu

기출 해설, 시험 실황 타이머, 합격을 위한 동기 부여, 공부 방법 등
계속해서 업로드되는 다양한 강의를 맛보세요!

교육학 기출분석 한눈에 확인하기

1 파트별 기출분석

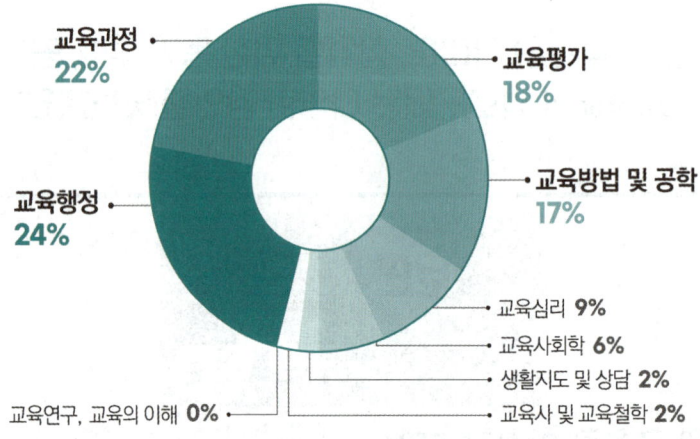

과목 학년도	교육행정	교육과정	교육평가	교육방법 및 공학	교육심리	교육사회학	생활지도 및 상담	교육사 및 교육철학
2025	카츠의 리더십	타일러 교육목표	준거참조평가, 교육평가의 기본 가정	조나센 모형				
2024	학교운영위원회, 학생참여	잠재적 교육과정	능력참조평가, 컴퓨터 능력적응검사(CAT)	온라인 수업 상호작용				
2023	관료제 (규칙과 규정)	경험중심 교육과정, 학문중심 교육과정	형성평가, 교수타당도 (내용타당도), 이원목적분류표		자기효능감, 숙달경험, 대리경험, 자기조절학습			
2022	학교 중심 연수	수직적 연계성, 교육과정 재구성	총평관, 진단평가, 준거지향/성장지향평가, 능력지향평가	딕과 캐리 모형, 컴퓨터 기반 협력학습 외				
2021	의사결정모형	교육과정 운영	자기평가	온라인 수업				
2020	학교문화	영/중핵 교육과정		정착식 수업, 위키	사회적 구성주의			
2019	변혁적 지도성	학습경험 선정 원리, 잠재적 교육과정	리커트 척도, 문항 내적 합치도		다중지능이론			

과목 학년도	교육행정	교육과정	교육평가	교육방법 및 공학	교육심리	교육사회학	생활지도 및 상담	교육사 및 교육철학
2018	동료장학	숙의모형	준거/능력/성장 지향 평가	문제중심 학습				
2017	교육기획	내용조직 원리	내용 타당도	조나센의 CLEs				
2016	비공식 조직	경험중심 교육과정	형성평가		에릭슨, 반두라			
2015(추)	관료제, 이완결합체제		준거지향평가	ADDIE 모형	기능론			
2015	센게 학습조직	백워드 교육과정		켈러 ARCS				자유교육
2014(추)	장학활동	발견학습				비행이론	행동주의/ 인간주의 상담기법	
2014	상황적 지도성	잠재적 교육과정	형성평가	협동학습		문화실조		
2013					IQ, 기대×가치 이론, 매슬로우			

2 연도별 기출분석

학년도	형식	주제	출제과목	출제영역	논점
2025	대화글	변화하는 환경에서 교육의 기본에 충실한 교사	교육과정	타일러 교육목표	타일러(R. Tyler)의 교육목표 설정 근거(sources)를 바탕으로, 경력 교사가 언급한 '교육철학'을 교육목표 설정에 적용한 사례를 이유와 함께 1가지, 경력 교사가 언급한 '학습심리학'을 교육목표 설정에 적용한 사례를 이유와 함께 1가지 [4점]
			교육방법 및 공학	조나센 모형	구성주의 학습환경을 조나센(D. Jonassen)의 모형에 따라 설계할 때, 경력 교사가 언급한 '문제'의 특성과 역할 각각 1가지, 모델링 이외의 교사의 지원 활동 사례 2가지 [4점]
			교육평가	준거참조평가, 교육평가의 기본 가정	경력 교사가 언급한 준거참조평가에서 '준거 설정 방법' 1가지, 교육평가의 기본 가정 3가지 [4점]
			교육행정	카츠의 리더십	카츠(R. Katz)의 리더십 이론에 근거하여, 경력 교사가 언급한 '이와 관련된 능력'의 명칭과, 동료 교사와 관련한 이 능력의 구체적 실천 사례 2가지 [3점]

교육학 기출분석 한눈에 확인하기

학년도	형식	주제	출제과목	출제영역	논점
2024	대화글	학습자 맞춤형 교육 지원을 위한 교사의 역량	교육과정	잠재적 교육과정	교사 A의 궁금한 점을 설명할 수 있는 교육과정 유형에 근거하여 학습목표 설정, 교육 내용 구성, 학생 평가 계획 시 교사가 고려해야 할 점 각 1가지 [3점]
			교육방법 및 공학	온라인 수업 상호작용	전문가 C가 언급한 온라인 수업에서 학습자 상호작용의 어려운 점 1가지, 온라인 수업에서 학습자 상호작용의 유형 3가지와 유형별 서로 다른 기능 각 1가지 [4점]
			교육평가	능력참조평가, 컴퓨터 능력적응검사(CAT)	전문가 E가 학습자 맞춤형 교육을 위해 제시한 평가 유형의 적용과 결과 해석 시 유의점 2가지, 단순히 컴퓨터를 이용하는 검사 방법과 구별되는 컴퓨터 능력적응검사(Computer Adaptive Testing)의 특성 2가지 [4점]
			교육행정	학교운영위원회, 학생참여	전문가 G가 언급한 학교운영위원회의 법적 구성 위원 3주체, 이러한 3주체 위원 구성의 의의 1가지, 위원으로 학생 참여의 순기능과 역기능 각 1가지 [4점]
2023	평가 보고서	학생, 학부모, 교사의 의견을 반영한 학교 교육 개선	교육심리	자기효능감, 숙달경험, 대리경험, 자기조절학습	평가 보고서에서 자기효능감 형성에 영향을 미친다고 분석한 요인에 따른 교수전략 2가지, 자기조절 과정에서 목표 설정 및 계획 단계 이후의 지원 방안 2가지 [4점]
			교육평가	형성평가, 교수타당도(내용타당도), 이원목적분류표	평가 보고서에서 언급한 형성평가를 교사 측면에서 활용할 수 있는 방안 2가지, 평가 보고서에서 제안한 타당도의 명칭과 이 타당도의 확보 방안 1가지 [4점]
			교육과정	경험중심 교육과정, 학문중심 교육과정	평가 보고서에서 학교 교육과정 편성·운영의 만족도를 높인 것으로 분석한 교육과정 이론의 장점 2가지, 학교 교육과정을 보완하기 위해 제안한 교육과정 이론의 교육내용 선정·조직 방안 2가지 [4점]
			교육행정	관료제 (규칙과 규정)	평가 보고서에서 언급한 관료제 이론의 특징 중 '규칙과 규정'이 학교 조직에 미치는 순기능 2가지, 역기능 1가지 [3점]
2022	대화글	학교 내 교사 간 활발한 정보 공유를 통한 교육의 내실화	교육과정	수직적 연계성 (범위, 통합), 교육과정 재구성	송 교사가 언급한 교육과정의 수직적 연계성이 학습자 측면에서 갖는 의의 2가지, 송 교사가 계획하는 교육과정 재구성의 구체적인 방법 2가지 [4점]
			교육평가	총평관, 진단평가, 준거지향/ 성장지향평가, 능력지향평가	송 교사가 총평의 관점에서 학생을 진단할 수 있는 실행 방안 2가지, 송 교사가 활용할 수 있는 평가 결과의 해석 기준 2가지와 그 이유 [4점]
			교육방법 및 공학	딕과 캐리 모형, 컴퓨터 기반 협력학습 외	송 교사가 교실 수업을 위해 개발해야 할 교수전략 2가지, 송 교사가 온라인 수업에서 학생의 고립감 해소를 위해 활용할 수 있는 구체적인 교수·학습 활동 2가지를 각각 그에 적합한 테크놀로지와 함께 제시 [4점]
			교육행정	학교 중심 연수	김 교사가 언급한 학교 중심 연수의 종류 1가지, 학교 중심 연수를 활성화하기 위해 학교 차원에서 지원할 수 있는 구체적인 방안 2가지 [3점]

학년도	형식	주제	출제과목	출제영역	논점
2021	편지글	학생의 선택과 결정의 기회를 확대하는 교육	교육과정	교육과정 운영 관점	교육과정 운영 관점을 스나이더 외(J. Snyder, F. Bolin, & K. Zumwalt)의 분류에 따라 설명할 때, 김 교사가 언급한 자신의 기존 관점의 장점과 단점 각각 1가지, 새롭게 관심을 가지게 된 관점에 적합한 교육과정 운영 방안 2가지 [4점]
			교육평가	자기평가	김 교사가 적용하고자 하는 평가 방식이 학생에게 줄 수 있는 교육적 효과 2가지, 이 평가를 수업에서 실행하는 방안 2가지 [4점]
			교육방법 및 공학	온라인 수업	김 교사가 온라인 수업을 위해 추가로 파악하고자 하는 학생 특성과 학습 환경의 구체적인 예 각각 1가지, 김 교사가 하고자 하는 수업에서 토론 게시판을 활용하여 학생을 지원할 수 있는 구체적인 방안 2가지 [4점]
			교육행정	의사결정 모형	A안과 B안에 해당하는 의사결정 모형의 단점 각각 1가지, 김 교사가 B안에 따라 학생들의 요구를 반영하기 위해 제안할 수 있는 구체적인 방안 1가지 [3점]
2020	교사 협의회 정리록	토의식 수업 활성화 방안	교육심리	사회적 구성주의	A 교사가 언급한 비고츠키 지식론의 명칭, 이 지식론에서 보는 지식의 성격 1가지와 교사와 학생의 역할 각각 1가지 [4점]
			교육과정	영 교육과정, 중핵 교육과정	B 교사가 말한 '영 교육과정'이 교육내용 선정에 주는 시사점 1가지, B 교사가 말한 교육내용 조직방식의 명칭과 이 조직방식이 토의식 수업에서 가지는 장점과 단점 각각 1가지 [4점]
			교육방법 및 공학	정착식 수업, 토의법, 위키	C 교사의 의견에서 제시된 토의식 수업을 설계할 때 활용할 수 있는 정착 수업의 원리 2가지, 위키를 활용할 때 발생할 수 있는 문제점 2가지 [4점]
			교육행정	학교문화 (기계문화)	스타인호프와 오웬스(C. Steinhoff & R. Owens)가 분류한 학교문화 유형에 따를 때, D 교사가 우려하는 학교문화 유형의 명칭과 학교 차원에서 그러한 학교문화를 개선하는 방안 2가지 [3점]
2019	모둠활동 수업 후 교사의 성찰일지	수업 개선을 위한 교사의 반성적 실천	교육심리	다중지능이론	#1과 관련하여 가드너(H. Gardner)의 다중지능이론 관점에서 A, B 학생의 공통적 강점으로 파악된 지능의 명칭과 개념, 김 교사가 C 학생에게 제공할 수 있는 개별 과제와 그 과제가 적절한 이유 각 1가지 [4점]
			교육과정	학습경험 선정 원리, 잠재적 교육과정	#2와 관련하여 타일러의 학습경험 선정 원리 중 기회의 원리로 첫째 물음을 설명하고 만족의 원리로 둘째 물음을 설명, 잭슨의 잠재적 교육 과정의 개념을 쓰고 그 개념에 근거하여 김 교사가 말하는 '생각하지 못했던 결과'의 예 제시 [4점]
			교육평가	리커트 척도, 문항 내적 합치도	#3에 언급된 척도법의 명칭과 이 방법을 적용하기 위하여 진술문을 작성할 때 유의할 점 1가지, 김 교사가 사용할 신뢰도 추정 방법 1가지의 명칭과 개념 [4점]
			교육행정	변혁적 지도성	#4에 언급된 바스(B. Bass)의 지도성의 명칭, 김 교사가 학교 내에서 동료 교사와 함께 이 지도성을 신장할 수 있는 방안 2가지 [3점]
2018	학생들의 학업 특성 조사 결과에 대한 두 교사의 대화	학생의 다양한 특성을 고려하는 교육	교육과정	숙의모형	박 교사가 제안하는 워커(D. F. Walker)의 교육과정 개발 모형의 명칭, 이 모형을 교육과정 개발에 적용하는 이유 3가지 [4점]
			교육방법 및 공학	문제중심학습	박 교사가 언급하는 PBL(문제중심학습)에서 학습자의 역할 2가지, PBL에 적합한 문제의 특성과 그 특성이 주는 학습 효과 1가지 [4점]
			교육평가	준거지향 능력지향 성장지향 평가	박 교사가 제안하는 평가유형의 명칭과 이 유형에서 개인차에 대한 교육적 해석 1가지, 김 교사가 제안하는 2가지 평가유형의 개념 [4점]
			교육행정	동료장학	김 교사가 언급하는 교내장학 유형의 명칭과 개념, 그 활성화 방안 2가지 [3점]

교육학 기출분석 한눈에 확인하기

학년도	형식	주제	출제과목	출제영역	논점
2017	신문 기사	2015 개정 교육과정의 실질적 구현방안	교육행정	교육기획	A 교장이 강조하고 있는 교육기획의 개념과 그 효용성 2가지 제시 [4점]
			교육과정	내용조직의 원리	B 교사가 채택하고자 하는 원리 1가지와 그 외 내용 조직의 원리 2가지 (연계성 제외) 제시 [4점]
			교육방법 및 공학	조나센의 CLEs	C 교사가 실행하려는 구성주의 학습 활동을 위한 학습 지원 도구·자원과 교수활동 각각 2가지 제시 [4점]
			교육평가	내용타당도	D 교사가 고려하고 있는 타당도의 유형과 개념 제시 [3점]
2016	자기개발 계획서	교사가 갖추어야 할 역량	교육과정	경험중심 교육과정	'수업 구성'에 나타난 교육과정 유형의 장점 및 문제점 각각 2가지 [4점]
			교육평가	형성평가	김 교사가 실시하려는 평가 유형의 기능과 효과적인 시행 전략 각각 2가지 [4점]
			교육심리	에릭슨 (심리적 유예기), 반두라 (관찰학습)	에릭슨(E. Erikson)의 정체성발달이론에 제시된 개념 1가지(2점)와 반두라 (A. Bandura)의 사회인지학습이론에 제시된 개념 1가지(1점) [3점]
			교육행정	비공식 조직	'학교 내 조직 활동'에 나타난 조직 형태가 학교 조직과 구성원에 미치는 순기능 및 역기능 각각 2가지 [4점]
2015 (추시)	초임교사들을 대상으로 진행한 학교장 특강	다양한 요구에 직면한 학교 교육에서의 교사의 과제	교육사회학	교육의 기능론	기능론적 관점에서 학교 교육의 선발·배치 기능 및 한계 각각 2가지만 제시 [4점]
			교육행정	관료제, 이완결합체제	학교 조직의 관료제적 특징과 이완결합체제적 특징 각각 2가지만 제시 [4점]
			교육방법 및 공학	ADDIE 모형	일반적 교수체제설계에서 분석 및 설계 과정의 주요 활동 각각 2가지만 제시 [4점]
			교육평가	준거지향평가	준거지향평가의 개념을 설명하고, 장점 2가지만 제시 [3점]
2015	학교교육 계획서 작성을 위한 워크숍에서 교사들의 분임 토의 결과	A 중학교가 내년에 중점을 두고자 하는 교육	교육사 및 교육철학	자유교육	자유교육 관점에서의 교육 목적 논술 [4점]
			교육과정	백워드 교육과정	교육과정 설계 방식의 특징 3가지 설명 [4점]
			교육방법 및 공학	켈러 ARCS	학습 동기 향상을 위한 학습 과제 제시 방안 3가지 설명 [4점]
			교육행정	센게 학습조직	학습조직의 구축 원리 3가지 설명 [4점]
2014 (추시)	교사의 성찰일지	학교생활 적응 향상 및 수업 효과성 증진	교육사회학	비행이론	철수의 학교 부적응 행동의 원인을 청소년 비행이론에서 2가지만 선택하여 설명 [3점]
			생활지도 및 상담	행동주의· 인간주의 상담기법	철수의 학교생활 적응을 향상시키기 위한 상담 기법을 2가지 관점(① 행동중심 상담, ② 인간중심 상담)에서 각각 2가지씩 논의 [각 3점, 총 6점]
			교육방법 및 공학	발견학습	최 교사가 수업 효과성을 높이기 위하여 선택한 2가지 방안(① 학문중심 교육과정 이론에 근거한 수업전략, ② 장학 활동) 논의 [각 3점, 총 6점]
			교육행정	장학활동	

학년도	형식	주제	출제과목	출제영역	논점
2014	초임교사와 경력교사의 대화	학생들이 수업에 소극적인 이유와 해결책	교육과정	잠재적 교육과정	학생들이 수업에서 소극적으로 행동하는 문제를 2가지 관점(① 잠재적 교육과정, ② 문화실조)에서 진단 [각 3점, 총 6점]
			교육사회학	문화실조	
			교육방법 및 공학	협동학습	수업에 소극적인 학생들의 학습 동기를 유발하기 위한 방안을 3가지 측면 (① 협동학습 실행, ② 형성평가 활용, ③ 교사지도성 행동)에서 각각 2가지씩 논의 [9점]
			교육평가	형성평가	
			교육행정	상황적 지도성	
2013 (추시)	교사와 학부모 상담 대화문	학습동기 유발	교육심리	IQ의 해석	IQ의 해석 [3점]
				기대×가치 이론	기대×가치 이론에 따른 원인 및 해결 방안 [6점]
				매슬로우	욕구위계이론에 따른 원인 및 해결 방안 [6점]

이 책의 구성

핵심 테마 모아보기
파트별 핵심 테마를 한눈에 확인할 수 있도록 구성되었습니다. 각 테마별 핵심 키워드와 학습 포인트가 모아져 있어 조직화와 인출 기반의 학습이 가능합니다.

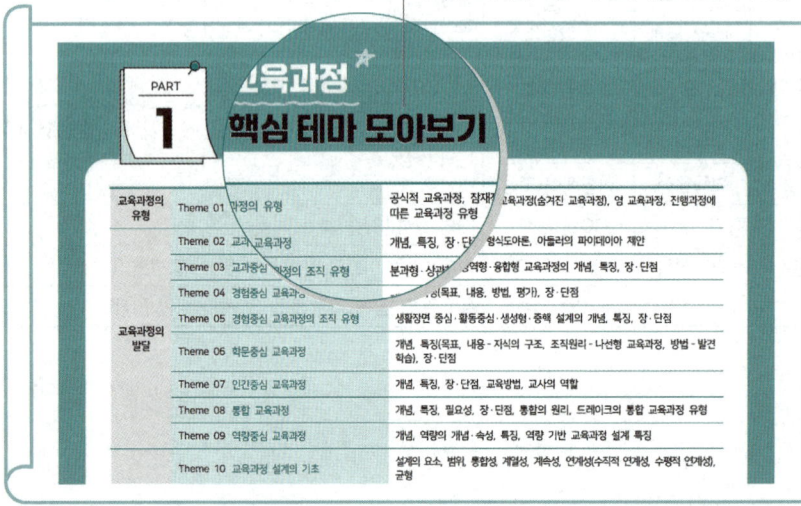

학습 Check
인출 중심의 학습을 얼마나 반복하였는지 스스로의 학습과정과 완성도를 점검할 수 있습니다.

기출
핵심 테마 관련 내용이 출제되었던 시험 정보를 확인할 수 있습니다.

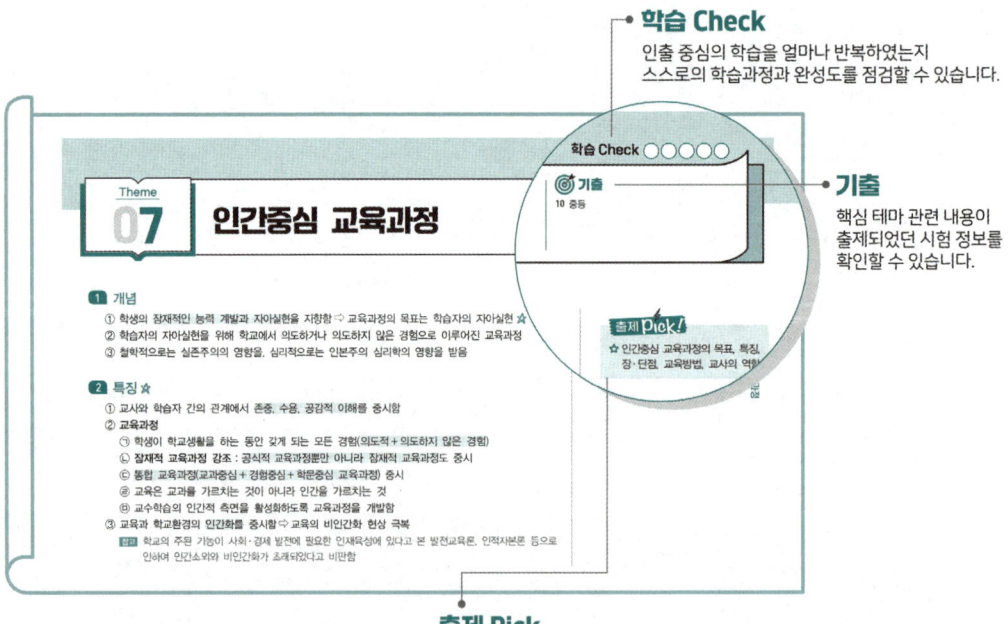

출제 Pick
테마별 핵심개념들 중 출제 가능성이 높은 부분들이 선별되어 있습니다. 스터디에서 문답용으로 활용하시기에도 용이한 학습요소입니다.

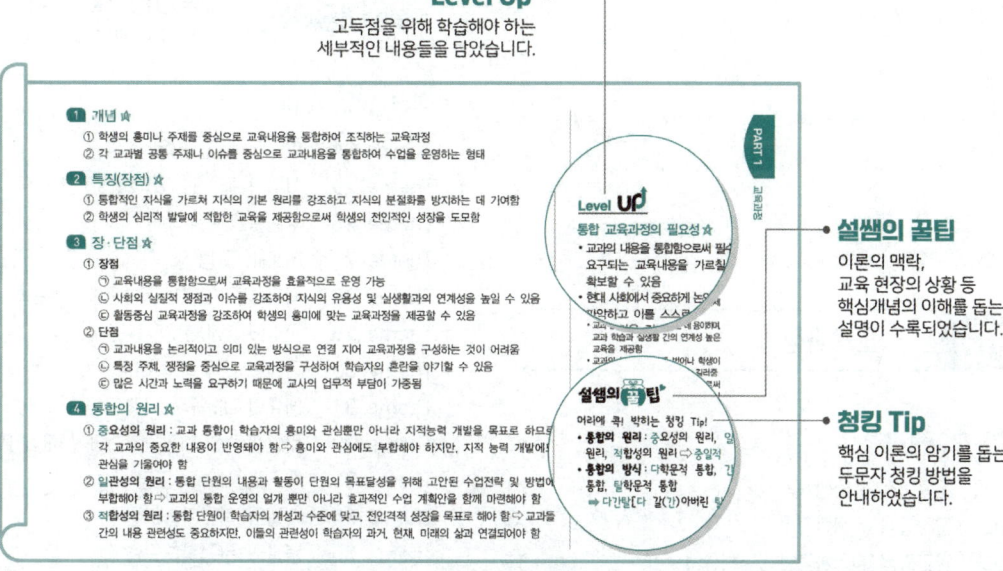

Level Up
고득점을 위해 학습해야 하는 세부적인 내용들을 담았습니다.

설쌤의 꿀팁
이론의 맥락, 교육 현장의 상황 등 핵심개념의 이해를 돕는 설명이 수록되었습니다.

청킹 Tip
핵심 이론의 암기를 돕는 두문자 청킹 방법을 안내하였습니다.

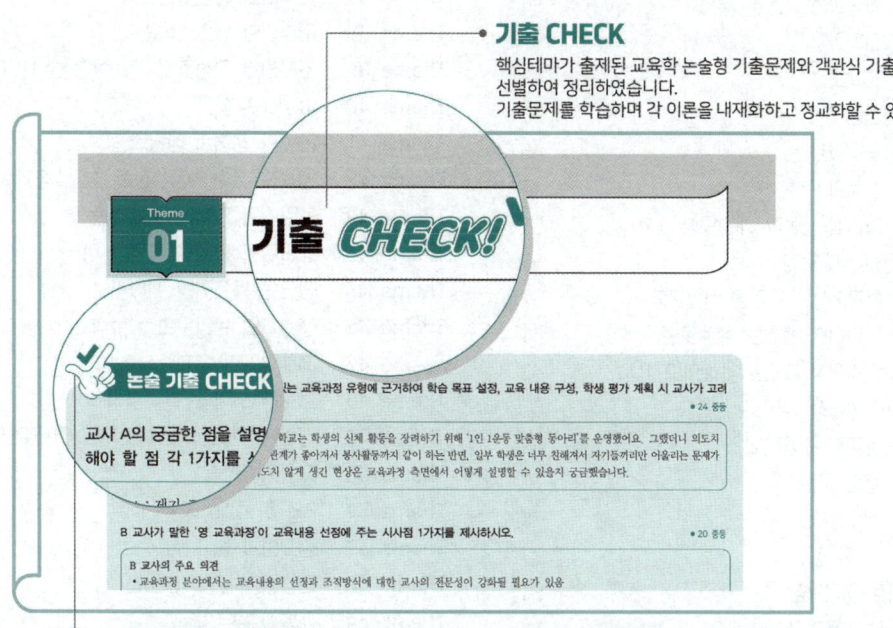

기출 CHECK
핵심테마가 출제된 교육학 논술형 기출문제와 객관식 기출문제를 선별하여 정리하였습니다.
기출문제를 학습하며 각 이론을 내재화하고 정교화할 수 있습니다.

논술 기출 CHECK
다시 출제되기 시작한 핵심테마별 교육학 논술형 기출문제를 확인할 수 있습니다.
문제의 맥락과 출제 포인트를 확인하며 논술해 보는 과정을 통해 기출경향을 파악하고 심층적인 학습을 할 수 있습니다.

차례 / CONTENTS

설보연 교육학 2026학년도 대비 연간 강의 계획	4
설보연 SANTA 교육학 후기	5
카페 소개	6
유튜브 소개	7
교육학 기출분석 한눈에 확인하기	8
이 책의 구성	14

PART 1 교육과정

핵심 테마 모아보기		22
Theme 01	교육과정의 유형	23
Theme 02	교과중심 교육과정	29
Theme 03	교과중심 교육과정의 조직 유형	31
Theme 04	경험중심 교육과정	33
Theme 05	경험중심 교육과정의 조직 유형	35
Theme 06	학문중심 교육과정	37
Theme 07	인간중심 교육과정	41
Theme 08	통합 교육과정	43
Theme 09	역량중심 교육과정	45
Theme 10	교육과정 설계의 기초	47
Theme 11	타일러의 합리적-선형적 개발모형	51
Theme 12	타바의 단원 개발모형	57
Theme 13	스킬벡의 학교중심 교육과정 개발모형	59
Theme 14	위긴스와 맥타이의 백워드 설계모형	61
Theme 15	워커의 자연주의적 개발모형(숙의모형)	63
Theme 16	아이즈너의 예술적 개발모형	65
Theme 17	파이나의 실존적 재개념화	69
Theme 18	교육과정 실행 이론	73
Theme 19	교육과정 재구성	75
Theme 20	우리나라 교육과정	77
Theme 21	2015 개정 교육과정	81
Theme 22	2022 개정 교육과정	87
Theme 23	자유학기제, 집중이수제, 고교학점제	97

PART 2 교육방법 및 공학

핵심 테마 모아보기		104
Theme 24	학습자 중심 교육	105
Theme 25	시청각 통신과 커뮤니케이션 이론	107
Theme 26	수업목표	109
Theme 27	ADDIE 모형	113
Theme 28	딕과 캐리의 체제적 교수설계모형	117
Theme 29	교수의 3대 변인	125
Theme 30	가네의 교수설계 이론	127
Theme 31	메릴의 내용요소 제시이론	135
Theme 32	라이겔루스의 개념학습과 정교화 이론	137
Theme 33	켈러의 ARCS 모형	139
Theme 34	캐롤의 학교학습이론	143
Theme 35	블룸의 완전학습모형	145
Theme 36	듀이의 탐구학습모형	147
Theme 37	브루너의 발견학습모형	149
Theme 38	오수벨의 유의미학습	151
Theme 39	조나센의 구성주의 학습환경 설계(CLEs)	157
Theme 40	4C/ID 모형	159
Theme 41	라브와 웽거의 상황학습	161
Theme 42	정착식 교수(= 상황정착 수업, 정황학습)	163
Theme 43	콜린스의 인지적 도제학습	165
Theme 44	스피로의 인지적 유연성 이론	167
Theme 45	생크의 목표기반 시나리오	171
Theme 46	팰린사와 브라운의 상보적 교수(상호적 교수)	173
Theme 47	배로우즈의 문제중심학습	175
Theme 48	프로젝트 학습법(구안법)	179
Theme 49	웹 기반 프로젝트와 닷지의 웹 퀘스트	181
Theme 50	자원기반학습	183
Theme 51	Big 6 skills	185
Theme 52	강의법과 팀 티칭	187
Theme 53	문답법(발문법, 질문법)	189
Theme 54	개별화 교수	191
Theme 55	토의법	197
Theme 56	자기주도학습	203
Theme 57	협동학습	205

Theme 58	교육매체	213
Theme 59	교수매체 선정과 활용-하이니히의 ASSURE 모형	217
Theme 60	인지부하와 멀티미디어 설계 원리	221
Theme 61	e-러닝	223
Theme 62	블렌디드 러닝, 거꾸로 학습, 마이크로러닝	229
Theme 63	AI 디지털 교과서	233
Theme 64	컴퓨터 기반 협력학습	235
Theme 65	새로운 테크놀로지 활용 수업	237

PART 3 교육평가

핵심 테마 모아보기		244
Theme 66	교육평가의 개념	245
Theme 67	평가에 대한 관점과 기능	247
Theme 68	메타평가	249
Theme 69	타일러의 목표중심 평가모형	251
Theme 70	스크리븐의 탈목표 평가모형	253
Theme 71	아이즈너의 예술적 비평모형	255
Theme 72	스터플빔의 CIPP 평가모형 (=의사결정모형, 운영중심 평가모형)	257
Theme 73	평가 기준에 따른 분류 – 규준지향평가, 준거지향평가, 성취평가제	259
Theme 74	평가 시기에 따른 분류 – 진단평가, 형성평가, 총괄평가	267
Theme 75	대안적 평가 – 역동적 평가, 능력지향평가, 성장지향평가, 학생 참여형 평가	273
Theme 76	과정중심 평가, 수행평가, 포트폴리오 평가	277
Theme 77	평가 대상의 행동에 따른 분류 : 인지적, 정의적, 심동적 평가	283
Theme 78	평가 방법에 따른 분류 : 양적, 질적, 혼합평가, 컴퓨터화 검사	285
Theme 79	평가문항의 제작 – 선택형, 서답형, 서술형·논술형	287
Theme 80	평가 양호도	289
Theme 81	평정의 오류	299
Theme 82	문항분석 이론과 실제	301

PART 4 교육행정

핵심 테마 모아보기		314
Theme 83	교육행정의 개념	315
Theme 84	교육행정의 원리	317
Theme 85	교육행정이론의 발달	319
Theme 86	조직의 이해	329
Theme 87	조직유형론	331
Theme 88	학교조직의 특징	335
Theme 89	조직풍토론	341
Theme 90	조직문화론	345
Theme 91	조직갈등론	349
Theme 92	교육조직 관리기법	353
Theme 93	동기의 내용이론	355
Theme 94	동기의 과정이론	361
Theme 95	지도성 특성론과 지도성 행위론	367
Theme 96	상황적 지도성	371
Theme 97	대안적 지도성	379
Theme 98	의사소통	387
Theme 99	의사결정모형	391
Theme 100	의사결정 참여모형	393
Theme 101	교육기획(교육계획)	397
Theme 102	장학의 이해	399
Theme 103	장학의 유형	401
Theme 104	교육재정의 운영	409
Theme 105	단위학교 책임경영제, 단위학교 예산제도, 학교책무성, 교원역량개발	413

PART 5 교육심리

핵심 테마 모아보기 422
Theme 106 피아제의 인지발달이론 423
Theme 107 비고츠키의 인지발달이론 431
Theme 108 에릭슨의 심리사회적 성격발달이론 439
Theme 109 마샤의 정체성 지위이론 443
Theme 110 브론펜브레너의 생물생태학적 발달이론 445
Theme 111 셀만의 사회적 조망수용이론(사회인지 발달이론) 447
Theme 112 콜버그의 도덕성 발달이론 449
Theme 113 레스트, 길리건, 나딩스의 도덕성 이론 451
Theme 114 전통적 지능이론 455
Theme 115 가드너의 다중지능이론 457
Theme 116 스턴버그의 삼원지능이론 461
Theme 117 정서지능이론 463
Theme 118 지능검사 (1) 465
Theme 119 지능검사 (2) 469
Theme 120 창의성 471
Theme 121 영재성 477
Theme 122 위트킨의 장독립형과 장의존형 479
Theme 123 케이건의 숙고형과 충동형 481
Theme 124 콜브의 학습유형 483
Theme 125 내재적 동기와 외재적 동기 485
Theme 126 매슬로우의 욕구위계이론 487
Theme 127 코빙톤의 자기가치이론 489
Theme 128 데시와 라이언의 자기결정성 이론 491
Theme 129 에클스와 위그필드의 기대X가치이론 493
Theme 130 와이너의 귀인이론 495
Theme 131 자기효능감 497
Theme 132 드웩의 능력에 대한 견해 499
Theme 133 셀리그만의 학습된 무기력 501
Theme 134 목표지향이론 503
Theme 135 파블로프의 고전적 조건형성 507
Theme 136 스키너의 조작적 조건화 509
Theme 137 반두라의 사회인지 학습이론 517
Theme 138 자기조절학습 521
Theme 139 정보처리이론 523
Theme 140 메타인지 533
Theme 141 망각과 전이 537

PART 6 교육사회학

핵심 테마 모아보기 542
Theme 142 기능이론 543
Theme 143 뒤르껨, 파슨스, 드리븐의 사회학 547
Theme 144 갈등이론 549
Theme 145 보울스와 긴티스의 경제 재생산이론 551
Theme 146 일리치와 라이머의 탈학교론 553
Theme 147 프레이리의 의식화 교육론 555
Theme 148 알뛰세의 자본주의 국가론 557
Theme 149 부르디외의 문화 재생산이론 559
Theme 150 애플의 문화적 헤게모니론 561
Theme 151 윌리스의 저항이론 563
Theme 152 신교육사회학 565
Theme 153 번스타인의 교육과정 연구 569
Theme 154 하그리브스의 상징적 상호작용이론 571
Theme 155 맥닐의 방어적 수업 573
Theme 156 학력상승에 관한 이론 (1) 575
Theme 157 학력상승에 관한 이론 (2) 577
Theme 158 평등관 581
Theme 159 문화실조론과 문화다원론 585
Theme 160 콜맨 보고서 587
Theme 161 교사의 기대와 학업성취 591
Theme 162 브루코버의 사회적 체제 구성요인 593
Theme 163 일탈행동 595
Theme 164 다문화교육 597
Theme 165 평생교육 599

PART 7　생활지도 및 상담

핵심 테마 모아보기　608
Theme 166　생활지도의 이해　609
Theme 167　진로지도 이론　611
Theme 168　상담의 이해　619
Theme 169　프로이드의 정신분석 상담이론　627
Theme 170　아들러의 개인심리 상담이론　631
Theme 171　행동주의 상담이론　633
Theme 172　엘리스의 합리정서 행동치료 상담이론　637
Theme 173　벡의 인지치료 상담이론　641
Theme 174　글래서의 현실요법 상담이론　643
Theme 175　번의 의사교류분석 상담이론(상호 교류분석)　645
Theme 176　로저스의 인간중심 상담이론　649
Theme 177　펄스의 게슈탈트 상담이론　653
Theme 178　프랭클의 실존주의 상담이론　655
Theme 179　스티브와 김인수의 해결중심 상담이론　657

PART 8　교육사 및 교육철학

핵심 테마 모아보기　662
Theme 180　화랑도　663
Theme 181　서당　665
Theme 182　제술-강경 논쟁　667
Theme 183　이황　669
Theme 184　실학　673
Theme 185　고대 그리스 교육　675
Theme 186　소크라테스　679
Theme 187　플라톤　681
Theme 188　아리스토텔레스　685
Theme 189　로크　687
Theme 190　루소　689
Theme 191　페스탈로치　693
Theme 192　헤르바르트　695
Theme 193　교육의 목적　697
Theme 194　피터스의 교육의 준거　701
Theme 195　관념론 vs 실재론　703
Theme 196　라일의 지식의 유형　705
Theme 197　20세기 전기 교육철학　707
Theme 198　20세기 후기 교육철학　713
Theme 199　포스트모더니즘　721
Theme 200　신자유주의　723

부록 2025~2013학년도 교육학 기출문제　730

학원/동영상 강의

☑ 지스쿨
www.g-school.co.kr

PART 1

교육과정

Theme 01	Theme 02-09	Theme 10-17	Theme 18-23
교육과정의 유형	교육과정의 발달	교육과정의 개발과 모형	교육과정의 실행과 우리나라 교육과정

교육과정 핵심 테마 모아보기

교육과정의 유형	Theme 01 교육과정의 유형	공식적 교육과정, 잠재적 교육과정(숨겨진 교육과정), 영 교육과정, 진행과정에 따른 교육과정 유형
교육과정의 발달	Theme 02 교과중심 교육과정	개념, 특징, 장·단점, 형식도야론, 아들러의 파이데이아 제안
	Theme 03 교과중심 교육과정의 조직 유형	분과형·상관형·광역형·융합형 교육과정의 개념, 특징, 장·단점
	Theme 04 경험중심 교육과정	개념, 특징(목표, 내용, 방법, 평가), 장·단점
	Theme 05 경험중심 교육과정의 조직 유형	생활장면 중심·활동중심·생성형·중핵 설계의 개념, 특징, 장·단점
	Theme 06 학문중심 교육과정	개념, 특징(목표, 내용 - 지식의 구조, 조직원리 - 나선형 교육과정, 방법 - 발견학습), 장·단점
	Theme 07 인간중심 교육과정	개념, 특징, 장·단점, 교육방법, 교사의 역할
	Theme 08 통합 교육과정	개념, 특징, 필요성, 장·단점, 통합의 원리, 드레이크의 통합 교육과정 유형
	Theme 09 역량중심 교육과정	개념, 역량의 개념·속성, 특징, 역량 기반 교육과정 설계 특징
교육과정의 개발과 모형	Theme 10 교육과정 설계의 기초	설계의 요소, 범위, 통합성, 계열성, 계속성, 연계성(수직적 연계성, 수평적 연계성), 균형
	Theme 11 타일러의 합리적-선형적 개발모형	절차, 장·단점, 교육목표 설정 시 고려해야 할 사항, 학습경험 선정의 원리, 학습경험 조직의 원리, 학습경험 평가의 원칙
	Theme 12 타바의 단원 개발모형	절차, 특징, 장·단점
	Theme 13 스킬벡의 학교중심 교육과정 개발모형	명칭, 특징, 개발 절차(상황분석 세부사항), 장·단점
	Theme 14 위긴스와 맥타이의 백워드 설계모형	절차의 명칭 및 내용, 설계 절차, 특징, 장·단점, 영속적 이해의 개념
	Theme 15 워커의 자연주의적 개발모형(숙의모형)	특징, 개발 절차, 장·단점
	Theme 16 아이즈너의 예술적 개발모형	절차 세부사항, 목표와 평가, 장·단점
	Theme 17 파이나의 실존적 재개념화	교육과정 재개념화의 개념, 쿠레레 방법론(개념, 특징, 절차), 자서전적 방법론(개념, 절차), 애플의 구조적 재개념화
교육과정의 실행과 우리나라 교육과정	Theme 18 교육과정 실행 이론	스나이더 외 교육과정 실행의 세 가지 관점 및 관점에 따른 교사의 역할, 홀 등의 교사의 관심에 기초한 교육과정 적용모형의 특징과 단계, 던킨과 비들의 교실 내 수업과정 연구모형의 변인
	Theme 19 교육과정 재구성	개념, 절차, 교육과정 재구성의 유형, 교사의 역할, 렌줄리의 교육과정 압축
	Theme 20 우리나라 교육과정	운영체제, 학교 교육과정의 성격과 장점, 편성·운영조직
	Theme 21 2015 개정 교육과정	목표, 인간상, 핵심역량, 주안점, 교수·학습 및 평가의 지향점, 성취평가제
	Theme 22 2022 개정 교육과정	목표, 인간상, 핵심역량, 특징, 구성의 중점, 성격, 교수·학습 및 평가의 지향점
	Theme 23 자유학기제, 집중이수제, 고교학점제	개념, 목적, 특징, 장·단점

Theme 01 교육과정의 유형

기출: 24 중등, 20 중등, 19 중등, 14 중등, 12 중등, 10 초등, 09 중등, 09 초등, 08 중등, 06 중등, 05 중등, 03 초등, 02 중등, 02 초등, 99 중등, 96 초등

1 공식적 교육과정
① 학교의 계획과 지도 아래 이루어지는 모든 학습활동
② 계획된 교육과정과 같은 의미를 가짐

2 잠재적 교육과정

(1) 개념
① 잠재적(latent) 교육과정 : 학교에서 계획하거나 의도하지 않았음에도 불구하고 학교생활을 통해 경험한 교육과정으로, 학교생활 중 은연중에 가지게 되는 경험의 총체이며 학생의 지식, 태도, 행동에 영향을 미침(의도성 X)
② 숨겨진(hidden) 교육과정 ☆ : 교육과정을 결정하는 권력자나 집단이 의도하였거나 관행에 의해 계획하였으며, 교사가 이에 동조하거나 의도나 관행을 간파하지 못하여 학생의 지식, 태도, 행동에 영향을 미치게 된 학교의 교육실천 및 환경과 그 결과(의도성 O)

(2) 잠재적 교육과정의 원천(Jackson) ☆
① 군집성(crowds) : 다양한 계층의 학생이 어울림을 통해 배움
② 상찬(praise) : 교사와 학생의 평가 및 그에 따른 보상과 처벌
③ 권력(power) : 학교 조직을 통해 권위관계 및 권위에의 순종 학습

(3) 극복방안과 시사점 ☆
① 교육목표 측면 : 인지적 교육목표뿐만 아니라 정의적 · 인성적 교육목표의 설정 필요
② 교육내용 측면 : 문화 다원론적 관점에서 교육내용을 선정 · 조직할 것
③ 교육평가 측면 : 탈목표(goal-free)평가, 성취평가제, 발달적 평가관의 적용 필요
④ 교사의 모범, 학생에 대한 차별 없는 존중, 교직에 대한 긍지와 자부심

3 영 교육과정

(1) 개념 ☆
① 꼭 필요한 교육내용이지만 배제된 교육과정. 실제로 존재하지 않는(null, 0) 교육과정
② 배울 만한 가치가 있지만 공식적 교육과정에는 포함되지 않은 것 + 교육과정에는 포함되어 있지만 학교나 교사가 의도적 또는 무의식적으로 가르치지 않은 학습내용

(2) 영 교육과정의 3가지 조건 ☆
① 학교가 설정한 교육목표에 부합함
② 학습자에게 가르칠 만한 가치가 있음
③ 학교나 교사가 가르치지 않아 학습자가 배울 기회를 갖지 못함

(3) 발생 원인 ☆
① 정치적 · 사회적 요인
② 교육과정 개발자의 타성 : 편견, 경직된 제도 및 신념
③ 교사의 타성 및 의욕 부족

(4) 특징
① 영 교육과정은 선택의 결과로 포함(inclusion)과 배제(exclusion)의 산물이라는 점에서 공식적 교육과정의 필연적 산물임
② 공식적으로 가르치지 않거나 소홀히 되는 영역 ⇨ 시대와 사회가 변화함에 따라 더 중요해지기도 함. 특정 정치(이념), 경제, 문화(종교) 세력들에 의해 금기시된 영 교육과정을 새롭게 조명함으로써 공식적 교육과정이 풍성해질 수 있음

출제 Pick!
☆ 숨겨진 교육과정의 개념, 잠재적 교육과정의 원천, 극복방안
☆ 영 교육과정의 개념, 조건, 발생 원인, 특징
☆ 진행과정에 따른 교육과정의 유형

Level Up
공식적 교육과정
- **국가 교육과정** : 교육부 장관의 이름으로 고시되는 초·중등학교 교육과정 문서
  - **총론** : 교육과정의 성격, 교육과정 구성의 방향, 학교급별 교육과정 편성·운영의 기준, 학교 교육과정 편성·운영, 학교 교육과정 지원 등의 내용이 담김
  - **각론** : 교과의 성격, 목표, 내용체계 및 성취기준, 교수·학습활동 및 평가 방향 등이 포함됨
- **지역 교육과정** : 국가 교육과정을 기초로 하여 17개 시·도 교육청이 관내 학교를 위해 마련한 교육과정 편성·운영 지침
- **학교 교육과정** : 국가 교육과정과 지역 교육과정을 근거로 하여 편성된 학교 운영계획, 학교에서의 수업, 평가, 각종 행사가 이에 근거하여 실행됨

Level Up
진행과정에 따른 교육과정의 유형 ☆
1. **계획된 교육과정 = 의도된 교육과정 = 공식적 교육과정**
   - **이상적 교육과정** : 비전(어떤 교육과정의 바탕이 되는 기본 철학이나 논리)
   - **형식문서로서의 교육과정** : 교육과정 문서와 자료로 구체화된 의도나 계획
2. **실행된 교육과정 = 전개된 교육과정** : 교사가 실제로 전개한 교육과정. 교사의 실천적 수업행위를 의미함. 계획된 교육과정과 같을 수도 있으나 보통 일치하지 않음
   - **이해한 교육과정** : 교육과정의 사용자 특히 교사들이 이해한 교육과정
   - **실천한 교육과정** : 교수학습의 실제적 과정으로서 교육과정
3. **경험된 교육과정 = 실현된 교육과정** : 학생이 경험한 교육과정. 학생의 수준, 배경 등에 따라 상이한 교육과정으로서 존재함
   - **경험한 교육과정** : 제공받은 학습자들이 인식한 학습환경으로서 교육과정
   - **학습한 교육과정** : 경험한 · 참여한 학습자들의 학습 성과나 성취로서 결과의 교육과정

Theme 01 기출 CHECK!

논술 기출 CHECK

교사 A의 궁금한 점을 설명할 수 있는 교육과정 유형에 근거하여 학습 목표 설정, 교육 내용 구성, 학생 평가 계획 시 교사가 고려해야 할 점 각 1가지를 쓰시오.
● 24 중등

> 교사 A : 제가 교육실습을 나갔던 학교는 학생의 신체 활동을 장려하기 위해 '1인 1운동 맞춤형 동아리'를 운영했어요. 그랬더니 의도치 않게 몇몇 학생은 교우 관계가 좋아져서 봉사활동까지 같이 하는 반면, 일부 학생은 너무 친해져서 자기들끼리만 어울리는 문제가 생겼어요. 이렇게 의도치 않게 생긴 현상은 교육과정 측면에서 어떻게 설명할 수 있을지 궁금했습니다.

B 교사가 말한 '영 교육과정'이 교육내용 선정에 주는 시사점 1가지를 제시하시오.
● 20 중등

> B 교사의 주요 의견
> • 교육과정 분야에서는 교육내용의 선정과 조직방식에 대한 교사의 전문성이 강화될 필요가 있음
> • 교육내용 선정과 관련해서는 '영 교육과정'에 관심을 가지는 것이 도움이 됨

잭슨(P. Jackson)의 잠재적 교육과정의 개념과, 그 개념에 근거하여 김 교사가 말하는 '생각하지 못했던 결과'의 예를 제시하시오.
● 19 중등

> #2 모둠활동에 적극적으로 참여하지 못한 학생들이 몇 명 있었지. 이 학생들은 제대로 된 학습경험을 갖지 못한 것이 아닐까? 자신의 학습경험에 대하여 어떻게 느꼈을까? 어쨌든 모둠활동에 관해서는 좀 더 깊이 고민해 봐야겠어. 생각하지 못했던 결과가 이 학생들에게 나타날 수도 있고…….

다음 박 교사의 이야기를 바탕으로 학생들이 소극적으로 행동하는 문제를 잠재적 교육과정의 관점에서 진단하시오.
● 14 중등

> 박 교사 : 네, 맞아요. 어떤 학급에서는 제가 열심히 수업을 해도, 학생들에게 질문을 던져도 몇몇은 그냥 고개를 숙인 채 조용히 있습니다. 심지어 어떤 학생은 수업시간에 아예 침묵으로 일관하기도 하고, 저와 눈도 마주치지 않으려고 해요.

01 다음 (가)와 (나)의 내용에 가장 부합하는 교육과정의 유형을 쓰시오. • 12 중등 변형

(가) 학생들은 학교에서 교사의 희망 때문에 자기 자신의 욕망을 억누르고 또 공동선 때문에 자기의 행동을 조심하는 것을 배운다. 그들을 둘러싸고 있는 규칙, 규정 및 관례에 따르는 것을 배운다. 그들은 사소한 좌절감을 극복하고, 권위를 가지고 있는 사람의 계획과 정책이 비합리적이고 불분명할지라도 그것에 따르는 것을 배운다. 다른 사회적 기관의 구성원들과 마찬가지로 학생들도 "세상이 다 그런 거야."라고 말하는 것을 배운다.

— 잭슨(P. Jackson), [아동의 교실생활]

(나) 왜 대부분의 중등학교에서 영어를 4년, 수학을 2년, 과학을 1~2년, 역사와 사회를 2~3년 동안 의무적으로 가르치는가? 왜 중등학교에서 법학, 경제학, 인류학, 심리학, 무용, 시각예술, 음악을 자주 가르치지 않거나 필수교과로 지정하지 않는가? (중략) 나는 우리가 학교에서 몇몇 교과를 다른 대안적인 교과에 대한 면밀한 검토 없이 그저 전통적으로 가르쳐 온 교과이므로 계속해서 가르치고 있다고 생각한다. 그 과정에서 우리는 종종 학생에게 매우 유용하다고 입증된 교과를 가르치지 않는다.

— 아이즈너(E. Eisner), [교육적 상상력]

• (가) : _____ • (나) : _____

02 다음은 '학교 교육과정'을 주제로 교사가 나눈 대화의 일부이다. 밑줄 친 부분에 해당하는 교육과정 개념으로 적절한 것을 쓰시오.
• 09 중등 변형

김 교사 : 저는 어떤 학교에서든지 그 학교에서 실제로 가르치는 내용은 공식적인 문서나 활동만 보아서는 알 수가 없다고 봐요.
유 교사 : 그렇죠. 학생들은 학교에서 의도하지 않은 것들도 은연중에 많이 배우게 되죠. 거기에는 학부모나 교사의 입장에서는 결코 기대하지 않았던 생각과 행동, 태도들도 많죠.
김 교사 : 그뿐만 아니라 이런 경우도 있어요. 마땅히 가르쳐야 하는데도 불구하고 학교 또는 교사가 의도적으로 가르치지 않아서 학생들이 아예 배우지 못하는 것들도 더러 있죠.
유 교사 : 제가 말한 경우는 ㉠학교가 의도하지 않았는데 학생의 학습경험이 생기는 것이라면, 김 선생님이 말한 경우는 ㉡당연히 발생해야 할 학습경험이 학교의 의도 때문에 일어나지 않은 것으로 해석할 수도 있겠네요.

• ㉠ : _____ • ㉡ : _____

03 다음 사례에 해당하는 교육과정 유형을 쓰시오. • 09 초등 변형

• 사례 A : 북한 초등교육기관에서는 의도적으로 종교에 관한 내용을 배제한다.
• 사례 B : ○○ 교육청은 입학 초기 적응 프로그램인 '우리들은 1학년'을 직접 제작하여 학교에 적용하였다.
• 사례 C : 학교에서 받아쓰기 시험을 매일 보고 틀린 낱말을 30번씩 적게 했더니 학생들이 국어 공부를 싫어하게 되었다.

• A : _____ • B : _____ • C : _____

정답 01 (가) – 잠재적 교육과정 / (나) – 영 교육과정   02 ㉠ – 잠재적 교육과정 / ㉡ – 영 교육과정
03 A – 영 교육과정 / B – 공식적 교육과정 / C – 잠재적 교육과정

04 다음 중 잠재적 교육과정에서 강조하는 사항을 모두 고르시오. ● 08 중등 변형

> ㄱ. 학생들의 교실상황이나 학교의 문화풍토를 중시한다.
> ㄴ. 교육과정을 '의도'나 '계획'의 차원에 한정하지 않는다.
> ㄷ. 공식적(formal) 교육과정의 부정적 결과에도 관심을 기울인다.
> ㄹ. 교육과정은 교사가 해석하여 교육 사태에서 재구성하는 것이다.

● _____

05 잠재적 교육과정을 설명하는 사례로 가장 적절한 것은? ● 06 중등

① 계발활동에서 문예반을 선택하여 소설을 읽고 현대소설의 특징을 이해하였다.
② 냉전시대 공산주의 국가에서는 시장 경제 체제의 장점을 제대로 가르치지 않았다.
③ 수업시간에 배운 한자를 30번씩 써 오라는 숙제 때문에 한문을 싫어하게 되었다.
④ 국어시간에 일제 강점기 독립운동에 기여한 문학 작품을 조사하고 각각의 특징을 기술하였다.

06 다음의 내용과 가장 관련이 깊은 교육과정의 유형을 쓰시오. ● 02 초등 변형

> 교사의 인격은 알게 모르게 학생들에게 계속적인 영향을 미친다. 세상을 부정적·비관적으로 보는 교사 밑에서 배우는 학생들은 자신도 모르는 사이에 세상에 대한 부정적 견해를 가지게 되기 쉬우며, 교사로부터 사랑과 관심을 많이 받은 학생은 따뜻한 마음의 소지자가 될 가능성이 높다. 만약 한 학교의 여러 교사들이 공통적으로 어떤 인간적 특징을 나타낼 때 그렇게 집단화된 교사의 인격적 특징은 학생의 인성 발달에 더욱 강력한 영향을 미치게 될 것이다.

● _____

정답 04 ㄱ, ㄴ, ㄷ   05 ③   06 잠재적 교육과정

07 다음은 학교에서 흔히 볼 수 있는 상황들이다. 이러한 상황을 설명하는 데 가장 적절한 개념을 쓰시오. ● 99 중등 변형

- 공부를 잘하는 아이가 대접받는 것을 당연하게 생각한다.
- 학급 친구들을 협력의 대상이기보다는 경쟁의 상대로 여긴다.
- 수업시간에 모르는 것이 있어도 가능한 한 질문을 하지 않는다.

• _____

08 학교의 전통, 학습 분위기, 교사의 인격, 인간관계 등과 관계 깊은 교육과정은? ● 96 초등 변형

① 공식적 교육과정　　② 영 교육과정　　③ 잠재적 교육과정　　④ 숨겨진 교육과정

09 다음 두 교사의 대화 내용 중, B 교사가 근거하고 있는 교육과정의 개념을 쓰시오. ● 05 중등 변형

A 교사 : 고고학은 정말 중요한 학문인데, 우리나라 고등학교에서는 왜 안 가르치는지 모르겠어요.
B 교사 : 어떤 것을 가르친다는 것은 다른 것을 가르치지 않는다는 것을 의미하지요. 제한된 여건 때문에 모든 것을 동시에 다 가르칠 수는 없지요.

• _____

정답　07 잠재적 교육과정　　08 ③　　09 영 교육과정

10 다음에 제시된 A 교사의 생각을 가장 잘 설명해 주는 교육과정을 쓰시오. ●03 초등 변형

> A 교사는 평소 학교교육에서 예능 교과가 그 중요성에 비해 소홀히 다루어지고 있다고 생각한다. 지적 기능 못지않게 중요한 감성은 음악이나 미술 교과를 통해서 잘 계발될 수 있으나, 학교에서는 수업시수가 적어 많은 내용이 가르쳐지지 않고 배제되고 있다는 것이다.

- _____

11 다음은 학교에서 흔히 볼 수 있는 상황들이다. 이러한 상황을 설명하는 데 가장 적절한 개념을 쓰시오. ●02 중등 + 10 초등 변형

> - 일본의 역사교과서에서 한국 침략 내용을 의도적으로 배제
> - 진화론은 가르치나, 성경의 창조론은 배제
> - 사회과 교과서에서 사회적 약자에 대한 논의 배제
> - 경제 교과서에 노동자의 인권에 대한 내용이 배제
> - 어느 국가에서는 자국에 불리한 역사적 사실을 학교 교육내용에서 제외시킴

- _____

정답 10 영 교육과정   11 영 교육과정

Theme 02 교과중심 교육과정

 기출
11 중등, 09 중등, 05 중등

1 개념

(1) 정의
전통적 문화유산과 학문적 성취 중 가장 항존적·본질적인 것을 선정하여 다음 세대에 전달하는 교육과정

(2) 철학적 기초
① 본질주의(本質主義)
  ㉠ 문화유산의 본질적 가치를 유지하고 전달하는 것이 교육의 목표라고 봄
  ㉡ 인류가 오랫동안 쌓아온 경험의 축적인 교과지식을 강조함
② 항존주의(恒存主義)
  ㉠ 시간과 공간을 초월하여 변하지 않는 진리를 모든 학생이 똑같이 배워야 한다고 주장
  ㉡ 교육과정은 보편적이고 변하지 않는 인간의 삶의 주제를 다루어야 한다고 여김

2 특징

(1) 교육목표
문화유산의 체계적인 전달

(2) 교육내용
① 전통적으로 가르쳐오던 교과와 학문(수학, 과학, 언어, 역사, 음악 등)
② 교과의 내용은 학년과 영역에 따라 위계적·체계적으로 조직됨

(3) 교육방법
① 교사의 일방적·직접적 교수 ⇨ 설명식, 강의식
② 반복, 암기, 훈련

(4) 교육평가 : 지필시험

(5) 교육효과 : 함양된 지적 능력이 다른 교과 및 모든 생활 사태로 전이될 수 있음

3 장점

① 체계적인 지식 및 문화유산의 효율적인 전달이 용이함
② 사전 계획이 뚜렷하여 교사, 학생에게 안정감을 제공함
③ 교수·학습활동과 교육평가에 용이함

4 단점

① 학습자의 요구와 흥미를 무시함
② 실제 생활과 유리된 실용적이지 못한 지식, 단편적인 지식을 학습함
③ 학습자의 학습태도가 수동적임
④ 창의성, 문제해결력, 비판적 사고력 등의 고등능력 함양이 어려움

출제 Pick!
☆ 교과중심 교육과정의 특징, 장·단점
☆ 형식도야를 강조하는 교육과정 관점의 명칭
☆ 아들러의 파이데이아 제안 특징

Level Up
아들러(Adler)의 파이데이아 제안 – 고전 교육과정 부활 운동
• 교육목표 : 파이데이아
  모든 인류가 소유해야만 하는 일반적인 학습을 모든 아동에게 동일하게 제공
  ➡ 일생에 걸친 지적, 도덕적, 영적 성장의 기반 마련

설쌤의 팁
교과중심 교육과정은 형식도야론에 기초합니다. ☆

형식도야론
• 운동을 통해 근육을 단련하듯, 전통 교과를 통해 마음 능력의 훈련 또는 도야가 가능하다고 여기는 이론(능력심리학)
• 특정 교과의 학습으로 길러진 정신능력이 반복적인 암기를 통해 다른 사태로의 일반적 전이가 가능하다고 봄

Level Up
교과중심 교육과정 관련 논의
• 형식도야론
• 지식의 형식론(피터스 & 허스트)
  : '지식의 형식에의 입문'을 통한 '합리적 마음의 계발'

Theme 02 기출 CHECK!

01 다음의 교육과정 관점이 무엇인지 밝히고, 이에 대한 설명으로 옳지 <u>않은</u> 것을 고르시오. • 11 중등 변형

> 인간의 정신은 몇 개의 능력들(faculties)로 이루어져 있고, 이 능력들을 단련하는 데에는 거기에 적합한 교과가 있다. 교과 교육에서 무엇을 기억하고 추리하느냐가 중요한 것이 아니고, 기억되고 추리되는 내용이 무엇이든지 간에 그것을 기억하고 추리한다는 점이 중요하다. 따라서 교과는 인간의 정신을 도야하는 가치에 따라 그 중요성이 결정되며, 정신능력들을 도야하는 데 적합한 교과들을 학교에서 가르쳐야 한다.
>
> ⇨ •_____ 교육과정

① 교과 학습에서 흥미가 없는 교과라도 학습자의 노력이 중시된다.
② 교과 내용의 가치를 개인 생활의 의미와 사회적 유용성에서 찾는다.
③ 교과의 중요성은 구체적인 내용에 있기보다는 내용을 담는 형식에 있다.
④ 능력심리학에 근거하여 심근(心筋) 단련을 위한 수단으로 교과를 강조한다.
⑤ 교과를 가르치는 방법으로 훈련과 반복을 강조하고 일반적 전이를 가정한다.

02 형식도야(formal discipline) 이론과 지식의 구조(structure of knowledge) 이론에 공통적으로 해당하는 설명은? • 09 중등
① 발견학습의 개념과 밀접히 관련되어 있다.
② 고등 지식과 초보 지식 사이의 간극을 좁힐 수 있다.
③ 교과에서 획득된 지식 또는 능력의 전이를 가정하고 있다.
④ 교육의 목적은 정신적 부소능력(faculties)의 발달에 있다.
⑤ 손다이크(E. Thorndike)와 듀이(J. Dewey)에 의하여 비판되었다.

03 〈보기〉의 형식도야론(formal discipline theory)에 관한 설명 중 옳은 것끼리 묶인 것은? • 05 중등

〈보기〉
ㄱ. 실용적 기능에 의하여 교과의 가치가 판단된다.
ㄴ. 과학적 심리학의 출현으로 그 타당성이 입증되었다.
ㄷ. 능력심리학(faculty psychology)에 이론적 기반을 둔다.
ㄹ. 재미없고 어려운 교과를 힘들여 공부하는 이유를 정당화한다.

① ㄱ, ㄴ   ② ㄱ, ㄹ   ③ ㄴ, ㄷ   ④ ㄷ, ㄹ

정답 01 교과중심, ② 02 ③ 03 ④

Theme 03 교과중심 교육과정의 조직 유형

 기출
10 초등

1 분과형 교육과정 ☆
① 한 교과를 다른 교과와 완전히 독립하여 각각 조직한 교육과정, 과목끼리 관련 없음
② 각 학문의 기본적 논리, 구조, 핵심 개념 및 원리 중심의 설계
③ 장점 : 초보적인 지식과 전문지식 사이의 간극을 좁힐 수 있고 학습내용의 기억과 일반적 전이가 비교적 용이함
④ 단점 : 대학 입학을 앞둔 학생의 흥미만을 주로 반영하며, 학문적 지식으로 분류될 수 없는 다양한 지식을 교육과정에 포함하지 않음

2 상관형 교육과정 ☆
① 각 교과의 정체성은 유지하면서 서로 관련짓는 설계 방법 🔲 역사 + 문학작품
② 관련되어 있는 여러 교과 교사들이 함께 연구하고 수업함

3 광역형 교육과정 ☆
① 개념 : 유사한 교과들을 묶어서 하나의 교과로 재조직하는 통합 유형
② 상관형 교육과정보다는 엄격한 교과목 간의 구분을 해소하고자 함
③ 장점 ☆
  ㉠ 교과목의 통합을 촉진함 ➡ 관련된 지식을 주로 주제 중심으로 넓게 묶어서 제시하기 때문에 상호 관련성이 쉽게 이해되고, 사회문제나 개인 욕구와 관련시킬 수 있음
  ㉡ 지식의 기능적 조직을 가능하게 함 ➡ 특히 초·중학교에서의 광역형 교육과정은 학습자의 실제적 당면 문제와 관심에 관련될 수 있도록 조직되어 기능적 활동이 가능하도록 함
  ㉢ 사실보다는 기본개념과 원리에 보다 충실한 교육과정 조직을 가능하게 함 ➡ 분과형 또는 상관형에서의 세세한 정보나 지식보다는 어떤 주제와 관련된 근본 원리와 개념의 활용을 강조함
④ 단점 ☆
  ㉠ 너무 개략적인 내용만 다루어 학습내용의 깊이가 부족하고, 추상적이어서 이해가 어려움
  ㉡ 교과목이 가지는 고유의 논리성과 개념체계를 이해하지 못하게 함 ➡ 여러 과목을 통합함으로 인해 각 과목의 독특한 논리적·분석적 사고를 경험하지 못함

4 융합형 교육과정 ☆
① 교과 간 공통적인 내용·개념·원리·탐구방법을 추출하여 새로운 교과를 구성하는 설계방법. 두 개 이상의 교과목에서 내용이나 성질 등 공통요인을 추출하여 교과를 재조직하는 교육과정
② 실행조건
  ㉠ 개별 학문의 단편성에서 벗어나 여러 학문의 공통요소를 유기적으로 연결할 수 있어야 하므로 융통성 있는 시간표 운영이 필요함 ➡ 모듈 시간표, 블록 시간표 ☆
  ㉡ 다양한 학문을 융합시키고자 하는 교육과정 설계자의 노력과 이를 실천할 수 있는 의식의 변화, 경제적 지원이 요구됨
③ 장점 ☆
  ㉠ 학습에 있어 분과형 교육과정이 지니는 단편적인 지식 학습에서 벗어남
  ㉡ 학습의 통합성을 높이고 통합적인 경험을 조성할 수 있음
  ㉢ 창의·융합적 사고력, 종합적 문제해결력을 높임
  ㉣ 학습동기 유발 및 흥미, 이해 촉진에 효과적임
④ 단점 ☆
  각 학문의 공통적인 주제를 선정함으로써 각 학문의 개별적인 성격이 약화됨
  ➡ 교과별 지식을 체계적으로 학습하기 어려워 기초교육 저하가 우려됨

출제 Pick!
☆ 교과중심 교육과정 조직 유형별 개념, 특징
☆ 광역형 교육과정의 개념, 조직 방법, 장·단점
☆ 융합형 교육과정의 개념, 운영 시 필요한 사항, 장·단점

Level Up
광역형 교육과정의 대표적 조직방법 – 주제법 ☆
• 넓게 봤을 때 같은 교과 영역의 부류에 속하는 여러 세부적인 과목의 내용을 분석하여 이들을 포괄할 수 있는 주제를 설정하고, 주제와 관련된 지식·개념·원리들을 조직하는 방식
• 세부적인 과목의 체계를 따르지 않음
🔲 역사, 지리, 정치, 경제, 사회, 문화, 인류학 ➡ 통합사회 / 물리, 화학, 생물, 지구과학 ➡ 통합과학

Level Up
STEAM 교육
1. 개념 ☆
  'Science, Technology, Engineering, Arts, Mathematics'의 약칭으로 과학, 기술, 공학, 인문·예술, 수학 등 교과 간의 통합적인 교육방식
2. 특징
  • 과학기술에 대한 학생의 흥미와 이해를 높임
  • 과학기술 기반의 융합적 사고력과 실생활 문제해결력을 배양함
3. 목적 ☆
  • 융합형 인재의 양성
  • 초·중등학교 수준에서부터 과학기술에 대한 흥미와 이해를 높이고 융합적 사고력과 실생활 문제해결력을 배양하고자 함

Theme 03 기출 CHECK!

01 〈보기〉의 대화를 읽고 제시된 최 교사가 직면한 문제의 해결방법으로 적절한 교육방법 조직 유형을 쓰시오. ● 10 초등 변형

─〈보기〉─
최 교사 : 저는 사회 시간에 역사적 사실과 그것을 배경으로 하는 문학 작품을 함께 가르치고 싶은데, 어떻게 하면 좋을까요?

• _____

정답 01 상관형 조직

Theme 04 경험중심 교육과정

기출: 23 중등, 16 중등

1 개념
아동의 흥미와 관심을 바탕으로 경험의 계속적인 성장을 도모할 수 있는 환경을 제공하려는 교육과정
⇨ 8년 연구, 진보주의에 영향을 미침 ☆

2 특징 ☆

(1) **교육목표**
① 아동중심 교육과 전인교육을 중시함
② 문제해결력 함양과 생활인의 육성을 강조함

(2) **교육내용**
① 경험을 중심 요소로 삼고, 이와 관련된 여러 교과 지식과 활동을 통합적으로 조직함
② 아동이 사물에 대한 직접적 경험으로부터 점차 논리적으로 조직된 체계적인 지식을 획득하도록 내용을 조직함

(3) **교육방법**
① 경험을 통한 학습(learning by doing, Dewey) : 교육적인 경험의 제공, 상호작용의 원리, 계속성의 원리
② 프로젝트학습법(구안법, Kilpatrick)
③ 학습자의 현재 흥미·관심에 부합하는 경험을 가르침
④ 교사가 학습자와 환경 사이의 상호작용을 촉진할 수 있는 활동중심·의사소통중심 수업을 진행함

(4) **교육평가**
실제 과제처리 능력을 확인하는 평가방법을 사용함

3 장점 ☆
① 학습자의 흥미와 필요를 중시하므로 학습의 자발성이 높음
② 실제적인 생활문제 해결력이 향상됨
③ 민주시민으로서의 자질을 함양함
④ 학교와 지역사회의 유대가 강화됨

4 단점 ☆
① 기초학력 저하를 초래할 수 있음
② 교육의 효율성과 경제성이 낮을 수 있음
③ 경험이 적은 교사가 운영하기 어려울 수 있음
④ 교육과정 조직의 논리성과 체계성이 부족할 수 있음
⑤ 직접 경험으로부터 학습한 내용을 다른 새로운 상황에 적용하기 어려울 수 있음

출제 Pick!
☆ 진보주의에 영향을 미친 교육과정의 명칭
☆ 경험주의 교육과정의 특징, 장·단점

Level Up
구안법(project method)
1. 학자
   킬패트릭(Kilpatrick)
2. 개념
   경험중심 교육과정 중 활동형 교육과정의 조직방식
3. 프로젝트학습 과정
   목표 설정(목적 설정) ➡ 계획 ➡ 실행 (실험) ➡ 판단
4. 특징
   • 교사 주도의 암기식 교과지도법을 탈피하여 자발적인 학습자의 참여 강조
   • 전심전력의 참여, 윤리적 활동, 교사와 학습자의 협력적 공동 활동
   • 학습자의 흥미와 욕구 중심

Theme 04 기출 CHECK!

논술 기출 CHECK

평가 보고서에서 학교 교육과정 편성·운영의 만족도를 높인 것으로 분석한 교육과정 이론의 장점 2가지, 학교 교육과정을 보완하기 위해 제안한 교육과정 이론의 교육내용 선정·조직 방안 2가지를 쓰시오.

• 23 중등

- 우리 아이가 다양한 과목과 활동을 경험할 수 있어 좋았어요.
- 학문적 지식을 좀 더 많이 다루어 주셨으면 합니다.

우리 학교에서는 듀이(J. Dewey)의 경험중심 교육과정 이론에 근거하여 과목을 다양화하고 경험을 통한 학습이 가능하도록 하였다. 이 점이 학부모의 만족도를 높이는 데 영향을 주었을 것으로 분석된다. 한편, 학생들이 지식에 더 중점을 두고 학습하기를 희망하는 학부모의 의견이 있었다. 이를 반영하여 학생들의 교과 학습에 도움을 줄 수 있도록 교육과정의 내용 체계를 보완할 필요가 있다. 다음 학년도에는 학문적 지식을 강조한 브루너(J. Bruner)의 교육과정 이론을 바탕으로 교육내용을 선정·조직하는 방안을 보다 체계화하여 균형 잡힌 교육과정을 편성·운영해야 할 것이다.

다음은 A 중학교에 재직 중인 김 교사가 작성한 자기개발계획서의 일부이다. 김 교사의 자기개발계획서를 읽고 예비 교사 입장에서 '교사가 갖추어야 할 역량'이라는 주제로 '수업 구성'에 나타난 교육과정 유형의 장점 및 문제점을 각각 2가지씩 논하시오.

• 16 중등

[수업 구성]
- 학생의 경험을 중시하는 교육과정을 실행할 것
- 학생의 흥미, 요구, 능력을 토대로 한 활동을 증진할 것
- 학생이 관심을 가지는 수업 내용을 찾고, 그것을 조직하여 학생이 직접 경험하게 할 것
- 일방적 개념 전달 위주의 수업을 지양할 것

Theme 05 경험중심 교육과정의 조직 유형

 기출 20 중등, 13 중등, 08 중등, 08 초등, 04 중등

학습 Check ○○○○○○

출제 Pick!
☆ 경험중심 교육과정 조직 유형의 종류, 개념, 특징
☆ 생활장면 중심설계, 활동중심 설계, 생성형 설계, 중핵형 설계의 개념, 특징, 운영방법, 장·단점

1 생활장면 중심 설계 ☆

① **개념** : 학습자가 현대사회에서 성공적으로 기능하고 사회 개선에 적극적으로 참여하도록 교육하기 위해 사회생활에서 필수적인 문제들을 중심으로 교육과정을 설계하는 방법
② **특징**
 ㉠ **교육목적** : 학습자가 현대사회에서 성공적으로 기능하고, 사회 개선에 참여하는 방법을 이해하며, 그것에 직접 참여하도록 교육하는 것
 ㉡ **교육내용** : 기존의 교과영역을 활용하여 교과와 삶의 영역을 통합하는 접근법
 ㉢ **교육방법** : 학습을 위해 문제해결 절차를 강조함
③ **장점** : 사회의 긴박한 문제를 교육내용으로 삼는다는 점에서 학습자가 교육과 삶의 관련성, 교육내용의 적절성을 인식할 수 있음
④ **단점** : 당대에 중요한 생활장면을 학습내용으로 선정·조직하므로 시의성이 강하고, 시대 변화에 따라 교육내용이 지나치게 빠르게 변화됨

2 활동중심 설계 ☆

① **개념** : 학습자의 활동을 중시하며 흥미와 욕구에 기초하여 학습경험을 선정하는 교육과정
② **특징** : 학습자의 흥미와 욕구에 기초하여 학습내용을 선정하고 조직함. 학습자의 능동적인 참여 강조
③ **운영방법** : 킬패트릭(Kilpatrick)의 구안법에 따른 교육과정 설계 등을 통해 운영할 수 있음
④ **장점** : 학습자의 필요나 흥미에 적합. 학습자의 생활 경험에 직접 관련되는 학습 제공. 활동 중 여러 교육 목표 달성할 수 있으며 활동과 관련시켜 통합할 수 있음. 활동을 통한 공동의 문제해결 강조
⑤ **단점** : 교육과정에 적합한 필요나 흥미 선정이 어려움. 조직적·체계적인 학습의 계획 및 성취가 어려움

3 생성형 설계 ☆

① **개념** : 사전계획 없이 교사와 학생이 학습현장에서 함께 만들어 가는 교육과정
② **특징** : 사전에 계획된 내용이 없어 교육과정 구성에 있어 상당한 자율성과 융통성을 부여함
③ **운영방법** : 현장학습, 답사 등을 통해 운영함
④ **장점** : 교사와 학생의 흥미와 관심사를 반영할 수 있고, 교육과정 내용의 자유도가 높음. 학습자의 심리적·환경적 측면을 강조하여 이루어짐
⑤ **단점** : 초보 교사가 운영하기 어렵기 때문에 교사의 유능성이 중요함. 내용상의 계열성·관련성을 지니기는 어려움

4 중핵 설계 ☆

① **개념** : 공통적인 활동으로부터 제기된 문제를 기반으로 하여, 그것을 해결하는 과정을 중심으로 교육과정을 동심원적으로 설계하는 방법 ⇨ 중심과정과 주변과정이 동심원적으로 결합되도록 함
② **특징** : 교과의 선을 없애고 학습자의 공통된 요구, 문제, 관심 등을 중심으로 조직함. 중핵 교육과정의 수업은 주로 '블록 타임' 형식으로 운영됨
③ **장점** : 교과내용을 학습자의 삶과 통합성 있게 가르칠 수 있음. 학습자의 문제해결능력과 비판적 사고력을 함양할 수 있음
④ **단점** : 수업을 위한 교육자료를 수집하는 데 어려움이 따름. 교과의 지식을 체계적으로 학습하기 어려움. 시간과 경비가 많이 듦. 미숙한 교사는 실패할 위험이 높으며 어려움이 많음

Level up
중핵 설계의 유형
- **교과중심 중핵 교육과정** : 여러 교과를 통합하여 이를 중핵의 요소로 삼는 교육과정
- **개인중심 중핵 교육과정** : 학습자 개인의 필요와 흥미를 중핵의 요소로 삼는 교육과정
- **사회중심 중핵 교육과정** : 사회적인 문제나 기능을 중핵의 요소로 삼는 교육과정

Theme 05 기출 CHECK!

 논술 기출 CHECK

B 교사가 말한 '영 교육과정'이 교육내용 선정에 주는 시사점 1가지와 B 교사가 말한 교육내용 조직방식의 명칭과 이 조직방식이 토의식 수업에서 가지는 장점과 단점 각각 1가지를 제시하시오.
● 20 중등

> **B 교사의 주요 의견**
> - 교육과정 분야에서는 교육내용의 선정과 조직방식에 한 교사의 전문성이 강화될 필요가 있음
> - 교육내용 선정과 관련해서는 '영 교육과정'에 관심을 가지는 것이 도움이 됨
> - 교육내용 조직과 관련해서는 생활에 필요한 문제를 토의 중심부에 놓고 여러 교과를 주변부에 결합하는 방식을 활용할 필요가 있음

01 다음에서 김 교사가 동료교사들과 개발한 교육과정의 유형으로 가장 적절한 것을 쓰시오.
● 13 중등 변형

> 사회과 김 교사는 남대천이 흐르는 도시의 어느 중학교에서 근무하고 있다. 김 교사, 주민, 그리고 학생들은 지역사회의 가장 큰 문제가 남대천의 잦은 범람이라는 데 생각을 같이 하고 있다. 김 교사는 과학과, 기술·가정과 교사와 협력하여 '남대천의 범람'을 주제로 한 교육과정을 개발하여 '창의적 체험활동' 시간에 운영하기로 하였다. 김 교사는 남대천 범람 원인과 지역사회의 피해 정도를 세부 주제로 그 교육과정 전체의 핵심이 되는 한 개의 과정을 설계하였다. 그리고 과학과와 기술·가정과 교사는 지구 온난화가 환경에 미치는 영향, 범람을 막기 위해 실천 가능한 방안과 소요 비용 산출, 방안 실천 시 기술·과학적 고려사항 등을 세부 주제로 '주변 과정' 5가지를 설계하였다.

- _____

02 중핵 교육과정(core curriculum)의 특징을 가장 잘 나타낸 것은?
● 08 중등
① 두 교과 간 내용의 상호 관련성이 약화된다.
② 개별 교과의 기본 논리 혹은 구조를 파악하기에 용이하다.
③ 특정 주제를 중심으로 여러 교과의 내용을 결합할 수 있다.
④ 개별 교과의 특성을 유지하면서 내용을 체계적으로 조직할 수 있다.

03 '생성(emerging) 교육과정'의 특징을 가장 잘 설명한 것은?
● 08 초등
① 학교에서 사회의 직업적 수요와 기업의 주문에 따라 제작하는 교육과정
② 학생의 요구를 중심으로 교사와 학생이 협력하여 구성하고 실천하는 교육과정
③ 교사가 유기체의 탄생, 성장, 성숙, 쇠퇴, 소멸의 주기에 따라 개발하는 교육과정
④ 국가에서 정치 이데올로기를 학생들의 의식 속에 내면화시키기 위해 수립하는 교육과정

04 학생의 흥미나 요구를 중심으로 하여 교육내용을 통합하되 통합 이전 교과의 구분이 완전히 사라진 채 조직되는 통합 유형은?
● 04 중등
① 광역형   ② 중핵형   ③ 분과형   ④ 상관형

정답 01 중핵 교육과정   02 ③   03 ②   04 ②

Theme 06 학문중심 교육과정

기출
23 중등, 14 추시, 12 초등, 11 중등, 06 중등, 04 중등, 04 초등, 95 중등, 94 초등

1 개념 ☆
각 학문에 내재해 있는 '지식의 구조'와 지식의 탐구과정을 익히도록 하는 교육과정
⇨ 브루너(Bruner)의 지식의 구조론

2 특징 ☆
(1) **교육목표** : 학문을 공부하는 학자와 같은 탐구력의 배양, 학습자의 지적 수월성 도모
(2) 교육내용 ⇨ **지식의 구조**
　① 사실이나 현상을 엮어주는 핵심적인 개념과 원리, 사실이나 정보를 서로 관련짓고 체계화하는 각 학문의 주요 개념이나 원리들의 체계
　　　⇨ 학문의 기저를 이루는 핵심개념·원리·골간(지식의 구조 ⇨ 영속적 이해 ⇨ 핵심개념)
　② 지식의 구조의 중요성
　　　㉠ **학습의 일반적 전이** : 학습한 생각이 기본적·일반적일수록 새로운 문제 적용 범위가 넓어짐
　　　㉡ **학습의 흥미** : 학습자가 학습한 내용이 일반적인 사태를 이해하는 데 사용될 수 있음을 느낀다면 학습을 가치 있게 여기고 흥미를 느낄 수 있음 ⇨ 내재적 흥미
　　　㉢ **기억 가능성** : 원리나 개념을 중심으로 특수한 사실을 조직하고, 그 원리나 개념에서 다시 특수한 사실을 추리해내면 오래 기억할 수 있음
(3) 교육내용 조직원리 ⇨ **나선형 교육과정**
　각 학문의 구조에 해당하는 핵심적인 아이디어를 반복하여 가르치되, 학생의 이해가 점점 명백하고 성숙한 형태를 취하도록 내용을 점점 폭넓고 깊이 있게 가르치기 위해 조직하는 것
　⇨ '모든 지적 활동은 근본적으로 동일하다.'는 브루너의 핵심적인 확신에 근거함
(4) 교육방법 ⇨ **발견학습**
　① 최소의 필수적인 사실을 먼저 제시하고, 학습자로 하여금 그 사실로부터 가장 풍부한 시사점을 끌어내도록 하는 수업방식 ⇨ 브루너에 따르면 학습활동에서는 '획득, 변형, 평가'라는 세 가지 과정이 동시에 나타나며, 발견학습을 통해 세 가지 과정이 활발하게 일어나도록 유도할 수 있음
　　　㉠ **획득** : 학습과 관련하여 사실을 아는 것으로, 최소 필수의 사실을 먼저 제시함
　　　　　⇨ 발견학습의 첫 단계
　　　㉡ **변형** : 획득한 사실을 새로운 문제 사태에 들어맞도록 조직하는 것
　　　　　⇨ 학생은 탐구과정에서 접하는 정보들을 최소 필수의 사실에 견주어 적용해 봄
　　　㉢ **평가** : 지식을 다루는 방법이 그 문제 사태에 비추어 적합한가를 점검하는 것
　　　　　⇨ 학생은 발견학습의 결과 자신의 정보활용 능력을 메타적으로 검토해 봄
　② 교사의 지시를 최소화하고, 학생 스스로 기본원리 및 핵심 아이디어를 발견하도록 함

3 장점 ☆
① 지식 전달의 경제성·효율성과 교육의 수월성이 높고, 학습의 전이가 활발함
② 적용력, 분석력, 종합력 등 고등정신능력 함양에 용이함

4 단점 ☆
① 학습자의 정의적 발달 소홀 ⇨ 지식의 구조는 인지적 영역에 치우치는 경향이 있어, 학교에서 길러주어야 할 배려, 존중, 도덕성, 감정의 이해·조절 등 정의적 영역에 대한 고려가 없음
② 학업역량이 낮은 학생에게 적용하기 어려울 수 있음 ⇨ 소수의 우수한 학생에게 유리
③ 교과 간 단절 심화 ⇨ 각 학문별로 고유한 지식의 구조가 존재하는 것으로 전제되기 때문에 여러 교과를 통합하여 교육과정을 구성하는 것이 어려워짐
④ 지식의 구조를 지나치게 강조하면 교육이 실생활이나 사회문제 해결과 유리될 수 있음
⑤ 교사가 지식의 구조를 충분히 이해하고 도출하기 어려움

출제 Pick!
☆ 학문중심 교육과정의 개념, 특징, 장·단점

설쌤의 꿀팁
학문중심 교육과정하면 브루너(Bruner)! 학문중심 교육과정은 브루너로 기억하시면 됩니다. 인구 변동과 산업화가 활발해지면서 형식도야론의 '7자유과'와 같은 전통적 교육 내용이 적합하지 않다는 비판 속에 '교과중심 교육과정'이 몰락하게 됩니다. 대신 학생의 흥미와 관심을 바탕으로 경험의 계속적 성장을 도모하는 환경을 제공해 주자는 '경험중심 교육과정'으로의 전환이 일어나죠. 그러다 소련이 인공위성 스푸트니크를 발사한 사건으로 인해 미국과 영국은 큰 충격을 받습니다. 일명 '스푸트니크 쇼크'죠! 이후 미국에서는 브루너의 '지식의 구조론'을 중심으로 '학문중심 교육과정'이 생겨났고, 영국에서는 허스트(Hirst)의 '지식의 형식론'을 중심으로 교과중심 교육과정이 부활한 것이랍니다.

Level Up
지식의 구조의 특징
1. 표현방식의 다양성
　• 개념 : 어떤 영역의 지식도 작동적·영상적·상징적 표현방식을 통해 나타낼 수 있음
　• 종류
　　– **작동적 표현방식** : 작동을 통해서 인지하도록 함
　　– **영상적 표현방식** : 도형이나 그림으로 이해하도록 함
　　– **상징적 표현방식** : 언어나 기호, 또는 부호화된 상징으로 표현함
2. 경제성
　지식의 구조는 개념, 원리, 법칙으로 학습하기 때문에 기억할 정보의 양이 적고 경제성이 큼
3. 생성력
　지식의 구조를 획득하면, 정보의 인출이 용이하고, 그 지식을 활용하는 데에도 효과적임

Theme 06 기출 CHECK!

논술 기출 CHECK

평가 보고서에서 학교 교육과정 편성·운영의 만족도를 높인 것으로 분석한 교육과정 이론의 장점 2가지, 학교 교육과정을 보완하기 위해 제안한 교육과정 이론의 교육내용 선정·조직 방안 2가지를 쓰시오. ● 23 중등

학부모 만족도 조사 결과

Q. 학교 교육과정이 잘 편성·운영된다.
(* 5점 리커트 척도)

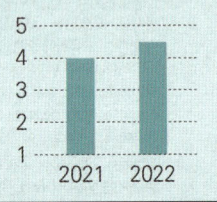

2021 2022

- 우리 아이가 다양한 과목과 활동을 경험할 수 있어 좋았어요.
- 학문적 지식을 좀 더 많이 다루어 주셨으면 합니다.

우리 학교에서는 듀이(J. Dewey)의 경험중심 교육과정 이론에 근거하여 과목을 다양화하고 경험을 통한 학습이 가능하도록 하였다. 이 점이 학부모의 만족도를 높이는 데 영향을 주었을 것으로 분석된다. 한편, 학생들이 지식에 더 중점을 두고 학습하기를 희망하는 학부모의 의견이 있었다. 이를 반영하여 학생들의 교과 학습에 도움을 줄 수 있도록 교육과정의 내용 체계를 보완할 필요가 있다. 다음 학년도에는 학문적 지식을 강조한 브루너(J. Bruner)의 교육과정 이론을 바탕으로 교육내용을 선정·조직하는 방안을 보다 체계화하여 균형 잡힌 교육과정을 편성·운영해야 할 것이다.

다음은 A 고등학교의 최 교사가 작성한 성찰일지의 일부이다. 일지 내용을 바탕으로 최 교사가 수업 효과성을 높이기 위해 선택한 학문중심 교육과정 이론에 근거한 수업전략 2가지를 논하시오. ● 14 중등 추시

중간고사 성적이 나왔는데 영희를 포함하여 몇 명의 점수가 매우 낮아서 답안지를 확인해 보았다. OMR카드에는 답이 전혀 기입되어 있지 않거나 한 번호에만 일괄 기입되어 있었다. 아이들이 시험 자체를 무성의하게 본 것이다. (중략) 학교에서 배우는 기초 지식이나 원리가 직업 활동의 근간이 되기도 한다는 것을 어떻게 아이들이 깨닫게 할 수 있을까? 내가 일일이 다 설명해 주지 않아도 아이들이 스스로 교과의 기본 원리를 찾을 수 있게 하려면 어떤 종류의 과제와 활동이 좋을까? 이런 생각들로 머릿속이 복잡하던 중에, 오후에 있었던 교과협의회에서 수업 전문성 개발을 위한 장학 활동을 몇 가지 소개받았다. 이제 내 수업에 대해 차근차근 점검해 봐야겠다.

01 교육과정에 대한 〈보기〉의 연구들을 발표된 순서대로 배열하시오.
• 12 초등 변형

―〈보기〉―
ㄱ. 보비트(F. Bobbitt)의 『교육과정(The Curriculum)』: 교육과정 계획 원리가 활동중심으로 제시되어 있으며, 교육과정의 과학화에 기여했다.
ㄴ. 브루너(J. Bruner)의 『교육의 과정(The Process of Education)』: 지식의 구조가 강조되는 학문중심 교육과정의 아이디어가 제시되어 있다.
ㄷ. 슈왑(J. Schwab)의 『실제성 : 교육과정을 위한 언어(The Practical : A Language for Curriculum)』: 전통적 교육과정 연구의 정체성 위기를 비판하는 내용이 제시되어 있으며, 실제적 교육과정 탐구 패러다임 형성에 영향을 미쳤다.
ㄹ. 타일러(R. Tyler)의 『교육과정과 수업의 기본 원리(Basic Principles of Curriculum and Instruction)』: 교육과정 개발의 합리적 모형을 제시하여 교육과정 개발 연구 패러다임의 토대를 마련했다.

•

02 다음과 같은 교육과정의 관점이 무엇인지 쓰고, 이를 반영하여 교육내용을 조직하는 가장 적절한 방법을 고르시오.
• 11 중등 변형

어떤 교과든지 그 교과를 특징적으로 교과답게 해주는 골간으로서 구조가 있다. 교과의 구조란 각 교과가 모태로 삼고 있는 학문 분야의 기본적인 아이디어나 개념 및 원리를 말한다. 이러한 구조는 기본적이고 일반적이므로 단순하다. 그래서 어린 나이에도 지식의 구조 학습이 가능하며 나아가서는 새로운 문제에 대한 적용 범위도 넓다. 그리고 구조 학습을 통해 초보 수준의 지식과 고등 수준의 지식 간의 간극을 좁힐 수 있다.

⇨ • _____ 교육과정

① 구안법을 통하여 활동 중심으로 내용을 조직한다.
② 교과의 논리보다 학습자의 심리를 우선하여 조직한다.
③ 작업단원법에 따라 생활 영역을 중심으로 내용을 조직한다.
④ 사회의 주요 문제를 중심으로 핵심 및 주변 과정을 조직한다.
⑤ 기본 개념을 반복하면서 폭과 깊이를 확대·심화시켜 조직한다.

03 다음과 같은 특징을 지닌 교육과정이 무엇인지 쓰시오.
• 06 중등 변형

• 과학교과에서는 초등학교에서 배운 광합성의 원리를 중등학교에서도 심화·반복한다.
• 경제 단원에서 자원의 희소성, 수요와 공급 등의 기본 개념과 원리를 교과 구조 속에서 강조한다.
• 교사가 결과적 지식을 먼저 제시하기보다 학생들로 하여금 탐구과정을 통해 일반화된 원리를 발견하게 된다.

•

정답 01 ㄱ-ㄹ-ㄴ-ㄷ   02 학문중심, ⑤   03 학문중심 교육과정

04 브루너(J. Bruner)의 지식의 구조 이론이 가장 잘 드러나는 사례는? • 04 중등
① 영문법에서 문장 5형식은 기본 원리이므로 암기하도록 한다.
② 자석의 원리에 대하여 설명해 준 다음 자석놀이를 통하여 이해하게 한다.
③ 삼권분립의 원리를 입법부, 사법부, 행정부의 요소별로 구조화하여 가르친다.
④ 물과 알코올을 섞는 실험을 통하여 물체의 분자구조에 따라 부피가 달라지는 현상을 깨닫게 한다.

05 다음과 같이 비판받고 있는 교육과정의 유형을 쓰시오. • 04 초등 변형

> • 사회가 당면한 문제나 학생이 흥미를 갖는 주제에 관심이 적다.
> • 교육과정 개발에서 교사의 실천적 지식을 잘 반영하고 있지 않다.
> • 학년이 올라감에 따라 동일 주제가 심화·확대되면서 교과내용이 지나치게 어려워질 가능성이 있다.

• _____

06 브루너(Bruner)가 말하는 "지식의 구조를 가르친다."는 말의 의미를 잘못 설명한 것은? • 95 중등
① 학생들로 하여금 한 가지 현상을 관련되는 다른 현상과 관련지어 이해하도록 하는 일
② 학생들이 전문 학자들과 같은 종류의 일을 하도록 전문용어를 암기하게 하는 일
③ 각 교과를 특징짓는 독특한 안목이나 사고방식을 학생들이 이해하도록 하는 일
④ 각 교과의 기본 개념과 원리를 학생의 수준에 알맞게 번역하여 가르치는 일

07 나선형 교육과정 이론에 관하여 잘못 말한 것은? • 94 초등
① 발달단계에 따라서 가르치는 교과는 본질적으로 다르다.
② 나선형 교육과정은 '가르치는 순서'면에서만 볼 때에는 계열과 동일한 것으로 해석된다.
③ 교육내용의 핵심개념은 초·중·고교는 물론 대학에서까지 공통된 내용이 된다.
④ 어떤 내용이든 올바른 방식으로 가르치면, 어떤 발달단계의 학생에게도 교육이 가능하다.
⑤ 나선형 교육과정은 교육내용에의 전체주의적 접근이다.

정답 04 ④   05 학문중심 교육과정   06 ②   07 ①

Theme 07 인간중심 교육과정

기출 10 중동

1 개념
① 학생의 잠재적인 능력 계발과 자아실현을 지향함 ⇨ 교육과정의 목표는 학습자의 자아실현 ☆
② 학습자의 자아실현을 위해 학교에서 의도하거나 의도하지 않은 경험으로 이루어진 교육과정
③ 철학적으로는 실존주의의 영향을, 심리적으로는 인본주의 심리학의 영향을 받음

2 특징 ☆
① 교사와 학습자 간의 관계에서 존중, 수용, 공감적 이해를 중시함
② 교육과정
　㉠ 학생이 학교생활을 하는 동안 갖게 되는 모든 경험(의도적 + 의도하지 않은 경험)
　㉡ **잠재적 교육과정 강조** : 공식적 교육과정뿐만 아니라 잠재적 교육과정도 중시
　㉢ **통합 교육과정**(교과중심 + 경험중심 + 학문중심 교육과정) 중시
　㉣ 교육은 교과를 가르치는 것이 아니라 인간을 가르치는 것
　㉤ 교수학습의 인간적 측면을 활성화하도록 교육과정을 개발함
③ 교육과 학교환경의 인간화를 중시함 ⇨ 교육의 비인간화 현상 극복
　> 참고 학교의 주된 기능이 사회·경제 발전에 필요한 인재육성에 있다고 본 발전교육론, 인적자본론 등으로 인하여 인간소외와 비인간화가 초래되었다고 비판함
④ 전인교육을 중시함 ⇨ 긍정적 자아개념 형성
⑤ 학습선택권을 최대한 보장하고자 함
⑥ 자율적 자기평가를 지향하고, 상대평가, 객관식 평가를 지양함

3 장·단점

(1) 장점
① 교육의 인간화를 통해 학습자의 자아실현 및 전인적 인간 형성을 가능하게 함
② 학습자의 긍정적인 자아개념 형성에 기여
③ 학습자의 개별적인 자기성장을 도움
④ 개방적이고 자율적인 교수·학습과정을 통해 학습자가 학습한 내용을 내면화할 수 있도록 도움

(2) 단점
① 구체성 결여로 인해 실현이 어려움
② 구체적이고 명시적인 모형 및 운영방안이 제공되지 않아 실제적인 효과 측정이 어려움
③ 개인의 성장만 중시하고 교육과 사회의 관계를 경시함
④ 적절한 교육 환경이 제공되지 않을 경우, 교육성과의 보장이 어려움

4 교육방법
① 자기주도적 학습, 협동학습, 비지시적 수업
② 교사와 학생의 상호 존중, 인정하는 관계를 기반으로 하는 교육방법

5 교사의 역할(인간주의적 교사) ☆
① 학생에 대한 존중과 수용, 공감적 이해를 갖춰야 함
② 교육은 방법을 이용하는 것이 아니라 인간적인 관계로 이루어지므로 교사의 인간적 성향이 중요

출제 Pick!
☆ 인간중심 교육과정의 목표, 특징, 장·단점, 교육방법, 교사의 역할

Theme 07 기출 CHECK!

01 인본주의 교육과정(humanistic curriculum)과 관련이 깊은 것을 모두 고르면?   • 10 중등

ㄱ. 개인의 잠재적 능력 계발과 자아 실현을 지향한다.
ㄴ. 사회가 요구하는 직업 능력을 갖춘 사회 구성원 양성을 주목적으로 한다.
ㄷ. 교사와 학습자 간의 관계에서 존중, 수용, 공감적 이해를 중시한다.
ㄹ. 대표적인 학자로 메이거(R. Mager), 마자노(R. Marzano) 등이 있다.

① ㄱ, ㄷ　　② ㄴ, ㄷ　　③ ㄴ, ㄹ　　④ ㄱ, ㄴ, ㄹ　　⑤ ㄱ, ㄷ, ㄹ

정답 01 ①

Theme 08 통합 교육과정

기출: 11 중등, 04 중등, 02 초등

1 개념 ☆
① 학생의 흥미나 주제를 중심으로 교육내용을 통합하여 조직하는 교육과정
② 각 교과별 공통 주제나 이슈를 중심으로 교과내용을 통합하여 수업을 운영하는 형태

2 특징(장점) ☆
① 통합적인 지식을 가르쳐 지식의 기본 원리를 강조하고 지식의 분절화를 방지하는 데 기여함
② 학생의 심리적 발달에 적합한 교육을 제공함으로써 학생의 전인적인 성장을 도모함

3 장·단점 ☆
① 장점
  ㉠ 교육내용을 통합함으로써 교육과정을 효율적으로 운영 가능
  ㉡ 사회의 실질적 쟁점과 이슈를 강조하여 지식의 유용성 및 실생활과의 연계성을 높일 수 있음
  ㉢ 활동중심 교육과정을 강조하여 학생의 흥미에 맞는 교육과정을 제공할 수 있음
② 단점
  ㉠ 교과내용을 논리적이고 의미 있는 방식으로 연결 지어 교육과정을 구성하는 것이 어려움
  ㉡ 특정 주제, 쟁점을 중심으로 교육과정을 구성하여 학습자의 혼란을 야기할 수 있음
  ㉢ 많은 시간과 노력을 요구하기 때문에 교사의 업무적 부담이 가중됨

4 통합의 원리 ☆
① **중요성의 원리**: 교과 통합이 학습자의 흥미와 관심뿐만 아니라 지적능력 개발을 목표로 하므로 각 교과의 중요한 내용이 반영돼야 함 ⇨ 흥미와 관심에도 부합해야 하지만, 지적 능력 개발에도 관심을 기울여야 함
② **일관성의 원리**: 통합 단원의 내용과 활동이 단원의 목표달성을 위해 고안된 수업전략 및 방법에 부합해야 함 ⇨ 교과의 통합 운영의 얼개 뿐만 아니라 효과적인 수업 계획안을 함께 마련해야 함
③ **적합성의 원리**: 통합 단원이 학습자의 개성과 수준에 맞고, 전인격적 성장을 목표로 해야 함 ⇨ 교과들 간의 내용 관련성도 중요하지만, 이들의 관련성이 학습자의 과거, 현재, 미래의 삶과 연결되어야 함

5 통합의 방식[드레이크(Drake)의 통합 교육과정 유형] ☆

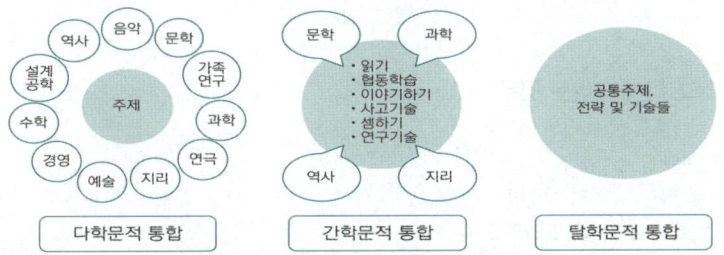

[그림 1-1] 드레이크의 통합 교육과정 유형

① **다학문적 통합**: 학문의 독립성을 유지하며 하나의 주제에 대해 여러 학문의 관점을 다룸
② **간학문적 통합**: 학문 간 경계를 허물고 여러 교과의 공통부분(주제, 개념, 기능, 탐구방법 등)을 추출하여 이를 중심으로(빅 아이디어 등) 교육과정을 조직함. 여러 가지 정답이 있음. 지식은 사회적으로 구성됨. 개념과 기술의 연계
③ **탈학문적 통합**: 교과 구분을 초월하여 실제 생활의 주제나 쟁점을 중심으로 새로운 형태의 통합교과를 형성. 과목보다 실생활 연계를 강조. 프로젝트학습·문제중심학습 적용. 모든 지식은 연계·상호 의존적

출제 Pick!
☆ 통합 교육과정의 개념, 특징, 필요성, 장·단점
☆ 통합의 원리, 드레이크의 통합 교육과정 유형

Level Up
통합 교육과정의 필요성 ☆
- 교과의 내용을 통합함으로써 필수적으로 요구되는 교육내용을 가르칠 시간을 확보할 수 있음
- 현대 사회에서 중요하게 논의되는 쟁점을 파악하고 이를 스스로 해결하는 문제해결능력을 길러줌
- 교과 간의 관련성을 파악하는 데 용이하며, 교과 학습과 실생활 간의 연계성 높은 교육을 제공함
- 교과의 구분된 경계를 벗어나 학생이 독립적으로 사고하는 능력을 길러줌
- 활동중심 교육과정을 강조함으로써 학생의 적극적인 수업 참여를 이끌어 낼 수 있음

설쌤의 팁
머리에 쏙! 박히는 청킹 Tip!
- **통합의 원리**: 중요성의 원리, 일관성의 원리, 적합성의 원리 ⇨ 중일적
- **통합의 방식**: 다학문적 통합, 간학문적 통합, 탈학문적 통합
  ➡ 다간탈[다 갈(간)아버린 탈]

Theme 08 기출 CHECK!

01 〈보기〉는 교사들이 교육과정 설계에 대한 문제를 제기한 것이다. 이를 해결하기 위한 가장 적합한 전략을 쓰시오. ● 11 중등 변형

〈보기〉
- **최 교사**: 내가 가르치고 있는 교과목의 내용이 너무 분과적이고 중복이 심하다.

• _____

02 학생의 흥미나 요구를 중심으로 하여 교육내용을 통합하되, 통합 이전 교과의 구분이 완전히 사라진 채 조직되는 통합 유형은?
● 04 중등

① 광역형　　　　　② 중핵형　　　　　③ 분과형　　　　　④ 상관형

03 교과의 통합적 운영이 지니는 교육적 가치라고 하기 <u>어려운</u> 것은? ● 02 초등
① 학생들의 흥미와 관심을 반영하기 쉽다.
② 교과의 전문화된 지식과 기술을 체계적으로 가르칠 수 있다.
③ 여러 교과에 흩어져 있는 정보를 관련지을 수 있는 능력의 함양을 돕는다.
④ 중복된 내용을 줄임으로써 필수 교육 내용을 배울 시간을 더 늘려줄 수 있다.

정답　01 통합 교육과정　02 ②　03 ②

Theme 09 역량중심 교육과정

1 개념

① 사회적 삶에서 필요한 학생의 역량이 무엇인가에 학교교육의 우선적인 관심을 두고, 사회적 삶에서 필요한 역량을 강화하는 방향으로 교육내용을 제공하려는 교육과정
  ⇨ '역량(실제 삶에서 무엇인가를 할 줄 아는 실제적 능력)'을 중심으로 교육과정을 구성함
② 미래 사회를 살아가기 위해 필요한 지식, 기능, 태도와 가치를 제공하려는 교육과정
③ 역량 기반의 학교 및 학급 교육과정의 설계, 학생중심 수업, 배움중심 수업, 과정중심 평가를 통한 관찰과 피드백의 제공이 중요함

2 역량

(1) 개념
① 한 개인이 개인적·사회적으로 성공적인 삶을 사는 데 도움이 되는 가치(OECD정의)
  ㉠ 개인적 성공 : 일과 소득, 건강과 안전, 정치 참여, 사회적인 네트워크 형성
  ㉡ 사회적 성공 : 경제 생산성, 민주주의 절차, 사회적 응집성, 형평성, 인권, 생태 지속 가능성
② 실제적 삶 속에서 무엇인가를 할 줄 아는 실질적인 능력, 지식, 기능, 태도의 총체
③ 과제수행을 위해 개인의 능력을 총체적으로 활용하는 능력

(2) 역량의 속성
① **총체성** : 학습자는 개인의 능력을 끌어내고, 이를 복합적인 방식으로 통합하여 구체적인 사회적 맥락에서 활용할 수 있어야 함
② **수행능력** : 학습자는 고등사고능력 및 인지적·정의적·행동적 영역 전반의 능력을 발휘하여 실제 상황에서 그것을 드러낼 수 있어야 함
③ **발달적 성격** : 역량에는 초보 수준, 숙련 수준, 전문가 수준과 같이 다양한 수준이 존재함

(3) 역량의 차원
① **일반 역량(범교과적 역량)** : 여러 교과들을 아우르는 역량 또는 일반적인 역량
  예 창의적 사고, 비판적 사고, 의사소통능력 등
② **교과 특수 역량** : 교과학습을 통해 교과의 지식, 기능, 가치, 태도 요소가 유기적으로 연계되어 통합적으로 발현될 수 있는 능력
  ⇨ 전문가들은 일반 역량 계발을 위해서는 교과학습이 필요하다고 주장

3 특징

① 자유교육(실용적인 가치와는 무관하게 그 자체로 가치를 지니는 지식을 강조하는 교육)이 간과한 실제 세계에 관심을 둔 교육을 강조함 ⇨ 이론적 지식 + 실제적 지식 ⇨ 역량을 우선으로 고려하고 역량 발달을 촉진할 수 있도록 지식과 내용을 조직함
② 교사의 자율성을 중시함 ⇨ 교사들이 자신의 교수맥락에서 역량을 발달시킬 수 있는 방법인지 고려하여 적절한 지식과 내용의 조직방식(분과 or 통합 등)을 결정함 ⇨ 교육과정 재구성의 전문가
③ 수행능력(방법적 지식) 강조 ⇨ '무엇을 아느냐(명제적 지식)'가 아니라 특정 맥락의 수행과 관련하여 '무엇을 할 수 있느냐'를 강조함

출제 Pick!
☆ 역량중심 교육과정의 개념, 특징
☆ 역량의 개념, 속성
☆ 역량 기반 교육과정 설계의 특징

Level Up
역량 기반 교육과정 설계의 특징
1. **설계 원리** : 교육과정 설계에서 역량을 우선적으로 고려하며, 학생에게 필요한 역량을 규명하고 이를 발달시키기 위한 과정을 탐색함
2. **내용**
  • 역량은 지식과는 구분되는 개념이나 지식을 통해 개발됨 ➡ 지식은 역량을 개발시키는 수단
  • 교육내용의 선정과 조직의 상당 부분은 교사의 자율성에 맡겨짐
  • 학생이 주도적으로 참여하는 배움 중심 수업 강조
3. **방법** : 백워드 설계(backward design)
4. **평가** : 과정중심 평가 중시, 학생이 스스로의 학습을 성찰함으로써 평가에 참여하는 것 독려

설쌤의 팁
역량중심 교육과정에서 교사의 자율성과 전문성이 어떻게 실현되는지 함께 알아두세요.
교사의 자율성·전문성
• 역량발달이 적절한지의 여부에 따라서 교사가 자율적으로 교육내용을 선정함
• 교사의 행동주체성(teacher agency) 강조
• 교사가 주체적으로 교수맥락에 따라서 분과적·간학문적·통합적으로 교육내용을 조직함

Theme 09 기출 CHECK! ✓

*해당 테마는 기출문제가 없어 '확인문제'를 수록하였습니다.

01 다음 빈칸에 알맞은 말을 넣으시오. ● 확인문제

(A)(이)란 실제적 삶 속에서 무엇인가를 할 줄 아는 실질적인 능력, 지식, 기능, 태도의 총체를 일컫는 말로, (A)중심 교육과정은 '무엇을 아느냐'를 뜻하는 명제적 지식이 아닌 '무엇을 할 수 있느냐'를 의미하는 (B)을/를 강조한다.

- A : _____
- B : _____

정답 01 A - 역량 / B - 방법적 지식

Theme 10 교육과정 설계의 기초

기출
22 중등, 17 중등, 11 중등, 11 초등, 10 초등, 09 중등, 06 중등, 06 초등, 06 경기, 04 중등, 01 초등

출제 Pick!
☆ 교육과정 설계 시 고려사항
☆ 범위, 통합성, 계열성, 계속성, 연계성, 균형의 개념과 효과
☆ 수평적 연계성의 개념

1 설계의 요소
① **교육목표**(objectives) : 교육을 통해 이루어져야 하는 것은 무엇인가?
② **교과내용**(subject matter) : 어떠한 내용이 포함되어야 하는가?
③ **방법 및 조직**(method and organization) : 어떠한 수업전략, 자원, 활동을 채택할 것인가?
④ **평가**(evaluation) : 교육과정의 결과를 평가하기 위해 어떠한 방법 및 도구가 활용될 것인가?

2 교육과정 설계 시 고려사항 ☆
① **수평적 조직** : 동일 학년 내 내용의 배열에 관한 문제. 교육내용의 횡적 조직. 같거나 비슷한 시간내에 연관성 있는 교육내용을 나란히 배치하여 학습의 효율성을 도모하고자 함

구분	내용
범위 ☆ (scope)	• 내용의 폭과 깊이 + 학생들을 학습에 참여시키기 위하여 창안된 모든 종류의 다양한 교육적 경험 • 좁게는 핵심 주제 및 활동의 목록, 넓게는 인지적·정의적·행동적 학습과 같이 교육과정 내의 학습영역을 의미
통합성 ☆ (integration)	• 학습자가 지식을 하나의 통합된 것으로 이해하도록 교육과정의 모든 부분을 밀접하게 관련시킨다는 의미 • 다양한 요소 간의 수평적 관계를 강조함 • 통합성을 고려한다는 것은 주로 실제 생활의 관심사로부터 추출된 주제 또는 사회·정치적 이슈를 중심으로 교육과정을 조직하는 것을 의미 ⇨ 분과 학문을 물리적으로 결합하는 다학문적 접근을 의미하는 것이 아님

② **수직적 조직** : 내용의 학년 간 배열의 문제. 교육내용의 종적 조직. 시간적 순서에 따라 교육내용을 순차로 배치하여 수업의 효율성을 높이고자 함

구분	내용
계열성 ☆ (sequence)	• 누적적·계속적인 학습 촉진을 위해 교육과정 요소들을 효과적으로 배열하는 것 • 일련의 연속적인 경험이 이전의 것에 너비와 깊이를 더하여가는 것과 관련 • 계열성의 일반적인 원칙은 '단순 ⇨ 복잡', '전체 ⇨ 부분', '이전 ⇨ 이후(연대기적 순서)', '구체적인 경험 ⇨ 개념'의 네 가지이며, 교육내용은 나선형으로 심화·확대됨
계속성 ☆ (continuity)	• 교육과정 전반에 걸쳐 폭과 깊이를 넓혀야 하는 주요 아이디어와 기능을 반복하는 것 • 특정 지식이나 학습 영역에서 시간의 경과에 따라 동일한 개념이나 기능을 계속해서 반복적으로 다루어야 함 • 반복해서 조직될 필요가 있는 내용은 반드시 학생들이 습득할 필요가 있는 중요한 개념이나 기능이어야 함

③ **총체적 조직**

구분	내용

연계성 ☆ (articulation)	• 교육과정의 여러 측면이 상호 관련성을 맺도록 설계하는 것
	• **수직적 연계성**
	  – 교육과정 계열상의 어떤 측면이 나중에 나오는 수업(lesson), 주제(topics), 과정(courses)과 갖는 관계를 의미
	  – 학생이 후속학습의 선행조건이 되는 학습을 받을 수 있도록 보장하는 문제와 관련
	  ⇨ 후속학습의 출발점이 이전 학습의 종결점과 맞물리게 내용을 조직해야 함
	  ⇨ 서로 맞물리는 학교급 또는 학교 간의 접합 지점에서 특정 내용 요소 간의 자연스러운 관계를 맺는 것을 강조
	  – 학년이 증가함에 따라 동일 분야 또는 영역의 내용이 계열적·반복적으로 계속될 때, 학습의 효과가 증대됨
	• **수평적 연계성 ☆**
	  – 동시에 일어나는 요소들 간의 관련을 의미
	  – 서로 비슷하거나 논리적 또는 교육적 관련성을 가진 내용들을 하나의 교육 프로그램으로 엮는 문제와 관련 ⇨ 동학년 유사 교과 내용 간 동일 수준 유지

균형 ☆ (balance)	• 교육과정에서 왜곡이 발생하지 않도록 설계의 각 측면에 적절한 비중을 부여하는 것 ⇨ 학생이 각자의 개인적·사회적·지적 목표에 적합한 방식으로 지식을 습득·내면화·활용하기 위해 교육과정 설계상 균형 확보 필수 • 균형을 갖추기 위해 '인간 발달의 인지적·정의적·심동적 영역', '개인적·사회적·지적인 목표', '교과와 학습자', '공통 내용과 선택 내용', '교육과정 내용의 폭과 깊이' 등을 고려해야 함

Theme 10 기출 CHECK!

논술 기출 CHECK

송 교사가 언급한 교육과정의 수직적 연계성이 학습자 측면에서 갖는 의의 2가지와 송 교사가 계획하는 교육과정 재구성의 구체적인 방법 2가지를 제시하시오. ● 22 중등

김 교사 : 송 선생님, 제 특강에 관심을 가져 주셔서 감사합니다. 선생님은 올해 우리 학교에 발령받아 오셨으니 도움이 필요하시면 말씀하세요.
송 교사 : 정말 감사합니다. 그동안은 교과 간 통합에 주로 관심을 가져왔는데, 김 선생님의 특강을 들어 보니 이전 학습 내용과 다음 학습 내용이 자연스럽게 연결되어야 한다는 수직적 연계성도 중요한 것 같더군요. 그래서 이번 학기에는 교과 내 단원의 범위와 계열을 조정할 계획입니다. 선생님께서는 교육과정을 어떻게 재구성하시는지 함께 이야기할 수 있을까요?

다음은 '2015 개정 교육과정의 실질적 구현 방안'으로서 단위학교 차원에서의 교육과정 내용 조직에 관한 B 교사의 의견이다. B 교사가 채택하고자 하는 원리 1가지와 그 외 내용 조직의 원리 2가지(연계성 제외)를 제시하시오. ● 17 중등

개정 교육과정의 취지에 따른 교과내용 재구성에 대해, B 교사는 다음과 같이 말했다. "교사는 내용 조직의 원리를 제대로 파악할 필요가 있습니다. 저는 몇 개의 교과를 결합해 교육과정을 편성·운영해 보려고 합니다. 각 교과의 내용이 구획화되지 않도록 교과 교사들 간 협력을 강화하고자 합니다. 이러한 시도는 교육과정 설계에서 교과 간의 단순한 연계성 이상을 의미합니다."

01 〈보기〉는 교사들이 교육과정 설계에 대한 문제를 제기한 것이다. 이를 해결하기 위한 가장 적합한 전략을 선택하시오. ● 11 중등 변형

─〈보기〉─
- 이 교사 : 중학교 3년 동안 배워야 할 교과목 수가 너무 많아 학생들의 학습 부담이 크다.
- 박 교사 : 어떤 교과목은 중학교 3학년과 고등학교 1학년 간의 교육내용 수준의 차가 크다.

| • 이 교사 : 계열(sequence) 조정 / 범위(scope) 조정 | • 박 교사 : 연계적 조직 / 중핵적 조직 |

정답 01 이 교사 – 범위(scope) 조정 / 박 교사 – 연계적 조직

02 다음은 4~5학년 과학과 교육과정의 일부를 예시한 것이다. 이에 관한 세 교사의 대화와 교육내용 조직 원리를 가장 적절하게 짝지은 것은?

• 11 초등

(4학년)	(5학년)
○ 식물의 생김새와 특징 알아보기 ○ 식물이 사는 곳에 따른 생김새와 생활 방식 알아보기 ○ 비슷한 특징을 가진 식물끼리 묶어 보기	○ 뿌리의 기능 알아보기 ○ 물관을 통한 물의 이동 실험하기 ○ 증산작용 실험하기 ○ 광합성의 산물 알아보기

• 박 교사 : 4~5학년에는 식물이라는 주제가 반복적으로 등장하도록 조직되어 있네요.
• 이 교사 : 4학년은 식물의 겉모습에 초점을 두고 있는데, 5학년은 식물의 구조와 기능으로 심화되는 내용으로 조직되어 있네요.
• 노 교사 : 5학년의 식물이라는 주제를 실과의 '꽃 가꾸기'와 하나로 묶어 조직하는 것도 좋을 것 같네요.

	박 교사	이 교사	노 교사
①	계속성	계열성	통합성
②	계속성	통합성	계열성
③	계열성	계속성	통합성
④	통합성	계속성	계열성
⑤	통합성	계열성	계속성

03 〈보기〉의 대화를 읽고 제시된 두 가지 중 김 교사가 직면한 문제의 해결방법으로 적절한 것을 선택하시오.

• 10 초등 변형

─〈보기〉─

김 교사 : 매 단원마다 같은 내용이 반복되어 제시되다 보니 학생들이 지루해하는 것 같아요. 학생들의 학습을 심화·발전시켜야 하는데 말이죠.

• 김 교사 : 계열적 조직 / 계속적 조직

04 교육과정 내용 선정과 조직의 원리에서 '수평적 내용 조직'의 특징을 가장 잘 보여주는 것은?

• 09 중등

① 고등학교 1학년에서는 국사 교과를, 2학년에서는 세계사 교과를 배울 수 있도록 조직한다.
② 중학교 도덕 교과에서 다루었던 전통 윤리의 내용을 고등학교 전통 윤리교과에서 반복하여 제시한다.
③ 고등학교 수학 교과에서는 수학과 내용을, 사회 교과에서는 사회과 내용을 각각 독립적으로 다룬다.
④ 중학교 1학년에서 환경을 주제로 과학 교과 내용과 기술·가정 교과 내용을 서로 긴밀히 관련지어 조직한다.
⑤ 중학교 1학년 국어 교과에서 시의 운율을 배운 후에 2학년에서는 시에서 화자의 역할을 배우도록 배열한다.

정답 02 ① 03 김 교사 – 계열적 조직 04 ④

05 다음은 동물에 관한 학년별 교육내용을 배열한 예이다. 여기에 적용된 내용 조직 원리는? • 06 중등

- 1학년 : 동물
- 2학년 : 포유류, 조류, 양서류, 어류
- 3학년 : 염소의 소화기관, 기러기의 사계절, 개구리의 겨울잠, 연어의 한살이

① 계열성, 계속성   ② 계열성, 의존성   ③ 독립성, 계속성   ④ 통합성, 균형성

06 학년 간 교육내용의 반복성을 강조하는 교육과정 조직의 원리는? • 06 초등
① 통합성   ② 균형성   ③ 계속성   ④ 계열성

07 다음에서 ㉠과 ㉡ 각각의 사례에 관련되는 학습경험 조직의 원리가 무엇인지 쓰시오. • 06 경기 변형

- ㉠ 국어시간에만 발표력, 논술능력을 학습시킬 것이 아니라 사회나 과학시간에도 토론학습과 보고서 작성의 기회를 부여한다.
- ㉡ 중학교 국사보다 고등학교 국사의 범위가 더 넓고 내용은 어렵다.

• ㉠ : _____   • ㉡ : _____

08 관악기의 종류에 관한 음악과 수업계획안을 작성할 때, 범위(scope), 계열성(sequence), 중요성의 원리, 기회의 원리 등의 교육내용 선정·조직 준거 중 '범위'와 가장 관련이 깊은 것은? • 04 중등
① 학습 자료들이 구비되어 있는지 확인한다.
② 본시의 수업내용이 전이 가치가 높은지 검토한다.
③ 관악기의 종류 가운데 어떤 것까지 다룰 것인지 검토한다.
④ 음 높이의 순서로 제시할 것인지, 크기의 순서로 제시할 것인지 결정한다.

09 교육내용 조직의 횡적 원리(scope)와 가장 관련이 있는 것은? • 01 초등
① 발달과업   ② 구안학습법   ③ 학문의 구조   ④ 학습자 흥미

정답 05 ①   06 ③   07 ㉠-통합성 / ㉡-계열성   08 ③   09 ②

Theme 11 타일러(Tyler)의 합리적 – 선형적 개발모형

기출
25 중등, 19 중등, 17 중등, 12 초등, 11 중등, 10 중등, 10 초등, 08 중등, 08 7급, 07 중등, 07 초등, 03 중등, 03 초등, 99 초등

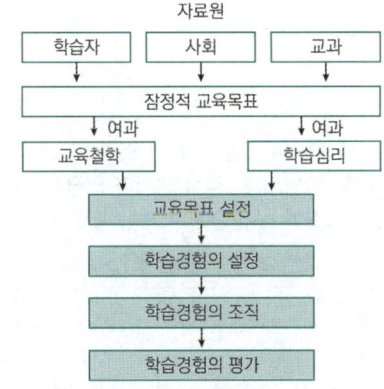

[그림 1-2] 타일러의 합리적 – 선형적 개발모형

출제 pick!
☆ 교육목표의 설정 시 고려사항, 학습경험 선정의 원리, 학습경험 조직의 원리, 학습경험 평가의 원칙
☆ 타일러 모형의 장·단점

1 교육목표의 설정 시 고려사항 ☆
① 잠정적 교육목표 설정 시 고려사항
  ㉠ **학습자에 관한 연구**: 교육과정의 최종 수혜대상이 되는 학습자에 대한 연구
  ㉡ **사회의 요구에 관한 조사**: 건강, 가족, 여가, 직업, 종교, 소비, 시민활동 등 현대 사회생활에 중요한 측면 확인
  ㉢ **교과전문가의 견해**: 시민들에게 가장 중요한 지식은 무엇인가에 대한 교과 전문가의 목표에 대한 제안과 권고
② **최종적인 교육목표 설정**: 잠정적인 교육목표를 '교육철학'과 '학습심리학'이라는 체(screen)로 여과하여 설정함 ⇨ 타일러는 보비트를 계승하여 교육목표는 '행동목표'로 진술할 것을 제안함
  ㉠ **교육철학**: 좋은 삶과 좋은 사회의 성격에 대한 교육자의 가치관
    ⇨ 잠정적 교육목표의 바람직성과 우선순위를 정함
  ㉡ **학습심리학**: 학습자의 발달 상황과 학습 환경에 대한 이해 ⇨ 학습가능성과 교수가능성을 따짐

2 학습경험 선정의 원리
① **기회의 원리**: 학습자 스스로 교육목표가 의도하는 행동을 경험할 수 있는 기회가 있어야 함
② **만족의 원리**: 학생이 교육목표가 권고하는 행동을 수행하는 과정에서 만족을 느껴야 함
③ **가능성의 원리**: 학습경험에서 요구되는 학생의 반응이 현재 그 학생의 능력 범위 안에 있어야 함
④ **다경험의 원리**: 하나의 교육목표 달성에 사용할 수 있는 학습경험은 여러 가지가 있음
⑤ **다성과의 원리**: 하나의 학습경험이 여러 가지 학습성과를 가짐 ⇨ 가능한 여러 교육목표에 도움이 되고 전이 효과가 높은 학습경험을 선정할 것

3 학습경험 조직의 원리
① **계속성**: 동일한 학습경험의 여러 요소가 학기·학년을 계속하며 반복하여 경험하도록 조직하는 원리로, 동일한 내용이 반복됨
  예 동물 관련 내용이 학년 간 반복되어 제시되며, 학년에 따라 식물 주제가 반복적으로 등장
② **계열성**: 선수학습 및 인지발달을 기초로 점차 깊이와 넓이를 더해 교육내용을 전개함(질적 심화, 양적 확대) 예 동물 관련 내용 심화·확대 – 4학년: 식물 겉모습 학습 ⇨ 5학년: 식물의 구조와 기능 학습
③ **통합성**: 각 학습경험을 제각기 단편적으로 구획하는 것이 아니라 횡적으로 조화롭게 연결 지어 조직하는 것으로, 사회·과학시간에도 토론학습과 보고서 작성을 통해 발표력·논술력을 학습함
  예 수학에서 배운 표와 그래프 개념을 과학과의 실험결과 데이터 해석과 관련지어 구성

4 학습경험의 평가
조직된 학습경험들이 기대된 결과를 실제적으로 얼마나 만들어 냈는지 확인하는 단계

Level Up
타일러 모형의 장·단점 ☆
1. 장점
   • **실용성**: 어떤 교과나 수업의 수준에서도 활용 및 적용 가능
   • **명료한 평가 지침**: 교육목표를 명료한 행동목표로 진술 ➡ 교사가 뚜렷한 기준에 근거하여 학습경험 평가 가능
   • **용이성**: 논리적·합리적 절차 제시 ➡ 교육과정 개발자나 교사가 쉽게 따라할 수 있음
   • **종합성**: 교육과정의 개발과 설계의 모든 면에서 활용될 수 있음
2. 단점
   • **교육과정의 내용 도외시**: 목표를 내용보다 우위에 두어, 내용을 목표 달성을 위한 수단으로 전락시킴
   • **수업의 역동성 무시**: 교육목표(평가의 준거)를 미리 설정 ➡ 수업 진행 중 새롭게 생길 수 있는 표현적 결과를 평가에 반영 불가
   • **실제 교육과정 개발과의 괴리**: 교육과정 개발 절차를 체계적·합리적·규범적으로 처방하여 제시할 뿐 실제 다양한 참여자들의 역동 속에 이뤄지는 교육과정 개발절차를 제대로 설명하지 못함

Level Up
학습경험 평가의 원칙
1. 평가 대상: 학생의 행동
2. 평가 횟수: 일정 기간 내 적어도 2번 이상
3. 평가 방법: 지필평가 외에도 관찰, 인터뷰, 설문지, 포트폴리오 등의 다양한 방법 활용. 단, 평가의 타당성과 신뢰도가 확보되어야 함

Theme 11 기출 CHECK!

논술 기출 CHECK

다음은 ○○ 고등학교에서 경력 교사와 신임 교사가 나눈 대화의 일부이다. 이 내용을 읽고 '변화하는 환경에서 교육의 기본에 충실한 교사'라는 주제로, 타일러(R. Tyler)의 교육목표 설정 근거(sources)를 바탕으로, 경력 교사가 언급한 '교육철학'을 교육목표 설정에 적용한 사례를 이유와 함께 1가지, 경력 교사가 언급한 '학습심리학'을 교육목표 설정에 적용한 사례를 이유와 함께 1가지 제시하시오.
● 25 중등

> 경력 교사: 선생님, 교직 생활의 첫해를 보내면서 어려움은 없으셨나요? 특히, 교육과정을 재구성하면서 교육목표를 설정하는 데 어려움이 있었을 텐데요.
> 신임 교사: 예. 다행히도 재구성의 방향을 찾을 수 있었습니다. 최근에는 사회적 요구와 학습자의 특성을 반영한 교육이 두드러져 보이더군요. 그래서 올해는 이 두 가지와 교과에 대한 저의 전문성을 바탕으로 교육목표를 설정하는 데 주력했습니다.
> 경력 교사: 잘하셨네요. 그래도 제 의견을 말씀드리면, 선생님이 생각하는 사회적 요구, 학습자의 특성, 교과 전문가의 의견과 함께 교육철학과 학습심리학도 고려하면 앞으로 더 좋은 교육목표를 설정할 수 있을 겁니다.

타일러(R. Tyler)의 학습경험 선정 원리 중 기회의 원리로 첫째 물음을 설명하고, 만족의 원리로 두 번째 물음을 설명하고, 잭슨(P. Jackson)의 잠재적 교육과정의 개념을 쓰고 이에 근거하여 '생각하지 못했던 결과'의 예를 제시하시오.
● 19 중등

> #2 모둠활동에 적극적으로 참여하지 못한 학생들이 몇 명 있었지. 이 학생들은 제대로 된 학습경험을 갖지 못한 것이 아닐까? 자신의 학습경험에 대하여 어떻게 느꼈을까? 어쨌든 모둠활동에 관해서는 좀 더 깊이 고민해 봐야겠어. 생각하지 못했던 결과가 이 학생들에게 나타날 수도 있고……

다음은 '2015 개정 교육과정의 실질적 구현 방안'으로서 단위학교 차원에서의 교육과정 내용 조직에 관한 B 교사의 의견이다. B 교사가 채택하고자 하는 원리 1가지와 그 외 내용 조직의 원리 2가지(연계성 제외)를 제시하시오.
● 17 중등

> 개정 교육과정의 취지에 따른 교과내용 재구성에 대해, B 교사는 다음과 같이 말했다. "교사는 내용 조직의 원리를 제대로 파악할 필요가 있습니다. 저는 몇 개의 교과를 결합해 교육과정을 편성·운영해 보려고 합니다. 각 교과의 내용이 구획화되지 않도록 교과 교사들 간 협력을 강화하고자 합니다. 이러한 시도는 교육과정 설계에서 교과 간의 단순한 연계성 이상을 의미합니다."

01 다음 중 (가)~(다)에 해당하는 타일러(R. Tyler)가 제안한 학습경험 선정의 일반적 원리가 무엇인지 쓰시오. ● 12 초등 변형

(가) 학습활동을 선택할 때는 여러 가지 목표를 동시에 달성하는 데 도움이 되는 활동을 선택하도록 한다.
(나) 한 가지 교육목표를 달성하는 데는 여러 가지 활동이 있으므로 다양한 학습 활동을 선정하도록 한다.
(다) 특정 교육목표를 달성하기 위해 그 목표 달성에 필요한 활동을 학습자 스스로 해볼 수 있도록 한다.

• (가) : _____ • (나) : _____ • (다) : _____

02 〈보기〉는 교사들이 교육과정 설계에 대한 문제를 제기한 것이다. 제시된 두 가지 중 이를 해결하기 위한 가장 적합한 전략을 하나 선택하시오. ● 11 중등 변형

─〈보기〉─
• 김 교사 : 시(詩) 수업에서의 행동목표는 너무 구체적이고 명세적이기 때문에 문학의 의미를 가르치는 데 많은 한계가 있다.
• 이 교사 : 중학교 3년 동안 배워야 할 교과목 수가 너무 많아 학생들의 학습 부담이 크다.
• 박 교사 : 어떤 교과목은 중학교 3학년과 고등학교 1학년 간의 교육내용 수준의 차가 크다.
• 최 교사 : 내가 가르치고 있는 교과목의 내용이 너무 분과적이고 중복이 심하다.

• 김 교사 : 학습과제 분석 / 표현목표 설정   • 이 교사 : 계열(sequence) 조정 / 범위(scope) 조정
• 박 교사 : 연계적 조직 / 중핵적 조직   • 최 교사 : 통합 / 압축

03 타일러(R. Tyler)의 교육과정 개발 모형과 워커(D. Walker)의 교육과정 개발 모형을 각각 적절하게 설명한 것은? ● 09 중등

	타일러 모형	워커 모형
①	처방을 내리기 전에 교육현장에 있는 참여자들의 의견을 수렴한다.	참여자들의 의견을 수렴하기 전에 개발의 순서와 절차를 처방한다.
②	사회, 학습자 및 교과의 필요를 계획적으로 조사하여 교육목표를 미리 설정한다.	실제 상황 속에서 참여자들의 논의를 거쳐 최선의 대안을 자연스럽게 구체화한다.
③	교육과정 개발은 목표 설정에서 결과 도출에 이르기까지 순환하는 공학적 과정이다.	교육과정 개발은 참여자의 교육적 상상력이 발휘되어 의미가 재구성되는 예술적 과정이다.
④	교육과정 개발은 참여자들의 다양한 이해관계가 교차하는 정치적 과정이다.	교육과정 개발은 현실에 대한 다양한 시각을 표현하는 미학적 과정이다.
⑤	교육과정 개발의 계획, 과정 및 결과에 도덕적 고려가 포함되어야 한다.	교육과정 개발 과정에서 생길 수 있는 가치 문제를 의도적으로 배제한다.

정답 01 (가) – 다성과의 원리 / (나) – 다경험의 원리 / (다) – 기회의 원리
02 김 교사 – 표현목표 설정 / 이 교사 – 범위(scope) 조정 / 박 교사 – 연계적 조직 / 최 교사 – 통합   03 ②

04 〈보기〉의 대화를 읽고 제시된 두 가지 중 각 교사가 직면한 문제의 해결방법으로 적절한 것을 선택하시오. • 10 초등 변형

〈보기〉

김 교사: 매 단원마다 같은 내용이 반복되어 제시되다 보니 학생들이 지루해하는 것 같아요. 학생들의 학습을 심화, 발전시켜야 하는데 말이죠.
이 교사: 저도 비슷한 고민을 해요. 미술 시간에 그림 그리기 준비를 하다 보면 정작 그리기 수업은 제대로 못하고 끝나버려요. 어떻게 하면 수업 시간을 안정적으로 확보할 수 있을까요?
박 교사: 저는 조금 다른 문제로 고민 중입니다. 추석이 다가와서 친척들의 호칭을 가르쳐주고 싶은데, 관련 단원이 마지막에 편성되어 있어서 어떻게 하면 좋을지 모르겠어요.
최 교사: 저는 사회 시간에 역사적 사실과 그것을 배경으로 하는 문학 작품을 함께 가르치고 싶은데, 어떻게 하면 좋을까요?

- **김 교사**: 계열적 조직 / 계속적 조직
- **박 교사**: 범교과학습 활용 / 단원 재구성
- **이 교사**: 진도 조정 / 연속 운영(block time)
- **최 교사**: 상관형 조직 / 분과형 조직

05 타일러(R. W. Tyler)의 교육과정 개발 모형에 대한 비판으로 볼 수 없는 것은? • 08 중등
① 교육과정 개발을 지나치게 단순화해서 파악한다.
② 교육내용 선정에 대하여 직접적인 답을 제공하지 못한다.
③ 교육과정 개발에 개입되는 정치적 이해관계에 관심을 기울이지 않는다.
④ 학습경험의 조직을 지나치게 강조하여 교육목표의 효율적 달성을 소홀히 다룬다.

06 타일러(Tyler)의 교육과정 개발 모형의 특징으로 볼 수 없는 것은? • 08 공무원 7급
① 집단적 숙의의 과정을 거쳐 교육과정을 설계한다.
② 탈역사적인 성격을 가지며 가치중립성을 표방한다.
③ 교육과정 개발자들이 따라야 할 절차를 제시하는 처방적 모형이다.
④ 어떤 학습경험을 선정하는가는 설정되는 교육목표에 따라 달라진다.
⑤ 교육과정과 수업을 구분하지 않고 통합적으로 연결할 수 있도록 해준다.

정답 04 김 교사 - 계열적 조직 / 이 교사 - 연속 운영(block time) / 박 교사 - 단원 재구성 / 최 교사 - 상관형 조직   05 ④   06 ①

07 다음 중 타일러(Tyler)가 '교육과정과 수업의 기본원리'에서 제시한 교육목표에 관한 주장을 모두 고르시오. ● 07 중등 변형

ㄱ. 교육목표에 기초하여 교육경험(학습경험)을 선정·조직해야 한다.
ㄴ. 교육목표는 인지적 영역, 정의적 영역, 심동적 영역으로 구분되어야 한다.
ㄷ. 타당한 교육목표 설정을 위해서 계속성, 계열성, 통합성의 원리를 준수해야 한다.
ㄹ. 교육목표에는 학생이 성취해야 할 행동, 그리고 삶의 내용 또는 영역이 포함되어야 한다.

• _____

08 〈보기〉의 학자들이 각각 강조하는 교육과정의 주요 관점을 쓰시오. ● 07 초등 변형

―――――――〈보기〉―――――――
가. 타일러(R. Tyler)   나. 슈왑(J. Schwab)   다. 파이나(W. Pinar)

• 가 : _____   • 나 : _____   • 다 : _____

09 비판적 사고력 향상, 학교활동에의 적극적 참여 등 여러 가지 교육목표를 달성하기 위하여 '모의법정' 활동을 실시하기로 하였다. 이 경우에 적용한 교육내용 선정 원리는? ● 03 중등

① 기회의 원리   ② 가능성의 원리   ③ 동목표 다경험의 원리   ④ 동경험 다성과의 원리

정답 07 ㄱ, ㄹ   08 가-개발 / 나-실제 / 다-이해   09 ④

10 타일러(Tyler)가 제시한 학습 경험의 조직 원리를 모두 고르시오.　　●03 초등 변형

　가. 교육철학에 비추어 학습 경험이 교육적 가치가 있는지 판단한다.
　나. 학습 경험을 분리하기보다는 구조적인 관련성을 갖도록 한다.
　다. 하나의 교육 목표를 위해서 하나의 학습 경험을 제공한다.
　라. 학습 경험을 계속 제시하면서 심화·확대시킨다.

●＿＿＿＿＿＿＿＿＿＿＿＿＿＿＿＿＿＿＿＿＿＿＿＿＿＿＿＿＿＿＿＿＿＿＿＿＿

11 김 교사는 학생들에게 독서를 지도하고자 한다. 지도에 앞서 우선 학생들의 여러 특성을 진단해 보고, 그 특성 중 아동들의 필요와 흥미를 토대로 하여 독서에 대한 내용을 선정하였다. 이 경우 김 교사가 적용한 내용 선정의 원칙은?　　●99 초등

① 사회적 유용성의 원칙　　② 가능성의 원칙　　③ 협동의 원칙
④ 만족의 원칙　　⑤ 기회의 원칙

정답　10 나, 라　11 ④

Theme 12 타바(Taba)의 단원 개발모형

10 중등

1 타바의 교육과정 개발모형(= 단원 개발모형, 교사중심 개발모형, 풀뿌리 개발모형)

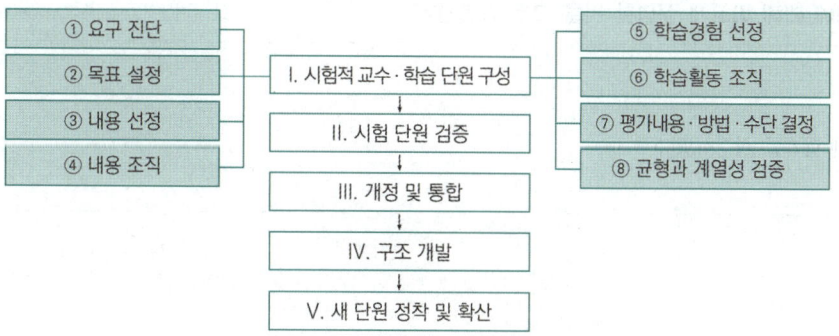

[그림 1-3] 타바의 단원 개발모형

출제 Pick!
☆ 타바 모형의 절차, 특징, 장·단점

(1) **타바의 풀뿌리 논리(grassroots rationale) 8단계**
① **요구 진단** : 교육과정 계획의 대상이 되는 학생들의 요구 확인
② **목표 설정** : 주의가 필요한 요구를 확인 후, 성취되어야 할 목표 구체화
③ **내용 선정** : 선정 또는 생성된 목표에 맞는 교과 또는 내용을 선정함. 목표와 내용은 서로 연결되어야 하며, 선정된 내용의 타당성과 중요성이 이 단계에서 판정되어야 함
④ **내용 조직** : 선정된 내용을 학습자의 발달수준, 학업성취, 흥미 등을 고려하여 계열성에 따라 조직
⑤ **학습경험 선정** : 학생을 학습에 참여하도록 하는 수업방법 선정
⑥ **학습활동 조직** : 내용의 조직방식에 따라 학습경험을 조직하되, 학생의 특성에 따라 조직방식을 달리할 수 있음
⑦ **평가내용·방법·수단 결정** : 평가 내용과 방법, 도구 등을 결정
⑧ **균형과 계열성 검증** : 개발된 단원 내용이 균형과 계열성에 따르는지 검토

(2) **개발된 단원의 활용 단계**
① **1단계 - 시험적 교수·학습 단원 구성** : 풀뿌리 논리에 따라 시험 단원의 구성이 이루어짐
② **2단계 - 시험 단원 검증** : 잠정적으로 구성된 단원의 검증
③ **3단계 - 개정 및 통합** : 개발된 단원을 개정 및 통합하여 모든 유형의 학급에도 잘 맞는 보편화된 교육과정을 개발함
④ **4단계 - 구조 개발** : 여러 개의 단원들을 구조화하여 전체적인 범위와 계열성을 검증함
⑤ **5단계 - 새 단원 정착 및 확산** : 새 단원을 실제 교실 수업에 본격적으로 투입·정착시키고, 교수자들의 현직 연수 등을 통해 확산시켜 나감. 교육 행정가들은 교사들에 대한 현직 연수를 확산해 나가는 것이 필요

2 특징 ☆
① 교사중심의 교육과정 개발모형 ⇨ 현장 지향적, 교사의 역할 강조
② **귀납적인 모형** : 단원을 개발하여 교과와 교육과정 일반을 설계하자는 것으로, 귀납적임
③ 교사가 학습자의 요구를 분석함 ⇨ 학습자의 흥미, 요구를 진단하는 단계
   참고 타일러는 외부전문가가 학습자, 사회, 교과의 요구를 분석
④ 처방적인 모형
⑤ 내용과 학습경험을 구별하여 개발 단계를 설정함

3 장점 ☆
① 타일러의 합리성 단계를 세분화하였으며, 수업수준에서 교수·학습활동을 어떻게 전개할 것인지에 대한 답을 제공함
② 교육의 성공적인 변화를 이루기 위해 교육과정 개발과정에 교사의 참여를 독려하는 최근의 추세에 부합함

4 단점 ☆
① 교사가 개별 교과 또는 매 차시 수업에 천착하면 전체 교육과정에 대한 이해로 나아가지 못할 수 있음. 전반적인 철학보다 지나치게 구체적인 실천에 주목함. 자기 교과의 이해관계에서 벗어나기 어려움
② 국가 및 지역 단위 교육과정 개발을 교사에게 맡기는 것은 부적절함

Theme 12 기출 CHECK!

01 타바(H. Taba)의 교육과정 개발 모형에 대해 바르게 설명한 것을 모두 고르면? ● 10 중등

ㄱ. 귀납적 접근 방법을 사용하였다.
ㄴ. 요구 진단 단계를 설정하였다.
ㄷ. 내용과 학습경험을 구별하여 개발 단계를 설정하였다.
ㄹ. 반응평가모형을 제안하였다.

① ㄱ, ㄷ ② ㄱ, ㄹ ③ ㄴ, ㄹ ④ ㄱ, ㄴ, ㄷ ⑤ ㄴ, ㄷ, ㄹ

정답 01 ④

Theme 13. 스킬벡(Skilbeck)의 학교중심 교육과정 개발모형

기출 13 중등, 11 초등, 09 초등, 07 초등

1 명칭
학교중심 교육과정 개발모형(SBCD; School Based Curriculum Development)

2 특징
① **상황분석 중시**: 사회의 특성과 학교의 교육상황을 비판적으로 분석하는 '상황분석'을 교육과정 개발의 출발점으로 봄
② **학교 특성에 따른 교육과정 구성**: 교육과정이 학교, 교사, 학생의 특성에 따라 다르게 구성되어야 함을 강조
③ **개방적·비선형적 모형**: 교육과정 개발자가 인식하고 있는 요구에 적합하다고 생각하는 단계에서 모형 시작을 권고 ⇨ 순서와 무관하게 시작 가능하며 단계의 결합 또한 가능
④ **역동적·상호작용적 모형**: 교사, 학생, 학부모, 지역사회의 요구에 따라 수정 가능
⑤ **학생의 요구 반영**: 학생의 요구를 즉각 반영할 수 있음 ⇨ 유연 & 효과적 수업 가능

3 개발 절차
① **상황분석**
교육과정이 개발되는 인식론적·사회적 맥락과 교육과정 개발자에게 부과되는 여러 요인들을 종합적으로 검토하는 것. 외적 요인과 내적 요인 포함함
  ㉠ **외적 요인**: 사회·문화적 변화와 기대, 교육체제 권고, 변화하는 교과의 성격, 교사 지원체제, 학교 자원 흐름
  ㉡ **내적 요인**: 학생의 적성·능력·교육적 요구, 교사의 가치관·태도·기능·지식·경험·강점과 약점, 현재 교육과정에서 파악된 문제들과 단점, 학교의 환경과 정치적 구조, 학교의 시설
② **목표 설정**: 예견되는 학습결과를 진술함으로써 교사와 학생의 행동을 강화할 수 있는 목표를 설정함. 목표는 상황분석에 기초함. 교육적 행위의 방향을 제시하기 위한 가치나 판단이 포함됨
③ **프로그램 구성**
  ㉠ 교수·학습활동의 설계: 내용, 교수·학습활동의 계열, 폭과 깊이, 계열성
  ㉡ 적절한 보조자료와 매체 선정
  ㉢ 인사배치와 역할분담
  ㉣ 교육환경 및 시간표 설계
④ **판단과 실행**: 교육과정에 변화를 일으키는 저항, 혼란을 일으킬 수 있는 문제들을 미리 예측하고 경험, 관련 이론, 통찰력을 통해 문제를 해결함
⑤ **평가(모니터링, 피드백, 평가, 재구성)**: '연속적으로(continuous)' 평가되어야 할 문항들을 점검하고, 평가를 통해 교육과정을 끊임없이 재구성함

4 장점
① 각 학교의 특성을 고려한 교육과정 개발이 용이함
② 교육과정에 교사를 참여시킴으로써 교사의 전문성과 자율성을 증진시킴
③ 실제 커리큘럼의 효과성을 제고함
④ 학습자중심 교육과 유연한 교육이 가능함
⑤ 창의적인 교육과정 개발이 가능

5 단점
① 교육과정 개발자로 교사가 참여할 시, 교사는 업무 부담을 느낄 수 있음
② 교육과정 개발에 필요한 적절한 훈련이 부재할 경우 교육과정 개발이 효율적으로 진행되지 못할 수 있음
③ 객관적인 평가가 어려움
④ 명확한 목표를 설정하지 않기 때문에 혼란을 야기할 수 있음

출제 Pick!
☆ 스킬벡 모형의 명칭, 특징, 개발 절차, 장·단점
☆ 상황분석 시 고려하는 요인

Theme 13 기출 CHECK!

01 다음은 스킬벡(M. Skilbeck)의 모형(SBCD)에 따른 학교 교육과정 개발의 단계와 내용이다. (가)~(다)에 대한 설명으로 옳은 것만을 〈보기〉에서 고르시오.
● 13 중등 변형

단계	내용
상황분석	(가)
목표 설정	• 교육과정 운영 목표 설정 – 전년 대비 학업 성취도 2% 향상 (하략)
프로그램 구성	(나)
(다)	• 변화된 교육과정에 따라 야기되는 문제 예측 – 교과교실제 확대에 따른 교실 2개 부족 (하략)
모니터링, 피드백, 평가, 재구성	• 모니터링 및 평가 체제 설계 – 교육과정 평가 일정 준비 (하략)

〈보기〉
ㄱ. (가)에서는 교육정책과 학교풍토에 대한 분석이 이루어진다.
ㄴ. (나)에서는 교수·학습 활동에 대한 설계가 이루어진다.
ㄷ. (다)에서는 교사배제 교육과정(teacher – proof curriculum)의 아이디어를 실현하기 위한 활동이 수행된다.
ㄹ. (다)는 '해석과 실행' 단계에 해당한다.

•　_____

02 다음은 스킬벡(M. Skilbeck)의 교육과정 개발 모형이다. (가)와 (나)의 단계 명칭을 쓰고, (가)와 (나)에서 수행해야 할 활동을 〈보기〉에서 골라 쓰시오.
● 11 초등 변형

(가) → (나) → 프로그램 구성 → 해석과 실행 → 모니터링, 피드백, 평가, 재구성

• (가) : _____   • (나) : _____

〈보기〉
ㄱ. 교육 활동의 방향을 설정한다.
ㄴ. 기대되는 학습 성과를 진술한다.
ㄷ. 교사의 가치관, 태도, 경험 등을 확인한다.
ㄹ. 학생들의 적성, 능력 및 교육적 요구를 조사한다.

03 학교수준 교육과정 개발(SBCD)의 특징으로 가장 적절한 것은?
● 09 초등
① 각 학교의 특성을 고려한 교육과정 개발이 용이하다.
② 연구·개발·보급 모형(RDD model)에 따라 개발된다.
③ 중앙 – 주변 모형(center – periphery model)에 따라 개발된다.
④ 전국적, 공통적 교육과정(common curriculum)의 특성을 갖는다.
⑤ 교사배제 교육과정(teacher – proof curriculum)이라는 지적을 받는다.

04 스킬벡(M. Skilbeck)이 제안한 학교중심 교육과정 개발모형의 특성이라 할 수 없는 것은?
● 07 초등
① 교육과정 개발에서 강령(platform)을 중요한 요소로 삼는다.
② 교육과정 개발의 과정은 지속적이고 역동적인 성격을 지닌다.
③ 교육과정 개발은 학교 현실이나 상황에 기초하여 이루어진다.
④ 상황 분석 단계에서는 상황 구성의 내·외적 요인을 분석한다.

정답 01 ㄱ, ㄴ, ㄹ 02 (가) – 상황분석, ㄷ, ㄹ / (나) – 목표 설정, ㄱ, ㄴ 03 ① 04 ①

Theme 14 위긴스(Wiggins)와 맥타이(McTighe)의 백워드 설계모형

 기출
15 중등, 12 중등, 10 초등

1 백워드 설계
① 타일러의 전통적 교육과정 개발모델(성취기준) + 브루너 지식의 구조(영속적 이해)
② 이해중심 교육과정의 별칭, 학교 또는 학급 수준 교육과정 설계모형으로 널리 활용됨
③ 교육과정 설계를 통해 학생의 이해를 개발·심화시키고자 함

2 설계 절차 ☆
① **바라는 결과 확인하기**(교육목적 설정): 도달하고자 하는 '포괄적 이해'와 '소재적 이해' 확인
　㉠ **교육과정 풀기**: 성취기준과 교육내용을 분석하여 바람직한 학습결과를 찾아냄. 국가 교육과정의 성취기준·내용체계·교육과정 해설서 등을 활용함
　㉡ **중요한 교육내용 선정**: 차시 수업에서 학생이 습득해야 할 핵심 개념·이해·핵심기능을 확인함. 이해는 일반적 전이가 가능한 '포괄적 이해'와 교과의 단원이나 소재와 결합된 구체적인 '소재적 이해'를 모두 포함함
　㉢ **핵심 질문 개발**: 학생이 탐구를 통해 도달해야 하는 지향점을 설정함. '포괄적 이해'와 '소재적 이해'를 확인하는 질문을 개발함
② **수용할 만한 이해의 증거 결정하기**(교육평가 계획)
　㉠ 수행평가와 평가준거(루브릭 작성) + 다른 증거(지필평가 등 전통적인 시험이나 퀴즈 개발, 자기 평가의 기회 부여) 계획
　㉡ 수행평가 계획에 있어 하나의 과제는 '설명하기, 해석하기, 적용하기, 관점 가지기, 공감하기, 자기 지식 가지기'의 이해의 6가지 측면 중 하나를 포함하여 계획함
③ **WHERETO에 따른 교수·학습활동 계획하기**(학습경험 및 수업계획) ☆
　㉠ W(Where and What): 단원의 방향·목적
　㉡ H(Hook and Hold): 학생 주의환기 및 흥미 유지
　㉢ E(Equip, Experience, and Explore): 학생의 준비·경험·탐구
　㉣ R(Rethink, Reflect and Revise): 학생의 이해와 활동을 재고·반성·개정
　㉤ E(Evaluate): 작품과 향상도의 평가
　㉥ T(Tailor): 학습자의 요구·흥미·능력에 맞춘 개별화
　㉦ O(Organize): 효과적 학습 및 주도적·지속적 참여의 최대화를 위한 조직

3 특징 ☆
① **성취기준 강조** ⇨ 성취기준을 목표 설정 과정에 반영하며, 목표를 중심으로 평가와 수업을 계획함
② **평가계획 선행 및 강조** ⇨ 학습내용 선정에 앞서 평가계획을 매우 구체적으로 수립함
③ **영속적 이해 강조**

4 장점 ☆
① 목표와 평가에 따른 내용 설계를 하므로 목표, 내용, 평가가 일체화됨
② 목표 설정과 함께 평가계획을 고려하여 통합적으로 설계하므로 교육에 대한 교사의 책무성 강조
③ 국가 교육과정 성취기준을 목표, 평가, 수업활동에 반영하므로 국가 성취기준과 현장수업이 일치함

5 단점 ☆
① 목표를 우위에 두고 교육과정을 설계하게 되므로 교육내용이 목표달성을 위한 수단으로 전락됨
② 학문적 지식에 기반하고 있으므로, 학습자의 관심과 흥미가 배제될 가능성이 있음
③ 평가계획을 수업계획에 앞서 수립하기 때문에 평가 의존적인 수업이 이루어질 가능성이 있음

출제 Pick!
☆ 영속적 이해의 개념
☆ 백워드 설계모형의 절차, 특징, 장·단점
☆ WHERETO의 개념

Level Up
백워드 설계 2.0모형
1. 1단계 – 바라는 결과 확인하기
　• 전이(T: Transfer): 학생은 습득하고 이해한 것을 전이할 수 있어야 함
　• 의미(M: Meaning): 학생이 구체적으로 이해하기를 원하는 '이해'와 어떠한 질문이 전이를 촉진하는지 묻는 '본질적 질문'으로 구성됨
　• 습득(A: Acquisition): 학생이 기억하기 원하는 사실 및 개념, 할 수 있는 능력으로 구성됨
2. 2단계 – 수용할 만한 이해의 증거 결정하기
　• 목표 유형을 전이(T), 의미(M), 습득(A)으로 코드화한 뒤, 코드별 평가준거와 수행과제, 기타 증거들을 제시함
　• 수행의 목표(Goal), 학생의 역할(Role), 평가 장면에서의 청중(Audience), 평가의 상황(Situation), 결과(Product), 평가 기준(Standards)의 GRASPS 요소를 포함함
3. 3단계 – 교수·학습활동 계획하기
　• 사전평가: 사전평가 통해 학생들이 지니는 사전 지식과 기능 수준, 잠재적인 오개념 등을 확인해야 함
　• 모니터링: 학습활동 과정 중 모니터링을 통해 적절한 피드백을 제공해야 함

Level Up
영속적 이해 (enduring understanding) ☆
• 사실들을 모두 잊어버려도 남아있는 가장 포괄적인 수준의 일반화와 원리
• 학습자에게 개발하고자 하는 이해로, 전이 가능성이 높은 핵심 개념
• 역량(과제 수행을 위해 개인의 능력을 총체적으로 활용하는 능력)의 개념과 일맥상통

Theme 14 기출 CHECK!

논술 기출 CHECK

다음은 A 중학교의 학교교육계획서 작성을 위한 워크숍에서 교사들의 분임토의 결과의 일부를 교감이 발표한 내용이다. 이 내용을 바탕으로 A 중학교가 내년에 중점을 두고자 하는 교육과정 설계방식의 특징 3가지를 설명하시오. • 15 중등

> 교육과정 설계방식 측면에서, 종전의 방식은 평가계획보다 수업계획 중심으로 설계되어 있어서 교사가 교과의 학습목표에 비추어 학생들이 배우는 내용을 올바르게 이해하였는지 확인하는 데 한계가 있었습니다. 교사는 계획한 진도를 나가기에 급급한 나머지, 학생들의 학습결손을 예방하지 못하였습니다. 내년에는 학생들의 학습목표 달성 정도를 확인하는 데 유용한 교육과정 설계를 하고자 합니다.

01 다음은 위긴스와 맥타이(G. Wiggins & J. McTighe)의 백워드 설계에서 학교교육의 목표가 되는 6가지 이해에 관한 진술이다. 이 중 가장 낮은 수준의 이해부터 가장 높은 수준의 이해까지 이해의 수준에 따라 순서대로 쓰시오.   • 12 중등 변형

> ㄱ. 비판적이고 통찰력 있는 견해(관점)
> ㄴ. 의미를 제공하는 서술이나 번역(해석)
> ㄷ. 타인의 감정과 세계관을 수용할 수 있는 능력(공감)
> ㄹ. 지식을 새로운 상황이나 다양한 맥락에 효과적으로 사용하는 능력(적용)
> ㅁ. 사건과 아이디어들을 '왜' 그리고 '어떻게'를 중심으로 서술하는 능력(설명)
> ㅂ. 자신의 무지를 아는 지혜 혹은 자신의 사고와 행위를 반성할 수 있는 능력(자기지식)

02 백워드 교육과정 설계방식을 가장 잘 설명한 것은?   • 10 초등
① 학습자 흥미를 강조하는 활동 중심으로 설계한다.
② 탈 목표(goal-free) 모형에 의해 평가가 이루어진다.
③ 목표설정, 평가계획, 수업활동계획 순으로 설계한다.
④ 교사와 학생의 협동 작업을 강조하는 구안법을 활용한다.
⑤ 학습자의 경험을 중시하는 과목 간의 횡적 통합을 강조한다.

정답 01 ㅁ → ㄴ → ㄹ → ㄱ → ㄷ → ㅂ   02 ③

Theme 15. 워커(Walker)의 자연주의적 개발모형(숙의모형)

기출: 18 중등, 12 초등, 09 초등, 06 중등

출제 Pick!
☆ 자연주의적 개발모형의 절차, 장·단점

1 특징
① 교육과정 개발이 실제로 진행되는 과정을 관찰하여 그 과정을 기술하는 데 관심을 둠
② 실제 상황에서 교육과정이 어떻게 개발되는가를 참여관찰하면서 발견한 것을 토대로 '자연주의적 모형(naturalistic model)'을 제안함

2 개발 절차 ☆

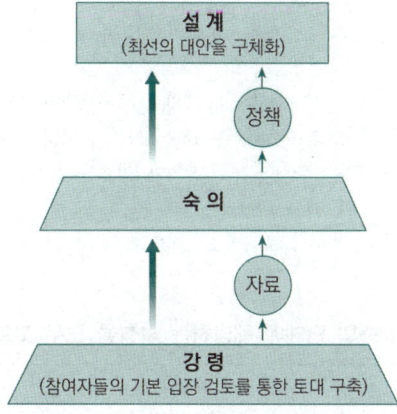

[그림 1-4] 워커의 자연주의적 개발모형

(1) 강령
① 발표장, 의견 발표 기회를 의미하며, 교육과정 개발자들이 각자의 세계에 대한 개념, 이론, 목적 등을 밝히며 개발자 간의 입장을 확인하는 단계
② 교육과정 개발 참여자들이 갖고 있는 개념, 이론, 목적 등에 관한 공감대를 형성함

(2) 숙의
① 교육과정 개발은 강령 단계에서 얼마나 합의가 이루어졌는지와는 상관없이 숙의 단계로 이행됨
② 개발자들은 교육과정 개발의 목적을 확인하고, 교육과정 개발의 목적을 달성하기 위해 제안된 여러 대안들을 결과에 비춰 검토한 다음, 토의를 통해 실행 가능한 특정 대안에 대한 합의를 이끌어내기 위해 노력함

(3) 설계
① 숙의 단계에서 최적의 대안에 대한 합의가 이뤄진 후, 선택한 대안을 실천 가능한 것으로 구체화하는 단계
② 특정 교과, 수업자료, 수업활동 등을 창출하는 것과 관련됨. 이를 위한 행정, 재정적 지원 절차 등을 계획함

3 장점 ☆
① 교육과정 개발의 초기 단계인 교육과정 계획 측면을 상세히 제시하여 교육과정 개발 참여자들이 처음부터 서로 다른 토대와 입장에서 출발하고 있음을 보여줌
② 교육과정 개발이 이뤄지는 실제 과정을 아주 정확하게 묘사함

4 단점 ☆
① 교육과정 계획이 완성된 이후에 무슨 일이 어떻게 일어나야 할지에 대한 언급이 부족함
② 전문가, 시간, 자금 등이 넉넉하지 않은 소규모 학교에는 적용하기 어려움

Theme 15 기출 CHECK!

논술 기출 CHECK

박 교사가 제안하는 워커(D. F. Walker)의 교육과정 개발모형의 명칭, 이 모형을 교육과정 개발에 적용하는 이유 3가지를 밝히시오.
● 18 중등

박 교사: 선생님, 우리 학교 학생의 학업 특성을 보면 학습흥미와 수업참여 수준이 전반적으로 낮아요. 그리고 학업성취, 학습흥미, 수업 참여의 개인차가 크다는 것이 눈에 띄네요.
김 교사: 학생의 개인별 특성이 그만큼 다양하다는 것을 의미하겠죠. 우리 학교 교육과정도 이를 반영해야 하지 않을까요?
박 교사: 그렇습니다. 그런데 교육과정을 개발하는 과정에서 학생의 개인별 특성을 중시하는 의견과 교과를 중시하는 의견 간에 차이가 있습니다. 이를 조율하기 위해서는 시간이 걸리겠지만 적절한 논쟁을 거쳐 합의에 이르는 심사숙고의 과정이 필요합니다.

---

01 워커(D. Walker)가 제안한 자연주의적 교육과정 개발모형의 숙의 단계에 해당하는 사항을 모두 고르시오.
● 12 초등 변형

ㄱ. 대안들의 예상되는 결과를 검토하기
ㄴ. 교육과정 개발의 목적과 그것을 달성하기 위한 방법을 확인하기
ㄷ. 교육과정 개발 참여자들이 갖고 있는 개념, 이론, 목적 등에 관한 공감대 형성하기
ㄹ. 교육과정을 구성하는 교과의 선정, 수업방법이나 자료 등을 확정하며, 이를 위한 행정, 재정적 지원 절차 등을 계획하기

● _____

02 워커(D. Walker)가 제안한 교육과정 개발모형에 대한 설명으로 가장 적절한 것은?
● 09 초등

① 합리적·처방적 교육과정 개발 모형에 속한다.
② 학업 성취 향상을 위해서 역행설계(backward design) 방식을 취한다.
③ 교육과정 개발 절차를 준수할 것과 그 절차의 직선적 계열성을 강조한다.
④ 개발 참여자들의 기본 입장이 제시되는 강령(platform)이 중요한 요소이다.
⑤ 개발 과정이 5단계로 구분되어 있고, 어느 단계에서도 개발을 시작할 수 있다.

03 교육과정 학자와 그의 업적이 잘못 연결된 것은?
● 06 중등

① 타바(H. Taba): 귀납적 탐구 과정과 교육과정 개발에서 교사의 역할을 강조하였으며, 사회과의 '단원' 구성법을 제시하였다.
② 보비트(F. Bobbitt): 과학적 관리에 기초한 활동 분석법을 활용하여 교육목표를 설정하였고, 전문가에 의한 교육과정 개발을 강조하였다.
③ 워커(D. Walker): 교육 수요자의 요구 분석에 기초하여 교육목표를 설정하고, 체계적 절차를 따르는 교육과정 개발모형을 제안하였다.
④ 스펜서(H. Spencer): 근대 과학의 연구 성과를 교육과정 논의에 적용하였고, 실생활을 향상시키는 데 기여하는 지식의 우선순위를 정하였다.

정답 01 ㄱ, ㄴ 02 ④ 03 ③

Theme 16 아이즈너(Eisner)의 예술적 개발모형

기출 13 중등, 09 초등, 08 초등, 07 초등, 06 초등, 04 초등, 00 초등

1 개념

(1) **목표 설정** – **행동목표, 문제해결목표, 표현적 결과(표현적 목표)** ☆
   미리 설정한 행동목표뿐만 아니라 정해지지 않은 해결책을 찾는 문제해결목표, 수업 도중이나 이후에 나타나는 표현적 결과를 고려해서 목표를 설정해야 함

(2) **교육과정의 내용 선정** – **영 교육과정** ☆
   ① 학습자, 사회, 교과목의 세 자원으로부터 내용을 추출함
   ② 영 교육과정을 고려하여 교육내용을 선정해야 함

(3) **학습기회의 유형 개발** – **교육적 상상력** ☆
   교사의 교육적 상상력을 통해 교육목표와 내용을 학생에게 적합한 형태로 바꾸어 의미 있는 학습을 제공해야 함

(4) **학습기회의 조직** – **계단식 + 거미집**
   다양한 학습결과를 유도할 수 있는 비선형적 접근

(5) **내용영역의 조직** – **범교과**
   다양한 영역의 지식의 조직

(6) **제시와 반응양식 개발**
   다양한 의사소통 방식(문자뿐만 아니라 시각, 청각 등 활용)과 시적 표현이나 은유 사용

(7) **다양한 평가 절차의 적용**
   ① **교육적 감식안** ☆ : (문제해결목표와 표현적 결과를 평가하기 위해) 학생의 성취 형태들 간의 미묘한 차이를 감지할 수 있는 능력
   ② **교육비평** ☆ : 교육적 감식안의 언어적 표현
   ③ **참평가** ☆
      ㉠ 개념 : 단편적인 지식의 암기를 유도하지 않고, 실생활에서 학생들의 문제해결력을 평가하기 위한 방안
      ㉡ 특징 : 학생이 실생활에서 필요로 하는 능력을 획득했는지 점검하는 평가 ⇨ 문제해결능력을 기르는 데 도움이 됨

2 장점

① 교육과정 계획·개발을 끊임없이 계속되는 과정으로 이해하는 관점을 제공함
② 교육과정을 교사, 학습자에 의해 끊임없이 구성·재구성되는 텍스트로 이해하는 관점을 제공함
③ 교사의 전문성을 중시함(교육적 상상력, 교육적 감식안, 교육비평 등)

3 단점

① 교육과정 개발을 예술적인 관점에 편중되어 이해하기 때문에 교육과정의 중요 쟁점을 균형 있는 시각에서 접근하는 데 한계가 있음
② 구체적인 대안 제시가 부족하여 현실 적용이 어려움

출제 Pick!
☆ 아이즈너의 문제해결목표, 표현적 결과
☆ 영 교육과정 교육적 상상력, 교육적 감식안, 교육비평, 참평가의 개념

Level Up
행동목표, 문제해결목표, 표현적 결과
- **행동목표** : 학습을 통해 최종적으로 도달하기를 기대하는 관찰 가능한 행동의 목표
- **문제해결목표** ☆ : 어떤 문제와 그 문제를 해결할 때 지켜야 할 조건이 주어지면, 그 조건을 충족시키면서 문제를 해결해야만 하는 경우 문제와 조건은 명확하지만 해결책이 여러 가지일 수 있는 목표 유형
- **표현적 결과** ☆ : 목표를 미리 정하지 않고 어떤 활동을 하는 도중이나 끝난 후 획득한 교육적으로 바람직한 결과

Level Up
교육적 상상력 ☆
교사들이 실제로 학생에게 의미 있고 만족스러운 다양한 학습기회를 제공할 수 있도록 교육목표와 교육내용을 학생에게 적합한 형태로 변형하는 능력

Level Up
참평가의 8가지 기준
1. 학생이 알고 있는 것, 할 수 있는 것을 평가하기 위한 과제는 학교 내에서만 국한된 것이 아닌, 학교 밖의 세계에서 부딪힐 수 있는 것이어야 함
2. 평가과제는 결과뿐만 아니라 문제해결 과정도 보여줄 수 있어야 함
3. 평가과제는 그 과제를 만든 지적 공동체의 가치를 반영해야 함
4. 평가과제는 개인별 평가와 함께, 집단의 노력을 필요로 하는 집단별 평가도 사용되어야 함
5. 평가과제는 문제 또는 질문에 대한 해결책 또는 답이 한 가지 이상이도록 구성되어야만 함
6. 평가과제는 수업시간에 배운 것을 새로운 상황에 적용하도록 요구하는 것이어야 함
7. 평가과제는 학생이 단편적인 사실과 함께 보다 전체적인 맥락에 신경을 쓰도록 하는 것이어야 함
8. 평가과제는 학생이 배운 것을 표현하기 위하여 사용하는 제시 형태를 다양하게 선택할 수 있도록 허용하는 것이어야 함

Theme 16 기출 CHECK!

01 다음 (가)와 (나)에 들어갈 학자를 쓰시오. • 13 중등 변형

> 김 교사 : 교육활동을 시작하기 전에 교육의 목적을 명확하게 설정하기 곤란한 경우가 있습니다. 대표적으로 예술 교육이 여기에 해당합니다. 이 경우에는 교사가 사전에 예측할 수 없는 수많은 변인이 교육활동에 작용하며, 교사는 교육을 하는 과정에서 학습자의 요구에 맞게 반응해야 합니다. 교육활동이 수행된 후에 가지게 되는 학습 경험을 교육의 목적이라고 할 때, ((가))은/는 이 목적을 '표현적 결과(expressive outcome)'라고 불렀습니다.
>
> 최 교사 : 학교 교육과정은 과학적 연구에 기초하여 개혁되어야 합니다. 지금까지 학교에서 전통적으로 가르쳐온 교과는 근거가 불분명한 이론에 기초하고 있습니다. 학교 교육과정은 장차 젊은이들이 몸담게 될 '성인의 활동 영역'에 대한 과학적 조사를 바탕으로 새롭게 구성되어야 합니다. ((나))의 연구에 의하면, 성인의 활동 영역은 언어활동, 건강활동, 시민활동 등 10가지로 분류될 수 있습니다. 학교에서는 이런 것들을 가르쳐야 합니다.

• (가) : _____   • (나) : _____

02 아이즈너(E. Eisner)가 말한 '표현적 결과(expressive outcomes)'에 관한 설명으로 가장 적절한 것은? • 09 초등

① 수업 내용을 분석하여 측정 가능한 행동 용어로 결과를 진술한다.
② 수업결과로 나타나는 목표를 의미하는 것으로서 수업 전에 미리 정해져 있다.
③ 수업시간에 일정한 조건을 주고 그 조건 내에서 문제해결책을 발견해 내는 활동이다.
④ 설정된 목표에 따라 학습 내용을 가르치고, 그 결과를 파악할 필요가 있을 경우에 적합하다.
⑤ 구체적인 목표 없이 수업을 시작하여 수업 활동 중 혹은 종료 후 결과적으로 얻게 되는 것이다.

정답 01 (가) – 아이즈너 / (나) – 보비트   02 ⑤

03 〈보기〉는 예술 교육의 가치에 대한 서로 다른 입장이다. (가)와 (나)에 들어갈 학자는? ● 08 초등

―〈보기〉―
- ((가))은(는) 학교에서 가르칠 가치가 있는 지식에 대해 우선순위를 정하면서, 개인적 기호와 취미를 만족시키는 여가 활동에 관한 지식을 최하위에 두었다.
- ((나))은(는) 학교교육이 언어 논리나 수리력만 강조함으로써 창의력 신장이나 인성 함양에 지장을 가져왔다고 보고, 다양한 표현형식을 제공하는 예술이 교육과정에서 중요하게 취급되어야 한다고 주장하였다.

	(가)	(나)
①	스펜서(H. Spencer)	블룸(B. S. Bloom)
②	스펜서(H. Spencer)	아이즈너(E. W. Eisner)
③	허스트(P. Hirst)	블룸(B. S. Bloom)
④	허스트(P. Hirst)	아이즈너(E. W. Eisner)

04 아이즈너(E. Eisner)가 제시한 교육목표 중 다음의 교육활동에 가장 적합한 유형의 목표는? ● 07 초등

- 몸이 불편한 친구를 돕기 위한 방법을 찾아낸다.
- 한정된 예산으로 학습 효과를 최대화할 수 있는 책들을 구입한다.

① 행동 목표   ② 운영 목표   ③ 문제 해결 목표   ④ 표현적 결과 목표

정답 03 ②   04 ③

05 교육목표에 관한 아이즈너(Eisner)의 관점으로 적절하지 <u>않은</u> 것은? •06 초등
① 모든 목표는 관찰 가능한 행동적 용어로 진술되어야 한다.
② 명백한 목표뿐만 아니라 의도되지 않은 목표도 고려해야 한다.
③ 어떤 교육활동에 대해서는 구체적인 목표를 미리 설정할 수 없다.
④ 어떤 목표는 교육활동이 전개된 이후에 설정되는 것이 타당하다.

06 다음 중 교육과정에 대한 아이즈너(E. Eisner)의 관점에 해당하는 것은? •04 초등

> 가. 교육과정 구성과 개발에 있어서 효율성을 우선시해야 한다.
> 나. 교육과정 개발자는 교육과정 현상에 대한 풍부한 '교육적 상상력'을 가져야 한다.
> 다. 교육목표는 구체적으로 표현될 수 있는 학습자의 '행동'에 초점을 두어야 한다.
> 라. 교육과정 평가자는 교육 현상을 보고 교육활동의 질을 판단할 수 있는 '교육적 감식안'을 지녀야 한다.

① 가, 나   ② 가, 다   ③ 나, 라   ④ 다, 라

07 다음의 이론을 강조한 학자는 누구인지 쓰시오. •00 초등 변형

> ㄱ. '영 교육과정(null curriculum)'이라는 개념을 사용하였다.
> ㄴ. 교육과정을 평가하기 위한 방법으로 심미안과 비평이라는 개념을 도입하였다.
> ㄷ. 교육과정을 이해하는 데 있어서 의도와 결과 분석의 중요성을 강조하였다.

• _____

정답 05 ①   06 ③   07 아이즈너

Theme 17 파이나(Pinar)의 실존적 재개념화

학습 Check ○○○○○○

기출
12 중등, 12 초등, 11 초등, 07 중등, 06 중등, 02 초등, 01 초등, 00 중등, 00 초등

1 교육과정 재개념화의 개념 ☆
① 인간의 실존적 해방을 목표로 함
② 교육과정이 사회적 맥락 속에서의 개개인의 고유한 경험이어야 한다고 주장함
③ 쿠레레 재개념화
  ㉠ '정해진 경주로'에서 경주로를 달리는 '개인적 경험'에 초점
  ㉡ 교육 속에서 개개인이 갖는 경험의 본질을 정치적·경제적·심리적 측면에서 다차원적으로 검토하는 쿠레레 방법을 제안함

2 쿠레레 방법론
(1) 개념
교사나 학생들이 살아오면서 갖게 된 교육적 체험들을 자신의 존재 의미와 연관 지어서 교육적 상황을 이해하고, 자아를 성찰하는 자기반성적인 삶을 살아가도록 하는 탐구방법

(2) 특징
① 개인의 내적 경험을 탐구하고, 학습자가 자기와 자신의 교육경험을 비판적으로 성찰하도록 유도
② 개인의 전기적 탐구를 통해 인간의 생각과 행동에 내재된 무의식적 가정을 밝혀 교육적 경험의 본질과 의미를 이해하고자 함
③ 교사, 학생의 과거 교육경험을 반추하도록 한다는 점에서 과거지향적 + 동시에 미래의 비전과 현재를 연결 짓는다는 점에서 미래지향적
④ 자신의 과거나 현재의 경험을 곰곰이 따진다는 점에서 분석적 + 동시에 분석의 결과를 다양한 맥락과 연결 지어 자기이해에 활용한다는 점에서 종합적

(3) 파이나의 쿠레레 4단계 ☆
① 회귀 : 과거의 경험을 (평가나 해석을 거치지 않고) 있는 그대로 기억하고 묘사함
② 진보 : (자유연상을 통하여) 미래의 모습을 상상해냄
③ 분석 : (과거의 경험과 미래의 비전을 통제함으로써) 진실된 자신의 '전기적 현재'를 기록하며, 과거·미래·현재 세 장의 사진을 놓고 이들의 복잡한 관계를 분석함
④ 종합 : 자기가 누구인지에 대해 진정한 내적 의식의 세계를 이해하며, 현실로 돌아가 내면의 목소리에 귀를 기울이고 자기에게 주어진 현재의 의미를 자문함

3 자서전적 방법론
(1) 개념
타인의 참여를 허용하여 교육이 가진 기본 구조를 파악해 볼 수 있는 방법

(2) 자서전적 방법 3단계 ☆
① 1단계 : 자신의 교육경험을 표현하기
  ㉠ 자서전적 글쓰기
  ㉡ 회상, 자유연상
② 2단계 : 교육경험을 비판적으로 성찰하기
  ㉠ 교사 및 다른 학생들과 대화, 집단토의
  ㉡ 해석적 읽기, 현상학적 질문
  ㉢ 경험 속에서 행동이나 사고를 결정하는 데 작용했던 가정이나 논리가 무엇이었는지 비판적으로 살펴보기
③ 3단계 : 타인의 교육경험을 분석하기
  ㉠ 다른 학생의 자서전을 함께 읽고 분석하기
  ㉡ 다른 사람의 교육경험을 자서전적으로 분석함으로써 타인과 함께 교육이 갖는 기본적인 구조와 가정을 인식하고 공감하기

출제 Pick!
☆ 교육과정 재개념화의 개념
☆ 파이나의 쿠레레 4단계
☆ 자서전적 방법 3단계
☆ 애플의 탈숙련화, 재숙련화 개념

Level Up
애플(Apple)의 구조적 재개념화
1. 기본 전제 : 학생의 실패 ➡ 기관과 사회부터의 영향에서 비롯됨
2. 학교교육, 교육과정 비판
3. 컴퓨터 교육 및 테크놀로지 사용 비판
  • 교사의 탈숙련화(deskilling) : 교사 개인의 고유한 지식과 관점을 보유하는 것이 불필요하게 되어 결국 교사로서의 전문성이 떨어짐
  • 교사의 재숙련화(reskilling) : 주어진 교육용 소프트웨어를 단순히 실행하는 일종의 수업 관리자로 전락함 ➡ 교사가 교육으로부터 점차 소외될 수 있음

설쌤의 꿀팁
머리에 쏙! 박히는 청킹 Tip!
• 파이나의 쿠레레 4단계 : 회귀 - 진보 - 분석 - 종합
  ➡ 파스쿠찌에서 희진을 돌고 온 의사들이 분석하는 중(종)국

Theme 17 기출 CHECK!

01 다음은 파이너(W. Pinar)의 쿠레레(currere) 방법 4단계이다. (가)와 (나)단계의 명칭을 쓰고 단계별 특징을 각각 〈보기〉에서 고르시오.
• 12 중등 변형

(가) → (나) → 분석 → 종합

〈보기〉
ㄱ. 자유연상을 통해 아직 현실화되지 않은 미래의 모습을 상상한다.
ㄴ. 내면의 목소리에 귀를 기울이고, 자신에게 주어진 현재의 의미를 자문한다.
ㄷ. 과거, 미래, 현재라는 세 장의 사진을 놓고, 이들 간의 복잡한 관계를 탐구한다.
ㄹ. 자신의 실존적 경험을 회상하면서 기억을 확장하고, 과거의 경험을 상세히 묘사한다.

• (가) : _____   • (나) : _____

02 '교육과정 재개념주의'가 내세우는 교육과정관에 관한 진술로 옳은 것을 모두 고른 것은?
• 12 초등

ㄱ. 다양한 담론을 활용하여 교육과정을 이해하고자 한다.
ㄴ. 교육과정 연구에서 질적 접근보다는 양적 접근을 중시한다.
ㄷ. 연구의 초점을 교수·학습과정의 일반적 원리나 모형의 개발에 맞춘다.
ㄹ. 대표적인 학자로는 파이나(W. Pinar), 애플(M. Apple), 아이즈너(E. Eisner) 등을 들 수 있다.

① ㄱ, ㄴ   ② ㄱ, ㄹ   ③ ㄴ, ㄷ   ④ ㄴ, ㄹ   ⑤ ㄷ, ㄹ

03 다음을 핵심적 주장으로 내세우는 교육과정 이론가 집단은?
• 11 초등

교육과정에 관한 오늘날의 생각은 인구와 학교가 기하급수적으로 팽창하던 시대와는 다르다. 그 당시에는 교육과정을 구성하고 조직하는 일이 교육과정 연구의 주된 관심사였다. 그 당시는 교육과정 개발의 시대였던 것이다. 그러나 교육과정 개발의 시대는 1918년에 시작하여 1969년에 막을 내렸다. 지금 우리는 다른 시대에 살고 있다. 교육과정 연구는 교과 간의 관계, 각 교과의 쟁점, 교육과정과 세계 간의 관계 등을 드러내는 데에 초점을 두고 있으며, 더 이상 개발에 주력하지 않는다. 오늘날의 교육과정 연구는 개발이 아니라 이해에 주력해야 한다.

① 교과중심 교육과정론자   ② 경험중심 교육과정론자   ③ 학문중심 교육과정론자
④ 인간중심 교육과정론자   ⑤ 교육과정 재개념화론자

정답 01 (가) - 회귀, ㄹ / (나) - 진보, ㄱ   02 ②   03 ⑤

04 파이너(W. Pinar)에 의하여 1970년대 추진되어 온 교육과정 '재개념화(reconceptualization)'의 특징에 해당되는 사항들로만 묶인 것은?
• 07 중등

ㄱ. 교육과정의 이해보다 개발을 강조
ㄴ. 기술공학적 교육과정 연구의 필요성 정당화
ㄷ. 개인적 교육체험의 자서전적 서술방법 도입
ㄹ. 역사적·정치적·심미적 텍스트로서의 교육과정 탐구

① ㄱ, ㄴ   ② ㄱ, ㄹ   ③ ㄴ, ㄷ   ④ ㄷ, ㄹ

05 네 명의 교사들이 국사 교과서에 대하여 대화를 나누고 있다. 교과서 내용에 대한 비판적 교육과정사회학자들의 관점과 가장 가까운 관점을 가진 교사들을 바르게 짝지은 것은?
• 06 중등

김 교사 : 우리나라 국사 교과서는 너무 지배층의 관점에 치우쳐 서술되어 있어요. 예를 들면 만적의 난과 같은 용어는 지배층의 관점을 단적으로 드러내 주고 있거든요.
박 교사 : 국사 교과서는 엄선된 필자에 의하여 역사적 사실과 학계의 공통된 견해에 기초하여 집필되었기 때문에 그렇게 편향되었다고 볼 수는 없어요.
이 교사 : 아니에요. 필자가 남자로 구성되어 있어서 여성의 역사적 활동에 대한 서술이 적고, 그것도 현모양처의 모델을 제시하는 데 중점을 두고 있어서 남성 편향적 역사관을 반영하고 있다고 할 수 있어요.
최 교사 : 교과서에서 현모양처의 전형을 주로 소개하는 것은 일반 여성의 보편적 역할 모델을 보여주는 것으로 크게 문제될 것은 없다고 봅니다.

① 김 교사 - 최 교사   ② 박 교사 - 이 교사   ③ 김 교사 - 이 교사   ④ 박 교사 - 최 교사

06 다음의 주장과 관련 있는 교육과정이론을 쓰시오.
• 02 초등 변형

• 학생들을 둘러 싼 생활 세계를 존중해야 한다.
• 교과서의 지식은 특정 계층의 이데올로기를 반영하고 있다.
• 현재의 학교교육은 학생들을 정신적으로 황폐화시키고 있다.
• 사전에 설정된 교육목표에 따라 수업하는 것은 바람직하지 않다.

• _____

정답 04 ④   05 ③   06 재개념주의

07 '교육과정은 그 어원인 쿠레레(currere)에 복귀해야 한다.'라는 주장이 최근에 일고 있다. 주장과 관련 있는 것은? ● 01 초등
① 교육과정 논의의 대상은 교육과정 설계와 개발이다.
② 학교교육이 이루어지는 과정을 전달 과정에 비유한다.
③ 교육 경험을 통한 개개인의 의미형성 과정을 강조한다.
④ 교육과정 질 관리의 차원에서 교사의 책무성을 강조한다.

08 교육과정 재개념주의의 입장을 가장 잘 설명한 것은? ● 00 중등
① 지식의 구조나 지식의 형식을 교육내용으로 강조한다.
② 교육과정 개발에서 참여자들의 토론과 합의를 강조한다.
③ 교육내용의 이데올로기적 성격이나 쟁점을 드러내는 데 관심이 있다.
④ 교육목표를 가장 중시하고 교육목표와 내용, 방법 간의 일관성을 강조한다.

09 다음 중 탈근대적인(post modern) 교육과정 이론의 특징을 바르게 묶은 것을 모두 고르시오. ● 00 초등 변형

> ㄱ. 교육과정의 다양성을 강조한다.
> ㄴ. 교육과정의 맥락성과 정치성을 강조한다.
> ㄷ. 교육과정의 연구, 개발, 실행의 기본원리를 중시한다.
> ㄹ. 갈등, 불안정, 변화 등의 요소를 교육과정의 자연스러운 특성으로 받아들인다.

• _____

정답 07 ③ 08 ③ 09 ㄱ, ㄴ, ㄹ

Theme 18 교육과정 실행 이론

기출
22 초등, 21 중등, 10 초등, 08 초등

1 스나이더 외(Snyder et al.) 교육과정 실행의 세 가지 관점 ☆

(1) 충실도 관점
① 계획된 교육과정이 개발자의 원래 의도대로 충실히 실행되었는가를 파악하는 것에 중점
② 교사의 역할 ☆ : 교사연수 또는 교육과정 지침에 따라 개발자의 의도대로 교육과정을 충실하게 실행하는 수동적 역할
  예 국가 교육과정은 전국적인 교육의 질 보장을 위해 공통된 내용을 정해 실시하는 교육계획으로 교사는 수업을 임의로 해서는 안 되며 국가 교육과정의 목표와 내용을 중심으로 가르쳐야 함

(2) 상호적응적 관점
① 교육과정이 개발자 – 실행자 간 상호작용을 통해 조정 및 변화되는 과정에 중점. 융통성 있는 실행
② 교사의 역할 ☆ : 학교가 처한 환경적 맥락, 시대적·정치적 상황, 개인적 특성에 따라 계획된 교육과정을 조정하는 역할
  예 교육과정을 실제 운영하는 것은 복잡한 일로, 국가 교육과정뿐 아니라 교실 상황, 학습자 수준, 교사의 요구도 고려하여 실행하게 됨. 교육과정의 개발자와 사용자 간의 의견 조정도 중요함

(3) 생성적 관점(형성 관점)
① 외부에서 개발하여 제시한 교육과정을 토대로 삼아 교사와 학생이 교수·학습장면에서 만들어 가는 교육경험에 중점을 둠 ⇨ 교사와 학생에 의해 공동으로 만들어 가는 교육경험
② 교실수업에서 교사와 학생의 교육적 경험의 창출
③ 교사의 역할 ☆ : 학생의 주관적인 지각이나 느낌에 근거하여 교수·학습장면에서 교육과정을 학생과 함께 구성하는 개발자의 역할
  예 국가가 정한 교육과정에 얽매이기보다 교사가 창의적으로 교육내용을 만들어서 가르침. 교육과정은 교사와 학생이 함께 만들어 가는 교육경험, 외부에서 만들어진 교육과정 자료와 프로그램 수업전략은 도구로서의 의미를 지님

2 홀(Hall) 등의 교사의 관심에 기초한 교육과정 적용모형(CBAM)

(1) 특징
① 새로운 교육 혁신이 성공적으로 실행되기 위해서는 교사의 감정과 지각이 중요하다는 이론
② 혁신에 대한 교사의 관심단계와 관심단계 수준에 따른 실행 수준을 제시함

(2) 교육 혁신에 대한 관심 단계
① 개인 : 0. 지각(관심 ×) ⇨ 1. 정보(혁신안 자체에 대한 정보를 알고 싶어 하는 단계) ⇨ 2. 개인(혁신안이 교사 자신에게 미치는 영향에 대해 관심)
② 업무 : 3. 운영(학교 혁신이 사용되는 과정과 업무에 대해 집중적으로 관심)
③ 결과 : 4. 결과(학교 혁신이 학생들에게 어떠한 영향을 미치게 될 것인지에 관심) ⇨ 5. 협동(학교 혁신이 실행될 때 다른 교사들과 협력하고 조정하는 데 관심) ⇨ 6. 개선(기존의 학교 혁신안을 수정하거나 새롭게 제기된 대안적 혁신안을 탐색하는 데 깊은 관심)

(3) 교육 혁신에 대한 실행 수준
① 비실행 수준 : 0. 비운영 ⇨ 1. 오리엔테이션 ⇨ 2. 준비
② 실행 수준 : 3. 기계적 운영 ⇨ 4a. 일상화 ⇨ 4b. 정교화 ⇨ 5. 통합화 ⇨ 6. 갱신

출제 Pick!
☆ 스나이더 외 교육과정 실행의 3가지 관점, 각 관점에서의 교사의 역할
☆ 홀 등의 교사의 관심에 기초한 교육과정 적용모형의 특징, 단계
☆ 던킨과 비들의 교실 내 수업과정 연구모형의 변인

Level Up
던킨(Dunkin)과 비들(Biddle)의 교실 내 수업과정 연구모형
1. 개념 : 수업에 관한 연구의 패러다임을 나타내는 과정–산출모델
2. 네 가지 변인
  • 전조변인 : 교수자의 경험, 능력, 특성
  • 상황변인(맥락변인) : 학습자의 경험 및 특성, 학교와 지역사회의 특성, 교실 특성
  • 과정변인 : 교실 내 교수자와 학습자의 행동
  • 결과변인 : 학습 결과로 얻어지는 성과

Theme 18 기출 CHECK!

논술 기출 CHECK

교육과정 운영 관점을 스나이더 외(J. Snyder, F. Bolin, & K. Zumwalt)의 분류에 따라 설명할 때, 김 교사가 언급한 자신의 기존 관점의 장점과 단점 각각 1가지, 새롭게 관심을 가지게 된 관점에 적합한 교육과정 운영 방안 2가지를 논하시오. ● 21 중등

> 그동안의 교육과정 운영을 되돌아보니 운영에 대한 나의 관점이 달라진 것 같아. 교직 생활 초기에는 국가 교육과정의 내용을 있는 그대로 실행하는 관점으로 교육과정을 운영해 왔어. 그런데 최근 내가 새롭게 관심을 가지게 된 관점은 교육과정을 교사와 학생이 함께 생성하는 교육적 경험으로 보는 거야. 이 관점으로 교육과정을 운영하는 방안을 찾아봐야겠어.

01 다음 대화에서 추론할 수 있는 김 교사, 박 교사와 이 교장의 교육과정 실행에 관한 관점을 쓰시오. ● 10 초등 변형

> 김 교사: 국가가 정한 교육과정에 얽매이기보다는 교사가 창의적으로 교육내용을 만들어서 가르치는 것이 중요하다고 봐요. 교육과정은 교사와 학생이 함께 만들어가는 교육경험이라 할 수 있잖아요.
> 이 교장: 글쎄요, 국가 교육과정은 전국적인 교육의 질을 보장하기 위하여 공통된 내용을 정하여 실시하는 교육계획이지요. 그렇다면 교사가 수업을 임의로 해서는 안 되고, 당초 국가 교육과정에서 정한 목표와 내용을 중심으로 가르쳐야지요.
> 박 교사: 두 분 말씀은 알겠는데요, 교육과정을 실제로 운영하는 것은 복잡한 일입니다. 국가 교육과정뿐만 아니라 교실 상황, 학습자 수준, 교사의 요구도 함께 고려해야죠. 교육과정 개발자와 사용자 간의 의견 조정도 중요하다고 봐요.

• 김 교사: _____ • 이 교장: _____ • 박 교사: _____

02 홀(G. E. Hall) 등의 '교사의 관심에 기초한 교육과정 적용 모형(CBAM)'에 따르면, 새로 채택된 교육과정의 실행 양태는 교사의 관심 수준에 따라 달라진다. 이 모형에서 교사의 가장 높은 단계의 관심 수준은? ● 08 초등
① 새 교육과정을 수정·보완하여 더 나은 결과를 가져올 방안에 대한 관심
② 새 교육과정의 운영을 위한 정보와 자원을 효율적으로 배분하는 데 대한 관심
③ 새 교육과정에 대해 개괄적인 것을 넘어 더 구체적인 것을 알고 싶어 하는 관심
④ 새 교육과정을 적용하는 것이 자신과 주변에 어떤 영향을 끼치는지에 대한 관심

03 던킨과 비들이 제시한 다음의 '교실 내 (M. J. Dunkin) (J. Biddle) 수업과정의 연구모형'에서 (가)에 대한 설명으로 옳은 것은? ● 08 초등

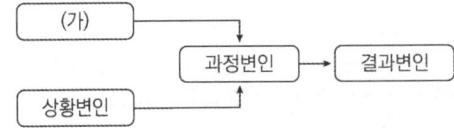

① 교사와 학습자의 교실행동 요인들이다.
② 학습자의 특성과 경험 등을 의미하는 학습자 요인들이다.
③ 교사의 특성 및 훈련 경험 등 교사와 관련된 요인들이다.
④ 학교 및 지역사회의 특징을 포함하는 물리적 환경 요인들이다.

정답 01 김 교사 - 형성(생성) 관점 / 이 교장 - 충실성 관점 / 박 교사 - 상호적응 관점　02 ①　03 ③

Theme 19 교육과정 재구성

기출: 22 중등, 10 초등

1 개념 ☆
① 학교 또는 교사가 국가·지역·학교수준의 교육과정 문서에 제시된 교육목표, 교육내용, 교수·학습방법 및 평가방법 등을 조정하여 자기만의 교육과정을 수립하는 것
② 이미 만들어진 교육과정을 조정하여 교사(혹은 학교)만의 교육과정으로 재구성함

2 절차 ☆

(1) 재구성을 위한 분석 ☆
① **교육과정 분석** : 교육과정 성취기준, 교육과정 해설서, 교과서, 교사용 지도서, 시·도 교육청 편성·운영 지침서, 학교 교육과정 등을 분석 ⇨ 교육과정의 내용에 대해 철저하게 이해해야 함
② **학생의 특성과 수준 분석** : 학생의 인지적·정의적 특성 및 관심 분석
③ **학교 여건 분석** : 지역사회의 특성과 학습 자원, 학부모의 특성과 요구, 학교시설 및 풍토를 분석
   ⇨ 실현 가능한 테두리 안에서 교육과정 재구성이 진행되도록 해야 함

(2) 재구성 유형 결정
① 교육과정의 학습자 적절성을 고려하여 재구성 유형을 결정함
② **교육과정 재구성 유형** ☆
   ㉠ **교과 내 재구성** : 교육과정이 제시한 핵심 성취기준을 중심으로 교과서 순서 변경, 새로운 내용 추가, 내용 생략·압축·대체·수준 변경 등을 진행함
   ㉡ **교과 간 재구성** : 이슈 중심 재구성, 핵심역량 증진 재구성 등 특정 교과를 중심으로 다른 교과의 내용을 연계·통합하거나, 각 교과에 공통되는 주제를 중심으로 해당되는 내용을 융합하여 프로젝트 수업으로 진행할 수도 있음
   ㉢ **교과와 창의적 체험활동의 연계를 통한 재구성** : 교과와 체험활동을 연결하여 수업함
      예 국어시간에 포토에세이 작성법에 대해 익히고, 학교가 속해 있는 지역사회를 탐방하면서 지역사회에 대한 사진을 토대로 포토에세이를 작성하는 방법

(3) 목표 재구성
학습자의 수준에 따른 목표 재구성, 핵심역량 등 특정한 능력 신장을 위한 목표 재구성

(4) 내용 재구성
재구성할 학습요소 선정 및 지도계획 수립, 교과수준의 1차·학생중심의 2차 재구성, 내용 재구성 결과 점검, 타 교과 학습내용과 통합, 교수·학습방안 구안

(5) 교수방법 계획
교수전략 구안·교수 설계·학생 참여 수업방법 계획 등 수립, 교수·학습 과정안 작성 및 지도상 유의점 설정

(6) 평가 계획
형성평가, 수행평가, 자기평가, 모둠평가 계획 수립

3 교육과정 재구성(학교 교육과정 개발·운영)을 위한 교사의 역할 ☆
① **국가 교육과정 기준 및 시·도 교육청 지침 분석** : 각 학교에서 교육 실천계획을 수립하고 중점 교육 내용과 방법을 선택하고자 할 때, 그 근거가 되는 국가 교육과정 기준과 시·도 교육청 지침을 자세히 분석해야 함
② **학교의 교육 여건 파악** : 학교의 특성에 맞는 교육과정을 편성·운영하기 위해 학생·교원 실태, 교육시설·설비·자료, 학부모 및 지역사회의 특성 등의 교육 여건을 파악해야 함
③ **학교 교육과정 운영계획 및 세부 실천계획 수립** : 학교의 여건과 실태에 대한 구체적인 인식에 기초하여 학생에게 실천 가능한 교육 설계도를 마련하고, 설계도에 담긴 특색을 구현할 수 있는 운영계획 및 세부 실천계획을 수립해야 함
④ **전문성 신장을 위한 지속적인 노력** : 학교수준 교육과정을 도모하는 과정에서 교사는 교육과정 실행자뿐만 아니라 개발자로서의 역할까지 수행해야 하므로, 이에 필요한 전문성 신장의 노력을 경주해야 함

출제 Pick!
☆ 교육과정 재구성의 개념, 절차, 선행되어야 하는 분석 유형, 교사의 역할
☆ 교육과정 압축의 개념, 방법

Level Up
렌줄리(Renzulli)의 교육과정 압축 ☆
1. 교육과정 압축
   상위 학습자를 위해 이미 숙달한 학습 자료의 반복을 피하고 보다 도전적인 학습기회를 제공하기 위한 교육과정 재구성 전략
2. 교육과정 압축 방법
   • 속진 : 같은 교육과정을 좀 더 빨리 학습하는 것
   • 심화 : 또래 학생과 함께 학습하되, 영재학생에게 다양한 과제를 학습하도록 제공하는 것

Theme 19 기출 CHECK!

논술 기출 CHECK

송 교사가 계획하는 교육과정 재구성의 구체적인 방법 2가지를 제시하시오. ● 22 중등

김 교사 : 송 선생님, 제 특강에 관심을 가져 주셔서 감사합니다. 선생님은 올해 우리 학교에 발령받아 오셨으니 도움이 필요하시면 말씀하세요.

송 교사 : 정말 감사합니다. 그동안은 교과 간 통합에 주로 관심을 가져왔는데, 김 선생님의 특강을 들어 보니 이전 학습 내용과 다음 학습 내용이 자연스럽게 연결되어야 한다는 수직적 연계성도 중요한 것 같더군요. 그래서 이번 학기에는 교과 내 단원의 범위와 계열을 조정할 계획입니다. 선생님께서는 교육과정을 어떻게 재구성하시는지 함께 이야기할 수 있을까요?

01 김 교사가 〈보기〉와 같이 수행한 방법과 가장 가까운 것은? ● 10 초등 변형

―〈보기〉―
김 교사는 학생들의 성취목표 도달 정도를 확인해 이미 학습목표를 성취한 학생들과는 학습계약을 맺어 별도의 학습과제를 부여해 수업시간을 낭비하지 않도록 하고 있다.

① 발견학습(discovery learning)　　② 협동학습(cooperative learning)　　③ 상보적 학습(reciprocal learning)
④ 선행조직자(advanced organizer)　　⑤ 교육과정 압축(curriculum compacting)

정답 01 ⑤

Theme 20 우리나라 교육과정

기출 22 초등, 06 초등, 05 초등, 02 초등

1 우리나라의 교육과정 운영 체제 ☆

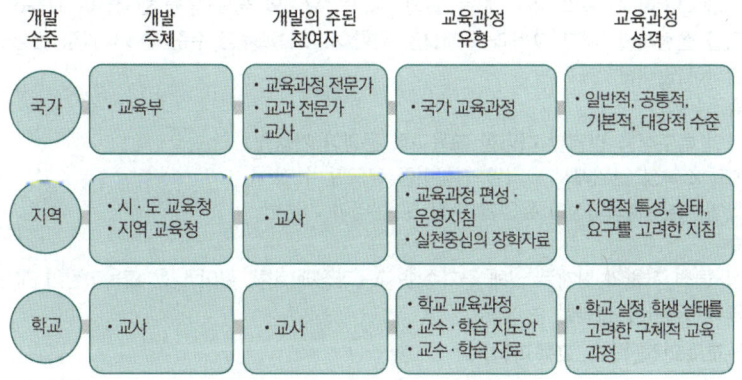

[그림 1-5] 교육과정 개발의 세 수준

출제 Pick!
☆ 우리나라의 교육과정 운영 체제, 각 운영 체제별 성격과 장·단점
☆ 학교 교육과정의 특징

Level Up
우리나라 교육과정 운영 체제

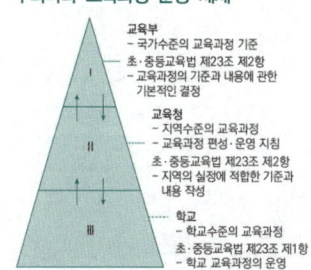

(1) 국가수준 교육과정

① 개념
  ㉠ 초·중등학교의 교육목적과 목표 달성을 위해 교육부 장관이 결정·고시하는 교육내용에 관한 **전국 공통의 일반적 기준**
  ㉡ 초·중등학교에서 편성·운영해야 할 학교 교육과정의 교육목표와 내용, 방법과 운영, 평가 등에 관한 **국가수준의 기준 및 지침**이 됨

② 성격 ☆
  ㉠ 국가수준의 공통성과 지역·학교·개인수준의 다양성을 동시에 추구하는 교육과정
  ㉡ 학교교육의 체제를 교육과정 중심으로 구현하기 위한 교육과정
  ㉢ 학교교육의 질적 수준을 관리·개선하기 위한 교육과정

③ 장점 ☆
  ㉠ 전국의 모든 학교에 공통적인 교육과정을 개발함으로써 전국적으로 학교교육의 수준과 질을 조절할 수 있음
  ㉡ 장기적인 노력에 의해 개발된 것이므로 어느 정도의 지속성이 보장되며, 학생이 학교를 옮기더라도 교육의 계속성이 보장됨
  ㉢ 전문 인력 및 물적 자원 투입 ⇨ 전문성 높은 교육과정
  ㉣ 지역이나 학교 단위에서의 교육과정 개발을 위한 노력, 재정, 시간 등을 줄일 수 있음
  ㉤ 교육의 목적 달성에 필요한 교육적 기준이 됨

④ 단점 ☆
  ㉠ **교사 배제 교육과정**으로, 교사가 교육과정을 중요하게 생각하지 않는 '**교육과정 사소화 현상**'이 나타날 수 있음
    ⇨ **해결방안**: 단위학교 내 학교교육과정위원회의 기능 활성화, 일반 원리에 따른 절차보다는 구체적인 실천 사례의 반성을 통한 교육과정 개발
  ㉡ 교육과정 운영의 획일화·경직화가 우려됨
  ㉢ 지역, 학교 등의 특수성을 고려한 교육과정 운영이 어려움

(2) **지역수준 교육과정**
① **개념**
㉠ 국가수준 교육과정과 학교수준 교육과정을 자연스럽게 이어주는 교육과정
㉡ 장학자료, 교수·학습자료 및 지역 교재 개발의 기본 지침이 됨
㉢ 2006년 이후 '○○시·도 교육과정'이라는 명칭으로 불리며, 학교 교육과정 편성·운영에 강력한 영향을 끼치게 되었음
㉣ 지역의 특수성, 교육의 실태, 교원·학생·주민의 요구와 필요 등을 반영하여 교육청 단위의 교육 중점을 설정하고, 학교 교육과정 개발을 위한 시·도 교육청 수준의 교육과정 편성·운영 지침을 마련하여 안내함
② **장점** ☆
㉠ 지역의 특수성을 반영한 다양한 교육과정 운영이 가능함
㉡ 시·도 교육청 단위에서 교사들의 참여를 유도할 수 있음
㉢ 변화에 따른 교육과정의 유연한 수정 및 운영이 가능함
③ **단점** ☆
㉠ 인적·물적 자원의 한계로 인해 국가수준 교육과정에 비해 질이 낮은 교육과정이 개발될 수 있음
㉡ 지역 간 격차가 심화될 수 있음

(3) **학교수준 교육과정(학교 교육과정)** ☆
① **개념**
㉠ 국가수준 교육과정과 지역수준 교육과정을 근거로 편성한 학교 운영계획
㉡ 학교의 모든 교원이 전문성을 발휘하며 참여하여 학교 교육과정을 편성
㉢ 상급 수준 교육과정의 영향을 받는 동시에, 자율적인 영역을 확보해 가고 있음
② **성격** ☆
㉠ **구체적 실행을 위한 교육과정**: 지역 특수성, 학교 실정, 학생 실태에 알맞게 학교별로 마련한 '당해 학교에서 구체적 실행을 위한 교육과정'
㉡ **학교의 교육 설계도**: 학교가 수용하고 있는 학생에게 책임지고 실현해야 할 교육목표, 내용, 방법, 평가 등에 대한 구체적인 실행 교육 프로그램이자 특색 있는 교육 설계도
㉢ **학교의 특성 반영**: 해당 학교의 교육목표, 경영철학, 전통, 특성 등이 치밀하게 반영되어 있고 그 학교의 창의적이고 독특한 교육내용 및 방법과 특색 있는 운영방안이 나타나 있음
③ **장점** ☆
㉠ **교육과정·학습자중심 교육 실현**
• 지역 특수성, 학교 실정, 학생 실태에 알맞게 조정·보완·가공하여 실천하기에 적합한 실행 교육과정
• 교과서에 학습자를 철저하게 맞추어 가는 교과서중심 체제와는 달리, 학습자를 더 배려하고 존중할 수 있음 ⇨ 학습자중심의 교육 가능
㉡ **지역 및 학교 특성에 맞는 교육 실현**: 학습자의 개성·능력·소질·흥미·요구, 지역 및 학교의 특성, 학부모의 요구, 교사의 창의성 및 자율성 등을 충분히 반영

④ 학교 교육과정 편성 및 운영 조직
  ㉠ 학교 교육과정 위원회
    • 학교 교육과정 계획의 수립부터 시안을 만드는 작업에 이르기까지 전문적인 역할을 수행함
    • 구성원 : 교장, 교감, 부장 교사, 교사 일부
  ㉡ 학교운영위원회
    • 교육과정에 대한 심의를 실시하고, 개정 교육과정을 확정·공포하는 기구(「초·중등교육법」 제32조 제1항 제3호에 근거한 법정 기구)
    • 구성원 : 교육과정 심의에서 민주성·대표성을 확보할 수 있는 학교의 교원 대표, 학부모 대표, 지역사회 인사
  ㉢ 교사와 교과협의회
    • 학교 교육과정을 전개(수업)·활용하며, 교과내용·수업방법 등에 대해 자율적으로 수업 진행
    • 구성원 : 개별 교사, 교과·학년협의회
⑤ 학교 교육과정의 개발 형태(단위학교 수준 교육과정의 탄력적 운영 방안)
  ㉠ 교육과정 재구성 : 교육과정상에 있는 내용 요소를 중심으로 교사가 순서와 내용을 재조정함
    예 • 교과 간의 중복된 내용 요소를 분석하여 교과 간 통합 운영
        • 여러 교과에 관련된 주제를 통합
        • 교과서에 제시된 내용 순서를 필요에 따라 적절히 바꿈
        • 교과서에 제시된 내용을 다 가르치는 것이 아니라 교육과정상의 필수 요소를 중심으로 최소한의 것을 엄선하여 가르침
  ㉡ 교과목의 탄력적 편성 : 국가 교육과정에 편성된 모든 교과목을 모든 학기에 걸쳐서 편성하지 않고 특정 학년 또는 학기에 집중 편성함
    ⇨ 학습 부담을 적정화하고, 의미 있는 학습활동이 가능함
    예 중학교 1~3학년군에 편재된 '과학/기술·가정'에 대하여 과학은 1~2학년에, 기술·가정은 2~3학년에 몰아서 편성함
    참고 집중이수제 : 단위 학교는 교과(군)에 배당된 수업 시수를 특정 학기 또는 특정 학년 단위로 집중 편성하는 제도
  ㉢ 수업시간의 탄력적 운영 : 학교 특성이나 학생·교사·학부모의 요구 및 필요에 따라 교과(군)별 및 창의적 체험 활동의 20% 범위 내에서 시수를 증감하여 편성·운영[단, 체육, 예술(음악, 미술) 교과는 기준 수업 시수의 감축 불가]
    예 • 수업 시간표를 작성할 때 특정 요일에 특정 과목을 1시간씩 배당하기보다는 필요에 따라 특정 교과목에 2~3시간을 연속해서 배당하는 '블록타임제'나 토요일 전일에 해당하는 '전일제' 등을 도입
        • 특정 교과의 수업을 특정 요일에 블록타임제로 운영
    참고 교과군 : 기존의 교과들을 교육목적상 근접성, 학문 탐구 대상 또는 방법상의 인접성, 실제 생활양식에서의 상호 연관성 등을 고려하여 광역군으로 유목화한 것
    예 • 교과로부터 수업 시수를 가져와 창의적 체험 활동으로 편성 가능
        • 창의적 체험활동으로부터 수업 시수를 가져와 교과로 편성 가능
  ㉣ 새로운 교과목 신설 : 필요에 따라서 국가 교육과정에 없는 과목 신설 가능
    ⇨ 단, 이 경우 시·도 교육청이 정하는 지침에 따라 사전에 필요한 절차를 거쳐야 함

Theme 20 기출 CHECK!

01 지방 분권적 교육과정의 장점으로 볼 수 없는 것은? ● 06 초등
① 단위 학교의 자율성과 책무성을 제고할 수 있다.
② 전국 수준의 표준화된 교육과정을 유지할 수 있다.
③ 지역 인재를 양성하여 국가 발전에 기여할 수 있다.
④ 지역 실정에 적합한 교육과정을 편성·운영할 수 있다.

02 다음에서 알 수 있는 우리나라 교육과정 변천과정의 경향은? ● 04 초등

- 초등학교 사회과에서 지역별 교과서를 개발하도록 하고 있다.
- 시·도 교육청에 교육과정 편성·운영 지침 작성권을 부여하고 있다.
- 학교의 실정이나 학생의 요구에 따른 교육과정을 편성·운영할 수 있도록 하고 있다.

① 교육과정 결정의 분권화　　　　　　　② 교육과정 결정의 구조화
③ 교육과정 결정의 표준화　　　　　　　④ 교육과정 결정의 집중화

03 단위 학교 수준에서 교육과정의 탄력적 운영을 위해 도입할 수 있는 운영 방법이 아닌 것은? ● 02 초등
① 특정 교과의 수업을 특정 요일에 블록타임제로 운영한다.
② 교과 간의 중복된 내용 요소를 분석하여 교과 간 통합 운영한다.
③ 교과서에 제시된 내용 순서를 필요에 따라 적절히 바꾸어 가르친다.
④ 학생의 요구와 교사의 판단에 따라 연간 수업 시수를 감축하여 운영한다.

정답　01 ②　02 ①　03 ④

Theme 21 2015 개정 교육과정

기출 11 중등

1 개관

(1) 2015 개정 교육과정의 목표 ☆
  창의·융합형 인재양성

(2) 추구하는 인간상 ☆
① **자주적인 사람** : 전인적 성장을 도모하고, 긍정적인 자아정체성과 자존감과 자신감을 가지고, 자기주도적이며 자율적으로 자신의 진로와 삶을 개척하는 사람
② **창의적인 사람** : 폭넓은 기초 지식을 바탕으로 분석적·논리적이면서도 새롭고 독창적인 아이디어를 산출해 내며, 유창성·융통성·상상력·독창성을 가지고 사고하여 문제를 해결할 수 있는 사람
③ **교양 있는 사람** : 다양한 문화에 대한 감수성과 공감적 이해 능력을 습득함으로써 인류 문화를 심미적으로 향유하고 지속적으로 발전시키며 행복하고 품격 있는 삶을 사는 사람
④ **더불어 사는 사람** : 공동체의 구성원으로서 공동체 의식을 가지는 동시에, 다양한 가치를 가지는 사람들이 공존하여 정의롭게 사는 것에 대한 민주시민 의식을 가진 사람

(3) 핵심역량 ☆
① **자기관리 역량** : 자신의 삶, 학습, 건강, 진로에 필요한 기초적 능력 및 자질을 지속적으로 계발·관리하고, 변화하는 사회에 유연하게 적응하며 살아갈 수 있는 능력
② **지식·정보처리 역량** : 학습과 삶 등에서 직면하게 되는 문제를 해결하기 위하여 다양한 정보와 자료를 수집·분석·평가·선택하고, 적절한 매체를 활용하여 지식과 정보와 자료를 효과적으로 처리함으로써 합리적으로 문제를 해결할 수 있는 능력
③ **창의적 사고 역량** : 다양한 영역에 대한 폭넓은 기초 지식과 자신의 전문 영역에 대한 깊이 있는 지식을 바탕으로 새롭고 독창적인 아이디어를 산출해 내고, 다양한 분야의 지식·기술·경험을 융합적으로 활용할 수 있는 능력
④ **심미적 감성 역량** : 다양한 가치에 대한 개방적 태도와 반성적 성찰을 통해서 자신과 타인과 사회현상들을 공감적으로 이해하고, 문화적 소양과 감수성을 통해 삶의 의미와 사물들의 아름다움과 가치를 발견하고 향유하며, 이를 바탕으로 질 높은 삶과 행복을 누릴 수 있는 능력
⑤ **의사소통 역량** : 다양한 상황에 적합한 언어·상징·텍스트, 매체를 활용하여 자신의 생각과 감정을 효과적으로 표현하며, 타인의 말과 글에 나타난 생각과 감정을 올바르게 이해하고, 다른 사람의 의견을 경청·존중하며 갈등을 효과적으로 조정하는 능력
⑥ **공동체 역량**
  ㉠ 지역·국가·지구촌의 구성원으로서 요구되는 가치와 태도를 수용하고 실천하며, 지역적·국가적·세계적 차원의 다양한 문제해결에 책임감을 가지고 적극적으로 참여하는 능력
  ㉡ 다양한 사람들과 원만한 관계를 가지고 협업하고 상호작용하며, 다른 사람들을 배려하며 함께 살아갈 수 있는 능력

출제 Pick!
☆ 2015 개정 교육과정의 목표, 인간상, 핵심역량

Level Up
창의·융합형 인재
인문학적 상상력, 과학기술 창조력을 갖추고 바른 인성을 겸비하여 새로운 지식을 창조하며 다양한 지식을 융합하여 새로운 가치를 창출할 수 있는 사람

2 2015 개정 교육과정 구성의 중점

(1) **인문·사회·과학기술 기초 소양 함양**
  ① **문·이과 구분 없는 공통 과목 도입** : 국어, 수학, 영어, 한국사, 통합사회, 통합과학, 과학탐구·실험
  ② 통합적 사고력 향상을 위한 통합사회 및 통합과학 신설

(2) **핵심개념 중심의 교육내용 재구조화**
  ① **핵심개념** : 교과가 기반을 두는 학문의 가장 기초적인 개념, 원리를 포함하는 교과의 근본적인 아이디어
    ⇨ 교과학습 중점
  ② **교육내용 구조화의 장점**
    ㉠ **큰 그림에 대한 이해 획득** : 각 교과의 구조를 중심으로 다양한 내용들의 관련성을 파악하여 큰 그림에 대한 이해를 획득하게 함
    ㉡ **융합적 사고 계발** : 교과 내 지식과 기능, 교과 내 영역 간, 교과 간 학습내용의 연계성을 드러내어 창의·융합형 인재를 기르기 위한 융합적 사고 계발을 가능하게 함

(3) **교과 특성에 맞는 다양한 학생 참여형 수업 활성화**
  ① **교과역량** : 총론에서 핵심역량을 제시하고, 각 교과에서는 교과역량을 규명함
    ⇨ 교과역량은 교과가 기반 둔 학문의 지식 및 기능을 습득·활용함으로써 길러짐
  ② **학생 참여형 수업**
    ㉠ 교사와 학생, 학생 상호 간의 상호작용에 기반을 둔 학습
    ㉡ 협력적 문제해결 방식
    ㉢ 자기주도적 학습

(4) **학습의 과정을 중시하는 평가**
  ① 학습경험 성장 지원에 초점
  ② 피드백, 교수·학습 개선을 위해 평가 결과를 활용함

(5) **교과의 교육목표, 교육내용, 교수·학습, 평가의 일관성 강화**
  ① **성취기준에 근거한 학습** : 교과 성취기준 = 교과 통해 학생들이 배워야 할 지식·기능·태도의 총체
    ⇨ 학년(군)별 학습으로 기대되는 결과를 의미함
  ② **학습경험 성장을 위한 수업** : 교사는 학생의 다양한 특성과 요구를 파악하여 내용을 재구성하고, 학생이 특정 맥락에서 습득한 내용을 새로운 상황에서 적용하고, 문제를 해결하도록 함
  ③ **학습경험 성장을 위한 평가**
    ㉠ 평가에서는 학생들이 수행을 통해 자신이 습득한 지식을 적용하고, 고차원적 사고기능을 활용할 수 있도록 해야 함
    ㉡ 교사는 학생들에게 형성평가 및 총괄평가에 따른 피드백을 제공하고, 학생들은 이를 기초로 자신의 학습을 지속적으로 성찰하고 향상시켜야 함

3 2015 개정 교육과정 - 교수·학습

(1) 교과학습의 중점
  ① **핵심개념의 이해** : 학습내용을 구조화하는 원리인 '교과별 핵심개념'을 중심으로 교수·학습활동이 이뤄져야 함
  ② **핵심개념 활용능력 향상** : 학생이 새로운 지식을 기존 지식과 관련지어 파악함 ⇨ 일반화나 원리 구성 ⇨ 다른 맥락과 상황 속에 적용하여 문제를 해결하도록 지도함

(2) 학생의 발달단계에 따른 체계적인 수업 설계
  ① 발달단계에 따라 적절한 수준의 수업 제공
    ㉠ **계속성의 원리** : 2015 개정 교육과정이 추구하는 인간상의 구현을 위해서 각 교과의 개념을 포괄하는 핵심개념과 일반화된 지식, 일반화된 지식을 도출하기 위해 필요한 교과별 기능이 매 학년에서 공통적으로 반복하여 경험되어야 함
    ㉡ **계열성의 원리** : 교과별 핵심개념은 학생 발달단계에 따라 적절한 수준으로 제공되어야 함
  ② **생활과 관련된 경험을 바탕으로 수업 설계** : 교사는 학생의 발달적 특성, 인지 및 학습능력을 고려하여 학생들이 수업에서 경험하는 새로운 내용이 생활에서 접한 경험 및 지식과 연결된 의미 있는 지식으로 구성되도록 수업을 설계해야 함

(3) 융합적 사고 지도 방안
  2015 개정 교과 교육과정은 핵심개념을 중심으로 학습내용을 조직해야 함 ⇨ 교사는 핵심개념을 중심으로 공통성 또는 관련성을 가지는 지식을 연결하여 교과 내 영역 간, 교과 간 내용을 통합한 교수·학습계획을 구성할 수 있음

(4) 학생 참여 수업 활성화
  ① 학생 참여형·활동형 수업을 활성화해야 함
  ② 토의·토론학습 활성화 ⇨ 학생이 학습활동에 능동적 참여하는 교수·학습법
    ㉠ **토론** : 서로 다른 주장을 논증과 실증으로 정당화함
    ㉡ **토의** : 여러 사람이 정보와 의견을 공유하며 결론을 냄

(5) 학습자 특성에 맞는 개별 학습활동 제공 ⇨ 개별화 학습
  학습자마다의 선행학습 정도, 지식 수준, 능력, 학습 선호도, 학습동기에 따라 개별적으로 학습함

(6) 협동학습 경험 제공
  ① **인지적 성장 촉발** : 소집단 구성원 간 끊임없는 대화와 참여를 통해 이루어지는 협력적인 문제해결과정 속에서 구성원들의 인지적 성장이 일어남
  ② 협력적 문제해결학습
  ③ **사회적 기능 발달** : 책임감, 리더십, 의사소통능력, 갈등 조정능력 등

(7) 학습내용의 적용 기회 제공
  각 교과의 핵심개념 및 일반화된 원리를 학습할 때 암기를 넘어 개념과 원리를 습득할 수 있도록 교수·학습을 계획해야 함

(8) 메타인지적 전략 및 자기주도적 학습
  ① **메타인지의 활용** : 학생 스스로가 자신의 학습활동을 확인·점검 및 평가하도록 함
    ⇨ 자신의 학습활동을 개선해 나갈 수 있는 충분한 연습의 기회를 제공하는 것이 필요함
  ② **자기주도적 학습 촉진** : 학생의 선경험·선지식을 고려하여 수업을 설계함
    ⇨ 학생이 교수·학습활동 과정에서 자기주도적으로 학습하도록 해야 함

(9) 특별 보충수업
  미성취학습자의 학습 결손을 보충할 수 있도록 일과 전후에 별도의 시간을 활용하여 특별 보충수업을 운영함

Level Up

성취평가제

1. 개념
국가 교육과정에 근거한 성취기준을 토대로 교수·학습이 이루어지고 성취기준에 따라 학생의 학업 성취 정도를 평가하는 교육제도

2. 성취기준
- 각 교과목에서 학생이 학습을 통해 성취해야 할 지식, 기능, 태도의 특성을 진술한 것
- 교사가 무엇을 가르치고 평가해야 하는지에 대한 실질적인 근거

3. 성취수준
- 학생이 교과별 성취기준에 도달한 정도를 나타내는 것
- 성취 정도에 따라 A-B-C-D-E / A-B-C / P 수준으로 구분됨

4. 장점
- 학생
  - 학습해야 할 목표와 내용이 무엇인지 구체적으로 알 수 있음
  - 어떤 영역에서 얼마만큼 성취했는지 구체적인 피드백을 받을 수 있음
  - 성취기준에 비추어 부족한 점을 파악하여 학습을 개선할 수 있음
  - 다른 학생의 성적에 관계없이 내가 노력한 만큼 성적을 받을 수 있음
  - 개인의 관심, 흥미, 진로에 적합한 다양한 교과목을 배울 수 있음
  - 무분별한 경쟁이 줄어들고 협동 학습의 분위기가 조성됨
- 교사
  - 성취기준에 근거하여 학생이 도달해야 할 목표와 내용을 명확히 할 수 있음
  - 학생이 성취기준에 도달한 정도를 파악할 수 있음
  - 성취기준에 근거하여 학생에게 학습에 관한 피드백을 제공할 수 있음
  - 학생의 학업성취 수준에 대한 정보를 바탕으로 교수·학습과 평가를 개선할 수 있음
  - 학생중심의 맞춤형 교육과정을 운영할 수 있음
  - 성취기준, 교수·학습, 평가의 유기적 연계를 통해 교사 전문성을 높일 수 있음

4 2015 개정 교육과정 – 평가

(1) 평가의 궁극적 목적 – 학습 촉진
① 학생의 학습을 돕고, 학생 스스로 자신의 학습을 점검하고 개선할 수 있도록 함
② 학생의 교육목표 도달 정도를 확인하고 평가 정보를 교사, 학생, 학부모 등에게 제공함 ⇨ 교육적 노력 및 의사결정에 도움 ⇨ 교수·학습의 질 개선 + 학습 촉진

(2) 평가 결과의 활용
① 학생의 성장 지원
② 수업의 개선

(3) 평가 유형별 활용 방안
① **진단평가** : 교육목표 도달에 필요한 내용과 기능을 확인하고 수업계획을 수립함
② **형성평가** : 학생의 교육목표 도달 정도를 확인함
   ⇨ 다음 학습목표나 수업 학습과제 선정에 필요한 의사결정에 유용한 정보로 활용
③ **총괄평가** : 학업성취도를 파악하고 전체적인 수업내용과 수준을 점검함
   ⇨ 학생에게 적합한 수업방법 및 학습환경 개선을 위하여 결과 활용

(4) 평가 기준
① **평가의 일관성**
   ㉠ 평가 방법은 교과의 특성과 교육목표에 따라 달라짐
   ㉡ 교과 교육활동에서 사용한 다양한 교수·학습법과 일관되면서 그 특성을 드러내야 함
② **평가의 타당성** : 자아개념, 가치관, 흥미, 태도, 책임, 협력, 동기 등의 정의적 측면이나 다양한 교과 관련 기능적 측면, 또는 확산적 사고를 포함한 창의적 측면이 중시되는 교과일 경우, 평가 계획 수립에 있어 교사, 학생, 학부모 모두가 공감 가능하며 전문적인 평정 기준과 척도를 마련하여 평가해야 함 ⇨ 루브릭

(5) 교과의 성격과 특성에 적합한 평가 방법 활용
① **서술형 평가**
   ㉠ 내용 요약, 개념 설명, 풀이과정 제시 등 학습한 내용을 기술하는 평가 방법
   ㉡ 논술형에 비해 짧은 길이로 답을 작성함
   ㉢ 글의 조직력이나 표현력이 크게 요구되지 않음
   ㉣ 채점할 때에는 어느 정도 객관적인 정답이 존재함
② **논술형 평가**
   ㉠ 생각과 주장을 논리적으로 설득력 있게 조직하는 평가 방법
   ㉡ 서술형보다 길게, 보통의 경우 한 단락 이상으로 답안이 구성됨
   ㉢ 채점 시 교사(채점자)의 전문적인 판단이 요구됨
③ **수행평가**
   ㉠ 학생이 상황이나 맥락 속에서 지식을 적용하여 문제를 해결할 수 있는지를 확인하는 평가 방법
   ㉡ 유의미, 도전적, 흥미유발을 위해 실생활 맥락성, 간학문성, 다차원적(여러 차원의 지식과 인지적 기능 측정 필요) 측면이 강조됨
   ㉢ 교육과정에 기반을 두고 있어야 함
   ㉣ **수행평가의 장점**
   - 정의적 특성을 평가함으로써 전인적 성장을 이룰 수 있음
   - 실제 생활과 유사한 맥락에서의 수행능력을 평가 ⇨ 암기 위주의 교육보다는 과제 수행과 관련된 고등사고기능이나 협력적 문제해결력을 중시하게 됨
   - 결과뿐만 아니라 결과에 도달하게 된 과정을 평가 ⇨ 학습자의 학습 진보에 대한 결과를 수집함
     ⇨ 학생들 또한 자기 스스로의 변화와 성장을 확인하게 됨

(6) 성취기준에 근거한 평가
  ① 성취기준과 평가
    ㉠ 성취기준 : 각 교과에서 학생이 학습을 통해 얻어야 할 지식, 기능, 태도 등의 학습 결과로 학생이 할 수 있게 되어야 하는 것을 진술한 것
    ㉡ 성취기준을 활용한 평가 : 평가는 성취기준에 근거하여 계획·실행되어야 함 ⇨ 교수·학습과 평가 활동이 일관성 있게 이루어져야 함
  ② 평가 시 유의점
    ㉠ 성취기준에 근거하되, 평가는 학교에서 학생이 배운 것에 대한 교육목표 도달을 확인해야 함
    ㉡ 교육과정 밖의 평가는 학교교육에 대한 불신으로 이어지며, 결과적으로 사교육을 조장함

(7) 과정중심·학생 참여형 평가
  ① 과정중심 평가
    ㉠ 학습의 결과뿐만 아니라 과정을 강조하는 평가 방법
    ㉡ 진단평가의 성격 : 학생의 강점과 부족한 점을 파악하고자 정확한 정보를 수집함
    ㉢ 형성평가의 성격 : 학생의 수행을 효과적인 수업 계획과 실행 전체를 통해서 평가함
  ② 학생 참여형 평가
    ㉠ 학생이 평가 준거를 설정하고 평가를 실행하는 전 과정에 참여하는 평가
    ㉡ 학습에 대한 책임의식 제고 : 다양한 수행 지표에 대해서 교사와 이야기하고 스스로 평가하도록 함
      ⇨ 학습자의 자신을 인식하는 능력을 향상시키고 학습과 수행에 대한 책임의식을 높임
    ㉢ 자기평가 활용 : 학생이 개인별로 노트를 만들어서 학습의 전 과정에 걸쳐서 자신이 알게 되고 느끼고 배우게 된 것, 반성하게 된 것 등을 기록하는 등의 자기평가를 활용함

(8) 기타 영역의 평가
  ① 실험·실습의 평가
    ㉠ 합리적인 세부 평가 기준 마련 : 교과목의 성격을 고려해야 하며, 적용능력부터 문제해결과정까지 종합적으로 평가하는 기준이 필요함
    ㉡ 평가 기준의 사전 공개 : 학생에게 세부 평가 기준을 명확하게 공개한 후 실시해야 함 ⇨ 수행 기준과 평가 기준을 명백하게 마련하여 충분히 논의한 후 학생이 학습활동과 과제를 수행하면 학습 동기가 유발되고 학습 효과가 향상됨
  ② 창의적 체험활동의 평가
    ㉠ 창의적 체험활동의 목적
      • 다양하고 의미 있는 체험활동의 기회를 제공
      • 학교생활을 통해 나눔과 배려 등의 인성을 함양
      • 자발적인 사고와 활동을 통해 창의력을 키우는 것
    ㉡ 창의적 체험활동의 평가 : 창의적 체험활동의 내용과 특성, 지역사회의 여건, 학교 실태, 학습자의 능력이나 요구 등이 반영된 학교 교육과정에 맞게 창의적 체험활동 평가의 주안점을 작성하여 활용해야 함

창의적 체험활동의 영역 및 활동
• **자율활동** : 적응활동, 자치활동, 행사활동, 창의적 특색활동 등
• **동아리 활동** : 학술활동, 문화예술 활동, 스포츠활동, 실습 노작활동, 청소년 단체활동 등
• **봉사활동** : 교내 봉사활동, 지역사회 봉사활동, 자연환경 보호활동, 캠페인 활동 등
• **진로활동** : 자기이해 활동, 진로정보 탐색활동, 진로 계획활동, 진로 체험 활동 등

Theme 21 기출 CHECK!

01 2015 개정 교육과정의 특징을 모두 고르시오. • 11 중등 변형

> ㄱ. 교육내용을 핵심개념을 중심으로 구조화하여 학습량을 적정화하고 학습경험의 질을 높이고자 한다.
> ㄴ. 학습내용을 학생에게 일방적으로 제시하는 강의식 수업을 지양하고 학생이 직접 체험할 수 있는 교수·학습활동을 계획해야 한다.
> ㄷ. 국가에서 선정한 전문가가 연구·개발한 교육과정을 단위학교에 보급하여 시행하도록 해야 한다.
> ㄹ. 학생의 학습과 성장을 지원할 수 있는 과정중심 평가가 될 수 있는 다양한 평가방법을 선정한다.

정답 01 ㄱ, ㄴ, ㄹ

Theme 22. 2022 개정 교육과정

1 개관

(1) 2022 개정 교육과정의 목표 및 특징

① 목표 : 포용성과 창의성을 갖춘 주도적인 사람

② 특징

  ㉠ 미래 사회에 대응할 수 있는 능력과 기초 소양 및 자신의 학습과 삶에 대한 주도성 강화
  - 언어, 수리, 디지털 소양 등을 기초 소양으로 하여 교육 전반에서 강조
  - 디지털 문해력(리터러시) 및 논리력, 절차적 문제해결력 등 함양을 위해 다양한 교과 특성에 맞게 디지털 기초 소양 반영 및 선택 과목 신설

  ㉡ 학생들의 개개인의 인격적 성장을 지원하고 구성원 모두의 행복을 위해 공동체 의식 강화
  - 기후·생태환경 변화 등에 대한 대응 능력 및 지속가능성 등 공동체적 가치를 함양하는 교육 강조
  - 다양한 특성을 가진 학생이 차별받지 않도록 지원
  - 지역·학교 간 교육 격차 완화할 수 있는 지원 체제 마련

  ㉢ 학생들이 자신의 진로와 학습을 주도적으로 설계하고, 적절한 시기에 학습할 수 있도록 학습자 맞춤형 교육과정 마련
  - 지역 연계 및 학생의 필요를 고려한 선택 과목을 개발·운영할 수 있도록 학교자율시간 도입
  - 학교급 간 교과 교육과정 연계
  - 진로 설계 및 탐색 기회 제공
  - 학교 생활 적응을 지원하는 진로 연계 교육의 운영 근거 마련

  ㉣ 학생이 주도성을 기초로 역량을 기를 수 있도록 교과 교육과정 마련
  - 교과별로 꼭 배워야 할 핵심 아이디어 중심으로 학습량 적정화
  - 학생들이 경험해야 할 사고, 탐구, 문제해결 등의 과정을 학습 내용으로 명료화하여 교수·학습 및 평가 방법 개선

  ㉤ 교육과정 자율화·분권화를 기반으로 학교, 교사, 학부모, 시·도 교육청, 교육부 등 교육 주체들 간의 협조 체제를 구축하여 학습자의 특성과 학교 여건에 적합한 학습이 이루어지도록 함

2 2022 개정 교육과정 총론

(1) 2022 개정 교육과정 구성의 방향

① 교육과정 구성의 중점

  ㉠ 우리나라 초·중등학교 교육과정은 사회 변화와 시대적 요구를 반영하여 지속적으로 개정되고 발전해 왔음. 우리 사회는 새로운 변화와 도전에 직면해 있으며, 이에 대응하기 위해 교육과정을 개정할 필요성이 제기됨

  ㉡ 교육과정의 변화를 요청하는 주요 배경
  - ⓐ **사회의 불확실성 증가** : 인공지능 기술 발전에 따른 디지털 전환, 감염병 대유행 및 기후·생태환경 변화, 인구 구조 변화 등에 의해 사회의 불확실성 증가
  - ⓑ **상호 존중과 공동체 의식 함양의 중요성 증가** : 사회의 복잡성과 다양성이 확대되고 사회적 문제를 해결하기 위한 협력의 필요성이 증가함에 따라 상호 존중과 공동체 의식을 함양하는 것이 더욱 중요해짐
  - ⓒ **맞춤형 교육에 대한 요구 증가** : 학생 개개인의 특성과 진로에 맞는 학습을 지원해 주는 맞춤형 교육에 대한 요구 증가
  - ⓓ **교육과정의 자율화와 분권화** : 교육과정 의사 결정 과정에 다양한 교육 주체들의 참여를 확대하고 교육과정 자율화 및 분권화를 활성화해야 한다는 요구가 높아짐

  ㉢ 이에 그동안의 교육과정 발전 방향을 계승하면서 미래 사회를 살아갈 학생들이 주도적으로 삶을 이끌어가는 능력을 함양할 수 있도록 교육과정을 구성함

출제 Pick!

☆ 2022 개정 교육과정의 목표, 인간상, 핵심역량
☆ 2022 개정 교육과정의 특징 구성의 중점, 성격
☆ 2022 개정 교육과정의 교수·학습 및 평가의 지향점

Level Up

2022 개정 교육과정의 성격

1. **개관** : 2022 개정 교육과정은 「초·중등교육법」 제23조 제2항에 의거하여 고시한 것으로, 초·중등학교의 교육 목적을 달성하기 위해 초·중등학교에서 운영하여야 할 학교 교육과정의 공통적이고 일반적인 기준을 국가 수준에서 제시한 것임

2. **성격**
  ① 국가 수준의 공통성을 바탕으로 지역, 학교, 개인 수준의 다양성을 추구할 수 있도록 학교 교육과정의 기준과 내용에 관한 기본사항을 제시함
  ② 학교 교육과정이 학생을 중심에 두고 주도성과 자율성, 창의성의 신장 등 학습자 성장을 지원할 수 있도록 교육과정의 기준과 내용을 제시함
  ③ 학교의 전반적인 교육 체제를 교육과정 중심으로 운영할 수 있도록 교육과정의 기준과 내용을 제시함
  ④ 학교 교육과정이 추구하는 교육 목적의 실현을 위해 학교와 시·도 교육청, 지역사회, 학생·학부모·교원이 함께 협력적으로 참여하는 데 필요한 사항을 제시함
  ⑤ 학교 교육의 질적 수준을 국가와 시·도 교육청, 학교 수준에서 관리하고 개선하기 위해 기반으로 삼아야 할 교육과정의 기준과 내용을 제시함

ⓔ 이 교육과정은 우리나라 교육과정이 추구해 온 교육 이념과 인간상을 바탕으로, 미래 사회가 요구하는 핵심역량을 함양하여 포용성과 창의성을 갖춘 주도적인 사람으로 성장하게 하는 데 중점을 둠
ⓜ 교육과정 구성의 중점
  ⓐ 주도성 함양 : 디지털 전환, 기후·생태환경 변화 등에 따른 미래 사회의 불확실성에 능동적으로 대응할 수 있는 능력과 자신의 삶과 학습을 스스로 이끌어가는 주도성을 함양함
  ⓑ 기초소양 획득 : 모든 학생이 학습의 기초인 언어·수리·디지털 기초소양을 갖출 수 있도록 하여 학교 교육과 평생 학습에서 학습을 지속할 수 있게 함
  ⓒ 학습자 맞춤형 교육과정 체제 구축 : 학생들이 자신의 진로와 학습을 주도적으로 설계하고, 적절한 시기에 학습할 수 있도록 학습자 맞춤형 교육과정 체제를 구축함
  ⓓ 깊이 있는 학습 : 교과 교육에서 깊이 있는 학습을 통해 역량을 함양할 수 있도록 교과 간 연계와 통합, 학생의 삶과 연계된 학습, 학습에 대한 성찰 등을 강화함
  ⓔ 학생 참여형 수업 활성화와 평가를 통해 학습의 질 개선 : 다양한 학생 참여형 수업을 활성화하고, 문제 해결 및 사고의 과정을 중시하는 평가를 통해 학습의 질을 개선함
  ⓕ 학습자의 특성과 학교 여건에 적합한 학습 : 교육과정 자율화·분권화를 기반으로 학교, 교사, 학부모, 시·도 교육청, 교육부 등 교육 주체들 간의 협조 체제를 구축하여 학습자의 특성과 학교 여건에 적합한 학습이 이루어질 수 있도록 함

② 추구하는 인간상과 핵심역량
  ㉠ 목적 : 우리나라의 교육은 홍익인간의 이념 아래 모든 국민으로 하여금 인격을 도야하고, 자주적 생활 능력과 민주시민으로서 필요한 자질을 갖추어 인간다운 삶을 영위하고, 민주 국가의 발전과 인류 공영의 이상을 실현할 수 있도록 함
  ㉡ 교육과정이 추구하는 인간상 ☆
    ⓐ 자기주도적인 사람 : 전인적 성장을 바탕으로 자아정체성을 확립하고 자신의 진로와 삶을 스스로 개척하는 사람
    ⓑ 창의적인 사람 : 폭넓은 기초 능력을 바탕으로 진취적 발상과 도전을 통해 새로운 가치를 창출하는 사람
    ⓒ 교양 있는 사람 : 문화적 소양과 다원적 가치에 대한 이해를 바탕으로 인류 문화를 향유하고 발전시키는 사람
    ⓓ 더불어 사는 사람 : 공동체 의식을 바탕으로 다양성을 이해하고 서로 존중하며 세계와 소통하는 민주시민으로서 배려와 나눔, 협력을 실천하는 사람
  ㉢ 핵심역량 ☆
    ⓐ 자기관리 역량 : 자아정체성과 자신감을 가지고 자신의 삶과 진로를 스스로 설계하며 이에 필요한 기초 능력과 자질을 갖추어 자기주도적으로 살아갈 수 있는 능력
    ⓑ 지식·정보처리 역량 : 문제를 합리적으로 해결하기 위하여 다양한 영역의 지식과 정보를 깊이 있게 이해하고 비판적으로 탐구하며 활용할 수 있는 능력
    ⓒ 창의적 사고 역량 : 폭넓은 기초 지식을 바탕으로 다양한 전문 분야의 지식, 기술, 경험을 융합적으로 활용하여 새로운 것을 창출하는 능력
    ⓓ 심미적 감성 역량 : 인간에 대한 공감적 이해와 문화적 감수성을 바탕으로 삶의 의미와 가치를 성찰하고 향유하는 능력
    ⓔ 협력적 소통 역량 : 다른 사람의 관점을 존중하고 경청하는 가운데 자신의 생각과 감정을 효과적으로 표현하며 상호 협력적인 관계에서 공동의 목적을 구현하는 능력
    ⓕ 공동체 역량 : 지역·국가·세계 공동체의 구성원에게 요구되는 개방적·포용적 가치와 태도로 지속가능한 인류 공동체 발전에 적극적이고 책임감 있게 참여하는 능력

③ 학교급별 교육목표
  ㉠ 초등학교 교육목표 : 학생의 일상생활과 학습에 필요한 기본 습관 및 기초 능력을 기르고 바른 인성을 함양하는 데 중점을 둠
    ⓐ 자신의 소중함을 알고 건강한 생활 습관을 기르며, 풍부한 학습 경험을 통해 자신의 꿈을 키움
    ⓑ 학습과 생활에서 문제를 발견하고 해결하는 기초 능력을 기르고, 이를 새롭게 경험할 수 있는 상상력을 키움

Level Up

2022 개정 교육과정의 핵심역량

- 2015 개정 교육과정이 추구하는 인간상은 '자주적인 사람', '창의적인 사람', '교양 있는 사람', '더불어 사는 사람'이었으나, 2022 개정 교육과정에서는 학습자 주도성을 강조하고자 '자주적인 사람'을 '자기주도적인 사람'으로 개선함
- 복잡화·다양화되는 사회를 살아가기 위해 상호협력성 및 공동체성 강조를 위해 2015 개정 교육과정에서의 핵심역량 중 '의사소통 역량'은 '협력적 소통 역량'으로 개선되었음
- 2022 개정 교육과정에서는 '자기관리 역량', '지식·정보처리 역량', '창의적 사고 역량', '심미적 감성 역량', '협력적 소통 역량', '공동체 역량'을 핵심역량 6가지로 제시하고 있음

ⓒ 다양한 문화 활동을 즐기며 자연과 생활 속에서 아름다움과 행복을 느낄 수 있는 심성을 기름
ⓓ 일상생활과 학습에 필요한 규칙과 질서를 지키고 서로 돕고 배려하는 태도를 기름
ⓛ **중학교 교육목표** : 초등학교 교육의 성과를 바탕으로, 학생의 일상생활과 학습에 필요한 기본 능력을 기르고, 바른 인성 및 민주시민의 자질을 함양하는 데 중점을 둠
ⓐ 심신의 조화로운 발달을 바탕으로 자아존중감을 기르고, 다양한 지식과 경험을 통해 책임감을 가지고 적극적으로 삶의 방향과 진로를 탐색함
ⓑ 학습과 생활에 필요한 기본 능력 및 문제해결력을 바탕으로, 도전정신과 창의적 사고력을 기름
ⓒ 자신을 둘러싼 세계에서 경험한 내용을 토대로 우리나라와 세계의 다양한 문화를 이해하고 공감하는 태도를 기름
ⓓ 공동체 의식을 바탕으로 타인을 존중하고 서로 소통하는 민주시민의 자질과 태도를 기름
ⓒ **고등학교 교육목표** : 중학교 교육의 성과를 바탕으로, 학생의 적성과 소질에 맞게 진로를 개척하며 세계와 소통하는 민주시민으로서의 자질을 함양하는 데 중점을 둠
ⓐ 성숙한 자아의식과 인간의 존엄성에 대한 존중을 바탕으로 일의 가치를 이해하고, 자신의 진로에 맞는 지식과 기능을 익히며 평생 학습의 기본 능력을 기름
ⓑ 다양한 분야의 지식과 경험을 융합하여 창의적으로 문제를 해결하고, 새로운 상황에 능동적으로 대처하는 능력을 기름
ⓒ 다양한 문화에 대한 이해를 바탕으로 자신의 삶을 성찰하고 새로운 문화 창출에 기여할 수 있는 자질과 태도를 기름
ⓓ 국가 공동체에 대한 책임감을 바탕으로 배려와 나눔을 실천하며 세계와 소통하는 민주시민으로서의 자질과 태도를 기름

(2) **학교 교육과정 설계와 운영**
① **설계의 원칙**
㉠ 학교는 이 교육과정을 바탕으로 학교 교육과정을 자율적으로 설계·운영하며, 학생의 특성과 학교 여건에 적합한 학습 경험을 제공함
ⓐ 학습자의 발달 수준에 적합한 폭넓고 균형 있는 교육과정을 통해 다양한 영역의 세계를 탐색해 보는 기회를 제공하고, 학습자의 전인적인 성장·발달이 가능하도록 학교 교육과정을 설계하여 운영함
ⓑ 학생 실태와 요구, 교원 조직과 교육 시설·설비 등 학교 실태, 학부모 의견 및 지역사회 실정 등 학교의 교육 여건과 환경을 종합적으로 고려하여 학습자에게 적합한 학습 경험을 제공함
ⓒ 학교는 학생의 필요와 요구에 따라 학교의 특성을 고려하여 다양한 교육 활동을 설계하여 운영할 수 있음
ⓓ 학교 교육 기간을 포함한 평생 학습에 필요한 기초소양과 자기주도 학습 능력을 갖출 수 있도록 지원하며 학습 격차를 줄이도록 노력함
ⓔ 학생들의 자발적인 참여를 원칙으로 하여 학교와 시·도 교육청은 학생과 학부모의 요구에 따라 방과 후 활동 또는 방학 중 활동을 운영·지원할 수 있음
ⓕ 학교는 학교 교육과정의 효율적인 설계와 운영을 위하여 지역사회의 인적, 물적 자원을 계획적으로 활용함
ⓖ 학교는 가정 및 지역과 연계하여 학생이 건전한 생활 태도와 행동 양식을 가지고 학습할 수 있도록 지도함
㉡ 학교 교육과정은 모든 교원이 전문성을 발휘하여 참여하는 민주적인 절차와 과정을 거쳐 설계·운영하며, 지속적인 개선을 위해 노력함
ⓐ 교육과정의 합리적 설계와 효율적 운영을 위해 교원, 교육 전문가, 학부모 등이 참여하는 학교 교육과정 위원회를 구성·운영하며, 이 위원회는 학교장의 교육과정 운영 및 의사 결정에 관한 자문 역할을 담당함. 단, 특성화 고등학교와 산업수요 맞춤형 고등학교의 경우에는 산업계 전문가가 참여할 수 있고, 통합교육이 이루어지는 학교의 경우에는 특수교사가 참여할 것을 권장함
ⓑ 학교는 학습 공동체 문화를 조성하고 동학년 모임, 교과별 모임, 현장 연구, 자체 연수 등을 통해서 교사들의 교육 활동 개선이 이루어지도록 함
ⓒ 학교는 학교 교육과정 설계·운영의 적절성과 효과성 등을 자체 평가하여 문제점과 개선점을 추출하고, 다음 학년도의 교육과정 설계·운영에 그 결과를 반영함

Level Up

교과 교육과정 개정의 기본방향
- 핵심 아이디어 중심의 학습량 적정화
- 교과역량 교과 목표로 구체화
- 학생참여중심, 학생주도형 교수·학습 방법 개선(비판적 질문, 글쓰기 등)
- 학습의 과정을 중시하는 평가, 개별 맞춤형 피드백 강화

교과서 개발의 주안점
- 실생활 맥락에서 학습자의 자기주도성과 소통협력을 이끄는 교과서 개발

② 교수·학습
  ㉠ 학교는 학생들이 깊이 있는 학습을 통해 핵심역량을 함양할 수 있도록 교수·학습을 설계하여 운영함
    ⓐ 단편적 지식의 암기를 지양하고 각 교과목의 핵심 아이디어를 중심으로 지식·이해, 과정·기능, 가치·태도의 내용 요소를 유기적으로 연계하며 학생의 발달 단계에 따라 학습 경험의 폭과 깊이를 확장할 수 있도록 수업을 설계함
    ⓑ 교과 내 영역 간, 교과 간 내용 연계성을 고려하여 수업을 설계하고 지도함으로써 학생들이 융합적으로 사고하고 창의적으로 문제를 해결하는 능력을 함양할 수 있도록 함
    ⓒ 학습 내용을 실생활 맥락 속에서 이해하고 적용하는 기회를 제공함으로써 학교에서의 학습이 학생의 삶에 의미 있는 학습 경험이 되도록 함
    ⓓ 학생이 여러 교과의 고유한 탐구 방법을 익히고 자신의 학습 과정과 학습 전략을 점검하며 개선하는 기회를 제공하여 스스로 탐구하고 학습할 수 있는 자기주도 학습 능력을 함양할 수 있도록 함
    ⓔ 교과의 깊이 있는 학습에 기반이 되는 언어·수리·디지털 기초소양을 모든 교과를 통해 함양할 수 있도록 수업을 설계함
  ㉡ 학교는 학생들이 수업에 능동적으로 참여하고 학습의 즐거움을 경험할 수 있도록 교수·학습을 설계하여 운영함
    ⓐ 학습 주제에서 다루는 탐구 질문에 관심과 호기심을 가지고 스스로 문제를 해결하는 학생 참여형 수업을 활성화하며, 토의·토론 학습을 통해 자신의 생각을 표현하는 기회를 가질 수 있도록 함
    ⓑ 실험, 실습, 관찰, 조사, 견학 등의 체험 및 탐구 활동 경험이 충분히 이루어질 수 있도록 함
    ⓒ 개별 학습 활동과 함께 소집단 협동 학습 활동을 통하여 협력적으로 문제를 해결하는 경험을 충분히 갖도록 함
  ㉢ 교과의 특성과 학생의 능력, 적성, 진로를 고려하여 학습 활동과 방법을 다양화하고, 학교의 여건과 학생의 특성에 따라 다양한 학습 집단을 구성하여 학생 맞춤형 수업을 활성화함
    ⓐ 학생의 선행 경험, 선행 지식, 오개념 등 학습의 출발점을 파악하고 학생의 특성을 고려하여 학습 소재, 자료, 활동을 다양화함
    ⓑ 정보통신기술 매체를 활용하여 교수·학습 방법을 다양화하고, 학생 맞춤형 학습을 위해 지능정보기술을 활용할 수 있음
    ⓒ 다문화 가정 배경, 가족 구성, 장애 유무 등 학습자의 개인적·사회문화적 배경의 다양성을 이해하고 존중하며, 이를 수업에 반영할 때 편견과 고정 관념, 차별을 야기하지 않도록 유의함
    ⓓ 학교는 학생 개개인의 학습 상황을 확인하여 학생의 학습 결손을 예방하도록 노력하며, 학습 결손이 발생한 경우 보충 학습 기회를 제공함
  ㉣ 교사와 학생 간, 학생과 학생 간 상호 신뢰와 협력이 가능한 유연하고 안전한 교수·학습 환경을 지원하고, 디지털 기반 학습이 가능하도록 교육공간과 환경을 조성함
    ⓐ 각 교과의 특성에 맞는 다양한 학습이 이루어질 수 있도록 교과 교실 운영을 활성화하며, 고등학교는 학점 기반 교육과정 운영을 위해 유연한 학습공간을 활용함
    ⓑ 학교는 교과용 도서 이외에 시·도 교육청이나 학교 등에서 개발한 다양한 교수·학습 자료를 활용할 수 있음
    ⓒ 다양한 지능정보기술 및 도구를 활용하여 효율적인 학습을 지원할 수 있도록 디지털 학습 환경을 구축함
    ⓓ 학교는 실험 실습 및 실기 지도 과정에서 학생의 안전사고를 예방하기 위해 시설·기구, 기계, 약품, 용구 사용의 안전에 유의함
    ⓔ 특수교육 대상 학생 등 교육적 요구가 다양한 학생들을 위해 필요할 경우 의사소통 지원, 행동 지원, 보조공학 지원 등을 제공함

③ 평가
  ㉠ 평가는 학생 개개인의 교육 목표 도달 정도를 확인하고, 학습의 부족한 부분을 보충하며, 교수·학습의 질을 개선하는 데 주안점을 둠
    ⓐ 학교는 학생에게 평가 결과에 대한 적절한 정보를 제공하고 추수 지도를 실시하여 학생이 자신의 학습을 지속적으로 성찰하고 개선할 수 있도록 함
    ⓑ 학교와 교사는 학생 평가 결과를 활용하여 수업의 질을 지속적으로 개선함
  ㉡ 학교와 교사는 성취기준에 근거하여 교수·학습과 평가 활동이 일관성 있게 이루어지도록 함
    ⓐ 학습의 결과만이 아니라 결과에 이르기까지의 학습 과정을 확인하고 환류하여, 학습자의 성공적인 학습과 사고 능력 함양을 지원함
    ⓑ 학교는 학생의 인지적·정의적 측면에 대한 평가가 균형 있게 이루어질 수 있도록 하며, 학생이 자신의 학습 과정과 결과를 스스로 평가할 수 있는 기회를 제공함
    ⓒ 학교는 교과목별 성취기준과 평가기준에 따라 성취수준을 설정하여 교수·학습 및 평가 계획에 반영함
    ⓓ 학생에게 배울 기회를 주지 않은 내용과 기능은 평가하지 않음
  ㉢ 평가방법 : 학교는 교과목의 성격과 학습자 특성을 고려하여 적합한 평가 방법을 활용함
    ⓐ 수행평가를 내실화하고 서술형과 논술형 평가의 비중을 확대함
    ⓑ 정의적, 기능적 측면이나 실험·실습이 중시되는 평가에서는 교과목의 성격을 고려하여 타당하고 합리적인 기준과 척도를 마련하여 평가를 실시함
    ⓒ 학교의 여건과 교육활동의 특성을 고려하여 다양한 지능정보기술을 활용함으로써 학생 맞춤형 평가를 활성화함
    ⓓ 개별 학생의 발달 수준 및 특성을 고려하여 평가 계획을 조정할 수 있으며, 특수학급 및 일반학급에 재학하고 있는 특수교육 대상 학생을 위해 필요한 경우 평가 방법을 조정할 수 있음
    ⓔ 창의적 체험활동은 내용과 특성을 고려하여 평가의 주안점을 학교에서 결정하여 평가함
④ 모든 학생을 위한 교육기회의 제공
  ㉠ 교육 활동 전반을 통하여 남녀의 역할, 학력과 직업, 장애, 종교, 이전 거주지, 인종, 민족, 언어 등에 관한 고정 관념이나 편견을 가지지 않도록 지도함
  ㉡ 학습자의 개인적 특성이나 사회·문화적 배경에 의해 교육의 기회와 학습 경험에서 부당한 차별을 받거나 소외되지 않도록 함
  ㉢ 학습 부진 학생, 특정 분야에서 탁월한 재능을 보이는 학생, 특수교육 대상 학생, 귀국 학생, 다문화 가정 학생 등이 학교에서 충실한 학습 경험을 누릴 수 있도록 필요한 지원을 함
  ㉣ 특수교육 대상 학생을 위해 특수학급을 설치·운영하는 경우, 학생의 장애 특성 및 정도를 고려하여, 이 교육과정을 조정하여 운영하거나 특수교육 교과용 도서 및 통합교육용 교수·학습 자료를 활용할 수 있음
  ㉤ 다문화 가정 학생을 위한 특별 학급을 설치·운영하는 경우, 다문화 가정 학생의 한국어 능력을 고려하여 이 교육과정을 조정하여 운영하거나, 한국어 교육과정 및 교수·학습 자료를 활용할 수 있음. 한국어 교육과정은 학교의 특성, 학생·교사·학부모의 요구와 필요에 따라 주당 10시간 내외에서 운영할 수 있음
  ㉥ 학교가 종교 과목을 개설할 때는 종교 이외의 과목과 함께 복수로 과목을 편성하여 학생에게 선택의 기회를 주어야 함. 다만, 학생의 학교 선택권이 허용되는 종립 학교의 경우 학생·학부모의 동의를 얻어 단수로 개설할 수 있음

(3) 학교급별 교육과정 편성·운영 기준

① **기본사항**

㉠ 초등학교 1학년부터 중학교 3학년까지의 공통 교육과정과 고등학교 1학년부터 3학년까지의 학점 기반 선택 중심 교육과정으로 편성·운영함

㉡ 학교는 학교 교육과정 편성·운영 계획을 바탕으로 학년(군)별 교육과정 및 교과(군)별 교육과정을 편성할 수 있음

㉢ 학년 간 상호 연계와 협력을 통해 학교 교육과정을 유연하게 편성·운영할 수 있도록 학년군을 설정함

㉣ 공통 교육과정의 교과는 교육 목적상의 근접성, 학문 탐구 대상 또는 방법상의 인접성, 생활양식에서의 연관성 등을 고려하여 교과(군)로 재분류함

㉤ 고등학교 교과는 보통 교과와 전문 교과로 구분하며, 학생들의 기초소양 함양과 기본 학력을 보장하기 위하여 보통 교과에 공통 과목을 개설하여 모든 학생이 이수하도록 함

㉥ 교과와 창의적 체험활동의 내용 배열은 반드시 따라야 할 학습 순서를 의미하는 것은 아니며, 학생의 관심과 요구, 학교의 실정과 교사의 필요, 계절 및 지역의 특성 등에 따라 각 교과목의 학년군별 목표 달성을 위해 지도 내용의 순서와 비중, 교과 내 또는 교과 간 연계 지도 방법 등을 조정하여 운영할 수 있음

㉦ 학업 부담을 적정화하고 의미 있는 학습 활동이 이루어질 수 있도록 학기당 이수 교과목 수를 조정하여 집중이수를 실시할 수 있음

㉧ 학교는 학교급 간 전환기의 학생들이 상급 학교의 생활 및 학습을 준비하는 데 필요한 교육을 지원하기 위해 진로연계교육을 운영할 수 있음

㉨ 범교과 학습 주제(안전·건강 교육, 인성 교육, 진로 교육, 민주시민 교육, 인권 교육, 다문화 교육, 통일 교육, 독도 교육, 경제·금융 교육, 환경·지속가능발전 교육)는 교과와 창의적 체험활동 등 교육 활동 전반에 걸쳐 통합적으로 다루도록 하고, 지역사회 및 가정과 연계하여 지도함

㉩ 학교는 가정과 학교, 사회에서의 위험 상황을 알고 대처할 수 있도록 체험 중심의 안전교육을 관련 교과와 창의적 체험활동과 연계하여 운영함

㉪ 학교는 필요에 따라 계기 교육을 실시할 수 있으며, 이 경우 계기 교육 지침에 따름

㉫ 학교는 필요에 따라 원격수업을 실시할 수 있으며, 이 경우 원격수업 운영 기준은 관련 법령과 지침에 따름

㉬ 시·도 교육청과 학교는 필요에 따라 이 교육과정에 제시되어 있는 과목 외에 새로운 과목을 개설할 수 있음. 이 경우 시·도 교육감이 정하는 지침에 따라 사전에 필요한 절차를 거쳐야 함

㉭ 특수교육 대상 학생에 대해서는 이 교육과정 해당 학년군의 편제와 시간(학점 배당)을 따르되, 학생의 교육적 요구를 고려하여 특수교육 교육과정의 교과(군) 내용과 연계하거나 대체하여 수업을 설계·운영할 수 있음

(4) 학교 교육과정 지원

① **교육과정 질 관리** : 학교 교육과정의 질 관리와 개선을 위한 지원 사항

㉠ 국가 수준의 지원

ⓐ 교육과정의 질 관리를 위하여 주기적으로 학업 성취도 평가, 교육과정 편성·운영에 관한 평가, 학교와 교육 기관 평가를 실시하고 그 결과를 교육과정 개선에 활용함

• 교과별, 학년(군)별 학업 성취도 평가를 실시하고, 평가 결과는 학생의 학습 지원, 학력의 질 관리, 교육과정의 적절성 확보 및 개선 등에 활용함

• 학교의 교육과정 편성·운영과 교육청의 교육과정 지원 상황을 파악하기 위하여 학교와 교육청에 대한 평가를 주기적으로 실시함

• 교육과정에 대하여 조사, 분석 및 점검을 실시하고 그 결과를 교육과정 개선에 반영함

ⓑ 교육과정 편성·운영과 지원 체제의 적절성 및 실효성을 평가하기 위한 연구를 수행함

Level Up

2022 개정 교육과정의 창의적 체험활동

• 2015 개정 교육과정에서는 창의적 체험활동이 자율활동, 동아리 활동, 봉사활동, 진로활동(4개)이었으나 2022 개정 교육과정에서는 봉사활동이 동아리 활동 영역에 편성되어 모든 활동과 연계 가능하게 되었음 ➡ **자율·자치 활동, 동아리 활동, 진로활동으로 영역이 3개로 개선되었음**

- ⓒ 교육청 수준의 지원
  - ⓐ 지역의 특수성, 교육의 실태, 학생·교원·주민의 요구와 필요 등을 반영하여 교육청 단위의 교육 중점을 설정하고, 학교 교육과정 개발을 위한 시·도 교육청 수준 교육과정 편성·운영 지침을 마련하여 안내함
  - ⓑ 시·도의 특성과 교육적 요구를 구현하기 위하여 시·도 교육청 교육과정 위원회를 조직하여 운영함
    - 이 위원회는 교육과정 편성·운영에 관한 조사 연구와 자문 기능을 담당함
    - 이 위원회에는 교원, 교육 행정가, 교육학 전문가, 교과 교육 전문가, 학부모, 지역사회 인사, 산업체 전문가 등이 참여할 수 있음
  - ⓒ 학교 교육과정의 질 관리를 위해 각급 학교의 교육과정 편성·운영 실태를 정기적으로 파악하고, 교육과정 운영 지원 실태를 점검하여 효과적인 교육과정 운영과 개선에 필요한 지원을 함
    - 학교 교육과정 편성·운영 체제의 적절성 및 실효성을 높이기 위하여 학업 성취도 평가, 학교 교육과정 평가 등을 실시하고 그 결과를 교육과정 개선에 활용함
    - 교육청 수준의 학교 교육과정 지원에 대한 자체 평가와 교육과정 운영 지원 실태에 대한 점검을 실시하고 개선 방안을 마련함
② **학습자 맞춤교육** 강화 : 다양한 특성을 가진 학습자들의 학습을 지원하는 데 필요한 사항
  - ⓐ 국가 수준의 지원
    - ⓐ 학교에서 학생의 성장과 성공적인 학습을 지원하는 평가가 원활히 이루어질 수 있도록 다양한 방안을 개발하여 학교에 제공함
      - 학교가 교과 교육과정의 목표에 부합되는 평가를 실시할 수 있도록 교과별로 성취기준에 따른 평가기준을 개발·보급함
      - 교과목별 평가 활동에 활용할 수 있는 다양한 평가 방법, 절차, 도구 등을 개발하여 학교에 제공함
    - ⓑ 특성화 고등학교와 산업수요 맞춤형 고등학교가 기준 학과별 국가직무능력표준이나 직무분석 결과에 기초하여 학교의 특성 및 학과별 인력 양성 유형을 고려하여 교육과정을 편성·운영할 수 있도록 지원함
    - ⓒ 학습 부진 학생, 느린 학습자, 다문화 가정 학생 등 다양한 특성을 가진 학생을 위해 필요한 지원 방안을 마련함
    - ⓓ 특수교육 대상 학생에 대한 정당한 편의 제공을 위해 필요한 교수·학습 자료, 교육 평가 방법 및 도구 등의 제반 사항을 지원함
  - ⓒ **교육청 수준의 지원**
    - ⓐ 지역 및 학교, 학생의 다양한 특성을 반영하여 학교 교육과정이 운영될 수 있도록 지원함
      - 학교가 이 교육과정에 제시되어 있는 과목 외에 새로운 교과목을 개설·운영할 수 있도록 관련 지침을 마련함
      - 통합운영학교 관련 규정 및 지침을 정비하고, 통합운영학교에 맞는 교육과정 운영이 이루어질 수 있도록 지원함
      - 학교 밖 교육이 지역 및 학교의 여건, 학생의 희망을 고려하여 운영될 수 있도록 우수한 학교 밖 교육 자원을 발굴·공유하고, 질 관리에 힘씀
      - 개별 학교의 희망과 여건을 반영하여 필요한 경우 공동으로 교육과정을 운영할 수 있도록 지원함
      - 지역사회와 학교의 여건에 따라 초등학교 저학년 학생을 학교에서 돌볼 수 있는 기능을 강화하고, 이에 대해 행·재정적 지원을 함
      - 학교가 학생과 학부모의 요구에 따라 방과 후 또는 방학 중 활동을 운영할 수 있도록 행·재정적 지원을 함

ⓑ 학생의 진로 및 발달적 특성을 고려하여 자신의 진로를 스스로 설계해 갈 수 있도록 다양한 방안을 마련하여 지원함
- 학교급과 학생의 발달적 특성에 맞는 진로 활동 및 학교급 간 연계 교육을 강화하는 데 필요한 지원을 함
- 학교급 전환 시기 진로연계교육을 위한 자료를 개발·보급하고, 각 학교급 교육과정에 대한 교사의 이해 증진 및 학교급 간 협력 관계 구축을 위한 지원을 확대함
- 중학교 자유학기 운영을 지원하기 위해 각종 자료의 개발·보급, 교원의 연수, 지역사회와의 연계가 포함된 자유학기 지원 계획을 수립하여 추진함
- 고등학교 교육과정이 학점을 기반으로 내실 있게 운영될 수 있도록 각종 자료의 개발·보급, 교원의 연수, 학교 컨설팅, 최소 성취수준 보장, 지역사회와의 연계 등 지원 계획을 수립하여 추진함
- 인문학적 소양 및 통합적 읽기 능력 함양을 위해 독서 활동을 활성화하도록 다양한 지원을 함

ⓒ 학습자의 다양성을 존중하고 학습 소외 및 교육 격차를 방지할 수 있도록 맞춤형 교육을 지원함
- 지역 간, 학교 간 교육 격차를 완화할 수 있도록 농산어촌학교, 소규모학교에 대한 지원 체제를 마련함
- 모든 학생이 학습에서 소외되지 않도록 교육공동체가 함께 협력하여 학생 개개인의 필요와 요구에 맞는 맞춤형 교육 활동을 계획하고 실행할 수 있도록 지원함
- 전·입학, 귀국 등에 따라 공통 교육과정의 교과와 고등학교 공통 과목을 이수하지 못한 학생들이 해당 과목을 이수할 수 있도록 다양한 기회를 마련해 주고, 학생들이 공공성을 갖춘 지역사회 기관을 통해 이수한 과정을 인정해 주는 방안을 마련함
- 귀국자 및 다문화 가정 학생을 포함하는 다양한 배경의 학생들이 그들의 교육 경험의 특성과 배경에 의해 이 교육과정을 이수하는 데 어려움이 없도록 지원함
- 특정 분야에서 탁월한 재능을 보이는 학생, 학습 부진 학생, 특수교육 대상 학생들을 위한 교육 기회를 마련하고 지원함
- 통합교육 실행 및 개선을 위해 교사 간 협력 지원, 초·중학교 교육과정과 특수교육 교육과정을 연계할 수 있는 자료 개발 및 보급, 관련 연수나 컨설팅 등을 제공함

③ **학교의 교육환경 조성** : 변화하는 교육환경에 대응하여 학생들의 역량과 소양을 함양하는 데 필요한 지원 사항
  ㉠ **국가 수준의 지원**
    ⓐ 교육과정 자율화·분권화를 바탕으로 교육 주체들이 각각의 역할과 책임을 충실하게 수행할 수 있는 협조 체제를 구축하고 지원함
    ⓑ 시·도 교육청의 교육과정 지원 활동과 단위 학교의 교육과정 편성·운영 활동이 상호 유기적으로 이루어질 수 있도록 행·재정적 지원을 함
    ⓒ 이 교육과정이 교육 현장에 정착될 수 있도록 교육청 수준의 교원 연수와 전국 단위의 교과 연구회 활동을 적극적으로 지원함
    ⓓ 디지털 교육 환경 변화에 부합하는 미래형 교수·학습 방법과 평가체제 구축을 위해 교원의 에듀테크 활용 역량 함양을 지원함
    ⓔ 학교 교육과정이 원활히 운영될 수 있도록 학교 시설 및 교원 수급 계획을 마련하여 제시함

ⓛ **교육청 수준의 지원**
  ⓐ 학교가 이 교육과정에 근거하여 학교 교육과정을 편성·운영할 수 있도록 다음의 사항을 지원함
    • 학교 교육과정 편성·운영을 위해서 교육 시설, 설비, 자료 등을 정비하고 확충하는 데 필요한 행·재정적 지원을 함
    • 복식 학급 운영 등 소규모 학교의 정상적인 교육과정 운영을 지원하기 위해 교원의 배치, 학생의 교육받을 기회 확충 등에 필요한 행·재정적 지원을 함
    • 수준별 수업을 효율적으로 운영하도록 지원하며, 기초학력 향상과 학습 결손 보충이 가능하도록 보충 수업을 운영하는 데 필요한 행·재정적 지원을 함
    • 학교 교육활동 전반에 걸쳐 종합적인 안전교육 계획을 수립하고 사고 예방을 위한 행·재정적 지원을 함
    • 고등학교에서 학생의 과목 선택권을 보장할 수 있도록 교원 수급, 시설 확보, 유연한 학습 공간 조성, 프로그램 개발 등 필요한 행·재정적 지원을 함
    • 특성화 고등학교와 산업수요 맞춤형 고등학교가 산업체와 협력하여 특성화된 교육과정과 실습 과목을 편성·운영하는 경우, 학생의 현장 실습과 전문교과 실습이 안전하고 내실 있게 운영될 수 있도록 행·재정적 지원을 함
  ⓑ 학교가 새 학년도 시작에 앞서 교육과정 편성·운영에 관한 계획을 수립할 수 있도록 교육과정 편성·운영 자료를 개발·보급하고, 교원의 전보를 적기에 시행함
  ⓒ 교과와 창의적 체험활동 등에 필요한 교과용 도서의 개발, 인정, 보급을 위해 노력함
  ⓓ 학교가 지역사회의 관계 기관과 적극적으로 연계·협력해서 교과, 창의적 체험활동, 학교스포츠클럽 활동, 자유학기 등을 내실 있게 운영할 수 있도록 지원하며, 관내 학교가 활용할 수 있는 우수한 지역 자원을 발굴하여 안내함
  ⓔ 학교 교육과정의 효과적 운영을 위하여 학생의 배정, 교원의 수급 및 순회, 학교 간 시설과 설비의 공동 활용, 자료의 공동 개발과 활용에 관하여 학교 간 및 시·도 교육(지원)청 간의 협조 체제를 구축함
  ⓕ 단위 학교의 교육과정 편성·운영 및 교수·학습, 평가를 지원할 수 있도록 ==교원 연수, 교육과정 컨설팅, 연구학교 운영 및 연구회 활동 지원== 등에 대한 계획을 수립하여 시행함
    • 교원의 학교 교육과정 편성·운영 능력과 교과 및 창의적 체험활동에 대한 교수·학습, 평가 역량을 제고하기 위하여 교원에 대한 연수 계획을 수립하여 시행함
    • 학교 교육과정의 효율적인 편성·운영을 지원하기 위해 교육과정 컨설팅 지원단 등 지원 기구를 운영하며 교육과정 편성·운영을 위한 각종 자료를 개발하여 보급함
    • 학교 교육과정 편성·운영의 개선과 수업 개선을 위해 연구학교를 운영하고 연구 교사제 및 교과별 연구회 활동 등을 적극적으로 지원함
  ⓖ 온오프라인 연계를 통한 효과적인 교수·학습과 평가가 이루어질 수 있도록 하며, ==지능정보기술을 활용한 맞춤형 수업과 평가==가 가능하도록 지원함
    • 원격수업을 효과적으로 지원하기 위해 학교의 원격수업 기반 구축, 교원의 원격수업 역량 강화 등에 필요한 행·재정적 지원을 함
    • 수업 설계·운영과 평가에서 다양한 디지털 플랫폼과 기술 및 도구를 효율적으로 활용할 수 있도록 시설·설비와 기자재 확충을 지원함

Theme 22 기출 CHECK!

*해당 테마는 기출문제가 없어 '확인문제'를 수록하였습니다.

01 2022 개정 교육과정의 특징을 모두 고르시오. ●확인문제

> ㄱ. 핵심 아이디어 중심의 학습량 적정화
> ㄴ. 교과 내 영역 간, 교과 간 내용 연계성을 고려하여 수업을 설계하고 지도함
> ㄷ. 학생참여중심, 학생주도형 교수·학습방법 개선(비판적 질문, 글쓰기 등)
> ㄹ. 학습의 과정을 중시하는 평가, 개별 맞춤형 피드백 강화
> ㅁ. 교육과정 자율화 및 분권화 활성화를 위하여 국가 수준에서 이루어지는 학교와 교육기관에 대한 평가는 실시하지 않음
> ㅂ. 학습 공동체 문화를 조성하고 동학년 모임, 교과별 모임, 현장 연구, 자체 연수 등을 통해서 교사들의 교육 활동 개선이 이루어지도록 함

●_____

정답 01 ㄱ, ㄴ, ㄷ, ㄹ, ㅂ

Theme 23. 자유학기제, 집중이수제, 고교학점제

기출 11 중등

출제 Pick!
☆ 자유학기제의 개념, 목적, 특징
☆ 집중이수제의 개념, 장·단점
☆ 블록타임제의 개념, 장점
☆ 고교학점제의 개념, 목표, 내용, 운영과정, 변화상

1 자유학기제(자유학년제)

(1) 개념
중학교 과정 중, 한 학기 또는 두 학기 동안 지식·경쟁중심에서 벗어나 학생 참여형 수업을 실시하고, 학생의 소질과 적성을 키울 수 있는 다양한 체험활동 중심으로 교육과정을 운영하는 제도

(2) 목적
① 학생의 꿈과 끼를 키워주기
② 지속적인 자기성찰과 발전의 기회를 제공하기
③ 미래 역량을 함양하기

(3) 특징
① 일제식 지필평가를 실시하지 않고 과정중심 평가를 실시함
② 체계적인 진로탐색 기회를 확대함
③ 학생의 개인별 특성과 역량에 맞는 진로 설계를 지원하기 위한 진로상담·검사 체제를 구축하고, 자신의 소질과 적성을 직접적인 체험을 통해 확인하는 기회를 활성화하는 등 개인별 진로를 관리하도록 함
④ 학생의 관심과 흥미를 불러일으키는 체험형·참여형 프로그램들을 강화함
⑤ 유연한 교육과정을 편성·운영할 수 있도록 함

2 집중이수제

(1) 개념
수업의 집중도를 높이기 위해 특정 한 과목의 수업을 일정 기간(초·중·고 학기 중 특정 학기나 학년)에 집중적으로 학습하는 제도

(2) 특징
① 각 학교가 사회군(사회·도덕), 과학군(과학·기술·가정), 예술군(미술·음악)과 같이 유사한 과목끼리 교과군을 묶어 각 과목별 수업시간만 충족시키면 수업 시점은 자율적으로 편성할 수 있도록 허용함
② 한 학기에 여러 과목을 조금씩 학습하던 방식에서 교과군을 묶음으로써 교과목 수가 줄어듦
③ 전체 학습량의 변화 없이 특정 과목을 특정 시기에 집중적으로 심화학습하도록 함

(3) 장점
① 특정 학기 또는 학년에 몰아서 집중적으로 학습할 수 있음 ⇨ 집중학습 가능
② 수업 효율성이 높음

(4) 단점
① 한꺼번에 많은 분량을 배우게 되어 내용을 이해하기가 어려움
② 학생의 성장·발달단계와 학습단계가 맞지 않는 경우가 발생함

Level Up
블록타임제
1. 개념
 • 기존의 45~50분으로 이루어지던 단위수업을 2~3시간 연속으로 운영하는 수업방식
 • 교과내용, 수업방법에 따라 70~100분 등 여러 형태로 수업시간을 탄력적으로 운영함
2. 특징(장점)
 • 수업의 흐름을 끊지 않고 연속적으로 진행할 수 있음
 • 심층적인 수업으로 교육의 질을 높일 수 있음

3 고교학점제

(1) 개념 및 도입 배경

① **개념**: 고등학교에서 운영되는 학점제. 학생이 기초 소양과 기본 학력을 바탕으로 진로·적성에 따라 과목을 선택하고, 이수 기준에 도달한 과목에 대해 학점을 취득·누적하여 졸업하는 제도

② **도입 배경**

• 미래사회와 교육 　- 4차 산업혁명의 도래 　　⇨ 단순 반복업무의 자동화 　- 직업 세계 및 고용 구조의 변화 　　⇨ 창의성 요구 　- 급격한 인구 감소 ⇨ 학생 수 급감 • 우리 교육의 현실/반성 　- 획일적 ⇨ 문·이과 암기식, 수능/대학입시 의존 　- 입시 중심 ⇨ 과열 경쟁, 소수 상위권 학생 위주 　- 수직적 서열화 ⇨ 일반고 의욕 저하	⇨	• 유연하고 개별화된 교육 　- 학생맞춤형, 선택형 　- 학교 안팎의 자원 활용 • 학생 성장 중심 　- 진로 개척 역량 　- 자기주도적 학습 　- 교사 자율성 강화 • 수평적 다양화 　- 학교 내 교육과정 다양화 　- 다양한 과목 개설 　- 과정중심 평가

[그림 1-6] 고교학점제 도입 배경

(2) 목표 및 추진 방향

① **목표**: 모든 학생의 성장을 돕는 포용적 고교 교육 실현

② **추진 방향**

　㉠ **경쟁에서 포용으로의 패러다임 전환**: 상대적 서열화가 아닌 학생 개개인의 성장에 초점을 둔 교수·학습 및 평가 체제를 통해 협력과 성장을 지향하는 교육으로 패러다임을 전환하고 포용사회의 학습 체제를 지향

　㉡ **학업설계 주체로서의 학생 지원**: 학생 스스로 의미 있는 지식들을 모으고 진로와 학업을 디자인해 나갈 수 있는 교육 체제 설계

　㉢ **에듀테크 기반 미래형 교육 구현**: 첨단기술 환경에서의 시·공간적 경계를 넘어서는 미래형 교수학습을 구현하여 학교 공간을 삶의 장소이자 학습의 장으로 재설계함

　㉣ **학교교육의 경계 확장**: 학교와 학교 간, 학교와 지역 간 경계를 낮춰 고교 교육의 장을 넓히고 다양한 교수 자원의 교육 참여 장려

　㉤ **고등학교 교육 체제의 종합적 혁신**: 학습 결손 및 누적에 대한 국가와 학교의 책임을 강화하여 학습자의 성장에 중점을 둔 책임교육을 구현함으로써 고등학교 교육 체제의 종합적인 혁신 도모

(3) 주요 내용

① **학생중심 교육과정 편성·운영**: 개개인의 진로를 고려하여 다양한 선택과목을 개설하고 학생은 자신이 희망하는 선택과목을 직접 수강신청하여 개인 수업 시간표 편성

② **진로 및 학업설계 지도**: 학생이 진로와 연계된 학업계획을 수립하고 책임 있게 이수할 수 있도록 진로 및 학업설계 지도를 체계화함

③ **학생 평가 내실화**: 수업과 연계한 과정중심 평가 강화 & 성취평가 내실화
　⇨ 최소 학업성취수준 보장

④ **학교 문화 개선**: 개설과목 확대에 대한 교원의 공감대를 형성하고, 학생 수요 조사 및 학부모 의견 수렴 등 교육과정 편성 및 운영에 대한 구성원의 참여를 확대함으로써 협력적인 문화를 형성하고자 노력

⑤ **학교 공간 조성** : 선택과목이 증가하고 학생 이동이 증가함에 따라 휴식, 자율, 모둠학습 등의 복합적 기능의 홈베이스 조성
  ㉠ **개방화** : 에듀테크를 활용하여 첨단 교수·학습 환경 구축 ⇨ 시·공간적 제한 극복, 가상공간 활용, 디지털 허브 공간 및 스마트 교실 구축
  ㉡ **자율화** : 교사와 학생 등 학교 구성원이 직접 공간 설계에 참여하여 학생 친화적 공간으로 재구조화 ⇨ 사용자 참여중심의 공간 설계 ⇨ 학생 친화적 지원공간 구축, 창의 감성형 휴게공간 및 자율 학습실 설계
  ㉢ **유연화** : 미래교육 환경 변화에 대응하여 다양한 교수·학습방법 구현과 학급단위 수업 등이 가능한 융·복합적 학습 공간이 필요 ⇨ 공간 리모델링을 통한 공간 이용률 제고 ⇨ 가변형 구조 및 다용도 교실 등 공간 복합화, 융합교육 교실과 메이커스페이스 구축
  ㉣ **개별화** : 학생 침어 중심의 개별학습을 중심으로 구성원 간 협업 강화를 통해 창의성과 문제해결력을 기르는 협력적 학습 공간 마련 ⇨ 학생별 맞춤형 학습 중심의 협력 강화 공간 ⇨ 창의력, 문제해결력 함양을 위한 공간, 소모둠 협력 학습실, PBL교실 등

(4) **운영과정**
  ① **1단계 – 다양한 과목 개설** : 학생 맞춤형 교육과정을 위해 다양한 과목의 개설 준비, 과목 선택권을 확대하고 학교 밖 학습 경험을 인정해 줌으로써 학생 선택형 교육과정 운영
  ② **2단계 – 진로·학업 설계** : 진로, 적성, 흥미 등을 고려하여 다양한 교과와 창의적 체험활동으로 학습 계획 수립
  ③ **3단계 – 수강신청** : 학생 스스로 진로계획에 따라 원하는 과목 선택
  ④ **4단계 – 수업 운영** : 학생 참여형 수업 운영, 학년의 구분 없이 자유로운 과목을 수강함, 선택한 과목의 수업을 위해 교실 이동
  ⑤ **5단계 – 학생 평가** : 경쟁 위주의 상대평가에서 개인의 성취 정도에 따라 성취평가제 확대, 지필 평가 축소 및 논술·수행평가 확대 ⇨ 학습과정 및 성장에 초점을 둔 과정중심 평가 활성화
  ⑥ **6단계 – 과목 이수 및 학점 취득** : 성취수준 도달 시 수업 이수 & 학점 취득, 미이수할 경우 보충 프로그램 제공
  ⑦ **7단계 – 졸업** : 졸업 기준학점 이상 취득 시 졸업

(5) **고교학점제의 변화상**
  ① **학생** : 자기주도적으로 학습하고 미래를 설계하는 인재 ⇨ 진로와 적성을 고려한 자기주도적 진로탐색을 지원하고, 내적 성찰의 기회를 제공함으로써 자기동기력, 자기조절력을 강화해야 함
  ② **교사** : 학생 개개인의 성장을 지원하는 교수·학습 전문가 ⇨ 학생성장 중심 교육에 따른 교사의 역할 변화에 대한 공감대를 형성하고 학습공동체, 자율연수 확대 등 교사의 전문성과 자율성을 보장하며, 교사가 수업에 전념할 수 있는 환경을 조성해야 함
  ③ **학교** : 학생의 성장을 목표로 삼는 배움 공동체 ⇨ 학생중심 교육에 대한 학교구성원의 목표를 공유하고, 이를 실현하는 민주적 의사결정 체제를 구축하여 폐쇄적인 단위학교의 문화를 극복해야 함

Theme 23 기출 CHECK!

01 2015 개정 교육과정의 '자유학기제'와 관련된 특징을 모두 고르시오. ● 11 중등 변형

ㄱ. 자유학기에는 중간·기말고사 등 일제식 지필평가는 실시하지 않는다.
ㄴ. 자유학기에는 교과 간·교과 내 협력을 통한 융합·연계형 수업 방식을 지향한다.
ㄷ. 자유학기에는 지식과 경쟁 위주의 교육을 통해 미래의 사회를 주도해 나갈 수 있는 인재로 학생들을 교육시켜야 한다.
ㄹ. 자유학기에는 기존의 학교 체제 안의 자원만을 활용하여 학생들의 꿈과 끼를 찾을 수 있는 진로탐색 기회를 제공해야 한다.

• _____

정답 01 ㄱ, ㄴ

학원/동영상 강의

☑ 지스쿨
www.g-school.co.kr

PART 2
교육방법 및 공학

Theme 24-25 교육공학

Theme 26-28 교수설계 모형

Theme 29-38 교수설계이론과 전략: 객관주의

Theme 39-51 교수설계이론과 전략: 구성주의

Theme 52-57 교수·학습 방법

Theme 58-65 교수매체와 테크놀로지 활용 수업

교육방법 및 공학
핵심 테마 모아보기

교육공학	Theme 24	학습자 중심 교육	교사 중심 교육 vs 학습자 중심 교육, 구성주의 vs 객관주의, 구성주의 교수설계의 특징, 인지적 구성주의 vs 사회적 구성주의
	Theme 25	시청각 통신과 커뮤니케이션 이론	라스웰의 모형, 벌로의 SMCR 모형, 섀넌-슈람 모형
교수설계 모형	Theme 26	수업목표	개념, 블룸의 인지적 영역 수업목표, 수업목표 진술 시 유의사항, 타일러와 메이거의 수업목표 진술
	Theme 27	ADDIE 모형	단계별 수행 활동(분석, 설계, 개발, 실행, 평가)
	Theme 28	딕과 캐리의 체제적 교수설계모형	절차 및 단계별 활동, 대안적 모형(래피드 프로토타입 모형, Kemp 모형, R2D2 모형)
교수설계 이론과 전략: 객관주의	Theme 29	교수의 3대 변인	라이겔루스의 교수설계이론(교수조건, 교수방법, 교수결과)의 개념 및 세부사항
	Theme 30	가네의 교수설계 이론	전제 및 특징, 학습과제 분석(개념, 필요성, 방법), 학습영역, 학습의 조건, 9가지 교수사태
	Theme 31	메릴의 내용요소 제시이론	개념, 학습유형 분류 기준, 학습유형별 자료 제시 형태
	Theme 32	라이겔루스의 개념학습과 정교화 이론	개념, 7가지 교수전략, 개념학습
	Theme 33	켈러의 ARCS 모형	목적, 내용, 구체적인 전략(주의, 관련성, 자신감, 만족감 요소별 전략)
	Theme 34	캐롤의 학교학습이론	학습 극대화 방안, 모형 구성 변인(분자/분모, 학습자 변인, 교사 변인), 시사점
	Theme 35	블룸의 완전학습모형	개념, 수업의 질에 관여하는 변인, 완전학습 전략, 장점
	Theme 36	듀이의 탐구학습모형	개념, 장·단점, 적용 시 유의사항, 마시알라스의 탐구학습
	Theme 37	브루너의 발견학습모형	개념, 특징, 효율적 수업을 위한 요소, 장·단점, 시사점, 중간언어와 교과언어
	Theme 38	오수벨의 유의미학습	개념, 특징, 절차, 학습이 효과적으로 일어나기 위한 조건, 선행조직자(개념, 역할, 종류), 포섭(개념, 유형), 수업원리, 시사점
교수설계 이론과 전략: 구성주의	Theme 39	조나센의 구성주의 학습환경 설계(CLEs)	개념, 구성요소, 교수·학습활동
	Theme 40	4C/ID 모형	개념, 목적, 특징, 4가지 구성요소 및 요소별 특징
	Theme 41	라브와 웽거의 상황학습	개념, 특징, 상황학습에서 학습이 발생하는 과정, 상황학습 설계의 주안점
	Theme 42	정착식 교수	개념, 특징, 사례
	Theme 43	콜린스의 인지적 도제학습	개념, 특징, 절차(교수자의 역할, 학습자의 역할)
	Theme 44	스피로의 인지적 유연성 이론	개념, 전제, 특징, 교수전략
	Theme 45	섕크의 목표기반 시나리오(GBS)	개념, 특징, 단계 및 단계별 세부사항
	Theme 46	팰린사와 브라운의 상보적 교수	개념, 목적, 특징, 상보적 교수 인지전략, 교사의 역할
	Theme 47	배로우즈의 문제중심학습(PBL)	개념, 특징, 교사의 역할, 과제의 성격, 장·단점
	Theme 48	프로젝트 학습법(구안법)	개념, 특징, 학습절차, 장·단점
	Theme 49	웹 기반 프로젝트와 닷지의 웹 퀘스트	웹 기반 프로젝트(개념, 특징), 웹 퀘스트(개념, 특징, 절차, 교사 및 학생의 역할)
	Theme 50	자원기반학습	개념, 특징, 한계, 학습자와 교사의 역할, 코스웨어
	Theme 51	Big 6 skills	개념, 목적, 장점, 단계, 정보 리터러시, 디지털 리터러시
교수·학습 방법	Theme 52	강의법과 팀 티칭	강의법(개념, 특징, 장·단점, 헤르바르트의 교수 4단계), 팀 티칭(개념, 특징, 방법)
	Theme 53	문답법(발문법, 질문법)	개념, 발문의 유형
	Theme 54	개별화 교수	개념, 장·단점, 스키너의 프로그램 교수법, 켈러의 개별화 교수체제, 글레이저의 개별 처방 교수방법, 크론바흐의 적성처치 상호작용이론
	Theme 55	토의법	개념, 운영방안, 장·단점, 유의사항, 유형별 개념과 특징(단상토의, 포럼, 배심토의, 버즈토의, 원탁회의, 하브루타)
	Theme 56	자기주도학습	개념, 구성요소, 장점, 교사와 학습자의 역할, 자기주도학습 능력을 키우기 위한 수업방안 및 과제
	Theme 57	협동학습	개념, 원리, 장점, 단점 및 해결책, 유형별 특징 및 절차(성취과제 분담학습, 팀 경쟁학습, 직소, 팀 보조 개별학습, 자율적 협동학습, 함께 학습하기, 집단조사, 각본협동, 액션러닝)
교수매체와 테크놀로지 활용 수업	Theme 58	교육매체	효과성, 교육매체 선정 시 고려사항, 기능, 교육매체 연구의 유형
	Theme 59	교수매체 선정과 활용 - 하이니히의 ASSURE 모형	개념, 특징, 절차 및 절차별 세부사항
	Theme 60	인지부하와 멀티미디어 설계 원리	개념, 종류, 인지부하 종류에 따른 멀티미디어 설계 원리
	Theme 61	e-러닝	개념, 장점, 유의사항
	Theme 62	블렌디드 러닝, 거꾸로 학습, 마이크로러닝	블렌디드 러닝(개념, 적용방법, 운영 방안, 온라인 도구, 장점), 거꾸로 학습(개념, 단계, 설계 시 고려사항, 장점, 단점, 교사와 학습자의 역할), 마이크로러닝(개념, 장점, 활용 방법)
	Theme 63	AI 디지털 교과서	개념, 특징, 서책형 교과서와의 비교, SMART 교육, 디지털 시대 교육의 대전환 방향
	Theme 64	컴퓨터 기반 협력학습(CSCL)	개념, 특징, 교사의 역할(지원도구), 위키학습, 클라우드 컴퓨팅
	Theme 65	새로운 테크놀로지 활용 수업	모바일 러닝, 게이미피케이션, 실감미디어 활용 수업, 인공지능 기반 교육

Theme 24 학습자 중심 교육

기출 20 중등, 09 중등, 06 초등, 05 초등, 03 중등, 03 초등, 00 초등

1 교사 중심 교육 vs 학습자 중심 교육

구분	교사 중심 교육	학습자 중심 교육
구조	교육의 결정 권한이 교육기관이나 교사에게 있음	학습자의 요구에 따라 교육내용이 융통성 있게 변경됨
수업방식	• 강의·교과서중심의 수업 • 획일적인 지도 • 암기 위주의 주입식 교육 • 수동적인 수업 참여 • 교사의 수업능력, 지도성에 의존	• 탐구·발견중심의 수업 • 개인차를 고려한 개별 지도 • 사고력·문제해결력 증진을 위한 수업 • 능동적인 수업 참여 • 다양한 학습자료에 의존
수업평가	규준지향평가	목표지향평가
장점	• 단시간에 많은 내용을 체계적으로 가르침 • 학교교육의 전형적인 수업방식으로 교사나 학생 모두에게 익숙함 • 시간, 경비, 시설의 효율적 운영이 가능한 경제적 교수법	• 흥미 있는 수업 • 창의력 향상 • 학습자의 성취욕구 충족 • 개인차를 인정하는 교육
교사의 역할	유일한 정보제공자	• 수업의 안내자 • 동료학습자 • 학습촉진자
학습자의 역할	• 수동적으로 주어진 절차에 따름 • 교사가 제시하는 내용과 지식들을 이해하고 받아들임	• 능동적으로 학습에 참여함 • 문제를 스스로 발견하고, 탐구하고 해결함

출제 Pick!
☆ 교사 중심 교육 vs 학습자 중심 구성주의의 개념, 구성주의 vs 객관주의, 구성주의 교수설계의 특징, 인지적 구성주의 vs 사회적 구성주의

2 구성주의와 객관주의

① **구성주의 개념** : 학습자가 학습경험에 참여하면서 능동적으로 의미를 부여함으로써 지식을 구성하는 과정
② 객관주의와 달리 지식은 절대불변의 진리가 아니라 개인이 경험적·인지적 활동을 통해서 구성해나가는 상대적이고 변화 가능한 것이라고 가정함

구분	객관주의	구성주의
학습	교사에 의해 이미 존재하는 지식을 학습자에게 획일적인 방법을 통해 전달하는 것	학습자가 학습경험에 참여하면서 능동적으로 의미를 부여함으로써 지식을 구성하는 과정
지식	절대적이고 불변적인 것	주관적·유동적이며, 개인에 의해 계속적으로 재구성되는 것
학습하는 지식	단순화, 탈맥락화된 지식	비구조화된 지식, 맥락적 지식
교수목표	가장 효과적·효율적인 방식으로 학습자에게 지식이나 기술을 전달하는 것	학습자가 아이디어를 스스로 이해하고 구성할 수 있는 학습경험 제공
교수·학습 방법	지식전달식 교수	문제해결에 초점을 맞추어 학습자의 능동적 지식 구성을 촉진
학습과제 결과물	규칙적이고 구조화된 해결책 존재	정답이 하나로 존재하는 게 아니라 다양한 해결책이 도출될 수 있음
평가	주어진 지식이나 기능을 잘 습득했는지를 확인	실제적 과제를 수행하고 문제를 해결할 수 있는 능력을 갖추었는가를 확인

3 구성주의 교수설계의 특징

(1) 교사와 학생의 역할
① **학습자중심 학습** : 학습경험을 통해 능동적으로 의미를 구성하는 주체
② **교사 역할의 변화** : 학습자의 학습을 돕는 조언자이자 안내자이며, 함께 배워나가는 동료학습자

(2) 과제의 성격
① **구체성·관련성** : 학습자에게 의미 있고 적절한 과제이며, 구체적이고 학습자의 삶과 관련성이 있는 과제
② **실제 상황과 맥락 강조** : 지식이 실제 적용되는 상황이나 현장과 관련해서 학습이 이루어질 때 학습이 실제적이며, 학교 학습이 사회적 과제해결 상황에서의 유용성과 적용 가능성을 가질 수 있게 됨
③ **활발한 의미 협상의 과정** : 과제 해결을 위해서는 학습자 간 활발한 의미 협상이 일어날 수 있는 협동학습이 필요한 과제

(3) 과제 해결의 지원
① **협동학습 강조** : 학습자가 사회적 상호작용을 통해 능동적으로 학습에 참여할 수 있도록 함
② **학습자원의 제공** : 학습자가 학습과제를 스스로 해결하기 위해서 사용할 수 있는 다양한 자원들을 제공해야 함

Level Up
인지적 구성주의와 사회적 구성주의

구분	인지적 구성주의	사회적 구성주의
대표 학자	피아제	비고츠키
특징	• 지식 구성은 개인의 정신적 활동을 통하여 이루어짐 • 인간은 경험을 통해 스스로 지식을 구성함 • 현존하는 지식의 도식과 변형은 관련 지식의 동화와 조절을 통해 이루어짐	• 지식 구성에 있어서 개인의 인지과정뿐만 아니라 사회적 상호작용 또한 중요함 • 학습은 사회적으로 맥락화된 지식을 학습자가 내면화하는 과정이며, 이는 동료학습자나 주변 인물들과의 상호 작용을 통하여 촉진됨
교육에의 적용 ☆	• 학습자가 새로운 도식에 대해 개별적으로 의미를 구성할 수 있는 기회를 제공해야 함 • 교사는 학생의 발달 단계에 알맞은 형태와 내용의 과제를 제공해야 함	• 교사는 학생의 새로운 지식·기술 습득 시 활발한 사회적 상호작용 기회를 주어야 함 • 교사는 효과적 학습이 이루어질 수 있게 알맞은 비계(scaffolding)를 제공해야 함

Theme 24 기출 CHECK!

논술 기출 CHECK

A 교사가 언급한 비고츠키 지식론의 명칭, 이 지식론에서 보는 지식의 성격과 교사와 학생의 역할 각각 1가지 논하시오. ● 20 중등

A 교사 의견
- 토의식 수업을 활성화하려면 먼저 지식을 보는 관점의 변화가 필요함
- 교과서에 주어진 지식이 진리라는 생각이나, 지식은 개인이 혼자 만드는 것이라는 생각에서 벗어나는 것이 중요하며, 이와 관련하여 비고츠키(L. Vygotsky)의 지식론이 많은 시사점을 줄 수 있음
- 이 지식론의 관점에서 보면, 교사와 학생의 역할도 기존의 강의식 수업에서의 역할과는 달라질 필요가 있음

01 객관주의적 교수설계와 구성주의적 교수설계 활동에 대한 단계별 비교 설명으로 옳은 것을 <보기>에서 고른 것은? ● 09 중등

	객관주의	구성주의
분석	ㄱ. 수업목표를 사전에 명세화하여 기술한다.	ㄴ. 학습과제의 구조를 상세히 분석하여 계열화한다.
설계	ㄷ. 실제적 문제를 상황맥락적으로 해결할 수 있는 학습자 중심의 학습환경을 설계한다.	ㄹ. 절충(negotiation)과 의미 만들기를 위한 학습환경을 설계한다.
개발 및 구현	ㅁ. 현실의 복잡함을 반영하는 실제 문제를 개발하고, 코칭과 모델링을 위주로 하는 학습환경을 개발한다.	ㅂ. 문제 해결에 초점을 맞추어 학습자의 능동적 지식구성을 촉진하는 학습환경을 개발한다.

① ㄱ, ㄴ, ㄹ ② ㄱ, ㄹ, ㅂ ③ ㄱ, ㅁ, ㅂ ④ ㄴ, ㄷ, ㄹ ⑤ ㄴ, ㅁ, ㅂ

02 구성주의 수업방법과 거리가 먼 것을 모두 고르면? ● 06 초등 + 03 중등 변형
① 학생들에게 예제의 풀이에 따라 문제를 풀게 했다.
② 학생들에게 5와트 전구를 켤 수 있는 풍차를 설계하도록 했다.
③ 학생들에게 영화를 보게 하고 다양한 관점과 측면에서 토론하도록 했다.
④ 학생들에게 환자의 임상 사례를 읽게 한 후 증상과 치료 방법을 제안하도록 했다.
⑤ 학생 입장에서 중요하고 의미 있는 과제를 제시한다.
⑥ 학생들이 알고 있는 지식을 최대한 활용하도록 장려한다.
⑦ 학생들이 토론을 통해 서로의 학습에 기여할 수 있도록 한다.
⑧ 학생들에게 학습 목표에 도달할 수 있는 최적의 방법을 분명하게 제시한다.

03 구성주의 교육의 관점과 관계 깊은 내용을 모두 고르시오. ● 05 초등 + 03 초등 + 00 초등 변형

가. 객관적 지식의 습득을 강조한다.
나. 교과서를 여러 교재 가운데 하나로 다룬다.
다. 실제적 과제를 제시하는 통합 수업 자료를 개발한다.
라. 일반 전이 효과가 높은 고전 교과를 필수로 선정한다.
마. 학생의 자아성찰과 사회적 참여를 요구하는 과제를 개발한다.
바. 지식의 사회적, 문화적 성격을 강조한다.
사. 교육 내용은 성취기준 식으로 제시되는 것이 바람직하다.
아. 학생의 주체적 지식 형성이 강조된다.
자. 진정한 의미에서의 학습은 학습자의 일상적 삶과 밀착된 상황에서 이루어진다.
차. 학습의 주체는 학습자이다.
카. 학습자의 경험보다 객관적·절대적 지식을 강조한다.
타. 학습자는 환경과의 상호작용을 통해 지식을 구성한다.
파. 실제 상황을 통한 문제해결 중심의 학습을 강조한다.

정답 01 ② 02 ①, ⑧ 03 나, 다, 마, 바, 아, 자, 차, 타, 파

Theme 25 시청각 통신과 커뮤니케이션 이론

12 중등, 11 초등, 04 중등

1 교수·학습과정
학습내용에 대한 통신의 과정 ⇨ 효과적인 학습을 위해 교수·학습상황에서 벌어지는 커뮤니케이션을 분석하는 이론에 대한 탐구가 이루어짐

2 벌로(Berlo)의 SMCR 모형

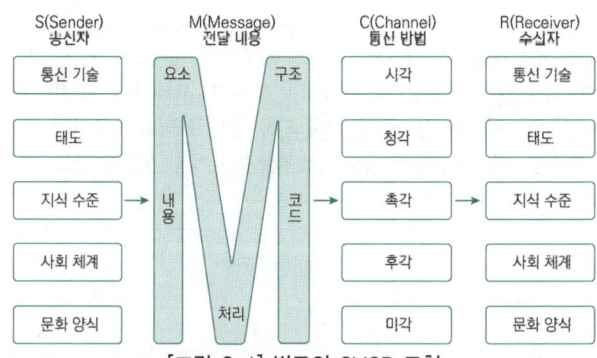

[그림 2-1] 벌로의 SMCR 모형

출제 Pick!
☆ 벌로의 SMCR 모형에서 교사와 학습자에게 영향을 미치는 요인, 수업 내용의 하위요소, 시사점
☆ 섀넌(쉐논)과 슈람의 모형을 수업 과정으로 해석할 때 시사점

Level Up
라스웰(Lasswell)의 모형
- 커뮤니케이션 이론의 기초가 되는 모형
- '누가(who), 무엇을(say what), 어떤 채널로(in which channel), 누구에게 말해서(to whom), 어떤 효과로(with what effect) 말하는가'로 모형화함
- 선형적·일방향적 ⇨ 매스 커뮤니케이션을 설명하기에 적절
- 한계: 쌍방향적인 상호작용이 일어나는 인간 커뮤니케이션 설명하기에는 부족

(1) 구성요소
① 송신자(Sender) = 교사
  ㉠ 메시지를 생성하는 주체
  ㉡ 통신 기술, 태도, 지식 수준, 사회 체계(체제), 문화 양식에 영향받음 ☆
② 메시지(Message) = 수업 내용
  ㉠ 내용 : 전달 내용
  ㉡ 요소 : 많은 내용 중 어떤 내용을 선택하는가
  ㉢ 구조 : 선택된 내용을 조직하는 방식 예 순서 / 교사는 가르칠 내용의 순서에 따라 설명하였다.
  ㉣ 코드 : 언어적인 코드와 비언어적 코드로 구분됨 예 비언어적 표현 – 몸짓, 눈 맞추기, 표정
  ㉤ 처리 : 내용을 전달하는 방식 예 다큐멘터리 or 연극 방식
③ 통신 방법(Channel) : 5감을 활용하는 인간이 어떤 감각(수단) 통해 커뮤니케이션을 하는가
④ 수신자(Receiver) = 학생
  ㉠ 메시지를 전달받는 대상
  ㉡ 통신 기술, 태도, 지식 수준, 사회 체계(체제), 문화 양식에 영향받음 ☆

(2) 벌로의 SMCR 모형의 시사점 ☆
송신자와 수신자의 통신 기술, 태도, 지식 수준, 사회 체계, 문화 양식의 유사성 정도에 따라 송신자가 의도한 메시지와 수신자가 받아들이는 메시지는 일치할 수도 있지만, 대부분의 경우 완전히 일치하지는 않을 수도 있음

3 섀넌(Shannon)과 슈람(Schramm)의 모형

① 송신자가 수신자에게 메시지를 보내는 과정을 기호화, 해독, 경험의 장, 잡음, 피드백의 개념을 통해 나타냄
  ㉠ 기호화(Encoding) : 메시지를 전달 가능한 형태로 변환하는 과정
  ㉡ 해독(Decoding) : 전송된 메시지를 수신자가 이해할 수 있는 형태로 변환하는 과정
  ㉢ 경험의 장(Field of experience) : 커뮤니케이션의 환경을 뜻하며, 메시지의 발신자와 수신자 간의 문화적, 사회적, 심리적인 차이가 포함됨
  ㉣ 잡음(Noise) : 커뮤니케이션 과정에서 발생하는 간섭 요소
  ㉤ 피드백(Feedback) : 커뮤니케이션 프로세스에서 발신자가 수신자로부터의 응답을 받는 과정
② 특징
  ㉠ 섀넌 – 위버 모형과 달리 피드백 요소를 더함으로써 커뮤니케이션의 쌍방향적·상호작용적인 측면을 포함함
  ㉡ 송신자와 수신자의 경험의 장이 일치할수록 메시지가 의도한 대로 해석될 가능성이 커지고 더욱 효과적인 의사소통이 이루어질 수 있음

Level Up

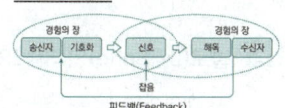

[그림 2-2] 섀넌과 슈람의 모형

Theme 25 기출 CHECK!

01 의사소통 모형인 벌로(D. Berlo)의 SMCR 모형에 기초하여 김 교사와 학생의 수업과정을 분석할 때, M 단계의 하위 요소에 해당하는 것으로 옳은 것을 모두 고른 것은?
• 12 중등

> 김 교사는 학생의 흥미와 수준을 고려하여 ㉠<u>가르칠 내용의 순서에 따라</u> 설명하기 때문에 학생도 수업의 흐름을 놓치지 않고 잘 따라온다. 김 교사의 ㉡<u>교과와 수업에 대한 열의</u>는 수업시간에 그대로 반영되어, 학생이 교사의 말에 더욱 집중하게 한다. 김 교사의 수업이 쉽고 지루하지 않은 것은 설명이 명확해서이기도 하지만, ㉢<u>비언어적 표현, 즉 몸짓, 눈 맞추기, 표정</u> 등을 적절히 활용하기 때문이다. 김 교사가 컴퓨터 활용 수업을 할 때에는 ㉣<u>학생이 자료를 읽거나 사용하는 의사소통기술</u>에 어려움이 없도록 지도한다. 전반적으로 김 교사의 수업에서는 학생들이 ㉤<u>보고 듣기만 하는 것이 아니라, 만져보고 때로는 냄새를 맡고 맛을 보기도 하는</u> 등 오감각을 통해 보다 풍부한 의사소통을 한다.

① ㉠, ㉡   ② ㉠, ㉢   ③ ㉡, ㉣   ④ ㉢, ㉤   ⑤ ㉣, ㉤

02 쉐논과 슈람(C. Shannon & W. Schramm)의 통신 모형을 수업 과정으로 해석할 때, 설명이 바르지 <u>않은</u> 것은?
• 11 초등

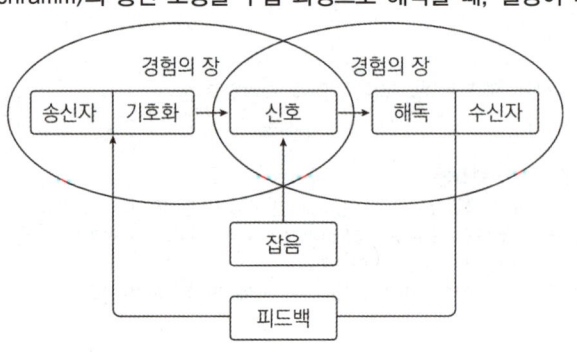

① 학생은 교육내용을 자신의 경험의 장에 비추어 받아들인다.
② 교사와 학생의 의사소통 과정에 불필요한 잡음이 개입될 수 있다.
③ 교사가 교육내용을 전달하는 방식은 교사의 경험의 장에 영향을 받는다.
④ 교사와 학생 사이에 공통된 경험의 장이 없더라도 효과적인 의사소통이 이루어진다.
⑤ 교사와 학생의 의사소통 과정에서 전달내용이나 서로의 경험 차이에 관한 피드백이 이루어진다.

03 벌로(D. Berlo)의 SMCR 모형에 관한 설명으로 옳은 것은?
• 04 중등

① 메시지는 내용, 요소, 처리, 해독으로 구성된다.
② 잡음(noise)을 메시지 전달 과정의 중요한 변인으로 고려한다.
③ 송신자의 메시지는 수신자의 시각과 청각에 의해서만 전달된다.
④ 송신자는 통신기술, 지식수준, 사회체제, 문화양식에 의해 영향을 받는다.

정답 01 ②   02 ④   03 ④

Theme 26 수업목표

기출
11 초등, 02 초등, 01 초등, 00 초등 추시, 99 서울 교담, 96 초등, 92 중등, 91 중등

학습 Check ○○○○○

1 개념
수업이 끝난 후 학생이 성취해야 하는 행동상의 변화를 기술한 것

2 블룸의 인지적 영역 수업목표
① **지식** : 학습자가 사실, 용어, 규칙 등을 기억하도록 요구
② **이해** : 학습내용의 이해를 요구
③ **적용** : 이전에 배운 것을 다른 곳에 적용할 것을 요구
④ **분석** : 논리적 오류를 찾아내거나 사실, 의견, 추측, 가설, 결론 간의 차이를 구별해 낼 것을 요구
⑤ **종합** : 학습자가 고유하고 독창적인 어떤 것을 만들어 낼 것을 요구
⑥ **평가** : 어떤 방법, 생각, 사람, 물건에 대해 비판이나 판단할 것을 요구

3 수업목표 진술
(1) 수업목표 진술 시 유의사항 ☆
① 수업과정에서 무엇을 습득하는 것인지 기술하는 것이 아니라, 수업 이전에는 할 수 없었지만 수업 이후에는 수업의 결과로 획득하여 할 수 있게 된 행동인 '도착점 행동'을 기술해야 함
② 수업목표는 내용과 행동이 포함된 행동적 용어를 사용해서 구체적으로 진술해야 함
③ 하나의 목표는 한 개의 학습유형만을 포함해야 함

(2) 타일러의 수업목표 진술 ☆
① **구조** : 내용 + 행동
② **요건**
  ㉠ 교사의 행동이 아닌 학습자의 행동으로 진술함
  ㉡ 내용과 행동으로 진술함
  ㉢ 기대되는 학습자 행동을 세분화해서 명시적 동사를 사용하여 진술
③ **예시**
  ㉠ (내용)구성주의 학습이론의 특징을 (행동)열거할 수 있다.
  ㉡ (내용)함수의 최솟값과 최댓값을 (행동)구할 수 있다.

(3) 메이거의 수업목표 진술 ☆
① **구조** : 상황 혹은 조건 + 준거 + 도착점 행동
② **요건**
  ㉠ **행동** : 관찰 및 측정 가능한 용어로 진술되는 구체적 행동
  ㉡ **상황·조건** : 학습 상황이 아니라 수행 상황에서 직면하는 제약조건
  ㉢ **준거** : 목표 달성 여부의 판별 준거로, 양과 질 두 가지 측면을 모두 포함할 수 있음
③ **예시**
  ㉠ (상황·조건)구성주의 학습이론 특징을 (준거)최소 3개 이상 (행동)열거할 수 있다.
  ㉡ (상황·조건)100m를 (준거)17초 내에 (행동)달릴 수 있다.

출제 pick!
☆ 수업목표 진술 시 유의사항
☆ 블룸의 인지적 영역 수업목표
☆ 타일러의 수업목표 진술
☆ 메이거의 수업목표 진술

Level up

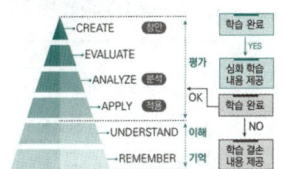

[그림 2-3] 블룸의 신교육목표 분류

블룸의 신교육목표 분류
① 기억하기
② 이해하기
③ 적용하기
④ 분석하기
⑤ 평가하기
⑥ 창안하기

Theme 26 기출 CHECK!

01 다음은 교육목표에 관한 타일러(R. Tyler)와 블룸(B. Bloom)의 견해를 대화 형식으로 구성한 것이다. (가)~(다)에 들어갈 말을 바르게 나열한 것은?
• 11 초등

> 타 일 러 : 저는 일찍이 (가)의 입장에서 교육목표를 진술해야 한다고 말한 바 있습니다.
> 블   룸 : 예, 잘 알고 있습니다. 선생님께서는 또한 (나)으로 이루어진 이원적 목표 진술을 강조하셨죠?
> 타 일 러 : 물론입니다. 그런데 선생님이 동료들과 함께 분류하려고 한 것은 그중의 어느 것입니까?
> 블   룸 : 저희들은 그 두 차원 중에서 (다)의 차원을 분류했습니다.

	(가)	(나)	(다)
①	교사	지식과 기능	기능
②	교사	내용과 행동	행동
③	학생	지식과 기능	기능
④	학생	지식과 기능	지식
⑤	학생	내용과 행동	행동

02 성취 행동의 관점에서 볼 때 가장 적절하게 진술된 수업목표는?
• 02 초등
① 수질 오염 방지 대책에 대해 토론한다.
② 비례 대표제의 장점과 단점을 열거할 수 있다.
③ '오빠 생각' 노래를 피아노 반주에 맞춰 연습한다.
④ 광합성 작용의 절차를 실험을 통해 파악하게 한다.

03 다음 내용 중 타일러(Tyler)가 제시한 행동적 수업목표 진술의 3가지 특징은?
• 01 초등

> 가. 수업목표 진술은 학습자의 행동으로 진술하여야 한다.　　나. 행동과 함께 내용도 진술하여야 한다.
> 다. 기대되는 학습자 행동은 충분히 세분화하여야 한다.　　라. 학습자의 도착점 행동과 그 상황도 제시하여야 한다.

① 가, 나, 다　　② 가, 나, 라　　③ 가, 다, 라　　④ 나, 다, 라

정답 01 ⑤　02 ②　03 ①

04 타일러의 방식으로 수업목표를 진술할 때 포함되어야 할 요소는? ● 00 초등 추시
① 내용과 조건　　② 내용과 도구　　③ 내용과 행동　　④ 내용과 수락 준거

05 수업목표를 진술할 때에는 조건, 도달기준, 행동의 종류가 명시되도록 하는 것이 바람직하다. 다음 중 이런 요소를 모두 충족시킨 진술은?　● 99 서울 교담
① 지층과 화석의 형성과정을 알 수 있다.
② 운동장의 200미터 트랙을 빨리 달릴 수 있다.
③ 환경오염의 직접적인 원인 세 가지를 알 수 있다.
④ 독일 통일 당시의 역사적 사실을 나열할 수 있다.
⑤ 나눗셈 30문제를 제시했을 때, 20문제 이상 풀 수 있다.

06 효과적인 수업을 위해 학생들의 출발점 행동을 파악하는 방법으로 가장 적절한 것은?　● 96 초등
① 진단평가를 통하여 학급 내 성적 순위를 파악하는 것
② 가르칠 지식의 위계에 따라 어느 수준의 내용이 이미 학습되었는지 파악하는 것
③ 지난 학기 관련 교과 성적의 학급 내 순위를 파악하는 것
④ 표준화 학력검사를 통해 개개인의 학력수준을 전국 수준에 비추어 파악하는 것

정답 04 ③　05 ⑤　06 ②

07 수업목표 진술에 대한 Mager의 주장이 아닌 것은? •92 중등
① 종착행동이 발생하는 조건이 제시되어야 한다.
② 외현적 행동을 나타내는 동사를 활용하여 진술되어야 한다.
③ 목표달성 여부를 평가할 수 있는 수락 기준을 밝혀야 한다.
④ 가르치는 사람이 무엇을 가르치느냐의 측면에서 진술되어야 한다.

08 다음과 같은 수업목표 진술에서 수락기준에 해당하는 것을 고르시오. •91 중등 변형

> ㉠10개의 일차방정식을 주었을 때 ㉡학생은 ㉢30분 동안에 모두 ㉣풀 수 있다.

• _____

정답 07 ④ 08 ㉢

Theme 27 ADDIE 모형

1 분석(Analysis)

(1) 개념
학습내용을 정의하는 과정

(2) 수행 활동 ☆
① 요구분석 ⇨ 최종 학습목표 도출[요구 = 목표로 하는 수행수준(should be)과 실제 수행수준(is)의 격차]
② 학습자 분석 ⇨ 출발점 행동(진단평가), 학습자 특성, 학습상황 및 조건
③ 환경분석
④ 직무 및 과제분석 ⇨ 군집분석, 위계분석, 절차분석, 통합분석

2 설계(Design)

(1) 개념
교수방법을 구체화하는 과정

(2) 수행 활동 ☆
① 학습목표 진술 ⇨ 메이거식(도착점 행동, 상황·조건, 준거)
② 평가도구 설계
③ 구조화, 계열화
④ 교수전략(동기유발 전략, 학습내용 제시전략, 피드백 전략) 및 매체 선정

3 개발(Development)

(1) 개념
교수자료를 제작하는 과정

(2) 수행 활동 ☆
① 교수·학습자료 개발
② 형성평가 및 수정

4 실행(Implementation)

(1) 개념
교수 프로그램을 실제 상황에 적용하여 사용 + 수정·보완하는 활동

(2) 수행 활동 ☆
① 교수 프로그램의 설치·사용
② 교수 프로그램의 유지·관리

5 평가(Evaluation)

(1) 개념
교수 프로그램의 적절성을 결정하는 과정, 프로그램 효과에 대한 외부 평가자의 종합적 검토

(2) 수행 활동 ☆
① 교수 프로그램(교수자료, 교육 프로그램)의 성과, 효과성, 효율성 평가
② 해당 자료나 프로그램의 문제점 파악 및 수정사항 결정

출제 Pick!
☆ ADDIE 모형의 절차, 절차별 세부 수행 활동

설쌤의 팁
ADDIE 모형은 체제적 교수설계, 즉 교수설계의 각 요소들이 투입과 산출의 긴밀한 연관을 가진다고 보는 입장의 가장 기본 골격입니다.

기출
15 추시, 12 중등, 10 중등, 09 초등, 06 초등, 05 초등, 04 초등, 03 초등, 02 초등

Theme 27 기출 CHECK!

논술 기출 CHECK

일반적 교수체제설계에서 분석 및 설계 과정의 주요 활동 각각 2가지씩 제시하시오.　　● 15 중등 추시

> 한편, 사회가 학생들에게 새로운 역량을 요구하고 있고, 이를 키우기 위해 교사는 다양한 수업을 설계할 수 있어야 합니다. 제가 경험했던 많은 교사들은 다양한 수업을 시도해 보고자 하는 열정은 높았지만, 새로운 수업 방법이나 모형을 활용하여 수업을 설계하거나 수업 상황에 맞게 기존의 교수·학습지도안을 적용하는 데 어려움을 느꼈습니다. 다양한 교수체제설계 이론과 모형이 있지만 분석, 설계, 개발, 실행, 평가의 과정은 일반적이라고 생각합니다. 이 중 분석과 설계는 다른 과정의 기초가 되기 때문에 중요합니다. 수업요소들이 서로 어떻게 관련되어 있는지 파악하여 여러분의 수업에 적용해 보시기 바랍니다.

01 ADDIE 모형, ASSURE 모형, 딕과 캐리 모형(W. Dick, L. Carey, &. Carey, 2005)에 대한 설명으로 옳은 것만을 〈보기〉에서 있는 대로 고른 것은?　　● 12 중등

〈보기〉
ㄱ. ASSURE 모형은 학교 수업에 활용하도록 만들어졌으며, 모형 자체에는 과제분석(교수분석) 단계가 포함되지 않는다.
ㄴ. 딕과 캐리 모형에서는 독립된 단계로서의 교수실행이 설정되어 있지 않다.
ㄷ. ADDIE 모형과 딕과 캐리 모형은 모두 형성평가나 파일럿 테스트를 실시하고 교수 프로그램을 수정하도록 한다.
ㄹ. 이들 세 모형은 모든 수행목표 각각에 대응하여 평가항목을 만들도록 교수전략 개발 단계 이전에 평가도구 개발 단계를 두고 있다.

① ㄱ, ㄴ　　② ㄷ, ㄹ　　③ ㄱ, ㄴ, ㄷ　　④ ㄱ, ㄴ, ㄹ　　⑤ ㄴ, ㄷ, ㄹ

정답　01 ③

02 체제적 교수설계 모형(ADDIE 모형, ASSURE 모형, Dick & Carey 모형)에 따라, 김 교사는 가장 먼저 개발할 교사 직무능력 향상 프로그램을 선정하기 위해 요구분석을 실시하였다. (가)와 (나)에 적합한 활동을 〈보기〉에서 고른 것은? • 10 중등

요구분석 단계	요구분석 활동
직무수행의 바람직한 상태 설정	여러 자료를 토대로 직무별로 바람직한 교사의 수행 상태를 설정하였다.
교사의 현재 직무수행 상태 측정	동료 교사와의 인터뷰, 관찰 등을 토대로 교사의 직무별 현재 수행 상태를 측정하였다.
요구의 크기 계산	직무별로 '바람직한 직무수행 상태'와 '교사의 현재 직무수행 상태' 간의 차이를 계산하였다.
요구 우선순위 결정	(가)
요구 발생 원인 분석	(나)
직무연수 프로그램 개발 대상 요구 선정	위의 (나)에서 선정된 요구 중 우선순위가 가장 높은 요구를 충족시키기 위해 직무연수 프로그램을 개발하기로 결정하였다.

〈보기〉

(가)
ㄱ. 직무별 요구의 크기에 따라 요구들의 우선순위를 결정하였다.
ㄴ. 직무별 요구의 크기와 직무 중요도에 따라 요구들의 우선순위를 결정하였다.

(나)
ㄷ. 요구 발생 원인을 분석하여 환경, 조직 운영 및 학교 교육정책의 문제로 초래된 요구를 선정하였다.
ㄹ. 요구 발생 원인을 분석하여 교사의 건강, 업무분장 및 업무량의 문제로 초래된 요구를 선정하였다.
ㅁ. 요구 발생 원인을 분석하여 교사의 지식과 기능 부족으로 초래된 요구를 선정하였다.

	(가)	(나)		(가)	(나)
①	ㄱ	ㄷ	②	ㄱ	ㅁ
③	ㄴ	ㄷ	④	ㄴ	ㄹ
⑤	ㄴ	ㅁ			

03 일반적 교수체제 설계모형(ADDIE)의 '분석 단계'에서 수행하는 활동을 다음에서 모두 고르시오. • 09 초등 변형

ㄱ. 요구 분석　ㄴ. 환경 분석　ㄷ. 교수자 분석　ㄹ. 학습자 분석　ㅁ. 직무 및 과제 분석

• _____

04 교수설계의 일반적 절차에서 학습내용을 효과적으로 제시하기 위해 교수매체를 선정하는 단계는? • 06 초등
① 분석　② 설계　③ 개발　④ 평가

정답　02 ⑤　03 ㄱ, ㄴ, ㄹ, ㅁ　04 ②

05 체제적 수업 설계의 필요성과 거리가 <u>먼</u> 것은?　　　　● 05 초등
① 수업에 관한 전체적인 틀을 제공함으로써 수업을 개선할 수 있다.
② 수업 중에 일어난 예기치 못한 상황에 즉각적으로 대처할 수 있다.
③ 수업목표, 수업내용, 수업방법, 매체, 평가 등을 일관성 있게 계획할 수 있다.
④ 학습자의 요구 분석과 과제 분석을 통해 학습자에게 적절한 수업목표를 설정할 수 있다.

06 교육공학의 영역 중 학습자의 개별 특성을 고려한 수업을 시행하기 위하여 학습자의 특성을 연구하는 영역은?　　● 04 초등
① 설계　　　　② 개발　　　　③ 활용　　　　④ 관리

07 교육공학의 주요 특징 중 하나인 체제 접근(systems approach)에 대한 설명으로 옳지 <u>않은</u> 것은?　　● 04 초등
① 기술적 성격보다는 처방적 성격을 강조한다.
② 교수・학습 활동의 전체적인 관점을 강조한다.
③ 교수・학습 과정에서 내용보다 매체를 강조한다.
④ 구성 요소들 간의 유기적인 상호작용을 강조한다.

08 교육과정 관련 요구조사에 대한 설명을 모두 고르면?　　● 03 초등

> 가. 주로 학습자를 대상으로 정보를 수집한다.
> 나. 교육과정 관련 집단 간의 의사소통을 증진시킨다.
> 다. 다양한 방법을 통하여 자료를 수집하는 것이 바람직하다.
> 라. 적용되고 있는 교육과정의 실태를 파악하는 데 우선적인 목적을 둔다.
> 마. 교육과정 개발 과업의 우선 순위를 설정하는 데 기초 자료를 제공한다.

① 가, 나, 다　　　② 가, 라, 마　　　③ 나, 다, 마　　　④ 다, 라, 마

09 다음은 체제적 수업 개발의 일반적 절차를 나타낸 그림이다. 평가 도구를 작성해야 하는 단계는?　　● 02 초등

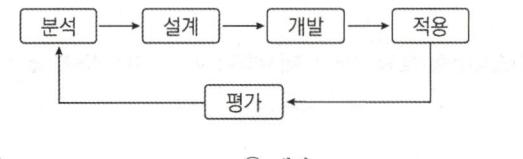

① 분석　　　　② 설계　　　　③ 개발　　　　④ 평가

Theme 28 딕(W. Dick)과 캐리(L. Carey)의 체제적 교수설계모형

기출
22 중등, 13 중등, 11 중등, 11 초등, 09 중등, 09 초등, 07 중등, 06 중등, 05 중등, 05 초등, 04 초등

1 개념

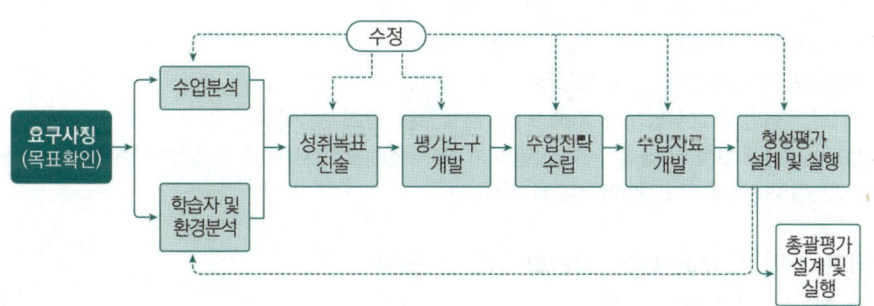

[그림 2-4] 딕과 캐리의 체제적 교수설계모형

① 교사, 학생, 수업자료, 학습환경이 유기적 관계를 맺고 상호작용함을 강조하는 **체제적 교수설계모형**
② 교수 프로그램을 설계·개발하기 위한 체계적인 접근법

출제 Pick!
☆ 딕과 캐리 모형의 절차별 세부 수행 활동
☆ 딕과 캐리 모형의 비판과 대안적 모형(래피드 프로토타입 모형, Kemp 모형, R2D2 모형)

2 절차

(1) 분석 ☆

① **요구분석(교수목적 분석)**
  ㉠ 학생의 현재 수준과 이상적인 수준 간 괴리인 '요구'를 분석하여 교수목적을 확인하고 목표를 설정함
  ㉡ 목표는 학생 입장에서의 교수결과를 서술하는 것으로, 명료하게 진술되어야 함
  ㉢ 불확실한 문제의 본질을 규명하고자 실시함

② **수업분석(교수분석, 과제분석)**
  ㉠ 학습목표가 어떤 학습유형에 속하는지 규명하고 목표의 하위 기능을 분석함
    ⇨ 군집분석, 위계분석, 절차분석, 통합분석
  ㉡ 목표를 학습영역(learning outcomes)에 따라 분류하고 수행행동의 주요 단계를 파악함
    ⇨ 가르칠 학습요소 및 학습경험 선정, 학습의 순서 결정, 출발점 기능(선수학습 요소), 확인 및 결정, 평가의 기준 설정을 도움

③ **학습자 및 학습환경(맥락) 분석**
  ㉠ 학습자의 **출발점 행동** 및 학습자 특성(나이, 학년, 흥미 등)의 일반적 행동을 분석함
  ㉡ 학습자가 학습내용을 활용할 맥락, 학습자의 **학습맥락**(학습 상황 및 조건)을 분석함

(2) 설계 ☆

① **수행목표(성취목표) 기술** : 메이거식 진술(도착점 행동, 성취 행동이 실행될 상황 혹은 조건, 준거)
  ㉠ 학습자가 교수를 통해 성취해야 하는 목표를 구체적으로 진술함
  ㉡ 교수분석에서 도출된 각 기능에서 하나 이상의 목표를 진술하며, 이는 평가문항의 기초가 됨

② **평가도구 개발(평가문항 개발)**
  ㉠ 목표에 근거한 평가도구 문항(준거지향평가)을 개발함
  ㉡ 개발된 문항은 성취목표와 정확하게 일치해야 함
  ㉢ 분석된 학습목표들을 고려하여 연습문제, 형성평가, 총합평가 도구를 개발함

③ **수업(교수)전략 수립**
  ㉠ 교수목표를 달성하기 위한 교수활동 전략, 정보제시 전략, 학습자 참여전략 등을 개발함
  ㉡ 교수목표를 계열화·조직하고, 교수 전 활동 및 검사를 선택하고, 목표별로 제시될 학습내용과 학습자 참여 활동을 결정함
    예 분석결과에 따라 하위 기능을 먼저 가르치고, 상위 목표를 달성하도록 학습순서 결정

Level up!

학습과제분석

1. **개념**
  교수목표가 어떤 유형에 속하여 이를 성공적으로 달성하고자 학습자가 학습해야 하는 하위 기능이 무엇이며, 이 기능들을 어떤 순서에 따라 학습해야 하는지, 학습 성공을 위해 학습자에게 필요한 출발점 기능은 무엇인지를 확인하고 결정하고자 실시하는 분석

2. **기법**(군위절통)
  - **군집분석** : 상·하위의 위계적 관계가 없는 언어정보의 학습과제를 분석하고, 관련 있는 정보들을 효과적으로 묶는 방법
  - **위계분석** : 과제를 달성하기 위해 필요한 기능들을 상위 기능과 하위 기능(상위 기능 학습을 위해 반드시 숙달해야 하는 선행학습)으로 분석
  - **절차분석** : 먼저 수행해야 할 과제와 나중에 해야 할 과제의 순서를 분석하는 기법
  - **통합분석** : 위계분석 + 군집분석. 지적 기능이나 운동기능 또는 언어 정보를 통해 어떤 행위를 선택하는 태도의 학습과제분석에 활용됨

(3) 개발(실행 생략 - 교사 아닌 교육과정 전문가에 의한 수업설계) ☆
① **수업자료 개발** : 각종 학습자료를 개발함
  ㉠ 이전 단계에서 수립한 수업전략에 따라 수업과 관련된 모든 형태의 자료를 만드는 단계
  ㉡ 수업자료는 학습자용 지침서, 검사, 교사용 지침서, 비디오테이프, 컴퓨터 기반 멀티미디어 등 다양한 형태로 개발할 수 있음
② 수업의 형성평가 설계 및 실행
  • 프로그램 질을 개선하기 위해 필요한 자료를 수집함
  • 형성평가에 근거하여 각 단계별로 수정할 부분을 수정함
  • 일대일 평가, 소집단 평가, 현장평가 등을 실시할 수 있음

(4) 평가[외부 평가자(교수설계자 X)에 의한 프로그램 효과 평가] ☆
수업의 총괄평가 설계 및 실시 ⇨ 프로그램의 가치를 측정하고, 프로그램의 지속적인 활용이나 수정 필요성 등을 판단하며, 추후 교수개발에 영향을 미침

3 딕과 캐리 모형에 대한 비판과 대안적 모형

(1) 딕과 캐리 모형에 대한 비판
① 딕과 캐리 모형과 같은 초기 전통적 교수설계모형들은 대부분 선형적인 형태로 제시되어 있음
  ⇨ 실제 교수설계 환경의 복잡성을 반영하지 못한다는 비판을 받음
② 이후 선형적인 모형의 대안으로 켐프(Kemp) 모형과 같은 비선형적 교수설계모형이 제안됨

(2) 대안적 모형
① 래피드 프로토타입(RP; Rapid Prototype) 모형
  ㉠ **개념** : 최종적인 산출물이 나오기 전에 빠르게 프로토타입(원형)을 만들고, 이 프로토타입을 수정·보완하며 실제 프로그램을 진행하는 개발방법
  ㉡ **특징**
    • 설계 초기에 최종 결과물의 기능과 형태를 가진 원형을 신속하게 개발함
    • 사용자와 설계자가 서로 협동하며 원형을 개발한 후, 문제점을 발견하고 수정·보완해 나감
    • 교수설계의 현장을 반영하여 상황 특성과 맥락적 특성을 고려하는 비선형적 교수설계 방식
  ㉢ **장점**
    • 구성원들의 요구를 세세하게 반영함으로써 발생하는 교육과정 개발의 어려움을 최소화하기 위해 분석 단계에서 원형을 개발한다는 점에서 더욱 빠르고 효율적으로 교육과정을 설계할 수 있음
    • 개발 원형에 교육과정 설계자뿐만 아니라 사용자도 참여하기 때문에 '학습자와 교수자'라는 교육과정 사용자의 다양한 요구가 효과적으로 반영될 수 있음

Level Up

형성평가의 예시
• **일대일 평가** : 세 명의 학생을 선정해 실시하는 평가문항 타당성에 대한 평가
• **소집단 평가** : 교수전략이 학습자 특성에 적합한지 확인하는 평가
• **현장평가** : 개발 프로그램을 주어진 시간 내에 실행할 수 있느냐를 확인하기 위한 학습자 대상의 평가
• **전문가 평가** : 영어 방과 후 수업에서 사용된 표현에 대한 원어민 검토

② 켐프의 비선형적 교수설계모형

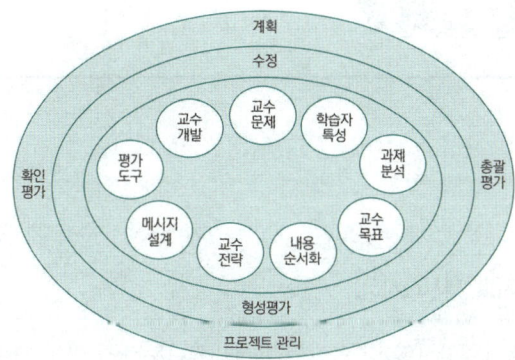

[그림 2-5] 켐프의 비선형적 교수설계모형

㉠ 특징
- 순환성 강조 ⇨ 순서와 절차에 구속되지 않고, 수업상황에 따라 융통성 있게 사용 가능
- 요구분석을 시작으로 시계방향으로 움직이며 교수설계에서 필요한 요소들만 뽑아서 진행할 수도 있음
- 확인평가, 형성평가, 총괄평가를 구분. 평가의 중요성 강조

③ 윌리스(Willis)의 R2D2 모형(Recursive, Reflective, Design and Development)

[그림 2-6] 윌리스의 R2D2 모형

㉠ 특징
- 구성주의 관점의 모형으로, 전통적인 교수설계모형이 지나치게 객관주의적이라는 것을 비판함
- 분명한 시작과 끝이 없고 '정의, 설계와 개발, 확산'이라는 세 가지 주요 초점 간의 계속적인 상호작용을 통해 설계가 이루어짐 ⇨ 특정한 출발점과 순서가 없으며, 유연한 열린 과정만이 존재함
  ⇨ 반복적, 비선형적, 유연
- 초반에 명시적인 목표를 설정하지 않고, 설계와 개발과정에서 자연스럽게 나타나는 목표에 주목함
- 프로토타입(prototype)에 대한 형성평가를 통해 지속적이고 순환적인 설계·개발과정을 거쳐 최종적인 수업산출물을 만듦
- 다양한 아이디어와 피드백에 대한 탐색 및 성찰을 기반으로 함 ⇨ 성찰적
- 전문가중심의 하향식 모델이 아니며, 교사 및 학생이 모든 국면에 폭넓게 참여 ⇨ 참여적

㉡ R2D2 모형의 초점과 과제
- **정의** : 설계자는 초반에 명시적 목표를 설정하는 것을 배제함. 전단분석(front-end analysis), 학습자 분석, 과제 및 개념분석
- **설계와 개발** : 설계자는 매체와 형태 선정, 개발환경의 선정, 원형 개발, 형성평가 중심 평가전략을 순환적으로 실행함
- **확산** : 개발된 수업산출물에 대하여 최종적으로 포장·유포·보급하고 채택함

Theme 28 기출 CHECK!

논술 기출 CHECK

송 교사가 교실 수업을 위해 개발해야 할 교수전략 2가지를 제시하시오. • 22 중등

송 교사 : 네 알겠습니다. 이제 교실 수업에서 사용할 교수전략을 개발해야 하는데 딕과 캐리(W. Dick & L. Carey)의 체제적 교수설계 모형을 적용하려고 해요. 이 모형의 교수전략개발 단계에서 개발해야 할 교수전략이 무엇인지 생각중이에요.

01 딕과 캐리(W. Dick & L. Carey)의 수업체제 설계모형에 따라 수업을 설계할 때, 다음 제시된 절차에 해당하는 것은? • 13 중등

'학습자는 순환마디로만 이루어진 순환소수를 분수로 변환할 수 있다.'는 수업목표를 '지적 기능'으로 분류한 후, 정보처리 분석과 위계분석을 수행하였다. 다음 그림은 그 결과의 일부이다.

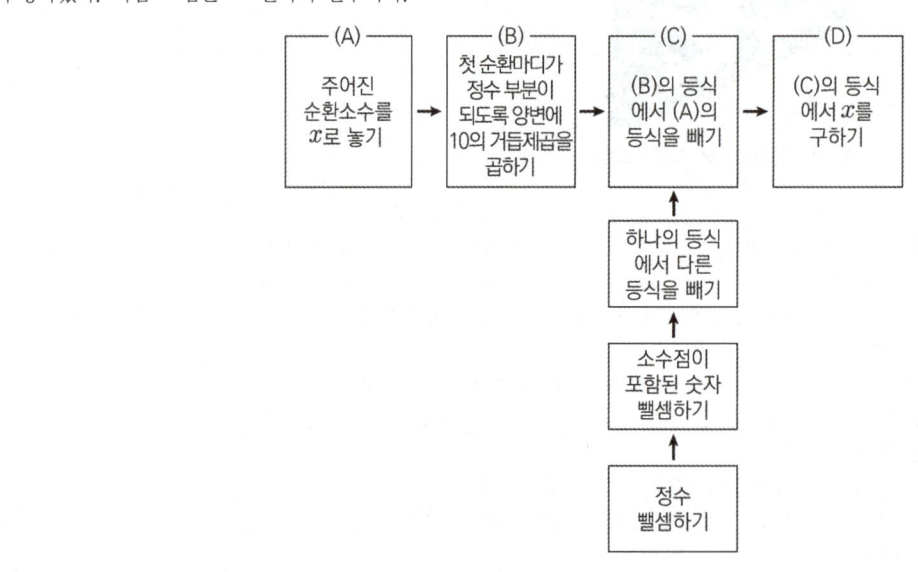

① 교수분석　　② 요구분석　　③ 형성평가　　④ 환경분석　　⑤ 학습자분석

정답 01 ①

02 딕과 캐리(W. Dick, L. Carey & J. Carey)의 교수설계모형에 대한 설명으로 옳지 <u>않은</u> 것은? • 11 중등

① 교수 프로그램을 설계 및 개발하기 위해 체계적인 접근을 한다.
② 딕과 캐리의 교수설계모형에는 ADDIE 모형의 실행 단계(I)가 생략되어 있다.
③ 교수 프로그램 설계 및 개발 과정을 주도한 교수설계자가 총괄평가를 실시할 것을 권한다.
④ 수행목표 진술 단계에서는 학습이 끝났을 때 학습자가 할 수 있는 것으로 기대되는 목표를 구체적으로 진술한다.
⑤ 교수분석 단계에는 목표를 학습 영역(learning outcomes)에 따라 분류하고 수행 행동의 주요 단계를 파악하는 활동이 포함된다.

03 딕과 캐리(W. Dick, L. Carey, & J. Carey)의 체제적 교수설계모형을 활용하여 방과 후 영어수업 프로그램을 개발하고자 할 때, 교사가 (가) 단계에서 수행해야 할 활동으로 적절하지 <u>않은</u> 것은? • 11 초등

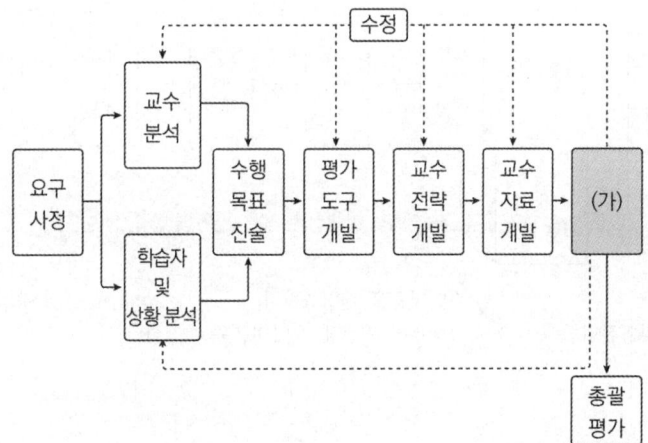

① 개발된 영어연극 교수전략이 학습자 특성에 부합하는지 점검하기 위해 소집단 평가를 실시한다.
② 개발된 교수자료의 영어 표현들이 적절한지를 확인하기 위해 원어민 영어교사에게 검토를 의뢰한다.
③ 개발된 프로그램이 타 학교 방과 후 프로그램보다 더 효과적인지를 판단하기 위해 지필평가를 실시한다.
④ 개발된 영어능력 평가 문항들의 타당성을 확인하기 위해 세 명의 학생을 선정하여 일대일 평가를 실시한다.
⑤ 개발된 프로그램을 정해진 수업시간 내에 실행할 수 있는지 확인하기 위해 학습자를 대상으로 현장평가를 실시한다.

정답 02 ③   03 ③

04 딕과 캐리의 체제적 교수설계에서 제시하는 학습과제 분석에 대한 설명으로 옳은 것을 모두 고른 것은? • 09 중등

> ㄱ. 최소공배수를 구하는 학습과제는 위계분석을 한다.
> ㄴ. 시간을 잘 지키는 태도를 기르는 학습과제는 군집분석을 한다.
> ㄷ. 각 나라와 그 수도를 연결하여 암기하는 학습과제는 통합분석을 한다.
> ㄹ. 다항식의 덧셈을 하는 학습과제는 상위목표에서부터 하위목표로 분석해 나간다.

① ㄱ, ㄴ   ② ㄱ, ㄹ   ③ ㄴ, ㄷ   ④ ㄴ, ㄹ   ⑤ ㄱ, ㄷ, ㄹ

05 다음 딕과 캐리(W. Dick & L. Carey)의 체제적 교수설계에서 ㉠에서 수행해야 할 활동은? • 09 초등

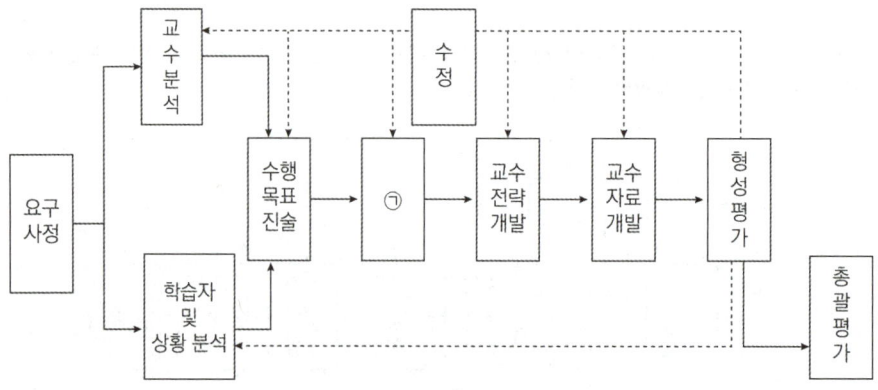

① 평가문항을 개발한다.
② 수업내용을 계열화한다.
③ 사용할 매체의 유형을 결정한다.
④ 학습자의 출발점 행동을 확인한다.
⑤ 과제분석을 통해 수업내용을 선정한다.

06 〈보기〉는 체제적 수업설계 과정 중 요구분석에 대한 진술이다. 옳은 것을 모두 고른 것은? • 07 중등

〈보기〉
> ㄱ. 요구분석은 불확실한 문제의 본질을 규명하고자 실시된다.
> ㄴ. 요구분석에서 요구란 최적의 수행수준과 실제 수행수준 사이의 격차(discrepancy)를 뜻한다.
> ㄷ. 요구분석은 학습의 결과로 획득되는 능력의 다양한 유형들을 확인하고, 구조화된 학습내용의 요소들이나 단위들을 계열화하는 것이다.

① ㄱ, ㄴ   ② ㄱ, ㄷ   ③ ㄴ, ㄷ   ④ ㄱ, ㄴ, ㄷ

정답 04 ② 05 ① 06 ①

07 딕(W. Dick)과 캐리(L. Carey)의 수업설계모형에서 형성평가에 대한 설명으로 가장 적절한 것은? • 07 중등
① 일대일 평가, 소집단 평가, 현장평가 등을 실시한다.
② 형성평가의 결과를 바탕으로 총괄평가를 실시한다.
③ 개발된 수업프로그램을 실제 수업에 활용한 후에 실시한다.
④ 개발된 수업프로그램의 계속 사용 여부를 결정하기 위해 실시한다.

08 딕(W. Dick)과 캐리(L. Carey)의 체제적 교수설계모형에서 학습과제분석(또는 교수과제분석)의 결과와 그 활용에 관한 설명 중 거리가 먼 것은? • 06 중등
① 분석된 모든 목표와 하위기능을 수행목표(또는 성취목표)로 진술한다.
② 분석된 학습목표들을 고려하여 연습문제, 형성평가 및 총합평가도구를 개발한다.
③ 설정된 출발점 행동을 본시 수업 초기 단계에서 가르치고 형성평가 단계에서는 성취도를 평가한다.
④ 분석결과에 따라 하위기능을 먼저 가르치고, 그 다음 관련된 상위목표를 달성하도록 수업순서를 정한다.

09 딕과 캐리(Dick & Carey)의 체제적 수업설계 모형요소의 일부분이다. 순서대로 나열한 것은? • 05 중등

ㄱ. 수업전략 개발	ㄴ. 학습과제 분석	ㄷ. 형성평가 실시	ㄹ. 구체적 행동목표 진술

① ㄴ-ㄹ-ㄱ-ㄷ   ② ㄴ-ㄹ-ㄷ-ㄱ   ③ ㄹ-ㄴ-ㄱ-ㄷ   ④ ㄹ-ㄴ-ㄷ-ㄱ

정답 07 ①   08 ③   09 ①

10 체제적 수업설계의 필요성과 거리가 먼 것은?
① 수업에 관한 전체적인 틀을 제공함으로써 수업을 개선할 수 있다.
② 수업 중에 일어난 예기치 못한 상황에 즉각적으로 대처할 수 있다.
③ 수업목표, 수업내용, 수업방법, 매체, 평가 등을 일관성 있게 계획할 수 있다.
④ 학습자의 요구분석과 과제분석을 통해 학습자에게 적절한 수업목표를 설정할 수 있다.

● 05 초등

11 딕과 캐리(W. Dick & L. Carey)의 체제적 교수설계모형에서 (가), (나) 단계에 해당하는 것은?

● 04 초등

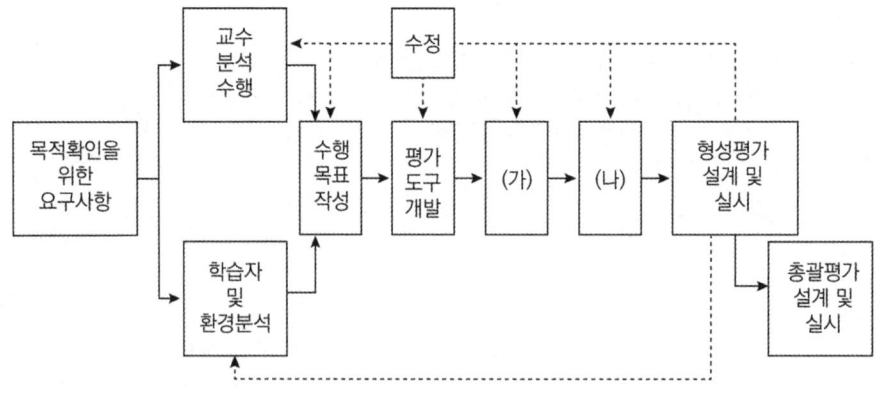

	(가)	(나)
①	교수전략 개발	관리전략 개발
②	교수전략 개발	교수자료 개발 및 선정
③	교수자료 개발 및 선정	조직전략 개발
④	교수자료 개발 및 선정	전달전략 개발

정답 10 ② 11 ②

Theme 29 교수의 3대 변인

학습 Check ○○○○○○

기출 13 중등, 12 중등, 10 초등

1 교수의 3대 변인

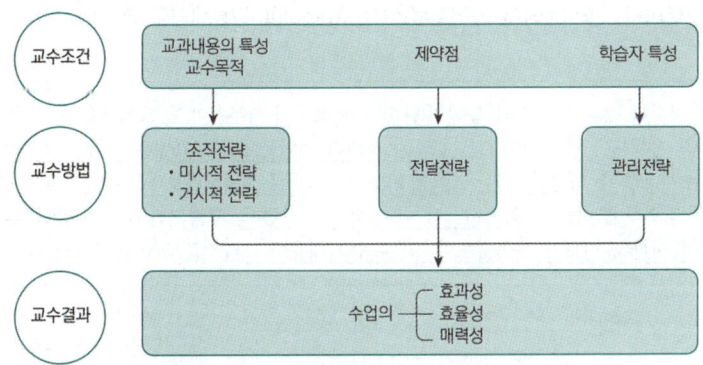

[그림 2-7] 라이겔루스의 교수의 3대 변인

(1) 교수조건 ☆
① 교수설계자나 교사가 통제할 수 없는 제약조건 ⇨ 교수방법 및 전략에 영향
② **교과내용의 특성**: 학습의 대상이 되는 교과의 내용이나 지식으로 개념, 원리, 절차, 기법, 명제적 지식, 절차적 지식 등을 포함하며, 어떤 구조로 이루어졌는지를 의미함 ⇨ 교과내용의 특성에 따라 적절한 교수전략이 달라짐
③ **교수목적(교과의 목표)**: 교수·학습활동의 결과로서 달성해야 하는 목표와 그 수준이나 정도 ⇨ 수업목표
④ **제약점**: 기자재, 재정, 자원, 인원 등 교수·학습을 제약하는 조건들 ⇨ 환경적 요인
⑤ **학습자 특성**: 학습자의 선수학습 수준, 적성, 동기, 학습양식

(2) 교수방법 ☆
① 교수조건에 따라 의도한 학습결과를 효과적으로 성취하기 위해 사용되는 다양한 교수전략의 총체
② **조직전략** ☆: 교수조건 및 학습내용의 종류와 크기에 따라 그 내용을 어떻게 최적의 상태로 조직할 것인가
  ㉠ **거시적 조직전략**: 여러 아이디어에 대한 수업을 위한 전략
    예 라이겔루스의 정교화 이론
  ㉡ **미시적 조직전략**: 하나의 아이디어를 가르치는 데 있어 이를 어떻게 조직할 것인가
    예 메릴의 내용요소 전시이론
③ **전달전략**: 조직된 학습내용을 언제, 어떻게 제시할 것인가 예 매체 활용, 교수모형, 학습자료
④ **관리전략**: 교수·학습의 설계, 개발, 실행, 평가 등의 모든 과정을 체계적으로 관리하는 전략

(3) 교수결과 ☆
① 사전에 기대했던 학습결과
② **효과성**: 학습자가 얼마나 지식 및 기능을 효과적으로 습득하였는가 ⇨ 의도한 교육목표 달성 여부
③ **효율성**: 교육목표 달성에 있어 얼마나 많은 노력, 비용, 시간이 소요되었는가
④ **매력성** ☆
  ㉠ 학습자들의 학습동기와 관련한 것
  ㉡ 학습자가 교수·학습과정에서 매력을 느꼈는가
  ㉢ 얼마나 학습에 열의를 느끼며 배운 내용을 활용하고자 하는가
  ㉣ 켈러의 ARCS 이론을 통해 교수 매력성을 높일 수 있음

출제 Pick!
☆ 교수의 3대 변인의 개념, 세부사항

설쌤의 팁
두문자로 외우자 ♬
- **교수의 3대 변인**: 교수조건, 교수방법, 교수결과 ➡ 조방결
- **교수방법**: 조직전략, 전달전략, 관리전략 ➡ 조전관
- **교수방법 조직전략**: 거시적·미시적 전략 ➡ 조정석과 거미가 결혼해서 조거미
- **교수결과**: 효과성, 효율성, 매력성 ➡ 효효매

Theme 29 기출 CHECK!

01 다음은 어느 교사가 작성한 교단일기 중의 일부이다. ㉠~㉤에서 라이겔루스(C. Reigeluth)가 제시한 교수의 3가지 변인 중 '조건' 변인에 해당하는 것으로 가장 적절한 것은?
• 13 중등

우리 학교의 교과별 교육과정에는 월별 계획뿐 아니라 매 시간 수업을 통해 도달해야 할 목표와 다루어야 할 교육내용이 상세하게 규정되어 있다. 모든 교사는 그 교육과정에 따라 수업을 진행해야 한다. 따라서 ㉠<u>나는 정해진 수업목표와 교육내용을 바꿀 수 없었다.</u> 그러나 ㉡<u>수업목표 달성을 위한 전략은 내가 선택하여 사용할 수 있었다.</u> 나는 교육내용을 강의식으로 설명하기보다는 학습자들이 서로 협력하여 토론하게 하는 전략을 활용하였다. 그 전략은 강의식에 비해 ㉢<u>학습시간이 더 많이 소요되었다.</u> 그렇지만 수업이 끝난 후 ㉣<u>대부분의 학습자들이 수업목표에 도달하였고,</u> ㉤<u>수업에 대한 흥미도가 높아졌으며 그 수업의 내용에 대해서도 지속적인 관심을 보였다.</u>

① ㉠   ② ㉡   ③ ㉢   ④ ㉣   ⑤ ㉤

02 라이겔루스가 교수의 3대 변인 사이의 관계를 도식화한 다음 모형에 대한 설명으로 옳은 것을 고르시오.
• 12 중등 변형

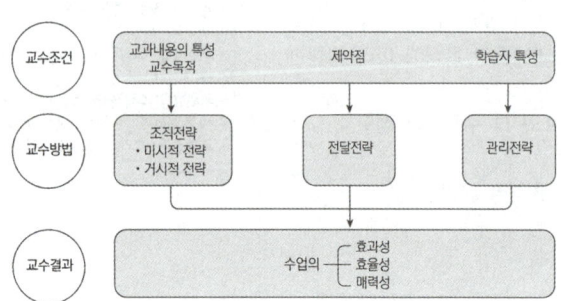

가. '교수조건'이란 교수설계자나 교사가 통제할 수 있는 것으로, 가네(R. Gagné)의 학습조건 중 외적 조건과 같은 의미이다.
나. '교수방법'이란 서로 다른 조건하에서 의도한 학습결과를 성취하기 위하여 사용되는 다양한 교수전략을 의미한다.
다. '조직전략'에는 하나의 아이디어를 가르칠 때의 교수전략인 미시적 조직전략과 복합적인 여러 아이디어를 가르치는 거시적 조직전략이 있다.
라. '교수결과' 중 매력성(appeal)이란 학습자가 교수·학습활동과 학습자료 등에 매력을 느껴 학습을 더 자주 하려 하고, 습득한 지식이나 기능을 사용하려고 하는 성향을 의미한다.

03 다음의 수업지도 계획과 그에 적용된 수업설계 전략을 옳게 연결한 것은?
• 10 초등

㉠ 라이겔루스(Reigeluth)의 이론에 근거하여 이번 달 단원 수업을 단순하고 기본적인 것으로부터 복잡하고 상세한 것으로 계열화하였다.
㉡ 켈러(Keller)의 이론에 근거하여 학생들에게 친근한 인물이나 사건을 활용하여 동기를 유발하였다.
㉢ 메릴(Merrill)의 이론에 근거하여 교과내용을 일반적 내용과 구체적 사례로 분류하고, 이를 다시 설명방식과 질문방식으로 나누어 자료를 제시하였다.

	㉠	㉡	㉢
①	미시조직 전략	관련성 전략	일차적 자료제시
②	미시조직 전략	주의환기 전략	이차적 자료제시
③	정교화 전략	관련성 전략	일차적 자료제시
④	정교화 전략	주의환기 전략	이차적 자료제시

정답 01 ①   02 나, 다, 라   03 ③

Theme 30 가네(Gagné)의 교수설계 이론

학습 Check ○○○○○

 기출
13 중등, 12 초등, 11 중등, 10 중등, 09 중등,
09 초등, 09 7급, 08 중등, 07 중등, 07 초등,
06 중등, 04 중등, 03 중등, 02 초등, 01 초등

1 개념 ☆
① **학습(결과)유형**(learning outcomes) : 학습목표, 학습영역, 수업목표에 따라 교수전략과 수업방식이 달라져야 한다고 주장함
② 교수활동은 인간의 내적인 학습과정에 따라 이루어져야 한다고 보고, 학습자의 인지과정에 따른 수업사태를 9가지 단계로 제시함

2 전제 및 특징
① 교수·학습의 가장 중요한 목적은 학습의 증진에 있음
② **수업설계 시 필수 고려사항** : 학습과정을 효과적으로 돕기 위해서는 학습에 내재되어 있는 내면적인 과정, 다양한 학습능력으로 표현되는 학습결과, 그러한 결과를 가져오기 위해 필요한 다양한 학습의 내적 조건을 반드시 고려해야 함
③ **수업을 통한 학습의 결과** : 학습자의 내적 학습조건에 대한 교수자의 외적 학습조건과의 상호작용으로 만들어진 결과 ⇨ 교수자의 외적 학습조건 강조 ⇨ 9가지 수업사태

3 학습과제 분석

(1) 개념 ☆
설정된 목표수준이나 선정된 과제를 숙달하는 데 필요한 과정 및 절차를 알아보는 방법

(2) 필요성
① 수업목표 달성을 위해 가르칠 내용을 구체화함
② 학생에게 학습내용의 순서, 해당 학습에 필요한 기능 및 능력을 가르쳐 줄 수 있음
③ 학습의 중복을 피할 수 있음
④ 타당한 평가 기준을 확인할 수 있음

(3) 분석방법 ☆

방법	내용
군집분석 (언어정보)	위계적인 관계가 없고, 언어정보와 같이 비슷한 내용끼리 묶이는 학습과제 분석 시 사용
위계분석 (지적기능)	선수 지식·기능이 없으면 학습하기 어려운 지적기능과 같은 학습과제 분석 시 사용 ⇨ 과제 달성에 필요한 기능들을 분석하고, 이 기능들을 계열화함
절차분석 (운동기능)	학습과제 내용이 순서 및 절차로 이루어지는 운동기능과 같은 학습과제 분석 시 사용
통합분석 (태도)	주로 태도분석에 사용되는 학습과제 분석방법으로, 위계분석과 군집분석의 동시 사용

출제 Pick!
☆ 가네의 교수설계 이론의 개념
☆ 학습과제 분석의 개념, 분석방법
☆ 학습영역
☆ 학습의 내적 조건, 학습의 내적 과정을 활성화하고 지원하는 교수원리
☆ 가네의 9가지 교수사태 수업활동, 학습자의 내적 과정

설쌤의 Tip
두문자로 외우자♪
• **학습과제 분석방법** : 군집분석, 위계분석, 절차분석, 통합분석 ➡ 군위절통

설쌤의 꿀팁
두문자로 외우자 ♪
- **가네의 학습영역**: 언어정보, 지적기능, 인지전략, 운동기능, 태도
  ➡ 언지인운태

4 학습결과(learning outcomes; 학습목표, 학습영역, 수업목표) ★

① **언어정보**: 진술 가능한 지식(명제적 지식/선언적 지식) ⇐ 군집분석
  - 예) 명칭, 사실의 학습. 삼각형의 넓이 구하는 공식을 회상하여 진술할 수 있음 by 청킹, 선행조직자 제시

② **지적기능**: 언어, 숫자 등의 상징을 통해 환경을 설명하고 반응하게 하는 기능(8가지 위계적인 학습 유형: 신호학습, 자극-반응학습, 연쇄학습, 언어연상학습, 변별학습, 개념학습, 규칙학습, 문제해결학습)
  ⇐ 위계분석
  - 예) • 변별, 개념 이해, 규칙 이해, 문제해결을 위한 고차적 규칙 사용
    • 부모님에 대한 고마움을 비유법에 맞게 글로 표현할 수 있음

③ **인지전략**
  ㉠ 학습자가 자신의 사고, 행동, 감정 등을 통제하고 안내하기 위해 활용하는 다양한 전략
  ㉡ 비교적 오랜 기간 걸쳐 습득되는 창조적 능력
  ㉢ 많은 지적기능에 대해 기술하고, 시범을 보이고, 연습 기회를 주고, 피드백을 제공함으로써 인지전략을 훈련시킬 수 있음
  - 예) 학습 전략, 기억술, 독서법

④ **운동기능**: 근육을 활용해서 목표하는 동작을 잘 실행하는 것 ⇐ 절차분석
  - 예) 연필을 사용하여 낱글자 쓰기를 포함한 특정 종류의 그리기를 할 수 있음, 자전거 타기, 피아노 치기

⑤ **태도**: 사물, 사람, 사건에 대해 습득된 특정한 경향성 ⇐ 통합분석
  - 예) 환경보호에 대한 태도, 우호적인 협력 태도

5 학습의 위계

① **선수학습요소**: 수업을 계열화할 때, 학습이 일어나기 위해 필요한 선수학습요소를 확인하고 학습자가 이를 숙달하도록 해야 함
② **지적기능의 학습위계(by 위계분석)**
  ㉠ 학습결과의 유형 중 지적기능은 하위 범주(변별, 규칙, 고차적 규칙) 간에 위계성이 있음
  ㉡ 하위 기능은 상위 기능의 선수학습요소가 되므로, 교사는 상위 기능 학습 전 학생의 하위 기능 습득 여부를 확인하고 필요 시 보충해야 함

6 학습의 조건

(1) **전제**
① 학습 유형에 따라 학습이 일어나는 내적 과정과 이를 촉진하는 교수전략이 달라짐
② 학습의 내적 조건 ⇨ 학습이 발생하기 위한 학습자의 내적 인지과정을 의미함
③ 학습의 외적 조건 ⇨ 학습의 내적 과정을 활성화하고 지원하는 다양한 교수사태를 의미함

(2) **학습의 내적 조건** ★
① 선행학습(선수학습): 새로운 학습과제에 대한 선행학습한 정도
② 학습동기: 학습하려는 능동적 자세
③ 자아개념: 긍정적 자아개념은 성공적인 학습에 영향을 줌
④ 주의력: 학습과제에 집중하는 정도인 주의력이 학습에 영향을 미침

(3) **학습의 외적 조건** ★
① 강화의 원리: 새로운 행동에 강화가 제공되면 학습이 더욱 잘 이루어짐 ⇨ 보상 & 피드백
② 접근의 원리: 자극과 반응이 시간적으로 근접하면 학습이 잘 이루어짐 ⇨ 자극과 반응 가까울수록
③ 연습(반복)의 원리: 새로운 학습내용에 대한 충분한 연습이 필요함 ⇨ 파지와 전이의 증진

설쌤의 꿀팁
두문자로 외우자 ♪
- **가네의 학습의 조건**
  - **내적 조건**: 선행학습, 학습동기, 자아개념, 주의력
  - **외적 조건**: 강화의 원리, 접근의 원리, 연습의 원리
  ➡ 선학자주 강접연

7 가네의 9가지 수업사태(instructional events/events of instruction) ★

① 학습자의 내적 학습과정을 지원·촉진하는 일련의 외적 교수사태
② 교실수업을 계획할 때 수업사태의 순서를 변경·생략할 수 있음
③ 9가지 수업사태

구분		수업사태	학습과정	기능과 예시
학습 준비	1	주의 획득	주의 집중	교사는 학습자의 주의를 집중시키고, 학습자는 감각등록기의 선택적 주의를 통해 정보에 주의를 기울임 예 지난 주말 두 가족이 놀이공원 입장표를 사면서 있었던 에피소드로 학생들의 주의를 집중시킴
	2	학습목표 제시	기대감 형성	교사는 학습자에게 학습목표를 알려주고, 학습자는 학습이 끝난 후 성취할 수 있는 능력이 무엇인지에 대한 기대감을 갖게 됨 예 (3X+2Y)+(2X+Y)를 예로 들며, '미지수가 2개인 다항식의 덧셈을 할 수 있다.'라는 수업목표를 알려줌
	3	선수학습 회상·자극	작동기억으로 인출	교사는 새로운 정보를 학습하는 데 필요한 선수학습 내용을 확인해 주고, 학습자는 선행학습 내용을 장기기억에서 단기기억으로 불러옴 예 수업목표를 달성하기 위해, 홍 교사는 지난 수업 시간에 가르친 다항식의 개념을 상기해 줌
정보 획득 과 수행	4	자극자료 제시	학습자료에 대한 선택적 지각	교사는 학습할 새로운 내용을 제시하고, 학습자는 자극제시에 따라 선택적 지각을 함 예 삼각형의 내각의 합이 180도라는 것을 가르치기 위해 '삼각형의 내각의 합은 180도이다.'라는 문장을 적고, 180도 밑에 빨간색으로 밑줄을 그어 삼각형의 내각의 합이 180도인 것을 강조함 예 평행사변형의 특징을 가르치기 위해 평행사변형을 그린 후, 한 쌍의 평행변은 초록색으로, 다른 한 쌍의 평행변은 빨간색으로 칠해서 평행사변형의 마주하는 두 쌍의 변이 서로 평행하다는 것을 강조함
	5	학습안내 제공	의미적 부호화를 통한 장기기억으로 저장	교사는 이전 정보와 새로운 정보를 적절히 통합시키고 그 결과를 학습자가 장기기억에 저장할 수 있도록 함. 학습자는 통합된 정보를 유의미하게 부호화하여 장기기억에 저장함 예 부호화(encoding)를 촉진하기 위해 문자가 같은 항끼리 더하는 데 도움이 되는 그림이나 단서를 제공해 줌 예 도표, 규칙, 순서도, 모형, 조직화 등을 제공함
	6	수행 유도하기	학습결과를 보여주는 반응(수행)	교사는 연습기회를 제공하여 학습자가 실제로 학습을 하였는지 확인함 예 학생이 다항식 덧셈의 각 단계를 밟아 놀이공원 입장료를 계산하도록 함
	7	피드백 제공	학습결과에 대한 강화	• 교사는 학습자에게 수행이 얼마나 성공적이었고 정확했는지에 대한 정보적 피드백을 제공함 • 성공적인 수행에 대해서는 강화를 제공하고, 잘못된 수행은 교정할 수 있도록 정보를 제공함 예 학생이 입장료를 정확히 계산하면, 그 사실을 확인해 주고, 틀리면 교정해 줌
	8	수행 평가하기 (형성평가)	인출 및 강화	교사는 학습자의 성취행동을 평가하여 학습목표의 도달정도를 측정함 예 학생이 배운 규칙을 이용하여 다양한 다항식 덧셈문제를 풀도록 하고 이를 평가함
학습 전이	9	파지와 전이 증진하기	인출 및 일반화	학습자에게 다양한 종류의 새로운 과제를 제시하여 학습의 전이가 잘 일어날 수 있도록 지원함 예 다항식 덧셈 절차를 노트에 적어 가며 복습하고, 배운 것을 다양한 형태의 다항식 덧셈문제에 일반화하도록 함 예 다양한 모양의 표지판을 여러 상황과 관련지어 제시하면서 학습자로 하여금 교통 안전과 관련한 실제 상황에 적용할 수 있는 연습의 기회를 제공함

설쌤의 팁

두문자로 외우자 ♪
• **가네의 9가지 수업사태**: 주의 획득, 학습목표 제시, 선수학습 회상·자극, 자극자료 제시, 학습안내 제공, 수행 유도하기, 피드백 제공, 수행 평가하기, 파지와 전이 증진하기
➡ 주옥선 자학수피 평파

Theme 30 기출 CHECK!

01 다음 (가)~(다)의 교수활동과 가네(R. Gagné)의 수업사태의 단계를 옳게 연결한 것은?
● 13 중등

> 홍 교사는 다항식의 덧셈을 가르치려고 한다. 지난 주말 두 가족이 놀이공원 입장표를 사면서 있었던 에피소드로 학생들의 주의를 집중시킨 후, (3X+2Y)+(2X+Y)를 예로 들면서, '미지수가 2개인 다항식의 덧셈을 할 수 있다.'라는 수업목표를 알려준다. 이 수업목표를 달성하기 위해, 홍 교사는 지난 수업 시간에 가르친 다항식의 개념을 상기해 주면서, 다항식의 덧셈 절차를 단계적으로 보여주며 가르친다. (가) 부호화(encoding)를 촉진하기 위해 문자가 같은 항끼리 더하는 데 도움이 되는 그림이나 단서를 제공해 준다. (나) 학생이 다항식 덧셈의 각 단계를 밟아 놀이공원 입장료를 계산하도록 한다. 학생이 입장료를 정확히 계산하면, 그 사실을 확인해 주고, 틀리면 교정해 준다. 또 학생이 배운 규칙을 이용하여 다양한 다항식 덧셈 문제를 풀도록 하고 이를 평가한다. (다) 마지막으로 다항식 덧셈 절차를 노트에 적어 가며 복습하고, 배운 것을 다양한 형태의 다항식 덧셈 문제에 일반화하도록 한다.

	(가)	(나)	(다)
①	선수학습 회상하기	수행 유도하기	파지 및 전이 향상시키기
②	주의 획득하기	수행 유도하기	파지 및 전략 점검하기
③	주의 획득하기	피드백 제공하기	파지 및 전략 점검하기
④	학습 안내 제시하기	수행 유도하기	파지 및 전이 향상시키기
⑤	학습 안내 제시하기	피드백 제공하기	파지 및 전이 향상시키기

02 다음은 가네(R. Gagné)의 수업사태(instructional events) 중 자극자료 제시 단계에 해당하는 수업 활동이다. 이를 통해 촉진하고자 하는 학습활동은?
● 12 초등

> • 삼각형의 내각의 합이 180도라는 것을 가르치기 위해 '삼각형의 내각의 합은 180도이다.'라는 문장을 적고, 180도 밑에 빨간색으로 밑줄을 그어 삼각형의 내각의 합이 180도인 것을 강조하였다.
> • 평행사변형의 특징을 가르치기 위해 평행사변형을 그린 후, 한 쌍의 평행변은 초록색으로, 또 다른 한 쌍의 평행변은 빨간색으로 칠해서 평행사변형의 마주하는 두 쌍의 변이 서로 평행하다는 것을 강조하였다.

① 기대(expectancy) ② 의미적 부호화(semantic encoding)
③ 강화(reinforcement) ④ 선택적 지각(selective perception)

03 가네(R. Gagné)의 교수·학습 이론에 대한 진술로 옳은 것은?
● 11 중등

> ㄱ. 9가지 외적 교수사태 학습을 주관적 경험에 근거한 개인적 의미 창출 과정으로 본다.
> ㄴ. 학습영역(learning outcomes)을 '언어정보, 지적 기능, 운동기능, 태도, 인지전략'으로 나눈다.
> ㄷ. 학습자의 내적 학습 과정을 지원하기 위한 9가지 외적 교수사태(events of instruction)를 제안한다.
> ㄹ. 학습영역(learning outcomes)을 세분화하여 제시한 메릴(M. D. Merrill)의 내용요소 제시 이론(component display theory)의 토대가 되었다.

① ㄱ, ㄹ   ② ㄴ, ㄷ   ③ ㄱ, ㄴ, ㄷ   ④ ㄱ, ㄴ, ㄹ   ⑤ ㄴ, ㄷ, ㄹ

정답 01 ④ 02 ④ 03 ⑤

04 가네(R. Gagné)가 학습결과 중의 하나로 분류한 문제해결력을 기르기 위한 수업을 딕(W. Dick)과 캐리(L. Carey)의 체제적 교수설계 모형에 따라 설계하고자 한다. 〈보기〉에서 옳은 것을 고른 것은? (단, 학습과제는 구조화되어 있다고 가정한다.) • 10 중등

〈보기〉
ㄱ. 학습목표는 '문제 해결에 필요한 원리와 법칙을 정확하게 설명할 수 있다.'로 설정한다.
ㄴ. 문제해결력을 육성하는 학습목표에 관한 교수분석은 문제해결에서부터 시작하여 하향식 위계분석을 실시한다.
ㄷ. 교수분석 과정에서 출발점 행동을 설정하기 위해 해당 학생들이 이수한 교육과정 분석과 학생 관찰 결과를 활용한다.
ㄹ. 문제해결력 학습에 필요한 하위능력은 구체적 개념, 정의된 개념, 변별력, 원리와 법칙의 순서로 가르친다.
ㅁ. 학습목표에 기술된 조건과 성취행동(또는 수행)에 부합하는 연습 기회와 교정적 피드백을 제공한다.

① ㄱ, ㄷ, ㄹ   ② ㄱ, ㄷ, ㅁ   ③ ㄴ, ㄴ, ㄹ   ④ ㄴ, ㄷ, ㅁ   ⑤ ㄱ, ㄹ, ㅁ

05 가네(R. Gagné)의 9단계 수업사태에서 ㉠~㉤에 해당하는 교사의 수업활동에 대한 설명으로 가장 적합한 것은? • 09 중등

㉠ → 학습목표 제시 → ㉡ → 자극 제시 → ㉢ → 수행 유도 → ㉣ → 수행 평가 → ㉤

단계		교사의 수업활동
①	㉠	학생들이 내용의 핵심을 선택적으로 지각하여 용이하게 저장할 수 있도록 안내하였다.
②	㉡	학생들이 유의미한 지식구조를 구축하는 데 초점을 맞추어 필요한 기법을 활용하였다.
③	㉢	학생들이 배운 내용을 단기기억에 저장하도록 다양한 흥미 유발 기법을 활용하였다.
④	㉣	성공적 수행에 대해서는 강화를 제공하고, 잘못된 수행은 교정할 수 있도록 정보를 제공하였다.
⑤	㉤	학생들이 선수학습 점검 질문에 답을 못할 경우, 다시 가르치기보다는 일단 새로운 학습을 진행하였다.

06 가네(Gagné)가 제시한 인간의 학습된 능력(learning outcomes) 중 지적기능에 대한 설명으로 옳은 것은? • 09 초등
① 지적기능은 개인의 학습, 기억, 사고행동을 통제한다.
② '말로 진술된 문제를 거꾸로 재배열하기'는 지적기능의 수행사례이다.
③ 지적기능으로 분류된 학습목표의 하위기능을 분석하기 위해서는 군집분석을 한다.
④ 지적기능은 학습자가 언어, 숫자 등 상징을 이용하여 환경과 상호작용하는 능력이다.
⑤ 선언적 지식(delcarative knowledge), 혹은 '~에 관한 지식(knowing that)'은 지적기능에 해당한다.

정답 04 ④ 05 ④ 06 ④

07 가네(Gagné)가 제시한 다음의 수업사태는 어떤 학습과정을 촉진시키기 위한 활동인가? • 09 공무원 7급

> 이 단계는 학습할 과제의 모든 요소들을 통합시키는 데 필요한 방법을 제시하는 것으로서, 학습자들이 과제를 적절히 수행할 수 있도록 모든 관련된 정보를 사용할 수 있는 규칙이나 모델을 제시하는 것이다. 적절한 예 제시, 시연, 도표 활용, 순차적 교수 등이 여기에 해당한다.

① 동기화 ② 탐색과 회상 ③ 선택적 지각 ④ 의미적 부호화

08 가네(R. Gagné)의 수업사태(events of instruction)에 관한 진술로 옳지 않은 것은? • 08 중등
① 학습자의 내적 학습 과정을 지원하는 일련의 외적 교수 활동이다.
② 교실수업을 계획할 때 수업사태의 순서를 변경하거나 생략할 수 있다.
③ '학습 안내 제공' 단계에서는 학습을 위한 적절한 자극자료를 제시하고, 교재나 보조자료의 구성과 활용방법을 안내한다.
④ '파지와 전이 촉진' 단계에서는 학습자에게 다양한 종류의 새로운 과제를 제시하여 학습의 전이가 잘 일어날 수 있도록 지원한다.

09 가네(R. Gagné)가 제시한 인간의 학습된 능력(학습결과, learning outcome)과 그에 해당하는 사례가 적절하게 연결되지 않은 것은? • 07 중등
① 언어정보 – 중학생인 영훈이는 삼각형의 넓이를 구하는 공식을 회상하여 진술할 수 있다.
② 지적기능 – 초등학생인 민아는 부모님에 대한 고마움을 적절한 비유법에 맞게 글로 표현할 수 있다.
③ 태도 – 고등학생인 혜진이는 가족 나들이 중 차안에서 가족 모두 참여할 수 있는 게임을 창안해 낼 수 있다.
④ 운동기능 – 학령 전 아동인 윤아는 연필을 사용하여 낱글자 쓰기를 포함한 특정한 종류의 그리기를 할 수 있다.

정답 07 ④ 08 ③ 09 ③

10 〈보기〉의 내용과 모두 관계된 가네(R. Gagné)의 학습된 능력의 영역은?   ● 07 초등

〈보기〉
- 학습이나 사고에 대한 통제 및 관리 능력이다.
- 다양한 상황에서의 문제해결 경험을 통해 개발된다.
- 비교적 오랜 기간에 걸쳐 습득되는 창조적 능력이다.

① 태도   ② 지적 기술   ③ 인지 전략   ④ 언어적 정보

11 가네(R. Gagné)의 수업모형에서 다음에 해당하는 수업사태는?   ● 06 중등

- 학습내용의 적용 예를 설명한다.
- 학습내용의 핵심 요소를 설명한다.
- 학습내용과 관련된 영상자료를 보여준다.

① 주의 집중   ② 수행 유도   ③ 피드백 제공   ④ 자극자료 제시

12 교수설계 이론에 대한 설명으로 옳은 것은?   ● 04 중등
① 가네(R. Gagné)는 교수목표에 따라 학습조건은 달라져야 한다고 주장하였다.
② 켈러(J. Keller)는 교수내용의 조직전략, 전달전략, 관리전략에 초점을 두고 있다.
③ 메릴(M. Merrill)은 교수·학습 상황에서 학습동기를 유발하고 유지시키기 위한 동기설계 전략에 초점을 두고 있다.
④ 라이글루스(C. Reigeluth)는 수행 – 내용 행렬표, 자료제시 형태, 일관성, 적절성을 교수설계의 주요 개념으로 제시하였다.

정답 10 ③   11 ④   12 ①

13 가네(Gagné)의 교수사태 중 다음에 해당하는 단계는? •03 중등 변형

- **언어정보** : 정보 진술의 정확성을 확인한다.
- **지적기능** : 규칙이나 개념의 적용에 대한 정확성을 확인한다.
- **인지전략** : 문제해결의 독창성을 확인한다.
- **태도** : 행위 선택에 대한 직접적 혹은 간접적 강화를 제공한다.

① 수행의 평가 ② 피드백의 제공 ③ 파지 및 전이의 향상 ④ 선수학습 요소의 회상 자극

14 가네(Gagné)가 제시한 수업 설계 이론의 기본 가정을 가장 적절하게 설명한 것은? •02 초등
① 수업이 추구하는 학습의 결과 유형에 따라서 수업을 설계해야 한다.
② 학습자의 고차적 사고 능력의 향상에 초점을 두고 수업을 설계해야 한다.
③ 사용할 수업 매체를 결정하고 난 후 매체의 성격에 따라 수업을 설계해야 한다.
④ 포괄적이고 일반적 내용이 구체적 내용에 앞서 제시되도록 수업을 계열화해야 한다.

15 다음의 교수활동에서 밑줄 친 부분은 가네(Gagné)의 9가지 수업사태 중 무엇에 해당하는가? •01 초등

최 교사는 교통안전 교육을 위해 교통표지의 개념과 식별 방법에 대해 교육하였다. 그 후 <u>다양한 모양의 표지판을 여러 상황과 관련지어 제시하면서 학습자로 하여금 교통안전과 관련한 실제 상황에 적용할 수 있는 연습의 기회를 제공하였다.</u>

① 주의집중 획득 ② 학습자 수행 유도 ③ 전이와 파지의 증진 ④ 자극의 제시와 학습 안내

정답 13 ② 14 ① 15 ③

Theme 31 메릴(Merrill)의 내용요소 제시이론

학습 Check ○○○○○

기출
13 중등, 08 중등, 08 초등, 02 중등, 02 초등

1 개념
① 인지적 영역의 교수학습에 적용할 수 있는 이론
② 학습내용에 따라 낱개의 내용-요소로 나누어 그에 적절한 교수방법을 제안함
  ⇨ 4가지 **내용의 범주**(사실, 개념, 절차, 원리)와 3가지 **수행 수준**(기억하기, 활용하기, 발견하기)으로 구분하여 사실의 발견과 활용을 제외한 총 10기지 **학습유형**(학습결과, 학습목표) 범주를 도출함
  예 절차 × 활용 : 논설문 작성으로 자신의 의견을 주장하는 글을 쓸 수 있음, 인터넷을 사용해 과제 수행에 필요한 자료를 찾을 수 있음
③ 목표를 분류하고 이에 따른 교수전략을 구체적으로 처방하는 데 활용할 수 있음
④ 하나의 아이디어를 효과적으로 가르치는 방법 제시 ⇨ 미시적 조직전략
⑤ 수행-내용 행렬표

내용의 범주	사실	개념	절차	원리
수행 수준 발견	✕	〈개념 × 발견〉	〈절차 × 발견〉	〈원리 × 발견〉
활용	✕	〈개념 × 활용〉	〈절차 × 활용〉	〈원리 × 활용〉
기억	〈사실 × 기억〉	〈개념 × 기억〉	〈절차 × 기억〉	〈원리 × 기억〉

2 학습유형별 자료 제시 형태
(1) 1차 제시 형태
① 교육목표 달성을 위한 가장 기본적인 자료 제시방법
  ㉠ 일반적인 것(일반성) : 정의와 같은 일반적인 것으로 제시
  ㉡ 특수적인 것(사례) : 구체적인 사물이나 사건의 사례와 같은 특수적인 것으로 제시
② 1차적 자료 제시 형태 ★

구분	설명 : Expository(E)	질문(탐구) : Inquisitory(I)
일반성 : Generality(G)	EG(법칙)	IG(회상)
사례 : Instance(eg)	Eeg(예시)	Ieg(연습)

  ㉠ 일반·설명식 : 법칙, 교사가 학생에게 개념이나 원리 등의 인지적 학습내용을 설명해 주는 것
  ㉡ 사례·설명식 : 예시, 교사가 개념이나 원리 등이 직접 적용되는 구체적 사례를 제시하는 것
  ㉢ 일반·질문(탐구)식 : 회상, 교사가 학생에게 이미 배운 내용의 정의나 일반원리를 회상시키는 것이나 아직 배우지 않은 일반적인 내용을 학생으로부터 이끌어내는 것
  ㉣ 사례·질문(탐구)식 : 연습, 교사가 개념이나 원리 등이 적용된 구체적인 사례에 대한 질문을 던지는 것

(2) 2차 제시 형태
① 1차적 제시 형태에 추가적으로 지원하는 부가적인 자료를 제시하는 방식
② 학습을 촉진시키기 위한 세부전략 ★ : 맥락, 선수학습, 기억촉진, 도움말, 표현법, 피드백, 암기법 정교화

출제 Pick!
☆ 1차 자료 제시방법
☆ 2차 자료 제시 시 사용 가능한 세부전략

설쌤의 꿀팁
머리에 콕! 박히는 청킹 Tip!
- **내용의 범주** : 사실, 개념, 절차, 원리
- **수행 수준** : 기억하기, 활용하기, 발견하기
  ➡ 사계(개)절 원인은 공기의 활발!

Level Up
2차 제시 형태에서 학습을 촉진시키기 위한 세부전략
1. **맥락**(context) : 학습내용과 관련된 상황이나 배경지식, 맥락 정보를 함께 제시
2. **선수학습**(prerequisite) : 특정 내용 학습을 위해 사전에 알고 있어야 할 정보를 제시
3. **기억촉진**(mnemonics) : 특정 내용을 잘 기억할 수 있도록 암기 방법을 제공
4. **도움**(help) : 특정 내용을 쉽게 이해할 수 있도록 관련 도움 정보를 제공
5. **표현**(representation) : 같은 내용이나 정보를 나타낼 수 있는 다양한 표현 방법을 사용하여 내용 제시
6. **피드백**(feedback) : 학습자에게 질문을 하고 답변 내용에 대해 적절히 반응하고 교정

Theme 31 기출 CHECK!

01 '학습과제'와 '메릴(M. Merrill)의 수행·내용 행렬표상의 범주'가 옳게 짝지어진 것은?   ● 13 중등

① 포유류의 정의를 말할 수 있다. - 절차 발견
② 피타고라스 정리를 말할 수 있다. - 사실 활용
③ 현미경을 조작하는 순서를 말할 수 있다. - 절차 기억
④ 암석이 주어지면 그 종류를 분류할 수 있다. - 사실 발견
⑤ 조선의 첫 번째 임금의 이름을 말할 수 있다. - 원리 기억

02 다음은 메릴(M. D. Merrill)의 내용요소 제시이론에 대한 설명이다. 옳은 것을 모두 고른 것은?   ● 08 중등

ㄱ. 인지적 영역의 수업을 설계하는 데 효과적이다.
ㄴ. 목표를 분류하고 이에 따른 교수 전략을 구체적으로 처방하는 데 활용할 수 있다.
ㄷ. 개방적 체제로 구성되어서 지식의 전체적·통합적 이해를 용이하게 하도록 지원한다.

① ㄱ, ㄴ   ② ㄱ, ㄷ   ③ ㄴ, ㄷ   ④ ㄱ, ㄴ, ㄷ

03 다음은 메릴(M. D. Merrill)의 '내용요소 제시이론'의 일차 제시형이다. (가)와 (나)에 해당하는 것은?   ● 08 초등

	설명	탐구식 질문
일반성	(가)	회상
사례	예시	(나)

	(가)	(나)		(가)	(나)
①	법칙	연습	②	시범	법칙
③	법칙	시범	④	연습	법칙

04 다음의 내용을 특징으로 하는 교수설계 이론을 쓰시오.   ● 02 중등 변형

- 학습 결과의 범주를 이차원적인 수행-내용 행렬표로 제시하고 있다.
- 일차적 자료제시 형태는 일반성과 사례, 설명식과 탐구식으로 이루어져 있다.
- 이차적 자료제시 형태는 맥락, 선수학습, 암기법, 도움말, 표현법, 피드백을 포함한다.

• _____

05 다음에 제시된 학습 목표를 메릴(Merrill)의 구인제시이론의 '내용 × 수행' 이원 분류 행렬로 바르게 나타낸 것은?   ● 02 초등

- 논설문 작성 방법을 사용하여 자신의 의견을 주장하는 글을 쓸 수 있다.
- 인터넷을 사용해 과제 수행에 필요한 자료를 찾을 수 있다.

① 개념×발견   ② 원리×발견   ③ 절차×활용   ④ 사실×활용

정답 01 ③   02 ①   03 ①   04 메릴의 내용요소 제시이론   05 ③

Theme 32 라이겔루스(Reigeluth)의 개념학습과 정교화 이론

학습 Check ○○○○○○

🎯 기출
10 초등, 09 중등, 08 중등, 03 초등, 02 중동

1 개념 ☆
① 메릴의 내용요소 전시이론을 거시적 수준으로 확장시키기 위해 개발된 이론
② 거시적 조직 전략. 교수내용의 선정, 계열화, 요약, 종합에 있어 적절한 방법을 처방함
③ 여러 아이디어를 가르칠 때는 정수를 추출하고 단순한 것에서 복잡한 것으로 학습내용을 조직화한 후, 줌렌즈 기법으로 가르칠 것을 처방함

2 7가지 교수전략 ☆

(1) 정교화된 계열화
① 교수·학습과제의 조직은 단순한 내용으로부터 시작하여 점점 더 복잡한 내용으로 나아가는 것
② 정수 제시 후 학습내용을 더 세분화, 복합적이고 상세한 내용으로 점진적으로 정교화하여 제시
③ 정교화 종류
  ㉠ **개념적 정교화** : 학습내용을 일반 & 포괄 ⇨ 상세 & 세부 순으로 계열화
  ㉡ **절차적 정교화** : 목표로 하는 절차적 기술(어떻게 하는가)을 획득하는 절차(과정)의 계열화
  ㉢ **이론적 정교화** : 원리를 가장 '기초적, 구체적, 명백 ⇨ 세부, 복잡, 포괄성 적은' 원리로 계열화

(2) 선행학습의 계열화
① **선행학습 요소** : 특정 과제를 해결하기 위해 학습해야 할 내용
② 쉬운 것에서 어려운 것으로, 단순한 것에서 복잡한 것으로 계열화

(3) 요약자
① 학습자가 학습한 것을 망각하지 않도록 하기 위해 체계적으로 복습하는 데 사용되는 전략 요소
② **활용방법** : 수업 또는 단원마다 제공

(4) 종합자
① 아이디어들을 서로 연결·통합하기 위한 전략요소
② **활용방법** : 일반성, 사례, 연습문항, 개념도, 플로차트, 표 등을 수업 또는 단원마다 종합자 제시

(5) 비유
새로운 아이디어를 학습자에게 친숙한 아이디어와 연관 지어 설명함으로써 학습자의 이해를 도움

(6) 인지전략 활성자
① 다양한 인지전략을 적절하게 활용하기 위해 학습자에게 명시적으로 인지전략을 활용할 것을 제시
② 그림, 도식, 비유 등 + 교사의 직접적 인지전략 활성화
  예 "이 개념에 대한 비유를 생각해 보세요."

(7) 학습자 통제(학습자 통제유형/통제방안 마련)
① 학습자가 자신의 학습에 있어 선택권과 통제력을 가지는 것(내용, 속도, 교수전략, 인지전략)
② 학습자에게 학습할 내용(내용 통제), 학습속도(속도 통제), 교수전략, 교수전략의 제시 순서(제시 통제), 사용할 인지전략(인지 통제)을 선택하고 계열화할 수 있는 자유를 부여함

출제 Pick!
☆ 정교화 이론의 개념, 7가지 교수전략, 정교화 방법(줌렌즈 기법)

Level Up
정교화 방법 ☆
1. 정수(epitome)
   가장 기본적이고 대표적인 개념 또는 활동 = 개념, 절차, 원리
2. 줌렌즈 기법
   단원 개요(zoom – out)
   ➡ 세부사항 학습(zoom – in)
   ➡ 요약과 종합(zoom – out ; 전체와 부분 간의 관계)
   ➡ 반복적 검토

Level Up
라이겔루스의 개념학습
1. 개념학습
   - 개념은 명칭, 규칙, 속성, 사례 등으로 구성됨
   - 개념학습에서는 특정 사물이나 사건, 상징적 대상의 공통적 속성을 학습함
   - 학생의 단순한 사실의 기억보다는 이해력과 고차적 사고능력의 향상을 추구함
2. 개념학습의 단계
   - 제시 : 일반성(정의), 상위 개념, 결정적 속성으로 제시하며, 결정적 속성을 지닌 사례를 제시
   - 연습 : 이전에 접하지 못한 사태에 개념을 적용하도록 발산적 사례들을 다양하게 제시함
   - 피드백 : 학습자가 개념을 적용하는 과정에서 피드백을 제공하고, 칭찬이나 격려를 통해 학습동기를 유발함

Theme 32 기출 CHECK!

01 다음의 수업지도 계획에 적용된 수업설계 전략을 각각 적으시오. ● 10 초등 변형

> ㄱ. 라이겔루스의 이론에 근거하여 이번 달 단원 수업을 단순화하고 기본적인 것으로부터 복잡하고 상세한 것으로 계열화하였다.
> ㄴ. 켈러의 이론에 근거하여 학생들에게 친근한 인물이나 사건을 활용하여 동기를 유발하였다.
> ㄷ. 메릴의 이론에 근거하여 교과내용을 일반적 내용과 구체적 사례로 분류하고 이를 다시 설명방식과 질문방식으로 나누어 자료를 제시하였다.

● ㄱ: _____   ● ㄴ: _____   ● ㄷ: _____

02 라이겔루스(Reigeluth)의 개념학습은 개념의 '제시, 연습, 피드백'의 순서로 진행된다. '제시' 단계에 해당하는 것은? ● 09 중등

> ㄱ. 칭찬이나 격려를 하거나 오답에 대해 왜 틀렸는지를 설명한다.
> ㄴ. 포유류가 아닌 예와 포유류인 예를 동시에 들면서 변별하게 한다.
> ㄷ. 다양한 문항을 통하여 이전에 본 적이 없는 사례에 포유류 개념을 적용해 보도록 한다.
> ㄹ. 포유류의 정의나 결정적 속성을 가르치거나, 가장 쉽고 전형적인 예를 가지고 설명한다.
> ㅁ. 가변적 속성을 지닌 고래, 말, 캥거루 등의 다양한 사례를 통하여 포유류 개념을 일반화하게 한다.
> ㅂ. 포유류와 다른 개념들을 비교하여 분석하게 하거나, 포유류의 특성이 환경에 적응하는데 어떻게 영향을 미치는지 파악하게 한다.

① ㄴ, ㅂ ② ㄱ, ㄹ, ㅂ ③ ㄴ, ㄹ, ㅁ ④ ㄱ, ㄴ, ㅁ, ㅂ ⑤ ㄴ, ㄷ, ㅁ, ㅂ

03 개념학습(concept learning)에 대한 설명으로 옳지 않은 것은? ● 08 중등
① 개념학습에서 개념은 명칭, 규칙, 속성, 사례 등으로 구성되어 있다.
② 특정 사물이나 사건, 상징적 대상의 공통적 속성을 학습하는 것이다.
③ 단순한 사실의 기억보다는 이해력과 고차적 사고능력의 향상을 추구한다.
④ 일반적으로 희귀 사례, 반증 사례, 전형적 사례의 순서로 제시하는 것이 바람직하다.

04 교수-학습 이론 중 다음은 어떤 이론에 대한 설명인가? ● 03 초등

> 먼저 광각렌즈를 통해 사물의 전체적인 모습을 관찰함으로써 각 부분들이 서로 어떤 관계를 형성하고 있는지 파악할 수 있을 것이다. 그 다음 각 부분별로 확대해 들어가 세부 사항들을 관찰할 수 있을 것이다. 한 단계 줌 인(zoom-in)해서 세부 사항들을 관찰한 다음 다시 줌 아웃(zoom-out)해서 전체와 부분 간의 관계를 다시 반복적으로 검토할 수도 있다.

① 정교화이론 ② 처방적 교수이론 ③ 내용요소 제시이론 ④ 구성주의 교수이론

05 다음 중 라이겔루스(Reigeluth)의 정교화이론(elaboration theory)에 대한 설명으로 틀린 것은? ● 02 중등
① 정교화된 계열은 학습자가 사용해야 할 인지전략의 조직이다.
② 정교화에는 개념적 정교화, 절차적 정교화, 이론적 정교화의 세 유형이 있다.
③ 종합자는 아이디어들을 서로 연결시키고 통합시키기 위하여 사용되는 전략요소이다.
④ 요약자는 학습자가 학습한 것을 망각하지 않도록 하기 위해 체계적으로 복습하는 데 사용되는 전략요소이다.

정답 01 ㄱ-정교화 전략 / ㄴ-관련성 전략 / ㄷ-일차적 자료 제시 02 ③ 03 ④ 04 ① 05 ①

Theme 33 켈러(Keller)의 ARCS 모형

학습 Check ○○○○○○

기출
15 중등, 13 중등, 12 초등, 11 중등, 09 초등,
07 중등, 06 초등, 05 중등, 03 중등, 01 초등

1 주요 주장

① **목적** ☆ : 학습자의 학습동기 유발과 유지 ⇨ 수업의 매력성을 높일 수 있음
② **내용**
  ㉠ 주의집중력이 떨어지는 학습자에게 ⇨ 주의를 유발하는 전략 ☆
  ㉡ 학습내용과 학습자의 흥미를 연결시키는 법 ⇨ 관련성을 높이는 전략 ☆
  ㉢ 자신감이 없는 학습자에게 ⇨ 자신감을 높이는 전략 ☆
  ㉣ 수업경험에 대한 만족감을 느끼는 방법 ⇨ 만족감을 높이는 전략 ☆

2 구체적인 전략

(1) **주의(Attention)** : 효과적인 학습을 위해서는 학습자의 주의가 집중되어야 함
  ① **지각적 주의환기의 전략** : 예상치 못했던 소리나 움직임을 통해 학생의 지각적 주의를 환기
  ② **탐구적 주의환기의 전략** : 학습자에게 스스로 문제나 질문 등을 만들게 함으로써 정보탐색 행동 자극
  ③ **다양성의 전략** : 내용을 다양한 방식으로 제시하거나 수업 계열에 변화를 주는 등의 방법을 통해 교수행동에 다양한 변화를 줌

(2) **관련성(Relevance)** : 수업내용이 학습자의 환경·흥미·목적에 부합할 때 학습동기 향상
  ① **친밀성의 전략** : 학습자의 경험과 가치에 연관되는 예문이나 구체적인 용어, 개념 등을 사용하는 것
  ② **목적지향성의 전략** : 결과 측면의 관련성을 높일 수 있는 구체적 방법을 제시해 주기 위해 교수의 목표나 실용성을 나타내는 진술이나 예문을 포함시키는 것
  ③ **필요나 동기와의 부합성을 강조하는 전략** : 교수과정 또는 방법 측면의 관련성과 학습자의 필요나 동기와 부합되는 수업전략을 사용하는 것. 학습자가 가진 필요 중 성취욕구와 소속감의 욕구를 중시하면서 이들을 충족시킬 수 있는 방법 ⇨ 다양한 수준의 목적 제시, 학업성취 여부의 기록체제 활용, 비경쟁적 학습상황의 선택 가능, 협동적 상호 학습상황 제시

(3) **자신감(Confidence)** : 자신감이 높을 때 높은 학습동기, 학습에 대한 통제의 지각 중요
  ① **학습의 필요조건 제시의 전략** : 수업목표를 구체적으로 진술하거나 평가 기준을 공개하고, 새로운 학습에 요구되는 선행학습 정도를 제시하여 학생에게 학습에 대한 요건을 분명하게 설명해 줌으로써 학습자가 성공의 가능성 여부를 짐작하도록 도와주려는 것
  ② **성공의 기회 제시의 전략** : 학습과정과 수행의 조건에서 적절한 수준의 도전감을 제공하는가와 관련 있음 ⇨ 적절한 수준의 도전감 : 학습자에게 의미 있는 성공경험을 제공하는 것
  ③ **개인적인 통제감 제시** : 학업에서의 성공이 개인의 노력이나 능력에 기인한다는 피드백과 그 조절의 기회를 제공함으로써 얻어질 수 있는 것

(4) **만족감(Satisfaction)** : 학습경험에 대한 긍정적인 만족감이 있을 때 학습동기가 향상됨
  ① **자연적 결과 강조의 전략(내재적 강화)** : 학습자의 내적 동기를 유지시키려는 것으로, 학습자가 새로 습득한 지식이나 기술을 실제 또는 모의상황에 적용해 보는 기회를 제공하는 것
  ② **긍정적 결과 강조의 전략(외재적 강화)** : 바람직한 행동을 유지하기 위해 성공적인 학습결과에 대한 긍정적 피드백이나 보상(성적, 상, 상징물, 칭찬 등)을 제공하는 것
  ③ **공정성 강조의 전략** : 학습자의 학업수행에 대한 판단을 공정하게 함과 동시에 성공에 대한 보상이나 기타의 강화가 기대한 대로 주어져야 함을 암시함(학습과정에서의 연습내용과 시험내용을 일치시키고 난이도를 동일하게 유지함으로써 학습의 공정성 확보)

출제 Pick!

☆ 켈러 ARCS 모형이 제안하는 전략의 목적, 이를 통해 높일 수 있는 수업성과변인
☆ 주의집중력이 떨어지는 학습자와 자신감이 없는 학습자를 위한 수업 전략
☆ 학습내용과 학습자의 흥미를 연결시키는 방법
☆ 수업경험에 대한 만족감을 느끼는 방법

설샘의 팁

두문자로 외우자♬
- **ARCS 모형** : 주의, 관련성, 자신감, 만족감
  ➡ 주관자만
- **주의** : 지각적 주의환기의 전략, 탐구적 주의환기의 전략, 다양성의 전략
  ➡ 지탐다
- **관련성** : 친밀성의 전략, 목적지향성의 전략, 필요나 동기와의 부합성을 강조하는 전략
  ➡ 친목필
- **자신감** : 학습의 필요조건 제시의 전략, 성공의 기회 제시의 전략, 개인적인 통제감 제시
  ➡ 학성개
- **만족감** : 자연적 결과 강조의 전략, 긍정적 결과 강조의 전략, 공정성 강조의 전략
  ➡ 작은공(자긍공)

Theme 33 기출 CHECK!

논술 기출 CHECK

다음은 A 중학교의 학교교육계획서 작성을 위한 워크숍에서 교사들의 분임 토의 결과의 일부를 교감이 발표한 내용이다. 이를 바탕으로 A 중학교가 내년에 중점을 두고자 하는 학습동기 향상을 위한 학습과제 제시방안 3가지를 논하시오. ● 15 중등

> 수업 전략 측면에서 볼 때, 수업에 흥미를 잃어가는 학생들이 있음에도 불구하고 교사는 학생들의 학습동기를 높일 수 있는 전략을 적극적으로 사용하는 데 소홀했습니다. 수업상황에서 학생들이 배워야 할 학습과제 그 자체는 학생들에게 흥미로울 수도, 그렇지 않을 수도 있습니다. 교사가 학습과제를 어떻게 제시하느냐에 따라 학생들의 학습동기를 높일 수 있습니다. 내년에는 학생들의 학습동기를 향상할 수 있는 학습과제 제시방안을 마련하는 데 관심을 기울이고자 합니다.

01 다음에서 켈러(J. Keller)의 학습동기 설계이론(ARCS) 중 '만족감' 요소로 가장 적절한 것은? ● 13 중등

> **정수**: 우리 국어 선생님 수업은 재미있지. ㉠<u>수업방법이 다양하잖아.</u> 변화가 있어. 그래서 선생님 수업에서 눈을 뗄 수가 없어.
> **혜민**: 맞아. 나는 그 수업 시간마다 ㉡<u>선생님이 다음에는 무슨 말씀을 하실까 궁금해져.</u> 나는 때로 선생님이 다음에는 이런 말을 하실 것이라고 추측도 해 봐. 내 추측이 맞을 때도 있고 틀릴 때도 있어.
> **정수**: 선생님 수업은 귀에 쏙쏙 들어와. ㉢<u>선생님은 우리 생활 주변에서 자주 예를 가져오시잖아.</u> 아마 선생님은 좋은 예를 찾기 위해서 좋아하는 텔레비전 프로그램도 일부러 보시는 것 같아.
> **혜민**: 정말 그렇지. ㉣<u>선생님이 흥미로운 그림이나 짧은 비디오도 가끔 보여 주시잖아.</u> 난 그것도 재미있어. 무엇보다도 ㉤<u>학습목표에 맞게 가르치고, 가르친 대로 시험 문제도 출제하시기 때문에,</u> 선생님 말씀을 따라서 공부하면 국어 성적이 높아져서 좋아.

① ㉠   ② ㉡   ③ ㉢   ④ ㉣   ⑤ ㉤

정답 01 ⑤

02 ㉠에 제안된 동기화 전략과 관련된 ARCS 모형의 요소는? • 12 초등

> 우선 학습동기를 유발하기 위해 다음 방법을 적용해 볼 것을 제안했다. ㉠<u>학습자들에게 평가의 기준과 구체적 방법을 수업 전에 명확하게 설명해 주고, 학습자들이 학습 속도를 스스로 조절할 수 있는 개별화된 학습을 하도록 하며, 단순하고 쉬운 과제를 먼저 제시하고 점진적으로 복잡하고 어려운 과제를 제시하도록 제안했다.</u> 김 교사는 매 수업 이러한 제안을 실행에 옮기려고 노력했다.

① 만족(Satisfaction) ② 주의(Attention) ③ 관련성(Relevance)
④ 매력성(Appeal) ⑤ 자신감(Confidence)

03 켈러(J. Keller)의 학습동기 설계이론에 따라 자신감 범주의 하위 전략을 활용한 것만을 〈보기〉에서 모두 고른 것은? • 11 중등

〈보기〉
ㄱ. 학생에게 학습속도를 스스로 조절할 수 있는 기회를 제공한다.
ㄴ. 학생에게 친밀한 예문이나 배경지식을 활용하여 수업내용을 구성한다.
ㄷ. 학생에게 평가기준을 명확히 제시하여 성공에 대한 긍정적 기대감을 갖도록 한다.
ㄹ. 학생이 새롭게 습득한 지식이나 기능을 실제 상황에 적용해 볼 수 있는 기회를 제공한다.

① ㄱ, ㄷ ② ㄴ, ㄹ ③ ㄱ, ㄴ, ㄷ ④ ㄱ, ㄷ, ㄹ ⑤ ㄴ, ㄷ, ㄹ

04 ARCS 모형의 동기유발 요소별 활용전략으로 적절한 것을 〈보기〉에서 고르면? • 09 초등

〈보기〉
ㄱ. **주의집중**: 강의 형태의 일방적 정보 제시와 토론 등의 상호작용 위주의 교수-학습 방법을 적절히 혼합하여 수업 방식에 변화를 준다.
ㄴ. **관련성**: 학습자의 흥미와 일치하고 학습자에게 의미와 가치가 있는 학습과제, 목표, 활동 등을 제시한다.
ㄷ. **자신감**: 학습자의 호기심과 탐구심을 자극하고 학습에 대한 기대감을 갖게 한다.
ㄹ. **만족감**: 다양한 난이도의 과제를 제공하고, 학습자가 학습 속도, 상황의 복잡성 등을 스스로 조절하도록 한다.

① ㄱ, ㄴ ② ㄱ, ㄷ ③ ㄴ, ㄷ ④ ㄴ, ㄹ ⑤ ㄷ, ㄹ

05 켈러(J. Keller)가 제안한 동기설계에 관한 ARCS 모형에 대한 설명으로 적절하지 <u>않은</u> 것은? • 07 중등

① 학습동기 유발을 위한 동기요소에는 주의집중, 관련성, 자신감, 만족감이 있다.
② 교사주도 수업뿐만 아니라 컴퓨터 보조수업이나 e-러닝 콘텐츠 설계에도 활용 가능한 모형이다.
③ 학습동기를 유발하고 지속시키기 위하여 학습환경의 동기적 측면을 설계하는 문제해결 접근이다.
④ 학습자의 동기수준을 최대한 높임으로써 학습성취 향상에 직접적인 영향을 미치고자 동기설계를 하는 모형이다.

정답 02 ⑤ 03 ① 04 ① 05 ④

06 강 교사는 새로운 학습내용을 제시하기에 앞서 학생들의 사전지식과 경험을 활성화하여 동기를 유발하였다. 켈러의 ARCS 이론 중 강 교사가 사용한 수업전략과 가장 관계가 깊은 요소는?   ● 06 초등

① 주의(attention)   ② 관련성(relevance)   ③ 자신감(confidence)   ④ 만족감(satisfaction)

07 다음에 제시된 수업전략에 가장 잘 부합되는 것은?   ● 05 중등

> A 교사는 학생들에게 새로운 사례를 제시하여 지적 호기심을 유발한다. 수업 내용이 장래 사회생활에 꼭 필요한 것이고, 선생님의 지도에 따라 열심히 노력하면 좋은 성적을 받을 수 있다고 강조한다. 또한 도전감을 느낄 수 있는 문제를 제시하고, 이를 해결했을 때 기분 좋게 느끼도록 한다.

① 벌로의 SMCR 모형   ② 켈러의 ARCS 모형
③ 페이비오의 이중부호화 이론   ④ 랜다의 순차식 발견식 이론

08 켈러(Keller)의 ARCS 이론의 만족감(Satisfaction) 증대를 위한 수업 전략은?   ● 03 중등

① 친밀한 인물이나 사건의 활용   ② 비일상적인 내용이나 사건의 제시
③ 쉬운 것에서 어려운 것의 순서로 과제 제시   ④ 성공적 학습 결과에 대한 긍정적 피드백 제공

09 다음의 내용은 켈러(Keller)가 명명한 동기화전략 중 무엇을 지칭하는가?   ● 01 초등

> CBI(Computer – Based Instruction)의 끝부분에서 해당 프로그램을 통해 학습한 기능이나 지식을 적용하는 교육용 게임이나 시뮬레이션을 제공하기

① 관련성(Relevance)   ② 자신감(Confidence)   ③ 만족감(Satisfaction)   ④ 주의집중(Attention)

정답 06 ②   07 ②   08 ④   09 ③

Theme 34 캐롤(Carroll)의 학교학습이론

12 중등, 03 초등, 95 초등

1 개념

$$학습의\ 정도 = f\left\{\frac{학습에\ 사용된\ 시간}{학습에\ 필요한\ 시간}\right\}$$

$$= f\left\{\frac{학습지속력,\ 학습기회}{적성,\ 수업이해력,\ 수업의\ 질}\right\}$$

출제 Pick!
☆ 학습을 극대화할 수 있는 방법
☆ 학습자 변인, 교사 변인
☆ 이론의 의의

(1) 학습을 극대화할 수 있는 방법 ☆
① **학습에 필요한 시간을 최소화**: 수업의 질을 높이면 학생의 이해력이 높아지므로 학습에 필요한 시간을 줄여 학습의 정도를 높일 수 있음
② **학습에 사용되는 시간을 최대화**: 동기화 전략을 구사하여 학습지속력을 최대한 유지시키고, 학습기회를 충분히 제공하여 학습에 사용한 시간이 늘어나 완전학습이 일어나도록 함

(2) 학습자 변인 ☆
① **적성**: 학습자가 주어진 학습과제를 일정한 수준까지 학습하는 데 필요한 시간
② **수업이해력**: 수업내용을 이해하는 학습자의 능력으로, 일반지능과 언어적 능력이 포함됨
③ **학습지속력(= 학습지구력)**
  ㉠ 학습자가 인내심을 가지고 학습과제에 적극적으로 참여하는 시간
  ㉡ 학습자의 주의집중, 흥미, 태도 등에 영향을 받는 일종의 학습동기

(3) 교사 변인 ☆
① **수업의 질**: 교수방법, 수업목표의 구체성, 교사가 사용하는 언어의 명확성, 학습활동의 계열화 등이 효과적으로 이루어졌는지에 대한 것
② **학습 기회**: 학습자에게 학습과제 해결을 위해 허용된 시간

2 의의(시사점) ☆

① 모든 학습자가 특정 과제에 필요한 시간을 충족시킬 수 있다면, 100%의 학습성과를 달성할 수 있다고 가정함으로써 완전학습의 토대가 됨
② 열등생과 우등생의 개념을 느린 학습자와 빠른 학습자라는 개념으로 변화시킴
③ 학교학습에 작용하는 변인에 대한 체계적인 계획을 통해 학습자의 성취를 효과적으로 진단하고 교정할 수 있음을 시사함

Theme 34 기출 CHECK!

01 다음은 캐롤의 학교학습모형이다. 김 교사가 캐롤의 모형을 올바르게 이해한 것을 〈보기〉에서 모두 고른 것은? • 12 중등

$$학습의 \ 정도 = f \left\{ \frac{학습에 \ 사용된 \ 시간}{학습에 \ 필요한 \ 시간} \right\}$$

$$= f \left\{ \frac{학습기회, \ \boxed{(가)}}{적성, \ 수업이해력, \ \boxed{(나)}} \right\}$$

〈보기〉

ㄱ. '학습에 사용한 시간'을 계산하기 위해 김 교사는 학생이 학습에 소비한 총 시간과 능동적으로 학습에 몰두한 시간을 구분할 수 있는 수업관찰 기법을 공부하였다.
ㄴ. (가)를 개선하는 한 방법으로, 김 교사는 우선 학생의 학습동기를 유발하고 유지하는 방법을 집중적으로 다루는 교수설계 기법에 관한 연수를 받았다.
ㄷ. 김 교사는 '수업이해력'이 교사의 일반지능과 언어능력에 의해 결정되지만 일반지능은 개선하기 어렵다고 판단하여 '교사의 수업 중 화법(話法) 개선' 연수에 참여하였다.
ㄹ. (나)와 관련해서 김 교사는 학습활동의 계열화, 학습단서의 제공, 피드백과 학습교정 활동 등 수업의 질적 수준 향상을 위해 수업 후 협의회, 마이크로티칭, 동료장학, 수업컨설팅 등의 활동에 참여하였다.

① ㄱ, ㄴ   ② ㄱ, ㄷ   ③ ㄷ, ㄹ   ④ ㄱ, ㄴ, ㄹ   ⑤ ㄴ, ㄷ, ㄹ

02 캐롤(Carroll)의 학교학습모형은 다음에 제시한 다섯 개의 요소를 사용하여 학습의 정도를 학습에 필요한 시간과 학습에 소비한 시간의 함수로 표현한다. 학습에 소비한 시간으로 분류된 요소로 묶인 것은? • 03 초등

| 가. 적성 | 나. 수업의 질 | 다. 수업이해력 | 라. 학습지속력 | 마. 학습기회 |

① 가, 다   ② 나, 라   ③ 다, 마   ④ 라, 마

03 다음 내용과 관계있는 것은? • 95 초등

> 석명이는 다른 어린이보다 분수의 덧셈을 잘하지 못하지만 별로 걱정할 필요가 없다. 왜냐하면 학습시간을 충분히 투입하면 잘 할 수 있기 때문이다.

① 캐롤(Carroll)의 학교학습모형
② 오수벨(Ausubel)의 유의미학습모형
③ 글래이저(Glaser)의 일반교수모형
④ 브루너(Bruner)의 발견학습모형

정답 01 ④ 02 ④ 03 ①

Theme 35 블룸(Bloom)의 완전학습모형

1 개념

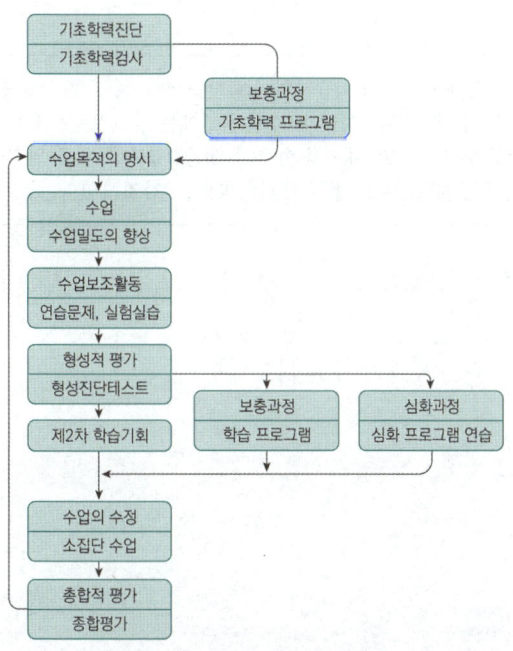

[그림 2-8] 블룸의 완전학습모형

(1) **완전학습** ☆
   대부분의 학생들(95% 이상)이 수업내용의 약 90% 이상을 학습하는 것

(2) **수업의 질에 관여하는 4가지 변인** ☆
   ① 단서 : 학습과제의 제시에 있어 교사가 제공하는 모든 정보
   ② 참여 : 학습과제를 학습하고자 하는 학습자의 노력 및 행동
   ③ 강화 : 학습과정에서의 교사가 제공하는 칭찬이나 지지 등의 학생 행동에 대한 정의적 반응
   ④ 피드백과 학습교정 : 학습자의 수행에 대해 교사가 제공하는 강화의 형태

2 완전학습 전략 ☆

① **수업 전** : 진단평가 통해 학습자의 선행학습 정도를 진단한 후, 학습결함 진단 및 보충(기초학습 보충 과정)
② **수업 중** : 수업목표 명시, 수업활동, 수업보조활동, 형성평가를 통해 학습부진 학생에게 보충과정, 일정 수준에 도달한 학습자에게 심화과정을 제공함
③ **수업 후** : 총괄평가(총합평가 – 단원평가, 학기말평가)를 실시하여 성취도를 평가하고 수업활동에 대한 효과성·효율성을 판단함

3 장점

① 개별학습 및 형성평가와 이에 따른 피드백을 통해 학습자의 높은 성취를 유도함
② 학습자의 높은 성취는 학습흥미 증진, 다음 학습에 대한 동기 유발, 자아개념 향상 등과 같은 긍정적 효과를 불러일으킴
③ 형성적 평가와 교정학습을 강조함

출제 Pick!
☆ 완전학습의 정의
☆ 수업의 질에 관여하는 변인
☆ 완전학습 전략

Level Up

완전학습 전략

1. **완전학습모형의 주요 변인**
   ① 인지적 출발점 행동 : 학습과제의 선행학습 요소를 어느 정도 학습한 상태인가 ➡ 학습과제를 학습하는 데 필요한 지식, 기술, 능력의 선행학습 수준
   ② 정의적 출발점 행동 : 동기화 정도 ➡ 학습과제에 대한 동기, 자아개념, 학교와 학급에 대한 태도 등

2. **완전학습 전략**
   ① 수업 전 단계
     • 기초학력진단(학습결손 발견) : 개별 학습자의 선행학습 정도 진단 ➡ 어떤 학습자가 선행학습 결손을 가지고 있는지 파악
     • 기초학습 보충과정(학습결손 처치)
   ② 수업 중 단계
     • 수업목적의 명시
     • 수업활동 : 학습자의 수업이해력에 기초하여 학습내용을 체계적으로 제시 ➡ 학습시간의 효율성을 증대 & 충분한 학습기회 제공
     • 수업보조활동 : 교과의 성질에 따른 교사의 활동, 실험, 실습, 연습, 시청각 교재 사용 등
     • 형성평가 : 교사는 수업의 개선을 위한 정보 획득 & 학습자는 스스로의 학습 정도 확인
     • 보충과정 : 형성평가에서 부진한 학습자에게 재학습의 기회를 제공
     • 심화과정 : 형성평가에서 일정한 수준에 도달한 학습자에게 학습 경험을 심화시킬 수 있는 기회 제공
     • 제2차 학습기회 : 2차 학습기회 제공
   ③ 수업 후 단계
     • 총합적 평가 : 일정기간의 수업 종결 후 학습자의 성취도 평가 & 수업활동에 대한 효과성과 효율성 판단

Theme 35 기출 CHECK!

*해당 테마는 기출문제가 없어 '확인문제'를 수록하였습니다.

01 다음 빈칸에 들어갈 단어를 쓰시오. ● 확인문제

> 블룸(Bloom)은 완전학습모형을 통해 수업 전에 기초학력검사를 통하여 학습자의 선행학습 정도 및 (A)을/를 (B)하고 학습부진 학생들에게 기초학습 보충과정을 통해 (A)을/를 (C)할 것을 제안하였다. 수업 중간에는 (D)평가를 통해 학습부진 학생에게는 (C)과정을, 일반 학생에게는 심화과정을 제공하고, 수업 후에는 (E)평가를 할 것을 제안하였다. 이렇듯 완전학습모형은 개별학습과 형성평가, 이에 따른 피드백을 통해 학습자들의 높은 성취를 유도할 수 있는 방법을 강조하였다.

• A : _____   • B : _____   • C : _____   • D : _____   • E : _____

정답 01 A - 학습결함 / B - 진단 / C - 보충 / D - 형성 / E - 총괄(총합)

Theme 36 듀이의 탐구학습모형

기출
00 대구

1 개념 ☆
① **탐구** : 어떤 사실과 가치의 문제를 그것의 기초가 되는 가정에 비추어 평가해 보고, 일련의 평가 준거에 따라서 해당 사실 및 가치의 문제를 타당화하는 과정
② **탐구학습** : 학습자가 탐구과정을 통해서 학습내용을 능동적으로 습득하는 학습

2 듀이(Dewey)의 탐구학습

(1) 특징
① 문제해결중심 학습으로 반성적 사고과정을 강조함
② 반성적 사고 : 문제의 원인과 결과의 관계를 파악하고 탐색해 나가는 정신활동으로, 실제적인 문제에 대한 인식으로부터 시작함

(2) 단계
① **암시(문제 확인)** : 생활환경 속 어려운 문제나 곤란을 직면하고 이를 해결하고자 하는 의식을 가짐
② **지성화(문제 검토)** : 관찰을 통해 문제를 명확히 인식하고 문제 사태를 명료화함
③ **가설 설정(해결방안 수립)** : 문제의 성격을 파악한 후 이에 대한 잠정적인 답을 구함
④ **추리(추리에 의한 전개)** : 추리작용에 의해 해결의 과정이 시행과 수정의 반복을 거쳐 객관적인 해결체제로 근접해 나감
⑤ **검증(행위에 의한 가설의 검증)** : 증거를 통해 가설을 채택하거나 기각함

(3) 탐구학습 적용 시 유의사항
① 교수자는 지시자가 아니라 안내자이자 촉진자의 역할을 수행함
② 열린 과제를 제공하고, 특정한 정답을 요구하지 않음
③ 수업에 있어 미리 짜놓은 계획대로 진행하는 것이 아니라, 학생 스스로 자신의 능력에 맞게 독립적 탐구자로 성장할 수 있는 학습환경을 제공함

3 마시알라스(Massialas)의 탐구학습

(1) 특징
① 듀이의 반성적 사고과정에 영향을 받음
② 탐구학습의 조건으로 공개된 토론 분위기, 가설의 중시, 증거를 위한 사실의 사용을 제시함

(2) 절차
① **안내** : 문제를 인식함
② **가설** : 문제에 대한 설명이나 해결방안을 모색하고 이를 서술적으로 진술함
③ **정의** : 가설에 사용되는 용어들을 명료하게 규정함
④ **탐색** : 가설의 입증을 위해 증거를 탐색함
⑤ **가설검증** : 경험적 자료를 통해 가설을 검증함
⑥ **결론 및 일반화** : 가설검증을 통하여 결론을 이끌어내고, 이를 다른 상황에도 적용시킬 수 있도록 일반화함

출제 Pick!
☆ 탐구학습의 개념, 장·단점, 적용 시 주의사항

Level Up
탐구학습의 장·단점
1. 장점
   - 학생의 자율성과 능동적 태도를 기를 수 있음
   - 실생활에 밀접한 학습이 일어남
   - 지적 호기심에 근거한 학습은 학생의 내용 학습과 개념 이해를 강화함
   - 학생이 문제를 스스로 해결함으로써 내적 보상을 얻을 수 있음
   - 자기주도성과 협업기술 향상에 효과적
   - 고차적 사고력, 초인지적 능력, 자기주도적 학습능력 등을 기를 수 있음
2. 단점
   - 기초학력 향상에 비효율적
   - 학습의 방향성을 잃기 쉬움
   - 노력에 비해 지적 성장이 비능률적일 수 있음

Theme 36 기출 CHECK!

01 다음 중 현상에 대한 인과관계 추론 학습에 가장 적합한 방법은? ● 00 대구

① 탐구학습 모형 ② 지시적 수업 ③ 사회적 학습 ④ 도구적 조건화

정답 01 ①

Theme 37 브루너(Bruner)의 발견학습모형

기출
14 추시, 06 중등, 05 초등, 01 중등

1 개념 ☆
학습자 스스로 학습해야 할 내용의 최종 형태를 발견하도록 요구되는 상황에서 일어나는 학습
⇨ 귀납적

2 특징 ☆
① 교과의 기본 구조에 대한 철저한 학습을 강조함
② 학습의 결과보다 과정과 방법을 중요시함
③ 학습자의 능동적인 학습 참여를 강조함
④ 학습효과의 전이를 중요시함

3 효율적인 수업을 위한 4가지 요소(발견학습을 위한 4가지 요소) ☆
① **학습경향성 자극**(학습의욕)
  ㉠ 학습경향성 : 학습자의 학습하고자 하는 성향 또는 욕구
  ㉡ 학습경향성 극대화 방안
    • **탐구의욕 자극** : 너무 어렵거나 쉽지 않고 학습자의 사고를 자극하기에 적절한 모호성을 지닌 과제를 제시하여 탐구의욕을 자극할 수 있음
    • **탐구의욕 유지** : 학습자의 학습을 지속적으로 격려하고 허용적·민주적 수업 분위기를 만들며, 가능성을 탐색해서 얻는 이득이 실패에서 오는 부담보다 크게 하여 탐구의욕을 유지시킴
    • **탐구의 방향성** : 학습과제의 목표와 진행 중인 학습활동이 어떻게 연관되는지를 알려줌으로써 탐구의 방향성을 제시함
② **지식의 구조** ⇨ 표현방식의 다양성·경제성·생성력
③ **학습의 계열화** ⇨ 발달 단계에 따라 행동적·영상적·상징적으로 표현되도록 순서에 따라 제시
④ **강화** : 학습자의 학습 정도를 수시로 확인하고 학습결과에 대해 보상을 주는 것

4 장점 ☆
① 정보조직능력, 문제해결능력, 자신감, 지적 잠재력을 증대시킬 수 있음
② 내재적인 보상을 경험할 수 있음 ⇨ 지적 만족감, 희열 등
③ 내용적인 지식뿐만 아니라 이를 획득하는 탐구방법, 전략까지 습득 가능
④ 내용을 더욱 유의미하게 구성하므로 추후에 수월하게 회상 가능 ⇨ 장기기억화, 인출 용이

5 단점 ☆
① 학습에 많은 시간이 소요됨 ⇨ 단기간에 많은 양의 단순 개념 습득에 비효율적임
② 교사의 수업준비 부담이 큼

6 발견학습모형의 시사점
① 학습자가 능동적으로 학습하게 함으로써 파지와 전이를 높일 수 있음
② **교사의 역할** : 학습자에게 지식을 전달하는 것이 아니라 학습내용에 대해 질문하고, 탐구하고, 경험할 수 있도록 자극하는 역할을 해야 함
③ 학습자의 효과적 학습을 위해서는 지식의 구조, 능동적 학습, 내적 보상 등이 필요

출제 Pick!
☆ 발견학습모형의 개념, 특징, 장·단점, 시사점
☆ 효율적 수업을 위한 요소
☆ 중간언어와 교과언어의 개념

Level up
중간언어와 교과언어 ☆

1. **중간언어(middle language)**
   ➡ 비판 및 지양의 대상
   • 지식을 탐구하는 과정과 분리되어 가르쳐지는 지식탐구의 결과물
   • 학자들의 탐구결과(개념, 원리, 법칙)를 학문의 탐구과정과 분리된 채로 전달하는 언어
   • 학생에게 단순한 사실만 암기하도록 하게 하며, 결과적으로 지식이 학생의 내면에 들어가지 못하고 바깥에 머물게 됨
   • 학생이 참여자로서 교과를 배우는 것이 아니라 관람자로서 교과에 관한 사실을 배우게 되며, 교과는 '할 줄 알아야 하는 것'이 아니라 '그것에 관하여 알아야 하는' 대상이 됨

2. **교과언어(subject language)**
   ➡ 지향의 대상
   • 학생이 학자들의 탐구활동과 동일한 일을 하도록 가르치는 것
   • 학생들에게 지식의 구조를 스스로 발견하도록 요구함
   • 지식의 구조는 단순히 교육내용뿐 아니라 교육방법까지도 포함하는 개념이라고 할 수 있음
   • 지식의 구조는 발견학습과 불가분의 관계에 있음
   • 그간의 잘못된 교육내용관을 규정하는 중간언어는 교육내용뿐 아니라 교육방법에 대한 비판임

Theme 37 기출 CHECK!

논술 기출 CHECK

다음은 A 고등학교의 최 교사가 작성한 성찰일지의 일부이다. 일지 내용을 바탕으로 최 교사가 수업 효과성을 높이기 위하여 선택한 학문중심 교육과정 이론에 근거한 수업 전략에 대하여 논하시오.
● 14 중등 추시

> 일지 #2014년 5월 ○○일 ○요일
> 중간고사 성적이 나왔는데 영희를 포함하여 몇 명의 점수가 매우 낮아서 답안지를 확인해 보았다. OMR 카드에는 답이 전혀 기입되어 있지 않거나 한 번호에만 일괄 기입되어 있었다. 아이들이 시험 자체를 무성의하게 본 것이다. 점심시간에 그 아이들을 불러 이야기를 해 보니 학교에서 배우는 내용이 대학 진학을 하지 않고 취업할 본인들에게는 전혀 쓸모없이 느껴진다고 했다. 특히 오늘 내 수업 시간에 휴대전화만 보고 있어서 주의를 받았던 영희의 말이 아직도 귀에 생생하다. "저는 애견 미용사가 되려고 하는데, 생물학적 지식 같은 걸 배워서 뭐 해요? 내신 관리를 해야 하는 아이들조차 어디 써먹을지도 모르는 개념을 외우기만 하려니까 지겹다고 하던데, 저는 얼마나 더 지겹겠어요."라고 말하는 것이었다. 학교에서 배우는 기초 지식이나 원리가 직업 활동의 근간이 되기도 한다는 것을 어떻게 아이들이 깨닫게 할 수 있을까? 내가 일일이 다 설명해 주지 않아도 아이들이 스스로 교과의 기본 원리를 찾을 수 있게 하려면 어떤 종류의 과제와 활동이 좋을까? 이런 생각들로 머릿속이 복잡하던 중에, 오후에 있었던 교과협의회에서 수업 전문성 개발을 위한 장학 활동을 몇 가지 소개받았다. 이제 내 수업에 대해 차근차근 점검해 봐야겠다.

01 브루너(J. Bruner)의 발견학습이론에 근거한 교사의 행동으로 가장 거리가 먼 것은? ● 06 중등
① 외재적 보상보다 내재적 보상을 강조한다.
② 다양한 학습 자료를 준비하여 제시한다.
③ 어떤 사건의 원인과 결과를 찾도록 한다.
④ 모든 교과 학습에 동일한 탐구방식을 적용한다.

02 〈보기〉는 수업 이론에 대한 브루너(J. Bruner)의 견해이다. (가)와 (나)에 알맞은 단어들을 순서대로 연결한 것은? ● 05 초등

─〈보기〉─
수업 이론은 주어진 교육목표를 달성하기 위한 가장 효과적인 수업의 절차를 제시해야 한다는 점에서 (가) 이다. 또한 학습자가 어떤 조건에서 어느 정도 학습해야 하는지 그 조건과 준거를 제시해야 한다는 점에서 (나) 이다.

① 간접적 – 기술적
② 규범적 – 간접적
③ 처방적 – 규범적
④ 처방적 – 기술적

03 다음 중 발견학습에서 두드러지게 나타나는 특징은? ● 01 중등
① 집단활동이 강조된다.
② 학습자의 행동이 통제된다.
③ 학업성취도 향상이 주관심사이다.
④ 학습자가 스스로 지식을 구성한다.

정답 01 ④ 02 ③ 03 ④

Theme 38 오수벨(Ausubel)의 유의미학습

기출 12 중등, 10 중등, 08 중등, 08 초등, 07 서울, 06 중등, 05 초등, 04 중등, 03 초등, 01 초등, 98 중등

1 개념 ☆

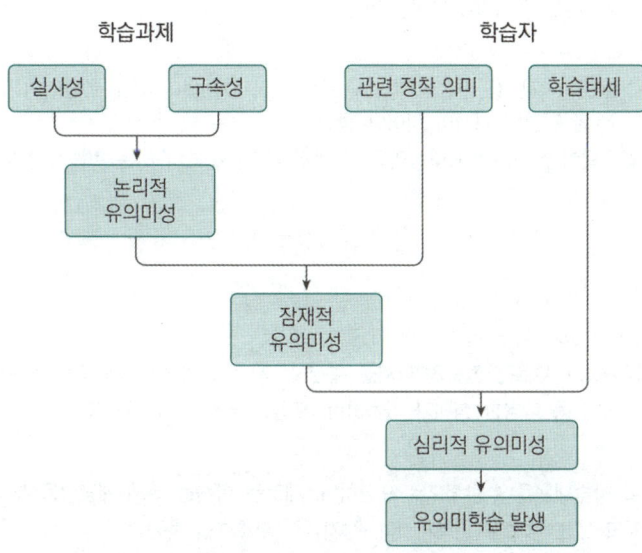

[그림 2-9] 오수벨의 유의미학습

① 새로운 학습과제가 학습자의 기존 인지구조와 상호작용하여 포섭되는 것
② 기계적 학습(rote learning)의 반대 개념
③ 교사중심의 설명식 교수에 적용함

2 특징 ☆

① 새로운 지식·정보와 선행학습 내용의 통합을 강조함
② 학습자의 인지구조에 알맞게 포섭·동화되도록 학습과제를 제시함
③ 일반적·포괄적인 지식을 먼저 제시하고, 그 다음에 세부적이고 상세한 지식을 제시함

3 절차 ☆

(1) **선행조직자 제시**
   본시 수업내용과 연결시킬 수 있는 선행지식을 학생이 갖추고 있는지 점검하고 필요시 가르침

(2) **학습과제와 자료 제시**
   자료를 제시하고 관련 지식을 생각하게 하며, 경험이나 사례를 발표시킴

(3) **인지구조 강화**
   ① 학습자가 학습자료의 내용을 다른 시각에서 살펴보거나 숨겨져 있는 가정이나 추론 등에 대하여 도전하게 함
   ② 학습자료에 제시된 여러 개념이나 명제들 사이의 공통점과 차이점을 학습자의 선행학습 내용에 근거하여 비교·설명하게 함
   ③ 질의응답, 모둠별 토의, 학습지를 활용한 활동 등을 수행하게 함

출제 Pick!
☆ 유의미학습의 개념, 특징, 시사점, 절차, 수업원리
☆ 선행조직자의 개념, 역할, 종류
☆ 학습이 효과적으로 일어나기 위한 학습자의 인지적 요인과 심리적 요인, 학습과제의 조건
☆ 포섭의 개념, 종류

Level up
선행조직자 교수모형의 단계
1. 1단계 – 선행조직자 제시
   • 수업목표 명확화
   • 조직자 제시(학습자 준비시킴)
     – 정의적 특성 확인
     – 예시 제시
     – 배경 제공
   • 학습자가 자신의 지식과 경험을 의식적으로 자극함
2. 2단계 – 학습과제와 자료 제시(수업내용 제시)
   • 조직을 명료히 함
   • 수업내용 계열화
   • 학습자료를 위계적으로 배열
   • 수업내용 제시
   • 관련 자료 제시
3. 3단계 – 인지구조(인지조직) 강화
   • 통합적 조정 유도 : 아이디어 회상, 새로운 '학습자료 속성' 요약 요구, 정확한 정의 되풀이, 자료 간 차이점 요구, 학습자료에 제시된 개념과 명제의 공통점 및 차이점 설명시킴
   • 능동적·적극적 수용학습 유도 : 새로운 내용과 조직자와의 관계 기술, 개념에 대한 부가적 예 요구, 내용 본질 말하기 요구, 교과내용에 대한 비판적 접근, 가정·준거 확인 요구
   • 명료화

4 학습이 효과적으로 일어나기 위한 조건

(1) **학습과제의 조건** ☆
  ① **실사성** : 한 명제를 어떻게 표현하더라도 그 의미와 본성이 변하지 않는 특성
    예 정삼각형은 세 변의 길이가 같다. = 세 변의 길이가 같은 것은 정삼각형이다.
  ② **구속성** : 임의로 맺어진 관계가 시간이 흐른 이후에도 변경될 수 없는 특성
    예 대상과 이를 지칭하는 이름이나 명칭 사이의 관계

(2) **학습자의 조건** ☆
  ① **인지적 요인** : 관련정착지식(관련정착의미) ⇨ 새로운 과제가 의미 있게 학습되기 위해서는 학습자의 기존 인지구조 속에 관련된 지식이 있어야 함
  ② **심리적 요인** : 유의미한 학습태세(학습의욕) ⇨ 과제를 학습하고자 하는 학습자의 동기가 중요함

5 선행조직자

(1) **개념** ☆
  ① 유의미학습을 촉진하기 위해 학습 전에 제공되는 자료
  ② 인지구조를 강화하고 새로운 정보의 파지를 촉진하고자 우선적으로 도입되는 정보나 자료
  ③ 진술문, 영화, 시범 등 다양한 형태가 가능하며, 포괄성과 추상성이 높아야 함

(2) **역할(기능)** ☆
  ① 앞으로 제시될 학습내용을 추상적으로 포괄하며, 새로운 학습을 위해 개념망을 부여함
  ② 학습자가 가지고 있는 정보를 연결시키며, 장기적인 부호화를 촉진함
  ③ 중요한 부분에 주의를 기울이게 함 ⇨ 주의집중
  ④ 새로 학습하는 개념들의 조직화 및 정교화에 도움을 줌

(3) **종류** ☆
  ① **설명조직자** : 학습자의 선행지식과 새로운 학습과제 간에 유사성이 없을 때 ⇨ 포괄적 개념, 일반적인 자료
  ② **비교조직자** : 학습자의 선행지식과 새로운 학습과제 간에 상당한 유사성이 있을 때 ⇨ 기존 개념과의 유사성, 차이점을 분명히 제시하여 변별력 증대

6 포섭(subsumption) ☆

① 새로운 학습과제를 학습자의 인지구조 속으로 병합시키는 과정(= 학습)
② **하위적 포섭** : 기존에 가지고 있던 개념보다 하위의 학습과제 포섭
  ㉠ **상관적 포섭** : 기존에 가지고 있던 개념을 확장·수정·정교화함
    예 • 채소 ⇨ 무, 양파 ⇨ 토마토
      • 영어 동사의 과거형이 '-ed'로만 끝나는 것이 아니라 'bring – brought – brought'처럼 다른 변화형도 있음을 배움
  ㉡ **파생적 포섭** : 기존 개념의 구체적인 사례일 때 발생하는 포섭
    예 삼각형 ⇨ 직각삼각형, 둔각삼각형, 예각삼각형
③ **상위적 포섭** : 기존에 가지고 있던 개념보다 상위의 학습과제를 포섭함
  예 개, 고양이 ⇨ 포유류
④ **병위(병렬)적 포섭** : 기존에 가지고 있던 개념과 대등한 수준의 학습과제를 포섭함
  예 인지주의와 행동주의에 대해 알고 있음 ⇨ 구성주의에 대해 배움

7 수업원리 ☆

① **선행조직자의 원리** : 새로운 학습과제를 제시하기 전에 이에 대한 선행조직자로서 일반성·포괄성을 가지는 자료를 먼저 제시함
② **점진적 분화의 원리** : 학문의 내용 중 가장 포괄적인 것부터 점차 세부적인 것, 특수한 것으로 내용을 분화시켜서 제시함
③ **통합적 조정의 원리** : 새로운 학습과제는 이전에 학습된 내용과 통합되어 이해되도록 해야 하며, 교육과정의 계열에서 전·후 학습내용이 서로 밀접한 관계를 맺도록 조직함
④ **선행학습 요약·정리의 원리** : 현재까지 학습한 내용을 요약·정리한 후 새로운 학습과제를 학습할 수 있도록 함
⑤ **내용의 체계적 조직의 원리** : 학습내용을 계열화하고 체계적으로 조직함
⑥ **학습 준비도의 원리** : 학습자의 기존 인지구조 외에도 학습자의 발달 수준을 확인하여 이에 맞는 학습경험을 제공함

8 시사점 ☆

① 학습과제가 유의미하게 학습되기 위해서는 기존 학습과 연관시킬 수 있도록 그에 대한 선행학습이 제대로 이루어져야 함
② 학습자의 발달 수준, 선행학습 수준 등의 특성을 고려한 수업을 해야 함
③ 학습내용을 계열화하여 조직할 때 교수·학습의 효과성·효율성이 높아짐

Theme 38 기출 CHECK!

01 다음은 오수벨(D. Ausubel)의 선행조직자 교수모형이다. (가) 단계에서 교사가 수행하는 대표적인 교수활동으로 옳은 것을 〈보기〉에서 고른 것은?
● 12 중등

> 선행조직자 제시 → 학습과제와 자료 제시 → (가)

〈보기〉
ㄱ. 학습결과를 분석하여 선행조직자의 개선을 위한 자료를 수집한다.
ㄴ. 수업목표를 제시하고 점진적 분화의 원리에 따라 학습자료에 나오는 개념이나 명제를 학습하도록 유도한다.
ㄷ. 학습자가 학습자료의 내용을 다른 시각에서 살펴보거나 숨겨져 있는 가정이나 추론 등에 대해 도전하게 한다.
ㄹ. 학습자료에 제시된 여러 가지 개념이나 명제들 사이의 공통점과 차이점을 학습자의 선행학습 내용에 근거하여 비교·설명하게 한다.

① ㄱ, ㄴ   ② ㄱ, ㄷ   ③ ㄴ, ㄷ   ④ ㄴ, ㄹ   ⑤ ㄷ, ㄹ

02 박 교사는 오수벨(D. Ausubel)의 유의미 수용학습 이론에 따라 수업을 하고자 한다. (가), (나), (다)에 들어갈 내용을 바르게 짝지은 것은?
● 10 중등

> 박 교사는 학생들에게 먼저 수업목표를 명확히 제시하고, 수업 내용을 쉽게 이해하도록 하기 위해 수업 내용을 포괄하는 예를 ⎡(가)⎦로 제시하였다. 박 교사는 ⎡(가)⎦가 학생들의 인지구조 내에서 새로운 학습내용을 ⎡(나)⎦하여 의미 있는 수용학습이 이루어지도록 촉진할 것이라고 기대하였다. 그 이유는 수업 내용을 학습하기 전에 수업내용에 관한 포괄적인 예를 제시하면 그것이 ⎡(다)⎦의 역할을 수행하여 학습의 정교화를 촉진할 것이기 때문이다.

	(가)	(나)	(다)
①	비교조직자	대조	정착 아이디어(anchoring ideas)
②	비교조직자	포섭	지식망(knowledge network)
③	설명조직자	대조	정착 아이디어(anchoring ideas)
④	설명조직자	포섭	정착 아이디어(anchoring ideas)

03 다음의 내용과 가장 관련이 있는 교수·학습이론을 쓰시오.
● 08 중등 + 07 서울 변형

> • 새로운 지식이나 정보와 선행 학습내용의 통합을 강조한다.
> • 새로운 학습과제를 학습하기 이전에 학습과제보다 추상적이고 포괄적인 내용을 개론적으로 제시한다.
> • 학습자가 지니고 있는 사전 지식과 경험을 현재의 수업내용과 연결 지을 수 있도록 자극한다.
> • 학습자의 인지과정을 포섭과 동화의 과정으로 설명한다.
> • 학습자의 인지구조에 알맞게 포섭·동화되도록 학습과제를 제시한다.
> • 일반적이고 포괄적인 지식을 먼저 제시하고, 그 다음에 세부적이고 상세한 지식을 제시한다.

•

정답 01 ⑤   02 ④   03 오수벨(Ausubel)의 유의미학습 이론

04 다음에 제시된 (가)와 (나)의 학습에 활용된 오수벨(D. P. Ausubel)의 포섭 유형은? ● 08 초등

(가) 사각형의 개념을 학습하였다. → 정사각형, 직사각형, 마름모 등을 학습하여 사각형에는 여러 가지 형태가 있음을 알게 되었다.
(나) 고양이, 소, 돌고래의 특징을 학습하였다. → 이 동물들은 새끼에게 젖을 먹이며, 이런 공통점을 지닌 동물들이 포유류임을 알게 되었다.

	(가)	(나)
①	상관적 포섭	상위적 포섭
②	상관적 포섭	병렬적 포섭
③	파생적 포섭	상위적 포섭
④	파생적 포섭	병렬적 포섭

05 〈보기〉의 내용과 가장 관련이 있는 교수·학습이론은? ● 06 중등

─〈보기〉─
• 새로운 지식이나 정보와 선행 학습내용의 통합을 강조한다.
• 학습자의 인지구조에 알맞게 포섭·동화되도록 학습과제를 제시한다.
• 일반적이고 포괄적인 지식을 먼저 제시하고, 그 다음에 세부적이고 상세한 지식을 제시한다.

① 블룸(B. Bloom)의 완전학습이론
② 오수벨(D. Ausubel)의 유의미학습이론
③ 콜린스(A. Collins)의 인지적 도제이론
④ 스키너(B. Skinner)의 행동주의 학습이론

06 그림은 오수벨(D. Ausubel)의 유의미학습 이론을 나타낸 것이다. (나)에 해당하는 요소를 바르게 설명한 것은? ● 05 초등

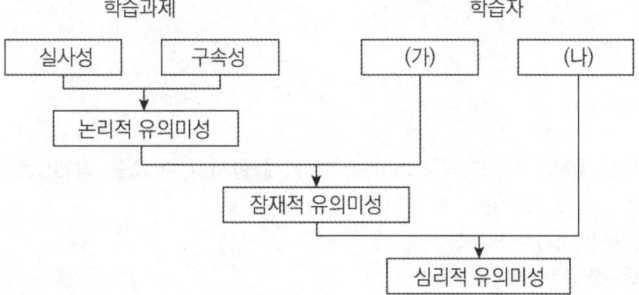

① 특정 과제를 어떻게 표현하더라도 그 의미가 변하지 않는다.
② 새로운 학습 과제를 의미 있게 포섭할 수 있는 선행 조직자의 역할이 강조된다.
③ 일단 임의적으로 맺어진 의미 관계가 관습이 되면 그 의미는 변경될 수 없다.
④ 주어진 학습 과제를 자신의 인지 구조에 의미 있게 관련시키려는 학습자의 성향이다.

정답 04 ③ 05 ② 06 ④

07 다음에 제시된 교수·학습 활동과 가장 관련이 있는 이론을 쓰고, 그 이론을 바탕으로 ㉠~㉣에 해당하는 교수전략의 원리를 각각 쓰시오.
● 04 중등 변형

> 학습목표는 '지구의 내부 구조를 이해한다.'이다. 교사는 학습내용을 ㉠체계적이고 계열적으로 ㉡포괄적인 내용에서 점차 세부적인 내용으로 조직하였다. 먼저 ㉢파워포인트를 이용하여 지난 시간에 학습한 지구와 관련된 내용을 요약해 주고, ㉣지구 내부의 구조보다 더 포괄적인 내용을 제시하였다. 학습자의 학습동기 유발을 위해 학습자들이 잘 알고 있는 사례를 활용하였다.

- 이론 : _____
- ㉠ : _____
- ㉡ : _____
- ㉢ : _____
- ㉣ : _____

08 다음에서 제시한 교사의 수업과 관련이 깊은 학습형태는?
● 03 초등

> 오늘은 고래에 대해서 학습해 봅시다. 고래는 우선 생물체에 속하고, 생물체 중에도 동물, 그리고 물속에서 살고 있지만 사람과 같은 포유류에 속합니다. 그럼, 이제 오늘 수업 주제인 고래에 대해서 살펴봅시다.

① 블룸(Bloom)의 완전학습　　　　② 브루너(Bruner)의 탐구학습
③ 오수벨(Ausubel)의 유의미학습　　④ 스키너(Skinner)의 프로그램학습

09 오수벨(Ausubel)의 교수단계에서 선행조직자를 제시하는 목적으로 적절하지 않은 것은?
● 01 초등

① 스키마의 활성화　　② 용어에 대한 인식　　③ 유의미 학습의 촉진　　④ 관련 정착 지식의 구축

10 새로운 학습 내용을 학습자의 기존의 '인지도식(Schema)'에 잘 통합시킬 수 있는 방법으로 적절하지 않은 것은?
● 98 중등

① 학습자 자신의 말로 정보를 표현하도록 한다.
② 학습자 스스로가 학습한 내용을 요약하도록 한다.
③ 새로 학습한 내용일수록 반복연습의 양을 줄여준다.
④ 새로 배운 학습내용을 이용하여 예문을 만들도록 한다.
⑤ 학습내용은 기존의 '인지도'보다 구체적일수록 좋다.

정답 07 이론 – 유의미학습 이론 / ㉠ – 내용의 체계적 조직의 원리 / ㉡ – 점진적 분화의 원리 / ㉢ – 선행학습 요약·정리의 원리 / ㉣ – 선행조직자의 원리
08 ③　09 ②　10 ③

Theme 39 조나센(Jonassen)의 구성주의 학습환경 설계(CLEs)

기출 25 중등, 17 중등, 12 중등, 08 중등

출제 Pick!
☆ 구성주의 학습환경 설계의 개념
☆ 구성주의 학습환경 구성요소
☆ 구성주의 교수·학습활동

1 개념 ☆

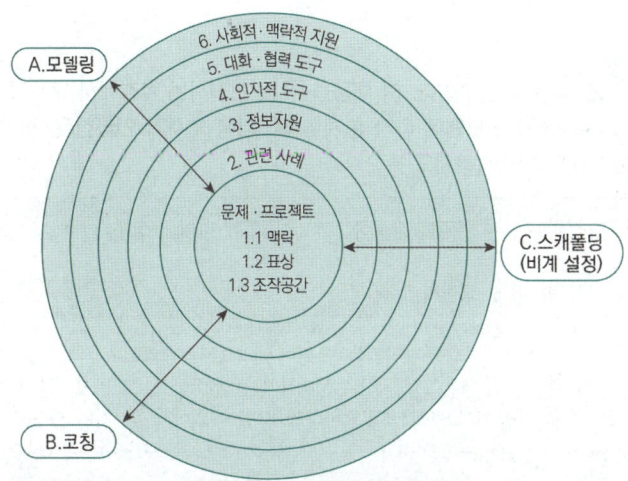

[그림 2-10] 구성주의 학습환경 설계모형

문제 또는 프로젝트를 중심으로 구성주의 환경의 핵심요소들을 동심원적으로 표현한 학습환경 설계모형

2 구성주의 학습환경 구성요소 ☆

① **문제·프로젝트** : 교수설계의 중심. 학생이 해결해야 할 문제나 완성해야 할 프로젝트
  ⇨ 문제가 학습을 주도하며, 문제들은 비구조적이고 정답이 한정되지 않은 문제여야 함
  ㉠ **맥락** : 문제는 구체적인 맥락이 함께 제시됨
    예) 수행환경에 대한 맥락(문제가 발생한 상황, 일시, 장소 등), 수행자와 관련된 맥락(문제 상황에 있는 주인공의 직업, 배경 과제 등)을 제시함
  ㉡ **표상** : 학습자의 관심을 이끌어낼 수 있도록 실제적으로 제시되어야 함
    예) 문제를 이야기 형식으로 제시함
  ㉢ **조작공간** : 학습자가 문제를 조작할 수 있도록 해야 함
    예) 문제를 시뮬레이션의 형태로 제시하여 학습자가 물리적 대상을 조작하도록 함
② **관련 사례** : 프로젝트와 관련된 사례, 문제해결을 위해 참조할 수 있는 관련 경험을 제공함
  ⇨ 관련 사례를 통해 학습자가 문제를 이해할 수 있는 인지 모형(mental model)을 형성하는 것을 돕고 다른 관점과 해석을 제공해 줌으로써 학습자의 인지적 유연성을 기를 수 있음
③ **정보자원** : 학습자에게 문제해결에 필요한 정보를 다양한 형태로 시기적절하게 제공함
  예) 텍스트, 그래픽, 음성자원, 비디오, 애니메이션 등
④ **인지적 도구** : 학습자들이 생각을 시각화하거나 조직하는 것을 도와주기 위해 개발된 컴퓨터 소프트웨어 등을 의미함
  예) 시각화 도구, 모델링 도구, 수행지원 도구, 검색 도구 등을 제공함
⑤ **대화·협력도구** : 의사소통 도구 등 학생이 동료 학습자들과 협력할 수 있는 도구를 지원함
  예) 토론 게시판, 채팅 도구, 공동작업문서 등
⑥ **사회적·맥락적 지원** : 구성주의 학습환경을 성공적으로 실행하기 위해 고려해야 하는 환경적 요소. 성공적인 학습과 실행이 가능하도록 물리적·조직적·문화적 측면 등 맥락적 요인을 확인하고 지원함
  예) 사전 오리엔테이션

3 구성주의 학습환경의 교수·학습활동

① **교수활동(= 교수자 활동/교수자 역할)** ☆ : 모델링, 코칭, 스캐폴딩
② **학습활동(= 학습자 활동/학습자 역할)** ☆ : 명료화, 반추, 탐색

Theme 39 기출 CHECK!

논술 기출 CHECK

다음은 ○○ 고등학교에서 경력 교사와 신임 교사가 나눈 대화의 일부이다. 이 내용을 읽고 '변화하는 환경에서 교육의 기본에 충실한 교사'라는 주제로, 구성주의 학습환경을 조나센(D. Jonassen)의 모형에 따라 설계할 때, 경력 교사가 언급한 '문제'의 특성과 역할 각각 1가지, 모델링 이외의 교사의 지원 활동 사례 2가지를 제시하시오. ● 25 중등

신임 교사: 예, 알겠습니다. 또한, 저는 수업 측면에서 학생의 주도적 역할을 강조하는 최근 경향에 따라 구성주의 학습환경을 조성하고자 하였습니다.
경력 교사: 그러한 학습환경을 설계할 때 선생님께서는 어떤 점을 고려하셨나요?
신임 교사: 저는 구성주의 학습환경을 설계하면서, 수업에서 어떤 문제를 다루어야 할지 생각했습니다. 또한, 학생이 잘하지 못하는 경우에는 제가 직접 시범을 보여 주기도 했으나, 학생 주도적인 학습환경이라는 측면에서 가급적 개입하지 않으려고 했습니다.
경력 교사: 그러셨군요. 그런데 구성주의 학습환경에서는 그 환경에 적합한 특성을 갖춘 문제를 선정해야 하고, 그 문제가 전체 학습 과정에서 어떤 역할을 하는지 생각해야 합니다. 또한, 학습 과정에서 교사는 필요하다면 시범 이외에 다른 지원 활동도 해야 합니다.

'2015 개정 교육과정의 실질적 구현 방안'이라는 주제로 단위 학교 차원에서의 학생 참여 중심 수업 운영에 대하여 논할 때, C 교사가 실행하려는 구성주의 학습 활동을 위한 학습 지원 도구·자원과 교수활동을 각각 2가지씩 제시하시오. ● 17 중등

C 교사는 학생 참여 중심의 교수·학습을 준비하기 위해서 교사 연수 프로그램에 참여하고 있다고 말했다. "저는 구성주의 학습환경 설계에 관한 연수에 참여하고 있습니다. 문제 중심이나 프로젝트 중심의 학습 활동을 실행하기 위해서는 적합한 학습 지원 도구나 자원을 학생들에게 제공해야 한다는 것을 알게 되었고, 학습 활동 중에 교사가 수행해야 할 역할에 대해서도 이해하게 되었습니다."

01 조나센(D. Jonassen)의 구성주의 학습환경 설계 모형에 근거하여 박 교사가 프로젝트 수업을 위해 웹사이트를 제작하고자 한다.

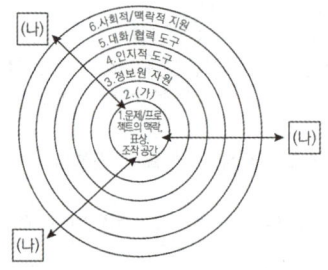

01-1 설계 요소로서 (가)에 가장 적합한 것은? ● 12 중등 변형
① 용어집 ② 학습계획서 ③ 성찰하기 도구
④ 개념도 그리기 도구 ⑤ 프로젝트와 관련된 사례

01-2 (나)에 들어갈 교수자의 교수 활동에 해당하지 <u>않는</u> 것은? ● 08 중등 변형
① 코칭(coaching) ② 통찰(insight) ③ 모델링(modeling) ④ 비계설정(scaffolding)

정답 01-1 ⑤   01-2 ②

Theme 40 4C/ID(Four-Component Instructional Design) 모형

1 개념 및 특징

① **개념**: 복잡하고 비구조화된 실제적 과제를 통한 문제해결력 향상을 위한 교수설계모형
② **목적**: 실제적 문제해결을 위한 복잡한 인지기능을 개발하기 위함
  ㉠ 복잡하고 복합적인 인지기능을 발달시키기 위한 장기적인 훈련프로그램이나 실질적 학습방법을 개발하기 위해 고안됨
  ㉡ 학습자가 지식을 실제적 문제에 적용하지 못하는 현상과 자기주도적 학습을 수행하지 못하는 현상을 해결하고자 하였음
  ㉢ 전체 과제의 수행과 복잡한 인지기능의 학습에 초점을 맞추며, 실제 상황에 전이 가능하도록 총체적 설계(holistic design) 접근을 취하고 있음
  ㉣ 과제와 정보의 제시방식과 유형, 시기의 조절을 통해 학습자들이 과제를 진행하는 동안 복잡한 인지기능 및 메타인지기능을 습득할 수 있도록 함
③ **특징**
  ㉠ 학습과제를 난이도에 따라 계열화함
  ㉡ 학습과제를 실제 환경 혹은 시뮬레이션 환경에서 수행함
  ㉢ 학습과제 수행 초기에는 스캐폴딩을 제공하다가 점차 없애나감
  ㉣ 학습과제의 복잡성을 점차 늘려가면서 추가적인 내적·외적 지원정보를 제공함

★ 4C/ID 모형의 개념, 목적, 특징, 구성요소

2 구성요소

① **학습과제(learning task)**: 단순한 수준에서 현실적 문제를 해결하는 복잡한 수준에 이르기까지 다양하게 구성함
  ㉠ 나선형 교육과정의 개념 채택 ⇨ 난이도에 따라 학습과제를 계열화
  ㉡ 부분과제의 수행 ⇨ 전체과제 수행에 도움이 되도록 함
  ㉢ 학습과제는 실제적 환경이나 시뮬레이션 환경에서 제공해야 함
  ㉣ 스캐폴딩 또는 안내가 제시되어야 함
② **지원적 정보(supportive information)**: 문제해결에 필요한 일반적, 추상적인 지식에 대한 정보
  ㉠ 문제해결을 위한 선언적 지식 형태의 학습 지원이며, 학습과제의 영역이나 학습 과제에 대한 접근법 (예 전문가 모델링, 인지적 피드백)을 포함
  ㉡ 학습 정교화에 중점을 두며 과제와의 연관성도 고려하여 제공함 ⇨ 학급별로 지원정보의 복잡성 혹은 난이도가 달라질 수 있음
  ㉢ 지원적 정보는 하이퍼텍스트를 활용한 형태로 제공되는 편
  ㉣ 수업 전 또는 수업 중에 제공될 수 있음
③ **절차적 정보(procedural information)**: 문제해결에 필요한 순환적·절차적 지식에 대한 정보
  ㉠ 반복연습, 적시생산정보 등 포함
  ㉡ 활동지(워크시트), 웹기반 멀티미디어 학습 콘텐츠로 제공 가능함
④ **부분과제 연습(part-task practice)**: 학습과제와 관련된 특정 기능을 자동화하기 위한 목적에서 제시됨
  ㉠ 일반적으로 수업이 종료된 후 숙제로 제시되는 경우가 많음(자동화를 위해 요구되는 반복연습이 충분하지 않을 때만 제시되는 것이 바람직함)
  ㉡ 인지기능 및 능력 강화에 초점을 두고 설계되어야 함
  ㉢ 전체 과제에 대한 인지적 맥락 안에서만 제공되어야 함

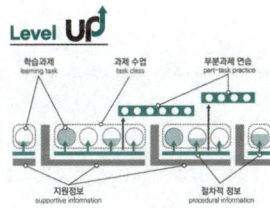

[그림 2-11] 4C/ID 모형의 4가지 요소

Theme 40 기출 CHECK!

*해당 테마는 기출문제가 없어 '확인문제'를 수록하였습니다.

01 다음 빈칸에 들어갈 단어를 쓰시오.

● 확인문제

> 4C/ID모형은 복잡하고 비구조화된 실제적 과제를 통한 문제해결력 향상을 위한 교수설계모형으로, 다음의 4가지 요소로 구성되어 있다. 첫째, (A)(으)로, 난이도에 따라 (A)을/를 계열화하여 구성하는 것이 필요하다. 둘째, (B)(으)로 이는 문제해결에 필요한 일반적, 추상적인 지식에 대한 정보를 의미한다. 문제해결을 위한 선언적 지식 형태의 학습 지원으로, 학습과제의 영역이나 학습 과제에 대한 접근법을 포함한다. 셋째, (C)(으)로 문제해결에 필요한 순환적·절차적 지식에 대한 정보를 의미한다. 넷째, (D)(으)로, 학습과제와 관련된 특정 기능을 자동화하기 위한 목적에서 제시된다.

- A : _____
- B : _____
- C : _____
- D : _____

정답 01 A-학습과제 / B-지원적 정보 / C-절차적 정보 / D-부분과제 연습

Theme 41 라브(Lave)와 웽거(Wenger)의 상황학습

기출 07 중등, 02 초등

1 상황학습(situated learning) ☆
실제적인 과제(authentic tasks)를 실제 사용되는 맥락(authentic context)과 함께 제시하여 지식이 일상생활에 적용·전이되도록 하는 교수방법

2 특징
① 테크놀로지를 이용하여 실제 상황과 유사한 환경을 제공하고, 학습자는 실제 맥락 속에서 문제를 발견하며, 이를 해결하면서 유용한 지식을 학습함
② 지식이나 기능은 실제적인 과제해결을 위해 유의미한 맥락 안에서 제공되며, 추상적이고 일반적인 형태가 아니라 과제해결을 위한 구체적 도구로서 역할을 함
③ 전문가처럼 실제 문제해결상황에 참여할 수 있도록 전문가의 수행과 사고과정을 반영함
④ 과제 ☆
   ㉠ 실제 생활에서 사용되는 실제적인 과제
   ㉡ 교과 간 통합적 과제나 문제
   ㉢ 포괄적이고 간학문적이며 복잡한 구조를 가짐
⑤ 과제 제시 방법 ☆ : 테크놀로지를 이용하여 지식이나 기능이 사용되는 상황 혹은 맥락과 함께 제시
   ㉠ 미시적 수준 : 주제에 관한 다양한 작은 사례나 맥락을 제공함
   ㉡ 거시적 수준 : 여러 관점에서 해석될 수 있는 충분히 복잡한 맥락을 제공함
⑥ 평가 ☆
   ㉠ 실제적인 지식과 기능을 평가하는 실제적인 평가
   ㉡ 학습에 통합되어야 하고, 문제해결의 다양성과 다양한 시각을 반영한 측정기준이 있어야 함
   ㉢ 문제해결과정이 강조되어야 함
   ㉣ 학습자 스스로 평가 문제를 만들어 내도록 요구할 수 있으며, 학습자 스스로 이해한 정도를 평가할 수도 있음
⑦ 교사의 역할 ☆
   ㉠ 인지적 코치, 전문가로서 과제를 수행하며 인지적 전략을 시연할 수 있음
   ㉡ 학습자의 문제해결과정을 코칭하고 스캐폴딩을 제공하는 학습촉진자의 역할을 함
⑧ 학습자의 역할 ☆ : 협동학습을 통해 의미를 공유하고, 자신의 아이디어를 반성·명료화하는 주도적 역할

3 상황학습에서 학습이 발생하는 과정
① '실천공동체(community of practice)'의 '정당한 주변적 참여(legitimate peripheral participation)'로부터 핵심적인 구성원이 되어가는 과정에서 이루어짐
② 학습자가 학습의 주변적 참여자로서 전체 과정을 관찰하고, 전체 그림을 이해하면서 기존 경험이 있는 구성원들에게 지속적인 피드백을 받으면 점차 공동체의 중심 구성원으로 활동할 수 있게 됨

출제 Pick!
☆ 상황학습의 개념
☆ 상황학습의 과제·평가의 특징, 과제 제시 방법, 교사와 학습자의 역할, 설계 주안점
☆ 상황학습에서 학습이 발생하는 과정
☆ 실천공동체와 정당한 주변적 참여의 개념

Level Up
실천공동체와 정당한 주변적 참여 ☆
1. **실천공동체**
   자신의 일에 대한 열정을 공유하고, 정기적으로 상호작용하여 그것을 더 잘하는 방법을 배우려는 사람들의 모임
2. **정당한 주변적 참여**
   학습의 주변 참여자로서 주로 관찰을 통해 학습을 시작하는 것

Level Up
상황학습 설계의 주안점
1. **학습자중심의 협동학습** : 자신보다 나은 모둠원과의 상호작용을 통해 주변 학습자에서 중심 학습자로 성장할 수 있도록 함
2. **맥락화된 실제적 과제** : 실제적 활동은 상황화된 인지의 핵심적인 부분으로 실제 삶과 연관되고 목적이 있는 실제적 활동이 제시되어야 함
3. **피드백 과정** : 교사와 동료 학습자들이 학습자의 수행을 관찰하고 관찰 결과를 제공해야 함 ➡ 학습자는 자신이 사고한 절차를 전문가나 다른 학습자와 비교하고 반성적으로 성찰할 수 있게 됨

Theme 41 기출 CHECK!

01 상황학습(situated learning)에 대한 설명으로 적절하지 <u>않은</u> 것은? ● 07 중등
① 상황학습에서 활용되는 평가방법에는 포트폴리오(portfolio) 평가가 있다.
② 상황학습은 실제적인 문제를 포함하는 환경에서 이루어지는 문화적응과정이다.
③ 실행공동체(community of practice)와 정당한 주변적 참여(legitimate peripheral participation)는 상황학습의 주요 개념이다.
④ 상황학습환경을 설계할 때 학습자 간의 상호작용은 최소화하고 교사가 개별 학습자에게 선정된 학습내용을 지속적으로 전달할 수 있도록 해야 한다.

02 상황학습이론(situated learning theory)을 적용한 수업 방법과 가장 거리가 먼 것은? ● 02 초등
① 교과 간 통합적 과제나 문제를 제시한다.
② 매체를 활용하여 구체적 사례들을 다양하게 제시한다.
③ 지식이나 기능이 사용되는 구체적 맥락을 제시한다.
④ 복잡한 지식과 기능은 되도록 단순화하여 명료하게 제시한다.

정답 01 ④   02 ④

Theme 42 정착식 교수 (= 상황정착 수업, 정황학습)

기출
20 중등, 12 초등, 09 초등, 07 초등, 06 초등

1 개념 및 특징 ☆

① 상황학습을 적용한 구체적인 교수모형
② 인지적 도제제도와 실천공동체를 통한 상황학습처럼 학생의 상황과 학습 상황을 맥락적으로 연결시키는 것을 강조함 ⇨ 상황학습의 기본 원리를 따르나 전문가적 상황보다는 **일상적 상황**을 통해 학습 상황을 제공하고자 함
③ '앵커(anchored)'란 **실제적 장면 또는 거시적 맥락**을 의미함 ⇨ 장편적이고 복선적으로 배열된 맥락적 상황 제공 ⇨ 장편적 맥락의 학습에 닻을 내리고 **복잡한 상황 속에서 존재하는 다양한 맥락**을 장기간 경험하도록 함
④ 비디오 매체 등과 같은 **멀티미디어 수업매체**를 활용하여 현장감 있는 실제 문제상황을 학습자에게 제시하고, 학습자가 이러한 문제를 능동적으로 해결해나가면서 학습하게 함 ⇨ 일반적 상황학습과의 차이점

출제 Pick!
☆ 정착식 교수의 개념, 특징

2 사례 – 밴더빌트 대학의 재스퍼 프로그램

① 밴더빌트 대학의 인지공학 연구그룹은 정착식 교수법 이론을 적용하여 비디오디스크 형태의 교수 프로그램인 '재스퍼 프로그램'을 개발함
② 초등학교 5~6학년인 재스퍼와 그의 동료들이 15~20분 동안 모험을 하며 다양한 문제를 맞닥뜨리고, 이 문제를 해결하면서 수학·과학 영역의 다양한 지식을 학습함
③ 수학·과학적 개념이 활용되는 실제적 과제가 이야기식으로 전개되고, 문제해결을 위한 의미 있는 상황이 제시되며, 다양한 자료들이 이야기 속에 함축되어 나타남

Theme 42 기출 CHECK!

논술 기출 CHECK

C 교사의 의견에서 제시된 토의식 수업을 설계할 때 활용할 수 있는 정착수업 원리 2가지, 위키를 활용할 때 발생할 수 있는 문제점 2가지를 논하시오.
● 20 중등

C 교사 의견
- 토의식 수업이 활발하게 이루어지기 위해서는 수업방법과 학습도구도 달라져야 함
- 수업방법 측면에서는 학생이 함께 다양한 관점에서 문제를 탐색하며 해답을 찾아가는 데 있어서 정착식 수업(anchored instruction)을 활용할 수 있음
- 학습도구 측면에서는 학생이 상호 협력하여 지식을 생성하기 위해 인터넷에서 수집한 정보를 공유하고, 공동으로 수정, 추가 편집하는 데 위키(wiki)를 이용할 수 있음(᎒ 위키피디아 등) – 단, 위키를 활용할 때 발생할 수 있는 문제점에 유의해야 함

01 박 교사가 수업에 적용한 이론으로 가장 적절한 것은?
● 12 초등

박 교사는 수학 교과는 실제적인 맥락에서 학습되어야 한다고 생각한다. 그래서 그는 수학 교과의 내용을 적용하여 실제적인 문제를 해결해 가는 이야기를 담은 동영상을 제작하고 이를 수업 시간에 제시하였다. 문제가 발생되는 장면에서 동영상을 멈추고 학생들에게 이야기 속에 암시된 여러 단서들을 찾아 스스로 문제를 해결해 보도록 하였다. 그런 다음 멈추었던 동영상을 다시 틀어 문제가 해결되는 과정을 보여 주었다.

① 이중부호화 이론　② 상황정착 수업 이론　③ 인지유연성 이론　④ 내용요소전시 이론　⑤ 정교화 수업 이론

02 다음 수업모형들의 공통점은?
● 09 초등

- 상황정착 수업(anchored instruction)　• 문제중심 학습(PBL)　• 인지적 유연성 이론(cognitive flexibility theory)

① 수업의 목적은 명제적 지식을 획득하는 데 있다.
② 학습자 평가는 준거참조평가보다는 규준참조평가가 적절하다.
③ 지식이 사용되는 구체적 맥락을 제공하는 것이 수업에서 중요하다.
④ 수업의 목표는 관찰 가능한 행위동사를 사용하여 분명하게 기술한다.
⑤ 지식은 개별적인 것이므로 협동학습보다는 개별학습이 바람직하다.

03 다음의 설명과 가장 가까운 교수·학습 모형은?
● 07 초등 + 06 초등 변형

- 읽기 능력이 낮은 학생들에게 효과적인 방법이다.
- 실제 상황과 관련한 흥미로운 문제해결이 중심이 된다.
- '일반적인 문제해결 전략은 없다.'는 입장에 부합하는 접근이다.
- 문제를 해결하기 위하여 학생들 간의 협력을 필요로 한다.
- 실제 상황을 모사한 영상매체의 이야기를 통해 수학문제를 제시한다.
- 구체적인 내용과 실제적인 맥락을 중시하는 학습형태이다.

① 정황학습　② 위계 학습　③ 디자인 중심 학습　④ 프로그램 학습　⑤ 완전학습

정답 01 ②　02 ③　03 ①

Theme 43 콜린스(Collins)의 인지적 도제학습

기출: 11 초등, 09 중등, 07 초등, 03 중등

1 개념
① 학습자가 지식이 적용되고 전문가가 활동하는 실제적 상황을 관찰하고, 전문가의 도움을 받으며 학습한 내용을 내면화하고 확립하도록 하는 교수법
② 도제교육
  ㉠ 한 분야의 전문가가 되기 위해 그 분야의 전문가에게 직접 배우면서 지식·기능·태도를 전수받는 교육의 형태
  ㉡ 인지적 도제학습에서 '학습'이란 학습자가 특정 분야의 전문가가 지닌 지식과 사고과정을 학습하는 것을 의미함

2 특징
① 학습의 실제적 맥락의 중요성을 강조
② 학습자는 한 분야의 전문가들이 공유하는 문화에 점진적으로 동참하며 학습함
③ 학습자는 단순한 지식 습득뿐만 아니라 전문가들의 사고과정, 즉 메타인지적 기술을 학습함

3 교수절차

교수자의 역할		학습자의 역할	
모델링	문제 상황이 제시되면 전문가는 문제를 해결하는 과정을 시범보이고, 학습자는 관찰을 통하여 문제해결을 위한 지식과 전략을 확인하고 이해함	명료화	학생은 자신이 학습한 지식, 기능, 문제해결 과정 등을 말 또는 글로 명료하게 표현해 봄
코칭	전문가는 학생이 스스로 과제를 수행해 보도록 하고, 그 과정을 관찰하며 학생이 문제를 잘 해결할 수 있도록 피드백을 제공함	반성적 사고	학생은 자신의 과제수행을 전문가나 동료 학습자의 문제해결 과정과 비교하고 반성적으로 되돌아봄
스캐폴딩	학생의 근접발달영역(ZPD)을 고려하여 학생이 현재 수준에서 그보다 상위 수준으로 도달할 수 있도록 단서, 힌트, 모델링 등을 제공하며, 학습자의 수준이 향상됨에 따라 스캐폴딩을 점진적으로 감소시킴	탐색	학생은 교사의 지원 없이 자신의 방법으로 문제를 직접 해결하기 위해 가설을 설정하고 검증하며, 학습한 지식과 기능을 다른 과제에 새로운 방식으로 활용할 수 있게 함

출제 Pick!
☆ 인지적 도제학습의 개념, 특징, 교수절차

설쌤의 팁
두문자로 외우자♪
• 교수자의 역할: 모델링, 코칭, 스캐폴딩
  ➡ 오코스
• 학습자의 역할: 명료화, 반성적 사고, 탐색
  ➡ 명반탐

Theme 43 기출 CHECK!

01 인터넷을 활용한 인지적 도제 수업을 설계하고자 할 때 (가)에 가장 적합한 수업활동은? ● 11 초등

> (가) – 코칭 – 스캐폴딩 – 명료화 – 성찰 – 탐색

① 학생들에게 문제 해결 과정을 블로그에 스스로 정리하게 한다.
② 학생들에게 과제 수행에 필요한 자료를 인터넷으로 조사하게 한다.
③ 학생들에게 과제 수행 과정에 대한 UCC를 제작하여 수업게시판에 올리게 한다.
④ 전문가의 과제 수행 과정이 담긴 동영상을 인터넷에서 찾아 학생들에게 보여준다.
⑤ 과제 수행 중 문제에 봉착한 학생들에게 문제 해결의 단서를 트위터를 통해 제공한다.

02 다음은 인지적 도제 모형에 기초한 수업단계의 일부이다. 단계별 수업활동에 관한 설명으로 옳지 <u>않은</u> 것은? ● 09 중등

> • 1단계 : 실제적인 문제해결 과제 제시
> • 2단계 : 시범 제공
> • 3단계 : 코칭과 지원 제공
> • 4단계 : 동료 학생들과의 협력 지도
> • 5단계 : 일반적 원리로 초점을 옮겨가도록 지도

	단계	관련 설명
①	1단계	학생들이 자신의 삶에 활용할 수 있는 지식을 구성해 나가는 데 도움이 되는 실제적인 문제를 제시한다.
②	2단계	학생들이 스스로 문제를 해결하도록 교사는 문제를 풀어 나가는 자신의 사고 과정에 대한 설명 없이 시범을 보인다.
③	3단계	수업 후반부로 갈수록 도움을 점차 감소시켜 학생들 스스로 과제를 수행하는 능력을 길러 나가도록 한다.
④	4단계	협력학습의 과정에서 학생들이 해당 분야의 용어와 사고방식에 익숙해지는 문화적 적응의 기회를 갖게 한다.
⑤	5단계	학생들이 특정 상황을 넘어 관련된 다른 상황에 적용할 수 있는 보편적 지식을 습득하게 한다.

03 인지적 도제(cognitive apprenticeship) 수업에서 활용되는 수업 전략과 가장 거리가 먼 것은? ● 07 초등

① 해독(decoding)   ② 코칭(coaching)   ③ 시범(modeling)   ④ 점진적 도움 중지(fading)

04 다음은 인터넷을 이용한 원격교육 사례이다. 적용된 학습유형을 가장 바르게 연결한 것은? ● 03 중등

> 학생들은 스스로 탐구할 주제를 찾는다(A). 학생들은 이메일이나 인터넷 토론방을 통해 과학자들로부터 과제에 대한 피드백과 지도를 지속적으로 받으면서 실제적인 과학 탐구 경험을 점차적으로 쌓는다(B). 학생들은 과학자들의 도움을 받아 학습 결과물을 산출하며, 과학자들은 그 결과물을 연구 자료로 활용한다(C).

	A	B	C
①	탐구학습	인지적 도제학습	협력학습
②	탐구학습	사례 중심학습	순차학습
③	문제 해결학습	순차학습	협력학습
④	문제 해결학습	발견학습	탐구학습

정답 01 ④   02 ②   03 ①   04 ①

Theme 44 스피로(Spiro)의 인지적 유연성 이론

기출
11 초등, 09 중등, 09 초등, 07 초등, 06 초등, 03 중등

출제 Pick!
☆ 인지적 유연성 이론의 개념, 특징, 교수전략

1 개념 ☆
① 구체적인 맥락 속에서 활용되는 다양한 소규모 예시를 사용할 경우, 학생은 비순차적이고 비정형화된 지식 구조를 통해 다차원적인 지식을 구성하도록 하는 교수법
② **인지적 유연성** ☆ : 여러 지식의 범주를 넘나들면서 지식을 상황적 요구에 맞게 새롭게 종합하고 구성해 내는 능력

2 전제
① 지식은 다차원적이고 매우 복잡한 개념으로 형성되어 있음
② 복잡하고 다원적인 개념의 지식을 제대로 재현해 내기 위해서는 다양한 관점과 입장에서 지식을 조망하고, 상황 의존적인 스키마의 연합체를 형성하는 것이 중요함
③ 상황학습 접근법을 기반으로 실제적·구체적인 맥락 속의 지식에 주목함
④ 맥락을 벗어난 지식은 지나친 단순화와 일반화의 오류에 빠지기 쉬움
   ⇨ 지식을 단순화·세분화·일반화하여 가르치는 것을 지양함
⑤ 영화 등 하이퍼미디어를 활용하는 것이 학습에 효과적임

3 특징 ☆
① 지식을 단순화·세분화·일반화하여 가르치는 것을 지양함
② 학습자가 지식의 다양한 측면을 비순차적인 임의의 경로를 통해 탐색하도록 만드는 학습환경(임의적 접근학습, random access)을 제안함
③ 지식이 구체적인 맥락 속에서 활용되는 다양한 소규모 예시가 사용됨
   ⇨ 실제 사례를 '있는 그대로' 학습하도록 함
   예 해당 개념이 각기 다른 관점에서 여러 사례에 적용된 1분 안팎의 동영상 5~6개
④ 정보를 다차원적이고 비순차적으로 탐색할 수 있는 하이퍼텍스트 미디어를 활용함
⑤ 학습자는 비정형화된 지식구조를 통해 비규칙적인 고급지식들을 접하게 됨

4 교수전략
① 주제 중심으로 학습함
② 학습자들이 충분히 다룰 수 있는 정도의 복잡성을 지닌 과제로 작게 세분화함
③ 다양한 소규모의 예들을 제시함

Theme 44 기출 CHECK!

01 웹 기반 학습에 관한 다음의 대화에서 두 교사가 활용한 교수·학습 전략을 바르게 짝지은 것은? ● 11 초등

> 김 교사: 복잡한 개념을 가르치기 위해 다양한 관점을 보여주는 여러 사례들을 모은 웹사이트를 만들었어요. 그래서 학생들이 비계열적 방식으로 자유롭게 사례들을 찾아다니며 그 개념을 이해할 수 있도록 했어요.
>
> 박 교사: 글쎄요, 그럴 경우 학생들이 방향감을 상실할 수도 있지 않을까요? 그래서 저는 학생들이 웹상의 정보를 탐색할 때마다 스스로 목표를 정하여 학습하게 하고, 그 후에는 정보 탐색 활동에 대한 기록과 점검을 통해 자기평가를 수행하도록 했어요.

	김 교사	박 교사
①	정착(anchored) 수업	순차식 – 발견식 수업
②	분지형(branching) 프로그램	자기조절 학습
③	분지형 프로그램	정착 수업
④	인지적 유연성(flexibility)이론	자기조절 학습
⑤	인지적 유연성이론	순차식 – 발견식 수업

02 학생들에게 복잡하고 비구조화된 개념을 가르치기 위하여, 스피로(R. Spiro)의 인지적 유연성이론에 기초하여 개발된 동영상 수업 자료를 활용하고자 한다. 이때 수업시간에 보여줄 동영상 형태로 가장 적합한 것은? ● 09 중등

① 해당 개념에 대한 강의를 5분 단위로 자른 동영상 5~6개
② 해당 개념이 한 가지 관점에서 한 사례에 적용된 5분 안팎의 동영상 1개
③ 해당 개념이 한 가지 관점에서 한 사례에 적용된 20분 안팎의 동영상 1개
④ 해당 개념에 대한 강의에 시각자료를 포함한 20분 안팎의 동영상 1개
⑤ 해당 개념이 각기 다른 관점에서 여러 사례에 적용된 1분 안팎의 동영상 5~6개

정답 01 ④ 02 ⑤

03 다음 수업 모형들의 공통점으로 옳은 것은? ●09 초등

- 상황정착 수업(anchored instruction)
- 문제중심 학습(problem-based learning)
- 인지유연성 학습(cognitive flexibility)

① 수업의 목적은 명제적 지식을 획득하는 데 있다.
② 학습자 평가는 준거참조평가보다는 규준참조평가가 적절하다.
③ 지식이 사용되는 구체적 맥락을 제공하는 것이 수업에서 중요하다.
④ 수업의 목표는 관찰 가능한 행위동사를 사용하여 분명하게 기술한다.
⑤ 지식은 개별적인 것이므로 협동학습보다는 개별학습이 바람직하다.

04 인지적 유연성(cognitive flexibility)이론을 적용한 하이퍼텍스트에 대한 설명으로 가장 적절한 것은? ●07 초등

① 교사 주도의 수업에 주로 활용된다.
② 수학과 같은 구조화된 교과 영역에 특히 적합하다.
③ 학습경로를 사전에 계열화하는 것이 매우 중요하다.
④ 다양하고 구체적인 사례들이 내용의 주된 구성요소이다.

정답 03 ③   04 ④

05 다음의 진술과 가장 관계가 깊은 개념은?
• 06 초등

- 실제 사례를 '있는 그대로' 학습하도록 한다.
- 영화 등 하이퍼미디어를 활용하는 것이 효과적이다.
- 맥락을 벗어난 지식은 지나친 단순화와 일반화의 오류에 빠지기 쉽다.
- 동일한 자료를 다른 시기에 다른 목적과 관점으로 검토함으로써 다양한 차원에서 지식을 이해하게 한다.

① 인지적 유연성   ② 수단-목표분석   ③ 일반화된 문제 해결   ④ 지식의 위계 구조

06 다음과 가장 관련 깊은 이론은?
• 03 중등

- 대부분의 지식은 복잡하고 다원적인 개념으로 형성되어 있다.
- 지식을 단순화·구조화하여 제시하는 것은 고차적 지식 습득을 오히려 방해한다.
- 지식의 전이는 지식을 단순히 기억해내는 것이 아니라 즉각적으로 재구성하는 것이다.
- 적용 사례들을 제시해 줌으로써 다양한 형태의 지식을 다각도로 체험하게 한다.

① 정교화 이론(elaboration theory)
② 신경망 이론(neural network theory)
③ 내용요소 제시이론(component display theory)
④ 인지적 융통성이론(cognitive flexibility theory)

정답 05 ① 06 ④

Theme 45. 섕크(Schank)의 목표기반 시나리오 (GBS; Goal-Based Scenarios)

기출 13 중등

1 개념 ☆
실제적 맥락과 사례 속에서 학생들이 맡은 과제 및 역할을 수행해 가는 과정을 통해 추론능력, 의사소통능력, 합리적 사고능력 등과 같은 학습목표를 달성하도록 하는 시나리오 기반 교수·학습방법

출제 Pick!
☆ 목표기반 시나리오의 개념, 장점, 절차
☆ 목표기반 시나리오에서의 미션, 커버스토리, 역할의 개념

2 장점(특징) ☆
① **목적지향성**: 분명한 목표로 방향 인식, 동기부여, 지식 습득, 기술훈련, 과정 경험을 촉진함
② **학습자중심**: 학습자에게 학습순서나 교재 선택 등에 있어 자율권이 부여됨
③ **사례중심**: 의미 있는 실제 사례 중심
④ **기술훈련 중심**: 지식 주입이 아닌 문제해결 위한 기술훈련을 실제 상황하에서 하게 됨
⑤ 역할을 통한 학습 예 모의 법정
⑥ 실제적 과제(authentic task)를 해결하는 과정에서 복잡한 학습환경에 내재되어 있는 지식과 기능을 획득할 수 있도록 하고, 학습자의 능동적 참여활동과 협동학습이 강조됨
⑦ 가상의 시나리오 속에 학습에 필요한 정보들을 배치시키고, 학습자로 하여금 시나리오 속에서 역할을 맡아 모종의 임무를 수행하게 함으로써 그 과정 속에서 목표로 하는 지식과 기술을 습득할 수 있음

3 단계

구분	내용
핵심기술 도출 및 목표 설정	• **핵심기술**: 교수자가 가르치고자 하는 지식과 기술 • 학습자들이 핵심기술을 제대로 학습할 수 있도록 핵심기술 달성 목표를 중심으로 설계
미션 설정 ☆	• 학습자들이 설정된 목표를 성취하고자 수행해야 하는 미션 및 과제 개발
커버스토리 (표지이야기) 개발 ☆	• 학습자들이 미션을 달성하고자 하는 것을 전제로 하여 목표 달성을 위해 수행할 미션을 이야기 형식으로 설명하는 것 • 학습자들이 취해야 할 행동이 발생하는 장면을 구체화시킴으로써 전체적인 맥락, 조건, 상황 등을 설정함 • 학습자가 미션에 대한 이해를 충실하게 하고 미션 수행에 필요한 상세한 정보를 제공함 • 사실적이고 흥미로운 이야기 전개로 학습동기를 유발하는 역할을 함 • 학습자와 관련성이 있고 실제적이어야 함
역할 개발 ☆	• **역할**: 학습자들이 커버스토리 내에서 맡게 되는 인물로, 역할에 따라 미션을 수행하게 됨 • 어떤 역할이 필요한 지식과 기술을 연습하여 목표를 가장 잘 수행할 수 있도록 하는가에 중점을 두고 역할을 개발함
시나리오 운영 설계	• 학습자들이 미션을 수행하는 모든 구체적인 활동을 설계함 • 목표 및 미션과 긴밀히 연결되어야 함
학습자원 개발	• 학습자가 미션 수행하는 데 필요한 정보는 학습자원의 형태로 잘 조직되고 접근이 용이하도록 해야 하며 적시에 제공해야 함 • 인터넷 사이트, 논문, 비디오클립, 전문가 등이 학습자원에 속하며 이야기 형식으로 제공됨 • 학습자원 개발은 시나리오 운영 설계 단계에서 병행하여 수행되기도 함
피드백 제공	• 미션 수행 중 취해진 행동 결과에 대한 피드백, 학습자를 돕는 조언 등의 코칭 • 전문가들이 실제 미션을 수행할 때 겪게 되는 경험에 대한 간접적인 체험의 형태 등으로 제공

Theme 45 기출 CHECK!

01 생크(R. Schank)의 '목표기반 시나리오(Goal – Based Scenarios)'에 따라 멀티미디어 수업 프로그램을 설계하였다. 이 프로그램의 학습목표와 학습자의 임무(mission)는 다음과 같다. '표지 이야기(cover story)'에 해당하는 내용으로 가장 적절한 것은?

● 13 중등

- **학습목표** : 조선시대 말기 운양호 사건을 둘러싸고 이루어진 정치적 의사결정 과정에 가상적으로 참여하는 경험을 통해 비판적·합리적 사고능력을 기른다.
- **학습자의 임무** : 운양호 사건 당시에 고종의 조정 대신으로 중요한 직책을 맡아 조선의 운명을 긍정적으로 변화시킨다.

① 운양호 사건 발생 당시의 국내외 정치 상황과 주요 인물들을 소개하고, 조정 대신들이 그 사건에 대해 의논하는 장면을 제시한다.
② 학습자가 정책 제안을 할 때마다 고종과 대신들의 반응, 그리고 그로 인한 국내외 정세의 변화를 제시한다.
③ 학습자가 자신에게 부여된 직책을 수행할 때 참고할 수 있는 각종 정보와 문서를 제공한다.
④ 학습자의 정책 제안이 조선의 운명을 긍정적으로 이끄는 데 도움이 되고 있는지에 대한 피드백을 수시로 제공한다.
⑤ 프로그램 종료 시 학습내용과 학습과정에 대해서 성장할 수 있는 기회를 학습자에게 제공한다.

정답 01 ①

Theme 46. 팰린사(Palincsar)와 브라운(Brown)의 상보적 교수(상호적 교수)

 기출
12 초등, 10 중등, 08 중등, 05 중등

1 개념 및 목적 ☆
① 교사와 학습자 간의 역할 교체, 또는 학습자와 학습자 간의 역할 교체를 통해 주어진 글의 내용을 학습하는 교수방법
② 학생과 교사 간, 학생 간의 상보적 도움을 통해 독해 전략 및 독해력을 향상시키기 위한 교수법
③ 학생이 읽은 내용을 깊이 이해하고 생각하도록 도와줌

2 특징 ☆
① 비고츠키의 근접발달영역 이론에 영향을 받음 ⇨ 과제의 난이도와 학생의 능력을 고려함
② 초반에는 교사 주도의 수업이 이루어지다가 점진적으로 학생이 학습의 주도권을 가지게 됨
③ 학생은 소집단에서 번갈아 가며 논의의 주도권을 쥐고 읽기 텍스트에 대해 대화하며, 이때 상보적 교수의 4가지 인지전략을 활용함

3 상보적 교수 인지전략 ☆
① 예측(예견)하기 : 글의 제목, 사진, 삽화, 글의 앞부분 등을 보고 글의 내용을 예측함
② 질문하기 : 중요한 내용을 파악하며 글을 읽어나가며, 글을 읽는 과정에서 중요한 내용을 질문으로 만들어 봄
③ 명료화하기 : 본문에 있는 어려운 단어의 뜻을 알아보기 위해 글을 다시 읽어보고, 이해가 어려운 문맥의 뜻을 파악하며 본문 내용을 점검함
④ 요약하기 : 주요 내용을 서로 질문하고 대답하며, 자신들이 답한 내용을 모아서 요약함

4 교사의 역할
① 학습자의 현재 수준에 맞는 피드백과 조언을 제공함
② 학생이 능동적으로 지식을 구성하도록 교사가 격려함
③ 사회적 상호작용을 통해 학생의 사고발달을 교사가 촉진함
④ 도입 단계에서 교사가 학생에게 인지전략을 설명하고 시범을 보임

출제 Pick!
☆ 상보적 교수의 개념, 목적, 특징
☆ 상보적 교수 인지전략
☆ 상보적 교수에서 교사의 역할

설쌤의 팁
두문자로 외우자♬
• 상보적 교수 인지전략 : 예측하기 – 질문하기 – 명료화하기 – 요약하기
➡ 예질명요

Theme 46 기출 CHECK!

01 다음 내용에 가장 부합하는 교수·학습 방법은? • 12 초등

- 교사는 학생의 역할을 하면서 수업에 참여하기도 한다.
- 교사와 학생이 함께 대화를 주고받는 과정에서 학습이 이루어진다.
- 학생은 교사의 역할을 하면서 교사로서 제기할 질문을 스스로 만들어 본다.
- 예측하기, 질문 만들기, 요약하기, 명료화하기가 수업 활동의 핵심적인 요소가 된다.

① 직접 교수(direct instruction)   ② 협동학습(cooperative learning)   ③ 상보적 학습(reciprocal learning)
④ 유의미학습(meaningful learning)   ⑤ 자원기반 학습(resource-based learning)

02 다음의 교수·학습 방법에서 강조하는 교사의 역할과 가장 거리가 먼 것은? • 10 중등

- 팰린사(A. Palincsar)와 브라운(A. Brown)이 독해력 지도를 위해 제안하였다.
- 교사는 독해력을 지도할 때 질문하기, 요약하기, 명료화하기, 예견하기의 4가지 인지전략을 사용한다.
- 리더 역할은 경우에 따라 교사나 학생이 모두 수행할 수 있다.

① 수업의 처음 단계와 마지막 단계를 교사가 통제한다.   ② 학생에게 현재 수준에 맞는 피드백과 조언을 제공한다.
③ 학생이 능동적으로 지식을 구성하도록 교사가 격려한다.   ④ 사회적 상호작용을 통해 학생의 사고 발달을 교사가 촉진한다.
⑤ 도입 단계에서 교사는 학생에게 인지전략을 설명하고 시범 보인다.

03 다음에서 설명하는 교수·학습 방법은? • 08 중등

- 학생이 읽은 내용을 깊이 이해하고 생각하도록 도와주는 것이 목적이다.
- 학생으로 하여금 자신이 읽은 내용을 요약하고, 의문을 제기하고, 이해가 어려운 부분을 명료화하고, 후속 내용을 예측하게 한다.
- 과제의 난이도와 학생의 능력을 고려하여, 학습의 주도권이 교사로부터 학생에게 점진적으로 옮겨가게 한다.

① 구안법(project method)   ② 상호교수(reciprocal teaching)
③ 발견학습(discovery learning)   ④ 프로그램교수(programmed instruction)

04 다음은 중학교 ○○과 수업지도안의 일부분이다. 이 수업에 적용된 교수·학습 방법은? • 05 중등

학년	3학년		
학습목표	인구 증가와 자원 고갈의 관계에 대해 설명할 수 있다.		
학습자료	읽기자료, 학습장, 필기도구		
단계	교수·학습 활동	시간	자료
도입	인구 증가와 자원 이용에 관한 글 읽기	3′	읽기자료
전개	• 읽은 글의 내용을 학생 각자가 요약하기 • 교사와 학생, 학생과 학생이 번갈아 가며 질문을 만들고 대답하기 • 대답에 근거하여 요약을 명료화하기 • 다음에 이어질 내용을 예측하기	30′	읽기자료

① 팀 티칭(team teaching)   ② 정황학습(anchored learning)
③ 상보적 교수(reciprocal teaching)   ④ 인지적 도제(cognitive apprenticeship)

정답 01 ③ 02 ① 03 ② 04 ③

Theme 47 배로우즈(Barrows)의 문제중심학습 (PBL; Problem-Based Learning)

기출 18 중등, 13 중등, 11 초등, 09 7급, 08 중등, 07 초등, 06 중등, 05 중등, 05 초등, 01 초등

1 개념 ☆
학생이 주어진 문제를 해결하는 과정에서 학습이 이루어지는 학습자중심의 교수·학습모형

2 특징 ☆
① 학생은 그룹활동을 중심으로 문제를 해결하며, 협력기술을 기르고 다양한 시각과 접근방법을 익힘
② 학생이 문제해결의 주체가 되는 학습자중심의 학습환경
③ 소그룹을 통한 협동학습과 자기주도적 학습을 병행

3 교사의 역할 ☆
① **교육과정 설계자**: 문제 설계, 학습자원 준비 및 계획, 학습자 집단 조직, 평가 준비를 수행
② **촉진자**: 학생의 학습과정에서 적당한 긴장감을 제공
③ **안내자**: 학생에게 일반적인 관점이나 새로운 관점을 제공
④ **평가자**: 학생에게 피드백을 제공
⑤ **전문가**: 지식의 중요성을 밝힘

4 과제의 성격 ☆

(1) 비구조화
① 문제 상황이나 요소가 분명하게 정의되어 있지 않기 때문에 학습자가 스스로 문제를 이해하고 정의해야 함
  ⇨ 학습자의 추가적인 조사와 탐구가 필요함
② 하나의 정답이 존재하는 것이 아니라 학습자에 따라서 상이한 학습주제와 해결책이 도출될 수 있음
  ⇨ 다양한 의견 간의 토의와 명료화가 중시됨

(2) 실제성
실세계에 존재하는 진짜 문제로, 문제를 해결하기 위해 관련 지식과 기능을 사용해야 함

(3) 관련성
학습자의 발달단계에 적합한 문제로, 학생이 자신의 삶에 있어 관련성을 가진다는 점에서 중요한 것으로 인식할 수 있는 문제

(4) 복잡성
① 문제가 충분히 복잡하여 문제의 개념, 아이디어 등에 대한 구성원 간 활발한 토의가 필요한 문제
② 다양한 해결책이 고안됨
③ 한 사람의 학습내용이 다른 사람의 학습에 영향을 줌

5 장점 ☆
① 자기주도적 학습능력과 성찰적 사고능력을 기를 수 있음
② 소집단 그룹학습으로 협동기술을 배우고 민주적인 생활태도를 기를 수 있음
③ 실생활 문제를 학습의 대상으로 하기 때문에 학습의 내용이 실생활과 유리되지 않음

6 단점 ☆
① 체계적인 기초학력을 기르기 어려움
② 수업설계 및 진행에 많은 시간과 에너지가 소모됨
③ 학습의 노력에 비하여 지식 습득의 효율성이 낮을 수 있음

출제 Pick!
☆ 문제중심학습의 개념, 특징, 장·단점
☆ 교사의 역할
☆ 과제의 성격

Theme 47 기출 CHECK!

논술 기출 CHECK

다음은 A 중학교 학생들의 학업 특성 조사 결과에 관해 두 교사가 나눈 대화 중 일부이다. 박 교사가 언급하는 PBL(문제중심학습)에서 학습자의 역할 2가지, PBL에 적합한 문제의 특성과 그 특성이 주는 학습효과 1가지를 활용하여 '학생의 다양한 특성을 고려하는 교육'이라는 주제로 논하시오.

● 18 중등

김 교사: 학생의 다양한 특성을 반영하기 위한 수업 방법으로 어떤 것이 있을까요?
박 교사: 우리 학교 학생에게는 학습흥미와 수업참여를 높이는 수업이 필요할 것 같아요. 제가 지난번 연구수업에서 문제를 활용한 수업을 했는데, 수업 중에 학생들이 무엇을 해야 하는지 모르는 것 같았어요. 게다가 제가 문제를 잘 구성하지 못했는지 별로 흥미를 보이지 않더라고요. 문제를 활용하는 수업에서는 학생의 역할을 안내하고 좋은 문제를 개발하는 것이 중요하다는 것을 알게 되었어요.

01 다음 김 교사가 활용한 교수·학습 유형으로 가장 적절한 것은? ● 13 중등

김 교사는 해안가의 한 도시에 있는 학교에 근무하고 있다. 그는 학생들에게 '지역 축산 단지에서 흘려보내는 오·폐수로 인한 환경오염이 지역사회에 미치는 피해를 최소화할 수 있는 방법'을 모색해 보는 과제를 웹에 제시하였다. 이 과제는 지역 농가, 도시 주민, 자치단체의 이해관계가 복잡하게 얽혀 있는 실제적 과제(authentic task)로서 비구조화되어 있다. 이 과제를 해결하기 위해서 학생들은 환경오염의 원인에 대해 다양한 가설을 세우고, 오염물질에 관한 자료를 수집하고 분석하여 그 원인을 추론하였다. 이 과정에서 교사는 촉진자의 역할을 수행하였고 학생들은 주인 의식을 갖고 자기주도적으로 과제를 해결해 나갔다. 마지막으로 학생들에게 보고서를 웹에 올려 평가받게 함으로써 학습과정을 성찰(reflection)해볼 수 있는 기회를 제공하였다.

① 직접교수모형 ② 문제기반학습 ③ 완전학습모형
④ 인지적 도제학습 ⑤ 정교화 수업모형

02 문제중심학습(Problem-Based Learning)에 관한 진술로 옳은 것을 〈보기〉에서 모두 고르면? ● 11 초등

〈보기〉
ㄱ. 구성주의적 인식론에 바탕을 둔 학습 모형이다.
ㄴ. 학습 문제는 기본적으로 구조화된 형태로 제시된다.
ㄷ. 문제 해결을 위해 요구되는 정보, 지식, 해결 방법 등을 자기주도적으로 탐구한다.
ㄹ. 학습자에게 제시되는 문제는 일상에서 접하게 되는 수준의 복잡성과 실제성을 가지는 것이 좋다.

① ㄱ, ㄷ ② ㄴ, ㄹ ③ ㄱ, ㄷ, ㄹ ④ ㄴ, ㄷ, ㄹ ⑤ ㄱ, ㄴ, ㄷ, ㄹ

정답 01 ② 02 ③

03 문제기반학습(PBL; Problem-Based Learning)에 대한 설명으로 옳지 않은 것은? ● 09년 공무원 7급

① 문제 개발과 평가가 용이하여 학교교육 및 기업교육에 보편적으로 활용되고 있는 교육방법이다.
② 비구조화된 문제해결능력을 함양하고자 하는 의과대학의 교육적 요구를 충족시키기 위해 개발된 것이다.
③ 새로운 지식과 기술의 습득을 위해 유의미하고 포괄적인 문제가 활용된다.
④ 복잡하고 비구조화된 문제의 해결을 위해 자기주도적 학습과 소집단 협동학습을 강조한다.
⑤ 교사는 메타인지 수준에서 학습자들과 상호작용하고, 과제에 대한 피드백을 제공한다.

04 〈보기〉는 문제기반학습에서 교사의 단계별 행동을 진술한 것이다. 순서대로 바르게 나열한 것은? ● 08 중등

―〈보기〉―
ㄱ. 학생들에게 자신의 탐구 능력과 사고 과정을 반성하게 한다.
ㄴ. 학생들이 문제해결을 위한 연구 과제를 구체적으로 정의하도록 돕는다.
ㄷ. 학생들이 적절한 자료를 수집하고 실험하여 원인과 해결책을 찾도록 지도한다.
ㄹ. 학생들이 보고서, 비디오, 모형 등 적절한 결과물을 만들어서 발표하게 한다.
ㅁ. 학생들에게 탐구할 과제와 그 요건을 설명하고 학생들이 과제를 선택하여 문제해결 활동에 참여하도록 안내한다.

① ㄴ→ㄹ→ㅁ→ㄷ→ㄱ
② ㄴ→ㅁ→ㄹ→ㄷ→ㄱ
③ ㅁ→ㄴ→ㄷ→ㄹ→ㄱ
④ ㅁ→ㄷ→ㄹ→ㄴ→ㄱ

05 배로우즈(H. Barrows)의 문제중심학습 방법에 대한 설명으로 가장 적절한 것은? ● 07 초등

① 추상적이며 구조화된 문제에서 출발한다.
② 협력적 방식으로 이루어지므로 개별 학습의 기회가 없다.
③ 학생들은 가설-연역적 방법을 활용하여 문제를 해결한다.
④ 행동주의의 영향을 받아 1990년대 이후 대두된 학습 방법이다.

정답 03 ① 04 ③ 05 ③

06 문제해결학습에 대한 정보처리이론과 구성주의 관점을 비교·설명한 것으로 옳지 <u>않은</u> 것은?　　●06 중등

		정보처리이론	구성주의
①	문제에 대한 가정	문제의 성격, 문제상황 및 개인차에 관계없이 표준적인 해결절차가 있다.	문제의 성격, 문제표상, 개인차에 따라 문제해결과정이 다를 수 있다.
②	학습목표	정답을 산출하는 문제해결 절차의 학습을 강조한다.	개별적·협동적인 학습과정을 통해 실제적인 문제해결 경험을 강조한다.
③	주요 학습과제	모든 요소가 학습자에게 제시되고, 규칙적이고 구조화된 해결책이 있는 과제이다.	알려지지 않은 요소가 있을 수 있고, 여러 가지 해결책이 있는 실제적인 과제이다.
④	교사의 역할	학습자가 스스로 문제에 관한 지식베이스(knowledge base)를 구축하도록 지원하고, 메타인지적인 코치(meta-cognitive coaching)를 한다.	광범위하게 적용되는 문제해결 모형을 제시하고, 그 과정에 해당 문제해결 절차를 적용하도록 연습시킨다.

07 문제중심학습(Problem-Based Learning)에 대한 설명으로 <u>잘못된</u> 것은?　　●05 중등
① 문제는 복잡하고 비구조적이며 실제적인 특성을 지닌다.
② 평가는 과정 중심적이라기보다는 결과 중심적이다.
③ 상대주의적 인식론인 구성주의에 이론적 근거를 둔다.
④ 학습방식은 자기주도적 학습과 협동학습으로 이루어진다.

08 〈보기〉에 제시된 이론에서 강조하는 교사의 역할에 해당하는 것은?　　●05 초등

―――――――〈보기〉―――――――
• H. Barrows, J. Savery 등에 의해 제안되었다.
• 학습자들은 문제를 협력적이고 자기주도적으로 해결해 간다.
• 과제에 대한 학습은 물론, 비판적 사고력과 협력기능을 기른다.
• 교수·학습 과정은 실제 발생하는 문제와 상황을 중심으로 전개된다.

① 추상적이고 이론적인 학습 과제를 제공한다.
② 학습자와 상위인지적 수준에서 상호작용한다.
③ 교수·학습의 과정에서 주도적인 역할을 한다.
④ 비구조적인 문제보다 구조적인 문제를 제시한다.

09 문제중심학습(Problem-Based Learning)의 특성을 가장 적합하게 설명한 것은?　　●01 초등
① 준거지향평가를 강조한다.
② 단답형 문제 중심으로 학습한다.
③ 실제 상황과 관련된 문제로 학습활동을 수행한다.
④ 행동주의와 인지주의 학습이론을 중심으로 교육한다.

정답　06 ④　07 ②　08 ②　09 ③

Theme 48 프로젝트 학습법(구안법)

기출: 06 중등, 03 서울, 01 중등, 00 초등, 99 중등

1 개념 ☆
1명 또는 그 이상의 학습자가 자신의 프로젝트에 책임을 지고 특정 주제를 심층적으로 연구하는 학습

2 특징 ☆
① 학습자가 실제적인 문제해결에 참여하여 결과물을 창조하는 과정을 통해 새로운 지식과 기술을 습득하는 것을 강조함
② 지식기반 사회와 기술기반 사회를 위해 필요한 능력을 신장시킬 수 있음
③ 학생이 자신의 생각과 주장을 표현할 수 있는 학습
④ 학생이 자신의 학습에 대한 큰 통제력과 자율성을 가짐

3 학습절차
(1) 목표와 주제 설정
① 교사는 학생의 흥미와 능력에 맞는 학습목표를 설정하고 주제, 주제망 및 자원 목록을 잠정적으로 결정하거나 작성함
② 교사와 학생이 함께 주제를 설정함

(2) 계획
① 학습목표 달성을 위한 대안적인 방법을 생각하고 비교·검토함
② 학습해야 할 사항과 학습전개 순서를 확인함

(3) 실행
① 계획에 따라 학습을 실행해 나감
② 교사는 학생에게 필요시 도움과 격려를 주며 끈기 있게 학습할 수 있도록 함

(4) 평가
① 문제해결을 확인하고 평가함
② 학생이 자기평가뿐만 아니라 동료평가를 통해서도 서로 객관적으로 평가하는 능력을 기름

4 장점 ☆
① 프로젝트의 주제가 학습자의 흥미에서 출발하기 때문에 학습자의 학습동기가 높음
② 학습자의 계획과 실천을 요구하기 때문에 학습자의 학습에 대한 주체성과 자기주도적 학습능력 함양에 효과적임
③ 학습내용이 실생활과 긴밀하게 연결됨
④ 구체적인 결과물을 만드는 과정이므로 내적 동기부여가 효과적임
⑤ 창조적·구성적 태도를 함양하는 데 효과적임

5 단점 ☆
① 학습량에 비해 시간과 노력이 많이 소요됨
② 학습교재의 논리적인 체계가 무시될 수 있음
③ 학습과정이 혼란스러울 수 있음
④ 학습을 위한 재료, 도구, 자원 등이 제대로 준비되지 않을 수 있음

출제 Pick!
☆ 프로젝트법의 개념, 특징, 장·단점

Theme 48 기출 CHECK!

01 〈보기〉의 특징에 가장 적합한 온라인 교수·학습방법은? ● 06 중등

―――――――――――――――〈보기〉―――――――――――――――
- 여러 나라의 전통 문화와 예술을 탐구한다.
- 여러 나라에 재학 중인 학생들로 3~4개의 혼합 모둠을 구성한다.
- 모둠별로 탐구할 나라 선정, 탐구주제 결정, 계획 수립 및 탐구활동을 실행한다.
- 모든 수업활동은 인터넷을 통하여 이루어진다.
- 모둠별 탐구 결과를 웹 페이지에 발표하고, 공동으로 평가한다.

① 온라인 소집단 팀 티칭 ② 온라인 협동적 프로젝트 중심학습
③ 온라인 인지적 도제학습(cognitive apprenticeship) ④ 온라인 협동적 정착교수(cooperative anchored instruction)

02 진보주의의 교육방법으로 학생의 마음 속에 생각하고 있는 것을 외부에 구체적으로 실현하고 형상화하기 위해 자기 스스로 계획을 세워 수행하는 학습 형태는? ● 03 서울

① 완전학습 ② 발견학습 ③ 구안법 ④ 문제해결학습

03 다음 중 비판력, 분석력, 창의력 등의 고등정신능력 획득에 가장 적합한 방법은? ● 01 중등

① 연상학습 ② 프로그램학습 ③ 기억력 증진학습 ④ 프로젝트 기반학습

04 다음 〈보기〉의 내용은 어떤 학습의 진행 과정을 나타낸 것이다. 이러한 특징을 갖는 학습 유형은? ● 00 초등

―――――――――――――――〈보기〉―――――――――――――――
교사는 주제, 주제망 및 자원목록을 잠정적으로 결정하거나 작성한다. ⇨ 교사와 학생이 함께 주제를 정하고, 주제망을 작성한다. ⇨ 학습할 소주제를 정하고, 학습활동팀을 구성한다. ⇨ 학생들은 탐구 및 표현활동을 수행한다. ⇨ 그 결과를 문집이나 그림 등 다양한 형식으로 만들고 제시한다. ⇨ 위의 모든 과정들을 평가한다.

① 탐구학습 ② 프로젝트학습 ③ 문제해결학습 ④ 정보처리학습

05 다음에서 설명된 내용의 특징을 갖는 교수법은? ● 99 중등

- 구체적인 결과물이 만들어진다.
- 학습 주제가 실제 생활과 연결될 수 있다.
- 교재의 논리적 체계가 무시될 수 있다.

① 강의법 ② 프로젝트법 ③ 문답법 ④ 역할연기법

정답 01 ② 02 ③ 03 ④ 04 ② 05 ②

Theme 49. 웹 기반 프로젝트와 닷지의 웹 퀘스트(WebQuest)

기출 10 초등, 06 중등, 04 초등, 01 초등

1 웹 기반 프로젝트학습(온라인 프로젝트)

(1) 개념
① 공동의 학습목표를 위하여 상호 협력하는 '소집단 협동학습'과 하이퍼미디어 및 상호작용을 특징으로 하는 '인터넷'을 결합한 수업 형태
② 자료 제시를 위주로 하는 단순한 ICT 활용 수업(정보통신기술 활용 수업)이 가진 문제점을 극복하고, 학습자 간 활발한 상호작용을 통해 공동의 학습목표를 성취하게 한다는 점에서 의미가 있음

(2) 장점 ☆
① 다양한 멀티미디어 학습정보를 활용하기 때문에 풍부한 학습환경을 제공할 수 있음
② 온라인 환경의 특성상 학급 내, 학교 내, 혹은 학교 간의 상호작용이 가능하여 상호작용의 양과 질이 확대됨
③ 소극적·내성적 학습자의 능동적인 학습 참여를 유도할 수 있음
④ 매체의 다양성 때문에 다양한 산출물의 생산이 가능함
⑤ 자기주도적 학습능력, 문제해결능력, 정보활용능력, 정보매체 활용능력, 고차원적 사고능력, 협동학습 능력을 키울 수 있음

2 웹 퀘스트

(1) 개념 ☆
① 닷지(B. Dodge)에 의해 제안된 인터넷 정보를 활용한 과제해결 활동
② 인터넷을 사용하여 진행하는 일종의 프로젝트로, 웹에 설계된 프로그램을 토대로 프로젝트 또는 문제중심학습이 가능하도록 만들어진 온라인 프로젝트학습의 대표적인 유형
③ 학생에게는 특정 과제가 부여되고, 학생은 이 과제를 해결하기 위해 인터넷 탐색을 한 후에 최종 리포트를 작성하는 방식으로 진행함

(2) 특징
① 해결해야 할 과제, 과제해결을 위해 학습자가 단계별로 수행해야 할 과정, 관련된 온라인 자원, 해결안 발표 및 보고서 작성 안내 등을 교사가 설계하여 웹을 통해 제시함
② 실제적 과제는 혼자 해결하기에는 여러 가지 어려움이 많기 때문에, 기본적으로 협동학습 체제로 운영함

(3) 과제의 특징 ☆
학생이 해결할 수 있고 그의 실생활과 관련이 있는 주제(실제적 과제)를 선택하여, 현실 사회에서 얻을 수 있는 자료를 통해 문제를 해결함으로써 학습동기를 유발하고 현실의 문제에 관심을 가지도록 함

(4) 절차
소개(introduction) ⇨ 과제(task) ⇨ 과정(process) ⇨ 자원(resource) ⇨ 평가(evaluation) ⇨ 결론(conclusion)

(5) 교사의 역할 ☆
학생이 적합한 자료를 탐색할 수 있도록 과제와 관련된 인터넷 자료나 인쇄자료에의 접근법, 학습자가 단계별로 수행할 과정, 발표 및 보고서 작성 안내 등을 설계하여 웹에 제시함

(6) 학생의 역할 ☆
① 다른 학습자들과 협력학습을 통해 적극적으로 수업에 참여함
② 과제를 해결하기 위해 인터넷 탐색을 하고, 최종 리포트를 작성함

출제 Pick!
☆ 웹 기반 프로젝트학습의 개념, 장점
☆ 웹 퀘스트의 개념, 특징, 과제의 특징, 절차, 교사와 학생의 역할

Level Up
웹 퀘스트의 절차
1. **소개**: 학습자에게 전반적인 정보가 담긴 시나리오를 제공함
2. **과제**: 학습자가 실제로 수행해야 할 과제를 제시함. 과제는 시사적 현안, 교육적 관심, 학습자의 흥미 등을 고려하여 설정할 수 있음
3. **과정**: 과제를 수행하는 과정을 학습자들에게 설명하고, 관련된 자원을 찾을 수 있도록 함
4. **자원**: 학습자들이 과제를 수행하는 데 필요한 자원을 제시함
5. **평가**: 평가지를 제공하여 학습자들이 학습 과정과 결과를 스스로 평가하게 함
6. **결론**: 웹 퀘스트를 수행하면서 얻은 방법적 지식을 내면화하여 다른 학습에서도 적용하도록 격려하고 자극함

Theme 49 기출 CHECK!

01 다음 내용을 공통적으로 포함하는 인터넷 활용 수업 모형은? •10 초등

- 닷지(B. Dodge)에 의해 제안된 인터넷 정보를 활용한 과제해결 활동이다.
- 학생의 탐구활동은 '소개(introduction) – 과제(task) – 과정(process) – 자원(resource) – 평가(evaluation) – 결론(conclusion)'의 단계로 구성된다.
- 교사는 학생들이 적합한 자료를 탐색할 수 있도록 과제와 관련된 인터넷 자료나 인쇄자료에의 접근방법을 제공한다.

① 혼합학습(blended learning)
② 온라인 개인교수(online tutorial)
③ 웹 퀘스트 수업(WebQuest instruction)
④ 온라인 시뮬레이션(online simulation)
⑤ 온라인 인지적 도제학습(online cognitive apprenticeship)

02 다음의 특징에 가장 적합한 온라인 교수·학습방법은? •06 중등

- 여러 나라의 전통 문화와 예술을 탐구한다.
- 여러 나라에 재학 중인 학생들로 3~4개의 혼합 모둠을 구성한다.
- 모둠별로 탐구할 나라 선정, 탐구주제 결정, 계획 수립 및 탐구활동을 실행한다.
- 모든 수업활동은 인터넷을 통하여 이루어진다.
- 모둠별 탐구 결과를 웹 페이지에 발표하고, 공동으로 평가한다.

① 온라인 소집단 팀 티칭
② 온라인 협동적 프로젝트중심 학습
③ 온라인 인지적 도제학습(cognitive apprenticeship)
④ 온라인 협동적 정착교수(cooperative anchored instruction)

03 다음 요소들과 가장 관련이 깊은 컴퓨터 기반 학습환경은? •04 초등

- 몰입(flow)
- 경쟁 및 도전
- 스토리텔링(storytelling)

① 전문가 시스템(expert system)
② 디지털 포트폴리오(digital portfolio)
③ 디지털 게임 기반 학습(digital game based learning)
④ 전자수행 지원 시스템(electronic performance support system)

04 효과적인 웹 기반 수업(web – based instruction)을 위한 설계원리로 가장 올바른 것은? •01 초등

① 학습자가 지루함을 느끼지 않도록 각 아이콘의 모양과 위치를 화면에서 다양하게 변화시킨다.
② 학습내용과 관련이 없더라도 학습자의 주의집중을 위해 애니메이션을 여러 화면에서 사용한다.
③ 가능하면 한 화면의 정보를 학습자가 위 아래로 스크롤링(scrolling)해서 보지 않도록 제시한다.
④ 풍부한 정보를 학습자에게 제공하기 위해 한 문장에 가능하면 다수의 정보와 하이퍼링크(hyperlink)를 걸어준다.

정답 01 ③ 02 ② 03 ③ 04 ③

Theme 50 자원기반학습

기출: 11 중등, 04 중등, 03 중등

1 개념 ☆
① 학습자가 사용 가능한 자원들을 직접 활용·적용하도록 하면서 이루어지는 학습자중심 학습
② 학습자가 다양한 정보자원을 활용하여 문제를 해결함으로써 문제해결력과 정보활용능력을 동시에 함양할 수 있음
③ 디지털 시대에서 정보의 접근, 성격, 관점이 변화하고 정보를 적극적으로 활용할 수 있는 능력이 중요해짐에 따라 자원기반학습의 중요성이 증대됨
④ 다양한 학습자원과 직접적 상호작용이 가능한 ICT 및 교수·학습매체가 통합된 학습환경에서 학습자 스스로 자원을 획득·분석·조직·활용하여 주도적으로 학습활동에 참여하도록 안내함

2 특징 ☆
① 학습자 스스로 목표를 설정하고, 이에 적합한 학습방법, 학습매체, 도구를 선택하는 학습자 주도적인 환경을 제공함
② 학습자의 학습을 보조하는 스캐폴딩이 주어짐 ⇨ 구성요소 : 자원, 맥락, 도구, 스캐폴딩
③ 학습자의 학습속도에 맞추어 개별화 학습이 가능하고, 학습양식에 따른 다양한 자원활용 형태가 가능함
④ 학습자의 문제상황에 따라 다양한 관점을 조사할 수 있도록 여러 학습자원을 포함함
⑤ 학습자가 실제 학습상황에서 스스로 사용 가능한 정보자원들을 활용·적용하는 전체적인 활동 전반을 의미함

3 한계 ☆
① 적절한 학습활동, 평가, 지원, 피드백 부재 시 학습이 거의 이루어지지 않음
② 동료 학습자들과의 사회적 교류가 없으므로 학습자의 학습동기 유지 및 지속적 흥미 유발이 어려울 수 있음
③ 개인 학습을 하는 경우 학습자의 고립 문제가 생길 수 있음. 특히 학습자의 연령이 낮은 경우 자원기반학습을 실행하고 통제하는 데 어려움을 겪을 수 있음
④ 출처나 질적인 측면을 신뢰할 수 있는 자원을 확보하기가 어려움

4 학습자의 역할 ☆
① 학습자 스스로 목표, 학습방법, 학습매체, 도구를 설정함
② 학습자가 스스로 다양한 학습자원과 직접적인 상호작용을 함

5 교사의 역할 ☆
① 학습자의 학습을 보조하는 스캐폴딩을 제공함
② 학습자에게 사용할 수 있는 다양한 학습자원 및 매체를 제공함
③ 학습자에게 정보 활용방법 및 자기주도적인 학습과정에 대한 코칭을 제공함

출제 Pick!
☆ 자원기반학습의 개념, 특징, 한계
☆ 학습자와 교사의 역할

Level Up

코스웨어(courseware)

1. **개념**
   - 교과과정을 의미하는 'course'와 'software'의 합성어
   - 컴퓨터 및 인터넷 기반의 수업에서 활용되는 소프트웨어를 의미함

2. **코스웨어의 개발**
   - **교수전략 및 상호작용 전략 설계** : 학습목표와 내용을 효율적으로 학습할 수 있도록 프로그램 내용 및 순서를 정함
   - **흐름도 작성** : 프로그램이 작동되는 논리 및 순서를 시각화함
   - **스토리보드 작성** : 단위 화면 내용, 그림, 메뉴, 내용전개 방법, 절차, 화면전환 방법, 글씨체 및 크기, 차트 등의 상세화
   - **개발 및 프로그래밍** : 요소자료 수집 후 저작도구를 사용해 자료를 통합함

Theme 50 기출 CHECK!

01 다음은 멀티미디어를 활용한 코스웨어의 일반적인 제작 과정이다. (가)~(라)의 단계에 대한 설명으로 가장 적합한 것은?
• 11 중등

기획 및 분석 단계	• 개발 계획 수립 • 목표 및 과제 분석 • 학습자 및 미디어 특성 분석
설계 및 개발 단계	• (가) 교수전략 및 상호작용 전략 설계 • (나) 흐름도 작성 • (다) 스토리보드 작성 • (라) 개발 및 프로그래밍
평가 단계	• 평가 실시 • 수정 및 완성

① (가) 단계에서는 요소자료를 수집한 후 저작도구를 사용하여 자료를 통합한다.
② (나) 단계에서는 제작할 내용을 분석·선정한다.
③ (다) 단계에서는 단위 화면의 내용, 그림, 메뉴 기능 등을 상세하게 작성한다.
④ (라) 단계에서는 항해전략(navigation)과 인터페이스를 결정한다.
⑤ (나) 단계보다 (다) 단계를 먼저 수행하는 경우가 많다.

02 코스웨어를 개발할 때 컴퓨터 화면설계의 원리로 옳은 것은?
• 04 중등
① 한 화면에 되도록 많은 텍스트를 사용한다.
② 텍스트는 학습자의 특성에 따라 다르게 제시한다.
③ 기본 화면은 사실성, 대비성, 복잡성이 있어야 한다.
④ 그림과 관련된 텍스트는 그림과 별도로 제시하는 것이 좋다.

03 〈보기〉의 코스웨어 개발 순서를 바르게 나열한 것은?
• 03 중등

―― 〈보기〉 ――
가. 시범 적용   나. 프로그래밍   다. 스토리보드 작성
라. 목표 및 내용 분석   마. 교수 방법 및 전략 설계   바. 요구 분석 및 주제 선정

① 라 → 바 → 마 → 다 → 나 → 가   ② 바 → 라 → 마 → 나 → 다 → 가
③ 바 → 라 → 마 → 다 → 나 → 가   ④ 바 → 마 → 라 → 나 → 다 → 가

정답 01 ③ 02 ② 03 ③

Theme 51 Big 6 skills

기출
11 중등

1 개념
① 아이젠버그(Eisenberg)와 버코위츠(Berkowitz)가 제안한 자원기반학습 모형의 하나
② 정보기술 활용능력을 교과과정상의 교육내용에 적용하여 사용할 수 있도록 한 교육프로그램의 실제적 구현 모형
③ Big 6의 6단계는 융통성 있게 적용 가능함 ⇨ 꼭 차례대로 하지 않아도 되고, 중간에서 앞 단계로 되돌아갈 수도 있음

2 목적 ☆
① 교사와 도서관 미디어 전문사서가 협동하여 실제 학습상황에서 학생에게 정보활용 능력을 가르치고자 함
② 정보 리터러시 함양을 위해 체계적인 정보기반 활동이 이루어지도록 훈련시키기 위함
③ 자기주도학습 능력 및 지식정보처리 능력 향상을 목적으로 함
④ 학생을 평생학습자, 독립적 사고자가 되도록 훈련시키고, 내용뿐 아니라 과정도 강조하며, 정보와 신기술을 효과적·능률적으로 이용할 수 있는 힘을 길러주고자 함

3 장점 ☆
① 개인적 숙련과 기술을 팀 활동에 접목시킬 수 있음
② 교과, 비교과, 생활, 평생교육 어디나 광범위하게 적용할 수 있음
③ 학생의 사고력, 컴퓨터 능력, 창의성 등을 학업성취도 및 체험활동 성과와 연결해 주는 구체적인 지도가 될 수 있음
④ 모든 연령의 학생, 대학원생, 일반인, 교사에게도 필요한 능력이며, 적용 가능한 상황이 다양함

4 단계 ☆
① 과제 정의(task definition) : 과제의 요점 파악 및 과제 해결의 정보 유형을 파악하여 성취해야 할 과제의 범위와 본질을 결정함
② 정보탐색 전략(information seeking strategy) : 정보원을 파악하고 최적의 정보원을 선택하여 적절한 정보원의 범위를 정함
③ 소재 파악과 접근(source location & access) : 정보원의 소재를 파악하여 정보원에서 정보를 찾아 필요한 자료를 수집함
④ 정보 활용(use of information) : 정보를 읽거나, 보거나, 들어서 적합한 정보를 가려내며, 노트에 필기하거나 발췌, 요약, 인용 등을 사용함
⑤ 통합정리(synthesis) : 정보를 체계적으로 정리하여 최종 결과물 만듦 예 레포트 완성
⑥ 평가(evaluation) : 과정의 효율성, 결과의 유효성에 대해 평가하고, 문제해결과정을 검토·평가하여 얼마나 효율적으로 수행되었는지 확인함

출제 pick!
☆ Big 6 skills의 목적, 장점, 단계
☆ 디지털 리터러시의 개념, 효과적 디지털 리터러시 교육방안

Level Up
정보 리터러시(Information literacy)
무슨 정보가 왜 언제 필요한지 알고, 그 정보가 어디 있고 어떻게 찾을지 알며, 찾아낸 정보들을 사용할 줄 알 뿐만 아니라 그것이 믿을 만하고 유용한 것인지 평가할 줄 아는 기본 소양

Level Up
디지털 리터러시(지식정보처리 역량)
1. 개념 ☆
• 컴퓨터를 통해 다양한 출처로부터 찾아낸 여러 가지 형태의 정보를 이해하고 자신의 목적에 맞는 새로운 정보로 조합해냄으로써 올바르게 사용하는 능력
• 디지털 환경에서 학습자가 주도적이고 가치로운 삶을 살아가기 위해 디지털 기술을 올바르게 이해하고 사용하여, 정보 및 내용물을 적절하게 탐색·활용하고, 비판적으로 분석·평가하며, 생산적으로 소통·창조하는 복합적인 역량

2. 효과적 디지털 리터러시 교육방안 ☆
• 수업이 학습자의 실질적인 디지털 리터러시를 함양할 수 있도록 설계되어야 함
• 교사들의 디지털 리터러시 수업 설계 지원을 위한 디지털 자원 관리 및 지원 체제가 구축되어야 함
• 교과의 특성에 맞는 디지털 리터러시 교육연수가 필요함
• 교사가 상시적으로 협업 또는 지원 받을 수 있는 정보 교사를 포함한 디지털 리터러시 관련 전문 인력이 확보되어야 함

Theme 51 기출 CHECK!

01 자원기반학습 중 하나인 Big 6 Skills 모형에 근거하여 조선시대의 문학을 주제로 수업을 하려고 한다. 다음 (가) 단계에서의 활동으로 가장 적합한 것은?
● 11 중등

> 과제 정의 – (가) – 소재 파악과 접근 – 정보 활용 – 통합정리 – 평가

① 조선시대의 문학에 대한 정보를 읽고 적합한 정보를 가려낸다.
② 조선시대의 문학과 관련하여 중요한 주제가 무엇인지 파악한다.
③ 선택한 정보들을 체계적으로 정리하여 최종 결과물을 만든다.
④ 조선 시대의 문학과 관련된 도서와 웹사이트에서 정보를 찾는다.
⑤ 사용 가능한 정보원의 형태와 종류를 파악하고 최적의 정보원을 선택한다.

정답 01 ⑤

Theme 52 강의법과 팀 티칭

기출
03 초등, 00 서울 초등

1 개념
교사가 중심이 되어 지식이나 기능을 학습자에게 설명을 통해 제시하는 교수방법

2 특징
① 교사의 일방적인 의사소통으로 진행되는 교육방법으로, 교사의 효과적인 의사소통능력이 요구됨
② 학습자들의 숙련된 청취기능과 노트정리 기능 등이 요구됨
③ 강의내용과 더불어 교수의 태도, 가치관 등도 의도적 또는 비의도적으로 전달될 수 있음

3 장점
① 기초적인 내용, 추상적인 개념, 논리적 설명에 효과적임
② 전체 내용을 개괄하거나 요약할 때 학습자의 이해를 향상시킬 수 있음
③ 다수의 학습자에게 방대한 양의 지식을 효과적으로 전달하기에 용이함
④ 활동 위주, 경험 위주의 학습방법을 싫어하는 순응형 학습자에게 심리적으로 편안한 교수방법임

4 단점
① 수동적 학습이 되기 쉽고, 학습동기 유발이 어려움
② 주의력이 부족한 저학년 학생에게 효과적이지 못함
③ 개별화 학습이 어렵고 획일적인 학습이 이루어짐
④ 고등정신능력 계발이나 정의적 학습에 제한적임

5 팀 티칭

(1) 개념 ☆
① 2인 또는 그 이상의 교사가 협력해서 동일 학생집단의 수업 전반이나 중요 부분에 대해 책임을 지는 교수방법
② 복수의 교사로 된 팀이 종래 학급의 수배에 해당하는 학생집단을 협동해서 지도하는 방식
③ 몇 사람의 교사가 팀을 만들고, 몇 학급의 학생들을 하나의 집단으로 편성한 후, 그 집단을 대집단·중집단·소집단·개인별 등으로 융통성 있게 편성하며 학생의 학습과 생활을 지도하는 방법

(2) 특징(목적, 장점) ☆
① 교원조직의 개편을 통해 유능한 교사와 경험이 적은 교사를 짝지어 각자의 지도력을 최고로 발휘할 수 있게 함
② 팀에서의 교사 직무에 따라 기존보다 높은 지위와 보수를 부여할 수 있도록 함
③ 수업 목적에 따라 학생을 대소의 집단으로 다양하게 편성하고, 다른 규모의 교실에서 다른 교사가 별개의 지도를 함으로써 수업의 개조를 도모할 수 있음
④ 팀을 이룬 교사는 각 팀에 특이하게 공헌할 수 있는 역할을 갖게 되며, 공동 계획을 세워 실천에 옮김

(3) 방법 ☆
① 교사가 돌아가면서 대그룹으로 일제 수업
② 수업 목적에 따라 20~30명의 중그룹(능력별·내용별 편성)으로 나누어 각각의 교사가 분담·지도
③ 다시 5~6명의 소그룹으로 나눠서 개별적인 지도나 개별학습을 시키기도 함

출제 Pick!
☆ 강의법의 개념, 특징, 장점, 단점
☆ 팀 티칭의 개념, 특징, 방법

Level up

헤르바르트의 교수 4단계

1. **교수목적**
   도덕적 품성의 도야(내면적 자유, 완전성, 호의, 정의, 보상의 5가지 도덕적 이념)

2. **교육내용**
   아동의 다면적 흥미(교육적 활동을 적극적으로 하게 하는 마음! 정신적 흥분과 쾌감) ➡ 교육의 수단!

3. **교수 4단계(formal steps in teaching)**
   교사가 학생들에게 가르칠 관념의 계열을 올바르게 조직하여 제시하는 방법(명연계방)
   - **명료**: 새로운 개념을 제시하는 단계로 학생들이 새로 배우는 개념이 다른 개념과 어떤 차이가 있는지 잘 이해하고 인식할 수 있도록 하는 제시방법들을 사용함
   - **연합**: 학생의 의식 속에서 이미 존재하던 관념과 새로운 관념의 연합이 이루어지고, 이들 간의 공통된 요소를 이해하는 단계
   - **계통**: 배운 내용을 하나의 체계로 일반화하는 단계
   - **방법**: 일반화된 원리를 실제 문제에 적용하고 해결하는 단계

Theme 52 기출 CHECK!

01 다음과 관련된 수업방식은? ● 03 초등

- 헤르바르트(Herbart)에 의해 체계화되었다.
- '준비, 제시, 결합, 체계화, 적용'과 같이 다섯 단계로 진행된다.
- 짧은 시간에 다양한 지식과 내용을 학습한다.

① 강의법   ② 구안법   ③ 토의법   ④ 도제교수법

02 김 교사는 과학내용에 대한 깊은 소양을 지니고 있으며, 이 교사는 학생들의 학습동기와 학습 참여도를 높이는 수업기술을 지니고 있다. 김 교사와 이 교사가 두 반의 학생들을 모아 함께 지도한다면, 이러한 수업방법으로 적절한 것은? ● 00 서울 초등

① 실습법   ② 팀 티칭   ③ 역할놀이법   ④ 마이크로티칭

정답 01 ① 02 ②

Theme 53 문답법(발문법, 질문법)

기출: 10 중등

1 개념
① 학습자에게 학습과 관련된 다양한 질문을 던지고, 학습자가 이 질문에 대한 답을 찾으면서 학습하게 되는 교수방법
② 소크라테스가 제자들을 양성하는 과정에서 활용한 방식이라고 하여 '소크라테스식 대화법' 또는 '산파술'이라고 불리기도 함

2 발문의 유형 ☆

(1) 사고의 수준
① **구체적 수준의 사고를 필요로 하는 질문** : 내용 지식의 재생을 요하는 질문
② **추상적 수준의 사고를 필요로 하는 질문** : 상황이나 사건들 간의 관계, 발생 이유, 결론 도출 등과 같은 사고를 요하는 질문
③ **창의적 사고를 필요로 하는 질문** : 기존의 지식을 재조직하여 새로운 상황에 적용할 수 있도록 하는 질문

(2) 사고의 폭
① **제한형 질문** : 수렴적 사고를 하도록 하는 질문. 재생하기, 명명하기, 지적하기 등을 필요로 함
② **확장형 질문** : 발산적 사고를 하도록 하는 질문. 미래 예언, 가설 수립 및 추론, 평가 등의 사고

(3) 교수 행동
① **개시형 질문** : 주의를 환기하거나 흥미를 유발하기 위한 질문
② **초점형 질문** : 수업에서 특정 내용에 집중하도록 하는 질문
③ **확장형 질문** : 학습자의 사고의 폭을 넓힐 수 있도록 하는 질문
④ **사고의 수준을 끌어올리는 질문** : 한 단계 높은 사고를 요하는 질문
⑤ **보조적 질문** : 모호함을 덜어주기 위해 추가로 제공하는 질문

출제 Pick!
☆ 발문법 유형

Theme 53 기출 CHECK!

01 다음은 효과적인 질문 기법에 관한 일련의 연구 결과들에서 도출한 내용이다. • 10 중등

> 질문할 때 교사는 자주 질문하되, 가능한 한 모든 학생을 골고루 호명하여 소수 학생이 응답 기회를 독점하지 않게 해야 한다. 또한 질문을 먼저 하되 응답할 학생을 호명하기 전과 후에 잠시 침묵하여 생각할 수 있는 시간을 주어야 하며, 학생을 적절히 격려하여 참여를 유도해야 한다. 그러나 질문 내용이 기초 기능의 연습에 관련된 것이라면 대답은 빠를수록 좋다.

위 내용에 근거해서 판단할 때, 수업 상황에서 교사가 바르게 사용한 질문 전략을 〈보기〉에서 모두 고른 것은?

─〈보기〉─
ㄱ. 주 교사 : 학생들에게 간단한 암산 문제를 제시하고 가급적 빠른 시간 내에 대답하도록 하였다.
ㄴ. 장 교사 : 만유인력의 법칙에 대해 질문하고 호명한 학생이 당황하여 대답을 못하자 안심시킨 후 좀 더 알아듣기 쉽게 질문하였다.
ㄷ. 조 교사 : 지구과학 수업 중 질문하기 전에 먼저 한 학생을 지목하여 일어서게 한 후, 지층의 형성 과정에 관해 질문하고 설명하게 하였다.
ㄹ. 정 교사 : 특수한 역사적 사건의 의의에 관해 질문하고 잠시 학생들에게 생각할 시간을 준 다음, 학생들을 한 명씩 호명하여 각자의 생각을 말하게 하였다.

① ㄱ, ㄴ ② ㄴ, ㄷ ③ ㄷ, ㄹ ④ ㄱ, ㄴ, ㄹ ⑤ ㄱ, ㄷ, ㄹ

정답 01 ④

Theme 54 개별화 교수

기출: 10 중등, 05 초등, 04 초등, 03 서울, 02 초등, 00 서울 초등

1 개념 ☆
① 학습자의 특성을 고려하여 교수·학습의 요소들을 학습자의 특성에 맞게 조정하고, 개별 학습자들이 가장 효과적으로 학습할 수 있는 학습환경을 조성하는 교수방법
② 학습자의 학습준비도, 학습속도, 학습양식, 흥미, 동기 등에 따라 적합한 학습방법을 적용함
③ 학생의 인지적(지능, 선행학습 수준), 정의적(동기, 흥미 등) 개인차를 인정함

출제 Pick!
☆ 개별화 교수의 개념, 장점, 단점
☆ 스키너의 프로그램 교수법에서 제안하는 학습원리
☆ 켈러의 개별화 교수체제 특징, 이 원리를 적용한 e-러닝과 블렌디드 러닝의 설계 방법
☆ 크론바흐 적성처치 상호작용이론에서 적성·처치의 개념, 시사점

2 장·단점
① 장점
  ㉠ 학습자의 특성에 맞는 교수를 통해 학습효과가 증진됨
  ㉡ 교사와 학습자 간의 상호작용이 활발함
  ㉢ 학습자가 학습의 주도권을 가지게 하므로, 자신의 학습에 대한 학습자의 독립심과 책임감을 기를 수 있음
② 단점
  ㉠ 학생 간의 협업이나 의사소통이 단절되어 협동기술, 사회적 기능 발달이 제한됨
  ㉡ 개별 학생의 특성에 맞게 수업자료를 개발하고 수업을 조정하는 것에 많은 시간과 노력이 소요됨

3 스키너(Skinner)의 프로그램 교수법(개별화 학습)

(1) 개념
학습부진아의 완전학습을 위하여 행동주의의 강화이론과 학습내용 조직 계열성의 원리에 근거하여 고안된 수업방법으로, 수업의 공학화를 도모하였으며 컴퓨터 보조수업 설계에 영향을 미침

(2) 프로그램 교수법의 학습원리 ☆
① **점진적 접근의 원리**: 학습과제의 학습은 쉬운 것에서 어려운 것으로, 단순한 것에서 복잡한 것의 순서로 이루어져야 함
② **적극적 반응의 원리**: 학습자가 제시된 내용에 대해 능동적이고 적극적으로 반응할 때 효과적인 학습이 가능함
③ **즉시 확인의 원리**: 학습자의 수행에 대한 옳고 그름이 즉시 확인될 수 있을 때 오류가 교정되고 학습이 더 잘 일어남
④ **학습자 검증의 원리**: 학습자가 학습결과의 옳고 그름을 스스로 검증할 때 효과적인 학습이 발생
⑤ **자기속도의 원리**: 개별 학습자의 속도에 맞게 학습이 개별화되어야 함

(3) 프로그램 학습의 형태
① **직선형 프로그램**: 모든 학습내용이 동일한 순서로 계열화되어 있으며, 모든 학습자들은 같은 순서로 같은 내용을 학습함
② **분지형 프로그램**: 학습과제에 대한 학습자의 반응 정도 및 종류에 따라 다양한 순차가 가능함
   예 한 연습문제에 학생이 오답을 체크하면 그 학생은 오답내용에 대한 보충학습이 추가로 이루어지고 다음 학습과제로 넘어갈 수 있음

4 켈러(F. Keller)의 개별화 교수체제(PSI; Personalized System of Instruction)

(1) **특징(5가지 요소)** ☆
① **인쇄된 유인물 활용** : 학습자가 자신의 속도로 학습할 수 있고, 언제든지 복습할 수 있음
② **단원학습** : 학습내용은 의미 있는 덩어리의 소단원으로 나누어 학습함
③ **자기속도의 학습** : 학생은 자신에게 적절한 속도로 학습내용을 학습함
④ **완전학습** : 학생은 다음 단원으로 넘어가기 전에 주어진 단원을 완전학습 수준으로 학습해야 함
⑤ **조교** : 학생이 완전학습에 도달하였는지 확인하고, 약점을 보완하도록 도움을 주며, 다음 단원으로 넘어갈 수 있도록 함

(2) **e-러닝과 블렌디드 러닝의 설계방법** ☆
① 전체 학습과제를 소단위로 나누어 단계적으로 학습하도록 e-러닝 콘텐츠를 설계함
② 자신의 학습속도에 맞추어 학습하도록 e-러닝을 진행함
③ 각 소단위 학습을 마치면 곧바로 해당 단위에 대한 온라인 평가를 실시함
④ 소단위 목표를 달성한 경우 다음 단계의 소단위 학습을 실시하고, 소단위 학습목표 달성 실패 시 해당 단위 다시 학습 후 재평가함 ⇨ e-러닝 시스템은 학생 응답 시 즉시 정답 여부를 가르쳐 줌
⑤ 학생의 동기유발이나 학습전이 촉진 필요 시 전체 강의식 수업 실시

5 글레이저(Glaser)의 개별 처방 교수방법(IPI; Individually Prescribed Instruction)

(1) **특징**
① 교사는 강의보다는 학생의 학습목표 성취에 대한 진단과 처방의 의사결정을 내리는 역할을 함
② 교사는 학생의 학습을 학생의 자율성, 컴퓨터, 보조교사에게 맡기고 도움이 필요한 학생만 지도함

(2) **수업절차**
① 학기 초 배치검사를 통해 학생의 능력수준을 파악하고 필요한 교과와 학습할 내용을 확인함
② 학습 단원에 대한 사전검사를 통해 단원 학습목표를 확인함
③ 단원 학습목표에 따라 다양한 교수·학습자료를 제공하여 학생이 개별적으로 학습하게 함
④ 학생은 학습 종료 후 진도확인 검사를 받고, 통과 시 다음 목표를 수행하고, 실패 시 해당 학습 목표를 다른 방법으로 다시 학습함
⑤ 학생은 단원 학습 종료 후 사후검사를 받고, 다시 새로운 단원에 대한 사전검사를 받음

6 크론바흐(Cronbach)의 적성처치 상호작용이론(ATI)

(1) **주요 개념** ☆
  ① **적성(Aptitude)**: 일반지능, 특수지능, 성적, 인지양식, 개념수준, 성취동기 등 학습자의 개인적인 특성과 개별적 학업 적응력
  ② **처치(Treatment)**: 학생중심·교사중심 학습, 개별수업과 협동수업과 같이 학습자의 특성에 따라 적용하는 교수방법

(2) **적성 – 처치 상호작용(ATI) 현상의 형태**

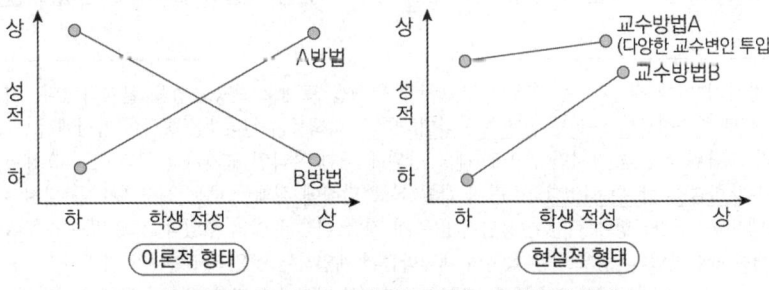

[그림 2-12] 적성 – 처치 상호작용(ATI) 현상의 형태

  ① **이론적 형태**: 학생의 적성에 따라 효과적인 수업방법이 서로 다름
  ② **현실적 형태**: 적성이 높은 학생에게 효과적인 교수방법은 적성이 낮은 학생에게도 효과가 있기 때문에 다양한 교수변인을 통해 학생 간의 개인차를 줄이는 교수방법을 사용함

(3) **교수방법(시사점)** ☆
  ① 개별 학습자는 각기 다른 적성을 가지므로 이에 따른 적절한 교수방법을 다르게 투입하여 학업성취를 극대화할 수 있음
  ② 학습결과는 학습자의 적성과 교사가 행하는 수업방법의 상호작용 결과로, 학습자 개개인의 적성에 적절하게 수업을 계획하면(다양한 교수방법을 사용하면) 개인차에 따른 문제를 줄일 수 있음
  ③ 어떠한 교수법도 그 자체로는 효과적일 수 없으며, 학생에 맞는 방법을 적용할 때 학습의 효과가 극대화됨

Theme 54 기출 CHECK!

01 다음은 켈러(F. Keller)의 개별화 교수체제(Personalized System of Instruction, 일명 Keller Plan) 모형을 적용하여 e-러닝과 교실수업을 혼합한 블렌디드 러닝(blended learning)을 설계한 것이다. 밑줄 친 (ㄱ)~(ㅁ) 중 개별화 교수체제 원리를 <u>잘못</u> 적용한 것은?

● 10 중등

> 학생들의 수학 교과 기초능력 결손을 보완하기 위해 김 교사는 개별화 교수체제 원리를 토대로 보충수업을 설계하였다. 김 교사는 (ㄱ) <u>전체 학습과제를 소단위 나누어 단계적으로 학습하도록</u> e-러닝 콘텐츠를 설계하였다. 학생들은 인터넷을 통하여 가정에서 (ㄴ) <u>자신의 학습속도에 맞게</u> e-러닝을 진행하였다. 각 소단위 학습을 마치면 곧바로 해당 단위에 대한 온라인 평가가 실시되고, (ㄷ) <u>해당 소단위 목표를 달성한 경우에만 다음 단계의 소단위 학습을 할 수 있었다.</u> 소단위 학습 목표 달성에 실패할 때는 해당 단위를 다시 학습하고 평가도 다시 받도록 하였다. e-러닝 시스템은 각 평가문항에 학생이 응답하면 즉시 정답 여부를 알려 주었다. (ㄹ) <u>별도의 학습 조력자 없이 학생들이 개별적으로 전체 학습을 진행하도록 하였다.</u> 김 교사는 학생의 개별학습에 개입하는 것을 최소화하기 위해 모든 학습자료와 전달사항을 인쇄물로 나누어 주었다. (ㅁ) <u>김 교사는 학생들에게 학습동기 유발이나 학습의 전이를 촉진할 필요가 있다고 판단될 때, 이를 위해 교실에서 강의식 수업을 간단하게 실시하였다.</u>

① (ㄱ) ② (ㄴ) ③ (ㄷ) ④ (ㄹ) ⑤ (ㅁ)

02 〈보기〉에서 밑줄 친 단어들이 공통적으로 의미하는 것은?

● 05 초등

〈보기〉
- Cronbach와 Snow의 ATI 모형에서 <u>Aptitude</u>
- Tobias의 ATI 모형에서 <u>Attribute</u>
- Salomon의 TTI 모형에서 <u>Trait</u>
- Berliner와 Cahen의 TTTI 모형에서 <u>Trait</u>

① 수업목표의 특징에 맞게 수업방법을 적용해야 한다.
② 학습자들의 적성을 고려하여 수업방법을 적용해야 한다.
③ 학습 과제의 특징을 고려하여 수업방법을 적용해야 한다.
④ 교사는 자신의 적성에 알맞은 수업방법을 적용해야 한다.

정답 01 ④ 02 ②

03 다음 3개의 적성 – 처치 상호작용(ATI) 현상에 대한 설명 중 옳은 것은? •04 초등

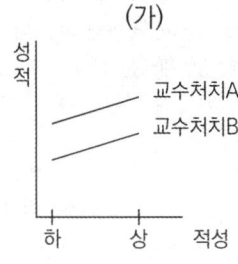 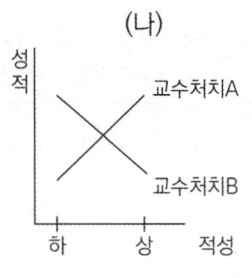 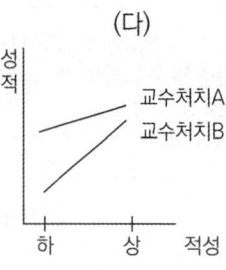

① (가)는 적성수준에 따라 교수 처치 효과가 다르게 나타난 것이다.
② (나)는 개인차를 고려한 적응적 수업의 효과가 가장 크게 나타난 것이다.
③ (다)는 적성 – 처치 상호작용 효과가 가장 크게 나타난 것이다.
④ (가)는 교수처치에 따른 적성수준별 반 편성의 필요성을 가장 크게 시사해 주는 것이다.

04 다음이 제시하는 수업을 가장 잘 나타낸 것은? •03 서울

> 여우와 학을 학습시키는 데 있어 여우는 머리가 영리하여 수준 높은 학습조건을 선택하고, 학은 다리는 길지만 학습속도가 다소 낮으므로 낮은 수준의 학습 조건을 선택하여 학습시키게 한다.

① 발견학습   ② 개별처방수업(IPI)   ③ 직소법(Jigsaw)   ④ 적성처치 상호작용(ATI)

정답 03 ②　04 ④

05 다음과 같은 교사의 경험을 가장 잘 설명하고 있는 이론은? • 02 초등

> 지난 해 소집단 토론 수업을 실시한 결과 학생들의 학습 참여도와 학업성취도가 설명식 수업 방법에 비해 크게 향상되어, 소집단 토론 수업 방법이 설명식 수업 방법보다 효과적이라는 확신을 갖게 되었다. 이런 확신 때문에 새로운 학교로 전근을 와서도 소집단 토론을 중심으로 수업을 진행하였다. 그러나 기대와는 달리 학생들의 학습 참여도와 학업 성취도가 설명식 수업을 실시하고 있는 다른 반 학생들보다 오히려 떨어졌다. 그래서 다시 설명식 수업 방법으로 전환하게 되었다.

① 정교화 이론 ② 행동수정 이론 ③ 유의미학습 이론 ④ 적성-처치 상호작용 이론

06 다음 중 학습부진 학생에게 개별적으로 학습 결과에 대해 즉각적인 피드백을 주면서 부족한 점을 체계적으로 지도할 수 있는 교육 방법은? • 00 서울 초등

① 구안법 ② 자기학습법 ③ 탐구학습법 ④ 프로그램 학습법

정답 05 ④ 06 ④

Theme 55 토의법

기출 12 초등, 11 중등, 07 중등, 04 중등, 03 중등, 01 초등, 00 초등, 00 서울 초등, 98 중등

1 토의법

(1) 개념 ☆
① 교사와 학습자, 또는 학습자 간의 상호작용을 통해 정보와 의견이 교환되고 결론이 도출되는 교수방법
② 학습자의 능동적인 참여가 중시되고, 학습자의 자발성, 창의성, 불확실한 내용에 대한 인내심 등이 요구됨
③ 참여자들의 다양한 정보, 의견, 아이디어 창출과 이에 대한 이해, 종합, 평가가 요구되므로 학습내용의 내면화와 고등사고능력 향상에 도움이 됨

(2) 구체적인 운영방안 ☆
① **사전 준비**: 명확한 토의 목적을 설정하고, 토의 방식, 집단 크기, 토의 시간, 자료 등을 계획·준비함
② **토의 장소 및 환경 정비**: 토의 유형에 따라 토의 장소를 결정하고 좌석을 배치함
③ **토의 진행**: 학생에게 토의 목적과 주제를 명확히 제시하고, 토의 규칙 및 방법을 설명하며, 모두가 적극적으로 토의에 참여할 수 있도록 유도하여 토의를 진행하도록 함
④ **토의 결과 종합**: 토의 시간이 종료된 후 토의 결과를 종합하고 발표하는 시간을 갖고, 토의 결과와 과정에 대해 평가함

(3) 장점 ☆
① 학습자의 적극적인 참여를 유도하기 쉽고, 학습동기와 흥미를 유발할 수 있음
② 자신의 생각을 명료하게 전달하는 의사소통 기술이 향상됨
③ 대화를 통해 의견을 조율하고 문제를 해결하면서 사회적 기능을 향상시킴
④ 창의적 사고능력과 협동적 기술 및 태도를 향상시킴

(4) 단점 ☆
① 교수자가 토의수업을 준비하고 진행하는 데 많은 시간과 노력이 소요됨
② 소수의 토론자에 의해 토의가 장악될 수 있음
③ 주제에 대한 학습자의 충분한 이해와 진지한 태도가 부족한 경우, 기대한 만큼 학습효과를 거두기 어려울 수 있음
④ 정보의 전달이 매우 늦음

(5) 토의식 수업을 효과적으로 적용하기 위한 유의사항 ☆
① **토의를 시작하기 전에 토의 규칙 및 방법을 설명함**: 모두가 적극적으로 토의에 참여할 수 있도록 발언권을 적극적으로 행사하는 것의 중요성, 다른 사람들의 발언권을 무시하고 나의 의견만을 내세우지 않는 것 등을 강조하여 일부 학생의 독식과 소외 등의 문제를 예방함
② **토의의 목적과 주제를 명확히 제시한 후 토의를 진행함**: 주제에 대한 학습자의 충분한 이해와 진지한 태도가 부족한 경우 기대한 만큼 학습효과를 거두기 어려우므로, 사전에 토의가 왜 이루어지며 토의를 통해 얻고자 하는 바가 무엇인지를 명시하고, 공동의 이해를 이끌어 내어 누구나의 적극적인 참여를 유도하며 주제에 대한 학습자의 유의미한 학습을 독려함

출제 Pick!
☆ 토의법의 개념, 장·단점, 구체적인 운영방안, 유의사항
☆ 단상토의(심포지엄), 포럼, 배심토의(패널), 버즈토의, 원탁회의, 하브루타의 개념, 특징, 장·단점

2 단상토의(심포지엄) ☆

(1) 개념
해당 주제에 대해 2~5명의 전문가가 공식적으로 각자의 전문적 지식과 의견을 제시하고 발표자 간 좌담식 토론을 벌이거나, 전문가 발표 후 사회자 진행하에 청중과 발표자 간 질의 또는 토론을 전개하는 방식

(2) 장점
① 간접학습을 통해 집단 학습력이 높아질 수 있음
② 전문 주제를 다룸으로써 다양한 전문 지식을 학습할 수 있음

(3) 단점
학생이 토론에 직접적으로 참여하지 않으므로 수동적 학습이 이루어지기 쉬움

3 포럼 ☆

(1) 개념
1~3명의 전문가가 10~20분간 공개연설을 한 후 사회자가 구성원 전체를 대상으로 토의를 진행하는 형식(심포지엄과 비슷. 단 심포지엄보다 청중에게 기회가 더 많음)

(2) 장점
구성원 모두의 참여를 통한 전체의 학습 향상을 도모

(3) 단점
참가자가 많으므로 산만해질 수 있고, 체계적인 토의가 어려울 수 있음

(4) 예시
김 교사는 환경전문가 강 박사를 초청하여 환경수업을 진행함. 수업시간에 15분간 환경오염 방지 방안에 대해 설명하고, 김 교사 사회로 학생들이 30분간 강 박사와 질의응답을 가짐

4 배심토의(패널) ☆

(1) 개념
상반된 견해를 가진 소수의 배심원과 다수의 일반 청중으로 구성되어 사회자의 진행에 따라 토의가 전개되는 방식

(2) 장점
① 다양한 의견을 광범위하게 수렴하고 제시할 수 있음
② 배심원의 전문적 식견이 꼭 필요하지는 않음

(3) 단점
패널 구성원에 따라 학습효과의 차이가 있을 수 있음

(4) 예시
100분 토론

5 버즈(buzz)토의 ☆

(1) 개념
① 토의 참여 학생들을 3~6명씩 소집단으로 나누어 각 소집단이 동시에 토의를 진행하고, 사회자는 토의 시간이 종료된 이후 토의 결과를 발표하고 정리하는 형식
② 여러 개의 소집단이 열띠게 토의하는 과정을 비유해 붙여진 이름

(2) 장점
① 구성원 전체의 학습참여가 가능 ⇨ 모두가 토론의 주체가 됨
② 소수 인원끼리 토의를 함으로써 심리적 긴장감을 낮추고 적극적인 토의를 할 수 있음

(3) 단점
① 소집단 토론이 대토론 주제와 직결되지 않을 시 토론이 불분명해짐
② 복잡한 주제토의에는 적합하지 않음(교사의 조정자 역할이 중요!)

(4) 예시
3~6개로 편성된 소집단이 주어진 주제에 대해 6분간 토의. 사회자가 비슷한 결론을 내린 소집단을 점점 합쳐가며 토의 진행 후 최종적으로 전체가 모여 토의 결론을 내림

6 원탁회의 ☆

(1) 개념
사회자와 서기를 포함한 토의 멤버들이 원탁에 둘러앉아 자유로운 분위기에서 의견을 교환하며 진행되는 토의 방식으로, 상호 대등한 자격으로 자유토론을 함

(2) 장점
가장 민주적인 토의 방식으로, 모두가 만족하는 결과를 기대할 수 있음

(3) 단점
결론이 나지 않을 가능성이 높고, 탁상공론에 머무를 수 있음

(4) 예시
토의학습을 위해 7~8명의 학생을 학습집단으로 편성함. 토의학습에 참여한 모든 학생이 상호 대등한 관계 속에서 자유롭게 의견을 교환함. 각 집단은 주제와 관련된 사전 지식이 있는 학생을 사회자로 선출하고 기록자도 선정함. 김 교사는 구성원 모두가 발언할 수 있는 기회를 갖도록 안내함

7 하브루타 ☆

(1) 개념
학생들끼리 짝을 이루어 서로 질문을 주고받으며 논쟁하는 유대인 전통 토론교육법

(2) 장점
① 하나의 주제에 대한 찬반양론을 동시에 경험하면서 새로운 아이디어와 해법을 이끌어냄
② 자신의 생각을 정리하여 이야기하고 동료의 관점을 비판하는 과정에서 메타인지 활성화가 가능함

(3) 단점
이기기 위해 논쟁하는 것이 아니라 논쟁을 통해 서로 학습하기 위함임을 주지시켜야 함

Theme 55 기출 CHECK!

01 인터넷을 이용한 다음과 같은 토론수업의 교육적 기대효과와 가장 거리가 먼 것은?　●03 중등

> 교사는 '대학 기여 입학제'에 관한 토론수업을 시도하였다. 먼저 학생들로 하여금 각자 찬반 의견을 인터넷 토론방에 올리도록 하였다. 그리고 동료 학생들의 의견을 읽고 비평하게 하였다. 마지막으로 자신의 의견을 수정하여 다시 올리도록 하였다.

① 의사소통능력의 향상　② 다양한 사고 활동의 촉진
③ 비판적 사고능력의 함양　④ 교사가 의도한 최종 결론의 촉진

02 다음 중 다인수 학급에서 학생의 학습참여도, 의사소통능력, 협동학습능력을 신장할 수 있는 수업 방법으로 가장 효과적인 것은?　●00 서울 초등

① 토의법　② 강의법　③ 시뮬레이션　④ 소집단학습법

03 다음과 같은 학습조건에 가장 효과적인 교수방법은?　●00 초등

> • 학습 주제가 폭넓은 사고를 필요로 하는 것이다.
> • 학습 목표가 학습자의 가치를 개발하고 태도를 변화시키기 위한 것이다.
> • 학습자들이 능동적이고, 학습자 간의 상호작용이 활발하다.

① 강의법　② 발견학습　③ 프로그램학습　④ 토의법

04 다음의 특성을 가장 잘 나타내는 교수법은?　●98 중등

> • 학습자들의 흥미를 유발하고 태도를 변화시키고자 할 때 유용하다.
> • 학습자의 활발한 참여를 위해 일반적으로 소집단으로 나누어 진행한다.
> • 다양하고 많은 양의 학습내용을 다루기에는 부적절하다.

① 토의법　② 문답법　③ 강의법　④ 역할연기법

정답　01 ④　02 ①　03 ④　04 ①

05 다음의 내용과 가장 부합하는 토의 유형은?

● 12 초등

- 여러 개의 소집단이 열띠게 토의하는 과정을 비유해 토의 유형의 이름이 붙여졌다.
- 3~6명으로 편성된 소집단들이 주어진 주제에 대해 6분 정도 토의하는 형태로 시작된다.
- 사회자가 비슷한 결론을 내린 소집단들을 점점 합쳐 가며 토의를 진행하고, 최종적으로 전체가 모여 토의의 결론을 내린다.
- 좌석배치의 예를 들면 아래 그림과 같다.

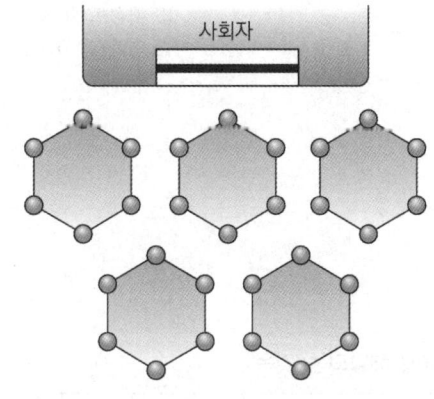

① 버즈토의(buzz)　　　　　② 배심토의(panel)　　　　　③ 공개토의(forum)
④ 단상토의(symposium)　　⑤ 원탁토의(round table)

06 다음은 토의법과 협동학습에 대한 교사들의 대화이다. 각 교사의 요구에 가장 부합하는 토의법이나 협동학습 방법을 옳게 짝지은 것은?

● 11 중등

이 교사 : 발표자 중심의 교실 전체 토의수업에서는 나머지 학생들의 참여와 상호작용이 저조한 경우가 많아요. 소집단 토의처럼 학생들이 청중이 아닌 토론의 주체가 되어 활발하게 상호작용하면 좋겠습니다.

장 교사 : 저는 협동학습에서 무임승차하는 학생들이 더 문제라고 봅니다. 집단 보상 시에 개인의 성취 결과를 집단 점수에 반영하여 모든 학생들이 책무성을 갖도록 하면 좋겠습니다.

김 교사 : 토의법이나 협동학습에서 학생들은 무엇을 어떻게 해야 할지 몰라서 시간을 낭비하는 경우가 종종 있지요. 토의나 협동학습의 주제, 형식과 절차 및 구성원의 역할 분담이 명확하게 제시되면 좋겠습니다.

	이 교사	장 교사	김 교사
①	버즈토의(buzz discussion)	함께 학습하기(Learning Together)	원탁토의(round table discussion)
②	버즈토의(buzz discussion)	성취-과제분담(STAD)	과제분담학습 Ⅱ(Jigsaw Ⅱ)
③	배심토의(panel discussion)	팀 경쟁학습(TGT)	집단조사(group investigation)
④	공개토의(forum discussion)	팀 경쟁학습(TGT)	원탁토의(round table discussion)
⑤	배심토의(panel discussion)	함께 학습하기(Learning Together)	집단조사(group investigation)

정답 05 ① 06 ②

07 다음에서 김 교사가 활용한 토의식 수업의 유형은? ● 07 중등

김 교사는 환경오염에 대한 수업시간에 환경전문가인 강 박사를 초청하였다. 김 교사는 수업방식 및 주제에 대하여 간단히 안내하였다. 강 박사는 학생들에게 약 15분간 지역의 환경오염 방지 방안을 설명하였다. 이후 김 교사의 사회로 학생들은 설명내용에 대하여 30분간 강 박사와 질의응답 시간을 가졌다.

① 포럼(forum)
② 배심토의(panel discussion)
③ 버즈토의(buzz session method)
④ 원탁토의(round table discussion)

08 다음에서 제시하고 있는 토의학습 유형에 해당되는 것은? ● 04 중등

김 교사는 토의학습을 위해 7~8명의 학생을 학습집단으로 편성하였다. 토의학습에 참여한 모든 학생이 상호 대등한 관계 속에서 자유롭게 의견을 교환하도록 하였다. 각 집단은 주제에 관련된 사전 지식이 있는 학생을 사회자로 선출하고 기록자도 선정하였다. 김 교사는 구성원 모두가 발언할 수 있는 기회를 가질 수 있도록 안내하였다.

① 공개토의 ② 원탁토의 ③ 배심토의 ④ 단상토의

09 사회교육 방법으로 단상토론(symposium)에 대한 설명으로 맞는 것은? ● 01 초등
① 전문적 식견을 가진 50명 이하의 참석자 전원이 발표자의 발제 내용에 대하여 공개적으로 질의·토론한다.
② 사회자의 진행에 의해 특정 주제에 관하여 3~6명의 토론자가 청중들 앞에서 유목적인 대화의 형태로 토론을 한다.
③ 3~4명의 학습자 집단(청중 대표)과 3~4명의 전문가 집단이 청중 앞에서 사회자의 진행으로 특정 주제에 대하여 대담 토론을 한다.
④ 몇몇 주제를 중심으로 청중들 앞에서 2~5명의 발표자들이 공식적으로 각자의 전문적 지식과 의견을 제시하고 발표자 간 좌담식 토론을 한다.

정답 07 ① 08 ② 09 ④

Theme 56 자기주도학습

기출: 05 중등, 04 초등, 01 행시, 00 초등

출제 Pick!
- ☆ 자기주도학습의 개념, 장점, 구성요소
- ☆ 교사와 학습자의 역할
- ☆ 자기주도학습 능력을 키우기 위한 수업방안 과제

1 개념 ☆
① 학습자가 자신의 학습에 주도권을 갖고 수행하는 것으로, 초인지 학습전략을 적용하여 과제 선택, 계획의 수립과 수행, 학습과정 및 결과의 점검을 스스로 해나가는 학습
② 학습목표의 달성을 위해 스스로 인지·정서(동기)·행동을 계획하고, (점검)조절·통제함
③ 목표를 세우고 도달할 수 있도록 이끄는 동기, 사고과정, 전략, 행동 등을 스스로 조절·평가하는 일련의 학습과정

2 구성요소(하위요소) ☆
(1) 인지 조절
  ① 인지조절(인지전략) : 시연, 정교화, 조직화 전략
  ② 메타인지전략 : 계획, 점검, 조절, 평가
(2) 동기 조절 : 숙달목표 지향, 자아효능감 제고, 성취가치 인식
(3) 행동 조절 : 행동통제, 시간관리, 도움 추구, 물리적 환경 추구

3 장점 ☆
① 능동적으로 자아를 실현하고자 하는 인간의 본성을 존중함
② 필요한 지식, 기술, 태도 등을 언제 어디서나 지속적으로 습득해나가는 평생교육능력을 신장시킴
③ 고정된 지식이 아니라 문제상황에 맞게 필요한 지식과 기술을 습득해야 하는 정보화사회에 적응력을 길러줌

4 교사의 역할 ☆
① 교사는 학습자에게 중요한 모델이므로 행동·태도의 모범이 되고 바람직한 학습전략에 대한 시범을 보여야 함 ⇨ 다양한 모델을 제시해 모방의 가능성 높이기
② 학습자가 학습을 주도하는 전 과정에 걸쳐 돕는 촉진자와 안내자의 역할

5 학습자의 역할 ☆
① 학습 전 과정에 대한 계획, 수행, 점검 및 조절, 평가를 주도해야 함
② 학습목표 달성을 위해 필요한 학습의 전 과정에 대해 전적으로 책임져야 함
③ 요구 진단 및 학습목표 설정부터 학습결과에 이르기까지 다른 사람의 도움을 받을 수는 있지만, 학습자 스스로가 주도적인 역할을 하며 자신의 학습결과에 책임을 짐

6 자기주도학습 능력을 키우기 위한 수업방안 및 과제 ☆
(1) 수업방안
  ① 학습하는 방법을 가르침 : 효과적으로 학습하는 방법을 배우고, 다양한 학습전략을 습득할 경우 학습자가 스스로에게 적합한 학습법을 선택하고 개선할 수 있음
  ② 학습자 스스로 목표를 설정할 수 있도록 함 : 타인에 의해 부여된 목표가 아닌 학습자 스스로가 자신의 학습 수준을 고려한 목표를 설정하도록 할 경우 동기가 유발됨
  ③ 메타인지전략에 관한 정보를 제공·촉진함 : 자신의 인지과정에 대한 자각과 통제를 통해 자신의 사고를 확인하고 점검하여 조절하는 기능인 '메타인지'에 대해 인식시키고, '계획 – 점검 – 조절 – 평가'에 관련된 전략을 가르치고 수행을 독려하며 피드백을 제공함
(2) 과제
  ① 스스로 학습목표를 세우는 방법을 가르쳐 주고, 각자 학습목표 세우는 과제를 제공함
  ② 자기주도학습 전략을 소개하고, 스스로 점검할 수 있는 체크리스트를 제공함
  ③ 학습과정과 결과에 대한 자기평가 과제를 제공함

Theme 56 기출 CHECK!

01 노울즈(M. Knowles)의 자기주도적 학습(self-directed learning)에 대한 설명으로 잘못된 것은? ● 05 중등
① 초인지 학습전략을 적용한다.
② 성인을 위한 학습전략으로 시작되었다.
③ 개별학습 또는 협동학습 방법을 사용한다.
④ 학습자가 학습의 주도권을 가지나 평가는 교사가 한다.

02 다음과 관련되는 자기조절 학습전략의 구성요소는? ● 04 초등

| • 정보 탐색하기 | • 물리적 환경 구조화하기 | • 학업시간 관리하기 | • 교사와 동료에게 도움 구하기 |

① 인지적 요소 ② 상위인지적 요소 ③ 행동적 요소 ④ 동기적 요소

03 '자기주도적 학습능력'을 강조하는 입장과 부합되는 관점은? ● 01 5급 행정고시
① 학습목표를 가능한 한 사전에 분명하게 부과할 필요가 있다.
② 학생들이 배우는 교과서의 내용은 보편적이고 객관적인 진리이다.
③ 학습의 과정은 이미 입증된 지식을 축적하는 과정이 아니라 주체적인 재해석의 과정이다.
④ 학습의 환경에 의해 주로 영향을 받기 때문에 적절한 환경요인을 제공해 주는 것이 중요하다.
⑤ 학습은 무의식적이고 비자발적인 것으로서 학습자로 하여금 바람직한 행동을 산출할 수 있도록 도와주는 것이 중요하다.

04 노울즈(Knowles)가 제시한 것으로, 학습자가 과제의 선택, 학습 계획의 수립과 수행, 학습 과정 및 결과의 점검을 스스로 수행해 나가는 학습활동은? ● 00 초등
① 과제 학습 ② 문제해결 학습 ③ 자기주도적 학습 ④ 시뮬레이션 학습

정답 01 ④ 02 ③ 03 ③ 04 ③

Theme 57 협동학습

학습 Check ○○○○○

 기출
14 중등, 12 초등, 11 중등, 10 중등, 08 중등,
07 중등, 06 초등, 05 중등, 04 중등, 04 초등,
02 중등, 02 초등, 01 초등, 00 초등

1 개념
공동의 목표 달성을 위해 소집단 구성원들이 공동으로 노력하여 학습목표를 달성하는 학습방법

2 원리(기본요소/특징) ☆
① **긍정적 상호 의존성**: 공동의 목표를 달성하기 위한 다른 구성원들의 수행이 자신의 목표 성취에 도움이 되고, 또 자신의 수행이 다른 구성원들에게 도움이 됨
② **면대면 상호작용**: 면대면 상호작용을 통하여 서로를 믿고, 격려하고, 필요시 즉각적인 의사소통을 통해 학습과제를 신속·정확하게 수행할 수 있음
③ **개별적 책무감**: 집단구성원의 수행은 집단 전체의 수행 결과에 영향을 줌
④ **사회적 기술**: 공동의 문제를 함께 해결하면서 신뢰를 형성하고 의사소통 기술과 같은 사회적 기술을 향상시킴
⑤ **집단 과정**: 협동학습에서 요구되는 원칙과 기술을 익히고, 서로의 수행에 피드백을 제공하며, 적절한 보상체제를 사용함
⑥ **이질적 팀 구성**: 전통적 소집단과는 달리 이질집단으로 구성됨

3 장점 ☆
① 균등한 성공기회를 보장하여 바람직한 자아상을 가지게 됨
② 학습과제에 대한 긍정적인 태도를 통해 자아존중감, 사회성, 대인관계를 개선하고, 타인 배려, 학습태도 개선, 학습동기 유발의 결과를 가져옴 ⇨ 공동체 역량 향상
③ 학습자중심의 학습이 이루어짐
④ 학습과정에서 리더십, 의사소통기술과 같은 **사회적 기능**을 배울 수 있음 ⇨ 의사소통 역량 향상
⑤ 청취기술, 번갈아 하기, 도움주기, 칭찬하기 등의 협동기술을 배울 수 있음 ⇨ 의사소통 역량 향상

4 단점 및 해결책 ☆

단점	해결책
• **빈익빈 부익부 현상**이 발생하여 학습능력이 높은 학생들은 다른 학생들의 학습에 도움을 주며 학업성취가 향상되고 소집단을 장악할 수 있음 • 특정 학습자가 협동학습 과제를 혼자 해결하는 상황이 발생 ⇨ **무임승차** • **봉효과, 사회적 태만 발생**	• 집단보상과 개별보상 함께 실시(STAD 성취과제분담 학습) • 서로의 과제의존성 높임(직소) • 협동을 위한 스크립트를 제공. 협력 과정에 대한 집단 수준의 보상을 제시 • 개별적 책무감 강조, 투명한 평가 체계, 협동적 리더십 강조, 개별적 평가와 피드백
자기 집단 편애, 다른 집단에 대한 무관심 혹은 적대감 등 **집단 간 편파 현상** 발생	• 주기적인 소집단 재편성 • 과목별로 집단을 다르게 구성 • 협동학습 방법 지도
학습목표보다 집단과정에 더 집중하여 학습의 효과성이 낮아질 수 있음	• 전체 점검 퀴즈 및 강의와의 접목(직소Ⅲ) • 교사의 학습과정 관찰 및 피드백 제공
내성적이거나 학습능력이 낮아 소집단 참여에서 소외되는 경우 심리적 모멸감과 수치심을 느낄 수 있음	• 교사의 개별지도 및 스캐폴딩 제공 • 교사의 학습과정 관찰 및 피드백 제공
다른 학습자로 인해 자아존중감에 손상	협동학습 기술을 지도함
특정 학생의 오개념이 심화되고 그룹 내 다른 학생들에게로 확산될 가능성이 있음 ⇨ 동료교수(peer tutoring)의 단점	교사의 학습과정 관찰 및 피드백 제공

출제 Pick!
☆ 협동학습의 원리, 장점, 단점 및 해결책
☆ 협동학습 유형별 특징(성취과제분담학습, 팀 경쟁학습, 직소, 팀 보조 개별학습, 사열석 협동학습, 함께 학습하기, 집단조사, 각본협동, 액션러닝)

설쌤의 꿀팁
머리에 쏙! 박히는 청킹 Tip!
• **협동학습의 원리(⑥번부터 거꾸로)**: 이질적 팀 구성, 집단 과정, 사회적 기술, 개별적 책무감, 면대면 상호작용, 긍정적 상호 의존성
⇨ 이 집사 얼굴이 개면상이라고?!

Level Up
협동학습의 문제점
1. **빈익빈 부익부 현상**: 학습자들의 초기 수준에 따라 협력 활동에 차이가 발생하는 것
2. **무임승차 효과**: 일부 학습자들이 그룹의 노력에 의존하면서 별다른 기여 없이 혜택을 누리는 현상
3. **봉효과**: 자신의 노력이 다른 학습자에게로 돌아간다고 인식하면서 학습에 능동적으로 참여하지 않는 현상
4. **사회적 태만**: 집단에 속한 사람들이 공동의 목표를 달성하기 위해 함께 일하는 상황에서 혼자 일할 때보다 노력을 덜 들여 개인의 수행이 떨어지는 현상
5. **집단 간 편파 현상**: 같은 집단에게 지나치게 호감을 가지고 다른 집단에게 적대감을 가질 수 있음

5 유형 ★

유형	특징 및 절차	기타 주요 키워드
성취과제 분담학습 (Slavin, STAD; Student Team Achievement Divisions)	• **특징** – 집단보상 시 개인의 성취결과를 집단점수에 반영하여 모든 학생들이 책무성을 갖게 함 – 구성원 모두 학습내용 숙달 시까지 팀 학습 지속 – 기본 기능 습득과 지식의 이해를 높이는 방법 – 역할 분담 X, 공동학습 구조 • **절차** : 전체 학생에게 기본적 내용 설명 후 학습능력을 고려하여 4명씩 이질적 팀 구성 ⇨ 팀별로 학습지 문제 협동학습으로 해결 ⇨ 팀별 활동 후 모든 학생 대상 퀴즈 실시하여 개인점수 부여 & 지난번 개인점수와 비교한 개선점수 부여 ⇨ 개선점수 합계로 우수팀 선정 • **평가** : 향상점수 + 팀 점수 • **효과** – 능동적 참여 유도 – 개별 책무성 향상 – 긍정적 상호 의존성 향상	• **보상중심 협동학습** – 집단보상 – 개별 책무성 ⇨ 개별보상(개인별 향상 점수)으로 팀 점수 산정 – 성취결과 균등분배
팀 경쟁학습 (TGT; Teams Games Tournament)	• 팀, 수업방식, 연습문제지를 이용한 협동학습 • 게임을 통해 팀 간 경쟁을 유도함 • 학습은 협동적으로 집단 속에서 이루어짐 • 보상은 집단 간의 경쟁을 통해 주어짐 • 시험을 실시하지 않음	• **보상중심 협동학습** – 게임으로 팀 간 경쟁 및 팀 내 협동 유도 – STAD와 거의 유사 (STAD는 쪽지시험 사용/TGT는 게임 사용)
직소 (Jigsaw, 과제분담학습)	• **절차** : 전체 학습자에게 학습법 안내하고 자료 제시 후 6명씩 6모둠 구성 ⇨ 각 구성원이 6개로 분류된 학습 주제 중 하나 선택 후, 동일 주제를 선택한 학생끼리 전문가집단을 구성하여 협동학습 ⇨ 해당 주제 학습 후 최초 자기 모둠으로 가서 자기 맡은 부분을 서로 가르침 • **특징** – **직소 I** : 과제의 상호 의존성은 높고 보상 의존성은 낮음(개별시험, 집단보상 X) – **직소 II** : 개별시험 ⇨ 개인점수, 향상점수, 집단점수 ⇨ 개별보상 및 집단보상(직소 I + 균등한 성공기회 + 보상) – **직소 III** : 직소 II(직소 I + 균등한 성공기회 + 보상) + 퀴즈 전 학습시간	• 전문가집단 ⇨ 과제 상호 의존성 높음 • 각자 자기 파트를 학습해서 전달해야 함 • 구성원의 역할 분담이 정확히 제시됨 ⇨ 책무성 강조
팀 보조 개별학습 (Slavin, TAI; Team Assisted Individualization)	• **절차** : 사전 집단검사 통해 이질적 능력 가진 학생 4~5명으로 팀 구성 ⇨ 수준에 맞는 학습과제를 교사 도움 아래 개별적으로 학습 ⇨ 각자 단원문제를 풀고 팀별로 두 명씩 짝지어 교환채점 ⇨ 일정 수준에 도달 하면 최종적인 개별시험 ⇨ 개별점수를 합하여 각 팀 점수 산출 ⇨ 미리 설정한 점수 초과한 팀에 보상	• 협동학습 + 개별학습 • 협동보상 + 개별보상

유형	특징 및 절차	기타 주요 키워드
자율적 협동학습 (Kagan, Co-op Co-op)	• 절차 : 교사와 학생이 토의를 통해 학습과제 선택 후, 다시 소주제로 분류 ⇨ 각자 소주제 선택 후 같은 소주제를 선택한 학생들끼리 팀 구성 ⇨ 소주제를 더 작은 미니주제로 나누어 개별학습 후 팀 내에서 결과 발표 ⇨ 팀별 보고서 작성 후 학급 전체 발표 • 특징 : 경쟁의식이 지나쳐 학습에 필요한 정보를 서로 교환하지 않는 교실문화에서 협동심을 길러줄 수 있음	• 모둠 간 협력＋모둠 내 협력 ⇨ 협동을 위한 협동 ⇨ 협동기술 및 관계성 증진 • 자율성 • 평가 : 동료에 의한 팀 기여도, 교사에 의한 소주제 학습기여도, 전체 학급에 의한 팀 보고서 평가 ⇨ 다면적 평가 ⇨ 봉효과·무임승차 효과 최소화
함께 학습하기 (LT; Learning Together)	• 전체 학습과제를 집단별로 공동 수행 후 보상도 집단별로 부여 • 시험은 개별적으로 하나 성적은 소속 집단의 평균점수로 받게 되므로 다른 학생의 성취도가 개인 성적에 영향을 줌 ⇨ 하나의 집단 보고서에 집단보상함으로써 무임승차 효과가 나타남	-
집단조사 (Group Investigation)	• 과제 선정부터 집단 보고에 이르는 전 과정을 학생이 주도하여 진행되는 개방적인 모형 • 흥미에 따라 주제 선택 후 집단을 구성하여 탐구 후에 전체를 대상으로 발표함	• 팀 경쟁요소 없음 • 개별평가와 집단평가 모두 활용 가능
각본협동	• 학생들이 짝을 이루어 읽기, 요약하기, 이해하기, 퀴즈 공부 등 서로를 돕는 데 초점을 두는 협동학습 • 두 명의 학생이 짝을 지어 정해진 순서에 따라 교대로 자료를 요약하고, 그 내용을 서로 점검하고 논평해 주는 방식으로 진행됨	-
액션러닝 (action learning)	• 개인·조직이 가지는 실제 문제를 학습의 대상으로 삼고, 코치와 함께 그 과제를 정해진 시점까지 해결하며 그 과정에서 과제의 내용과 해결과정을 학습하는 프로세스 • 도출된 결과는 실제 문제해결을 위해 적용·활용됨 • 자발적·주도적인 학습 참여를 강조 • 개인 및 집단전체의 역량이 향상될 수 있음	• 구성요소 – 러닝코치 : 학습팀의 문제해결과정 촉진 – 4~6명의 다양한 관점을 가진 이질적 학습자가 팀을 이룸

Theme 57 기출 CHECK!

논술 기출 CHECK

다음은 A 중학교 초임 교사인 박 교사와 경력 교사인 최 교사의 대화 내용이다. 다음 대화문을 바탕으로 수업에 소극적인 학생들의 학습 동기를 유발하기 위한 방안을 협동학습 실행의 측면에서 2가지만 논하시오.
● 14 중등

… (전략) …

최 교사: 선생님의 고충은 충분히 공감해요. 그렇다고 해서 수업 시간에 학생들을 그대로 방치해서는 안 됩니다. 교육적으로 바람직하지 않아요.

박 교사: 그럼 수업에 소극적인 학생들을 적극적으로 참여시킬 수 있는 동기 유발 방안을 고민해 보아야겠네요. 이를테면 수업방법 차원에서 학생들끼리 서로 도와가며 학습하는 형태로 수업을 진행하면 어떨까요?

최 교사: 그거 좋은 생각이네요. 다만 학생들끼리 함께 학습을 하도록 할 때는 무엇보다 서로 도와주고 의존하도록 하는 구조가 중요하다는 점을 유의해야겠지요. 그러한 구조가 없는 경우에는 수업활동에 열심히 참여하지 않는 학생들이 많아진다는 문제가 발생할 수 있어요.

… (후략) …

---

01 다음에서 협동학습에 대한 설명으로 맞는 것을 모두 고르면?
● 04 중등

ㄱ. 학습과정에서 리더십, 의사소통기술과 같은 사회적 기능들을 직접 배운다.
ㄴ. 협동기술은 청취기술, 번갈아 하기, 도움주기, 칭찬하기 등이 있다.
ㄷ. 정해진 시간에 다양한 지식을 전달할 수 있으며, 교사의 의사대로 수업시간과 학습량에 대한 조절이 용이하다.

① ㄱ　　② ㄱ, ㄴ　　③ ㄴ, ㄷ　　④ ㄱ, ㄴ, ㄷ

---

02 다음과 같은 학습절차를 갖는 협동학습 유형으로 가장 적절한 것은?
● 12 초등

집단구성 → 전체 학습내용 읽기와 집단 내 개인별 과제 분담 → 각 집단에서 동일과제를 맡은 학생끼리 모인 전문가 집단에서 협동학습 → 원 소속집단으로 돌아가 협동학습 → 개별평가 → 개인점수, 향상점수, 집단점수 산출 → 개별보상 및 집단보상

① 직소Ⅱ(JigsawⅡ)　　② 자율적 협동(Co-op Co-op)　　③ 집단조사(group investigations)
④ 팀 경쟁(Teams Games Tournaments)　　⑤ 성취과제분담(Student Teams Achievement Divisions)

정답　01 ②　02 ①

03 다음은 토의법과 협동학습에 대한 교사들의 대화이다. 각 교사의 요구에 가장 부합하는 토의법이나 협동학습 방법을 옳게 짝지은 것은?

• 11 중등

> 이 교사 : 발표자 중심의 교실 전체 토의수업에서는 나머지 학생들의 참여와 상호작용이 저조한 경우가 많아요. 소집단 토의처럼 학생들이 청중이 아닌 토론의 주체가 되어 활발하게 상호작용하면 좋겠습니다.
> 장 교사 : 저는 협동학습에서 무임승차하는 학생들이 더 문제라고 봅니다. 집단 보상 시에 개인의 성취 결과를 집단점수에 반영하여 모든 학생들이 책무성을 갖도록 하면 좋겠습니다.
> 김 교사 : 토의법이나 협동학습에서 학생들은 무엇을 어떻게 할지 몰라서 시간을 낭비하는 경우가 종종 있지요. 토의나 협동학습의 주제, 형식과 절차 및 구성원의 역할 분담이 명확하게 제시되면 좋겠습니다.

	이 교사	장 교사	김 교사
①	버즈토의(buzz discussion)	함께 학습하기(Learning Together)	원탁토의(round table discussion)
②	버즈토의(buzz discussion)	성취-과제 분담(STAD)	과제분담학습Ⅱ(JigsawⅡ)
③	배심토의(panel discussion)	팀 경쟁학습(TGT)	집단조사(group investigation)
④	공개토의(forum discussion)	팀 경쟁학습(TGT)	원탁토의(round table discussion)
⑤	배심토의(panel discussion)	함께 학습하기(Learning Together)	집단조사(group investigation)

04 (가)와 (나)에 해당하는 협동학습 모형을 바르게 짝지은 것은?

• 10 중등

> (가) 교사는 단원을 몇 개의 소주제로 나누어 원집단에 질문의 형식으로 제시한다. 원집단의 구성원들은 소주제를 하나씩 나누어 맡는다. 각 구성원은 원집단에서 나와, 같은 소주제를 맡은 다른 집단의 구성원들과 전문가 집단을 형성하여 맡은 과제를 집중적으로 학습한다. 학습이 끝나면 원집단으로 돌아가 습득한 전문 지식을 다른 구성원에게 가르친다. 마지막으로 단원 전체에 대해 개별 시험을 치른 후, 집단 보상을 받는다.
> (나) 교사와 학생들이 토의를 통해서 학습과제를 선택한 후, 이것을 다시 소주제로 분류한다. 학생들은 각자 학습하고 싶은 소주제를 선택하고, 같은 소주제를 선택한 학생들끼리 팀을 구성한다. 팀 구성원들은 소주제를 더 작은 미니 주제들(mini-topics)로 나누어 개별 학습한 후, 그 결과를 팀 내에서 발표한다. 팀 별로 보고서를 작성한 후, 학급 전체에서 발표한다.

	(가)	(나)
①	과제분담학습 Ⅱ(Jigsaw Ⅱ)	팀 경쟁학습(TGT)
②	과제분담학습 Ⅱ(Jigsaw Ⅱ)	자율적 협동학습(Co-op Co-op)
③	과제분담학습 Ⅱ(Jigsaw Ⅱ)	팀보조 개별학습(TAI)
④	성취-과제분담(STAD)	팀 경쟁학습(TGT)
⑤	성취-과제분담(STAD)	자율적 협동학습(Co-op Co-op)

정답 03 ② 04 ②

05 다음은 교수·학습모형을 교사 주도-학습자 주도 차원과 개별학습-집단학습 차원으로 구분하여 제시한 것이다. 직소우(Jigsaw) 모형이 위치할 곳은?
● 08 중등

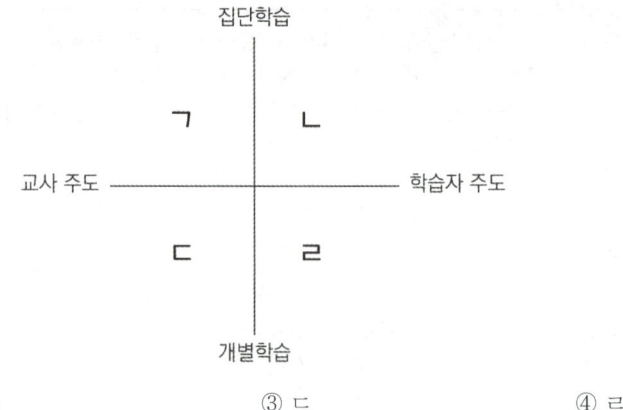

① ㄱ　　　　　　　② ㄴ　　　　　　　③ ㄷ　　　　　　　④ ㄹ

06 다음과 같은 방식에 따라 김 교사가 진행한 협동학습 유형으로 가장 적절한 것은?
● 07 중등

- 전체 학생들에게 기본적인 학습내용을 설명한 후, 학습능력 등을 고려하여 이질적인 4명씩으로 팀을 구성하였다.
- 팀별로 나누어 준 학습지의 문제를 협동학습을 통하여 해결하도록 하였다.
- 팀별 활동이 끝난 후, 모든 학생들에게 퀴즈를 실시하여 개인점수를 부여하였고, 이를 지난 번 퀴즈의 개인점수와 비교한 개선점수를 주었다.
- 개선점수의 합계를 근거로 우수 팀을 선정하였다.

① 집단조사(group investigation)
② 팀 경쟁학습(Team Games Tournament)
③ 팀 보조 개별학습(Team Assisted Individualization)
④ 성취과제 분담학습(Student Teams-Achievement Division)

07 두 명의 학생이 짝을 지어 정해진 순서에 따라 교대로 자료를 요약하고 그 내용을 서로 점검·논평해 주는 교수·학습방법은?
● 06 초등

① 팀 성취분담법(STAD)
② 팀 게임 토너먼트(TGT)
③ 지그소(Jigsaw)
④ 각본협동(scripted cooperation)

정답　05 ②　06 ④　07 ④

08 과제의 상호 의존성은 높고 보상 의존성은 낮은 협동학습 모형은?   • 05 중등

① 팀 경쟁학습(TGT) ② 팀 보조 개별학습(TAI)
③ 성취과제 분담학습(STAD) ④ 과제분담학습 I(Jigsaw I)

09 다음과 같은 교수·학습절차가 적용되는 교수·학습모형은?   • 04 초등

- 사전 진단검사를 통해 능력수준이 각기 다른 학생들을 4~5명씩으로 하여 팀을 구성한다.
- 각자의 수준에 맞는 학습과제를 교사의 도움 아래 개별적으로 학습한다.
- 단원평가 문제를 각자 풀게 한 후, 팀 구성원들을 두 명씩 짝지어 교환채점을 하게 한다.
- 일정 성취수준에 도달하면, 그 단원의 최종적인 개별시험을 보게 한다.
- 개별점수를 합하여 각 팀의 점수를 산출한다.
- 미리 설정해 놓은 팀 점수를 초과한 팀에게 보상을 한다.

① 직소(Jigsaw)모형 ② 함께 학습하기(LT)모형
③ 팀 보조 개별학습(TAI)모형 ④ 토너먼트게임식 팀 학습(TGT)모형

10 다음과 같은 상황에서 학생들의 불만을 해소하면서, 김 교사가 추구했던 목적도 달성할 수 있는 교수·학습 방법으로 가장 적합한 것은?   • 02 중등

경쟁의식이 지나쳐 학생들이 학습에 필요한 정보도 서로 교환하지 않는 교실문화에서 김 교사는 학생들의 협동심을 길러주기 위해 소집단 학습을 시도하였다. 그러나 몇몇 성적이 우수한 학생들이 자기 분단에서 열심히 참여하지 않은 학생들이 있음에도 모두 같은 점수를 받는 것이 공정하지 않다고 불만을 털어놓았다.

① 토론 ② 사례분석
③ 시뮬레이션 ④ 자율적 협동학습(Co-op Co-op)

정답 08 ④ 09 ③ 10 ④

11 다음에 제시된 특성을 가장 잘 나타내고 있는 수업방법은? ●02 초등

- 학습자 간 경쟁 심리를 자극
- 흥미를 유발할 수 있는 실제적 환경의 제공
- 개별 학습과 소집단 학습에 모두 적용 가능

① 게임　　　　② 탐구수업　　　　③ 역할놀이　　　　④ 시뮬레이션

12 다음과 같은 활동은 어떤 협동학습의 방법인가? ●01 초등

유 교사는 반 전체 학생을, 6명씩 7개의 모둠으로 구성하였다. 그리고 학습주제를 6개로 분류하여 각 모둠원이 하나의 주제를 선택하도록 하였다. 각 모둠 내에서 동일 주제를 선택한 학생들끼리 새로운 모둠을 구성하여 해당 주제를 협동하면서 학습하였다. 해당 주제를 학습한 후 각자 최초의 자기 모둠으로 다시 모여 자신이 학습한 내용을 서로 돌아가면서 가르쳐 주었다.

① 직소방법(Jigsaw method)　　　　　　　② 집단탐구(group investigation)
③ 협동을 위한 협동학습(Co-op Co-op)　　④ 토너먼트 게임형(Teams – Games Tournaments model)

13 집단구성원 간의 긍정적 상호작용을 강조하는 협동학습의 문제점으로 '다른 집단에 대한 무관심과 자기집단에 대한 편애'를 들 수 있다. 이러한 문제점을 해소하기 위한 효과적인 방법은? ●00 초등

① 집단보상　　② 소집단 경쟁　　③ 개별책무성　　④ 주기적 소집단 재편성

정답 11 ①　12 ①　13 ④

Theme 58 교육매체

기출
11 중등, 09 중등, 08 초등, 07 중등, 06 중등, 06 초등, 05 중등

1 교육매체의 효과성 ☆
① 학습자의 흥미와 동기유발
② 교수매체가 메시지 전달에 필요한 시간을 덜어줄 경우 수업시간이 단축됨
③ 언어적 설명이 교수매체와 함께 전달 시 수업 질이 향상됨
④ 시·공간을 초월한 학습이 가능함 예 원격 수업
⑤ 모든 학습자가 매체를 기반으로 동일한 설계방식(ASSURE 모형 등)을 따라 개발된 메시지를 전달받으므로 교수활동의 표준화가 가능함

출제 pick!
☆ 교육매체의 효과성
☆ 교육매체 선정 시 고려사항
☆ 교육매체의 기능
☆ 교육매체 속성연구, 비교연구의 개념

2 교육매체 선정 시 고려사항
① **학습자 특성**: 매체 선정 시 학습자의 연령, 지적 수준, 적성, 태도 등과 같은 학습자 특성을 고려해야 함
② **수업상황**: 수업집단의 형태나 규모, 수업방법(교사중심, 학생중심, 발견중심 등)에 따라 적절한 교수매체가 달라짐
③ **학습목표와 내용**: 학습목표와 내용(지적기능, 태도 등) 또한 교수매체 선정에 영향을 끼침
④ **매체의 물리적 속성과 기능**: 시각, 청각, 시청각, 크기, 색채 등 매체의 속성을 고려해야 함
⑤ **수업 장소의 시설**: 수업 장소에 인터넷, 전자교탁, 빔 프로젝터 등의 시설이 갖추어져 있는지의 여부도 매체를 활용할 수 있는지 영향을 끼침
⑥ **실용적 요인**: 매체 이용 가능성, 매체 준비 및 활용에 소요되는 시간, 난이도, 비용 등을 고려해야 함

3 교육매체의 기능
① **매개적 보조기능**: 교수·학습과정의 보조수단으로 매체를 사용함으로써 학습자의 주의집중과 동기유발을 도울 수 있음
② **정보 전달기능**: 매체의 본질적인 기능. 교수·학습의 정보를 더욱 효율적·효과적으로 전달할 수 있도록 도움
③ **학습경험 구성기능**: 매체 자체가 학습의 대상이 되고 학습경험을 구성함 예 컴퓨터, 사진기, 피아노
④ **교수기능**: 어떻게 정보를 전달하는지에 따라서 학습자의 인지적 사고를 촉진시킬 수 있음

4 교육매체 연구의 유형
(1) **교육매체 속성연구**
매체의 물리적 속성이 학습자의 인지적 과정 및 학업성취에 미치는 영향을 확인하려는 연구

(2) **교육매체 비교연구**
① 학습결과로서 학습성취도에 대한 특정 매체 유형의 효과를 탐색하려는 연구로, 매체 상호 간의 비교를 통해 가장 효과적인 매체를 찾으려 함
② 흔히 새로운 매체가 효과적이라고 결론을 내리나, 새로운 매체는 교수법의 변화도 수반하는 경우가 많으므로 매체만의 효과를 가려내기 어려운 경우가 많음
③ 새로운 매체의 사용으로 인한 흥미 유발 등의 신기성 효과가 비교 결과에 들어갈 수 있음

Theme 58 기출 CHECK!

01 다음은 연구학교 교사들의 대화이다. 교사들의 연구 관심사에 해당하는 교육매체연구의 유형에 대한 설명으로 옳지 <u>않은</u> 것은?
• 11 중등

> (가) 김 교사 : 상이한 매체 간의 효과를 비교하고 싶습니다. 디지털 교과서를 활용한 컴퓨터 기반 수업이 서책형 교과서를 활용한 전통적 수업보다 학생들의 학업성취도에 더 효과가 있는지 알아보고 싶습니다.
> (나) 홍 교사 : 디지털 교과서의 속성들이 학생들의 학업성취에 어떠한 영향을 주는지 관심이 있습니다. 그래서 영어 디지털 교과서에서 그림과 글을 활용한 연습 방식과 동영상을 활용한 연습 방식이 특히 영어점수가 낮은 학생들의 말하기와 듣기 향상에 효과가 있는지 알아보고 싶습니다.

① (가)와 같은 유형은 특정 매체가 다른 매체에 비해 일관되게 효과를 보인다고 가정한다.
② (가)와 같은 유형은 학업성취도가 새로운 매체만의 효과인지 다른 영향 때문인지 증명하기 어렵다는 비판을 받는다.
③ (나)와 같은 유형은 매체의 상징체계가 학습자의 인지적 처리 과정에 영향을 줄 것이라고 가정한다.
④ (나)와 같은 유형은 학습자의 신념, 가치, 태도가 학습동기에 어느 정도 영향을 주는지에 초점을 둔다.
⑤ (가)와 같은 유형은 행동주의 패러다임을, (나)와 같은 유형은 인지주의 패러다임을 토대로 연구되기 시작하였다.

02 교육매체 연구에 관한 설명으로 옳은 것을 〈보기〉에서 모두 고른 것은?
• 09 중등

〈보기〉
ㄱ. 교육매체 선호 연구에서는 매체 개발의 경제적 비용이 개발 콘텐츠의 질에 어떤 영향을 미치는지 연구한다.
ㄴ. 교육매체 속성 연구에서는 매체의 물리적 속성이 학습자의 인지적 과정에 어떤 영향을 미치는지 연구한다.
ㄷ. 교육매체 비교 연구에서는 새로운 매체의 사용으로 인한 흥미 유발 등의 신기성 효과(novelty effect)가 비교 결과에 섞여 들어갈 수 있다.
ㄹ. 교육매체 비교 연구에서는 흔히 새로운 매체가 효과적이라고 결론을 내리는데, 새로운 매체는 교수법의 변화도 수반하는 경우가 많아 매체만의 효과를 가려내기 어려운 경우가 있다.

① ㄱ, ㄴ   ② ㄱ, ㄹ   ③ ㄴ, ㄹ   ④ ㄱ, ㄷ, ㄹ   ⑤ ㄴ, ㄷ, ㄹ

정답 01 ④ 02 ⑤

03 멀티미디어 활용 수업에서 나타나는 〈보기〉와 같은 학습자의 경험을 가장 잘 설명해 주는 것은? ● 08 초등

〈보기〉
- 한 화면에 여러 가지 학습내용들이 동시에 제시되었을 경우 내용에 대한 이해도가 떨어졌다.
- 단순화시킨 그림 자료보다 실제 모습을 담은 사진 자료를 제시했을 경우 개념 이해도가 떨어졌다.

① 인지적 부조화 ② 인지적 과부하
③ 선수지식의 비활성화 ④ 지식의 탈맥락화

04 교수매체의 효과적이고 효율적인 활용 방안을 모색하고자 하는 다양한 연구가 진행되어 왔다. 다음 중 '매체비교연구'에 대한 진술로 옳은 것은? ● 07 중등
① 인지주의 패러다임의 영향을 받아서 시작된 연구이다.
② 상이한 매체 유형이 학업성취도에 미치는 효과를 탐색한다.
③ 교수매체에 대한 학습자의 태도, 가치, 신념 등의 정의적 특성 변인들이 학습에 미치는 효과를 탐색한다.
④ 매체가 지닌 속성 자체가 학습자의 인지적 기능을 증진시켜서 학습 효과를 높일 것이라는 가정을 증명하고자 수행된다.

05 하이퍼미디어(hypermedia) 활용 수업에 관한 설명으로 옳지 않은 것은? ● 06 중등
① 학습자가 비선형적(nonlinear)으로 정보를 탐색할 수 있다.
② 학습자가 멀티미디어 요소를 활용하여 지식을 구성할 수 있다.
③ 학습자의 방향감 상실이나 인지 과부하(cognitive overload)를 야기할 수 있다.
④ 비구조화된 내용을 학습할 때 활용하면 학습자의 인지적 유연성을 기르기 어렵다.

정답 03 ② 04 ② 05 ④

06 멀티미디어의 특성에 관한 설명으로 <u>틀린</u> 것은?

① 많은 양의 정보를 다양한 형태로 수록할 수 있다.
② 정보가 선형적으로 제공되므로 모든 사용자가 동일한 정보를 얻는다.
③ 실제상황과 유사한 현상을 체험할 수 있는 다감각적 학습환경을 제공한다.
④ 상호작용이 가능하여 사용자의 반응에 따라 프로그램 진행이 달라진다.

07 교육매체에 대한 설명으로 옳은 것을 모두 고른 것은?

> ㄱ. 실물화상기와 빔프로젝터는 투사매체로 분류된다.
> ㄴ. ASSURE 모형은 교육매체 활용을 위한 모형이다.
> ㄷ. OHP 사용 시 화면왜곡현상(keystoning effect)이 발생할 경우 초점조절나사를 조작한다.

① ㄱ　　　　② ㄴ　　　　③ ㄱ, ㄴ　　　　④ ㄱ, ㄴ, ㄷ

Theme 59. 교수매체 선정과 활용 – 하이니히(Heinich)의 ASSURE 모형

학습 Check ○○○○○

 기출
09 초등, 08 중등, 06 중등, 05 초등, 04 중등, 02 중등

1 개념(목적) ☆
교수매체와 자료를 체계적으로 활용하기 위한 절차를 제시하는 모형

2 특징
① 수업목표 달성을 위한 교수방법과 매체를 선택하고, 그에 따라 구체적인 교수·학습자료를 선정함
② 학습자에게 습득한 지식이나 기능을 연습할 기회와 피드백을 제공하여 적극적인 사고활동을 유도
③ 모형 자체에는 과제분석(교수분석)이 포함되지 않음

3 절차 ☆

(1) 학습자 분석(Analyze learners)
① 학습자의 일반적 특성 : 성별, 연령, 지능, 태도, 경제적, 문화적 요인
② 출발점 행동 : 선수학습능력
③ 학습 양식 : 선호하는 정보 유형, 매체 선호도, 학습동기 등

(2) 목표 진술(State objectives)
수업목표를 명세적으로 진술하고 목표가 의도한 학습자의 도달 수준을 파악함
① 대상 : 학습할 대상이 누구인지를 확인
② 행동 : 학습자가 성취해야 할 목표를 관찰할 수 있는 행동 동사로 진술
③ 조건 : 목표에 도달하는 데 필요한 자원, 시간, 제약을 포함
④ 정도 : 수용 가능한 수행을 판단할 표준 혹은 준거를 제시

(3) 전략·(테크놀로지)·매체·자료 선정(Select methods, media and materials)
① 학습목표 및 학습자 특성에 적절한 수업방법, 매체, 자료를 선정함
② 선정기준 : 교육과정과의 일치 여부, 학습자 특성 및 흥미 유발 정도, 자료의 참신성
  ㉠ 수업 방법 선정 : 학습자 분석과 목표 진술을 토대로 적합한 수업 방법을 선택함
  ㉡ 매체 선정 : 매체의 특성을 고려하여 교수 방법을 수행하기에 가장 적합한 교수 매체를 선택함
  ㉢ 자료 선정 : 이용 가능한 자료를 선택하고, 기존 자료를 수정하거나 새 자료를 설계함

(4) (테크놀로지)·매체·자료의 활용(Utilize media and materials)
① 자료에 대한 사전 검토 : 수업자료가 학습자와 학습목표에 적절한지 사전 검토
② 자료 준비 : 자료 활용할 순서와 방법 결정하고 필요한 기자재 확인
③ 환경 준비 : 교수매체를 이용할 교실의 주변 상황 점검(기기가 잘 작동되는지)
④ 학습자 준비 : 학습자가 수업에 대한 흥미를 갖도록 하고, 학습내용과 교수매체에 대한 정보 제공
⑤ 학습경험 제공(수업 진행) : 준비한 자료를 활용하여 학습경험 제공. 교사는 전문가이자 안내자, 촉진자

(5) 학습자 참여 요구(Require learner participation)
① 학습자의 능동적인 참여를 요구하고 학습자에게 연습기회를 제공함
② 학습자의 참여 요구 방법
  ㉠ 호기심 자극하는 질문 제공
  ㉡ 연습의 기회 제공
  ㉢ 필기활동 지시
  ㉣ 피드백 제시

(6) 평가와 수정(Evaluate and revise)
학습자의 성취도에 대해서 평가하고 활용된 전략, 테크놀로지, 매체 및 자료에 대해 평가하여 이들이 학습목표 성취에 도움이 되었는지 판단함

출제 Pick!
☆ ASSURE 모형의 목적, 특징, 절차, 절차별 활동

설쌤의 팁
ASSURE 모형은 ADDIE 모형, 딕과 캐리 모형에 이어 출제가 유력한 체계적 교수설계 모형입니다. 아주 중요한 모형이니 각 절차와 세부 사항들을 반드시 숙지해 두세요.

설쌤의 팁
두문자로 외우자♪
• ASSURE 모형 : 학습자 분석, 목표 진술, 전략·매체·자료 선정, 매체와 자료의 활용, 학습자 참여 요구, 평가와 수정
➡ 학목선 활참평

Theme 59 기출 CHECK!

01 하이니히(R. Heinich)가 제안한 ASSURE 모형의 '매체와 자료 활용' 단계에서 교사가 수행하는 활동이 <u>아닌</u> 것은? • 09 초등
① 학습목표 달성을 위해 적절한 수업방법, 매체 및 자료를 선정한다.
② 매체를 활용하여 수업을 진행함으로써 학생들에게 학습경험을 제공한다.
③ 수업자료의 내용을 미리 확인하여 그 자료를 충분히 효과적으로 활용할 수 있도록 한다.
④ 수업을 하려는 장소가 매체를 사용하기에 적절한지 점검하고 수업환경을 적절하게 준비한다.
⑤ 학생들에게 수업내용에 대한 개요를 소개하거나 학습목표를 알려줌으로써 수업에 대한 기대감을 갖게 한다.

02 다음에서 매체 선정 및 활용을 위한 ASSURE 모형에 관한 설명으로 옳은 것끼리 묶인 것은? • 08 중등

ㄱ. '요구 사정' 및 '학습양식 분석'을 실시한다.
ㄴ. 학습자가 수업 중에 경험하게 될 일련의 학습활동을 수업목표로 제시한다.
ㄷ. 수업목표 달성을 위한 교수방법과 매체를 선택하고, 그에 따라 구체적인 교수·학습 자료를 선정한다.
ㄹ. 학습자에게 습득한 지식이나 기능을 연습할 기회와 피드백을 제공하여 적극적인 사고활동을 유도한다.

① ㄱ, ㄴ   ② ㄱ, ㄹ   ③ ㄴ, ㄷ   ④ ㄷ, ㄹ

정답 01 ② 02 ④

03 하이퍼미디어(hypermedia) 활용 수업에 관한 설명으로 옳지 않은 것은? • 06 중등

① 학습자가 비선형적(nonlinear)으로 정보를 탐색할 수 있다.
② 학습자가 멀티미디어 요소를 활용하여 지식을 구성할 수 있다.
③ 학습자의 방향감 상실이나 인지과부하(cognitive overload)를 야기할 수 있다.
④ 비구조화된 내용을 학습할 때 활용하면 학습자의 인지적 유연성을 기르기 어렵다.

04 다음은 하이니히(R. Heinich)가 제안한 ASSURE 모형이다. (가) 단계에서 교사가 수행한 일로 가장 적합한 것은? • 05 초등

학습자 분석 → 목표 진술 → (가) → (나) → 학습자 참여 → 평가와 수정

① 단답형 평가를 실시하여 성취도를 측정하였다.
② 학생들이 인터넷에서 자료를 검색하고 발표하게 하였다.
③ 학생들이 모둠별로 데이터베이스를 만들도록 도와주었다.
④ 사서 교사와 의논하여 비디오, 책, 지도 등을 예약해 두었다.

정답 03 ④   04 ④

05 ASSURE 모형을 활용하여 교수매체를 사용하고자 할 때, 다음에 제시된 교사의 활동 단계는? ●04 중등

- 수업자료가 학습자와 학습목표에 적절한가를 사전에 검토한다.
- 교수매체를 이용할 교실의 주변 환경을 점검한다.
- 학습자에게 학습 준비를 위해 학습내용과 교수매체에 관한 정보를 제공한다.

① 목표 진술 ② 학습자 분석 ③ 평가와 수정 ④ 매체와 자료의 활용

06 멀티미디어의 교육적 특성과 가장 거리가 먼 것은? ●02 중등
① 컴퓨터와 학습자 간의 상호작용이 매우 높다.
② 학습자는 미리 설계된 경로에 따라 학습하게 된다.
③ 다양한 유형의 교수-학습환경을 구현하기에 적합하다.
④ 학습자료는 문자, 그래픽, 음성, 영상 등 다양한 매체 형태로 이루어져 있다.

정답 05 ④ 06 ②

Theme 60 인지부하와 멀티미디어 설계 원리

1 개념과 종류
① 인지부하의 개념
  ㉠ 과제를 수행할 때 학습자의 인지체계에 부과되는 정신적인 노력
  ㉡ 학습자는 제한된 용량의 작업기억 활용 ⇨ 효율적으로 인지부하 조절할 수 있는 교수 처방 제시 필요
② 인지부하의 종류
  ㉠ **내재적 인지부하**(intrinsic cognitive load) : 학습과제 자체의 난이도에 의해 결정되는 인지부하
  ㉡ **본질적 인지부하**(germane cognitive load) : 학습내용을 이해하거나 적용하기 위해 새로운 지식체계를 생성하거나 새로운 지식을 기존의 지식체계에 통합시키려는 인지적 노력 ⇨ 긍정적 인지부하
  ㉢ **외생적 인지부하**(extraneous cognitive load) : 학습과정에서 불필요하게 투입된 인지적 노력

> 출제 Pick!
> ☆ 인지부하의 개념
> ☆ 인지부하 종류의 명칭, 개념, 각각을 고려한 멀티미디어 설계의 원리

2 내재적 인지부하를 조절하기 위한 멀티미디어 설계 원리
① 완성된 예제 원리 : 문제해결 과정을 단계별로 명료하게 제시해주는 완성된 예제를 활용함
② 사전 훈련 원리 : 학습내용을 이해하기 위해서 알고 있어야 하는 구성을 먼저 이해하도록 함
③ 양식 원리 : 시각 채널과 청각 채널을 모두 활용할 수 있도록 제시해야 함

3 본질적 인지부하를 촉진하기 위한 멀티미디어 설계 원리
① 개인화 원리 : 학습자와 대화하듯이 내용을 전달함
  예 학습자의 이름을 불러주어 동기 유발하고 집중하게 함
② 자기설명 및 인지 리허설 원리 : 학습내용을 학습자 스스로 점검하도록 유도하는 방법
  예 학습내용이나 학습과정 스스로 설명하게 함. 과제수행 절차와 순서를 스스로 따져보는 인지 리허설을 하게 함

4 외생적 인지부하를 줄이기 위한 멀티미디어 설계 원리
① 근접성 원리 : 관련된 정보를 공간적·시간적으로 가깝게 제시해야 함
② 중복 원리 : 동일한 내용을 담고 있는 시각과 청각 정보의 중복을 피해야 함
③ 일관성 원리 : 학습내용에 관련된 내용만을 구성해야 하며, 불필요한 내용을 제거해야 함

Theme 60 기출 CHECK!

*해당 테마는 기출문제가 없어 '확인문제'를 수록하였습니다.

01 다음 빈칸에 들어갈 단어를 쓰시오. ● 확인문제

(A)(이)란 과제를 수행할 때 학습자의 인지체계에 부과되는 정신적인 노력으로, 학습자는 제한된 용량의 작업기억을 활용하기 때문에 효율적으로 인지부하를 조절할 수 있는 교수 처방을 제시하는 것이 필요하다. 인지부하의 종류는 다음과 같다. 첫째, 학습과제 자체의 난이도에 의해 결정되는 (B) 인지부하, 둘째, 학습내용을 이해하거나 적용하기 위해 새로운 지식체계를 생성하거나 새로운 지식을 기존의 지식체계에 통합시키려는 인지적 노력을 일컫는 (C) 인지부하, 셋째, 학습과정에서 불필요하게 투입된 인지적 노력을 의미하는 (D) 인지부하이다.

- A : _____
- B : _____
- C : _____
- D : _____

정답 01 A - 인지부하 / B - 내재적 / C - 본질적 / D - 외생적

Theme 61 e-러닝(electronic learning)

1 개념
인터넷 기술을 활용하여 활발한 상호작용을 근간으로, 시·공간의 제약을 뛰어넘어 다양한 학습경험을 지원하는 전자학습 체제

출제 Pick!
☆ e-러닝의 개념, 장점, 유의사항

2 장점(필요성, 특징) ☆
① **학습자 동기 유발** : 다양한 멀티미디어를 수업에 사용 ⇨ 학습자의 주의를 집중시키고 능동적인 반응을 유도함
② **학습의 개별화** : 학습자의 학습양식 및 능력 등에 따라 개별화된 학습이 이루어질 수 있음
③ **시·공간 제약 초월** : 인터넷을 활용하면 교실 내 상호작용으로 한정되는 전통적인 수업과 달리 교사, 학생, 전문가들이 시간과 공간의 제약을 초월하여 정보를 교환하고 소통할 수 있음
④ **다양한 교수·학습활동 추진** : 지식 전달 위주 교육, 교실중심 교육에서 벗어나서 문제해결학습, 프로젝트학습, 상황학습, 협동학습 등의 다양하고 유연한 학습경험을 제공함
⑤ **문제해결력 및 자기주도적 학습능력 신장** : 학생들은 ICT를 활용하여 정보를 검색·수집·분석·종합하고, 새로운 정보창출에 참여하면서 문제해결력을 신장시킬 수 있고, 학습목표, 전략수립, 결과평가 등의 과정을 통해 자기주도적 학습능력 또한 향상시킬 수 있음
⑥ **디지털 리터러시 신장** : 네트워크 사회에서 참여자들이 의미와 아이덴티티를 협상하는 스킬, 태도, 기질, 기술을 활용한 개인의 문법, 작문, 글쓰기, 이미지, 오디오, 비디오, 팟캐스팅, 리믹싱, 디자인을 포함하는 개념인 '디지털 문해력(디지털 리터러시)'을 신장시키는 데 도움이 됨

3 유의사항 ☆
① **기법보다 내용 중심 설계** : 특정 기술이 제공하는 기능을 사용하는 것 자체에 초점을 맞추기보다는 목표된 학습을 효과적으로 지원하는 기술 활용에 집중해야 함
② **강의 중심적 사고 배제** : 전통적 강의식 수업에서 탈피하여 학습자중심의 학습환경 구성에 초점을 맞추어야 함
③ **교사 역할의 변화** : 지식전달자가 아닌 학생의 학습 지원자 및 촉진자가 되어야 함
④ **교사와 학생의 ICT(디지털) 활용능력 점검** : 교사가 관련 기술과 지식을 가지고 있어야 적절하게 교수매체를 선정하고, 자료를 개발하고, 교수·학습방법을 적용할 수 있으며, 웹 기반 문제해결학습 등에 있어서는 학생들도 인터넷 활용능력과 정보 검색능력 등을 갖추어야 의도된 학습결과가 달성될 수 있음
⇨ 교사의 전문성 신장 중요(by 임상장학, 마이크로티칭, 컨설팅장학, 자기장학 & ASSURE 모형 적용), Big 6 skills 등을 통한 학습자의 디지털 리터러시 향상
⑤ **적극적 지원 체제 구축** : 교사에게 충분한 교육콘텐츠 제공, ICT 활용수업 지원 전문가 배치(컨설팅단 확보), 자료와 정보 공유 등의 지원 체제가 확립되어야 함

Theme 61 기출 CHECK!

논술 기출 CHECK

전문가 C가 언급한 온라인 수업에서 학습자 상호작용의 어려운 점 1가지, 온라인 수업에서 학습자 상호작용의 유형 3가지와 유형별 서로 다른 기능 각 1가지를 쓰시오.
● 24 중등

> 교 사 B : 강연 중에 교사의 온라인 수업 역량도 강조하셨는데, 온라인 수업을 위한 콘텐츠를 개발하거나 실제 온라인 수업을 운영할 때 교사가 특별히 더 신경 써야 할 점을 추가로 말씀해 주실 수 있을까요?
> 전문가 C : 네. 온라인 수업은 대면 수업보다 학습자가 상호작용을 하는 데 어려움이 많이 있지요. 따라서 온라인 수업에서 학습자가 할 수 있는 다양한 유형의 상호작용을 고려하여 콘텐츠를 개발하고 온라인 수업을 운영해야 학습 목표를 효과적으로 달성할 수 있을 것입니다.

송 교사가 온라인 수업에서 학생의 고립감 해소를 위해 활용할 수 있는 구체적인 교수·학습 활동 2가지를 각각 그에 적합한 테크놀로지와 함께 제시하시오.
● 22 중등

> 김 교사 : 네, 좋은 전략을 찾으시면 제게도 알려 주세요. 그런데 우리 학교는 온라인 수업을 해야 될 상황이 생길 수도 있어요. 제가 온라인 수업을 해 보니 일부 학생들이 고립감을 느끼더군요. 선생님들이 온라인 수업을 하는 데 필요한 정보를 공유하는 학교 게시판이 있어요. 거기에 학생의 고립감을 해소하는 데 효과를 본 테크놀로지 기반의 교수·학습 활동을 정리해 올려 두었어요.
> 송 교사 : 네, 온라인 수업을 하게 되면 활용할게요. 선생님 덕분에 좋은 정보를 많이 얻을 수 있어 좋네요. 선생님들 간 활발한 정보 공유의 기회가 더 많아지길 바랍니다.

김 교사가 온라인 수업을 위해 추가로 파악하고자 하는 학생 특성과 학습 환경의 구체적인 예 각각 1가지, 김 교사가 하고자 하는 수업에서 토론 게시판을 활용하여 학생을 지원할 수 있는 구체적인 방안 2가지를 논하시오.
● 21 중등

> 요즘 온라인 수업을 하게 되었어. 학기 초에 학생의 일반적인 특성과 상황은 조사를 했는데 온라인 수업과 관련된 학생의 특성과 학습 환경에 대해서도 추가로 파악해야겠어. 그리고 학생이 자신만의 학습 목표를 설정하고 학습의 주체가 되는 수업을 어떻게 온라인에서 지원할 수 있을지 고민하다가, 학습 과정 중에 나와 학생뿐만 아니라 학생들 간에도 소통이 이루어지도록 토론 게시판을 활용하려고 해.

01 〈보기〉의 컴퓨터 활용 수업에 관한 설명 중 바른 것끼리 짝지은 것은?   ●06 중등

〈보기〉
ㄱ. 학습자의 개인차를 고려하는 적응적 수업에는 지능적 개인교수(intelligent tutorial)보다 반복 연습형 컴퓨터 보조수업이 효과적이다.
ㄴ. 실제 학습과제 수행이 위험하거나 비용 소요가 클 때 모의실험형 컴퓨터 보조수업을 사용할 수 있다.
ㄷ. 전문가체제(expert system)에서 학습자는 관련된 의사결정 과정에 관한 조언을 구할 수 있다.
ㄹ. 구성주의자들은 컴퓨터를 인지적 도구로 활용하는 것보다는 지식전달 도구로 활용하는 것이 고차적 사고력 육성에 효과가 있다고 주장한다.

① ㄱ, ㄷ   ② ㄱ, ㄹ   ③ ㄴ, ㄷ   ④ ㄴ, ㄹ

02 다음과 같은 특징을 모두 가진 컴퓨터 보조수업(CAI)의 형태는?   ●05 중등

- 도전감과 흥미를 준다.
- 정해진 규칙과 달성해야 할 목적이 있다.
- 집단 간의 경쟁을 통해 동기를 높인다.
- 사실, 원리, 사회적 기능, 태도 등의 학습에 사용된다.

① 자료제시형   ② 반복연습형   ③ 개인교수형   ④ 게임형

03 컴퓨터 보조수업(CAI) 중에서 아래의 그림과 관련이 깊은 유형은?   ●03 초등

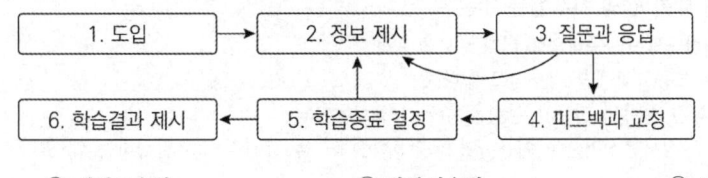

① 게임형   ② 개인교수형   ③ 반복연습형   ④ 시뮬레이션형

정답 01 ③   02 ④   03 ②

04 〈보기〉에서 웹 기반 원격교육에 대한 설명으로 바른 것만을 골라 묶은 것은?   • 05 초등

〈보기〉
가. 쌍방향 통신을 활용한다.   나. 면대면 수업을 위주로 한다.
다. 강좌를 선택할 수 있는 폭이 넓다.   라. 평생학습 사회를 구현하는 데 기여한다.
마. 공간을 초월하기는 쉽지만, 시간을 초월하기는 어렵다.

① 가, 나, 라   ② 가, 다, 라   ③ 나, 다, 마   ④ 다, 라, 마

05 다음과 같은 상황에 가장 적절한 컴퓨터 보조학습(CAI)의 유형은?   • 02 중등

- 학습자가 독자적으로 학습할 수 있도록 해 주어야 한다.
- 가네의 아홉 가지 수업사태를 적용하면 효과적이다.
- 새로운 정보를 가르치고, 확인하고, 강화해 줄 필요가 있다.

① 게임형   ② 반복연습형   ③ 개인교수형   ④ 발견학습법

06 우리나라의 ICT 교육에 대한 설명으로 옳은 것은?   • 05 중등
① 교육정보화의 물적 기반 구축을 목적으로 한다.
② 제7차 교육과정에서는 초등학교에만 적용되고 있다.
③ ICT 소양교육은 정보통신 분야의 전문가 양성을 주된 목표로 한다.
④ ICT 활용교육의 목적은 정보통신기술을 이용하여 교수·학습목표를 효과적으로 달성하는 데 있다.

정답 04 ② 05 ③ 06 ④

07 컴퓨터 매개 통신(computer-mediated communication)을 활용한 수업의 장점이라고 할 수 <u>없는</u> 것은? • 02 초등
① 협동적 문제 해결의 기회를 제공한다.
② 고차적 사고 기술을 습득할 수 있는 기회를 제공한다.
③ 공간적 제약을 초월한 사회적 상호작용의 기회를 제공한다.
④ 습득한 지식과 기능을 반복적으로 연습할 수 있는 기회를 제공한다.

08 원격 교육의 특징과 거리가 먼 것은? • 99 중등
① 시·공간의 초월성　　　　　　　　② 학습의 질 관리·평가 용이
③ 재택 학습 가능　　　　　　　　　④ 평생 학습 체제의 구현

09 다음은 각 교수·학습이론과 그것을 구현하기 위한 e-러닝 방법을 짝지은 것이다. 옳은 것을 모두 고른 것은? • 10 중등

구분	교수·학습이론	e-러닝 방법
ㄱ	벤더빌트 대학 CTGV의 정착교수(anchored instruction)	이론 상호작용 비디오 체제 활용 수업
ㄴ	브루너(J. Bruner)의 발견학습(discovery learning)이론	개인교수형 컴퓨터 보조 수업
ㄷ	스피로(R. Spiro)의 인지적 유연성(cognitive flexibility)이론	하이퍼텍스트와 하이퍼미디어 활용 수업
ㄹ	라이거루스(C. Reigeluth)의 정교화 교수이론(elaboration theory of instruction)	온라인 문제 기반학습

① ㄱ, ㄴ　　② ㄱ, ㄷ　　③ ㄴ, ㄹ　　④ ㄱ, ㄷ, ㄹ　　⑤ ㄴ, ㄷ, ㄹ

정답　07 ④　08 ②　09 ②

10 〈보기〉에서 인터넷 활용에 대한 설명으로 바른 것만을 골라 묶은 것은? ● 05 초등

―〈보기〉―
가. 지식 전달자로서 교사의 역할이 강조된다.
나. 정보의 생산자와 소비자가 엄격히 구분된다.
다. 문자, 소리, 동영상 등 다양한 매체를 활용할 수 있다.
라. 여러 장소에 있는 학습자끼리 협동학습을 수행하기가 용이하다.

① 가, 나　　　　② 가, 다　　　　③ 나, 라　　　　④ 다, 라

11 인터넷 활용 수업과 관련된 설명으로 가장 적절한 것은? ● 04 중등
① 학습 과정이 아니라 학습 결과만을 평가한다.
② 최신 지식과 정보를 활용한 교수·학습 활동이 가능하다.
③ 학습자는 능동적인 정보처리자가 아니라 수동적인 정보수용자이다.
④ 오프라인 수업에 비해 학습자가 전문가와 접촉할 수 있는 기회가 적어진다.

정답 10 ④　11 ②

Theme 62 블렌디드 러닝, 거꾸로 학습, 마이크로러닝

기출 07 중등

출제 Pick!
☆ 블렌디드 러닝의 개념, 적용방법 및 운영 방안, 필요 온라인 도구, 장점
☆ 거꾸로 학습의 개념, 단계, 설계 시 고려사항, 장점, 난섬, 교사 및 학습자의 역할
☆ 마이크로러닝의 개념, 장점, 활용방법

1 블렌디드 러닝(혼합형 수업, blended learning)

(1) 개념 ☆
① 온라인 강좌(온라인 학습)와 오프라인 강좌(면대면 학습)가 혼합된 형태의 교육
② 온라인 교육이 오프라인 수업을 보조할 수도 있고, 반대로 오프라인 수업이 원격교육으로 이루어지는 온라인 교육을 보조하는 역할을 하기도 함
③ 면대면(face-to-face) 교실 학습 및 컴퓨터를 매체로 하는 e-러닝 활동을 결합한 학습방법
④ '혼합형 학습', '하이브리드(hybrid)', '기술 매개 지도', '혼합모드 지도'라고도 함
⑤ 스마트 미디어 환경에서 e-러닝의 장점, 즉 시간 활용의 자유, 반복 수강 가능성, 멀티태스킹 가능성, 수업 후 질문이나 회신의 용이성을 확보함으로써 오프라인 교육이 가진 문제점을 보완하고자 도입됨

(2) 적용방법 ☆
① 집합 교육을 중심으로 온라인 교육을 보완함
② 자율학습 방식에 온라인 협동학습을 접목시킴
③ 다양한 온라인 학습전략에 오프라인으로 보조하는 방법 등을 활용함
④ **온라인 + 온라인** : 쌍방향, 일방향, 과제형, 게시판 사용

(3) 블렌디드 러닝 운영 방안
① **학습 환경의 통합** : 면대면 오프라인 교실 수업 + 비대면 온라인 원격수업
② **학습 시간의 통합** : 비실시간 온라인 수업 + 실시간 온라인 수업
③ **학습 방법의 통합** : 개별학습 + 협력학습
④ **학습 내용의 통합** : 규격화된/표준화된 학습내용 + 학생 스스로 구성하는 학습내용
⑤ **학습 수준의 통합** : 기초학습 + 심화학습
⑥ **학습과 진로탐색의 통합** : 정규 교과 내용 학습 + 관련 진로 탐색 학습

(4) 블렌디드 러닝을 위한 온라인 도구
① **온라인 학습 플랫폼** : 학생들이 수업 자료를 업로드하고, 강의 동영상을 시청하며, 과제를 제출하는 등의 학습 활동을 수행할 수 있는 플랫폼 활용
　예 Google Classroom, Moodle, Canvas 등
② **동영상 강의** : 수업 내용을 동영상으로 녹화하여 학생들이 언제 어디서든 접근하고 학습할 수 있도록 함
　예 Zoom, Microsoft Teams 등
③ **인터랙티브 학습 플랫폼** : 학생들이 상호작용하고 활동할 수 있는 인터랙티브 학습 플랫폼을 활용하여 학생들의 참여도를 높이고 학습 동기 유발
　예 Kahoot, Quizlet, Socrative 등

(5) 장점 ☆
① 학습자의 특성에 맞는 학습내용 및 방법으로 교육효과를 극대화함
② 학습공간과 기회 확대 ⇨ 온·오프라인의 통합을 통해 지속적인 학습을 가능하게 함
③ 개별화 수업, 자기주도적 학습, 교사와의 직접적 면대면 상호작용을 통한 학습의 촉진·안내·관리도 가능하여 학업성취도를 다각적인 방법을 통해 높일 수 있음
④ 학생의 학습 상황에 대한 데이터 수집이 가능하고 지도 및 평가과정을 사용자가 정의할 수 있음
⑤ 블렌디드 러닝 학습모델을 도입하는 학교는 자원을 학생들의 성과 확대에 집중시킬 수 있음

2 거꾸로 학습(flipped learning)

(1) 개념 ★
① 블렌디드 러닝의 한 형태로 학습자들이 교실 수업 전에 동영상 강의 등 온라인 학습을 통해 학습내용(영상, 논문자료 등)을 미리 학습하고, 교실 수업에서는 활동중심 학습(토론, 과제 풀이 등)을 통해 수업의 효과를 극대화하는 교수·학습방식
② 학습자를 수동적 학습자에서 능동적 학습자로 변모시키고, 수업시간과 과제를 하는 기존의 시간 개념을 변화시킴
③ 다양한 연습과정의 반복으로 완벽한 학습이 가능해짐

(2) 단계
온라인 사전 학습 ⇨ 준비도 확인 및 목표 제시 ⇨ 학습문제 해결 ⇨ 정리 및 평가
① 수업 전
- 교수자가 비디오 또는 동영상으로 사전 학습 자료를 제작하여 온라인에 업로드시켜 놓음 ⇨ 학습자가 온라인으로 새로 배울 개념에 대해 학습함
- 학습자는 사전 학습 후 사전 학습의 퀴즈 또는 간단한 평가내용을 풀면서 모르는 내용은 노트에 별도로 표기하여 다음 날 수업에서 교사에게 질문하기 위해 준비함

② 수업 도입
- 학습자는 사전 학습 내용 중 의문사항에 대해 개별로 질문을 하고 교사는 피드백을 하며 학생들의 학습 상황을 파악함
- 교사는 사전 학습에서 익힌 지식과 학습 내용을 실제 적용해 볼 수 있는 토론 및 토의, 프로젝트 학습 등의 활동을 제공함

③ 수업 중
- 교사는 학습부진 또는 속도가 느린 학습자를 위한 개별화 학습을 진행함
- 교사는 학습자 활동을 모니터링 + 지속적으로 평가하며 학생들이 아는 것과 모르는 것을 파악하여 처치

④ 수업 후
- 교사는 학습자가 보다 고차적인 적용활동을 할 수 있도록 다양한 자원 제공
- 교사는 온라인을 통해 학생들과 필요한 정보적 상호작용과 피드백을 주고받음

(3) 거꾸로 학습 설계 시 고려사항
① **유연한 환경** : 거꾸로 학습에서는 보다 탄력적이고 다양한 학습의 형태를 허용해야 함 ⇨ 다양한 학습 방식을 허용하고 유연한 학습공간을 창조하며, 수업시간 및 과제 수행 시간의 개념이 변화됨
② **학습 문화의 변화** : 거꾸로 학습에서는 교사 중심의 수업에서 학생 중심의 수업으로의 변화가 수반됨
③ **의도된 내용** : 교사는 수업시간에 어떠한 내용을 가르칠 것인지와 학생들로 하여금 사전에 어떠한 내용을 배워서 오게 할 것인지 의도적이고 분명한 계획이 있어야 함
④ **전문성을 갖춘 교사** : 교사는 학생들이 어떻게 체계적인 지식을 갖도록 할지, 어떻게 깊이 있는 지식을 갖게 할지 고민하는 것이 중요
⑤ **오프라인 수업시간의 역할** : 단순히 교육받는 시간이 아니라 고차원적 문제해결을 위한 시간으로 활용함

(4) 장점 ★
① **학습자 중심 수업 확대** : 수업 전에 미리 학습 내용을 익히고 참여하여 다양한 학습자 중심 수업 운영 가능
② **학습자의 자신감 형성** : 사전 학습을 통해 본 수업에 대한 자신감이 형성됨
③ **흥미와 동기 고양** : 오프라인 수업을 학습자 중심 활동으로 운영되기 때문에 지루하지 않고 흥미로운 수업이 가능해지며, 사전 학습을 통해 친숙한 과제를 다루므로 동기 또한 촉진됨
④ **역동적 학습 가능** : 실험, 탐구, 학습자 간의 상호작용을 촉진하는 수업이 가능해짐

(5) 단점 ★
학생이 온라인 사전 학습을 충분히 하지 않는 경우가 많음

(6) 거꾸로 학습에서 교사의 역할 ☆
① 교수자가 교육학적 지식뿐만 아니라 테크놀로지에 대한 전문적 소양도 갖추어야 함
② 오프라인 수업시간에 실험, 탐구, 학습자 간 상호작용을 촉진하는 협력학습 등 역동적인 학습을 실천함
③ 학생들이 온라인 사전 학습을 충분히 하지 않는 경우를 대비하여 흥미롭고 부담스럽지 않은 동영상 강의를 준비하고, 학생의 준비도 확인을 철저히 해야 함

(7) 거꾸로 학습에서 학습자의 역할
수동적 학습자에서 능동적 학습자로 변화되어야 함 + 온라인 사전학습을 성실히 이행해야 함

3 마이크로러닝(microlearning)

(1) 개념 ☆
1~2가지 개념을 2~7분 내로 소비할 수 있는 짧은 학습 콘텐츠를 통해 학습하는 방법

(2) 장점 ☆
① 짧은 시간 내에 학습할 수 있음
② 다양한 기기를 통해 학습 가능함
③ 학습자가 원하는 내용을 자기주도적으로 학습할 수 있음
④ 개개인의 역량과 수준에 맞춘 개별화 학습이 용이함

(3) 활용방법 ☆
① 오프라인 수업 후 핵심내용을 기억할 수 있도록 요약본을 짧은 영상으로 나누어 제공함
② 실제적 맥락 속에서의 사례를 영상으로 추가 제공함
③ 퀴즈나 학습자 활동 형태로 제공함

Theme 62 기출 CHECK!

01 다음과 같은 방식으로 진행한 학습체제로 가장 적절한 것은? ● 07 중등

> 학생들은 학급 홈페이지에 교사가 제시한 학습내용을 수업시간 전에 스스로 학습하였다. 교실 수업시간에는 교사의 안내에 따라 그 학습내용을 토대로 토론을 진행하였다. 수업이 끝난 후에는 교사가 제시한 토의 주제에 대하여 홈페이지 게시판에 의견을 제시하였다.

① 블렌디드 학습(blended learning)
② 온라인 프로젝트 학습(online-project learning)
③ 비디오회의 활용 학습(video conference learning)
④ 온라인 시뮬레이션 학습(online-simulated learning)

정답 01 ①

Theme 63 AI 디지털 교과서

기출
24 중등

1 개념 ★
학생 개인의 능력과 수준에 맞는 다양한 맞춤형 학습 기회를 지원할 수 있도록 인공지능을 포함한 지능정보화기술을 활용하여 다양한 학습자료 및 학습지원 기능 등을 탑재한 교과서

2 특징 ★
① **맞춤형 학습 경험**: AI 디지털 교과서는 학생 개개인의 학습 수준과 성향에 맞춰 맞춤형 학습 경험을 제공함
② **다양한 미디어 콘텐츠**: AI 디지털 교과서는 텍스트뿐만 아니라 그래픽, 음성, 동영상 등 다양한 형태의 미디어 콘텐츠를 통해 학습을 지원함
③ **학습 분석과 평가**: AI 디지털 교과서는 학생들의 학습 기록을 실시간으로 분석하여 학습 진도와 성취도를 파악할 수 있음
④ **지속적인 업데이트와 개선**: AI 기술을 활용한 디지털 교과서는 지속적으로 데이터를 수집하고 학습하여 콘텐츠를 개선하고 업데이트하여 학습 자료의 최신성과 효과성을 유지할 수 있음
⑤ **접근성과 이동성**: AI 디지털 교과서는 온라인 플랫폼에서 접근할 수 있으므로, 학생들은 언제 어디서나 학습에 참여할 수 있음
⑥ **상호작용과 참여 촉진**: AI 디지털 교과서에서 학생들은 질문하고 토론하며, 학습에 적극적으로 참여할 수 있음

3 AI 디지털 교과서와 서책형 교과서 비교

내용	AI 디지털 교과서	서책형 교과서
자료 유형	동영상, 가상현실 등과 같은 멀티미디어 학습자료	텍스트와 이미지 중심의 평면적·선형적인 학습자료
자료의 변형	새로운 사실과 신속한 반영	자료가 고정되어 변환이 어려움
자료수집	다양한 교육자료나 DB와의 연계	교과서 외의 자료를 찾기에 많은 시간과 비용 요구
내용전달 매체	정보기기	인쇄매체
다른 교과와의 관계	교과 내·학년 간 연계학습	교과 간 서로 단절된 개별학습
학습 방향	교사, 학생, 컴퓨터 간 다방향 학습	지식전달 위주의 단방향 학습
수업효과	학생중심 수업활동과 자기주도적 학습 시행 가능	학습자의 능력에 따른 수업이 어려운 일제식 수업
학습 데이터 수집 및 분석	해당 교과서 내에서 학생의 학습 진도 및 성취수준, 학습 특성 등에 대한 학습 데이터 수집 및 분석 가능	—

출제 Pick!
☆ AI 디지털 교과서의 개념, 특징, 서책형 교과서와의 비교
☆ AI 디지털 교과서의 교육적 효과 (교사 측면, 학습자 측면)
☆ SMART 교육의 개념

Level Up
SMART 교육 ★
- 'Self-directed, Motivated, Adaptive, Resource free, Technology embedded'의 머리글자를 딴 학습법
- 자기주도적으로 흥미롭게, 자신의 수준과 적성에 맞는 풍부한 자료와 정보기술을 활용하여 공부하는 방법
- 디지털 교과서의 개발 및 활용, 온라인 수업과 맞춤형 온라인 평가제도의 도입, 자유로운 교육콘텐츠 이용환경 조성 등의 전략 등을 통해서 추진되어오고 있음

Level Up
디지털 시대 교육의 대전환 방향

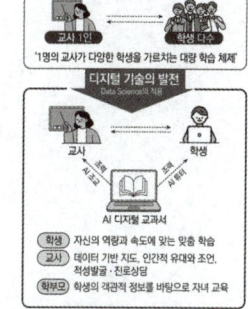

- AI가 대체할 수 없는 인간의 고유한 창의성, 비판적 사고력, 인성, 협업능력을 키울 수 있도록 개념 중심, 문제해결 중심 교육 강화
- 모든 학생이 자신의 학습목표, 학습역량, 학습속도에 맞는 맞춤 교육을 받고, 교사와 학생이 인간적으로 연결되는 체제 구현

Theme 63 기출 CHECK! ✓

 논술 기출 CHECK

전문가 C가 언급한 온라인 수업에서 학습자 상호작용의 어려운 점 1가지, 온라인 수업에서 학습자 상호작용의 유형 3가지와 유형별 서로 다른 기능 각 1가지를 쓰시오.
● 24 중등

교 사 B : 강연 중에 교사의 온라인 수업 역량도 강조하셨는데, 온라인 수업을 위한 콘텐츠를 개발하거나 실제 온라인 수업을 운영할 때 교사가 특별히 더 신경 써야 할 점을 추가로 말씀해 주실 수 있을까요?

전문가 C : 네. 온라인 수업은 대면 수업보다 학습자가 상호작용을 하는 데 어려움이 많이 있지요. 따라서 온라인 수업에서 학습자가 할 수 있는 다양한 유형의 상호작용을 고려하여 콘텐츠를 개발하고 온라인 수업을 운영해야 학습 목표를 효과적으로 달성할 수 있을 것입니다.

Theme 64. 컴퓨터 기반 협력학습 (CSCL; Computer-Supported Collaborative Learning)

기출
20 중등

1 개념 ☆
① 컴퓨터를 기반으로 학습자가 공유와 협력을 통해 공동의 문제를 해결하고, 지식을 형성하는 학습 형태
② 각기 다른 장소에 있는 학습자가 협력도구를 활용하여 개인의 지식을 외현화하고 이를 공동의 데이터 베이스에 공유하고 협력적으로 발전시킴

2 특징 ☆
① 시간과 장소에 구애받지 않고 협력적으로 학습하고, 공동의 산출물을 구성해 나갈 수 있음
② 학습자 간의 활발한 상호작용을 요구함
③ 교사는 다양한 협력도구와 인지·정서적 지원을 통해 학습자의 협력과 상호작용을 지원함

3 컴퓨터 기반 협력학습 시 교사가 지원해야 하는 도구(학습지원 도구) ☆
① **시각화 도구**: 학습자의 수행 과제를 더 잘 나타낼 수 있도록 지원
② **정적 정보**: 학습자의 지식 표현 형식 제공
③ **수행지원 도구**: 학습자의 현재 학습과제보다 낮은 수준의 학습과제를 자동화하거나 대체하여 인지활동의 부담을 덜어줌
④ **정보수집 도구**: 문제해결을 위한 중요한 정보수집 지원
⑤ **의사소통 도구**: 학습자 상호 간의 원활한 원격 의사소통 지원
⑥ **협업 도구**: 학습자 간 공동의 학습문제 해결을 위한 학습활동 공간 제공

4 컴퓨터 기반 협력학습과 클라우드 컴퓨팅

(1) 클라우드 컴퓨팅
인터넷을 매개로 연결된 서버에 데이터를 저장하고 다양한 단말기를 통해 해당 데이터를 불러오거나 가공할 수 있는 환경을 제공하는 것
예 구글 드라이브, 드롭박스, 구글 독스(Google Docs), 퀍(Quip)

(2) 컴퓨터 기반 협력학습을 위한 클라우드 컴퓨팅의 활용
① 클라우드 컴퓨팅과 분산인지
  ㉠ 분산인지에 따르면 인간의 지적인 활동은 개인의 내부뿐만 아니라 사회적·물리적 환경과의 상호작용을 통해 이루어짐
  ㉡ 테크놀로지는 개인의 인지적 부담을 줄여줌으로써 효율적으로 과제를 수행할 수 있도록 하며, 사고의 과정 또한 촉진함으로써 더 효과적으로 학습이 일어나도록 할 수도 있음 ⇨ 클라우드 컴퓨팅 기술을 통해 개인 혹은 그룹의 생각을 시각화할 경우, 학습자가 상대방의 생각을 더욱 잘 이해하게 되고, 공동으로 문제를 해결하기 위해 더 적극적으로 상호작용할 수 있음
② 장점
  ㉠ 어떤 시·공간에서나 손쉽게 접근할 수 있는 공동의 작업공간을 제공함
  ㉡ 학습자들이 그룹 구성원들과 작업물에 대해 상호작용하는 것을 도움
  ㉢ 클라우드 컴퓨팅 기술이 과제물에 대한 공동의 이해를 형성하고 협력과정을 효과적으로 조절하는 것을 도와 상대적으로 더 나은 학습성과로 이어짐
③ 제한점: 시·공간을 불문하고 클라우드 컴퓨팅 애플리케이션을 이용해서 협력활동에 참여할 수 있게 됨 ⇨ 그룹 과제를 수행하기 위해 면대면 회의를 가지는 횟수가 줄어들 경우, 오히려 학습자 간의 상호작용을 제한하게 될 수도 있음

출제 Pick!
☆ 컴퓨터 기반 협력학습의 개념, 특징
☆ 컴퓨터 기반 협력학습 시 교사가 지원해야 하는 도구
☆ 컴퓨터 기반 협력학습과 클라우드 컴퓨팅

Level Up
위키학습
1. 개념
문서를 공동으로 작성하는 위키 프로그램을 활용해서 협력과제를 수행하는 컴퓨터 기반 협력학습의 형태
2. 장점
• 시간과 장소에 제약 없이 학습자들은 공동으로, 또는 자신이 편한 시간과 장소에서 협력과제를 수행할 수 있음
• 수정과 편집이 자유로움
• 평소 수줍음이 많은 학생도 협력 과제에 적극적으로 참여할 수 있음
3. 단점
• 협력학습 초기, 프로그램에 익숙하지 않은 학습자들이 학습에 어려움을 호소할 수 있음
• 학습자 간의 활발한 의사소통이 부족한 경우, 공동의 지식구성이 이루어지지 않고 단순한 분업으로 과제가 진행될 수 있음
• 상대방과의 논의 없이 동료 학습자가 작성한 글을 임의로 수정하거나 삭제하는 경우, 학습자 간의 정서적 갈등이 초래될 수 있음

Theme 64 기출 CHECK!

논술 기출 CHECK

C 교사의 의견에서 제시된 토의식 수업을 설계할 때 활용할 수 있는 정착수업 원리 2가지, 위키를 활용할 때 발생할 수 있는 문제점 2가지를 논하시오.

●20 중등

> **C 교사 의견**
> - 토의식 수업이 활발하게 이루어지기 위해서는 수업방법과 학습도구도 달라져야 함
> - 수업방법 측면에서는 학생이 함께 다양한 관점에서 문제를 탐색하며 해답을 찾아가는 데 있어서 정착식 수업(anchored instruction)을 활용할 수 있음
> - 학습도구 측면에서는 학생이 상호 협력하여 지식을 생성하기 위해 인터넷에서 수집한 정보를 공유하고, 공동으로 수정, 추가 편집하는 데 위키(wiki)를 이용할 수 있음(예 위키피디아 등) – 단, 위키를 활용할 때 발생할 수 있는 문제점에 유의해야 함

Theme 65 새로운 테크놀로지 활용 수업

1 모바일 러닝(M-learning)

(1) 개념
모바일 기기를 활용하는 교수·학습방법 예 스마트폰, 태블릿 PC 등

(2) 특성
① **시·공간 한계 극복**: 언제 어디서나 학습이 이루어지는 교육적 이상을 달성하려는 목적에서 등장함
② **실제적인 맥락에서의 학습**
  ㉠ 이동하는 개인의 위치와 처해 있는 상황과 맥락을 반영하여 그에 적합한 학습 내용을 모바일 기기를 통해 제공할 수 있음
  ㉡ 일반 교실 수업 혹은 일반 컴퓨터 앞에서의 교육환경과 모바일 러닝과의 근본적인 차이를 보여줌
③ **학습자의 개별성 지원**
  ㉠ 모바일 기기를 쉽게 휴대 가능 ⇨ 언제 어디서나 필요한 정보를 검색하고 기억하고 싶은 내용을 메모하거나 사진 및 동영상으로 기록할 수 있음
  ㉡ 학습자의 관심과 요구를 반영한 개별화 학습을 촉진하며, 학습자가 자신의 학습을 주도하도록 하여 궁극적으로 효과적인 학습을 도움
④ **사회적 상호작용을 통한 공유성**
  ㉠ 페이스북, 트위터, 네이버 밴드 등의 SNS(Social Networking Service)를 이용해서 모바일 러닝 활동과 결과물을 교수자 및 다른 학습자와 쉽게 공유할 수 있음
    • SNS는 인터넷상에서 친구, 동료 등 지인과의 인간관계를 강화하거나 새로운 인맥을 형성함으로써 폭넓은 인적 네트워크를 형성할 수 있게 해주는 서비스를 지칭함
    • SNS는 교육현장에서 학습 자료 및 공유, 온라인 토론 및 그룹 학습, 질문과 답변, 학교 소식 및 일정 공지, 프로젝트 및 과제 관리, 학생 참여 및 창의성 유발 등을 위해 활용될 수 있음
  ㉡ 모바일 러닝의 기술적인 특성을 협력학습에 용이하게 활용함으로써 얻어지는 중요한 특성

(3) 단점
① 작은 스크린상에서 구동되는 특징이 있어 신체적인 피로나 장애로 이어질 수 있음
② 모바일 러닝을 위해 필요한 무선 인터넷 활용이 어려운 지역에서는 학습이 불가능하다는 한계점이 있음

2 게이미피케이션(gamification)

(1) 개념과 특징
① **개념**: 게임이 아닌 것에 게임의 요소나 원리를 적용하는 것
  ㉠ **게이미피케이션의 광의**: 지식이나 기술을 학습하기 위해 개발된 기능성 게임을 포함하는 개념
  ㉡ **게이미피케이션의 협의**: 게임의 다양한 요소를 실제 수업 맥락에 적용하는 개념. 게임의 어떤 요소가 학습자의 몰입을 촉진하는지를 분석하여 수업 중에 학습자의 동기를 유발하고 참여를 촉진하는 데 게임의 요소를 적용하는 것
② **특징**: 게임에 참여자를 자발적으로 몰입하게 만드는 요인이 무엇인가에 관심을 두고, 게임에서 사용되는 요소를 다른 분야에도 적용하여 사람들의 몰입과 흥미 유도를 통해 달성하고자 하는 목표에 도달하게 함

(2) 게이미피케이션의 구성요소
① **명확한 목표와 규칙**
  ㉠ 명확하게 달성해야 하는 목표
  ㉡ 목표를 성취하기 위해서 지켜야 하는 규칙
② **지속적인 과제 제시**
  ㉠ 참여자가 지속적으로 활동하게 하고 문제를 해결하게 함
  ㉡ **과제의 수준**: 약간의 도전의식을 느낄 수 있는 수준

출제 Pick!
☆ 모바일 러닝의 개념, 특성
☆ 게이미피케이션의 개념, 특징, 구성요소
☆ 실감미디어 활용 수업의 개념, 특징, 종류, 장·단점
☆ 인공지능 교육의 종류, 인공지능 챗봇 교육의 장·단점

③ 즉각적인 피드백 및 재도전 기회 제시
  ㉠ 참여자 활동의 결과나 목표 달성 정도에 대한 피드백을 명시적으로 자주 제공함
  ㉡ 참여자가 실패하더라도 다양한 시도를 할 수 있도록 재도전의 기회를 제공함
④ 보상 제공
  ㉠ 과제를 수행할 때마다 포인트나 배지를 제공함
  ㉡ 참가자들이 서로의 점수를 비교할 수 있는 리더보드(leader board)를 제공 ⇨ 성취감과 동기 부여
⑤ 과제 난이도에 따른 레벨 구분
  ㉠ 과제의 난이도에 따라서 게임 레벨을 초급, 중급, 고급 등으로 구분함
  ㉡ 참가자가 스스로 게임 레벨을 선택하도록 자율성을 부여할 수도 있음
⑥ 스토리 제공
  ㉠ 참가자의 행동과 생각이 특정한 맥락 속에서 의미를 가지도록 수행하는 구체적인 맥락을 제공함
  ㉡ 스토리를 통해 현실과 비슷한 맥락적 흐름을 주어 참가자가 게임에 더 흥미를 느끼고 몰입하게 만듦

3 실감미디어(immersive media) 활용 수업

(1) 개념과 특징
  ① 개념 : 인간의 오감과 감성 정보를 제공하여 사용자의 미디어 체험 만족도를 높이는 차세대 미디어
  ② 특징 : 실감미디어는 사용자의 실재감(presence)과 몰입감(immersion)을 최대로 높이기 위한 목적
    ⇨ 실재감은 사용자가 자신이 마치 가상의 환경 안에 존재한다고 느끼는 것으로, 사용자는 실감미디어를 통해 실제와 유사한 경험을 할 수 있게 됨

(2) 실감미디어의 종류
  ① 증강현실(AR; Augmented Reality)
    ㉠ 개념 : 사용자가 보고 있는 실제 보이는 장면에 부가적인 그래픽 자료를 합성하는 인터페이스 기술
    ㉡ 특징
      • 학습자에게 더 높은 실재감을 제공 ⇨ 학습자의 몰입감을 높여 과제수행에 긍정적인 영향을 줄 수 있음
      • 학습자에게 조작하는 경험을 제공 & 학습자료와 직접적으로 상호작용 ⇨ 능동적인 학습이 가능해짐
  ② 가상현실(VR; Virtual Reality)
    ㉠ 개념 : 특정 환경이나 상황을 구성해서 사용자가 실제 주변 환경이나 상황과 상호작용하는 것처럼 만들어 주는 인터페이스 기술
    ㉡ 특징
      • 학습자의 실제 움직임과 가상공간에서의 움직임이 일치하도록 나타남 ⇨ 학습활동 몰입 유발
      • 사실적인 상황을 만들어 생생한 체험 제공 ⇨ 안전한 환경에서 반복적으로 학습활동을 지속할 수 있음 ⇨ 특정한 기술이나 지식의 효과적 숙달 촉진
  ③ 메타버스(metaverse)
    ㉠ 개념 : 아바타를 기반으로 사회적 상호작용이 가능한 3차원 가상환경
    ㉡ 특징
      • 아바타를 통해 사회적 실재감을 높이고 사회적 상호작용 촉진
      • 입체적인 학습공간을 제공하여 학습자의 적극적인 활동 및 학습 참여를 높임

(3) 실감미디어 활용 수업의 장·단점
  ① 장점
    ㉠ 적극적인 참여 : 더욱 적극적으로 참여하게 함 ⇨ 흥미 유발, 학습 동기 부여
    ㉡ 체험 중심 학습 : 학생들에게 실제 경험을 통해 학습할 수 있는 기회 제공
    ㉢ 시뮬레이션과 실험 : 어려운 실험이나 위험한 상황을 시뮬레이션으로 안전하게 실습
    ㉣ 다양한 학습 환경 : 역사적인 사건을 가상 현실로 체험하거나, 지리적인 장소를 증강현실로 탐험하는 등 학생들에게 다양한 학습 환경을 제공함

② 단점
  ㉠ 비용과 기술적 요구사항 : 실감미디어 기술의 구현에는 상당한 비용과 기술적 요구사항이 필요
  ㉡ 어지러움증과 시각 피로 : 현실과 다른 시각적 자극은 어지러움증이나 멀미 등의 증상을 유발함
  ㉢ 교사 부담 : 교사들에게 기존과는 다른 접근법과 교수법을 습득하고 적용하는 역량을 요구함

4 인공지능 기반 교육(Artificial Intelligence based learning)

(1) 개념과 목표
  ① 개념 : 인공지능에 대한 교육과 인공지능 활용교육을 모두 포함하는 개념
    ⇨ 인공지능의 기본 개념과 기술을 바탕으로 다양한 교과 및 실생활 문제를 해결하기 위한 교육
  ② 목표 : 미래 인공지능 사회에 대비하여 인공지능에 대한 이해를 갖추고, 다양한 분야에 걸친 인공지능의 사회적 영향력을 인식함으로써 인공지능의 윤리적 활용을 도모하게 함

(2) 인공지능 교육의 종류
  ① 인공지능 이해 교육
    ㉠ 인공지능 기술 자체에 대해 이해하고 배우는 것에 초점을 두는 교육
    ㉡ 인공지능 기술의 원리를 이해하고, 이를 바탕으로 알고리즘을 설계, 개발, 활용하는 일련의 역량들을 습득하는 것이 포함됨
  ② 인공지능 활용 교육
    ㉠ 인공지능을 다양한 교과의 교수·학습상황에서 교육의 도구로 활용하는 교육
    ㉡ 종류
      • AI 활용 교과교육 : 인공지능 기술을 활용하여 특정 교과의 내용을 좀 더 심화적으로 이해하는 교육
      • AI 융합교육 : 인공지능 기술과 여러 교과의 지식을 통합하여 문제를 해결하는 교육
  ③ 인공지능 가치 교육
    ㉠ 인공지능 기술의 사회경제적 영향 및 윤리적 가치에 초점을 두는 교육
    ㉡ 산업분야별 AI 윤리 이슈뿐만 아니라, 인공지능의 인간중심성, 책임성, 투명성, 개인정보보호, 공정성, 안정성, 신뢰성 등에 대한 내용을 포함

(3) 인공지능 챗봇 활용 교육
  ① 인공지능 챗봇 활용 교육
    ㉠ 학습 튜터 역할 : 학생들이 교과목에 관련하여 질문하거나 의문점을 해결해 줌
    ㉡ 학습 평가와 피드백 제공 : 학생들의 학습 성과를 평가하고 피드백을 제공해 줌
    ㉢ 언어 학습 지원 : 단어, 문법, 어휘 등의 학습 지원
  ② 장점
    ㉠ 시·공간의 제약 극복 : 항상 사용 가능하기 때문에 학생들이 필요할 때 언제든지 질문하고 학습할 수 있음
    ㉡ 개별 맞춤 학습 지원 : 학생들의 학습 기록을 분석하여 개별 맞춤형 학습 내용을 제공하고, 학생 개개인의 학습 수준과 관심사를 고려하여 최적의 학습 경로를 제시할 수 있음
    ㉢ 대화형 학습 경험 : 인공지능 챗봇을 통해 학생들은 대화 형식으로 학습을 진행하며, 보다 적극적으로 학습에 참여할 수 있음
  ③ 단점
    ㉠ 사람 간 상호작용 부족 : 인공지능 챗봇은 인간의 감정이나 커뮤니케이션 측면에서 제한적일 수 있기 때문에 교사와 학생 사이의 강한 상호작용을 대체하기엔 한계가 있음
    ㉡ 기술적 한계 : 일부 챗봇은 정교한 질문에 적절한 답변을 제공하지 못할 수 있으며, 특정 도메인에 대해서만 효과적일 수 있음
    ㉢ 의존성 문제 : 학생들이 인공지능 챗봇에 지나치게 의존할 경우, 자체적인 문제 해결 능력이나 창의성이 저하될 수 있음

Theme 65 기출 CHECK!

*해당 테마는 기출문제가 없어 '확인문제'를 수록하였습니다.

01 모바일 러닝(M-learning)의 장점과 단점 각각 2가지 ● 확인문제

02 게이미피케이션(gamification)의 구성요소 2가지 ● 확인문제

03 실감미디어(immersive media) 활용 수업의 특징 2가지와 종류 2가지 ● 확인문제

04 인공지능 챗봇 활용 교육의 장점과 단점 각각 2가지 ● 확인문제

정답
01 장점 : 시·공간 한계 극복, 실제적인 맥락에서의 학습, 학습자의 개별성 지원, 사회적 상호작용을 통한 공유성
　　단점 : 작은 스크린상에서 구동되는 특징이 있어 신체적인 피로나 장애, 무선 인터넷 활용이 어려운 지역에서는 학습이 불가능하다는 한계점
02 명확한 목표와 규칙, 지속인 과제 제시, 즉각적인 피드백 및 재도전 기회 제시, 보상 제공, 과제 난이도에 따른 레벨 구분, 스토리 제공
03 특징 : 실재감, 몰입감 / 종류 : 증강현실(AR; Augmented Reality), 가상현실(VR; Virtual Reality), 메타버스
04 장점 : 시·공간의 제약 극복, 개별 맞춤 학습 지원, 대화형 학습 경험 / 단점 : 사람 간 상호작용 부족, 기술적 한계, 의존성 문제

학원/동영상 강의

지스쿨
www.g-school.co.kr

PART 3

교육평가

Theme 66-68	Theme 69-72	Theme 73-78	Theme 79-82
교육평가의 이해	교육평가의 모형	교육평가의 유형	교육평가의 실제

PART 3 교육평가
핵심 테마 모아보기

교육평가의 이해	Theme 66 교육평가의 개념	교육평가의 기본 가정, 목적과 기능, 대상
	Theme 67 평가에 대한 관점과 기능	측정관(선발적 교육관), 총평관(인본주의적 교육관), 평가관(발달적 교육관), 총괄적 평가(학습에 대한 평가), 형성적 평가(학습을 위한 평가, 학습으로서의 평가)
	Theme 68 메타평가	개념, 목적, 유형
교육평가의 모형	Theme 69 타일러의 목표중심 평가모형	개념, 특징, 절차, 장·단점, 프로버스의 불일치평가모형(개념, 특징)
	Theme 70 스크리븐의 탈목표 평가모형	개념, 특징, 장·단점, 의의
	Theme 71 아이즈너의 예술적 비평모형	교육적 감식안, 교육비평, 비평의 3가지 측면, 장·단점
	Theme 72 스터플빔의 CIPP 평가모형	평가의 의의, 특징, 평가 단계 및 내용, 장·단점
교육평가의 유형	Theme 73 평가 기준에 따른 분류 - 규준지향평가, 준거지향평가, 성취평가제	규준지향평가(개념, 장·단점, 표준점수), 준거지향평가(개념, 특징, 장·단점), 성취평가제(개념, 특징, 성취기준, 성취수준, 장점)
	Theme 74 평가 시기에 따른 분류 - 진단평가, 형성평가, 총괄평가	진단평가·형성평가·총괄평가 각각의 개념·기능·방법, 형성평가 도구 제작 시 고려사항, 피드백의 종류와 특징
	Theme 75 대안적 평가 - 역동적 평가, 능력지향평가, 성장지향평가, 학생 참여형 평가	역동적 평가(개념, 특징, 방법), 능력지향평가(개념, 특징, 장점과 한계점), 성장지향평가(개념, 특징, 장점과 한계점), 학생 참여형 평가(자기평가 및 동료평가의 개념, 장점, 방법)
	Theme 76 과정중심 평가, 수행평가, 포트폴리오 평가	과정중심 평가(개념, 특징, 운영 절차, 단위학교에서의 운영방안), 수행평가(개념, 특징, 수행평가 신뢰도 높이는 방안, 루브릭), 포트폴리오 평가(개념, 특징, 수행방안, 장·단점)
	Theme 77 평가 대상의 행동에 따른 분류 : 인지적, 정의적, 심동적 평가	인지적 평가, 정의적 평가(개념, 유형, 사회성 측정법의 개념과 장·단점), 심동적 평가
	Theme 78 평가 방법에 따른 분류 : 양적, 질적, 혼합평가, 컴퓨터화 검사	양적 평가(개념), 질적 평가(개념), 컴퓨터화 검사(정의, 종류)
교육평가의 실제	Theme 79 평가문항의 제작 - 선택형, 서답형, 서술형·논술형	선택형(유형, 장·단점), 서답형(유형, 특징), 논·서술형(특징, 제작 시 유의사항, 제작 원리, 장·단점, 교육적 효과)
	Theme 80 평가 양호도	타당도(개념, 유형별 개념과 특징), 신뢰도(개념, 유형별 개념과 특징), 객관도(개념, 종류, 확보방안), 실용도(개념, 고려사항)
	Theme 81 평정의 오류	논리적 오류, 후광효과(인상의 오류), 대비의 오류, 근접의 오류, 표준의 오류, 집중경향의 오류, 무관심의 오류, 의도적 오류, 일반화 오류, 관대의 오류, 엄격의 오류
	Theme 82 문항분석 이론과 실제	문항분석의 개념과 필요성, 문항분석의 방법, 문항분석을 위한 측정이론, 고전검사 이론과 문항반응이론 비교

Theme 66 교육평가의 개념

기출
25 중등

1 교육평가

(1) 개관
① 교육평가의 목적은 교육이 행동변화를 가져왔느냐를 판단하는 것에 있음
② **교육목적에 대한 가치 판단**: 교육과 관련된 모든 것의 양, 정도, 질, 가치, 장점 등을 체계적으로 측정하여 판단하는 주관적 행위

2 교육평가의 기본 가정
① 학습자의 잠재능력 개발 가능성
  ㉠ 인간은 개발할 수 있는 무한한 잠재능력을 지니고 있음
② **교육평가의 대상과 자료의 무한성**
  ㉠ 평가의 대상과 자료는 무한함
  ㉡ 어떠한 행위, 대상, 자료도 교육평가의 대상이 됨
③ **시간의 연속성**
  ㉠ 평가는 지속적으로 이루어져야 함
  ㉡ 연속적인 평가로서 평가대상의 변화에 따른 성장, 발달 등을 점검하고 그에 따른 교육의 효과를 알 수 있음
④ **평가의 종합성**
  ㉠ 교육평가는 종합적이어야 함
  ㉡ 평가대상이 가지고 있는 모든 자료를 종합적으로 수집하여 평가하여야 함
  ㉢ 관찰, 면접, 수행평가 등 다양한 평가방법으로 실시

3 교육평가의 목적과 기능

(1) 목적
① 학습을 극대화함
② 학업성취수준을 총평함
③ 교육의 질을 향상시킴
④ 교육과정, 교수·학습 프로그램, 교육자료 등을 개선함
⑤ 정책구안이나 의사결정을 위한 기초를 제공함
⑥ 공공기금의 지출을 점검함

(2) 기능
① 교육과정, 프로그램, 교구, 교재 등을 개선하고 발전시킴
② 신입생 또는 신입사원을 선발하거나 자격증을 부여함
③ 국가단위나 지역단위의 학업성취도 시험을 실시하여 교육에 대한 책임 여부 점검(단, 책무성이 지나치게 강조되는 교육평가는 부작용을 수반함에 유의하여야 함)
④ 평가 자체가 행위에 대한 동기 부여

4 교육평가의 대상
① **인적 대상**: 학생, 교사, 학부모, 학교행정가, 학교경영자, 지역사회 주민
② **물적 대상**
  ㉠ **소프트웨어**: 교수·학습 프로그램, 교육과정, 교구, 교재
  ㉡ **하드웨어**: 시설, 환경, 교육예산(학교예산의 적절성 등), 예산집행관계(학교예산 집행의 타당성 등)
③ **평가**: 평가에 대한 평가
  ㉠ 평가 자체에 대한 평가
  ㉡ 평가에 대한 평가기준
    ⓐ **실현성(feasibility)**: 평가가 실현 가능하였는가
    ⓑ **실용성(utility)**: 평가가 실제적으로 필요하였는가
    ⓒ **적합성(propriety)**: 평가가 도덕적으로 적합하게 실시되었는가
    ⓓ **정확성(accuracy)**: 정확한 정보를 전달하였는가

출제 Pick!
☆ 교육평가의 기본 가정
☆ 교육평가의 목적과 기능, 교육평가의 대상

Level Up
교육평가에 대한 학자별 다양한 정의

Tyler (1942)	• 교육목표의 달성 여부를 판단하는 행위 • 교육과정과 교수 프로그램에 비추어 교육목표가 얼마만큼 달성되었는가를 판단하는 행위
Cronbach (1969) Stufflebeam (1971)	• 의사결정을 위한 정보를 제공하는 일
Stufflebeam (1976)	• 어떤 것의 가치, 질, 유의성, 양, 정도, 조건에 대한 판단과 시험행위
Beeby (1977)	• 평가에 필요한 정보는 체계적인 방법으로 수집되어야 하고 수집된 정보에 대한 해석이 필요함. 교육과정 교육결과에 대한 기술과 해석이 아니라 그것을 바탕으로 하여 교육과정과 결과, 교육목적에 대해 가치판단을 내리는 것

Theme 66 기출 CHECK!

논술 기출 CHECK

다음은 ○○ 고등학교에서 경력 교사와 신임 교사가 나눈 대화의 일부이다. 이 내용을 읽고 '변화하는 환경에서 교육의 기본에 충실한 교사'라는 주제로, 경력 교사가 언급한 교육평가의 기본 가정 3가지를 논하시오.
● 25 중등

신임 교사: 좋은 제안 감사합니다. 그리고 변화된 평가 방식에 따라 지난 학기에 준거참조평가를 실시해 봤는데, 아직 저한테는 준거 설정 방법이 익숙하지 않은 것 같습니다.

경력 교사: 아! 그러시군요. 준거참조평가에서는 성취수준을 구분하는 것이 중요한데, 준거 설정 방법이 쉽지만은 않지요. 하지만 점차 나아질 겁니다. 더불어 어떠한 평가 방식을 사용하더라도 교사는 교육평가의 기본 가정을 항상 염두에 두는 것이 중요하다고 생각합니다.

Theme 67 평가에 대한 관점과 기능

기출 22 중등, 97 초등

출제 Pick!
- ☆ 평가관 3가지의 명칭, 개념, 특징
- ☆ 각 평가관에 영향을 미친 교육관의 명칭
- ☆ 총괄적 평가, 형성적 평가의 목적과 특징

1 측정관, 총평관, 평가관의 개념과 특징 ☆

종류	측정관	총평관	평가관
개념	정해진 규정 및 법칙에 따라 사물의 속성을 수량화·객관화하는 것	수량화되지 않은 징보까지 모두 포함해서 사물을 종합적으로 파악하는 것	사물의 속성을 수량화하거나 관찰, 면담 등 수량화하기 어려운 정보를 종합적 수집하고, 그 결과에 대한 가치판단을 통해 사물의 속성을 세밀하게 파악하는 것
특징	• 선발적 교육관에 토대 ☆ • 객관성, 신뢰성 중시 • 신뢰성 높고 객관성 있는 측정 위해 측정하는 절차에 대한 표준화가 요구됨 • 측정 시 측정 단위인 척도(명명척도, 서열척도, 등간척도, 비율척도)를 설정해야 함 • 검사의 영향을 제한하거나 극소화하려고 함	• 인본주의적 교육관에 토대 ☆ • 구인타당도 중시 • 양적 자료와 질적 자료를 모두 이용하며, 평가대상에 대해 전인적 평가를 진행할 때 사용 • 인간과 환경의 상호작용에 대한 분석 통해 특별한 목적이나 준거에 비추어 개인 특성에 대한 의사 결정을 내릴 때 사용	• 발달적 교육관에 토대 ☆ • 내용타당도 중시 • 평가대상의 가치를 구체적인 기준에 비추어 판단한다는 점에서 규범적 • 평가도구가 의도한 목표를 얼마나 잘 대표하고 있는지 확인 • 검사 자체가 학습자의 행동변화를 일으키는 중요한 원천이 됨

2 총괄적 평가

(1) 목적
① 학생의 인지적·정의적·심동적 영역의 성장·발달수준을 판단하는 것을 목적으로 함
② 학생 간 차이를 규준, 준거를 통해 변별하여 개별 학생의 수준을 정확하게 판단하는 게 중요함

(2) 특징 – 학습에 대한 평가
① 규준참조평가의 경우 어떤 학생의 성취도가 규준을 바탕으로 어디에 위치하는지 판단함
② 준거참조평가의 경우 성취기준에 어느 정도 도달했는지 판단함

3 형성적 평가

(1) 목적
① 학생의 인지적·정의적·심동적 영역의 성장·발달수준을 이해하여 교수·학습과정을 개선하는 것
② 평가를 통해 개별 학생들의 학습을 돕는 것이 중요함

(2) 특징
① **학습을 위한 평가**
  ㉠ 교수·학습과정 중에 시행하여 그 다음 단계의 교수·학습을 계획·조정하기 위한 평가
  ㉡ 개별 학생의 학습과정을 관찰하여 이해하는 것이 필수적임
② **학습으로서의 평가**
  ㉠ 교사는 학생의 문제해결과정을 통해 학생의 학습과정을 지도·조언함
  ㉡ 학생은 교사의 피드백과 자기평가를 통해 학습과정을 주도적으로 조정·반성함
  ㉢ 평가와 교수·학습활동의 경계가 명확하지 않으며 평가를 통해 교수·학습이 일어남을 강조함

Theme 67 기출 CHECK!

논술 기출 CHECK

송 교사가 총평의 관점에서 학생을 진단할 수 있는 실행 방안 2가지를 제시하시오. ● 22 중등

> 김 교사: 그럼요. 제가 교육과정 재구성한 것을 보내드릴 테니 보시고 다음에 이야기해요. 그런데 교육 활동에서는 학생에 대한 이해가 중요하잖아요. 학기 초에 진단은 어떤 방식으로 하려고 하시나요?
> 송 교사: 이번 학기에는 선생님께서 특강에서 말씀하신 총평(assessment)의 관점에서 진단을 해 보려 합니다.

01 빈칸에 들어갈 알맞은 말을 쓰시오. ● 확인문제

학생의 학업성취도에 대해서 검사도구를 활용하여 (A)하거나 평소 학생의 수업 참여도에 대해서 비공식적 관찰을 통해 (B)을/를 한다. 학생에 대한 (C)이/가 이루어지기 위해서는 개별 학생에 대한 가치를 판단하는 작업, 종합적 판단과 강·약점에 대한 진단 및 개선 방안에 대한 조언이 함께 제시되어야 한다.

● A: _____　　● B: _____　　● C: _____

02 총평관(assessment)의 입장을 가장 적절하게 표현한 것은? ● 97 초등
① 구인타당도를 중시하는 평가이다.
② 인간의 능력은 변함이 없는 것이다.
③ 평가의 신뢰도가 주된 관심거리이다.
④ 모든 사람에게 똑같은 평가도구를 이용한다.

정답 01 A-측정 / B-총평 / C-평가　　02 ①

Theme 68 메타평가

1 개념 ☆
① 평가에 대한 평가, 평가의 평가(evaluation of evaluation)
② 하나의 대상을 다양한 상황에서 다양한 방법으로 평가한 결과들을 종합하는 평가
③ 평가의 질적 관리를 위해 필요함
④ 평가가 지향해야 할 점을 안내하고, 실시된 평가의 장·단점을 평가관련자에게 알려수어 평가의 질적 개선을 도모하는 평가
⑤ 평가활동 전반에 걸친 질적 관리로서 평가가 지향해야 할 점을 안내해 주고, 실시된 평가의 장점과 약점을 평가 관리자들에게 알려주어 평가의 문제가 무엇인가를 점검하여 후속되는 평가를 개선할 수 있는 근거를 마련해 줌

2 목적 ☆
① 평가의 실제 자체를 보다 정확하게 이해하고 평가활동의 질적 수준 향상을 위해 실시함
② 평가상의 문제점을 파악하고 확인하여 개선하고자 함
③ 평가과정 중 안내지침을 제공하고, 수행된 평가에 대한 가치와 장점을 판단함
④ 평가의 효용성, 실행 가능성, 기술적 적절성, 윤리적 준거 등 기술적·판단적 정보를 서술·획득·이용함

3 유형 ☆
① 평가계획에 대한 진단적 메타평가
② 평가 실행과정에 대한 형성적 메타평가
③ 평가결과에 대한 총괄적 메타평가(평가의 가치, 장점, 확인)

출제 Pick!
☆ 메타평가의 개념, 목적, 유형

Theme 68 기출 CHECK!

01 다음의 평가유형 적용 사례로 옳은 것을 모두 고르면? • 12 초등

> ㄱ. 수업 시작 전에 학생의 학습준비도를 확인하기 위해 진단평가를 실시하였다.
> ㄴ. 수업을 진행하면서 수업 내용과 관련된 학생들의 오류와 문제점을 확인해서 피드백하기 위해 형성평가를 실시하였다.
> ㄷ. 학생들 간의 상대적 서열보다는 학생이 무엇을 얼마나 성취하였는가를 확인하기 위해 규준참조평가를 실시하였다.
> ㄹ. 실시된 평가의 장단점을 평가관련자에게 알려주고 평가의 질적 개선을 도모하기 위해 메타평가를 실시하였다.

① ㄱ, ㄴ ② ㄱ, ㄹ ③ ㄱ, ㄴ, ㄹ ④ ㄱ, ㄷ, ㄹ ⑤ ㄴ, ㄷ, ㄹ

02 다음 중 평가 방법의 개선을 위한 정보를 얻기 위하여 실시하는 평가는? • 00 교대편입

① 진단평가 ② 포트폴리오(portfolio)에 의한 평가
③ 수행평가 ④ 메타평가(meta evaluation)

정답 01 ③ 02 ④

Theme 69 타일러(Tyler)의 목표중심 평가모형

기출 13 중등, 11 초등, 05 중등

1 개념 및 특징 ☆
(1) 개념
① 교육목표 또는 수업목표를 평가 기준으로 삼고, 수업이 종료된 후 목표가 달성된 정도를 확인함
② 명세적으로 진술된 행동목표를 기준으로 교육성과를 평가함 ⇨ 이원목적분류표 활용

(2) 특징
① 교육목표가 평가에서 핵심적인 역할을 함
② 교육목표의 행동적 정의와 명세적 진술 ⇨ 측정 및 평가를 용이하게 해주며, 평가의 효율성 증대
③ 교육평가가 교육의 전체 과정과 관련되어 있다고 봄

2 절차
① 1단계: 학교의 교육목표를 설정
② 2단계: 설정된 교육목표를 철학적 가치(지식의 본질), 사회적 가치(현대사회의 특징), 교육적 가치(학습자와 학습과정의 특성)로 분류
③ 3단계: 분류된 교육목표를 행동적 용어로 진술
④ 4단계: 교육목표의 달성 여부를 확인할 수 있는 장면을 설정
⑤ 5단계: 측정방법 및 도구를 선정 또는 개발
⑥ 6단계: 측정을 통하여 자료를 수집
⑦ 7단계: 수집된 자료를 분석하여 학생의 성취를 행동목표와 비교

3 장점 ☆
① 일관성: 교육과정과 평가 사이의 논리적 일관성이 유지될 수 있음
② 구체적: 교육목표가 구체적이어서 정확한 평가 기준을 적용할 수 있음
③ 쉬움: 논리적·합리적 절차가 명확히 제시되어 있어 적용이 쉬움

4 단점 ☆
① 부수적인 목표 간과: 사전목표의 설정을 강조함으로써 부수적·확산적 목표의 중요성을 간과함
② 행동용어 목표 평가 어려움: 행동적 용어로 진술하기 힘든 목표에 대해서는 평가가 어려움
③ 과정보다 결과: 과정보다는 결과에 대한 평가를 강조하고 수업이 평가에 종속될 수 있음
④ 복잡한 평가 어려움: 교육실제의 복합적이고 복잡한 측면을 평가하기 어려움

출제 Pick!
☆ 타일러의 목표중심 평가의 특징, 장·단점
☆ 프로버스의 불일치평가모형의 개념과 특징

Level Up
해몬드(Hammond)의 평가과정모형
1. 개념
   평가의 과정을 체계적으로 구조화시키려는 평가모형
2. 평가구조
   - 기구(기관): 학교, 교사, 관리자, 교육전문가, 학부모, 지역사회
   - 행동: 인지적 영역, 정의적 영역, 심동적 영역
   - 수업: 조직, 내용, 방법, 시설, 비용
3. 장점
   - 새로운 프로그램을 개발하고 적합성, 효율성을 확인하는 데 이용 가능함
   - 구체적이고 명확한 목표를 진술하여 프로그램의 개선점을 찾음
4. 단점
   - 평가할 차원 또는 요소가 너무 많음
   - 평가 결과 수량화시키기 어려운 부분 有

Level Up
프로버스(Provus)의 불일치평가모형
1. 프로버스의 평가의 개념
   평가를 프로그램의 '운영'과 '개발'로 나누어 단계별로 의사결정을 도와주기 위해 정보를 지속적으로 관리하는 과정
2. 특징
   - 프로그램의 수행 결과와 성취기준 사이에 불일치가 존재하는지 봄
   - 프로그램의 개선·유지·종료 여부를 결정하기 위해 불일치에 대한 정보를 사용하는 과정임
   - 도출된 불일치 정보는 프로그램의 개선·유지·종료 위한 정보로 활용
   - 불일치가 발견되면 프로그램 진행자와 평가자가 협동적인 문제해결과정을 통해 불일치를 제거함
3. 절차
   정의 및 설계 ➡ 설치 ➡ 과정 ➡ 산출 ➡ 비용 및 효과 분석

설쌤의 팁
머리에 꼭! 박히는 청킹 Tip!
- **목표중심 평가의 장점**: 일관성, 구체적, 쉬움
- **목표중심 평가의 단점**: 부수적인 목표 간과, 행동용어 목표 평가 어려움, 과정보다 결과, 복잡한 평가 어려움
   ➡ 타일러가 1교시(일구쉬)인 게 불(부)행과 복이다.

Theme 69 기출 CHECK!

01 다음과 같은 단계로 진행되는 교육 프로그램 평가모형으로 가장 적절한 것은? ● 13 중등

> • 1단계: 학교의 교육목표를 설정한다.
> • 2단계: 설정된 교육목표를 분류한다.
> • 3단계: 분류된 교육목표를 행동적 용어로 진술한다.
> • 4단계: 교육목표의 달성 여부를 확인할 수 있는 장면이나 조건을 설정한다.
> • 5단계: 측정방법 및 도구를 선정 또는 개발한다.
> • 6단계: 측정을 통하여 자료를 수집한다.
> • 7단계: 수집된 자료를 분석하여 학생의 성취를 행동목표와 비교한다.

① 스테이크(R. Stake)의 반응적 평가(responsive evaluation)
② 타일러(R. Tyler)의 목표중심 평가(objective-orientated evaluation)
③ 스크리븐(M. Scriven)의 탈목표 평가(goal-free evaluation)
④ 구바와 링컨(E. Guba & Y. Lincoln)의 자연주의적 평가(naturalistic evaluation)
⑤ 팔렛과 해밀턴(M. Parlett & D. Hamilton)의 조명적 평가(illuminative evaluation)

02 방과 후 학교 프로그램을 평가하는 데 참여한 각각의 교사들이 선호하는 교육평가 모형을 적으시오. ● 11 초등 변형

> 김 교사: 목표 달성 여부를 확인하기 위해 프로그램에 참여한 학생들의 학업성취도를 평가하는 것이 좋겠습니다.
> 이 교사: 제 생각에는 평가의 주된 목적은 프로그램 개선을 위한 의사결정을 돕는데 있다고 봅니다. 이를 위해서는 상황, 투입, 과정, 산출의 네 가지 측면에서 프로그램을 평가하는 것이 좋다고 생각합니다.
> 박 교사: 저는 프로그램의 부수적인 효과까지 평가 항목에 포함해 분석하는 것이 더 좋다고 생각합니다. 목표 달성에는 실패했지만 부수적인 효과가 큰 경우 그 프로그램을 계속 채택할 수 있기 때문입니다.

• 김 교사: _____   • 이 교사: _____   • 박 교사: _____

03 다음 중 목표중심 평가의 장점을 골라 바르게 묶은 것은? ● 05 중등

> ㄱ. 교육목표를 행동적 용어로 진술하여 명확한 평가 기준을 제시한다.
> ㄴ. 교육목표, 교육내용, 교육평가 간의 논리적 일관성을 유지해 준다.
> ㄷ. 교육평가에서 평가자와 의사결정자의 역할이 명확하게 구분된다.
> ㄹ. 교육목표로 설정되지 않은 부수적 교육활동에 대한 평가가 용이하다.

① ㄱ, ㄴ   ② ㄱ, ㄷ   ③ ㄴ, ㄷ   ④ ㄷ, ㄹ

정답 01 ②   02 김 교사 - 타일러의 목표 성취모형 / 이 교사 - 스터플빔의 CIPP 모형 / 박 교사 - 스크리븐의 탈목표 평가모형   03 ①

Theme 70. 스크리븐(Scriven)의 탈목표 평가모형(goal-free evaluation)

 기출
11 초등, 07 중등

> 출제 Pick!
> ☆ 탈목표 평가모형의 개념, 특징, 장·단점

1 개념
① 평가는 사물의 가치나 장점을 체계적으로 판단하는 일임
② 교육 프로그램을 평가하는 데 있어 목적을 달성하는 것이 소비자의 복지 향상에 기여하는지를 판단해야 한다고 보았음 ⇨ 프로그램의 의도된 목표뿐만 아니라 의도되지 않은 목표까지 포함하여 프로그램에 대해서 총체적으로 가치를 판단함
③ 교육 프로그램의 목적과 관계없이 소비자의 요구를 기준으로 실제적인 가치를 판단하고자 함

2 특징 ☆
① **탈목표(goal-free) 평가** : 의도한 효과를 평가하는 목표중심 평가 + 목표 이외의 부수적 효과, 의도하지 않은 효과까지 평가
   ⇨ 목표중심 평가의 문제점을 보완하기 위하여 프로그램이 의도했던 효과뿐만 아니라 부수적인 효과까지 포함하여 실제 효과를 평가하는 방식으로, 프로그램의 모든 효과를 포괄적인 입장에서 검토할 필요성을 강조함
② **목표 자체의 평가**
   ㉠ 교육목표의 도달 여부를 판단하는 것만을 강조한 기존 평가와는 달리, 교육목표 자체의 질과 가치를 중시하는 평가의 필요성 강조
   ㉡ 목표 자체의 가치평가 ⇨ 교육평가를 가치의 평가라고 여기며 목표 자체의 가치를 평가하는 데 관심을 둠
③ 내재적 준거에 의한 평가뿐만 아니라 **외재적 준거에 의한 평가**도 강조
   ㉠ **내재적 준거에 의한 평가** : 프로그램에 내재된 기본적 속성(목표, 내용 선정과 조직 등)에 의한 평가
   ㉡ **외재적 준거에 의한 평가** : 프로그램이 발휘하는 기능적 속성(실제 운영 상황, 프로그램의 효과 등)에 의한 평가
④ **형성평가와 총괄평가(총합평가) 구별** : 진행 중인 수업을 개선하기 위하여 실시하는 '형성평가'와 이미 완성된 수업의 가치를 총합적으로 판단하는 '총괄평가'를 구별하여 판단함
⑤ 비(非)비교평가뿐만 아니라 **비교평가**도 강조
   ㉠ **비비교평가** : 프로그램 그 자체에 대한 평가(프로그램 자체의 가치, 장·단점, 효과 등)
   ㉡ **비교평가** : 여러 가지 교육 프로그램과 교육목표 등을 비교하여 판단하는 평가

3 장점 ☆
① 교육의 과정 중에 발생하는 잠재적 결과까지 포함하여 교육의 실제 효과를 평가함
② 교육의 결과를 총체적으로 판단하는 전문적 평가를 중시함
③ 목표가 전혀 없는 상황에서도 평가 수행이 가능함
④ 목표에 반영되어 있지 않은 프로그램의 부수적 효과를 탐색하는 데도 관심

4 단점 ☆
① 각기 다른 판단 준거를 사용하여 내린 결과를 같게 생각하는 문제가 발생할 수 있음
② 판단의 타당성을 평가하는 방법이 부재함

5 의의
① 목표에 대한 정보가 없더라도 평가가 이루어질 수 있다는 것을 증명하려 함
② 프로그램의 모든 효과를 포괄적인 입장에서 검토할 필요성을 강조함
③ 목표중심 평가를 실시하더라도 목표 자체의 가치를 판단할 필요성이 있음을 강조함

Theme 70 기출 CHECK!

01 방과 후 학교 프로그램을 평가하는 데 참여한 각각의 교사들이 선호하는 교육평가 모형을 적으시오.
● 11 초등 변형

> 김 교사 : 목표 달성 여부를 확인하기 위해 프로그램에 참여한 학생들의 학업성취도를 평가하는 것이 좋겠습니다.
> 이 교사 : 제 생각에는 평가의 주된 목적은 프로그램 개선을 위한 의사결정을 돕는데 있다고 봅니다. 이를 위해서는 상황, 투입, 과정, 산출의 네 가지 측면에서 프로그램을 평가하는 것이 좋다고 생각합니다.
> 박 교사 : 저는 프로그램의 부수적인 효과까지 평가 항목에 포함해 분석하는 것이 더 좋다고 생각합니다. 목표 달성에는 실패했지만 부수적인 효과가 큰 경우 그 프로그램을 계속 채택할 수 있기 때문입니다.

● 김 교사 : _____   ● 이 교사 : _____   ● 박 교사 : _____

02 김 교사는 스크리븐(M. Scriven)의 판단모형을 활용하여 학교의 '특기적성교육' 프로그램을 평가하려 한다. 이때 활용할 수 있는 평가방안으로 적절하지 <u>않은</u> 것은?
● 07 중등

① 비교평가와 비(非)비교평가
② 경험과학적 평가와 예술비평적 평가
③ 목표중심 평가와 탈목표(goal-free) 평가
④ 내재적 준거에 의한 평가와 외재적 준거에 의한 평가

정답 **01** 김 교사 – 타일러의 목표 성취모형 / 이 교사 – 스터플빔의 CIPP 모형 / 박 교사 – 스크리븐의 탈목표 평가모형   **02** ②

Theme 71. 아이즈너(Eisner)의 예술적 비평모형

07 중등

출제 Pick!
☆ 교육적 감식안, 교육비평의 개념과 특징
☆ 아이즈너 평가모형의 장·단점

1 평가 관점

(1) 교육적 감식안 ☆
① 관찰대상의 특징을 이해하고 그들 사이의 관계를 깨닫는 일종의 감상술
② 평가하려고 하는 교육현장의 미묘하면서도 중요한 자질을 인식하는 것
③ **감식의 대상**: 교육의 의도, 학교의 구조, 교육과정, 교수법, 평가 등

(2) 교육비평 ☆
① 교육적 감식안을 통해서 지각한 사건이나 사물의 특질과 중요성을 비판적인 글로 표현하는 일종의 표출예술로, 공적인 성질의 행동
② 대상의 속성을 언어적으로 표현하며 은유, 유추, 시사, 암시 등의 방법을 사용함
③ 일반인이 평가대상의 특성을 인식하도록 도와주는 교육적 과정을 포함함
④ 관찰대상에 대한 기술, 해석, 평가가 모두 이루어짐
⑤ 평가대상은 수업, 학급, 교재, 학생 등 교육의 모든 주요 현상을 포함함
⑥ 교육적인 비평의 궁극적인 목적은 평가적 판단에 있음
⑦ 비평가는 중립적인 관찰이나 공정한 해석에 머무르지 않고, 교육현상을 개선할 수 있는 결론까지 도달해야 함

2 비평의 3가지 측면 ☆

① **기술적 측면**: 관찰과 감상을 통해 교육현상의 질적 속성을 정확하게 기술하고 묘사함
② **해석적 측면**: 사회적 맥락 속에서 수행되는 다양한 형태의 행동이 지니는 의미와 중요성을 이해하고 그 가치를 논리적으로 설명함
③ **평가적 측면**: 기술·해석한 교육현상에 대해 교육적 의미와 가치를 발견하고 질적으로 판단함

3 장점 ☆

① 교육적 관찰에 대한 질적인 해석을 시도함
② 선행훈련, 경험, 정련된 지각능력을 강조함으로써 다양한 교육실제에 대한 교사의 이해력을 높임
③ 평가자료의 해석을 깊이 있게 할 수 있음

4 단점 ☆

평가자의 전문성에 지나치게 의존하므로 평가의 주관성에 관한 문제를 초래할 수 있음

Theme 71 기출 CHECK!

01 김 교사는 스크리븐(M. Scriven)의 판단모형을 활용하여 학교의 '특기적성교육' 프로그램을 평가하려 한다. 이때 활용할 수 있는 평가방안으로 적절하지 않은 것은?
● 07 중등
① 비교평가와 비(非)비교평가
② 경험과학적 평가와 예술비평적 평가
③ 목표중심 평가와 탈목표(goal-free) 평가
④ 내재적 준거에 의한 평가와 외재적 준거에 의한 평가

정답 01 ②

Theme 72 스터플빔(Stufflebeam)의 CIPP 평가모형 (= 의사결정모형, 운영중심 평가모형)

 기출
11 초등, 08 중등

1 개념(목적) = 평가의 의의 ☆
① 교육평가의 기능은 교육목표의 달성도를 확인하는 것이 아니라 교육에 관한 의사결정을 촉진하고 도와주는 것
② 평가란 의사결정의 대안을 판단하는 데 필요한 정보를 획득·기술·제공하는 과정

출제 Pick!
☆ 스터플빔 평가모형의 평가의 의의
☆ 구체적인 평가대상, 각 평가를 수행하는 방법, 장·단점

2 특징
① 의사결정자는 교장이나 교육행정가뿐만 아니라 교사, 학부모, 학생, 지역사회인사 모두를 포함함
② 투입과 산출을 기준으로 목표와 결과 간의 논리적 일관성을 유지함(목표중심 평가와의 공통점)
③ 목표 도달 여부, 목표 설정, 실행, 결과 등 프로그램의 각 단계마다 적절한 평가 수행을 제안함
④ 평가자의 임무 = 의사결정자에게 정보(도움)를 제공하는 것

3 평가단계 ☆

구분		내용
하위평가	의사결정 유형	
상황평가 (Context evaluation)	계획단계 (목표 설정)	• 교육목표를 결정하는 합리적 기초나 이유를 제공함 • 프로그램의 목표와 우선순위를 정하고, 프로그램에 대한 이해당사자들의 요구, 사회적 문제, 환경 및 여건, 그리고 기회 및 목표의 적절성 등을 평가함 • 평가 질문 예시: 프로그램은 어떤 목표와 맥락에서 수행되고 있는가? • 평가 방법: 체제 분석, 문헌연구, 조사, 진단검사, 면접, 델파이기법 등
투입평가 (Input evaluation)	구조화단계 (목표 달성에 적합한 전략과 절차)	• 프로그램 구성에 대한 의사결정을 위해 실시하는 평가 • 프로그램에 사용되는 인적자원, 목표 달성 전략, 전략 실행을 위한 설계 등의 활용방법을 결정하는 데 필요한 정보를 수집·제공함 • 평가 질문 예시: 프로그램에 투입되는 자원은 적절한가? • 평가 방법: 관련 문헌 및 기사 검토, 모범적인 프로그램 조사, 전문가 상담 등
과정평가 (Process evaluation)	실행단계 (수립된 전략, 절차 실행)	• 의사결정을 실행하는 데 도움을 주는 평가 • 계획에 대비하여 실행 수준을 평가하는 등 프로그램의 실행 측면에서 요구되는 의사결정을 다룸 • 프로그램을 점검하고, 문제를 기술하며, 프로그램 진행상의 문제점을 모니터링하여 프로그램 실행과정에서 운영을 개선함 • 평가 질문 예시: 프로그램이 의도대로 실행되고 있는가? • 평가 방법: 참여관찰, 설문조사, 토의 등
산출평가 (Product evaluation)	결과 및 재순환단계 (목표 달성 정도 판단, 프로그램의 존속과 변경 여부 판단)	• 의사결정을 순환시키는 데 도움을 주기 위한 평가 • 의도되거나 의도하지 않은 결과물이 무엇인지, 그리고 효과적인지를 평가함으로써 프로그램을 유지/수정/폐지할 것인지 등 재순환과 관련된 의사결정을 지원 • 평가 질문 예시: 프로그램의 산출 결과물은 무엇인가? • 평가 방법: 미리 설정된 프로그램의 목표에 비추어 성과 비교하기, 다른 유사 프로그램의 성과와 비교하기 등

4 장점
① 프로그램의 어떤 단계에서도 평가를 실행할 수 있고, 여러 상황 또는 모든 요소에 대한 평가가 가능함
② 피드백에 민감하며, 의사결정과 평가 간에 체계적인 접근이 가능함
③ 프로그램의 개선에 직접적으로 기여할 수 있음

5 단점
① 의사결정 과정이 명확하지 않으며, 의사결정 방법이 구체적으로 정의되지 않음
② 평가자 역할이 경시됨 ⇨ 평가자는 정보 수집·제공만 하고, 가치판단은 의사결정자에게 위임하여 평가자가 기술자의 역할만 수행하게 됨
③ 모든 과정에 대해 평가하기에는 비용이 많이 들고 복잡함 ⇨ 동조과잉의 발생
④ 가치평가는 이루어지지 않고, 오직 가치평가에 필요한 정보만을 수집하여 제공함

Level Up
자연주의 평가모형
1. 개념: 현상학적·해석학적·구성주의적 패러다임에 대한 새로운 평가적 접근 방법
2. 특징 및 한계
• 평가자의 주관적 관찰과 판단을 지나치게 강조함 ➡ 평가자의 선입견·임의성 등이 평가계획·실시·결과에 악영향을 미칠 수 있음
• 평가자의 현장 참여 중시, 참여를 통한 변화과정 및 평가 관련자의 지각·견해를 관찰·기술하는 데 중점을 둠. 평가는 프로그램 관련 인사들을 확인하는 데에서 시작하여 면접이나 평가자의 자연주의적 관찰을 통해 관련인사들의 관심사와 쟁점, 다양한 가치관점을 고려하여 프로그램 관련인사들의 요구를 충족시키기 위한 것으로 여김
• 체계적 평가가 아닌 기술적 연구 수준에 머물 가능성이 있음
• 참여관찰법을 활용 ➡ 시간과 경비의 소요가 필연적으로 증가함
• 평가자의 직접 관찰과 평가 관련자에 대한 지속적인 접촉이 요구됨 ➡ 대규모 평가 불가능하며, 소규모 프로그램을 주된 평가대상으로 삼게 됨
• 경험 많고 유능한 평가자의 양성은 매우 어려운 작업임 ➡ 적절한 전문성을 갖춘 평가자가 많지 않음

Level Up
델파이기법(delphi method)
1. 개념
• 미래를 예측하는 질적 예측 방법
• 여러 전문가의 의견을 되풀이해 모으고, 교환하고, 발전시켜 미래를 예측하는 방법
2. 특징
• 예측을 위하여 한 사람의 전문가가 아니라 예측 대상 분야와 관련이 있는 전문가 집단이 동원됨
• 응답자의 익명이 보장됨
• 피드백을 포함한 반복과정을 거침
• 사람 선정의 기준으로 전문가일 뿐만 아니라 해당 문제에 대해 흥미와 이해관계가 있다는 점을 이용하며, 의식적으로 갈등을 조장함으로써 창의적인 대안이 도출되기를 기대함
3. 장점
• 여러 전문가들의 의견을 체계적으로 추출하여 전문가 개개인이 알고 있는 지식·정보의 간접 교환으로 알지 못한 부분의 보완이 가능
• 여러 전문가들의 지혜를 모음
• 응답자의 익명 보장으로 공적 거론하기 어려운 미묘한 사안에도 솔직한 의견 청취 가능
• 많은 사람들의 의견을 통계적으로 종합 분석함으로써 미래 사태를 확률적으로 나타냄

Theme 72 기출 CHECK!

01 방과 후 학교 프로그램을 평가하는 데 참여한 각각의 교사들이 선호하는 교육평가 모형을 적으시오. • 11 초등 변형

> 김 교사: 목표 달성 여부를 확인하기 위해 프로그램에 참여한 학생들의 학업성취도를 평가하는 것이 좋겠습니다.
> 이 교사: 제 생각에는 평가의 주된 목적은 프로그램 개선을 위한 의사결정을 돕는데 있다고 봅니다. 이를 위해서는 상황, 투입, 과정, 산출의 네 가지 측면에서 프로그램을 평가하는 것이 좋다고 생각합니다.
> 박 교사: 저는 프로그램의 부수적인 효과까지 평가 항목에 포함해 분석하는 것이 더 좋다고 생각합니다. 목표 달성에는 실패했지만 부수적인 효과가 큰 경우 그 프로그램을 계속 채택할 수 있기 때문입니다.

• 김 교사: _____   • 이 교사: _____   • 박 교사: _____

02 스터플빔(D. L. Stufflebeam)의 CIPP 모형에 해당하는 설명을 바르게 묶은 것은? • 08 중등

> ㄱ. 평가자의 주관적인 전문성을 가장 중요한 평가 전략으로 간주한다.
> ㄴ. 평가구조의 차원을 수업, 기관, 행동으로 구성된 3차원으로 구분한다.
> ㄷ. 평가자의 역할은 최종적인 가치판단이 아니라, 충분한 정보를 수집·제공하는 것이다.
> ㄹ. 조직의 관리과정 및 의사결정을 중심으로 평가활동을 수행해야 한다는 점을 강조한다.

① ㄱ, ㄴ   ② ㄱ, ㄷ   ③ ㄴ, ㄹ   ④ ㄷ, ㄹ

정답 01 김 교사 - 타일러의 목표 성취모형 / 이 교사 - 스터플빔의 CIPP 모형 / 박 교사 - 스크리븐의 탈목표 평가모형   02 ④

Theme 73. 평가 기준에 따른 분류 – 규준지향평가, 준거지향평가, 성취평가제

기출: 25 중등, 22 중등, 18 중등, 15 추시, 12 중등, 10 초등, 07 초등, 06 중등, 06 초등, 05 초등, 04 중등, 04 초등, 02 초등

1 규준지향평가

(1) 개념
① 학습자의 평가 결과를 규준집단 내에서의 상대적 위치나 서열을 밝히는 평가방식으로 '상대비교평가', '상대평가'라고도 함
② 학생의 집단 내 위치가 상대적으로 높은지 낮은지를 평가하는 방식

(2) 규준
① 규준지향평가의 평가 결과는 개인의 수행 수준이 아닌 규준집단에 의해 결정됨
② 규준: 원점수를 의미 있게 비교·해석할 수 있도록 변환한 점수의 척도, 규준집단의 점수분포
③ 시험을 통해 얻은 원점수는 그 자체로 상대적 비교를 하는 데 직접적으로 활용되기 어려우므로 규준지향평가에서는 상대적 비교의 근거가 되는 규준이 필요함
④ 규준은 규준집단의 구성원들이 득점한 점수분포에 의해 결정됨
⑤ 규준을 만들기 위해서는 개인이 속하는 전체집단(모집단)을 대표하는 표본에게 검사를 실시하여 연령별·성별·지역별 점수분포를 파악해야 함

(3) 장점
① 상대적인 비교가 가능한 표준점수를 활용하기 때문에 개인차 변별이 용이함
② 선발적 교육관에 바탕을 두며 경쟁학습을 강조하기 때문에 외적 동기유발에 긍정적으로 작용함
③ 객관적 검사를 통해 성적이 표시되므로 교사의 편견이 배제됨

(4) 단점
① 학생 간의 경쟁을 고조시켜 서열 위주의 사고방식이 팽배해지고, 협동학습이 무시됨
② 학생이 교수·학습목표를 얼마나 달성하였고, 구체적으로 무엇을 알고, 얼마나 수행할 수 있는가를 파악하기 어려움
③ 상대적 위치에 관한 정보만 제공하므로 개인의 결손 확인 후 개선되어야 할 정보 제공을 충분히 하지 못함

출제 Pick!
☆ 규준지향평가의 개념, 장·단점, 규준과 규준점수의 정의, 표준점수의 예시
☆ 준거지향평가의 개념, 준거의 정의, 장·단점
☆ 성취평가제의 개념, 특징, 성취기준과 성취수준의 개념, 장점

Level Up
규준점수와 표준점수
1. 규준점수 ☆
 • 규준을 기준으로 원점수에 대한 상대적 위치를 나타내는 점수
 • 일반적으로 종 모양의 좌우 대칭을 보이는 정상분포를 가정함
2. 표준점수 ☆
 • 정규화 표준점수: 정상분포를 가질 수 있도록 변환된 점수
 • 일정한 기준점을 가지고 있으며 등간척도이기 때문에 점수의 의미가 명확하고, 검사점수 간 비교·통합할 때 용이하게 사용됨
 • 종류: z점수, t점수, 스테나인점수

2 준거지향평가

(1) 개념 ☆
① 준거에 비추어 학습자가 성취해야 할 과제의 영역 또는 분야를 알고 얼마만큼 수행할 수 있는가에 관심을 두는 평가 방식
② '목표지향평가'라고도 하며, 사전에 설정된 '준거'라는 절대적 수행 기준에 근거하여 평가하기 때문에 '절대평가'라고도 함

(2) 준거 ☆
교육목표를 설정할 때 도달해야 하는 최저 기준으로, 준거 도달 여부를 판정함

(3) 특징 ☆
① 발달적 교육관을 가정하여 개별 학습자의 잠재가능성을 최대한 개발시키는 데 목적을 둠
② 적절한 교수·학습방법과 개인의 노력에 의하여 교육목표에 대부분의 학습자가 도달할 수 있다고 믿음
⇨ 모든 학습자가 설정된 교육목표를 달성하여 높은 점수를 받는 것이 바람직하다고 여기므로 검사 점수의 분포가 오른쪽으로 치우친 부적 편포를 기대함
③ 경쟁보다는 협력 위주의 교수·학습이 바람직하다는 인식을 반영함
④ **준거지향평가에서 강조되는 평가도구의 양호도 : 검사의 타당도를 중시함** ⇨ 측정하고자 하는 교육내용을 대표성 있게 측정하고 있는가를 강조함

(4) 장점 ☆
① 개인이 무엇을 알고 얼마만큼 수행할 수 있는지에 관심을 기울이므로 학습과정에서 실패의 원인을 찾을 수 있음
② 교육목표, 교육과정, 교수방법 등에 대한 개선점을 모색할 수 있음
③ 모든 학습자가 학습목표에 도달할 수 있다는 발달적 교육관에 바탕을 두므로 협동학습과 내재적 동기 유발에 적합함

(5) 단점 ☆
① 준거를 설정하는 일에 있어 교수·학습목표를 누가 또는 어떻게 정하는가에 대해 고도의 전문성이 요구됨
② 점수 해석에 자의성이 높을 수도 있다는 비판을 받을 수 있음
③ 처음 설정한 교육목표 도달 여부를 정확하게 판단하는 데 많은 노력이 필요함

3 성취평가제

(1) 개념 및 특징 ☆
① 국가수준의 교육과정에 근거한 교과목별 성취기준을 토대로 교수·학습이 이루어지고, 성취기준에 따라 학생의 성취수준을 평가하는 교육제도
② 학생의 성취기준을 평가하므로 성취평가제를 준거지향평가로 볼 수 있음
③ 준거지향평가, 목표지향평가, 절대평가의 특징을 가짐

(2) 성취기준
① 각 교과목에서 학생이 학습을 통해 성취해야 할 지식·기능·태도의 능력과 특성을 진술한 것
② 교사가 무엇을 가르치고 평가해야 하는지, 학생이 무엇을 공부하고 성취해야 하는지에 대한 실질적인 지침

(3) 성취수준
① 교과별 성취기준에 도달한 정도를 나타낸 것
② 성취기준 도달 정도를 몇 개의 수준으로 구분함
③ 각 수준별 학생의 지식·기능·태도의 특성을 설명함
   예 성취 정도에 따라 'A-B-C-D-E / A-B-C / P' 수준으로 구분됨

(4) 학생 입장에서의 장점 ☆
① 학습해야 할 목표와 내용이 무엇인지 구체적으로 알 수 있음
② 어떤 영역에서 얼마만큼 성취했는지 구체적인 피드백을 받을 수 있음
③ 성취기준에 비추어 부족한 점을 파악하여 학습을 개선할 수 있음
④ 다른 학생의 성적에 관계없이 내가 노력한 만큼 성적을 받을 수 있음
⑤ 개인의 관심과 흥미, 진로에 적합한 다양한 교과목을 배울 수 있음
⑥ 무분별한 경쟁이 줄어들고 협동학습의 분위기가 조성됨

(5) 교사 입장에서의 장점 ☆
① 성취기준에 근거하여 학생이 도달해야 할 목표와 내용을 명확히 할 수 있음
② 학생이 성취기준에 도달한 정도를 파악할 수 있음
③ 성취기준에 근거해 학생에게 학습에 관한 피드백을 제공할 수 있음
④ 학생의 학업 성취수준에 대한 정보 바탕으로 교수·학습과 평가 개선이 가능함
⑤ 학생중심의 맞춤형 교육과정 운영이 가능함
⑥ 성취기준, 교수·학습, 평가의 유기적 연계를 통해 교사의 전문성을 높일 수 있음

Theme 73 기출 CHECK!

논술 기출 CHECK

다음은 ○○ 고등학교에서 경력 교사와 신임 교사가 나눈 대화의 일부이다. 이 내용을 읽고 '변화하는 환경에서 교육의 기본에 충실한 교사'라는 주제로, 경력 교사가 언급한 준거참조평가에서 '준거 설정 방법' 1가지를 논하시오. ● 25 중등

> 신임 교사 : 좋은 제안 감사합니다. 그리고 변화된 평가 방식에 따라 지난 학기에 준거참조평가를 실시해 봤는데, 아직 저한테는 준거 설정 방법이 익숙하지 않은 것 같습니다.
> 경력 교사 : 아! 그러시군요. 준거참조평가에서는 성취수준을 구분하는 것이 중요한데, 준거 설정 방법이 쉽지만은 않지요. 하지만 점차 나아질 겁니다. 더불어 어떠한 평가 방식을 사용하더라도 교사는 교육평가의 기본 가정을 항상 염두에 두는 것이 중요하다고 생각합니다.

송 교사가 활용할 수 있는 평가 결과의 해석 기준 2가지를 각각 그 이유와 함께 제시하시오. ● 22 중등

> 김 교사 : 좋은 생각입니다. 그리고 우리 학교에서는 평가 결과로 학생 간 비교를 하지 않으니 학기 말 평가에서는 다양한 기준을 활용해 평가 결과를 해석해 보실 것을 제안합니다.
> 송 교사 : 네, 알겠습니다.

박 교사가 제안하는 평가 유형의 명칭과 이 유형에서 개인차에 대한 교육적 해석 1가지, 김 교사가 제안하는 2가지 평가 유형의 개념을 논하시오. ● 18 중등

> 김 교사 : 그렇군요. 평가의 방향도 달라질 필요가 있습니다. 앞으로는 학생의 능력, 적성, 흥미에 적합한 목표를 설정하고, 그에 따라 수업과 평가가 이뤄지는 것도 의미가 있어 보입니다.
> 박 교사 : 동의합니다. 그러기 위해서는 평가결과를 해석하고 판단하는 기준도 달라질 필요가 있습니다. 예컨대 학생의 상대적 위치가 어느 정도인지를 판단하기보다는 미리 설정한 학습목표에 도달했는지 여부를 중시하는 평가유형이 적합해 보입니다.
> 김 교사 : 네, 저도 그렇게 생각합니다. 그리고 말씀하신 유형 외에 능력참조평가와 성장참조평가도 제안할 수 있겠네요.

다음은 A 고등학교 초임 교사들을 대상으로 진행한 학교장의 특강 내용 중 일부를 발췌한 부분이다. 발췌한 특강 부분은 평가에 대한 내용이다. 준거지향평가의 개념을 설명하고, 장점 2가지를 제시하시오. ● 15 중등 추시

> 여러분도 잘 아시겠지만 최근 우리사회는 학교가 다양한 역할을 수행하도록 요구하고 있습니다. 이에 따라 선생님들께서는 수업에 대한 기본적인 이해가 필요하다고 생각합니다. 수업설계를 잘하는 것 못지않게 수업결과를 평가하는 것 또한 중요합니다. 여러분이 어떤 평가 기준을 활용하느냐에 따라 평가 유형이 달라질 수 있습니다. 자칫하면 평가로 인해 학생들 사이에 서열주의적 사고가 팽배하여 서로 경쟁만 하는 문제가 발생할 수 있습니다. 이를 보완할 수 있는 평가 유형에 대해 고민해 볼 필요가 있습니다.

01 다음은 김 교사와 박 교사의 평가 관련 행동을 기술한 것이다. 이들의 행동을 가장 잘 설명해 주는 교육평가 유형을 쓰시오.
● 12 중등 변형

- 김 교사는 영어시험에서 T 점수로 40점 미만에 해당하는 학생을 찾아내어 특별보충 학습 프로그램에 참가하도록 하였다.
- 박 교사는 국어시험에서 학기 초에 83점, 학기 중간에 84점, 학기 말에 85점을 얻은 A 학생보다 학기 초에 60점, 학기 중간에 70점, 학기 말에 80점을 얻은 B 학생이 더 많이 향상되었다는 사실을 고려하여 B 학생을 더 긍정적으로 평가하였다. (단, 국어 시험 점수는 동간성이 있다고 가정한다.)

- 김 교사 : _____
- 박 교사 : _____

02 '중간고사 대체용으로 활용된 표준화 검사의 신뢰도가 교사가 제작한 중간고사용 검사의 신뢰도보다 높았다.'는 진술에 대한 가장 적절한 해석은?
● 10 초등
① 표준화 검사가 교사가 제작한 검사보다는 실용적이다.
② 표준화 검사의 실시 절차가 교사가 제작한 검사의 실시 절차보다 간편하다.
③ 표준화 검사의 점수가 교사가 제작한 검사의 점수보다 타당한 측정치이다.
④ 표준화 검사가 교사가 제작한 검사보다 교실에서의 수업내용을 많이 반영하고 있다.
⑤ 표준화 검사가 교사가 제작한 검사보다 재고자 하는 특성을 일관성 있게 측정하고 있다.

정답 01 김 교사 – 규준참조평가 / 박 교사 – 성장참조평가   02 ⑤

03 어떤 학생이 시험에서 84점을 얻었을 경우 다음 세 교사가 관심을 갖게 될 질문과 참조틀을 쓰시오. ● 10 초등 변형

> 푸른 초등학교에는 5학년 담임교사가 세 명이다. 이들은 교육과정을 운영해가는 방식에서 차이를 보인다.
> 박 교사는 학생의 지적 능력은 일반적인 단일 능력이기 때문에 지능이 높은 학생은 전 교과에서 높은 성취를 보일 것이라고 생각한다. 박 교사는 모든 영역에서 고른 성취를 강조하고 열심히 공부하는 학급분위기를 조성하기 위해 학생 간 상호경쟁을 유도하고 있다. 또한 우수한 학생과 열등한 학생을 변별하여 개인의 상대적 위치를 확인시켜 주기 위해 평가를 활용하고 있다.
> 최 교사는 어떤 학생이건 자기 수준에 맞는 적절한 학습경험이 제공되면 올바른 학습습관과 지적 성장을 이루어 갈 것이라고 생각한다. 따라서 최 교사는 학생들이 교육과정을 통해 얼마나 성장하고 있는가에 관심을 둔다. 최종 성취수준에 대한 관심보다는 초기 성취수준에 비추어 얼마나 능력의 향상을 보이고 있는가를 중시한다. 최 교사는 학생들의 학습을 돕고, 학생의 노력과 성취의 변화과정을 확인하기 위한 목적으로 평가를 한다.
> 김 교사는 해당 학년에서 성취해야 할 교육과정상의 목표가 있으며 그 성취정도를 평가해 성취목표 달성수준에 대한 정보를 제공하고 학습자가 성취목표를 달성할 수 있도록 효과적으로 돕는 것이 중요하다고 생각한다. 이와 같은 생각에서 김 교사는 교육과정을 백워드(backward) 방식으로 설계하는 것이 적절하며, 이는 성취기준과 교육의 책무성이 강조되는 최근 상황에도 부합하다고 본다. 또한 김 교사는 학생들이 성취목표 도달 정도를 확인해 이미 학습목표를 성취한 학생들과는 학습계약을 맺어 별도의 학습과제를 부여해 수업시간을 낭비하지 않도록 하고 있다.

〈질문〉
ㄱ. 이 학생이 얻은 84점은 과거보다 향상된 점수인가?
ㄴ. 이 학생이 84점을 얻었는데 다른 학생들의 점수는 어떠한가?
ㄷ. 84점은 이 학생이 성취목표를 어느 정도 달성했다는 의미인가?

〈참조틀〉
a. 성장 참조   b. 규준 참조   c. 준거 참조

• 박 교사 : _____   • 최 교사 : _____   • 김 교사 : _____

---

04 〈보기〉 중 규준참조평가(norm-referenced evaluation)와 준거참조평가(criterion-referenced evaluation)의 차이에 대한 올바른 진술로 짝지은 것은? ● 07 초등

―― 〈보기〉 ――
가. 규준참조평가는 발달적 교육관에 근거하지만, 준거참조평가는 선발적 교육관에 근거한다.
나. 규준참조평가에서는 변별도보다 타당도가 중시되지만, 준거참조평가에서는 타당도보다 변별도가 중시된다.
다. 규준참조평가에서는 다른 학생들보다 높은 점수를 얻기 위해 노력해야 하지만, 준거참조평가에서는 목표에 도달하고자 노력해야 한다.
라. 규준참조평가에서의 원점수는 규준에 따라 상대적으로 해석되지만, 준거참조평가에서의 원점수는 설정된 기준에 따라 일정한 의미를 지닌다.

① 가, 나   ② 가, 다   ③ 나, 다   ④ 다, 라

정답 03 박 교사 - ㄴ, b / 최 교사 - ㄱ, a / 김 교사 - ㄷ, c   04 ④

05 규준참조평가(norm-referenced evaluation)에 관한 진술로 가장 거리가 먼 것은? • 06 중등
① 규준이란 교과에서 설정한 학습목표이다.
② 학생 상호 간의 점수 경쟁을 조장할 수 있다.
③ 개인의 집단 내 상대적 위치에 대한 정보 파악이 용이하다.
④ '수·우·미·양·가'의 평어를 부여할 때는 미리 정해 놓은 각 등급의 배당비율을 따른다.

06 대화에서 학부모가 원하는 정보를 제공하는 데 가장 적합한 평가 유형은? • 06 초등

> 학부모 : 우리 주현이 수학시험 성적은 어떤가요?
> 최 교사 : 반에서 10등쯤 합니다.
> 학부모 : 그런가요? 그런데 저는 등수보다 우리 아이가 무엇을 할 줄 아는지, 그런 것들을 좀 알고 싶어요.

① 규준지향평가   ② 준거지향평가   ③ 능력지향평가   ④ 성장지향평가

07 점수 또는 순위에 대한 설명으로 바른 것은? • 05 초등
① 1등과 10등의 능력 차이는 41등과 50등의 차이와 같다.
② 국어 성적이 4등, 수학 성적이 10등인 학생의 평균 성적 순위는 7등이다.
③ 두 검사에서 똑같이 50점을 받았다고 하더라도 표준 점수는 다를 수 있다.
④ 수학 시험에서 80점을 받은 사람은 40점을 받은 사람보다 두 배의 수리 능력을 가지고 있다.

정답 05 ①   06 ②   07 ③

08 규준지향평가와 준거지향평가를 비교한 것으로 적절한 것은? ● 04 중등

	규준지향평가	준거지향평가
①	절대평가	상대평가
②	타당도 강조	변별도 강조
③	선발적 교육관	발달적 교육관
④	부적편포 기대	정상분포 기대

09 A 학교에서는 수학과 학기말 고사를 실시하여 최저 성취수준에 미달되는 학생들을 대상으로 특별보충학습을 하려고 한다. 이러한 목적을 지닌 검사도구를 제작할 때 유의해야 할 점이 아닌 것은? ● 04 초등

① 검사문항의 대표성
② 교육목표의 재확인 및 상세화
③ 서열을 산출하기 위한 규준의 작성
④ 최저 성취수준을 판단하기 위한 준거의 설정

10 준거지향평가(criterion-referenced evaluation)로 학생들의 학업성취도를 평가하고자 할 때 평가 기준의 근거가 되는 것은? ● 02 초등

① 학습 동기 ② 성취 목표 ③ 학생의 요구 ④ 전체 집단의 성적 분포

정답 08 ③ 09 ③ 10 ②

Theme 74. 평가 시기에 따른 분류 – 진단평가, 형성평가, 총괄평가

기출
23 중등, 22 중등, 16 중등, 14 중등, 07 중등, 06 중등, 04 초등, 03 초등, 02 중등, 02 초등, 00 서울 초등

출제 Pick!
☆ 진단평가, 형성평가, 총괄평가의 개념, 기능, 방법
☆ 형성평가 도구 제작 시 고려사항
☆ 피드백의 종류와 특징

1 진단평가 ☆

(1) 개념
교수·학습이 시작되기 전에 학습자의 능력이나 특성을 체계적으로 파악하는 평가

(2) 기능
① 개별 학생이 어떤 출발점을 가지는지를 파악함으로써 학생에게 적절한 과제를 제공하거나 상호작용할 수 있음
② 학생의 결함이나 환경적 정보를 수집하여 진단하고, 이를 개선할 수 있음
③ 학습을 극대화하는 데 목적
④ 진단을 제대로 하지 못하면 적절한 교수학습 행위 X ⇨ 교육목표 도달 어려워짐

(3) 방법
① **형식적 평가**: 국가수준 기초학력진단평가, 수준별 반 편성을 위한 반 편성 배치고사 등
② **비형식적 평가**: 이전 학년의 학교생활기록부나 성적표와 같은 기록에 대한 검토, 수업 전 쪽지시험이나 질문, 보호자나 전 학년 담임교사와의 면담 등

2 형성평가 ☆

(1) 개념
수업이 진행되고 있는 도중에 실시하는 평가로, 진행 중인 학습내용에 대하여 학습자의 이해 정도나 기능 수준을 확인하여 학생에게 피드백을 주고, 교육과정 및 수업 방법을 개선하기 위한 평가

(2) 기능
① **목표**: 학생의 학습동기와 능력을 향상시키는 것(by 학습자에 대한 즉각적·구체적 피드백)
② 학습자가 학습곤란을 겪고 있는 내용을 교사로부터 또는 스스로 발견하고 해소할 수 있음
③ 교수자는 학습자의 학습목표 달성 정도에 비추어 교수·학습내용과 방법을 점검하고 개선점을 모색할 수 있음[by 수업에 대한 교정(다음 단계, 학습활동)]
④ 학생 개개인의 결과 확인 가능 ⇨ 학습의 개별화 추구 O
⑤ 학생의 향상도를 평가함(by 비공식적 관찰, 질문, 자기평가, 동료평가)

(3) 방법
① **구조화된 형성평가**: 계획·공지된 평가활동으로 다양한 수업방법과 연계하여 실시함
   예 시험, 보고서, 연습문제, 실험, 실습, 글쓰기, 프로젝트, 토론
② **비구조화된 형성평가**: 수업이 진행되는 동안 교사들이 학생들의 반응을 수집함
   예 관찰, 질의응답, 수업 분위기 등

(4) **형성평가의 도구 제작 시 고려사항**
   ① 일반적으로 준거참조평가를 지향함
   ② 주로 교사가 평가도구를 제작함
   ③ 적절한 난이도의 문제를 출제함
   ④ 학습자가 드러낼 가능성이 있는 오류를 가능한 한 다양하게 파악할 수 있는 문항들로 구성하되, 학습자의 동기를 유발하도록 해야 함

(5) **피드백의 종류**
   ① **목표참조 피드백** : 학생이 성취해야 할 학습목표를 기준으로 학생의 도달 정도에 대한 피드백 구성 ⇨ 도전적이지만 달성 가능한 목표를 설정하여 참여를 증진시켜야 함(너무 높은 목표는 실패와 사기 저하 초래. 너무 낮은 목표는 효능감 향상에 도움 X)
   ② **비계식 피드백**
      ㉠ 진단 결과에 따라 피드백을 제공할 때 학생이 학습목표를 달성할 수 있도록 교사가 과제를 단계적으로 제시 or 학생이 해결하기 어려워할 때 정보, 전략 등 제공 ⇨ 학생의 학습 및 이해가 발전되면 추가지원 중단
      ㉡ **교사** : 학생이 자신만의 학습전략을 발달시킬 수 있도록 도와주는 조력자 역할하는 것이 중요
   ③ **자기참조 피드백**
      ㉠ 학생이 이전에 비해 어떻게 향상되어왔으며 앞으로 어떻게 나아가야 할지에 대한 내용을 담아 피드백 제공
      ㉡ **장점** : 학생의 수준과 목표 모두 반영한 맞춤형 피드백이 될 수 있음. 학습 동기 유발에 효과적
   ④ **성취기준 참조 피드백**
      ㉠ 목표지향적 피드백, 해당 학년이 해당 학기에 달성해야 할 성취기준에 비추어 피드백 구성
      ㉡ **장점** : 스스로 자기평가 가능. 학생이 교수·학습과 평가 연계 가능
   ⑤ **준거참조 피드백**
      ㉠ 학생의 성과를 성취 목표나 기준 및 예시에 비추어 제공하는 것
      ㉡ **장점** : 학생이 무엇을 얼마만큼 알고 모르는지에 대한 정확한 정보 제공 ⇨ 교수·학습 이론에 적합. 학습 증진. 상호 경쟁이 강조되지 않음
   ⑥ **규준참조 피드백** : 상대적 위치에 대한 정보만 제공 ⇨ 무엇을 얼마만큼 아는지에 대한 정보를 제공하지 못하므로 교수·학습에 도움을 주지 못함. 비교육적 활동이 될 수도 있음

3 총괄평가 ☆

(1) 개념
일정 단위의 교수·학습과정이나 프로그램이 종료된 후에 교육목표 달성 여부와 정도를 종합적으로 판정하는 평가로, '총합평가'라고도 함

(2) 기능
① 학습자들의 교수·학습결과의 수준을 판단하고 평점이나 서열을 결정함
② 학습자의 미래의 학업성적을 예측하는 자료로 활용함
③ 교수·학습과정을 이수한 학습자에게 자격을 인정하기 위한 자료로 활용함
④ 학습자집단 간의 학습성과에 대하여 교수방법이나 자료의 차이 등과 관련시켜 비교·분석함으로써 정보를 제공함

(3) 평가도구 제작 및 절차
① 교육목표 재확인, 진술
② 교수·학습의 전반적인 내용 포함
③ 다양한 정신능력 측정 위해 다양한 문항형태 활용
④ 규준 vs 준거
  ㉠ **규준참조평가** : 다양한 난이도의 문항이나 평가도구 제작 ⇨ 규준을 만들고 서열 부여
  ㉡ **준거참조평가** : 최저준거에 부합하는 난이도의 문항 or 평가도구 제작 ⇨ 준거에 따라 통과와 미통과 판정

(4) 방법
형식적인 형태를 띠는 학기말 시험, 학년말 시험, 표준화검사 등

Theme 74 기출 CHECK!

  논술 기출 CHECK

평가 보고서에서 언급한 형성평가를 교사 측면에서 활용할 수 있는 방안 2가지, 평가 보고서에서 제안한 타당도의 명칭과 이 타당도의 확보 방안 1가지를 쓰시오.
● 23 중등

학생 만족도 조사 결과

Q. 학교에서 시행하는 평가는 적절하다.
(*5점 리커트 척도)

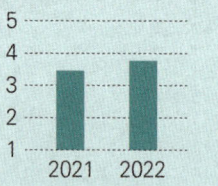

- 수업 중 퀴즈, 질문이 학습에 도움이 되었어요.
- 시험 문제가 수업에서 배운 것과 약간 다른 것 같아요

수업 진행 중에 퀴즈, 질문과 같은 형성평가 방법을 적절하게 적용한 점이 학생들의 평가 만족도를 높인 것으로 분석된다. 학생들이 이러한 평가로 인해 부담감을 느끼지 않도록 형성평가에 대해 잘 설명한 것이 효과가 있었다. 한편, 학생 의견 중 검사의 타당도에 대한 의견도 있었다. 교육 현장에서는 정기고사에서의 평가 방법도 중요하므로, 앞으로 평가 문항 개발 시 교육과정에 따라 수업 중에 가르친 부분을 점검하여 타당도를 높일 수 있는 방안을 모색해야 한다.

송 교사가 총평의 관점에서 학생을 진단할 수 있는 실행 방안 2가지를 제시하시오.
● 22 중등

김 교사 : 그럼요. 제가 교육과정 재구성한 것을 보내드릴 테니 보시고 다음에 이야기해요. 그런데 교육 활동에서는 학생에 대한 이해가 중요하잖아요. 학기 초에 진단은 어떤 방식으로 하려고 하시나요?
송 교사 : 이번 학기에는 선생님께서 특강에서 말씀하신 총평(assessment)의 관점에서 진단을 해 보려 합니다.

다음은 A 중학교에 재직 중인 김 교사가 작성한 자기계발 계획서의 일부이다. 김 교사의 자기계발 계획서를 읽고 예비교사의 입장에서 '교사가 갖추어야 할 역량'이라는 주제로 김 교사가 실시하는 평가 유형의 기능과 효과적인 시행 전략 각각 2가지를 논하시오.
● 16 중등

[평가계획]
- 평가시점에 따라 적절한 평가방법을 마련할 것
- 진단평가 이후 교수 학습이 진행되는 중간에 평가를 실시할 것
- 총괄평가 실시 전 학생의 학습 진전 상황에 관한 정보를 수집 분석할 것

다음은 A 중학교 초임 교사인 박 교사와 경력 교사인 최 교사의 대화 내용이다. 다음 대화문을 바탕으로 수업에 소극적인 학생들의 학습동기를 유발하기 위한 방안을 형성평가 활용 측면에서 2가지씩 논하시오.
● 14 중등

박 교사 : 네, 맞아요. 어떤 학급에서는 제가 열심히 수업을 해도, 또 학생들에게 질문을 던져도 몇몇은 그냥 고개를 숙인 채 조용히 있습니다. 심지어 어떤 학생은 수업 시간에 아예 침묵으로 일관하기도 하고, 저와 눈도 마주치지 않으려고 해요. 또한 가정환경이 좋지 않은 몇몇 학생은 다양한 문화적 경험을 가질 기회가 상대적으로 부족해서 그런지 수업에 관심도 적고 적극적으로 참여하지도 않는 것 같아요.
최 교사 : 선생님의 고충은 충분히 공감해요. 그렇다고 해서 수업 시간에 학생들을 그대로 방치해서는 안 됩니다. 교육적으로 바람직하지 않아요.
박 교사 : 아, 그렇군요. 그런데 선생님, 요즘 저는 수업방법뿐만 아니라 평가에서도 고민거리가 있어요. 저는 학기 중에 수시로 학업성취 결과를 점수로 학생들에게 알려주고 있는데요, 이렇게 했을 때 성적이 좋은 몇몇 학생들을 제외하고는 나머지 학생들은 자신의 성적을 보고 실망하는 것 같아요.
최 교사 : 글쎄요, 평가결과를 선생님처럼 그렇게 제시할 수도 있겠죠. 하지만 학습동기를 유발하기 위해서는 평가를 어떻게 활용하느냐가 중요해요.

01 다음은 형성평가를 위해 선택형 문항을 작성할 때 고려해야 할 사항이다. 이 중 학생들의 학습곤란이나 학습결손을 파악하려는 교사의 의도가 가장 잘 반영된 것은?
● 07 중등
① 답지가 서로 다른 차원의 내용을 포함하지 않도록 한다.
② 정답이 분명히 드러나지 않도록 오답지의 매력도를 높인다.
③ 추측에 의해 정답을 선택할 가능성이 높아지지 않도록 답지의 수를 늘린다.
④ 학생들이 자주 범할 수 있는 오류의 유형을 확인할 수 있도록 답지를 구성한다.

02 〈보기〉의 교사 행동을 진단평가, 형성평가, 총합평가와 가장 적절하게 짝지은 것은?
● 06 중등

―〈보기〉―
ㄱ. 수업 중에 학습 오류 수정을 위하여 쪽지시험을 실시하였다.
ㄴ. 수업계획을 수립하기 위하여 학생의 기초학습능력과 선수학습 정도를 파악하였다.
ㄷ. 기말고사를 실시하여 성적을 부여하였다.

	진단평가	형성평가	총합평가
①	ㄱ	ㄴ	ㄷ
②	ㄴ	ㄱ	ㄷ
③	ㄴ	ㄷ	ㄱ
④	ㄷ	ㄴ	ㄱ

03 교수·학습과정에서 활용되는 평가에 대한 설명으로 옳지 않은 것은?
● 04 초등
① 진단평가는 학생의 출발점 행동을 알아보기 위해 실시된다.
② 형성평가는 교수·학습활동을 개선하기 위한 정보를 제공해준다.
③ 형성평가에서는 교사가 제작한 검사보다는 표준화검사가 사용된다.
④ 총괄평가는 학습목표 달성 여부를 판정하여 성적을 산출하는 데 활용된다.

정답 01 ④ 02 ② 03 ③

04 형성평가에 대한 설명으로 맞게 묶인 것은?   ● 03 초등

> 가. 평가의 주요 목적은 교수-학습 방법의 개선에 있다.
> 나. 일련의 교수-학습 과정이 종료되는 시점에 실시한다.
> 다. 평가도구 제작 시 최소 성취기준에 근거하여 문항을 출제한다.
> 라. 평가 전문가가 개발한 표준화검사를 평가도구로 활용한다.

① 가, 나   ② 가, 다   ③ 나, 다   ④ 다, 라

05 김 교사는 학생들에게 약수와 배수에 대해 가르치려고 한다. 가르치기에 앞서 김 교사는 덧셈, 뺄셈, 곱셈, 나눗셈 등에 관한 문제로 구성된 간단한 시험을 실시하였다. 시험을 실시한 이유로 가장 적절한 것은?   ● 02 초등
① 시험 보는 기술을 훈련시키기 위해서이다.
② 수학에 관한 흥미를 유발하기 위해서이다.
③ 학생들의 선수 학습 정도를 파악해 보기 위해서이다.
④ 약수와 배수에 관한 그릇된 개념을 교정하기 위해서이다.

06 다음과 같은 평가 방식은?   ● 02 중등

> • 수업 도중에 실시한다.
> • 학습 단위에 관련된 학생의 진보상태를 교사가 학생에게 피드백한다.
> • 학습 단위의 구조에 따라 오류를 확인함으로써 교수방법을 수정·보완하는 데 필요한 정보를 수집하기 위해 실시한다.

① 총괄평가   ② 형성평가   ③ 사후평가   ④ 진단평가

07 다음과 같은 목적으로 실시되는 평가를 쓰시오.   ● 00 서울 초등 변형

> 교사가 교육의 과정에서 학생의 목표달성도를 조사하여 학습에서 잘된 점과 잘못된 점을 학생에게 피드백 해 주고, 교사 자신의 수업 계획과 방법에서 개선할 점을 모색한다.

• _____

정답 04 ② 05 ③ 06 ② 07 형성평가

Theme 75. 대안적 평가 – 역동적 평가, 능력지향평가, 성장지향평가, 학생 참여형 평가

학습 Check ○○○○○

기출
24 중등, 22 중등, 21 중등, 18 중등, 09 초등

1 역동적 평가

(1) 개념 ★
① 고정적 평가에 대해 각 개인에게 피드백이 없는 문항을 풀게 한다는 문제점이 제기되면서 등장
② 학습지의 잠재력을 자극하여 개인의 근접발달영역(ZPD)을 측정하고 개인이 교육목표를 제대로 달성할 수 있도록 개별적으로 도움을 주기 위한 목적으로 시행됨

(2) 특징
① '검사–중재(교육적 처방)–재검사'의 절차를 통해 개인의 근접발달영역(ZPD)을 측정함
② 교수·학습 과정에서 교사–학생, 학생–학생 간의 상호작용을 제고할 수 있는 방안을 강구함
③ 교수·학습 과정에서 개별 학생의 강점과 약점을 파악하고, 개인이 교육목표를 제대로 달성할 수 있도록 개별적으로 도움을 주기 위한 목적으로 시행됨

(3) 방법 ★
① 사전검사를 치른 후, 측정한 기능을 토대로 수업이 개별적·집단적으로 진행되어 학생의 강·약점을 반영한 개별화를 시도할 수 있음
② 문항의 반응에 따라 지속적으로 힌트 등의 활동을 제공하여 문제를 확실하게 해결하도록 순차적으로 설계함

고정적 평가와 역동적 평가의 비교

구분	고정적 평가	역동적 평가
평가목적	교육목표 달성도	학습 향상도
평가내용	학습결과 중시	학습과정도 중시
평가방법	• 정답한 반응 수 중시 • 일회적·부분적 평가	• 응답의 과정이나 이유도 중시 • 지속적·종합적 평가
평가 상황	• 획일화·표준화된 상황 • 탈맥락 상황	• 다양하고 융통성 있는 상황 • 맥락적 상황
평가 시기	특정 시점(주로 도착점)	출발점 및 도착점을 포함한 교수·학습활동의 전 과정
결과 활용	선발·분류·배치	지도·조언·개선
교수·학습활동	교수·학습과 평가활동을 분리	교수·학습과 평가활동을 통합

2 능력지향평가

(1) 개념 ★
학생이 지니는 능력에 비추어 얼마나 최선을 다했나, 능력의 최대치가 발휘되었나에 초점 두는 평가

(2) 특징 ★
① 우수한 능력을 지녔음에도 최선을 다하지 않은 학생보다, 능력이 낮더라도 최선을 다한 학생이 더 좋은 평가를 받음 ⇨ 노력 강조 but 공정성이 필요한 평가 장면에서 사용하기 어려움
② 노력 자체를 강조하고 평가함으로써 학습동기를 유발시키며, 이를 통해 교육목표에 도달할 가능성이 높아진다고 주장함

(3) 장점
① 학생 개개인의 수준을 고려해 이루어지는 개별화된 평가 ⇨ 교수–학습 과정에서 유용하게 활용
② 개별 학생의 파악된 능력 수준에서 그들의 최선을 인정해 주고 학습에 기울인 노력 정도에 대한 피드백 가능
③ 평가의 교수적 기능이나 상담적 기능 강조 ⇨ 교육의 선진화에 이바지

출제 pick!
☆ 역동적 평가의 개념, 특징, 방법
☆ 능력지향평가와 성장지향평가의 개념과 특징, 장점과 한계점, 성장지향평가의 신뢰도를 높이기 위한 조건
☆ 학생 참여형 평가의 종류, 개념, 특징, 수행방안

Level up
역동적 평가 유형
1. 샌드위치 방식: 사전검사와 사후검사 사이에 수업을 끼워 넣는 방식
   • 사전검사를 치른 후, 측정한 기능을 바탕으로 수업이 개별적 or 집단적으로 진행됨
   • 수업이 개별적인 상황에서 이루어질 경우, 특정 수험자의 강·약점을 반영한 개별화를 시도할 수 있음
2. 케이크 방식: 학습자가 검사문항을 풀 때마다 반응을 제시하는 방식
   • 문항의 반응에 따라 지속적으로 힌트 등의 활동을 제공하므로 문항과 힌트가 순차적으로 쌓임
   • 피험자에게 한 문항을 풀도록 한 다음, 이 문항을 맞히면 다음 문항을 제시하지만 틀릴 경우에는 수준이 다른 일련의 힌트를 제공함. 여기서 힌트는 문제해결이 확실히 이루어지도록 순차적으로 설계함

Level up
노력지향평가
1. 개념: 학습자의 노력 정도가 평가의 기준이 되어 점수와 관계없이 열심히 노력한 학생이 높은 점수를 받는 평가
2. 능력지향평가와 비교
   • 능력지향평가: 능력에 비추어 얼마나 최선을 다하였는지에 중점
   • 노력지향평가: 학생이 기울인 노력의 정도를 기준으로 성적을 주는 평가

(4) 한계점
① 학습자의 능력을 막연하게 짐작할 뿐일 수 있음
② 어떤 능력이 필수적인 능력인지를 확인하고 그 능력과 관련된 개별 학생의 수준을 정확하게 파악하는 것이 쉽지 않음
③ 특정 기능과 관련된 능력의 정확한 측정치에 의존하게 되므로 해당 능력에 국한하여 학습자의 수행을 해석하게 됨

3 성장지향평가

(1) 개념 ☆
① 교육과정을 통하여 얼마나 성장하였는가에 관심을 두는 평가
② 초기의 능력수준과 비교했을 때 얼마만큼의 향상을 보였는가를 강조함

(2) 특징 ☆
① 다른 학생과의 비교보다 개인의 성장을 강조하므로 학생 간 경쟁보다는 학습의 개인화를 지향함
② 결과 자체가 아닌 성장이나 향상에 중점을 두고 있다는 점에서 역동적 평가와 유사함
③ 사전 성취검사 점수와 현재 성취검사 점수의 차로 점수를 부여할 경우, 학생이 의도적으로 사전 성취검사에서 낮은 점수를 받으려는 단점이 있음

(3) 장점
① 학생의 성장과 진보 정도를 확인할 수 있어 학습을 이해하고 지원하는 데에 유용하게 활용될 수 있음
② 학생들에게 성취 수준의 향상이 지니는 교육적 의미 강조
③ 개별 학생의 수준에서 학습 촉진 가능
④ 평가의 교수적 기능이나 상담적 기능이 강조되는 평가환경이라면 이 평가방법은 보다 교육적 ⇨ 교육의 선진화에 이바지할 수 있음

(4) 한계점
① 성적이 높은 학습자의 경우 향상될 수 있는 범위가 적어 동기가 저하될 수 있음
② 평가 결과가 중요한 의사결정에 활용되는 고부담 평가에서는 성장지향평가의 결과에 대한 공정성이 문제될 수 있음
③ 성적의 의미가 왜곡될 수 있음(진보나 향상의 정도를 과장할 가능성 존재)

(5) **성장지향평가의 신뢰도를 높이기 위한 조건**
① 사전에 측정한 점수를 신뢰할 수 있어야 함
② 현재 측정한 측정치를 신뢰할 수 있어야 함
③ 사전 측정치와 현재 측정치의 상관이 낮아야 함(사전 측정치와 현재 측정치가 본질적으로 상관이 높다면 이는 성장에 의한 것이 아니라 관계에 의한 당연한 결과임)

4 학생 참여형 평가 – 자기평가 및 동료평가 ☆

(1) **자기평가(self – evaluation)**
  ① **개념**
    ㉠ 학습자 스스로가 특정 주제나 교수·학습영역에 대하여 학습과정이나 결과에 대해 자세하게 평가한 후에 자기평가 보고서를 작성 및 제출하도록 하여 평가하는 것
    ㉡ 학습자 스스로가 자신의 학습준비도, 학습동기, 성실성, 만족도, 다른 학습자들과의 관계, 성취수준 등에 대해 생각하고 반성할 수 있는 기회를 제공할 수 있음
    ㉢ 교사로 하여금 교사가 학습자를 관찰한 결과나 수시로 시행한 평가가 타당하였는지를 비교·분석해 볼 수 있는 기회를 제공함
  ② **장점**
    ㉠ 학습에 대한 주도성이 높아지고 학습 동기를 유발 ⇨ 학습 향상에 도움
    ㉡ 자신의 문제해결과정, 사고과정을 지속적으로 성찰하는 과정에서 초인지 능력 향상
    ㉢ 학습자의 자기조절 학습을 가능하게 함
    ㉣ 학습자가 학습, 평가의 주체 ⇨ 책임감 up ⇨ 교사와 학생 간의 관계가 더욱 협력적으로 이어지는 데 기여
    ㉤ 스스로 학습의 주체임을 인식 ⇨ 적극적으로 학습에 참여
  ③ **한계점 및 보완방안**
    ㉠ 학습자가 자신의 성취도를 높게 평가하는 경향이 있으므로 기준을 명확히 이해할 필요 있음
    ㉡ 평가의 신뢰성과 타당성 위협 가능성 O ⇨ 평가의 주체로 참여할 수 있는 기회는 자주 제공 but 채점 결과 처리 방안에 대해 신중하게 접근해야 함

(2) **동료평가(peer – evaluation)**
  ① **개념**
    ㉠ 동료 학생들이 상대방을 서로 평가한 후에 동료평가 보고서를 작성 및 제출하여 평가하는 것
    ㉡ 학생 수가 많아서 담당 교사 혼자의 힘으로 모든 학생들을 제대로 평가하기 어려울 때 두 가지 방법을 적절히 활용하여 학생을 평가할 수 있음
  ② **방법**
    ㉠ 팀 외부의 동료들에 의해 이루어지는 학습 결과물에 대한 평가
    ㉡ 팀 내부의 동료들에 의해 이루어지는 팀 활동에 대한 참여도 및 기여도에 대한 평가
  ③ **장점**
    ㉠ 학생들이 평가자로서의 역할을 통해 다각도로 생각하는 기회를 가질 수 있고, 자신의 장·단점을 인지하며 초인지 능력 향상
    ㉡ 학생 과제의 질 향상, 과제에 대한 책임감 증가
    ㉢ 평가 기준에 대해 명확한 이해 높아짐
    ㉣ 구체적 피드백을 제공하도록 하면 비판적 사고 향상
    ㉤ 동료 간 활발한 상호작용 촉진
  ④ **한계점 및 보완방안**
    ㉠ 동료의 능력에 대한 부정적 인식으로 평가 결과에 대한 불신이 있을 수 있음
    ㉡ 팀원 공헌도에 대한 과대평가 혹은 과소평가 가능
    ㉢ **극복방안** : 숙련된 평가자 역할을 위한 평가 훈련 진행. 여러 명의 동료가 평가하기

Theme 75 기출 CHECK!

논술 기출 CHECK

전문가 E가 학습자 맞춤형 교육을 위해 제시한 평가 유형의 적용과 결과 해석 시 유의점 2가지, 단순히 컴퓨터를 이용하는 검사 방법과 구별되는 컴퓨터 능력적응검사(Computer Adaptive Testing)의 특성 2가지를 쓰시오. ● 24 중등

> 교 사 D: 강연을 듣고 학습자 맞춤형 교육에서 평가가 중요하다는 것을 잘 이해할 수 있었습니다. 추가적으로, 학생의 능력 수준을 고려한 평가 유형과 검사 방법을 소개해 주실 수 있을까요?
> 전문가 E: 네, 예를 들어, 평가 유형으로는 능력참조평가를, 검사 방법으로는 컴퓨터 능력적응검사(Computer Adaptive Testing: CAT)를 고려해 볼 수 있습니다. 특히, 컴퓨터 능력적응검사는 단순히 컴퓨터를 이용하여 검사를 실시하고 채점하는 방법에서 더 발전된 특성이 있습니다. 교육 환경의 변화에 따라 학습자 맞춤형 교육이 강조되는 추세이므로 오늘 소개한 평가 유형과 검사 방법에 관심을 가지면 좋을 듯합니다.

송 교사가 활용할 수 있는 평가 결과의 해석 기준 2가지를 각각 그 이유와 함께 제시하시오. ● 22 중등

> 김 교사: 좋은 생각입니다. 그리고 우리 학교에서는 평가 결과로 학생 간 비교를 하지 않으니 학기 말 평가에서는 다양한 기준을 활용해 평가 결과를 해석해 보실 것을 제안합니다.
> 송 교사: 네, 알겠습니다.

김 교사가 적용하고자 하는 평가 방식이 학생에게 줄 수 있는 교육적 효과 2가지, 이 평가를 수업에서 실행하는 방안 2가지를 서술하시오. ● 21 중등

> 오늘 읽은 교육평가 방안 보고서에는 학생이 주체가 되는 평가가 학습에 도움이 된다는 내용이 담겨 있었어. 내가 지향해야 할 평가의 방향으로는 적절한데 그 내용이 구체적이지는 않더라. 학생이 스스로 자신을 평가하게 하면 어떠한 효과를 거둘 수 있을지, 그리고 내가 수업에서 이러한 평가를 어떻게 실행할 수 있을지 더 자세히 알아봐야겠어.

박 교사가 제안하는 평가 유형의 명칭과 이 유형에서 개인차에 대한 교육적 해석 1가지, 김 교사가 제안하는 2가지 평가유형의 개념을 논하시오. ● 18 중등

> 김 교사: 그렇군요. 평가의 방향도 달라질 필요가 있습니다. 앞으론 학생의 능력, 적성, 흥미에 적합한 목표를 설정하고, 그에 따라 수업과 평가가 이뤄지는 것도 의미가 있어 보입니다.
> 박 교사: 동의합니다. 그러기 위해서는 평가결과를 해석하고 판단하는 기준도 달라질 필요가 있습니다. 예컨대 학생의 상대적 위치가 어느 정도인지를 판단하기보다는 미리 설정한 학습목표에 도달했는지 여부를 중시하는 평가유형이 적합해 보입니다.
> 김 교사: 네, 저도 그렇게 생각합니다. 그리고 말씀하신 유형 외에 능력참조평가와 성장참조평가도 제안할 수 있겠네요.

01 능력참조평가(ability – referenced evaluation)와 성장참조평가(growth – referenced evaluation)의 특징을 각각 고르시오. ● 09 초등 변형

> ㄱ. 학생들의 상대적 서열에 초점을 맞춰 능력의 변별에 관심을 둔 평가이다.
> ㄴ. 학생들의 성장단계를 고려해 학년별로 성취목표의 달성 여부에 관심을 둔 평가이다.
> ㄷ. 학생들이 자신의 능력수준에서 그 능력을 얼마나 발휘하느냐에 관심을 둔 평가이다.
> ㄹ. 교수·학습 과정을 통한 변화에 관심을 두며 초기 능력수준에 비해 얼마만큼 능력의 향상을 보였느냐를 강조하는 평가이다.

• 능력참조평가 : _____ • 성장참조평가 : _____

정답 01 능력참조평가 – ㄷ / 성장참조평가 – ㄹ

Theme 76 과정중심 평가, 수행평가, 포트폴리오 평가

학습 Check ○○○○○○

기출
09 초등, 07 중등, 07 7급, 05 초등, 04 중등,
03 중등, 02 중등, 01 중등, 00 대구 초등

1 과정중심 평가

(1) 개념 ☆

① 학생이 학습하는 과정과 수행하는 과정을 평가의 대상으로 포함하는 동시에 평가 결과가 활용될 수 있도록 해야 한다는 의미
  ⇨ 평가를 학습의 도구로 사용 – 평가의 목적이 학생의 서열화에서 벗어나 학생의 학습을 돕고 교사의 수업을 개선하는 데 활용되도록 하고자 함
  ⇨ 수업의 결과가 아닌 수업 중 나타난 학생의 학습과정이 평가대상이어야 하며, 그 결과를 학생에게 알려줌과 동시에 수업에 반영함으로써 더 나은 학습을 모색하도록 하는 평가임
② 학생이 수업에서 배운 내용을 알고 있는지 여부를 평가하는 '결과중심 평가'와 대비되는 평가
  ⇨ 학생이 수행 과정에서 어떤 사고를 했는지, 협업 상황에서 어떤 역할을 했는지에 중점
③ 교육과정, 교수·학습, 평가 간의 연계를 지칭하는 용어 ⇨ 교육과정 성취기준을 기반으로 교수·학습과 평가계획을 세우고, 교수·학습과정에서 자료를 다각도로 수집하여 적절한 피드백을 제공해야 함. 교육과정의 목표와 성취기준에서 제시한 의도에 따라서 교수·학습과정을 진행하고, 그 과정에서 학생이 수행하는 과정을 평가하고자 하는 정책적 용어
④ 교수·학습과 평가의 상호작용이 실현될 수 있도록 하는 데 목적을 둠

(2) 특징 ☆

① **교육과정의 성취기준에 기반을 둠**
② **수업 중에 이루어짐**: 수업 중 학생의 활동에 대한 평가로, 교수·학습과 연계된 평가를 지향
③ **수행과정 평가**: 지식, 기능, 태도가 학습자에게서 어떻게 발달하고 있는지를 파악하기 위하여 학습자의 수행과정을 평가대상으로 함. 이러한 특징을 가장 많이 반영한 평가방법이 수행평가이긴 하나, 수행과정은 선택형 또는 서답형으로 구성된 지필평가 형식으로도 측정이 가능하므로 과정중심 평가에 지필평가를 활용할 수도 있음
④ **종합적인 평가**: 지식, 기능, 태도 등 인지적 영역뿐만 아니라 정의적 영역까지 포함하는 종합적인 평가
⑤ **다양한 평가방법 활용**
  ㉠ 평가의 목적이나 내용을 고려하고 다양한 평가방법을 활용하여 학생의 다양한 측면을 파악하는 것이 중요
  ㉡ 평가와 수업이 연계되고, 결과와 과정을 동시에 고려하며, 수업 개선에 활용되는 등의 특징을 갖기 때문에 형성적인 기능을 강하게 갖는 평가라고 할 수 있으나, 이것이 진단·총괄평가로 쓰일 수 있는 여지도 있음
  ㉢ 학기·학년·학교급의 여러 층위의 교육 기간을 상정할 경우에는 총괄평가가 장기간의 교육 프로그램 연속선상에서 진단적 기능이나 형성적 기능을 수행할 수도 있고, 학기 중에 수행되는 진단평가나 형성평가의 결과가 학기 말의 총괄평가에 반영될 수 있다는 점에 유의해야 함
⑥ **학생의 발달과 성장을 위한 평가 결과의 활용**: 학생의 발달과 성장과정을 관찰함으로써 부족한 점을 채워주고, 우수한 점을 심화·발전시킬 수 있도록 기여함

출제 Pick!

☆ 과정중심 평가의 개념, 특징, 운영절차, 단위학교에서의 운영 방안
☆ 수행평가의 개념, 특징, 수행평가의 신뢰도를 높이는 방안
☆ 루브릭(채점기준표)의 개념, 포함 요소, 특징(장점)
☆ 포트폴리오 평가의 개념, 특징, 장점, 단점과 극복방법

(3) 운영 절차

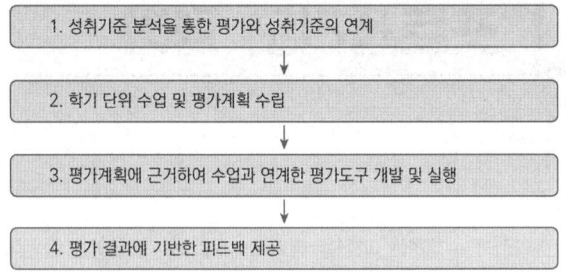

[그림 3-1] 과정중심 평가 운영 절차

① 성취기준 분석을 통해 학생의 성장을 지원하는 과정중심 평가가 이루어지기 위하여 적절한 평가 내용 및 방법을 고려해야 함
② 학기 단위 수업 및 평가계획을 수립함
③ 학기 단위 평가계획에 근거하여 수업과 연계한 평가도구를 개발하고 실행함으로써 수업과정에서 지속적으로 교수·학습에 따른 학생의 성장을 파악하고 기록함
④ 교사는 평가 결과를 기반으로 한 피드백을 지속적으로 제공하여 학생의 학습 상태를 진단하고, 성장을 위한 방안을 제공함

(4) 단위학교에서의 과정중심 평가 운영방안

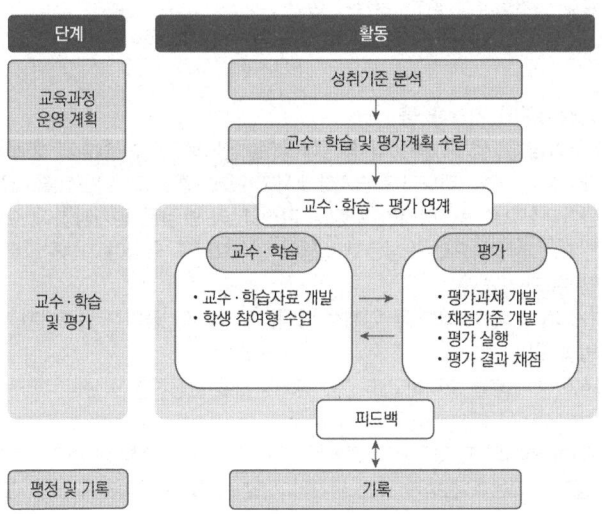

[그림 3-2] 단위학교에서의 과정중심 평가 운영방안

① **교육과정 운영 계획 수립** : 성취기준을 분석하여 교수·학습 및 평가계획을 수립(교사별 평가 시 교사별로 계획 수립)함. 과목의 특성 및 성취기준에 따라 다양한 평가방법을 활용하며, 한 학기 교수·학습과 평가계획을 동시에 수립함. 계획 수립 후 학년(교과)협의회를 통해 동료 교사들과 평가계획의 타당성에 대하여 검토한 후 평가내용에 따라 평가 시기 및 방법(서·논술형, 프로젝트 등)을 결정함
② **교수·학습 및 평가 연계** : 교수·학습과 평가를 연계하여 평가과제를 개발하고(교사별 평가 시 교사별로 과제 개발), 수업과정에서 평가를 실시한 후 채점기준에 따라 공정하게 채점함. 학생의 성장·발달을 촉진하기 위해 학생의 학습과정에서 피드백을 제공하는 것이 중요
③ **평가 결과 활용한 평정 및 기록 방안 마련** : 한 학기 동안의 성적을 평정하며 학생의 학습과정과 결과를 누적하여 기록하고 학습과정을 통해 드러난 학생의 특성을 종합적으로 기록함

(5) 학교현장에서의 과정중심 평가 모델
　① 수업 전 간접평가 결과를 수업에 반영
　　㉠ 교과서 분석
　　㉡ 자신의 과거 수업 경험
　　㉢ 동료교사와의 정보 공유
　　㉣ 학생의 특성 반영
　② 수업 중 직접평가
　　㉠ 모둠 내 토론 내용 관찰을 통한 직접평가
　　㉡ 학생 개별 면담을 통한 직접평가
　　㉢ 전체 활동을 통한 직접평가
　③ 수업으로 평가 결과의 환류
　　㉠ 수업 중 직접평가 결과의 분석
　　㉡ 수업으로 직접평가 결과의 환류

(6) **과정중심 평가 운영 시 고려사항**
　① 학기 초에 성취기준 및 평가기준 분석을 실시함
　② 소속 교육청의 수행평가 및 서·논술형 반영 기준 등이 포함된 학업성적관리시행지침 준수 여부를 검토함
　③ 교사의 자율적인 연구 분위기를 조성함(교과 연구회 및 교사 동아리 등)
　④ 교사별 과정중심 평가를 실시하는 경우, 교사별로 교수·학습 및 평가계획을 수립하고 평가과제와 채점 기준을 개발함
　⑤ 과정중심 평가에서는 평가의 공정성 및 신뢰도 제고를 위하여 학년(교과)협의회를 통하여 동료 교사들과 평가계획 및 과제 등의 타당성을 검토할 필요가 있음
　⑥ 학기 초 수립한 평가계획을 학기 중에 변경할 경우, 학교 내 학업성적관리위원회의 심의를 거친 후 정보 공시를 해야 하며, 학교 홈페이지 공지자료를 수정하여 학생 및 학부모에게 변경사항을 안내해야 함
　⑦ 학생 및 학부모의 평가 결과에 대한 이의 및 민원이 증가될 수 있으므로 채점 결과의 세분화 및 사전 공지가 필요함
　⑧ 학생 및 학부모의 평가에 대한 인식 제고를 위한 홍보 및 소통 확대가 필요함

2 수행평가

(1) **개념** ☆
　① 교사가 학생이 학습과제를 수행하는 과정 및 결과를 보고 학생의 지식, 기능, 태도 등에 대하여 전문적으로 판단하는 평가 방식
　② 학습의 결과가 아니라 과정을 평가의 주요 대상으로 설정하고자 하는 과정중심 평가
　③ 학생평가에서 담당 교사의 전문적인 관찰과 판단을 중시함과 동시에 평가 방법을 다양화·전문화·특성화하자는 의미를 포함함
　④ 학생을 직접 가르치는 담당 교사가 학생에 대해 가장 잘 평가할 수 있다는 사실에 근거하며, 담당 교사에게 '가르치는 권한'뿐만 아니라 '평가하는 권한'을 실질적으로 보장하자는 의미도 포함함

(2) **특징(장점)** ☆
　① 학생이 정답을 선택하게 하는 것이 아니라, 자기 스스로 답을 작성(서술 혹은 구성)하거나 행동을 통해 나타내도록 하여 학생의 인지구조나 문제해결과정을 쉽게 파악할 수 있음
　② 단순기억력과 같은 낮은 사고기능보다는 창의성, 문제해결력, 비판력, 판단력, 정보수집·분석력, 통합력과 같은 고등사고기능의 파악을 중시함
　③ 추구하고자 하는 교육목표 달성 여부를 가능한 실제 상황에서 파악하고자 함
　　⇨ 실제 상황의 실제적인 문제를 중시함

④ 교수·학습의 결과뿐만 아니라 과정도 함께 중시하여, 선언적 지식(무엇에 대해 아는 것)의 습득 수준뿐만 아니라 절차적 지식(어떻게 하는지 아는 것)의 습득 수준을 파악하는 것이 중시됨
⑤ 학생의 학습과정을 진단하고 개별학습을 촉진하려는 노력을 중시함
⑥ 학생들 간의 지나친 경쟁을 유도하는 것이 아니라 협력을 유도하며, 학생의 사회성을 신장시키는 데 기여할 수 있음
⑦ 단편적인 영역에 대해 일회적으로 평가하기보다는 학생 개개인의 변화·발달과정을 종합적으로 평가하기 위해 전체적·지속적으로 평가하는 것이 중요함
⑧ 학생의 인지적 영역뿐만 아니라 학생 개개인의 행동발달이나 흥미·태도 등의 정의적 영역, 운동기능 등의 심동적 영역에 대한 종합적인 평가를 중시함
⑨ 교사와 학생 간의 신뢰와 사랑을 바탕으로 학생의 지식, 기능, 태도 등에 대해 교사가 직접 평가하는 수행평가를 시행하게 되면 교수·학습활동에서 자연스럽게 전인교육의 이념이 실현될 수 있음

(3) 수행평가의 신뢰도(채점자 신뢰도, 객관도)를 높이는 방안 ☆
① 채점 기준에 대한 공유와 합의 : 교과(학년)협의회에서 토론과 합의를 통해 채점 기준을 정하고 이를 공유할 경우 보다 일관성 있는 채점이 가능해짐
② 채점기준표(루브릭)의 제작 : 학생이 과제를 수행함으로써 성취하기를 기대하는 지식, 기술, 태도 등을 진술하고 수행수준에서의 성취기준을 명세화한 루브릭을 제작할 경우, 신뢰도를 높일 뿐 아니라 학생이 체계적으로 수업 및 평가를 준비하게 되어 자기주도적 학습 또한 유도할 수 있음
③ 평가자 훈련 : 평가에 참여하는 평가자에게 평가자 오리엔테이션을 실시하여, 채점기준표를 설명하고 예비채점, 채점기준 수정, 점수기록 등의 훈련과정을 거쳐 채점자의 신뢰도를 높일 수 있음
④ 여러 명의 교사가 채점 : 동일한 과제에 대해 수행과정 및 결과를 여러 명의 교사가 채점하고 채점 결과의 평균값을 활용함
⑤ 학생을 평가자로 투입 : 교사뿐 아니라 학생도 평가에 참여하도록 하여 동료평가 및 자기평가를 평가 요소로 적용 시 채점의 신뢰도를 높일 수 있음

(4) 수행평가 평가방법 – 루브릭(채점기준표)
① 개념 ☆
  ㉠ 학생이 과제를 수행함으로써 성취하기를 기대하는 지식, 기술, 태도 등을 기술한 것
  ㉡ 학생의 수행과정과 수행 수준에서의 성취기준을 명세화한 평가안내서이자 평가 척도
② 루브릭 포함 요소
  ㉠ 과제 진술 : 과제에 대한 명확하고 구체적인 설명으로, 학생이 과제의 내용, 특성, 형식 등을 충분히 이해할 수 있는 언어로 제시해야 함
  ㉡ 평가 기준 및 차원 : 과제의 평가 세부항목을 구체화하는 것으로, 과제를 수행할 때 무엇이 중요하며, 어떤 부분을 성취해야 하는가를 결정하는 것으로, 초·중·고등학교에서는 국가 교육과정 성취기준을 근거로 과제의 목표가 충실히 반영되도록 평가 기준을 설정함
  ㉢ 평정을 위한 척도·단계 설정 : 주어진 과제가 얼마나 잘 수행되었는가를 판단하는 척도·단계를 설정하며 '우수/보통/미흡' 또는 '5/4/3/2/1' 등으로 구분함
  ㉣ 수행 수준에 대한 기술 : 평가 기준 및 차원별로 설정한 척도나 단계에 따라 기대되거나 실제 나타나는 과제의 특징이나 학생의 행동특성을 기술함
③ 루브릭의 특징(장점) ☆
  ㉠ 평가 기준이 명확하여 결과가 일관적이고 신뢰도가 높음
    ⇨ 기존 수행평가의 약점인 객관도와 신뢰도를 보완할 수 있음
  ㉡ 수행 특성을 여러 단계 수준으로 세분화하여 제시함
    ⇨ 학생이 도달한 수행의 현재 상태와 발달의 가능성 및 방향을 제공해 줌
  ㉢ 학생 수행에 대한 질적 정보를 제공해 주어 학생의 강점과 약점을 파악하도록 함
    ⇨ 학생의 자기조절적 학습태도 증진에 도움을 줌

3 포트폴리오 평가

(1) **개념 및 특징** ☆
① 자신이 쓰거나 만든 작품을 누적하여 체계적으로 모아 둔 개인 작품집이나 서류철을 이용한 평가
② 단편적인 영역에 대해 일회적으로 평가하지 않고 학생 개개인의 변화 및 발달과정을 종합적으로 평가하기 위해 전체적·지속적으로 평가하는 것을 강조하는 것으로, 수행평가의 대표적인 방법 중의 하나
③ 그림, 사진, 시, 소설 등의 작품집, 글짓기 결과물, 독서장, 관찰기록, 일화노트, 과목의 과제물, 연구보고서나 실험·실습 결과보고서 등을 정리한 자료집을 이용하여 평가함
④ 구성주의 인식론을 토대로, 학생의 변화와 발전과정을 종합적·지속적으로 평가함을 강조하면서 학습자가 지식을 적극적으로 형성한다고 봄

(2) **장점** ☆
① 학생은 스스로의 변화과정을 알 수 있고, 자신의 강점이나 약점, 성실성, 잠재가능성 등을 스스로 인식할 수 있음
② 교사는 학생의 과거와 현재의 상태를 쉽게 파악할 수 있고, 앞으로의 발전방향에 대해 쉽게 조언할 수 있으며, 과정과 결과에 드러난 학생의 정의적 특성에 대한 평가가 가능함
③ 학생이 자신의 지식과 기술을 이용하여 과제를 수행하고, 산출물을 만들어 내는 과정과 그 결과물을 관찰하여 판단하는 평가이므로, 수행과정과 결과 모두 평가할 수 있음

(3) **단점** ☆
포트폴리오에 포함되는 수행과제에 대한 정답이 없기 때문에 채점 시 채점자의 주관이 개입될 여지가 많아 신뢰도 및 객관도 확보가 어려움 ⇨ 루브릭(채점기준표)을 통해 보완 가능

Theme 76 기출 CHECK!

01 수행평가 과제의 제작과 관련하여 교사가 유의해야 할 점으로 가장 적절한 것은? ● 09 초등
① 한 가지 이상의 해결책이나 정답이 가능한 과제는 피하도록 한다.
② 학생들의 과제집중력을 고려하여 과제수행 시간이 최대 20분을 초과하지 않도록 한다.
③ 교육목표 및 교육내용과의 관련성을 확인하여 수행평가 과제의 타당성을 확보하도록 한다.
④ 하나의 수행평가 과제에서는 한 가지 학습 성과만을 평가할 수 있도록 과제를 구조화하도록 한다.
⑤ 객관식 검사가 측정하지 못하는 것을 측정하기 위해 교과학습 목표와는 독립적 수행평가 과제가 되도록 한다.

02 수행평가의 도입 배경에는 학생의 지적 능력과 정의적 특성에 대한 평가를 통합하고자 하는 의도가 있다. 이러한 의도를 가장 충실히 반영한 것은? ● 07 중등
① 기계모형을 해체하였다가 원상 복구하는 데에 걸리는 시간을 측정하는 평가
② '집합'의 개념을 수학과 생물학의 시각에서 조명하도록 요구한 논술형 평가
③ 최종 정답만이 아니라 문제 풀이 과정까지 드러내도록 요구한 수학의 서답형 평가
④ 모둠의 협동을 요구하는 과학 실험 과제를 제시하고 학생의 행동을 교사가 관찰하여 평정하는 평가

03 수행평가의 특징을 가장 적절하게 나타낸 것은? ● 07 공무원 7급
① 학생들로 하여금 문제의 정답을 선택하게 하는 게 아니라, 학생 스스로 정답을 작성하거나 행동으로 나타내도록 하는 평가 방식이다.
② 평가의 준거를 교육을 통해 달성하려고 하는 수업목표에 두는 것으로 교수-학습 방법의 개선 방향을 밝혀주는 평가방식이다.
③ 학습자 개개인에게 적합한 교수-학습의 기회를 제공하여 주어진 학습목표에 도달시킬 수 있다는 발달적 교육관을 바탕으로 하는 평가방식이다.
④ 경쟁을 통하여 학생들의 외현적 동기 유발을 도모하는 데 유리하며, 엄밀한 개인차의 변별이 가능한 평가방식이다.

04 수행평가를 실시할 때 유의할 사항으로 가장 옳은 것은? ● 04 중등
① 신뢰도를 높이기 위해 채점자 사전 교육을 삼가야 한다.
② 타당도를 높이기 위해 간접적인 평가방법을 사용해야 한다.
③ 실용도를 높이기 위해 수행과제의 수를 많이 포함해야 한다.
④ 객관도를 높이기 위해 동일한 문항을 여러 명이 채점하게 한다.

05 수행평가의 특징과 관계가 가장 먼 것은? ● 03 중등
① 높은 신뢰도 ② 높은 타당도 ③ 과정(process)에 대한 평가 ④ 실제적인 상황에서의 평가

06 〈보기〉에서 포트폴리오를 이용한 수행평가에 해당하는 설명을 골라 기호를 쓰시오. ● 05 초등 + 02 중등 + 01 중등 + 00 대구 초등 변형

─〈보기〉─
가. 과정보다는 결과 평가에 중점을 둔다.
나. 신뢰도는 높으나, 타당도는 낮은 경향이 있다.
다. 지적 능력은 물론 정의적 특성도 평가할 수 있다.
라. 전통적인 인식론보다는 구성주의 인식론에 바탕을 둔다.
마. 학습자 자신이 지속적·체계적으로 작성하거나 만든 개인별 작품집 또는 서류철 등을 근거로 평가한다.
바. 일기장, 연습장, 미술작품집, 과제일지를 사용한다.
사. 포트폴리오에 포함될 내용은 학생과 교사가 결정하는 것이 타당하다.

정답 01 ③ 02 ④ 03 ① 04 ④ 05 ① 06 다, 라, 마, 바, 사

Theme 77 평가 대상의 행동에 따른 분류: 인지적, 정의적, 심동적 평가

기출: 19 중등, 09 중등

출제 Pick!
- ☆ 인지적, 정의적, 심동적 평가의 개념, 평가방법(유형)
- ☆ 사회성 측정법의 개념, 장·단점, 사용 시 유의사항

1 인지적 평가
① **개념**: 지적 발달을 다루는 평가, 국가 및 시·도 교육청 수준의 학업 성취도 평가가 대표적
② **평가방법**: 비형식적 관찰, 교실 성취도 검사, 수행평가, 산출물 평가

2 정의적 평가 ☆

(1) 개념
태도, 흥미, 자아개념, 가치, 불안, 도덕성, 학업적 자기존중, 통제, 동기 등 다양한 정의적 특성을 평가하는 방식

(2) 유형
① 질문지법(자기보고법)
  ㉠ **개념**: 구체적인 질문에 응답하게 하는 측정법으로, 자신의 감정, 태도, 신념, 가치, 신체 상태를 스스로 표현하거나 기술하도록 함
  ㉡ **하위 유형**
   • **자유반응형**: 자신이 생각나는 대로 응답함
   • **선택형**: 두 개 이상의 답지를 주고 적당한 것을 선택함
   • **체크리스트형**: 어떤 행동이나 특성을 목록화한 후에 선택하게 함
   • **평정척도형**: 미리 정해놓은 척도에 반응하도록 하는 것으로, 특성의 정도까지 평가할 수 있음
    예 리커트 척도, 의미변별 척도, 써스톤 척도 등
   • **유목분류형**: 일정한 기준·표준에 따라 질문 목록을 유목으로 분류함
   • **등위형**: 항목들을 일정한 기준에 따라 최상위부터 최하위까지 순위를 매기도록 함
② **관찰법**: 특성을 기록하는 방법. 일화 기록법, 행동 특성을 나열한 체크리스트, 비디오, 오디오 등을 활용함
③ **면담법**: 대화를 통해서 특성을 파악하는 방법. 라포(rapport)를 형성함으로써 학생을 깊게 이해할 수 있음
④ **투사법**: 개인의 욕구 등이 밖으로 나올 수 있는 자극을 제시함으로써 인간의 내면에 숨어있는 특성을 표출하게 하는 방법. 잉크반점검사, 드로잉테스트 등이 있음
⑤ **의미분석법**: 여러 가지 사물, 인간, 사상 등의 개념에 대한 심리적 의미를 분석해 의미공간상의 위치로 표현함
⑥ **Q방법론**: 인간의 관점, 의견과 같은 주관성을 과학적으로 연구하는 방법
⑦ **사회성 측정법(Sociometry, Moreno)**
  ㉠ **개념** ☆: 소집단 내 구성원 간의 호의, 혐오, 무관심 등의 관계를 조사하여 집단 자체의 역동적 구조 상태를 알아보기 위한 방법
  ㉡ **장점** ☆
   • 개인의 사회적 적응 개선, 집단의 사회적 구조 개선, 집단 재조직 등에 도움
   • 전문적 훈련 없이도 작성·실시할 수 있어 일선교사들에게 유용함
  ㉢ **단점** ☆
   • 한 번의 측정결과를 가지고 집단구성원들 간의 관계를 고정적으로 보는 오류를 범할 수 있음
   • 질문의 내용에 따라 학생들의 관계에 악영향을 줄 수도 있음
  ㉣ **사용 시 유의사항** ☆
   • 어떠한 기준에서 구성원들을 선택하고 배척했는지 밝혀야 함
   • 학급을 잘 알고 있는 담임이 실시하고, 결과는 비밀로 해야 함
   • 부정적 기준의 사용은 지양하고 부득이한 경우에는 신중히 사용해야 함

3 심동적 평가
① **개념**: 주로 예술, 체육, 직업·탐구 관련 교과에서 운동기능 및 조작과 관련하여 평가하는 것
② **평가방법**: 실기평가나 관찰법, 수행평가 통해 인지적·정의적 영역의 평가와 통합적으로 이루어짐

Theme 77 기출 CHECK!

논술 기출 CHECK

다음에서 언급된 척도법의 명칭과 이 방법을 적용하기 위하여 진술문을 작성할 때 유의할 점 1가지, 김 교사가 사용할 신뢰도 추정 방법 1가지의 명칭과 개념을 제시하시오.
● 19 중등

> 모둠을 구성할 때 태도나 성격 같은 정의적 요소도 반영해야겠어. 진술문을 몇 개 만들어 설문으로 간단히 평가하고 신뢰도는 직접 점검해 보자. 학생들이 각 진술문에 대한 반응을 등급으로 선택하면 그 등급 점수를 합산할 수 있게 해 주는 척도법을 써야지. 설문 문항으로 쓸 진술문을 만들 때 이 척도법의 유의점은 꼭 지키자. 그리고 평가를 한 번만 실시해서 신뢰도를 추정해야 할 텐데 반분검사신뢰도는 단점이 크니 다른 방법으로 신뢰도를 확인해 보자.

01 빈칸에 알맞은 개념의 명칭은?
● 확인문제

> 지적 발달을 다루는 평가로 학교현장에서 이루어지는 교실평가, 국가 및 시·도 교육청수준의 학업성취도평가를 (A)라고 하고, 인간의 정서 및 의지발달을 밑바탕으로 형성되는 태도, 흥미, 자아개념, 가치, 불안, 도덕성, 학업적 자기존중, 통제, 동기 등 다양한 특성을 평가하는 것은 (B)라고 한다.

● A : _____ ● B : _____

02 김 교사는 학생들이 '교사'에 대하여 어떤 이미지를 갖고 있는 지를 분석하기 위하여 다음과 같은 질문지를 제작하였다. 이때 사용된 척도기법에 대한 설명으로 옳은 것을 〈보기〉에서 고른 것은?
● 09 중등

> 지시문 : '교사' 개념에 대한 자신의 느낌에 해당하는 번호에 ✓표 하시오.
>
> 교 사
> 1. 인자한 ① ② ③ ④ ⑤ ⑥ ⑦ 엄격한
> 2. 모호한 ① ② ③ ④ ⑤ ⑥ ⑦ 명확한
> 3. 전통적인 ① ② ③ ④ ⑤ ⑥ ⑦ 현대적인

─────────〈보기〉─────────

ㄱ. 서로 대비되는 형용사군에 응답한 피험자의 반응을 분석하여 의미 공간(semantic space)상의 위치로 표현한다.
ㄴ. 반응하기 어려운 문항에 긍정적인 반응을 한 응답자는 그 문항보다 반응하기 쉬운 모든 문항들에 대하여 언제나 긍정적인 반응을 한다고 이론적으로 가정한다.
ㄷ. 서스톤(L. L. Thurstone)이 제안한 척도기법으로서, 심리적 연속선상에 동간성을 가진 문항으로 구성된 유사 동간 척도(equal appearing interval scale)를 만든다.
ㄹ. 분석 자료를 해석하기 위하여 평가요인(evaluative factor), 능력요인(potency factor), 활동요인(activity factor)의 3차원 공간으로 점수를 집약하여 해석을 시도한다.

① ㄱ, ㄴ   ② ㄱ, ㄷ   ③ ㄱ, ㄹ   ④ ㄴ, ㄷ   ⑤ ㄷ, ㄹ

정답 01 A - 인지적 평가 / B - 정의적 평가   02 ③

Theme 78 평가 방법에 따른 분류: 양적, 질적, 혼합평가, 컴퓨터화 검사

24 중등

1 양적 평가

(1) **개념**: 평가대상을 어떤 형태로든지 수량화하고, 수량화된 자료를 바탕으로 통계적 기법을 이용하여 기술·분석하는 기법

(2) **제작**: 학업성취도 검사나 정의적 영역에 대한 질문지법에 의하여 수치화된 자료를 수집하는 것 등이 있음 (검사, 설문조사, 델파이조사)

2 질적 평가

(1) **개념**
   ① 교육활동에 관련된 질적 자료를 분석·이해하고 가치를 판단하는 과정
   ② 평가대상을 보다 더 심층적으로 파악하고 그들의 실제나 과정에 대한 이해를 높이는 것을 목적으로 함

(2) **평가방법**: 평가자가 평가하려는 상황에 어떤 조작도 하지 않고 있는 그대로 평가(문헌분석, 관찰, 현장방문, 면담, 전문가 판단, 사례연구 등)

3 컴퓨터화 검사

(1) **정의**
   ① 컴퓨터를 이용한 모든 검사
   ② 검사의 모든 과정에서 검사를 보다 빠르고 용이하게 수행하는 데 도움을 줌(워드프로세서, 온라인 전송 등)

(2) **종류**
   ① 컴퓨터 이용 검사(CBT; Computer Based Test)
      ㉠ 개념: 전통적인 지필 검사와 동일한 내용의 검사를 컴퓨터의 화면과 키보드를 이용하여 실시하는 검사
      ㉡ 장점
         ⓐ 검사결과의 채점 및 보고에 소요되는 시간과 경비 줄일 수 있음
         ⓑ 즉각적인 피드백 ⇨ 검사를 통한 학습 향상 도모
         ⓒ 다양한 형태의 문항 제작 가능(동영상, 음향파일, 그래프, 사진 등 이용)
         ⓓ 문항과 피험자에 대한 다양한 정보 제공하고 지속적으로 저장, 관리 가능
   ② 컴퓨터화 능력적응검사(CAT; Computerized Adaptive Testing)
      ㉠ 개념: 개별 피험자의 능력에 맞는 문항을 제시하여 문항을 맞히면 더 어려운 문항을, 틀리면 더 쉬운 문항을 제시하여 피험자의 응답결과에 적응하는 방식으로 실시하는 검사
      ㉡ 일반적인 컴퓨터화 검사의 장점과 피험자 능력수준에 적합한 문항만을 선별하여 개별화된 검사를 치름으로써 얻을 수 있는 적응검사만의 장점을 가지고 있음
      ㉢ 장점
         ⓐ 피험자의 능력에 맞는 문제 제시 ⇨ 동기 유발, 사기 진작시킴
         ⓑ 측정의 효율성: 보다 적은 수의 문항으로 보다 정확한 피험자의 능력 추정 가능
         ⓒ 검사 도중 발생하는 부정 행위 방지, 검사 문항 내용에 대한 정보유출 가능성 최소화

출제 Pick!
☆ 양적, 질적 평가의 개념
☆ 컴퓨터화 검사의 정의, 종류
☆ 컴퓨터 이용 검사와 컴퓨터화 능력적응검사의 개념, 장점

Level Up

혼합평가접근
1. 상호 보완적 접근
   어떤 평가 상황에서 특정한 방법이 항상 절대적일 수 없으므로, 다양한 관점에서 양적 평가와 질적 평가가 상호 보완적으로 활용될 수 있다고 봄
2. 다각화의 목적
   대부분의 평가방법이 편파성과 제한점이 있을 수 있음을 가정하고, 두 가지 이상의 방법을 동일한 현상이나 대상을 평가하는 데 활용할 것을 주장함
   ➡ 연구의 설계 측면 향상, 일반화가 가능한 대표적인 사례 확인, 평가 도구의 개발 및 실행능력 향상, 표본의 편파성 경감, 새로운 시각을 얻을 수 있음

Theme 78 기출 CHECK!

논술 기출 CHECK

전문가 E가 학습자 맞춤형 교육을 위해 제시한 평가 유형의 적용과 결과 해석 시 유의점 2가지, 단순히 컴퓨터를 이용하는 검사 방법과 구별되는 컴퓨터 능력적응검사(Computer Adaptive Testing)의 특성 2가지를 쓰시오. • 24 중등

교　사 D : 강연을 듣고 학습자 맞춤형 교육에서 평가가 중요하다는 것을 잘 이해할 수 있었습니다. 추가적으로, 학생의 능력 수준을 고려한 평가 유형과 검사 방법을 소개해 주실 수 있을까요?
전문가 E : 네. 예를 들어, 평가 유형으로는 능력참조평가를, 검사 방법으로는 컴퓨터 능력적응검사(Computer Adaptive Testing : CAT)를 고려해 볼 수 있습니다. 특히, 컴퓨터 능력적응검사는 단순히 컴퓨터를 이용하여 검사를 실시하고 채점하는 방법에서 더 발전된 특성이 있습니다. 교육 환경의 변화에 따라 학습자 맞춤형 교육이 강조되는 추세이므로 오늘 소개한 평가 유형과 검사 방법에 관심을 가지면 좋을 듯합니다.

Theme 79. 평가문항의 제작 – 선택형, 서답형, 서술형·논술형

기출 08 초등, 06 초등, 04 초등, 03 초등

1 선택형 문항

(1) 유형
① **진위형**: 제시된 진술문이 참인지 거짓인지를 판단하도록 하는 문항 유형
② **연결형**: 제시된 전제와 관련 있는 답안들을 서로 연결하는 문항 유형
③ **선다형**: 가장 적합한 답을 두 개 이상 주어진 선지 중 하나 이상을 고르도록 하는 문항 유형으로, 가장 널리 쓰이는 선택형 문항

(2) 제작
① 검사 청사진에 기초하여 문항의 내용이 측정하고자 하는 영역을 충실히 반영하고 있는지를 검토함
② 적절한 수준의 복합성을 가지고 있는지를 고려함
③ 문항이 간단하고 명료하게, 오해 없이 이해되도록 진술함

(3) 장점 ☆
① 채점이 쉽고, 객관성과 신뢰성이 높음
② 문항의 답지를 조금만 수정해도 쉽게 문항의 난이도를 조정할 수 있음
③ 필요에 따라 단순한 사실, 개념, 용어의 기억능력을 평가할 수 있고, 문항을 변형하여 추론·판단·비판 능력을 평가할 수도 있음
④ 문항의 내용타당도가 높음

(4) 단점 ☆
① 교수·학습과정에 대한 정보를 제공하지 못함
② 문항의 제작이 다소 어려우며, 추측 요인을 배제할 수 없음

2 서술형·논술형 문항

(1) 특징 ☆
① 학생이 답이라고 생각하는 지식이나 의견 등을 직접 서술하도록 하는 평가 방식
② 학생으로 하여금 생각이나 의견을 직접 서술하도록 하기 때문에 학생의 창의성, 문제해결력, 비판력, 판단력, 통합력, 정보수집력 및 분석력 등의 고등사고기능을 평가할 수 있음

(2) 논술형 문항 제작 시 유의사항 ☆
① 가능한 한 학생이 자신의 생각이나 의견을 드러낼 수 있도록 작성해야 함
② 구체적인 교육목적을 평가할 수 있도록 문항을 구조화시키고 제한성을 갖도록 출제해야 함
③ 출제하는 과정에서 사전에 출제자가 모범답안을 작성해야 하며, 모범답안 작성 후에는 채점 기준표를 작성하도록 함
④ 선발을 위한 시험에서는 여러 문항 중 일부만 선택하여 응답하게 하는 일이 없도록 해야 함

(3) 논술형 문항의 장·단점
① 장점
  ㉠ 피험자의 응답을 제한하지 않고 자유를 주므로 피험자가 지니고 있는 모든 정신능력 발휘 가능
  ㉡ 피험자들의 조직력, 분석력, 비판력, 종합력, 창의력, 문제해결능력 함양 가능
② 단점
  ㉠ 학업성취도 검사 시 넓은 교과 영역 측정하기 쉽지 않음
  ㉡ 광범위한 내용을 논술하는 문제는 어려움
  ㉢ 문장력이 작용하여 채점에 영향을 줄 수 있음

출제 Pick!
☆ 선택형 문항의 장·단점
☆ 논·서술형 문항의 특징, 제작 시 유의사항, 제작 원리, 장·단점, 교육적 효과

Level Up
서답형 문항
1. 유형
   - **완성형**: 진술문의 일부를 비워놓고 적합한 단어, 어구, 수식 등을 써넣게 하는 문항 유형
   - **단답형**: 주어진 질문에 대해 비교적 간단한 단어, 어구, 기호 등으로 응답하도록 하는 문항 유형
2. 특징
   - 문항의 제작이 쉽고, 학생의 자유 반응을 허용할 수 있음
   - 태도 측정에 용이하고, 추측으로 정답을 맞힐 가능성이 적음
   - 자신의 의견을 드러낼 수 있는 기회가 있음

Level Up
논술형 문항의 제작 원리
- 복잡한 학습내용의 인지 여부는 물론 분석, 종합 등의 고등정신능력을 측정할 수 있도록 해야 함
- 질문의 요지가 분명하며 구조화되어야 함
- 논술문의 내용이나 지시문 등의 어휘 수준이 피험자의 어휘 수준 이하이어야 함
- 쉬운 문항에서 어려운 문항으로 배열함
- 문항점수를 제시하고 채점기준을 마련해야 함

Level Up
서술형·논술형 평가의 교육적 효과
1. 학생 측면
   - 학생 스스로 사고하고 표현할 수 있는 기회 제공 ➡ 창의력, 표현력, 문제해결력과 같은 다양한 역량 측정 및 촉진
   - 학생들의 학습 태도 개선에 효과적임
   - 학습 욕구 자극
2. 교사 측면
   - 학생에 대한 깊이 있는 이해 가능: 개별 학생들의 성취 수준이 어느 정도인지 파악 가능
   - 교수학습에 필요한 정보를 얻을 수 있음
   - 학생들이 잘못 알고 있거나 어려워하는 부분을 찾을 수 있음

Theme 79 기출 CHECK!

01 A 교사는 평가문항 제작원리에 근거하여 수업시간에 다루었던 중요한 교과내용을 중심으로 〈보기〉와 같이 두 가지 유형의 시험지를 제작하고, 이 중 어느 하나로 학기말고사를 실시하려고 한다. ㉮형과 비교해 볼 때, ㉯형에 대한 설명으로 잘못된 것은? ●08 초등

― 〈보기〉 ―
- ㉮형: 30개의 문항으로 된 사지선다형(multiple-choice type) 시험
- ㉯형: 2개의 문항으로 된 논술형(essay type) 시험

① 문항표집의 대표성이 높다.
② 채점 시 채점자의 주관이 개입될 가능성이 높다.
③ 학생이 정답을 모를 때 추측으로 정답을 할 가능성이 거의 없다.
④ 학생의 표현력과 문장력이 평가 결과에 영향을 미칠 가능성이 높다.

02 〈보기〉의 내용은 선다형 문항을 제작할 때 유의점이다. 공통적으로 지적하고 있는 것은? ●06 초등

― 〈보기〉 ―
- 답지들의 형태를 유사하게 할 것
- 정답지와 오답지의 길이를 비슷하게 할 것
- 정답의 번호를 무선적으로 배열할 것

① 문항은 주요한 학습내용을 포함해야 한다.
② 객관적 채점이 가능하도록 문항을 진술해야 한다.
③ 요령이나 추측만으로 정답을 선택할 가능성이 낮아야 한다.
④ 문항은 가능한 한 단순암기가 아닌 고등사고능력을 측정해야 한다.

03 A 학교에서는 수학과 학기말 고사를 실시하여 최저 성취수준에 미달되는 학생들을 대상으로 특별보충학습을 하려고 한다. 이러한 목적을 지닌 검사 도구를 제작할 때 유의해야 할 점이 아닌 것은? ●04 초등

① 검사문항의 대표성
② 교육목표의 재확인 및 상세화
③ 서열을 산출하기 위한 규준의 작성
④ 최저 성취수준을 판단하기 위한 준거의 설정

04 선택형 문항제작 원리에 대한 설명으로 옳은 것은? ●03 초등

① 답지의 길이와 형태를 다양하게 만든다.
② 긍정 질문과 부정 질문은 동일한 비율로 유지한다.
③ 틀린 답지에 '절대' 혹은 '항상'이라는 단어를 사용한다.
④ 문항의 질문에 정답을 암시하는 내용을 포함시키지 않는다.

정답 01 ① 02 ③ 03 ③ 04 ④

Theme 80 평가 양호도

기출
23 중등, 19 중등, 17 중등, 12 초등, 11 중등,
11 초등, 09 초등, 08 7급, 08 중등, 08 초등,
08 국가, 07 중등, 07 초등, 06 초등, 05 중등,
04 중등, 04 초등, 03 중등, 03 초등, 02 초등,
01 초등, 00 중등, 96 중등, 95 초등, 93 중등

1 타당도

(1) 개념 ☆
평가도구가 측정대상의 특성을 얼마나 충실하게 측정하고 있는가

(2) 내용타당도 ☆ : 검사를 구성하는 문항이 검사에서 측정하고자 하는 내용과 행동영역을 대표하는가
⇨ 이원분류표를 통해 높일 수 있음

> 참고 안면타당도는 피상적인 관찰을 통해 결정되며, 그 문항이 재고자 하는 것이 무엇인지 명료한 것에 국한되는 반면, 내용타당도는 전문가의 철저하고 계획적인 판단에 의해 규정되며, 명료한 것뿐만 아니라 의도가 명료하지 않은 복잡한 내용에 관한 것도 고려하게 됨

① **교수타당도**
  ㉠ 검사 내용이 교사가 학생에게 가르친 수업내용과 일치하는 정도
  ㉡ 학생이 학교에서 배운 지식과 기술을 검사가 얼마나 충실하게 측정하는가를 나타내는 개념
② **교과타당도** : 검사문항이 교육과정에서 다루는 내용을 얼마나 잘 대표하는가

(3) 안면타당도
① 평가 전문가가 특정 평가방법 및 도구에 대해 전문가 입장에서 피상적인 관찰에 의해 검토하여 타당성 여부를 판단하는 것
② 평가대상이 될 학생들과 비슷한 수준에 있는 다른 학생들에게 평가도구를 보여주고 평가 내용이나 방법 등이 적절한지 여부를 확인하는 것

(4) 준거타당도 ☆ : 검사점수와 외적 준거와의 관계를 통해 검사도구의 타당성을 평가하는 것
① **예언타당도**
  ㉠ 현재 검사에서 획득한 점수가 미래의 행동 특성을 얼마나 잘 예측하는지 타당도 판단 근거
  ㉡ 계량화된 수치로 타당도를 제공한다는 장점, but 예언변수에서의 점수범위 축소 시 타당도가 감소됨
② **공인타당도**
  ㉠ 이미 타당성을 인정받은 기존 검사의 점수를 준거변수로 하여 검사의 타당도 평가하는 방법
  ㉡ 계량화된 수치로 타당도를 제공한다는 장점, but 타당성이 입증된 기존 검사 없이 추정 불가

(5) 구인타당도 ☆
① 검사를 통해 측정하고자 하는 구인이 무엇인지에 대한 조작적 정의를 내리고, 검사가 정의된 구인을 얼마나 제대로 측정하고 있는지를 판단하여 검사의 타당도를 평가함
② **구인** ☆ : 개인이 가지고 있는 특성으로, 이론적 근거에 기반을 둔 추상적·가설적인 개념이자 직접적으로 관찰이 불가능한 잠재적 변인
③ **분석방법** ☆ : 요인분석법 ⇨ 문항 간의 상관관계를 바탕으로 검사에서 측정하고 있는 구인이 무엇인지, 각 문항들이 의도한 대로 구인을 잘 측정하고 있는지 등을 파악하기 위한 통계적 방법

(6) 결과(체제적)타당도
① 어떤 검사를 실시함으로써 체제 전체에 교육적으로 이점이 있었는가의 여부를 검토하는 것
② 검사의 시행이나 결과에 의해 발생할 수 있는 교육적·사회적 파급효과를 중시해야 한다는 것을 강조하는 입장에서 '결과타당도'라고 함

(7) 생태학적 타당도
검사의 내용이나 절차가 피험자들의 사회·문화적인 배경이나 주변 상황에 타당한가를 검토하는 것

출제 Pick!
☆ 타당도의 개념
☆ 내용타당도, 안면타당도, 준거타당도의 개념과 종류
☆ 구인타당도에서 구인의 개념, 구인타당도를 구하기 위해 실행할 수 있는 분석법
☆ 결과타당도의 개념
☆ 생태학적 타당도의 개념
☆ 신뢰도의 개념, 신뢰도에 영향을 미치는 요인, 신뢰도 추정 방법, 신뢰도와 타당도의 관계
☆ 객관도의 개념과 종류, 객관도를 확보하는 방안
☆ 실용도의 개념, 실용도 확보 시 고려사항

설쌤의 Tip
머리에 쏙! 박히는 청킹 Tip!
• **타당도의 개념** :
  (충을) 타당! 타당!
  (충 충) 충!
• **타당도의 종류** :
  내(용타당도)
  안(면타당도)에 있는
  준(거타당도)
  구(인타당도) 오빠랑
  결(과타당도)혼까지
  생(태학적 타당도) 각했어

2 신뢰도

(1) 개념 ☆
① 검사를 통해 측정하고자 하는 것을 얼마나 안정적으로 측정하고 있는가에 대한 정도
② 한 검사의 점수가 일관성이 있을 때 신뢰도가 확보됨

(2) 신뢰도에 영향 미치는 요인 ☆
① 피험자 관련 요인
  ㉠ 피험자집단의 능력이 이질적일 때 검사의 신뢰도가 높아짐
  ㉡ 피험자집단의 능력이 비슷하면 진점수 분산이 작아지면서 신뢰도가 감소하게 됨
② 검사도구 관련 요인
  ㉠ 검사의 문항 수가 증가하면 신뢰도가 높아짐
  ㉡ 검사문항의 변별도가 높을 때 신뢰도가 높게 추정됨
③ 검사 시행 관련 요인
  ㉠ 검사 시행 환경, 검사를 시행하는 감독관이나 채점자와 피험자의 관계 등의 요인도 신뢰도에 영향을 미침
  ㉡ 속도검사에서는 시간제한으로 인해 검사 후반부에 있는 문항들에는 오답할 가능성이 높아지므로, 검사 – 재검사 신뢰도나 동형검사 신뢰도로 검사의 신뢰도를 추정하는 것이 일반적임
④ 신뢰도계수가 너무 낮은 경우의 해결법
  ㉠ 검사의 신뢰도가 0.7 ~ 0.8 정도면 충분하다고 보지만, 측정의 오차를 최소화하는 것이 중요함
  ㉡ 검사문항의 수를 증가시킴으로써 검사의 신뢰도를 높임
  ㉢ 요인분석 또는 문항분석을 실시하여 신뢰도를 낮추고 있는 문항을 찾아낸 후에 제거함

(3) 신뢰도 추정방법 ☆
① 내적 일관성 신뢰도
  ㉠ 검사를 1번 실시하여 신뢰도를 추정하는 방법
  ㉡ 검사를 하위 검사로 나누어 각각을 하나의 독립된 검사로 간주하고 하위 검사 간의 상관계수를 산출함
  ㉢ 동질성 계수 : 하위 검사 또는 문항 간의 상관관계가 높아야 한다는 가정에 기초하고 있으므로 검사 및 문항의 동질성에 의해 신뢰도가 결정됨
  ㉣ 종류
    • 반분신뢰도
      – 하나의 검사를 시행하고 검사를 두 부분으로 분할한 후, 두 검사의 문항 간 상관관계를 이용하여 신뢰도를 추정하는 방법(스피어만 – 브라운 공식 적용)
      – 장점 : 검사를 두 번 시행할 필요가 없기 때문에 시행이 편리하고, 기억이나 연습효과를 배제할 수 있음
      – 단점 : 검사를 분할하는 방법에 따라서 신뢰도에 영향을 주며, 보통 '짝/홀수, 전/후, 무작위'로 나누는 방법으로 시행됨. 반분된 두 개의 검사가 동형검사가 되어야 함
    • 문항 내적 합치도
      – 검사 속의 문항을 각각 독립된 한 개의 검사로 보고, 문항에 반응하는 응답의 일관성에 근거하여 그들 간의 합치도, 동질성, 일치성을 종합하는 신뢰도 ⇨ 크론바흐 알파계수(Cronbach's α), KR-20, KR-21 등의 계수를 보편적으로 사용함
      – 장점 : 하나의 검사로 신뢰도를 추정할 수 있음
② 검사 – 재검사 신뢰도
  ㉠ 동일한 평가도구를 동일한 피험자에게 시간 간격을 두고 두 번 실시한 후, 두 점수 간의 상관관계로 신뢰도를 추정하는 방법
  ㉡ 안정성 계수 : 피험자의 반응이 두 번의 검사에서 얼마나 일관되고 안정적인지에 따라 신뢰도 결정됨
  ㉢ 장점 : 동일한 검사를 두 번 시행하기 때문에 검사의 시행과 신뢰도의 추정이 비교적 쉬움
  ㉣ 단점 : 피험자의 기억이나 연습에 의해 신뢰도가 영향을 받으므로 실시 간격을 적절하게 설정해야 함

③ 동형검사 신뢰도
  ㉠ 동일한 피험자에게 똑같은 검사가 아닌 서로 비슷한 검사를 두 번 시행하여 상관계수로 신뢰도를 추정하는 방법
  ㉡ 동형검사는 문항의 수, 난이도, 문항의 내용과 형식 등에서 동등한 검사를 의미함
  ㉢ **동형성 계수** : 두 검사가 얼마나 동등한가에 의해서 신뢰도가 결정됨
  ㉣ **장점** : 검사-재검사 신뢰도와는 달리 연습효과나 망각에 의해 신뢰도 추정에 영향을 끼치는 것을 최소화함
  ㉤ **단점** : 내용과 형식이 동일한 두 개의 동형검사를 제작하는 것이 현실적으로 쉽지 않음

(4) 신뢰도와 타당도의 관계 ☆
신뢰도는 타당도의 필수조건이지만 충분조건은 아니며, 신뢰도가 높다고 해서 타당도가 반드시 높다고 할 수 없음

설쌤의 꿀팁
두문자로 외우자♬
• 신뢰도는 타당도의 필수조건
  ➡ 신타필

3 객관도

(1) 개념 ☆
결과에 대해 여러 검사자나 채점자가 어느 정도 일치된 평가를 하는가의 정도로, '검사자의 신뢰도'라고도 함

(2) 종류 ☆
① **채점자 내 신뢰도** : 한 채점자가 같은 측정대상을 여러 번 채점한 결과가 일관성 있는가를 나타냄
② **채점자 간 신뢰도** : 2명 이상의 채점자가 채점을 하였을 때 결과가 어느 정도 일치하는가를 확인하는 것으로, 상관계수나 변량분석을 통해 계산함

(3) 객관도를 확보하는 방안 ☆
① 평가 기준과 평가도구의 객관화
② 평가자의 자질을 향상
③ 평가에 개인적인 인상, 편견, 감정이 반영되지 않도록 함
④ 논술형·서술형의 경우, 문항단위로 채점함
⑤ 여러 사람이 공동으로 평가

4 실용도

(1) 개념 ☆
평가방법이나 도구의 제작 과정뿐만 아니라 시행방법, 절차, 평가 결과를 채점하거나 분석하기 위해 소요되는 인적·물적 자원의 양과 질이 주변 여건에 비추어 실용적인가를 나타내는 정도

(2) 실용도 확보 시 고려사항 ☆
① 실시 방법이 쉽고 실시하는 데 소요되는 시간이 적절할 것
② 채점하기가 쉽고 결과를 해석하거나 활용하기 쉬울 것
③ 검사의 실시 비용이 적절할 것

Theme 80 기출 CHECK!

논술 기출 CHECK

평가 보고서에서 언급한 형성평가를 교사 측면에서 활용할 수 있는 방안 2가지, 평가 보고서에서 제안한 타당도의 명칭과 이 타당도의 확보 방안 1가지를 쓰시오.   ● 23 중등

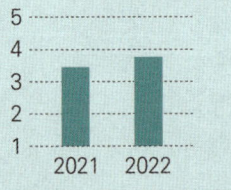

학생 만족도 조사 결과

Q. 학교에서 시행하는 평가는 적절하다.
(*5점 리커트 척도)

- 수업 중 퀴즈, 질문이 학습에 도움이 되었어요.
- 시험 문제가 수업에서 배운 것과 약간 다른 것 같아요.

수업 진행 중에 퀴즈, 질문과 같은 형성평가 방법을 적절하게 적용한 점이 학생들의 평가 만족도를 높인 것으로 분석된다. 학생들이 이러한 평가로 인해 부담감을 느끼지 않도록 형성평가에 대해 잘 설명한 것이 효과가 있었다. 한편, 학생 의견 중 검사의 타당도에 대한 의견도 있었다. 교육 현장에서는 정기고사에서의 평가 방법도 중요하므로, 앞으로 평가 문항 개발 시 교육과정에 따라 수업 중에 가르친 부분을 점검하여 타당도를 높일 수 있는 방안을 모색해야 한다.

다음에서 언급된 척도법의 명칭과 이 방법을 적용하기 위하여 진술문을 작성할 때 유의할 점 1가지, 김 교사가 사용할 신뢰도 추정 방법 1가지의 명칭과 개념을 제시하시오.   ● 19 중등

모둠을 구성할 때 태도나 성격 같은 정의적 요소도 반영해야겠어. 진술문을 몇 개 만들어 설문으로 간단히 평가하고 신뢰도는 직접 점검해 보자. 학생들이 각 진술문에 대한 반응을 등급으로 선택하면 그 등급 점수를 합산할 수 있게 해 주는 척도법을 써야지. 설문 문항으로 쓸 진술문을 만들 때 이 척도법의 유의점은 꼭 지키자. 그리고 평가를 한 번만 실시해서 신뢰도를 추정해야 할 텐데 반분검사신뢰도는 단점이 크니 다른 방법으로 신뢰도를 확인해 보자.

D 교사가 고려하고 있는 타당도의 유형과 개념을 제시하시오.   ● 17 중등

학생 중심 수업에서의 평가와 관련하여 D 교사는 다음과 같이 말했다. "학생 참여 중심 수업에서도 평가의 타당도는 여전히 중요합니다. 타당도에는 준거타당도와 구인타당도 등이 있습니다. 그러나 저는 이원분류표를 작성해 평가가 교육목표에 부합하는지를 확인하는 방법으로 타당도를 높이는 방안을 고려하고 있습니다."

01 검사 신뢰도를 높이기 위한 방안을 가장 적절하게 제시한 교사는? • 12 초등

> 교 감 : 지난 번 중간고사는 25문항이 출제되었지요. 그런데 검사 신뢰도가 좀 낮았던 것 같습니다. 이번 기말 고사에서도 25~30개 정도의 문항을 출제하면서 신뢰도를 좀 더 높일 수 있는 방안을 모색해 보아야 할 것 같습니다.
> 김 교사 : 네, 문항의 질문 유형이 다양하면 신뢰도가 높아지죠. 지난 중간고사에서는 모든 문항이 '~옳은 것을 고르면?'의 긍정형이었어요. 문항의 질문 유형을 다양하게 하기 위해 10개 정도의 문항을 '~옳지 않은 것을 고르면?'의 부정형 문항으로 바꾸면 어떨까요?
> 이 교사 : 그것보다 저는 문항 수를 좀 줄이는 것이 좋을 것 같아요. 시간이 남더라도 충분히 문항을 검토하고 답할 수 있도록 문항 수를 20문항으로 줄이는 것이 좋지 않을까요?
> 박 교사 : 아니요, 지난 중간고사가 좀 어려워 신뢰도가 낮았던 것 같아요. 이번에는 누구나 맞힐 수 있는 아주 쉬운 문항의 비중을 늘리고 지난 중간고사 때와 같이 25문항으로 하는 것이 좋을 것 같아요.
> 서 교사 : 저는 문항의 수를 늘려 30문항으로 하는 것이 좋을 것 같은데요. 문항 수를 늘리되, 누구나 다 맞힐 수 있는 아주 쉬운 문항보다는 변별도가 높은 질 좋은 문항으로 5개 정도 늘리는 것이 좋겠어요.
> 최 교사 : 글쎄요, 문항 수를 늘리는 것보다는 시험 범위를 넓히는 것이 신뢰도 향상에 도움이 되지 않을까요? 이번 기말고사는 지난 중간고사 범위까지 모두 포함시켜 25문항으로 출제하는 것이 어떨까요?

① 김 교사   ② 이 교사   ③ 박 교사   ④ 서 교사   ⑤ 최 교사

---

02 다음은 김 교사가 학기말 시험문제를 출제하는 과정을 진술한 것이다. 출제과정에서 고려한 타당도로 가장 적합한 것은? • 11 중등

> 중학교에서 국어를 가르치고 있는 김 교사는 다음과 같은 방법으로 학기말 시험문제를 출제하였다. 우선 이원분류표에 근거하여 수업 목표 및 교수·학습과정에서 중요하게 다루었던 내용들을 확인하였으며, 이것들을 중심으로 학기말 시험문제를 출제하였다. 시험문제를 출제한 후 국어 교과 전문가와 협의하여 자신이 출제한 문항들이 대표성을 가지고 있는 문항표집인지 점검하였다.

① 내용타당도   ② 안면타당도   ③ 공인타당도   ④ 구인타당도   ⑤ 예언타당도

---

03 준거타당도(criterion validity)를 확인하는 사례에 해당하는 것을 다음에서 모두 고르고, 구체적인 타당도의 명칭을 적으시오.
• 11 초등 변형

> 가. 성격검사의 타당도를 검증하기 위해 성격심리학을 전공한 전문가 집단에게 성격검사 문항에 대한 내용 분석을 의뢰하였다.
> 나. 새로 개발한 지능검사의 타당도를 검증하기 위해 이미 타당성을 인정받고 있는 표준화된 지능검사와의 상관계수를 추정하였다.
> 다. 불안 수준 검사의 타당도를 검증하기 위해 불안 수준을 구성하는 3개 하위 요인(자신감, 도전성, 개방성) 간의 상관계수를 추정하였다.
> 라. 대학 수학능력시험의 타당도를 검증하기 위해 대학 수학능력시험 점수와 대학 학점 간의 상관계수를 추정하였다.

• 기호 : _____   • 명칭 : _____

정답 01 ④   02 ①   03 기호 - 나, 라 / 명칭 - 나 : 공인타당도, 라 : 예언타당도

04 검사도구의 양호도에 대한 설명으로 적절하지 않은 것은? ● 09 초등
① 높은 타당도는 높은 신뢰도의 선행조건이다.
② 검사가 너무 어렵거나 쉬우면 신뢰도는 낮아진다.
③ 타당도는 무엇을 측정하느냐의 문제로 반드시 준거의 개념이 수반된다.
④ 객관도는 채점자가 편견 없이 얼마나 공정하게 채점하느냐의 문제와 관련된다.
⑤ 신뢰도는 어떻게 측정하느냐의 문제로 얼마나 오차 없이 측정하고 있느냐를 뜻한다.

05 교사채용시험의 구성타당성(construct validity)에 관한 설명으로 옳은 것은? ● 08 공무원 7급
① 임용시험이 이론적으로 추정된 능력요소를 얼마나 정확하게 측정할 수 있는가.
② 임용시험이 장래의 직무수행에 필요한 능력요소를 얼마나 정확하게 예측할 수 있는가.
③ 임용시험이 특정한 직위의 직무수행에 필요한 능력요소를 어느 정도까지 측정할 수 있는가.
④ 임용시험이 개인 간의 능력 차이를 어느 정도까지 식별할 수 있는가.
⑤ 임용시험이 선발하고자 하는 의도를 얼마나 달성하였으며, 의도하지 않은 어떤 결과가 나타났는가.

06 실험결과의 내적 타당도(internal validity)를 위협하는 요인과 그에 대한 설명으로 옳지 않은 것은? ● 08 중등
① 피험자의 선발 : 실험집단과 비교집단의 피험자들을 선발할 때 동질성이 결여되어 나타나는 영향을 말한다.
② 통계적 회귀 : 한 피험자가 여러 가지 실험처치를 받음으로써 이전의 처치 경험이 이후의 처치 효과에 미치는 영향을 말한다.
③ 성숙 : 실험처치 이외에 시간의 흐름에 따라 나타나는 피험자의 신체적 · 정신적 변화가 피험자의 반응에 영향을 주는 것을 말한다.
④ 측정도구 : 사전검사와 사후검사에서 사용한 검사도구가 달라지거나, 관찰자나 채점자의 변화로 인하여 실험에서 얻은 측정치에 변화가 생기는 것을 말한다.

07 내적 일관성 신뢰도(internal consistency reliability)에 대한 설명으로 옳지 않은 것은? ● 08 중등
① 호이트(Hoyt) 신뢰도는 분산분석 방법을 사용해서 신뢰도를 추정한다.
② 검사를 한 번만 실시하고도 검사의 신뢰도를 추정할 수 있는 방법이다.
③ 반분검사 신뢰도의 경우 검사를 양분하는 방법에 따라 신뢰도 계수가 다르게 추정된다.
④ 스피어만-브라운(Spearman-Brown) 신뢰도는 각각의 문항을 하나의 검사로 간주하여 문항들 간의 유사성을 측정한다.

08 다음 중 공인타당도(concurrent validity)에 대한 설명으로 옳은 것을 모두 고르면? ● 08 초등

> 가. 계량화되어 타당도에 대한 객관적인 정보를 제공할 수 있다.
> 나. 타당성이 입증된 기존의 검사가 없을 경우 타당도를 추정하기 어렵다.
> 다. 검사점수가 심리적 구성요인들을 제대로 측정하였는가를 요인분석을 통해 검정하는 타당도이다.
> 라. 새로 제작한 인성검사와 MMPI 검사를 피험자에게 실시하여 나온 두 검사 점수의 상관계수로 타당도를 검정한 것이 그 예이다.

① 가, 나   ② 가, 나, 라   ③ 다, 라   ④ 가, 나, 다, 라

정답 04 ① 05 ① 06 ② 07 ④ 08 ②

09 평가의 신뢰도를 높이는 방법과 거리가 먼 것을 고르면? •08 공무원 국가직
① 시험의 문항 수를 늘린다.
② 문항의 변별도를 높인다.
③ 시험에 포함될 내용 범위를 넓힌다.
④ 문항의 난이도를 너무 어렵거나 쉽지 않게 적절한 수준으로 조정한다.
⑤ 검사의 목적에 적합한 집단에 실시할수록 신뢰도가 높아진다.

10 A라는 교육목표의 달성 여부를 알아보기 위해 문항 a가 작성되었을 때, 이 문항의 내용타당도 또는 목표지향타당도의 관점에서 진술한 내용 중 가장 적절한 것은? •07 중등
① 문항 a를 틀린 사람은 목표 A를 달성하지 못했을 수 있다.
② 문항 a를 맞힌 사람은 목표 A를 달성했다고 말하기에 충분하다.
③ 문항 a를 맞힌 사람들이 많다면 목표 A가 교육적으로 바람직하다는 증거이다.
④ 문항 a를 틀린 사람들이 많다면 목표 A가 교육적으로 바람직하지 않다는 증거이다.

11 검사도구를 제작할 때 교육목표 이원분류표를 작성하는 이유로 가장 적절한 것은? •07 초등
① 검사의 난이도를 높인다. ② 문항의 참신성을 높인다.
③ 채점의 정확성을 높인다. ④ 검사의 내용 타당도를 높인다.

12 검사의 양호도에 대한 설명으로 가장 적절한 것은? •06 초등
① 안면 타당도는 준거 타당도의 일종이다. ② 신뢰도가 낮아도 타당도는 높을 수 있다.
③ 객관도는 타당도보다 신뢰도에 가까운 개념이다. ④ 측정오차는 신뢰도보다 타당도에 가까운 개념이다.

정답 09 ③ 10 ① 11 ④ 12 ③

13 다음 실험에서 내적타당도를 가장 크게 저해하는 것은? ● 05 중등

> A 박사는 최근 개발한 우울증 치료 프로그램의 효과를 검증하기 위해 우울증으로 진단된 피험자들을 대상으로 프로그램을 적용하였다. 프로그램 적용 후, 피험자들의 우울증세가 적용 전에 비하여 적용 후에 유의하게 감소한 것으로 나타났다. 그런데 예기치 않게 실험 과정에서 몇몇 피험자들이 공동 구매한 복권이 일등에 당첨되어, 그들의 우울증세 감소에 영향을 미쳤다는 사실을 알게 되었다.

① 역사   ② 실험자 효과   ③ 피험자 선발   ④ 통계적 회귀

14 검사 – 재검사 신뢰도 추정과 관계없는 것은? ● 05 중등
① 검사 실시 간격에 따라 결과가 다르다.
② 기억 및 연습효과가 결과에 영향을 미친다.
③ 검사문항을 반으로 나누어 신뢰도를 추정한다.
④ 동일한 검사환경, 검사동기, 검사태도의 조성이 어렵다.

15 다음은 수학시험이 끝난 후에 교사와 학생이 나눈 대화의 내용이다. 학생이 제기하는 검사의 양호도 판단 기준은? ● 04 중등

> 교사 : 이번 시험은 수업시간에 배운 공식만 알면 풀 수 있는 아주 쉬운 문제였지요?
> 학생 : 저도 그 공식은 잘 아는데, 시험에 나온 어휘들이 너무 어려워서 문제를 이해할 수 없었어요. 이번 시험은 수학보다 국어를 잘하는 학생한테 유리한 것 같아요.

① 신뢰도   ② 타당도   ③ 객관도   ④ 실용도

16 다음의 질문에 근거하여 판단하고자 하는 타당도로 가장 적합한 것을 쓰시오. ● 04 초등 변형

> • 검사가 원래 의도한 것을 측정했는가?
> • 검사가 학생들의 학습 동기 유발에 효과가 있었는가?
> • 검사가 교수·학습 방법에 긍정적 변화를 유도했는가?

• _____

정답 13 ①   14 ③   15 ②   16 결과타당도

17 음악 경연 대회에서 5명의 심사위원이 7명의 학생을 평가하였다. 심사위원은 각 학생에게 부여한 점수 중에서 최고점과 최하점을 제외한 점수의 합을 최종 평가의 기준으로 삼았다. 이 방법을 사용한 의도는? ● 03 중등
① 변별도 제고 ② 타당도 제고 ③ 실용도 제고 ④ 신뢰도 제고

18 다음 중 검사도구의 양호도에 대한 설명으로 적절한 것은? ● 03 초등
① 신뢰도는 타당도의 충분조건이다.
② 반복 시행하여 일관성 있는 검사 결과를 얻었다면 타당한 검사도구이다.
③ 성취도 검사를 제작하기 전에 이원목구분류표를 작성하면 내용 타당도를 높일 수 있다.
④ 속도검사(speed test)의 신뢰도는 검사를 전후로 분할하여 반분검사신뢰도로 추정한다.

19 김 교사는 학기말 평가의 한 부분으로 힘이 물체의 운동에 미치는 영향에 관한 보고서를 작성해 오라는 과제를 부여하였다. 보고서 평가의 타당성과 객관성을 높일 수 있는 방법으로 가장 적절한 것은? ● 02 초등
① 소수 우수한 학생들의 보고서를 먼저 읽고 채점 기준을 개발한 후 그 기준에 따라 점수를 부여한다.
② 자신은 평가하지 않고 동료 교사가 각 보고서의 질에 따라 5점 척도로 공정하게 평가하도록 한다.
③ 보고서에 포함되어야 할 주요 요소들과 이들의 비중을 고려하여 채점 기준을 개발한 후 그 기준에 따라 점수를 부여한다.
④ 가장 우수하다고 판단되는 보고서에 최고 점수를 부여하고 이와 비교해 미흡한 만큼 조금씩 점수를 감하는 방식으로 평가한다.

20 동형의 두 선택형 검사를 개발하여 임의로 선정된 5명의 학생들에게 두 검사를 모두 실시한 후, 학생들을 성적순으로 나열한 결과는 〈보기〉와 같다. 이 결과를 근거로 검사의 양호도에 대하여 할 수 있는 진술로 가장 적절한 것은? ● 02 초등

―〈보기〉―
• 검사 1 : 김정희, 나연수, 최인철, 한인수, 박인영
• 검사 2 : 최인철, 한인수, 나연수, 박인영, 김정희

① 타당도가 적절하다. ② 실용도가 적절하다.
③ 신뢰도가 의심스럽다. ④ 객관도가 의심스럽다.

정답 17 ④ 18 ③ 19 ③ 20 ③

21 서술형 문항의 객관적인 채점을 위해 고려할 사항으로 가장 적절한 것은?   ● 01 초등
① 학생단위가 아닌 문항단위로 채점한다.
② 검사를 실시한 후에 채점기준표를 만든다.
③ 학생의 선행 학습수준을 고려하면서 채점한다.
④ 어려운 문항부터 쉬운 문항의 순서로 채점한다.

22 K-R 20, K-R 21, 크론바흐(Cronbach)의 알파계수는 다음 중 어느 유형의 신뢰도에 속하는가?   ● 01 초등
① 반분 신뢰도   ② 재검사 신뢰도   ③ 동형검사 신뢰도   ④ 문항내적 신뢰도

23 동일한 시험을 동일한 학생에게 일정한 시간 간격을 두고 두 번 실시하였다. 두 시험점수의 일치되는 정도가 높다면 다음 중 어느 것이 높은 것을 의미하는가?   ● 00 중등 추가
① 타당도   ② 신뢰도   ③ 객관도   ④ 실용도

24 대학 입학 시 교직 적성검사에서 높은 점수를 받은 학생이 졸업 후 교직에 종사하면서 우수한 교사로 인정받았다면 이 검사에서 높게 나타났다고 판단되는 타당도는?   ● 96 중등
① 공인타당도   ② 구인타당도   ③ 내용타당도   ④ 예언타당도

25 검사의 '신뢰도'와 관련된 개념은?   ● 95 초등
① 무엇을 측정하고 있는가?
② 검사의 준거가 무엇인가?
③ 얼마나 빠르게 측정하고 있는가?
④ 얼마나 오차 없이 측정하고 있는가?

26 '현존하는 인성검사와 새로운 인성검사와의 상관계수'는 어느 타당도에 해당하는가?   ● 93 중등
① 공인타당도   ② 구인타당도   ③ 내용타당도   ④ 예언타당도

정답 21 ①   22 ④   23 ②   24 ④   25 ④   26 ①

Theme 81 평정의 오류

11 초등, 08 중등

1 평정자 오류의 종류와 개념

(1) 논리적 오류(logical error) ☆
① 논리적으로 전혀 관계가 없는 두 가지 행동 특성을 관련 있는 것으로 판단하는 오류
② 개인이 가진 두 가지 이상의 행동 특성을 서로 관련이 깊은 것으로 생각하고 그중 하나의 특성만을 보고 다른 특성까지 유사한 성질의 것으로 평정함으로 빚게 되는 오류
③ 논리적으로 모순된 판단이 평정결과에 그대로 나타나는 현상
   예 글씨를 잘 쓰는 것을 보니 공부도 잘하겠군, 사교성이 있는 것을 보니 성격이 명랑하겠군.

(2) 후광효과(인상의 오류, error of halo effect) ☆
① 평정대상에 대해 가진 특정 인상을 토대로 다른 특성을 좋거나 나쁘게 평정하는 경향
② 어떤 대상이나 사람에 대한 일반적 견해가 구체적 특성 평가에 영향 미치는 현상
   예 용모가 단정하면 책임감도 있고 유능할 것이라는 평가자의 주관적인 판단이 개입되는 것

(3) 대비의 오류(contrast error) ☆
① 다른 사람을 판단함에 있어서 절대적 기준에 기초하지 않고 다른 대상과의 비교 또는 자신과의 비교를 통해 평가하는 오류
② 대비되는 정보로 인해 평가자의 판단이 왜곡되는 현상
③ 일반적으로 시간적 측면에서는 바로 앞 대상자, 공간적 측면에서는 바로 옆 대상자와 대비시켜 평가하는 형태로 나타나고, 때로는 평가자 자신이 가지고 있는 특성이 피평가자에게 있을 때 과대 또는 과소평가하는 형태로 나타나기도 함
   예 수행평가 시, 직전 학생이나 바로 옆 학생이 매우 뛰어나다고 평가되는 경우, 그 다음 행하는 학생은 보통의 실력을 지녔어도 실제보다 부정적으로 평가되기 쉬움

(4) 근접의 오류(approximate error) ☆
비교적 유사한 항목들이 시간적으로나 공간적으로 가까이 있을 때 비슷하게 평정하는 오류
⇨ 비슷한 성질을 띤 측정은 시간적·공간적으로 멀리 떨어지게 하는 것이 좋음
   예 누가적 관찰기록에 의존하지 않고 학기말에 급하게 평정하는 경우

(5) 표준의 오류(error of standard) ☆
① 평가자가 표준을 어디에 두느냐에서 오는 오류로, 평정자가 어떤 대상을 평정할 때 그 대상의 표준을 잘못 정해서 나타나며 이때 타당도와 신뢰도가 크게 낮아질 수 있음
② 7단계 평정에서 어떤 평가자는 5를 표준으로 삼으나 어떤 평정자는 3을 표준으로 삼아 두 평정자의 평정분포가 전혀 다른 결과를 보이게 됨

(6) 집중경향의 오류(집중화 경향의 오류, error of central tendency) ☆
① 평가 결과가 중간 부분에 모이는 경향
② 평정 시 극단적 평정치를 주는 것을 피하고 중간점수를 주로 주는 오류
   ⇨ 이러한 과대한 경향을 막기 위해 강제배분법(강제할당법)이 활용될 수 있음

(7) 무관심의 오류 ☆
평가자가 피평가자의 행동을 면밀하게 관찰하지 못한 경우 발생하는 오류
   예 다인수 학급에서 교사가 학생의 행동에 무관심한 경우

(8) 의도적 오류 ☆
특정 학생에게 특정한 상을 주기 위해 관찰 결과와 다르게 과장하여 평가하는 오류

(9) 일반화 오류 ☆
한 교과에서 학생이 보이는 정의적 특성이 다른 교과에도 적용된다고 판단하는 오류

(10) 관대의 오류와 엄격의 오류 ☆

관대의 오류	평가자가 자신과 관련되어 있는 피평가자의 실제 직무 수행이나 성과보다 높게 평가하는 오류 예 평정자가 부하직원과의 비공식적 유대관계의 유지를 원하는 경우 등에 자주 나타남
엄격의 오류	평가자가 평가대상자의 실제 수행수준보다 낮은 수준으로 평가하는 오류

⇨ 이러한 과대한 경향을 막기 위해 강제배분법(강제할당법)이 활용될 수 있음

출제 Pick!
☆ 평정의 오류 종류, 개념, 예시

Level Up
평정자 오류(rater error) ☆
• 평정자가 대상을 관찰하고 응답할 때 생기는 오차
• 평정자의 조건 때문에 평정대상에 대한 평정결과에 생기는 오류

Theme 81 기출 CHECK!

01 다음 대화에서 김 교사가 범하고 있는 평정의 오류는?
● 11 초등

> 박 교사 : 이제 학생들의 실기평가 채점을 하도록 하지요. 오늘 학생들 중에서 제일 잘한 학생을 누구로 할까요?
> 이 교사 : 철수가 제일 연기를 잘한 것 같아요. 동작의 섬세함이나 대사의 표현력에서 다른 학생들보다 더 뛰어나게 연기한 것 같아요.
> 김 교사 : 그래요? 저는 철수가 평가장에 들어올 때부터 첫 느낌이 좋지 않았어요. 그래서 연기력도 별로인 것 같아 낮은 점수를 주었어요.

① 대비의 오류(contrast error)
② 관대성의 오류(leniency error)
③ 근접의 오류(approximate error)
④ 인상의 오류(error of halo effect)
⑤ 집중화 경향의 오류(error of central tendency)

02 다음은 평정법(rating scale method)에 의해서 학생의 수행을 평가할 때, 평정자에 의해 발생할 수 있는 오류의 유형을 설명한 것이다. 옳은 것을 모두 고르면?
● 08 중등

> ㄱ. 논리적 오류(logical error)는 전혀 다른 두 가지 행동특성을 비슷한 것으로 생각해서 평정하는 경향을 말한다.
> ㄴ. 후광효과(halo effect)는 평정대상에 대해 가지고 있는 특정 인상을 토대로 또 다른 특성을 좋게 또는 나쁘게 평정하는 경향을 말한다.
> ㄷ. 집중경향의 오류(error of central tendency)는 아주 높은 점수나 낮은 점수는 피하고 평정이 중간 부분에 지나치게 자주 모이는 경향을 말한다.

① ㄱ, ㄴ
② ㄱ, ㄷ
③ ㄴ, ㄷ
④ ㄱ, ㄴ, ㄷ

정답 01 ④ 02 ④

Theme 82. 문항분석 이론과 실제

기출
11 중등, 10 초등, 08 초등, 07 중등, 07 초등, 06 중등, 05 중등, 04 중등, 04 초등, 03 중등, 03 초등, 01 초등

출제 Pick!
☆ 문항분석의 개념, 필요성, 준거, 방법, 측정이론(고전검사이론, 문항반응이론)
☆ 문항곤란도, 문항변별도, 추측도, 개념

1 문항분석의 개념과 필요성

(1) 개념
① 검사를 구성하는 문항 하나하나가 제대로 되어 있는가, 즉 문항 하나하나의 양호한 정도를 판단함
  ⇨ 문항의 양호 정도를 판단한다는 점에서 '양호도 분석(item quality analysis)'이라고도 함
② 문항은 하나의 검사를 구성하는 요소이며, 평가가 의도한 기능을 제대로 수행하고 있는가는 그 속에 포함된 문항 하나하나가 제대로 되어 있는가에 달려있으므로 양호한 검사문항을 개발하기 위해서 문항 개발 후에 문항분석을 통해 문항의 양호도를 검증해야 함

(2) 필요성
① 다양한 검사도구의 문항 개선
  ㉠ 문항분석은 1차적으로 다양한 검사도구의 문항 개선을 위해 활용범위를 넓힐 필요가 있음
  ㉡ 검사 개발 절차의 일부로서 1차적으로 개발된 문항을 표집집단에게 시행한 후, 문제가 있다고 판명된 문항들을 수정·보완하거나 폐기함으로써 검사도구의 양호도를 높이는 데 기여함
② 교수·학습과정 개선
  ㉠ 문항분석의 결과는 교실 상황에서의 교수·학습과정을 향상시키는 데 도움을 줄 수 있도록 교수·학습 및 평가과정에 환류하는 데 활용되어야 함
  ㉡ 학생에게 검사를 실시한 결과 어떤 문항에 대한 학생의 응답이 기대와는 다르게 나타날 경우, 검사 문항 자체의 문제가 없다고 한다면 이를 통해 교사의 수업방식이나 평가방법 또는 학생의 학습방식 등 어떤 부분에서 문제점이 있는지를 파악할 수 있음
③ 장기적인 관점에서의 검사 관리: 문항분석 결과를 통해 양호도가 높은 문항은 문제은행에 보관하고 양호도가 낮은 문항은 수정·보완하여 사용할 수 있음

(3) 문항분석의 준거
① **적합도(properness)**: 해당 문항이 학생의 지식, 기능, 태도 등을 평가함에 있어 특정한 평가의 본질적인 목적이나 취지에 적합해야 한다는 것
② **타당도(validity)**: 해당 문항이 검사하고자 했던 구체적인 목표 또는 내용을 제대로 평가하고 있는가에 관한 것
③ **신뢰도(reliability)**: 해당 문항이 전체 검사에 비춰보았을 때 정확성과 일관성을 얼마나 보장하는가에 관한 것
④ **실용도(usability)**: 해당 문항이 주어진 여건과 상황에서 실현 가능한가에 관한 것

설쌤의 팁

문항분석 결과를 통해 도출된 정답률을 판단하는 기준은 '규준지향평가'이냐 '준거지향평가'이냐에 따라 다르게 적용됨을 꼭 기억해야 합니다!

규준지향평가에서는 대개 20~80% 범위 사이의 문항곤란도를 가지고 평균곤란도가 50% 정도에 머무는 것이 이상적인 반면, 준거지향평가에서는 문항곤란도의 수준은 전혀 문제되지 않습니다. 정답률이 높게 나온 문항은 거의 모든 학생들이 교수목표에 도달했다는 것을 의미하며, 목표 설정이나 진술이 타당하거나 교수방법이 매우 효과적이었다는 것으로 해석되지요. 준거지향검사에서는 모든 문항에 일정 수준의 곤란도를 일괄적으로 적용시키기는 어렵기 때문에 예비 검사과정에서 평가 전문가가 어떤 수준의 곤란도를 갖는 문항이 적절한지에 대해 문항 내용과 관련하여 판단해야 합니다.

2 문항분석의 방법

(1) 양적 문항분석

구분	내용
문항곤란도 ☆ (item difficulty)	문항의 어려운 정도를 나타내는 것으로 '문항난이도'라고도 하며, 고전검사이론에서는 '정답률'이라고도 함
문항변별도 ☆ (item discrimination)	• 능력의 수준이 높은 사람과 낮은 사람을 구별해낼 수 있는 정도 • 일반적으로 변별도가 높은 문항일수록 양호한 문항이나, 변별도가 낮은 문항이라 할지라도 검사의 목적이 학생의 수준을 변별하는 데 있지 않다면 크게 문제되지 않음 • 문항곤란도가 높은 문항일수록 변별도가 높아지는 경향은 있지만 곤란도가 높다고 해서 반드시 변별력이 있는 문항은 아님

문항추측도 ☆
(item guessing)
	• 능력이 전혀 없는 학생이 추측을 통해 맞힐 정도
	• 추측도와 관련 있는 개념으로 '답지 매력도'를 들 수 있음
	  – **답지 매력도**: 정답지와 오답지가 효과적으로 제 기능을 다하고 있는가를 점검하는 것
	  – 문항의 오답지가 정답처럼 그럴듯하게 느껴질수록 매력도가 높음

문항적합도 (item fit)	• 특정 문항에 대하여 예측한 응답 유형과 실제 자료상의 응답 유형 간의 차이를 통해 해당 문항이 일반적인 응답 유형과 얼마나 일치하는지를 보여주는 통계지수 ⇨ 부적합한 문항은 수정 또는 삭제 • 문항반응이론에서만 제공하는 문항분석 방법
문항편파성 (biasness)	문항의 수행 정도가 피검자나 문항 특성에 따라 불리하거나 유리한 정도 예 도시학생 or 농촌학생에 따라 유·불리가 나뉨

(2) 질적 문항분석

① 어떤 지수를 구하는 수식을 사용하지 않으면서 문항의 질을 피검자나 전문가의 판단에 의해 분석하는 것
② 문항의 내용타당도나 작성 절차 등에서 문항을 평가하는 문제를 포함하기 때문에 '내용분석'이라고도 불림
③ 피검자가 문항을 어떻게 지각하고, 해석하고, 반응하는지 파악하기 위하여 검사 개발자는 필요와 상황에 따라서 피검자와 일대일 대면하거나 소규모 또는 대규모집단으로 모여 토론을 진행하며, 검사 개발자를 제외하고 관련 내용에 대한 전문가의 검토에 의해 이루어지기도 함
  ⇨ 검사도구의 내용타당도를 확보하기 위해 이루어지는 안면타당도 검증의 일환
④ **검사도구의 내용타당도를 높이기 위한 방안**
  ⊙ 문항이 작성된 이후에 한 번 더 점검하는 것이 중요함
  ⓒ 문법적인 단서를 제공하는 문항, 이중부정이 사용된 문항, 정답으로 판단될 수 있는 오답지가 있는 문항, 교수목표에 일치하지 않는 문항 등 거르기
  ⓒ 문항이 검사의 목적을 잘 수행하고 있는지, 모집단을 잘 대표하는 문항으로 구성되어 있는지 살펴볼 것(문항 개발 당시 제작한 이원분류표와 일치하는지 확인하면 됨)

3 문항분석을 위한 측정이론

(1) 고전검사이론(classical test theory)
① 특징
- ㉠ 개인이나 문항보다는 집단의 평균이나 검사의 총점에 대한 분석을 중시하는 입장
- ㉡ 피검자집단의 특성에 따라 문항 특성이 달라짐
  - 능력이 높은 집단일수록 문항의 곤란도가 낮아지고, 이질적인 집단일수록 변별도가 높아짐
    ⇨ 따라서 집단마다 다른 결과를 가져올 수 있으므로 일반화가 어려움
  - 측정오차는 모든 피검자에 대해서 동일하다고 가정하며, 신뢰도에 근거하여 측정오차를 추정하므로 피검자의 능력 분포에 따라 값이 달라짐

② 고전검사이론의 주요 개념과 공식

구분	개념	공식
문항곤란도	• 각 문항에 반응한 사람의 총 수에 대하여 정답을 한 사람 수의 비율인 정답률 • 정답률은 문항의 쉬운 정도를 나타내며, 지수가 높을수록 해당 문항이 쉽다는 것을 의미 ⇨ 정답률은 문항을 푼 피검자집단의 능력에 따라 달라지므로 해석상 유의할 필요가 있음	$P = \dfrac{R}{N} \times 100$ R = 정답을 맞힌 피검자 수 N = 전체 피검자 수
문항변별도	• 능력의 수준이 높은 사람과 낮은 사람을 구별해낼 수 있는 정도 • 수치가 높을수록 양호한 문항 ⇨ 변별도의 범위는 상관계수이기 때문에 −1∼+1 사이에 분포함 ⇨ 양의 방향으로 클수록 변별력이 좋으며, 보통 상관계수 0.3을 기준으로 0.3보다 크면 변별력이 좋은 문항임	$DI = \dfrac{RH - RL}{\dfrac{N}{\text{구분집단의 수}}}$ RH = 상위 집단 정답자 수 RL = 하위 집단 정답자 수 N = 전체 사례 수
문항추측도	• 능력이 전혀 없는 학생이 추측을 하여 정답을 맞힐 정도 • 같은 문항이라도 피검자집단의 실력에 따라 추측도는 다르게 추정되므로 추측을 해서 맞힌 피검자 비율의 확률을 추측도로 정의함	$P(GR) = \dfrac{W}{(Q-1)} \times \dfrac{1}{N}$ W = 오답을 한 피검자 수 Q = 선택지 수, N = 피검자 수
문항편파성	• 문항의 수행 정도가 피검자나 문항 특성에 따라 불리하거나 유리한 정도 • 편파성지수가 0에 가까울수록 문항편파성이 없다는 의미	맨텔-헨젤 방법

(2) 문항반응이론(item response theory)
  ① 특징
    ㉠ 문항 각각이 분석 단위이며, 분석은 피검자 능력에 따라 정답을 맞힐 확률함수곡선인 '문항특성곡선'을 중심으로 이루어짐 ⇨ 즉, 반복측정을 가정할 필요가 없음
    ㉡ 문항모수들이 피검자집단의 특성으로부터 비교적 자유로운 것을 문항 특성의 '불변성 개념'이라고 하며, 피검자집단의 능력수준으로부터 비교적 자유로운 문항모수치를 추정할 수 있음
      ⇨ 개별 피검자의 능력수준에 따른 정확한 측정오차를 추정할 수 있다고 가정
  ② 문항반응이론의 주요 개념과 문항특성곡선

구분	개념	문항특성곡선
문항곤란도	• 문항의 어려운 정도를 나타내는 지수로, 문항특성곡선이 어디에 위치하여 기능하는가와 관련이 있음 ⇨ 곤란도는 문항특성곡선상에서 구체적으로 답을 맞힐 확률이 0.5인 능력수준으로 정의하며, 일반적으로 'b'로 표시 • 고전검사이론의 정답률과 달리 문항곤란도가 클수록 어려운 문항 ⇨ 문항특선곡선이 오른쪽에 위치할수록 어려운 문항(문항 2의 곤란도 > 문항 1의 곤란도)	[그림 3-3] 문항곤란도
문항변별도	• 곤란도 아래에 있는 피검자와 그 위에 있는 피검자를 변별하는 정도 • 문항특성곡선상의 문항곤란도, 즉 문항을 맞힐 확률이 0.5인 점에서의 기울기로 나타내며, 일반적으로는 'a'로 표시 • 동일한 능력에 대해서 문항특성곡선이 가파를수록 변별도가 더 높은 문항 (문항 1의 변별도 > 문항 2의 변별도)	[그림 3-4] 문항변별도
문항추측도	• 능력이 전혀 없는 피검자가 추측으로 답을 맞힐 정도. 일반적으로 'c'로 표시 • 문항추측도가 높을수록 문항의 변별력이 떨어지기 때문에 좋지 않은 문항 ⇨ 능력이 전혀 없는 학생도 문항을 맞힐 수 있는 확률↑ ⇨ 문항 안에 정답을 암시하는 요소가 있을 가능성↑ ⇨ 문항추측도 높을수록 문항변별력이 가지는 범위가 한정되기 때문에 변별력↓ • 문항추측도는 문항특성곡선상에서 피검사의 능력(θ)이 0일 때 y절편으로 정의(문항 2의 추측도가 문항 1보다 낮으므로 더 양호한 문항)	[그림 3-5] 문항추측도
문항적합도	• 특정 문항에 대해서 모형에서 예측한 응답 유형과 실제 자료상의 응답 유형의 차이를 통해 해당 문항이 일반적인 응답 유형에 얼마나 어울리는지를 보여줌 • 적합도는 문항의 적합도에 관한 통계치만 제공하기 때문에 문항이 부적합한 이유에 대해서는 질적 문항분석이 추후에 진행되어야 함	외적합도(outfit) = $\dfrac{\sum Z^2 W}{N}$ 내적합도(infit) = $\dfrac{\sum Z^2}{N}$ Z = 잔차, N = 문항 수, W = 기준치(각 문항의 변량)

4 고전검사이론과 문항반응이론 비교

구분	고전검사이론	문항반응이론
분석 단위	피검자의 검사점수 (관찰점수 = 진점수 + 오차점수)	피검자의 각 문항에 대한 응답
반복측정의 가정 여부	가정함	가정할 필요 없음
문항 특성의 추정	피검자집단에 따라 변화함	피검자집단의 영향에서 비교적 자유로움 (문항 특성의 불변성)
능력 추정	검사 특성에 따라 변화함	검사 특성의 영향에서 비교적 자유로움 (능력 추정의 불변성)
측정오차	모든 피검자에 대해 동일함	피검자의 능력수준에 따라 변화함

Theme 82 기출 CHECK!

01 다음은 10명의 학생들에게 문항 당 배점이 1인 10개의 사지선다형 문항의 시험을 치르게 한 후 답안을 채점한 결과의 일부이다. 총점을 기준으로 상위 50% 학생들을 상위집단, 하위 50% 학생들을 하위집단이라고 할 때, 다음 표에 대한 해석으로 옳지 <u>않은</u> 것은?

• 11 중등

학생\문항	1	2	3	4	5	…	9	10	총점
A	0	1	1	1	1	…	1	1	9
B	0	1	1	1	1	…	1	0	8
C	1	1	0	0	1	…	1	1	8
D	0	1	0	0	1	…	1	1	7
E	1	0	0	0	1	…	1	1	7
F	1	1	1	1	1	…	0	1	6
G	0	0	1	1	1	…	0	0	4
H	1	0	0	1	1	…	0	0	3
I	0	0	1	0	1	…	0	0	3
J	1	0	0	0	1	…	0	0	2

① 문항 1은 변별도를 고려할 때 수정이나 삭제가 필요하다.
② 문항 2는 상위집단과 하위집단을 잘 변별한다.
③ 문항 3과 문항 4의 변별도 지수는 같다.
④ 문항 3과 문항 4의 난이도 지수는 다르다.
⑤ 문항 5의 오답지 반응비율은 0으로 오답지들이 매력적이지 않다.

02 검사도구의 제작과정에서 문항의 특성과 문항분석에 대해 바르게 이해하고 활용한 사례로 가장 적절한 것은?

• 10 초등

① 문항변별도가 음수로 나온 문항은 수정하거나 검사에서 제외시켰다.
② 문항변별도를 높이기 위해 검사 문항들을 난이도 순으로 배열하였다.
③ 검사의 변별력을 높이기 위해 문항난이도가 0과 1인 문항을 많이 포함시켰다.
④ 문항 선택지의 매력도를 높이기 위해 특정 오답지에 반응이 집중되도록 하였다.
⑤ 정답을 추측해서 맞힐 확률은 문항 선택지가 많을수록 높아지므로 선택지의 수를 줄였다.

정답 01 ④ 02 ①

03 다음의 문항특성곡선들에 대한 해석으로 옳은 것은?   • 08 초등

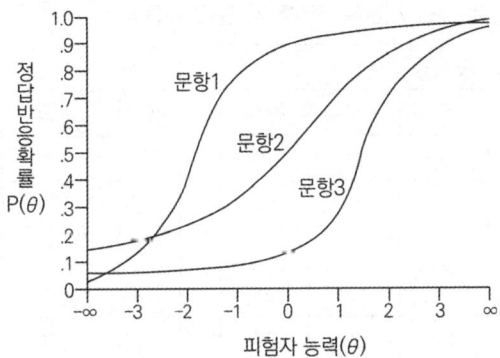

① 문항 2의 문항난이도 지수는 1이다.
② 문항 1이 문항 2보다 문항추측도가 높다.
③ 문항 2가 문항 3보다 문항변별도가 낮다.
④ 문항 1은 능력 수준이 높은 피험자들을 변별하는 데 적합하다.

04 다음 그래프는 문항반응이론의 '3 – 모수' 모형으로 추정한 문항 난이도, 변별도, 추측도를 바탕으로 그린 문항특성곡선이다. 네 문항의 특성에 대한 설명 중 옳은 것은?   • 07 중등

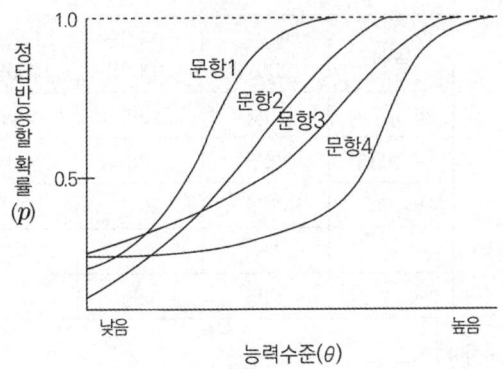

① 문항 1은 능력 수준이 중간 정도인 사람들을 변별하는 데에 적합하다.
② 문항 2는 문항 1보다 변별도가 높다.
③ 문항 3은 문항 4보다 변별도가 높다.
④ 문항 4는 능력 수준이 높은 사람들을 변별하는 데에 적합하다.

정답 03 ③   04 ④

05 다음은 두 문항의 각 답지에 대한 학생 90명의 반응을 상위집단, 중간집단, 하위집단으로 나누어 분석한 문항반응 분포표이다. 이 표를 보고 알 수 있는 문항의 특성에 대한 진술로 적절하지 <u>않은</u> 것은?

● 07 초등

A 문항				
답지	상	중	하	전체
①	5	8	3	16
②*	17	14	5	36
③	0	0	17	17
④	8	8	5	21
합계	30	30	30	90

B 문항				
답지	상	중	하	전체
①	0	0	0	0
②	1	2	0	3
③*	29	27	30	86
④	0	1	0	1
합계	30	30	30	90

(* 표시된 답지가 정답지임)

① A 문항의 문항난이도는 0.4이다.
② B 문항의 문항변별도는 0.5이다.
③ A 문항은 상위집단과 중간집단에겐 사실상 삼지 선다형이다.
④ B 문항은 정답이 너무 뚜렷하고, 오답지의 매력이 매우 낮다.

06 다음은 한 문항의 답지 ㉮~㉲에 대한 전체 응답자 200명의 반응과 이들을 상위집단 100명과 하위집단 100명으로 나누어 그들의 반응을 분석한 표이다. 분석결과에 대한 해석으로 가장 적절한 것은?

● 06 중등

답지	전체응답자 (200명)	상위집단 (100명)	하위집단 (100명)
㉮	53명	25명	28명
㉯ 정답임	60명	20명	40명
㉰	30명	20명	10명
㉱	1명	0명	1명
㉲	56명	35명	21명

① 문항곤란도(item difficulty)가 0.6이다.
② 모든 답지가 매력적으로 잘 작성되어 있다.
③ 상위 집단에게 가장 매력적인 답지는 ㉰이다.
④ 문항변별도(item discrimination)가 낮아 문항검토가 요구되는 문항이다.

정답 05 ② 06 ④

07 다음은 A 중학교 1학년 1반 30명의 사회과 기말고사 문항 중 1~4번에 대한 문항반응이다. 학생들을 성적에 따라 상하 각각 50%로 구분하고 상위집단의 정답비율과 하위집단의 정답비율의 차이로 문항변별도를 구할 때, 문항변별도가 가장 높은 것은? • 05 중등

집단	문항	1	2	3	4
상위	정답자 수	10	8	12	13
	오답자 수	5	7	3	2
하위	정답자 수	5	9	9	4
	오답자 수	10	6	6	11

① 문항 1 ② 문항 2 ③ 문항 3 ④ 문항 4

08 검사 문항을 개선하기 위해 실시하는 문항 분석에 관한 설명으로 옳지 <u>않은</u> 것은? • 04 중등
① 문항(답지)반응분포는 오답지 매력도에 관한 정보를 제공한다.
② 문항에 대한 정답자 비율로 산출되는 난이도 지수는 수험자 집단에 따라 변할 수 있다.
③ 한 문항에서 검사점수가 높은 상위집단과 낮은 하위집단의 수험자가 모두 정답을 골랐을 때 변별도는 1이 된다.
④ 검사점수가 낮은 하위집단이 높은 상위집단에 비해 정답을 고른 수험자의 수가 더 많을 때, 그 문항은 변별 기능을 제대로 하지 못한 것이다.

09 아래 자료는 학생 100명이 응시한 검사에서 4개 문항에 대한 반응을 분석한 것이다. 이들 문항 중 <u>가장</u> 양호한 문항은?
(단, 표 안의 ◀는 정답 번호를 의미함.) • 04 초등

문항	답지 번호	응답자 수(명)		
		상위집단	하위집단	합
A	①	16	17	33
	②	18	16	34
	③◀	5	3	8
	④	11	14	25
B	①	6	12	18
	②◀	35	15	50
	③	5	11	16
	④	4	12	16
C	①◀	42	38	80
	②	3	5	8
	③	2	3	5
	④	3	4	7
D	①	6	7	13
	②	20	8	28
	③	7	8	15
	④◀	17	27	44

① 문항 A ② 문항 B ③ 문항 C ④ 문항 D

정답 07 ④ 08 ③ 09 ②

10 100명의 학생을 대상으로 50문항의 시험을 보았다. 아래 표는 상위집단과 하위집단이 1번과 2번 문항에서 정답과 오답을 한 빈도 분포를 나타낸 것이다. 문항 1과 문항 2 중에서 변별도가 더 큰 문항과 난이도(difficulty)가 더 높은 문항을 묶은 것은?

● 03 중등

	문항 1			문항 2		
	정답	오답	계	정답	오답	계
상위집단	31	19	50	27	23	50
하위집단	10	40	50	11	39	50
계	41	59	100	38	62	100

	변별도	난이도		변별도	난이도
①	문항 1	문항 1	②	문항 1	문항 2
③	문항 2	문항 1	④	문항 2	문항 2

11 10개의 문항으로 이루어진 국어 시험에서 4개의 문항에 대한 학생들의 응답이 다음과 같을 때 문항 변별도가 가장 높은 문항은?

● 03 초등

(○ : 정답, × : 오답)

학생 \ 문항 번호	1번	2번	…	9번	10번	검사 총점
기영	×	○	…	×	○	3점
소림	○	×	…	×	○	6점
민지	○	×	…	○	○	6점
대환	○	×	…	○	×	8점

① 1번 ② 2번 ③ 9번 ④ 10번

12 선다형 문항을 제작할 때 고려할 사항으로 가장 적절한 것은?

● 01 초등

① 전문적인 용어를 사용한다.
② 일반화를 강조하는 용어의 사용을 피한다.
③ 긍정문장과 부정문장을 균등하게 사용한다.
④ 형용사나 부사 같은 질적 표현을 많이 사용한다.

정답 10 ② 11 ① 12 ②

학원/동영상 강의

☑ 지스쿨
www.g-school.co.kr

PART 4

교육행정

Theme 83-85	Theme 86-92	Theme 93-94	Theme 95-97
교육행정의 이해	조직론	직무 동기이론	지도성 이론

Theme 98-101	Theme 102-103	Theme 104	Theme 105
정책론	장학행정	교육재정	교육경영

PART 4 교육행정
핵심 테마 모아보기

구분	테마		주요 내용
교육행정의 이해	Theme 83	교육행정의 개념	국가공권설, 조건정비설, 행정과정론, 협동행위론, 교육지도성론, 성장지원론
	Theme 84	교육행정의 원리	합법성의 원리, 민주성의 원리, 효율성의 원리, 기회균등의 원리, 적도집권의 원리, 자주성(중립성)의 원리, 안정성(일관성)의 원리, 전문성 보장의 원리
	Theme 85	교육행정이론의 발달	과학적 관리론 - 관료제, 인간관계론, 행동과학론, 체제론
조직론	Theme 86	조직의 이해	공식·비공식 조직, 계선·참모·보조조직
	Theme 87	조직유형론	파슨스, 카츠와 칸, 블라우와 스콧, 칼슨, 에치오니, 민츠버그
	Theme 88	학교조직의 특징	전문적 관료제, 조직화된 무질서, 이완조직, 이중조직, 전문적 학습공동체, 학습조직
	Theme 89	조직풍토론	리커트, 할핀과 크로프트, 호이와 미스켈, 윌로어, 홀
	Theme 90	조직문화론	맥그리거의 X - Y이론, 아우치의 Z이론, 아지리스의 미성숙 - 성숙이론, 세시아와 글리노우의 문화유형론, 학교문화유형론(스타인호프와 오웬스, 하그리브스)
	Theme 91	조직갈등론	갈등의 순기능, 역기능, 갈등관리 전략(토마스와 제미슨, 라힘, 마치와 사이먼)
	Theme 92	교육조직 관리기법	과업평가 검토기법, 목표관리기법, 정보관리체제, 총체적 질 관리, 조직개발기법
직무 동기이론	Theme 93	동기의 내용이론	매슬로우의 욕구체계이론, 허즈버그의 동기 - 위생이론, 앨더퍼의 생존 - 관계 - 성장이론(ERG 이론)
	Theme 94	동기의 과정이론	브룸의 기대이론, 포터와 로울러의 성취 - 만족이론, 아담스의 공정성이론, 로크와 라탐의 목표설정이론
지도성 이론	Theme 95	지도성 특성론과 지도성 행위론	지도성 특성론(베니스와 카츠), 지도성 행위론(권위적·민주적·자유방임적 지도성, 구조성·배려성 차원의 지도성, 직무중심·종업원중심 지도성, 관리격자이론)
	Theme 96	상황적 지도성	피들러, 하우스, 레딘, 허쉬와 블랜차드, 커와 제르미어의 지도성 대용 상황이론
	Theme 97	대안적 지도성	변혁적 지도성, 분산적 지도성, 초우량 지도성, 도덕적 지도성, 문화적 지도성, 감성 지도성, 교육 지도성, 민주적 지도성, 카리스마적 지도성, 서번트 지도성
정책론	Theme 98	의사소통	원칙, 유형, 조하리의 창
	Theme 99	의사결정모형	합리모형, 만족모형, 점증모형, 혼합모형, 최적모형, 쓰레기통모형
	Theme 100	의사결정 참여모형	브릿지스, 호이와 타터
	Theme 101	교육기획	개념, 접근방법, 과정, 장점, 한계
장학행정	Theme 102	장학의 이해	장학의 개념 및 목적, 발달과정, 발달장학 시대, 오늘날 장학(선택적 장학, 인간자원장학)
	Theme 103	장학의 유형	장학의 구분(지구별 자율장학 / 교내 자율장학), 임상장학, 동료장학, 자기장학, 약식장학, 컨설팅 장학, 멘토링 장학, 마이크로티칭
교육재정	Theme 104	교육재정의 운영	운영절차, 교육비, 교육예산 편성기법(품목별 예산제도, 성과주의 예산제도, 기획 예산제도, 영기준 예산제도)
교육경영	Theme 105	단위학교 책임경영제, 단위학교 예산제도, 학교책무성, 교원역량개발	단위학교 책임경영제의 개념, 단위학교 예산제도, 학교책무성, 교원역량개발

Theme 83 교육행정의 개념

기출: 13 중등, 07 중등, 04 초등, 02 초등

1 교육행정의 정의
① 교육활동이 잘 이루어지도록 관리·조성·지도하는 활동
② 우리나라의 교육행정에 관한 관점의 변화: 교육의 양적 성장이 이루어짐에 따라 관료제 원리에 기반을 둔 '교육에 관한 행정' ➡ 교육활동의 특수성과 전문성을 강조하는 '교육을 위한 행정'

2 교육행정의 개념 ☆

(1) **교육에 관한 행정 – 국가공권설(국가통치설)** ☆ ➡ 지도, 감독, 통제
  ① 국가권력 작용, 즉 총체적인 국가행정의 관점에서 교육행정을 파악
  ② 교육부가 수행하는 법적 기능 및 행정작용 ➡ 교육행정 = one of 일반행정
  ③ 교육행정의 특수성·전문성 무시, 행정의 관료성·획일성 강조, 교육의 정치적 중립성·자주성 간과
    ➡ 중앙집권적, 권위주의적, top – down(상의하달)

(2) **교육을 위한 행정 – 조건정비설(기능주의설)** ☆ ➡ 교육의 자주성 강조
  ① 교육목표를 효율적으로 달성하기 위해 필요한 인적·물적 조건을 정비 및 확립하는 수단적·봉사적 활동으로 파악
    ➡ 교육행정을 교육활동의 목표 설정 및 달성을 위한 조건 구비의 수단으로 여김
  ② 교육의 특수성·전문성을 강조함 but 행정에 작용하는 권력적 측면은 소홀히 취급함
  ③ 민주적 교육행정을 중시함 ➡ bottom – up(하의상달)

(3) **행정과정론**
  ① 순환적 행정과정 중 기능적 행정행위 요소에 주목함
  ② 행정의 민주화와 함께 의사결정, 자극, 영향, 평가 등을 주요 요소로 파악함
  ③ 시어스: 교육행정과정을 '기획, 조직, 지시, 조정, 통제'의 순환적 조직 운영활동으로 제시함
  ④ 교육행정을 행정이 이루어지는 과정 또는 단계로 봄

(4) **협동행위론(행정행위론, 경영론)** ☆
  ① 주로 행정행위, 특히 '의사결정과정'에 초점을 두며, 합리성을 추구함
  ② 행정의 본질을 합리성을 토대로 한 '집단적 협동행위'로 간주함
  ③ 교육목적을 최대한 효과적으로 달성하기 위하여 합리성을 기초로 제반조직과 조건을 체계적으로 정비·조성하는 협동적 활동
  ④ '단위학교 책임경영제'가 대두되며 '협동행위'로서 교육행정을 바라보는 관점을 강조함

(5) **교육지도성론(교육리더십론)**
  ① 교육행정을 효과적인 교육목적 달성을 위한 교육지도성 발휘 활동으로 바라봄
  ② 지도성에 따라 교육조건은 교육목표 달성을 위해 언제든지 조정될 수 있다고 봄

(6) **성장지원론 – 학습조장설** ☆
  ① 궁극적 지향점을 학습자의 학습활동에 두고, 학습동기 유발 및 활발한 학습활동의 유지·조장을 통해 교육적 성장을 달성할 수 있도록 제반조건과 환경을 정비하는 활동
  ② 조건정비설 및 교육지도성론이 행정작용의 본질을 조건 정비 또는 지도성으로 바라보는 반면에, 성장지원론은 학습주체와 학습활동 자체를 중시함

출제 Pick!
☆ 교육행정의 개념 및 관점의 변화
☆ 국가공권설, 조건정비설, 행정행위론, 성장지원론의 개념

설쌤의 팁
교육행정의 초점은 행정에서 교육으로, 다시 교육에서 학습으로 이동해왔으며, 이에 따라 행정가 주도에서 교사 주도로, 다시 교사 주도에서 학습자 주도로 이동해왔습니다. 이러한 관점의 변화를 토대로 삼아 교육행정의 주요 개념들, 즉 조직론, 동기이론, 지도성이론, 의사소통이론 등을 이해해 보세요.

Level Up
단위학교 책임경영제
• **개념**: 단위학교가 자율권을 가지고 학교 내부의 민주적·합리적 의사결정과정을 통해 학교를 운영하며, 그 결과에 대해 책임을 지는 학교경영체제
• **배경**: 교육현장에 신자유주의적 요소가 도입되면서 국가 교육기관이나 교육청이 자원배분 등에 관한 결정권을 단위학교에 부여함 ➡ 학교의 자율성과 책무성을 동시에 요구함
• **목적**: 교육과정 교원인사 등 핵심권한을 단위학교에 직접 부여함으로써 수요자 중심의 학교교육 다양화를 유도하고, 다양하고 특색 있는 학교운영과 선의의 경쟁을 통한 학교교육의 경쟁력을 제고하고자 함
• **내용**: 교육과정 자율화, 교직원 인사 자율화, 단위학교 예산제도, 자율학교 확대 등의 형태
• **의의**: 학교 자율화를 통해 단위학교 책임경영 체제가 구축되면 학생 학부모 등 교육수요자의 요구가 반영된 다양하고 질 높은 공교육 서비스 제공될 수 있어 교육력 강화를 도모하고 학교의 책무성을 강화할 수 있음

Theme 83 기출 CHECK!

01 다음 제도 개혁의 취지에 부합하는 '교육행정에 대한 관점'을 설명한 내용으로 가장 적절한 것은?   • 13 중등

> 최근 지방교육행정조직에서 '지역교육청'의 명칭을 '교육지원청'으로 변경하고 그 역할에 있어서도 변화를 꾀하였다. 이를 통해 행정의 기능을 종래의 '관리·점검' 중심에서 '일선 학교의 교육활동에 대한 지원 강화' 중심으로 새롭게 정립하고자 하였다.

① 교육행정을 '교육에 관한 행정'으로 보는 입장이다.
② 자율적 행정지원보다 관료적 효율성을 강조한 관점이다.
③ 교육의 자주성·전문성 측면보다 행정의 통제성·획일성 측면을 강조한 관점이다.
④ 교육 관련 법규에 따라 교육정책을 집행하는 공권적 작용을 강조하는 입장이다.
⑤ 교육행정을 교육목표의 효과적 달성에 필요한 조건을 정비·확립하는 수단적 활동으로 보는 입장이다.

02 다음의 진술내용과 가장 관련이 많은 교육행정에 대한 관점은?   • 07 중등

> • 교육행정은 교육자와 학생 간에 이루어지는 교육활동을 지원하기 위한 보조적 활동이다.
> • 교육행정은 근본적으로 교육의 기본 목표를 보다 능률적으로 달성토록 하기 위한 일련의 지원활동이다.
> • 교육행정은 그 자체에 목적이 있는 것이 아니라 교수·학습을 통해 교육목표를 달성하도록 돕는 수단이다.

① 행정과정론   ② 조건정비론   ③ 협동행위론   ④ 사회과정론

03 행정행위설(경영설)에서 강조하고 있는 교육행정의 정의는?   • 04 초등
① 수업이 잘 이루어지도록 도와주는 수단적 활동이다.
② 교육에 필요한 인적·물적 조건을 정비해 주는 조장활동이다.
③ 법규에 따라 교육활동이 이루어지도록 감독하는 통제활동이다.
④ 교육체제에 작용하는 여러 변인을 합리적으로 조정하는 활동이다.

04 '교육을 위한 행정'이라는 입장에서 교육행정의 기능을 올바르게 설명한 것은?   • 02 초등
① 운영에 있어서 권력적·강제적 요소를 강조한다.
② 교육 법규를 해석하고 그대로 집행하는 데 중점을 둔다.
③ 교수·학습 과정을 개선하는 데 필요한 조건의 지원에 중점을 둔다.
④ 공식적 교육 조직에서 상급자의 명령에 절대적인 복종을 요구한다.

정답 01 ⑤   02 ②   03 ④   04 ③

Theme 84 교육행정의 원리

기출: 12 초등, 07 초등, 04 중등, 00 중등 추가, 00 대구

1 합법성의 원리 ☆
실정법에 맞는 집행을 해야 하며, 모든 활동은 법률에 근거해야 함

2 민주성의 원리 ☆
국민의 의사를 행정에 반영하고 국민을 위한 행정을 해야 함

3 효율성의 원리 ☆
효과성(effectiveness, 투입과 산출의 비율을 따지지 않고 목표를 달성하는 정도) + 능률성(efficiency, 최소한의 인적·물적 자원과 시간을 들여 최대의 성과를 거두는 것)
⇨ 가장 능률적인 방법으로 최대의 목표를 달성하는 것

4 기회균등의 원리 ☆
형평성 ⇨ 의무교육, 장학금제도, 사회보장제도, 야간제·계절제·시간제

5 적도집권(optimum centralization)의 원리 ☆
중앙집권(centralization)과 지방분권(decentralization) 사이에서 적도의 균형점을 확보함

6 자주성(중립성)의 원리 ☆
일반행정으로부터 분리·독립되고 정치와 종교로부터 중립성을 유지해야 함

7 안정성(일관성)의 원리 ☆
교육정책이나 프로그램은 장기적인 안목에서 계속성과 일관성을 유지해야 함

8 전문성 보장의 원리 ☆
교육은 독자적·특수적인 것 ⇨ 전문성과 장기간의 교육훈련이 필요 ⇨ 교육행정에 관한 이론·기술을 습득하여 충분히 훈련된 전문가가 담당해야 함

출제 Pick!
☆ 교육행정의 원리 명칭, 내용

설쌤의 TIP
교육행정은 일반행정과 공통점을 지니는 동시에 '교육을 위한 행정'이라는 점에서 특수성도 가집니다. 따라서 교육행정의 기본 원리를 이해하기 위해서는 일반행정의 기본 원리(합법성, 민주성, 효율성)를 기반으로, 교육행정의 특수성에 비추어 기회균등의 원리, 적도집권의 원리, 자주성의 원리, 안정성의 원리, 전문성 보장의 원리 등 특징적인 원리를 이해해야 합니다.

Level Up
그 밖의 교육적 원칙
- **타당성의 원리**: 교육행정 활동은 타당성을 지녀야 하며 올바른 교육목표를 세우고 교육활동은 교육목적에 부합하는 합목적성을 갖추어야 함
- **적응성의 원리**: 상황에 적합하게 적응해야 함
- **균형성의 원리**: 원칙들 간에 적절한 균형을 유지해야 함
- **다양성의 원리**: 교육 프로그램은 다양성을 조장할 수 있어야 함

Theme 84 기출 CHECK!

01 다음의 교육정책에서 공통적으로 강조되고 있는 것은? • 12 초등

- 학교정보 공시제 도입
- 학교평가 및 학교장 중임심사 강화
- 에듀파인 학교회계 시스템 도입
- 국가수준 학업성취도평가의 전수 실시 및 결과 공개

① 교육의 자주성 ② 교육의 책무성 ③ 교육의 지방분권
④ 지역교육의 특수성 ⑤ 교육의 정치적 중립성

02 〈보기〉와 관계 깊은 교육행정의 원리는? • 07 초등

―〈보기〉―
- 경제적 여건이 어려운 학생들이 학교에 다닐 수 있도록 무상 의무교육을 실시하거나 장학금을 지급한다.
- 직업을 가진 사람도 학습할 수 있도록 시간제·계절제·야간제 교육프로그램을 제공한다.

① 효율성의 원리 ② 자주성의 원리 ③ 지방분권의 원리 ④ 기회균등의 원리

03 교육행정의 기본원리 중에서 '민주성의 원리'와 가장 관련이 깊은 것은? • 04 중등
① 중학교 무상 의무교육 실시 ② 고교평준화 정책의 기본 골격 유지
③ 선택과 집중에 의한 대학 재정 지원 ④ 정책결정 과정에 국민의 참여기회 확대

04 교육정책을 수립하는 데 있어서 관련 집단의 참여를 통하여 공정한 민의를 반영하고, 결정된 교육정책의 집행과정에서는 권한 이양을 통하여 교육행정기관장의 독단과 전제를 막는 것을 기본으로 하는 교육행정 원리는? • 00 중등 추가
① 효율성의 원리 ② 민주성의 원리 ③ 합법성의 원리 ④ 합목적성의 원리

05 교육행정의 규범과 원리 중에서 '효율성의 원리'로 알맞은 것은? • 00 대구
① 교육행정의 투입에 대한 산출을 높이는 것을 말한다.
② 이해당사자의 광범위한 참여를 보장하는 것을 말한다.
③ 교육행정 활동이 관계 법규에 따라야 하는 것을 말한다.
④ 학교나 교육행정기관이 자율적으로 운영되는 것을 말한다.

정답 01 ② 02 ④ 03 ④ 04 ② 05 ①

Theme 85 교육행정이론의 발달

기출: 23 중등, 15 추시, 12 중등, 10 중등, 09 중등, 09 초등, 08 초등, 07 중등 04 중등, 03 중등, 02 중등, 02 행시, 01 행시, 98 중등, 97 초등, 96 중등

1 과학적 관리론 – 관료제

(1) 개념 ☆
인간의 작업과정을 분석한 후 과학적으로 관리하여 조직의 능률과 생산성을 극대화하고자 함
⇨ by 생산과정 표준화, 1일 최대 작업량 설정, 성과급, 실패 책임, 과업 전문화, 경영자 – 노동자 분리

(2) 관료제의 순기능과 역기능 ☆

관료제 특성	순기능	역기능
분업과 전문화	전문성 향상, 효율성, 생산성	권태감, 지루함, 매너리즘, 분파주의
몰인정성	의사소통의 합리성 증진	사기 저하, 비인간주의
규정과 규칙	계속성과 통일성 확보, 안정적 과업 수행	경직과 목표 전도, 문서주의
권위의 위계	순응과 원활한 조정, 신속한 의사소통	의사소통 장애, 쌍방향 의사소통 곤란
경력 지향성	동기유발, 직업 안정성, 신분 보장	무사안일, 실적과 연공의 갈등

(3) 학교조직의 관료제적 특징 ☆
① **업무의 기능적 분업**: 학교의 업무는 크게 교수·학습활동을 중심으로 한 '수업'과 이를 지원하기 위한 각종 '행정업무'로 나누어짐
② **공식적 직무로서 교직원 역할의 정의**: 「초·중등교육법」 제20조에는 교장과 교감, 교사, 행정직원과 같은 직원의 역할이 명확하게 규정되어 있음
③ **절차 규정에 따른 운영**: 공식적 행위의 목적과 형태를 상술하여 교사의 재량에 제한을 두는 절차가 존재함
④ **직책의 위계구조**: 학교조직은 직제표에 따라 명확하고 엄격한 위계구조를 지님
⑤ **승진구조**: 교사는 전문적 능력에 따라 채용되고, 승진은 연공서열과 업적에 따라 결정됨

2 인간관계론

(1) 특징 및 학교현장에의 시사점 ☆
① 호손공장 실험 ⇨ 작업조건보다 비공식조직의 규범이 노동자의 생산성에 더 큰 영향을 미침을 검증
② 교원의 사기, 교원 – 학생 간 신뢰감 형성, 의사소통의 중요성을 시사함

(2) 공헌점 ☆
① 비공식조직의 역할·규범·기능을 부각시킴
② 참여적 행정을 강조하여 교육행정의 민주적 발전에 기여함
⇨ 진보주의 교육, 민주교육, 민주행정, 민주장학, 학교조직의 민주적 운영, 민주적 지도성 강조
③ 각종 인사제도 등장에 기여함 ⇨ 고충 처리, 제안제도, 인사담당 등

(3) 한계
① 조직의 구조적 측면이나 생산성·효과성 문제를 등한시함
② 조직을 폐쇄체제로 간주하여 조직과 환경 간 상호작용 관계를 파악하지 못함
③ 공식조직의 중요성 및 인간의 경제적 동기를 과소평가함

출제 Pick!
☆ 과학적 관리론의 개념, 관료제의 순기능과 역기능, 학교조직의 관료제적 특징
☆ 인간관계론의 특징, 공헌점, 한계
☆ 개방체제의 개념, 겟젤스와 텔렌의 수정모형의 함의점과 개인의 행위가 목표로 하는 사회적 행동으로 나타나기 위한 조건 3가지
☆ 브루코버의 관점에서 학교체계를 구성하는 요인 3가지
☆ 호이와 미스켈의 학교체계모형에서 학교 구성원의 행동에 영향을 끼치는 체제 4가지

Level up
공식조직(formal organization)과 비공식조직(informal organization)
1. 공식조직
   공식적인 조직표나 기구표상에 나타나는 조직
2. 비공식조직
   - 공식조직 내에 존재하면서 공식조직에 의해 충족되지 못하는 여러 가지 심리적 기능을 수행하고, 공식조직의 기능에 직·간접적인 영향을 미치는 조직 내 조직
   - 공식조직의 내부에서 자연발생적으로 생기는 조직이라는 의미에서 '자생조직'이라고도 함

3 행동과학론

(1) **고전이론과 인간관계론 연구의 한계를 비판**
① 관리자의 입장에서 인간을 수단화함
② 행정을 조직 내의 문제로만 파악하여 조직과 환경의 상호작용에 대한 관심을 두지 않음
③ 조직분석 시 좁은 범위의 변수에 초점을 맞추고 다른 변인은 고려 안 함 ⇨ 이론적 정교함 부족

(2) **공헌**
① 행정학과 경영학의 이론을 차용·원용하던 수준에서 벗어나서 교육행정에 대한 독자적인 연구와 이론이 개발됨
② 교육행정 현상을 연구하여 정립한 지식과 이론을 통하여 교육행정 현상을 기술·설명하고 실제를 진단·처방할 수 있는 수준까지 발전시킴

4 체제론

(1) **주요 개념** ☆

① **체제(system)**
㉠ 여러 부분으로 이루어진 전체 또는 여러 요소의 총체
㉡ 사회는 수많은 체제로 구성되어 있으며 체제들은 상호작용함

② **개방체제[open system(↔ 폐쇄체제, closed system)]**

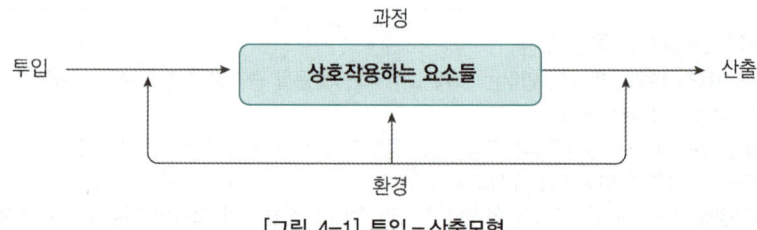

[그림 4-1] 투입 – 산출모형

㉠ 여러 부분으로 이루어진 전체 혹은 여러 요소의 총체를 '체제'라고 함
⇨ 환경과 자유롭게 상호작용하는 체제
㉡ 조직은 외부환경의 영향을 받고 환경에 의존하며, 조직은 환경으로부터 투입을 받아 산출로 변환함
- **투입** : 상호작용하는 요소들이 체제 목적을 달성할 수 있도록 체제 밖에서 안으로 들어가는 모든 요소
- **과정** : 목적 달성을 위해 여러 자원과 정보를 활용해 산출로 만들고 가치를 창조하는 과정
- **산출** : 환경이나 인접한 체제로 내보내는 자원과 정보
- **환경** : 체제와 일정한 접촉을 유지하고 그것에 영향을 주는 경계 밖의 주변 조건이나 상태

③ **개방체제로서의 학교조직**
㉠ 학교를 하나의 체제(system)로 여기며, 학교를 구성하는 하위 요소들과 구조, 기능을 파악하여 체제적으로 이해하려는 접근법
㉡ 학교는 외부 환경과 끊임없이 상호작용하며, 지역사회의 가치, 정치, 역사 등에 영향을 받음
㉢ 학교구성원들의 적절한 행동은 공식적 규칙과 비공식적 규범에 따름
㉣ 학교는 환류(feedback)를 통해 과정과 산출을 효율화함

Level Up

학교의 사회체제

1. **학교사회**
   - 학교사회는 작은 단위이기는 하나 비교적 많은 구성원으로 조직됨
   - 공동의 목표를 달성하기 위하여 형식적·비형식적 역할을 수행함
   - 구성원의 다양한 욕구를 충족해 가는 복잡한 상호작용 관계가 일어나는 하나의 사회체계임

2. **브루코버(Brookover)의 학교의 사회체제 구성요인** ☆ (p.593 참고)
   - 과정변인으로 학교의 사회적 구조, 학습풍토, 구성원의 심리적 규범, 상호 기대, 평가 및 지각의 특성을 고려함 ➡ 학교의 문화적·규범적·사회심리적 요인이 교사의 수업행동에서 학생과의 상호작용으로 반영되어 학생의 학습효과에 영향을 미침
   - 학교의 사회·심리적 풍토를 강조
   - 학교를 분석하기 위해 '투입 – 과정 – 산출모형'을 도입함
   - 학교구성원 상호 간의 역할 지각, 기대, 평가 등을 강조함
     - **학교의 사회심리적 규범** : 학교 구성원의 학교교육에 대한 일반적인 신념, 기대, 규범, 평가, 감정, 분위기 등으로 이것들은 학교의 역사적 전통에서 파생된 것
     - **학교의 조직 구조 및 운영방식** : 학교의 행정적 조직부터 작게는 학습 내 학습집단 구성 형태까지 포함하는 개념
     - **수업실천 행위** : 학급 내에서 개인 혹은 집단적으로 표출되는 의사소통의 방식, 행동강화, 보상방식, 규제나 평가, 수업자료 제공과 수업에 투입하는 시간 등과 관련됨 ➡ 미시적 접근

(2) 체제모형의 변화
① 1단계 – 역할과 인성의 상호작용모형

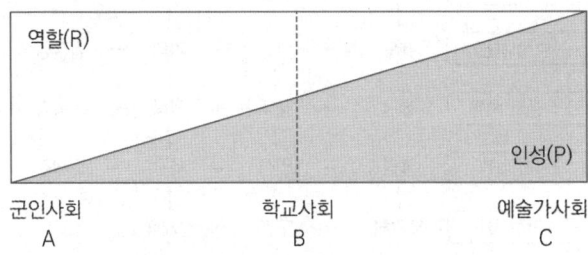

[그림 4-2] 역할과 인성의 상호작용모형

㉠ 인간행위가 인성과 환경의 함수관계에 의한 결과라는 점에 착안하여 인간행위를 역할과 인성의 상호작용으로 가정함
㉡ 공교육체제로서 관료제적 특성을 띠고 있는 학교는 제도적으로 규정된 역할과 기대에 부응해야 하는 측면이 강하다는 점에서 'A 조직'에 가까운 것처럼 보임 ⇨ but, 사회적으로 인정된 전문성·자율성을 갖고 있는 교원들은 전문가적 판단에 따라 행동할 가능성이 높다는 점에서 'C 조직'에 근접한 조직으로도 볼 수 있음

② 2단계 – 겟젤스(Getzels)와 구바(Guba)의 사회과정모형(1957)

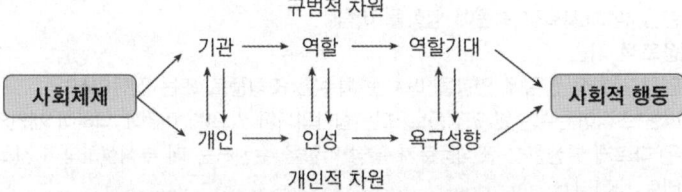

[그림 4-3] 겟젤스와 구바의 사회과정모형

㉠ 조직 내 인간행동을 규범적 차원과 개인적 차원의 기능적 관계(상호작용의 결과)로 인해 나타나는 사회적 행위로 봄
㉡ 사회체제 속에서 인간행동은 사회적 조건과 개인의 심리적 특성 간의 상호작용 결과
  • **규범적 차원(조직적 차원, 기관중심형)**
    – 체제의 목적을 달성하기 위한 과업분담체제
    – 제도(기관), 역할, 역할기대 등을 규정한 제도를 의미함
  • **개인적 차원(심리적 차원, 개인중심형)**
    – 독특한 특성을 가지고 있는 개인을 포함하고 있는 사회체제의 측면
    – 개인, 인성, 욕구성향을 포함함

③ 3단계 - 겟젤스(Getzels)와 텔렌(Thelen)의 수정모형(1960) ★

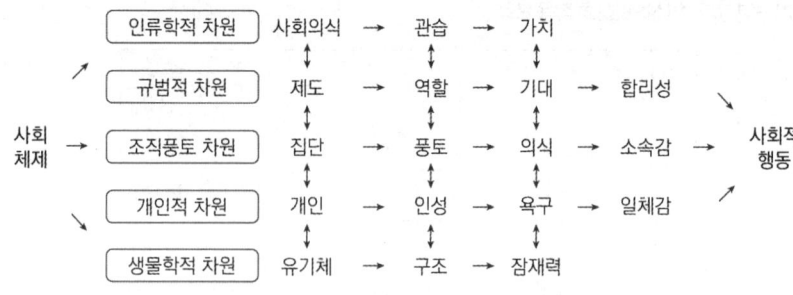

[그림 4-4] 겟젤스와 텔렌의 수정모형

㉠ 인간의 행위는 단순히 조직과 개인의 차원에서만 이루어지는 것이 아니라 전체 사회, 문화, 집단심리 등 보다 복잡한 차원과 관련된 사회적 상호작용에 의해 이루어짐
   ⇨ 개인적 차원과 조직적 차원이 일치할 경우 조직의 목표를 고도로 성취할 수 있게 됨
㉡ 겟젤스와 구바의 사회과정모형 + 인류학적·조직풍토적·생물학적 차원
   ⇨ 보다 다양한 사회적 행동을 설명함
   • 인류학적 차원
     - 사회의식(ethos): 한 개인이 소속된 집단과 관련을 맺고 있는 보다 큰 사회체제의 문화
     - 사회는 여러 제도로 구성되어 있으며, 한 제도에 소속된 개인은 보다 큰 차원의 사회의식에 의해 영향을 받고 사회적 행동에 영향을 미침
   • 조직풍토적 차원
     - 개인의 사회적 행위에 영향을 미치는 특수한 조직풍토 또는 집단의식
     - 어떠한 조직이든 특수한 조직풍토 또는 집단의식이 있으며, 이것에 의하여 개인의 사회적 행위는 매우 다르게 발생함 ⇨ 조직풍토가 특정 역할을 수행하는 데 부적절하다면 사회적 행위는 다른 형태로 나타남
   • 생물학적 차원
     - 유기체로서 인간의 신체 구조와 내적 잠재력 등과 같은 물리적·정서적 조건
     - 개인의 인성과 욕구에 영향을 주고 사회적 행동에도 영향을 미침
㉢ 개인 행위가 목표하는 사회적 행동으로 나타나기 위한 조건
   • 합리성: 목표행위에 대한 역할기대가 논리적으로 부합해야 함
   • 소속감: 집단의 제도적 목표 달성에 의식적으로 참여함으로써 공동체 의식을 가져야 함
   • 일체감: 제도적 목표와 자신의 욕구 성향을 일치시켜야 함

④ 호이(Hoy)와 미스켈(Miskel)의 학교조직 분석모형(2013)

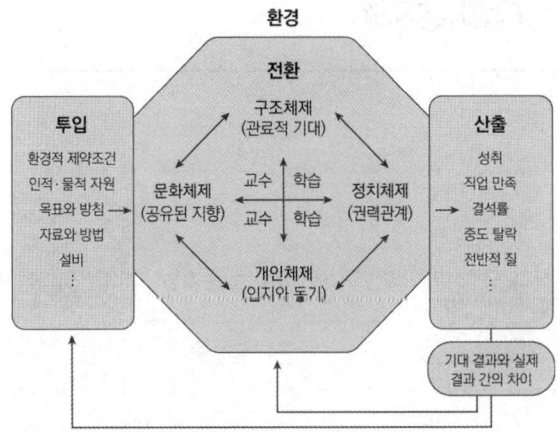

[그림 4-5] 호이와 미스켈의 학교체계모형

㉠ 학교조직 내 구성원들의 행동은 구조적·개인적·문화적·정치적 요소들의 영향을 받음
㉡ 4가지 체제 ★
  • 구조체제: 학교조직의 목적 달성을 위해 설계 및 조직된 공식적·관료적 기대
  • 개인체제: 학교구성원의 욕구, 목적, 신념, 역할에 대한 인지적 이해의 관점으로 파악됨
  • 문화체제: 학교관리자와 교사를 비롯한 교직원이 일에 대해 공유하고 있는 지향점
  • 정치체제: 학교구조에서 '교장 – 교감 – 교사' 및 '교사 – 교사' 간 권력관계
㉢ 개방체제로서 학교조직의 특징
  • 학교는 여러 요소가 서로 상호작용하여 외부로부터 투입물을 획득하고, 투입된 것을 변형시키며, 환경에 산출물을 내놓음
  • 학교운영위원회와 같은 공식적 의사소통 구조와 정치적 성격을 지닌 비공식적인 활동을 통해 학교 내외에서 피드백을 제공함
  • 학교체제에서의 환경은 학교체제를 구성하는 내적 요소에 영향을 주는 것으로 교육청의 정책, 교육청에 근무하는 교육행정가, 다른 학교, 지역사회 등을 포함함
  • 이인동과성(equifinality)의 원리에 근거했을 때 조직을 구성하는 데 유일한 최선의 방식이란 있을 수 없고 동일한 결과에 도달하는 데도 한 가지 방법만 있는 것이 아님
    예 학교가 학생들의 비판적 사고방식을 증진시키는 데는 여러 가지 방법들(발견학습, 개별과제, 상호작용 기술 등)을 선택하여 사용할 수 있음

설쌤의 팁

두문자로 외우자♬
• 호이와 미스켈 모형의 4가지 체제
  : 구조체제, 개인체제, 문화체제, 정치체제
  ➡ 구개문정

설쌤의 팁

교육행정 이론적 관점의 흐름은 학교조직을 무엇으로 바라봤는지를 생각하며 이해할 필요가 있습니다. 과학적 관리론에서 학교조직은 '기계'처럼 운영할 수 있는 합리적 체계로 간주했지만, 이후 인간관계론에선 '조직 내 개인'에 관심을 가지게 됩니다. 이후 체제이론에서는 학교조직을 '개방된 사회체제'로서 바라보고 개인, 조직, 환경 등 체제 간 상호작용에 주목합니다. 특히 호이와 미스켈은 체제의 본질적 기능을 '교수·학습 기제'로 두고 학교체계를 분석·제시했다는 점에서 중요하답니다.

Level up

이인동과성의 원리
서로 다른 지점에서 시작하여 서로 다른 통로를 거치더라도 체제는 동일한 결과에 도달할 수 있다는 것

Theme 85 기출 CHECK!

논술 기출 CHECK

평가 보고서에서 언급한 관료제 이론의 특징 중 '규칙과 규정'이 학교 조직에 미치는 순기능 2가지, 역기능 1가지를 쓰시오.
• 23 중등

학교 운영 전반에 대한 교사의 만족도가 전년도에 비해 상승했다. 학교의 외부 환경 변화와 내부 구성원의 변동이 있었음에도 불구하고 함께 이루어낸 성과였다. 이는 교사의 서술식 응답에서 볼 수 있듯이 기본에 충실한 학교 문화가 형성되었고, 학교 구성원 간 공동의 약속이 준수된 결과라 할 수 있다. 즉, 베버(M. Weber)가 제시한 관료제 이론의 특징 중 하나인 '규칙과 규정'이 학교 조직에 잘 적용된 것으로 판단된다. 앞으로도 이러한 결과가 유지될 수 있도록 '규칙과 규정'의 순기능을 강화하고 역기능을 줄여야 할 것이다.

- 기본에 충실해야 한다는 생각이 학교 문화로 자리 잡았습니다.
- 학교 구성원 간의 약속이 더 잘 지켜지도록 노력해야 합니다.

다음은 A 고등학교 초임 교사들을 대상으로 진행한 학교장의 특강 내용 중 일부를 발췌한 부분이다. 발췌한 특강 부분은 학교에 대한 이해 차원에서 학교 조직의 특징에 대한 내용이다. 학교 조직의 관료제적 특징과 이완결합체제적 특징을 각각 2가지씩 제시하시오.
• 15 중등 추시

여러분들도 잘 아시겠지만, 최근 우리사회는 학교가 다양한 역할을 수행하도록 요구하고 있습니다. 이에 따라 선생님들께서는 학교에 대한 기본적인 이해가 필요하다고 생각합니다. 학교에 대한 사회의 요구에 효율적으로 대응하기 위해서 학교장을 포함한 모든 학교 구성원들은 서로의 행동 특성을 이해해야 합니다. 이를 위해서 학교 조직의 특징을 먼저 파악해야 합니다. 학교라는 조직을 합리성의 측면에서만 파악하면 분업과 전문성, 권위의 위계, 규정과 규칙, 몰인정성, 경력 지향성의 특징을 갖는 일반적 관료제의 틀로 설명할 수 있습니다. 그러나 교사들의 전문성이 강조되는 교수·학습의 측면에서 보면 학교 조직은 질서 정연하게 구조화되거나 기능적으로 분명하게 연결되어 있지 않은 이완결합체(loosely coupled system)의 특징을 지닙니다. 따라서 우리는 관료제적 관점과 이완결합 체제의 관점으로 학교조직의 특징을 이해할 필요가 있습니다.

01 교육행정이론의 발달과정을 순서대로 나열한 것은?
① 과학적 관리론 - 행동과학이론 - 인간관계론 - 체제이론
② 행동과학이론 - 인간관계론 - 과학적 관리론 - 체제이론
③ 과학적 관리론 - 인간관계론 - 체제이론 - 행동과학이론
④ 과학적 관리론 - 인간관계론 - 행동과학이론 - 체제이론

02 다음과 같은 원칙을 제시하고 있는 교육행정이론은?

- 교육에서의 낭비 요소를 최대한 제거하여야 한다.
- 가능한 모든 시간에 모든 교육시설을 활용하여야 한다.
- 교직원의 작업 능률을 최대로 유지하며, 교직원의 수를 최소로 감축하여야 한다.
- 교사들에게 학교행정을 맡기기보다는 학생들을 가르치는 데에 전념하도록 한다.

① 행동과학론   ② 인간관계론   ③ 과학적 관리론   ④ 사회체제론

03 과학적 관리론이 근거하고 있는 인간관을 가장 바르게 설명한 것은?
① 인간은 스스로 동기 부여와 자기 규제를 할 수 있는 존재이다.
② 인간은 금전적 보상이나 처벌의 위협에서 일할 동기를 얻는다.
③ 인간은 어떠한 환경에도 적응할 수 있는 유연성을 지니고 있다.
④ 인간은 관리자의 통제보다는 집단의 일체감이나 소속감에 더 잘 감응한다.

04 학교조직이 관료제적 특성을 지니고 있다는 설명과 가장 거리가 먼 것은?
① 학교조직에는 직제상 명확하고 엄격한 권위의 위계가 있다.
② 학교는 효율적인 교육을 위해 전문화와 분업의 체제를 갖추고 있다.
③ 학교는 독립된 조직단위로 운영되고, 교사의 주요 교육활동은 교실에서 이루어진다.
④ 학교조직은 교직원의 행동을 일관되게 통제하기 위하여 규칙과 규정을 제정·활용한다.

05 교육에 대한 관료제적 통제가 일으키는 다음과 같은 현상을 무엇이라고 부르는가?

- '열린교육'의 실적을 교육개혁 평가 항목에 포함시키면, '열린교육'의 효과적 실시보다는 평가 자료의 정리에 여념이 없게 되는 현상이 나타난다.
- 사회봉사활동 실적을 학교생활기록부에 기록하고 입시성적에 반영하도록 하면, 봉사활동 실적 쌓기에 집중하는 현상이 나타난다.

① 목표전도 현상   ② 무한경쟁 현상   ③ 귀속주의 현상   ④ 상의하달 현상

정답 01 ④ 02 ③ 03 ② 04 ③ 05 ①

06 다음은 어떤 교육행정이론에 대한 설명이다. 이 이론을 적용한 학교 행정의 특징으로 옳은 것을 〈보기〉에서 모두 고른 것은?
● 10 중등

- 교육행정의 민주화에 공헌하였다.
- 비공식 집단의 중요성을 강조한다.
- 인간은 경제적 유인보다는 사회적·심리적 요인으로 동기 유발된다.

〈보기〉
ㄱ. 조직 구성원 간의 권위의 위계가 명확하다.
ㄴ. 동료 교사 간의 인간관계와 교사의 개인적 사정에 대한 배려를 중시한다.
ㄷ. 교사와 행정직원의 역할 구분이 명확하여 교사는 가르치는 일에 전념한다.
ㄹ. 교장은 의사결정 과정에 교사 친목회, 교사 동호회의 의견을 반영한다.
ㅁ. 교원 평가 결과를 바탕으로 성과 상여금을 지급한다.

① ㄱ, ㄷ   ② ㄱ, ㅁ   ③ ㄴ, ㄹ   ④ ㄱ, ㄷ, ㄹ   ⑤ ㄴ, ㄹ, ㅁ

07 메이오(E. Mayo)와 뢰슬리스버거(F. Roethlisberger)가 호손(Hawthorne) 공장에서 수행한 실험연구를 통해 정립된 이론에 근거하여 학교행정을 가장 잘 설명하고 있는 것은?
● 07 중등
① 학교행정은 계획, 조직, 명령, 조정, 통제의 과정을 거쳐 이루어져야 한다.
② 학교행정가는 구성원의 참여를 보장하고 교직원의 사기와 인화를 촉진해야 한다.
③ 학교행정가는 학교를 하나의 사회체제로 파악하여 체제적 관점에서 접근해야 한다.
④ 학교의 비효율과 낭비를 제거하고 관리의 효율성을 극대화하기 위해서는 학교 구성원 및 과업에 대한 체계적인 관리가 필요하다.

08 인간관계론이 교육행정에 미친 영향으로 가장 적절한 것은?
● 02 5급 행정고시
① 교육행정의 능률화에 기여하였다.
② 학교 조직은 기업 조직을 모방하게 되었다.
③ 가능한 모든 시간에 모든 교육시설을 활용하도록 하였다.
④ 학교 조직 안에서 비공식적 인간관계의 중요성을 부각시켰다.

09 교육행정 이론에서 과학적 관리론과 인간관계론의 공통점으로 옳은 것을 모두 고른 것은?
● 12 중등

ㄱ. 공식 조직보다 비공식 조직의 중요성을 더 강조한다.
ㄴ. 조직 외부 환경과의 상호작용보다 조직 내부 문제에 더 관심을 갖는다.
ㄷ. 구성원의 동기 유발을 위해 사회·심리적 보상보다 경제적 보상을 더 강조한다.

① ㄱ   ② ㄴ   ③ ㄱ, ㄷ   ④ ㄴ, ㄷ   ⑤ ㄱ, ㄴ, ㄷ

정답 06 ③   07 ②   08 ④   09 ②

10 다음과 가장 부합하는 교육행정이론은? •09 초등

- 학교 구성원들은 역할과 인성의 상호작용을 통해 행동한다.
- 학교는 지역사회의 가치, 정치 및 역사 등에 의해 영향을 받는다.
- 학교의 주요 목적은 학생들에게 성인의 역할을 하도록 준비시키는 것이다.
- 학교 구성원들의 적절한 행동은 공식적 규칙과 비공식적 규범에 의해 이루어진다.

① 비판이론   ② 인간관계론   ③ 행정과정론   ④ 사회체제이론

11 학교현장에서 직면한 문제 해결을 위해 카우프만(R. Kaufman)의 '체제 접근'을 시도하고자 한다. 체제 접근의 '문제확인' 단계에서 활용하기에 가장 적합한 것은? •04 중등

① 목표관리   ② 요구분석   ③ 비용 – 효과분석   ④ 사업평가검토기법

12 학교에 대한 브루코버(W. B. Brookover)와 그 외의 사회체제 접근 모형에 관한 설명으로 옳은 것을 모두 고른 것은? •09 중등

ㄱ. 학교의 사회·심리적 풍토를 강조한다.
ㄴ. 학교사회에 대한 거시적 접근방식을 취한다.
ㄷ. 교장, 교사, 직원의 배경 요인을 과정 변인으로 설정한다.
ㄹ. 학교를 분석하기 위해 투입-과정-산출 모형을 도입한다.
ㅁ. 학교 구성원 상호 간의 역할 지각, 기대, 평가 등을 강조한다.

① ㄱ, ㄴ   ② ㄱ, ㄹ, ㅁ   ③ ㄴ, ㄷ, ㅁ   ④ ㄷ, ㄹ, ㅁ   ⑤ ㄱ, ㄴ, ㄹ, ㅁ

13 사회체제이론에 대한 설명이 바르게 짝지어진 것은? •02 중등

ㄱ. 사회체제는 여러 하위체제로 구성되어 있다.
ㄴ. 사회체제와 환경은 서로 영향을 주지 않는다.
ㄷ. 사회체제는 전환과정(transformation)을 통해 교정적 정보를 제공받는다.
ㄹ. 사회체제는 목표달성, 적응, 통합 등 기본적 기능을 수행한다.

① ㄱ, ㄴ   ② ㄴ, ㄷ   ③ ㄷ, ㄹ   ④ ㄱ, ㄹ

정답 10 ④   11 ②   12 ②   13 ④

14 다음은 겟젤스와 텔렌(Getzels – Thelen)의 사회체제모형이다. 이 모형을 학교사회에 적용할 때, '지역 사회의 요구와 학교 교육목표 간의 갈등' 상황을 나타내는 장면은?

• 97 초등

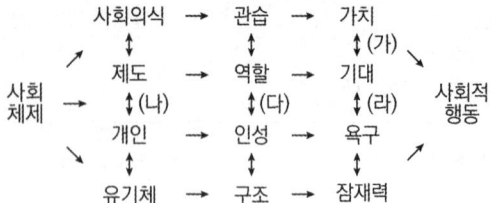

① (가) 장면 : 가치↔기대
② (나) 장면 : 제도↔개인
③ (다) 장면 : 역할↔인성
④ (라) 장면 : 기대↔욕구성향

15 다음 그림은 겟젤스와 구바의 '역할과 인성의 상호작용모형'을 나타낸 것이다. 이에 대한 해석으로 옳지 <u>않은</u> 것은?

• 96 중등

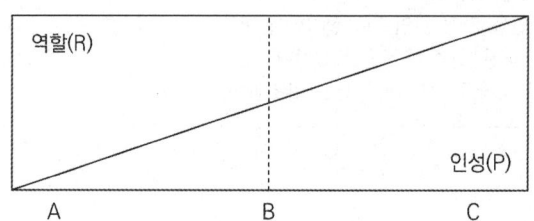

① 학교조직은 대체로 중간지점인 'B' 부근에 속한다.
② 일반적으로 군대조직은 'C'쪽으로, 예술가 조직은 'A'쪽으로 치우친다.
③ 사회체제 속에서의 개인의 행동은 역할과 인성이 상호작용하여 나타난다.
④ 학교조직도 위기 시에는 'A'쪽으로, 안정기에는 'C'쪽으로 가까워질 가능성이 있다.

정답 14 ① 15 ②

Theme 86 조직의 이해

기출: 16 중등, 99 초등추가, 99 대구초등

1 조직의 공식성에 따른 구분

(1) 공식조직
① 개념: 공식적인 조직표나 기구표상에 나타나는 조직
② 형성: 공적인 목표를 추구하기 위해 제도화된 공식적 규범의 바탕 위에 성립함
③ 속성: 외면적·가시적인 조직, 대개 건물이나 집무실 등을 가지고 있음

(2) 비공식조직
① 개념 ☆: 공식조직 내에 자연발생적으로 생기는 조직으로, '자생조직'이라고도 함
② 형성: 구성원 간의 상호작용으로 자연발생적으로 성립, 지연·학연·취미·이해관계 등으로 형성됨
③ 속성: 내면적·비가시적 조직
④ 순기능 ☆
  ㉠ 구성원 간의 의사소통을 원활하게 하고 학교 조직의 응집성을 높여줌
  ㉡ 비공식조직은 구성원의 태도, 관습을 형성하고 인간의 자존감을 유지시켜줌
  ㉢ 정서적 안정감과 집단에 대한 만족을 제공함
  ㉣ 과업성취를 돕고, 단결에 공헌하며 경영자의 결함을 보충함
⑤ 역기능 ☆
  ㉠ 파벌을 조성하여 공식조직의 목표 달성을 저해할 수 있음
  ㉡ 공식조직의 의사소통을 방해하여 비합리적 의사결정을 초래하고 혼란을 야기할 수 있음
  ㉢ 소문이 쉽게 확대되고, 부정적 태도 및 갈등, 집단 따돌림을 조장함
  ㉣ 변화에 저항함

2 조직의 수직성에 따른 구분

(1) 계선조직
① 개념 ☆: 수직적 지휘명령계통으로 업무를 직접 수행하는 1차 조직 ⇨ 관료조직
② 장점 ☆
  ㉠ 권한과 책임의 한계가 명확해 업무 수행이 효율적임
  ㉡ 효율적이고 신속한 정책 결정이 가능하며, 강력한 통솔력이 발휘됨
③ 단점 ☆
  ㉠ 복잡한 업무처리가 어려움
  ㉡ 지도자가 독단적 결정을 할 가능성이 있고, 조직의 경직을 초래함

(2) 참모조직(막료조직)
① 개념 ☆: 계선조직의 기능을 원활히 추진하도록 기획, 자문, 협의 등을 수행하는 조직 ⇨ 위원회
② 장점 ☆
  ㉠ 전문적 지식과 경험을 활용한 합리적 의사결정이 가능함
  ㉡ 수평적 업무조정을 돕고, 신축적 조직 운영이 가능함
③ 단점 ☆
  ㉠ 조직의 복잡성으로 조직구성원이나 부서 간 갈등, 불화 가능성이 있음
  ㉡ 조직운영을 위한 과다한 경비지출이 발생하고, 계선과 참모 간에 책임 전가 가능성이 있음

(3) 보조조직
① 개념 ☆: 서비스의 성격을 띠는 일종의 참모적 운영기관
  예 학교 행정실, 교육정책 연구조직, 국정교과서 발행을 위한 국정교과서주식회사, 중앙교육연수원 등
② 계선조직의 내·외부에서 계선조직의 기능을 부분적으로 심화·보조하기 위한 역할을 수행하는 조직
③ 간접적인 보조활동으로 계선조직의 주요 시책에는 관여하지 않음
④ 대규모의 행정조직에서는 계선조직과 참모조직 외에 보조조직을 두기도 함

출제 Pick!
☆ 공식조직의 개념, 속성
☆ 비공식조직의 개념, 순기능, 역기능
☆ 계선조직, 참모조직, 보조조직의 개념, 계선조직과 참모조직의 장·단점

Level Up

구분	공식조직	비공식조직
특징	권한의 위계, 분명한 책임, 표준화된 업무 수행, 비인정적 인간관계	지연, 학연 등을 바탕으로 형성된 비공식규범과 권위의 위계 속에서 활동
운영원리	능률이나 비용의 논리	감정의 논리
대상	피라미드의 정점부터 하층에 이르는 전체 조직	공식적 조직의 일부를 점유하며 그 속에 산재해 있음
규모	계속 확대됨	친숙한 인간관계를 요건으로 하므로 항상 소집단을 유지

Theme 86 기출 CHECK!

논술 기출 CHECK

다음은 A 중학교에 재직 중인 김 교사가 작성한 자기 계발 계획서의 일부이다. 김 교사의 자기 계발 계획서를 읽고 예비교사의 입장에서 '교사가 갖추어야 할 역량'이라는 주제로 '학교 내 조직 활동'에 나타난 조직형태가 학교조직과 구성원에 미치는 순기능 및 역기능 각각 2가지를 논하시오.

● 16 중등

[학교 내 조직 활동]
- 학교 내 공식조직 안에서 소집단 형태로 운영되는 다양한 조직 활동을 파악할 것
- 학교 구성원들의 욕구충족을 위한 자발적 모임에 적극 참여할 것
- 활기찬 학교생활을 위해 학습조직 외에도 나와 관심이 같은 동료 교사들과의 모임활동에 참여할 것

01 학교 내에서 교사들의 비공식 조직이 갖는 순기능은? ● 99 초등 추가
① 합리적 의사결정
② 공정한 업무처리
③ 표준화된 업무 수행
④ 원활한 인간관계 형성

02 계선조직과 참모조직의 특징을 가장 바르게 비교 설명한 것은? ● 99 대구초등
① 계선조직은 신축적이고 참모조직은 안정적이다.
② 계선조직은 이상적, 참모조직은 현실적 업무를 추진한다.
③ 계선조직보다 참모조직에서 강력한 통솔력을 발휘할 수 있다.
④ 계선조직의 형태는 수평적이고 참모조직의 형태는 수직적이다.
⑤ 계선조직은 집행, 참모조직은 조언 기능을 수행하는데 적합하다.

정답 01 ④ 02 ⑤

Theme 87 조직유형론

기출: 11 중등, 10 중등, 07 초등, 05 초등, 03 중등, 02 초등

1 조직유형

유형론	기준 ☆	학교조직 유형 ☆	특징 ☆
파슨스(Parsons)의 사회적 기능 유형	조직이 수행하는 사회적 기능	유형유지 조직	체제 문화의 창조·보존·전달 기능을 수행하는 조직
카츠(Katz)와 칸(Kahn)의 본질적 기능 유형	조직의 본질적 기능	유지조직	• 사회일원으로서 사회규범을 내면화·유지하기 위한 조직 • 본질적 기능 : 사회의 안정성 유지와 인간의 사회화
블라우(Blau)와 스콧(Scott)의 1차적 수혜자 유형	조직의 혜택을 받는 주요 수혜자	봉사조직	1차적 수혜자가 조직과 접촉하는 일반대중으로서 고객에게 서비스를 제공하는 데 주요 관심이 있는 조직
칼슨(Carlson)의 봉사조직 유형 ☆	고객의 참여결정권과 조직의 고객선택권	야생조직	• 조직과 고객이 독자적 선택권을 갖는 조직 • 살아남기 위해 경쟁이 필수적임 ⇨ 자사고, 대학 등
		온상조직 (사육조직)	• 조직이나 고객 모두 선택권을 갖지 못하는 조직 • 법적으로 존립을 보장받음 ⇨ 공립학교
에치오니(Etzioni)의 순응 유형	순응 유형에 따른 분류	규범조직	• 규범적 권력을 사용하여 구성원의 높은 헌신적 참여를 유도하는 조직 • 목표 : 새로운 문화의 창출·계승·활용
민츠버그의 조직구조이론 ☆	업무조정 방식에 따른 분류	기계식 관료제	• 표준화된 작업과정을 통해 조정되는 조직 • 표준화를 주도하는 기술구조층이 핵심 부문이 됨 • 규칙과 규정의 적용, 공식적 의사소통, 위계적 의사결정의 베버형 관료제 조직 예 반복 업무 조직
		전문적 관료제	• 기술의 표준화를 조정기제로 하는 조직 • 현업 핵심 계층(조직 구조의 하부에 위치하며, 고객에게 제품이나 서비스를 생산하거나 제공하는 인력 ⇨ 교사)이 조직의 핵심이 되어 실무전문가들의 기술과 지식에 의존하는 조직 • 실무 전문가들의 기술과 지식에 의존하는 조직으로, 전문가 스스로가 자신을 통제하고 작업 기준을 개발하기 때문에 분권화 및 이완된 형태를 보임 예 체계화된 대규모 학교, 전문가조직 등

출제 Pick!
☆ 조직유형론에서 조직유형을 분류하는 기준, 학교조직의 유형, 특징

Level Up
에치오니(Etzioni)의 순응 유형
1. 순응 ☆
   부하 직원에게 행사하는 권력과 그 결과 부하 직원이 조직에 참여하는 수준 간의 관계
2. 행사 권력 : 통제의 수단으로 무엇을 사용하느냐에 따라 구분됨
   • 강제적 권력 : 물리적 제재와 위협
   • 보상적 권력 : 물질적 보상
   • 규범적 권력 : 상징적 보상
3. 참여 수준 : 어떤 태도를 가지고 어떻게 참여하느냐에 따라 구분됨
   • 헌신적 참여 : 매우 긍정적 태도를 가지고 적극적으로 참여함
   • 타산적 참여 : 온건한 태도를 가지고 타산적으로 참여함
   • 소외적 참여 : 매우 부정적인 태도를 가지고 소극적으로 참여
4. 학교 = 규범조직 ☆ : 규범적 권력을 사용하여 구성원들의 높은 헌신적 참여를 유도함
   • 목표 : 새로운 문화의 창출·계승·활용
     예 종교단체, 종합병원, 전문직단체, 공립학교 등
   • 특징 : 조직 통제의 수요 수단은 존경과 같은 상징 권력 ➡ 구성원은 조직에 대해 사명감을 가지고 헌신적으로 참여함

설쌤의 팁
조직유형론은 조직을 특성에 따라 유형화하여 그 특성을 비교·기술하고 이해할 수 있게 해줍니다. 파슨스, 카츠와 칸, 블라우와 스콧, 칼슨, 에치오니, 민츠버그의 유형론에 근거했을 때 학교조직이 무슨 유형에 속하는지(유형유지조직, 유지조직, 봉사조직, 사육조직, 규범조직, 기계식 관료제, 전문적 관료제), 그 특성이 무엇인지만 기억해 두세요.

Theme 87 기출 CHECK!

01 학교조직에 대한 학자들의 설명으로 옳지 않은 것은?　　　　　　　　　　　　　　　　　　　　　　● 10 중등

① 코헨(M. Cohen) 등에 의하면, 학교는 구성원들의 참여가 고정적이고 조직의 목표와 기술이 명확한 조직이다.
② 민츠버그(H. Mintzberg)에 의하면, 학교는 전문적 성격이 강하지만 관료적 성격도 동시에 지니는 전문적 관료제 조직이다.
③ 에치오니(A. Etzioni)의 순응에 기반한 조직 분류에 의하면, 학교는 규범적 권력을 사용하여 구성원들의 높은 헌신적 참여를 유도하는 규범 조직이다.
④ 파슨스(T. Parsons)의 사회적 기능에 따른 조직 분류에 의하면, 학교는 유형유지 조직에 속하며 체제의 문화를 유지하고 새롭게 하는 기능을 수행한다.
⑤ 와익(K. Weick)에 의하면, 학교는 조직 구조 연결이 자체의 정체성과 독립성을 가지고 있어서 다른 조직에 비해서 구조적으로 느슨하게 결합되어 있는 조직이다.

02 다음의 칼슨(R. Carlson) 모형을 적용할 때, 우리나라 평준화 지역에서의 교육정책 예시 중 Ⅱ 또는 Ⅳ 영역에서 Ⅰ영역으로 전환한 경우에 해당하는 것은?　　　　　　　　　　　　　　　　　　　　　　● 11 중등

		고객의 참여 선택권	
		유	무
조직의 고객 선발권	유	Ⅰ영역	Ⅲ영역
	무	Ⅱ영역	Ⅳ영역

① 사립중학교에서 공립중학교로 전환
② 사립중학교에서 사립 일반계고등학교로 전환
③ 특성화고등학교에서 공립 일반계고등학교로 전환
④ 사립 일반계고등학교에서 자립형 사립고등학교로 전환

정답 01 ①　02 ④

03 그림은 칼슨(R. Carlson)의 봉사조직 유형이다. 〈Ⅳ 영역〉의 설명으로 바른 것은? • 05 초등

	고객의 참여 선택권	
	유	무
조직의 고객 선발권 유	Ⅰ영역	Ⅲ영역
조직의 고객 선발권 무	Ⅱ영역	Ⅳ영역

① 이론적으로는 가능하지만 실제로 존재하기는 어렵다.
② 소식의 일자적 수혜자가 소극적인 참여를 하는 구성원들이다.
③ 고객의 참여 결정권이 없어 치열한 경쟁을 해야만 하는 조직이다.
④ 대체로 그 존립을 법적으로 보장받고 있는 조직들이 여기에 속한다.

04 고교평준화 지역의 공립 고등학교를 가장 잘 나타내고 있는 칼슨(Carlson)의 조직 유형은? • 03 중등
① 야생조직(Wild Organization)
② 강압조직(Coercive Organization)
③ 적응조직(Adaptive Organization)
④ 온상조직(Domesticated Organization)

정답 03 ④   04 ④

05 〈보기〉의 내용과 같은 특징을 지니고 있는 민츠버그(Mintzberg)의 조직구조 기본 유형은? ● 07 초등

─〈보기〉─
- 조직의 주요 부분은 핵심 작업층이다.
- 조직의 주요 조정기제는 기술의 표준화이다.
- 조직의 설계에서는 훈련과 수평적 직무 전문화가 주요하게 고려된다.
- 조직의 구조는 복잡하면서도 안정적인 환경이나 비규제적 환경에 적합하다.

① 임시구조 ② 사업부제 구조 ③ 기계적 관료구조 ④ 전문적 관료구조

06 민츠버그(Mintzberg)의 조직이론에 비추어 볼 때, 다음과 같은 특성을 보이는 학교의 조직 형태는? ● 02 중등

학교장은 민주적인 방식으로 학교를 운영하고 있으며, 교직원들은 교육과정 운영 및 제반 학교운영 관련 업무를 권한과 책임을 가지고 처리하고 있다.

① 단순구조 ② 임시조직 ③ 전문적 관료제 ④ 기계적 관료제

정답 05 ④ 06 ③

Theme 88 학교조직의 특징

기출
15 중등, 15 추시, 12 초등, 10 중등, 09 초등, 07 중등, 07 초등, 06 초등, 04 중등, 03 중등, 02 중등, 00 중등

1 전문적 관료제

(1) 개념
① 학교조직은 관료적 성격과 전문적 성격을 공유함[호이(Hoy)와 미스켈(Miskel)]
② 관료제적 특징 : 업무 분업화, 절차규정에 따른 운영, 위계적 구조, 국가수준의 표준화된 교육과정 등
③ 전문직제 형태 : 교사들은 고도의 교육을 받은 전문가이며 독립직인 한정된 교실에서 교수·학습과 관련된 상당한 자유재량권을 행사함

(2) 전문적 특성
① 자유재량권 부여 ⇨ 교사들이 독립적인 교실에서 상당한 자유재량권을 갖고 학생을 가르침
② 교사로서의 직무수행의 표준과 엄격한 감독이 없음
③ 교사가 전문가이므로 의사결정에 많은 참여가 보장됨
④ 전문가는 자신의 동료와는 독립적으로 일하나 고객과는 밀접한 관계를 맺어 이완된 구조를 가짐

2 조직화된 무질서(organized anarchy)

(1) 개념
① 조직화되어 있으나 의도적인 통제가 이루어지지 않고, 모두가 동의하는 목표·기술이 있지 않으며, 유동적인 참여가 이루어지는 조직
② 올슨(Olsen), 코헨(Cohen), 마치(March) 등이 제안한 개념

(2) 특징
① 불분명한 목표
  ㉠ 교육조직의 목적이 구체적이지 않고 불분명함
  ㉡ 교육조직의 목표는 수시로 변하고, 대립적 목표가 상존하며 구성원마다 다르게 규정함
② 불확실한 기술
  ㉠ 교육조직에서는 아주 다양한 기술이 활용되나 학습자에게 어떠한 영향을 미칠지 불분명함
  ㉡ 어떤 방법과 자료를 활용해야 학습자로 하여금 요구된 목표에 도달하게 할 수 있는가에 대해 교사와 행정가 등의 협의된 견해가 없음
③ 유동적 참여 : 학생은 입학한 후 일정한 기간이 지나면 졸업하고, 교사와 행정가도 정기적으로 이동하며, 학부모와 지역사회 관계자도 필요시에만 참여함

(3) 의사결정모형 – 쓰레기통모형
① 조직화된 무정부조직 상태에서 '문제, 해결책, 선택기회, 참여자'라는 네 가지 요소가 독자적으로 움직이다가 어떤 우연한 사건을 계기로 교차하여 결합하게 될 때 결정이 이루어지는 상황을 설명하는 모형
② 의사결정의 우연성을 보여줌

출제 Pick!
☆ 전문적 관료제, 조직화된 무질서 조직, 이완조직, 이중조직, 학습 조직, 전문적 학습공동체의 개념, 특징
☆ 조직화된 무질서에 적합한 의사 결정 유형
☆ 전문적 학습공동체의 장점
☆ 학습조직의 기본원리

Level up
개방된 사회체제(open system)로서의 학교
1. '개방된 사회체제'의 개념 : 환경과의 상호작용 속에서 '투입 – 과정 – 산출' 과정을 거치며, 이 과정에서 피드백을 얻어 생존·발전해 가는 조직
2. '개방된 사회체제로서의 학교'
  • 투입 : 학교조직에는 다양한 인적· 물적 자원이 투입됨
  • 과정 : 투입된 자원은 교육목적과 학교 규범 속에서 교수·학습이라는 전문적인 기술을 중심으로 상호작용함
  • 산출 : 학생의 성장과 발전, 교원의 성취와 만족, 학교의 교육성과 등의 산출물을 만들어 외부 환경으로 내보냄 ➡ 학교를 사회체제로 보는 관점은 학교조직을 부분이 아니라 전체로 바라보며 환경과의 개방적 상호작용을 강조함

Level up
학교의 관료제적 특징과 전문조직적 특징 비교

관료제적 특징	전문조직적 특징
• 분업과 전문화 : 가르치는 교수활동과 학교의 행정을 다루는 일이 분리됨 교무부, 학생부 등 여러 부서를 두어 직무 분담함	• 교사는 교육에 관한 전문성을 근거로 독립적인 교실에서 상당한 자유재량권을 가지고 학생을 가르침
• 서열적 위계 : '학교장 – 교감 – 부장교사 – 교사'	• 교장의 지시나 통제가 교사의 개별적 교육 활동에 영향을 미치는 데 한계 有
• 규칙·규정 중시 : 학교의 모든 활동이 법률, 규정 규칙을 근거로 수행됨	• 교사는 학교의 전문적 교육활동에 관한 의사 결정에 깊이 참여 ➡ 분권화된 조직의 특성
• 경력지향성 : 경력이 많은 교원이 보수와 승진 등에서 유리	• 교육목표는 있으나 대개 추상적이고 모호하여 직무수행의 통일된 표준을 설정하여 교사를 감독하기 어려움
• 몰인정성 : 교육활동, 행정 업무 등이 사사로운 감정에 치우치지 않음	

Level Up

센게 외 다양한 학습조직 이론

1. **토빈(Tobin)의 4가지 학습조직**
   - **확실한 지도성**: 미래를 통찰하고 비전을 제시하며 일할 의욕과 여건 조성을 통해 조직을 한 방향으로 이끄는 것
   - **기능적 문맹의 극복**: 원활한 업무 수행에 필요한 기본적인 인간관계 및 팀 활동 기술, 커뮤니케이션 및 관리 기술의 습득, 기업의 경영철학, 이념, 비전 및 전략을 이해하고 전문 지식과 기술을 이해해야 함
   - **기능적 근시안의 극복**: 문화적 장벽을 허물고 부서 간의 기능적 역할을 통합할 수 있도록 교육과 훈련을 우선적으로 실시해야 함
   - **효과적인 학습팀 구성**: 조직에서 이루어지는 많은 일이 개개인의 전문성이 통합되어 시너지 효과를 만들어낼 때 가장 크므로 효과적인 학습 팀 구성이 조직생산성 향상에 중요한 요소로 작용함
     ➡ 중간관리자의 역할은 통제자가 아닌 변화와 혁신을 주체적으로 촉진하는 역할이 재검토되어야 함

2. **왓킨스(Watkins)와 마식(Marsick)의 학습조직**
   - 개인·집단·조직·사회적 수준에서 학습이 일어나는 것으로 이러한 각 수준에서 학습이 일어나기 위해 요청되는 7개의 필수 행동을 제시함
   - **수준별 학습조직 요소**
     - **개인수준**: 계속적 학습기회를 창출, 대화와 탐구 촉진
     - **집단수준**: 협력과 팀 학습 조장
     - **조직수준**: 학습을 포착하고 공유할 수 있는 체제 구축, 공통된 비전을 가질 수 있도록 사람들에게 권한을 부여, 조직의 지도자는 적절한 학습지원적 지도성 발휘
     - **사회적 수준**: 시스템 사고를 통해 조직을 환경에 연결할 수 있어야 함

3. **고(Goh)의 학습조직**
   - 학습조직의 특징을 다섯 가지 핵심 요건과 두 가지 지원체제로 집약함
   - **핵심요건**: 목적과 비전, 공유하는 지도력, 실험정신, 지식의 전이, 팀워크와 협동을 포함함
   - **지원체제**: 조직구조와 근로자의 기술과 능력, 학습능력의 측정

4. **가빈(Garvin)의 학습조직**
   - 학습조직에서 학습의 본질은 행동의 변화에 있다고 제안함
   - 학습조직의 구축요인으로 명확한 학습주제, 정보에 대한 개방성, 실패에 대한 학습, 지식의 내재화, 실천적 행동의 다섯 가지를 제안함

3 이완조직(loosely coupled system)

(1) 개념 ☆
① 와익(Weick)이 제안한 것으로, 서로 연결되어 있으나 독립성을 유지하며 느슨하게 결합된 조직
② 상호 간에 반응하며 서로 연결되어 있으나 각자 분리·독립되어 정체성을 보존하는 하부 단위들의 연결체

(2) 특징 ☆
① 각 하부 단위들이 독립되어 있기 때문에 한 부분에서의 성패가 다른 부분과 연결되지 않음
  ⇨ 한 과목의 성패가 다른 과목과 연결되지 않으며, 한 학급의 어려움 또한 다른 학급과 독립적인 사건으로 여겨짐
② 교사에 대한 감독과 평가가 제한적임 ⇨ 교사는 전문직으로서 자율성을 갖고 있으며, 교육목표와 평가 방법 또한 불분명하기 때문
③ 학교조직에서 학교장과 교사들 간의 결합관계가 견고하지 않아 상호 간 영향력이 제한적임
④ 학교구성원들에게 더 많은 자유재량과 자기결정권을 부여함
⑤ 각 부서 및 학년 조직의 국지적(局地的) 적응을 허용하고 인정함
  참고 국지적 적응: 부서나 구성원이 개별적으로 주어진 환경과 조건에 맞추어 독립적으로 적응하는 것
⑥ 환경 변화에 적응하기 위해 학교조직에서 이질적인 요소들이 공존하는 것을 허용함
⑦ 교육의 과정은 공장의 생산과정과 달리 투입·산출의 인과관계를 분명하게 파악할 수 없음
⑧ **신뢰의 논리(Logic of Confidence)만이 통제의 기제가 됨**: 학교조직이 갖는 이완결합성은 모든 참여 주체들 간에 상호 신뢰가 있음을 전제로 함. 조직구성원들이 서로의 역할과 업무 수행을 신뢰하며 이러한 신뢰를 바탕으로 조직이 유지되고 운영됨

4 이중조직

(1) 개념 ☆
① 학교는 느슨하게 결합된 측면도 있지만 엄격한 관료제적 특성 또한 지니고 있음
② 오웬스(Owens)가 제안한 개념

(2) 특징 ☆
① 학교장과 교사의 관계, 교사 자율성 및 수업 ⇨ 매우 느슨한 결합구조(이완조직)
② 수업행동에 미치는 장치(예 수업시간 운영, 학습집단 구성, 자원의 활용), 수업을 제외한 많은 학교경영활동 (예 인사관리, 시설관리, 재무관리) = 학교행정·경영 측면 ⇨ 엄격한 결합구조(관료제적 장치)

(3) 시사점
① 지나친 독립성의 보장은 조직의 생산성과 효율성을 떨어뜨릴 수 있음
② 엄격한 경직성 또한 교사들의 사기를 떨어뜨려 과업수행의 효과를 감소시킬 수 있음
  ⇨ 교육행정가는 이러한 학교의 특성을 이해하고 양자의 순기능을 확보할 수 있어야 함

5 전문적 학습공동체

(1) 개념 ☆
① 교사들이 함께 일하는 것에 가치를 두며, 협조를 통하여 교사의 교수·학습활동을 개선하는 데 지속적인 노력을 기울이는 것
② 학습에 대한 교사 간에 공유된 가치와 교수·학습활동에 대한 교사들의 풍부한 대화 및 협동을 근간으로 하는 학습공동체
③ 교사의 전문성 신장과 학생의 학업성취도 증진을 위하여 협력적으로 배우고 탐구하며 실천하는 교육 전문가 집단
  ⇨ 기존 평가나 연수를 통한 교원역량개발이 교원의 자발적·내재적인 책무성을 높이는 데 한계점이 있어 대안적 접근으로서 등장함

(2) 특징 ☆
  ① **개인적 경험의 공유 및 반성적 대화** : 동료교사들과 교육활동에 관한 일상적 대화를 통해 자신의 교수·학습 실제에 대해 성찰하는 기회를 갖게 됨
  ② **협력적 학습 및 적용** : 공동연구를 통해 실천하며 집단성장을 도모함
  ③ **비전과 가치의 공유** : 구성원 모두가 조직의 방향과 목적에 대한 비전과 가치의 공감대를 형성함

(3) 조건
  ① 분산적 리더십을 통해 학교 발전을 위한 참여 및 책임을 서로 공유할 수 있는 문화가 중요함
  ② 전문적 학습공동체를 유지하는 데 필요한 인적·재정적·물적 자원의 확보가 필요함
  ③ 교사전문가로 구성된 연결망은 전문적 학습공동체를 구성 및 유지하는 데 필요한 인적 자원을 제공해 줄 수 있음
  ④ 학생의 학업성취도의 성패를 한 가지 기준으로 하기보다는 다양한 교육책무성 지표를 설정하여 학생의 성장을 다양한 방식으로 나타낼 필요가 있음

(4) 장점 ☆
  ① 동료교사들과 교육활동에 관한 일상적 대화를 통해 자신의 교수·학습 실제에 대해 성찰하는 기회를 가지고, 동료교사와 실제 협력활동을 가짐으로써 교사의 전문성을 신장시키고, 실제 교수·학습의 향상으로 이어질 수 있음
  ② 동료교사들과 교육활동에 관한 목표를 공유하여 공동체 의식을 높이고, 교사공동체를 통해 교사지도성을 함양시킬 수 있음
  ③ 교원의 개인 역량에 의존하여 교육과정과 수업을 실행했던 학교 내 문제를 함께 찾아 공동연구하며 공동으로 실천하는 과정을 통해 협력적인 문화로 개선될 수 있음
  ④ 행정업무 중심의 학교조직을 학습조직화함으로써 학생의 행복한 성장을 도울 수 있음

6 학습조직(learning organization)

(1) 개념 ☆
  ① 학교 내외의 교사들이 신뢰와 존중을 바탕으로 정보를 공유하고 협력적 학습활동을 전개함으로써 지속적으로 새로운 지식을 창출해 학교의 환경에 적응해 나가는 조직
  ② 센게(Senge)가 제안한 개념

(2) 특징 ☆
  ① 개인수준의 학습이 조직수준으로 확장한 형태
  ② 기존의 조직관리 방식에서 벗어나 교사들이 스스로 역동적 움직임의 주체가 되어 그 변화를 주도해 나가도록 하는 패러다임
  ③ 교사의 학습능력과 학습자발성에 대한 신뢰, 존중, 주체적 학습활동의 강조
    ⇨ '학습조직으로서의 학교'

(3) 기본원리 ☆
  ① **개인적 숙련** : 개인이 추구하는 지식, 기술, 태도를 형성하기 위해 개인적 역량을 지속적으로 넓혀가고 심화시키는 행위
  ② **정신모델** : 주변에서 발생하는 현상들을 이해하는 인식체계. 개인이 무엇을 어떻게 보는지를 결정하고 어떻게 행동할지를 이끄는 인식의 틀. 교사들이 자신의 생각을 성찰하고 객관화하여 자신의 행동과 선택에 영향을 미치는 사고의 틀을 새롭게 하는 훈련을 의미
    ⇨ 정신모델은 우리의 사고체계를 더 나아지도록 해주는 작용으로 성찰과 탐구의 과정을 거치면서 교사들은 자신의 교직관을 새롭게 정립하는 기회를 갖게 됨
  ③ **팀 학습** : 구성원이 팀을 이루어 학습하는 것 ⇨ 개인수준의 학습을 증진시키고 조직학습을 유도
  ④ **시스템적 사고** : 조직에서 일어나는 여러 가지 사건들을 전체적으로 인지하고, 이에 포함된 요소들 간의 관계를 순환적 인과관계 또는 역동적 관계로 이해하고 사고하는 것
  ⑤ **공유된 비전** : 조직구성원이 공통으로 가지고 있는 것을 바탕으로 공감대를 형성하고 함께 만들어 가기 원하는 미래에 대한 이미지를 개발하는 것

> **설쌤의 꿀팁**
> 두문자로 외우자♪
> • **학습조직 기본원리** : 개인적 숙련, 정신모델, 팀 학습, 시스템적 사고, 공유된 비전
> ➡ 개정팀시공

Theme 88 기출 CHECK! ✓

논술 기출 CHECK

다음은 A 중학교의 학교교육계획서 작성을 위한 워크숍에서 교사들의 분임 토의 결과의 일부를 교감이 발표한 내용이다. 이 내용을 바탕으로 A 중학교가 내년에 중점을 두고자 하는 학습조직의 구축 원리 3가지를 설명하시오. • 15 중등

> 내년에 우리 학교는 교육 개념에 충실한 지식 교육을 하고, 학생들의 학업 성취와 학습 동기를 향상하는 데 좀 더 세심한 관심을 가져야 할 것입니다. 이 일의 성공 여부는 교사가 변화의 주체로서 자발적인 노력을 얼마나 기울이느냐에 달려 있습니다. 그래서 우리 학교는 교사 모두가 교육활동에 능동적으로 참여하여, 지식과 학습 정보를 서로 공유하면서 지속적으로 변화해 가는 학습조직(learning organization)을 구축하고자 합니다.

다음은 A 고등학교 초임 교사들을 대상으로 진행한 학교장의 특강 내용 중 일부를 발췌한 부분이다. 발췌한 특강 부분은 학교에 대한 이해 차원에서 학교 조직의 특징에 대한 내용이다. 학교 조직의 관료제적 특징과 이완결합체제적 특징을 각각 2가지씩 제시하시오. • 15 중등 추시

> 여러분들도 잘 아시겠지만, 최근 우리사회는 학교가 다양한 역할을 수행하도록 요구하고 있습니다. 이에 따라 선생님들께서는 학교에 대한 기본적인 이해가 필요하다고 생각합니다. 학교에 대한 사회의 요구에 효율적으로 대응하기 위해서 학교장을 포함한 모든 학교 구성원들은 서로의 행동 특성을 이해해야 합니다. 이를 위해서 학교 조직의 특징을 먼저 파악해야 합니다. 학교라는 조직을 합리성의 측면에서만 파악하면 분업과 전문성, 권위의 위계, 규정과 규칙, 몰인정성, 경력 지향성의 특징을 갖는 일반적 관료제의 틀로 설명할 수 있습니다. 그러나 교사들의 전문성이 강조되는 교수 · 학습의 측면에서 보면 학교 조직은 질서 정연하게 구조화되거나 기능적으로 분명하게 연결되어 있지 않은 이완결합체(loosely coupled system)의 특징을 지닙니다. 따라서 우리는 관료제적 관점과 이완결합 체제의 관점으로 학교조직의 특징을 이해할 필요가 있습니다.

01 다음 김 교사와 박 교사의 견해와 가장 부합하는 학교조직 유형을 쓰시오. • 12 초등 변형

> 최 교장: 학교조직도 다른 조직과 마찬가지로 일정한 목적을 달성하기 위해 협동하는 사람들의 집단입니다. 따라서 구성원들은 학교의 교육목표를 효과적으로 달성하기 위해 정해진 직무분장에 맞춰 일사분란하게 움직여야 합니다. 선생님들은 어떻게 생각하시죠?
> 김 교사: 저도 학교는 위계적인 조직이어야 한다고 생각합니다. 다른 한편으로 교사는 개별 교실에서 각기 다른 배경의 학생들을 가르치면서 교육과정, 교수방법, 교육평가 등에서 상당한 자유재량권을 행사하는 전문가이기도 하죠. 따라서 직무수행의 통일된 표준을 찾기는 어렵다고 생각되는데요.
> 박 교사: 저는 교직원의 잦은 인사이동, 학생들의 졸업과 입학, 학부모와 지역사회 관계자의 유동적 참여 등의 학교 조직의 특성을 고려해 볼 때, 학교구성원 모두가 동의하는 학교 경영목표가 명확하게 설정되기도 어렵고 그 해석 또한 서로 상이하여 일사분란하게 실행되기도 어렵다고 생각합니다.

• 김 교사: _____   • 박 교사: _____

정답 01 김 교사 - 전문적 관료제 / 박 교사 - 조직화된 무질서 조직

02 학교조직에 대한 학자들의 설명으로 옳지 않은 것은? ● 10 중등

① 코헨(M. Cohen) 등에 의하면, 학교는 구성원들의 참여가 고정적이고 조직의 목표와 기술이 명확한 조직이다.
② 민츠버그(H. Mintzberg)에 의하면, 학교는 전문적 성격이 강하지만 관료적 성격도 동시에 지니는 전문적 관료제 조직이다.
③ 에치오니(A. Etzioni)의 순응에 기반한 조직 분류에 의하면, 학교는 규범적 권력을 사용하여 구성원들의 높은 헌신적 참여를 유도하는 규범조직이다.
④ 파슨스(T. Parsons)의 사회적 기능에 따른 조직 분류에 의하면, 학교는 유형유지 조직에 속하며 체제의 문화를 유지하고 새롭게 하는 기능을 수행한다.
⑤ 와익(K. Weick)에 의하면, 학교는 조직 구조 연결이 자체의 정체성과 독립성을 가지고 있어서 다른 조직에 비해서 구조적으로 느슨하게 결합되어 있는 조직이다.

03 다음에 제시된 특징과 가장 관련이 많은 학교조직에 대한 관점은? ● 07 중등

- 학교 구성원들에게 더 많은 자유재량과 자기결정권을 부여한다.
- 각 부서 및 학년 조직의 국지적(局地的) 적응을 허용하고 인정한다.
- 환경 변화에 적응하기 위해 학교조직에서 이질적인 요소들이 공존하는 것을 허용한다.

① 관료제(bureaucracy)　　　　　　　　　　② 이완조직(loosely coupled system)
③ 사육조직(domesticated organization)　　　④ 조직화된 무질서(organized anarchy)

04 〈보기〉의 내용과 같은 특징을 지니고 있는 민츠버그(Mintzberg)의 조직구조 기본 유형은? ● 07 초등

〈보기〉
- 조직의 주요 부분은 핵심 작업층이다.
- 조직의 주요 조정기제는 기술의 표준화이다.
- 조직의 설계에서는 훈련과 수평적 직무 전문화가 주요하게 고려된다.
- 조직의 구조는 복잡하면서도 안정적인 환경이나 비규제적 환경에 적합하다.

① 임시구조　　② 사업부제 구조　　③ 기계적 관료구조　　④ 전문적 관료구조

05 다음과 같이 학교조직의 특성을 파악할 때, 가장 부합하는 조직 유형은? ● 06 초등

학교의 목적은 구체적이지도 않고 분명하지도 않다. 비록 그 목적이 명료하게 표방되어 있다고 하더라도 그 해석은 사람마다 다르며, 그것을 달성할 수단과 방법도 분명하게 제시하기 어렵다. 또한 학교의 구성원인 교사들은 수시로 학교를 이동하며, 학생들도 일정한 시간이 지나면 졸업하여 학교를 떠나간다. 학교 조직은 이러한 특성으로 인해 여타 조직과 다른 특성을 나타낸다.

① 야생조직(wild organization)　　　　　　② 사육조직(domesticated organization)
③ 관료조직(bureaucratic organization)　　　④ 조직화된 무질서 조직(organized anarchy)

06 학교조직이 관료제적 특성을 지니고 있다는 설명과 가장 거리가 먼 것은? ● 04 중등

① 학교조직에는 직제상 명확하고 엄격한 권위의 위계가 있다.
② 학교는 효율적인 교육을 위해 전문화와 분업의 체제를 갖추고 있다.
③ 학교는 독립된 조직단위로 운영되고, 교사의 주요 교육활동은 교실에서 이루어진다.
④ 학교조직은 교직원의 행동을 일관되게 통제하기 위하여 규칙과 규정을 제정·활용한다.

정답 02 ①　03 ②　04 ④　05 ④　06 ③

07 다음에서 학교 조직의 전문지향적 특성을 모두 고른 것은? • 03 중등

| 가. 계층 구조 | 나. 고객 봉사 | 다. 전문적 지식 | 라. 의사결정의 자율성 |

① 가, 나 ② 나, 다 ③ 가, 나, 다 ④ 나, 다, 라

08 코헨과 마치(Cohen & March)가 주장한 교육 조직의 '조직화된 무질서'의 특징과 관련이 가장 적은 것은? • 03 중등
① 학교 구성원들의 참여가 유동적이고 간헐적이다.
② 교육 조직의 목적은 구체적이지도 명료하지도 않다.
③ 학교의 각 하위 체제들은 수직적인 위계 특성을 지니고 있다.
④ 학교운영 기술뿐만 아니라 교수·학습 기술이 분명하지 않다.

09 민츠버그(Mintzberg)의 조직이론에 비추어 볼 때, 다음과 같은 특성을 보이는 학교의 조직 형태는? • 02 중등

학교장은 민주적인 방식으로 학교를 운영하고 있으며, 교직원들은 교육과정 운영 및 제반 학교운영 관련 업무를 권한과 책임을 가지고 처리하고 있다.

① 단순구조 ② 임시조직 ③ 전문적 관료제 ④ 기계적 관료제

10 교육의 과정은 공장의 생산과정과 달리 투입과 산출의 인과관계를 분명하게 파악할 수 없다. 이러한 교육의 속성 때문에 나타나는 학교조직의 유형으로 옳은 것은? • 00 중등
① 합리적 조직(rational organization)
② 비공식적 조직(informal organization)
③ 관료적 조직(bureaucratic organization)
④ 이완 조직(loosely coupled organization)

11 다음 푸른초등학교가 지향하는 학교조직으로 가장 적합한 것은? • 09 초등

푸른초등학교는 저소득층이 밀집된 지역에 위치하고 있는 공립학교이다. 낮은 학업성취도, 경제적·문화적 결핍 등으로 인해 학생들의 분위기는 가라앉아 있었다. 교사들은 이것을 어쩔 수 없는 것으로 받아들였고, 학생교육에 대한 열의도 부족하였다. 그런데 김 교장이 부임하면서 학교 분위기는 크게 변화하기 시작하였다.
  우선 김 교장과 교사들은 계속적인 대화를 통해 서로 인식의 차이를 인정하고 학교를 발전시킬 비전을 공동으로 설정하였다. 학교 문제 해결을 위해 여러 팀을 구성하여 교사들이 전체 상황과 연계시켜 체제적으로 사고할 수 있도록 하였으며, 이 과정에서 교사 상호간에 존중하면서 배우는 문화가 정착되었다. 김 교장은 교사들을 개별적으로 배려하면서 참신하고 비판적인 사고를 할 수 있는 개인적 역량을 고취시켰다. 그 결과 교사들로부터 신뢰와 존경을 얻었으며, 전반적인 학생들의 학업분위기가 개선되었다. 이러한 분위기에서 학생들의 학업성취도 향상과 문화결손 치유 등을 위한 새로운 교육과정을 개발하였으나 이를 운영할 수 있는 물적·인적 지원이 턱없이 부족하였다. 문제해결을 위하여 노력한 결과 '교육투자우선지역지원사업'의 학교로 지정되었다.
  교사들은 준비된 프로그램을 운영하고 그 결과를 분석하고 평가하여 지속적으로 프로그램의 질을 높여 나갔다. 이러한 과정을 거쳐 푸른초등학교는 학생들의 학업성취수준이 향상되었으며, 점차 변화와 발전에 대한 조직역량을 갖추어 가고 있다.

① 야생조직(wild organization)
② 학습조직(learning ornanization)
③ 조직화된 무정부(organized anarchy)
④ 이완결합조직(loosely coupled system)
⑤ 전문적 관료조직(professional bureaucracy)

정답 07 ④ 08 ③ 09 ③ 10 ④ 11 ②

Theme 89 조직풍토론

기출 11 초등, 08 초등, 07 중등, 07 초등, 02 초등

1 학교풍토의 개념
① 학교구성원인 학생, 교사, 행정가가 공유하는 가치관, 신념, 행동표준 등 학교구성원의 행위에 영향을 미치는 일련의 내적 특성
② 학교문화(조직문화)와 유사하지만, 학교풍토는 구성원들이 공유하는 가치관, 신념, 감정 등 내적 특성을 더욱 강조함

출제 Pick!
☆ 이론별 특징, 유형 분류의 기준, 유형별 명칭과 특징

2 조직풍토론의 종류

(1) 리커트(Likert)의 관리체제 유형

① 특징 ☆
  ㉠ 리커트는 조직풍토 유형을 네 가지 체제로 구분하여 설명함
  ㉡ 지도자와 구성원 간의 관계에 따라 조직관리유형을 체제 1부터 체제 4까지 연속선상에 표시함
  ㉢ 행동과학적 연구에 기반하여 조직이 변화되도록 하고자 함
    예 X ⇨ Y, 미성숙 ⇨ 성숙, 위생 ⇨ 동기

② 유형 ☆
  ㉠ **체제 1 – 이기적 – 권위주의적 풍토(착취적 권위주의적 풍토, exploitive – authoritative climate)**
    ⇨ 맥그리거 X이론
    • 지도자와 구성원 간 상호 신뢰가 적어 서로 지지하는 행동이 없는 체제
    • 과업지향적, 고도로 구조화된 권위적 관리 유형
    • 지도자가 구성원을 신뢰하지 않음 ⇨ 구성원들은 위험이나 제약에 의해 동기화되며, 의사결정은 하향적·일방적으로 이루어지고, 통제구조는 최고 관리층에 집중됨
  ㉡ **체제 2 – 자선적 – 권위주의적 풍토(benevolent – authoritative climate)**
    • 체제 1보다는 다소 개선되었지만, 체제 1이 가진 대부분의 문제점을 여전히 갖고 있음
    • 지도자가 구성원에게 자비를 베풀 듯 신뢰를 줌 ⇨ 구성원을 정중하게 대하지만 의사결정에 참여시키지 않음
  ㉢ **체제 3 – 협의적 풍토(자문적 풍토, consultative climate)**
    • 체제 2에서 민주적 방향으로 발전·향상된 형태
    • 지도자가 구성원을 중요하게 인식하지만 온전히 신뢰하지 않음 ⇨ 학교 목표 달성이나 학생의 자아실현, 교사의 자아충족을 최대화시키기엔 다소 미흡하지만, 학교를 전문조직으로 개발시키려는 실질적 노력을 담고 있음
  ㉣ **체제 4 – 참여적 풍토(participative climate)** ⇨ 맥그리거 Y이론
    • 가장 이상적인 학교풍토
    • 지도자가 구성원을 온전히 신뢰함 ⇨ 지지적 지도성, 고도로 동기화된 구성원, 의사결정의 분담, 원활한 의사소통, 원만한 인간관계, 높은 성취목표 등을 특징으로 하며, 교사들의 높은 성취목표, 많은 협동심, 공동협력과 배분, 높은 합리성, 호의적인 태도, 높은 성취동기를 보임

설쌤의 꿀팁

두문자로 외우자♪
- **할핀과 크로프트의 학교풍토 유형**
 : 개방적·자율적·통제적·친교적·
 간섭적·폐쇄적 풍토
 ➡ 개자통친간폐

Level Up

할핀과 크로프트의 조직풍토 기술척도

구분	유형	내용
교사 행동 특성	장애	교사가 교장을 자기 일을 방해하는 사람으로 지각하는 정도
	친밀	교사 간 업무 외의 우호적 인간관계 유지 및 사회적 욕구 충족 정도
	방임 (일탈)	교사가 주어진 업무를 이탈하려 하는 정도
	사기	교사가 일에 대한 욕구 충족감과 성취감을 느끼는 정도
교장 행동 특성	과업 (실적)	일에 대한 철저한 지시와 감독의 정도
	냉담	공식적이고 엄정한 행동의 정도
	인화 (배려)	배려와 친절한 행동의 정도
	추진	역동적인 학교운영 정도

설쌤의 꿀팁

두문자로 외우자♪
- **호이와 미스켈의 학교풍토 유형**
 : 개방풍토, 몰입풍토, 일탈풍토, 폐쇄풍토
 ➡ 개몰일폐

---

(2) 할핀(Halpin/핼핀)과 크로프트(Croft)의 학교풍토론

① **특징** ☆ : 교사집단의 특징과 교장의 행동에 대해 교사들이 어떻게 지각하고 있는가를 자기평가 형태(OCDQ)로 조사하여 교사와 교장의 행동특성을 측정함

② **유형** ☆
- ㉠ **개방적 풍토** : 목표를 향해 움직이고 학교구성원의 사회적 욕구를 충족시키는 활기차고 생기 있는 풍토
- ㉡ **자율적 풍토** : 교장이 교사들 스스로 상호 활동 구조를 마련하도록 분위기를 조성하고, 사회적 욕구 충족을 위한 방법을 모색하도록 보장하는 자유보장적 풍토
- ㉢ **통제적 풍토** : 과업수행을 강조하고 교사들의 사회적 욕구 충족을 소홀히 하는 풍토
- ㉣ **친교적 풍토** : 교장과 교사들 간 우호적 태도가 형성되고 사회적 욕구는 잘 충족되지만, 조직의 목적 달성을 위한 집단활동이 부족한 풍토
- ㉤ **간섭적 풍토** : 교장의 공정성이 결여되어 있고 교사들에게 과업만을 강조하여 과업성취나 욕구 충족 모두에 부적합한 풍토
- ㉥ **폐쇄적 풍토** : 교장이 일상적인 일과 불필요한 일을 강조하고, 교사들은 거의 만족감을 느끼지 못하는 비효율적인 풍토

(3) 호이(Hoy)와 미스켈(Miskel)이 분류한 학교풍토 유형 ☆

① **개관**
- ㉠ 개정된 초등학교용 OCDQ(OCDQ-RE)를 구안하여 교사 행동특성과 교장 행동특성을 각각 세 가지로 설정하여 측정함
- ㉡ 호이와 미스켈의 각 영역별 측정 변인

영역	측정	내용
교사 행동특성	단체적	교사 간에 이루어지는 지시적·전문적인 상호작용의 정도
	친밀한	학교 안팎에서 교사 간에 형성된 긴밀한 개인적 관계 정도
	일탈적	교사 간에 조성된 소외와 격리 정도
교장 행동특성	지원적	교사에게 진실한 관심을 보이고 지원하는 정도
	지시적	교사의 개인적 욕구에 전혀 관심을 두지 않는 엄격한 과업 지향
	제한적	교사 업무를 수행할 때 장애를 주는 정도

② **유형**

		학교장의 행동	
		개방	폐쇄
교사의 행동	개방	개방풍토 (open climate)	몰입풍토 (engaged climate)
	폐쇄	일탈풍토 (disengaged climate)	폐쇄풍토 (closed climate)

[그림 4-6] 호이와 미스켈의 학교풍토

- ㉠ **개방풍토**
 - 교사는 일에 대하여 헌신적이며, 높은 협동성·친밀성을 보이는 풍토
 - 구성원 간 협동, 존경, 신뢰가 존재함
 - 학교장은 교사의 제안을 경청하고 전문성을 존중함
- ㉡ **몰입풍토(참여풍토)**
 - 교사의 높은 전문적 업무 수행이 이루어지는 풍토
 - 학교장의 통제가 비효과적으로 시도됨

© 일탈풍토
- 몰입풍토와 반대되는 풍토
- 학교장은 개방적이고 관심이 많으며 지원적임
- 교사는 학교장을 무시하거나 최악의 경우 태업하거나 무력화하려 하며, 교사 간에도 불화하고 편협하며 헌신적이지 않음

② 폐쇄풍토
- 개방풍토와 반대되는 풍토
- 학교장은 일상적이거나 불필요한 잡무만을 강조하며, 비효과적인 지도성을 엄격하고 통제적으로 나타냄
- 교사는 교장과 불화하고 업무에 대한 관심 및 책임감이 없고 헌신적이지 않음

(4) 윌로어(Willower)의 학교풍토론
① 학교에서의 학생 통제방식을 인간적·보호적 방식의 연속선으로 가정하고 학교풍토를 두 가지로 구분함
② 유형 ☆
  ㉠ 인간주의적 학교 : 학교를 학생이 협동적 상호작용과 경험을 통해 배우는 교육공동체로 간주하며 민주적 학생 지도방식을 지향함
  ㉡ 보호지향적 학교 : 학교를 학생과 교사의 지위체제가 잘 정비된 권위적 조직으로 보며, 엄격한 규율과 체벌로 학생들을 통제함

(5) 홀(Hall)의 관료적 조직구조이론
① 베버(Weber)가 제시한 이상적 관료제 모형의 구성요인들을 전문적 형태(기술적 능력, 전문화)와 관료적 형태(권위의 위계, 규정과 규칙, 몰인정성, 절차 상세화)의 두 가지 준거를 이용해 학교조직을 구분하여 설명함
② 학교조직 유형 : 관료성, 전문성의 정도를 기준으로 학교조직을 네 가지 조직 유형으로 구분함

		전문적 패턴	
		높음	낮음
관료적 패턴	높음	베버형(관료성↑, 전문성↑) • 관료성 & 전문성 높음 • 전문성과 관료성이 상호 보완적임 • 베버가 기술한 이상적인 관료제 구조	권위주의형(관료성↑, 전문성↓) • 관료성 높음, 전문성 낮음 • 권위는 직위와 위계에 토대를 두고 있음 • 상급자가 최종 결정을 하며 권력은 집중되어 있음 • 규칙과 절차가 객관적으로 적용됨 • 처벌중심적 관료제와 유사
	낮음	전문형(관료성↓, 전문성↑) • 관료성 낮음, 전문성 높음 • 실질적 의사결정이 구성원들에게 위임되어 있는 구조 • 구성원들은 조직의 중요한 의사결정을 할 수 있는 전문지식과 능력을 갖춘 전문가로 간주됨 • 규정은 행동과 결정의 지침으로 작용하며 교사들이 조직의 의사결정과정에 상당한 영향력을 행사함	혼돈형(관료성↓, 전문성↓) • 관료성 & 전문성 낮음 • 혼란, 갈등이 일상의 조직 운영에서 나타남 • 모순, 반목, 비효과성이 조직 전반에 퍼져 있음 • 다른 구조 유형으로 이동하려는 강한 압력이 존재

[그림 4-7] 홀의 학교조직 유형

Theme 89 기출 CHECK!

01 리커트(R. Likert)의 관리 체제 유형 중 다음의 내용과 가장 일치하는 유형은? • 07 초등

> 이 학교는 학교 구성원들 간에 폭넓은 참여적 의사결정과 수평적 의사결정이 이루어지고 있다. 또한 학교경영층은 전적으로 교사들을 신뢰하고 참여와 보상을 주요 동기 요인으로 사용하며, 학교통제권이 분산되어 있다.

① 체제 1유형 ② 체제 2유형 ③ 체제 3유형 ④ 체제 4유형

02 호이와 미스켈(W. Hoy & C. Miskel)의 학교풍토 유형에서 (가)에 대한 설명으로 옳은 것은? • 11 초등

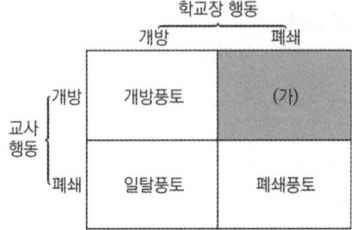

① 학교장의 관리가 비효율적이지만, 교사들의 업무 수행은 효율적으로 이루어지는 풍토이다.
② 학교장과 교사들 사이에 신뢰는 있지만, 교사들의 전문적인 업무 수행은 미흡한 풍토이다.
③ 교사에 대한 학교장의 관심과 지원이 미흡하여 교사들이 업무 수행을 태만하게 하는 풍토이다.
④ 학교장은 교사들의 제안을 잘 받아들이고, 교사들은 업무 달성을 위해 매우 헌신하는 풍토이다.
⑤ 학교장이 불필요한 업무만을 강조하기 때문에 교사들이 반감을 가지고 업무를 태만하게 하는 풍토이다.

03 핼핀(A. Halpin)과 크로프트(D. Croft)는 교장과 교사의 행동 특성을 결합하여 학교 조직풍토 유형을 여섯 가지로 제시하였다. 다음은 어느 유형에 가장 가까운 설명인가? • 07 중등

> 교사들의 사기와 교장의 추진력 지수는 높고, 방관(disengagement), 방해(hindrance) 등의 지수는 낮으며, 친밀성과 인화(consideration) 지수는 보통 수준을 유지한다. 교장은 매사에 융통성을 보이며, 교사들이 자발적으로 협동하면서 만족감을 갖고 어려움을 극복하도록 격려한다.

① 개방적 풍토(open climate) ② 친교적 풍토(familiar climate)
③ 친권적 풍토(paternal climate) ④ 자율적 풍토(autonomous climate)

04 핼핀(Halpin)과 크로프트(Croft)가 교사 행동과 교장 행동의 결합을 토대로 제시하고 있는 학교 조직 풍토에 비추어 볼 때, '가', '나'의 조직 풍토가 무엇인지 쓰시오. • 02 초등 변형

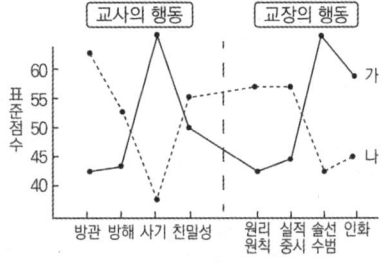

• 가 : _____

• 나 : _____

05 다음은 홀(R. H. Hall)의 교육조직구조 유형을 나타낸 것이다. (나)에 대한 설명으로 가장 올바른 것은? • 08 초등

구분		전문성 정도	
		높음	낮음
관료성 정도	높음	(가)	(나)
	낮음	(다)	(라)

① 일상적 운영에서 혼돈과 갈등이 전형적으로 나타나는 구조이다.
② 의사결정의 실질적인 권한이 교사들에게 위임되어 있는 구조이다.
③ 규칙과 절차가 인정에 얽매이지 않고 일관성 있게 적용되는 구조이다.
④ 베버(M. Weber)가 주장한 이상적 관료제의 모습과 가장 유사한 구조이다.

정답 01 ④ 02 ① 03 ① 04 가-개방적 풍토 / 나-폐쇄적 풍토 05 ③

학습 Check ○○○○○

Theme 90 조직문화론

기출
20 중등, 09 9급, 06 초등

출제 Pick!
☆ 이론별 주요 주장 및 특징, 유형 분류의 기준, 유형별 명칭·특징

1 맥그리거(McGregor)의 X-Y이론

(1) 주요 주장 및 특징 ☆

① 경영자가 갖고 있는 가치관과 인간에 대한 가정에 따라 서로 다른 조직문화가 나타날 수 있다는 이론

② 경영자가 구성원의 동기부여 전략을 선택하는 데 중요한 역할을 한다는 점에서 유용함

(2) 조직의 구분 ☆

① X이론

㉠ **인간에 대한 가정**: 인간은 적극적 개입이 없으면 조직의 필요에 대해 저항하거나 수동적임

㉡ **경영의 초점**: 외적 통제

㉢ **경영전략**: 권위적이고 강압적인 지도성을 행사하거나(적극적 방법), 인간관계 및 민주적이고 온정적인 행정을 통해 설득하는 방법(온건한 방법)을 사용함

② Y이론

㉠ **인간에 대한 가정**: 모든 사람은 일에 대한 동기와 잠재력, 책임감, 목표 성취의지 등을 가지고 있음

㉡ **경영의 초점**: 자율적 통제 및 자기지향

㉢ **경영전략**: 행정가는 구성원의 노력을 촉진시키고 지원하기 위해 조직의 조건과 운영방법을 끊임없이 정비함

2 아우치의 Z이론 ☆

① 맥그리거의 X-Y이론의 연장선상에 있는 이론

② X-Y이론이 경영자의 지도성 유형 간 차이를 강조한 반면, Z이론은 전체 조직의 문화에 관심을 둠

⇨ 성공적인 기업은 친밀성, 신뢰, 협동, 평등주의, 공유된 가치관에 의해 내적으로 일관되게 다져진 독특한 기업문화를 가지고 있음

3 아지리스(Argyris)의 미성숙 – 성숙이론

(1) 주요 주장 및 특징 ☆

① 조직 관리자는 구성원을 성숙한 인간으로 취급하고 뛰어난 지도성으로 성숙한 문화풍토를 조성하기 위해 노력해야 함

② 미성숙 – 성숙의 연속선을 제시해, 미성숙한 조직(인간)은 변화를 통해 성숙한 조직(인간)으로 발전함을 강조함

미성숙한 인간과 조직의 특성		성숙한 인간과 조직의 특성
피동적인 태도	⇨	능동적인 태도
의존적인 성향	⇨	독립적인 성향
단순한 행동	⇨	다양한 행동
얕고 산만한 관심	⇨	깊고 강한 관심
단기적 비전	⇨	장기적 비전
종속적 위상	⇨	평등 지배적 위상
자의식의 결여	⇨	주체적 자의식

[그림 4-8] 아지리스의 미성숙-성숙의 연속선

(2) 조직별 특성 ☆
① 미성숙 조직
  ㉠ X이론에 근거하며, 관료적 가치체제를 따르는 조직
  ㉡ 인간을 부정적이고 미성숙한 존재로 여김 ⇨ 의심 많은 인간관계가 형성되어 대인관계 능력을 저하시키고, 집단 간 갈등을 야기함 ⇨ 조직의 문제해결력 저하
② 성숙 조직
  ㉠ Y이론에 근거하며, 인간적 가치체제를 따르는 조직
  ㉡ 인간을 긍정적이고 성숙한 존재로 여김 ⇨ 신뢰하는 인간관계 형성, 대인관계 능력 증가, 집단 간 협동 및 융통성 증가 ⇨ 조직의 효과성 증대

(3) 시사점
① 개인의 성숙이 곧 조직의 성장을 촉진 ⇨ 개인(자아실현)과 조직(목적달성)이 상생하는 방법 추구
② 조직 관리자는 구성원을 성숙한 인간으로 대하고, 성숙한 문화풍토를 조성하도록 해야 함
③ 조직구성원에게 자율성을 부여하고, 신뢰하며, 직장 내에서 전문성을 기르고 성숙하는 기회를 제공할 때 구성원의 자아실현욕구가 충족되고 동시에 조직의 목표도 달성할 수 있음

4 세시아(Sethia)와 글리노우(Glinow)의 문화유형론

	성과에 대한 관심 낮음	성과에 대한 관심 높음
인간에 대한 관심 높음	보호문화	통합문화
인간에 대한 관심 낮음	냉담문화	실적문화

[그림 4-9] 세시아와 글리노우의 조직문화

(1) 분류기준 ☆
① 인간에 대한 관심: 조직이 구성원의 만족과 복지를 위해 노력하는 것
② 성과에 대한 관심: 구성원이 최선을 다해 직무를 수행하도록 하려는 조직의 기대

(2) 조직문화 유형 ☆
① 보호문화
  ㉠ 관심: 구성원의 복지를 강조하고 높은 성과를 강요하지 않는 조직
  ㉡ 특징: 구성원이 지도자에게 순응할 준비가 되어 있으며, 구성원의 충성심과 애정으로 생존·번창
  ㉢ 주요 가치: 팀워크, 협동, 동조, 상사에 대한 복종 등
② 냉담문화
  ㉠ 관심: 인간과 성과 모두에 대해 무관심한 조직
  ㉡ 특징: 특별한 상황과 환경에 의해 보호를 받지 못하면 생존할 수 없고, 효과성·능률성에 대한 관심보다 기득권과 이해관계에 의해 운영됨
  ㉢ 주요 가치: 음모, 파당, 분열, 불신, 불확실 혼란 등
③ 실적문화
  ㉠ 관심: 구성원의 복지에 소홀하지만 높은 성과를 요구하는 조직
  ㉡ 특징: 인간은 소모품으로 간주되며, 개인의 성과가 높을 때만 보상을 제공함
  ㉢ 주요 가치: 실적, 성공, 경쟁, 모험, 혁신, 적극성 등
④ 통합문화
  ㉠ 관심: 성과와 인간에 대한 높은 관심을 나타내는 조직
  ㉡ 특징: 인간에 대한 관심이 온정적인 것이 아니라 인간의 존엄성을 바탕으로 한 진지한 관심 ⇨ 구성원들에게 모든 것을 할 수 있도록 자유를 허용하는 것을 기본원칙으로 삼음
  ㉢ 주요 가치: 협동, 창의성, 모험, 자율 등

설쌤의 팁
두문자로 외우자♬
• 세시아와 글리노우의 조직문화 유형
 : 보호문화, 냉담문화, 실적문화, 통합문화
 ➡ 보냉실통

5 스타인호프(Steinhoff)와 오웬스(Owens)의 학교문화유형론

(1) 주요 주장 및 특징 ☆
공립학교에서 발견될 수 있는 네 가지 특유한 문화형질(culture phenotypes)을 통해 학교문화를 분류하고, 비유를 사용해 각 학교문화를 설명함

(2) 학교문화 유형 ☆

구분	비유	교장	관계
가족문화	가정, 팀	부모나 코치	• 구성원은 의무를 넘어 서로에 대한 관심을 가지고 가족의 일부로서 제 몫을 다할 것을 요구받음 • 학교는 애정 어리고 우정적·협동적·보호적임
기계문화	기계	자원 획득을 위해 변화하는 기계공	• 모든 관계를 기계적으로 파악함 • 학교의 원동력은 조직 자체의 구조에서 나오고, 학교는 목표 달성을 위해 교사를 이용하는 일종의 기계에 해당함
공연문화	공연장	곡마단 단장, 공연 사회자, 연기주임	• 공연뿐만 아니라, 청중의 반응이 중요함 • 교장의 훌륭한 지도 아래 탁월하고 멋진 가르침을 추구하는 문화
공포문화	전쟁터, 혁명 상황, 악몽	자기 자리의 유지를 위해 무엇이든 희생의 제물로 삼을 존재	• 학교를 밀폐된 상자 또는 형무소라고 표현함 • 교사는 고립된 생활을 하고 사회적인 활동이 거의 없으며, 구성원은 서로 비난하고 적의가 있음

6 하그리브스(Hargreaves)의 학교문화유형론

(1) 분류기준 ☆
① **도구적 차원**: 사회적 통제
② **표현적 차원**: 사회적 응집

(2) 학교문화 유형 ☆
① **형식적 학교문화**(도구적 차원↑, 표현적 차원↓): 학생들이 학습목표를 달성하도록 과도한 압력을 가하지만, 교사와 학생 간 응집력이 약함
② **복지주의자 학교문화**(도구적 차원↓, 표현적 차원↑): 관대, 태평, 편안한 분위기로 비형식적이고 친구 같은 교사 – 학생 관계 강조
③ **온실 학교문화**(도구적 차원↑, 표현적 차원↑): 학교구성원의 적극적 참여를 요구하며, 업무와 자기계발에 대한 압력이 강하지만, 학교 내 친밀감의 확산 속에서 구성원은 감시와 통제하에 있음
④ **생존주의자 학교문화**(도구적 차원↓, 표현적 차원↓): 불안, 낙망, 사기 저하 등이 나타나며, 교사 – 학생 간의 관계가 친밀하지 않고 제대로 된 교육이 이루어지지 않음
⑤ **효과적 학교문화**(적절한 도구적·표현적 차원): 구성원의 일과 행동에 대한 기대가 높으며, 이들의 노력에 대하여 학교는 지원적임

(3) 하그리브스의 학교문화유형

구분		도구적 차원(사회적 통제)		
		높음	적절	낮음
표현적 차원 (사회적 응집)	높음	온실		복지주의자
	적절		효과적	
	낮음	형식적		생존주의자

Theme 90 기출 CHECK!

논술 기출 CHECK

오늘날과 같은 초연결 사회에서는 다수의 사람이 소통하면서 협력하는 것이 중요하다. 이러한 시대적 추이를 반영하여 ○○고등학교에서는 토의식 수업 활성화를 위한 교사 협의회를 개최하였다. 스타인호프와 오웬스(C. Steinhoff & R. Owens)가 분류한 학교 문화 유형에 따를 때, D 교사가 우려하는 학교 문화 유형의 명칭과 학교 차원에서 그러한 학교 문화를 개선하는 방안 2가지를 논하시오.

● 20 중등

- 학교 문화 개선은 토의식 수업 활성화를 위한 토대가 됨
- 우리 학교의 경우, 교사가 학생의 명문대학 합격이라는 목표 달성에 필요한 수단으로 간주되는 학교 문화가 형성되어 있어 우려스러움
- 이런 학교 문화에서는 활발한 토의식 수업을 기대하기 어려움

---

01 다음 사례와 같은 학교장의 경영방침과 관련 있는 학자의 이론으로 옳은 것은? ● 09 공무원 9급

> A 교장은 평소 학교경영에서 명령이나 통제 대신에 교사 개개인의 자발적인 근무 의욕과 동기유발을 위해 노력하고 있다. 그의 교사들에 대한 기본 입장은 교사들이 타인의 간섭 없이도 자발적으로 일을 하고 싶어 하는 성향이 있다는 것이다.

① 맥그리거(McGregor)의 Y이론
② 테일러(Taylor)의 과학적 관리이론
③ 애덤스(Adams)의 공정성 이론
④ 허즈버그(Herzberg)의 위생이론

02 다음의 대화에서 추론할 수 있는 전임 교장과 신임 교장의 학교경영 관점을 가장 바르게 짝지은 것은? ● 06 초등

> 장 교사 : 새로 오신 교장 선생님 정말 좋지?
> 송 교사 : 그래. 전임 교장 선생님은 일방적인 지시만 해서 싫었는데, 새 교장 선생님은 모든 일을 자율적으로 할 수 있도록 하니까 참 좋아.
> 최 교사 : 그렇지만, 나는 전임 교장 선생님의 경영방식이 더 효과적이라고 생각해. 그러지 않으면 편하려고만 하는 게 사람 생리인데, 누가 알아서 일 하겠어?

	전임 교장	신임 교장
①	X이론	Y이론
②	Y이론	X이론
③	X이론	Z이론
④	Z이론	Y이론

정답 01 ① 02 ①

Theme 91 조직갈등론

기출 06 초등, 03 초등, 02 초등

> **출제 Pick!**
> ☆ 갈등의 순기능, 역기능, 갈등 극복 방안
> ☆ 토마스의 갈등관리 이론에서 갈등 관리 전략 5가지의 명칭과 특징, 각 전략이 효과적인 상황

1 갈등(conflict)

(1) 개념
① 행동주체(개인, 집단, 조직) 간의 대립적·적대적 상호작용
② 심리적 대립감과 대립적 행동을 포함하는 개념
③ **종류** : 개인갈등(심리적 갈등), 대인갈등(사람 간 갈등), 집단갈등(집단 간 갈등), 문화갈등(문화 간 충돌), 역할갈등(상반된 역할 부여에 따른 심리적 부담), 의사결정 갈등(대안의 선택 기준 모호)

(2) 순기능 ☆
① 조직의 생존과 성공에 필요한 쇄신적 변동을 야기하는 원동력
② 적정한 수준의 자극을 제공함 ⇨ 조직이 자원배분 등을 자율적으로 조정함
③ 행동주체의 정체성 인식을 돕고 자기반성의 기회를 제공함
④ 행동주체가 정체된 사고방식에서 벗어나 능동적으로 행동하고 성장할 수 있는 기회를 제공함

(3) 역기능
① 조직구성원의 협력적 노력을 좌절시킴
② 조직구성원의 사기를 떨어뜨리고 낭비를 초래함
③ 갈등이 심해지는 경우 조직이 와해될 수도 있음

(4) 학교조직 차원에서 갈등관리·해소·조성·극복방안
① **성공적 갈등관리 방법** : 구체적 필요에 맞게 관리기법을 분화시키고 상황적응적으로 활용할 것
② **갈등해소 전략** : 문제해결, 상위목표의 제시, 공동의 적 제시, 자원의 증대, 회피, 완화 또는 수용, 타협, 협상, 상관의 명령, 갈등 당사자의 태도 변화, 구조적 요인의 개편
③ **갈등조성 전략** : 의사전달 통로의 변경, 정보전달 억제 또는 정보 과다조성, 구조적 분화, 구성원의 재배치와 직위 간 관계의 재설정, 지도성 스타일의 변경, 구성원의 태도 변화
④ **갈등 극복방안** ☆
  ㉠ 조직혁신의 목표에 조직구성원들의 목표와 요구를 반영하여 변화에 따른 두려움이나 불확실성을 감소시켜 줌
  ㉡ 조직혁신에 관한 의사결정에 참여시켜 저항을 극복함
  ㉢ 교육이나 의사전달을 통해 조직구성원에게 혁신의 당위성을 알리고 받아들이게 함
  ㉣ 구성원들이 변화에 두려움을 가지고 있을 경우 변화를 인정하고 적극적으로 지지하는 사람들에게 인센티브 및 각종 지원을 제공함

2 토마스(Thomas)와 제미슨(Jamieson)의 갈등관리이론 ☆

(1) 개념
조직의 목표달성과 조직구성원의 필요를 충족시키는 갈등관리 방식을 5가지로 분류함

(2) 2가지 독립적 차원
① 협조성(협동성): 한쪽 당사자가 타인의 욕구(이익)를 충족시키려는 정도
② 독단성(적극성): 자신의 욕구(이익)를 충족시키려는 정도

(3) 갈등관리 전략 ☆

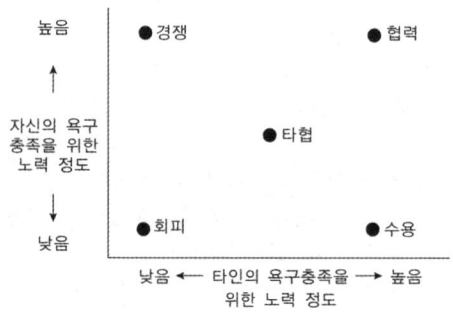

[그림 4-10] 갈등관리 전략

① 제Ⅰ형 - 협력
  ㉠ 특징
    • 양쪽의 관심사를 모두 만족시키려는 접근
    • 양자 모두에게 이익을 주는 win-win 전략
    • 양쪽이 모두 만족할 수 있는 갈등해결책을 적극적으로 찾는 최선의 방법
  ㉡ 상황
    • 목표가 학습하는 것일 때
    • 합의와 헌신이 중요할 때(양쪽의 협력이 필요한 경우)
    • 양자의 관심사가 매우 중요하여 통합적인 해결책만이 수용될 때
② 제Ⅱ형 - 경쟁
  ㉠ 특징
    • 상대방을 희생시키고 자신의 이익이나 관심사를 충족하려는 전략
    • 한쪽이 이익을 얻으면 다른 쪽이 손해를 보는 승패(win-lose)전략
    • 행정가는 조직의 목표달성을 강조하나 구성원들 개인적 필요에 대해서는 협력하지 않는 방식
  ㉡ 상황
    • 신속한 결정이 요구되는 긴급한 상황
    • 조직의 성장에 매우 중요한 문제를 다룰 때
    • 중요한 사항이나 인기가 없는 조치를 실행할 때
    • 타인을 부당하게 이용하는 사람에게 대항할 때
③ 제Ⅲ형 - 회피
  ㉠ 특징
    • 자신과 상대방의 관심사 모두를 무시함으로써 갈등을 의도적으로 피하고자 하는 방식
    • 갈등이 없었던 것처럼 행동하여 가능한 한 갈등을 무시하는 유형
    • 조직의 목표를 강조하지도 않고 구성원들의 필요에 대해 협력하지도 않음
  ㉡ 상황
    • 다른 사람의 관심을 이해할 시간적 여유가 없을 때
    • 해당 문제가 다른 문제들이 해결되면 자연스럽게 따라서 해결될 수 있을 때
    • 갈등 해소에 따르는 부작용이 너무 클 때

④ 제Ⅳ형 – 수용(동조)
　㉠ 특징
　　• 자신이나 자기 부서의 관심사에 대해 양보하고 타인·타부서의 관심사를 충족시켜 주는 방식
　　• 좋은 인간관계를 유지하기 위해 자신의 욕구 충족은 포기하고 상대방의 주장에 따름으로써 갈등을 해소함
　　• 행정가가 구성원의 필요를 위해 양보하고 자기를 희생함
　㉡ 상황
　　• 자기가 잘못한 것을 알았을 때
　　• 보다 중요한 문제를 위하여 좋은 관계를 유지해야 할 때
　　• 조화와 안정이 특히 중요할 때
　　• 다른 사람에게 더 중요한 사항일 때

⑤ 제Ⅴ형 – 타협
　㉠ 특징
　　• 상호 희생과 타협을 통해 갈등을 해소함
　　• 양쪽이 조금씩 서로 양보하여 절충안을 찾으려는 방법
　　• 다수의 이익을 위해 조직의 목표와 개인의 필요 사이의 균형을 찾아 수용 가능한 해결책을 찾는 방법
　　• 양쪽이 다 손해를 보기 때문에 앙금이 남아 다른 갈등의 원인이 될 수 있음
　　• 현실적으로 가장 많이 활용됨
　㉡ 상황
　　• 복잡한 문제에 대해 일시적인 해결책을 얻고자 할 때
　　• 당사자들의 주장이 서로 대치되어 있을 때
　　• 협력(제Ⅰ형)이나 경쟁(제Ⅱ형)의 방법이 실패할 때
　　• 시간 부족으로 신속한 행동이 요구될 때

3 라힘(Rahim)의 개인 간 갈등관리 전략
① **강요(경쟁)** : 상대방을 압도하고 자기주장을 관철하려 함
② **수용** : 자신의 주장을 양보하고 상대방의 주장에 따름
③ **타협** : 서로가 양보하고 자기만족을 조금씩만 유도함
④ **협력** : 서로의 관심사를 모두 만족시키려 함
⑤ **회피** : 갈등 현장을 떠남으로써 자신과 상대방의 관심사를 모두 무시함

4 마치(March)와 사이먼(Simon)의 조직 간 갈등관리 전략
① **문제해결** : 당사자들이 직접 접촉하여 정보를 함께 수집하고 탐색활동을 통해 새로운 대안을 제시하며, 평가를 통해 당사자 모두를 만족시킬 수 있는 해결방법을 탐색함
② **설득** : 개별 목표의 차이는 있지만 공동의 큰 목표에 대한 합의가 이루어질 가능성이 있다는 점에서 상대방을 설득함
③ **협상** : 토론을 통한 타협이지만, 결과가 어느 당사자에게도 최적의 결정이 될 수는 없다는 점에서 잠정적인 갈등해소법이라고 할 수 있음
④ **정치적 타결** : 각 갈등 당사자가 제3자의 지지를 얻어 협상하는 것으로, 갈등 원인을 제거하지는 못함

Theme 91 기출 CHECK!

01 아래 〈그림〉은 제미슨(Jamieson)과 토마스(Thomas)의 갈등 해결 모형을 나타낸 것이다. 제Ⅴ유형에 대한 진술로 가장 옳은 것은?

● 06 초등

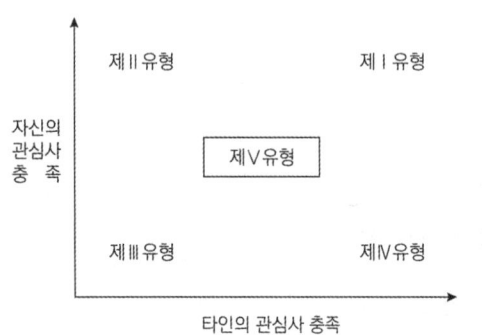

① 상대방을 압도하여 갈등을 해결하는 유형이다.
② 가능한 한 갈등을 무시하고 회피하는 유형이다.
③ 상호 희생과 타협을 통해 갈등을 해소하는 유형이다.
④ 상대의 주장에 따름으로써 갈등을 해소하는 유형이다.

02 토마스(Thomas)는 상황에 따라 유용한 갈등관리 전략이 존재한다는 상황적응론적 갈등관리론을 주장했다. 그의 이론에 비추어 볼 때 다음과 같은 상황에 적절한 갈등관리 전략은?

● 03 초등

- 다른 사람의 관심을 이해할 시간적 여유가 없을 때
- 해당 문제가 다른 문제들의 해결로부터 자연스럽게 해결될 수 있을 때
- 갈등해소에 따른 부작용이 너무 클 때

① 경쟁 ② 회피 ③ 조정 ④ 타협

03 다음은 학교 조직에서 발생되는 갈등을 관리하는 방식을 나타낸 그림이다. 학교 조직에서 구성원간이나 부서간에 발생하는 갈등을 해결할 때, 자신이나 자기 부서의 관심사에 대해 양보하고 타인이나 타부서의 관심사를 충족시켜 주는 방식을 나타내는 것은?

● 02 초등

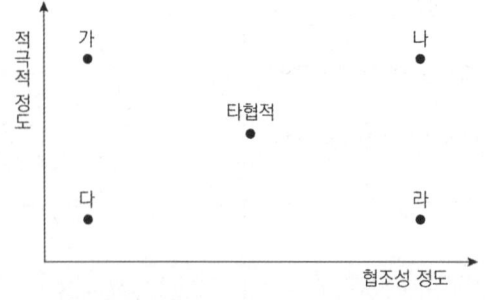

① 가 – 경쟁적
② 나 – 협동적
③ 다 – 회피적
④ 라 – 동조적

정답 01 ③ 02 ② 03 ④

Theme 92 교육조직 관리기법

기출 10 중등, 07 초등, 07 상담, 04 초등, 02 초등, 01 초등

1 과업평가 검토기법(PERT; Program Evaluation and Review Technique) ☆

(1) 개념
① 과업의 수행과정을 도표화하여 과업을 합리적·체계적으로 수행하는 방법
② 구체적인 작업활동인 '활동'과 활동들을 구별해주는 시점인 '단계'의 두 가지 요소로 구성됨
③ 과업 진행과정에서 평가와 조정이 가능하여 자원과 예산분배, 작업을 체계적으로 할 수 있도록 함

(2) 과정 · 플로차트(flow chart) 작성 ⇨ 활동 소요시간 추정 ⇨ 총 수행시간 추정

(3) 효과
① 세부 작업 활동의 순서 및 상호 관계를 유기적으로 파악 ⇨ 계획을 신중하고 체계적으로 수립할 수 있고, 계획을 신속하게 분석·평가할 수 있음
② 작업과정 작성을 위해 모든 조직구성원이 참여 ⇨ 구성원의 참여의식↑, 협조를 이끌어내기 용이함

2 목표관리기법(MBO; Management by Objectives) ☆

(1) 개념
① 활동의 목표를 명료화하고 체계화함으로써 효율화를 기하려는 관리기법
② 구성원을 목표 설정에 참여시켜 각자의 목표를 공동목표에 일치시키고 내면화하는 과정이 강조됨
③ 명확한 목표 설정, 책임한계의 규정, 구성원의 참여와 협조, 업적평가 및 환류과정을 통해 관리계획을 개선하고 구성원의 동기를 유발하며, 조직의 효율성을 증진시키려는 일련의 과정
④ 드러커(P. Drucker)가 소개하고, 오디온(G. Odiorne)이 체계화함

(2) 특징
① 조직구성원이 공동으로 참여하여 목표를 수립·달성하고자 역할을 분담하여 노력하고, 성과에 대해 평가·보상하는 방식의 운영기법
② 참여를 통한 의사결정, 원활한 의사소통, 운영의 분권화와 참여 관리를 통한 관료화 방지, 교직의 전문성 확보의 특징 ⇨ 민주적 학교경영기법

3 정보관리체제(MIS; Management Information System) ☆

① 개념: 의사결정자가 합리적인 결정을 내릴 수 있도록 필요한 정보를 적시에 신속·정확하게 제공하는 체제
② 규모가 크고 구조가 복잡한 현대 조직의 운영에 있어서는 필수적인 것으로 인식됨
③ 단순한 사무관리 차원을 넘어 정보의 수집·저장·처리·전달 등과 관련된 인간·도구·방법의 통합적인 관리망을 의미
④ 최근 컴퓨터를 활용한 정보관리체제(CMS) 등에서 볼 수 있듯이 스스로 의사결정자의 역할을 할 수 있는 정보체제로 확장됨

4 총체적 질 관리(TQM; Total Quality Management) ☆

① 개념: 고객만족과 관리개선을 위해 고객지향적인 서비스 품질에 초점을 두고 전 직원의 참여를 통하여 지속적으로 서비스를 개선해 나가는 통합관리체계. 제품이나 서비스의 품질뿐만 아니라 경영과 업무, 직장환경, 조직구성원의 자질까지도 품질 개념에 넣어 관리해야 한다는 경영이론 ⇨ 교육경영의 질 향상 방안
② 전제: 생산부문의 품질관리로는 기업이 성공할 수 없고, 기업의 조직과 구성원 모두가 품질관리의 실천자가 되어야 한다는 것을 전제함
③ 강조: 단위학교 책임경영제와 맞물려 학교에 자율권을 주고 책무성을 요구할 것을 강조. 학교경영에서 학교장의 강력한 지도성, 학교 구성원의 헌신, 총체적 참여, 팀워크, 지속적인 평가와 피드백 등을 강조

5 조직개발기법(OD; Organization Development) ☆

(1) 개념
① 사람 또는 조직문화 중심의 변화 전략으로 조직구성원의 잠재력을 최대한 개발하고 행태를 개선함으로써 조직 전체의 개혁을 이루려는 조직혁신의 접근방법
② 행동과학적 지식과 기술을 활용해 조직의 목적과 개인의 욕구를 결부시켜서 조직 전체의 변화와 발전을 도모하는 기법 ⇨ 급격히 변화하는 환경에 조직이 잘 적응할 수 있도록 구성원의 태도, 가치, 신념, 구조 등을 변화시키려는 복합적 교육전략

(2) 성격: 계획적·포괄적·장기적 변화, 변화담당자의 참여, 계속적 과정, 집단지향, 평등주의, 현재성, 역동적 인간 상호관계 중시. 조직 문화 또는 분위기, 구성원의 가치관 등 전체 조직의 변화를 위한 노력. 개인의 동기, 의사전달, 문화적 규범, 인간관계, 집단관계, 갈등의 관리 등에 관한 지식 사용 및 전략 수립

(3) 대표적 기법: 감수성 훈련, 팀 빌딩, 태도조사 환류기법 등

출제 pick!
☆ 교육조직 관리기법의 종류, 각 기법의 개념 및 특징

Level up
목표관리기법의 장·단점

1. 장점(특징)
   - 모든 학교교육 활동을 학교교육 목표에 집중시켜 교육의 효율성을 제고시킬 수 있음
   - 모든 교사들이 함께 참여해 목표를 설정하고 활동계획을 수립
     ➡ 교직원들의 참여의식을 높이고 인력자원 활용의 효율성을 도모할 수 있음
   - 교직원의 역할 갈등 해소, 학교관리의 문제나 장애를 조기에 발견 및 치유
   - 학교운영의 분권화와 참여관리를 통하여 학교의 관료화를 방지하고 교직의 전문성을 살릴 수 있음

2. 단점
   - 목표에 대한 지나친 중시와 단기적·구체적 목표에 대한 강조 ➡ 장기적·전인적 목표를 내세우는 학교교육 활동에는 부적합
   - 많은 노력과 시간 필요 ➡ 교직원의 잡무 부담 가중, 불만의 원인이 되기 쉬움

Level up
목표관리기법의 과정

조직목표 설정과 구성원의 역할 규정 ➡ 미래 예측 ➡ 구체적 목표 설정 ➡ 목표 성취계획표 작성 ➡ 일정표 작성 ➡ 자원 배분 ➡ 성과 평가기준 설정 ➡ 성과 측정 및 평가 ➡ 행동계획 수정

Level up
조직개발기법의 대표적 기법

1. 감수성 훈련: 참가자들이 소집단을 구성해 집단 내에서 다양한 갈등, 조화, 지도성, 상호작용을 경험하는 훈련
   ➡ 인간관계 능력 개선
2. 팀 빌딩: 팀원들의 작업 및 커뮤니케이션 능력, 문제해결 능력을 향상
   ➡ 조직 효율을 높이려는 조직개발 기법
3. 태도조사 환류기법: 구성원의 태도를 조사하고 그 결과를 조직 구성원과 집단에 환류시키고 개선방안을 마련하도록 하는 기법. 워크숍 등을 활용함

Theme 92 기출 CHECK!

01 다음에서 공통적으로 설명하고 있는 학교경영 관리 기법은? ● 10 중등

- 드러커(P. Drucker)가 소개하고, 오디온(G. Odiorne)이 체계화하였다.
- 조직 구성원의 전체적인 참여와 합의를 중시한다.
- 활동의 과정과 결과에 대해 평가하며 수시로 피드백 과정을 거친다.
- 학교운영의 분권화와 참여를 통해 관료화를 방지할 수 있다

① 델파이기법(Delphi Technique)
② 비용 – 수익분석법(Cost-Benefit Analysis)
③ 목표관리기법(Management by Objectives)
④ 영기준예산제(Zero-Base Budgeting System)
⑤ 정보관리체제(Management Information System)

02 〈보기〉의 내용들을 실현하는 데 가장 적합한 학교 경영 관리 기법을 쓰시오. ● 07 초등 + 07 상담 변형

―〈보기〉―
- 효율적인 예산 통제가 가능하며 최저 비용으로 일정 단축이 가능하다.
- 작업 요소별로 책임부서가 명확해짐으로써 원만한 작업수행이 가능하다.
- 작업 과정의 작성에 관계자들이 참여하게 되므로 구성원들의 참여 의식이 높아진다.
- 작업 과정의 전모를 파악할 수 있기 때문에 작업 추진에 앞서 애로사항을 파악할 수 있다.
- 특정한 과업을 추진하기 위한 세부 작업 활동의 순서와 상호관계를 유기적으로 파악할 수 있다.
- 각 활동과 단계를 명확하게 하기 위해 도식화한다.
- 선후관계와 인과관계를 검토하여 과업을 합리적, 체계적으로 수행한다.
- 흐름도(flow chart) 작성, 각 작업활동의 소요시간 추정, 전체 과정 수행시간 추정 등의 과정을 거친다.

03 다음 사례에서 김 교사가 채택하고 있는 학교경영기법으로 가장 적합한 것은? ● 04 초등

부장교사인 김 교사는 과학의 날 행사를 일정에 맞게 차질없이 추진하기 위해 행사와 관련된 세부적인 작업활동과 단계 및 상호관계, 소요시간과 경비 등을 검토하여 플로차트(flow chart)를 작성하고 이에 따라 업무를 추진하였다.

① 사업평가검토기법(PERT)   ② 경영정보체제(MIS)   ③ 영 기준 예산제도(ZBBS)   ④ 목표관리기법(MBO)

04 〈보기〉의 내용을 특징으로 하는 학교 경영기법을 쓰시오. ● 02 초등 변형

―〈보기〉―
- 수요자 중심   • 지속적인 개선   • 학교장의 강력한 지도성   • 학교 구성원의 헌신   • 총체적 참여

05 〈보기〉의 내용을 특징으로 하는 학교 관리기법을 쓰시오. ● 01 초등 변형

―〈보기〉―
- 집단 간의 역동적인 상호작용 중시
- 학교조직의 구조, 가치, 신념을 변화시키기 위한 교육전략 활용
- 행동과학의 지식과 기술을 주로 활용
- 학교의 목적과 개인의 욕구를 결부시켜 학교 전체의 변화 도모

정답 01 ③   02 과업평가 검토기법(PERT)   03 ①   04 총체적 질 관리(TQM)   05 조직개발기법(OD)

Theme 93 동기의 내용이론

기출
13 중등, 12 중등, 09 초등, 07 초등, 03 행시, 02 중등, 01 초등, 00 초등, 00 서울 초등, 00 초등 추시

> **출제 pick!**
> ☆ 매슬로우 욕구체계이론의 특징, 욕구 체계의 명칭과 개념
> ☆ 허즈버그 동기-위생이론에서 동기 요인과 위생요인의 개념, 특징, 직무동기를 촉진하는 방법, 직무 재설계 프로그램
> ☆ 앨더퍼의 ERG 이론을 구성하는 3가지 욕구의 명칭과 개념, 욕구의 작용원리

1 매슬로우(Maslow)의 욕구체계이론(욕구위계이론)

(1) 동기
개인의 활동을 유발하고 유지시키며 행동의 방향을 결정하는 요인

(2) 특징(전제) ☆
① 인간 욕구는 한 가지 욕구가 충족되면 위계상 다음 욕구가 나타나 충족을 요구하는 식으로 체계를 이루고 있음
② 가장 먼저 요구되는 욕구는 다음 단계에서 달성하려는 욕구보다 강하며, 그 욕구가 충분히 만족스럽게 충족되었을 때만 다음 단계의 욕구로 전이됨

(3) 욕구 체계 ☆
① **생리적 욕구** : 생존과 직결된 욕구 예 배고픔, 갈증, 수면 등
② **안전의 욕구** : 물리적·심리적 안전을 모두 포함함
③ **소속의 욕구** : 타인과의 접촉, 모임, 사랑 등에 대한 욕구, 애정과 공감의 욕구, 사회적 욕구
④ **자존의 욕구** : 자기존중에 초점을 두고 있으며, 타인의 인정과 존경을 포함함
⑤ **지적 욕구** : 새로운 것을 알고 이해하고자 하는 욕구
⑥ **심미적 욕구** : 아름다움, 질서, 조화, 완성 등을 추구하는 욕구
⑦ **자아실현의 욕구** : 매우 광범위한 의미를 지니고 있는 것으로서, 계속적인 자기발전을 위해 자신의 잠재력을 최대한으로 발휘하는 데 초점을 둔 욕구

2 허즈버그(Herzberg)의 동기 – 위생이론

(1) 개념
① 인간의 욕구를 '동기요인'과 '위생요인'의 이원적 구조로 설명함
② 직무 만족에 영향을 주는 '동기요인'과 직무 불만족에 기여하는 '위생요인'은 반대가 아니라 별개의 차원으로 존재함을 보여줌
③ 동기요인(만족요인)이 존재할 경우 직무에 만족하겠지만 부재상태라고 해서 불만족하지 않으며, 위생요인(불만족요인)이 존재할 경우 불만을 갖게 되지만 이러한 요인이 없다고 해서 만족에는 크게 기여하지 못함

(2) 동기요인 ☆
① 만족요인(satisfiers), '직무 그 자체'에서 도출된 내용적·내적·심리적인 것에 직접적으로 관련된 것. 직무 만족에 기여하는 요인
② 동기요인이 존재할 경우 만족하나, 부재한다고 해서 불만족하지는 않음 예 성취감, 책임감, 발전하고 있다는 느낌, 자유재량권, 인정, 책임, 직무 자체, 성장 가능성 등 접근욕구와 관련됨

(3) 위생요인 ☆
① 불만족요인(dissatisfiers), 작업환경에서 도출된 상황적·외적 물리적인 것에 직접적으로 관련됨
② 위생요인이 충족되지 않으면 직무에 불만족하게 되지만, 위생요인이 충족된다고 해서 만족에 크게 기여하지는 못함
  예 회사의 정책과 행정, 감독, 임금, 대인관계, 작업조건, 안정된 고용, 지위, 정책 경영 등 회피욕구와 관련됨

(4) 비판점
① 방법론상 제약적인 공개적 면담을 통해 알아낸 결과로서 신뢰성이 약하고 주관적임
② 만족 차원과 불만족 차원이 상호 배타적이라고 하였으나, 후속연구에서 동기요인이 만족요인과 불만족요인에서 동시에 나타나는 경우가 많았음

> **Level up**
> 동기요인 추구자와 위생요인 추구자의 특징
> 1. **동기요인 추구자** : 작업을 통한 목표 달성, 승진, 자아실현 등의 측면에서 생각 ➡ 욕구체계이론 중 상위 욕구에 관심을 두고 있음
> 2. **위생요인 추구자** : 보수, 근무조건, 감독, 지위, 직업 안정, 사회적 관계 등의 측면에서 생각 ➡ 욕구체계이론 중 하위 욕구에 관심을 두고 있음

(5) 학교조직에 주는 시사점
① 학교조직 내에서 교사들의 동기요인을 충족시켜 줄 수 있도록 노력해야 함
② 보수나 근무조건의 개선보다 가르치는 일 자체를 통한 발전, 도전감, 책임감 등을 통하여 동기가 활성화됨을 전제로 함 ☆
  ㉠ 자발적인 참여에 기초하여 교사의 전문성 신장 및 수평적 협력을 통한 성장과 발전 방안을 모색
    예 자발적인 교사 연수회·동학년 교과협의회·전문적 학습공동체 운영, 교내외 강사 인력풀 구축하여 연수 등의 기회 지원
  ㉡ 수업과 직접적으로 관련되지 않은 업무들은 최대한 경감하고, 교사가 자신의 전문성을 높이고 성취감을 가질 수 있는 기회를 적극적으로 제공함
③ 교사의 동기요인, 즉 직무만족과 직무성과를 제고하기 위한 노력은 직무재설계 프로그램의 구안과 실행으로 이어짐

(6) **직무재설계 프로그램의 종류**
① **직무풍요화(job enrichment)**
  ㉠ **필요성**: 교사는 보수나 근무조건의 개선보다는 가르치는 일 그 자체를 통한 발전감, 책임감, 도전감 등을 경험하면 동기가 활성화되기 때문에 직무 자체 또는 수행방식 등을 변화시키는 것이 필요함
  ㉡ **개념**: 직무수행에 다양한 작업내용이 포함되고 보다 높은 수준의 지식과 기술을 필요로 하며, 작업자에게 자신의 성과를 계획·지휘·통제할 수 있는 자율성과 책임을 많이 부여하고, 개인적 성장과 의미 있는 작업경험에 대한 기회가 제공될 수 있게끔 직무의 내용을 재편성하는 것
  ㉢ **효과**: 교사에게 직무수행상의 책임 증가, 권한과 자유재량권을 부여, 구성원들로 하여금 자신의 능력을 발휘할 수 있는 기회를 갖도록 하여 직무수행의 과정에서 도전·보람·흥미·심리적 보상을 얻음 예 학습연구년제
② **직무특성이론(job characteristic model)**
  ㉠ 욕구계층이론, 동기-위생이론, 기대이론에 바탕을 둔 이론
  ㉡ 직무에 내재된 특성(기술 다양성, 과업 정체성, 과업 중요성, 자율성, 피드백)이 구성원의 심리상태를 변화시키고, 이러한 심리상태가 개인의 직무동기와 만족, 직무효과까지 높여주는 과정 설명
③ **경력단계 프로그램**
  ㉠ **필요성**: 교직은 다른 직종에 비해 단순한 직급체계를 갖고 있어 대다수 교사들은 경력이 쌓여도 승진하거나 직위권력을 갖지 못해 조직에 영향력을 행사하기 어려움
  ㉡ **개념**: 교사의 자격과 단계를 보다 세분화하여 지속적으로 새로운 지식과 기술, 전문성을 계발할 수 있는 기회와 보상을 제공하고 직무의 다양성과 책임을 증가시켜 궁극적으로 교직의 보람과 만족을 경험하게 하려는 것 예 수석교사제

Level Up
직무재설계
직무수행과 관련된 의사결정과정에 구성원을 적극적으로 참여시키고, 자신의 성과를 계획·통제할 수 있도록 자율성과 책임감을 부여하며, 높은 수준의 지식 및 기술을 요하는 작업내용을 직무에 포함시켜 성취감을 느끼도록 하는 것

Level Up
학습연구년제
- 교원들의 전문성 향상을 위해 1년간 학교현장의 업무부담에서 벗어나 소속 학교 외에서 연구활동을 할 수 있도록 지원하는 특별연수 제도
- **목적**: 교원 전문성 신장 교원 사기 진작, 학교 교육의 질 향상, 교원 재충전
- 교원능력개발평가 우수 교사에 대한 인센티브로 주어지는 전문성 신장 기회
- 우수 교사의 학습욕구를 지원하여 전문성을 심화시키고 재충전하도록 함

Level Up
수석교사제
1. **개념** ☆
   교사의 자격 구분을 수업전문성의 수준에 따라 분화시켜 최상급의 교사를 '수석교사'로 명명하고, 교내 장학, 상담, 연구 등의 기능을 수행하도록 하는 제도
2. **목적** ☆
   - 선임교사가 행정관리직, 즉 교장(감)이 되지 않고도 정년까지 수업, 장학, 신규교사 지도를 맡는 역할을 담당하여 그동안 일원화된 교원자격체제를 이원화시킴
   - 수업전문성을 가진 교사가 우대받으며 교직에 명예롭게 종사할 수 있도록 하는 교직풍토를 조성하기 위해 실시함
3. **역할**
   - 매달 일정 금액의 연구활동비가 지급되고, 담임업무를 맡지 않으며, 수업 시수는 학교별로 교사 1인당 평균 수업시수의 절반으로 줄어듦
   - 동료교사에 대한 교수 및 연구활동 지원, 학교 및 교육청 단위의 수업 컨설팅, 교육과정 및 교수·학습·평가방법 개발 및 보급, 교내 연수 주도, 신임교사 멘토 역할 등 다양한 업무를 맡으면서 해당 교과의 수업 지원활동을 하게 됨

3 앨더퍼(Alderfer)의 생존 – 관계 – 성장이론(ERG 이론)

(1) 전제
① 인간의 욕구는 체계적으로 정돈될 수 있음
② 욕구가 피고용자의 동기를 결정하는 중요한 요인임
③ 낮은 수준과 높은 수준의 욕구 간에 근본적 차이가 있음

(2) 특징
① 허즈버그와 매슬로우의 이론을 확장시킴
② 욕구체계이론이 직면한 문제를 극복하고 보다 현실에 맞게 수정된 이론
③ 행동의 추상성을 기준으로 '생존 욕구, 관계 욕구, 성장 욕구'로 분류함
④ 인간은 여러 가지 욕구를 동시에 경험할 수 있음
⑤ 상위 욕구의 계속적인 좌절은 낮은 수준의 욕구로 귀환하도록 함

(3) 3단계 욕구 ☆
① **생존욕구**
  ㉠ 인간이 생존을 위해 필요로 하는 욕구
  ㉡ 매슬로우의 욕구단계 중 '생리적 욕구, 안전욕구'에 해당함
  ㉢ **충족 방법**: 보수, 작업환경, 직업안정, 근무조건, 연금제도, 복리후생, 근무환경 개선
② **관계욕구**
  ㉠ 인간이 사회적 존재로서 타인과 인간관계를 맺고자 하는 욕구
  ㉡ 애정과 혐오를 표현하고 타인과 친근하고 따뜻한 개인적 관계를 발전시킴으로써 충족함
  ㉢ 매슬로우의 욕구단계 중 '소속의 욕구, 존경의 욕구(타인으로부터의 존경)'에 해당함
  ㉣ **충족 방법**: 교사 간 비공식조직 모임 활성화, 전문적 학습공동체 지원, 동료교사 및 교장·교감과의 소통 기회 마련
③ **성장욕구**
  ㉠ 인간이 성장·발전하고 잠재력을 최대한으로 발휘하고자 하는 내적 욕구
  ㉡ 매슬로우의 욕구단계 중 '자아실현 욕구, 자존의 욕구(자기존경)'에 해당함
  ㉢ **충족 방법**: 교사 전문성 함양을 위한 연수, 교사 훈련프로그램 지원, 다양한 자율장학, 직업에 대한 자긍심 함양 기회, 직무풍요화

(4) 욕구의 작용원리[매슬로우(만족 & 진행) + 좌절 & 퇴행 요소] ☆
① **욕구 좌절**: 고차원적 욕구인 '성장욕구'가 어떤 상황에 의해 실현이 좌절되면 저차원적 욕구인 '관계의 욕구'에서 이를 보상받으려고 함 ⇨ 매슬로우와의 차이점
② **욕구 강도**: 저차원적 욕구인 '생존욕구'가 충족될수록 고차원적 욕구인 '관계욕구'가 커짐
③ **욕구 만족**: 각 수준의 욕구가 충족되지 않을수록 그 욕구에 대한 바람은 더욱 커짐
  ⇨ 매슬로우와의 차이점

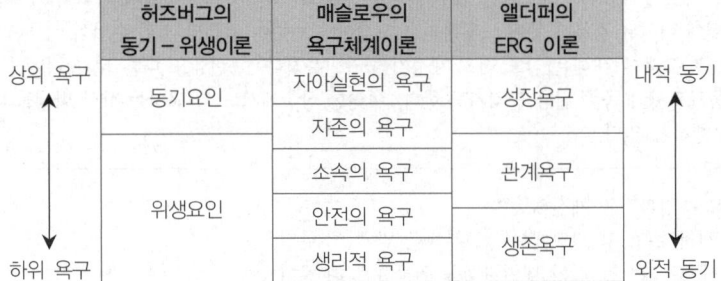

[그림 4-11] 매슬로우, 허즈버그, 앨더퍼 이론 비교(주삼환 등)

Theme 93 기출 CHECK!

01 현행 초·중등교육법 및 동법시행령에 근거할 때, 다음 대화 중 수석교사제도에 대한 설명으로 옳은 것을 모두 고르면? ● 13 중등

> 김 교사 : 이번에 최 선생님이 수석교사가 되셨더군요.
> 이 교사 : ㉠수석교사가 되려면 최소 20년 이상의 교육경력이 있어야 하는데 최 선생님이 그렇게 되셨군요. 이제 최 선생님은 ㉡동료 선생님들의 교수·연구활동을 지원하시겠네요. 그런데 학급 담당은 어떻게 되시나요? 수석교사는 학급을 담당하지 않죠?
> 김 교사 : ㉢원칙적으로 학급을 담당하지는 않지만, 학교 여건에 따라서 학급을 담당하게 될 수도 있죠.

① ㉡　　② ㉢　　③ ㉠, ㉡　　④ ㉡, ㉢　　⑤ ㉠, ㉡, ㉢

02 다음은 어떤 이론을 학교에 적용한 내용이다. 이 내용에 가장 부합하는 (가) 이론과 (나) 제도를 바르게 짝지은 것은? ● 12 중등

> • 교사가 더 큰 내적 만족을 얻을 수 있도록 직무를 재설계하는 방법을 모색한다.
> • 교사의 동기는 보수 수준이나 근무 조건의 개선보다 가르치는 일 그 자체의 성취감 등을 통해 더욱 강화된다.
> • 교사에게 직무 수행상의 책임을 증가시키고, 자신의 능력을 발휘할 수 있도록 기회와 재량권을 부여하여 심리적 보상을 얻게 한다.

	(가)	(나)
①	공정성이론	학습연구년제
②	공정성이론	수석교사제
③	목표설정이론	교원성과급제
④	동기-위생이론	수석교사제

03 허즈버그(F. Herzberg)의 동기-위생 이론(motivation-hygiene theory)에 근거할 때, 다음의 상황에서 김 교사의 직무 동기를 유발시키는 방법으로 가장 효과적인 것은? ● 09 초등

> 김 교사는 출근하는 데 2시간가량 걸리는 초등학교로 1년 전에 전근 발령을 받아 정보부장의 직무까지 수행하면서 피로감을 많이 느끼고 있다. 정보부장이라는 직위를 가지고 있지만 정보실 관리와 정보관련 업무에 대한 권한과 책임이 학교장에게 있어서 학교장의 지시에 따라 정보관련 업무를 수행하고 있다. 정보실에 비치된 컴퓨터 등이 노후화되고 고장이 빈번하여 컴퓨터 관련 수업이 이루어지지 못하는 경우가 자주 발생하지만, 학교에서는 정보관련 교육에 대해 관심도 적고 재정지원도 미흡하다. 그런데도 다른 교사들은 정보부장 탓만 한다. 또한 학교 방침에 대한 의견 차이로 동료교사와 종종 갈등을 겪기도 한다. 이러한 상황에서도 김 교사는 항상 학생들의 정보 역량 육성 방안에 대해 고민을 하면서 직무를 수행하고 있다.

① 정보실의 컴퓨터를 최신 기종으로 교체하고 수업환경을 개선해 준다.
② 김 교사를 집 근처의 학교로 특별 전근을 시켜 주고 그 학교에서 정보부장을 맡게 해 준다.
③ 인간관계 개선 프로그램을 통해 김 교사와 동료 교사들 간의 대인관계를 원활하게 해 준다.
④ 정보부에 대한 재정 지원을 확대해 주고 김 교사에게 업무 실적에 따른 성과급을 지급해 준다.
⑤ 김 교사가 정보관련 업무 전체에 대한 권한과 책임을 위임받아 자율적으로 일을 수행하게 해 준다.

정답 01 ④　02 ④　03 ⑤

04 다음에서 권 교사에게 해당하는 직무설계방법으로 가장 올바른 것은? ● 07 초등

> 초등학교 정보부장인 권 교사는 할당된 업무를 충실하게 수행한다고 인정받고 있었다. 최근 학교장은 그동안 자신이 수행하던 정보 관련 대외 업무를 권 교사에게 일임하고 정기적으로 보고받는 방식으로 직무를 재설계하였다. 권 교사는 자신에게 위임된 업무에 대해 책임감을 갖고 자율적으로 수행하게 되었으며, 이로 인해 직무 만족도가 높아지고 교직 전문성도 향상되었다.

① 직무 순환(job rotation) ② 직무 풍요화(job enrichment)
③ 직무 공학화(job engineering) ④ 직무 단순화(job simplification)

05 만족요인과 불만족요인을 조화롭게 투입하여 작업자의 욕구를 충족시켜줌으로써 작업수행에 헌신할 수 있도록 해야 한다고 강조한 이론은? ● 03 5급 행정고시

① 욕구 단계 이론 ② 기대 이론 ③ 공정성 이론 ④ 동기-위생 이론

06 허즈버그(Herzberg)의 동기-위생이론에 비추어 볼 때, 충족되는 경우에 교사의 직무 만족감 증진에 가장 크게 기여하는 것은? ● 02 중등

① 보수 ② 근무 조건 ③ 학생의 존경 ④ 동료와의 관계

07 교사들의 동기를 유발하기 위한 노력 중에서 위생요인과 관련되는 것은? ● 00 서울 초등
① 교육현장의 열악한 근무 여건을 개선한다.
② 교육과정운영에서 교사의 자율성을 확대시킨다.
③ 가르치는 일 자체에 대한 만족감을 높여주는 방안을 마련한다.
④ 교직 자존심을 유지할 수 있도록 사회적으로 존중해 주는 풍토를 조성한다.
⑤ 교사들이 전문적 성장을 계속할 수 있도록 현직교육 및 연수프로그램을 개발한다.

정답 04 ② 05 ④ 06 ③ 07 ①

08 동기 – 위생 이론의 관점에서 볼 때, 교사의 직무 만족과 관련된 동기 요인은? • 00 초등 추시
① 학교 내 지위
② 보수 및 근무 조건
③ 수업 능력에 대한 인정
④ 교장 및 교감과의 원만한 관계

09 다음의 주장을 효율적으로 실현할 수 있는 제도적 장치는? • 00 초등

| 풍부한 교직 경험을 갖춘 교사가 자긍심을 갖고, 전문적인 지식과 기술 및 교육 실제에 대한 연구 결과를 바탕으로 하여 학교 내 신임교사나 예비 실습 교사를 지도할 필요가 있다. |

① 수석교사제의 도입
② 윤리강령의 개정
③ 교원연수의 학점화
④ 교육관리직의 확대

10 다음 그림은 동기 이론들 간의 관계를 나타내고 있다. 표 안의 (가)~(라) 중에서 적절하지 않은 것은? • 01 초등

	허즈버그(Herzberg)의 요인이론	매슬로우(Maslow)의 욕구이론	앨더퍼(Alderfer)의 ERG 이론
고차적 욕구 ↑	(가) 동기요인	자아실현 욕구	(라) 만족 욕구
		(나) 존중 욕구	
	위생요인	소속 욕구	관계 욕구
		(다) 안전 욕구	생존 욕구
↓ 기본적 욕구		생리적 욕구	

① (가)   ② (나)   ③ (다)   ④ (라)

정답 08 ③ 09 ① 10 ④

Theme 94 동기의 과정이론

기출 12 초등, 08 중등

1 브룸(Vroom)의 기대이론 ☆

[그림 4-12] 브룸의 기대이론

(1) 전제
① 사람은 자신의 행동이 가져올 결과 혹은 개인적인 보상에 대해 기대했던 가치를 주관적으로 평가한 다음 어떻게 행동할 것인가 선택함
② 개인의 가치와 태도는 역할기대와 학교문화 같은 환경적 요소와 상호작용하여 행동에 영향을 줌

(2) 개념
① 유인가(Valence), 보상기대(Instrumentality), 성과기대(Expectancy)를 중심으로 이론을 구성하여 '유인가 – 보상기대 – 성과기대 이론(VIE theory)' 혹은 '가치이론(value theory)'이라고도 함
② 개인의 동기는 노력을 쏟은 결과로 얻게 될 성취 수준에 대해 인지된 '성과기대'와 성과로 얻게 될 보상에 대한 '보상기대' 간의 함수이며, 양자는 개인이 느끼고 있는 유인가에 의해 조정됨
③ 가장 큰 동기를 유발하기 위해서는 높은 긍정적 유인가, 높은 성과기대, 높은 보상기대가 필요함
  ⇨ 자신이 노력하면 성과를 이룰 것이라는 성과기대와 그 성과에 대해 보상이 주어질 것이라는 보상기대, 그러한 성과와 보상이 높은 목표 매력성(유인가)을 지닐 때 동기가 촉진됨

(3) 요소
① 유인가(목표 매력성) ☆
  ㉠ 보상에 대해 가지는 매력 혹은 인지적 가치로서, 특정 보상에 대한 개인적인 욕망의 강도
  ㉡ 자신의 이익을 위해 유익하거나 자신의 권리에 대해 중요하다고 생각하고 믿는 정도
② 성과
  ㉠ 행위를 하고 나서 얻을 수 있는 결과
  ㉡ 성과의 종류
    • 1차 수준의 성과: 사람이 어떤 일을 해서 직접적으로 또는 즉시 얻어진 결과
      예 직무성과, 생산성 등
    • 2차 수준의 성과: 1차 수준의 성과가 가져올 보상
      예 금전, 승진, 휴가, 인정 등
③ 성과기대(노력과 성과의 연계) ☆
  ㉠ 과업에 관련된 노력이 어떤 수준의 성과를 가져올 것인가에 대한 신념의 강도
  ㉡ '내가 열심히 하면 성공할 수 있을까'하는 질문으로 표현될 수 있음
④ 보상기대(수단성, 성과 – 보상의 연계) ☆
  ㉠ 좋은 과업수행은 주목을 받고, 보상을 받을 것이라고 지각된 확률
  ㉡ 개인이 수행과 보상 간에 밀접한 관련이 있다고 지각할 때 높음

(4) 동기부여 방안 ☆
① 높은 성과기대: 노력하면 성과를 얻을 수 있다는 믿음을 줄 것
② 높은 보상기대: 높은 성과가 보상으로 이어질 수 있게 보상기대를 갖게 하며, 보상에 대해 구체적으로 제안할 것
③ 높은 유인가: 보상의 매력도를 높이고자 구성원들이 원하는 보상내용을 파악하고 이를 활용할 것

출제 pick!
☆ 브룸의 기대이론에서 유인가, 성과기대, 보상기대의 개념, 동기부여 방안
☆ 포터와 로울러의 성취-만족 모형에서 동기 결정요소
☆ 아담스의 공정성이론에서 공정성을 지각하는 상황, 공정성 회복을 위한 행동, 시사점과 한계
☆ 로크와 라탐의 목표설정이론의 개념, 목표의 기능, 스티어스가 제시한 좋은 목표의 특징

Level up

교원성과급제도
1. 개념
학교조직에 공헌할 수 있는 잠재적 능력 또는 가능성이 아니라, 현실화된 공헌도인 '교원의 생산량'을 기준으로 결정되는 보수
2. 도입
우수한 교원에 대한 보상을 통해 사기를 진작시키고 근무의욕을 고취시키는 등 교원을 동기부여하기 위한 목적으로 도입됨
3. 이론적 근거
브룸의 기대이론과 아담스의 공정성 이론에 근거
4. 성과급 체계
2010년 교원성과급 지급 지침 변경 이후 교사성과 평가 기준에 경력을 반영하지 않으며 개인성과급과 학교성과급 체제로 이원화되었다가, 학교성과급의 신뢰성 및 타당성 문제로 학교성과급이 2015년 폐지되어 현재 단위학교 자체기준에 따라 70~100%의 차등지급률을 둔 개인성과급만 지급

2 포터(Porter)와 로울러(Lawler)의 성취 – 만족이론(performance – satisfaction theory)

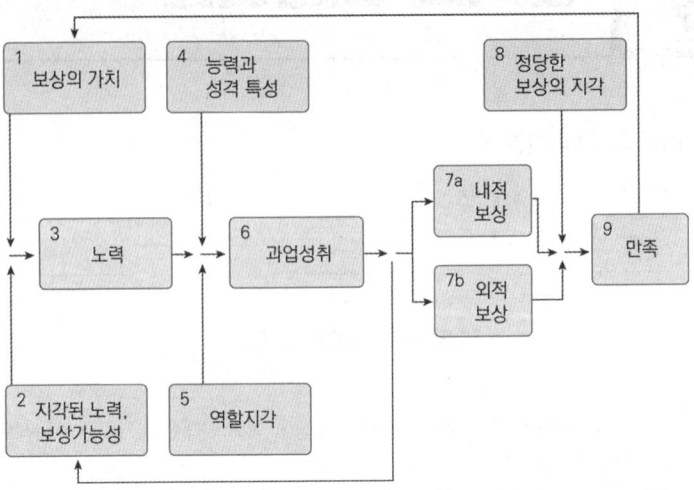

[그림 4-13] 포터와 로울러의 성취 – 만족이론

Level Up

포터와 로울러의 성취-만족이론의 시사점
- 학교경영자는 교사들에게 노력하면 성과를 얻을 수 있다는 큰 믿음을 줄 수 있어야 함
- 보상기대, 즉 성과와 보상의 연결 정도를 구체화하기 위해서 학교조직에서 직위 배분 결정에 교사의 참여와 투명한 결정 과정이 중요
- 교사가 생각하는 보상에 대한 유의성, 즉 보상에 대한 매력의 정도를 증진시켜야 함 ➡ 교사가 바라는 바의 인센티브를 적절하게 제공하는 것이 중요
- 자신이 해야 할 역할이 분명하면 노력을 집중시킬 수 있고 성과가 높아져 보다 나은 보상을 받을 수 있음 ➡ 교사가 역할기대를 분명히 할 수 있도록 지원해야 함

(1) 특징
① 직무수행능력(노력)은 보상에 대해 부여한 가치, 어떤 노력이 보상을 가져다줄 것인가에 대한 기대에 의해 좌우됨
② 피고용자의 능력 및 성격 특성, 역할지각이 성과(과업성취)에 영향을 미침
③ 성과(과업성취)의 수준은 내적 보상이나 외적 보상을 가져옴
④ 노력에 의한 직무성취는 개인에게 만족을 줄 수 있는데, 이때 만족을 주는 힘은 그에 결부된 내재적 및 외재적 보상에 의하여 강화
⑤ 개인은 실제로 받은 보상이 얼마나 공정(정당)한가를 고려하고, 이에 따라 보상에 대한 만족의 수준이 달라짐 ⇨ 내재적 및 외재적 보상이 있더라도 그것이 불공정하다고 지각되면 개인에게 만족을 줄 수 없음

(2) 동기 결정요소 ☆

구분	개념 및 특징
보상의 가치	• 브룸의 이론에서 '유인가'와 같은 개념 • 어떤 결과가 어느 정도 매력적인가 하는 것
지각된 노력, 보상 가능성	• 브룸의 이론에서 '성과기대'와 '보상기대'의 개념을 합한 것 • '노력 ⇨ 성과'와 '성과 ⇨ 보상' 요소로 구분됨
노력	• 어떤 과업수행을 얼마나 열심히 하느냐, 즉 과업수행에 대한 에너지 • 보상의 가치와 노력 vs 보상 확률에 대한 지각에 의해 노력 강도가 결정됨
능력과 성격 특성	• 비교적 장기적이고 안정된 개인의 특징 • 과업수행을 위해 현재 개인이 갖추고 있는 것
역할지각	• 효과적인 직무 수행을 위해 요구되는 자신의 역할에 대한 인식
과업성취 (성과)	• 과업을 완성한 정도나 노력의 결과로 나타난 생산성을 말하는 것 • 능력과 성격 특성 및 역할지각에 의해 영향을 받음
내적·외적 보상	• 내적인 심리 보상과 외적인 물질 보상이 있음 • 이러한 보상은 과업수행을 바람직하게 이루었을 때 파생됨
정당한 보상의 지각	• 과업 성취 수준에 따라 마땅히 받아야 한다고 생각하는 수준 or 양의 보상 • 과업의 성취와 만족의 관계를 결정
만족	• 받은 보상이 지각된 공정성 수준에 부합되거나 초과하는 정도

3 아담스(Adams)의 공정성이론 ✪

자신 : A		타인 : B
$\dfrac{성과}{투입}$	vs	$\dfrac{성과}{투입}$

[그림 4-14] 아담스의 공정성이론

공정성의 개념은 포터와 로울러의 성취-만족이론에서도 '지각된 공정한 보상'의 개념으로 등장한 바 있을 정도로 많은 사람들에게 중요한 동기가 됩니다. 공정성이론에 근거했을 때 교원성과급제도 및 교원능력개발평가, 교원인사제도 등과 관련해 구성원들의 동기를 높일 수 있는 방법을 고민해 보세요.

(1) 개념
① 동기 요인으로서 한 개인이 타인에 비해 얼마나 공정한 대우를 받고 있다고 느끼는지에 초점을 두고 정립된 이론
② 개인은 자신이 수행한 일로 받은 성과와 이를 얻기 위해 자신이 투사한 투입에 대한 특정한 신념을 가지고 있으며, 자신의 투입-성과 비율을 타인의 투입-성과 비율과 비교함
  ⊙ **성과** : 과업을 수행한 결과로서 특정인이 받게 되는 것
    ⓔ 특정인이 받게 되는 보수, 승진, 직업안정, 부가적 혜택, 근무조건, 인정 등
  ⓒ **투입** : 과업을 수행하기 위해 특정인이 기여하는 모든 것
    ⓔ 교육, 경험, 능력, 훈련, 개인적 특성, 노력, 태도 등을 포함
③ 비율이 동등할 때 사람들은 공정한 대우를 받고 있다고 느끼고 직무에 대한 만족을 느끼는 반면, 이 비율이 동등하지 않을수록 사람들은 불공정하다고 느끼고 직무에 대해 불만을 갖거나 불안과 긴장을 느낌 ✪ ⇨ 공정성 회복을 위한 행동을 보임

(2) 공정성 회복을 위한 행동 ✪

구분	개념 및 특징
투입 조정 (투입의 변경)	• 비교 대상과 비교해 낮은 봉급을 받고 있다고 느끼면 직무에 대한 시간과 노력을 감소시킴 • 반면 과대 보상을 받는다고 느끼면 직무수행의 양과 질을 높임
성과 조정 (결과의 변경)	• 노력이나 투입의 증가 없이 보수, 근무조건의 개선을 요구함 • 다른 산업이나 조직과의 불공정성을 없애려 할 때 나타남 ⓔ 노조의 압력 등으로 임금인상이나 작업조건 개선
투입과 성과에 대한 인지적 왜곡	• 인지적 불협화이론에 의하면 개인은 긴장이나 불일치를 감소시키기 위해 양립할 수 없는 지각 중 하나를 수정하기 위해 노력함 • 투입과 성과를 실질적으로 변경시키지 않고 단지 이들을 인지적으로 왜곡시켜 지각함 ⓔ • 만일 타인이 자신보다 불균형하게 높은 성과를 받을 경우에 타인이 자신보다 많은 직무지식이나 지능을 가지고 있는 것으로 추론함으로써 자신의 지각을 왜곡시킴 • 대학을 나온 사람이 고등학교를 나온 사람보다 월급이 적을 때, '그는 업무능력이 나보다 나으니까.'라고 여기거나 '그가 월급은 많더라도 승진의 기회는 내가 더 많으니까.'라고 생각함
비교대상의 투입과 성과의 변경 (비교대상의 투입과 성과에 대한 영향력 행사)	• 비교대상이 되는 타인에게 영향력을 행사하여 투입이나 산출을 낮추도록 하거나 혹은 높이도록 함
비교대상의 변경	• 비교대상을 다른 대상으로 변경함으로써 불공정함을 줄이고자 함
조직 이탈(퇴직)	• 직장을 그만두거나 다른 부서로 전근을 가려 하거나 결근하는 등의 행동을 함 • 불공정성이 극히 클 때 또는 개인이 이를 감당할 수 없을 때 나타남

(3) **시사점** ☆
① 학교경영자는 조직에서의 사회적 비교과정에 주의를 기울여야 하며, 교사를 공정하게 대우해야 함
② 교사 동기유발 시 지각의 중요성을 인식하고 공정한 조직문화풍토를 구축해야 함
③ 공정성 또는 불공정성에 관한 판단은 개인적인 차원에서만 이루어지는 것은 아니며, 조직 내·외의 다른 작업자와의 비교가 포함된다는 점을 유의해야 함

(4) **한계** ☆
① 공정성에 대한 판단이 주관적임
② 사람은 마땅히 받아야 할 것 이상을 받는 것보다는 더 적게 받는 것에 민감하기 때문에, 균형적 판단에 어려움이 있음

4 로크(Locke)와 라탐(Latham)의 목표설정이론 ☆

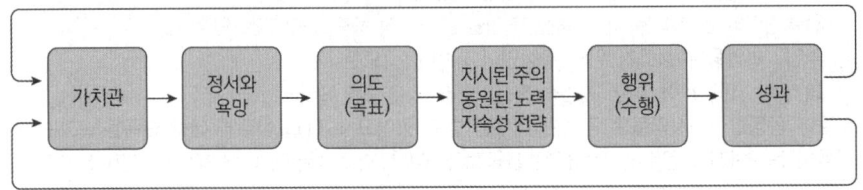

[그림 4-15] 목표설정이론의 일반 모델

(1) **개념** ☆
① 인간의 행동을 결정하는 인지적 요인을 '가치관과 목표'로 봄
② 조직구성원이 직무수행 시 달성해야 할 목표를 분명히 하고, 그 목표가 수용 가능한 것일 경우 동기가 유발된다고 봄
③ 인간은 자신의 가치가 바탕이 되어 정서와 욕망을 형성하며, 이를 토대로 목표(의도)를 설정하게 됨. 목표는 인간의 주의력·노력·지속성을 높이고, 과업수행 전략을 개발하도록 하여 실제 수행에 영향을 미치며, 결과적으로 성과에 영향을 주게 됨[가치 ⇨ 정서·욕망 ⇨ 목표(의도) ⇨ 주의·노력·지속성·전략 ⇨ 수행 ⇨ 성과]
④ 동기에 대한 인지적 접근방법 중 하나이며 목표관리(MBO), 기획예산제도(PPBS), 경영정보관리, 체제분석 등과 같은 경영기법에 적용됨

(2) **목표의 기능** ☆
① 개인의 동기와 과업에 대한 주의력을 증진시켜 과업수행을 높이는 결정적 동인
② 개인이 행동에 투입하는 노력과 지속성을 증대시킴
③ 과업을 수행하는 방법을 효율화함으로써 동기와 과업수행력을 증진시키는 기제가 됨
④ 성공적인 목표 설정은 성공적인 과업수행을 위한 필수적 과정
⑤ 목표는 주의와 행동을 지시하고 에너지를 동원하며 보다 높은 노력을 발휘하도록 하고, 지속적인 노력을 증가시킴

(3) **스티어스(Steers)가 제시한 좋은 목표의 특징** ☆
   ① **목표의 구체성** : 막연한 목표보다는 구체적인 목표가 성과를 높일 수 있는 행동을 불러일으킴
   ② **목표의 곤란성** : 도전감이 문제해결에 많은 노력을 집중하도록 자극하므로 쉬운 목표보다는 다소 어려운 목표가 동기를 유발시킴
   ③ **목표 설정에의 참여** : 구성원이 목표 설정 과정에 참여함으로써 성과가 향상될 수 있음
   ④ **노력에 대한 피드백** : 노력에 대하여 피드백이 주어질 때 성과가 향상될 수 있음
   ⑤ **목표 달성에 대한 동료들 간의 경쟁** : 동료들 간의 경쟁이 성과를 높일 수 있음
   ⑥ **목표의 수용성** : 일방적으로 강요된 목표보다는 구성원이 자발적으로 수용한 목표가 더 큰 동기를 유발시킬 수 있음

(4) **시사점**
   ① 구체적·도전적이고 달성 가능한 목표는 과업수행 전략 개발뿐만 아니라 동기도 증대시킬 수 있음
   ② 조직구성원들에게 자발적으로 목표를 설정하도록 하는 것은 구성원들의 동기를 유발할 수 있음

(5) **비판**
   ① 목표가 실제 행위 또는 성과를 결정하는 주요 요인임을 강조하지만, 그 목표가 어떠한 속성을 가져야 하는가에 대해서는 체계적인 해답을 주지 못함
   ② 여러 변인이 결합하여 노력을 결정하는 방법에 대해서는 설명이 부족함
   ③ 목표 간 갈등의 문제를 설명하지 못함

(6) **목표설정이론의 영향을 받은 기법**
   ① **목표관리기법(MBO)**
      ㉠ 활동의 목표를 명료화하고 체계화함으로써 효율화를 기하려는 관리기법
      ㉡ 구성원을 목표 설정에 참여시켜 각자의 목표를 공동목표에 일치시키고 내면화하는 과정이 강조됨
   ② **기획예산제도(PPBS)** : 합리적 조직목표를 설정하고 이를 성취하기 위한 계획, 행동과정, 자원배분을 과학적으로 수립·설계함으로써 조직목표 달성의 효율성과 효과성을 향상하려는 체계적 기법
   ③ **정보관리체제(경영정보관리, MIS)** : 의사결정자가 합리적인 결정을 내릴 수 있도록 필요한 정보를 적시에 신속·정확히 제공하는 체제 ⇨ 조직목표를 보다 효율적·효과적으로 달성할 수 있도록 조직화된 통합관리체제

> **설쌤의 팁**
> 브룸의 기대이론, 포터와 로울러의 성취-만족이론, 아담스의 공정성이론, 로크의 목표설정이론은 모두 동기요인들이 상호작용하는 과정에 초점을 둔 '동기과정이론'에 해당합니다. 교육 현장에의 시사점과 연결해서 기억해 주세요.

Theme 94 기출 CHECK!

01 다음 내용에 가장 부합하는 동기이론은? •12 초등

- 최 교장은 교사들이 노력만 하면 성과를 얻을 수 있다는 믿음을 주기 위해서 교사를 위한 훈련 프로그램, 안내, 지원, 후원, 참여 등을 강화하였다.
- 최 교장은 교사들의 성과와 보상의 연결 정도를 분명히 하였다.
- 최 교장은 교사들이 생각하는 보상에 대한 유인가를 증진시키기 위해 교사들이 더 매력적으로 생각하는 보상내용을 파악하고 그들이 바라는 보상을 적절히 제공하였다.

① 브룸(V. Vroom)의 기대 이론
② 허즈버그(F. Herzberg)의 동기-위생 이론
③ 아지리스(C. Argyris)의 미성숙-성숙 이론
④ 알더퍼(C. Alderfer)의 생존-관계-성장 이론
⑤ 로크(E. Locke)와 라탐(G. Latham)의 목표설정 이론

02 동기부여에 관한 아담스(J. S. Adams)의 '공정성 이론'에서 가장 중시하는 인간의 욕구는? •08 중등

① 정서적 유대를 위한 소속의 욕구
② 타인과의 비교를 통한 형평의 욕구
③ 기본적 생존을 위한 생물학적 욕구
④ 조직의 목표 설정에 대한 참여의 욕구

정답 01 ① 02 ②

Theme 95 지도성 특성론과 지도성 행위론

학습 Check ○○○○○○
기출
25 중등

1 지도성(리더십, leadership) 이론 개관
① 리더십은 직무·직책의 속성, 개인의 특성, 실제 행위로 구성되며, 집단이나 개인이 관련됨
② 지도자의 위상, 행위, 개인적 특성뿐만 아니라 집단과 상황의 특성에 의존하며, 그 내용은 다양함
③ 조직목적의 달성을 위해 추종자와 집단에 영향력을 행사하는 과정임
④ 두 사람 이상의 관계에서 권력이 불균등하게 배분되어 있을 때 집단에 영향력을 발휘할 수 있는 지도자와 관련된 속성임
⑤ **지도성 연구 접근방법**: 특성론적 접근, 행동론적 접근, 상황론적 접근으로 구분
⑥ 최근에는 변혁적 지도성, 분산적 지도성, 카리스마적 지도성, 슈퍼리더십, 수업지도성 등이 있음

출제 Pick!
☆ 베니스와 카츠의 지도성 특성
☆ 레빈의 지도자 행동 유형
☆ 지도성 행위론의 시사점 및 한계

2 지도성 특성론
(1) **베니스(Bennis)와 카츠(Katz)의 지도성 특성 연구**
지도자의 과업 관련 능력에 초점을 둔 '사무능력, 인간관계능력, 상황파악능력'의 세 가지 특성 제시

구분	내용
사무능력	구체적 과업을 수행하기 위한 지식, 방법, 기술의 활용능력
인간관계능력	사람들과 함께 일을 하는 데 필요한 지도자의 능력
상황파악능력	과업을 전체적으로 조망하고 파악하는 능력

(2) **한계**
① 지도자의 특성에 대한 규명에 일관성이 결여되어 있음
② 지도자만의 명확한 특성을 발견하지 못함(지도자에게서 발견된 특성이 추종자들에게도 발견됨)
③ 지도성의 효과에 대한 추종자의 특성과 욕구의 영향 무시, 지도자 특성 간의 상대적 중요도를 제시하지 못함, 과업 환경 등과 같은 상황적인 요소를 고려하지 않음

3 지도성 행위론
(1) **아이오와(Iowa) 대학의 연구**: 권위적·민주적·자유방임적 지도성
① 개관
  ㉠ 레빈(Lewin) 등이 지도자 행동 유형에 따른 각 집단의 태도와 생산성에 미치는 영향을 분석함
② 연구 결과
  ㉠ 민주적 지도자를 가장 선호하고, 권위적 지도자를 가장 싫어함
  ㉡ 권위적 지도자 집단 ⇨ 참여자의 공격적 행동이나 냉담한 행동을 유발시킴
    ⇨ 생산성은 초기에 급격히 상승했으나 시간이 흐름에 따라 급격히 저하됨
  ㉢ 자유방임적 지도자 집단 ⇨ 좌절과 방향감각의 상실, 우유부단한 행동이 관찰됨
③ 지도자 행동 유형의 차이

행위	권위적 지도성	민주적 지도성	자유방임적 지도성
정책 결정	지도자 단독 결정	집단적 결정	정책 없음 (집단이나 개인적 결정에 대해 완전 자유)
과업기술과 활동 결정	지도자 단독 결정	지도자 암시 및 집단 결정	개인에 일임
계획 수립	지도자 단독 수행	계획 수립에 필요한 전망을 할 수 있도록 충분한 정보를 제공	체계적인 계획 수립이 없음
분업과 과업 할당	지도자가 명령	집단 결정에 일임	지도자가 관여하지 않음
평가	지도자 단독 수행, 지도자 개인의 칭찬과 비판	객관적 기준에 의한 평가	평가 없음 (다른 집단구성원에 의한 임의적 평가)

(2) **오하이오(Ohio) 주립대학의 연구** : 구조성·배려성 차원의 지도성
  ① **개관**
    ㉠ 다양한 집단의 지도자의 지도성 유형을 구분할 수 있는 지도자 행동 기술척도(LBDQ; Leader Behavior Description Questionnaire)를 개발함
    ㉡ 지도자의 행동 기술을 구조성(과업) 차원, 배려성(인화) 차원으로 구성하여 지도자의 지도성 유형을 구분함
  ② **지도자 행동 유형의 차이**
    ㉠ **구조성중심 지도자**
      • **구조성** : 지도자가 조직 수행목표에 초점을 두고 과업을 조직·설정·할당하고 집단의 성취를 평가하는 정도
      • **구조성중심 지도자의 특징** : 구성원 각자에게 기대되는 역할과 임무를 배정함. 미리 계획 수립함. 일처리 방법과 절차를 확립함. 결실을 보기 위해 일을 추진함
    ㉡ **배려성중심 지도자**
      • **배려성** : 지도자가 신뢰, 존경, 온화, 지원, 집단구성원에 대한 관심을 나타내는 정도
      • **배려성중심 지도자의 특징** : 구성원들의 아이디어를 청취함. 친절함. 사람들을 자주 만나며 공평함. 피고용자의 아이디어를 자주 활용함
  ③ **연구 결과**
    ㉠ 구조성과 배려성 두 차원 모두 높은 지도성 유형이 가장 효과적임
    ㉡ 존경받지 못하는 대다수 지도자들은 구조성과 배려성 두 차원에서 모두 평균 이하에 해당됨
    ㉢ 교육감은 공군지휘관에 비해 배려성 차원을 더 강조하고 구조성 차원을 덜 강조함

(3) **미시간(Michigan)대학의 연구** : 직무중심·종업원중심 지도성
  ① **개관**
    ㉠ 효과적인 지도자와 비효과적인 지도자를 식별할 수 있는 일관된 행동 양태를 발견하기 위해 지도자의 행위를 연구함
    ㉡ '직무중심 지도성'과 '종업원중심 지도성'으로 구분
  ② **지도자 행동 유형의 차이**

구분	직무(생산)중심 지도성	종업원(구성원)중심 지도성
오하이오 연구와의 비교	• 구조성중심 지도자와 유사함	• 배려성중심 지도자와 유사함
개념	• 생산성을 높이기 위해 구성원에게 끊임없이 압력을 가하는 지도자	• 구성원의 만족감과 높은 수행목표를 지닌 효과적 작업집단을 만드는 데 최선을 다하는 지도자
강조	• 종업원의 과업 수행과 성취를 위한 방법 강조	• 종업원의 개인적 욕구 충족과 인간관계 개선 강조
특성	• 과업의 표준을 엄격하게 설정함 • 과업을 세심하게 조직함 • 종업원이 따라야 할 상세한 작업 방법을 규정함 • 종업원의 작업을 면밀히 조언함	• 종업원과 우호적 관계를 가짐 • 개인적 의사결정 대신 집단 의사결정 방법을 택함 • 높은 성취목표를 설정하고 구성원을 격려함 • 구성원을 세심하고 신중하게 대하려고 노력함

  ③ **연구 결과**
    ㉠ 직무중심 관리자가 있는 부서의 생산성이 떨어짐
    ㉡ 생산성이 높은 부서의 관리자는 구성원에게 조직의 목적, 목표 설명 후 수행방법을 구성원에게 위임함

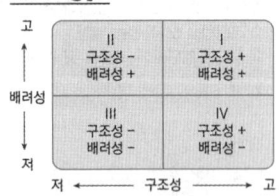

[그림 4-16] 구조성과 배려성을 조합한 지도성

(4) 블레이크(Blake)와 무튼(Mouton)의 관리격자(관리망, managerial grid)이론
  ① 개관
    ㉠ 가장 효과적인 지도자는 생산과 인간에 대한 관심이 모두 높다는 가정하에 출발
    ㉡ 지도자 성향의 차원을 생산과 인간에 대한 관심으로 규정한 관리망을 통해 다섯 가지 유형의 지도성을 추출함
  ② 지도자 행동의 다섯 가지 유형

유형	개념 및 특성
1.1 태만형	지도자가 조직에 계속 고용될 수 있을 정도의 최소한으로 요구되는 과업만을 수행함
9.1 권위형(과업형)	지도자는 권력, 권위, 통제를 통해 생산을 극대화하는 데 관심을 쏟음
1.9 사교형	지도자는 결과 생산성이 저하되는 일이 있어도 동료 간, 부하직원 간에 호감을 유지하는 데 관심을 쏟음
5.5 중도형	지도자는 현상에 순응하고 중도를 유지하거나 그럭저럭 잘해나가는 데 집중함
9.9 팀형	지도자는 집단구성원의 광범위한 참여를 통해 양적·질적 개선을 꾀하기 위한 목표중심적 접근방법을 활용함

(5) 지도성 행위론의 시사점 및 한계
  ① 시사점
    ㉠ 지도자의 행동에 초점을 맞춰 집단구성원의 태도와 생산성에 효과적인 리더십 유형을 탐색하고자 함
    ㉡ 과업지향은 '구조성, 직무중심, 생산에 대한 관심' 등의 용어와 유사함
    ㉢ 관계지향은 '배려성, 인화중심, 인간에 대한 관심' 등의 용어와 유사함
    ㉣ 효과적인 지도자는 과업과 관계에 대한 관심이 모두 높다는 것을 보여줌
  ② 한계
    ㉠ 대다수 연구가 지도성 효과성에 영향을 미치는 많은 환경변인들을 통제하지 못함
    ㉡ 효과적인 지도성 행동을 구체적이고 적절한 상황과 연계하지 못함

Theme 95 기출 CHECK!

논술 기출 CHECK

다음은 ○○ 고등학교에서 경력 교사와 신임 교사가 나눈 대화의 일부이다. 이 내용을 읽고 '변화하는 환경에서 교육의 기본에 충실한 교사'라는 주제로, 카츠(R. Katz)의 리더십 이론에 근거하여, 경력 교사가 언급한 '이와 관련된 능력'의 명칭과, 동료 교사와 관련한 이 능력의 구체적 실천 사례 2가지를 논하시오.

● 25 중등

> **신임 교사**: 예, 알겠습니다. 그리고 최근에는 교사가 최신 디지털 기술도 잘 활용할 필요가 있어서, 저는 이런 것에 관심을 갖고 배우는 데 집중했습니다. 또한, 학급과 학교에 대한 전반적인 상황을 파악하기 위해 노력했습니다.
>
> **경력 교사**: 네. 그러한 기술적 능력과 상황 파악 능력도 중요하죠. 그리고 학교는 다양한 사람으로 구성된 조직이므로 이와 관련된 능력도 키운다면 선생님의 교직 생활이 점차 좋아질 것이라 기대합니다.

Theme 96 상황적 지도성

1 피들러(Fiedler)의 상황적 지도성이론

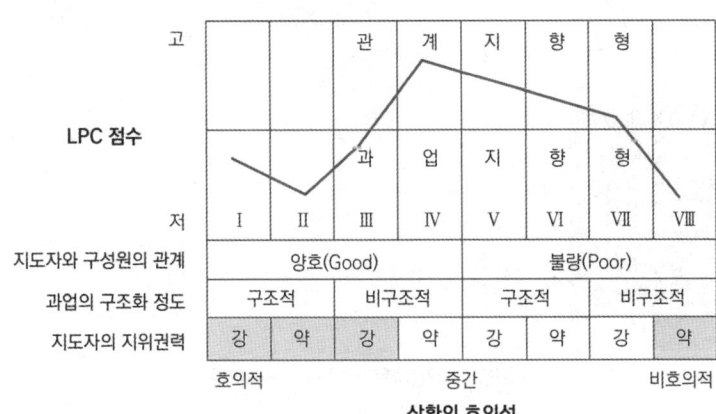

[그림 4-17] 피들러의 상황적 지도성이론

(1) 전제 ☆
높은 집단 성취를 달성하는 데 있어서 지도자의 효과는 지도자의 동기 체제와 지도자가 상황을 통제하고 영향을 주는 정도에 달려 있음

(2) 지도자 유형
① 관계지향형 지도자
② 과업지향형 지도자

(3) 상황
① '지도자와 구성원의 관계, 과업의 구조화 정도, 지도자의 지위권력'의 세 가지 요소를 포함하는 개념
② **상황의 호의성** : 상황이 지도자로 하여금 집단에 대해 영향력을 발휘할 수 있도록 하는 정도
③ **상황을 결정짓는 요소** ☆
   ㉠ **지도자와 구성원의 관계** : 지도자와 구성원 간 관계의 질
   ㉡ **과업의 구조화 정도** : 과업의 특성, 구조화 정도(과업이 명확하게 규정되고 수행방법이 체계화되어 있으면 구조화된 것이며, 그렇지 않으면 비구조화된 것임)
   ㉢ **지도자의 지위권력** : 지도자가 합법적·보상적·강압적 권력을 통하여 구성원의 행위에 영향을 줄 수 있는 능력 정도

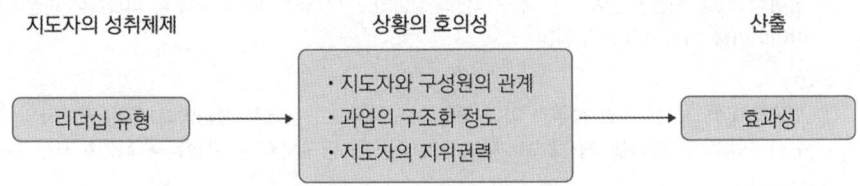

[그림 4-18] 피들러의 상황 이론

(4) 상황에 따라 효과적인 지도성 유형 ☆
① 지도자의 영향력이 대단히 크거나 작은 극단적인 상황 ⇨ **과업지향형**
② 지도자의 권력과 영향력이 중간 정도인 상황 ⇨ **관계지향형**

2 하우스(House)의 행로 - 목표이론(path - goal theory)

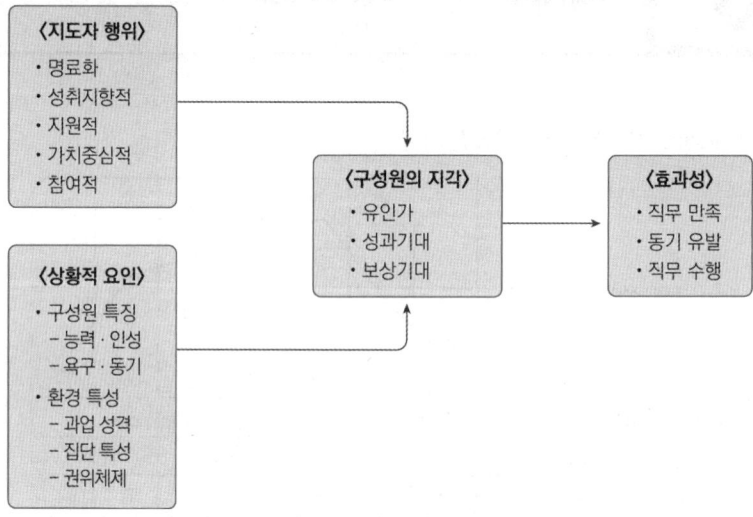

[그림 4-19] 하우스 행로 - 목표이론

(1) **근거**
동기에 대한 기대이론

(2) **개념**
지도자가 상황적 요인을 고려하여 목표 달성을 위한 적절한 행로를 제시할 때, 구성원이 그것을 어떻게 지각하는가에 따라 효과성이 달라짐

(3) **상황적 요인**
① 구성원의 개인적 특성 ⇨ 능력·인성, 욕구·동기
② 직무환경의 특성 ⇨ 과업 성격, 집단 특성, 권위체제

(4) **지도자 행위**
① 명료화 : 과업의 수행목적, 이행 수단, 수행 기준, 타인의 기대, 상벌 등의 명료화를 통해 구성원의 욕구와 선호를 효과적인 수행과 결부되도록 함
② 성취지향적 : 구성원에게 도전적인 목표를 설정해 주고, 개선을 추구하며, 구성원이 높은 수준의 성취 목표를 가지도록 자신감을 심어주는 행동을 함
③ 지원적 : 구성원의 복지에 관심을 가지며, 친절하고 지원적인 직무 환경을 조성하고, 구성원의 욕구와 선호를 배려하고 지원함
④ 가치중심적 : 구성원이 소중히 생각하는 가치에 호소하고, 자기효능감과 언행일치 행동을 증대시키며, 자신의 가치 기준을 지도자의 비전과 집단의 목적에 기여하는 데 두도록 유도함
⑤ 참여적 : 일에 관련된 문제에 관해 구성원과 상담하고, 그들의 의견을 구하며, 의사결정 과정에서 구성원의 아이디어를 활용하려고 노력함

(5) **결론**
① 지도자의 효과성을 과업 성취가 아닌 구성원의 심리적 관점에서 정의함에 따라, 지도자의 행동이 조직 구성원의 직무 만족을 개선하고, 지도자의 수용을 증진시키며, 구성원을 동기화시킨다는 측면에서 효과적임
② 지도자는 조직구성원의 동기 유발을 위해 그들의 욕구에 가장 적합한 지도성 유형을 활용해야 함

3 레딘(Reddin)의 3차원 지도성 유형
(tri-dimensional leadership effectiveness model)

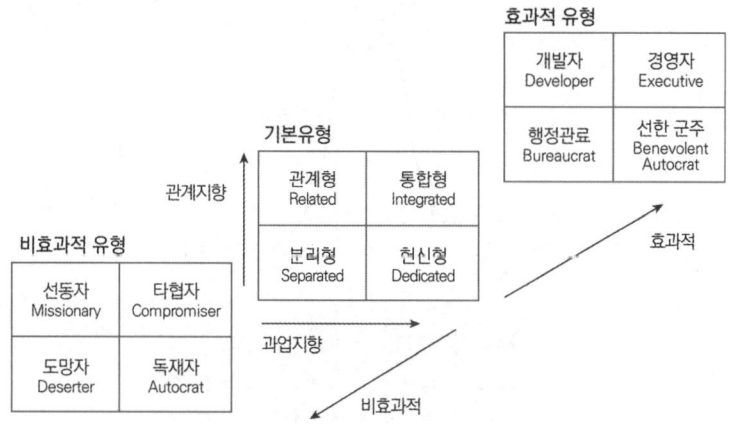

[그림 4-20] 레딘의 3차원 지도성 유형

(1) 배경

오하이오 주립대학 연구에서 제시한 지도성의 '구조성 차원'과 '배려성 차원'에 '효과성 차원(지도자가 그의 역할에 요구되는 산출을 달성하는 성공의 정도)'을 추가해 지도성 유형과 환경적·상황적 요구를 통합함

(2) 내용

① 지도성은 '통합형, 분리형, 헌신형, 관계형'의 네 가지 유형으로 나눌 수 있으며, 지도성 유형은 상황에 따라 효과적일 수도 있고 비효과적일 수도 있음

② 지도성 유형

지도자 유형	효과적 유형	비효과적 유형
통합형	• **경영자**: 부하직원에게 동기를 부여하고, 높은 표준을 설정하며, 개인차에 관심을 두고 팀 접근방법을 선호하는 자	• **타협자**: 부당한 압력에도 지나치게 영향을 받는 보잘것없는 의사결정자로, 제약과 문제에 너무 쉽게 굴복함
분리형	• **행정관료**: 공명정대하고, 규칙·규정을 성실하게 수행하는 자	• **도망자**: 무관심하면서 때로는 남의 일에 간섭하며, 책임을 포기하는 자
헌신형	• **선한 군주**: 해야 할 일을 알고, 적개심을 유발하지 않으면서 일을 효율적으로 하는 역동적·적극적인 추진자	• **독재자**: 무감각하고, 고압적이고, 완고하고 타인을 불신하며, 현안 문제에만 관심을 가진 자
관계형	• **개발자**: 타인을 신뢰하는 온화한 인간이며, 타인의 개인적 발전에 관심을 가진 자	• **선동자**: 기본적으로 조화에 관심을 두지만, 조직이 목적 없이 표류하는 동안에도 선의만을 떠드는 자

(3) 결론 및 한계

① **결론**: 효과적인 지도자란 상황에 적합하게 자신의 지도성 유형을 바꾸어 나갈 수 있음

② **한계**: 효과적인 지도자 행동에 부합하는 '적절한' 상황이 무엇인지에 대해 명확하게 제시하지 못함

4 허쉬(P. Hersey)와 블랜차드(K. H. Blanchard)의 상황적 지도성이론

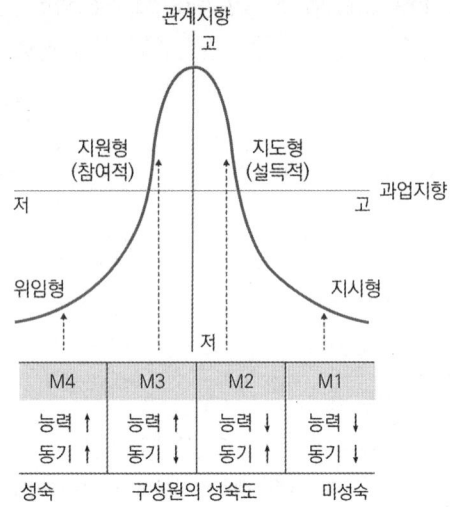

[그림 4-21] 허쉬와 블랜차드의 상황적 지도성

(1) **상황 = 구성원의 성숙도** ☆
　① **직무 성숙도**: 교육과 경험에 의해 영향을 받게 되는 개인적 직무수행 능력
　② **심리적 성숙도**: 성취 욕구와 책임을 지려는 의지를 반영한 개인적 동기 수준

(2) **지도자 행동 유형** ☆
　① 과업중심 행동
　　㉠ 부하 직원에게 무슨 과업을 언제, 어떻게 수행해야 할 것인가를 지시함
　　㉡ 일방적 의사소통
　② 관계중심 행동
　　㉠ 사회·정서적인 지원 ⇨ '심리적 위로'를 제공하고 일을 촉진함
　　㉡ 쌍방 의사소통

(3) **지도성 유형** ☆
　① 위임형
　　㉠ 낮은 과업중심 행동, 낮은 관계중심 행동을 보이는 유형
　　㉡ 집단구성원에게 과업을 위임함
　　　⇨ 구성원들이 높은 능력과 높은 동기를 가지고 있을 때 효과적 ☆
　② 지원형(참여형)
　　㉠ 낮은 과업중심 행동, 높은 관계중심 행동을 보이는 유형
　　㉡ 지도자는 지도자 주도의 방향 제시보다는 집단구성원이 동기화될 수 있도록 의사결정에 참여시킴
　　　⇨ 구성원들이 높은 능력을 가지고 있으나 낮은 동기를 가지고 있을 때 효과적 ☆
　③ 지도형(설득형)
　　㉠ 높은 과업중심 행동, 높은 관계중심 행동을 보이는 유형
　　㉡ 지도자는 방향을 제시하되 집단구성원이 지도자의 결정과 방향을 수용함
　　　⇨ 구성원이 능력은 낮으나 높은 동기를 가지고 있을 때 효과적 ☆
　④ 지시형
　　㉠ 높은 과업중심 행동, 낮은 관계중심 행동을 보이는 유형
　　㉡ 지도자는 집단구성원의 역할을 규정하고 행동을 지시함
　　　⇨ 구성원이 낮은 동기와 능력을 가지고 있을 때 효과적 ☆

설쌤의 꿀팁
두문자로 외우자♬
- 허쉬와 블랜차드의 지도성 유형
　: 위임형, 지원형, 지도형, 지시형
　⇨ 위원도시

5 커(S. Kerr)와 제르미어(M. Jermier)의 지도성 대용 상황이론 ☆

(1) 주요 주장 ☆
① 과업수행은 지도자가 가지고 있는 어떤 것에 의존하지 않고 구성원, 과업, 조직 특성과 같은 상황 변인에 달려있음을 강조한 이론
② 어떤 상황에는 지도자 행동의 영향력을 대용하거나 무력화하는 것이 있으며, 어떤 상황에는 그런 요소가 존재하지 않음을 주장함

(2) 상황의 유형 ☆
① **대용 상황(substitute)** : 구성원의 태도, 지각, 행동에 영향을 주는 지도자의 영향력을 대신하거나, 불필요하게 만들거나, 감소시키는 상황적 측면
　예) 교사들이 높은 능력과 경험, 식견을 가지고 있고, 수행 질차가 분명하며 일성적으로 수행하는 과업일 경우 학교장의 지도성이 필요하지 않음
② **억제 상황(neutralizer)** : 지도자의 행동을 대체하는 것이 아니라, 지도자가 특정한 방식으로 행동하지 못하게 하거나 지도자 행동의 영향력을 무력화시키는 상황적 측면
　예) 학교장이 제공하는 인센티브에 교사들이 무관심하여 학교장의 행동을 무력화함

(3) 상황 변인 ☆
① **구성원의 특성** : 구성원의 능력, 훈련, 경험과 지식, 전문 지향성, 보상에 대한 무관심 등
② **과업의 특성** : 구조화된 일상적 과업, 내재적 만족을 주는 과업, 과업에 의해 제공하는 피드백 등
③ **조직의 특성** : 역할과 절차의 공식화, 규정과 정책의 신축성, 작업집단의 응집력, 행정가와 구성원 사이의 공간적 거리 등

(4) 시사점
① 지도자의 행동이 어떤 상황에서는 중요한 영향을 주는 데 반해, 다른 상황에서는 왜 아무런 영향을 주지 못하는지 이해하는 데 많은 도움을 줌
② 구성원의 태도, 행동, 역할 지각 등이 어떻게 결정되는지를 이해하기 위해서는 지도자 행동과 대용상황을 모두 고려하는 것이 필요함

설쌤의 팁
기존의 상황적 지도성 이론들이 상황에 따라 효과적인 지도성이 '무엇'일지 초점을 맞추었다면, 지도성 대용 상황이론은 상황에 따라서는 지도성이 아무런 영향을 주지 않을 수 있다는 가정하에서 개발된 모형입니다. 지도성 효과에 영향을 줄 수 있는 상황 변인에 초점을 두고 살펴보세요.

설쌤의 팁
두문자로 외우자!♪
• 지도성 대용 상황이론의 상황 변인
: 구성원·과업·조직의 특성
➡ 구과조

Theme 96 기출 CHECK!

논술 기출 CHECK

다음은 A 중학교 초임교사인 박 교사와 경력 교사인 최 교사의 대화 내용이다. 다음 대화문을 바탕으로 수업에 소극적인 학생들의 학습동기를 유발하기 위한 방안을 교사지도성 행동 측면에서 2가지씩 논하시오. ● 14 중등

> 박 교사 : 네, 맞아요. 어떤 학급에서는 제가 열심히 수업을 해도, 또 학생들에게 질문을 던져도 몇몇은 그냥 고개를 숙인 채 조용히 있습니다. 심지어 어떤 학생은 수업 시간에 아예 침묵으로 일관하기도 하고, 저와 눈도 마주치지 않으려고 해요. 또한 가정환경이 좋지 않은 몇몇 학생은 다양한 문화적 경험을 가질 기회가 상대적으로 부족해서 그런지 수업에 관심도 적고 적극적으로 참여하지도 않는 것 같아요.
> …중략…
> 박 교사 : 아, 그렇군요. 그런데 제가 보기에는 학생들의 수업참여 정도가 교사의 지도성에 따라서도 다른 것 같아요.
> 최 교사 : 그렇죠. 교사의 지도성 행동에 따라 달라질 수 있죠. 그래서 교사는 지도자로서 학급과 학생의 상황을 고려하여 학생들의 학습동기를 불러일으킬 수 있는 지도성을 발휘해야겠지요.

01 다음은 송 장학사의 진술에서 피들러(F. Fiedler)의 상황적 지도성 모형에 근거할 때, '상황' 요소에 해당하는 내용으로 옳은 것을 모두 고른 것은? ● 13 중등

> 송 장학사는 A 중학교의 학교경영 컨설팅 의뢰에 따라 학교를 방문하여 학교 현장을 분석하고 그 결과를 다음과 같이 진술하였다. A 중학교는 ㉠교장과 교사가 서로 신뢰하며 존중하고 있었다. ㉡교사들은 교육에 대한 열의가 높았고, 업무 능력도 탁월했다. 또한 ㉢교사들의 관계도 좋은 편이었다. ㉣교사들이 학교에서 하는 업무들은 구조화·체계화되어 있었고, ㉤교장이 교사들에게 행사할 수 있는 지위권력 수준은 낮은 편이었다.

① ㉠, ㉣, ㉤   ② ㉡, ㉢, ㉣   ③ ㉢, ㉣, ㉤   ④ ㉠, ㉡, ㉢, ㉣   ⑤ ㉠, ㉡, ㉣, ㉤

정답 01 ①

02 다음은 허시(P. Hersey)와 블랜차드(K. H. Blanchard)의 상황적 지도성 이론에 관한 모형이다. 다음 물음에 답하시오.

● 08 중등 + 97 중등

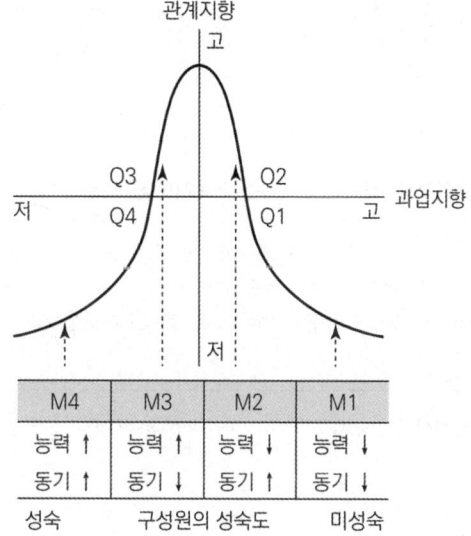

02-1 위 모형을 학교의 교원조직에 적용하여 가장 잘 해석한 것은?
① 교사들의 성숙 수준이 M1이나 M4에 있을 때 교장의 지도력 효과는 가장 낮다.
② 교사들이 의욕과 능력 가운데 어느 하나가 저조하면 교장은 Q1 또는 Q4의 지도력을 보이는 것이 좋다.
③ 교사들의 성숙 수준이 향상될수록 교장은 과업 지향성을 점점 낮추어가는 지도력을 발휘하는 것이 좋다.
④ 교장이 과업 지향성을 중간 정도로, 인간관계 지향성을 최고로 지닐 때, 교사들의 성숙 수준은 정점에 이른다.

02-2 보람중학교에 새로 부임한 김 교장은 교사들의 전문성은 높으나 동기수준이 낮음을 발견하였다. 김 교장이 우선적으로 발휘해야 할 지도성 유형은?
① Q1 ② Q2 ③ Q3 ④ Q4

03 피들러(F. Fiedler)의 상황적(contingency) 지도성 이론에서 상황요소에 포함되지 <u>않는</u> 것은?

● 07 초등

① 구성원들의 직무 수행 능력 정도
② 지도자가 구성원들로부터 수용되고 존경받는 정도
③ 과업 수행을 목적으로 조직이 지도자에게 부여하는 권한 정도
④ 과업이 명료하게 구체화된 목표, 방법, 성과 기준을 가지고 있는 정도

정답 02-1 ③ 02-2 ③ 03 ①

04 다음 중 리더십의 효율성이 리더가 처한 상황과 리더의 개인적 특성의 조합에 의해 결정된다고 보는 이론은? ● 03 5급 행정고시

① Hersey와 Blanchard의 상황적 리더십이론
② French와 Raven의 세력이론
③ Atkinson의 성취동기이론
④ Fiedler의 상황연계성이론

05 다음 대화에서 두 교장선생님이 공통적으로 적용하고 있는 교육지도성 이론은? ● 01 중등

> 김 교장 : 요즘 우리 학교 선생님들은 인화를 강조하는 저의 지도방식에 대한 불만을 가지고 있습니다. 때문에 저는 선생님들에게 교사로서의 과업을 강조하는 지도성을 발휘하려고 애쓰고 있습니다.
> 박 교장 : 우리 학교 선생님들은 전반적으로 성숙도 수준이 매우 높은 것으로 판단됩니다. 그래서 저는 요즘 위임적인 지도성을 발휘하려고 노력하고 있습니다.

① 상황이론
② 특성이론
③ 유형이론
④ 행위이론

06 상황적 지도성이론에 따르면, 가장 효과적인 지도성을 발휘하는 교장은? ● 00 초등

① 솔선수범하여 지도성을 발휘한다.
② 학교 여건에 맞는 지도성을 발휘한다.
③ 인화보다는 과업을 강조하여 지도성을 발휘한다.
④ 과업보다는 인화를 강조하여 지도성을 발휘한다.
⑤ 인화와 과업을 다 같이 강조하여 지도성을 발휘한다.

07 가을초등학교에서 김 교장이 직면한 사태를 설명할 수 있는 리더십 이론으로 가장 적절한 것은? ● 11 초등

> 김 교장은 9월에 여름초등학교에서 가을초등학교로 전보발령을 받았다. 그는 여름초등학교에서 리더십이 뛰어나 학교를 크게 발전시켰다는 평을 들었다. 그러나 중진 교사들이 대부분인 가을초등학교에서는 리더십을 발휘해도 별다른 성과를 거두지 못했다. 교사들이 "몇 년 후에 승진을 해야 하는데 교장이 내게 해 줄 수 있는 것이 아무것도 없다."라고 하면서, 김 교장의 지시를 따르지 않고 승진 점수를 취득하는 일에만 몰두했기 때문이다. 그의 리더십도 승진 앞에서는 무용지물이 되어 버린 것이다.

① 슈퍼 리더십 이론
② 리더십 특성 이론
③ 변혁적 리더십 이론
④ 서번트 리더십 이론
⑤ 리더십 대용 상황 이론

정답 04 ④ 05 ① 06 ② 07 ⑤

Theme 97 대안적 지도성

기출: 19 중등, 12 중등, 11 중등, 09 7급, 05 중등, 05 초등

1 변혁적 지도성[바스(bass)]

(1) 개념
① 구성원의 성장욕구를 자극하여 동기화시킴으로써 태도와 신념을 변화시켜 자신감을 갖게 하며, 더 많은 노력과 헌신을 이끌어내어 기대 이상의 성과를 달성하게 하는 지도성
② 변혁적 지도성이 행사되는 과정 ⇨ 지도자와 구성원 모두의 동기유발과 도덕수준을 높여가는 과정

(2) 변혁적 지도성의 핵심 요소(4I)
① 이상적인 완전한 영향력(Idealized influence) : 지도자의 높은 기준의 윤리적·도덕적 행위 + 목표 수행 과정에서 발생하는 위험을 구성원과 함께 분담 + 자신보다 타인의 욕구를 배려 + 개인의 이익보다 조직의 이익을 위해 행동 ⇨ 구성원들로부터 존경, 신뢰, 칭송을 얻음
② 감화력(영감적 동기부여, Inspirational motivation) : 조직의 미래와 비전을 창출하는 데 사람들을 참여시키고 구성원이 바라는 기대를 분명하게 전달함으로써 조직의 문제를 해결할 수 있으며, 조직이 발전할 수 있다고 믿도록 구성원의 동기를 변화시킴 ⇨ 단체정신, 낙관주의, 열성과 헌신 등 이끌어냄
③ 지적 자극(Intellectual stimulation) : 일상적인 생각에 의문을 제기하고 문제를 재구조화하는 등 상황에 새롭게 접근하여 구성원을 혁신적·창의적으로 유도함
④ 개별적 배려(Individualized consideration) : 성취·성장하려는 개개인의 욕구에 특별한 관심을 보여 학습기회를 만들고, 구성원이 잠재력을 계발하고 발전하도록 장려함

(3) 의의 및 시사점
① 보상 등으로 구성원의 개인적 이익에 호소하는 '거래적 지도성'보다 효과적임
② 학교의 재구조화가 요청되는 시대에 급격한 사회변화에 적극적으로 대응하여 교육의 질을 높여야 함을 더욱 강조함

2 분산적 지도성(협응적 지도성, distributed leadership)

(1) 개념
지도성이 한 사람이 아니라 다수의 조직구성원 또는 조직구성원 전부에게 분산되어 있으며, 전체적 관점에서 파악하는 지도성

(2) 주요 학자
스필레인(Spillane), 엘모어(Elmore), 그론(Gronn), 에버스(Evers), 라콤스키(Lakomski)

(3) 특징(장점)
① 지도성의 영역이 구성원에까지 확대됨
② 집단 지도성 강조 : 학교장과 학교구성원 모두가 집단 지도성을 실행하며 그에 대한 공동책임을 수행함. 조직 내 다수의 공식적·비공식적 지도자들의 집단 지도성이 강조됨
③ 비위계적 지도성 지향 : 조직의 하위자도 주요 의사결정에 참여함
④ 네트워크를 통한 공동 실행 촉진 : 다수의 지도자가 네트워크를 통해 상호 의존 및 신뢰와 협력을 기반으로 지도성을 공동으로 실행함
⑤ 조직 내 전문성 활용 : 조직 역량과 개인의 전문성 극대화를 추구함 ⇨ 특히 공동의 지도성 실행을 통한 교수·학습의 개선, 전문적 학습공동체의 구현을 구체적인 목표로 함

출제 Pick!
☆ 대안적 지도성의 종류, 각각의 개념과 특징, 신장 방안

Level Up

거래적 지도성과 변혁적 지도성

1. 거래적 지도성 (transactional leadership)

구분	내용
구성원의 동기부여	구성원의 개인적 이익에 호소함으로써 구성원을 동기부여함
구성원과의 관계	수행의 대가로 보상을 교환하는 상호 교환적 관계
지도자의 특징	• 외적 지향적 • 규정을 따르고 외부상황을 따르며, 조직문화의 관례 내에서 움직임

2. 변혁적 지도성 (transformational leadership)

구분	내용
구성원의 동기부여	구성원의 도덕적 가치에 호소하며, 그들의 성장욕구를 자극하여 동기화시킴으로써 구성원의 태도와 신념을 변화시켜 자신감을 갖게 함
구성원과의 관계	단순한 상호 교환적 관계를 넘어서 구성원으로 하여금 조직목적에 헌신하도록 함
지도자의 특징	• 내적 지향적 • 자기규제적(self-defining)이며 더 만족스러운 미래 비전을 토대로 조직문화의 관례를 재규정하거나 변화시킴 • 윤리적·도덕적 행동의 기준을 높이고 목적달성에 수반되는 위험을 구성원과 공유함

(4) 분산적 지도성 실행을 위한 조건(구성요소)
    ① **지도자** : 공식적·비공식적 지도자를 포함한 다수의 지도자 ⇨ 구성원 및 상황과 상호작용하며 지도성을 실행함
    ② **구성원** : 지도성 실행의 주체, 서로에게 영향력을 행사하고 상호 의존 및 신뢰와 협력의 조직문화를 만들어 냄
    ③ **상황** : 정례화된 활동(정기 회의 등), 도구(학생 성적, 학교생활기록부, 교사평가도구 등), 제도(비전, 목표, 학교규칙, 학교운영계획서), 구조(교직원회의, 각종 위원회) 등을 포함함

(5) 의의
    ① 학교 내 지도성 실행의 새로운 방식을 제시함으로써 지도성 실행을 개선할 수 있는 강력한 도구를 제공해 줌
    ② 지도성의 영역이 구성원까지 확대되고, 지도성 실행이 어떻게 공유·분산되는지에 관심을 기울임으로써 학교운영과 교수·학습의 개선, 학생의 학업성취도 향상에 기여할 수 있음

(6) 한계
    ① 상향적 참여와 공유 방식을 지향하고 있지만, 실질적으로는 하향식 접근으로 이루어짐
    ② 책임과 권력 분산이 오히려 조직경영의 효과성을 저해할 수 있음
    ③ 학교장의 법적 의무 및 책무성 이행과 상충될 수 있음

3 초우량 지도성[슈퍼(Super) 지도성, 만즈(Manz)와 심스(Sims)] ✯

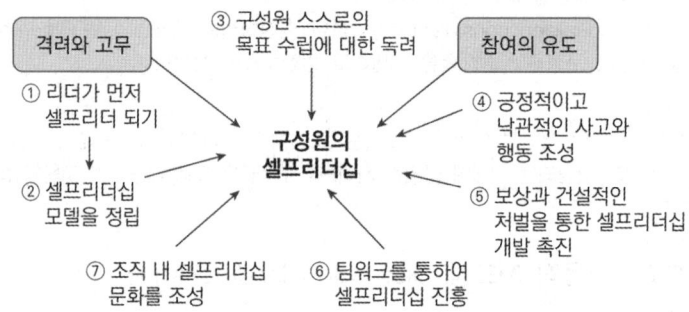

[그림 4-22] 슈퍼리더십에 이르는 7단계 모델

(1) 개념
    ① 조직의 지도자가 구성원 개개인을 스스로를 지도할 수 있는 지도자로 성장·변화시키는 지도성
    ② 개념 속에 셀프지도성(셀프리더십, 자율적 지도성)이 내포되어 있으며 이러한 셀프지도성은 구성원 각자 자율적으로 자신의 지도력을 발휘할 수 있게 되는 것을 의미함 ⇨ 조직구성원 각자가 스스로를 통제하고 삶의 진정한 주인이 될 수 있도록 셀프지도성(자율적 지도성)을 개발하는 데 중점을 두는 지도성 개념

(2) 특징
    ① 지도자의 독특한 특성이나 능력보다는 구성원들이 스스로 지도자로서의 능력을 계발·활용할 수 있도록 하는 지도자의 능력에 초점을 맞춤
    ② 지도자는 구성원이 스스로 생각하여 해결책을 찾고 의사결정을 하도록 도와주는 사람임
    ③ **지도자들의 지도자** : 지도자가 구성원 개개인을 지도자로 성장시킴으로써 지도자가 '추종자들의 지도자'가 아니라 '지도자들의 지도자'가 되게 하여 구성원을 지도자로 변혁시키려는 지도성

(3) **초우량 지도성 신장방안**
    ① 구성원에게 셀프지도성을 가르치고 조직 내에서 셀프지도성을 실천할 수 있는 기회를 제공해야 함
    ② 구성원에 대한 외적 통제보다는 구성원이 자기주도적으로 통제할 수 있도록 내적 동기를 부여하고, 구성원이 스스로 지도자로서의 능력을 개발할 수 있도록 함

4 도덕적 지도성[서지오바니, 오웬스(Owens) 등] ★

(1) 개념
① 지도자의 도덕성과 추종자의 자율성 확보를 통해 리더가 자신의 도덕적 품성과 능력을 바탕으로 추종자의 존경과 신뢰를 획득하고, 추종자의 능력을 계발하며 추종자의 자율적 직무수행을 조장하여 지도자는 스스로 '지도자들의 지도자'가 되고, 추종자는 '자기지도자(셀프리더)'가 되도록 하는 지도성(초우량 지도성과 비슷)
② 구성원 각자를 '자기지도자(셀프리더)'가 되도록 자극하여 궁극적으로 효과적·도덕적인 조직이 되도록 하는 지도성
③ 변혁적 지도성의 궁극적 방향(가장 높은 수준의 변혁적 지도성)

(2) 특징
성공보다 도덕적 측면의 '선의' 중시 ⇨ 학교는 바람직한 가치를 전수해야 하며, 교육행정은 도덕적인 기술이고, 선의가 있는 곳이 본질적으로 학교라고 여김 ⇨ 도덕적·효과적인 학교를 지향함

(3) 서지오바니의 도덕적·관리적 측면에서 바라본 네 가지 학교 유형

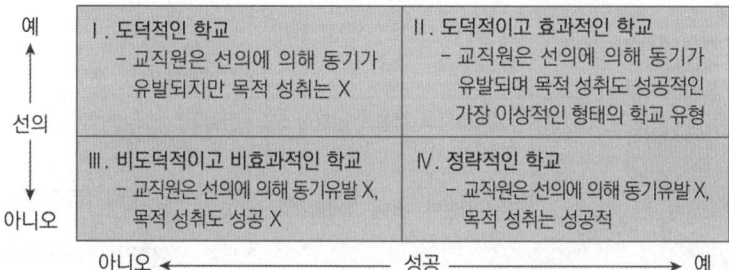

[그림 4-23] 서지오바니의 네 가지 학교 유형

① 분류 기준 : 도덕적 측면에서의 선의(善意)와 관리적 측면에서의 성공(成功)을 기준으로 함

5 문화적 지도성[서지오바니(Sergiovanni), 커닝햄(Cunningham)] ★

(1) 개념
① 가치·의미 추구 욕구를 만족시킴으로써 구성원을 조직의 주인으로 만들고 조직의 제도적 통합을 가능하게 하는 지도성 ⇨ 구조가 아닌 문화를 통한 학교 개혁
② 조직문화의 변화를 꾀하여 조직의 효과성을 개선하려는 지도성
③ 독특한 학교문화를 창출하는 것에서 나오는 지도성
  참고 학교문화 : 특정한 교사, 학생, 학부모를 하나의 집단으로 묶는 공유된 가치, 신념, 의미체계
④ 학교조직은 구조적으로는 이완조직이나 문화적으로는 확고히 결합된 형태임

(2) 주요 내용
① 지도자의 역할
  ㉠ 지도자는 독특한 정체성을 갖게 만드는 가치, 믿음, 관점을 창조·강화·유지하는 것을 중요시하고, 이를 통해 전통과 문화를 만듦
  ㉡ 지도자는 학교를 이완구조로 파악하고 교사들을 고도의 전문성 신장이 요구되는 전문 직업인으로 간주함
② 효과적 학교문화 형성을 위한 요소 : 버티컬 슬라이스(조직에서 각 계층 대표자들이 직위에 관계없이 허심탄회하게 토론하고 조정하는 의사소통방법), 비전, 동료 관계, 신뢰와 지원, 가치와 흥미, 폭넓은 참여, 지속적 성장, 장기적인 전망에 따른 현재의 생활, 질 높은 정보에 대한 용이한 접근, 개선의 유지와 지속, 개인적 권한부여 등

Level Up

서지오바니의 학교 지도성 유형

[그림 4-24] 서지오바니의 문화적 지도성

1. 기술적 지도성
   • 전문경영자
   • 계획, 조직, 조정, 시간 관리 등을 강조하고 그에 대한 우수한 능력을 가짐
2. 인간적 지도성
   • 인간공학 전문가
   • 대인관계 동기유발 등 유용한 사회적·인간적 자원 활용의 지도성
3. 교육적 지도성
   • 현장교육 전문가
   • 교육관련 전문적 지식 기반으로 교수·학습 지도, 교육 프로그램 개발, 임상장학 등에 적용하는 임상 실무자의 역할
4. 상징적 지도성
   • 최고책임자 역할
   • 무엇이 중요하고 가치가 있는가를 알려줌
   • 학교 비전과 목표 제시 및 선별적 관심 강조
5. 문화적 지도성
   • 성직자
   • 영속적 가치와 신념, 독특한 학교문화 창출을 통한 학교 정체성 확립 및 자체적 전통 수립

6 감성 지도성

(1) 개념

지도자 스스로 자신의 내면을 이해하고 구성원의 감성 및 필요를 배려함과 동시에 조직구성원과의 관계를 자연스럽게 형성하여 조직의 감성 역량을 높이는 지도성

(2) 특징

① 조직에도 감성과 욕구가 존재하며, 조직이 높은 감성지능을 보유하기 위해서는 감성지능이 뛰어난 개인들이 보여주는 자기인식 능력, 자기관리 능력, 사회적 인식능력 등이 필요함

② 특히 1인 기업이 될 수도 있는 교사 한 사람 한 사람의 동기를 유발하고 교사 간 협력을 유도하는 일이 학교 행정가의 중요한 과업이라는 점에서 감성 지도성의 중요성은 더욱 부각됨

구성요인	세부 요인	정의	하위 요인
개인역량	자기인식능력	자신의 감성을 명확하게 이해하는 능력	• 감성이해력 • 정확한 자기평가 • 자신감
	자기관리능력	자신의 감성을 효과적으로 관리하는 능력	• 자기통제력 • 신뢰성, 자기관리 및 책임의식, 적응력 • 성과달성 지향, 주도성
사회적 역량	사회적 인식능력	다른 사람의 감성을 명확하게 이해하는 능력	• 감정이입, 조직파악력 • 고객서비스 정신
	관계관리능력	다른 사람의 감성을 효과적으로 관리하는 능력	• 영감을 불러일으키는 능력 • 영향력, 타인 지원성, 연대감 형성 • 소통, 변화촉진력, 갈등관리능력

7 교육 지도성 ☆

(1) 개념

'교육을 위한 지도성'으로, 교육자로서의 권위와 기술을 발휘하여 구성원의 배움을 자극하고 학교나 특정 조직을 학습 공동체로 만드는 활동

(2) 주체

교육자로서 교사 전체

(3) 목적

학생의 학습, 조직구성원의 배움을 넘어서 공동체 내에서 학습이 인간관계를 매개하고 조직 운영에 학습이 깊이 들어올 수 있도록 하는 것

(4) 지도자의 역할

① 교육자로서의 권위는 자기 학습에 철저하고 타인의 배움에 도움을 줄 때 인정받을 수 있음

② 교육자에게 요청되는 기술 ⇨ 사람에 대한 사랑과 앎의 가치에 대한 존중이 결합된 '인격화된 기술'

(5) 구성요소(신장방안) ⇨ 모든 지도성에 활용 가능

① **자기학습** : 타인의 학습을 독려하기 위해서뿐만 아니라 복잡하고 다양한 상황에서 원칙적이면서 융통성 있게 대응하기 위해 꾸준히 학습해야 함

② **목적의식** : 배움을 통해 개인의 삶의 변화를 도모하고 학교를 단순한 조직이 아닌 가치공동체로 변화시킨다는 점에서 개인과 학교에 목적의식을 불어넣어야 함

③ **교육 프로그램 개발능력** : 개인과 학교의 발전 요구에 부합하는 교육 프로그램을 개발·운용할 수 있어야 함

④ **인간관계 능력** : 학교 내에서 배움과 가르침을 통한 인격적 결합의 중심축이 되어야 함

⑤ **기술적(관리적) 능력** : 학교조직을 효율적으로 운영하는 일과 학교 내에서 교육적 가치를 정립하는 일이 반드시 상충관계에 있는 것은 아니라는 점에서 학교관리 능력이 중요함

⑥ **문화형성 능력** : 학생 간 학습문화, 교사 간 전문적 공동체문화, 학교의 독특한 풍토를 형성해야 함

Level Up

수업 지도성

1. **개념** : 학생의 성취에 직접적으로 영향을 미치는 교장의 리더십 행위
➡ 교수·학습의 증진을 강조하는 특별한 형태의 지도성으로 교육과정 내용, 교수방법, 평가 전략, 학업성취를 위한 문화규범과 같은 요인들을 변화시키려는 노력

2. **특성**
• 교장이 학교에서 수업과 교육과정을 조정·통제·장학·개발하는 역할에 주로 초점을 맞춤
• 수업지도자로서의 교장은 강력하고 지시적이며 전문성과 카리스마로 조직을 이끌고, 목적 지향적으로 학생의 학업성취를 향상시키는 일에 전념함
• 수업지도자는 학생뿐 아니라 교사에게도 높은 기대와 표준을 전달하여 '학업 지향적인' 문화를 만들어내는 존재임

8 민주적 지도성 ☆

(1) 등장배경
분산적(협응적) 지도성의 민주주의가 조직의 생산성을 높이기 위한 수단으로 구성원의 참여에 주목한다는 것이 수단적이고 탈정치화되어 있음을 지적하며 등장함

(2) 개념
① 조직구성원 모두가 윤리적 존재로서 조직의 과업에 의미 있게 참여할 권리를 가지며, 마땅히 그들에게 기대를 가지고 존중하는 지도성
② 구성원의 참여와 자율을 기초로 한 지도성으로, 지도자가 조직구성원을 참여시켜 합의에 의하여 의사결정을 하고 지도해 가는 지도성

(3) 특징
① 리피트(Lippitt)와 화이트(White)가 분류한 '권위형·민주형·자유방임형 지도성' 중 하나로, 자유방임형과 권위형의 중간적 형태
② 자유민주주의 체제의 사회에서 조직구성원의 창의성, 소속감, 사기 등을 높일 수 있어 많은 조직에서 채택하고 있음

(4) 민주적 지도성 신장방안
① 모든 방침을 구성원들의 참여에 의하여 결정하며, 업무활동 과정에서도 지시보다는 여러 대안을 주어 선택하도록 함
② 구성원들 간의 상호 이해를 위한 자유로운 의사소통 관계와 친밀한 인간관계를 확립하여 집단의 공동 관심사를 통합함 ⇨ 객관적 사실에 입각한 칭찬과 비판도 이루어짐

9 카리스마적 지도성(charismatic leadership)

(1) 개념
탁월한 비전, 가능성 있는 해결책, 상대방을 압도하는 인간적 매력을 소유한 지도자가 구성원의 헌신적 복종과 충성을 바탕으로 나타내는 강력한 영향력

(2) 주요 내용
① **지도자의 인성적 특성**: 성취지향성, 창의성, 혁신성, 높은 열정과 참여, 자신감, 높은 사회적 욕구, 높은 수준의 업무 참여와 모험 성향, 민감성, 배려심, 구성원들이 모방할 만한 행동 모델 제시, 자기희생
② 지도자가 높은 능력을 갖고 있다는 느낌을 주는 행동을 통해 구성원으로 하여금 과업 수행과 관련된 강한 동기를 불러일으킴
③ 지도자는 구성원의 욕구, 가치, 선호, 포부를 개인 차원의 관심에서 집단 차원의 관심으로 바꾸어놓으며 구성원이 지도자의 비전에 전념하게 하고 기대 이상의 수행성과를 이끌도록 함

(3) 의의
① 위기, 격동, 변화의 요구가 높은 조직 상황에서 큰 효과를 발휘할 수 있음
② 일부 지도자가 구성원에게 미치는 특별한 영향력을 효과적으로 설명할 수 있음

(4) 한계
① 지도자와 구성원의 관계에만 과도하게 초점이 맞춰져 있음
② 지도성을 제한하고 촉진하는 상황적 변인이 무시되거나 간과되어 있음

10 서번트(servant) 지도성
① 타인을 위한 봉사에 초점을 맞춘 지도성
② 종업원, 고객, 커뮤니티의 욕구에 헌신하는 지도성

설쌤의 팁

단위학교 책임경영제 및 학교자율화로 인해 교육조직 운영에서 지도성이 조직의 성패를 좌우하는 필수적 요소가 되었습니다. 이러한 상황 속에서 교육지도자는 인사권이나 낮은 차원의 상벌기제에 의존하는 전통적 동기유발 방식(거래적 지도성)으로는 교육과 학교혁신을 유발할 수 없습니다. 존경과 신뢰받는 모습, 감화, 지적 자극, 개별적 배려를 통해 구성원들의 헌신을 이끌어내고(변혁적 지도성), 교사와 학생들이 자신의 일과 공부에 몰입할 수 있도록 학교문화를 창조해야 합니다(문화적 지도성). 이를 위해 교육리더는 조직구성원 각자가 스스로를 통제하고 자신 삶의 진정한 주인이 될 수 있도록 자율적 지도성을 개발하도록 노력해야 하며(슈퍼 지도성), 결국 지도성은 한 사람이 아니라 조직구성원 전부에게 분산되어 있기 때문에 책임과 권력 분산을 통한 협력적 참여가 중요함(분산적 지도성)을 보여줍니다.

Theme 97 기출 CHECK!

논술 기출 CHECK

다음은 ○○중학교 김 교사가 모둠활동 수업 후 성찰한 내용을 기록한 메모이다. 김 교사의 메모를 읽고 '수업개선을 위한 교사의 반성적 실천'이라는 주제로, 다음에 언급된 바스(B. Bass)의 지도성의 명칭, 김 교사가 학교 내에서 동료교사와 함께 이 지도성을 신장할 수 있는 방안 2가지를 논하시오.
● 19 중등

#4 더 나은 수업을 위해서 새로운 지도성이 필요하겠어. 내 윤리적·도덕적 기준을 높이고 새로운 방식으로 학생들을 대하자. 학생들의 혁신적·창의적 사고에 자극제가 될 수 있을 거야. 학생들을 적극 참여시켜 동기와 자신감을 높이고 학생 개개인의 욕구에 특별한 관심을 가지며 잠재력을 계발시켜야지. 독서가 이 지도성의 개인적 신장 방안이 될 수 있겠지만, 동료교사와 함께 하는 방법도 찾아보면 좋겠어.

01 다음에 제시된 교장의 지도성 행위를 가장 잘 설명해 주는 이론은?
● 05 중등

- 교사들에게 학교 경영의 비전을 제시하고 사명감을 고취시킨다.
- 교사 개인의 능력, 배경, 필요에 대해 민감하고 세심한 관심을 기울인다.
- 일상적 수업, 생활 지도, 학급 경영의 의미를 새롭게 해석해 보도록 지적으로 자극한다.
- 근무 평정과 성과급 등 보상을 통한 교환 관계를 초월하여 인격적 감화를 통해 영향력을 행사한다.
- 감정과 가치관을 중시한다.
- 비전과 목표를 제시하는 카리스마가 필요하다.
- 부하직원에 대한 배려가 요구된다.
- 집단, 부서, 조직의 이익을 위하여 하위자에게 자신의 이해관계를 초월하도록 한다.

① 지도자 특성 이론　　　　　　　　　② 지도성 행위 이론
③ 상황적 지도성 이론　　　　　　　　④ 변혁적 지도성 이론

정답 01 ④

02 다음의 교장상과 일치하는 지도성 이론은?

• 09 공무원 7급

- 교사들에게 도덕적·윤리적으로 모범을 보여야 한다.
- 교사 개개인의 요구에 대해 민감하고 세심한 관심을 기울여야 한다.
- 교사들에게 학교경영에 대한 비전을 제시하고 사명감을 고취시켜야 한다.
- 교사들이 전문성을 계속 개발할 수 있도록 지적 자극과 지원을 제공해야 한다.

① 상황적 지도성 이론 ② 변혁적 지도성 이론
③ 관리망 지도성 이론 ④ 거래적 지도성 이론

03 다음의 대화에서 김 교사의 생각과 가장 일치하는 지도성 이론은?

• 05 초등

이 교사 : 난 교장 선생님의 경영 방침이 마음에 들어.
김 교사 : 왜?
이 교사 : 우리 학교의 여건과 실정에 맞는 학교 경영을 하시잖아.
김 교사 : 글쎄……. 내 생각은 좀 다른데……. 학교장이라면 주어진 여건을 뛰어넘는 경영 능력을 보여주는 것이 필요하지 않을까?

① 상황적 지도성 이론 ② 변혁적 지도성 이론
③ 행로-목표 지도성 이론 ④ 관리망 지도성 이론

정답 02 ②   03 ②

04 다음 특징을 가진 학교장의 지도성 이론으로 가장 적절한 것은? • 11 중등

- 학교조직 내의 모든 교원을 각각 지도자로 성장시킨다.
- 교원들이 자신을 스스로 이끌 수 있는 능력을 개발하도록 한다.
- 교원들이 자율적으로 팀을 형성하고 협력적으로 직무를 수행할 수 있는 조직문화를 만든다.

① 교환적 지도성
② 과업지향 지도성
③ 관계지향 지도성
④ 초우량(super) 지도성

05 지도성 이론에 관한 설명으로 옳지 않은 것은? • 12 중등
① 분산적 지도성(distributed leadership) : 인간관계, 동기화 능력 등을 강조하고, 참여적 의사결정을 통해 구성원의 사기를 높인다.
② 변혁적 지도성(transformational leadership) : 구성원의 개인적 성장에 관심을 보이며, 비전을 공유하고 지적 자극을 촉진한다.
③ 초우량 지도성(super leadership) : 지도자의 특성이나 능력보다 구성원 스스로가 지도자로서의 능력을 계발하고 활용할 수 있도록 한다.
④ 카리스마적 지도성(charismatic leadership) : 지도자의 비범한 능력과 개인적 매력 등을 통해 구성원의 헌신적 복종과 충성을 이끌어낸다.
⑤ 문화적 지도성(cultural leadership) : 가치와 의미 추구 욕구를 만족시킴으로써 구성원을 조직의 주인으로 만들고 조직의 제도적 통합을 가능하게 한다.

정답 04 ④ 05 ①

Theme 98 의사소통

기출: 10 초등, 04 중등

출제 Pick!
☆ 의사소통의 원칙 유형
☆ 조하리의 창의 개념, 특징, 영역별 특징과 의사소통 방식, 효과적인 의사소통을 위한 방법

1 의사소통

(1) 개념
사람이 상징(언어, 기호, 표지, 물건, 사무실 장식, 배치, 설계 등)을 교환함으로써 주위에서 발생하고 있는 것에 대해 의미를 구성하고 기대를 개발하는 교환적 과정

(2) 기능
① 조정·통제의 수단
② 합리적 의사결정의 수단
③ 조직 통솔과 지도성의 발휘
④ 사기증진 및 동기유발

(3) 원칙 ☆
① **명료성의 원칙** : 의사전달 내용이 명확해야 함
② **일관성 또는 일치성의 원칙** : 조직 내에서 전달되는 정보에 모순이 없어야 함
③ **적시성의 원칙** : 의사전달이 가장 효율적으로 이루어질 수 있는 적정한 시기를 놓쳐서는 안 됨
④ **분포성의 원칙** : 의사소통의 시작점에서부터 목적지까지 모든 정보가 의사소통 대상에게 골고루 도달되어야 함
⑤ **적량성의 원칙** : 과다하지도 과소하지도 않은 적당량의 정보를 전달해야 함
⑥ **적응성(융통성)의 원칙** : 구체적인 상황에 적응할 수 있는 현실 적합성
⑦ **통일성의 원칙** : 의사소통이 조직 전체의 입장에서 동일하게 수용되어야 함
⑧ **관심과 수용의 원칙** : 발신자가 수신자의 주의와 관심을 끌 수 있어야 하고, 수신자에게 정보가 수용될 수 있도록 의사소통이 적절하게 이루어져야 함

(4) 의사소통 유형 ☆
① **의사소통 교류에 따른 유형** : 일방적 의사소통, 쌍방적 의사소통
② **의사소통 방향에 따른 유형** : 수직적 의사소통(하향식·상향식), 수평적 의사소통
③ **의사소통 형식에 따른 유형** : 공식적 의사소통, 비공식적 의사소통

구분	공식적 의사소통	비공식적 의사소통
개념	• 공식조직 내에서 공식적인 계층 경로와 과정을 거쳐 행하는 의사소통 방식	• 계층제나 공식적 직책을 떠나 조직구성원 간의 친분, 상호 신뢰나 현실적 인간관계 등을 통해 이루어지는 의사소통 방식
수단	• 공문서를 수단으로 한 명령·지시·보고·품의	• 인간적 만남, 친목모임, 의견 교환
장점	• 상관의 권위 유지 • 의사전달이 확실하고 편리 • 전달자와 피전달자가 분명하여 책임소재 명확 • 정보나 근거 보존 용이	• 신속한 전달 이루어짐 • 외적으로 나타나지 않는 배후 사정 전달 • 긴장과 소외감 극복, 개인 욕구충족 가능 • 의견 교환의 융통성이 높음 • 공식적 전달을 보완할 수 있음
단점	• 의사전달의 융통성 없고 형식화되기 쉬움 • 배후 사정을 소상히 전달하기 곤란함 • 변동하는 사태에 대한 신속 적응이 어려움	• 책임 소재가 불분명함 • 개인 목적에 역이용될 수 있음 • 공식적 의사소통 기능이 마비됨 • 조정·통제가 곤란함

2 조하리(Johari)의 창

(1) 개념 및 특징
① 대인관계의 유형을 설명하는 대표적인 이론
② 조세프(Joseph)와 해리(Harry)가 제안함
③ '자기 공개(self-disclosure)'와 '피드백(feedback)'이라는 두 가지 측면에 의해 구분됨
④ 다른 사람과의 관계 속에서 자신이 어떤 성향을 지니는지, 관계 향상을 위해 어떤 성향을 개선할 필요가 있는지를 설명함
⑤ 다른 사람과의 관계 속에서 자기 자신에 대해 더 잘 이해할 수 있도록 해주는 도구
⑥ 커뮤니케이션, 개인 개발, 팀 개발 등에서 대인관계 역량을 향상시키기 위한 목적으로 주로 활용

(2) 영역 ☆

자기공개 \ 피드백	정보가 자신에게 알려짐	정보가 자신에게 알려지지 않음
정보가 타인에게 알려짐	개방적 영역 (민주형, open)	맹목적 영역 (독단형, blind)
정보가 타인에게 알려지지 않음	잠재적 영역 (과묵형, hidden)	미지의 영역 (폐쇄형, unknown)

① **개방적 영역**
  ㉠ 자신에 관한 정보가 자신이나 타인에게 잘 알려져 있는 부분
    예 자기 이름, 성별, 직업 등
  ㉡ 타인과의 인간관계가 넓어짐에 따라 상호 간의 빈번한 의사소통을 통해 점차 넓어지게 됨
  ㉢ 서로 잘 알고 있는 개방적인 상호작용을 하기 때문에 효과적인 의사소통이 가능한 영역
    ⇨ 자기노출 + 피드백 많이 받으면 효과적인 의사소통이 가능함
  ㉣ 조하리의 창 - **민주형** : 타인들과 자신에 관한 정보와 감정을 개방적으로 확대하고 공유함
② **맹목적 영역**
  ㉠ 자신은 타인에게 잘 알려져 있지만 자기 스스로는 잘 모르는 부분
    예 타인들이 아는 자신의 습관, 버릇, 말투, 남에게 상처를 주는 행동 등
  ㉡ 의사소통에서 자신의 주장을 앞세우고 타인의 의견은 불신하고 비판하여 수용하지 않는 영역
  ㉢ 적절한 타인의 피드백을 받아 고치려는 노력을 통해 무지의 영역이 줄어들게 됨
  ㉣ 조하리의 창 - **독단형** : 자기 이야기는 많이 하면서 타인의 이야기에는 귀를 기울이지 않음
③ **잠재적 영역**
  ㉠ 자신은 스스로를 잘 알고 있지만 타인에게는 알려져 있지 않은 부분
    예 숨기고 싶은 자신의 생각, 감정, 경험, 실수, 약점 등
  ㉡ 타인이 취하는 자신에 대한 반응을 예측할 수 없기 때문에 타인에게 방어적인 태도를 취함
  ㉢ 마음의 문을 닫고 자신에 대해 타인들에게 내보이지 않음
  ㉣ 조하리의 창 - **과묵형** : 자기 자신에 대해 거의 노출시키지 않으면서 타인의 이야기를 주로 들음
④ **미지의 영역**
  ㉠ 자기 스스로와 타인에게 모두 알려지지 않은 부분
    예 자신의 무의식, 아주 어린 시절의 기억 등
  ㉡ 자신에 대한 견해를 표명하지도 않을 것이며, 타인으로부터 피드백을 받지도 못함
  ㉢ 조하리의 창 - **폐쇄형** : 자신에 대해 거의 노출시키지 않으며 타인의 이야기도 들으려 하지 않음

(3) 효과적인 의사소통을 위한 방법 ☆
① 자기 공개와 피드백을 통해 개방적 영역의 크기를 늘리는 것이 대인 간 갈등 감소와 원만한 인간관계 형성을 가져온다고 제안함
② 상대에게 자신이 모르는 부분에 대한 피드백을 요청하고, 그것을 받아들임으로써 맹목적인 영역(blind area)은 줄어들고 개방적인 영역(open area)은 늘어날 수 있음

Level Up

조직적 차원에서 의사소통 장애 요인 및 개선방안

1. 장애 요인
   - 집권적 계층구조로서 수직적 의사전달이 제한
   - 조직 간 할거주의로 인해 수평적 의사전달이 저해
   - 비공식 조직의 역기능으로 소문, 풍문 등에 의해 의사소통이 왜곡
   - 의사소통 채널의 부족으로 개방도 미흡
   - 의사소통의 집권화로 의사소통의 권한이 특정인에게 집중되면서 의사소통의 흐름이 저하

2. 개선방안
   - **조직구조 차원** : 조직 구조에 따른 의사소통의 장애 요인을 이해
   - **지위 차이 차원** : 상위직에 있는 사람은 하위직에 있는 사람과 소통할 기회를 의식적으로 확대하기 위해 노력
   - **통신망 차원** : 효율적 정보처리와 선택체제 수립

Theme 98 기출 CHECK!

01 다음은 교장과의 의사소통에 곤란을 겪고 있는 교사들의 대화내용이다. 각각의 경우에 교사들이 교장에게 기대하는 교육조직에서의 의사소통 원리를 옳게 짝지은 것은?
• 10 초등

> 박 교사 : 교장 선생님은 부장 선생님에게만 말씀하시면 그것으로 다 됐다고 생각하시나 봐요. 어제는 나를 보자마자 지난번에 말한 일은 어떻게 됐냐고 하시지 뭐예요. 글쎄 알아보니 부장 선생님께만 말씀하셨던 모양이에요. 그렇게 중요한 일이면 저에게도 알려주셨어야죠.
> 최 교사 : 그랬어요? 저도 지난 주 운동회 진행하느라 정신없이 바쁜데, 운동장에서 다음 달에 있을 학교평가를 앞두고 준비할 일을 자세하게 말씀하셔서 힘들었어요. 그런 일이면 조용할 때 교장실에서 말씀하시면 좋잖아요.

	박 교사	최 교사
①	분포성	적응성
②	적량성	명료성
③	일관성	적응성
④	적응성	명료성
⑤	분포성	일관성

02 다음은 타인과 의사소통을 할 때 영향을 주는 네 가지 유형의 정보를 나타내는 '조하리 창'(Johari window)이다. '조하리 창'에서 다음의 교사가 속한 영역은?
• 04 중등

	자신에 관한 정보가 자신에게 알려짐	자신에 관한 정보가 자신에게 알려지지 않음
자신에 관한 정보가 타인에게 알려짐	I 영역	II 영역
자신에 관한 정보가 타인에게 알려지지 않음	III 영역	IV 영역

• 자기 이야기는 많이 하면서 상대방의 이야기에는 귀를 기울이지 않는다.
• 인간관계 개선을 위하여 다른 사람들로 하여금 자신에 대한 생각과 감정을 노출시키도록 격려할 필요가 있다.

① I 영역　　② II 영역　　③ III 영역　　④ IV 영역

정답 01 ①　02 ②

Theme 99 의사결정모형

기출 21 중등, 13 중등, 11 초등, 09 7급, 07 초등, 05 경남, 00 초등

1 합리모형 ☆
① 자원, 정보 등이 충분하고 이를 토대로 최선의 대안을 선택할 수 있음을 전제로 함
② 최적화된 기준에 따라 문제를 완전히 이해하고, 고려할 수 있는 모든 대안을 포괄적으로 탐색·평가하여 조직의 목표와 목적의 달성을 극대화할 수 있는 가장 합리적인 대안을 선택하는 모형
③ but! 이상적·비현실적임

2 만족모형 ☆
① 인간의 능력, 시간, 자원 등은 제한되고 최적의 선택은 이론적으로만 가능함을 전제로 함
② 인간의 제한된 합리성 인식과 사회심리적 측면을 고려해 의사결정 시 만족할 만한 대안을 선택
③ 최선은 최고가 아니라 '만족스러운 상태'
④ but! 혁신적·창의적 문제해결방안 기대하기 어려움

3 점증모형 ☆
① 의사결정 시 현실을 긍정하고 이전의 상태보다 다소 향상된 대안을 추구하는 모형
② 인간의 지적 능력 및 의사결정 수단 기술에는 제약이 존재하고 의사결정이 언제나 합리적으로 이루어지는 것은 아님을 전제로 함
③ 의사결정 시 현실을 긍정하고 이전의 상태보다 다소 향상된 대안을 추구함
④ 기존 정책과의 일관성을 찾고 변화에 따른 충격을 최소화하여 현재의 개선책을 모색함
⑤ but! 관례나 기존 정책을 바탕으로 소수의 대안들을 비교하는 방식으로 보수적·소극적임

4 혼합모형 ☆
① 합리모형 + 점증모형
② 기본 방향의 설정은 광범위하게 검토 + 특별한 관심을 기울여야 할 부분만 면밀히 검토 후 결정
③ 의사결정자의 기본 방향에 대한 통제를 제외하면 점증모형과 비슷함
④ but! 의사결정과정이 다소 불분명함. 점증모형과 크게 다르지 않음

5 최적모형 ☆
① 합리모형과 점증모형의 절충을 시도하고 있다는 점에서 혼합모형과 유사하나, 양자의 단순 혼합이 아니라 합리성과 초합리성을 동시에 고려하여 최적치를 추구하는 규범적 모형
② 비합리성으로 배제했던 요인들(직관, 판단, 창의 등)도 최적의 의사결정 위한 핵심요소가 됨
③ 창의적·혁신적인 의사결정을 정당화할 수 있는 이론적 근거를 마련함
④ but! 달성 방법이 명확하지 않고 개념도 불명료한 초합리성 ⇨ 비현실적·이상적

6 쓰레기통모형 ☆
① 조직화된 무정부 조직 상태에서 '문제, 해결책, 선택기회, 참여자'라는 네 가지 요소가 독자적으로 움직이다가 어떤 우연한 사건을 계기로 교차하여 결합하게 될 때 결정이 이루어지는 상황을 설명하는 모형 ⇨ 효과적인 모형이라기보다는 학교조직에서 의사결정이 이루어지는 모습을 '기술'했다는 점에서 다른 의사결정모형과 구분됨
② 구성요소 ☆
  ㉠ 문제 : 일상생활에서 주의를 필요로 하거나 불만족되고 있는 요소
  ㉡ 해결책 : 채택을 위해 이미 제안되어 있는 것으로, 문제와는 별개로 존재할 수 있음
  ㉢ 선택기회 : 특정 개인이나 조직이 의사결정할 것이라고 기대하는 경우, 참여자에 의해 우연히 특정 시간에 여러 문제와 해결책들이 뒤섞이는 과정에서 문제와 해결책이 서로 결합하는 상태
  ㉣ 참여자 : 문제나 해결책을 알건 모르건 간에 결정에 관여하는 모든 사람, 유동적임
③ 특징
  ㉠ 의사결정은 합리성보다는 우연성에 기초하여 이루어짐
  ㉡ 수단과 목적은 독립적으로 존재하며, 우연 또는 생각지 못했던 기회로 연결됨
  ㉢ 문제와 해결책이 조화를 이룰 때 좋은 의사결정이 이루어짐

출제 Pick!
☆ 의사결정모형의 각 명칭, 특징
☆ 쓰레기통모형의 구성요소

Level Up
의사결정모형의 근거
– 의사결정을 보는 네 가지 관점

구분	합리적 관점	참여적 관점
중심 개념	목표 달성을 극대화하는 선택	합의에 의한 선택
의사 결정 목적	조직목표 달성	조직목표 달성
적합 조직 형태	관료제, 중앙집권적 조직	전문적 조직
조직 환경	폐쇄체제	폐쇄체제
특징	규범적	규범적

구분	정치적 관점	우연적 관점
중심 개념	협상에 의한 선택	선택은 우연의 결과
의사 결정 목적	이해집단의 목표 달성	상징적 의미
적합 조직 형태	대립된 이해가 존재하고 협상이 용이한 조직	달성한 목표가 분명하지 않은 조직
조직 환경	개방체제	개방체제
특징	기술적	기술적

Theme 99 기출 CHECK!

논술 기출 CHECK

A안과 B안에 해당하는 의사결정모형의 단점 각각 1가지, 김 교사가 B안에 따라 학생들의 요구를 반영하기 위해 제안할 수 있는 구체적인 방안 1가지를 서술하시오.
● 21 중등

> 교사 협의회에서는 학교 운영에 학생들의 요구를 반영하는 방안에 대해 논의했어. 다양한 의사결정 방식들이 제안되었는데 그중 A안은 문제를 확인한 후에 목적과 세부 목표를 설정하고, 가능한 대안들을 모두 탐색하고, 각 대안에 따른 결과를 예측하고 비교해서 최적의 방안을 찾는 방식이었어. B안은 현실인 소수의 대안을 검토하고 부분적으로 수정해서 현재의 문제 상황을 조금씩 개선해 나가는 방식이었어. 많은 논의를 거친 끝에 B안으로 결정했어. 나는 B안에 따른 구체적인 방안을 다음 협의회 때 제안하기로 했어.

01 정책결정자의 전지전능함을 전제로 인간은 이성과 타산에 의해 결정된다는 이론 모형은? ● 05 경남
① 점증모형 ② 최적모형 ③ 만족모형 ④ 합리모형

02 다음의 내용에 부합하는 교육정책 의사결정 모형은? ● 09 공무원 7급 + 07 초등 변형

- 획기적인 대안의 선택보다는 기본적인 목표의 틀 속에서 다소 향상된 정책결정에 만족하는 모형이다.
- 구체적이고 실제적인 대안들을 계속적으로 비교하므로 온건지향적이고 보수적인 조직에서 환영받는 정책결정 모형이다.
- 개혁이나 혁신적인 정책결정에는 부적합하다.
- 대안의 탐색은 현존 상황에 관련된 것으로 제한한다.
- 대안의 예상 결과에 대한 분석은 현존 상황과의 차이에 초점을 둔다.
- 목적 설정과 대안 개발이 동시에 이루어지므로 목적수단 분석은 적절하지 않은 것으로 간주한다.
- 현존 상황과 관련된 소수의 대안과 그 예상 결과들에 대한 계속적인 비교를 통하여 행동방안을 결정한다.

① 합리모형 ② 점증모형 ③ 만족모형 ④ 최적모형 ⑤ 혼합모형

03 다음 내용에 가장 부합하는 교육정책 결정 모형은? ● 11 초등

- 정책 결정이 항상 합리적으로 이루어지는 것은 아니다.
- 부족한 자원, 불충분한 정보, 불확실한 상황 등이 정책의 합리성을 제약한다.
- 때때로 직관이나 초합리적인 생각도 정책을 결정하는 데 중요한 요인이 된다.
- 창의적인 정책 결정에 도움을 주지만, 너무 이상에만 치우칠 수 있다는 비판을 받는다.

① 최적모형 ② 만족모형 ③ 점증모형 ④ 혼합모형 ⑤ 쓰레기통모형

04 다음 중 조직화된 무질서(organized anarchies)를 전제로 하는 의사결정모형은? ● 00 초등
① 혼합모형 ② 점증모형 ③ 최적화모형 ④ 쓰레기통모형

05 교육정책 결정 모형에 대한 설명으로 옳은 것을 모두 고른 것은? ● 13 중등

ㄱ. 쓰레기통모형(garbage-can model)은 조직화된 무질서(organized anarchies)상태에서 정책 결정이 우발성에 기초하여 이루어지고 있음을 강조한 모형이다.
ㄴ. 점증모형(incremental model)은 합리모형의 비현실성을 극복하기 위해 제안된 것으로, 기존의 정책 틀을 기반으로 하여 현재보다 다소 개선된 수준의 대안을 선택해 나가는 모형이다.
ㄷ. 최적모형(optimal model)은 정책 결정이 합리성에만 근거해서 이루어지는 것은 아니며, 때때로 직관 등 초합리성이 개입되어 이루어짐을 주장한 모형이다.
ㄹ. 혼합모형(mixed-scanning model)은 정책 결정을 기본적인 결정과 세부적인 결정으로 나누고 전자는 합리모형을, 후자는 만족모형을 활용하는 모형이다.

① ㄱ, ㄷ ② ㄱ, ㄴ, ㄷ ③ ㄱ, ㄴ, ㄹ ④ ㄴ, ㄷ, ㄹ ⑤ ㄱ, ㄴ, ㄷ, ㄹ

정답 01 ④ 02 ② 03 ① 04 ④ 05 ②

Theme 100 의사결정 참여모형

기출 09 중등, 05 중등, 04 중등, 99 중등

1 의사결정 참여의 필요성 ☆
① 구성원들의 직무 만족과 사기를 제고시키고 조직의 일체감을 증대시킴
② 과업에 대한 사명감과 책임감을 제고시킴
③ 의사결정에 대한 반감이나 저항을 줄이고, 순조로운 수행을 보장함
④ 구성원들의 발전에 기여하고, 조직의 목적 달성이 용이해짐
　⇨ 의사결정 참여는 참여자의 지식, 동질성, 집단의 규모, 의사결정의 목표, 문제의 성격 등에 따라 달라질 수 있음

2 브릿지스(Bridges)의 참여적 의사결정모형
(1) 수용영역 ☆
① 구성원이 상급자의 의사결정을 기꺼이 받아들일 수 있는 정도
② 참여문제는 어떤 문제에 대한 의사결정이 조직구성원에 의해 기꺼이 받아들여지는 수용영역 안에 있는가 밖에 있는가와 밀접한 관련성을 가짐

(2) 의사결정에 구성원을 참여시키는 기준 ☆
① **적절성(이해관계)**
　㉠ 구성원이 그 결정에 대해 높은 개인적 이해관계를 가지고 있는가
　㉡ 이해관계가 높을 시 결정에 참여하고 싶은 관심이 높아짐
② **전문성**
　㉠ 구성원이 문제를 규명하고 해결하는 데 있어 어느 정도 유용하게 기여할 수 있는가
　㉡ 의사결정과정에서 유익한 공헌을 할 수 있는 전문적 지식을 가지고 있는 정도

(3) 교사를 의사결정에 참여시키는 방법 ☆
수용영역 외부에 있고, 전문성과 높은 이해관계를 가지고 있음
⇨ 초기 단계부터 자주, 적극적으로 참여시키고 다수결의 원칙에 따른 의회식 방법으로 의사결정을 내림

(4) 학부모와 학생들을 의사결정에 참여시키는 방법 ☆
수용영역의 한계 조건에 놓여 있고, 전문성은 없으나 높은 개인적 이해관계를 가지고 있음
⇨ 의사결정 결과에 이해를 구한 후 설득 및 합의를 도출하여 저항을 최소화하기 위해 구성원을 가끔 참여시키고, 최종 대안을 선택할 때만 제한적으로 참여시키며, 민주적－중앙집권주의적 방식을 통한 의사결정을 내림

(5) 교육전문가를 의사결정에 참여시키는 방법 ☆
수용영역의 한계 조건에 놓여 있고, 전문성은 있으나 이해관계가 낮음
⇨ 질 높은 아이디어나 정보를 얻기 위해 대안 제시나 결과의 평가단계에 구성원을 제한적으로 참여시키고, 민주적－중앙집권주의적 방식을 통한 의사결정을 내림

출제 Pick!
☆ 의사결정 참여의 필요성
☆ 브릿지스 참여적 의사결정모형에서 수용영역의 개념, 의사결정에 참여시키는 방법을 결정하는 기준, 교사·교육전문가·학생·학부모를 의사결정에 참여시키는 방법
☆ 호이와 타터의 참여적 의사결정 모형에서 상황을 결정하는 기준, 상황의 구분, 상황에 따른 구성원들의 참여 방식과 의사결정 구조, 지도자의 역할

(6) 적절성과 전문성에 따른 의사결정

구분	상황1 (교사)	상황2 (학부모·학생)	상황3 (교육전문가)	상황4
이해관계 및 전문성	이해관계 ○ 전문성 ○	이해관계 ○ 전문성 ×	이해관계 × 전문성 ○	이해관계 × 전문성 ×
수용영역	영역 외부에 있음	한계 조건에 위치	한계 조건에 위치	영역 내부에 있음
구성원 참여 정도	의사결정의 초기단계인 문제인지의 단계부터 구성원을 자주, 적극적으로 참여시킴	의사결정 결과에 이해를 구한 후 설득 및 합의를 도출하여 저항을 최소화하기 위한 목적으로 구성원을 가끔 참여시키며, 최종 대안을 선택할 때만 제한적으로 참여시킴	질 높은 아이디어나 정보를 얻기 위해 대안 제시나 결과의 평가단계에서 구성원을 제한적으로 참여시킴	구성원을 참여시킬 필요 없음
의사결정 방식	의회식 (다수결의 원칙)	• 민주적 – 중앙집권주의적 방식 • 구성원의 의견을 청취·반영하되 최종결정은 행정가가 내림	민주적 – 중앙집권주의적 방식	배제
행정가 역할	소수의 의견도 잘 반영토록 노력	문제 해결, 통합, 의견 일치, 저항 줄이기	문제 해결, 통합, 의견 일치, 저항 줄이기	–

3 호이(Hoy)와 타터(Tarter)의 참여적 의사결정모형

(1) 개념

교장은 특정 사안에 대한 교사의 관련성과 전문성을 확인하여 교사가 속한 **수용영역**(zone of acceptance)을 판단하고, 구성원의 **헌신**에 대한 검증에 따라 의사결정에 대한 교사의 참여 정도를 다양하게 결정함(관련성 + 전문성 + 헌신)

(2) 5가지 상황 ☆
① 민주적 상황
　㉠ 의사결정이 수용영역 밖에 있고 구성원의 헌신이 있다면 구성원을 항상 광범위하게 참여시킴
　㉡ **쟁점** : 의사결정 방식(집단 합의 ⇨ 통합자 vs. 집단 다수결 ⇨ 의회자)
② 갈등적 상황
　㉠ 의사결정이 수용영역 밖에 있고 구성원의 헌신이 없을 때 발생되는 상황
　㉡ 조직 복지와 불일치하는 방향으로도 나아갈 수 있기 때문에 참여는 항상, 그러나 제한적으로 이루어짐
　㉢ 집단 자문 ⇨ 교육자
③ 이해관계자 상황
　㉠ 구성원이 쟁점에 대해 개인적 이해관계를 가지고 있지만 전문성이 부족하면 발생하는 상황
　㉡ 구성원의 참여는 가끔씩 제한된 참여가 이루어짐
　㉢ 집단 자문 ⇨ 교육자
④ 전문가 상황
　㉠ 구성원이 결정에 대해 개인적 이해관계가 없지만 전문성이 있을 때 발생하는 상황
　㉡ 참여는 가끔 제한적으로 이루어짐
　㉢ 개별적 자문 ⇨ 간청자
⑤ 비협력적 상황
　㉠ 결정 사항이 구성원들과 관련성이 없고 전문성을 가지고 있지 않는 상황
　㉡ 참여시킬 필요가 없음
　㉢ 일방적 의사결정 ⇨ 지시자

(3) 구성원의 참여 방식 ☆
① **집단 합의** : 행정가는 구성원을 의사결정에 참여시키고 집단이 결정함. 모든 집단구성원은 결정 및 평가할 때 똑같이 참여하나 전체 합의가 있어야만 결정이 이루어질 수 있음
② **다수결** : 행정가는 구성원을 의사결정에 참여시키고 집단이 다수결의 원리로 결정함
③ **집단 자문** : 행정가는 전체 집단의 의견을 경청하고 집단 제안들의 함의를 논한 후 구성원의 욕구를 반영하거나 반영하지 않겠다고 결정함
④ **개별적 자문(개인 자문)** : 행정가는 결정사항에 대해 잘 알 수 있는 구성원과 개별적으로 상의한 다음 의견을 반영하거나 반영하지 않겠다는 결정을 내림
⑤ **일방적 결정** : 행정가는 구성원의 자문이나 참여 없이 결정함

(4) 교장의 역할(지도자의 역할) ☆
① **통합자** : 의사결정의 합의를 얻기 위해 구성원들을 불러 모아 다양한 의견과 관점을 조화시킴
② **의회자** : 소수의 의견을 보호하여 개방적 의사소통을 촉진하고 민주적 과정을 통하여 참여자들의 집단 결정을 이끌어냄
③ **교육자** : 결정의 쟁점과 제약 요인을 집단구성원에게 설명하고 그들과 협의함으로써 결정을 수용
④ **간청자** : 전문가인 구성원들로부터 조언을 구함
⑤ **지시자** : 단독으로 의사결정함

(5) 종합

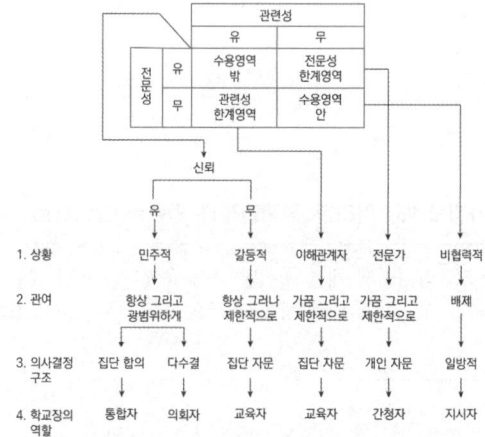

[그림 4-25] 호이와 타터의 참여적 의사결정모형

상황	수용영역	참여 기준	참여 여부	의사결정 구조	지도자 역할	기능	목표
민주적	수용영역 밖	관련성 ○ 전문성 ○ 헌신 ○	항상 광범위하게	집단 합의	통합자	서로 다른 입장 통합	일치된 의견 도출
				다수결	의회자	공개토론 조성	집단 결정 도출 (소수의견 보호)
갈등적		관련성 ○ 전문성 ○ 헌신 ×	항상, 그러나 제한적으로	집단 자문	교육자	쟁점 설명·논의	결정 수용 촉구
이해관계자	수용영역의 한계 (관련성 ○)	관련성 ○ 전문성 ×	가끔 제한적으로				
전문가	수용영역의 한계 (전문성 ○)	관련성 × 전문성 ○	가끔 제한적으로	개인 자문	간청자	자문 요청	결정의 질 향상
비협력적	수용영역 안	관련성 × 전문성 ×	배제	일방적	지시자	—	효율성 성취

Theme 100 기출 CHECK!

01 다음 그림은 호이와 타터(W. K. Hoy & C. J. Tarter)가 제시한 참여적 의사결정의 규범 모형이다. 이 모형에서 교장은 특정 사안에 대한 교사의 관련성과 전문성을 확인하여 해당 교사가 속한 수용영역(zone of acceptance)을 판단하며, 이에 따라 의사결정에 대한 교사의 참여 정도를 다양하게 결정한다. ㉠, ㉡, ㉢의 경우에 해당하는 학교장의 역할이 바르게 나열된 것은? • 09 중등

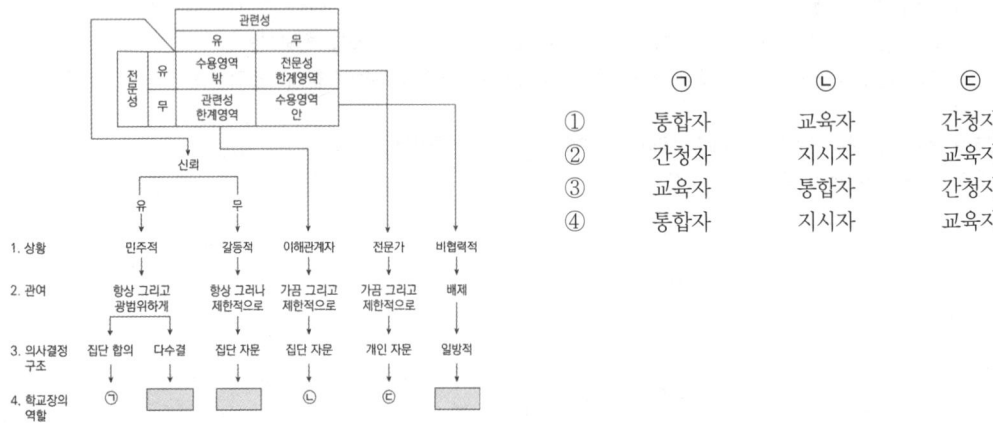

	㉠	㉡	㉢
①	통합자	교육자	간청자
②	간청자	지시자	교육자
③	교육자	통합자	간청자
④	통합자	지시자	교육자

02 다음과 같은 과정을 거쳐 교원양성체제가 개편된다고 가정할 때, 이러한 정책결정과 관련된 설명으로 적절한 것은? • 05 중등

- 사범대 가산점 위헌결정 후속조치 계획 수립
- 교원양성체제 개편 추진단 구성 운영
- 정책연구 위탁
- 관련기관 대표 및 외부기관 의견 수렴
- 교원양성체제 개편 방안(시안)의 발표
- 공청회를 통한 여론 수렴
- 최종안 확정

① 정치적 속성보다 비정치적 속성이 강하게 나타난다.
② 문제해결 혹은 타협점을 찾는 과정에서 정책이 형성되는 경향이 있다.
③ 전문가 집단과 다양한 이해집단의 민감한 반응은 정책결정의 합리성 촉진요인이 된다.
④ 사회적으로 민감하고 이해관계가 복잡한 사안은 점증모형보다 합리모형에 의해 정책이 결정될 가능성이 높다.

03 다음에 해당하는 의사결정의 관점으로 가장 적절한 것은? • 04 중등

- 의사결정을 이성적 판단보다는 관련 당사자 간의 논의를 통한 합의의 결과로 본다.
- 관료제적 조직보다는 의사결정 관련자의 능력과 자율이 인정되는 전문직 조직에 더 적합하다.

① 우연적 관점 ② 정치적 관점 ③ 참여적 관점 ④ 합리적 관점

04 교사들의 의사결정 참여에 대한 설명 중 가장 적절한 것은 어느 것인가? • 99 중등
① 교사들의 개인적인 이해와 관련이 높을 경우 참여에 대한 관심은 낮아진다.
② 교사들이 결정할 사항에 대해 재량권을 갖지 못할 경우 좌절을 겪게 된다.
③ 전문적 지식과 능력을 가진 교사의 참여는 의사결정에 비효과적이다.
④ 교장의 요구를 부득이 받아들여야만 하는 경우 교사들의 참여는 의사결정에 효과적이다.

정답 01 ① 02 ② 03 ③ 04 ②

Theme 101. 교육기획 (교육계획, educational planning)

기출 17 중등, 08 중등

1 개념 ☆
① 미래의 교육활동에 대한 사전 준비과정
② 미래의 교육활동에 대비하여 교육목표 달성을 위한 효과적인 수단·방법을 제시함으로써 교육정책 결정의 효율성과 안정성을 보장해주는 미래지향적·지적·합리적 과정

2 교육기획의 접근방법 ☆
① **사회수요에 의한 접근방법** : 교육기획 시 국가의 인구와 가계소득, 미래의 학부모와 아동의 교육에 대한 수요를 예측한 후 이를 기초로 하여 학교 설립, 교원 양성, 기타 교육적 투입요소를 계획해 나가는 방법
② **인력수요에 의한 접근방법**
  ㉠ 경제성장에 필요한 인적 자본의 중요성에 대한 인식을 전제로 경제성장을 뒷받침하는 인력 수요를 예측하고, 이를 충족시킬 수 있도록 교육적 측면의 공급을 조절해 나가는 방법
  ㉡ 절차 : 기준연도와 추정연도의 산업부문별·직종별 인력변화 추정 ⇨ 인력수요 자료를 교육수요 자료로 전환 ⇨ 교육자격별 노동력의 부족분 계산 ⇨ 학교수준 및 학교종류(학과)별 적정 양성규모 추정
③ **수익률에 의한 접근방법** : 교육을 투자로 보고 그 투자에 대한 경제적 효과를 분석하는 방법으로, 특정 단계 혹은 특정 분야의 교육, 제도, 운영방법 등에 대한 경제적 수익률을 측정해 비교 수익률이 높은 부문이나 방식을 채택하는 접근방법
④ **국제비교에 의한 접근방법** : 선진국 혹은 경제와 교육 발전이 유사한 다른 국가의 경험을 비교·연구 함으로써 자국의 교육 발전을 위한 방향과 전략 등을 수립하려는 접근방법

3 교육기획 과정
목표 설정 ⇨ 현황 파악 ⇨ 기획 전제 설정 ⇨ 대안의 탐색·비교 ⇨ 최종안 선택 ⇨ 부수적 파생 계획 수립

4 장점 ☆
① 교육정책 수행과 교육행정의 안정화에 기여함
② 교육행정(교육경영)의 효율성과 타당성을 높임
③ 한정된 재원을 합리적으로 배분함
④ 교육개혁과 교육적 변화를 촉진하는 역할을 수행함

5 한계 ☆
① 급변하는 현대사회에서 교육계획을 위한 전제 설정은 어려우며, 전제를 설정했더라도 변화를 예상하기 어려움
② 재원은 한정되어 있기 때문에 시간, 경비, 전문적 역량 활용에 제약이 있음
③ 정치적·사회적 압력에 의해 변경되거나 실현되지 못하는 경우가 발생할 수 있음
④ 교육계획의 목표는 추상적이거나 계량화가 어렵기 때문에 달성 수단을 강구하거나 달성 여부를 평가하기 어려움
⑤ 교육운영이 경직되어 교육계획을 수립·실행하는 데 있어 자율성이나 창의성이 위축될 수 있음

출제 Pick!
☆ 교육기획의 개념, 접근방법, 장점, 한계

Level Up
교육기획의 유형
1. 계획 기간에 따른 유형
   • 장기 교육계획 : 6년 이상의 계획
   • 중기 교육계획 : 3~5년 기간의 계획
   • 단기 교육계획 : 3년 미만의 계획
2. 수립 주체에 따른 유형
   • 국가 교육계획
   • 지방 교육계획
   • 학교 교육계획 : 최근 단위학교 책임경영제 중시, 단위학교의 특수성과 자율성을 강조하면서 학교 교육계획의 중요성이 크게 부각
3. 계획 범위에 따른 유형
   • 부문 교육계획 : 한정된 교육부문·영역에 대한 계획, 특정 대상만 포함하는 교육기획
   • 종합 교육계획 : 교육의 여러 부문과 영역을 종합적으로 다루는 교육계획

Level Up
교육기획의 원리
• **타당성의 원리** : 의도하는 교육목표를 달성할 수 있는 적절한 수단과 방법을 통해 수립
• **효율성의 원리** : 의도하는 교육목표를 달성할 수 있는 능률적·효과적인 수단과 방법을 동원할 수 있도록 수립
• **민주성의 원리** : 일반 국민과 이해 관련 집단 등의 광범위한 참여를 통해 민주적인 방식으로 수립
• **전문성의 원리** : 교육전문가들의 적극적인 참여와 지속적인 검토 과정을 거쳐 수립
• **중립성의 원리** : 교육 자체의 타당성과 효율성에 따라 수립되어야 하며, 어떠한 정치적·종교적·당파적 이해와 압력에 좌우되어서는 안 됨
• **융통성의 원리** : 상황의 변화에 탄력적으로 대응할 수 있도록 신축성 있게 수립
• **안정성의 원리** : 정책의 일관성과 안정성을 유지할 수 있도록 수립
• **균형성의 원리** : 안정성과 적응성, 민주성과 전문성 등을 적절하게 유지하는 방식으로 이루어져야 함
• **통합성의 원리** : 국가의 타 부문 기획과 통합되도록 이루어져야 하며, 하위 부문을 종합적으로 고려
• **계속성의 원리** : 의도한 교육목적을 실현하기 위해 계속적인 연구와 평가를 통해 수립

Theme 101 기출 CHECK!

논술 기출 CHECK

다음은 신문기사의 일부이다. 이를 바탕으로 '2015 개정 교육과정의 실질적 구현방안'이라는 주제로 단위학교 차원에서 A 교장이 강조하고 있는 교육기획의 개념과 그 효용성 2가지를 제시하시오.

• 17 중등

[교육기획의 중요성 부각]
A 교장은 단위 학교에서 새 교육과정이 체계적으로 운영되도록 돕는 교육기획(educational planning)을 강조하였다. "새 교육과정은 교육의 핵심인 교수·학습 활동의 중심을 교사에서 학생으로 이동시키는 근본적인 전환을 강조하고 있습니다. 저는 실질적 의미에서 학생 중심 교육이 우리 학교에 정착할 수 있도록 모든 교육활동에 앞서 철저히 준비할 생각입니다."

01 〈보기〉에서 '인력수요 접근법(manpower approach)'에 의한 교육계획의 수립절차를 순서대로 바르게 나열하시오. • 08 중등 변형

〈보기〉
㉠ 교육자격별 노동력의 부족분 계산
㉡ 인력수요 자료의 교육수요 자료로의 전환
㉢ 학교수준 및 학교종류(학과)별 적정 양성규모 추정
㉣ 기준 연도와 추정연도의 산업부문별, 직종별 인력변화 추정

•

정답 01 ㉣ → ㉡ → ㉠ → ㉢

Theme 102 장학의 이해

기출: 09 초등, 02 행시, 01 초등, 95 중등

1 장학의 개념 및 목적 ☆
① 교육활동의 개선을 위해 주로 교원을 대상으로 하여 이루어지는 제반·지도·조언활동
② 교육활동의 개선을 목적으로 하며 교수·학습활동의 개선이 핵심

> **참고** 교원역량개발 : by 교원연수, 장학, 평가, 학습공동체

2 장학의 발달과정

(1) 관리장학 시대(1750~1930)
과학적 관리론의 영향으로 과학적·관료적 장학 강조, 교사를 관리의 부속물 또는 관리의 대상인·고용인으로 보고, 엄격하고 통제적인 장학활동

(2) 협동장학 시대(1930~1955)
인간관계론의 영향으로 최소한의 장학이 최선의 장학으로 간주된 민주적·참여적·협동적 장학 형태, 개인의 존중과 편안한 인간관계가 장학담당자의 핵심 덕목이 됨

(3) 수업장학 시대(1955~1970)
① 학문중심 교육으로 방향을 선회함에 따라서 장학목표가 '교육과정 개발'과 '수업효과 증진'이 되었고, 시청각 기자재를 활용한 수업 개선, 새로운 교수법의 개발 등에 관심을 기울이는 장학
② 임상장학, 마이크로티칭, 현장연구 기법이 등장함

(4) 발달장학 시대(1970~) ☆
① 수업장학과는 별도로 협동장학에 대한 새로운 대안이 모색되어 '수정주의 장학'과 '인간자원장학'의 형태가 등장하였으며, 장학목표가 협동장학과 다름
② 수정주의 장학은 과학적 관리의 통제와 효용을 강조해 교사 능력 개발, 직무수행 분석, 비용-효과 분석 등이 강조, 인간자원장학은 학교과업의 성취를 통한 교사 직무 만족 제고에 초점

> **참고** 협동장학 : 교사 참여를 통한 직무 만족 제고 ⇨ 학교효과성 증대를 목표
> 인간자원장학 : 교사 참여를 통한 학교효과성 증대 ⇨ 교사의 직무 만족 제고를 목표

(5) 오늘날 장학
① **선택적 장학[현재, by 글래손(Glathorn)]** ☆
  ㉠ 개념 : 장학의 대상인 교사의 발달수준과 장학의 필요가 교사마다 다르기 때문에 교사에 따라 장학의 방법이 각기 달라야 한다는 전제하에서, 여러 가지 장학 유형 중 교사가 원하는 것을 스스로 선택·결정할 수 있도록 하는 장학
  ㉡ 특징 : 교사 필요의 다양성과 교사 자율성을 기반으로 함
    예
    • 초임교사나 경험이 있는 교사 중 특별한 문제를 갖고 있는 교사 : 임상장학
    • 다른 장학방법을 원하지 않는 교사 : 약식장학
    • 3~5년 경력교사 : 동료장학
    • 경험 있고 능숙하며 자기분석 능력이 있고 혼자 일하는 것을 좋아하는 교사 : 자기장학

② **인간자원장학[인적자원론적 장학, 서지오바니(Sergiovanni)]** ☆
  ㉠ 개념 : 교사들을 학교의 의사결정 과정에 참여시켜 학교의 효율성을 증가시키고, 이를 통하여 교사의 직무만족을 높이려는 장학
    ⇨ 교사의 자발적 참여를 통해 학교 효과성과 교사 직무 만족을 동시에 증대시키고자 함
  ㉡ 특징
    • 교사 개인의 욕구와 학교 목적 및 과업을 통합하는 데 중점을 둠
    • 교사 직무만족도를 중시함. 직무 만족은 중요하고 의미 있는 일을 성취할 때 생기며 이러한 성취가 학교효과성의 중요한 구성요소가 됨
    • 교사는 학교효과성을 증대시키는 잠재가능성과 책임감을 가지고 있음 ⇨ 학교경영자는 교사들이 학교의 목표 달성에 능력의 최대한 발휘할 수 있는 환경을 조성해야 함
    • 장학을 통해 교사의 능력을 향상시키면 학생의 능력이 향상되고, 궁극적으로 인간 자본이 형성될 것이라고 봄

출제 Pick!
☆ 장학의 개념 및 목적
☆ 발달장학, 선택적 장학, 인간자원장학(인적자원론)의 개념, 특징, 목표

Level Up
장학의 영역과 기능
1. 영역
  • **교과지도 영역** : 교육과정 개발, 교수·학습활동, 각종 교재·교구 및 매체 개발 등
  • **학생지도 영역** : 학생의 심리적 이해, 생활지도, 진로지도 등
  • **학교경영 영역** : 학교교육계획, 교육조직 관리, 교육과정 관리, 교육조건 관리, 교육성과 관리 등
2. 기능
  • 교원의 성장·발달을 도움
  • 교육과정 운영의 효율화를 도움
  • 학교경영의 합리화를 도움

Theme 102 기출 CHECK!

01 서지오바니의 인적자원론적 장학의 관점을 가장 잘 나타낸 것은? ● 09 초등
① 교사의 만족도가 증가하면 학교의 효율성이 증가하고, 이를 통해 공동의 의사결정이 달성된다.
② 교사의 만족도가 증가하면 공동의 의사결정이 달성되고, 이를 통해 학교의 효율성이 증가한다.
③ 학교의 효율성이 증가하면 교사의 만족도가 증가하고, 이를 통해 공동의 의사결정이 달성된다.
④ 공동의 의사결정을 도입하고 나면 학교의 효율성이 증가하고, 이를 통해 교사의 만족도가 증가한다.
⑤ 공동의 의사결정을 도입하고 나면 교사의 만족도가 증가하고, 이를 통해 학교의 효율성이 증가한다.

02 미국을 중심으로 한 장학의 발달 과정을 순서대로 바르게 나열한 것은? ● 02 5급 행정고시
① 협동장학시기 – 관리장학시기 – 발달장학시기 – 수업장학
② 관리장학시기 – 협동장학시기 – 수업장학시기 – 발달장학
③ 관리장학시기 – 협동장학시기 – 발달장학시기 – 수업장학
④ 수업장학시기 – 관리장학시기 – 발달장학시기 – 협동장학

03 다음의 내용을 모두 포함하고 있는 장학이론은? ● 01 초등

- 대다수의 교사는 주어진 직무 이상으로 책임감을 발휘할 수 있다.
- 학교의사결정에 교사가 참여함으로써 학교효과성이 증대되고, 그 결과 교사의 직무만족이 증대된다.
- 학교경영자의 기본 과제는 교사들이 학교의 목표달성에 능력을 최대한 발휘할 수 있는 환경을 조성하는 일이다.

① 행동과학적 장학   ② 과학적 관리 장학   ③ 인간자원론적 장학   ④ 인간관계론적 장학

04 장학의 방향을 임상장학이나 자율장학의 형태로 전환하려는 노력들의 근본취지로 옳은 것은? ● 95 중등
① 산업체와 학교의 협력체제를 구축하기 위한 매개기능을 강화한다.
② 학부모와 교사의 관계를 원활하게 조정할 수 있는 수단을 강구한다.
③ 통제와 평가보다 교육현장의 능동적 문제해결을 지원하는 데 초점을 둔다.
④ 학생의 진로 상담자로서의 교사 역할을 효과적으로 지원한다.

정답 01 ④   02 ②   03 ③   04 ③

Theme 103 장학의 유형

기출
22 중등, 18 중등, 14 추시, 12 중등, 09 경기, 08 초등, 07 초등, 06 초등, 05 초등, 04 중등, 01 초등, 01 행시, 97 중등, 96 중등, 93 중등

1 장학의 구분

(1) 지구별 자율장학
① 지구 내 인접한 학교들 혹은 교원들 간에 교육활동의 개선을 위해 상호 협력하는 장학활동
② 각 지구별 특성을 살린 역점 사업과 다양한 협동적 교육활동, 수업연구, 수업공개 등을 추진하고 그 결과를 일반화함으로써 창의적 학교경영을 하도록 함
③ 지구별 자율장학활동의 종류

활동	구체적 내용
학교 간 방문장학	교육활동 상호 참관(공개 보고회, 공개수업 등) 및 교육정보 교환, 학교경영, 학습지도, 특별활동 개선방안 협의, 학교별 우수사례 발굴 홍보 및 일반화 협의, 지구별 교육 현안과제 협의 조정, 교원 – 학생 상호 간 학예활동 참관 및 체육 교류활동 등
교육연구 활동	수업 및 평가방법 개선을 위한 공개수업, 논술지도를 위한 협의회, 교과협의회(학습동아리), 방과후학교 협의회 구성 및 운영, 교육현장의 문제점, 해결방안 및 공동 관심사에 관한 현장연구 발표, 교수·학습자료 및 평가 자료 공동 제작 및 활용 등
학생 생활지도 활동	교내외 생활지도 방법 개선 협의, 초·중·고등학교 지구별 통합협의회 활동, 연말연시 방학 중 합동 교외지도, 지구별 학생선도협의회 운영, 청소년 단체 합동수련 활동 등
학예활동	문예 백일장, 미술 실기대회, 독후감 쓰기 발표대회, 특별활동 발표회 및 전시회, 기타 소질 적성 계발 및 건전한 학생문화 정립을 위한 행사 등

(2) 교내 자율장학
단위학교 내에서 교사의 수업 개선을 위해 교장, 교감, 부장교사, 동료교사가 행하는 지도·조언 활동
예 임상장학, 동료장학, 자기장학, 약식장학

2 임상장학[코건(Cogan)] ☆

(1) 개념
① 실제적인 교수행위를 직접 관찰하여 자료를 수집하고, 수업개선을 위해 장학 담당자와 교사 간의 대면적 상호작용 속에서 교사의 행위와 활동을 분석하는 수업장학의 한 양상
② 교실 내에서 교사와 장학 담당자가 친밀한 관계 속에서 교사의 수업기술 향상과 전문적 성장을 위해 (목적) 수업을 직접 관찰하고 대면적 상호작용을 통해 교수·활동을 분석하는 교사중심 장학

(2) 단계
① '관찰 전 계획(계획협의회) ⇨ 수업 관찰 및 협의회 ⇨ 수업 관찰 후 평가(피드백협의회)'의 순환
② 장학 담당자와 교사가 함께 수업안을 계획 및 검토함
③ 교사와 함께 관찰전략을 협의하고 수업을 관찰함
④ 장학 담당자는 수업 상황과 교수·학습과정을 분석함
⑤ 관찰 후 협의회를 통해 수업에서 개선할 점을 점검하고 대안을 모색함

(3) 특징
① 인간은 본래 일에 대한 동기, 잠재력, 책임감, 목표의식을 가지고 있다는 'Y이론'의 입장을 취함
② 장학 담당자와 교사의 지속적이고 성숙한 상호 관계(동료적 관점) 형성과 유지를 강조함(상하관계 아님)
③ 교사의 필요와 요청에 의해 장학 담당자와 교사가 1 : 1의 친밀한 인간관계 속에서 이루어짐

출제 Pick!
☆ 장학 유형별 개념, 특징, 목적, 장·단점, 활성화 방안, 단계

Level Up
교사공동체를 통해 교사 역량 개발이 이루어지는 양상
1. **전문적 대화**
   교사들은 동료교사들과 교육활동들에 관한 일상적 대화를 통해 자신의 교수·학습 실제에 대해 성찰하고, 교사가 전문가로서의 정체성을 갖는 데 중요한 영향을 가짐
2. **전문적 협력 활동**
   교사들은 동료교사와 협력적으로 새로운 시도를 시험하고, 협동해서 일하고, 정책 메시지를 해석하며 교수·학습에 관한 이론과 방법 등에 대해 성찰하고 교수·학습의 향상으로 이어지도록 함
3. **교육활동 목표 공유**
   교사들 간 학교 정책이나 개혁 방향에 대한 비전 공유(센게의 '학습조직'에서도 등장하는 비전 공유는 교수·학습 실제에서 발생한 문제를 성찰하고 통찰적으로 문제를 사고할 수 있도록 도움)
4. **교사지도성 함양**
   연구자로서 교사는 실행과 반성을 통해 새로운 지식을 창조하고 스스로를 성장시킴

설쌤의 Tip
장학의 목적이 '교사들의 교수·학습 역량 강화'라는 점에서 가장 중요한 것은 교사들의 '자발적 참여'입니다. 이러한 점에서 교원 역량개발 활동은 전문적 학습공동체 등 자발적 참여를 강조하는 형태로 나아가고 있다는 점도 기억해 주세요.

3 동료장학 ☆

(1) 개념

교사들이 자신의 전문성 개발을 위해 서로 협동하는 장학의 형태

예 동일교과, 동일학년 교사, 관심분야가 같은 교사들끼리 수업에 대한 아이디어 공유하고 수업준비를 돕는 것

(2) 특징

① 교사의 자율성과 협동성을 기초로 함
② 학교의 형편과 교사들의 필요와 요구에 기초하여 다양하고 융통성 있게 운영됨
③ 대상 교사·학생들의 장·단점을 이해하고, 실제적 경험을 바탕으로 지도·조언함

(3) 장점

① 교사들이 경험을 공유함으로써 교수능력의 향상을 도모할 뿐만 아니라, 협동적인 인간관계의 수립을 통해 공동성취감 등을 향상시킬 수 있음
② 장학사 인력 부족 문제, 장학 담당자의 방문 평가에 대한 교사의 거부감 문제를 어느 정도 해결함
③ 수업을 개선하기 위해 교사들이 공동으로 노력하게 함으로써 학교의 인적 자원을 최대한 활용할 수 있음
④ 수업개선 전략의 설계와 시행에 대한 책임감 부여는 교사 개인이 수업 개선에 공헌할 수 있다는 인정과 성취감을 느끼게 해줄 뿐만 아니라 학교 개선에도 긍정적 효과를 가져올 수 있음
⑤ 성공적 수업 혁신은 동료관계를 증진시키고, 교사 간 적극적 인간관계는 교육활동과 교사 전문성 신장에 효과적임

4 자기장학 ☆

(1) 개념

교사 개인이 자신의 전문적 발달을 위하여 스스로 체계적인 계획을 세우고 이를 실천하는 과정

(2) 방법

① 자신의 수업 녹화 후 분석
② 학생들의 수업평가 분석
③ 대학원 진학
④ 수업 관련 연수 및 워크숍 참여
⑤ 수업 관련 전문가의 자문과 조언
⑥ 교내·외 전문적 학습공동체 참여 등

(3) 특징

장학의 형태 등과 관련해 교사에게 많은 재량권을 부여함

5 약식장학

(1) 개념

교장이나 교감이 간헐적으로 학급 순시나 수업참관을 통해 교사의 수업 및 학급경영 활동을 관찰하고 이에 대해 지도·조언을 제공하는 활동

(2) 한계

학교 개선을 위해 교사의 수업과 관련해 지도·조언하는 것은 교장·교감의 중요한 역할 중 하나이지만, 실제 현장에서 교사에게 수업 개선의 측면보다는 감시·통제라는 관료적 장학으로 비춰지기도 함

(3) 개선안

'수업 개선'이라는 장학의 본래 목적을 달성하기 위해 불시에 학급을 방문·관찰하는 것보다는 수업의 어떤 부분에 초점을 맞추어 관찰할 것인지, 또 어떤 특성을 가진 학급을 방문할 것인지 등 체계적 계획을 세워 진행하고, 관찰내용을 교사에게 피드백할 수 있어야 함

6 컨설팅 장학 ☆

(1) 개념

교사전문성 향상을 목적으로 교원 등의 자발적 의뢰를 바탕으로 전문성을 갖춘 교내·외의 사람들이 진단·협의·조언·자문·지원하는 장학활동(about 수업, 교육과정, 교실 내 문제, 학교운영 전반, 생활지도, 학교폭력 등)

(2) 특징
① **자발성** : 교원의 자발적 의뢰에 기초함
② **전문성** : 의뢰 과제에 대한 내용적·방법적 전문성을 갖춘 전문가집단이 수행함
③ **한시성** : 한정된 시간 동안 이루어짐
④ **독립성** : 의뢰 교사와 독립적 관계를 유지함(종속관계 X)
⑤ **자문성** : 의뢰 과제에 대해 자문하는 활동
⑥ **학습성** : 전문성을 심화시킴

(3) 절차

착수 ⇨ 진단 ⇨ 실행계획 수립 ⇨ 실행 ⇨ 종료

(4) 유형
① **운영 범위에 따른 유형** : 교내 컨설팅 장학, 교육청 단위의 소지구 컨설팅 장학
② **의뢰 과제의 성격에 따른 유형** : 진단형·대안수립형·해결과정 지원형·교육훈련형 컨설팅 장학
③ **의뢰 영역에 따른 유형** : 교수·학습, 교육과정 운영, 생활지도, 학급 및 학교 경영 등

7 멘토링 장학 ☆

(1) 개념

경험과 지식이 있는 교사가 경험과 지식이 적은 교사를 도와주는 활동

(2) 특징
① 멘토는 인간적 교감과 신뢰성을 바탕으로 진심 어린 소통과 도움을 주고, 멘티는 멘토에 대한 존경을 바탕으로 스스로에게 필요한 것을 배우고자 하는 자발적 의지를 가짐
② 주로 숙련된 교사가 멘토를 담당하며, 일대일로 교사 지원
 ⇨ 교수·학습 개선을 넘어 교사의 전문성 신장과 학교 적응을 도움

(3) 초임교사에게 멘토링 장학이 필요한 이유
① 멘토 역할하는 경력 교사의 조언 등을 통해 초임교사의 전문성 함양 및 발휘에 도움을 줌
② 멘토링을 통해 정서·심리적 안정을 얻어 학교문화 적응을 도움
③ 여러 가지 문제 상황에 대한 대처 및 해결 도움받음

(4) 멘토링 장학 활성화 방안
① 퇴임 교원 등을 활용한 멘토 지원단 조직
② 멘토 대상 정기교육 실시
③ 멘토링 운영 매뉴얼 작성 및 공유
④ 멘토링 우수사례 발굴 및 사례집 발간

8 마이크로티칭 ☆

(1) 개념
① 소규모 학생을 대상으로 5~15분간 한두 가지 내용을 가르치는 축소된 수업을 통해 장학 담당자가 교사에게 실제 수업사태를 기술·분석하여 교수 기술을 제공해 주는 형태의 장학
② 수업 시 고려해야 하는 다양한 요소(학생 수, 시간, 수업 장소, 교수법 등)를 반영하여 실제 수업장면과 유사한 형태로 축소한 후, 예비적·압축적인 방식으로 소규모 모의수업을 진행함
　　예 소규모의 학생들을 대상으로 5~15분간 한 가지 내용을 가르치고, 비디오 등을 통하여 녹화한 후, 동료 및 전문가와 함께 관찰하여 수업을 분석·평가 및 피드백을 반영하여 재수업을 진행함
③ 1963년 미국 스탠포드 대학교에서 교사 양성교육 중 교수법 훈련의 한 가지 방안으로 고안되면서 시작됨

(2) 목적
수업 전문성 향상 ⇨ 수업을 진행할 예비 또는 현직 교사들의 수업 진행능력 향상을 목적으로 함

(3) 장점
① 녹화된 화면을 통해 자신의 성취에 대해 즉각적인 피드백을 제공받을 수 있음
　　⇨ 자신의 수업 스타일을 객관적으로 관찰하고, 동료 교수자와 교육 전문가로부터 실제 수업 사태를 기술·분석한 다양한 피드백을 제공받음으로써 수업내용을 수정·보완하며 강의를 개선하는 데 도움이 됨
② 구체적인 교수기능 훈련에 체제접근과 관찰 및 모방 학습의 원리를 적용한 기법이자 실제 수업상황을 여러 측면에서 고도로 압축한 수업체제로, 훈련시간 단축과 함께 교사의 심리적 부담을 덜어 주며, 재수업 횟수 증가가 용이하므로 연습을 통한 수업능력 향상에 유리함
　　⇨ 단시간에 효과적인 교수법 향상 가능
③ 우호적인 환경 속에서 특정 주제 또는 수업에 대해 새로운 접근방법이나 기법, 방략 또는 절차를 연습할 수 있음
④ 위험 부담을 줄이고, 가치 있는 경험을 할 수 있음

(4) 단점
① 실제 교실로의 전이가 어려울 수 있음
② 대규모 학생이 참여할 때 학생들 간의 개인차를 설명하기가 어려울 수 있음
③ 수업을 처음부터 끝까지 경험하지는 못하므로 나타나는 한계가 존재함

(5) 구성요소(절차)
① 절차: 모의수업을 실시하고 이를 비디오로 녹화함 ⇨ 비디오를 반복적으로 보면서 수업내용을 관찰·분석함 ⇨ 분석내용을 토대로 수업 실시자에게 피드백을 제공함
② 수업 계획
　　㉠ 수업 대상, 장소, 교실의 크기, 수업 내용 및 진행 방식 등에 대하여 자세하게 계획하고 준비함
　　㉡ 특별히 기능적 측면에서 어떤 부분의 교수법을 향상시키고자 하는 것인지에 대한 목표를 설정함
③ 수업 진행
　　㉠ 모방학습의 대상이 되는 교수의 수업을 관찰한 후 습득한 교수법을 활용하여 실제 진행하고자 하는 수업과 유사한 형태로 모의 수업 진행
　　㉡ 추후 피드백 위해 비디오를 통한 녹화, 녹음 등을 진행

④ **피드백 및 평가**
  ㉠ 수업을 진행한 예비교사 혹은 교사의 자기평가, 체크리스트를 통한 평가, 녹화 또는 녹음된 수업내용 분석을 통한 평가, 동료나 지도 교사의 조언과 평가 등 다양한 방식으로 이루어짐
  ㉡ 보완점과 개선 방향에 대하여 논의를 진행함
  ㉢ 비디오 등 장비를 활용하여 녹화를 할 수 있다면 가장 좋지만, 그렇게 하는 것이 불가능할 경우에는 언어적 내용과 비언어적 행동들을 관찰·기록하여 평가를 진행할 수도 있음

⑤ **재수업 진행**
  ㉠ 지적된 문제점들을 수정·보완하여 다시 수업을 진행하고, 해당 수업에 대해서도 분석 및 피드백을 진행함
  ㉡ 재수업은 이전 피드백 단계에서 논의되었던 사항들이 반영될 수 있도록 피드백이 이루어진 후 빠른 시일 내에 다시 진행하는 것이 좋음

Theme 103 기출 CHECK!

논술 기출 CHECK

다음은 ○○ 중학교에서 학교 자체 특강을 실시한 교사가 교내 동료 교사와 나눈 대화의 일부이다. 이 내용을 읽고 '학교 내 교사 간 활발한 정보 공유를 통한 교육의 내실화'라는 주제로, 김 교사가 언급한 학교 중심 연수의 종류 1가지, 학교 중심 연수를 활성화하기 위해 학교 차원에서 지원할 수 있는 구체적인 방안 2가지를 논하시오.
● 22 중등

> 송 교사: 네, 온라인 수업을 하게 되면 활용할게요. 선생님 덕분에 좋은 정보를 많이 얻을 수 있어 좋네요. 선생님들 간 활발한 정보 공유의 기회가 더 많아지길 바랍니다.
> 김 교사: 네. 앞으로는 정보 공유뿐만 아니라 교사들 간 실질적인 협력도 있었으면 해요. 이를 위해 학교 중심 연수가 활성화되면 좋겠어요.

다음은 A 중학교 학생들의 학업 특성 조사 결과에 관해 두 교사가 나눈 대화 중 일부이다. '학생의 다양한 특성을 고려하는 교육'이라는 주제로 김 교사가 언급하는 교내장학 유형의 명칭과 개념, 그 활성화 방안 2가지를 논하시오.
● 18 중등

> 김 교사: 네, 저도 그렇게 생각합니다. 그리고 말씀하신 유형 외에 능력참조평가와 성장참조평가도 제안할 수 있겠네요.
> 박 교사: 좋은 생각입니다.
> 김 교사: 그런데 저 혼자서 학생의 다양한 특성을 고려해서 교육과정을 개발하고 수업을 설계하고 평가하는 것은 힘들어요. 선생님과 저에게 이 문제가 공동 관심사이니, 여러 선생님과 경험을 공유하고 협력해서 피드백을 주고받는 것이 좋겠어요.

최 교사가 수업 효과성을 높이기 위하여 선택한 교사 전문성 개발을 위한 장학활동 2가지를 논하시오.
● 14 중등 추시

> 학교에서 배우는 기초 지식이나 원리가 직업활동의 근간이 되기도 한다는 것을 어떻게 아이들이 깨닫게 할 수 있을까? 내가 일일이 다 설명해 주지 않아도 아이들이 스스로 교과의 기본 원리를 찾을 수 있게 하려면 어떤 종류의 과제와 활동이 좋을까? 이런 생각들로 머릿속이 복잡하던 중에, 오후에 있었던 교과협의회에서 수업 전문성 개발을 위한 장학 활동을 몇 가지 소개받았다. 이제 내 수업에 대해 차근차근 점검해 봐야겠다.

01 교내 자율장학의 가장 중요한 목표는?
● 97 중등
① 학교 교육목표 달성   ② 교사의 개인적 발전   ③ 자율연수 분위기 조성   ④ 교사의 수업기술 개선

02 다음에 나타나 있는 장학의 유형은?
● 05 초등

> 이번 학기에 천하초등학교에는 신규 교사인 김 교사가 부임하였다. 교장은 김 교사가 수업에 어려움을 느끼지 않는지 교감에게 수업을 참관하도록 지시하였다. 교감은 김 교사의 교실을 잠시 방문하여 수업을 참관하고, 그 결과를 교장에게 보고한 후, 김 교사를 만나 간단한 조언을 해주었다.

① 약식장학   ② 요청장학   ③ 동료장학   ④ 담임장학

정답 01 ④ 02 ①

03 다음과 같이 진행되는 장학의 유형을 쓰시오. ● 06 초등 변형

> - 장학담당자와 교사가 함께 수업안을 계획·검토한다.
> - 교사와 함께 관찰 전략을 협의하고, 수업을 관찰한다.
> - 장학담당자는 수업상황과 교수·학습과정을 분석한다.
> - 관찰 후 협의회를 통해 수업에서 개선할 점을 점검하고 대안을 모색한다.

• _____

04 '선택적 장학'에 따르면, 교직경력이 6개월이고 수업 기술의 개선에 필요한 도움을 전문가로부터 받고자 하는 교사에게 가장 적합한 장학유형은? ● 04 중등

① 임상장학   ② 동료장학   ③ 자기장학   ④ 전통장학

05 다음의 설명은 무슨 장학인지 쓰시오. ● 93 중등 변형

> - 코간(M. Cogan)이 개발한 방법이다.
> - 교사와 장학담당자 간의 관계가 상하 관계라기보다는 상호 간에 같이 일한다는 동료적 인간관계에 기초를 두고 있다.
> - 장학의 과정 중 협의회→새로운 계획의 재수립 등의 순환적 과정을 거친다.

• _____

06 교사의 수업 전문성 향상을 목적으로 다음과 같이 진행되는 수업은? ● 08 초등

> 모의 수업을 실시하고 이를 비디오로 녹화한다. → 비디오를 반복적으로 보면서 수업 내용을 관찰·분석한다. → 분석 내용을 토대로 수업 실시자에게 피드백을 제공한다.

① 팀 티칭(team teaching)   ② 마이크로 티칭(micro teaching)
③ 상보적 수업(reciprocal teaching)   ④ 프로그램 수업(programmed teaching)

07 다음에서 선택적 장학 중 동료장학의 주요 특징을 모두 고른 것은? ● 07 초등

> 가. 교사의 자율성과 협동성을 기초로 한다.
> 나. 원칙적으로 교장이나 교감의 계획과 주도하에 전개된다.
> 다. 간헐적이고 짧은 시간 동안의 학급 순시와 감독을 중심활동으로 한다.
> 라. 학교의 형편과 교사들의 필요와 요구에 기초하여 다양하고 융통성 있게 운영된다.

① 가, 나   ② 가, 라   ③ 나, 다   ④ 다, 라

정답 03 임상장학   04 ①   05 임상장학   06 ②   07 ②

08 다음이 설명하는 장학의 유형을 쓰시오. ● 01 5급 행정고시 + 96 중등 변형

- 교사들이 경험을 공유함으로써 교수능력의 향상을 도모할 뿐만 아니라 협동적인 인간관계의 수립을 통해 공동성취감 등을 향상시킬 수 있다.
- 대상 교사 및 대상 학생들의 장·단점을 이해하고, 실제적 경험을 바탕으로 지도·조언한다.
- 장학사 인력의 부족 문제와 장학 담당자의 방문 평가에 대한 교사의 거부감 문제를 어느 정도 해결한다.

• _____

09 장학의 유형 중 컨설팅 장학의 특징을 가장 잘 설명한 것은? ● 08 초등
① 교육청이 주제별로 학교를 무선 표집하여 주제 활동을 점검한다.
② 장학지도반이 교육청의 시책에 대한 학교별 추진사항을 파악하고 평가한다.
③ 각 학교 담당 장학사가 이전 장학지도 시의 지시사항에 대한 이행 여부를 확인한다.
④ 교원의 의뢰에 따라 전문성을 갖춘 장학요원들이 교원들의 직무상 문제를 진단하고 해결을 위한 대안 마련 및 실행 과정을 지원한다.

10 다음 내용의 장학 방법으로 가장 알맞은 것을 쓰시오. ● 09 경기 변형

- 희망 학교를 우선으로 실시한다.
- 대상 기관의 요청에 따라 특정 영역의 선정이 가능하다.
- 장학 담당자와 교사들이 학교의 현안에 대하여 함께 해결 방안을 모색한다.

• _____

11 다음의 대화에서 세 교사가 언급하고 있는 장학지도 유형을 각각 적으시오. ● 12 중등 변형

김 교사 : 금년에 발령받은 최 교사는 수업의 질이 낮아 학생과 학부모의 불만이 많습니다. 그의 수업 전문성을 향상시키기 위해서는 전문성을 갖춘 교내 교원의 개별적 도움이 필요합니다. 최 교사의 수업을 함께 계획하고, 실제 수업을 관찰, 분석, 피드백해 줄 필요가 있습니다.
박 교사 : 김 선생님, 저도 초임 때는 그런 경험이 있었어요. 이제 중견교사가 되고 보니 그동안의 노력과 경험으로 수업에 대한 자신감이 생기긴 했어요. 그래도 더 좋은 수업을 위해 제가 필요하다고 생각하면 대학원에도 다니고 각종 연수에도 적극 참여하려고 합니다.
이 교사 : 부족한 부분을 채워야 하겠다는 자발적 의지가 중요해요. 학교에서 일상적으로 이루어지는 장학 활동보다는 내가 모르는 것을 교내·외의 유능한 전문가에게 의뢰하고 체계적인 도움을 받았으면 해요. 때로는 누군가가 전문가를 소개해 주었으면 해요.

• 김 교사 : _____ • 박 교사 : _____ • 이 교사 : _____

정답 08 동료장학 09 ④ 10 컨설팅 장학 11 김 교사 - 임상장학 / 박 교사 - 자기장학 / 이 교사 - 컨설팅 장학

Theme 104 교육재정의 운영

기출: 13 중등, 11 중등, 09 중등, 05 중등, 05 초등, 02 중등

1 교육재정의 운영절차 ☆

① 확보
  ㉠ 충족성의 원리 : 교육활동을 운영하는 데 필요한 재원을 충분히 확보해야 함
  ㉡ 안정성의 원리 : 교육활동의 일관성을 유지하기 위해서는 안정적인 재원 확보가 필요함
② 배분
  ㉠ 효율성의 원리 : 최소의 재정 투자로 최대의 교육성과를 이루도록 교육재정을 사용해야 함
  ㉡ 공정성의 원리 : 학생의 개인차, 교육환경 차이, 교육 프로그램, 교육비 수준에 따라 차등적으로 분배해야 함
③ 지출
  ㉠ 자율성의 원리 : 지방 교육행정기관 스스로가 자기규율 및 자기통제가 가능해야 함
  ㉡ 투명성의 원리 : 교육재정 운영과정이 일반 대중에 공개·개방되어야 함
④ 평가
  ㉠ 책무성의 원리 : 사용한 경비에 대해서는 납득할 만한 이유를 제시하고 책임질 수 있어야 함
  ㉡ 효과성의 원리 : 구체적인 목표 도달 여부를 측정할 수 있어야 함

출제 Pick!
☆ 교육재정의 운영절차
☆ 교육비의 구조
☆ 교육예산 편성기법의 종류, 개념, 특징, 장·단점

설쌤의 팁
두문자로 외우자♬
• 교육재정 운영절차
  : 확보 - 배분 - 지출 - 평가
  ➡ 확배지평

2 교육비

(1) 개념
교육서비스를 생산·공급하기 위해 희생되는 비용

(2) 구조 ☆

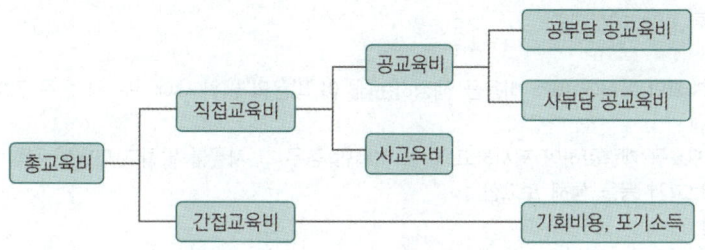

[그림 4-26] 교육비 구조

① 직접교육비와 간접교육비
  ㉠ 직접교육비 : 교육서비스를 생산하기 위해 정부에서 교육예산을 투입하거나 교육을 받기 위해 가계에서 납입금을 내는 것과 같이 교육을 성립시키기 위해 직접 투입하는 금전적 비용
    ⇨ 공교육비와 사교육비로 구분
  ㉡ 간접교육비 : 교육서비스를 생산(구매)하는 과정에서 간접적으로 투입된 비용으로, '포기된 수익'이나 '조세의 감면' 및 '교육시설의 감가상각비' 등이 이에 포함됨
② 공교육비와 사교육비
  ㉠ 공교육비 : 교육비를 확보·배분하는 과정이 공공의 회계절차를 거치는 것
    ⇨ 입학금, 수업료, 학교운영지원비 등 포함
  ㉡ 사교육비 : 교육비를 확보·배분하는 과정이 공공의 회계절차를 거치지 않는 것
    ⇨ 교복대금, 교재대금, 학용품비, 등·하교용 교통비, 사교육 상품 구입 등 포함
③ 공부담 교육비와 사부담 교육비
  ㉠ 공부담 교육비 : 교육비용 부담 주체가 국가 또는 공공단체인 경우
    ⇨ 국가나 지자체가 부담하는 교육비 및 학교법인의 전입금 등
  ㉡ 사부담 교육비 : 교육비용 부담 주체가 가계인 경우
    ⇨ 입학금, 수업료, 기성회비, 학교운영지원비 등

3 교육예산 편성기법

(1) 품목별 예산제도(LIBS)

① 개념 : 지출 대상을 인건비, 시설비, 운영비 등과 같이 품목별로 세분화해 지출 대상과 그 한계를 명확히 규정함으로써 예산 집행에 있어 유용이나 부정을 방지하고자 하는 통제 지향 예산제도

> 예 학교회계 예산 중 교직원 인건비, 학교회계 직원 인건비, 특정 업무비 등

② 특징
  ㉠ 가장 많이 활용되고 있으며, 우리나라의 예산제도도 품목별 예산제도를 근간으로 하여 기획예산제도 등을 부분적으로 수용함
  ㉡ 지출의 대상을 명확하게 세분하여 금액으로 표시하여 담당자의 재량행위가 필요 없음

③ 장·단점
  ㉠ 장점
    • 엄격한 사전·사후 통제 가능하고 회계책임 분명히 할 수 있음
    • 예산에 대한 공무원의 자유재량 행위 제한 가능함
    • 지출 대상과 금액이 명확히 표시되므로 예산의 남용이 방지됨
    • 차기 예산 편성 시 필요한 정보 얻을 수 있음
  ㉡ 단점
    • 지출 대상과 금액이 제한되어 있으므로 예상치 못한 상황에서의 신축성 있는 대응이 어려움
    • 세부적인 지출 대상에 중점을 두므로 사업의 전체적 개요 파악이 어려움
    • 예산편성 시 예산항목에만 관심을 가지기 때문에 정책이나 사업의 우선순위 등한시할 수 있음

(2) 성과주의 예산제도(PBS)

① 개념
  ㉠ 사업을 중심으로 예산을 편성하여 사업 또는 정책의 성과에 관심을 기울인 예산제도
  ㉡ 예산 과목을 사업계획별·활동별로 분류한 다음 각 세부 사업별로 업무 측정단위를 선정하여 표시하고, 단위원가에 업무량을 곱하여 예산액을 표시함으로써 그 집행의 성과를 측정·분석·평가할 수 있도록 하는 예산제도

② 특징
  ㉠ 사업계획의 목적에 따라 비용을 책정하는데, 이 비용의 범위 내에서는 각 품목 간에 상호 융통을 허용함
  ㉡ 성과지표를 계량화하여 제시하고, 이에 미달한 경우 그 사유를 밝히고 미달된 사업에 대한 대책을 성과보고서 등을 통해 보고함

③ 장·단점
  ㉠ 장점
    • 일반인이 그 기관이 어떤 사업을 어떻게 추진하고 있는지 용이하게 이해할 수 있음
    • 정책이나 계획수립이 용이하고, 예산심의가 편리함
    • 예산집행에 있어서 융통성을 기할 수 있음
    • 예산집행의 결과를 다음 회계연도에 반영함으로써 효율적인 예산편성에 기여할 수 있음
  ㉡ 단점
    • 업무 측정 단위의 선정, 성과 측정이 어렵고, 단위원가 계산도 곤란함
    • 교육 분야에 적용하는 데 여러 가지 어려움이 예상됨
    • 예산통제가 어렵고 회계책임이 불분명하며, 공금 관리에 어려움이 있음

Level Up

성과주의 예산제도의 방법
• 당해 부처가 담당하는 업무·사업을 분류함
• 각 업무의 성과를 가능한 한 계량화·표준화하여 업무 측정 단위로 표시함
• 하나의 업무 측정 단위를 생산해 내는 데 필요한 단위원가를 계산함
• 단위원가에 업무량을 곱해 예산액을 산출함

(3) 기획 예산제도(PPBS)
  ① 개념
    ㉠ 장기적 기획과 단기적 예산편성을 결합하여 한정된 재원을 합리적으로 배분하는 제도
    ㉡ 합리적 조직목표를 설정하고, 그를 성취하기 위한 계획, 행동과정, 자원배분을 과학적으로 수립·설계함으로써 조직목표 달성의 효율성과 효과성을 향상하려는 체계적 기법
  ② 특징
    ㉠ 단순히 예산 편성 방식이나 제도를 의미하기보다는, 학교체제의 목표에 중점을 두고 교육과정 개발 등 학교에서의 의사결정을 돕도록 하는 전반적인 학교 관리체제를 의미함 ➡ 절약과 능률, 경제적 합리성, 합목적성, 과학적 객관성 등을 이념으로 함
    ㉡ 품목별 예산제도와 성과주의 예산제도의 난점을 보완히기 위해 등장함
  ③ 장·단점
    ㉠ 장점
      • 사업기획과 예산편성이 유기적으로 결합되므로 한정된 자원을 합리적으로 배분할 수 있음
      • 상부의 의사결정이 용이하며, 중앙집권적 처리가 가능해 의사결정과정을 일원화할 수 있음
      • 목표 달성 위한 각종 대안들이 비용과 효과 면에서 분석·검토됨으로써 상호 간의 이해가 증진될 수 있음
    ㉡ 단점
      • 최고 의사결정자에게 정보가 집중되어 지나친 중앙집권적 성향을 초래할 수 있음
      • 목표 달성 정도를 계량화하기 어렵고 계량적 분석기법의 도입에 한계가 있음

(4) 영기준 예산제도(ZBBS)
  ① 개념 : 예산 편성 시 전년도 예산에 구애받지 않고 모든 사업이나 활동에 대해 새롭게 검토하여 우선순위를 설정한 후 이에 따라 자원을 배분하는 방법
  ② 특징
    ㉠ 전년도 기준이 아닌 사업을 기준으로 예산 편성
    ㉡ 금액 중심이었던 예산 편성 방식을 목표활동 중심으로 전환함
    ㉢ 점증주의적 예산과정을 탈피해 합리적으로 예산 편성
    ㉣ 기획예산제의 약점을 보완 ➡ 급변하는 경기 변동에 신축성 있게 대응하고자 함
  ③ 장·단점
    ㉠ 장점
      • 전년도 예산을 그대로 답습하지 않아 재정의 경직성을 극복함
      • 의사결정 단위가 조직, 기능, 사업일 수도 있다는 점에서 타 예산제도와 공존이 가능함
      • 학교 경영에 전 교직원의 참여 및 창의적·자발적 사업 구상과 실행 유도 가능
      • 학교경영 계획과 예산이 일치하도록 하여 합리적·과학적인 경영을 지원함
    ㉡ 단점
      • 모든 사업을 제로 상태에서 분석해야 하므로 시간과 노력의 부담이 큼
      • 담당자가 불리한 것은 은폐하고 유리한 것만을 제시할 우려가 있음
      • 현실적으로 예산결정 과정에 영향을 미치는 정치적 요인 등을 도외시함
      • 사업이 기각되거나 평가절하될 시 비협조적 풍토를 야기할 수 있음
      • 교원이 예산업무에 정통하지 않거나 의사결정에 전문성이 부족할 시 시행착오가 있을 수 있음

Level Up

기획 예산제도의 방법
1. 기획(planning) : 조직 전반에 걸친 장기적 목표를 수립·선택하고 비용과 이익 면에서 다양한 행동과정을 체계적으로 분석하는 과정 ➡ 조직의 기본목표와 기본사업 항목 등을 구체적으로 설정함
2. 프로그래밍(programming) : 기획을 통하여 결정된 계획을 수행하는 데 따라야 할 특정한 행동과정을 결정하는 과정 ➡ 실행계획 및 중·단기 실천 계획을 수립함
3. 예산편성(budgeting) : 계획과 프로그래밍을 실현할 수 있는 특정한 재정계획을 수립하는 과정 ➡ 연도별 프로그램과 예산계획을 기초로 목표 달성을 위한 활동에 대한 첫 해의 자금지출을 조직적으로 짬

Level Up

일몰예산제도
1. 개념
  행정기관의 사업이나 권한, 조직에 대해 사업 시행 후 일정 기간이 경과한 시점에서 재검토하여 이미 목적을 달성하여 존속이 불필요하거나 부적절한 것, 당초의 목적을 달성하는 데 실패한 것, 상황의 변동 등으로 존재 이유가 희박해진 것 등을 폐지하는 제도적 장치
2. 목적
  • 사업의 효과성이나 타당성이 감소해도 타성이나 관습에 의해 그대로 존속하는 것을 방지
  • 새로운 사회적 타당성이 있는 신규 사업을 시도하기 위한 것
3. 장점
  • 불필요한 예산 낭비 방지
  • 사회적 타당성이 높은 신규사업을 시도할 수 있도록 함
  • 효율적 기관의 설치를 도움
4. 단점
  • 정부의 각종 활동을 억제
  • 정치성 배제 어려움

Level Up

영기준 예산제도의 절차
1. 의사결정 단위의 설정 및 확인 : 의사결정 단위는 '단위사업'을 의미함
2. 의사결정패키지 작성 : '의사결정패키지'란 관리자가 각각의 의사결정 단위를 분석·평가한 후 우선순위를 정해 어느 단위에 어느 정도의 예산을 배정할 것인가를 결정하는 데 도움을 주기 위한 문서를 의미함
3. 우선순위 결정 : 영기준 예산제에서 가장 중요한 과정
4. 실행예산의 편성 : 우선순위에 따라 실행 예산을 설정함

Theme 104 기출 CHECK!

01 다음 (가)~(다)에 들어갈 말로 옳은 것은? • 13 중등

> 교육재정의 운영은 재정의 '확보→배분→지출→평가'의 과정으로 이루어진다. 확보, 배분, 지출, 평가의 각 단계에는 중요하게 요구되는 원리가 있다. '확보' 단계에서 요구되는 원리 중 ((가))는 교육활동을 운영하는 데 필요한 재원을 충분히 확보해야 한다는 것이고, '배분' 단계에서 요구되는 원리 중 ((나))는 최소한의 재정투자로 최대한의 교육성과를 이룰 수 있도록 교육재정을 사용해야 한다는 것이다. '평가' 단계에서 요구되는 원리 중 ((다))는 사용한 경비에 대해서는 납득할 만한 이유를 제시할 수 있고 책임을 질 수 있어야 한다는 것이다.

	(가)	(나)	(다)
①	안정성의 원리	자율성의 원리	효과성의 원리
②	안정성의 원리	효과성의 원리	적정성의 원리
③	자구성의 원리	효율성의 원리	효과성의 원리
④	충족성의 원리	효과성의 원리	책무성의 원리
⑤	충족성의 원리	효율성의 원리	책무성의 원리

02 다음 내용을 특징으로 하는 학교관리기법으로 가장 적절한 것은? • 11 중등

> • 차기 예산을 편성하는 데 필요한 정보를 얻는다.
> • 세출 예산에 대한 엄격한 사전·사후 통제가 가능하다.
> • 회계 책임을 분명하게 하고, 예산 담당자의 자유재량 행위를 제한한다.
> • 지출대상을 인건비, 시설비, 운영비 등과 같이 세분화하여 금액으로 표시한다.

① 목표관리 ② 품목별 예산제도 ③ 기획예산제도 ④ 영 기준 예산제도 ⑤ 정보관리체제

03 다음의 사례와 대화에서 공통적으로 다루고 있는 예산편성 기법으로 가장 적절한 것은? • 09 중등 + 05 초등 변형

> (가) 올해 9월 A 중학교에 부임한 김 교장은 금년도 예산에 구애받지 않고 모든 사업과 활동을 전면적으로 재검토하여 내년도 사업계획안을 마련하였다. 그리고 교직원 회의를 거쳐 사업의 우선순위를 결정한 다음, 김 교장은 이에 근거하여 한정된 예산을 우선순위에 따라 배분하는 내년도 예산안을 편성하여 학교운영위원회의 심의를 거쳐 확정하였다.
> (나) 송 교사 : 내년에는 우리 학교 학생들이 일본의 자매 학교를 방문할 계획이 있는데…….
> 정 교사 : 그런 돈이 어디에 있어? 올해 예산을 잘 봐.
> 송 교사 : 아냐. 교장 선생님이 올해 예산은 생각하지 말고 계획을 세우라고 했어.
> 정 교사 : 그래? 그럼 올해 예산은 참고할 필요가 없네.

① 목표관리 제도 ② 기획 예산제도 ③ 품목별 예산제도 ④ 영 기준 예산제도 ⑤ 성과주의 예산제도

04 교육재정 운영을 '확보 – 배분 – 지출 – 평가' 단계로 구분할 때, 지출단계에서 상대적으로 더 중시되는 준거는? • 05 중등

① 효과성과 책무성 ② 효율성과 공평성 ③ 자율성과 투명성 ④ 충족성과 안정성

05 학생들의 개인차 또는 프로그램의 교육비 수준에 따라 차등적으로 재정 지원할 때 적용한 교육재정 배분기준은? • 02 중등

① 자율성 ② 공정성 ③ 평등성 ④ 효율성

정답 01 ⑤ 02 ② 03 ④ 04 ① 05 ②

Theme 105. 단위학교 책임경영제(SBM), 단위학교 예산제도(SBBS), 학교책무성, 교원역량개발

 기출
24 중등, 09 중등, 00 초등

1 단위학교 책임경영제(SBM; School-Based Management)

(1) 배경
지원 배분 등에 관한 결정 권한을 단위학교에 부여 + 학교에 자율성과 책무성을 동시에 요구함

(2) 개념 ☆
① 단위학교가 자율권을 가지고 학교 내부의 민주적·합리적인 의사결정과정을 통해 학교를 운영하며, 그 결과에 대해서 책임을 지는 학교경영체제
② 학교가 학생·학부모 등 교육 수요자의 요구가 반영된 고객 중심의 학교경영을 가능하게 한다는 점에서 학교경영의 중요성을 부각시킴

(3) 목적(특징) ☆
① 교육수요자 중심의 학교교육 다양화 유도, 다양하고 특색 있는 학교운영
② 의사결정 권한을 단위학교로 이양 ⇨ 학교운영의 자율성 ⇨ 재량권 높임
③ 교육 주체의 참여 통한 의사결정 ⇨ 학교구성원의 책무성 및 주인의식 고양, 전문성 자극
④ 선의의 경쟁을 통해 학교교육의 경쟁력 제고 및 교육체제 전반의 질적 개선
⑤ 학생·학부모 등 교육수요자의 요구가 반영된 다양하고 질 높은 공교육 서비스 제공 가능
⑥ 교육력 강화를 도모하고 학교의 책무성을 강화할 수 있음
⑦ **교육자치제 실현**: 각 지역에 맞는 교육을 실시할 수 있으므로 교육자치제 실현 가능
⑧ **교육효율성 증대**: 학교장을 중심으로 교육당사자가 교육 운영에 적극적으로 참여하게 됨으로써 교육의 효율성 및 내실화에 기여함

(4) 내용
① 단위학교 자율화를 확대하는 방향으로 추진함
② 교육과정 자율화, 교직원 인사 자율화(교장공모제, 초빙교사제), 단위학교 예산제도(SBBS), 학교회계제도(단위학교 재정운영에 자율성 부여), 자율학교 확대(학교운영위원회, 도급경비제, 학교정보공시제) 등

(5) 단위학교 책임경영제 실현방안 ☆

구분	실현방안
조직	학교자치기구(학교운영위원회, 학부모회)
인사	교장공모제, 초빙교사(교원초빙)제
재무	학교회계제도
평가	학교평가

① **조직 - 학교자치기구**
  ㉠ **학교운영위원회**
   • 학교운영과 관련된 중요한 의사결정에 학교구성원을 참여시킴으로써 학교의 교육목표를 민주적·합리적·효과적으로 달성하기 위한 집단의사결정 기구
   • 교원 대표(교원위원), 학부모 대표(학부모위원), 지역사회인사(지역위원)로 구성됨
   • 학교헌장 제·개정, 학교예산, 교육과정 등에 대해 심의·의결함
  ㉡ **학부모회**
   • 학교 교육활동에 대한 폭넓은 의견 교환과 여론 수렴, 학교교육에의 참여를 위해 조직·운영됨 ⇨ 전체 학부모회, 학년별 학부모회, 학급별 학부모회 등으로 조직
   • 의결 및 집행기구

출제 Pick!
☆ 단위학교 책임경영제의 개념, 특징, 실현 방안
☆ 단위학교 예산제도의 개념, 특징
☆ 학교책무성의 개념, 책무성 확보 기제
☆ 교원역량개발 방법

ⓒ 비교

구분	학교운영위원회	학부모회
설치 근거	초·중등교육법	학부모회 규약(자율조직)
성격	심의·의결기구	의결·집행기구
조직권한	중요한 학교운영사항 심의·자문	학부모회 활동에 관한 사항 결정
구성원	교원위원, 학부모위원, 지역위원	학부모
목적	학교운영에 필요한 정책 결정의 민주성·투명성·타당성 제고	학교 교육활동을 위한 지원활동 및 상호 친목 도모

② 인사 – 교장공모제, 교원초빙제
  ㉠ 교장공모제
    • 개념 : 학교 발전을 촉진할 유능한 교장을 임용하기 위해 공개모집 절차를 거쳐 지원한 후보자들 가운데, 일정한 심사를 거쳐 교장 임용 후보자를 선발·임용하는 방식
    • 유형 : 초빙형 공모제, 내부형 공모제, 개방형 공모제
    • 장점 : 폭넓은 인재 발굴, 단위학교 자치역량 강화, 심사과정에서 교육청과 단위학교 구성원 참여 증가, 적격자 선발기능 강화
    • 단점 : 경력 중시 풍토와 맞물려 학교현장에서 갈등과 혼란 야기, 학교 단위 심사기능 및 능력검증의 한계 가능성
  ㉡ 교원초빙제(초빙교사제)
    • 개념 : 공립학교의 학교장이 각 학교에 필요한 유능한 교사 확보를 위해 정기전보 내신자를 대상으로 교사를 초빙하는 제도, 학교운영위원회의 심의를 거쳐 시행됨
    • 목적 : 단위학교 책임경영의 확대로 단위학교로 권한이 위임되면서 단위학교의 자율성을 확보하고 학교 간 경쟁체제 유도
    • 장점 : 단위학교 책임경영 및 교장공모제와 연계돼 지역사회 및 단위학교의 교육철학에 부합하는 교사 초빙이 가능함
    • 단점 : 임용 과정에서의 공정성 문제, 사실상 교사들이 원하는 학교로 전보하기 위한 수단으로 전락할 가능성, 학교장 권한이 커져 전횡을 일삼을 가능성

③ 재무
  ㉠ 학교회계제도
    • 단위학교 예산제도(SBBS) : 교장이 예산과정의 중심 역할을 담당하는 단위학교 중심의 분권화된 예산제도
    • 도급경비제 : 일반경비와 도급경비 구분 없이 표준예산비를 기준으로 예산을 총액지급하는 방법, 사업비

④ 교육과정 – 학교중심의 분권화
⑤ 평가 ⇨ 학교평가
  ㉠ 학교교육의 질 향상을 위한 학교운영 책무성 제고, 단위학교 교육활동 개선 지원 및 교육정책 효과 진단, 학교 교육활동 우수사례 발굴·보급을 통한 일반화를 목적으로 시행되는 평가
  ㉡ 투입평가, 과정평가, 산출평가(학교평가, 학년평가, 학급평가 포함), 자체평가, 서면평가, 방문평가, 교육지역청 평가 등을 통해 이루어짐

Level Up

일상경비와 도급경비제도

1. **일상경비**
   일상적으로 사용되는 경비로 교육청에서 지원되는 교직원 인건비, 시설비 및 여비 등 일상적으로 발생하는 경비
   ➡ 일상경비는 컴퓨터 교단 선진화 사업, 결식학생 중식지원비 등 목적이 분명히 정해져 있는 목적성 경비 또는 일상경비로 지원되며 정해진 목적 이외에 다른 용도로 사용될 수 없음

2. **도급경비제도**
   • 의미 : 표준예산비를 기준으로 총액으로 경비를 지급하는 제도
   • 목적 : 학교예산을 자율적으로 운용할 수 있도록 하는 것으로서 단위학교 책임경영의 중요한 방안으로 시행되고 있음
   • 특징
     – 정해진 목적 이외에는 사용할 수 없는 일상경비와는 달리 학교에서 자율적으로 사용목적을 정할 수 있는 경비
     – 쓰고 남은 경비가 있을 때는 다음 연도로 이월하여 사용할 수 있도록 하여 신축적인 예산집행을 가능하게 함
   • 종류 : 학교운영비, 급식실 운영비, 과학실 보조원 인건비, 교무실 보조원 인건비 등

2 단위학교 예산제도(SBBS)

(1) 목적
단위학교 책임경영이 강조되며 학교 단위의 자율적 재정운영을 보장하여 다양한 교육활동을 효과적으로 지원함으로써 학교교육의 질을 높이고자 함

(2) 개념 ✯
① 교장이 예산과정의 중심적인 역할 담당하는 단위학교 중심의 분권화된 예산제도
② 단위학교 책임경영이 강조되면서 도입된 예산제도

(3) 내용 ✯
① **총액 배부** : 일상경비와 도급경비 구분 없이 표준교육비 기준으로 총액 배부
② 학교시설 사용료와 수수료 수입을 학교 자체 수입으로 처리함
③ **세출예산 편성** : 학교 실정에 따라 자율적으로 편성
④ **학교회계연도** : 3월 1일부터 다음 해 2월 말일로 학년도와 일치시킴

(4) 장점 ✯
① 자율적인 예산운영을 통한 다양한 교육활동으로 학교교육의 질적 수준이 높아짐
② 교사와 학부모가 학교재정 운영에 참여하여 투명성과 신뢰성이 제고됨
③ 모든 세입과 세출을 일원화하여 학교재정의 효율적 운영이 가능함
④ 학교가 지역사회 주민들이 이용하는 평생학습센터 기능을 할 수 있게 됨

Level Up

학교회계의 세입과 세출

1. **학교회계의 세입** : 국가의 일반회계 또는 지방자치단체의 교육비특별회계로부터의 전입금, 학교운영지원비, 학교발전기금으로부터의 전입금, 수업료(사립초등학교 및 사립고등학교), 기타 납부금 및 학교운영지원비 외에 학교운영위원회의 심의를 거쳐 학부모가 부담하는 경비, 국가 또는 지방자치단체의 보조금 및 지원금, 사용료 및 수수료, 이월금, 물품매각대금, 기타 수입 등
2. **학교회계의 세출** : 학교운영 및 학교시설의 설치 등을 위하여 필요한 일체 경비

설쌤의 팁

단위학교 (자율)책임경영제는 단위학교가 학교운영의 기본 단위이고 단위학교 구성원들이 교육개혁의 주체가 될 때 교육개혁이 성공적으로 이루어진다는 신념에 근거한 개념입니다. 우리나라에서 도입된 교육과정 자율화, 단위학교 예산제도, 교장공모제, 교원초빙제 등은 모두 단위학교 책임경영제를 토대로 한다는 점에서 중요하니 목적과 구체적 방안을 중심으로 이해해 두세요.

3 학교책무성(accountability)

(1) 개념 ☆
① 학교가 자율과 권한을 가지고 학교교육을 수행하고, 학교교육의 계획·과정·결과를 외부에 설명·공개하는 것
② 공교육 체제로서 학교에 대해 책무성을 요구한다는 것은 학교가 사회적으로 수행해야 할 공적인 책무를 제대로 이행하도록 촉구한다는 의미
③ 평가 제도(예 학교평가, 교육기관 평가, 교사평가, 학교장 평가, 교육 프로그램 평가 등), 단위학교의 자율성 신장, 학교 유형의 다양화 등도 책무성 요구와 연결됨
④ 학교책무성 요구 전제조건
  ㉠ 학교가 공적인 책무를 수행할 수 있도록 권한을 위임하고, 자율재량을 확대하며, 창의적 학교운영의 기반을 제공해야 함
  ㉡ 교육에의 경영개념과 원리를 적용함
    예 학교경영계획 : 단위학교가 주체가 되어 계획하는 종합적 교육기획

(2) 다양한 책무성 확보 기제 ☆
① 학교평가
  ㉠ 교육 관련 주체의 활동 내용을 일정 기준에 따라 점검하는 활동으로, 학교교육의 질 향상을 위한 학교운영의 책무성 제고, 단위학교 교육활동 개선 지원 및 교육정책 효과 진단, 학교 교육활동 우수사례 발굴·보급을 통한 일반화를 목적으로 시행되는 평가
  ㉡ 투입평가, 과정평가, 산출평가(학교평가, 학년평가, 학급평가 포함), 자체평가, 서면평가, 방문평가, 교육지역청 평가 등을 통해 이루어짐
② 정보공개
  ㉠ 교육기관이나 교육행정기관의 활동 내역 정보를 정리하여 정보수요자에게 제공하는 활동
  ㉡ 현재 우리나라에서는 이를 위해 정보공시제도를 운영함
③ 감사
  ㉠ 학교나 교육행정기관 및 그 소속 구성원의 직무 수행과정 및 결과에서 위법 및 부당함이 있는지 감사하는 활동
  ㉡ 주로 위법성 여부가 점검의 대상이 됨
④ 장학
  ㉠ 교사의 수업 개선 및 수업 전문성 향상을 목적으로 교사 혹은 학교에 제공되는 지도·조언 활동
  ㉡ 학교와 교사의 교육 책무성을 실질적으로 제고할 수 있는 유력한 책무성 기제
⑤ 학교컨설팅
  ㉠ 기업경영 분야에서 등장한 개념으로, 학교교육을 개선하기 위하여 일정한 전문성을 갖춘 사람들이 학교와 학교구성원의 요청에 따라 제공하는 독립적인 자문활동으로서, 학교경영과 교육의 제반 영역에 대해 전문적·기술적 조언과 지원을 제공하는 것
  ㉡ 다른 책무성 확보 기제들과는 달리 오로지 의뢰인의 자발성과 내면적 자기개선 의지를 필수 전제조건으로 함

Level up

학교경영계획

1. **개념**
   학교의 교육목표를 합리적·효율적으로 달성하기 위해 학교를 어떻게 할 것인가에 대한 청사진으로, 단위학교가 주체가 되어 계획하는 종합적 교육기획

2. **요소**
   요구 및 실태 파악, 목표와 방침의 설정, 조직계획, 활동계획, 평가계획 등을 포함

3. **원리**
   - **연계성의 원리** : 국가 및 지역 교육계획과 연계성을 유지하면서 수립할 것
   - **합리성의 원리** : 합의적 의사결정 절차를 통해 작성할 것
   - **종합성의 원리** : 학교 교육목표 달성을 위해 관련된 모든 요소를 포함할 것
   - **참여의 원리** : 모든 교직원이 참여하여 의견을 제시·조정하고 학부모도 참여할 기회를 제공할 것
   - **현실성의 원리** : 인적·물적·재정적 자원의 한계 내에서 달성할 수 있는 목표를 세울 것

4 교원역량개발 ☆
(1) **필요성**
  ① 교육발전에서 교원은 학생의 교육적 성장에 영향을 주고 교육의 성패를 결정하는 핵심적 요인
  ② 교사역량의 개발은 전통적으로 교원인사를 통한 접근이 일반적이었으나, 최근 교사 공동체를 통한 방법 등 다양한 대안적 방법이 등장함

(2) **방법**
  ① **교원연수** : 직무연수, 자격연수, 특별연수
  ② **장학**
  ③ **평가**
    ㉠ 근무성적평정 및 다면평가(매년 12월 31일)
    ㉡ 교원능력개발평가
      • 학교교원의 지속적인 능력 신장이 목적
      • 교원에 대해 동료교사, 학생, 학부모의 평가 및 만족도 조사
  ④ **학습공동체 – 대안적 접근**
    ㉠ 교사는 동료교사와 교육활동에 관한 일상적 대화를 통해 자신의 교수·학습의 실제에 대해 성찰할 수 있는 기회 가짐
    ㉡ 동료교사와 실제 협력활동을 가짐으로써 교수·학습에 관한 이론과 방법, 학생에 대한 가정을 다시 생각함 ⇨ 교수·학습의 향상
    ㉢ 동료교사 간의 교육활동에 관한 목표 공유를 통해 공동체 의식이 고양됨
    ㉣ 교사공동체를 통해 교사지도성을 함양함

Theme 105 기출 CHECK!

논술 기출 CHECK

전문가 G가 언급한 학교운영위원회의 법적 구성 위원 3주체, 이러한 3주체 위원 구성의 의의 1가지, 위원으로 학생 참여의 순기능과 역기능 각 1가지를 쓰시오.
● 24 중등

교 사 F : 그렇다면, 학습자 맞춤형 교육의 구체적 내용을 학교 교육과정에 반영하려면 학교 내에서 어떠한 논의 과정을 거쳐야 하나요?
전문가 G : 여러 과정이 있습니다만, 학교 교육과정 운영 방법에 대해 법에서 규정한 대로 학교운영위원회의 심의나 자문을 거쳐야 합니다. 이를 위해서는 먼저 학생과 교사의 의견 수렴 과정을 거치는 것이 좋겠습니다.

01 현행 우리나라의 학교단위 책임경영 제도에 대한 설명으로 옳은 것을 모두 고른 것은?
● 09 중등

ㄱ. 단위학교의 자율성·창의성·책무성을 강조한다.
ㄴ. 학교운영위원회를 설치하여 단위학교 내 의사결정의 분권화를 추구하고 있다.
ㄷ. 단위학교 예산은 예산과목인 '장·관·항·세항·목'으로 편성·집행되는 예산방식을 취한다.
ㄹ. 교육청에 의한 규제와 지시 위주의 학교경영 방식을 지양하고, 학교경영에 대한 권한을 단위학교에 부여한다.

① ㄱ, ㄴ   ② ㄱ, ㄷ   ③ ㄷ, ㄹ   ④ ㄱ, ㄴ, ㄹ   ⑤ ㄴ, ㄷ, ㄹ

02 다음 〈보기〉의 내용과 같은 문제점을 해결하는 데 가장 적합한 예산편성 기법은?
● 00 초등

〈보기〉
학교예산은 학교교육계획에 의해 지출계획이 수립되고 이를 기초로 편성되어야 한다. 그러나 실제 학교는 학교재정 편성과정에 적극적으로 참여하지 못하고, 다만 교육청에서 책정된 예산에 맞추어 학교운영계획을 수립하는 경우가 많다.

① 성과주의 예산   ② 단위학교 예산   ③ 품목별 예산   ④ 표준 교육비

정답 01 ④   02 ②

학원/동영상 강의

지스쿨
www.g-school.co.kr

PART 5

교육심리

Theme 106-107	Theme 108-113	Theme 114-124	Theme 125-134	Theme 135-141
학습자의 인지적 발달	학습자의 정의적 발달	학습자의 인지적 특성	학습자의 정의적 특성	학습의 이해

PART 5 교육심리
핵심 테마 모아보기

학습자의 인지적 발달	Theme 106 피아제의 인지발달이론	인지발달 기제(적응 - 동화, 조절), 인지적 불평형, 인지발달 단계(형식적 조작기), 반성적 추상화, 엘킨드(상상적 관중, 개인적 신화), 교육적 시사점과 한계, 오개념 수정
	Theme 107 비고츠키의 인지발달이론	인지발달 촉진 요인, 근접발달영역, 비계, 역동적 평가, 시사점
학습자의 정의적 발달	Theme 108 에릭슨의 심리사회적 성격발달이론	기본 입장, 근면성 대 열등감, 자아정체성 대 역할 혼란, 심리적 유예기
	Theme 109 마샤의 정체성 지위이론	개념, 정체성 지위 분류 기준과 유형, 청소년기의 자아정체감 높이는 방법
	Theme 110 브론펜브레너의 생물생태학적 발달이론	시사점, 생태학적 환경의 구조체계별 명칭·개념·특징
	Theme 111 셀만의 사회적 조망수용이론	개념, 조망수용능력 단계별 명칭 및 특징
	Theme 112 콜버그의 도덕성 발달이론	단계별 명칭 및 특징, 비판점, 교육적 적용 / 피아제의 도덕성 발달단계
	Theme 113 레스트, 길리건, 나딩스의 도덕성 이론	레스트의 도덕성 이론(특징, 4가지 심리적 요소), 길리건의 도덕성 발달(특징, 단계, 도덕성 교육방법), 나딩스의 배려 윤리학
학습자의 인지적 특성	Theme 114 전통적 지능이론	스피어만 2요인설, 카텔과 혼의 지능이론
	Theme 115 가드너의 다중지능이론	개념, 특징, 다중지능의 핵심 성분, 시사점
	Theme 116 스턴버그의 삼원지능이론	특징, 구성요소(분석적 지능, 창의적 지능, 실제적 지능)
	Theme 117 정서지능이론	정서지능의 개념, 샐로비와 메이어의 정서지능의 영역, 골만의 정서지능 구성요소, 정서적 지능을 높일 수 있는 교수·학습방법
	Theme 118 지능검사 (1)	전통적 지능검사, 플린효과, 지능검사 결과 해석 시 유의사항
	Theme 119 지능검사 (2)	문화공평검사(SOMPA, 카우프만 검사, 레이븐 검사)
	Theme 120 창의성	창의성의 개념·특징, 창의성 검사, 창의적 사고기법(브레인스토밍, 시네틱스, PMI, SCAMPER, 속성열거법, 6색 사고모자), 창의성을 높이는 수업방법 / 몰입의 개념·특징·조건
	Theme 121 영재성	영재성의 3가지 요소(렌줄리), 영재교육(속진, 심화)
	Theme 122 위트킨의 장독립형과 장의존형	개념, 분류 기준, 검사 방법, 유형별 특징(차이), 수업전략 및 동기유발 전략
	Theme 123 케이건의 숙고형과 충동형	개념, 분류 기준, 검사 방법, 유형별 특징(차이), 지도방안, 메켄바움의 자기교수법
	Theme 124 콜브의 학습유형	분류 기준, 4가지 학습유형의 명칭과 특징
학습자의 정의적 특성	Theme 125 내재적 동기와 외재적 동기	개념, 내재적 동기 증진 방안
	Theme 126 매슬로우의 욕구위계이론	특징, 교육적 시사점 / 로저스의 실현경향성
	Theme 127 코빙톤의 자기가치이론	개념, 자기장애 전략
	Theme 128 데시와 라이언의 자기결정성 이론	개념, 3가지 기본 심리 욕구 및 관련 충족방법, 유기적 통합이론
	Theme 129 에클스와 위그필드의 기대×가치이론	개념, 동기화에 영향을 주는 요소, 교육적 시사점
	Theme 130 와이너의 귀인이론	개념, 지각된 원인의 인과 차원, 귀인의 경향성, 귀인훈련
	Theme 131 자기효능감	개념, 특징, 자기효능감의 정보원, 자기효능감이 인지와 행동에 미치는 영향, 증진 방안, 교사효능감
	Theme 132 드웩의 능력에 대한 견해	능력에 대한 두 가지 견해 각각의 정의 및 특징 / 정보처리방식
	Theme 133 셀리그만의 학습된 무기력	개념, 영향, 특징, 학습된 무기력에서 벗어나도록 돕는 방안
	Theme 134 목표지향이론	개념, 숙달목표와 수행목표, 2×2목표 구조, 숙달목표 촉진방법
학습의 이해	Theme 135 파블로프의 고전적 조건형성	개념, 과정, 관련 현상(자극의 일반화, 변별, 소거, 자발적 회복, 고차적 조건화)
	Theme 136 스키너의 조작적 조건화	개념, 강화, 처벌, 강화 계획, 응용행동분석, 행동수정 기법
	Theme 137 반두라의 사회인지 학습이론	개념, 모델링, 자기효능감, 상호 결정주의
	Theme 138 자기조절학습	개념, 특징, 하위요소, 장점, 수업방안과 과제
	Theme 139 정보처리이론	개념, 모형, 작업기억의 용량한계를 조정하는 전략, 부호화 전략
	Theme 140 메타인지	개념, 메타인지를 높이는 방법
	Theme 141 망각과 전이	망각의 개념, 전이의 개념, 전이 관련 이론

Theme 106 피아제(Piaget)의 인지발달이론

기출: 11 중등, 10 중등, 10 초등, 09 초등, 08 중등, 07 중등, 07 초등, 06 초등, 05 중등, 05 초등, 03 중등, 03 초등, 01 행시

1 개념

(1) 인지발달
① 인간은 환경으로부터 들어온 정보들과 인지적 도식 간의 정신적 균형을 추구하는 선천적인 욕구(평형화의 욕구)를 지님
② 인지발달: 도식(schema, 생각이나 행동의 조직된 패턴)의 발달이자 인지도식의 질적 변화

(2) 인지발달에 영향을 미치는 요인 ☆
① 생물학적 성숙: 유전적 프로그램에 의해 생물학적 변화가 전개되는 것
② 활동: 환경을 탐험·관찰하고 환경으로부터 정보를 조직화하는 과정
③ 사회적 경험: 사회적 전달 및 다른 사람으로부터 배우는 과정
④ 평형화: 환경으로부터 들어온 새로운 정보와 인지적 도식 간의 정신적 균형을 추구하는 것

(3) 인지발달의 과정 ☆
① 조직화(organization)
　㉠ 기존의 도식은 환경과의 직접적인 접촉 외에도 내적 과정인 조직화를 통해 변화함
　㉡ 아동이 기존의 도식을 새롭고 더욱 복잡한 지적 구조로 통합하는 과정
　㉢ 인간은 사고과정을 도식으로 조직화하려는 생득적 경향성을 지님
　　⇨ 도식은 지속적으로 결합·조정되어 더 복잡하고 정교해지며, 더 효율적이게 됨. 적응적인 구조로 끊임없이 조직화됨
② 적응(adaptation)

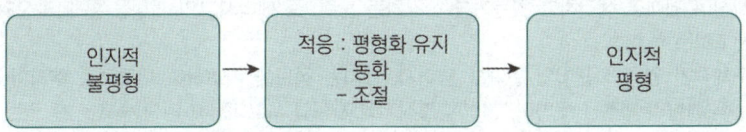

[그림 5-1] 적응을 통한 평형화 과정

③ 적응을 통한 평형화 과정

구분	내용
인지적 불평형	• 현재의 도식으로는 문제 해결 및 상황 이해를 할 수 없음을 인식한 균형이 깨진 상태 • 불평형 상태를 줄이기 위해 적응의 인지활동을 하므로 발달의 주요 원동력이 됨
적응	• 평형화 유지를 위해 도식과 새로운 경험을 조정하는 과정 • **적응의 기제** －**동화**: 새로운 정보를 기존의 도식에 맞추는 것 　(단, 이미 알고 있는 것에 새로운 정보를 맞추려다 보니 새로운 정보를 왜곡하는 경우가 발생하기도 함) －**조절**: 새로운 정보를 받아들이기 적합하도록 기존 도식을 바꾸거나 새로운 도식을 만들어내는 것
인지적 평형	자신의 지식 구조로 새로운 경험을 이해·설명할 수 있는 인지적으로 평안한 상태

출제 Pick!
☆ 인지발달에 영향을 미치는 요인
☆ 인지발달의 과정
☆ 교육적 시사점
☆ 오개념 수정 방안

(4) 인지발달의 단계
  ① **감각 운동기(출생~2세)** : 주로 감각이나 운동을 통해 환경을 경험하는 시기. 목표지향행동과 모방이 나타나며, 대상영속성을 습득함
  ② **전조작기(2~7세)** : 상징도식이 활발하게 발달함. 자기중심성을 지니며, 보존 개념 및 탈중심화와 가역성이 결여됨
  ③ **구체적 조작기(7~11세)** : 사고는 이전보다 논리적이고 융통성이 있으며, 조직화되어 성인의 추론능력과 유사해지나, 가설적인 형태의 문제를 다룰 때는 여전히 어려움이 있음
  ④ **형식적 조작기(11세 이후)**
    ㉠ **논리적으로 추상적인 문제 해결**
      • 추상적·과학적 사고능력이 발달
      • 사고의 대상으로 구체적인 사물이나 사건이 필요하지 않음
    ㉡ **가설연역적 추론**(hypothetic-deductive reasoning)
      • 문제를 해결하기 위해 가설을 설정하고, 그 가설의 검증을 통해 결론을 도출하는 사고
      • 문제해결 상황에서 논리적이고 유연한 추론을 통해 모든 변수를 고려한 가설을 설정함
      • 추론을 확인하기 위해 조직적인 변수의 분리·결합이 가능함
    ㉢ **명제적 사고** : 현실 세계의 구체적인 상황을 고려하지 않고 명제의 논리(언어적 진술)를 평가할 수 있음
    ㉣ **청소년기 자아중심성** : 자신과 타인에 대한 추상적인 관점을 구분하지 못함
      • **상상적 관중**(imaginary audience) : 자신이 모든 사람의 주의와 관심을 받는다고 믿는 것으로, 자기의식이 심해지고 대중의 비판에 매우 민감해짐
      • **개인적 신화**(personal myth/fable) : 자신이 특별하다고 느끼며 자신이 가장 영예로운 수준 또는 가장 절망적인 곳에 있다고 생각함
    ㉤ **반성적 추상화**(reflective abstraction)
      • 사고에 대한 사고
      • 자신이 제대로 생각하고 있는가를 생각하는 능력. 즉 메타사고의 과정을 통해 자신의 사고과정을 사고하는 능력
      • 구체적인 경험과 관찰의 한계를 넘어서, 제시된 정보에 기초하여 내적으로 추리함
      • 내적 성찰의 과정을 뜻하며, 형식적 조작기에 자신의 사고내용에 대해 숙고할 수 있는 것은 반성적 추상화가 가능하기 때문
      • **반성적 추상화가 가능할 때의 능력**
        – 지식들을 논리적으로 검토하여 새로운 논리·수학적 지식으로 재구성할 수 있음
        – 지식을 새로운 장면에 쉽게 적용할 수 있고, 문제를 해결하기 위한 대안적인 전략을 강구할 수 있음
      • 구체적 조작기에는 외부에서 지식을 획득할 수는 있으나 반성적 추상화가 불가능하기 때문에 자신의 사고내용을 검토할 수 없고, 그 결과 기존 지식을 성찰하는 과정을 통한 새로운 지식 획득을 할 수 없음
      • 반성적 추상화의 반복적 과정을 통해 지식이 형성됨
      • '할아버지와 할머니의 관계는 아버지와 어머니의 관계에 해당한다.'와 같이 대상 간의 관계를 유추하는 과정에서 작용함

> **설쌤의 팁**
> 엘킨드(D. Elkind)의 청소년기에 나타나는 자아중심적 사고의 특징과 연관 지어 알아두는 것이 좋습니다.

(5) 피아제(Piaget) 이론의 교육적 시사점과 한계
  ① 교육적 시사점
    ㉠ **사고능력의 신장** : 특정 사실이나 개념 전수보다 발달단계에 적합한 사고능력 신장에 중점을 둠
    ㉡ **학습자의 자발성 중시** : 아동이 스스로 지식을 구성해야 하므로 학습자가 능동적으로 탐구·조작하며 발견할 수 있는 기회를 제공해야 함
    ㉢ **눈높이 교육의 실시** : 아동의 인지발달단계를 이해하는 지적 공감을 갖추고 적합한 교육을 실시해야 함
    ㉣ **대립전략(confrontation strategy) 사용** : 학습자에게 새로운 내용을 제시하여 동화와 조절의 인지활동을 활발하게 할 수 있도록 유도해야 함
    ㉤ **적절히 도전적인 과제** : 새로운 정보가 기존 도식과 많이 다를 경우 도식을 조정하는 과정을 포기하기도 하므로 현실적으로 해결 가능한 과제를 제시해야 함
    ㉥ **사회적 상호작용 촉진** : 또래와의 상호작용은 인지불균형을 유발하여 인지발달을 촉진함
  ② 한계
    ㉠ 발달에 있어 문화의 영향을 간과함. 문화는 아동이 겪게 되는 경험의 종류, 아동이 발달시키게 되는 가치, 사용하는 언어, 성인이나 타인과 상호작용하는 방식을 결정지음
    ㉡ 아동의 논리적 능력은 피아제가 제안한 것보다 구체적 영역에서의 경험과 지식에 더욱 강하게 의존함
    ㉢ 어린 아동의 능력을 과소평가함
    ㉣ 연령이 높은 청소년의 능력을 과대평가함

Level up

피아제 이론과 오개념 수정

1. **오개념** : 증거 또는 일반적으로 받아들이는 설명과 모순되는 믿음
2. **피아제 이론과 오개념 수정을 위한 교수**
   - **명료화** : 학습자가 자신의 오개념을 충분히 인식할 수 있도록 자신의 생각을 표현할 수 있는 기회를 제공함
   - **인지적 불평형화** : 학습자가 가진 오개념과 상충되는 사례나 문제를 제시하여 인지적 갈등 상황을 유발함으로써 자신의 생각에 대해 불만족을 갖도록 함
   - **조절** : 학습자에게 제시된 사례나 문제를 해결하는 데 적절한 대체 개념을 제시하고, 학생이 자신의 생각을 조절할 수 있도록 도와줌
   - **평형화** : 다양한 사례나 문제를 통해서 새롭게 획득한 개념을 적용할 수 있는 기회를 제공하여 새로운 개념이 실생활에서 유용함을 느낄 수 있도록 해줌. 이때 학습자는 평형화를 재정립하며 자신의 새로운 경험을 동화시킬 수 있어야 함

Theme 106 기출 CHECK!

01 피아제(J. Piaget)의 인지발달 이론에 근거하여 빈칸에 공통으로 들어갈 용어로 적절한 것을 쓰시오. ● 11 중등 변형

- ( )은/는 오류가 생기는 상황에 직면할 때 일어난다.
- ( )은/는 인지적 성장을 고무하기에 알맞은 정도로 유지되어야 한다. 그 이유는 문제가 너무 단순해서 학생들이 지루해 해서도 안 되고, 교수내용을 이해할 수 없어서 뒤쳐져서도 안 되기 때문이다.
- 주먹만 한 스티로폼과 손톱만 한 유리구슬을 물속에 담그기 전과 후를 학생들에게 보여주었을 때, 학생들은 그 상황에서 '일어나야 한다고 생각하는 일'과 '실제로 일어나는 일' 사이의 ( )을/를 경험한다.

---

02 다음은 피아제(J. Piaget) 인지발달이론의 형식적 조작 단계에서 나타나는 사고의 특징을 설명한 것이다. 이를 가장 잘 나타내는 개념은? ● 10 중등

- 구체적인 경험과 관찰의 한계를 넘어서, 제시된 정보에 기초해서 내적으로 추리한다.
- 사고에 대한 사고, 즉 메타사고의 과정을 통해 자신의 사고 내용에 대해 숙고하는 과정이다.
- 문제를 해결하는 과정에서 기존의 지식을 새로운 장면에 쉽게 적용하거나 새로운 지식을 창조하는 일에 깊이 관여한다.
- '할아버지와 할머니의 관계는 아버지와 어머니의 관계에 해당한다.'와 같이 대상들 간의 관계를 유추하는 과정에서 작용한다.

① 자동화(automatization)
② 탈중심화(decentration)
③ 명제적 사고(propositional thinking)
④ 반성적 추상화(reflective abstraction)
⑤ 가설연역적 추론(hypothetic-deductive reasoning)

정답 01 불평형(disequilibrium) 02 ④

03 영희의 행동특징을 피아제(J. Piaget)의 인지발달 이론에 기초하여 파악한 교사가 영희의 발달단계에 맞게 지도한 교수활동이라고 할 수 없는 것은?
• 10 초등

> 영희는 요즘 들어 물건 정리에 재미를 붙인 듯하다. 학급 문고의 책들을 위인전과 동화책으로 나누어 다른 칸에 꽂더니 곧 위인전은 두꺼운 순서대로, 동화책은 표지의 색깔별로 정리하고 있다. 책을 정리한 다음에는 친구들의 연필을 모두 모아서 길이대로 늘어놓는다.

① 교실과 교무실의 크기를 비교하게 한 후, 면적의 차이를 가르쳤다.
② 친척이라는 추상적인 개념은 가계도 그림 자료를 활용하여 설명하였다.
③ 오징어와 문어의 그림을 보고 공통점과 차이점을 설명해 보도록 하였다.
④ 감추기-찾기 놀이를 통해 눈에 보이지 않는 물건도 세상에 존재함을 알게 하였다.
⑤ 지도에 경계선을 그려가며 서울의 행정구역 단위인 구와 동의 포함관계를 가르쳤다.

04 다음 수업에 나타난 아동의 발달 특징을 설명하는 이론과 그 관점으로 가장 적절한 것은?
• 09 초등

> 입학 첫날, 김 교사는 반 아동들에게 교실행동 요령을 가르치고 있었다. "선생님의 질문에 답하려면 먼저 오른손을 드세요. 그리고 선생님이 이름을 부르면 일어나서 대답하세요."라고 말하고, 아동들을 똑바로 마주 보고 시범을 보이면서 "선생님처럼 오른손을 들어 보세요."라고 지시했다. 그러자 아동들은 대부분 왼손을 들었다.

① 콜버그(L. Kohlberg)의 도덕성발달 이론 – 인습적 발달 수준의 아동은 동료 아동들에게 동조하려는 경향이 강하다.
② 케이즈(R. Case)의 신피아제 이론 – 차원조작단계의 아동은 왼손 사용과 관련된 실행제어구조가 자동화되어 있다.
③ 피아제(J. Piaget)의 인지발달 이론 – 전조작기의 자기중심성에서 완전히 벗어나지 못한 아동은 다른 사람의 관점을 고려하지 못한다.
④ 에릭슨(E. Erikson)의 심리사회적 발달 이론 – '자율성 대 수치심' 단계의 아동은 과제를 완수하는 데 필요한 운동기능과 자발성이 부족하다.
⑤ 프로이드(S. Freud)의 심리성적 발달 이론 – 어렸을 때 심리적으로 상처를 받은 아동은 학령기가 되면 반항심이 강해져 어른들의 지시에 저항한다.

정답 03 ④ 04 ③

05 지적 발달과 학습에서 사회적 상호작용의 중요성을 강조하는 개념으로 볼 수 <u>없는</u> 것은? ● 08 중등

① 피아제(J. Piaget)의 평형화
② 브루너(J. S. Bruner)의 비계설정
③ 비고츠키(L. S. Vygotsky)의 근접발달영역
④ 포에르스타인(R. Feuerstein)의 중재학습경험

06 다음은 인지발달에 관한 피아제(J. Piaget)와 비고츠키(L. Vygotsky)의 관점을 비교한 것이다. 옳은 진술을 모두 고른 것은? ● 07 중등

> ㄱ. 피아제는 개인 내부에서 새로운 지식이 어떻게 구성되는가에 관심을 두었으나, 비고츠키는 문화의 맥락 안에서 정신적 도구가 어떻게 매개되는가에 관심을 두었다.
> ㄴ. 피아제는 사회적 상호작용이 언어를 습득하고 생각을 교환하는 수단이라고 보았으나, 비고츠키는 사회적 상호작용이 인지구조를 검증하고 확인하는 수단이라고 보았다.
> ㄷ. 피아제는 교사가 아동의 평형화를 깨뜨리는 경험을 제공해야 한다는 점을 시사하였으나, 비고츠키는 교사가 아동에게 발판을 제공하고 상호작용을 안내해야 한다는 점을 시사하였다.

① ㄱ, ㄴ
② ㄱ, ㄷ
③ ㄴ, ㄷ
④ ㄱ, ㄴ, ㄷ

07 피아제(J. Piaget)의 인지발달 단계 중 전조작기의 특징을 〈보기〉에서 모두 고르면? ● 07 초등

─────〈보기〉─────
가. 대상영속성이 나타난다.
나. 가설·연역적으로 추론한다.
다. 사고와 언어가 자기중심적이다.
라. 상징을 형성하고 사용하는 능력이 발달하기 시작한다.

① 가, 나
② 가, 다
③ 나, 라
④ 다, 라

정답 05 ① 06 ② 07 ④

08 다섯 살 된 아이가 동물원에 가서 처음으로 너구리를 보고 "강아지다!"라고 외쳤다. 이런 현상을 설명하기에 가장 적절한 개념은?

● 06 초등

① 조절　　　　　　　　② 동화　　　　　　　　③ 조건화　　　　　　　　④ 자동화

09 다음은 피아제(J. Piaget) 이론의 인지발달 기제와 관련된 예시이다. ㉠, ㉡, ㉢에 해당되는 개념을 각각 적으시오. ● 05 중등 변형

> 현아는 모둠 학습과제를 위해 디지털 카메라를 꺼내어 작동시켜 보았더니 고장이 나 있었다. 그래서 어머니께서 빌려다 주신 것을 사용하게 되었다. ㉠낯선 제품이었지만 평소 자기의 카메라를 다루던 방식으로 전원 스위치를 눌렀더니 작동이 되었다. 그러나 ㉡풍경모드로 전환하는 방식이 예전의 자기 것과는 달라 당황스러웠다. 현아는 ㉢기능 버튼을 이리저리 눌러 보고 새로운 제품의 사용방법을 익혔다. 그 결과 그 제품을 자유로이 다룰 수 있게 되었다.

• ㉠: _____　　　• ㉡: _____　　　• ㉢: _____

10 <보기>의 대화 내용에 근거할 때, 진수의 인지 발달 단계는?

● 05 초등

―〈보기〉―

교사: 진수야, 그림 속에는 장미꽃이 몇 송이나 있지?
진수: 여덟 송이요.
교사: 국화꽃은 몇 송이지?
진수: 다섯 송이요.
교사: 장미꽃과 국화꽃 중에서 어느 것이 더 많을까?
진수: 장미꽃이요.
교사: 그러면 장미꽃이 많을까, 꽃이 많을까?
진수: 장미꽃이요.
교사: 왜 그렇게 생각하지?
진수: 그냥 그래요.

① 감각 운동기　　　　② 전조작기　　　　③ 구체적 조작기　　　　④ 형식적 조작기

정답 08 ②　09 ㉠-동화 / ㉡-비평형화 / ㉢-조절　10 ②

11 다음과 같은 인지발달 단계의 학생에게 가장 적합한 교수방법은? • 03 중등

> • 가설 연역적 사고와 명제적 사고가 가능하다.
> • 실험을 통한 과학적 원리의 탐색이 가능하다.
> • 비현실적인 것에 대한 상상과 추론이 가능하다.

① 기억 속의 사물에 대한 표상 활동을 하도록 지도한다.
② 사물은 보는 각도에 따라 동일한 사물이 다양한 모습으로 인지됨을 알려준다.
③ 시청각 자료와 실물을 활용하여 학습자가 직접 경험을 통해 학습할 수 있도록 안내한다.
④ 이해에 선행하여 관련 스키마를 구성하고, 이를 활용하여 체계적으로 문제를 해결하도록 유도한다.

12 피아제 이론에 따르면, 전조작기의 아동들은 다른 아동들이 듣거나 반응하는 것과는 상관없이 자기가 하고 싶은 말을 반복하는 자기중심적 언어를 사용한다. 이러한 자기중심적 언어에 대한 비고츠키(Vygotsky)의 견해는? • 03 초등

① 서열화 능력이 바탕이 된다.　　　　　② 보존성 개념으로 설명된다.
③ 자기중심적 사고의 반영이다.　　　　④ 내적 언어단계 이전에 나타난다.

13 피아제(Piaget)의 인지발달 이론에 대하여 바르게 설명된 것을 모두 고르시오. • 01 5급 행정고시 변형

> ㉠ 질적으로 전혀 다른 발달단계들을 거쳐 이루어진다.
> ㉡ 지능의 발달은 주로 환경 요인에 의해 결정된다.
> ㉢ 발달은 동화와 조절의 상호작용에 의해 이루어진다.
> ㉣ 문화권에 따라 발달단계의 순서가 다를 수도 있다.
> ㉤ 아동의 사고는 성인의 사고와 질적으로 다르다.

정답　11 ④　12 ④　13 ㉠, ㉢, ㉤

Theme 107 비고츠키(Vygotsky)의 인지발달이론

기출 20 중등, 13 중등, 12 중등, 10 초등, 08 초등, 06 중등, 05 중등, 04 중등, 04 초등, 03 중등, 01 초등, 00 초등

1 사회·문화적 관점
① 인지발달은 사회·문화적 맥락에서 일어남
② 아동은 타인과 관계를 맺음으로써 영향을 받아 성장하는 사회적 존재 ⇨ 아동의 인지능력 대부분이 부모, 교사 등의 유능한 협력자와의 상호작용을 통해 발달함
③ **인지발달** : 언어·수학체계, 기억 전략과 같은 사회적 발명품의 사용방법을 배우는 것

2 인지발달 촉진 요인
① 사회적 상호작용
  ㉠ 인지발달의 원천
  ㉡ **사회적 상호작용을 통한 지식의 구성 강조** : 가르침을 전수하는 능숙한 교사와, 교사의 가르침을 내면화하여 자신의 수행을 조절하고자 하는 제자 간 협동적 대화의 맥락에서 인지발달이 이루어짐
    ⇨ 사회적 상호작용을 통해 수천 년에 걸쳐 축적된 외부의 지식이 아동에게 내면화됨
② 언어
  ㉠ 사회적 언어
    • **기존 지식에 접근** : 언어를 통해 타인이 이미 갖고 있는 지식에 접근할 수 있음. 언어를 통해 사회적 상호작용을 하고 문제해결이 어려울 때 도움을 청할 수 있음
    • **인식의 도구 제공** : 사회적 언어는 아동에게 세계에 대해서 생각할 수 있는 인식의 도구가 됨
  ㉡ 사적 언어(private speech)
    • 혼잣말의 형태로 나타나는 언어
    • 사회적 지식(외부에 존재)을 개인적 지식(내부에 존재)으로 바꾸어 주는 기제이자 자기 자신의 생각을 조절하고 반영하는 수단
    • **자기-안내의 한 형태** : 아동 스스로 문제를 해결하고 목표를 달성할 수 있도록 도움. 실제 능력보다 어려운 문제에 직면했을 때 사적 언어를 통해 자신의 생각을 조절하고자 함
      ⇨ 사고와 행동 조절 & 모든 고등정신기능 가능하게 하는 토대
③ 문화
  ㉠ 발달이 일어나는 상황적 맥락 제공
  ㉡ 신념과 가치 전수
  ㉢ **지적 적응 도구 제공** : 문화는 아동에게 사고방식이나 문제해결 방식을 제공함 ⇨ 아동은 문화에 의해 새롭고 정교한 고도의 정신기능을 발달시킴
④ 학습
  ㉠ 비고츠키는 학습이 발달을 주도한다고 봄
  ㉡ **근접발달영역에서의 학습** : 학습은 근접발달영역의 범위 내에서 이루어져야 함. 근접발달영역에서의 학습은 학생의 인지활동을 자극하고 학생이 잠재적 성장수준으로 나아갈 수 있도록 함

출제 Pick!
☆ 인지발달 촉진 요인
☆ 근접발달영역의 개념, 시점, 영향을 주는 요인, 근접발달영역 4단계
☆ 비계의 개념, 비계 설정 시 유의점, 효과적인 비계 설정 구성요소
☆ 역동적 평가의 개념, 방법, 특징
☆ 비고츠키 이론의 시사점

Level Up
피아제와 비고츠키의 혼잣말에 대한 입장 차이
1. **피아제 - 자기중심적 언어** (egocentric speech)
  • **미성숙의 증거** : 전조작기의 자기중심적 사고에서 비롯된 비사회적 언어라고 함
  • **사회적 언어로의 발달** : 아동이 인지적으로 발달함에 따라 논리적 사고를 하면 자기중심적 언어는 자연스럽게 사라지고 사회적 언어가 발달함
2. **비고츠키 - 사적 언어** (private speech)
  • **인지발달 촉진** : 혼잣말이 미성숙의 증거가 아니며, 인지발달에 중추적인 역할을 한다고 봄. 아동은 사적 언어를 통해 자신의 사고와 행동을 조절하고 안내함
  • **내적 언어로 발달** : 아동이 성장함에 따라 사적 언어는 내적 언어로 발달하고, 내적 언어는 고등정신기능의 기초가 됨

3 근접발달영역(ZPD; Zone of Proximal Development)

(1) 개념 ☆

아동이 스스로 문제를 해결할 수 있는 실제적 발달수준과 성인이나 유능한 또래의 도움으로 문제를 해결할 수 있는 잠재적 발달수준 사이의 영역 ⇨ 타인의 도움으로 성공할 수 있는 영역 & 학습이 이루어져야 할 수준

(2) 특징(시사점) ☆
① 교수·학습이 근접발달영역에서 이루어져야 인지발달을 촉진할 수 있음
② 자신의 인지발달수준을 조금 넘어서는 수준의 학습내용이 제시되어야 함

(3) 근접발달영역에 영향을 주는 요인 ☆
① **학습자 개인차**: 아동의 실제적 발달수준이 같더라도 도움이 주어지는 상황에서 보이는 잠재적 발달수준의 차이는 개인에 따라 다를 수 있음
② **교수의 질**: 교수·학습활동의 질에 따라 동일한 발달수준을 가진 아동의 ZPD가 달라질 수 있음

(4) 근접발달영역 4단계 ☆
① **유능한 타인의 도움**: 자신보다 유능한 부모, 교사, 또래의 도움을 통해 과제해결을 시작함
② **자신의 도움**: 학생은 자기주도적으로 과제를 해결하고, 교사와 부모는 학생이 잘못 수행하는 부분에 대한 피드백을 제공함
③ **내면화 및 자동화**: 과제 수행이 완전히 내면화·자동화된 단계로, 기존의 근접발달영역을 벗어남
④ **새로운 근접발달영역으로 복귀**: 새로운 근접발달영역을 형성하고 학습을 시작함

4 비계(발판, scaffolding)

(1) 개념 ☆
① 능숙한 참여자의 도움으로 미숙한 학습자가 문제를 잘 이해할 수 있도록 학습자의 현재 상황에 대한 적절한 도움을 조정·제공하는 것
② 근접발달영역에서 제공되는 유능한 성인이나 또래의 도움
③ 비계 설정의 유형: 모델링, 자기 생각을 소리 내어 말하기, 중요한 시점에서 관련 질문하기, 조언 및 단서 제공하기, 수업자료 수준 조정하기

(2) 비계 설정 시 유의점 ☆
① 점차적으로 도움과 지원을 줄여 학습자가 스스로 학습하고 문제를 해결할 수 있도록 해야 함
② 비계 설정은 근접발달영역 내에서 이루어져야 하므로, 적합한 수준의 도전적인 과제를 제시하고 아동의 요구와 능력에 맞는 도움을 제공해야 함

(3) 효과적인 비계 설정의 구성요소(Berk & Winsler, 1995) ☆
① **공동의 문제해결**: 아동은 다른 사람들과 함께 과제를 해결할 때 가장 잘 배울 수 있음 ⇨ 아동에게 문화적으로 의미가 있고 흥미로운 협동적 과제에 참여하도록 함
② **상호 주관성**(inter-subjectivity)
  ㉠ 어떤 과제에 대해서 서로 다르게 알고 있던 과제 참여자들이 공유된 이해에 도달하는 것
  ㉡ 과제를 수행할 때 서로가 항상 협의·타협하는 과정을 통해 목표에 효과적으로 도달할 수 있음
③ **따뜻함(수용)과 반응**: 교사나 부모의 따뜻한 반응, 언어적 칭찬, 적절한 자신감 유발 등은 아동의 집중력과 도전정신 향상에 도움이 됨
④ **자기조절의 증진**: 다양한 사회적 상호작용 과정에서 스스로의 사고와 행동을 조절하는 자기조절능력을 증진할 수 있도록 해야 함 ⇨ 아동이 문제해결을 어려워 할 때만 개입하고, 스스로 문제를 해결할 수 있을 때에는 가능한 도움을 멈추고 기다려 주어야 함

Level Up

스캐폴딩의 유형(Hannafin et al., 1999) (Kim et al., 2018)

스캐폴딩의 유형	개념
개념적 스캐폴딩	• 내용에 대한 힌트와 프롬프트를 제공함 • 과제의 구조화와 문제화에 도움을 줌
메타인지적 스캐폴딩	• 학생들이 학습 과정에 대해 성찰하도록 하며, 가능한 문제 해결책을 고려하도록 격려하는 스캐폴딩 • 이미 알고 있는 것과 알아야 할 것을 인식하도록 하여 학습 계획과 전략 등을 수립하도록 도움
전략적 스캐폴딩	문제 해결 과정에 초점을 맞추고 문제 해결 전략에 대한 지침을 제공함
동기적 스캐폴딩	학습에서 나오는 어려움에 당당히 맞서면서 지속할 수 있는 학생들의 능력을 직접적으로 향상시키기 위한 스캐폴딩

5 역동적 평가(↔ 고정적 평가)

(1) 개념 ☆
① 고정적 평가에 대하여 각 개인에게 피드백이 없는 문항을 풀게 한다는 문제점이 제기되면서 등장
② 학습자의 잠재력을 자극하여 개인의 근접발달영역을 측정하고 개인이 교육목표를 제대로 달성할 수 있도록 개별적으로 도움을 주기 위한 목적으로 시행됨

(2) 방법 ☆
① 초기 근접발달영역을 파악하기 위한 사전검사 ⇨ 개입(교수적 조력 = 스캐폴딩) ⇨ 사후검사
② 사전검사를 치른 후, 측정한 기능을 바탕으로 수업이 개별적 또는 집단적으로 진행되어 학생의 강·약점을 반영한 개별화를 시도할 수 있음
③ 문항의 반응에 따라 지속적으로 힌트 등의 활동을 제공하여 문제를 확실하게 해결하도록 순차적으로 설계함

(3) 특징 ☆
① 학습자의 잠재적 발달수준을 측정하는 것을 중시함
② **지속적·반복적·종합적 평가** : 수업을 통해 무엇을 어떻게 수행하고 변화하는지를 평가하므로 평가가 수업의 전 과정에 걸쳐 반복적으로 실시됨 ⇨ 출발점 및 도착점을 포함한 교수·학습활동 전 과정에 걸친 평가
③ **평가 자체가 스캐폴딩이 됨(교수적 기능)** : 수업 과정에서 학습자를 면밀히 관찰하므로 효과적인 피드백을 제공하게 되며, 학습자 또한 효과적인 연습을 충분히 하게 됨
  ⇨ 평가를 통한 지도, 조언, 개선 ⇨ 평가와 교수·학습활동이 통합되어 있음
④ 향상도를 평가함
⑤ 학습의 과정, 응답의 과정 및 이유를 중시함
⑥ **평가 상황** : 다양하고 융통성 있는 상황, 맥락적인 상황

6 비고츠키 이론의 시사점 ☆
① **협동학습의 적극적 활용**
  ㉠ 아동의 사고를 향상시키는 유능한 또래와의 상호작용을 강조함
  ㉡ 협동학습은 아동의 내적 언어를 소리 내어 말하도록 유도하여 집단구성원의 추론과정에 대한 통찰을 얻을 수 있게 함
  ㉢ 이질적인 집단 구성으로 아동의 잠재적 발달수준을 높일 수 있음
② **근접발달영역 내에 있는 학습활동 만들기** : 교사는 발달 가능한 잠재력을 고려하여 근접발달영역 내에서 수업을 계획하고 학습활동을 구성해야 함
③ **학습과 발달 촉진의 발판 제공** : 학습자에게 다양한 비계 설정을 제공하면 해결할 수 있는 문제의 범위가 넓어짐
④ 교사 및 성인의 가르침과 개입이 중요함을 시사함

Level Up

비고츠키 이론에 대한 비판

1. 문화적 영향력이 인지발달에 미치는 과정에만 초점을 맞추었기 때문에 생물학적 인지발달이 문화의 영향을 받은 인지발달에 어떠한 영향을 미치는지 언급하지 않았음

2. 인간의 창의성과 개혁성을 간과함
  ➡ 아동의 발달이 사회문화, 즉 환경의 산물이므로 개체의 능동적인 발달이 일어나기 어렵다고 주장함

Theme 107 기출 CHECK!

논술 기출 CHECK

A 교사가 언급한 비고츠키 지식론의 명칭, 이 지식론에서 보는 지식의 성격 1가지와 교사와 학생의 역할 각각 1가지를 쓰시오.
• 20 중등

A 교사 의견
- 토의식 수업을 활성화하려면 먼저 지식을 보는 관점의 변화가 필요함
- 교과서에 주어진 지식이 진리라는 생각이나, 지식은 개인이 혼자 만드는 것이라는 생각에서 벗어나는 것이 중요하며, 이와 관련하여 비고츠키(L. Vygotsky)의 지식론이 많은 시사점을 줄 수 있음
- 이 지식론의 관점에서 보면, 교사와 학생의 역할도 기존의 강의식 수업에서의 역할과는 달라질 필요가 있음

---

01 다음 문 교사의 생각에 근거가 되는 학자의 견해와 부합하는 것만을 〈보기〉에서 있는 대로 고른 것은? • 13 중등

> 문 교사는 금년 하계 방학 연수에서 학생들의 지능이나 인지발달 수준을 측정할 때, 그들이 이미 알고 있는 것이 아니라 학습에 대한 잠재적인 능력을 측정해야 한다는 학자의 이론을 배웠다. 이 학자는 전통적인 지능검사의 한계를 지적하면서 근접발달영역(zone of proximal development)이라는 개념을 처음으로 주장했다. 연수 이후 문 교사는 학생들이 혼자서 해결할 수는 없지만 타인의 도움을 받으면 해결할 수 있는 근접발달영역에서 학습이 가장 효과적으로 이루어지며, 이 영역이야말로 교수·학습 및 평가 활동에서 강조되어야 한다고 생각하게 되었다.

〈보기〉
ㄱ. 인지발달은 언어발달에 선행한다.
ㄴ. 적절한 학습이 인지발달을 촉진한다.
ㄷ. 개인의 발달을 이해하기 위해서는 그 개인이 속해 있는 사회·문화적 환경을 이해하는 것이 중요하다.
ㄹ. 평형화(equilibration)는 개인이 스스로 자신의 인지구조를 형성하고 재구성하는 인지발달의 핵심 기능이다.

① ㄱ, ㄴ   ② ㄴ, ㄷ   ③ ㄷ, ㄹ   ④ ㄱ, ㄴ, ㄷ   ⑤ ㄱ, ㄷ, ㄹ

02 비고츠키(L. Vygotsky)의 근접발달영역 아이디어를 교수·학습 과정에 적용한 것에 대한 설명으로 옳지 <u>않은</u> 것은? • 12 중등
① 교수·학습 과정은 잠재적 발달 수준을 새로운 실제적 발달 수준이 되도록 변환시키는 과정이다.
② 교수·학습 과정은 학습자 주도의 연역적 계열에서 교사 주도의 귀납적 계열로 옮겨가는 이중적 전개 방식을 따른다.
③ 근접발달영역 범위는 학습자의 발달 수준과 교사의 조력 방법 등에 따라서도 달라질 수 있으므로 이를 고려한 교수설계가 필요하다.
④ 교수·학습 과정에 인지적 도제 이론의 모델링(modeling), 코칭(coaching), 스캐폴딩(scaffolding), 성찰(reflection) 등의 활동을 적용할 수 있다.
⑤ 잠재적 발달수준에 도달한 학습자는 새로운 근접발달영역에서 교사나 유능한 학생의 도움을 받아 학습활동을 하게 된다.

정답 01 ② 02 ②

03 정 교사는 그림과 같이 학습 성취수준이 낮은 학생에게 필요한 학습 전략을 시범해 보이면서 사회적 상호작용을 통해 도움을 주되, 학생의 수준이 목표치에 도달할 때까지 교사의 도움을 점차적으로 줄여 나갔다. 정 교사가 적용한 수업전략과 가장 가까운 것은?

● 10 초등

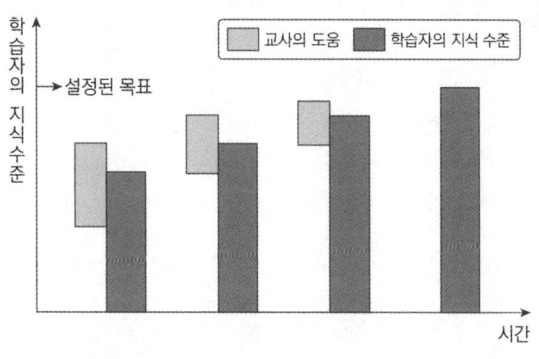

① 궤도학습(orbitals)
② 비계설정(scaffolding)
③ 과잉학습(overlearning)
④ 정착수업(anchored instruction)
⑤ 차등적 과제(tiered assignment)

04 〈보기〉에서 비고츠키(L. Vygotsky)의 견해와 부합하는 것을 고르면?

● 08 초등

─〈보기〉─
가. 적절한 학습이 발달을 촉진한다.
나. 언어가 사고발달을 촉진하기보다는 사고가 언어발달을 촉진한다.
다. 아동은 혼자서 세계에 대한 폭넓은 이해를 구성하는 '작은 과학자'이다.
라. 아동의 인지발달을 위해 성인이나 유능한 또래와의 협동적인 상호작용이 중요하다.

① 가, 다   ② 가, 라   ③ 나, 다   ④ 나, 라

05 유치원생인 수진이는 퍼즐 문제를 해결하면서 "아니야, 그것은 맞지 않아, 이렇게 하면 어떨까? 여기로? 아니다. 차라리 저기가 어떨까? 그 다음에는 어떻게 하지?"라고 혼잣말을 하였다. 수진이의 행동을 비고츠키(L. Vygotsky)의 견해에 비추어 해석할 때 가장 적절한 것은?
● 06 중등
① 자기중심적 사고를 반영하고 있다.
② 언어가 사고로 내면화되는 과정이다.
③ 사고과정에 비계를 적극적으로 활용하고 있다.
④ 자기조절 및 인지적 통제가 불가능함을 반영하고 있다.

06 비고츠키(L. Vygotsky)의 관점에 부합하지 않는 것은?
● 05 초등
① 언어가 사고를 발달시키기보다는 사고가 언어 발달을 촉진한다.
② 교사의 역할은 역동적 평가를 통해 학습 잠재력을 확인하는 일이다.
③ 교사는 협력적인 학습 환경을 조성함으로써 아동의 학습을 촉진할 수 있다.
④ 아동의 인지 발달은 더 성숙하고 유능한 사람과의 상호작용을 통해 촉진될 수 있다.

07 다음은 아이가 엄마와 함께 '차례 맞추기' 과제를 수행하고 있는 예이다. 〈보기〉에서 엄마가 사용한 비계 설정(scaffolding)의 주요 요소는?
● 04 초등

아이: (그림들을 이리저리 놓아보며) 나 이거 못 맞추겠어!
엄마: (그림들을 가리키며) 라면을 끓일 때 무엇부터 해야 할지 생각해 보자.
아이: (그림들 중에서 자꾸 틀린 것을 찾으며) 이거 아니야?
엄마: (그림들을 다시 가리키며) 글쎄, 너는 그렇게 생각하니?
아이: (물을 끓이는 그림을 집으면서) 이거 아냐?
엄마: 찾았네! 이제 다음 그림을 함께 찾아볼까?
아이: (혼잣말로) 물을 끓인 다음 무얼 하지? (엄마의 도움으로 나머지 그림들의 차례를 완성한다.)

〈보기〉
가. 상호 주관성   나. 신체적 접촉   다. 공동 문제해결   라. 통제적 지시

① 가, 다   ② 가, 라   ③ 나, 다   ④ 나, 라

정답 05 ② 06 ① 07 ①

08 비고츠키(L. Vygotsky)의 인지발달에 관한 견해와 거리가 먼 것은? • 04 중등
① 인지발달은 사회문화적 맥락의 영향을 받는다.
② 인지발달은 변증법적 교류에 의해 이루어진다.
③ 근접발달영역은 잠재적(potential) 발달 수준과 실제적(actual) 발달 수준 사이의 영역을 의미한다.
④ 실제적 발달수준은 부모나 교사의 도움을 받아 과제를 해결할 수 있는 능력 수준을 의미한다.

09 비고츠키(Vygotsky)의 언어와 사고 발달에 대한 설명으로 옳지 않은 것은? • 03 중등
① 어려운 문제를 해결할 때, 내적 언어의 사용 빈도가 증가한다.
② 아동의 지적 발달은 내적 언어와 사회적 언어 모두에 영향을 받는다.
③ 2세 경이 되면 사고와 언어가 결합되어, 언어는 점차 합리적으로 표현된다.
④ 사고는 언어에 선행하므로, 인지발달이 적절한 수준에 이르지 못하면 언어 학습의 효과가 없다.

10 다음은 비고츠키(Vygotsky)가 말하는 사적 언어(private speech)에 대한 설명이다. 옳은 것만으로 묶은 것은? • 01 초등

가. 인지적 미성숙의 표시이다.	나. 자신의 행동과 사고를 안내한다.
다. 나이가 들어감에 따라 점차 증가된다.	라. 과제가 어렵고 혼동될 때 많이 사용된다.

① 가, 나   ② 가, 다   ③ 나, 다   ④ 나, 라

정답 08 ④   09 ④   10 ④

11 아동의 지적 발달에 있어서 현재의 상태뿐만 아니라 미래의 잠재가능성도 설명하는 개념은? ● 01 초등

① 스키마(schema) ② 직관적 사고(intuition)
③ 발달과업(developmental task) ④ 근접발달대(zone of proximal development)

12 다음의 내용을 강조하는 학자는? ● 00 초등

- 아동은 타인과의 관계에서 영향을 받으며 성장하는 사회적 존재이다.
- 아동의 자기중심적 언어의 사용은 단순히 자기만의 생각을 표현하는 것이 아니라 문제해결을 위한 사고의 도구이다.
- 아동은 근접발달영역(ZPD) 내에서 문제를 파악해야 하고, 교사나 다른 아동과의 상호작용에 의해 제공된 발판을 필요로 한다.

① 브루너(Bruner)   ② 콜버그(Kohlberg)   ③ 피아제(Piaget)   ④ 비고츠키(Vygotsky)

정답 11 ④   12 ④

Theme 108 에릭슨(Erikson)의 심리사회적 성격발달이론

기출 16 중등, 11 초등, 07 중등, 04 중등, 03 중등, 02 중등, 01 초등

1 기본 입장 ☆

(1) **심리사회적 발달이론**
성격발달은 개인의 정서적 욕구(심리)와 사회적 환경의 (상호)관계 속에서 이루어짐

(2) **점진적 분화의 원리**
① 선천적으로 예정된 시점에 따라 발달이 이루어짐
② 발달 시기에 따른 주요 인생 과업과 이것이 제대로 해결되지 못했을 때 겪는 어려움을 설명함
  ⇨ 각 단계마다 획득해야 하는 과업이 있으며, 이를 잘 해결하면 건강한 성격이 발달되지만, 해결하지 못하면 부정적 성격을 획득함

(3) **자아의 중요성**
발달의 가장 중요한 측면은 '자아'(청소년기의 강조)

2 근면성 대 열등감(6~12세)

① **주요 발달과제** : 아동이 스스로 자신의 할 일을 성실하게 해내는 것
② 근면성은 성인으로서 자신의 과업을 성실하게 이끄는 토대가 됨
③ 성공 경험 ⇨ 근면성·유능감 발달
④ 자신의 무능력 인지·실패 ⇨ 열등감

3 자아정체성(ego – identity) 대 역할 혼란(청소년기) ☆

① **주요 발달과제** : 자신이 누구이며, 자신의 삶에서 중요한 것은 무엇인지 스스로 규정한 신념체계인 자아정체성 형성
② 청소년기의 자아정체성은 이후 진로·직업 선택, 배우자 선택 등에 중요한 영향을 미침
③ 정체감 형성에 실패 ⇨ 정체성 혼란, 심리적 유예 경험
④ **심리적 유예기**(psychological moratorium) ☆
  ㉠ 정체감 형성을 위해 계속 대안적인 탐색을 진행하는 시기
  ㉡ 자신에 대한 결정을 보류하며 정체감 형성을 위해 탐색을 갖는 시기
  ㉢ 청소년기에는 다양한 진로를 탐색하며 심리적 유예기간을 갖는 것이 바람직함

출제 Pick!
☆ 심리사회적 발달이론의 기본 입장
☆ 청소년기가 속하는 발달단계 명칭, 특징, 심리적 유예기

설쌤의 꿀팁
에릭슨의 '근면성 대 열등감' 시기는 프로이드의 '잠복기'와 연결해 볼 수 있어요.

프로이드의 잠복기(6세 ~ 사춘기)
- 리비도가 집중되는 신체부위가 없음
- 자아가 성숙하고 초자아가 확립됨
- 현실적 성취, 원만한 대인관계를 위한 적응 능력이 발달하며 학교생활, 친구 교제, 운동 등에 열중함

Level Up
에릭슨의 심리사회적 성격발달이론 단계
- 1단계 : 신뢰감 대 불신감(출생~18개월)
- 2단계 : 자율성 대 수치심 및 의심 (18개월~3세)
- 3단계 : 주도성 대 죄책감(3~6세)
- 4단계 : 근면성 대 열등감(6~12세)
- 5단계 : 자아정체성 대 역할 혼란 (청소년기)
- 6단계 : 친밀감 대 고립감 (성인 전기, 20대부터)
- 7단계 : 생산성 대 침체 (성인 중기~60대)
- 8단계 : 자아통합 대 절망(노년기)

Theme 108 기출 CHECK!

논술 기출 CHECK

다음은 A 중학교에 재직 중인 김 교사가 작성한 자기계발계획서의 일부이다. 김 교사의 자기계발계획서를 읽고 예비교사의 입장에서 '교사가 갖추어야 할 역량'이라는 주제로 에릭슨(E. Erikson)의 정체성발달이론에 제시된 개념 1가지를 논하시오. ● 16 중등

〈진로지도〉
- 진로를 결정하지 못한 학생의 경우 성급한 진로 선택을 유보하게 할 것
- 학생에게 다양한 진로를 접할 수 있는 충분한 탐색 기회를 제공할 것

01 에릭슨(E. Erikson)의 인성발달 이론에 근거할 때 (가)와 (나)에 들어갈 단어를 쓰시오. ● 11 초등 변형

'근면성 대 열등감' 단계의 아동은 지금까지의 가정이나 유치원 이외의 더 큰 세계로 나아가면서 인지적·사회적 능력의 개발이라는 새로운 과제에 직면하게 된다. 학업뿐만 아니라 또래 및 성인과의 상호작용에서 근면성을 발휘하게 되면 ((가))을 갖게 되는 반면, 이들 과제 수행에 어려움을 겪거나 실패하면 열등감을 갖게 될 수 있다. 이 단계의 심리·사회적 위기를 잘 극복한 아동은 긍정적인 자아개념을 획득하고 ((나))을 갖게 되어 능동적이고 활발한 성격을 형성하게 된다.

- (가) : _____
- (나) : _____

02 다음은 에릭슨(E. Erikson)의 사회심리적 발달이론에 따라 특정 시기의 발달특징을 기술한 것이다. 프로이드(S. Freud)가 제시한 아동의 발달단계 중 이 시기에 해당하는 것은? ● 07 중등

이 시기의 아동은 소방관이나 경찰관과 같이 자신이 이해할 수 있는 직업을 수행하는 사람들을 유심히 지켜보거나 모방하려 하며, 자기가 속해 있는 사회에서 직업을 수행하는 데 필요한 기술을 직접 익히기 시작한다. 사회는 아동이 지식과 기술을 배워서 유능한 사람이 되도록 준비시켜야 한다. 만일 이 시기에 유능한 존재가 되려는 바람을 훌륭하게 성취할 수 있다면, 청소년기의 직업선택은 단순히 보수와 지위의 문제를 초월하게 될 것이다.

① 구강기　　② 항문기　　③ 남근기　　④ 잠복기

정답 01 (가) - 자신감 / (나) - 유능감　02 ④

03 에릭슨(E. Erikson)의 자아정체감(ego-identity) 발달에 관한 견해 중 옳은 것은?

• 04 중등

① 정체감 확립은 아동기의 중요한 발달과업이다.
② 정체감은 삶을 완성하고 회고하는 단계에서 확립될 수 있다.
③ 심리적 유예기는 정체감 형성을 위해 대안적인 탐색을 계속 진행하는 시기이다.
④ 정체감 확립은 부모나 교사의 권유에 따라 자신의 진로나 역할 방향을 성급히 선택한 상태이다.

04 에릭슨(Erikson)의 심리사회적 발달이론 중, 각 단계에서 직면하는 위기와 단계별로 획득해야 할 기본 덕목이 올바르게 연결된 것은?

• 03 중등

	발달 단계	위기	기본 덕목
①	영아기	주도성 대 죄책감	능력
②	유(幼)아기	신뢰감 대 불신감	의지력
③	청년기	자아정체감 대 역할혼미	충성심
④	성인기	생산성 대 자아통정	지혜

정답 03 ③   04 ③

05 프로이드(Freud)의 심리성적(心理性的) 발달이론과 에릭슨(Erikson)의 심리사회적(心理社會的) 발달이론에서는 원만한 성격 발달을 위하여 성장과정에서 어떤 경험을 많이 해야 한다고 보는가?
● 02 중등
① 여러 가지 욕구가 적절하게 충족되어야 한다.
② 무엇이든 스스로 할 기회를 많이 가져야 한다.
③ 유아기 때부터 생활 습관이 잘 형성되어야 한다.
④ 좋지 못한 행동을 했을 때에는 벌을 받아야 한다.

06 다음 〈보기〉는 에릭슨(Erikson)이 주장하는 심리 사회적 발달을 촉진하기 위한 지도 방법이다. 어떤 성격의 발달과 가장 관련이 있는가?
● 01 초등

―〈보기〉―
• 학생이 자신의 성취를 확인할 수 있도록 한다.
• 독립심과 책임감을 보일 수 있는 기회를 준다.
• 어려운 과제의 완성에 대한 기쁨을 경험하게 한다.

① 신뢰감　　② 생산성　　③ 근면성　　④ 자아정체감

정답 05 ①　06 ③

Theme 109 마샤(Marcia)의 정체성 지위이론

기출: 09 중등, 05 초등, 99 초등

1 개념

(1) **정체성 지위**
에릭슨의 정체성 개념을 확장하여 정체성 형성 수준의 개인차를 전달하는 개념

(2) **정체성 지위의 분류 기준** ✩
① 전념(참여): 무엇에 헌신하고 있는가?
② 탐색(위기): 자신에게 무엇이 중요한지 알기 위해 다양한 신념, 가치, 행동을 탐색하고 있는가?

(3) **정체성 지위 유형** ✩

구분	탐색(위기) ×	탐색(위기) ○
전념(참여) ○	• 정체성 상실(유실, 폐쇄) – 정체성 확립을 위한 탐색과정 없이 특정 목표, 가치, 생활방식에 헌신하는 것 – 성인기에 뒤늦게 정체성 위기를 경험하기도 함	• 정체성 성취(확립) – 현실적 선택사항을 고려하고 충분한 탐색 후 자신이 선택한 것에 대해 전념하는 상태 – 현실적 안정적인 대인관계, 높은 자아존중감, 높은 스트레스 저항력을 보임
전념(참여) ×	• 정체성 혼미(혼돈) – 어떤 가능성도 탐색하지 않고 어떤 활동도 전념하지 않은 상태 – 타인이 어떤 일을 하는지, 어떤 일을 해야 하는지에 관심이 없는 미성숙한 상태 – 정체감 위기를 경험하지 못함 – 자아존중감이 낮고, 혼돈에 빠져 있으며 청소년 비행에 연루될 가능성이 높음 – 지역사회 봉사활동, 직업 체험 등이 도움 됨	• 정체성 유예 – 직업 및 가치 선택을 미뤄두고 다양한 탐색을 하는 불확실한 상태 – 정체성 위기나 변화를 경험하고 있으며 정체성 확립 위해 탐색함 – 불확실한 상태에 머물러 있어 구체적인 과업, 역할에 전념하지 못하는 지연 현상 겪음 – 안정감은 없지만 정체성 성취로 나아가는 과도기적 단계 ⇨ 시간이 지나면 정체성 확립함

2 청소년기의 자아정체감을 높이는 방법 ✩
① 자신의 모습을 있는 그대로 수용하게 함
② 장래 목표를 분명하게 설정하도록 함
③ 성장하면서 겪는 갈등을 이해하고 격려함
④ 긍정적인 자아정체성 형성을 위해 다른 사람들 앞에서 드러나지 않는 방식으로 칭찬하고 지적해야 함
⑤ 다양한 상황에서 자신의 가치와 신념을 탐색하도록 격려함
⑥ 학생 스스로 문제를 해결할 수 있도록 격려함
⑦ 직업흥미검사, 적성검사 등의 다양한 검사를 통해 자신의 특성을 탐색하도록 함
⑧ 지역사회 봉사활동, 진로체험, 교과통합 진로교육 프로그램 등을 통해 진로를 탐색하도록 함
⑨ 역할모델 발견 및 다양한 체험과 탐색 기회를 제공함

출제 Pick!
✩ 청소년기 정체성 지위 분류 기준 2가지의 개념
✩ 정체감 지위 유형 종류, 특징
✩ 청소년기의 자아정체감을 높이는 방법

설쌤의 Tip
머리에 쏙! 박히는 청킹 Tip!
• 분류 기준: 전념, 탐색
• 정체성 지위: 혼돈, 유실, 유예, 확립
 ⇨ 전 Tom(탐)인데요, 혼을 유실해서 유학(확)갔어요.

Theme 109 기출 CHECK!

01 마샤(J. Marcia)가 구분한 정체감 지위(identity status) 중 정체성 유예에 해당하는 특징을 가장 잘 설명한 것은? ● 09 중등

① 정체감을 탐색하는 과정에서 가장 위험한 상태로, 이 상태가 지속되면 부정적 정체감을 지니게 될 가능성이 있다.
② 정체감 위기를 경험하지 않고서도 정체감이 확립된 것처럼 행세하며, 부모가 기대하거나 선택해 준 생애과업을 그대로 수용한다.
③ 정체감 위기를 경험하지 못하였으며, 삶의 목표와 가치를 탐색하려는 시도조차 하지 않고 삶을 계획하려는 욕구도 부족한 상태이다.
④ 정체감 위기를 겪고 난 다음, 자기 삶의 가치 혹은 목표를 확고하게 정한 상태이지만, 나중에 타인의 기대를 충족시켜 주기 위하여 자신의 정체감을 포기하기도 한다.
⑤ 정체감 위기를 겪고 난 다음, 특정 역할이나 과업에 몰두하지 못하는 상태이며, 정체감 확립에 도달하기 위한 과도기적 단계로 적극적으로 정체감을 탐색하려고 한다.

02 마샤(J. Marcia)가 제시한 청소년기의 정체감 상태 중에서 다음에 해당하는 것은? ● 05 초등

- 정체감 위기를 경험하지 못했다.
- 어떤 일을 하더라도 왜 하는지 모른다.
- 삶에 대한 방향감이 결여되어 있다.
- 타인들이 어떤 일을 왜 하는지에 관심이 없다.

① 정체감 혼미   ② 정체감 유실   ③ 정체감 유지   ④ 정체감 확립

03 다음에서 청소년기의 자아 정체감 형성을 돕는 데 필요한 요소를 모두 고른 것은? ● 99 초등

㉠ 부모나 친구의 생활방식을 채택하도록 한다.
㉡ 자신의 모습을 있는 그대로 수용하게 한다.
㉢ 장래 목표를 분명히 설정하도록 한다.
㉣ 성장하면서 겪는 갈등을 이해하고 격려한다.
㉤ 반복된 실패에도 불구하고 높은 이상을 달성하도록 격려한다.

① ㉠, ㉡   ② ㉠, ㉤   ③ ㉡, ㉢, ㉣   ④ ㉢, ㉣, ㉤

정답 01 ⑤   02 ①   03 ③

Theme 110 브론펜브레너(Bronfenbrenner)의 생물생태학적 발달이론

기출: 12 초등, 03 초등

1 생물생태학적(bioecological) 모형(생태학적 체계이론)
① **생물(bio)**: 발달에 유전적 영향이 있음
② **생태학적(ecological)**: 발달은 다양한 환경과 그 환경 간의 상호작용에 영향을 받음

2 시사점 ☆
① 개인의 발달은 유전과 환경 모두에서 영향을 받음
② 환경의 다차원적인 체계가 상호작용하여 발생하는 힘이 개인의 발달과 행동에 영향을 미침
③ 개인의 발달에 영향을 미치는 지배적인 환경은 연령 증가에 따라 미시체계에서 바깥층의 체계로 점차 이동함
④ 인간은 여러 겹으로 둘러싸인 환경의 영향을 능동적으로 주고받으며 발달함

3 생태학적 환경의 구조체계 ☆

(1) 미시체계
① 아동이 직접 접하는 환경
  예 부모, 형제자매, 교사, 학교, 친구, 인터넷, 놀이활동 등
② 아동의 발달에 가장 강력한 영향을 주는 환경
③ 아동은 미시체계 내 타인에게 영향을 받는 동시에 이들에게 영향을 미치기도 함
  예 아동은 부모에게 영향을 주고, 부모 또한 아동에게 영향을 줌

(2) 중간체계
① 미시체계 요소 간의 상호작용과 관계의 집합
② 중간체계에서 모든 관계는 상호적
  예 교사는 부모에게 영향을 주고, 부모는 교사에게 영향을 주며, 또 이런 상호작용은 아동에게 영향을 줌
③ 중간체계는 미시체계와 독립적으로 작동하지 않으며 서로 영향을 주고받음
  예 학부모와 교사의 관계가 좋은 경우는 그렇지 않은 경우보다 아동의 발달에 긍정적 영향을 미침

(3) 외체계
① 아동이 직접 접촉하지는 않지만 아동에게 간접적인 영향을 미치는 모든 사회적 구조
② 미시체계와 중간체계 모두에 영향을 주는 사회적 영향을 포함
  예 부모의 일터, 부모의 고용상태, 가족의 종교, 가족의 친구들, 대중매체, 사회복지기관, 지역정부기관, 교사들이 학교 행정가나 학교 이사회와 맺고 있는 관계(기관과 미시체계 사이의 연결도 포함됨) 등

(4) 거시체계
① 아동이 속하여 자란 문화
  예 관습, 법, 관념, 이데올로기, 아동과 관련된 가치 등
② 모든 다른 체계에 영향을 주며 아동에게 간접적이지만 매우 강력하고 지속적인 영향을 줌
③ 아동과 관련된 가치를 포함함 ⇨ 아동을 어떻게 다루어야 하는지, 아동에게 무엇을 가르쳐야 하는지, 아동이 추구해야 하는 목표가 무엇인지를 규정하는 이데올로기
  예 비폭력적 문화를 가진 사회(거시체계)에서는 가족 내 아동학대(미시체계)의 발생률이 훨씬 낮음

(5) 시간체계
① 발달에 영향을 미치는 '변화'
② 시간의 차원. 일생 동안 일어나는 인간의 변화와 사회·역사적 환경의 변화를 포함함
③ 모든 발달은 시간에 의해 영향을 받으며 시계열 안에서 이루어짐

출제 Pick!
☆ 생물생태학적 발달이론의 시사점
☆ 생태학적 환경 구조체계별 명칭, 개념, 특징

설쌤의 팁
머리에 쏙! 박히는 청킹 Tip!
• **생태학적 환경의 구조체계**: 미시체계, 중간체계, 외체계, 거시체계, 시간체계
  ➡ 미국과 중국이 외교(거)할 때(시)는요~

Theme 110 기출 CHECK!

01 다음의 진술들과 가장 부합하는 인간발달 이론을 고르면? ● 12 초등

- 개인의 발달은 유전과 환경 모두의 영향을 받는다.
- 환경의 다차원적인 체계가 상호작용하여 발생하는 힘이 개인의 발달과 행동에 영향을 미친다.
- 개인을 둘러싼 환경은 '미시체계, 중간체계, 외체계, 거시체계'의 네 층과 시간체계로 구분된다.
- 개인의 발달에 영향을 미치는 지배적인 환경은 연령 증가에 따라 미시체계에서 바깥층의 체계로 점차 이동한다.

① 엘더(G. Elder)의 생애 이론
② 게젤(A. Gesell)의 성숙 이론
③ 반두라(A. Bandura)의 사회인지 이론
④ 에릭슨(E. Erikson)의 심리사회적 이론
⑤ 브론펜브레너(U. Bronfenbrenner)의 생태학적 이론

02 아동발달에 관한 이론적 관점 중 같은 연령층이 공유하고 있는 역사적 배경 및 시대적 상황의 요소를 발달의 주요 요소로 간주하는 것은? ● 03 초등

① 생득적 관점
② 정신역동적 관점
③ 정보처리적 관점
④ 전생애발달적 관점

정답 01 ⑤ 02 ④

Theme 111. 셀만(Selman)의 사회적 조망수용이론(사회인지 발달이론)

1 사회적 조망수용능력 ☆
① 타인의 관점, 입장, 사고, 감정 등을 추론하여 이해하는 능력
② 자신과 타인, 사회관계, 사회조직에 대한 '사회인지'의 발달 : 사회인지란 사회관계를 인지하는 것
  ⇨ 타인의 사고와 의도, 정서를 생각할 수 있는 사회적 조망수용능력의 발달은 타인과 잘 지낼 수 있는 성숙한 사회행동을 가능하게 함
③ 사회적 조망수용능력이 발달한 아동의 특징
  ㉠ 타인의 정서를 간접적으로 경험하는 감정이입 능력과 동정심이 발달하며, 어려운 사회적 문제를 잘 처리함
  ㉡ 타인과 원만하게 지낼 수 있는 성숙한 사회행동이 가능해짐
  ㉢ 자신과 타인을 객체로 이해하고, 타인의 관점에서 자신의 행동을 인지함
    ⇨ 타인의 의도, 태도, 감정을 추론하게 됨

출제 Pick!
☆ 사회적 조망수용능력의 개념
☆ 조망수용능력 단계
☆ 상호적 조망수용 단계, 사회관습적 조망수용 단계의 특징

2 조망수용능력 단계 ☆

(1) 단계

단계	내용
0단계	**자기중심적(미분화된) 조망수용(3~6세)** • 타인을 자기중심적으로 봄 ⇨ 타인이 자신과 다른 관점(생각, 느낌)을 가지고 있다는 것을 이해하지 못함 • 타인과 자신의 견해가 동일한 생각을 가진다고 여김 ⇨ 다른 사람들이 다른 관점을 가지고 있을 수 있음을 깨닫지 못함
1단계	**주관적(사회정보적) 조망수용(6~8세)** • 타인과 자신이 동일한 상황에 대해서 조망이 다를 수 있다는 것은 이해하지만, 여전히 자신의 입장에서 이해하려고 함 • 자신의 행동을 타인의 조망에서 평가하기 어려움 • 사람들이 다른 정보를 가지고 있으면 다른 조망을 가지게 된다고 생각함
2단계	**자기반성적 조망수용(8~10세)** • 타인의 조망을 고려할 수 있고 타인도 자신의 조망을 고려할 수 있다는 것을 이해함. 다른 사람이 자신의 행동에 대해 어떻게 생각하는지 알 수 있으며, 다른 사람이 서로 다르게 생각하고 느낀다는 것을 앎. 다른 사람의 입장이 되어서 그 사람의 의도와 목적, 행동을 이해할 수 있음 • 같은 정보를 가지고 있어도 사람들이 다른 조망을 가질 수 있음을 이해함. 다른 사람의 입장에서 자신의 생각, 감정, 행동을 볼 수 있음. 다른 사람도 동일하게 할 수 있음을 이해함 • 하지만 타인과 자신의 조망을 동시에 고려하지는 못함
3단계	**상호적(제3자적) 조망수용(10~12세)** • 동시 상호적으로 자신과 타인의 조망을 각각 이해할 수 있음 • 타인과의 상호작용 속에서 발생하는 문제에 대해 제3자의 입장에서 객관적으로 생각할 수 있음 • 즉, 자신과 상대방의 입장에서 벗어나 이해관계가 없는 제3자의 입장에서 자신과 상대방이 어떻게 보일지를 생각할 수 있음
4단계	**사회관습적 조망수용[12~15세(성인)]** • 동일한 상황에 대해 다른 조망을 가진다고 해서 그 조망이 틀렸다고 생각하지 않음 • 자신이 타인의 조망을 완전하게 이해하지 못한다는 것을 이해함 • 제3자의 입장을 넘어 사회구성원이 갖는 일반화된 관점을 이해함 • 사회체계를 사회의 많은 구성원이 공유하는 견해의 결과라고 생각하기 시작하므로 사회합의나 타인의 견해 등에 대해 관심이 많아지게 됨 • 자신과 타인을 포함하여 개인은 물론 집단과 전체 사회체계의 조망을 이해하는 최상의 사회 인지를 획득함

설쌤의 팁
조망수용능력 3~4단계는 형식적 조작 과제를 통과해야 한다는 점에서 피아제 이론을 발달시켰다고 볼 수 있습니다. 형식적 조작기를 통과하면 조망수용능력 3~4단계에 도달하게 된다는 점을 기억해두세요.

Theme 111 기출 CHECK!

01 청소년기의 심리적 발달 특징에 대한 학자들의 견해를 잘못 기술한 것은? • 10 중등
① 안나 프로이드(A. Freud)는 청소년기를 정서적 갈등과 별난 행동으로 특징지어지는 심리적 불안정의 시기라고 가정하였다.
② 해비거스트(R. Havighurst)는 부모나 다른 성인으로부터 정서적으로 독립하는 일을 청소년기 발달과업 중 하나로 제시하였다.
③ 에릭슨(E. Erikson)은 심리사회적 발달이론에서 정체감 위기를 겪고 있는 청소년들의 지배적인 심리 상태를 심리적 유예라고 명명하였다.
④ 셀만(R. Selman)은 조망수용이론에서 형식적 조작 과제를 통과한 청소년들의 조망수용 능력이 사회정보적 조망 수준에 머물러 있다고 설명하였다.
⑤ 엘킨드(D. Elkind)는 청소년기에 나타나는 자아중심적 사고의 특징을 상상적 청중(imaginary audience)과 개인적 우화(personal fable)로 기술하였다.

정답 01 ④

Theme 112 콜버그(Kohlberg)의 도덕성 발달이론

기출
13 중등, 07 초등, 06 중등, 02 초등

1 도덕성 발달의 3수준 6단계 ☆

수준	단계	내용
[수준 1] 전인습 수준 (인습에 대한 고려 없음)	1단계 처벌 – 복종 지향 단계	• 행위의 옳고 그름은 결과에 달려 있고, 처벌이 두려워서 권위자의 명령과 지시에 복종함 • 들키지 않거나 처벌받지 않는 경우 자신의 행동을 나쁜 것으로 여기지 않으며, 처벌이 가혹할수록 행위는 나쁜 것이라고 봄
	2단계 개인적 쾌락주의 (도구적 상대주의 지향)	• 도덕 판단기준은 자신과 타인의 욕구 충족 • 자신의 욕구를 충족시키는 행동이 옳은 행동이며, 보상을 얻거나 개인적인 목적을 만족시키기 위해서 규칙을 지킴 ◎ 이번에 1등을 해서 엄마한테 선물을 받아야 해. 그러려면 컨닝하는 것도 괜찮아. • 자신의 욕구가 충족될 경우 타인의 욕구도 고려하며, 이 단계의 아동은 공평성·상호성이 중요하다고 여김 ◎ 친구를 왜 도왔는지 물으면 "친구가 예전에 저를 도와줬어요."라고 대답함
[수준 2] 인습 수준 [인습(구성원의 기준) 고려]	3단계 착한 소년/소녀 지향 (대인 간 조화 지향)	• 다른 사람을 도와주고 기쁘게 해 주며, 다른 사람으로부터 인정받는 것을 도덕적 판단의 기초로 삼음 • 다른 사람의 관점이나 의도를 이해하고, 행동의 결과가 아닌 의도에 의해 도덕적 판단을 함
	4단계 사회질서와 권위 지향 (법과 질서 지향)	• 법이나 규칙을 준수하고 사회 질서를 유지하는 행위를 옳은 행위라고 판단함 • 법, 규칙, 사회질서를 무조건 지키는 것이 옳다고 믿음
[수준 3] 후인습 수준 (인습 이후 수준)	5단계 사회계약 지향	법은 사회적 계약이므로 사회적 유용성에 대한 합리적 고려를 통해 변경·수정될 수 있음을 이해함
	6단계 보편적 (도덕)원리 지향	• 옳은 행동은 개인 각자의 도덕적 원리에 기준한 도덕 판단에 근거함 • **도덕적 원리** : 정의, 상호성, 인간 권리의 평등성 등과 같은 보편적 원리

2 특징 ☆
① 피험자에게 도덕적 딜레마 상황을 제시하고 개인의 차이점을 파악해 도덕성 발달 이론을 체계화함
② 모든 사람들의 도덕적 추론 능력 발달단계는 동일함
③ 발달속도에 개인차가 존재하며, 발달은 점진적·지속적으로 이루어짐
④ 이전 단계로의 퇴보는 없고, 교육적 개입을 통해 바로 다음 단계로만 진입 가능함

3 비판점 ☆
① 서로 다른 단계의 추론을 동시에 보이기도 함
② 상황에 따라 이전 단계로의 퇴보도 보임
③ 어린 아동의 도덕적 사고는 콜버그가 예측했던 것보다 더 앞서있음
④ 영역 특수적 지식에 영향을 받음
⑤ 인터뷰를 통한 연구를 하여 실제 행동이 아닌 추론에 초점을 두고 있으므로 도덕성의 행동적 측면이 반영되지 않았으며, 도덕성을 인지적으로만 파악함 ⇨ 레스트의 도덕성 이론으로 발전
⑥ 남성편향적 가치체계, 여성적 사고의 특성을 제대로 반영하지 못하고 있음. 여자는 개인적인 관계, 인간관계, 인간에 대한 관심에 기초하여 판단 ⇨ 길리건의 도덕성 이론으로 발전
⑦ 인지적 측면에만 초점을 맞추고 있으며, 도덕성의 정의적인 측면을 반영하지 못함

출제 Pick!
☆ 도덕성 발달단계 특징
☆ 도덕성 발달이론 특징, 비판점, 도덕성 증진 방안(교육적 적용)

Level Up
피아제의 도덕성 발달단계
1. **타율적 도덕성**(heteronomous morality) – 4~8세(전조작기에 해당)
   • 규칙과 질서는 권위 있는 사람에 의해 만들어져 절대적이고 수정 불가능한 것으로 인식
   • 아동은 외부의 규율과 법칙의 권위에 의존하여 행동의 결과에 따라서 선악을 판단함
2. **자율적 도덕성**(autonomous morality) – 8~12세(구체적 조작기 이후에 해당)
   • 아동은 규칙이나 질서가 타인과의 협의를 통해서 만들어지고 수정될 수 있는 것이라고 생각함
   • 행동의 결과보다는 의도를 기준으로 선악을 판단함

Level Up
인습 수준 도달 시점
콜비(A. Colby) 등(1983)의 연구 결과에 의하면, 청소년기 초기에는 전인습 수준의 비율이 급격하게 감소하고, 17세 이후에는 대부분이 인습 수준에 도달하는 것으로 나타남

Level Up
도덕성 발달이론의 교육적 적용
1. **도덕적 발달수준에 기초한 교육** : 학생의 인지발달 수준보다 더 높은 도덕적 판단 X ⇨ 학생의 도덕적 발달수준 고려한 교육 필요
2. **도덕적 판단능력을 기르는 교육** : 해야 할 행동을 단순히 가르치기보다는 학습자가 스스로 도덕적 판단을 할 수 있도록 가르쳐야 함
3. **+1단계 전략** : 도덕적 딜레마 상황 제시를 통해 도덕적 인지갈등을 유발 ⇨ 토론
4. **구체적 갈등 상황 제시** : 도덕적 갈등 상황을 구체적으로 설정하여 제공하고 학생이 모든 측면에서 고려하여 판단할 수 있도록 함
5. **도덕적 토론(딜레마)수업** : 도덕적 문제에 관한 토론 ⇨ 도덕적 사고력 & 판단력 증진

Theme 112 기출 CHECK!

01 다음 밑줄 친 콜버그(L. Kohlberg)의 '도덕성 발달수준'에 대한 설명으로 옳은 것을 〈보기〉에서 모두 고른 것은? • 13 중등

> 콜비(A. Colby) 등(1983)의 연구 결과에 의하면, 청소년기 초기에는 전인습 수준의 비율이 급격하게 감소하고, 17세 이후에는 대부분이 인습 수준에 도달하는 것으로 나타났다.

〈보기〉
ㄱ. 자신의 욕구나 다른 사람의 욕구를 충족하는 것이 옳은 행위라고 판단한다.
ㄴ. 법이나 규칙을 준수하고 사회 질서를 유지하는 행위를 옳은 행위라고 판단한다.
ㄷ. 벌을 피할 수 있거나 힘 있는 사람에게 복종하는 것 자체가 도덕적 가치를 갖는 것으로 본다.
ㄹ. 다른 사람을 도와주고 기쁘게 해 주며, 다른 사람으로부터 인정받는 것을 도덕적 판단의 기초로 삼는다.
ㅁ. 법이나 규칙을 융통성 있는 도구로 생각하며, 개인의 권리를 존중하고 사회 전체가 인정하는 기준을 준수하는 것이 옳은 행위라고 판단한다.

① ㄱ, ㄴ ② ㄱ, ㄷ ③ ㄴ, ㄹ ④ ㄷ, ㅁ ⑤ ㄹ, ㅁ

02 다음과 같은 특징을 보이는 콜버그(L. Kohlberg)의 도덕성 발달 단계는? • 07 초등

> • 자신의 욕구가 옳고 그름을 결정하는 기준이 된다.
> • 도덕적 행위는 자신과 타인을 만족시키는 수단이라고 생각한다.
> • "네가 내 등을 긁어 주었으니 나도 너의 등을 긁어 줄게."와 같은 입장에서 도덕적 판단을 한다.

① 2단계: 개인적 보상 지향   ② 3단계: 착한 소년-착한 소녀 지향
③ 4단계: 법과 질서 지향   ④ 5단계: 사회적 계약 지향

03 〈보기〉는 콜버그(L. Kohlberg)의 도덕발달 단계 중 일부 단계의 도덕적 판단 근거를 기술한 것이다. 발달 순서대로 바르게 나열한 것은? • 06 중등

〈보기〉
ㄱ. 물질적 보상과 벌   ㄴ. 타인의 칭찬과 인정   ㄷ. 사회적 관습과 법   ㄹ. 보편적 도덕원리와 양심

① ㄱ-ㄴ-ㄷ-ㄹ   ② ㄱ-ㄷ-ㄴ-ㄹ
③ ㄷ-ㄱ-ㄴ-ㄹ   ④ ㄷ-ㄴ-ㄱ-ㄹ

04 콜버그(Kohlberg)의 도덕적 추론 단계에 비추어 볼 때, 다음과 같이 주어진 상황에 대답한 아동이 속하는 단계는? • 02 초등

> • 상황: 한 남자의 부인이 죽어가고 있었다. 부인을 살릴 수 있는 약은 있지만 너무 비싸고, 그것을 조제한 약사가 싼 가격에 약을 팔려고 하지 않았다. 어쩔 수 없어 남자는 그 약을 훔치려고 계획하였다. 이 행위가 정당한 것인가, 그렇지 않은가?
> • 아동의 대답: "만일 남자가 약을 훔친다면 그것은 잘못된 것이다. 그렇게 하면 경찰에게 잡혀서 감옥에 갈 것이기 때문이다."

① 처벌-복종 지향 단계 ② 법과 질서 지향 단계 ③ 사회적 계약 지향 단계 ④ 보편적 원리 지향 단계

정답 01 ③ 02 ① 03 ① 04 ①

Theme 113 레스트(Rest), 길리건(Gilligan), 나딩스(Noddings)의 도덕성 이론

 기출
20 초등, 99 중등

1 레스트의 도덕성 이론

(1) 특징
① **도덕성** ☆ : 사람들이 함께 모여 살 때 서로의 복지를 위해 어떻게 행동해야 하는가를 알려주는 원리이자 안내
② 도덕적 행동의 표출에 주목함
③ 도덕성을 인지적 측면과 행동적 측면에 있어 종합적으로 파악하고자 하였음
④ 도덕적 행동이 표출되기 위해서는 '도덕 감수성, 도덕 판단력, 도덕 동기화, 도덕적 품성'의 네 가지 심리적 요소가 필요. 이 중 하나 혹은 둘 이상의 요소가 결여되면 도덕적 행동이 실패한다고 봄

(2) 도덕적 행동의 심리적 요소 ☆
① 제1요소 – 도덕 감수성(moral sensitivity)
   ㉠ 상황 속에 내재된 도덕적 이슈를 인지하고 상황을 해석하며, 자신의 행동이 타인에게 미칠 수 있는 영향이나 결과에 대해 미리 예측할 수 있는 능력
   ㉡ 어떤 상황을 도덕적 관점에서 지각하고 해석하지 못하거나, 자신의 행동이 타인의 복지에 미칠 영향을 고려하지 못할 경우 ⇨ 도덕적 행동 불가능
② 제2요소 – 도덕 판단력(moral judgement) : 제1요소에서 자신의 행동이 타인에게 미칠 영향을 지각한 후, 그 행동이 도덕적으로 옳고 정의로운지 판단하는 능력
③ 제3요소 – 도덕 동기화(moral motivation) : 제2요소에서 자신의 행동이 옳다고 판단하였더라도 도덕적 가치를 다른 가치들보다 더 우위에 두고자 하는 동기부여가 충분히 이루어졌을 때 도덕적 행동이 표출될 수 있음
④ 제4요소 – 도덕적 품성(moral character)
   ㉠ 도덕적 행동을 실천하려는 의지, 자아 강도(ego – strength), 인내심, 용기 등의 특성들을 포함
   ㉡ 제1~3요소가 갖추어졌더라도 실제로 도덕적 행동을 실천하는 의지가 약하거나 외부의 압력에 견디는 인내심이나 용기가 부족할 경우 ⇨ 도덕적 행동 어려움

출제 pick!
☆ 레스트 관점에서 도덕성의 개념, 도덕적 행동의 심리적 요소
☆ 길리건 도덕성 발달이론의 특징, 도덕성 발달 단계, 도덕성을 신장하기 위한 교육방법

설쌤의 팁
두문자로 외우자♪
• **도덕적 행동의 심리적 요소** : 도덕 감수성, 도덕 판단력, 도덕 동기화, 도덕적 품성
➡ 감판동품

2 길리건의 도덕성 발달

(1) 특징 ☆

① **콜버그 주장 비판** : 추상적인 도덕원리 강조하고 백인 남성과 소년만을 대상으로 하며, 여성(인습 수준)은 남성(후인습 수준)에 비해 낮은 도덕성 발달수준을 보인다고 주장한 콜버그의 주장을 비판

② **돌봄의 윤리**와 **배려지향적 도덕성** 제안 : 여성에게 나타나는 '돌봄의 윤리'를 제안하고 여성은 **배려와 책임감**을 중심으로 도덕적 판단을 한다고 주장함 참고 콜버그 - 정의지향형 도덕성

③ **대인지향적 도덕성의 강조** : 남성은 추상적 판단에 기초한 정의의 관점에서 도덕적 판단을 하지만, 여성은 인간에 대한 책임을 강조하며 타인의 요구에 민감하게 반응하고 타인과의 관계를 고려하는 대인지향적인 도덕성을 중시함

(2) 도덕성 발달단계 - 3수준 2전환기(과도기)

단계	특징
수준 1	**자기 지향**(orientation to individual survival) • 자신의 이익과 생존에 자기중심적으로 몰두함 • 자기 자신의 필요에만 관심을 가짐 • 어떤 상황이나 사건이 자신의 욕구와 갈등을 일으킬 때에만 도덕적 사고와 추론을 함 • **도덕적 판단 기준** : 어느 쪽이 자신에게 중요한가, 즉 자신의 이익이 판단의 기준
전환기 1	**이기심에서 책임감으로**(from selfishness to responsibility) • 애착과 다른 사람과의 관계 형성이 중요해지는 단계 • **도덕적 판단 기준** : 독립적이고 이기적인 것 ⇨ 관계와 책임감으로 옮겨 가기 시작함 • 책임감과 배려를 도덕적 판단 기준으로 통합해 감
수준 2	**자기희생으로서의 선**(goodness as self-sacrifice) • 타인에 대한 배려, 책임감, 자기희생을 지향 • 사회적 조망이 발달하면서 자신의 욕구를 억제하고 타인의 요구에 응하려 노력하게 됨 • 개인이 다른 사람과의 관계를 유지하기 위해 자신의 주장을 포기함 • 다른 사람에게 상처를 줄 때 불평형이 발생 • 자기희생과 타인에 대한 배려를 선한 것으로 간주 • **이 수준에서의 타인** : 사적인 관계의 타인. 공적인 관계의 타인을 의미하지 X
전환기 2	**선에서 진실로**(from goodness to truth) • **도덕적 판단 기준** : 자기 주변의 타인 ⇨ 보다 넓은 범위의 타인의 욕구와 통합되어감 • 왜 다른 사람을 위해서 자신을 희생해야 하는가에 대한 의문을 가짐
수준 3	**비폭력 도덕성**(the morality of nonviolence) • 대인 간 도덕적 추론의 마지막 단계 • 개인의 권리 주장과 타인에 대한 책임이 조화를 이룬 상태. 전체 인류에 대한 공감 갖춤 • 인간관계의 상호 의존성을 인식하고 전체 인류에게로 공감을 확장함 • 의사결정 과정에 적극적으로 참여하고 다른 사람에게 상처를 주는 것을 피함 • 자신에 대한 이해와 도덕성에 대한 재정의 형성 • **도덕성의 주요 지표** : 비폭력, 평화, 박애 등

(3) 돌봄과 배려의 도덕성 신장을 위한 교육방법 ☆

① **역사와 문학의 활용** : 역사와 문학은 배려의 목소리를 반영하고 있는 과목이므로 수학, 과학과 동등하게 가르치게 될 경우 정의뿐만 아니라 배려의 도덕성도 균형 있게 발달시킬 수 있음

② **교사와의 인간적 관계 형성** : 특히 여자 교사들의 역할이 중시될 수 있으며, 학생과의 긍정적이고 인간적인 만남을 통해 배려의 윤리를 형성하고 습관화할 수 있음

③ **교육 장면에서의 내러티브적 접근** : 학생이 실제 삶에서 겪는 도덕적 경험에 관한 이야기를 할 수 있는 기회를 제공하고 학생 스스로가 도덕적 이야기의 저자가 되도록 함으로써 배려 윤리를 발달시킬 수 있음

④ **학생의 관계적인 사고 함양에 중점을 둔 수업** : 상대방과 관계를 맺는 과정 속에서 상대방을 어떻게 배려하고 응답할지를 배움

3 나딩스의 배려 윤리학

(1) 배려 윤리 ☆

① 나딩스가 길리건이 제기한 배려 윤리를 도덕 철학 및 도덕 교육에 중점을 두어 발전시킨 것으로, 기존의 윤리가 원리와 법칙, 전제와 논리적 정당화, 공정성과 정의 등에만 관심을 둔 것을 비판하며 이에 대한 대안으로 배려 윤리를 제시함

② 배려 윤리는 여성주의적 관점에서 비롯된 어머니의 윤리이자 실천윤리이며 전통적 의미의 여성성, 즉 수용성, 관계성, 반응성에 바탕을 둠
⇨ 원리와 도덕적 추론이 아닌 도덕적 태도, 선에 대한 열망으로부터 시작하는 윤리

③ 배려 관계는 윤리적 기초가 되고, 배려 받는 사람이 배려에 대한 반응을 보일 때 배려가 완성됨
⇨ 상호성이 중요시되며, 이러한 관계를 현실화하는 데 기쁨(joy)이 중요한 역할을 함

④ 배려자와 피배려자의 상호성을 중시하므로 배려자의 의식 상태와 함께 피배려자의 역할도 중요함
- ㉠ 배려자의 의식 상태
  - **몰두(engrossment)**: 상대방이 느끼는 것을 함께 느끼고 수용함
  - **동기적 전치(motivational replacement)**: 배려 받는 사람의 입장을 수용하고 그를 위해 무엇인가 돕고자 하는 상태 ⇨ 타인을 돕기 위해 할 수 있는 것을 생각함
- ㉡ 피배려자의 의식 상태
  - **감수(수용)**: 배려를 마음으로 받아들임
  - **인정**: 배려 받음을 인식함
  - **반응**: 배려에 대한 반응

(2) 교육적 적용

① **배려 중심의 교육과정 재편성**: 학교 교육과정이 '배려'라는 주제를 중심으로 재편성하고, 주위에서 보는 모든 것들을 배려할 수 있는 학습 환경을 창출할 것을 강조함

② **교육내용**: 윤리적 이상의 지향, 진정으로 좋은 사람을 추구하는 교육, 어머니의 모델에서 비롯되는 교육 요소를 반영함

③ 배려 윤리 교육의 구체적 방법
- ㉠ **모델링(modeling)**: 배려의 본보기를 보여주고 경험하면서 본받게 함
- ㉡ **대화(dialogue)**: 대화를 통해 서로 이해하고, 신뢰를 형성하고 생각을 교환하며, 상호 간의 배려를 지속하여 배려하는 사람과 배려 받는 사람이 성장하도록 함
- ㉢ **실천(practice)**: 협동 작업이나 지역사회 봉사활동 등을 통해 배려의 행위를 실천하며 배려를 학습하도록 함
- ㉣ **인정·격려(confirmation)**: 다른 사람 속에 있는 최선의 것을 인정·격려하여 최상의 동기를 불러일으키고, 보다 나은 자아로의 상승을 가져오게 함

Theme 113 기출 CHECK!

01 다음의 빈칸에 알맞은 말을 쓰시오. ● 확인문제

> 레스트(Rest)는 도덕성을 '사람들이 함께 모여 살 때 서로의 복지를 위해 어떻게 행동해야 하는가를 알려주는 원리이자 안내'로 정의하며 (A)의 표출에 주목하였다. 도덕성을 인지적 측면에 국한하지 않고 행동적 측면도 포함하여 종합적으로 파악하고자 한 것이다. (A)이 표출되기 위해서는 (B), 도덕 판단력, (C), 도덕적 품성'의 네 가지 심리적 요소가 필요하며, 네 가지 심리적 과정 중 하나 혹은 둘 이상의 요소가 결여될 경우 도덕적 행동은 실패한다.

- A : _____
- B : _____
- C : _____

02 다음 ㉠과 ㉡에 각각 들어갈 용어를 2015 개정 도덕과 교육과정에 제시된 '핵심 가치' 중에서 쓰시오. ● 20 초등 교육과정

> 지도 교수 : 대표적으로 길리건(C. Gilligan)의 이론을 들 수 있습니다. 이 학자는 상호 연계성의 인간관계를 중요시하였으며, 정의(justice)와 권리(right)의 도덕 외에 (㉠)와/과 (㉡)의 도덕이 존재한다고 보았습니다. 이를 바탕으로 정의 지향적 도덕성과 (㉠) 지향적 도덕성은 상호 보완적으로 접근되어야 함을 강조하였습니다.

- ㉠ : _____
- ㉡ : _____

03 학교에서 도덕적인 판단과 행동의 차이를 좁히는 데 효과적인 지도 방법이 <u>아닌</u> 것은? ● 99 중등
① 갈등 장면에 대한 개방적인 논의를 강조한다.
② 다른 사람의 역할을 맡아보는 연습을 해본다.
③ 도덕적 행동을 관찰하고 실천하는 기회를 제공한다.
④ 부도덕한 행동을 철저히 비판하고 죄의식을 갖게 한다.

정답 01 A - 도덕적 행동 / B - 도덕 감수성 / C - 도덕 동기화   02 ㉠ - 배려 / ㉡ - 책임감   03 ④

Theme 114 전통적 지능이론

1 스피어만의 2요인설

(1) 기본 입장 ☆
지능은 모든 수행에 보편적으로 적용되는 '일반적인 요인(g요인)'과, 상황에 따라 특수하게 필요한 다수의 '특수요인(s요인)'으로 구성됨

(2) 요인
① g요인 : 내용을 초월하여 공통적으로 작용하는 정신능력으로, 모든 정신과정과 관련되어 있으므로 머리가 좋다는 것은 g요인을 많이 가지고 있다는 것을 의미함
② s요인 : 상황에 따라 특수하게 요청되는 요인

2 카텔(Cattell)과 혼(Horn)의 지능이론

(1) 기본 입장
스피어만의 g요인과 써스톤의 기초정신능력은 크게 두 요인으로 구분될 수 있음

(2) 지능의 2요인 ☆
① 유동적 지능
  ㉠ 생물학적으로 결정되는 생리적·신경적 요인
  ㉡ 개인의 독특한 사고력, 기억력, 정보처리속도 등의 능력
  ㉢ 청년기까지 계속 증가하며 절정에 이름 ⇨ 성인기 이후 감퇴
② 결정적 지능(crystallized intelligence)
  ㉠ 환경, 경험, 문화, 교육의 영향을 받아 발달되는 지능으로, 환경적·문화적·경험적 영향으로 발달함
  ㉡ 언어능력, 상식, 문제해결력 등에서 나타남
  ㉢ 성인기 이후에도 꾸준히 발달할 수 있음
  ㉣ 자신의 학습과 경험을 적용하여 획득한 능력

출제 Pick!
☆ 스피어만 지능이론의 기본 입장
☆ 카텔과 혼의 지능이론에서 일반지능을 구성하는 2가지 요인의 명칭, 특징

Theme 114 기출 CHECK!

01 다음 세 교사의 견해에 근거가 되는 지능 이론가들을 각각 쓰시오.　　　● 11 중등 변형

> 최 교사 : 우리 반 영철이는 IQ가 높아서인지 공부를 참 잘해요. 과목별 점수로 봐도 영철이가 거의 전교 1~2등이잖아요. 머리가 좋으니까 나중에 어떤 직업을 갖더라도 잘 할 거예요.
> 송 교사 : 우리 반 순희는 언어와 수리 교과는 잘 하지만, 음악이나 체육은 재능이 없어 보여요. 친구들하고 잘 어울리지도 못해요. 그런 것을 보면 지능이 높다고 뭐든 잘 하는 것 같지는 않아요. 그리고 공부뿐만 아니라 인간관계 능력이나 다른 것들도 지적 능력에 포함되는 것이 아닐까요? 결국, 영역별로 지적 능력이 따로 있는 것 같아요.
> 강 교사 : 영역별 지능도 중요하지만, 제 생각엔 지능이 한 가지 경로로만 발달하지는 않는 것 같아요. 기억력처럼 뇌 발달과 비례하는 능력들도 있지만, 언어이해력과 같은 것들은 문화적 환경과 경험에 의해 발달하잖아요.

• 최 교사 : _____　　• 송 교사 : _____　　• 강 교사 : _____

02 다음은 혼(J. L. Horn)이 일반지능과 유동지능(fluid intelligence) 및 결정지능(crystallized intelligence)의 발달 양상을 그래프로 나타낸 것이다. (가)~(다)에 해당하는 지능의 유형을 바르게 나열할 것은?　　● 09 초등

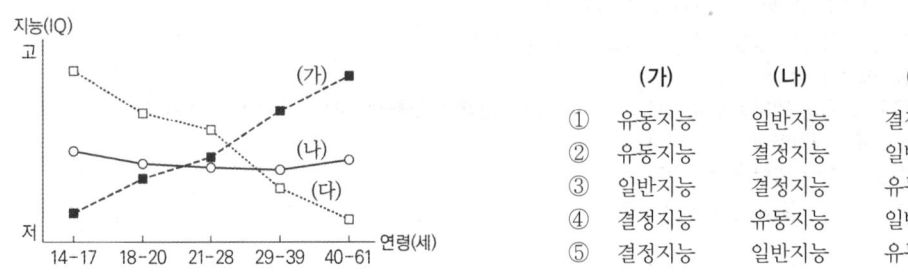

	(가)	(나)	(다)
①	유동지능	일반지능	결정지능
②	유동지능	결정지능	일반지능
③	일반지능	결정지능	유동지능
④	결정지능	유동지능	일반지능
⑤	결정지능	일반지능	유동지능

03 다음은 카텔(Cattell) 등 여러 학자들의 지능에 관한 연구를 종합하여 혼(Horn)이 제시한 전체적 지능(G), 결정성 지능(Gc), 유동성 지능(Gf)의 발달곡선이다. 그림에 대한 설명으로 적절한 것은?　　● 03 초등

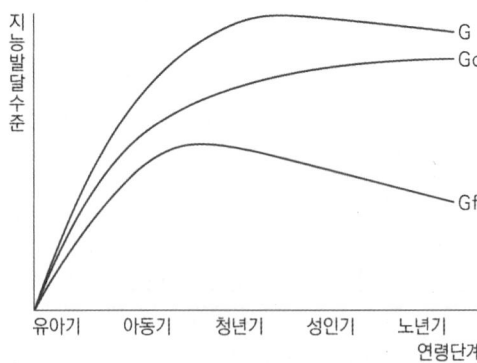

① G는 주로 창의력 검사에 의하여 측정된다.　　② Gc는 후천적 경험과 밀접히 관련되어 있다.
③ Gf는 어휘력 검사와 관련성이 높다.　　④ G, Gc, Gf는 모두 지능구조의 변화를 나타낸다.

정답 01 최 교사 - 스피어만(C. Spearman) / 송 교사 - 가드너(H. Gardner) / 강 교사 - 카텔(R. Cattell)　　02 ⑤　　03 ②

Theme 115 가드너(Gardner)의 다중지능이론

학습 Check ○○○○○

기출
19 중등, 10 초등, 09 초등, 07 초등, 05 초등, 04 중등, 04 초등, 03 중등, 00 초등

1 기본 입장
① 인간의 지능은 9개 종류의 지능으로 구성됨
② IQ 검사로 측정되지 않는 지능도 있음
③ 지능의 문화적·시대적 맥락을 강조함 ⇨ 인간의 지능이 문화적으로 상대성을 지님

2 지능의 정의
문화적으로 가치 있는 물건을 창조하거나 문제를 해결할 때 유용하게 쓰일 수 있는 정보를 처리하는 생물·심리학적인 잠재력

3 특징 ☆
(1) 9개 지능의 상호 독립성
① 각 능력으로 구분되는 9개의 지능은 뇌의 특정 영역과 관련 있음
② 각 지능은 서로 다른 시점에 성숙하며 각자의 발달적 경로를 따름
③ 특정 영역에서는 여러 개의 지능이 복합적으로 작용할 수 있음

(2) 인간의 잠재능력 확장
① 기존의 IQ 검사를 넘어 인간의 고유한 잠재능력의 범위를 확장시킴
② 모든 학생은 최소한 하나의 우수한 지능을 가짐

(3) 개인차 존재
학습자마다 최소한 한 가지 이상의 우세한 지능영역이 존재하며, 학생들 각자의 잠재적 지능을 발견하고 잠재적 능력을 발휘하도록 해야 함

4 시사점 ☆
(1) 교육과정
① 9가지 다중지능이 반영되도록 교육과정을 다양화해야 함
② 여러 지능의 통합적 발달을 통해 전인교육이 가능해짐

(2) 교육방법
① 학생 간 지능의 구성 차이를 인정하고, 개인차를 고려한 맞춤형 교육을 실시해야 함
② 학생의 강점 지능을 활용하여 효과적인 교수·학습활동이 가능함
③ 학생의 지능발달에 도움이 되는 환경을 제공해야 함

(3) 교육평가
① 학생 간의 차이보다는 한 개인의 지능의 강점과 약점에 관심을 가져야 함
② 다양한 형태의 수행평가를 통해 학생의 강점을 파악해야 함
　예 관찰, 포트폴리오 등

출제 Pick!
☆ 다중지능이론의 특징, 핵심 성분, 시사점

Level UP

다중지능의 9가지 핵심 성분
1. 언어지능(linguistic intelligence)
   단어 의미, 소리, 언어의 구조, 언어 사용 방법에 대한 민감성
2. 논리-수학지능(logical-mathematical intelligence)
   논리적·수리적 유형에 대한 민감성과 구분능력
3. 공간지능(spatial intelligence)
   시·공간 체계에 대한 예민한 지각
4. 신체운동지능(bodily-kinesthetic intelligence)
   몸의 움직임을 통제하고 사물을 능숙하게 다루는 능력
5. 음악지능(musical intelligence)
   음정, 리듬, 음색 등을 만들고 평가하는 능력
6. 대인관계 지능(interpersonal intelligence)
   타인의 기분, 기질, 동기, 욕망을 구분하고 대응하는 능력
7. 개인 내 지능(intrapersonal intelligence)
   자신의 감정에 충실하고 정서를 구분하는 능력
8. 자연지능(naturalist intelligence)
   다양한 종을 구분하고 인지할 수 있는 능력
9. 영적·존재론적 지능(existential intelligence)
   삶의 의미, 죽음, 인간적 조건 등에 대한 민감성

Theme 115 기출 CHECK!

논술 기출 CHECK

다음은 ○○ 중학교 김 교사가 모둠활동 수업 후 성찰한 내용을 기록한 메모이다. 김 교사의 메모를 읽고 '수업 개선을 위한 교사의 반성적 실천'이라는 주제로 #1과 관련하여 가드너(H. Gardner)의 다중지능이론 관점에서 A, B 학생의 공통적 강점으로 파악된 지능의 명칭과 개념, 김 교사가 C 학생에게 제공할 수 있는 개별 과제와 그 과제가 적절한 이유 각 1가지를 논하시오. ● 19 중등

> #1 평소에 A 학생은 언어 능력이 뛰어나고 B 학생은 수리 능력이 우수하다고만 생각했는데, 오늘 모둠활동에서 보니 다른 학생을 이해하고 도와주면서 상호작용을 잘 하는 두 학생의 모습이 비슷했어. 이 학생들의 특성을 잘 살려서 모둠을 이끌도록 하면 앞으로 도움이 될 거야. 그런데 C 학생은 모둠활동에 참여하는 것을 좋아하지 않았지만 자신의 감정과 장단점을 잘 이해하는 편이야. C 학생을 위해서는 자신의 강점을 살릴 수 있는 개별 과제를 먼저 생각해 보자.

01 '학생의 지적 능력은 일반적인 단일능력이기 때문에 지능이 높은 학생은 전 교과에서 높은 성취를 보일 것'이라는 관점을 비판하는 가드너(H. Gardner)의 주장과 가장 가까운 것은? ● 10 초등
① 인간의 지적 능력은 문화권과 무관하게 규정된다.
② 지능은 고정적이고 개인에게 내재된 불변의 특성이다.
③ 인간의 지적 활동은 조작, 내용, 산출의 3차원 상호조합에 의해 발휘된다.
④ 인간의 지적 능력은 상호 독립적인 여러 개의 지능으로 구성되므로 특정 영역에서만 뛰어난 성취를 보이는 경우도 있다.
⑤ 인간의 지적 능력은 언어이해력, 언어유창성, 수리력, 기억력, 공간지각력, 지각속도, 추리력 등 일곱 개의 기본정신능력으로 구성된다.

02 다음과 같은 박 교사의 조리 실습 수업을 가장 잘 분석한 것은? ● 09 초등

> 박 교사는 학생들이 다양한 활동을 통해 조리를 경험해 볼 수 있도록 하였다. 조리 재료의 이름을 넣어 노래를 만들어 보도록 하였으며, 조리과정을 몸동작으로 표현해 보도록 하였다. 또한 학생들에게 조리시간에 따른 온도의 변화를 재고 이들 간의 관계를 그래프로 나타내 보도록 하였다. 수업의 마지막 정리 단계에서는 조리과정에 대한 설명과 느낌을 담은 글을 지어보게 하고 이를 서로 이야기해 보도록 하였다.

① 근접발달영역을 고려하여 다양한 비계를 설정해 주려고 하였다.
② 대리적 강화이론을 활용하여 조리에 대한 긍정적 태도가 형성되도록 하였다.
③ 다중지능이론에 근거해 학생들의 다양한 지적 능력을 개발시키고자 하였다.
④ 모델링을 통해 조리과정 중의 다양한 인지적 요소가 잘 드러나도록 하였다.
⑤ 다양한 선행조직자를 제공하여 조리 기능을 빠르고 쉽게 익힐 수 있도록 하였다.

정답 01 ④ 02 ③

03 가드너의 다중지능이론에 근거하여 다음에서 박 교사가 이용하려는 지능이 무엇인지 쓰시오. ● 07 초등 변형

> 다중지능을 이용한 수학 수업에서 박 교사는 나눗셈의 풀이 과정을 세 단계로 나누고 각 단계별 풀이 과정을 세 개의 네모 칸에 기록하였다. 그런 후 네모 칸에 각각 다른 색을 칠하여 풀이 과정을 색깔별로 구분하고 색깔과 연결 지어 나눗셈의 풀이 과정을 기억하도록 가르쳤다.

• _____

04 다중지능이론을 적용한 교육 프로젝트 접근 중에서 〈보기〉에 해당하는 것은? ● 05 초등

─────────────〈보기〉─────────────
- 유치원 아동의 다중지능 프로파일과 특이한 작업 양식을 측정하기 위한 혁신적인 방법이다.
- 평가를 교육과정과 구분하지 않고 정규 교육 프로그램에 쉽고 효율적으로 통합한다.
- 교사는 여러 가지 코너 활동을 이용하여 아동의 지능이 작용하는 방식을 관찰한다.
- 아동이 지닌 장점을 이용하여 취약한 영역의 학습을 지도한다.

① Project Spectrum 접근 ② Key School Project 접근
③ PIFS Project 접근 ④ Arts PROPEL 접근

05 다음의 내용에서 교사가 활용한 지능이론은? ● 04 중등

> 박 교사는 지난 여름방학 직무연수에서, 학습자에게는 최소한 한 가지 이상의 우세한 지능영역이 있으므로 학습자에게 약한 영역을 지도할 때 그에게 상대적으로 우세한 영역의 지능을 활용할 수 있도록 교수·학습 활동을 다양화하는 것이 보다 효율적이라는 점을 시사하는 이론을 접했다. 박 교사는 그 때 대중가요를 좋아하고 음악은 잘 하지만, 글짓기를 싫어하는 미영이를 떠올렸다. 개학 후 미영이를 위해 좋아하는 노래의 가사를 창의적으로 바꾸어 보게 하고, 작은 음악회를 개최할 수 있도록 안내하는 교수·학습 활동을 구성하였다.

① 다중지능 이론 ② 도덕지능 이론 ③ 삼원지능 이론 ④ 지능구조 이론

정답 03 공간지능(spatial intelligence) 04 ① 05 ①

06 〈보기〉 중 가드너(H. Gardner)의 지능이론을 적용한 교육프로젝트의 일반적인 특징 중 옳은 것만 고른 것은? ● 04 초등

―― 〈보기〉 ――
가. 교육과정과 평가 간의 경계를 분명하게 구분한다.
나. 평가는 의미 있는 실세계의 활동과 관련된다.
다. 지능을 사정할 때 지능검사의 사용을 선호한다.
라. 인지 능력뿐만 아니라 작업 양식에도 관심을 갖는다.

① 가, 나   ② 가, 다   ③ 나, 라   ④ 다, 라

07 다음의 내용과 관계있는 지능이론은? ● 03 중등 + 00 초등 변형

• 감성지능(EQ), 도덕지능(MQ), 성공지능(SQ)과 같은 새로운 지능이론들이 출현하는 데 기여하였다.
• 지능검사는 학생들의 각기 다른 능력을 드러낼 수 있도록 달라져야 하며, 학교 교육도 개인의 장점을 극대화할 수 있도록 개선되어야 한다.
• 언어적 능력, 논리-수학적 능력만을 지나치게 강조하는 종래의 지능이론에 대한 거부감을 표시한다.
• 지능은 언어지능, 음악지능 등 서로 다른 독립적이고 상이한 유형의 능력으로 구성되어 있다.

① 쎄스톤(Thurstone)의 다요인이론
② 길포드(Guilford)의 지능구조이론
③ 가드너(Gardner)의 다중지능이론
④ 스턴버그(Sternberg)의 삼위일체지능이론

정답 06 ③   07 ③

Theme 116 스턴버그(Sternberg)의 삼원지능이론

기출 09 중등, 08 초등, 07 중등, 06 초등, 03 행시

출제 Pick!
☆ 스턴버그의 삼원지능이론의 특징
☆ 성공을 위한 지능의 구성요소
☆ 스턴버그와 가드너의 공통점

1 특징
① **정보처리적 접근**: 인간이 어떻게 학습하고, 알고 있는 것을 어떻게 조작하고, 알게 된 것을 어떻게 활용하는지에 초점을 두고 지능을 연구함
② 모든 사람에게 공통적으로 나타나는 인지과정을 강조함
③ 분석적·경험적(창의적)·실제적 지능이 통합되고 그에 해당하는 능력들 사이의 균형이 유지될 때 '성공지능'이 나타남
④ 학업적 지능을 주로 측정하던 전통적인 지능검사의 문제를 보완하기 위해 명시적으로 교육되지는 않지만 특정 생활과정 속에서 습득되는 실제적 지능을 측정함

2 성공을 위한 지능의 구성요소 ☆

(1) 분석적 지능 - 요소하위이론
① 개인의 지적 행동과 관련된 정신과정에 대한 지능. 문제를 분석, 판단, 평가, 비교, 대조하는 능력
② 분석적 지능 3요소
  ㉠ **메타요소**: 과제의 본질 파악, 과제 해결을 위한 계획 수립, 해결과정 점검 및 평가를 수행하는 요소. 인간의 고등정신과정 의미 ⇨ 수행요소와 지식획득요소를 통제함
  ㉡ **수행요소**: 메타요소의 계획·전략을 실행에 옮기는 요소 ⇨ 과제 입력, 관계추리, 전략 비교, 해결책 탐색 등을 수행함
  ㉢ **지식획득요소**: 새로운 정보를 학습하는 데 사용하는 요소 ⇨ 적절한 정보를 구분하고, 새로운 정보를 기존 정보와 관련짓는 기능을 수행함

(2) 경험적 지능(창의적 지능) - 경험하위이론
① 인간의 경험과 관련있는 창의적 능력으로, 새로운 환경을 효과적으로 다루고 익숙한 문제를 능숙하게 해결하는 능력
② 성격
  ㉠ **신기성(통찰력, 새로운 상황)을 다루는 능력(novel tasks)**: 통찰력과 새로운 상황을 효과적으로 처리하는 능력
    ⓐ 새로운 상황을 효과적으로 다루는 통찰력
    • **선택적 부호화**: 적절한 정보에 주의를 기울이는 능력
    • **선택적 결합**: 서로 관련 없는 요소들을 연관시켜 새로운 것을 창출하는 능력
    • **선택적 비교**: 이미 갖고 있는 정보와 새로운 정보 사이의 관계를 비교하고 새로운 것을 유추하는 능력
  ㉡ **정보처리를 자동화하는 능력(automated tasks)**: 새로운 해결책을 신속하게 일상적인 과정으로 바꾸어 인지적 노력 없이 적용 가능한 능력

(3) 실제적 지능(상황적 지능, 맥락적 지능) - 상황하위이론
① 환경에 적응하거나 환경을 자신에게 맞도록 변경하고, 개인의 목표와 일상생활 및 세계의 요구에 적절한 환경을 선택하는 능력
② 문화, 시대, 생애 주기에 따라 다르게 나타남
③ 정규교육보다는 개인의 경험, 즉 일상의 경험을 통해 획득되고 발전함
  ㉠ **적응(adaptation)**: 환경에 적응하는 능력
  ㉡ **선택(selection)**: 개인의 목표와 일상생활 및 세계의 요구에 적절한 환경을 선택하는 능력
  ㉢ **변경(shaping)**: 환경을 자신에게 맞도록 변경하는 능력

설쌤의 팁
두문자로 외우자♬
• **성공을 위한 지능의 구성요소**: 분석적 지능, 창의적 지능, 실제적 지능
  ➡ 분창실
• **분석적 지능 3요소**: 메타요소, 수행요소, 지식획득요소 ➡ 메수지
• **실제적 지능의 능력**: 적응, 선택, 변경 ➡ 적선변

Level Up
스턴버그의 삼원지능이론과 가드너의 다중지능이론의 공통점 ☆
• 인간의 지능을 사회·문화적 맥락을 고려하여 이해함
• 학교 수업과 평가는 학생의 강점 지능을 활용하고 약점 지능을 교정·보완하는 데 초점을 맞추어야 한다고 강조함
• 실제적 삶의 영위 능력을 중시한 지능이론
  ➡ 다중지능(multiple intelligence), 정서지능(emotional intelligence), 도덕지능(moral intelligence), 성공지능(successful intelligence) 등

Theme 116 기출 CHECK!

01 가드너(H. Gardner)의 다중지능이론과 스턴버그(R. Sternberg)의 성공지능이론의 공통점을 모두 고른 것은? ● 09 중등

  ㄱ. 인간의 지능을 사회·문화적 맥락을 고려하여 이해한다.
  ㄴ. 지능의 작용 과정보다는 지능의 독립적 구조를 밝히는 데 주력하고 있다.
  ㄷ. 지능의 개념 정의에서 전문성(developing expertise)과 지혜(wisdom)가 중시된다.
  ㄹ. 학교 수업과 평가는 학생의 강점 지능을 활용하고 약점 지능을 교정·보완하는 데 초점을 맞추어야 한다고 강조한다.

  ① ㄱ, ㄴ   ② ㄱ, ㄹ   ③ ㄴ, ㄷ   ④ ㄴ, ㄹ   ⑤ ㄷ, ㄹ

02 스턴버그(R. J. Sternberg)의 삼원지능이론에서 상황적 하위이론(contextual subtheory)에 부합하는 능력은? ● 08 초등
  ① 새로운 지식을 획득하고 이를 논리적 과제 해결에 적용하는 분석적 능력
  ② 원만한 인간관계, 사회적 유능성, 뛰어난 적응력 등과 같은 실제적 능력
  ③ 서로 관련되어 있지 않은 사실들을 조합하여 새로운 아이디어를 생성하는 창의적 능력
  ④ 기존의 지능 개념과 유사한 것으로, 추상적이고 학업적인 문제 해결에 관여하는 메타인지적 능력

03 지능에 관한 학자들의 업적을 바르게 설명한 것은? ● 07 중등
  ① 비네(A. Binet)는 세계 최초로 지능검사에 지능지수(IQ)를 도입하였다.
  ② 웩슬러(D. Wechsler)는 정신연령에 기초하여 지능지수(IQ)를 산출하였다.
  ③ 스턴버그(R. Sternberg)는 분석력, 창의력 등을 포함하는 성공지능이론을 제안하였다.
  ④ 가드너(H. Gardner)는 창의성의 지적 능력에 해당하는 확산적 사고를 지능의 요인에 추가하였다.

04 철수는 공부할 때 방해를 받지 않기 위하여 자신의 방문에 '공부 중'이라는 팻말을 걸어두었다. 스턴버그(R. Sternberg)가 제안한 지능의 삼원이론에서 볼 때, 이런 행동과 가장 관계가 깊은 것은? ● 06 초등
  ① 분석적 지능   ② 언어적 지능   ③ 정서적 지능   ④ 실제적 지능

05 학업적 지능을 주로 측정하던 전통적인 지능검사의 문제를 보완하기 위해 명시적으로 교육되지는 않지만 특정 생활과정 속에서 습득되는 실제적 지능을 측정하려고 시도한 사람은? ● 03 5급 행정고시
  ① 스턴버그(Sternberg)   ② 스피어만(Spearman)   ③ 써스톤(Thurstone)   ④ 비네(Binet)

정답 01 ②　02 ②　03 ③　04 ④　05 ①

Theme 117 정서지능이론

기출: 02 중등

1 정서지능(emotional intelligence)
(1) 개념
① 자신이나 타인의 감정을 인지하는 개인의 능력
② 자신과 타인에 대한 정서적 정보를 정확하고 효과적으로 처리할 수 있는 능력
③ 가드너(Gardner)의 다중지능 중 '개인 내(intrapersonal) 지능', '대인관계(interpersonal) 지능' 중시

2 샐로비와 메이어(Salovey & Mayer)의 정서지능이론
• 정서지능: 자신과 타인의 정서를 점검하고 변별하며 자신의 행위와 사고를 유도하는 데 그 정보를 이용하는 능력

영역	의미	수준
영역 Ⅰ. 정서의 인식, 평가, 표현 (perception, appraisal, and expression)	자신과 타인의 감정과 기분을 정확하게 이해하고 표현하는 능력	자신의 정서 파악하기
		외부의 정서 파악하기(타인의 정서 파악)
		정서를 정확하게 표현하기
		표현된 정서 구별하기
영역 Ⅱ. 정서를 통한 사고의 촉진 (using emotions to facilitate thinking/emotional facilitation of thinking)	중요한 사건에 주의를 기울이게 하여 사고를 형성하고 촉진할 수 있는 능력	정서 정보를 이용하여 사고의 우선순위 정하기
		정서를 이용하여 감정에 대해 판단하고 기억하기
		정서를 이용하여 다양한 관점을 취하기
		정서를 활용하여 문제해결 촉진하기
영역 Ⅲ. 정서의 이해와 분석 (understanding and analyzing emotional information)	정서를 이해하고 정서 정보가 담고 있는 지식을 활용하는 능력	미묘한 정서 간의 관계를 이해하고 명명하기
		정서 속에 담긴 의미 해석하기
		복잡하고 복합적인 감정 이해하기
		정서 간의 전환 이해하기
영역 Ⅳ. 정서의 반성적 조절 (reflective regulation of emotions)	정서적-지적 성장의 향상을 위하여 정서를 의식적으로 조절하는 능력	정적·부적 정서들을 모두 받아들이기
		자신의 정서로부터 거리를 두거나 반영적으로 바라보기
		자신과 타인의 관계 속에서 정서를 반영적으로 들여다보기
		자신과 타인의 정서를 조절하기

3 골만(Golman)의 정서지능이론
(1) 구성요소
① 자기감정인식, 자기감정조절(+ 자기동기부여), 타인(사회적)감정인식, 타인(사회적)감정조절
② 비교

구분	인식	조절
개인적 능력	• 자기인식 - 자신의 정서를 인식함 - 자기 확신을 가짐	• 자기조절 - 자신의 정서를 조절함 - 자신에게 지속적으로 동기를 부여함
사회적 능력	• 타인인식 - 타인의 감정을 인식함 - 타인의 감정에 공감함	• 관계조절 - 타인과 관계를 형성함 - 팀워크와 협동심을 이끌어냄

4 정서적 지능을 높일 수 있는 교수·학습방법
① 토의 및 토론, 협동학습 기반 프로젝트 학습, 협동학습, 목표기반 시나리오 ⇨ 사회적 상호작용을 함으로써 문제해결 과정에서 정서적 인지와 조절, 자기 통제, 정서 표현능력을 향상시킴
② 감정을 주제로 한 수업: 감정인식수업, 감정조절수업, 감정 조사하기 등을 통해 정서지능을 함양함

출제 Pick!
✿ 정서지능의 개념
✿ 샐로비와 메이어의 정서지능 영역 및 수준
✿ 골만의 정서지능 구성요소
✿ 정서지능을 높일 수 있는 교수·학습방법

Level Up
감정을 주제로 한 수업
• 감정인식수업: 다양한 표정과 표정에 나타난 감정을 구별하며 인식하게 함
• 감정조절수업: 화, 분노, 질투, 충동, 조바심 등 부정적 감정이 인식되는 경우 감정을 조절하는 방법에 대해 생각하고 연습함
• 감정 조사하기: 동화, 소설, 영화 속에서 나타난 관심 있는 인물과 주인공의 정서 처리능력과 방법에 대해 조사, 분석하고 표현해 봄

Theme 117 기출 CHECK!

01 최근에 대두된 다중지능(multiple intelligence), 정서지능(emotional intelligence), 도덕지능(moral intelligence), 성공지능(successful intelligence)에 관한 논의들은 지능을 어떤 능력으로 보려고 하는가?
● 02 중등
① 학문적 수행 능력
② 정의적 행동 능력
③ 실제적 삶의 영위 능력
④ 언어·논리·수리적 사고 능력

정답 01 ③

Theme 118 지능검사 (1)

기출
13 추시, 11 초등, 09 중등, 07 중등, 02 중등, 02 초등

1 전통적 지능검사

(1) 비네 – 시몬 지능검사
최초의 지능검사. 해당 연령집단의 평균능력에 기초한 지능점수인 '정신연령'이라는 개념을 도입함

(2) 스탠포드 – 비네 검사
① 기존의 비네 – 시몬 지능검사에 '지능지수(IQ)'의 개념이 도입된 최초의 검사
② 지능지수
  ㉠ 정신연령과 생활연령 간의 비율에 100을 곱한 것으로, '비율 IQ'라고도 불림
  ㉡ 지능지수(IQ) = 정신연령/생활연령 × 100
    예 어떤 아동의 정신연령이 10세, 실제 연령이 8세라면, 아동의 지능지수는 10/8×100, 즉 125가 됨
③ 검사의 문제점
  ㉠ 사람의 실제 나이는 지속적으로 증가하나, 정신연령은 15세 이후 거의 증가하지 않기 때문에 연령대에 따라서 지능지수가 가지는 의미가 달라짐
    ⇨ 아동에게는 유용하지만 성인에게 적용하기 어려움
  ㉡ 너무 어렵거나 쉬운 문제들을 제외시킴 ⇨ 아주 우수한 아동이나 청소년을 선별하기에 부적합
  ㉢ 언어능력에 손상이 있는 사람의 지능지수는 측정하기 어려움

(3) 웩슬러(Wechsler)검사
① 스탠포드 – 비네 검사의 문제점을 해결하기 위해 제안된 지능검사로, 현재 가장 널리 쓰이는 방식
② 검사에서 점수를 받은 사람이 같은 연령의 집단 내에서 다른 사람들과 비교해 얼마만큼의 위 또는 아래에 분포하고 있는지에 대한 상대적 위치로 지능지수를 규정함
③ 편차지능지수(deviation IQ) : 검사점수가 평균이 100, 표준편차가 15인 종 모양의 정규분포를 형성한다는 것을 가정함

2 지능검사 결과 해석 시 유의사항 ☆

① 정보처리 속도가 빠른 사람에게 높게 나타남
② 학력이나 문화적 영향을 크게 받음
③ 지능지수는 개인의 절대적인 지적 수준이 아니라 상대적인 지적 수준임
④ 지능지수는 개인의 지적 능력을 나타내주는 하나의 지표일 뿐임
⑤ 지능지수가 동일하더라도 지능지수를 구성하는 하위 요인은 서로 다를 수 있고, 하위 요인 간의 격차가 크면 학습장애 가능성이 있을 수 있음
⑥ 지능지수만으로 영재아나 학습부진아를 판별하지 말아야 함

출제 Pick!
☆ 지능검사 결과 해석 시 유의사항

Level Up
플린효과(Flynn effect)
- 전 세계적으로 관찰되는 세대의 진행에 따른 IQ 증가 현상
- 현재에 이르기까지 '중간 수준에 대한 기준'을 제공한 피검자들의 원점수가 점차 높아진 것을 가리킴
- 즉, 현재 세대의 IQ 100에 대한 평균적인 원점수가 20세기 이전 세대들이 기록한 점수보다 높아졌으며, 이러한 현상은 세계 30여 개 국에서 동일하게 보고되고 있음

Theme 118 기출 CHECK!

논술 기출 CHECK

다음은 박 교사가 담당학급의 쌍둥이 남매인 철수와 영희의 어머니와 상담을 실시한 사례이다. 박 교사가 ㉠에서 말했을 법한 영희의 IQ에 대한 올바른 해석을 제시하시오.
• 13 중등 추시

> 어 머 니 : 선생님, 얼마 전에 외부 상담기관에서 받은 철수와 영희의 지능검사 결과에 대해 상의하고 싶어서 왔어요. 철수는 IQ가 130이라고 나왔는데 자기가 생각한 것보다 IQ가 높지 않다며 시무룩해 있네요. 영희는 IQ가 99로 나왔는데 자신의 IQ가 두 자리라고 속상해 하고, 심지어 초등학교 때부터 늘 가지고 있던 간호사의 꿈을 포기한다면서 그동안 학교 공부는 철수보다 오히려 성실했던 아이가 더 이상 공부도 안 하려고 해요.
> 박 교사 : 그런 일이 있었는지 몰랐습니다. 사실 IQ의 의미에 대한 자세한 설명 없이 검사 점수만 알려주게 되면 지금 철수나 영희처럼 IQ의 의미를 오해하는 경우가 많습니다. 아이들은 물론이고 일반 어른들도 IQ의 개념을 정확히 이해하기는 좀 어렵거든요.
> 어 머 니 : 선생님, 그러면 아이들에게 어떻게 이야기해 주어야 할까요? 영희의 IQ가 두 자리라면 문제가 있는 건가요?
> 박 교사 : 10부터 99까지가 다 두 자리인데, IQ가 두 자리라고 무조건 문제가 있는 것은 아닙니다.
> 어 머 니 : 그럼, 영희의 IQ는 대체 어느 정도인가요?
> 박 교사 : _____㉠_____
> 어 머 니 : 아, 그렇군요. 더 높았으면 당연히 좋겠지만 그렇게 실망할 일은 아니네요.

01 지능에 관련된 설명으로 옳은 것을 모두 고르면?
• 11 초등

> ㄱ. 플린효과(Flynn effect)란 인간의 지능검사 점수가 해를 거듭할수록 점차 낮아지는 세계적인 경향을 말한다.
> ㄴ. 가드너(H. Gardner)의 다중지능 이론에서는 여러 지능들이 상호 독립적이며 각각의 상대적 중요성이 동일하다고 가정한다.
> ㄷ. 카텔(R. Cattell)의 결정적 지능(crystallized intelligence)이란 환경적·문화적·경험적 영향에 의해 발달하는 지능으로서, 자신의 학습과 경험을 적용하여 획득한 능력을 말한다.
> ㄹ. 스턴버그(R. Sternberg)의 삼원지능 이론에서 창의적 지능이란 현실 상황에 적응하거나 상황을 선택·변형하는 능력으로, 일상의 문제해결 능력이나 사회적 유능성과 같은 지능을 말한다.

① ㄱ, ㄴ　　② ㄴ, ㄷ　　③ ㄷ, ㄹ　　④ ㄱ, ㄴ, ㄷ　　⑤ ㄴ, ㄷ, ㄹ

정답 01 ②

02 다음의 ㉠, ㉡, ㉢에 나타난 A 학생의 문제를 진단하기 위한 심리검사로 가장 적절한 것은? • 09 중등

> 중학교 1학년인 A 학생은 학교생활이 즐겁지 않다. 초등학교 때부터 ㉠<u>학습 부진</u> 문제를 겪었던 A 학생은 중학교에 올라오면서 공부가 더 어렵게 느껴지고 수업내용도 따라가기 힘들다. ㉡<u>친구와 관계</u>에서도 놀림과 따돌림을 당하기 일쑤이며, 혼자 배회하거나 책상에 엎드려 있는 경우가 많다. 최근엔 좋아하던 미술 시간에도 흥미를 보이지 않고, 자주 ㉢<u>우울감</u>을 호소하기도 한다.

	㉠	㉡	㉢		㉠	㉡	㉢
①	HTP	MMPI	MBTI	②	MMPI	K-WISC-Ⅲ	TAT
③	TAT	MBTI	HTP	④	K-WISC-Ⅲ	TAT	MMPI
⑤	MBTI	HTP	K-WISC-Ⅲ				

03 지능검사 결과를 바르게 해석하고 있는 교사는? • 07 중등

① 집단지능검사 결과 A 학생의 IQ는 130으로 나타났다. 김 교사는 A 학생을 영재아라고 판단하였다.
② 집단지능검사 결과 B 학생의 IQ는 102이고, C 학생의 IQ는 98이었다. 이 교사는 B 학생이 C 학생보다 지적 능력이 우수하다고 판단하였다.
③ K-WISC-Ⅲ 검사 결과 D 학생의 전체 IQ는 60으로 나타났다. 박 교사는 D 학생이 경미한 수준의 정신지체를 보일 가능성이 있다고 판단하였다.
④ K-WISC-Ⅲ 검사 결과 E 학생의 언어성 IQ는 113이고 동작성 IQ는 118이었다. 정 교사는 E 학생이 충동적 성향을 보일 가능성이 있다고 판단하였다.

04 편차지능지수를 전제로 한 진술 중 가장 적절한 것은? • 02 중등
① 나이가 들수록 지능지수는 점점 낮아지게 된다.
② 제작 연도가 오래된 지능검사에서 얻은 지능지수는 덜 신뢰롭다.
③ 지능지수가 각각 100인 10세 어린이와 12세 어린이의 지능은 같다.
④ 검사 전체보다 하위 영역(혹은 척도)별로 지능지수를 해석하는 것이 더 신뢰롭다.

05 지능 지수에 대한 〈보기〉의 설명에서 적절한 것만 묶은 것은? • 02 초등

〈보기〉
가. 지능 지수는 인간의 종합적인 능력을 나타낸다.
나. 정보처리 속도가 빠른 사람에게 높게 나타난다.
다. 학력이나 문화적 영향을 크게 받는다.
라. 지능 지수의 평균은 90이고, 표준 편차는 15이다.

① 가, 나   ② 가, 라   ③ 나, 다   ④ 다, 라

정답 04 ② 05 ③

Theme 119 지능검사 (2)

1 문화공평검사(culture - fair test)

(1) 개념 ☆
① 특수한 상황을 고려하여 다양한 사회적·문화적 배경을 지닌 아동의 지적능력을 공평하게 평가할 수 있는 검사
② 지능검사 자체가 갖고 있는 문화적 편파(cultural bias) 요인을 제거하거나 그 영향을 최소화함
③ 기존 검사도구가 피검자의 상황과 맥락의 특수성을 반영하지 못했다고 비판하며 문화적·경제적 배경에 따라 점수가 달라지지 않도록 문화적·경제적 요인을 제거함

(2) 종류 ☆
① SOMPA(System Of Multicultural Pluralistic Assessment)
  ㉠ 웩슬러 아동용 지능검사를 해석하는 데 의료적(시각, 청각, 예민성, 몸무게, 키, 포괄적 병력)·사회적(교우관계, 학교 외적, 생활 측면)·문화적·인종적 요소를 고려한 척도를 포함함
  ㉡ 백인 중류 계층이 아닌 학생에게도 사용이 가능함
  ㉢ 인종, 문화, 언어, 사회·문화적 배경이 학업 수행에도 영향을 미친다는 점을 강조함
  ㉣ 다양한 사회·문화·인종적 배경을 지닌 아동에 대한 포괄적 이해를 도모하고자 함

② 카우프만 검사(K - ABC)
  ㉠ 아동의 연령에 따라 사용되는 검사의 수와 종류를 달리하여 아동의 학습잠재력과 성취도를 측정하는 검사
  ㉡ 아동이 지니고 있는 지능과 습득된 지식의 정도를 직접 비교하여 학습장애 진단이 가능함
  ㉢ 비언어성 검사를 포함하고 있어 청각장애, 언어장애, 외국인 아동 등 특수아동의 지적 기능 측정이 가능함
  ㉣ 아동의 수행 정도에 대한 이유를 설명해주어 교육적 처치가 가능함

③ 레이븐(Raven) 검사(CPMT)
  ㉠ 시·공간적 지각력과 추론능력을 통해 지적 능력을 평가하는 검사
  ㉡ 최소한의 언어지시나 간단한 시범만으로도 검사가 가능하여 아동의 문화적 차이나 사회·경제적 지위의 영향을 거의 받지 않고 개인의 잠재능력 측정이 가능함
  ㉢ 언어이해력과 무관한 범문화적 검사로 문화적·경제적 영향력을 최소화하며 장애아동에게도 사용 가능함

출제 Pick!
☆ 문화공평검사의 개념과 종류

Theme 119 기출 CHECK!

01 다음 세 교사 견해의 근거가 되는 지능검사 혹은 평가접근을 올바르게 짝지은 것은? • 12 중등

> 김 교사: 지난번에 현우와 연수에게 언어성 검사와 동작성 검사로 이루어진 지능검사를 실시한 결과, 두 학생의 지능지수가 유사하게 나온 것을 보니 두 학생의 지적 능력은 비슷하다고 보아도 좋을 것 같아요.
> 박 교사: 제가 보기에 현우와 연수는 발달잠재력이 서로 다른 것 같은데, 혼자서 과제를 해결할 수 있는 발달수준과 도움을 받아서 과제를 해결할 수 있는 발달수준을 모두 평가하여 이를 비교하는 것이 더 타당하다고 생각합니다.
> 이 교사: 제가 보기에도 현우와 연수가 서로 다른 지적 능력을 갖고 있는 것 같은데, 혹시 지능검사 자체가 갖고 있는 문화적 편파(cultural bias)가 영향을 미친 결과가 아닐까요? 그래서 저는 문화적으로 영향을 줄 수 있는 요인들을 제거하거나 그 영향을 최소화한 문화평형검사(culture-fair test)가 필요하다고 생각해요.

	김 교사	박 교사	이 교사
①	MMPI	정적 평가(static assessment)	TAT
②	MMPI	정적 평가(static assessment)	SOMPA
③	K-WISC-Ⅲ	정적 평가(static assessment)	TAT
④	K-WISC-Ⅲ	역동적 평가(dynamic assessment)	SOMPA
⑤	K-WISC-Ⅲ	역동적 평가(dynamic assessment)	TAT

02 다음과 같은 상황에서 실시될 수 있는 지능 검사들로 가장 적절한 것은? • 12 초등

> 수미는 어렸을 때부터 줄곧 외국에 살면서 유치원과 초등학교를 다녔다. 최근에 귀국한 수미는 언어적 어려움을 겪고 있으며, 학력 평가에서 국어 30점, 수학 40점을 받아 기초학력 부진으로 의심되었다. 김 교사는 수미의 학력부진 원인을 파악하기 위해 상담센터에 심리검사를 의뢰하였다. 상담센터에서는 수미의 특수한 상황을 고려하여 다양한 사회적·문화적 배경을 지닌 아동의 지적능력을 공평하게 평가할 수 있는 문화공평 검사(culture-fair test)를 실시하고자 한다.

① 고대-비네 검사, 카우프만 검사(K-ABC)
② 고대-비네 검사, 웩슬러 검사(KEDI-WISC)
③ 카우프만 검사(K-ABC), 레이븐 검사(CPMT)
④ 쿨먼-앤더슨 집단지능 검사, 레이븐 검사(CPMT)
⑤ 쿨먼-앤더슨 집단지능 검사, 웩슬러 검사(KEDI-WISC)

03 다음과 같은 특징을 지닌 심리검사는? • 04 초등

> • 아동에게 실시하는 지능검사이다.
> • 언어성 검사와 비언어성 검사를 모두 포함한다.
> • 문화적 편향을 극복하기 위한 목적으로 개발되었다.
> • 순차처리척도, 동시처리척도 및 습득도척도로 구성된다.

① 벤더 – 게슈탈트 검사(Bender – Gestalt)
② 카우프만 검사(K – ABC)
③ 스탠포드 – 비네 검사(Stanford – Binet)
④ 웩슬러 검사(WISC – R)

정답 01 ④ 02 ③ 03 ②

Theme 120 창의성

기출: 12 초등, 10 초등, 08 중등, 05 중등, 04 중등, 03 중등, 02 중등, 02 초등, 01 초등, 96 초등

출제 Pick!
☆ 창의성의 개념
☆ 확산적 사고의 개념, 창의성의 특성
☆ 몰입의 개념, 특징
☆ 창의적 사고기법
☆ 창의성을 높이는 수업방법

1 창의성의 개념 ☆
① 새롭고 적절한 산출물을 생산해 내는 능력
② 창의성 산물은 기발하고, 독창적이며, 유용하고, 적절하고, 가치가 있는 것

2 창의성의 특징
(1) 확산적 사고 ☆
① 가능한 많은 아이디어와 가능성을 찾아내고 그 속에서 독특한 아이디어를 추출하는 데 관여하는 사고로, 기존에 알려지지 않은 새로운 대안을 창출해 내는 능력
② 반대 개념 – 수렴적 사고 : 주어진 문제를 해결하기 위해 다양한 대안들을 분석하고 평가하여 최종적으로 가장 적합한 문제를 선택해 가는 사고방식으로, 하나의 주어진 정보를 통하여 가장 안전하고 확실한 대안을 산출하는 것

(2) 창의성의 인지적·정의적 특성(구성요소) ☆
① 인지적 특성

특성	내용
유창성	가능한 많은 양의 아이디어를 산출할 수 있는 능력
융통성	사고방식이나 관점을 변화시켜 다양한 해결책을 찾아내는 능력
독창성	기존의 것과 다른 새롭고 독특한 아이디어를 생산하는 능력
정교성	다듬어지지 않은 아이디어를 수정 및 검토하며 정교하게 조직하는 능력

② 정의적 특성

특성	내용
민감성	변화를 예민하게 지각하는 능력. 주변 환경과 사물에 대해 호기심을 느끼고, 끊임없이 궁금증을 느끼고 탐색하고자 하는 태도
개방성	모든 가능성을 수용하려는 태도
과제집착력	끝까지 포기하지 않고 어려움을 감내하며 과제를 해결하려는 태도
모험심	실패나 실수를 두려워하지 않고 새로운 것에 도전하려는 태도

3 창의성 검사
(1) 창의적 능력검사
① 반응의 다양성, 문제해결법, 아이디어 생성능력 등 확산적 사고에 기초한 검사 방식
② 종류
  ㉠ 확산적 사고검사(test of divergent thinking)
    • 길포드의 지능구조이론에서 제안된 확산적 사고에 근거해 개발된 가장 오래된 방식의 창의성 검사
    • '대안적 용도 고안하기, 이야기 제목 붙이기, 결론 구성하기'의 3가지 과제를 통하여 확산적 사고의 구성 요인인 민감성, 독창성, 유창성, 융통성, 재구성 등을 측정함
  ㉡ 토렌스 창의적 사고검사(TTCT; Torrence Test of Creative Thinking)
    • 확산적 사고에 기초하여 개발한 창의성 검사도구
    • 언어성 검사와 비언어성 검사(도형검사)로 구성됨
  ㉢ 메드닉(Mednick)의 원격 연합검사(RAT; Remote Association Test) : 창의적 아이디어는 일반적인 상관에서 벗어난 둘 이상의 새로운 결합에서 나온다는 '연합이론'에 근거한 검사 방식

Level Up

칙센트미하이(Csikszentmihalyi)의 몰입(Flow)

1. 개념 ☆
   - 무언가에 흠뻑 빠져 있는 심리적 상태
   - 무언가에 흠뻑 빠져 심취해 있는 무아지경의 상태
   - 현재 하고 있는 일에 심취한 무아지경의 상태

2. 특징 ☆
   - **강렬한 주의 집중** : 모든 주의 용량이 완전하게 현재 과업에 투여되기 때문에 과업 이외의 활동에 대한 인식이 현저하게 약화됨. 이러한 주의 집중은 애써 노력하여 일어나는 것이 아니라 과제에 대한 흥미와 즐거움으로 인해 자발적으로 일어남
   - **행위와 인식의 융합 발생** : 현재 하고 있는 활동에 푹 빠져 그 활동을 관찰하고 평가하는 관찰자적 인식이 존재하지 않음. 따라서 자아의식도 사라져 이러한 상태를 '무아지경' 또는 '몰아지경'이라고 부름. 몰입 상태에서 자아는 완전히 기능하지만 스스로 그것을 인식하지 못할 뿐임
   - **시간의 흐름 망각** : 시간의 흐름에 대한 지각이 변형되어 시간이 보통 때보다 빨리 지나가고 많은 일들이 짧은 시간 안에 펼쳐지는 것처럼 느껴짐
   - **강력한 통제감** : 현재 하고 있는 활동을 장악하고 있는 듯한 강력한 통제감을 느낌. 활동의 진행이나 성과에 대한 걱정이 사라지고 주의 집중이 일어남에 따라 완전한 통제력을 지닌 것처럼 느껴짐
   - **자기충족적인 속성** : 몰입하고 있는 활동은 다른 목적을 위한 것이 아니라 그 자체를 위한 내재적 동기에 의해 일어나며, 몰입 경험은 그 자체가 즐거운 것이라 여겨짐

3. 몰입의 조건
   - **분명한 목표** : 현재 하고 있는 일의 목표가 모호하거나 장기적일 때에는 몰입이 잘 일어나지 않음. 너무 거창하고 원대한 목표보다는 그것을 이루기 위한 단기적 목표가 분명할 때 몰입이 쉬워짐
   - **즉각적인 피드백** : 목표 달성을 위해 현재 자신이 어떤 위치에 있으며 어떤 행위를 해야 하는지를 분명하게 알려 주는 기능을 함
   - **개인의 기술 수준과 과제의 난이도의 적절한 균형** : 분명한 목표와 즉각적인 피드백이 주어지더라도 너무 쉬운 과제는 몰입하기 어렵고 너무 어려운 과제는 흥미를 잃게 하거나 포기하게 만듦. 따라서 상당한 기술을 요구하는 도전적인 과제를 할 때 몰입을 경험하기 쉬움

---

(2) 창의적 성향검사
① 개인의 태도나 흥미와 같은 성향을 통해서 창의성을 설명할 수 있다고 보고, 인지능력보다 태도, 인성, 흥미 등을 측정함
② 종류
　㉠ ACL(Adjective Check List) 검사 : 개인의 성향을 이해하기 위한 대표적인 성격검사 도구로 심리적 욕구, 자아기능성, 지능, 창의성과 관련된 성격 특성을 프로파일로 제시하여 검사 및 측정함
　㉡ PRIDE(PReschool and PRimary Interest DEscription) 검사 : 창의적 인물들의 특성을 열거하고 어린 자녀를 대신해 부모가 아이의 성격이나 생애사적 정보를 검사할 수 있는 도구로, 동일한 검사 내용으로 초등학생용 GIFT, 청소년용 GIFFI가 있음

(3) 창의적 산출물검사
① 창의적인 사람의 사고과정보다 실제로 산출된 결과물을 평가함
② 종류
　㉠ CAT(Consensual Assessment Test) 검사 : 산출물에 대해서 해당 영역의 전문가들이 독립적·주관적으로 평가한 뒤, 결과를 취합하는 방식
　㉡ CPSS(Creative Product Semantic Scale) 검사 : 창의적 산물에 대한 양극의 형용사 54쌍을 보고 평가하는 체크리스트 방식

4 창의적 사고기법 ☆

(1) 브레인스토밍
① 제한시간 동안 최대한 많은 생각을 해보는 기법
② 주어진 문제에 대하여 해결방법을 되도록 많이 생각하고 자신은 물론 타인의 의견을 판단하거나 비판하지 않으며 자유롭게 발표함
③ 4가지 기본 원리
　㉠ 비판 금지 : 성급하게 판단하거나 비판하지 않음
　㉡ 자유분방 : 어떤 아이디어라도 발표의 자유 허용
　㉢ 양산 : 가능한 많은 아이디어 산출 ⇨ 질보다 양
　㉣ 결합 및 개선 : 두 개 이상의 아이디어 결합

(2) 시네틱스 교수법[고든(Gordon)]
① 비유와 유추를 활용하여 확산적 사고를 촉진할 수 있는 수업 방법으로, 전혀 관련 없는 요소를 비교하여 문제해결책을 찾는 창의 기법
② 유추와 비유를 통해 사고에서의 민감성을 증진시킴
　㉠ 직접적 유추 : 전혀 관련이 없는 두 가지 요소를 비교
　　예 '우산과 인형이 어떤 면에서 비슷한가?'에 대해 생각해 보게 하는 것
　㉡ 개인적 유추 : 의인적 유추를 통해 문제의 대상에 감정이입
　　예 "네가 만약 컴퓨터 마우스라면 어떤 감정이 들겠니?"라고 묻는 것
　㉢ 상징적 유추 : 모순·반대되는 단어를 연결 지어 현상을 기술
　　예 '컴퓨터는 어떻게 부끄러움을 타고 어떻게 공격적인가?'에 대해 생각해 보게 하는 것
　㉣ 환상적 유추 : 상상이나 공상을 현실 세계와 연관 지어 봄
　　예 '비행기를 타지 않고 날 수 있는 방법은 무엇일까?'에 대해 생각해 보게 하는 것
③ 창의적인 사람들이 무의식적으로 사용하는 전략들을 활용하는 것
④ 당연한 것으로 받아들이던 대상이나 요소에 대해 의문을 가짐
　㉠ '내가 만일 새롭게 고안된 병따개라면 어떤 모양이 되고 싶은가?'와 같이 사람이 문제의 일부분이 되어 봄으로써 새로운 관점을 창출
　㉡ 동·식물이 스스로를 보호하는 방법에서 아이디어를 얻어 신변 안전장치를 개발할 수 있음

(3) PMI[Plus, Minus, Interesting, 드 보노(E. de Bono)]
  ① 생성된 아이디어에 대해 깊이 분석하고자 할 때 사용하는 수렴적 사고 기법
  ② 아이디어, 건의, 제안 등을 처리하는 창의적인 기법으로 사용함
  ③ 학생들에게 어떤 상황에 대해 긍정적인 면을 살펴보고(plus), 부정적인 면을 살펴 본 뒤에(minus), 마지막으로 주목할 만한 가치가 있지만 중립적인 측면(interesting)을 생각하도록 함으로써 아이디어를 생성·평가하는 기법

(4) SCAMPER 기법
  ① 질문의 목록에 따라 체계적으로 새로운 아이디어를 자극하는 방법
  ② 실생활에 많은 도움을 주는 기법
  ③ 종류
    ㉠ Substitute(대체) : 사람, 성분, 장소, 과정 등을 대체하면 어떨까?
    ㉡ Combine(결합) : 별개의 사물, 사람, 목적, 재료들을 어떻게 결합할 수 있을까?
    ㉢ Adapt(적용) : 원래 기능과는 다른 용도에 응용·활용할 수는 없을까?
    ㉣ Modify, Magnify, Minify(수정, 크게, 작게) : 향기, 색, 맛을 바꾸거나 모양을 크게·작게 하면 어떨까?
    ㉤ Put to other uses(활용) : 다른 용도로 활용할 수 있는 방법은?
    ㉥ Eliminate(제거) : 부품 수를 줄이거나 구성요소 중 어느 것을 뺀다면?
    ㉦ Reverse(반전) : 앞, 뒤, 좌, 우, 안, 밖, 위, 아래, 원인, 결과 등을 거꾸로 한다면?

(5) 속성열거법
  ① 대상이나 아이디어의 속성을 목록으로 세분화하여 아이디어를 얻는 기법
  ② 3가지 속성
    ㉠ 명사적 속성 : 전체, 부품, 재료, 제조법 등
    ㉡ 형용사적 속성 : 성질
    ㉢ 동사적 속성 : 기능
  ③ 단계
    ㉠ 1단계 : 주제를 명확하게 기술하기
    ㉡ 2단계 : 주제를 분석하여 속성별 항목을 자세하게 나열하기
    ㉢ 3단계 : 나열한 항목들을 검토하여 아이디어 도출하기
    ㉣ 4단계 : 아이디어를 평가하고 종합하기

(6) 6색 사고모자(six thinking hats)
  ① 각 모자의 색깔이 표상하는 사고유형을 실시하는 기법으로, 의도적으로 문제해결에 필요한 다른 유형의 사고를 해보면서 새로운 관점을 획득함
  ② 측면적·수평적 사고(lateral thinking)를 하게 함
  ③ 감정적·객관적·긍정적 측면 등의 사고를 한 번에 한 가지씩 할 수 있도록 돕는 도구를 사용함

5 창의성을 높이는 수업방법 ☆
① 일상적·보편적 아이디어를 새롭게 변형·조합·개선시킴
② 변형, 조합, 은유, 유추적 결합 등으로 창의적 사고의 의미를 알게 함
③ 개방적·수용적인 수업 분위기 조성 및 지나치게 성공지향적인 수업풍토에서 탈피함
④ 학생 개개인의 개인차 및 개성을 존중함
⑤ 창의성을 가치롭게 여김을 인식시킴
⑥ 확산적 사고를 수용하고 장려함
⑦ 창의적 사고를 자극함 ⇨ 다양한 창의적 사고기법 적용
⑧ 창의적인 계획을 뒷받침하기 위한 시간·공간·자료를 제공함
  ㉠ 학생이 다양한 수업자료를 가지고 다른 많은 환경 아래에서 공부해 볼 수 있는 기회 제공
  ㉡ 자유로운 교실환경을 구성하여 학생의 자율성 지지

Level Up
6색 사고 모자와 사고방식

구분	내용
흰색 모자	사실적 사고(중립적·객관적인 정보와 사실)
빨간 모자	감정적 사고(감정, 느낌 직관, 육감)
노란 모자	긍정적 사고(긍정적·희망적 측면)
검은 모자	부정적 사고(부정적 측면, 잠재된 위험 요소)
초록 모자	새로운 아이디어(창의적 아이디어, 새로운 해결책)
파란 모자	사회자 역할(목표, 개관, 순서, 규율, 결론 및 요약)

Theme 120 기출 CHECK!

01 드 보노(E. de Bono)의 PMI 기법을 가장 잘 적용한 수업활동은? • 12 초등
① 디지털 카메라의 다양한 기능들을 열거하고 학생들에게 암기하게 하였다.
② 팀을 구성해 디지털 카메라의 좋은 기능에 대해 한 가지씩 말해 보게 하였다.
③ 디지털 카메라에 대해 긍정적인 측면, 부정적인 측면, 주목할 만한 측면을 차례로 생각해 보게 하였다.
④ 디지털 카메라에 대해 대체, 결합, 적용, 수정, 다른 용도로의 적용, 제거, 재배열하기 순으로 생각해 보게 하였다.
⑤ 디지털 카메라의 개발, 생산, 판매되는 과정이 잘 나타난 가상적인 상황을 제공하여 산업의 분업화를 이해하게 하였다.

02 그림은 칙센트미하이(M. Csikszentmihalyi)가 제시한 플로우(flow)를 설명하기 위한 것이다. 학습자가 학습의 즐거움에 심취되어 최상의 몰입경험을 할 수 있는 가능성이 가장 높은 부분은? • 10 초등

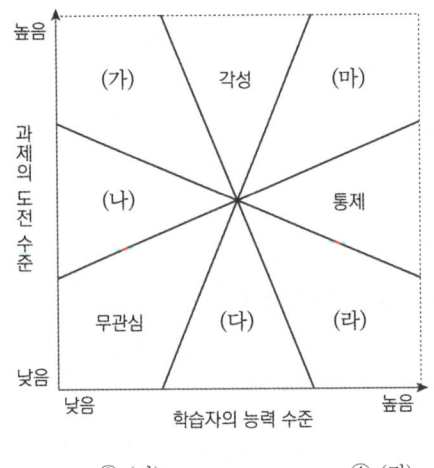

① (가)   ② (나)   ③ (다)   ④ (라)   ⑤ (마)

03 다음에서 설명하는 창의성 개발 기법은? • 08 중등

• 아이디어, 건의, 제안 등을 처리하는 창의적인 기법으로 사용된다.
• 학생들은 단순히 어떤 아이디어를 좋아하거나 좋아하지 않는다고 판단하지 않는다.
• 학생들에게 어떤 아이디어에 대하여 먼저 좋은 점을 생각하고, 다음에는 나쁜 점을 생각하며, 마지막으로 좋지도 나쁘지도 않지만 주목할 만한 가치가 있다고 생각되는 점을 살펴보도록 하여 사고의 방향을 안내한다.

① 드 보노(E. de Bono)의 PMI
② 오스본(A. F. Osborn)의 CPS
③ 에벌리(B. Eberle)의 SCAMPER
④ 브랜스포드(J. D. Bransford)의 IDEAL

정답 01 ③ 02 ⑤ 03 ①

04 다음에 해당되는 창의적 사고기법은? •05 중등

> • 측면적·수평적 사고(lateral thinking)를 하게 함
> • 감정적·객관적·긍정적 측면 등의 사고를 한 번에 한 가지씩 할 수 있도록 돕는 도구를 사용함

① 스캠퍼(SCAMPER) ② 속성 열거(attribute listing)
③ 브레인라이팅(brainwriting) ④ 육색 사고 모자(six thinking hats)

05 다음에서 설명하고 있는 창의적 사고 기법을 쓰시오. •04 중등 변형

> • 고든(W. Gordon) 등에 의해 제안되었으며, 창의적인 사람들이 무의식적으로 사용하는 전략들을 활용하는 것이다.
> • 당연한 것으로 받아들이던 대상이나 요소에 대해 의문을 가져본다.
> • '내가 만일 새롭게 고안된 병따개라면 어떤 모양이 되고 싶은가?'와 같이 사람이 문제의 일부분이 되어 봄으로써 새로운 관점을 창출한다.
> • 동·식물이 스스로를 보호하고 있는 방법에서 아이디어를 얻어 신변 안전장치를 개발할 수도 있다.

• _____

06 창의성을 기르기 위한 수업 상황에서 교사가 사용할 수 있는 활동들을 모두 고른 것은? •03 중등

> 가. 브레인스토밍을 통하여 논리적 판단력과 비판력을 기른다.
> 나. 일상적·보편적 아이디어를 새롭게 변형·조합·개선시킨다.
> 다. 지속적인 반복 연습과 암기 학습으로 창의적 능력을 강화한다.
> 라. 변형, 조합, 은유, 유추적 결합 등으로 창의적 사고의 의미를 알게 한다.

① 가, 나 ② 가, 다 ③ 나, 라 ④ 다, 라

07 창의성과 관련한 다음 진술 중 가장 적절한 것은? •02 중등
① 유창성은 창의성의 주요 요소이다.
② 창의성은 학교 학업 성적에 영향을 주지 않는다.
③ 창의성이 높은 학생일수록 자신을 개방하려는 경향이 적다.
④ 지능이 높을수록 창의성이 높으며 그 상관계수는 약 .80 정도이다.

정답 04 ④ 05 시네틱스(synectics) 06 ③ 07 ①

08 〈보기〉의 창의력 검사 문항이 측정하는 능력은?

〈보기〉
바늘의 주된 용도는 옷을 깁는 것이다. 이 용도 외에 바늘의 다른 용도를 가능한 한 많이 써 보시오. (제한 시간 30초)

① 유창성　　　② 정교성　　　③ 융통성　　　④ 독창성

09 고든(Gordon)의 시넥틱스(synectics) 교수법에 대한 설명 중 올바른 것은?
① 새로운 것을 창조하기 위한 전략의 첫 단계는 탐색활동이다.
② 창의력을 창출하는 과정에는 지적·합리적인 요소가 정의적·비합리적인 요소보다 더 중요하다.
③ 두 가지 사물들 간의 직접적인 단순비교를 스스로 해낼 수 있도록 유도하는 대인유추가 중요하다.
④ 창의성은 학습자가 비유법을 활용하여 고정관념을 깨뜨리고 새로운 대안을 창출하는 과정 속에서 발달된다.

10 다음과 같은 특징을 지닌 창의력 개발 방법은?

주어진 문제에 대하여 해결방법을 되도록 많이 생각하고 자신은 물론 타인의 의견을 판단하거나 비판하지 않으며 자유롭게 발표한다.

① 고든법　　　② 브레인스토밍법　　　③ 체크리스트법　　　④ 형태학적 분석법

정답 08 ③　09 ④　10 ②

Theme 121 영재성

기출: 08 초등, 07 초등, 05 초등, 02 초등

1 영재의 정의

(1) 렌줄리(Renzulli)
  ① 가장 널리 인지되고 있는 영재성의 정의
  ② 성공한 성인의 특성으로 영재를 정의함
  ③ 기존의 털만, 홀링워스, 타넨바움 등은 아동의 일반지능으로 대표되는 뛰어난 성취 잠재력을 영재성을 결정짓는 주요 변인으로 보는 반면, 렌줄리는 뛰어난 성취를 보이는 성인으로부터 영재성의 요소를 가져옴
  ④ 영재성의 세 가지 요소

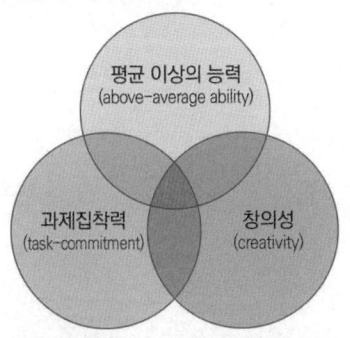

요소	내용
평균 이상의 능력	특정 영역에서의 평균 이상 능력
과제집착력	과제를 해결하려는 의지와 노력
창의성	사고의 유창성, 독창성, 융통성, 개방성 등

[그림 5-2] 영재성의 세 가지 요소(렌줄리의 세 고리 모형)

2 영재교육 ⇨ 교육과정 압축

(1) 속진(acceleration)
  ① 영재학생이 동일한 교육과정을 좀 더 빨리 학습하도록 하는 것 ⇨ 학년을 속진하기도 하고, 대부분의 수업을 또래와 들으며 일부 과목만 속진할 수도 있음
  ② 장·단점
    ㉠ 장점: 경제적인 면에서 효과적이며, 영재학생에게 지적 호기심을 제공할 수 있음
    ㉡ 단점
      • 교육과정의 수직적 운영으로 인하여 폭넓은 학습경험을 하지 못할 수 있음
      • 학습과정보다 내용 지식을 습득하는 것에 치중할 수 있음
      • 속진 프로그램에 참여한 나이가 어린 학생들이 나이가 많은 학생들과 수업을 들어야 할 경우, 사회성 발달에 문제가 생길 수 있음

(2) 심화(enrichment)
  ① 또래 학생들과 함께 학습하되, 영재학생이 좀 더 복잡하고 생각을 자극하는 과제를 다양하게 학습하도록 함
  ② 장·단점
    ㉠ 장점
      • 학습자의 흥미, 관심에 따라서 연구과제를 설정할 수 있고, 실생활과 관련된 문제를 중심으로 학습 ⇨ 학습자의 동기 유발. 자발적인 학습과 창의적인 결과물 낼 수 있음
      • 고차원적 사고기술 개발
    ㉡ 단점
      • 재정적인 부담이 크며, 프로그램 개발이 쉽지 않음
      • 정규 교육과정과의 연속성이 결여될 수 있음. 정규 교육과정과 어떻게 연계시킬지에 대한 고민 필요
      • 심화과정을 잘 가르칠 수 있는 전문교사가 부족함

출제 Pick!
☆ 영재성의 3가지 요소(렌줄리)
☆ 영재교육의 방안(속진과 심화), 각각의 개념 및 장·단점

Level Up
렌줄리의 3부 심화학습
1. 영재에게 학습 선택의 자유와 개별화 교수의 학습 환경을 제공해 주는 것을 기본원리로 삼음
2. 학생의 흥미와 학습양식을 존중하며 실생활에 기초함
3. 넓은 범위의 학생에게 다양한 수준과 형태의 심화학습을 제공하여 경쟁적 분위기보다 협동적인 분위기를 조성하며, 점진적인 심화 단계를 거치면서 체계적으로 학습하도록 함
4. 심화학습 3단계
   • 1단계 - **일반탐색활동**: 학생을 정규 교육과정에서는 다루지 않는 다양한 주제, 사건, 장소, 관심 분야 등에 노출시킴
   • 2단계 - **집단훈련활동**: 문헌분석, 토론, 조사, 실험, 실습, 사고력 훈련 등을 통해 다양한 사고과정, 학습전략, 대인관계 기술, 연구방법 등을 발전시키는 단계
   • 3단계 - **현실문제에 대한 개인 및 소집단 조사 활동**: 1, 2단계 학습을 바탕으로 스스로 문제를 선택함으로써 독창적인 산출물을 생산해내는 단계

Theme 121 기출 CHECK!

01 렌줄리(J. Renzulli)가 제안한 영재성 개념의 구성 요소가 아닌 것은? ● 07 초등
① 사회성
② 창의성
③ 과제 집착력
④ 평균 이상의 일반 능력

02 그림은 렌줄리(J. Renzulli)가 제시한 영재 특성 모형이다. (가)에 해당하는 것은? ● 05 초등

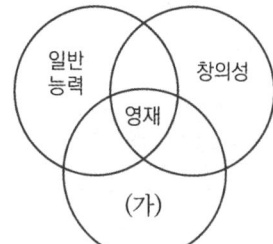

① 학업 성취도
② 과제 집착력
③ 정보처리 능력
④ 상위인지 능력

03 렌줄리(J. S. Renzulli)의 심화학습 모형에 대한 〈보기〉의 설명 중 옳은 것을 고르면? ● 08 초등

―〈보기〉―
가. 처음에는 영재 학생들을 위해 제안된 수업모형이었으나, 일반 학생들을 포함한 학교 전체 심화학습 모형으로 발전하였다.
나. 이 모형에 근거한 최초의 프로그램은 중등학교 학생들을 대상으로 개발되었다.
다. 수업의 전개는 일반적 탐색활동 → 집단 훈련활동 → 개인과 소집단의 실제문제 탐구활동의 3단계로 이루어진다.
라. 개인과 소집단의 실제문제 탐구활동은 영재 수준의 학생들보다 보통 수준의 학생들에게 더 적합하다.

① 가, 나   ② 가, 다   ③ 나, 라   ④ 다, 라

04 영재 아동을 판별하는 기본 원칙으로 가장 적절한 것은? ● 02 초등
① 일회적인 판별보다는 지속적인 판별이 좋다.
② 판별의 시기로는 초등학교 입학 이후가 좋다.
③ 학부모의 추천보다는 교사의 추천을 이용하는 것이 좋다.
④ 지능 검사 점수보다는 성취도 검사 점수를 사용하는 것이 좋다.

정답 01 ①   02 ②   03 ②   04 ①

Theme 122 위트킨(Witkin)의 장독립형과 장의존형

기출: 11 초등, 10 초등, 07 초등, 06 중등, 02 중등

1 분류 기준
전체적인 장(환경, 맥락, 배경) 속에 포함된 자극을 지각하는 데 장이 얼마나 영향을 주는가

2 검사 방법
잠입도형검사(embedded figure test)

3 장독립형과 장의존형의 차이

구분	장독립형	장의존형
지각 방식	분석적·논리적으로 지각	전체적·직관적으로 지각
학습 특성	• 구조화 능력이 우수 • 상황을 분석하고 재조직·구조화하는 능력이 우수 • 비구조화된 학습자료 선호	• 기존의 구조를 수용 • 비구조화된 학습자료에 어려움을 겪음 • 명료하게 구조화된 학습자료 선호
관심	개념 그 자체에 관심	자신의 경험과 관련된 자료에 관심
사회적 학습	사회적 내용의 자료를 다루려면 외부의 도움 필요	사회적 정보를 더 잘 학습하고 다룸
문제해결	문제해결에 대한 명료한 지시 없어도 문제해결이 가능	문제해결에 대한 명료한 지시가 필요
목표	자기 자신이 세운 목표에 강화	외적으로 부과된 목표를 선호
동기유발 방식	내적 동기 : 활동의 선택, 목표 추구를 통해 동기화되는 경향, 외부 비판에 민감하지 않음	외적 동기 : 언어적 칭찬, 외적 보상이 효과적인 동기유발, 외부 비판에 민감

4 효과적인 수업전략 및 동기유발 전략

구분	장독립형	장의존형
보상방법	점수, 경쟁 등 비사회적 보상	언어적 칭찬 등 사회적 보상
과제 성격	과제가 자신에게 얼마나 유용한지에 대해서 설명	과제가 다른 사람에게 얼마나 가치 있는지 보여주기
제시 자료	구조를 디자인할 자유를 제공	명백히 구조화된 자료를 제시
교수법	탐구 – 발견식 수업, 프로젝트법 사용	직접교수법
지도법	독자적으로 문제를 해결할 기회 제공	교사의 시범, 설명, 개별지도를 제공
학습내용	수학, 과학개념을 학습	개념을 이야기 형식으로 제시, 학습자의 경험과 연관시키기
동기유발 전략	학습목표 및 활동을 스스로 선택	외적인 보상(별, 스티커, 상) 제공

출제 Pick!
- 학습양식의 개념, 시사점
- 장독립적 학습자와 장의존적 학습자의 분류 기준 및 검사방법
- 각 학습양식에 따른 특징(차이), 효과적인 수업전략과 동기유발 전략

Level Up
학습양식

1. **개념**
   - 학습환경에 대한 선호 또는 정보를 선택·처리·저장하는 방식
     → '너희들 각자가 좋아하고 잘하는 공부방식'
   - 우열을 따질 수 없는 가치중립적인 개념

2. **의의(시사점)**
   - 자신의 학습양식을 이해하고 있는 학습자는 효과적으로 학습할 수 있음
   - 하지만 학생이 선호하는 학습양식이 학생에게 효과적이라는 것을 보장하지는 않음 → 교사는 학생의 학습양식을 파악하고 효과적인 학습양식을 제공해야 함
   - 교사는 개별 학생들이 어떻게 학습에 접근하는지 파악함으로써 학생의 차이를 인정·수용·조절할 수 있음

Theme 122 기출 CHECK!

01 다음 사례에서 (가)와 같이 학생들의 의사를 수용하여 교사가 수업 전략을 수립할 때 활용할 수 있는 이론으로 가장 적절한 것은?

● 11 초등

> 김 교사 : 여러분, 오늘은 신나는 노래를 부르면서 영어 공부를 하도록 해요.
> 영　희 : 선생님, 노래 말고 다른 활동을 하면서 공부하면 안 돼요? 저는 노래를 못하는데 영어 공부를 노래로 하라고 하시니까 힘들고 재미도 없을 것 같아요.
> 철　수 : 우리가 잘하고 좋아하는 활동을 하면서 영어 공부를 했으면 좋겠어요. 저는 역할놀이를 좋아하니까 역할놀이를 하면서 공부하면 좋겠어요.
> 김 교사 : 그래? (가) 그러면 너희들 각자가 좋아하고 잘하는 방식으로 공부하는 방법을 생각해 보자꾸나.

① 발견 학습 이론　　　　　　② 학습양식 이론　　　　　　③ 시행착오 학습 이론
④ 인지적 도제 학습 이론　　　⑤ 조작적 조건 형성 이론

02 그림은 왼쪽 도형을 오른쪽 배경에서 찾아내는 수준에 따라 개인의 인지양식을 진단하는 '잠입도형검사(embedded figure test)'의 예이다. 이 검사 점수가 높은 학생들의 인지양식에 맞추어 지도한 교사의 행동을 〈보기〉에서 모두 고른 것은?

● 10 초등

〈보기〉
ㄱ. 외적 보상을 통해서 동기를 유발하였다.
ㄴ. 안내와 시범 없이 스스로 수학문제를 풀도록 하였다.
ㄷ. 모둠별 활동보다 개인별 활동을 할 수 있도록 하였다.
ㄹ. 교사가 작성한 구조화된 표를 주고 암석의 종류를 비교해 보도록 하였다.

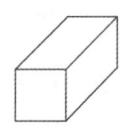 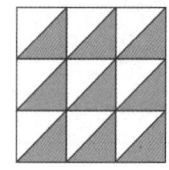

① ㄱ, ㄴ　　② ㄱ, ㄷ　　③ ㄱ, ㄹ　　④ ㄴ, ㄷ　　⑤ ㄴ, ㄹ

03 장(場) 의존적 학습유형(learning style)을 가진 학습자의 특성과 거리가 먼 것은?

● 07 초등

① 외부의 비판에 민감하게 반응한다.　　　　② 사물을 분석적으로 지각하는 것을 선호한다.
③ 타인과의 상호작용이나 토론하기를 선호한다.　④ 대상을 요소로 분리하지 않고 전체로 지각한다.

04 장독립적 학습자와 비교할 때 장의존적 학습자의 특성으로 거리가 먼 것은?

● 06 중등

① 실제 상황이 함께 제시되는 학습과제를 잘 해결한다.　② 요소들 간의 관계가 분명한 학습내용을 잘 이해한다.
③ 분석력과 추리력이 요구되는 학습과제를 잘 해결한다.　④ 학습상황을 부분으로 나누기보다는 전체로 지각한다.

05 장의존적 학생에게 가장 적합한 학습환경은?

● 02 중등

① 선형적인 CAI 프로그램, 구조화된 과제 제공　　② 선형적인 CAI 프로그램, 비구조화된 과제 제공
③ 하이퍼텍스트적인 CAI 프로그램, 구조화된 과제 제공　④ 하이퍼텍스트적인 CAI 프로그램, 비구조화된 과제 제공

정답 01 ②　02 ④　03 ②　04 ③　05 ①

Theme 123. 케이건(Kagan)의 숙고형과 충동형

기출
12 중등

1 학습양식 분류 기준 ☆
개념적 속도(반응속도와 반응오류)에 따른 구분

2 검사 방법
케이건의 닮은 그림 찾기 검사(MFFT; Matching Familiar Figure Test)

3 숙고형과 충동형의 차이

숙고형	• 행동하기 전에 정보를 수집하고 분석하는 것을 선호함 • 문제해결 시 가능한 대안을 차분하게 심사숙고하여 실수가 적으나 느림 • 다차원적인 복잡한 과제에서 높은 수행 수준을 보임
충동형	• 빠르게 행동으로 옮기는 것을 선호함 • 문제해결 시 문제를 성급하게 해결하려고 하여 빠르나 실수가 많음 • 단순한 문제에서 높은 수행 수준을 보임

4 지도 방안

숙고형	어렵고 까다로운 문제에 부딪혔을 때 건너뛰는 전략을 가르침
충동형	• **인지적 자기교수**: 문제해결과정을 말로 표현하도록 하여 충동성을 줄임 • 사지선다의 경우 오답이라고 생각하는 것에 먼저 표시하여 충동성을 줄임 • 신중하게 사고하는 연습을 함

출제 Pick!
☆ 학습양식 분류 기준
☆ 숙고형 학습양식과 충동형 학습양식의 특징(차이), 지도방안

설쌤의 팁
충동형 교수법에서 문제해결과정을 말로 표현하게 하는 것은 메켄바움(Meichenbaum)과 굿맨(Goodman)의 '인지적 자기교수'와 연관 지어 학습할 수 있습니다.

• **인지적 자기교수**
자신의 행동을 조절할 목적으로 스스로에게 말하는 과정 = 언어적 자기중재

Level Up
메켄바움의 자기교수법
(self-instruction)
1. 개념
    교사의 인지적 모델링과 학습자의 사적 언어를 활용한 교수법
2. 특징
    • 교사가 반성적 인지양식을 시범으로 보여주고 학습자가 이를 연습하여 내면화하도록 유도함으로써 충동적인 실수를 줄이고자 함
    • 조작적 조건형성의 원리, 관찰학습의 원리를 모두 활용하며, 특히 자기강화를 강조함
3. 절차
    • **외현적 모델링**: 성인 모델이 큰 소리로 말하면서 과제를 수행하고 학생은 관찰함
    • **안내를 통한 외현적 모델링**: 성인 모델이 하는 말을 학생이 큰 소리로 따라 말하면서 과제 수행
    • **외현적 시연 단계**: 학생이 혼자서 큰 소리로 말하며 과제 수행
    • **속삭임을 통한 시연**: 학생이 작은 소리로 혼잣말을 하며 과제 수행
    • **내재적 시연 단계**: 학생이 마음속으로 혼잣말을 하면서 과제 수행

Theme 123 기출 CHECK!

01 다음 두 교사의 대화에서 (가)와 (나)의 내용에 부합하는 학습 양식 이론에 대한 설명으로 옳은 것만을 〈보기〉에서 있는 대로 고른 것은?

● 12 중등

> 강 교사 : 학생들마다 공부하는 방식에 차이가 있는 것 같아요. 어떤 사물을 지각할 때 (가) 그 사물의 배경이 되는 맥락의 영향을 많이 받고 배경과 요소들을 연결 지어 지각하는 학생이 있는 데 반해, 맥락의 영향을 별로 받지 않고 사물의 요소들을 분리하여 지각하는 학생이 있는 것 같아요.
> 윤 교사 : 강 선생님이 이야기한 학습양식의 차이 외에도 어떤 자극에 대한 (나) 반응속도가 빠르지만 반응오류를 범하는 학생이 있는 반면, 반응속도는 느리지만 사려가 깊어서 정확한 반응을 하는 학생도 있는 것 같아요.

――〈보기〉――
ㄱ. (가) : 잠입도형검사(embedded figure test)에서 점수가 높은 학생들은 장의존형 학습자로 판별된다.
ㄴ. (가) : 장독립형 학습자는 과제와 관련된 구체적인 상황이 주어지지 않아도 분석적 능력을 요구하는 학습과제를 잘 해결하는 경향이 있다.
ㄷ. (나) : 충동형과 반성형의 학습양식을 판별하는 방법으로 케이건(J. Kagan)의 같은그림찾기(matching familiar figure) 검사가 있다.
ㄹ. (나) : 충동형 학습양식을 반성형 학습양식으로 수정하기 위한 방법으로서 매켄바움(D. Meichenbaum)의 자기교수법(self-instruction)이 있다.

① ㄱ, ㄴ　　② ㄱ, ㄹ　　③ ㄴ, ㄷ　　④ ㄱ, ㄴ, ㄹ　　⑤ ㄴ, ㄷ, ㄹ

정답 01 ⑤

Theme 124 콜브(Kolb)의 학습유형

[그림 5-3] 콜브의 학습유형

1 분류 기준 ☆

(1) **정보지각방식(perception)의 유형**
  ① **구체적** 경험을 통해 지각하는 유형(구체화)
    ㉠ 직접 경험하고 깨달은 일을 통해 학습하는 것을 선호함
    ㉡ 사람들과 함께 학습하는 것을 좋아하며, 대인관계를 중시함
  ② **추상적**으로 개념화하는 유형(개념화)
    ㉠ 논리와 아이디어를 사용해 학습하고 문제를 해결함
    ㉡ 체계적 계획 수립, 이론 개발, 정확하고 논리적인 사고, 추상적인 생각과 개념을 중시함

(2) **정보처리방식의 유형**
  ① **활동**적으로 실험하는 유형 : 문제 관찰뿐만 아니라 실제로 문제를 해결하고자 실험 시도
  ② **반성**적으로 관찰하는 유형 : 판단 유보, 주의 깊게 관찰, 여러 관점에서 사물 파악, 아이디어 창출

2 4가지 학습유형

(1) **확산자 / 발산형 학습자**(diverger) ⇨ 문화, 예술, 예능 분야
  ① 구체적 경험을 통해 지각하고, 반성적으로 관찰하는 유형
  ② 상상력이 뛰어나고 한 상황을 여러 관점에서 파악할 수 있으며, 아이디어가 많음
  ③ 흥미 분야가 넓어 다양한 분야의 정보를 수집하고, 교사나 동료 학습자와 원만한 대인관계를 맺음

(2) **융합자 / 동화형 학습자**(assimilator) ⇨ 정보, 과학 분야
  ① 추상적으로 개념화하여 지각하고, 반성적으로 관찰하는 유형
  ② 논리적 사고, 귀납적 추리에 능숙하고 넓은 범위의 아이디어를 종합하며, 다각적으로 이해할 수 있어 이론적으로 모형을 만드는 것을 잘함
  ③ 과학적·체계적인 사고를 하며, 분석적·추상적 사고능력이 우수함

(3) **수렴자 / 수렴형 학습자**(converger) ⇨ 전문, 기술 분야
  ① 추상적으로 개념화하여 지각하고, 활동적으로 실험하는 유형
  ② 아이디어와 이론을 실제적으로 응용하는 능력과 의사결정, 문제해결능력이 우수함
  ③ 가설을 세우고 연역적으로 추론하며 과제에 대해 체계적으로 접근함
  ④ 사회문제나 대인관계에는 능숙하지 못하지만 기술적·과학적 과제에 강함

(4) **적응자 / 조절형 학습자**(accommodator) ⇨ 마케팅, 사업 분야
  ① 구체적 경험을 통해 지각하고 활동적으로 실험하는 유형
  ② 계획을 잘 실행하고 새로운 경험을 추구하며 새로운 상황에 잘 적응함
  ③ 모험적·감각적이며 실험적·논리적인 분석보다는 느낌에 따라 행동함
  ④ 문제를 해결할 때 자신이 기술적으로 분석하기보다는 다른 사람에게 의존함

Theme 124 기출 CHECK!

01 다음에 언급된 콜브(D. Kolb)의 네 가지 학습유형 중 (ㄱ)에 속하는 학습자의 특성을 가장 잘 설명한 것은? ● 11 초등

> 김 교사는 대학원 강의에서 뱅크스(J. Banks)가 다문화 교육을 위해 제안한 '공평한 교수법'을 공부하였다. 이것을 예전에 공부하였던 콜브(D. Kolb)의 네 가지 학습유형(learning style)과 연결하면 다문화 가정 학생들의 특성에 적합한 교수법을 고안하는 데 도움을 줄 수 있을 것 같았다. 김 교사는 대학원에 와서 공부하기를 참 잘했다는 생각과 함께 학생들의 해맑은 얼굴이 떠올라 살며시 미소를 지었다.

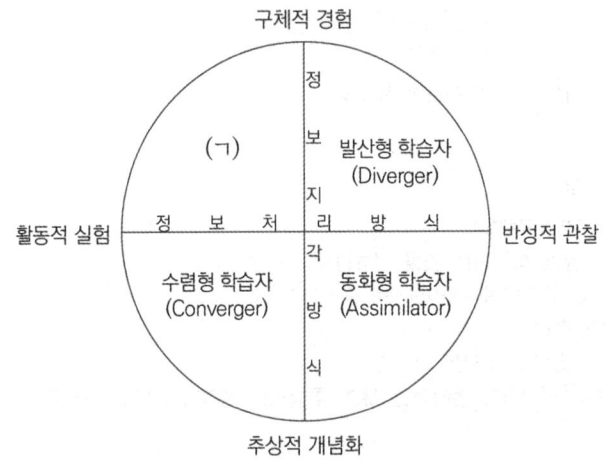

① 논리성과 치밀성이 뛰어나고 귀납적 추리에 익숙하므로 이론화를 잘한다.
② 상상력이 뛰어나고 상황을 여러 관점에서 조망하며 다양한 분야에서 많은 아이디어를 낸다.
③ 계획 실행에 뛰어나고 새로운 경험을 추구하고 새로운 상황에 잘 적응하며 지도력이 탁월하다.
④ 여러 아이디어를 잘 종합하고 다각적으로 이해할 수 있어서 이론적 모형을 만드는 일을 잘한다.
⑤ 아이디어를 실제적으로 잘 응용할 뿐만 아니라 가설 설정과 연역적 추리에 익숙하며 기술적인 과제와 문제를 잘 다룬다.

정답 01 ③

Theme 125 내재적 동기와 외재적 동기

기출: 07 중등, 04 중등, 02 중등, 00 중등, 00 초등, 96 중등

1 개념 ☆

(1) 내재적 동기
① 주어진 과제를 하거나 활동하는 그 자체가 보상이 되는 동기
② 개인의 욕구, 흥미, 호기심, 즐거움과 같은 심리적 요인에 의해 동기화

(2) 외재적 동기
① 외부로부터 보상을 얻으려는 것과 관련된 동기
② 사회적 압력, 보상, 처벌과 같은 환경적 요인에 의한 동기화

2 내재적 동기 증진 방안 ☆

① **외적 제약 사용의 최소화** : 보상이나 감독과 같은 외적 제약을 최소한으로 사용(사용이 필요한 경우에는 점진적으로 줄일 것)
② **과제 선택의 자유와 가능성** : 복수의 유형이나 수준을 제시, 과제 수행 절차와 순서에 대한 선택권 부여
③ **실패에 대한 노력 귀인 권장** : 실패에 대한 노력 귀인은 노력하면 좋은 결과를 얻을 수 있다는 기대를 상승시키고 수행에 대한 내재적 동기를 높일 수 있음
④ **수행 결과에 대한 구체적·정보적 피드백** : 다른 사람과의 비교보다 수행의 질적 측면에 초점을 둔 구체적·즉각적인 피드백 제공. 절대적인 수준보다는 개인의 향상에 초점을 둔 피드백 필요
⑤ **적정 수준의 과제난이도** : 적당히 도전감이 있고 호기심을 불러일으키는 상황에서 내재적 동기 유발됨
   ➡ 학생에게 적당히 어려운 과제 제시
⑥ **즐거운 수행 환경 마련** : 학생이 편안하고 즐거운 마음으로 학습할 수 있는 쾌적한 환경 조성

출제 Pick!
☆ 내재적·외재적 동기의 개념
☆ 내재적 동기 증진 방안

Level up

내재적 동기와 외재적 동기의 성격

1. **개별적** : 내재적 동기와 외재적 동기는 각각 학생에게 개별적으로 작용함
2. **변화가능성** : 동기는 상황과 시간에 따라서 달라질 수 있음. 외재적 동기로 인해 학습을 시작한 학생이 활동에 재미를 느끼며 내재적 동기를 가질 수도 있으며, 반대의 경우도 성립함
3. **내재적 동기와 학습** : 내재적 동기를 가지고 있는 학생은 외재적 동기만 가진 학생에 비하여 더 높은 학업 성취를 보이며, 학습 결과와 상관없이 지속적으로 학습활동을 수행하며, 기계적 암기학습이 아닌 개념학습을 주도함
4. **외재적 동기의 활용** : 내재적 동기가 외재적 동기에 비하여 바람직하지만, 모든 수업 상황에서 학습자가 내재적 동기를 가지고 동기를 유지하는 것은 어려움 ➡ 교사는 학습자를 외재적으로 우선 동기화한 후 내재적 동기를 가질 수 있도록 유도할 수 있어야 함

Theme 125 기출 CHECK!

01 다음 그래프는 톨만(E. Tolman)이 실시한 미로학습 실험에서 보상의 유형에 따른 과제의 수행 결과를 나타낸 것이다. 그래프를 바르게 해석한 것은?
• 07 중등

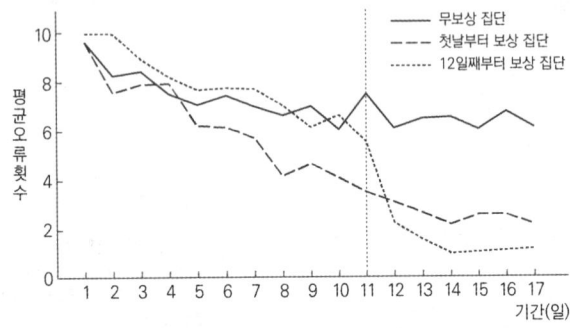

① 과제의 수행 정도는 보상과 아무런 관계가 없다.
② 과제의 수행 정도는 보상의 양에 비례하여 상승한다.
③ 보상을 받지 않아도 과제의 학습은 어느 정도 일어난다.
④ 보상을 철회하면 과제의 학습에 부정적인 영향을 미친다.

02 내재적 동기수준이 높은 학습자를 위한 지도방법으로 적절하지 않은 것은?
• 04 중등
① 학습의 과정보다 결과의 중요성을 강조한다.
② 학습과제에 대한 기대와 호기심을 갖게 한다.
③ 과제 선택의 기회를 주어 자기주도적 학습 환경을 제공한다.
④ 학습자의 수준보다 약간 높은 수준의 곤란도를 가진 학습과제를 제시하여 도전감을 유발한다.

03 다음 중 학생의 학습동기를 높여주는 방법으로 가장 적합하지 않은 것은?
• 02 중등
① 가능한 쉬운 과제를 부여한다.
② 시험 성적을 본인에게 알려준다.
③ 과목의 중요성을 학생의 진로와 관련지어 설명해준다.
④ 성적이 좋은 학생에게 열심히 노력한 결과라고 말해준다.

04 학습동기를 높이기 위한 수업전략으로 적절하지 않은 것은?
• 00 중등
① 다양한 매체를 사용한다.
② 친숙한 사례를 사용한다.
③ 수업 시작 시 수업목표를 알려준다.
④ 시험에 관한 정보를 제공하지 않는다.

05 학습자에 대한 외적 동기유발 방법에 속하는 것은?
• 00 초등
① 비디오 자료를 활용하여 지적 호기심을 자극한다.
② 학습과제를 단계별로 확인해 성취감을 느낄 수 있게 한다.
③ 학습과제를 실생활과 관련시켜 흥미를 갖도록 한다.
④ 학습목표를 달성한 그룹에게 스티커를 주어 경쟁심을 유발한다.

06 다음에서 내재적 동기와 외재적 동기에 대하여 바르게 설명한 것을 모두 고르시오.
• 96 중등 변형

> ㉠ 흥미와 호기심, 자기 만족감 등에서 비롯되는 동기는 내재적 동기이다.
> ㉡ 학습과제의 성격과 학습자의 특성에 따라서 그에 알맞은 동기유발을 시키는 것이 좋다.
> ㉢ 현실적으로 내재적 동기유발이 어렵기 때문에 학교 학습상황에서는 외재적 동기유발에 치중하는 것이 좋다.
> ㉣ 외재적 동기에서 비롯된 학습은 자연스럽게 내재적 동기화되어 간다.

정답 01 ③ 02 ① 03 ① 04 ④ 05 ④ 06 ㉠, ㉡

Theme 126 매슬로우(Maslow)의 욕구위계이론

기출
13 추시, 03 초등

1 결핍욕구 ☆
① 충족되면 더 이상 욕구로 작동하지 않으며 완전한 충족 가능
② 욕구 만족의 대상으로 외부로부터 오는 타율적 충족을 추구함
③ **결핍욕구의 하위 욕구** ☆
  ㉠ 생리적 욕구
  ㉡ 안전의 욕구
  ㉢ 소속의 욕구
  ㉣ 자존의 욕구

2 성장욕구 ☆
① 완전한 충족이 불가능하고 계속적으로 추구하는 욕구
② 만족의 대상이 자기 자신인 자율적 충족을 추구함
③ **성장욕구의 하위 욕구** ☆
  ㉠ 지적 욕구
  ㉡ 심미적 욕구
  ㉢ **자아실현의 욕구** : 자신이 타고난 능력 또는 성장 잠재력을 실행하여 자신을 완성하고자 하는 욕구

3 교육적 시사점 ☆
① 교사는 학생의 결핍 욕구가 채워졌을 때 학생이 성장에 대한 욕구를 가질 수 있다는 것을 이해하고 학생의 욕구 상태에 관심을 가져야 함
② 교사는 학생들이 믿을 수 있는 안정감 있는 교실 환경을 조성해야 함
③ 교사의 따뜻한 태도는 학생의 소속감과 애정의 욕구를 충족시킬 수 있음

출제 Pick!
☆ 결핍욕구와 성장욕구의 특징
☆ 하위 욕구 7가지의 명칭
☆ 교육적 시사점
☆ 로저스의 실현경향성의 개념

Level Up

로저스(Rogers)의 실현경향성 (actualizing tendency)
1. **이론의 가정**
   자아실현 욕구란 타고난 잠재력을 계발하기 위한 지속적인 노력의 욕구로, 이는 선천적인 것이라고 간주함
2. **실현경향성**
   • 성장을 위해서는 '투쟁과 고통'이 수반되며, 이러한 고통을 이겨 나가는 것을 '실현경향성'이라고 함
   • 실현경향성 : 개인이 새롭고 도전적 경험을 하도록 함 ➡ 타율성을 벗어나 자율성을 추구
3. **타인과의 상호작용**
   타인의 무조건적이고 긍정적인 관심은 개인이 충분히 기능하는 인간으로 성장하게 함 ➡ 개인의 실현경향 과정에 중요한 역할을 함

Theme 126 기출 CHECK!

논술 기출 CHECK

다음은 박 교사가 담당학급의 쌍둥이 남매인 철수와 영희의 어머니와 상담을 실시한 사례이다. 박 교사가 ㉠에서 말했을 법한 영희의 IQ에 대한 올바른 해석에 기반을 두고 영희의 문제를 해결하고자 할 때, 매슬로우(Maslow)의 '욕구위계이론'을 활용하여 영희가 학습동기를 잃게 된 원인과 그 해결 방안을 논하시오.
● 13 중등 추시

> 어 머 니 : 선생님, 얼마 전에 외부 상담기관에서 받은 철수와 영희의 지능검사 결과에 대해 상의하고 싶어서 왔어요. 철수는 IQ가 130이라고 나왔는데 자기가 생각한 것보다 IQ가 높지 않다며 시무룩해 있네요. 영희는 IQ가 99로 나왔는데 자신의 IQ가 두 자리라고 속상해하고, 심지어 초등학교 때부터 늘 가지고 있던 간호사의 꿈을 포기한다면서 그동안 학교 공부는 철수보다 오히려 성실했던 아이가 더 이상 공부도 안 하려고 해요.
> 박 교 사 : 그런 일이 있었는지 몰랐습니다. 사실 IQ의 의미에 대한 자세한 설명 없이 검사 점수만 알려주게 되면 지금 철수나 영희처럼 IQ의 의미를 오해하는 경우가 많습니다. 아이들은 물론이고 일반 어른들도 IQ의 개념을 정확히 이해하기는 좀 어렵거든요.
> 어 머 니 : 선생님, 그러면 아이들에게 어떻게 이야기해 주어야 할까요? 영희의 IQ가 두 자리라면 문제가 있는 건가요?
> 박 교 사 : 10부터 99까지가 다 두 자리인데, IQ가 두 자리라고 무조건 문제가 있는 것은 아닙니다.
> 어 머 니 : 그럼, 영희의 IQ는 대체 어느 정도인가요?
> 박 교 사 : _____㉠_____
> 어 머 니 : 아, 그렇군요. 더 높았으면 당연히 좋겠지만 그렇게 실망할 일은 아니네요. 그럼, 철수의 IQ는 어떤가요?
> 박 교 사 : 철수의 IQ 130은 철수의 지능검사 점수가 자기 또래 학생들 중에서 상위 2% 정도에 해당한다는 것을 말해줍니다. 따라서 철수가 매우 높은 수준의 지능을 가지고 있다는 것을 알 수 있습니다. 철수가 시무룩해 할 이유가 전혀 없는 것이죠.
> 어 머 니 : 그렇군요. 하여튼 요즈음 영희 때문에 걱정인데, 수업 시간에는 잘하고 있나요? 선생님이 보시기에는 어떤가요?
> 박 교 사 : 사실 영희의 경우에는 학습에 더 신경을 써야 할 것으로 보입니다. 그저께 실시했던 중간고사를 채점하는 중인데, 영희의 성적이 많이 떨어졌더라고요. 오늘 어머님의 말씀을 듣고 보니 그 이유를 알겠네요.

01 매슬로우(Maslow)의 이론에서 성장욕구에 해당되지 않는 것은?
● 03 초등

① 인지 욕구 ② 자존 욕구 ③ 심미 욕구 ④ 자아실현 욕구

정답 01 ②

Theme 127 코빙톤(Covington)의 자기가치이론

기출 12 초등

1 자기가치(self-worth) ☆
① 자기 자신에 대한 정서, 감정, 느낌 혹은 자신에 대한 평가
② 확산적·덜 구체적인 상황에서 자신에 대한 정서적·감정적 반응 ⇨ 자기가치 보존에 대한 욕구 ☆
  ㉠ 인간은 자신이 가치 있는 유능한 존재로 평가되기를 원하는 욕구를 가지고 있음
  ㉡ 이러한 자기가치에 대한 욕구가 인간의 행동을 결정함

2 자기장애 전략(자기손상화)
(1) 개념 ☆
실패가 예견되는 상황에서 자기가치를 보호하기 위하여 수행에 방해가 될 만한 핑곗거리를 만들어 두는 행동

(2) 2가지 전략 ☆
① **언어적 자기장애 전략** : 실제 수행에 영향을 미치는 부적응적인 행동을 하지 않으나, 수행의 결과가 저조할 때 변명거리를 찾는 전략
② **행동적 자기장애 전략** : 실제 수행에 방해가 될 부적응적 행동(지연, 성취 불가능한 목표 설정)을 하여 저조한 수행결과를 방해행동으로 귀인함
  ㉠ **지연** : 시험공부를 시험 직전까지 일부러 미루는 전략
  ㉡ **성취 불가능한 목표 설정** : 목표를 성취했을 경우 자신의 우수한 능력에 귀인할 수 있고, 실패 시 외부 요인(불가능한 목표)으로 귀인하여 자기가치를 보호함

출제 Pick!
☆ 자기가치의 개념, 이를 향한 인간의 욕구
☆ 자기장애 전략의 개념, 2가지 전략

Theme 127 기출 CHECK!

01 다음 사례에서 경수의 학습행동에 대한 김 교사의 견해와 가장 부합하는 학습동기이론을 쓰시오. ● 12 초등 변형

> 경수는 선생님이나 다른 학생들의 평가에 매우 민감하게 반응한다. 그는 특히 선생님에게 부정적인 평가를 받을까 봐 전전긍긍하며, 무엇보다 실패에 대한 불안이 크다. 이 때문에 중요한 시험을 앞두고서도 공부를 하지 않거나 과제를 마지막까지 미루어 자신의 능력을 제대로 드러내지 못하는 경향이 있다.
> 김 교사는 자기존중감이 동기화의 결정적인 요인이라고 생각한다. 그는 경수가 중요한 시험을 앞두고서 이처럼 자기장애 전략(self-handicapping strategy)을 사용하는 것은 자기존중감을 보호하려는 동기를 지니고 있기 때문이며, 경수가 이러한 전략을 계속 사용할 경우 심각한 결과를 초래할 수도 있다고 판단하였다. 그래서 경수에게 성공적인 학습을 위해서는 좀 더 적극적인 노력을 기울여 자기존중감을 유지하는 것이 무엇보다 중요하다고 조언하고 지속적으로 격려하였다.

• _____

정답 01 자기가치이론

Theme 128. 데시(Deci)와 라이언(Ryan)의 자기결정성 이론

기출: 11 초등, 10 초등

출제 Pick!
☆ 인간의 기본 심리 욕구, 각 욕구를 충족시키는 방법
☆ 유기적 통합이론의 개념, 하위 동기 유형별 명칭과 특징

1 개념
① 자기결정성은 환경에 대해 어떤 행동을 취할 것인지 스스로 결정하는 것
② 인간은 '유능성', '자율성', '관계성'의 3가지 기본 심리 욕구를 가지며, 이 욕구가 충족될 때 학습, 성장, 발달에 대한 내재적 동기를 가짐
③ 학생들의 자율성, 유능감, 관계 유지 욕구를 자극하고 충족시키면 그들의 내재적 동기가 높아짐
④ 학생들은 자신이 외재적 보상을 받거나 처벌을 피하기 위해서가 아니라 자신의 의지에 의해 그러한 행동을 한다고 믿고 싶어 함
⑤ 학생들은 과제 자체에 대한 흥미 때문에 특정한 과제를 수행하는 경우도 있지만, 외재적 보상 때문에 시작한 행동이 점차 내면화되어 결국 외재적 보상이 없어도 행동을 지속하는 경우가 많음

2 인간의 기본 심리 욕구 ☆

욕구	유능성	관계성	자율성
개념	자신이 능력 있는 사람이라는 믿음을 갖고 싶은 욕구	다른 사람들과 좋은 관계를 맺고자 하는 욕구	외적 보상이나 압력보다 자기 스스로 결정하고 행동하려는 욕구
충족 방법	• 성공경험과 지식과 기술이 증가한다는 증거 제시 • 도전적인 과제를 적절히 제공하여 자신의 능력을 확인 • 실패 상황에서 능력이 아닌 노력으로 귀인 • 학생의 수준, 과제의 난이도를 고려한 칭찬과 비판 • 구체적·즉각적인 피드백을 통해 자신의 현재 학습 수준과 앞으로의 방향을 확인 • 요청되지 않은 교사의 도움은 유능감을 감소시킴	• 무조건적인 긍정적 존중과 진정한 헌신 제공 • 있는 그대로를 인정하고 학생의 향상에 대한 믿음 제공 • 학생의 흥미와 복지에 대한 관심 • 협동학습과 긍정적인 상호작용을 통해 과제해결 기회 제공	• 스스로 선택할 수 있는 기회 제공 • 교실의 규칙과 절차를 만드는 과정에 참여 • 자신의 목표를 스스로 설정하고 모니터링 실시 • 학생 참여의 수준이 높은 수업 제공

설쌤의 팁
두문자로 외우자 🎵
• 인간의 기본 심리 욕구
 : 유능성, 관계성, 자율성
 ➡ 유관자

3 유기적 통합이론 ☆

(1) 주요 개념
① 동기는 전혀 동기가 없는 무동기에서부터 수동적인 복종, 적극적인 개입까지 다양한 유형으로 존재함. 동기의 다양성은 개인이 수행해야 하는 행동의 가치가 내재화된 정도를 반영함
② 자기결정성의 기본적인 세 가지 욕구(유능성, 관계성, 자율성의 욕구)의 충족은 내재화를 촉진함 = 자기결정성이 높을수록 목표가 내재화됨

(2) 동기의 유형과 특징

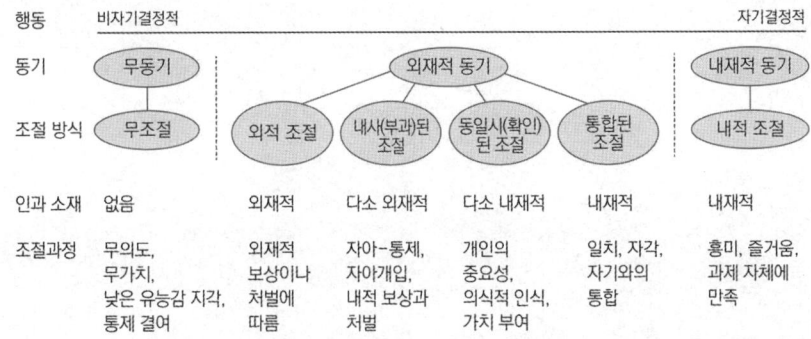

[그림 5-4] 자기결정성과 내재화

Theme 128 기출 CHECK!

01 다음과 같은 견해에 가장 부합하는 학습동기 이론은?　●11 초등

> • 학생들의 자율성, 유능감, 관계 유지 욕구를 자극하고 충족시키면 그들의 내재적 동기가 높아진다.
> • 학생들은 자신이 외재적 보상을 받거나 처벌을 피하기 위해서가 아니라 자신의 의지에 의해 그러한 행동을 한다고 믿고 싶어한다.
> • 학생들은 과제 자체에 대한 흥미 때문에 특정한 과제를 수행하는 경우도 있지만, 외재적 보상 때문에 시작한 행동이 점차 내면화되어 결국 외재적 보상이 없어도 그러한 행동을 지속하는 경우가 많다.

① 귀인이론　② 성취목표이론　③ 욕구위계이론　④ 자기효능감이론　⑤ 자기결정성이론

02 다음 세 교사의 견해를 설명할 수 있는 동기이론을 각각 쓰시오.　●10 초등 변형

> **이 교사**: 학생들이 새로운 일을 해야 할 때, 그 일을 잘 해낼 수 있는가 뿐만 아니라 그 일이 본인에게 얼마나 중요한가에 따라서도 동기 수준이 달라지는 것 같아요.
> **최 교사**: 학생들은 자율적이고 싶어 해요. 자신의 행동을 스스로 통제하고 조절할 수 있다는 믿음에 의해서 동기가 유발되는 것이지요.
> **윤 교사**: 실수를 해도 새로운 일에 도전하고 그 일을 하면서 느끼는 성취감이 중요하다고 생각하는 학생들이 있는 반면, 어떤 학생들은 점수도 점수지만 항상 친구들과의 비교를 중요하게 생각하더군요.

• 이 교사 : _____　• 최 교사 : _____　• 윤 교사 : _____

정답　01 ⑤　02 이 교사 – 기대×가치이론 / 최 교사 – 자기결정성 이론 / 윤 교사 – 목표지향이론

Theme 129. 에클스(Eccles)와 위그필드(Wigfield)의 기대 X 가치이론

기출 13 추시, 13 중등, 11 중등

출제 Pick!
☆ 동기화에 영향을 주는 요소
☆ 성공에 대한 기대, 과제 가치 각각의 구성요소
☆ 기대×가치이론의 교육적 시사점 (동기 증진 방안)

1 개념
① 성공에 대한 기대 × 과제의 가치
② 자신이 성공할 것이라는 기대에 성공에 대해 부여하는 가치를 곱한 값만큼 동기화된다고 설명함

2 동기화에 영향을 주는 요소 ☆

(1) 동기화의 정도
성공에 대한 기대 × 과제 가치

(2) 성공에 대한 기대
① 과제를 성취할 수 있다는 미래의 결과에 대한 믿음
② 구성요소

요소	내용
과제 특수적 신념	개인이 특정 과제 수행을 위해 필요한 능력을 얼마나 가지고 있다고 믿는가. 현재 마주한 과제를 잘 할 수 있는지와 관련된 믿음
지각된 과제 난이도	해당 과제의 난이도에 대한 주관적 판단 ⇨ 과제가 어렵다고 생각할 때 성공에 대한 기대가 낮아짐
개인의 목표	학습자가 가지고 있는 장기적 목표와 단기적 목표를 모두 포함 ⇨ 구체적·단기적일수록 기대↑
자기도식	스스로의 능력에 대한 자기 개념. 개인적 정체성과 사회적 정체성을 모두 포함하는 개념
정서적 기억	이전 경험에 대한 해석을 통해 얻게 되는 정서적인 반응 및 기억

설쌤의 TIP
기대와 성공의 '곱(×)'이 동기를 의미한다는 것은 학습자가 성공을 기대하지 않는다면 (기대가 'O'이라면) 활동이 자신에게 얼마나 가치 있는지와 상관없이 학습에 대해 동기가 부여되지 않음을 의미해요.

(3) 과제 가치
① 개인이 과제나 활동에 참여하여 얻을 수 있다고 믿는 이득, 보상, 혜택
② 구성요소

요소	내용
달성가치	과제를 잘 수행하는 것이 나의 삶에서 가지는 가치 ⇨ 삶에서 중요한 역할을 할 때 동기가 높아짐
내적 가치 (흥미)	과제를 수행하는 것이 나에게 즐거움을 주는지에 대한 가치 ⇨ 흥미를 느낄 때 동기가 높아짐
효용가치	과제가 미래의 목표를 달성하는 데 얼마나 도움이 되는지에 관한 가치 ⇨ 과제의 주제, 활동, 전공 등이 직업목표를 포함한 미래의 목표에 도달하는 데 유용하다고 생각될 때 동기가 높아짐
비용	과제에 참여함으로써 지불해야 하는 시간, 노력, 감정, 포기해야 하는 것 ⇨ 비용보다 가치가 더 많다고 생각할 때 동기화됨

설쌤의 TIP
머리에 쏙! 박히는 청킹 Tip!
• **성공에 대한 기대**: 과제 특수적 신념, 지각된 과제 난이도, 개인의 목표, 자기도식, 정서적 기억
• **과제 가치**: 달성가치, 내적 가치, 효용가치, 비용
➡ 신난 목요일 자정에 달려요(내효) 비오빠!

3 교육적 시사점
① 교사는 상황에 따라 학생의 기대와 과제가치 판단에 영향을 줄 수 있는 다양한 요소들을 고려하여 중재하여야 함
② 성공에 대한 적절한 기대와 학습에 대한 긍정적 가치 형성을 위한 방법
  ㉠ **피드백 제공**: 능력에 대한 합리적 인식 도움, 발전에 대한 긍정적 인식
  ㉡ **과제**
    • 도전적, 적합한 수준의 난이도 과제 제시
    • 현재 학생에게 긍정적인 가치를 가짐과 동시에 장기목표에도 부합하도록 관련시키기
  ㉢ **교사의 가치 부여**: 교사가 학습 또는 과제에 어떤 가치를 부여하고 있는지 안내
  ㉣ **비용 줄이기**: 노력 비용을 줄일 수 있는 학습활동 제시(쓸모없는 활동에 참여시키지 않기)

Theme 129 기출 CHECK!

논술 기출 CHECK

다음은 박 교사가 담당학급의 쌍둥이 남매인 철수와 영희의 어머니와 상담을 실시한 사례이다. 박 교사가 ㉠에서 말했을 법한 영희의 IQ에 대한 올바른 해석에 기반을 두고 영희의 문제를 해결하고자 할 때, '기대×가치이론'을 활용하여 영희가 학습동기를 잃게 된 원인과 그 해결 방안을 논하시오.

● 13 중등 추시

> 어 머 니 : 선생님, 얼마 전에 외부 상담기관에서 받은 철수와 영희의 지능검사 결과에 대해 상의하고 싶어서 왔어요. 철수는 IQ가 130이라고 나왔는데 자기가 생각한 것보다 IQ가 높지 않다며 시무룩해 있네요. 영희는 IQ가 99로 나왔는데 자신의 IQ가 두 자리라고 속상해하고, 심지어 초등학교 때부터 늘 가지고 있던 간호사의 꿈을 포기한다면서 그동안 학교 공부는 철수보다 오히려 성실했던 아이가 더 이상 공부도 안 하려고 해요.
> 박 교 사 : 그런 일이 있었는지 몰랐습니다. 사실 IQ의 의미에 대한 자세한 설명 없이 검사 점수만 알려주게 되면 지금 철수나 영희처럼 IQ의 의미를 오해하는 경우가 많습니다. 아이들은 물론이고 일반 어른들도 IQ의 개념을 정확히 이해하기는 좀 어렵거든요.
> 어 머 니 : 선생님, 그러면 아이들에게 어떻게 이야기해 주어야 할까요? 영희의 IQ가 두 자리라면 문제가 있는 건가요?
> 박 교 사 : 10부터 99까지가 다 두 자리인데, IQ가 두 자리라고 무조건 문제가 있는 것은 아닙니다.
> 어 머 니 : 그럼, 영희의 IQ는 대체 어느 정도인가요?
> 박 교 사 : _____㉠_____
> 어 머 니 : 아, 그렇군요. 더 높았으면 당연히 좋겠지만 그렇게 실망할 일은 아니네요. 그럼, 철수의 IQ는 어떤가요?
> 박 교 사 : 철수의 IQ 130은 철수의 지능검사 점수가 자기 또래 학생들 중에서 상위 2% 정도에 해당한다는 것을 말해줍니다. 따라서 철수가 매우 높은 수준의 지능을 가지고 있다는 것을 알 수 있습니다. 철수가 시무룩해 할 이유가 전혀 없는 것이죠.
> 어 머 니 : 그렇군요. 하여튼 요즘 영희 때문에 걱정인데, 수업 시간에는 잘하고 있나요? 선생님이 보시기에는 어떤가요?
> 박 교 사 : 사실 영희의 경우에는 학습에 더 신경을 써야 할 것으로 보입니다. 그저께 실시했던 중간고사를 채점하는 중인데, 영희의 성적이 많이 떨어졌더라고요. 오늘 어머님의 말씀을 듣고 보니 그 이유를 알겠네요.

01 다음 대화에서 최 교사가 활용하고 있는 동기 유발 활동에 부합하는 동기이론으로 가장 적절한 것을 쓰시오.

● 13 중등 변형

> 은 미 : 선생님, 처음에는 역사가 재미있어서 열심히 했는데, 요즘에 배우는 고려 시대 내용은 재미도 없고 너무 어려운 것 같아요.
> 최 교 사 : 그래? 그런데 내가 생각하기로는 잘하고 있는 것으로 보이는데. 그리고 너는 고고학자가 꿈이잖아. 아마 지금 배우고 있는 고려 시대 내용은 너에게 중요하고 앞으로 도움이 많이 될 거야.

02 다음 글의 (가)~(마)에 나타난 학생의 동기 상태를 설명한 것 중 옳은 것은?

● 11 중등

> 오늘 중간고사 성적표가 나왔다. 과학과 영어가 생각보다 성적이 많이 올라 기분이 좋다. 게임시간을 줄이면서 (가) 게으름 피우지 않고 꾸준히 열심히 한 덕분이겠지! 1학년 때도 공부를 안 한 것은 아니다. (나) 별 생각 없이 친구들이 다니는 학원을 따라 다니며 공부했다. 그런데 지금 생각하면 목표도 없이 시간 낭비만 한 꼴이다. 2학년이 되면서 '내가 왜 공부를 해야 하는가?'에 대해 생각을 하고 하나씩 답을 찾아가니 성적도 오르고 더 열심히 하고 싶어졌다. (다) 기상관측과 관련된 직업을 갖고 싶다고 마음먹으니 과학 과목이 매우 중요하게 여겨졌고, 영어는 다른 나라의 문화를 알게 되니 재미있어서 더 열심히 하게 되었다. 지금 수학 성적이 좀 낮긴 하지만 (라) 초등학교 때는 학교 대표로 수학경시대회에 나갈 정도였으니 앞으로는 성적이 점점 오르겠지……. (마) 선생님과 친구들에게 확실하게 인정받으려면 기말고사는 전교 5등 안에 들 수 있도록 더욱 열심히 공부해야겠다.

① (가) : 성적 향상의 원인을 외적 소재로 귀인하고 있다.
② (나) : 내적 조절 단계에서 자기결정성 동기를 발현시켰다.
③ (다) : 기대×가치이론 중 가치 요인으로 동기를 증진시키고 있다.
④ (라) : 자신의 정서를 긍정적으로 평가함으로써 자기효능감을 높이고 있다.
⑤ (마) : 수행목표 지향적이기보다 숙달목표 지향적이다.

정답 01 기대×가치이론 02 ③

Theme 130 와이너(Weiner)의 귀인이론

기출: 06 초등, 05 중등, 03 중등, 00 초등, 00 서울교대

출제 Pick!
☆ 귀인이론 개념
☆ 지각된 원인의 인과 차원
☆ 귀인 훈련 3단계

1 개념 ☆
① 성공이나 실패의 실제 원인이 아닌 학습자에게 '지각된' 원인
② 결과에 대해 '지각된' 원인인 귀인은 학습자의 정서와 기대, 실제 수행에 영향을 미침
③ 기본 가정
　㉠ 동기는 세상과 자기 자신을 이해하고 숙달하려는 목표에 의해 유발됨
　㉡ 사람들은 자신 및 타인의 행동에 대한 인과적 결정요인을 이해하려고 노력함
④ **지각된 원인**: 학습자는 선행조건에 의해 능력, 노력, 과제 난이도, 운 등의 요인 중 하나로 귀인

2 지각된 원인의 인과 차원 ☆
① **원인의 소재**: 자신의 내부(능력, 노력) / 외부(과제 난이도, 운)
② **안정성**: 시간의 경과나 과제에 따라 변화 가능(노력, 운) / 변화 불가능(과제 난이도, 능력)
③ **통제 가능성**: 자신의 의지에 따라 통제 가능(노력) / 통제 불가능(과제 난이도, 능력, 운)

귀인	원인의 소재	(원인의) 안정성	통제 가능성
능력	내부	안정(변화 불가능)	X
노력	내부	불안정(변화 가능)	O
운	외부	불안정(변화 가능)	X
과제 난이도	외부	안정(변화 불가능)	X

⇨ 학습결과에 대한 책임을 학생 자신의 내부에 존재하는 가변적·통제 가능한 요인인 노력에서 찾게 해야 함

Level Up! 인과 차원에 따른 귀인

인과 차원 분류			지각된 원인
내적	안정	통제 불가능	능력(적성)
		통제 가능	장기간의 노력
	불안정	통제 불가능	시험 당일의 건강, 기분
		통제 가능	일시적 노력
외적	안정	통제 불가능	과제 난이도
		통제 가능	교사의 편견, 편애
	불안정	통제 불가능	운
		통제 가능	교사나 친구의 도움

3 귀인의 경향성
① 학습자는 자신의 성공이나 실패의 원인을 귀인할 때 늘 비슷한 방식으로 반응하는 경향이 있음
　⇨ 앞으로 선택하는 과제의 종류, 과제의 수행 정도, 과제 지속력에 영향을 줌
② 성취도가 높은 학생은 성공을 능력과 같은 내적 요인으로 귀인하며, 성취도가 낮은 학생은 실패를 능력 부족으로, 성공은 운과 같은 외적 요인에 귀인하는 경향이 있음
③ 실패를 누적적으로 경험한 학습자일수록 학업의 실패를 내적 요인, 즉 자신의 무능력이나 노력의 부족으로 지각하는 경향이 있음

4 귀인훈련

(1) 필요성
바람직한 귀인 유형은 학습자의 동기와 학습결과를 향상시키므로, 바람직하지 않은 귀인 유형을 바람직한 귀인 유형으로 바꾸어야 함

(2) 귀인훈련 3단계 ☆

1단계: 노력 귀인	• **바람직하지 않은 귀인** 　− 실패 ⇨ 능력 귀인 ⇨ 낮은 자존감, 무력감 ⇨ 성공에 대한 기대 저하 ⇨ 성취 회피 　− 성공 ⇨ 운 귀인 ⇨ 놀라움 ⇨ 성공에 대한 기대 증가하지 않음 ⇨ 성취동기 부족 • **바람직한 귀인** 　− 실패 ⇨ 노력 귀인 ⇨ 죄책감, 수치감 ⇨ 성공에 대한 기대 유지 ⇨ 성취 증가 　− 성공 ⇨ 노력과 능력 귀인 ⇨ 높은 자존감, 유능감 ⇨ 성공에 대한 기대 유지 ⇨ 성취 증가
2단계: 전략 귀인	• 학습자가 충분히 노력하였음에도 불구하고 실패하였을 경우 노력 귀인하는 것은 적절치 않음 • 실패의 원인을 학습방법이나 학습 전략으로 귀인하는 전략 귀인을 하도록 하고, 학생의 학습방법이나 습관을 점검하고 바꾸어 보도록 조언함
3단계: 포기 귀인	충분히 노력하였고 다양한 학습방법과 전략을 했음에도 실패했을 경우, 학습자의 기대 자체를 수정하고 새로운 관심이나 길로 안내함

Theme 130 기출 CHECK!

01 영희는 부모님께 시험점수가 낮은 이유를 "시험 칠 때 갑자기 배가 아팠어요."라고 말씀드렸다. 영희의 말을 와이너(B. Weiner)의 귀인이론에 근거하여 원인의 소재, 안정성, 통제 가능성의 세 차원으로 설명하시오.   ● 06 초등 변형

• 원인의 소재 : _____   • 안정성 : _____   • 통제 가능성 : _____

02 다음은 시험이 끝난 직후 4명의 학생이 한 말이다. 이를 와이너(B. Weiner)의 귀인이론(attribution theory)에 적용해 볼 때, 아래 그림에서 A, B 유형에 해당되는 학생을 바르게 나열한 것은?   ● 05 중등

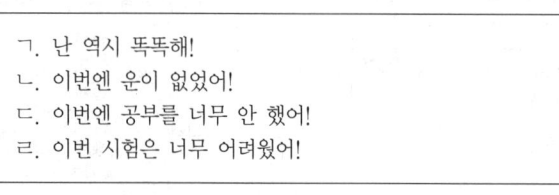
ㄱ. 난 역시 똑똑해!
ㄴ. 이번엔 운이 없었어!
ㄷ. 이번엔 공부를 너무 안 했어!
ㄹ. 이번 시험은 너무 어려웠어!

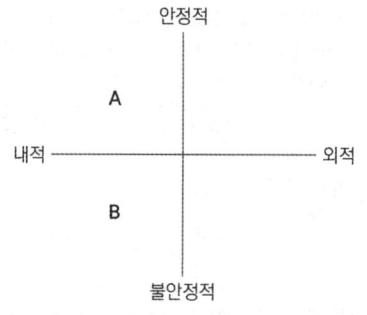

	A	B		A	B
①	ㄱ	ㄴ	②	ㄱ	ㄷ
③	ㄴ	ㄹ	④	ㄹ	ㄴ

03 정의적 특성과 학습의 관계에 대한 설명 중 옳은 것은?   ● 03 중등
① 도전적 과제의 성취동기 수준과 연령 간에는 정적 상관이 있다.
② 최상의 학습효과를 위해서는 불안 수준을 최대한 낮춰야 한다.
③ 내재적 동기보다 외재적 동기에 의해 수행되는 학습이 더 지속적이다.
④ 실패의 원인을 능력보다 노력 부족에 돌리는 학생은 다음 시험을 위해 더 노력한다.

04 학습동기에 대한 귀인이론(attribution theory)이 교육에 주는 시사점은?   ● 00 초등
① 학습에 대한 동기를 유발하기 위해 꾸중이나 질책보다는 칭찬이나 보상을 많이 사용한다.
② 상위 수준의 욕구를 충족시키기 전에 먼저 하위 수준의 욕구가 충분히 만족될 수 있도록 한다.
③ 높은 목표를 세우고 어려움에 처했을 때 끈기를 가질 수 있도록 자아효능감을 고양시켜 준다.
④ 학습결과에 대한 책임을 학생 자신의 내부에 존재하는 가변적이고 통제 가능한 요인인 노력에서 찾도록 한다.

05 와이너(Weiner)의 귀인이론(attribution theory)을 적용하여 학습된 무기력(learned helplessness)을 지닌 아동을 설명한 것으로 가장 알맞은 것은?   ● 00 서울교대
① 실패의 원인을 내적·불안정적·통제 불가능한 것에 둔다.
② 실패의 원인을 외적·불안정적·통제 가능한 것에 둔다.
③ 실패의 원인을 외적·안정적·통제 불가능한 것에 둔다.
④ 실패의 원인을 내적·안정적·통제 불가능한 것에 둔다.

정답 01 원인의 소재-내적 / 안정성-불안정적 / 통제 가능성-통제 불가능   02 ②   03 ④   04 ④   05 ④

Theme 131 자기효능감

기출 23 중등, 08 초등

1 개념 ☆
특정한 목표를 달성해 낼 수 있다는 능력에 대한 신념

2 특징
① **수행 결과에 영향**: 자신이 앞으로 수행할 행동의 결과가 긍정적이라고 믿을수록 과제 수행 시 희망과 확신을 가지고 적극적으로 임하며, 노력과 시간을 투입함
② **과제 특수적**: 자기개념이 자기에 대한 전반적인 평가라면, 자기효능감은 특수 영역이나 과제에 대한 자신의 능력에 대한 평가 but 자기효능감은 관련된 경험들을 변화시켜 다른 영역으로 전이되기도 함
  - 예 학업적 자기효능감: 학습자가 학업적 과제 수행을 위해 필요한 행위를 조직하고 실행해 나가는 자신의 능력에 대해 내리는 판단

3 자기효능감에 영향을 미치는 요소
① **자기효능감의 정보원(source)** ⇨ 정보는 자동적으로 자기효능감에 영향을 미치는 것이 아니라 자신의 능력 수준, 투여한 노력 정도, 과제 난이도, 교사나 동료의 도움, 상황적 요인을 종합적으로 고려한 인지적 평가를 통해 자기효능감에 영향을 미침
  - ㉠ **과거 경험**: 비슷한 과제에 대한 과거의 경험을 떠올리며, 과거의 자신의 성공 경험은 해당 과제를 잘할 수 있다는 자기효능감을 증진시킴
  - ㉡ **대리 경험**: 자신과 비슷한 모델의 성취와 그 성취결과에 대한 보상을 받는 것을 관찰하는 경우 자기효능감이 증진됨
  - ㉢ **언어적 설득**: 권위자나 중요한 타인, 즉 부모나 선생님이 '너는 할 수 있다.'라고 격려하거나 긍정적인 피드백을 주는 것은 자기효능감을 높일 수 있음
  - ㉣ **심리적 상태**: 실패에 대한 생각으로 유발된 불안은 작업기억의 용량을 차지하고 따라서 자기효능감을 저하시키는 반면, 과제 수행에 대한 기대는 자기효능감을 높일 수 있음

4 자기효능감이 인지와 행동에 미치는 영향

구분	높은 자기효능감	낮은 자기효능감
과제 지향	도전적인 과제를 선호	• 도전적인 과제 회피 • 익숙하거나 쉬운 과제를 선택
노력	도전적인 과제를 할 때 더욱 노력	도전적인 과제를 할 때 덜 노력
인내심	목표에 도달하지 못해도 포기 안 함	목표에 도달하지 못하면 포기함
믿음	• 자신이 성공할 것이라고 믿음 • 실패 시 스트레스와 불안을 스스로 통제 • 환경을 스스로 통제할 수 있다는 믿음	• 무능하다는 느낌에 집중 • 실패 시 스트레스와 불안을 느낌 • 환경을 통제하고 있지 못하다고 믿음
전략 사용	• 비생산적인 전략이라고 생각되면 즉시 사용하지 않음 • 효율적인 인지 전략을 사용	비생산적인 전략을 계속 사용
수행	같은 능력을 가정할 때 낮은 자기효능감을 가진 학생보다 높은 수행	같은 능력을 가정할 때 높은 자기효능감을 가진 학생보다 낮은 수행
실패 시 귀인	노력 부족, 잘못된 지시문의 이해, 불충분한 공부 등의 내적이고 통제 가능한 요인으로 귀인 ⇨ 다음 번 수행에서는 성공하기 위해서 적절한 학습 전략을 세우고 충분한 노력	자신의 능력 부족으로 귀인 ⇨ 능력은 통제 불가능한 요소이기 때문에 두려움과 절망을 느끼고, 과제를 수행할 때도 마지못해 하거나 회피하려는 경향 있음

출제 Pick!
☆ 자기효능감의 개념, 특징, 증진 방안
☆ 자기효능감에 영향을 미치는 요소 (정보원)
☆ 자기효능감이 인지와 행동에 미치는 영향
☆ 교사효능감의 개념, 영향력

Level Up
교사효능감
1. **개념**: 교사들이 자신의 교수활동 관련 능력에 대해 지니고 있는 신념 ⇨ '주어진 교육 목표를 이루기 위해 요구되는 활동들을 계획·조직·실행하는 데 있어 필요한 자신의 능력에 대한 교사 개인의 신념'
2. **영향력**: 교사효능감은 교육 성과에 영향을 미치는 중요 요인 ⇨ 수업 전·중·후의 교사 활동에 영향을 미쳐 학생의 학업성취도에까지 영향 미침
3. **구성요인**
   - 교수(teaching) 효능감
   - 학급경영 효능감
   - 학생참여 효능감
4. **집단 교사효능감**: 학생들 성취에 영향을 미칠 수 있다는 교사들의 집단적 자기신념 ⇨ 집단 교사효능감이 강해질수록 학생을 위한 교육기회를 향상시키려는 노력을 지속, 교사 직무 만족도 및 직업 지속에도 영향 미침

Level Up
자기효능감 증진 방안
1. **성공 경험 제공**
   - 교사는 학생의 능력 수준보다 약간 낮은 과제를 제시하여 성공 경험을 하게 하고, 서서히 과제의 수준을 높이면서 점진적인 자기효능감 증진을 유도
   - 장애물 또는 난관을 극복하거나 도전적인 과제를 성공하는 경험도 매우 효과적
2. **타인의 성공을 관찰**
   - 자신과 비슷한 타인의 성취를 관찰하는 모델학습의 기회를 제공하여 성공에 대한 대리 경험을 하도록 함
   - 혼자 해결할 수 없는 과제를 협동학습을 통해 함께 해결하는 경험은 직접적인 성취 경험이자, 동료의 성취 경험을 관찰할 수 있는 기회가 됨
   - 성취 경험을 발표하고 동료의 성취 경험을 직접 듣는 것도 효과적
3. 권위자(교사, 부모)의 설득
4. 부정적 정서에 대한 대처기술 훈련시킴
5. 실패의 노력 귀인

Theme 131 기출 CHECK!

논술 기출 CHECK

평가 보고서에서 자기효능감 형성에 영향을 미친다고 분석한 요인에 따른 교수전략 2가지, 자기조절 과정에서 목표 설정 및 계획 단계 이후의 지원 방안 2가지를 쓰시오.

• 23 중등

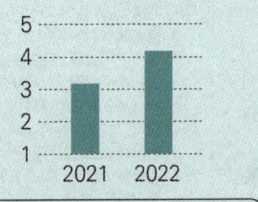

학생 만족도 조사 결과
Q. 수업 내용과 과제의 수준이 적절하다.
(*5점 리커트 척도)

• 어려운 과제도 해결할 자신이 생겼어요.
• 공부하기 전에 목표를 설정하는 연습을 했던 것이 도움이 되었어요.

수업 내용과 과제의 수준에 실질적인 변화가 없었지만, 학생들의 만족도가 높아졌다. 이는 사회인지이론에서 제시한 자기효능감과 자기조절을 증진하기 위해 노력한 결과로 분석된다. 특히 자기효능감 형성에 영향을 미치는 숙달 경험과 대리 경험을 학생들에게 제공하고, 자기조절을 촉진하기 위해 학생들 스스로 목표 설정 및 계획 단계를 실행하도록 한 것이 효과적이었다. 향후 학생들의 자기효능감 향상을 위해 적절한 교수전략을 지속적으로 모색하고, 자기조절 과정에서 목표 설정 및 계획 단계 이후로 나아가도록 지원할 필요가 있다.

---

01 〈보기〉의 내용과 가장 가까운 학습이론은?

• 08 초등

〈보기〉
• 환경, 개인, 행동은 서로 영향을 주고받는다.
• 교사는 학생들의 자기효능감과 자기조절능력을 증진시켜야 한다.
• 교사는 학생들이 학업성취에 대해 긍정적이고 현실적인 기대를 갖도록 해야 한다.
• 학생들은 사회적 상황 속에서 다른 사람의 행동을 관찰하고 모방함으로써 학습한다.

① 톨만(E. C. Tolman)의 기호형태이론
② 반두라(A. Bandura)의 사회인지이론
③ 노만(D. A. Norman)의 정보처리이론
④ 로저스(C. R. Rogers)의 인간주의학습이론

정답 01 ②

Theme 132 드웩(Dweck)의 능력에 대한 견해(mindset)

1 이론의 배경
① 아동은 실패에 대한 귀인 양상이 다름 ⇨ 무기력한 아동은 실패를 능력 부족으로 귀인하나, 숙달지향적 아동은 보다 생산적인 것에 귀인함
② 귀인은 결국 아동이 능력에 대해 가지고 있는 생각에 의해 영향을 받음
③ 어린 아동은 주로 능력이 노력을 통하여 향상될 수 있다는 견해를 가지며, 나이가 들수록 능력은 고정적이라는 견해를 가지게 됨
④ 아동이 능력에 대해 어떤 생각을 갖고 있는지가 실패에 대한 귀인에 영향을 주고, 이에 따라 후속 상황에서의 목표에 대한 기대와 그들이 취할 행동이 결정됨

출제 Pick!
☆ 능력에 대한 두 가지 견해 각각의 정의 및 특징

2 능력에 대한 두 가지 견해(고정적 vs. 증가적)

구분	고정적(실체적, 총체적) 신념 (entity view of ability)	성장(증가적, 향상적) 신념 (incremental view of ability)
정의	지능은 고정되어 있다고 믿음 ⇨ 능력은 안정적이고 통제 불가능한 특성으로, 변화시킬 수 없는 타고난 개인의 특성임	지능은 성장한다고 믿음 ⇨ 능력은 비안정적이고 통제 가능하며, 개인의 노력으로 변화시킬 수 있는 특성임
목표지향	수행목표 지향	숙달목표 지향
과제 선택	똑똑하게 보여서 자존심을 세울 수 있는 과제를 선택. 너무 많은 노력을 기울이거나 실패 부담을 안지 않고 잘할 수 있는 과제를 선택함	자신의 문제해결 과정을 향상시키고 좋은 전략을 세울 수 있는 과제를 선택함(시험성적이나 점수의 획득보다 우선시함)
성공의 의미	다른 사람보다 똑똑해지는 것	향상과 숙달
실패의 귀인	낮은 지능(타고난 능력)	부족한 노력과 서투른 전략
노력의 정의	노력은 낮은 지능을 의미함	노력이 지능을 활성화하고 사용함
학습 전략	피상적 정보처리, 기계적 학습전략	심층적 정보처리, 메타인지전략
부족함에 대한 반응	회피적, 방어적으로 대응 자기 손상화 전략 사용	학습의 기회로 인식 자신의 부족함을 인정하고 직면함
실패 후 사용 전략	덜 노력, 더 방어적	더 많은 노력, 자기계발
실패 후 수행	나빠짐	같거나 향상됨

Level Up
심층적 정보처리방식과 피상적 정보처리방식
1. **심층적 정보처리방식** (deep-processing approach)
   - 학습에 대한 관점: 학습은 기저에 깔린 개념이나 의미를 이해하는 것
   - 학습자 특성: 학습 그 자체를 위해 학습하는 경향이 있기 때문에 어떻게 평가될지에 대한 걱정을 덜 하는 편. 동기화되어 있음
2. **피상적 정보처리방식** (surface-processing approach)
   - 학습에 대한 관점: 학습은 단순히 기억하는 것. 깊은 이해 시도 X
   - 학습자 특성: 학습 그 자체보다는 성적이나 외부 요소에 동기화되어 있음

Theme 132 기출 CHECK!

*해당 테마는 기출문제가 없어 '확인문제'를 수록하였습니다.

01 빈칸에 알맞은 말을 쓰시오.

● 확인문제

> 드웩(Dweck)은 아동의 실패에 대한 귀인 양상이 다르며 이는 능력에 대한 신념에서 비롯된다고 보았다. 능력에 대한 신념은 지능이 고정되어 있으며 통제 불가능한 특성이라고 믿는 (A) 신념과 지능이 성장하며 비안정적이고 통제 가능하여 개인의 노력으로 변화시킬 수 있는 특성이라 믿는 (B) 신념으로 나뉜다.

• A : _____   • B : _____

정답 01 A – 고정적(실체적, 총체적) 신념 / B – 성장(증가적, 향상적) 신념

Theme 133 셀리그만(Seligman)의 학습된 무기력

기출
02 초등, 00 초등

출제 Pick!
☆ 학습된 무기력의 개념, 영향, 특징
☆ 학습된 무기력에서 벗어나도록 돕는 방안

1 개념 ☆
① 통제가 어려웠던 이전 경험에 근거하여 자신의 어떤 노력도 실패할 것이라고 생각하는 것
② 셀리그만의 동물연구에서 시작된 개념 ⇨ 피할 수 없는 전기쇼크를 경험한 개
 ⇨ 피할 수 있는 후속 상황에서도 쇼크를 피하려는 행동을 보이지 않음
③ 학습된 무기력 상태의 학습자는 실패를 당연시하며 학습에 대한 시도를 하지 않음

2 영향 ☆
① 동기적 결손, 인지적 결손, 정서적 결손 ⇨ 성공에 대한 낮은 기대, 수동적인 학습 참여, 쉬운 포기, 우울감, 식욕 감퇴, 학업성취 저하
 ㉠ **동기적 결손** : 자발적으로 반응(학습, 노력)하려는 동기를 저하시킴
 ㉡ **인지적 결손** : 자신의 반응이 실제로 효과가 있다는 것을 인지하지 못함
 ㉢ **정서적 결손** : 우울증이나 불안, 자존감의 저하와 같은 정서적 동요를 경험함

3 특징 ☆
① 학업적 자아개념이 매우 부정적임
② 아무리 열심히 노력해도 성공할 수 없을 것이라고 생각함
③ 어떤 과업이 주어지면 실패할 것이라는 부정적인 기대를 갖고 있음
④ 수동성, 우울, 인내성의 부족, 자기통제성의 결여 등과 같은 증상을 보임
⑤ 실패의 원인을 내적·안정적·통제 불가능한 것에 둠

4 학습된 무기력에서 벗어나도록 돕는 방안
① 실패로부터 과잉보호 금지
② 통제감을 경험할 수 있는 환경 제공
③ 반복적으로 어려운 과제를 부과하지 않기
④ 실패 수용을 위한 사전 정보 제공
⑤ 구체적인 피드백
⑥ 귀인 변경
 ㉠ 실패를 능력 부족으로 귀인하는 학생에게 노력 부족이나 학습전략 부족 등 통제할 수 있는 요인으로 귀인을 바꿀 수 있도록 함
 ㉡ 실제로 능력 부족이 원인일 경우는 과제 난이도를 낮춤

Theme 133 기출 CHECK!

01 다음 그림에 있는 두 그래프는 학생이 지속적으로 성공 또는 실패를 경험한 기간과 어떤 정의적 특성과의 관계를 보여주는 것이다. 이 그래프가 보여주는 정의적 특성은? • 02 초등

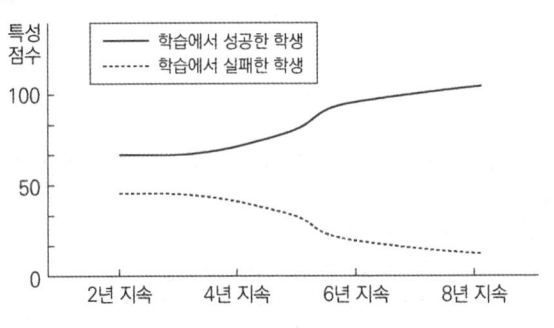

① 자아 개념   ② 우울증   ③ 시험 불안   ④ 정서 불안

02 다음은 어느 학생의 특성을 기술한 것이다. 이 학생의 특성을 가장 적절하게 설명하는 용어는? • 00 초등

- 학업적 자아개념이 매우 부정적이다.
- 아무리 열심히 노력해도 성공할 수 없을 것이라고 생각한다.
- 어떤 과업이 주어지면 실패할 것이라는 부정적인 기대를 갖고 있다.
- 수동성, 우울, 인내성의 부족, 자기통제성의 결여 등과 같은 증상을 보인다.

① 욕구좌절   ② 시험불안   ③ 학습된 무력감   ④ 학습의 고원 현상

정답 01 ①   02 ③

Theme 134 목표지향이론

기출: 23 중등, 12 중등, 10 초등, 08 초등, 01 초등

1 목표지향
성취행동에 개입하는 목적과 이유, 수행의 성공 및 실패의 판단 기준

2 숙달목표와 수행목표

구분	숙달목표	수행목표
정의	• 자신의 역량 향상과 발전을 위해 학습하고 숙달하고자 하는 목표	• 자신의 역량과 능력을 증명하고자 하는 목표
귀인	• 긍정적·적응적 귀인 • 실패 시 노력에 귀인함	• 부정적·부적응적 귀인 • 실패 시 능력에 귀인함
정서	• 노력으로 인한 성공 ⇨ 자부심 • 노력 부족으로 인한 실패 ⇨ 죄책감 • 학습에 대한 긍정적 태도 • 학습에 대한 내재적 흥미 및 동기	• 실패 후의 부정적 정서 예 공포, 시험불안 • 학습에 대한 무관심한 태도 • 학습에 대한 외재적 동기
인지	• 심층적인 인지처리전략 사용 • 계획, 인식, 자기점검과 같은 자기조절전략 사용	• 피상적인 인지처리전략 사용 • 표면적·기계적인 학습전략 사용
행동	• 도전적인 과제 선택 • 새로운 과제에 개방적·모험적 태도 • 높은 수준의 성취도 • 적응적인 도움행동 추구	• 쉽거나 매우 어려운 과제 선택 • 새로운 것을 시도하는 것을 주저 • 낮은 수준의 성취도 • 적응적인 도움행동 부족
기타 특징	• 도전적이고 의미 있는 과제에 가치를 부여함	• 개인의 지적 능력은 변하지 않는다는 관점을 갖기 쉬움 • '우리 반 광수보다 더 높은 점수 받기'와 같은 목표를 설정함

3 2×2목표 구조

목표지향성	접근(approach)에 초점	회피(avoidance)에 초점

숙달	• 과제의 숙달과 학습, 이해가 목표
	  예 '나는 수업에서 가능한 많은 것을 배우고 싶어.'
	• 학습에 대한 내재적 흥미와 긍정적 태도, 높은 학습 참여도
	• 학습의 내재적 가치 존중
	• 자기조절, 심층적 정보처리와 관련된 학습전략
	• 도전적 과제 선호
	• 실패는 노력 부족으로 귀인
		• 과제를 이해하지 못하는 상황을 피하려는 목표
		  예 '나는 오늘 배운 것을 이해하지 못하면 안 돼.'
		• 오류를 범하는 것을 기피
		• 학습전략의 퇴보를 기피
		• 정답을 정확히 맞히는 것에 초점을 둔 완벽주의적 경향

수행	• 우수하고, 이기고, 최고가 되는 게 목표
	  예 '나는 오늘 시험에서 다른 친구들보다 좋은 점수를 얻을 거야.'
	• 유능하게 평가받는 것에 초점
	• 자기가치감을 높이는 방향으로 학업에 임함
	• 학습은 목표달성을 위한 수단
	• 피상적·단기적 학습 전략 선호
	• 규준적으로 정의된 성공을 지향
	• 도전적 과제 기피
	• 실패는 능력 부족으로 귀인
		• 자신이 무능해 보이거나, 지는 것을 피하려는 목표
		  예 '나의 목표는 다른 친구들보다 낮은 점수를 받지 않는 거야.'
		• 꼴찌가 되지 않는 것, 낙제하지 않는 것
		• 방어적, 자신감 부족, 시험과 과제에 대한 불안 높음
		• **실패 회피 전략 채택**: 무관심, 속임수
		• 실패를 반복할 경우 학습된 무기력 상태의 학습자가 됨

출제 Pick!
☆ 숙달목표와 수행목표의 정의 및 특징
☆ 2×2목표 구조에 따른 각 목표지향성의 특징
☆ 숙달목표 촉진방안

Level Up
숙달목표 촉진방법
• 유능감 증진 기회 제공
• **자기지시적 학습기회 제공**: 사회적 비교평가 X, 학생 스스로 자신이 수행한 과제를 평가하도록 함. 유능성 획득 시 학생에게 책임 이전시킴
• 학습에 대한 기대와 내재적 가치 강조
• 학습과제를 스스로 선택하게 함
• 협동과 협력기회 제공
• 숙달과 능력 향상에 초점을 맞추어 피드백이나 보상 제공

Theme 134 기출 CHECK!

논술 기출 CHECK

평가 보고서에서 자기효능감 형성에 영향을 미친다고 분석한 요인에 따른 교수전략 2가지, 자기조절 과정에서 목표 설정 및 계획 단계 이후의 지원 방안 2가지를 쓰시오.
• 23 중등

학생 만족도 조사 결과

Q. 수업 내용과 과제의 수준이 적절하다.
(*5점 리커트 척도)

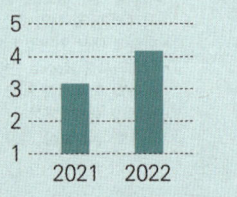

- 어려운 과제도 해결할 자신이 생겼어요.
- 공부하기 전에 목표를 설정하는 연습을 했던 것이 도움이 되었어요.

수업 내용과 과제의 수준에 실질적인 변화가 없었지만, 학생들의 만족도가 높아졌다. 이는 사회인지이론에서 제시한 자기효능감과 자기조절을 증진하기 위해 노력한 결과로 분석된다. 특히 자기효능감 형성에 영향을 미치는 숙달 경험과 대리 경험을 학생들에게 제공하고, 자기조절을 촉진하기 위해 학생들 스스로 목표 설정 및 계획 단계를 실행하도록 한 것이 효과적이었다. 향후 학생들의 자기효능감 향상을 위해 적절한 교수전략을 지속적으로 모색하고, 자기조절 과정에서 목표 설정 및 계획 단계 이후로 나아가도록 지원할 필요가 있다.

01 학습동기의 성취목표 이론에 근거할 때, 영희가 지향하는 목표가 무엇인지 서술하고 이에 부합하는 것을 〈보기〉에서 고르시오.

● 12 중등 변형

> 영희는 자신의 능력이 다른 사람의 능력과 어떻게 비교되느냐에 주된 관심을 갖고 있고, 학교에서 높은 성적을 받아 자신의 능력이 뛰어나다는 것을 보여주기 위해 공부한다.
>
> • 영희의 목표지향성 : _____

〈보기〉

ㄱ. 개인의 지적 능력은 변하지 않는다는 관점을 갖기 쉽다.
ㄴ. 학습과제를 선택할 때 도전적이고 새로운 과제를 선호한다.
ㄷ. 성공은 '내적이고 통제 가능한 원인'에서 비롯된다고 지각한다.
ㄹ. '우리 반 광수보다 더 높은 점수 받기'와 같은 목표를 설정한다.

① ㄱ, ㄴ   ② ㄱ, ㄹ   ③ ㄴ, ㄷ   ④ ㄴ, ㄹ   ⑤ ㄷ, ㄹ

02 다음 윤 교사의 견해를 설명할 수 있는 동기이론을 쓰시오.

● 10 초등 변형

> 윤 교사 : 실수를 해도 새로운 일에 도전하고 그 일을 하면서 느끼는 성취감이 중요하다고 생각하는 학생들이 있는 반면, 어떤 학생들은 점수도 점수지만 항상 친구들과의 비교를 중요하게 생각하더군요.

• _____

정답 01 영희의 목표지향성 – 수행목표 / ②   02 목표지향이론

03 동기의 성취목표이론에서는 목표를 수행목표(performance goal)와 학습목표(learning goal)로 구분한다. 학습목표 지향적인 학생들의 특성을 모두 고르면?
● 08 초등

> 가. 실수를 했을 때 그것을 인정하지 않고 당황스러워 한다.
> 나. 어려운 과제에 직면했을 때 타인의 도움을 적극적으로 요청한다.
> 다. 실패했을 때 자신의 노력보다는 능력의 부족에서 그 원인을 찾는다.
> 라. 내재적 동기가 높으며, 도전적이고 의미 있는 과제에 가치를 부여한다.

① 가, 다   ② 가, 라   ③ 나, 다   ④ 나, 라

04 아래 표는 성공추구동기가 실패회피동기보다 강한 학습자가 과제를 성공 혹은 실패하였을 경우, 동일한 과제를 반복적으로 하고 싶은 동기의 변화를 보여주고 있다. 빈칸에 들어갈 내용으로 적절한 것은?
● 01 초등

	성공추구동기 > 실패회피동기
과제의 성공	(가)
과제의 실패	(나)

(+ : 동기의 증가, - : 동기의 감소)

	(가)	(나)			(가)	(나)
①	-	-		②	-	+
③	+	-		④	+	+

정답 03 ④ 04 ②

Theme 135 파블로프(Pavlov)의 고전적 조건형성

기출 09 초등, 06 중등

학습 Check ○○○○○

1 개념 ☆
① 원래 아무 반응을 일으키지 못했던 '중성 자극'이 본능적인 생리반응이나 정서반응을 유발하는 '무조건 자극'과 연합되어 표면적으로 동일한 반응을 이끌어내도록 학습되는 현상
② 고전적 조건형성을 위해 가장 중요한 것은 중성 자극과 무조건 자극의 연합

2 과정 ☆

구분	내용
무조건 자극	본능적(학습되지 않은) 생리 반응 또는 정서 반응을 일으키는 사물이나 사건 예 음식, 불
무조건 반응	무조건 자극에 의한 본능적 생리 반응 또는 정서 반응 예 침 분비, 회피행동 또는 두려움
중성 자극	무조건 자극과 연합되기 이전의 사물이나 사건(어떠한 조건 반응도 일으키지 못함) 예 조건화되기 이전의 종소리
조건 자극	무조건 자극과 연합된 사물이나 사건 예 종소리
조건 반응	무조건 반응과 동일하지만 학습된 생리 반응 또는 정서 반응 예 종소리에 대해 침 분비, 종소리에 대한 회피행동 또는 두려움

3 관련 현상 ☆
① **자극의 일반화(generalization)** : 똑같지 않은 비슷한 자극이 동일한 조건 반응을 이끌어내는 것
② **변별(discrimination)** : 유사한 자극에 서로 다른 반응을 보이는 것
③ **소거(extinction)** : 무조건 자극이 주어지지 않고 조건 자극만 반복적으로 주어져서 조건 자극이 더 이상 조건 반응을 이끌어내지 못하게 되는 것
④ **자발적 회복(spontaneous recovery)** : 소거가 완료된 후 일정 기간 훈련을 중지했다가 조건 자극을 다시 제시하면 조건 반응이 재출현하는 것
⑤ **고차적 조건화(higher-order conditioning)** : 조건 자극이 형성되고 나면 조건 자극은 무조건 자극과 같은 역할을 하게 되기 때문에, 제2의 중성 자극과 짝지어질 경우 제2의 조건 자극이 되어 조건 반응을 형성하게 됨
⇨ 이 방식으로 제3, 제4의 조건 자극을 형성할 수 있음 ⇨ 이러한 조건화를 '고차적 조건화'

출제 Pick!
☆ 고전적 조건형성 개념, 과정
☆ 관련 현상의 명칭과 개념

Theme 135 기출 CHECK!

01 〈보기〉는 초등학교 교사가 행동주의 학습이론을 교실 수업에 적용한 사례들을 조사한 것이다. 고전적 조건형성의 원리에 기초하고 있는 교사의 행동을 고른 것은?
● 09 초등

───────────〈보기〉───────────
ㄱ. **김 교사**: 수학 시간에 학생들에게 '1/2+1/4=?'의 문제를 내주고 먼저 풀이 과정에 대한 시범을 보인 후, 학급의 모든 학생이 다 풀 수 있을 때까지 연습을 시켰다.
ㄴ. **박 교사**: 신학기 첫날부터 매일 아침, 반 학생들에게 반갑게 미소를 짓고 등을 다독이며 친근감을 표시하고, 자주 유머를 사용하여 그들을 즐겁게 해주려고 노력하였다.
ㄷ. **정 교사**: 반 학생들에게 과제를 제시한 후 교실을 돌아다니면서, 조용히 과제를 수행하고 있는 학생에게 도서상품권을 나누어 주고 서점에서 책을 살 때 사용하도록 하였다.
ㄹ. **최 교사**: 일제고사를 앞둔 학생들에게 시험범위는 물론 문제형식과 수험요령 등 관련 정보를 자세히 알려 주고, 시험 직전에는 심호흡을 유도하여 그들의 불안감을 해소해 주려고 노력하였다.

① ㄱ, ㄴ ② ㄱ, ㄷ ③ ㄴ, ㄷ ④ ㄴ, ㄹ ⑤ ㄷ, ㄹ

02 〈보기〉의 조건화 과정에서 무조건 자극, 중립 자극 및 조건 자극에 해당하는 요소들을 바르게 짝지은 것은?
● 06 중등

───────────〈보기〉───────────
1995년에 가영이는 A 중학교에 입학하였다. 그곳에서 가영이는 담임선생님의 칭찬을 받으면서 즐거운 학교 생활을 보냈고, 성적도 향상되었다. 3년이 경과한 1998년에 가영이는 고등학교에 진학하였는데, 등하교 시 전에 다녔던 A 중학교를 지날 때마다 그 학교에서의 좋은 일들이 떠올라 유쾌해졌다.

	무조건 자극	중립 자극	조건 자극
①	칭찬	A 중학교(1998년)	A 중학교(입학 시)
②	A 중학교(입학 시)	A 중학교(1998년)	칭찬
③	칭찬	A 중학교(입학 시)	A 중학교(1998년)
④	A 중학교(1998년)	A 중학교(입학 시)	칭찬

정답 01 ④ 02 ③

Theme 136 스키너(Skinner)의 조작적 조건화

기출
12 중등, 12 초등, 11 중등, 11 초등, 10 초등,
09 중등, 09 7급, 08 중등, 08 초등, 07 중등,
06 중등, 06 초등, 04 중등, 03 중등, 03 초등,
02 초등, 01 중등, 01 초등, 00 중등, 00 초등,
93 초등

1 조작적 조건화
① 행동한 뒤에 주어지는 결과에 따라 관찰 가능한 행동의 빈도와 강도가 변화하여 학습이 일어나는 현상을 설명하는 개념
② 행동 전에 주어지는 자극에 초점을 맞춘 '고전적 조건화'와 달리 행동 뒤에 따르는 결과에 따라 행동이 변화되는 것에 주목함

2 강화 ☆
① 행동이 다시 나타날 가능성을 증가시켜주는 사건
② **정적 강화** : 좋아하는 것을 제공하는 것으로, 특정 자극을 얻기 위해 행동이 증가하는 것
③ **부적 강화** : 싫어하는 것을 없애주는 것으로, 특정 자극을 제거하기 위해 행동이 증가하는 것

3 처벌 ☆
① 행동이 다시 나타날 가능성을 감소시켜주는 사건
② **수여성 처벌** : 특정한 행동에 싫어하는 자극을 주어 행동을 감소시키는 것
③ **제거형 처벌** : 특정한 행동에 좋아하는 자극을 제거하여 행동을 감소시키는 것

4 강화 계획
(1) 개념
① 행동의 결과로 제시되는 강화물을 어떻게 제공할지에 대한 계획
② 강화가 어떻게 주어지는가에 따라 이후의 행동이 달라질 것이라는 가정을 바탕으로 함

(2) 강화의 종류
① **계속적(연속적) 강화** : 모든 행동이 강화되는 것
② **간헐적 강화** : 간헐적으로 행동이 강화되는 것
　㉠ **간격강화** : 행동의 빈도와 관계없이 일정 시간 간격이 지나면 강화가 주어지는 것
　　• **고정간격강화** : 고정된 시간마다 강화 제공(예상 가능)
　　• **변동간격강화** : 변동된 시간마다 강화 제공(예상 불가능)
　㉡ **비율강화** : 행동이 일어나는 횟수에 따라 강화가 주어지는 것
　　• **고정비율강화** : 일정한 횟수의 반응 후 강화 제공(예상 가능)
　　• **변동비율강화** : 변동된 횟수의 반응 후 강화 제공(예상 불가능)

(3) 높은 행동빈도를 장기간 이끌어내는 강화계획
간격강화 < 비율강화, 고정비율강화 < 변동비율강화

5 응용행동분석
(1) 개념
행동주의 학습원리를 적용하여 개인의 행동을 체계적으로 변화시키기 위해 측정 가능한 과학적인 방법으로 분석하는 중재 전략

(2) 단계
① **목표행동 설정·초기 발생빈도 확인** : 변화시키려는 목표행동 설정 및 명확한 목표 진술, 정해진 시간 내 행동의 발생빈도 측정
② **강화나 처벌의 설정 및 실행** : 목표행동에 대한 강화나 처벌을 설정하고 행동이 나타날 때 실행
③ **목표 행동 변화 확인** : 강화나 처벌 실행 후, 목표행동의 변화 측정
④ **변화된 행동의 유지 및 일반화** : 목표행동이 변화했을 경우, 계속적 강화에서 간헐적 강화로 변경하여 유지될 수 있게 함

출제 Pick!
☆ 강화와 처벌의 개념
☆ 강화 계획의 종류
☆ 행동수정 기법

Level Up
강화·처벌의 실행 원칙
1. **유관성** : 목표행동과 유관하게 주어야 함
2. **일관성** : 일관성 있게 주어져야 함
3. **점진성** : 점진적으로 주어져야 함
4. **즉각성** : 행동 후 즉각적으로 주어져야 함
5. **충분성** : 충분한 정도로 주어져야 함

Level Up
행동수정 기법 ☆
1. **프리맥의 강화 원리** : 상대적으로 덜 좋아하는 행동(목표행동)을 마친 후의 강화물로 더 좋아하는 행동을 제공하여 목표행동을 하도록 하는 방법
2. **행동 계약** : 어떤 행동에 어떤 강화가 주어질지에 대해 교사와 학생 간의 합의적 계약을 맺는 방법
3. **모델링** : 모델 관찰을 통하여 새로운 행동을 학습하거나 이미 알고 있던 행동을 촉진하도록 함
4. **토큰강화** : 바람직한 목표행동 수행 시 다른 물건으로 교환 가능한 토큰(상징물) 제공함. 강화물이 포화되는 현상을 예방할 수 있음
5. **타임아웃** : 잘못된 행동을 한 아동을 다른 장소에 잠시 격리시키는 기법
6. **행동조성(shaping)** : 차별적 강화를 통해 목표행동에 점진적으로 접근하도록 하는 기법. 조작적 조건형성 시 활용
　• **점진적 접근** : 행동을 세부적으로 계열화하고 각 단계마다 적절량의 강화를 주는 방법
7. **체계적 둔감화** : 불안을 일으키는 자극에 대해 불안을 가장 적게 일으키는 자극부터 가장 많이 일으키는 자극의 순서로 불안위계표를 작성하고 역조건화를 통해 불안을 형성한 조건형성을 깨뜨리는 방법
8. **역조건화** : 역조건 형성을 통해 나쁜 습관을 바람직한 습관으로 대치하는 방법. 고전적 조건화 사용
9. **상반행동 강화** : 상반행동을 강화하여 문제행동을 감소시키는 방법

Theme 136 기출 CHECK!

01 다음 세 명의 교사가 학생의 행동 특성을 변화시키기 위해 제안한 상담 기법이 무엇인지 쓰시오. • 12 중등 변형

> 김 교사 : 명수는 숙제를 해오지 않는 경우가 많습니다. 이 문제를 해결하기 위해 부모님과 의논해서, 숙제를 모두 마치면 명수가 좋아하는 인터넷 게임을 할 수 있도록 해주는 것이 좋을 것 같습니다.
> 박 교사 : 영수는 교사의 지속적인 칭찬이 있을 때에는 주의 집중하거나 과제물을 챙겨오는 등 긍정적 행동변화를 보이지만, 그 행동이 계속 유지되지 못하는 경향이 있습니다. 긍정적인 행동변화를 지속시키기 위해 매번 칭찬하기보다는 가끔씩 하는 것이 좋을 것 같습니다.
> 서 교사 : 진수는 학교에서 당번이 되어 화장실 청소하는 것을 매우 싫어합니다. 그리고 과제물을 챙겨 오지 않는 경우가 빈번하여 학습에 지장을 초래하곤 합니다. 진수가 과제물을 잘 챙겨 오도록 하기 위해, 과제물을 챙겨 올 경우 화장실 청소를 면제해 주는 방법이 좋을 것 같습니다.

• 김 교사 : _____   • 박 교사 : _____   • 서 교사 : _____

02 응용행동분석의 한 기법인 행동조성(shaping)에 관한 설명으로 가장 적절한 것은? • 12 초등
① 고전적 조건형성의 원리를 이용해서 행동을 변화시킨다.
② 역조건 형성을 통해 나쁜 습관을 바람직한 습관으로 대치한다.
③ 상반행동(incompatible behavior)을 강화하여 문제행동을 감소시킨다.
④ 상대적으로 선호도가 높은 활동을 강화물로 사용하여 선호도가 낮은 활동을 증가시킨다.
⑤ 차별적 강화를 이용하여 목표행동에 도달할 때까지 목표와 근접한 행동들을 점진적으로 형성해간다.

03 효과적인 교수·학습을 위해 행동주의 관점에서 강화를 사용하고자 할 때 올바른 방법은? • 11 중등
① 새로운 주제의 초기 학습 단계라면 계속강화계획보다 간헐강화계획을 사용한다.
② 학생의 나쁜 습관을 없애고자 한다면 그 행동을 보일 때 부적 강화를 사용한다.
③ 학습이 진행되는 동안 점진적으로 강화의 제시 횟수를 줄이고 제시 간격을 넓힌다.
④ 강화 제공의 시점을 특별히 정해두지 않았다면 즉시강화보다 지연강화를 사용한다.
⑤ 학습자의 반응 지속성을 높이기 위해서는 변동강화계획보다 고정강화계획을 사용한다.

정답 01 김 교사 – 프리맥의 강화 원리 / 박 교사 – 간헐적 강화 / 서 교사 – 부적 강화   02 ⑤   03 ③

04 다음의 (가)와 (나)에서 최 교사가 학생들의 문제를 해결해 주기 위해 사용한 상담기법을 쓰시오. ● 11 초등 변형

> (가) 수희는 학생들 앞에서 발표할 때마다 앞이 캄캄해지고 전날 준비한 발표 내용이 전혀 기억나지 않는다. 어지럼증이 나고 숨쉬기도 힘들어진다. 최 교사는 먼저 수희에게 이완 훈련을 실시한 후 긴장될 때마다 이를 활용하도록 하였다. 다음으로는 불안을 유발하는 요인들을 그 강도에 따라 순서대로 적어 보도록 하였다. 마지막으로 이완된 상태에서 발표 장면을 상상하며 불안 강도가 낮은 것부터 높은 것까지 떠올려 보는 연습을 반복하게 하였다.
>
> (나) 재 영 : 선생님, 저는 엄마 잔소리 때문에 괴로워요. 엄마는 제가 조금만 쉬고 있어도 "공부 안 하니?"라고 하고, 학교 마치고 집에 조금만 늦게 가도 "왜 이렇게 늦게 오니?" 하며 야단치세요. 엄마는 칭찬은 않고 늘 꾸중만 하세요.
> 최 교사 : 엄마가 잔소리하고 야단만 쳐서 속상한 모양이구나. 그런데 그건 너에 대한 엄마의 관심의 표현일 거야. 너를 많이 사랑해서 그러시는 게 아닐까?

• (가) : _____   • (나) : _____

05 철수에게 태권도 품세를 노래에 맞추어 가르치는 교사의 수업 장면이다. 다음의 내용과 그에 해당하는 행동주의 학습 원리를 옳게 연결한 것은? ● 10 초등

> ㄱ. 노래를 여덟 소절로 나누고, 각 소절마다 네 가지의 품세들을 배열하였다.
> ㄴ. 수업 시작부터 장난을 치며 친구들을 방해한 철수에게 점심시간에 좋아하는 축구를 하지 못하도록 하였다.
> ㄷ. 의기소침해 있는 철수를 수업에 집중시키기 위해, 철수가 동작을 정확하게 수행할 때마다 칭찬을 해주었다.
> ㄹ. 철수의 수업 집중도가 높아진 후에는 정확한 행동을 세 번 하면 한 번씩 칭찬하였다.

	ㄱ	ㄴ	ㄷ	ㄹ
①	과제분석	부적 강화	계속적 강화	고정비율 강화
②	과제분석	제거성 벌	프리맥 원리	변동간격 강화
③	과제분석	제거성 벌	계속적 강화	고정비율 강화
④	응용행동분석	제거성 벌	계속적 강화	변동간격 강화
⑤	응용행동분석	부적 강화	프리맥 원리	변동간격 강화

정답 04 (가) – 체계적 둔감법 / (나) – 재구조화   05 ③

06 책상 앞에 앉아 공부하는 습관을 들이도록 다음과 같은 행동조성(behavior shaping) 절차를 적용하였다. 여기에서 사용되지 <u>않은</u> 기법은?
● 09 중등

> • **목표행동** : 책상 앞에 앉아 90분 이상 공부하는 습관을 들이도록 한다.
> • **기저선** : 학교에서 돌아온 후 책상 앞에 앉아 공부하는 시간은 평균 20분 정도였다.
> • **강화물** : 자유 시간을 준다.
> • **목표행동 세분화** : 책상 앞에 앉아 공부하는 시간은 30분, 60분, 90분으로 세분화하였다.
> • **강화계획 1** : 처음 1주일 동안에는 30분 이상 책상 앞에 앉아 공부한 날에만 자유 시간 30분을 주었다.
> • **강화계획 2** : 2주일째부터는 60분 이상 책상 앞에 앉아 공부한 날에만 자유 시간 30분을 주었다.
> • **강화계획 3** : 3주일째부터는 90분 이상 책상 앞에 앉아 공부한 날에만 자유 시간 60분을 주었다.
> • **강화계획 4** : 4주일째부터는 90분 이상 책상 앞에 앉아 공부한 날이라도 어떤 날은 자유 시간 60분을 주고, 어떤 날은 자유 시간을 주지 않았다.

① 간헐적 강화 ② 점진적 접근 ③ 차별적 강화 ④ 연속적 강화 ⑤ 대리적 강화

07 체계적 둔감화(systematic desensitization)의 예로 적절한 것은?
● 09년 공무원 7급
① 지각을 자주하는 찬혁이는 좀 더 일찍 일어나야겠다고 스스로 다짐하였다.
② 은미는 심부름을 도울 때마다 엄마에게 초콜릿을 선물로 받았다.
③ 경민이는 얕은 물에서부터 점차 깊은 물로 들어가는 상상과 긴장이완을 통해 물에 대한 두려움을 줄여나갔다.
④ 잘하는 것이 없다고 고민하던 승아는 어려움을 극복해내는 영화의 주인공을 보고 자기도 열심히 노력하기로 마음먹었다.

08 수업에서 활용한 상담기법과 내용이 무엇인지 각각 쓰시오.
● 08 중등 변형

> 김 교사는 수학시간에 ㉠일차 방정식을 푸는 과정을 보여 주고 학생들에게 그 방법을 적용하여 문제를 따라서 풀어 보도록 하였다. 그리고 ㉡학생들이 문제를 맞게 풀 때마다 칭찬을 하고 스티커 한 장을 주며 네 장 이상 모으면 자기가 하고 싶은 활동을 해도 좋다고 허락하였다. ㉢문제를 풀지 않고 떠들거나 다른 행동을 하는 학생에게는 교실 뒤편에 서서 김 교사가 풀어 놓은 방정식을 풀어보도록 하였다.

• ㉠ : _____

• ㉡ : _____

• ㉢ : _____

정답 06 ⑤ 07 ③
08 ㉠ 모델링 – 모델관찰을 통해 새로운 행동을 학습하거나 이미 알고 있던 행동을 촉진하도록 함
㉡ 토큰강화 – 바람직한 목표행동 수행 시 다른 물건으로 교환 가능한 토큰(상징물) 제공
㉢ 타임아웃 – 잘못된 행동을 한 아동을 다른 장소에 잠시 격리시키는 기법

09 <보기>의 (가)와 (나)에 해당하는 행동수정기법은?
●08 초등

─ <보기> ─
(가) 김 교사는 수업시간에 장난치는 영수의 행동을 고치기 위해 영수가 그런 행동을 보일 때 교실 뒤로 보내서 5분간 벽을 보고 서 있도록 하였다.
(나) 최 교사는 미영이가 수업시간에 발표를 잘 할 수 있도록 하기 위해 교사와 눈 맞추기, 발표하기 위해 손들기, 일어서서 발표하기 등의 행동변화 단계를 정하고, 미영이가 그 행동을 했을 때 적절한 강화물을 제공하였다.

	(가)	(나)
①	소멸	고정간격강화
②	소멸	행동형성법
③	타임아웃	행동형성법
④	타임아웃	고정간격강화

10 다음은 조작적 조건형성의 원리에 기초하여 현수의 부적응 행동을 교정하기 위해 김 교사가 실행한 조치들이다. 순서를 바르게 배열하시오.
●07 중등 변형

ㄱ. 김 교사는 '욕하기', '자리에서 이탈하기', '친구와 사이좋게 지내기' 등 3개의 표적행동을 설정하였다.
ㄴ. 김 교사는 현수가 이탈하는 행동에 대한 추가적 개입을 계획하였다. 즉 그는 별도의 장소를 지정하여 현수가 자리를 뜨고 싶을 때 갈 수 있도록 허용하였다.
ㄷ. 김 교사는 배려와 칭찬을 일차적으로 강화인으로 사용하였으며, 바람직하지 않은 행동이 줄어들지 않을 경우에는 처벌하였다. 또한 현수에게 자신의 행동을 스스로 점검하게 하였다.
ㄹ. 김 교사는 일정 기간 현수의 행동을 관찰하여 기초선자료를 수집하였다. 행동의 발생빈도는 '욕하기' 20회, '자리에서 이탈하기' 15회, '친구와 사이좋게 지내기' 2회로 나타났다.
ㅁ. 김 교사는 강화와 처벌 및 자기 점검의 효과를 알아보기 위해 행동의 변화를 측정하였다. 그 결과 2주 후에는 '욕하기'가 13회로 감소하였으며, 또한 '자리에서 이탈하기'를 제외한 나머지 행동에서 긍정적 효과를 보였다.

• _____

11 놀기를 좋아하고 수학공부를 싫어하는 민지에게 어머니께서는 "수학 공부를 2시간 하면, 1시간 놀 수 있도록 해 주겠다."라고 말씀하셨다. 민지의 어머니가 적용한 강화 기법은?
●06 중등

① 비율 강화   ② 사회적 강화   ③ 행동 연쇄법   ④ 프리맥(Premack) 원리

정답 09 ③   10 ㄱ-ㄹ-ㄷ-ㅁ-ㄴ   11 ④

12 〈보기〉에서 교사가 사용하고 있는 강화의 원리는? ● 02 초등

―〈보기〉―
학생들 : 싫어요! 또 산수 문제를 풀어야 하나요. 옆 반은 만화 영화를 보고 있어요.
교　사 : 옆 반은 어제 이 산수 문제를 다 풀었어. 우리도 거의 다 끝났잖아.
학생들 : 우리도 만화 영화 봐요. 그렇게 해 주세요.
교　사 : 만일 열심히 산수 문제를 다 푼다면 재미있는 만화 영화를 보여주지.
학생들 : 네! 좋아요.
교　사 : 자, 빨리 시작해야지.

① 프래맥(Premack)의 원리　　　　　　　② 변동 간격 강화의 원리
③ 간헐 강화의 원리　　　　　　　　　　④ 계속 강화의 원리

13 박 교사는 학생들에게 "여러분, 지금부터 30분 동안 인터넷에서 유럽의 도시 사진을 찾아보세요. 5개를 찾을 때마다 손을 들면 내가 스티커를 붙여 주겠어요."라고 말했다. 박 교사가 사용한 강화 계획은? ● 06 초등

① 고정간격강화　　　② 고정비율강화　　　③ 변동간격강화　　　④ 변동비율강화

14 다음과 같은 강화계획의 유형은? ● 04 중등

스티커 10장을 모으면 '환경왕' 메달을 수여하기로 하고, 교실 바닥의 쓰레기를 줍거나 거울을 닦는 등 환경 미화를 위한 바람직한 행동을 한 번 할 때마다 스티커를 하나씩 주었다.

① 고정비율　　　② 고정간격　　　③ 변동간격　　　④ 변동비율

15 조건화 이론에 따른, 행동 형성을 위한 교수 활동이 아닌 것은? ● 03 중등

① 이타적 행동 형성을 위하여 봉사활동 5회당 3점의 가산점을 사회 과목에 부여한다.
② 학습동기 유발을 위하여 쪽지 시험의 결과에 따라 다양한 스티커를 붙여준다.
③ 소극적인 학생의 발표력 향상을 위하여 학생이 정답을 말할 기회를 주고 칭찬한다.
④ 새로운 학습을 위하여 사전 학습내용을 활성화시키고 인지도(cognitive map)를 그리게 한다.

정답 12 ①　13 ②　14 ①　15 ④

16 수업시간이 너무 소란스러워 떠드는 아이들에게 체벌을 가하였더니 조용해졌다. 이런 일이 반복된 후 교사의 체벌이 잦아졌다. 이러한 사태를 행동주의 학습이론 중 강화이론으로 해석할 때, 교사의 체벌행동의 빈도를 높인 강화물은? • 03 초등

① 학생들의 소란행위
② 학생들의 조용해진 행동
③ 체벌을 받는 학생의 생각
④ 체벌행동을 하는 교사의 의지

17 부적(負的) 강화를 설명한 것은? • 01 중등

① 숙제를 해왔을 때 칭찬을 하였다.
② 게임기를 치움으로써 숙제에 몰두하게 했다.
③ 수업시간에 떠드는 학생을 교실 밖으로 나가게 했다.
④ 협동과제를 잘 수행한 학생에게 대용경제물인 토큰을 주었다.

18 영희는 수학시간에 5개의 문제를 잘 풀어 담임선생님으로부터 칭찬을 받았고, 국어시간에도 3개의 문제를 잘 풀어 담임선생님으로부터 칭찬을 받았다. 영희의 담임선생님이 사용한 강화계획은? • 01 초등

① 고정비율강화 ② 변동비율강화 ③ 고정간격강화 ④ 변동간격강화

정답 16 ② 17 ② 18 ②

19 학습을 '경험이나 연습을 통하여 학습자들에게 일어나는 비교적 지속적인 행동이나 인지의 변화'라고 정의할 때 학습의 영역을 바르게 나타낸 것은?
● 00 초등

- A : 개인에게 일어나는 변화
- B : 생득적 반응 경향에 의한 변화
- C : 성숙에 의한 자연적 변화
- D : 일시적 변화

① 학습(L) = A − (B + D)
② 학습(L) = A − (B + C + D)
③ 학습(L) = B + C
④ 학습(L) = B + C + D

20 행동주의가 교수설계에 주는 시사점으로 가장 적절한 것은?
● 00 중등

① 피드백의 중요성을 강조한다.
② 사고의 과정과 탐구기능을 강조한다.
③ 학습자의 능동적인 참여를 강조한다.
④ 학습자의 내재적 동기의 중요성을 강조한다.

21 다음과 같은 행동수정기법을 무엇이라 하는가?
● 93 초등

고립적 행동이 심한 학생인 인호가 친구들과 어울려서 놀고 있을 때에는 교사가 많은 관심과 칭찬을 해주고 혼자 놀고 있을 때에는 무관심하게 대했다. 그 결과 인호는 또래들과 어울려서 노는 빈도가 많아졌다.

① 포화
② 프리맥 원리
③ 행동형성
④ 상반행동 강화

정답 19 ② 20 ① 21 ④

Theme 137 반두라(Bandura)의 사회인지 학습이론

학습 Check ○○○○○

기출
23 중등, 16 중등, 12 초등, 08 초등, 07 중등, 06 중등, 05 중등

1 개념
다른 사람의 행동과 그 결과를 관찰하거나 자신이 한 행동의 결과를 어떻게 지각하는가에 따라 학습이 다르게 일어난다는 것 ⇨ 대리학습, 간접학습

2 모델링(modeling)
(1) 개념 ☆
  ① 모델을 관찰한 결과로 발생한 행동, 인지, 정서의 변화
  ② 사회인지 학습이론: 사회에 대한 인지가 가장 중요한 학습의 원천

(2) 과정 ☆
  ① 주의집중: 모델의 행동에 주의를 기울이는 단계
  ② 파지: 주의집중된 정보를 기억 속에 저장하는 단계
  ③ 재생산: 관찰하여 파지했던 행동을 실제로 수행하여 피드백 받는 단계
  ④ 동기화: 관찰한 행동을 재생산할지에 대한 동기를 부여하는 단계
    ㉠ 직접강화: 재생산한 행동에 대해 직접적으로 강화를 받음
    ㉡ 대리강화: 모델이 특정행동에 대한 강화받는 모습을 관찰함
    ㉢ 자기강화: 외부 강화가 아닌 스스로 만족하여 동기화

(3) 모델의 효과성 결정 요인
지각된 능력이나 지위, 지각된 유사성

(4) 효과 ☆
  ① 새로운 행동의 학습 ⇨ 모델 관찰을 통해 새로운 행동을 학습할 수 있음
  ② 이미 알고 있던 행동의 촉진
  ③ 억제 변화 ⇨ 대리처벌, 대리강화 관찰 ⇨ 옳지 않은 행동의 약화 혹은 강화
  ④ 정서 유발 ⇨ 모델의 정서 표출이 개인의 정서적 반응을 변화시킴

3 자기효능감
(1) 개념
특정한 목표를 달성해 낼 수 있다는 능력에 대한 신념

(2) 자기효능감 증진 방안
  ① 성공경험의 제공(달성 가능한 목표, 도전적 과제 + 코칭 + 스캐폴딩)
  ② 성공경험 모델링
    ㉠ 자신과 비슷한 타인의 성취를 관찰하는 모델학습
    ㉡ 협동학습을 통한 직·간접적인 성공경험
    ㉢ 동료의 성취경험 듣기
  ③ 권위자의 설득: 교사, 부모의 긍정적 피드백
  ④ 귀인훈련: 실패 귀인 시 노력 ⇨ 전략 ⇨ 포기 귀인

출제 pick!
☆ 모델링의 개념, 과정, 효과

Level Up

반두라의 상호 결정주의 (reciprocal determinism)
• 환경, 개인, 행동 간의 관계가 쌍방향적이라는 관점
• 환경, 개인, 행동이 분리된 것처럼 보이지만, 상호 의존적으로 개인의 기능에 영향을 미침 ➡ 행동주의와의 차이점. 행동주의는 환경과 행동 사이에서 환경이 일방적으로 행동을 야기하는 '일방적' 관계를 전제함

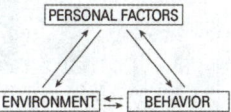

[그림 5-5] 반두라의 상호 결정주의

• 구성요소의 예시
  – 환경: 모델의 행동, 모델 행동의 결과, 주변 상황 등
  – 개인: 자기효능감, 기대, 목표 등
  – 행동: 개인의 반응적 행동

Theme 137 기출 CHECK!

논술 기출 CHECK

평가 보고서에서 자기효능감 형성에 영향을 미친다고 분석한 요인에 따른 교수전략 2가지, 자기조절 과정에서 목표 설정 및 계획 단계 이후의 지원 방안 2가지를 쓰시오.　　●23 중등

학생 만족도 조사 결과

Q. 수업 내용과 과제의 수준이 적절하다.

(*5점 리커트 척도)

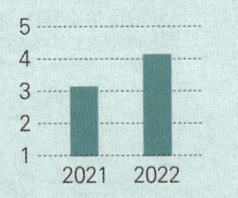

2021　2022

- 어려운 과제도 해결할 자신이 생겼어요.
- 공부하기 전에 목표를 설정하는 연습을 했던 것이 도움이 되었어요.

수업 내용과 과제의 수준에 실질적인 변화가 없었지만, 학생들의 만족도가 높아졌다. 이는 사회인지이론에서 제시한 자기효능감과 자기조절을 증진하기 위해 노력한 결과로 분석된다. 특히 자기효능감 형성에 영향을 미치는 숙달 경험과 대리 경험을 학생들에게 제공하고, 자기조절을 촉진하기 위해 학생들 스스로 목표 설정 및 계획 단계를 실행하도록 한 것이 효과적이었다. 향후 학생들의 자기효능감 향상을 위해 적절한 교수전략을 지속적으로 모색하고, 자기조절 과정에서 목표 설정 및 계획 단계 이후로 나아가도록 지원할 필요가 있다.

다음은 A 중학교에 재직 중인 김 교사가 작성한 자기계발계획서의 일부이다. 김 교사의 자기계발계획서를 읽고 예비교사의 입장에서 '교사가 갖추어야 할 역량'이라는 주제로 반두라(A. Bandura)의 사회인지학습이론에 제시된 개념 1가지를 논하시오.　　●16 중등

〈진로지도〉
- 선배들의 진로 체험담을 들려줌으로써 간접 경험 기회를 제공할 것
- 롤모델의 성공 혹은 실패 사례를 제공할 것

01 교사가 수업 중 적용한 전략으로 가장 적절한 것은? • 12 초등

> 교사 : 여러분, 지금까지 글을 잘 읽기 위한 방법을 설명해 보았어요. 이제부터는 선생님이 직접 글을 읽으면서 선생님이 생각하는 것을 여러분에게 말해 줄게요. 선생님이 이 방법들을 어떻게 사용하는지 잘 들어 보세요.
> 학생 : 네.
> (교사는 열대림의 생태계에 관한 글을 소리 내어 읽으면서 동시에 글을 읽는 과정에서 자신이 생각하는 것을 다음과 같이 학생들에게 독백 형식으로 이야기한다.)
> 교사 : 지금까지 글의 내용을 보면 열대림과 열대 우림의 의미가 다른 것 같은데 그 차이가 뭐지? 앞으로 이 글을 읽으면서 확인해 봐야겠어. ……(중략)…… 그러니까 지금까지의 내용을 간단히 정리해 보면, 열대 우림은 열대림 중 대표적인 것이고 이것은 다시 고도에 따라 산지 우림과 저지 우림으로 나뉜다는 것이네. ……(중략)…… 열대 우림이 생태계에 미치는 영향이 크다는 내용이 나왔으니 앞으로 열대 우림을 보호하기 위한 구체적인 방법에 대한 내용이 나오겠네.

① 암기법(mnemonics) ② 대조(contrast) ③ 모델링(modeling)
④ 조건화(conditioning) ⑤ 점진적 도움 줄이기(fading)

02 다음 중 사회학습이론(social learning theory)에 기초한 것끼리 묶인 것은? • 08 중등

> ㄱ. 통찰학습(insight learning) ㄴ. 관찰학습(observational learning)
> ㄷ. 프로그램학습(programmed learning) ㄹ. 자기조절학습(self-regulated learning)

① ㄱ, ㄴ ② ㄴ, ㄷ ③ ㄴ, ㄹ ④ ㄷ, ㄹ

03 〈보기〉의 내용과 가장 가까운 학습이론은? • 08 초등

> 〈보기〉
> • 환경, 개인, 행동은 서로 영향을 주고받는다.
> • 교사는 학생들의 자기효능감과 자기조절능력을 증진시켜야 한다.
> • 교사는 학생들이 학업성취에 대해 긍정적이고 현실적인 기대를 갖도록 해야 한다.
> • 학생들은 사회적 상황 속에서 다른 사람의 행동을 관찰하고 모방함으로써 학습한다.

① 톨만(E. C. Tolman)의 기호형태이론 ② 반두라(A. Bandura)의 사회인지이론
③ 노만(D. A. Norman)의 정보처리이론 ④ 로저스(C. R. Rogers)의 인간주의학습이론

정답 01 ③ 02 ③ 03 ②

04 다음 김 교사의 학급행동 관리 전략을 뒷받침하는 가장 적절한 이론은? ● 07 중등

> 김 교사는 학생들에게 수업 중에 질문이나 대답을 할 때는 손을 들어 허락을 받은 후 발표를 하도록 규칙을 정하였다. 그는 수업 첫날에 질문하고 대답을 할 때 손을 드는 학생들을 적극적으로 칭찬하였다. 그러자 1주일 후에는 학급의 모든 학생들이 이 규칙을 따르기 시작하였다.

① 조건반사이론 ② 통찰학습이론 ③ 사회학습이론 ④ 정보처리이론

05 다음에 해당하는 반두라(A. Bandura)의 관찰학습 과정의 단계는? ● 06 중등

> • 인지적 내적 시연(rehearsal)이 이루어진다.
> • 관찰된 모델의 행동이 시각적이거나 언어적인 형태로 부호화된다.
> • 관찰된 모델의 행동에 따라 자신이 행동하는 것을 마음속으로 상상해 본다.

① 파지 ② 일반화 ③ 주의 집중 ④ 동기 유발

06 다음은 반두라(A. Bandura)의 관찰학습 과정에 관한 모형도이다. 이를 한 학생이 연예인의 행동을 모방하게 되는 과정에 적용해 볼 때, B 단계에 해당되는 설명은? ● 05 중등

> 모방대상 → A → B → C → D → 수행

① 연예인의 행동을 상징적 기호로 저장한다.
② 연예인의 독특하고 재미있는 표정이나 몸짓에 주의를 기울인다.
③ 연예인의 행동과 같아지기 위해 연습을 반복하고, 자기의 행동을 스스로 관찰한다.
④ 관찰을 통해 기억된 연예인의 행동을 친구들 앞에서 해 본 후 칭찬을 받는다.

정답 04 ③ 05 ① 06 ①

Theme 138 자기조절학습

 기출
23 중등, 12 초등

1 개념 ☆
① **사회인지이론의 궁극적 목표**: 모델링을 거친 학생의 자기조절능력 향상
② 목표를 세우고 도달할 수 있도록 이끌어 주는 동기, 사고과정, 전략, 행동 등을 계획, 점검, 평가하는 일련의 학습과정
③ 자기조절학습 = 자기관리역량
　㉠ 학습자가 자신의 학습에 주도권을 가지고 수행하는 학습으로, 초인지 학습전략을 적용하여 과제 선택, 계획의 수립과 수행, 학습과정 및 결과의 점검을 스스로 해나가는 학습을 의미함
　㉡ 학습목표의 달성을 위해 스스로 자신의 인지, 정서(동기), 행동을 계획하고, (점검) 조절, 통제함

2 특징 ☆
요구 진단 및 학습목표 설정부터 학습결과에 이르기까지 타인의 도움을 받을 수는 있지만, 학습자 스스로가 주도적인 역할을 하며 자신의 학습결과에 책임을 짐

3 하위요소

요소	내용	구체적 전략
인지조절	• **인지 전략**: 시연, 정교화, 조직화 • **메타인지 전략**: 계획, 점검, 조절, 평가	• 시험준비를 위해 복습 계획서를 세우고 점검하기 • 매일/일주일 목표 세우기, 할 일 목록 만들기
동기조절	과제가치 인식, 숙달목표 지향, 자기효능감, 통제 인식	이번 학습으로 이루고자 하는 나의 목표가 무엇인지 생각해 보기
행동조절	행동 통제, 시간 관리, 도움 추구, 물리적 환경 추구	타이머를 사용해서 자기학습시간 측정하고 점검하기

4 장점
① 필요한 지식, 기술, 태도 등을 언제 어디서나 지속적으로 습득해나가는 평생교육 능력을 신장시켜 줌
② 고정된 지식이 아니라 문제상황에 맞게 필요한 지식과 기술을 습득해야 하는 정보화 사회에 적응력을 길러줌

5 자기조절학습 능력을 키우기 위한 수업방안과 과제 ☆

(1) 수업방안
① **학습하는 방법을 가르침**: 효과적으로 학습하는 방법을 배우고, 다양한 학습 전략을 습득할 경우 학습자들이 스스로에게 적합한 학습법을 선택하고 개선할 수 있음
② **학습자 스스로 목표를 설정할 수 있도록 함**: 타인에 의해 부여된 목표가 아닌 학습자 스스로가 자신의 학습 수준을 고려한 목표를 설정하도록 할 경우 동기가 유발됨
③ **메타인지 전략에 관한 정보를 제공하고 촉진함**: 자신의 인지 과정에 대한 자각과 통제를 통해 자신의 사고를 확인하고 점검하여 조절하는 기능인 메타인지에 대해 인식시키며, '계획 – 점검 – 조절 – 평가'에 관련된 전략을 가르치고 수행을 독려하며 피드백을 제공함
④ 다양한 모델을 제시하고, 교사 자체가 모범이 될 것

(2) 과제
① 스스로 학습목표를 세우는 방법을 가르쳐 주고, 각자 학습목표를 세우는 과제를 제공함
② 자기조절학습 전략을 소개하고, 스스로 점검할 수 있는 체크리스트를 제공함
③ 학습과정과 결과에 대한 자기평가를 시행함

출제 Pick!
☆ 자기조절학습의 개념, 특징, 하위 요소, 장점
☆ 자기조절학습의 과정
☆ 자기주도학습능력을 높이기 위한 수업방안과 과제

Level up
자기조절학습의 과정
1. Woolfolk et al.: 과제분석(과제특성·개인적 특성) ➡ 목표수립과 계획 고안 ➡ 학습참여(과제를 달성하기 위한 전략을 사용하기) ➡ 학습의 조절(초인지적 관찰/초인지적 통제)
2. Eggen & Kauchak: 자신의 학습목표 설정(목표설정) ➡ 자신의 행동 관찰(자기관찰) ➡ 자신의 행동을 평가하기(자기평가) ➡ 자신에게 상 주기(자기강화)
3. Winne & Hadwin: 과제 분석 ➡ 목표 수립과 계획 고안 ➡ 과제 달성 전략 실행 ➡ 학습 조절
4. Zimmerman: 사전고려(목표수립, 계획 만들기, 자기효능감, 동기) ➡ 수행(자기통제, 자기감독) ➡ 반성(자기평가와 적용, 사전고려/계획)

Theme 138 기출 CHECK!

논술 기출 CHECK

평가 보고서에서 자기효능감 형성에 영향을 미친다고 분석한 요인에 따른 교수전략 2가지, 자기조절 과정에서 목표 설정 및 계획 단계 이후의 지원 방안 2가지를 쓰시오.

● 23 중등

학생 만족도 조사 결과

Q. 수업 내용과 과제의 수준이 적절하다.
(*5점 리커트 척도)

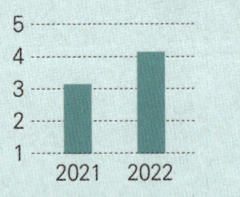

- 어려운 과제도 해결할 자신이 생겼어요.
- 공부하기 전에 목표를 설정하는 연습을 했던 것이 도움이 되었어요.

수업 내용과 과제의 수준에 실질적인 변화가 없었지만, 학생들의 만족도가 높아졌다. 이는 사회인지 이론에서 제시한 자기효능감과 자기조절을 증진하기 위해 노력한 결과로 분석된다. 특히 자기효능감 형성에 영향을 미치는 숙달 경험과 대리 경험을 학생들에게 제공하고, 자기조절을 촉진하기 위해 학생들 스스로 목표 설정 및 계획 단계를 실행하도록 한 것이 효과적이었다. 향후 학생들의 자기효능감 향상을 위해 적절한 교수전략을 지속적으로 모색하고, 자기조절 과정에서 목표 설정 및 계획 단계 이후로 나아가도록 지원할 필요가 있다.

---

01 ㉠과 ㉡에 해당하는 학습전략을 바르게 짝지은 것은? ● 12 초등

> 인수는 다양한 자기조절 학습전략을 사용하여 공부하고 있다. 과학 교과를 공부하면서 인수는 먼저 ㉠<u>학습의 목표를 정하고 텍스트를 읽으면서 가끔씩 자신이 개념을 이해하고 있는지를 점검</u>하였다. 또한 인수는 중요한 부분에 밑줄을 긋고, ㉡<u>핵심 개념과 원리를 찾아서 개요나 Vee-도표(Vee-diagram)를 작성</u>하여 학습한 내용을 요약하였다.

	㉠	㉡		㉠	㉡
①	동기 조절	시연	②	초인지	시연
③	정교화	조직화	④	초인지	조직화
⑤	동기 조절	정교화			

02 다음 내용과 관련되는 자기조절학습 전략의 구성요소는? ● 04 초등

> - 정보 탐색하기
> - 학업시간 관리하기
> - 물리적 환경 구조화하기
> - 교사와 동료에게 도움 구하기

① 인지적 요소   ② 상위인지적 요소   ③ 행동적 요소   ④ 동기적 요소

정답 01 ④   02 ③

Theme 139 정보처리이론

기출
13 중등, 12 중등, 11 초등, 10 중등, 10 초등, 09 중등, 09 초등, 08 중등, 07 중등, 07 초등, 06 초등, 05 초등, 04 중등, 04 초등, 03 초등, 02 초등, 01 중등, 01 초등

1 개념

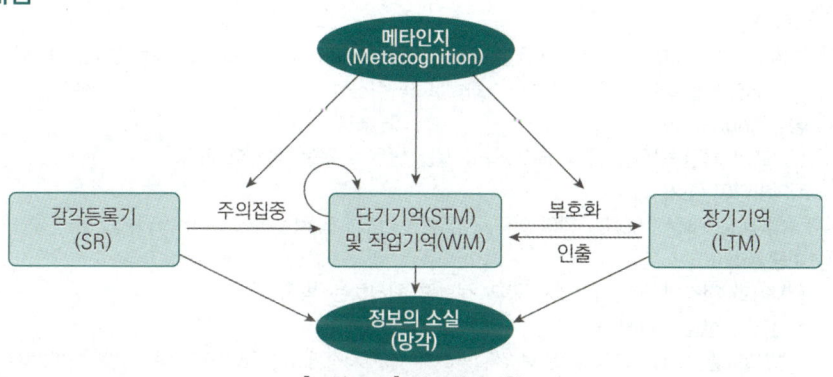

[그림 5-6] 정보처리모형

① 정보가 기억 체계 속에 어떻게 입력되고 선택·조직·저장되는지를 설명하는 학습이론
② 정보처리모형을 통해 설명함

출제 pick!
☆ 정보처리모형의 구성
☆ 감각기억, 작업기억, 장기기억 각각의 개념과 특징, 주요 정보처리 과정

2 정보처리모형의 구성(기억의 저장소) ☆

(1) 감각기억(sensory memory)
① 개념 및 특징
  ㉠ 감각기관을 통해 지각된 정보에 대한 의미분석이 시행되기 전까지 일시적으로 정보를 유지함
  ㉡ 무제한의 용량을 가지고 있으나 지속시간은 매우 짧음
② 정보처리 과정 – 주의집중(attention)
  ㉠ 감각기억에서 단기기억으로의 변화를 위해 자극에 의식적으로 집중하는 주의집중의 과정이 필요하게 됨
  ㉡ 실제로 감각기억의 용량은 무제한이기 때문에 의식적 주의집중을 통해 처리하고자 하는 정보를 단기기억·작업기억으로 가져오는 과정이 필요

(2) 작업기억(working memory)
① 개념 및 특징
  ㉠ 정보들을 일시적으로 저장하고, 각종 인지과정을 계획·수행하는 작업장으로서의 집행기능을 수행하는 단기기억
  ㉡ 감각·단기·장기기억이 기억의 저장소적인 측면을 강조했다면, 작업기억은 작업이 일어나는 기능적 측면을 강조함
  ㉢ 정보들을 조작 가능한 형태로 띄울 수 있는 시스템이자, 의도적인 사고활동이 일어나는 장소
  ㉣ 정보들을 상황에 맞게 조작하고 변형하며, 필요한 정보만을 활성화시키고 필요 없는 정보를 억제하는 등의 역할을 수행하는 시스템
  ㉤ 용량의 한계를 가지므로 너무 복잡하거나 학생의 작업기억 용량을 넘는 수업을 할 경우 효과적인 수업이 될 수 없음

Level up
칵테일파티 효과 (cocktail party effect)
• 파티장의 시끄러운 주변 소음과 대화 속에서도 대화를 하는 상대방의 이야기를 선택적으로 지각하여 집중하는 현상
• 수용자가 자신에게 의미 있는 정보에 주의를 기울여 받아들이는 현상
• 선택적 주의(selective attention) 및 선택적 지각(selective perception)에 의해 이루어짐

② 작업기억 용량의 한계를 조정하는 전략 ☆
  ㉠ 자동화
    • 자각이나 의식적인 노력 없이 수행할 수 있는 정신적 조작의 사용
    • 반복 사용을 통해 별도의 작업기억 용량을 활용하지 않고 자동적으로 발휘할 수 있는 인지능력이 생기는 것
    • 근거 : 케이스(Case)의 실행제어 구조이론 – 정보처리의 효율성, 조작공간은 감소하고 저장공간은 증가함
      예 능숙한 운전실력 : 운전을 처음 배울 때는 안전벨트부터 시동을 걸고 조작하는 방법을 하나씩 신경 써서 되짚어야 하지만, 많은 반복을 통해 별도의 정신적 에너지를 들이지 않고도 조작할 수 있게 됨
  ㉡ 청킹(chunking)
    • 정보의 개별 단위를 보다 크고 의미 있는 단위로 묶는 정신적 과정
    • 의미덩이 짓기
      예 '태정태세문단세'처럼 왕의 이름을 앞글자만 따서 외우는 방법
  ㉢ 이중처리
    • 시각과 청각이 작업기억에서 함께 정보를 처리하는 방식
    • 언어적 설명 + 사진
      예 발표를 할 때 시각자료와 함께 설명하게 되면 시각자료가 없이 설명하는 것보다 훨씬 효과적으로 작업기억을 활용할 수 있음
      예 곧은 뿌리와 수염뿌리에 대한 언어적 설명 + 배추와 마늘 뿌리의 사진
    • 근거 : 파이비오(Paivio)의 이중부호화 이론

(3) **장기기억(long – term memory)**
  ① 개념
    ㉠ 며칠 이상에서부터 몇 년 이상까지 오랫동안 지속되는 기억
    ㉡ 무제한의 용량을 가진 것으로 여겨짐
  ② 장기기억의 종류 : 언어 설명 여부에 따른 구분
    ㉠ **선언적 기억** : 자각하고 회상해낼 수 있는 기억, 사실, 정의, 절차, 규칙에 대한 지식
      • 의미기억 : 개념, 원리, 관계에 대한 기억
      • 일화기억 : 개인의 경험과 관련된 기억, 시간과 공간에 대한 기억
    ㉡ **비선언적 기억(non – declarative memory)** : 의식하지 못하는 유형의 기억으로, 자동적으로 발현된다는 특성을 가지고 있으며 '운동기억', '절차기억'이라고도 불림
  ③ 장기기억 속의 지식
    ㉠ **선언적 지식** : 무엇이 어떻다는 것을 아는 것으로 사실이나 개념, 규칙에 대한 지식
    ㉡ **절차적 지식** : 무엇을 어떻게 하는가와 같은 방법에 관한 지식
    ㉢ **조건적 지식** : 선언적 지식과 절차적 지식을 언제 어떻게 활용할 것인지에 관한 지식

④ 정보처리 과정 – 부호화
  ㉠ 처리된 정보들을 장기기억에 표상하는 방법
  ㉡ 새롭게 학습해야 할 정보를 기존에 가지고 있는 지식과 잘 연결하거나 학습할 내용을 서로 잘 연결하여 학습내용을 잘 이해하고, 오래 기억하며, 인출을 용이하게 하는 정보처리 전략
  ㉢ 부호화 전략

전략	내용
시연	• 정보의 형태를 바꾸지 않고, 소리 내거나 마음속으로 계속 반복하는 과정
조직화	• 학습내용 중 서로 관련된 것들을 범주화하거나 유형을 묶어서 제시하는 전략 예 노표, 구조도, 목차니 개요, 모형 제시 등 • 책의 목차를 훑어보면서 앞으로 배우게 될 내용의 위계를 파악하도록 함
맥락화	• 새로운 내용을 상황·맥락과 연결 짓는 전략
심상화	• 내용의 영상적 처리를 위해 시각자료를 제시하는 전략 예 사진자료, 영상자료, 모형 등
정교화	• 새로운 정보를 기존에 알고 있는 지식과 연결하여 새로운 정보의 유의미성을 증가시키는 학습전략 예 사례 제시, 유추, 사전지식 활성화, 자신의 말로 설명 등 • 배운 내용을 적은 공책에 학습자료에서 찾은 예나 삽화 등을 추가하여 정리하도록 함 • 배운 개념을 학생 스스로 비유적으로 표현하거나 자신의 언어로 말해 보게 함
도식 활성화	• 새로운 지식이 기존 지식과 연결될 수 있도록 적절한 사전지식을 활성화시키는 부호화 전략 • 학생이 이미 알고 있는 것과 학습해야 하는 것 사이에 개념적 다리를 놓도록 도와주는 학습전략은 모두 도식 활성화의 한 형태라고 할 수 있음 예 주제에 관해 이미 알고 있는 것이 무엇인지를 묻기, 학생들에게 주제와 관련이 있는 개인적 경험을 말하도록 요구함
생성	• 새로운 정보와 관련된 정보를 스스로 만들어 내는 전략 예 스스로 도표 만들기 등

⑤ 정보처리 과정 – 인출(retrieval)
  ㉠ 장기기억에 저장된 정보를 작업기억으로 가져오는 과정
  ㉡ 방법
    • 회상(recall) : 어떠한 단서나 도움이 제공되지 않은 상태에서 장기기억의 정보를 인출하는 방법
      예 주관식 시험 문제는 회상을 사용한 인출의 예
    • 재인(recognition) : 단서나 도움이 제공되는 상황에서 장기기억의 정보를 인출해 내는 방법
      예 객관식 시험문제는 재인을 이용한 인출의 예
    ⇨ 회상보다 재인이 쉬우며, 사람들은 회상보다 재인을 더 잘함. 회상하지 못한다고 해서 모두 망각된 것은 아님
  ㉢ 부호화가 잘 된 정보는 장기기억에 저장되어 필요할 경우 인출에 활용될 가능성이 높음
  ㉣ 부호화 특수성(encoding specificity)의 원리 : 장기기억에 저장된 정보를 인출할 수 있도록 도와주는 단서(인출단서)의 맥락이 부호화 맥락과 일치할 때 인출이 가장 잘 됨
    예 슬픈 음악을 듣고, 슬픈 기분을 느낄 때 슬펐던 일을 더 잘 기억해 냄
    예 미리 여러 번 연습했던 곳에서 운전면허 시험을 볼 때 실기 시험을 더 잘 보는 경향이 있음
  ㉤ 설단현상(tip-of-tongue phenomenon) : 장기기억에 정보는 저장되어 있으나 해당 정보에 대한 접근이 제대로 되지 않아 발생하는 인출 실패의 한 가지 현상
    예 친구와 대화를 하다가 원래 알고 있던 다른 친구에 대해 이야기할 때 그 친구의 이름이 갑자기 떠오르지 않고 이름이 혀끝에서 맴도는 것

Theme 139 기출 CHECK!

01 다음 (가)와 (나)의 수업활동에서 활용하고 있는 심리학적 개념으로 가장 적절한 것은? • 13 중등

(가) 수업이 시작되어도 학생들이 수업에 주의를 기울이지 않아 항상 고민이던 사회과 강 교사는 다음 날 몽골 문화를 주제로 하는 수업을 위해 몽골인 복장을 하고 교실로 들어갔다. 그러자 어수선하고 소란스럽던 학생들이 강 교사에게 집중하기 시작했다.
(나) 언어적 설명에 의존하여 수업을 하는 과학과 윤 교사는 수업시간에 학생들 대부분이 자신의 수업을 이해하지 못해 고개를 갸우뚱거리는 모습이 마음에 걸렸다. 다음 날 윤 교사는 식물의 뿌리와 관련된 수업을 할 때, 곧은 뿌리와 수염뿌리에 대해 언어로 설명함과 동시에 배추와 마늘의 뿌리가 있는 사진을 보여 주는 방식으로 학생들의 이해를 도와주었다.

	(가)	(나)
①	플린 효과(Flynn effect)	자동화(automatization)
②	플린 효과(Flynn effect)	이중처리(dual processing)
③	칵테일파티 효과(cocktail party effect)	청킹(chunking)
④	칵테일파티 효과(cocktail party effect)	자동화(automatization)
⑤	칵테일파티 효과(cocktail party effect)	이중처리(dual processing)

02 앳킨슨과 쉬프린(R. Atkinson & R. Shiffrin)의 정보처리 모형에 근거할 때, 학생들의 부호화를 촉진하기 위한 교사의 교수 활동에 해당되는 전략이 무엇인지 각각 쓰시오. • 12 중등 변형

ㄱ. 인체의 순환기 체계에 대한 학습을 촉진하고자 순환기 체계와 유사한 펌프 체계에 연결하여 설명하였다.
ㄴ. 우리나라의 주요 하천에 대한 학습을 촉진하고자 하천의 흐르는 방향, 특징 등의 범주로 묶은 도표를 제시하면서 설명하였다.
ㄷ. 우리 주변의 여러 가지 힘 중 마찰력에 대한 학습을 촉진하고자 등산화 밑창, 체인을 감은 자동차 바퀴 등을 사례로 제시하면서 설명하였다.
ㄹ. 식물에 대한 학습을 촉진하고자 식물을 크게 종자식물과 포자식물로, 다시 종자식물을 속씨식물과 겉씨식물로 구분한 위계도(位階圖)를 사용하여 설명하였다.

• ㄱ: _____   • ㄴ: _____

• ㄷ: _____   • ㄹ: _____

정답 01 ⑤   02 ㄱ, ㄷ - 정교화 / ㄴ, ㄹ - 조직화

03 다음은 김 교사의 교수 활동 사례이다. 김 교사가 학생들에게 촉진시키고자 한 정보처리의 전략은? • 11 초등

> - 학생들에게 기억해야 할 새로운 정보를 선행지식과 연결하게 함으로써 정보의 유의미성을 높였다.
> - 학생들에게 새로운 정보의 의미에 대해 토론하게 하거나 글의 요점에 대해 설명해 보도록 하였다.
> - 학생들에게 새로운 정보에 대해 생각할 수 있는 시간을 주면서 다음과 같은 질문들을 적절히 활용하였다.
>   - 이 정보의 예로는 어떤 것들이 있을까요?
>   - 이 정보로부터 어떤 결론을 도출할 수 있을까요?
>   - 이 정보를 일상생활에서 어떻게 활용할 수 있을까요?

① 맥락(context)   ② 시연(rehearsal)   ③ 심상(imagery)   ④ 정교화(elaboration)

04 다음 실험 결과들에 공통적으로 관계되는 인지학습이론은? • 10 중등

> - 피험자들에게 'O-O'와 같은 모호한 형태의 그림을 보여주면서 '안경과 비슷하다.'라는 말을 했을 때, 피험자들은 회상 검사에서 안경을 닮은 그림을 더 많이 그렸다.
> - 두 집단의 피험자에게 '집에 관한 글'을 제시하고 각각 '주택 구입자'의 관점과 '좀도둑'의 관점에서 읽도록 했을 때, 두 집단의 피험자가 기억한 내용은 서로 달랐다.
> - 음악 전공 학생들과 체육 전공 학생들에게 '카드게임'이나 '즉흥 재즈 연주'로 해석할 수 있는 이야기를 들려주었을 때, 음악 전공 학생들은 즉흥 재즈 연주로 이해한 반면에 체육 전공 학생들은 카드 게임으로 이해했다.

① 통찰이론(insight theory)   ② 도식이론(schema theory)
③ 초인지이론(metacognition theory)   ④ 신경망이론(neural network theory)
⑤ 이중부호화이론(dual coding theory)

05 음식 만들기 수업에 교사가 적용한 교수 기법 중 정보처리이론과 관련이 깊은 것의 기호를 모두 고르고, 각 기호에 해당하는 기법이 무엇인지 쓰시오. • 10 중등 변형

> ㄱ. 자료를 제시하고 요리법을 설명하면서 중요한 부분에 밑줄을 그어 주의를 유도하였다.
> ㄴ. 음식을 만드는 데 필요한 재료 목록을 제시하고 유사한 항목끼리 묶어 기억하도록 하였다.
> ㄷ. 음식을 만드는 주요 과정을 랩 가사로 만든 후 학생이 익숙한 노래 가락에 맞추어 부르게 하였다.
> ㄹ. 음식 만들기를 성공적으로 수행한 학생에게는 자신이 평소 하고 싶었던 게임을 하도록 허용하였다.

- 기호: _____

- 기법: _____

정답 03 ④ 04 ② 05 기호 - ㄱ, ㄴ, ㄷ / 기법 - ㄱ: 주의, ㄴ: 부호화 중 조직화, ㄷ: 시연

06 다음은 사이버 가정학습용 콘텐츠 개발에 참여하게 된 교사들의 대화이다. 각 교사들의 화면설계 전략과 밀접하게 관련된 것은?

● 10 초등

> 김 교사 : 각 화면의 교육내용을 학생들에게 효과적으로 전달하기 위해서는 글만 제시하지 말고 그림을 함께 사용하면 좋을 것 같아요.
> 최 교사 : 화면에 글과 그림들을 배열할 때는 관련된 요소들끼리 서로 가까이 배치하는 것이 좋겠네요.
> 박 교사 : 좋은 생각이네요. 그런데 한 화면에 너무 많은 글과 그림이 동시에 들어가게 되면 학생들의 이해를 방해할 수도 있을 것 같아요.

	김 교사	최 교사	박 교사
①	병렬분산처리	근접성의 원리	인지적 과부하
②	병렬분산처리	유사성의 원리	인지적 과부하
③	이중부호화	근접성의 원리	인지적 과부하
④	이중부호화	유사성의 원리	정보처리 역행간섭
⑤	이중부호화	근접성의 원리	정보처리 역행간섭

07 인지 전략 또는 초인지 전략과 이를 활용한 수업방법의 연결이 옳지 않은 것은?

● 09 중등

① 발췌(Abstracting) : 배운 내용을 적은 공책에 학습자료에서 찾은 예나 삽화 등을 추가하여 정리하도록 하였다.
② 도식화(Schematizing) : 학습 자료에서 주요 개념들을 찾아 개념도를 그려보게 하였다.
③ 인지적 점검(Monitoring) : 오답 공책을 만들어 자신의 부족한 부분에 대해 확인하고 그 원인을 분석하도록 하였다.
④ 조직화(Organizing) : 책의 목차를 훑어보면서 앞으로 배우게 될 내용의 위계를 파악하도록 하였다.
⑤ 정교화(Elaborating) : 배운 개념을 학생 스스로 비유적으로 표현하거나 자신의 언어로 말해 보게 하였다.

08 다음은 인간의 정보처리에 관한 모형을 제시한 것이다. (가)에 대한 설명이 아닌 것은?

● 09 초등

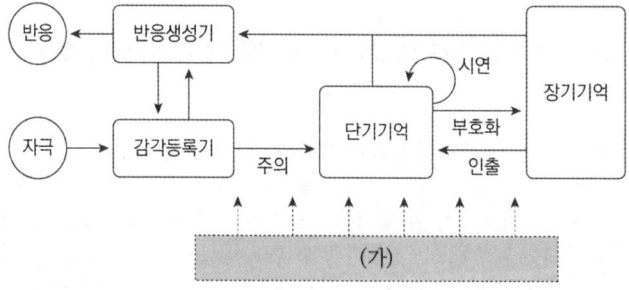

① 정신체계 내에서 정보의 흐름을 통제한다.
② 정신체계의 의식적이고 반성적인 부분이다.
③ 감각등록기로부터 입력된 정보를 의미적 부호로 변환한다.
④ 감각입력정보 중에서 무엇에 주의를 기울일 것인지를 결정한다.
⑤ 효율적 정보처리를 위한 전략을 선택하고 적용하며 모니터한다.

정답 06 ③ 07 ① 08 ③

09 다음은 장기기억에 저장되어 있는 지식의 성질을 설명한 것이다. 이에 해당하는 지식의 유형은? ● 08 중등

| • 절차적 지식의 기본 단위이다. | • '만일 ~, 그러면 ~'의 형식으로 표현된다. |
| • 특정한 조건 하에서 드러내야 할 행위를 나타낸다. | |

① 개념(concept)　　② 명제(proposition)　　③ 도식(schema)　　④ 산출(production)

10 다음 인간정보처리모형에서 기억장치 (나)의 특징에 대한 설명으로 옳은 것은? ● 07 중등

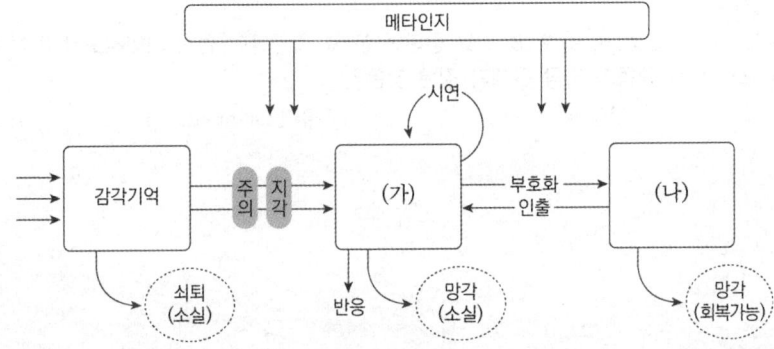

① 지속 기간이 비교적 짧고 시연하지 않으면 1분 이상 유지하기 어렵다.
② 많은 양의 정보를 처리하는 경우 기억의 병목현상이 발생할 우려가 크다.
③ 명제와 산출 등에 기초한 다양한 형태의 정보망과 도식적 지식으로 이루어져 있다.
④ 기억 용량에는 거의 제한이 없으나 처리가 곧바로 이루어지지 않으면 기억의 흔적이 사라진다.

11 〈보기〉의 개념들이 공통적으로 강조하는 것으로 가장 적절한 것은? ● 07 초등

―――――――〈보기〉―――――――
• 부잔(T. Buzan)의 마인드 맵(mind map)　　• 파이비오(A. Paivio)의 이중 부호화(dual coding)

① 인지적 갈등 유발　　② 수렴적 사고의 형성　　③ 선수지식의 활성화　　④ 정보의 시각적 표현

정답 09 ④　10 ③　11 ④

12 박 교사는 대도시의 교통 흐름에 대한 이해를 돕기 위하여 반 학생들에게 강과 하천의 흐름에 관한 영상을 보여 주며 설명하였다. 박 교사가 활용한 수업방법과 관련된 개념은?
• 07 초등

① 유추(analogy) ② 시연(rehearsal)
③ 자기 설명(self-explanation) ④ 순행 간섭(proactive inhibition)

13 김 교사는 10개의 수 '0, 4, 1, 3, 4, 5, 9, 9, 8, 7'을 칠판에 쓴 후 학생들이 쉽게 기억하도록 하기 위해 041, 345, 9987로 묶어 다시 제시하였다. 김 교사가 한 행동과 가장 관계가 깊은 것은?
• 06 초등

① 청킹(chunking) ② 시연(rehearsal) ③ 유지(maintenance) ④ 스크립트(script)

14 그림은 학습 상황과 검사 상황의 일치 여부에 따른 회상율의 차이를 알아보기 위해, 잠수부에게 단어 목록에 대한 기억 실험을 실시한 결과를 그래프로 나타낸 것이다. 이러한 결과를 설명하는 기억 원리는?
• 05 초등

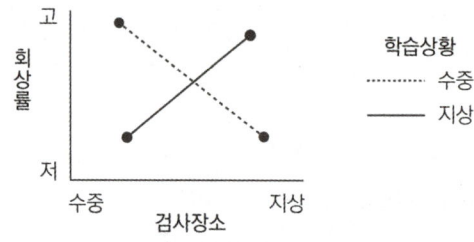

① 이중 부호화(dual code of memory) ② 자동적 처리(automatic processing)
③ 통제적 처리(controlled processing) ④ 부호화 특수성(encoding specificity)

15 다음은 학습자의 정보처리과정에 관한 모형이다. ㉠과 관련된 설명으로 옳은 것은?   • 04 중등

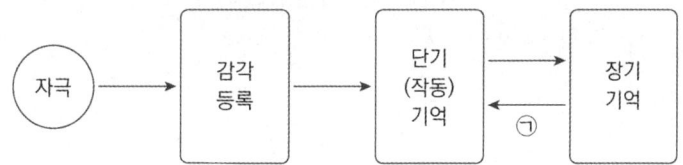

① 정보를 부호화(encoding)한다.
② 정보를 반복해서 읽고 암기한다.
③ 외부에서 유입된 정보를 일시적으로 보유한다.
④ 생각이 날 듯 말 듯 혀끝에서 맴도는 현상이 발생할 수 있다.

16 다음 중 정교화와 조직화 전략의 공통적인 기능만 묶은 것은?   • 04 초등

| 가. 수업 내용의 이해를 도와준다. | 나. 작업기억 공간을 유지시켜 준다. |
| 다. 장기기억의 용량을 확장시켜 준다. | 라. 정보의 인출을 용이하게 한다. |

① 가, 다   ② 가, 라   ③ 나, 다   ④ 나, 라

17 다음은 스완슨(Swanson)의 단순화된 정보처리모형이다. 그림에서 A의 특징에 해당되는 것은?   • 03 초등

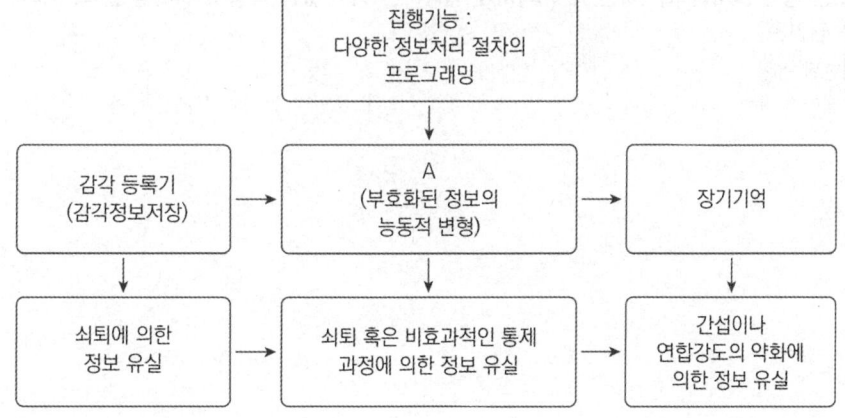

① 이 곳의 정보 내용은 대개 의식되지 않는다.
② 여기서는 정보를 아주 짧은 기간(1~2초) 동안 보유한다.
③ 이 곳은 보통 7±2 의미단위(chunk)의 정보를 저장할 수 있다.
④ 여기에 들어갈 수 있는 정보의 양이나 정보가 머무는 시간은 한계가 없다.

정답 15 ④   16 ②   17 ③

18 교사가 칠판에 판서를 하면서 학습 내용을 설명할 경우, 학생들은 필기에 집중하여 교사의 설명을 잘 듣지 못한다. 이런 현상과 가장 관계가 깊은 것은?
● 02 초등
① 감각 등록기　　　② 정교화　　　③ 부호화　　　④ 장기 기억

19 다음 중 교사가 학습자에게 수업을 통해서 학습한 지식의 의미를 심화 또는 확대해 주는 전략으로 가장 적절한 것은?
● 01 중등
① 중요한 내용에 밑줄 쳐주기
② 학습내용을 요약 정리해 주기
③ 설명내용을 표로 정리해 주기
④ 지식 간의 관계를 증대시켜 주기

20 학생들이 책을 읽는 동안 글자를 해독하는 데 지나치게 집중하면 읽고 있는 내용의 의미를 잘 파악하지 못하는 경우가 있다. 이런 현상이 나타나는 원인은?
● 01 초등
① 단기기억의 제한된 용량
② 감각등록기의 제한된 용량
③ 장기기억의 무제한적 용량
④ 초인지 능력의 무제한적 용량

정답　18 ①　19 ④　20 ①

Theme 140 메타인지

기출
12 초등, 10 초등, 07 초등, 06 초등, 05 초등, 03 중등, 98 중등

1 개념 ☆

① 인지에 대한 인지 ⇨ 자신의 인지과정에 대한 자각과 통제를 의미함
② 인지과정에 대한 지식을 통해 정보를 선택·분류하며 정보에 맞는 학습전략을 동원할 수 있는 능력
③ 메타인지의 과정

단계	활동
계획	• 목표 설정 • **계획 수립** : 시간 배분, 사용 전략, 과제 수행 방법
점검	• 계획대로 수행되고 있는지 감독 • 중요한 사항 발생 시 체크
평가	• 학습 완료 후 결과 확인 • 목표 성취 여부 판단
계획의 재수립	필요시 평가의 결과를 반영해서 계획 재수립

출제 Pick!
☆ 메타인지 개념, 과정
☆ 메타인지를 높이는 방법

2 메타인지를 높이는 방법 ☆

① **교수자가 메타인지의 중요성에 대해 설명하고 시범을 보임** : 교사가 직접 자신의 상태를 점검하고 학습전략을 언제 어떻게 사용할지를 설명하며 활용하는 모습을 보여주는 과정을 통해 학습자의 동기를 촉진하고 실제 메타인지 능력을 함양시킬 수 있음
② **체크리스트를 활용**
  ㉠ 교사가 메타인지 전략과 과정에 대한 체크리스트를 마련하여 배포하면, 학생이 메타인지 전략을 학습함과 동시에 스스로 확인하고 점검하는 기회를 가질 수 있음
  ㉡ 체크리스트 내용 예
    • 정보를 분류하는 방법 알기
    • 과제의 결과를 예측하고 평가해 보기
    • 무엇을 어떻게 학습해야 할지 알아보기
    • 자신이 과제에 대해 아는 것을 생각해 보기
    • 자신의 문제해결방법을 검토하고 오류를 찾아내기
③ **시험치기나 백지에 써보기**
  ㉠ '시험치기'나 '백지에 내용을 모두 써보기'와 같은 방법은 자신이 해당 내용을 얼마나 잘 알고 있는지에 대한 정보를 제공해 줌
  ㉡ 공부를 모두 끝냈다는 판단이 들 때 시험을 쳐보거나 자료를 참고하지 않고 백지에 공부한 내용을 써보는 과정을 통해 공부를 모두 끝냈다는 판단이 옳은지 아닌지의 여부를 점검할 수 있음
④ **학생에게 '학습목표카드' 과제를 제시하고, 스스로 날마다 수행·점검해 보기**
  ㉠ 학생은 자신들이 무엇을 배우고 있고, 어떻게 배워야 하며, 왜 주어진 학습활동을 해야 하는지, 자신이 공부를 제대로 하고 있는지 등에 대해 더욱 명확하게 인식하게 됨
  ㉡ 학습목표카드 예시
    • 그날 배운 과목들의 내용을 간략하게 정리하기
    • 다음날 배울 과목들의 내용을 계획하기
    • 다음날 배울 과목들의 예상 학습목표를 세우기

Theme 140 기출 CHECK!

01 ㉠과 ㉡에 해당하는 학습전략을 바르게 짝지은 것은?　•12 초등

> 인수는 다양한 자기조절 학습전략을 사용하여 공부하고 있다. 과학 교과를 공부하면서 인수는 먼저 ㉠학습의 목표를 정하고 텍스트를 읽으면서 가끔씩 자신이 개념을 이해하고 있는지를 점검하였다. 또한 인수는 중요한 부분에 밑줄을 긋고, ㉡핵심 개념과 원리를 찾아서 개요나 Vee-도표(Vee-diagram)를 작성하여 학습한 내용을 요약하였다.

	㉠	㉡		㉠	㉡
①	동기 조절	시연	②	초인지	시연
③	정교화	조직화	④	초인지	조직화
⑤	동기 조절	정교화			

02 다음의 과제제시 방법을 통해 박 교사가 향상시키고자 하는 학생들의 능력은?　•10 초등

> 박 교사는 학생들에게 다음과 같이 구성된 '학습목표카드' 과제를 제시하고, 스스로 날마다 수행하고 점검하도록 하였다.
>
> • 그날 배운 과목들의 내용을 간략하게 정리하기
> • 다음날 배울 과목들의 내용을 계획하기
> • 다음날 배울 과목들의 예상 학습목표를 세우기
>
> 그 결과, 학생들은 점차로 자신이 무엇을 배우고 있고, 어떻게 배워야 하며, 왜 주어진 학습활동을 해야 하는지, 그리고 자신이 공부를 제대로 하고 있는지 등에 대해 더욱 명확하게 인식해 갔다.

① 초인지(meta cognition)
② 다중지능(multiple intelligence)
③ 조작적 행동(operant behavior)
④ 선택적 주의(selective attention)
⑤ 개념적 표상(conceptual representation)

정답　01 ④　02 ①

03 정보처리이론에 근거하여 다음의 학습자 활동과 생각에 적합한 개념을 쓰시오. ● 03 중등 + 07 초등 변형

> • 현아는 갑자기 자신이 읽고 있는 자료를 이해하지 못 하고 있다는 막연한 느낌을 가졌다. 그리고 무엇이 잘못되었는지를 확실히 파악하기 위해 어떻게 해야 할지 방법을 생각했다. 그래서 현아는 자료를 꼼꼼히 읽으며 다시 살펴보면서 자신이 왜 글을 읽는지, 개념파악이 잘되지 않았는지를 다시 생각해 보았다.
> • '방금 공부한 것을 노트에 따로 적어두는 것이 좋겠어. 평상시 나를 생각해 볼 때 다시 생각나지 않을 것 같아.'

• _____

04 다음의 상위인지에 관한 설명 중, 바른 것끼리 묶인 것은? ● 06 초등

> 가. 상위인지에는 개인차가 나타나지 않는다.
> 나. 상위인지의 주요한 기술은 계획, 점검, 평가 등이다.
> 다. 상위인지는 자신의 사고 과정에 대한 인식(지식)이다.
> 라. 상위인지는 추리, 이해, 문제해결 과정에 영향을 주지만, 학습과는 무관하다.

① 가, 나   ② 가, 라   ③ 나, 다   ④ 다, 라

정답 03 메타인지(초인지)   04 ③

05 선영이는 침대에서는 잠만 자고 책상에서는 공부만 하도록 스스로 조건화하였다. 선영이가 적용한 자기조절 기법은? • 05 초등
① 자발적 강화 ② 자발적 관찰 ③ 자발적 평가 ④ 자발적 자극 통제

06 김 선생님은 학생들에게 다음과 같은 사항을 학습하도록 지도하였다. 이의 근거 개념은 무엇인지 쓰시오. • 98 중등 변형

• 정보를 분류하는 방법 알기	• 과제의 결과를 예측하고 평가해 보기
• 무엇을 어떻게 학습해야 할지 알아보기	• 자신이 과제에 대해 아는 것을 생각해 보기
• 자신의 문제해결 방법을 검토하고 오류를 찾아내기	

• _____

정답 05 ④   06 메타인지(초인지)

Theme 141 망각과 전이

기출 08 초등, 06 중등, 04 초등, 99 초등

출제 Pick!
☆ 전이의 개념, 전이 관련 이론

1 망각

(1) 개념
기억저장소에서 정보가 손실되거나 인출될 수 없는 것

(2) 망각에 대한 이론
① **쇠잔이론**: 사용하지 않으면 시간이 경과함에 따라서 기억 흔적이 약해진다고 설명하는 이론으로, '불용이론'이라고도 함
② **간섭이론**: 관련된 다른 내용의 기억이 회상하고자 하는 내용의 인출을 방해하여 망각이 일어난다고 설명하는 이론
　㉠ **순행간섭**: 이전에 학습한 내용이 이후 학습할 내용의 인출을 방해하는 간섭현상
　㉡ **역행간섭**: 이후에 학습한 내용이 이전에 학습한 내용의 인출을 방해하는 간섭현상
③ **인출 실패이론**: 저장된 정보에 대해 접근하는 적절한 인출단서가 없기 때문에 기억을 실패하는 것으로 망각을 설명하는 이론

2 전이

(1) 개념 ☆
하나의 맥락에서 이해한 것을 다른 맥락으로 가져와 적용·응용하는 능력

(2) 유형
① **긍정적 전이**: 어떤 상황에서 일어난 학습이 이후 상황의 학습을 촉진할 때
② **부정적 전이**: 어떤 상황에서 일어난 학습이 이후의 수행을 방해할 때
③ **일반전이**: 한 맥락에서 학습한 지식이나 기술을 여러 다른 맥락에 적용할 수 있는 능력
④ **특수전이**: 하나의 맥락에서 학습 정보를 원래의 맥락과 비슷한 맥락에 적용할 수 있는 능력

(3) 전이 관련 이론 ☆
① **형식도야설 = 교과중심**
　㉠ 능력심리학에 기초하고 있는 이론
　㉡ 인간의 마음을 구성하는 기본능력(기억력, 추리력, 주의력, 의지력, 상상력 등)은 연습을 통해 강화 가능
　㉢ 일반정신능력을 잘 훈련시키면 그 효과가 여러 분야에 자동적으로 전이된다는 이론
　㉣ 수학, 논리학, 라틴어와 같은 특정과목으로 단련될 수 있다고 주장
② **동일요소설 = 경험중심**
　㉠ 형식도야설을 비판하면서 손다이크(Thorndike)가 제안한 이론
　㉡ 특정 교과에 의해 향상되는 일반 정신능력이 아니라 이전 학습과 새로운 학습의 과제·상황이 동일 요소를 많이 포함할수록(유사성이 있을수록) 전이가 잘 일어남
③ **일반화설 = 학문중심**
　㉠ 주드(Judd)가 제안한 이론
　㉡ 동일요소설에서 동일한 요소를 강조하는 것과는 다르게, 학습의 기저에 있는 일반 원리나 법칙을 학습하게 되면 이후 학습에서의 전이가 잘 일어남
④ **형태이조설 = 학문중심**
　㉠ 형태주의 이론과 연관이 있는 이론, 일반화설의 확장
　㉡ 상황을 구성하는 요소들 간의 관계 파악하거나 문제의 구조적 성질 이해하였을 때 전이가 잘 일어남 (발견학습)

Theme 141 기출 CHECK!

01 다음의 내용에 부합하는 학습 전이 이론은? ●08 초등

- 두 학습과제 간에 원리가 동일하거나 유사할 때 전이가 이루어진다.
- '지식의 구조'를 강조하는 브루너(J. S. Bruner) 등의 학문중심 교육과정에서 지지되고 있다.
- 수중 30cm 깊이에 있는 표적 맞추기 실험을 했을 때 굴절의 원리를 배운 학생들이 배우지 않은 학생들보다 표적을 잘 맞추었다.

① 일반화설　　② 동일요소설　　③ 형식도야설　　④ 형태이조설

02 다음에 나타난 최 교사의 견해와 가장 일치하는 것은? ●06 중등

진　　영: 학교에서는 실생활에 도움도 되지 않는 수학을 왜 그렇게 많이 가르치지요?
최 교사: 수학공부가 당장 쓸모는 없어 보여도 논리력을 길러주어 그 능력을 장래 여러 가지 일에 발휘할 수 있게 해주기 때문이지. 마치 운동을 열심히 하면 근력이 길러져서 힘든 일을 더 잘 할 수 있는 것과 같은 이치지.

① 형태이조(transposition)설　　② 수평전이(lateral transfer)설
③ 형식도야(formal discipline)설　　④ 동일요소(identical elements)설

03 전이 이론과 관련 수업활동을 바르게 연결한 것은? ●04 초등
① 정신도야이론 – 학생 스스로 몇 가지 적용 방안을 생각해 내도록 질문한다.
② 상위인지이론 – 전이를 요구하기 전에 본래 학습 과제를 많이 연습시킨다.
③ 동일요소이론 – 원리나 일반적인 사실을 가르칠 때 다양한 예를 제시한다.
④ 전문가 - 초보자이론 – 선행 지식이나 기술을 가르친다.

04 다음 중 순행 간섭을 가장 잘 설명한 것은? ●99 초등
① 이번 수업 시간에 배운 마름모의 개념 때문에 이전 시간에 배운 직사각형의 개념에 혼동이 생겼다.
② 알고 있던 직사각형과 마름모의 개념을 말하려고 하였으나, 혀끝에서 맴돌기만 하였다.
③ 이전 시간에 배운 직사각형의 개념 때문에 이번 수업 시간에 배우는 마름모의 개념을 제대로 이해하기 어려웠다.
④ 수업 내용이 재미가 없어서 마름모의 개념 학습에 집중하기가 어려웠다.
⑤ 알고 있던 직사각형과 마름모의 개념을 설명하려고 하였으나, 전혀 기억이 나지 않았다.

정답　01 ①　02 ③　03 ④　04 ③

학원/동영상 강의

✅ 지스쿨
www.g-school.co.kr

PART 6

교육사회학

Theme 142-155	Theme 156-157	Theme 158	Theme 159-162	Theme 163-165
교육사회학 이론	교육과 학력상승	교육과 평등	교육과 교육격차	교육과 비행·문화

교육사회학 핵심 테마 모아보기

교육사회학 이론	Theme 142 기능이론	주요 주장, 학교교육의 기능, 기능론적 관점 및 한계점
	Theme 143 뒤르껨, 파슨스, 드리븐의 사회학	뒤르껨·파슨스·드리븐의 사회화
	Theme 144 갈등이론	주요 주장, 학교교육의 기능
	Theme 145 보울스와 긴티스의 경제 재생산이론	대응이론, 차별적 사회화
	Theme 146 일리치와 라이머의 탈학교론	탈학교론, 학습을 위한 네트워크(학습망)
	Theme 147 프레이리의 의식화 교육론	침묵의 문화, 은행저금식 교육, 문제제기식 교육, 의식화 교육, 프락시스
	Theme 148 알뛰세의 자본주의 국가론	이데올로기적 국가기구
	Theme 149 부르디외의 문화 재생산이론	상징적 폭력, 문화자본의 개념 및 종류
	Theme 150 애플의 문화적 헤게모니론	문화적 헤게모니, 주요 주장, 탈숙련화, 재숙련화
	Theme 151 윌리스의 저항이론	저항, 간파, 제약, 반학교문화
	Theme 152 신교육사회학	개념, 지식에 대한 관점, 학교교육에 대한 관점
	Theme 153 번스타인의 교육과정 연구	어법(제한된 어법, 세련된 어법, 성취도와의 관련성), 구조, 분류, 교육과정 및 교수법
	Theme 154 하그리브스의 상징적 상호작용이론	교사·학생 유형 분류, 학생 유형화 과정
	Theme 155 맥닐의 방어적 수업	개념, 방어적 수업 전략
교육과 학력상승	Theme 156 학력상승에 관한 이론 (1)	학습욕구이론, 지위획득연구, 기술기능이론, 국민통합론, 세계체제론적 접근
	Theme 157 학력상승에 관한 이론 (2)	콜린스의 지위경쟁이론, 도어의 졸업장병
교육과 평등	Theme 158 평등관	허용적·보장적·과정적·결과적 평등관
교육과 교육격차	Theme 159 문화실조론과 문화다원론	개념, 학업격차의 원인
	Theme 160 콜맨 보고서	연구결과, 가정배경을 구성하는 4가지 자본
	Theme 161 교사의 기대와 학업성취	피그말리온 효과, 자기충족예언, 상징적 상호작용이론, 하그리브스의 학생 유형화 과정, 낙인이론
	Theme 162 브루코버의 사회적 체제 구성요인	학교의 사회 심리적 풍토, 학교의 조직구조 및 운영방식, 수업실천 행위
교육과 비행·문화	Theme 163 일탈행동	개념, 원인(아노미이론, 하위문화이론, 사회통제이론, 차별적 접촉이론, 사회학습이론, 낙인이론)
	Theme 164 다문화교육	개념, 접근모형, 뱅크스의 다문화교육, 교육방향, 문화감응교수
	Theme 165 평생교육	개념, 랑그랑, 노울즈(안드라고지), 들로어(4개의 학습기둥), 관련 제도

Theme 142 기능이론

학습 Check ○○○○○

기출
15 추시, 11 중등, 11 초등, 09 중등, 09 초등, 07 중등, 07 초등, 06 중등, 05 중등, 04 중등, 03 중등, 02 초등, 01 초등, 99 중등

1 기능이론의 주요 주장 – 능력주의, 업적주의 ☆
① 학교는 능력 또는 업적에 기초한 자유경쟁의 가장 대표적인 기관으로, 각 개인의 능력이나 흥미에 따라서 미래 생활에 대한 다양한 준비를 시킴으로써 장래의 직업적·사회적 지위를 배분하는 사회적 선발기관임
② 교육은 인간의 모든 조건을 균등화시킴으로써 전체 사회의 균형을 도모하는 역할을 함

2 기능이론의 입장에서 학교교육의 기능 ☆
① 학교는 지식과 기능의 효율적 분배기구이며, 사회질서 유지를 위한 필요 지식 및 행동을 전수함
② 사회구성원으로서의 개인의 통합, 응집력 증진, 적성과 능력에 알맞은 역할과 지위 분류 및 배분, 사회가 요구하는 지식, 기술, 행동양식을 전승함
③ 개인을 사회에 적응·통합시킴과 동시에 사회가 요구하는 인력을 양성하여 공급함
④ 효과적 교육을 통해 사회를 유지하고 존속시킴
⑤ 가정의 사회·경제적 지위가 낮아도 학교교육에서의 공정한 경쟁을 통해 개인의 능력 발휘 가능
⑥ 개인적으로는 세대 내 사회적 지위 이동, 국가·사회적으로는 사회적 평균 및 사회정의 실현
  ⇨ 대표적인 학자들(뒤파드) : 뒤르켐, 파슨스, 드리븐

3 교육의 기능론적 관점 ☆

(1) 슐츠(Schultz)의 인간자본론
① 교육을 통해 지식과 기술을 갖추면 개인의 생산성 증가 ⇨ 소득 증대 ⇨ 사회·경제적 발전
② 인간이 교육을 통해 지식과 기술을 갖출 때 인간의 경제적 가치가 증가한다고 주장함
③ 교육을 장래에 회수하게 될 수익금의 형태로 보상받게 되는 인간자본에 대한 투자로 여김

(2) 발전교육론
① 교육을 국가의 정치·경제·사회의 발전을 위한 중요한 수단으로 간주하는 이론
② 교육이 경제성장에 기여함을 증명함

(3) 근대화이론
① 한 사회가 전통적 사회에서 근대사회로 이행하는 근대화 과정에서 교육이 긍정적으로 기능함
② 교육의 기능
  ㉠ 사회구성원의 태도와 가치를 변화시켜 더 많은 생산력을 조장하고 효율적으로 일하도록 함
  ㉡ 사회의 근대화가 경제성장과 연결되는 과정에서 발생하는 방해요인들을 극복함
  ㉢ 근대성과 경제적 생산성에 대한 방향성과 능력을 기르게 함

출제 pick!
☆ 기능이론의 주요 주장
☆ 학교교육의 기능
☆ 교육의 기능론적 관점
☆ 인간자본론의 한계점

Level Up

인간자본론의 한계점 ☆

1. 과잉교육(overeducation)현상을 설명하지 못함
   - 사회적으로 필요한 것보다 더 많은 고학력자들이 배출되고 있으며, 개인이 학교교육에 투자함으로써 노동시장에서 얻을 것으로 소망한 지위를 획득하지 못함 ➡ 교육투자의 사적·사회적 수익률이 다른 형태 수익률보다 낮아짐 ➡ 교육투자가 사회발전의 저해요인이 됨
   - 인간자본론으로는 고학력자의 실업률이 높고, 과잉 고급인력의 하위직으로의 이동이 많은 경우에도 교육에 대한 수요가 지속적으로 높고, 과잉교육 추세가 장기화·만성화되는 것을 설명할 수 없음

2. 과잉교육현상을 설명하는 이론
   - **선별이론(screening theory)**
     – 교육을 통해 얻어지는 것은 높은 생산성이 아닌 학력 및 간판과 같은 자격이며, 이것이 높은 임금을 받을 수 있는 지표로 작용
     – 학력이 높은 사람이 더 생산적이라고 간주되어 고학력자가 선호되므로, 보다 나은 직업을 얻기 위해 고학력을 획득하려 함
     ➡ 직업의 기술 수준보다 노동자의 학력이 훨씬 높아진 과잉교육 현상이 야기됨
   - **직업경쟁이론**
     – 교육을 많이 받을수록 취업경쟁에서 유리한 위치를 점하게 되므로 교육수요는 더욱 높아짐 ➡ 교육받은 노동력의 과잉공급이 발생함
     ➡ 직업의 기술 수준보다 노동자의 학력이 훨씬 높아지는 과잉교육 현상이 나타남

Theme 142 기출 CHECK!

논술 기출 CHECK

기능론적 관점에서 학교 교육의 선발·배치 기능 및 한계를 각각 2가지만 제시하시오. • 15 중등 추시

> 먼저 교사로서 우리는 학교 교육의 기능을 이해해야 합니다. 지금까지 학교는 학생들이 사회 구성원으로서 올바로 성장할 수 있는 보편적 가치와 규범을 가르쳐 왔습니다. 그러나 최근 사회는 학교 교육에 다양한 요구를 하게 되면서 학교가 세분화된 직업 집단의 교육 요구를 충족시켜 주기를 원하고 있고, 학교 교육의 선발·배치 기능에 다시 주목하고 있습니다. 그러므로 여러분은 학교 교육의 선발·배치 기능을 이해하는 한편, 이것이 어떤 한계를 갖는지도 생각해야 할 것입니다.

01 다음은 학교교육의 사회적 기능에 대한 관점 중 하나이다. 이 관점에 대한 설명으로 옳지 <u>않은</u> 것은? • 11 중등

> 사회를 구성하고 있는 각 요소는 전체의 존속에 공헌한다. 각 구성요소들은 서로 영향을 미치는 상호의존적 관계에 있으며, 전체적으로 조화롭게 통합되어 있다. 지각·정서·가치관·신념 체계의 주요 부분에 대해서 사회 구성원들 사이에 합의가 이루어져 있다. 교육은 전체 사회의 한 구성요소이며, 전체 사회의 존속과 유지에 공헌한다.

① 학교교육의 주요 기능은 사회화에 있다.
② 사회체제 존속에 필요한 규범교육을 강조한다.
③ 학교교육은 업적주의 사회 기반을 공고히 한다.
④ 대표적 이론가로 뒤르켐(E. Durkheim)과 파슨스(T. Parsons)가 있다.
⑤ 교육을 둘러싼 집단 간의 이해관계를 분석하는 데 주안점을 둔다.

02 다음 대화에서 학교교육에 관한 기능론적 관점을 가진 교사들을 골라 모두 쓰시오. • 09 초등 변형

> 김 교사: 요즘, 교과서에 대해 말이 많죠? 역시 교과서 내용은 특정 집단의 입장이 반영된 것이라는 생각을 하게 돼요.
> 최 교사: 글쎄요. 교과서는 모든 국민들이 합의하고 있는 내용을 담은 것이라고 생각해요.
> 박 교사: 그나저나 요즘은 집안형편이 어려운 학생들이 점점 대학에 진학하기 어려운 것 같아요.
> 정 교사: 좋은 성적을 받아서 명문대학에 가려면 부유한 집에 태어나는 게 유리하죠.
> 민 교사: 그래도 학교는, 가난하지만 노력하는 학생들에게 기회를 주는 곳이라고 봐요.

• _____

정답 01 ⑤   02 최 교사, 민 교사

03 다음 중 "학교교육이 사회평등에 기여한다."는 입장에서 학교교육을 설명하고 있는 것을 모두 고르시오. ● 07·06·05·03 중등 변형

ㄱ. 학교교육은 중요한 사회적 선발 장치이다.
ㄴ. 학교의 교육과정을 통해 지배집단의 문화가 재생산된다.
ㄷ. 학교의 교육내용은 보편적 가치와 사회 구성원의 합의에 기초하여 선정되는 것이다.
ㄹ. 학교는 개인의 사회적 지위 획득을 위한 집단 간 지위 경쟁의 장이다.
ㅁ. 사회 계층의 차이에 따른 독특한 언어와 사고 양식은 학업성취 수준의 차이를 가져온다.
ㅂ. 학교 시험은 지배적 문화와 가치관을 주입시키는 도구이다.
ㅅ. 학교는 자본주의 사회의 생산관계를 재생산하는 데 기여한다.
ㅇ. 학교는 사회생활에 필요한 보편적 가치를 어린 세대에게 가르친다.
ㅈ. 부모의 사회경제적 지위는 학교교육을 매개로 하여 학생에게 대물림된다.
ㅊ. 고용주가 노동자보다 학교교육연한에 따른 수입 증가의 비율이 더 높다.
ㅋ. 학업성취 수준의 차이는 학교교육에 지배집단의 문화가 반영된 결과이다.
ㅌ. 경제적으로 상·하층간 학생들 간의 성적차가 수업 기간 중에는 커지지 않는 반면, 방학 기간 중에는 커지는 경향이 있다.
ㅍ. 능력별 수업을 통해 집단 간 학업성취 수준의 차이를 감소시킬 수 있다.
ㅎ. 우수한 교사를 농촌 지역에 배치하면, 지역적 학업성취의 차이를 감소시킬 수 있다.

04 기능주의 교육관과 거리가 먼 것은? ● 04 중등
① 학교는 교육기회의 균등을 통해 공정한 사회이동을 촉진한다.
② 학교는 사회 문제의 해결과 사회 발전을 도모하는 제도적 수단이다.
③ 학교는 지배집단 문화를 전수하는 기관으로 사회 안정화를 도모한다.
④ 학교의 교과내용은 보편적 가치와 사회 구성원의 합의에 의해 이루어진다.

05 ㉠과 같은 정책을 수립하는 데 배경이 될 수 있는 이론에 대한 설명으로 가장 적절한 것은? ● 04 중등 변형

가상의 나라 에듀니아에서는 학력이 일반적 잠재능력을 대변한다는 인식이 팽배해 있다. 학생들이 대학 입학을 위해서는 면학에 정진하지만 일단 대학에 진학한 이후에는 학업을 소홀히 하는 폐단이 나타나고 있다. 그런데 지식기반 사회의 도래에 따라 대학교육의 질 개선을 통한 국가경쟁력 제고가 중요한 현안으로 부각되면서 앞에서 말한 문제점은 더 이상 방치할 수 없게 되었다. 이에 에듀니아 정부는 ㉠<u>학력이 개인의 실제적 능력과 생산성의 지표가 되는 교육을 실현하기 위한 정책방안</u>을 마련하는 데 노심초사하고 있다.

① 기능주의적 관점을 대변한다.
② 교육의 본질을 선별 기능으로 보았다.
③ 1960년대 이후에 제3세계 학자들을 중심으로 발전하였다.
④ 사회학에서 처음 등장하여 사회과학 전반에 걸쳐 영향력을 키워가고 있다.

06 집단 간 학업성취 수준의 차이에 대한 다음 설명 중 기능론적 입장에 해당하는 것은? ● 03 중등

가. 능력별 수업을 통해 집단 간 학업성취 수준의 차이를 감소시킬 수 있다.
나. 우수한 교사를 농촌 지역에 배치하면, 지역적 학업성취의 차이를 감소시킬 수 있다.
다. 학업성취 수준의 차이는 학교교육에 지배집단의 문화가 반영된 결과이다.
라. 사회 계층의 차이에 따른 독특한 언어와 사고 양식은 학업성취 수준의 차이를 가져온다.

① 가, 나 ② 가, 다 ③ 나, 다 ④ 나, 라

정답 03 ㄱ, ㄷ, ㅇ, ㅌ, ㅍ, ㅎ   04 ③   05 ①   06 ①

07 기능론자들이 주장하는 개인의 사회계층이동을 가장 잘 나타낸 것은? (○: 거의 영향 없음, +: 다소 영향 있음, ++: 많은 영향 있음)
● 01 초등

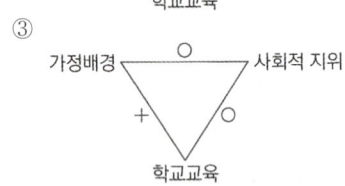

08 다음 두 교사의 주장에 가장 부합하는 이론을 바르게 짝지은 것은?
● 11 초등

> 김 교사: 국가 차원에서 교육의 양과 질을 계획적으로 조절하는 것은 당연합니다. 이 과정에서 적지 않은 비용이 투입되기는 하지만, 경쟁력 있는 인재를 양성하고 합리적 가치를 지향하는 사회가 형성되어 결과적으로 국가적 이익이 창출되는 것이지요.
> 박 교사: 그런데 실제로는 모든 국민이 아닌 특정 계층에게만 혜택이 돌아가고 있습니다. 교육의 과정에서 상위계층의 자녀들에게는 다양한 기회가 주어지지만, 하위계층의 자녀들에게 그것은 허상일 뿐입니다. 결국 빈부의 대물림으로 이어지는 것입니다.

	김 교사	박 교사		김 교사	박 교사
①	발전교육론	재생산이론	②	발전교육론	지위경쟁이론
③	지위경쟁이론	종속이론	④	지위경쟁이론	재생산이론
⑤	상징적 상호작용론	종속이론			

09 슐츠(T. Schultz)의 인간자본론(human capital theory)에 대한 설명으로 가장 적절한 것은?
● 07 초등
① 교육은 생산성 향상을 위한 투자이다.
② 아동의 가정 배경이 사회적 지위 획득에 영향을 미친다.
③ 부모와 친밀한 관계를 맺고 있는 아동은 학업성취가 높다.
④ 신뢰할 수 있는 인간관계의 망은 고용과 소득 증가에 유리하게 적용한다.

10 21세기 지식기반사회에 대비하는 우리나라의 국가인적자원개발(NHRD)의 전략으로 가장 바람직한 것은?
● 02 초등
① 기업체의 노동력 수급이나 특정 기능 보유자의 확보 등 단기적·경제적 관점에서 접근해야 한다.
② 교육적 성취를 기반으로 민간 차원에서만 인적 자원의 수급과 성장 및 효율성 극대화에 초점을 두어야 한다.
③ 국가 차원에서 교육·훈련, 기타 문화적 활동을 제외한 인적 자원의 효율적 개발과 활용에 중점을 두어야 한다.
④ 국가와 사회의 발전 및 개인의 삶의 질 향상을 위하여 개인이 갖추어야 할 지식과 기술, 정보 능력, 도덕적 성숙 등의 개발에 중점을 두어야 한다.

11 다음이 설명하고 있는 교육투자이론을 쓰시오.
● 99 중등 변형

> • 교육수준에 따른 소득 차이 가정
> • 완전 노동시장을 전제로 한 한계생산성의 원리 적용
> • 투입된 경비와 산출된 효과를 비용으로 계산

▶ _____

정답 07 ② 08 ① 09 ① 10 ④ 11 인간자본론

Theme 143 뒤르껨(Durkheim), 파슨스(Parsons), 드리븐(Dreeben)의 사회학

기출
13 중등, 08 초등, 07 중등, 07 상담, 07 초등, 06 중등, 01 초등

1 뒤르껨의 사회학

(1) 보편적 사회화 ☆
① 한 사회의 공통적 감성과 신념인 '집합의식'을 새로운 세대에 내면화시키는 것
② 아동의 도덕 사회화를 위해 보편적 사회화를 중시함

(2) 특수 사회화 ☆
① 개인이 속하게 되는 특수한 직업집단이 요구하는 지적·도덕적 특성을 함양하는 것
② 한 사회가 유지되기 위해서 다양한 직업집단이 필요하며, 산업화가 진행됨에 따라 사회의 분업화가 지속된다는 사실과 연관됨
③ 사회적 연대와 도덕교육 강조

2 파슨스의 사회학

(1) 역할 사회화 ☆
① 아동이 장차 성인이 되어 담당하게 될 역할을 수행하기 위하여 반드시 필요한 정신적 자세와 자질을 기르는 것
② 사회화 기능론 = 역할 사회화 ⇨ 직업에 필요한 지식, 기능, 태도를 습득하는 것

(2) 학교의 기능 ☆
① 학교는 유형유지 조직
② 사회화를 통한 사회적 안정, 통합, 합의의 증진이 이루어진다고 봄
⇨ 학교교육을 통한 (역할)사회화와 선발

(3) 한계점 ☆
교육 갈등을 무시하고, 평가 공정성을 지나치게 신뢰함

3 드리븐의 사회학

(1) 사회화
사회적 규범(독립성, 성취성, 보편성, 특수성)의 내면화

(2) 규범
① 상황별로 구체화된 행동의 표준
② 개인이 특정 상황에서 어떻게 행동해야 하는지를 지시하는 원칙, 전제 또는 기대

(3) 학교에서 학생이 습득하게 되는 사회적 규범 ⇨ 학생 규범론 ☆
① **독립성**: 학교에서 과제를 스스로 처리하고 자신의 행동에 대한 책임을 지게 함으로써 습득되고, 학교의 공식적인 시험을 통해 습득됨
② **성취성**: 최선을 다한 높은 성적 획득은 가치 있음을 받아들이고 그 전제에 따라 행동할 때 습득
③ **보편성**: 모두에게 적용되는 보편적인 규칙과 규범을 배우는 것, 동일 연령 학생이 같은 학습내용과 과제를 공유하며 보편적 자질을 형성함
④ **특수성**: 정당한 사유가 있다면 예외도 인정받는 것, 흥미와 적성에 맞는 분야에 대한 교육을 집중적으로 수행함으로써 습득됨

출제 Pick!
☆ 뒤르껨이 주장한 사회화의 종류 2가지의 명칭과 개념
☆ 파슨스의 관점에서 사회화의 개념, 학교조직의 유형 및 학교의 기능, 한계점
☆ 드리븐의 사회적 규범 4가지의 명칭과 개념

설쌤의 TIP
머리에 쏙! 박히는 청킹 Tip!
• **드리븐의 학생 규범론**: 독립성, 성취성, 보편성, 특수성 ➡ 독성 보톡(특)스

Theme 143 기출 CHECK!

01 뒤르껨(E. Durkheim)의 교육사회학적 입장에 대한 설명으로 옳은 것은? ● 08 초등
① 사회구조가 변화하더라도 교육해야 할 도덕이념은 동일하다.
② 세대가 바뀌어도 집합의식이 유지될 수 있도록 기성세대의 영향을 최소화해야 한다.
③ 산업사회에서 분업화가 진행될수록 보편사회화보다는 특수사회화가 더 중요해진다.
④ 이기적인 어린 세대에게 규율의 정신을 가르치는 것은 필요하나, 체벌을 허용해서는 안 된다.

02 다음 중 뒤르껨(E. Durkheim)의 교육론에 부합하는 것끼리 묶은 것은? ● 06 중등

> ㄱ. 교육은 사회화의 기능을 수행한다.
> ㄴ. 교사의 권위를 세우기 위해서 체벌은 불가피하다.
> ㄷ. 학교교육은 사회적 기능을 수행하기 때문에 국가가 관여해야 한다.
> ㄹ. 시대가 바뀌더라도 도덕교육의 내용은 변하지 않는다.

① ㄱ, ㄷ   ② ㄱ, ㄹ   ③ ㄴ, ㄷ   ④ ㄴ, ㄹ

03 다음 (가)와 (나)에 제시된 학업성취 결정요인의 관점에 대한 설명으로 옳지 않은 것은? ● 13 중등

> (가) 학업성취는 학생의 가정배경에 달려 있다. 부모의 사회·경제적 지위가 높은 학생일수록 더욱 우수한 능력을 갖춘 상태에서 학교에 입학한다. 또한 학교교육의 과정에서도 부모의 사회·경제적 지위가 높은 학생일수록 높은 학업성취를 나타내며, 그 지위가 낮은 학생일수록 낮은 학업성취를 나타낸다.
> (나) 교사가 학생을 어떻게 범주화하느냐가 학생의 성적에 영향을 준다. 교사는 대개 학생을 우수 학생, 중간 학생, 열등 학생으로 구분하고 집단별로 상이한 관심과 기대를 드러낸다. 교사가 성적이 향상될 것으로 기대한 학생의 성적은 실제로 향상되는 경향이 있으며, 이 기대효과는 저학년과 하위계층 출신 학생들에게 더 뚜렷하게 나타난다.

① (가)는 헤드스타트 프로그램(head start program)과 같은 보상교육의 필요성에 대한 근거가 된다.
② (가)는 학생의 가정배경과 학업성취의 관계에 관한 콜만 보고서(Coleman report, 1966)의 연구결과와 일치한다.
③ (가)는 학교교육을 통해 독립성, 성취성, 보편성, 특정성의 규범을 습득할 수 있다는 드리븐(R. Dreeben)의 학교사회화 이론의 배경이 된다.
④ (나)는 교사의 기대가 학생들에게 자성예언(self-fulfilling prophecy)으로 작용함을 보여 준다.
⑤ (나)는 학생에 대한 교사의 범주화 방식이 교사와 학생 간 상호작용에 영향을 주었음을 시사한다.

04 드리븐(Dreeben)의 학교사회화 내용 중 다음의 내용에 해당하는 규범을 각각 쓰시오. ● 07 초등 + 01 초등 변형

> (가) 학년이 높아짐에 따라 흥미와 적성에 맞는 분야의 교육에 집중함으로써 학생들이 학습하게 되는 것이다.
> (나) • 시험시간에 부정행위를 못하게 한다.
> • 숙제를 다른 사람이 대신 하지 못하도록 하고, 평가는 개인별로 실시한다.
> • 학교에서 학생들 스스로 과제를 처리하게 하고, 자신의 행동에 대한 책임을 지게 한다.

05 다음은 학교사회화 과정에서 습득되는 특성에 대한 드리븐의 설명이다. (가)~(다)에 들어갈 단어를 쓰시오. ● 07 상담 변형

> 학교에서 학생들로 하여금 과제를 스스로 처리하게 하고 자신의 행동에 대하여 책임을 지게 함으로써 ((가))이(가) 길러진다. 동일 학년의 학생들이 개인의 특성과 관계없이 같은 학습내용과 과제를 공유함으로써 ((나))이(가) 길러진다. 이러한 공유를 바탕으로 학년이 올라감에 따라 자신의 흥미와 적성에 맞는 분야를 교육받는 과정에서 ((다))이(가) 길러진다.

정답 01 ③   02 ①   03 ③   04 (가) - 특수성(특정성) / (나) - 독립성   05 (가) - 독립성 / (나) - 보편성 / (다) - 특수성

Theme 144 갈등이론

1 갈등이론의 주요 주장 – 경쟁과 갈등

① 사회의 실체를 개인 또는 집단 간의 끊임없는 세력 다툼, 경쟁, 저항이 발생하는 관계로 봄
   ⇨ 갈등주의적 관점은 기능주의적 시각에 대한 비판과 도전으로 전개 및 발전되어 옴
② 이익과 권력 등 가치 있는 것을 둘러싼 개인 또는 집단 간의 경쟁에서 야기되는 '불화'가 사회의 본질임
③ 사회는 구성원의 동의에 의해서가 아니라 강제에 의해 통합되고, 갈등이 변동의 요인이며, 변동은 항상 일어나고 있다는 것을 가정함
④ 인간이 소유하고자 하는 대상물은 제한되어 있어 인간 간의 경쟁과 갈등이 불가피한 것으로 봄
⑤ 모든 사회집단은 각각 다른 목적이나 이해관계를 가지고 움직인다고 여김
⑥ 이에 따르는 갈등은 잠잠하거나 표면화·폭력화되기도 함

2 갈등이론의 입장에서의 학교교육의 기능

① 학교교육이 기존 사회체제 유지를 위한 사회통제의 수단으로 기능해왔다고 봄
② 학교교육이란 현존하는 지배계층의 이해관계를 유지하기 위한 하나의 사회적 조정장치이자 계층 생산의 매개변수에 불과함 ⇨ 학교는 현존하는 불평등체제를 유지·존속시키는 역할을 한다고 봄
③ 갈등론자는 교육의 불평등과 불공정성을 파헤치고 사회적 불평등이 현행 학교교육을 통해 어떻게 강화·유지되는가를 밝히려는 것을 주요 관심사로 둠
④ 학교는 지배 엘리트들의 이익 유지에 도움을 주며 현 상태를 받아들이고 그에 순응하는 태도를 길러주는 곳임
⑤ 학교는 사회적 불평등을 영속시키고 하층 계급으로 하여금 스스로에 대한 열등감을 확인시켜주는 기관으로 봄

출제 Pick!
☆ 갈등이론의 주요 주장
☆ 학교교육의 기능

Theme 144 기출 CHECK!

01 갈등이론과 관련된 진술로 옳은 것은? • 05 중등
① 학교교육이 기존의 계급구조를 재생산한다고 본다.
② 아동에 대한 교육적 관심이나 유대감을 문화적 자본이라고 한다.
③ 학교에서 체벌을 사용하여 지식을 가르치는 것을 상징적 폭력이라고 한다.
④ 보울스와 긴티스(S. Bowles & H. Gintis)는 학교와 공장에서 다루는 지식의 내용이 동일하다고 본다.

02 최근 들어 교육 불평등 논의는 수직적 불평등에서 수평적 불평등으로 관심이 확장되고 있다. 〈보기〉에서 수평적 불평등 현상을 골라 바르게 묶은 것은? • 05 초등

―〈보기〉―
가. 학력 수준이 높을수록 고임금 직종에 취직할 확률이 높다.
나. 장애인을 위한 배려와 교육이 제대로 이루어지지 않고 있다.
다. 전통적 가부장제에 기인한 남성과 여성의 이분법이 교과서에 남아 있다.
라. 전문직에 종사하는 부모의 자녀가 우수 대학에 진학할 확률이 높다.
마. 서울을 제외한 다른 지역 대학 출신들은 취직 등에서 불이익을 받고 있다.

① 가, 나, 다 ② 가, 다, 라 ③ 나, 다, 마 ④ 나, 라, 마

03 다음 중 갈등이론자들이 주장하는 학교교육의 사회적 기능에 대한 설명과 일치하는 것만으로 묶은 것은? • 01 초등

가. 학교는 이념적 국가기구의 하나로서 지배 이데올로기를 정당화한다.
나. 학교는 차별적 사회화 과정을 통하여 기존의 불평등한 사회구조를 재생산한다.
다. 학교는 사회가 필요로 하는 인재를 선발하여 적재적소에 배치하는 역할을 수행한다.
라. 학교는 보편적인 사회규범을 내면화하고, 전문성을 신장시켜 사회발전에 이바지한다.
마. 학교는 자본주의 사회의 필요에 대응하여 자본주의 생산양식에 적합한 태도와 가치관을 교육한다.

① 가, 나, 마 ② 나, 다, 라 ③ 가, 다, 라 ④ 다, 라, 마

정답 01 ① 02 ③ 03 ①

Theme 145 보울스(Bowles)와 긴티스(Gintis)의 경제 재생산이론

1 주요 주장
① 학교교육에서 보편적 가치를 가르치는 것은 인재를 공정하게 선별하여 사회에 배치하는 과정이 아니라, 자본가층에게 이로운 태도와 가치관을 가르쳐 기존의 계층구조를 정당화하고 지속시키는 것이라고 비판함
② 학교교육
  ㉠ 자본주의 사회의 불평등한 계급구조를 재생산하는 도구
  ㉡ 억압적 자본주의 사회의 유지에 필요한 가치관과 특성을 주입시킴

2 대응이론(상응이론, correspondence theory) ☆
① 학교교육과 경제적 생산체제가 서로 대응 = 노동의 사회적 관계와 교육의 사회적 관계가 대응
② 대응 내용

내용	경제적 생산체제	학교교육
교육과정 결정권	노동자가 자신이 작업할 내용을 스스로 결정하지 못함	학생도 자기가 배울 교육과정을 선택하지 못함
교육의 수단화	노동은 외적 보상인 임금 획득을 위한 것	교육도 성적, 졸업장 취득과 같은 외적 보상을 목적으로 함
계열 구분과 지식의 분절	노동현장은 분업화되어 노동자에게 나누어진 업무를 부여함	학교도 계열을 구분하고 지식을 과목별로 잘게 나눔
학년 구분과 교육수준 차이	노동현장에 여러 직급별 단계 존재	학교의 학년 구분, 다양한 교육수준 존재

3 차별적 사회화 ☆
① 각 개인이 위계적 경제구조 속에서 경험하는 불평등하고 억압적인 사회관계가 학교교육에 그대로 반영됨
② 학교는 생산현장에서 필요로 하는 규범과 인성 특성을 학생들에게 내면화시키며, 학생 개인의 귀속적 계급 위치에 따라 학교에서 차별적인 사회화 과정을 거침
③ 차별적 사회화는 학생의 사회계급에 따른 학교행정가와 교사가 갖는 교육목표나 기대의 차이에서 비롯됨 ⇨ 학교는 생산현장에서 필요로 하는 규범과 인성 특성을 학생에게 내면화시킴
④ 가정에서도 사회계급별 부모의 양육 방식이 다르며, 생산현장에서 요구되는 사회관계가 그대로 사회화됨

Theme 145 기출 CHECK!

01 보울스(S. Bowles)와 긴티스(H. Gintis)의 대응이론(correspondence theory)에서 바라본 교육과 노동의 사회적 관계에 대한 설명으로 옳지 않은 것은? ● 08 중등
① 학생과 노동자는 각각 학습과 노동으로부터 소외되어 있다.
② 학교에서의 성적 등급은 작업장에서의 보상 체제와 일치한다.
③ 작업장에서의 사회적 관계는 학교에서의 사회적 관계에 그대로 반영되어 있다.
④ 지식의 단편화와 분업을 통해서 학생과 노동자의 임무가 효율적으로 확장된다.

02 보울스와 긴티스(S. Bowles & H. Gintis)의 경제적 재생산론에 나타난 학교교육관을 바르게 설명한 것은? ● 04 중등
① 학교교육은 하위 계급의 학생에게 비판적 의식을 심어주고 있다.
② 학교교육은 능력주의(meritocracy) 이념을 통해 계급적 모순을 은폐하고 있다.
③ 학교교육은 사회 불평등을 해소하고 있다.
④ 학교교육은 학생을 능동적이며, 인격적 존재로 대우하고 있다.

정답 01 ④ 02 ②

Theme 146. 일리치(Illich)와 라이머(Reimer)의 탈학교론(deschooling theory)

1 탈학교론
① **기본 주장**: 현대사회에서 교육이 학교제도에 의해 독점됨으로써 나타나는 반(反)교육적 현상을 비판함
② 교육이 본연의 모습과 기능을 되찾기 위해서는 현재 같은 학교제도가 폐지되어야 한다고 주장
③ 현대사회제도가 물질 지배주의, 인간소외, 비인간화 현상 등의 문제에 대한 원천이며, 사회제도 중에 학교제도가 가장 중요한 역할을 담당하고 있다고 주장함
④ 학교제도의 교육 독점을 극복하기 위해서는 학교제도를 폐지하는 것만으로는 불가능하며, 학교제도로 야기된 현대문명의 비판을 극복할 수 있는 방안이 강구되어야 한다고 주장함

출제 Pick!
☆ 탈학교론 개념
☆ 대안책의 명칭, 구성요소
☆ 이론의 비판점

2 대안책
(1) **학습을 위한 네트워크[network, 학습망(learning net)]**
① 모든 사람이 학습에 필요한 자원을 쉽게 이용할 수 있음
② 학습하거나 가르치는 기회를 평등하게 향유할 수 있음
③ 학생의 자발성에 의존함
④ 주입식 교육을 지양함
⑤ 실제 세계와의 새로운 결합 방식을 제시함

(2) **학습망을 만들기 위한 요소**
① **학습자료망**: 학습자가 학습자료에 쉽게 접근하도록 함
② **교육자망**: 학습자가 원하는 전문가들의 인명록을 모아둠
③ **기술교환망**: 기술을 가지고 있는 사람들의 인명록을 비치하여 기술교환이 가능하도록 함
④ **동료연결망**: 함께 학습하고 싶은 학습동료를 쉽게 찾도록 함

3 비판점
교육적인 활동이 결코 단순한 과정에 의해 이루어질 수 없음을 간과함
⇨ 현실성이 결여된 낭만주의적 급진주의 성향이라는 비판

Theme 146 기출 CHECK!

01 다음 내용을 공통으로 포함하는 개념과 그 개념을 제안한 학자로 옳은 것은? ● 13 중등

- 학습자가 학습에 필요한 자료에 쉽게 접근할 수 있도록 한다.
- 함께 학습하기를 원하는 학습동료를 쉽게 찾을 수 있도록 지원한다.
- 학습자가 원하는 전문가, 준전문가, 프리랜서 등 교육자들의 인명록을 갖추어 놓는다.
- 기능을 가지고 있는 사람들의 인명록을 비치하여 기능 교환이 이루어질 수 있도록 한다.

	개념	학자
①	학습망(learning webs)	일리치(I. Illich)
②	학습망(learning webs)	프레이리(P. Freire)
③	학습망(learning webs)	허친스(R. Hutchins)
④	학습공동체(learning community)	프레이리(P. Freire)
⑤	학습공동체(learning community)	허친스(R. Hutchins)

02 학습사회에 대한 기구나 학자의 주장이 바르게 진술된 것은? ● 07 초등
① 유네스코는 1972년에 '소유를 위한 학습(learning to have)'을 강조하는 학습사회를 주장하였다.
② 허친스(R. Hutchins)는 노동시장의 변화에 대응한 인적자원 개발을 강조하는 학습사회를 주장하였다.
③ 카네기 고등교육위원회는 1973년에 직업교육보다 개인의 자아 실현을 강조하는 학습사회를 주장하였다.
④ 일리치(I. Illich)는 학습자원을 쉽게 활용할 수 있도록 지역 차원의 연계된 학습망에 기초한 학습사회를 주장하였다.

03 다음의 학자들이 아래 저서를 통해 공통적으로 주장하고 있는 것은? ● 04 초등

- 일리치(I. Illich)의 『탈학교사회』
- 프레이리(P. Freire)의 『피압박자의 교육』
- 라이머(E. Reimer)의 『학교는 죽었다』
- 실버맨(C. Silberman)의 『교실의 위기』

① 학교교육의 효율성 제고
② 학교교육의 한계와 비판
③ 학교교육의 순기능 강조
④ 학교의 사회통제기능 강화

04 일리치(Ilich), 라이머(Reimer) 등이 제기한 '탈학교론'의 주장에 가장 가까운 것은? ● 02 초등
① 학교 교육을 통한 국가 발전의 약속은 제3세계에서나 실현될 수 있다.
② 학교 교육을 통한 성공의 신화를 깨기 위하여 학교 교육을 해체하여야 한다.
③ 학교 사회에서의 폭력이나 소외는 교육의 순기능을 능가하는 부작용을 낳고 있다.
④ 정보 통신 기술을 활용하는 개별 학습이 일반화되면서 학교 체제는 존립 위기에 처해 있다.

정답 01 ① 02 ④ 03 ② 04 ②

Theme 147 프레이리(Freire)의 의식화 교육론

기출: 12 초등, 11 중등

출제 Pick!
☆ 침묵의 문화, 은행저금식 교육, 문제제기식 교육, 의식화 교육, 프락시스의 개념

1 주요 주장
① 의식화 교육론은 제3세계의 억압적 상황에서 교육을 통하여 인간해방과 사회구조의 변혁을 추진하려는 실천적 시도임
② 프레이리는 엘리트 집단은 지배권력을 지속적으로 유지하는 데 급급하여 민중을 현실 속에 매몰시킴으로써 지배체제에 대한 도전 가능성을 차단하였다고 봄
③ 민중들은 외부의 권위를 수동적으로 받아들이고, 명령에 복종하며, 자유롭고 창조적인 의식들을 억압당하는 '수동적 의식'을 갖게 되었으며, 사회 전반적으로 '침묵의 문화(culture of silence)'가 풍미해짐

2 개념

(1) **침묵의 문화(culture of silence)**
① 억압자가 피억압자를 정복·조정·문화적 침략·분할 지배함
② 피억압자는 선택능력을 잃어버리고 민중의 언어와 논리, 비판과 탐구, 사고와 표현도 빼앗겨버림
③ 억압자의 문화, 행동양식, 가치관을 내면화한 채 살아가게 된 문화적 종속 상태

(2) **은행저금식 교육(banking education)** ☆
① 학생이라는 텅 빈 저금 통장에 교사가 지식이라는 돈을 저축하는 방식의 교육을 뜻함
② 은행저금식 교육에서는 교사와 학생의 관계가 일방통행적임
③ 교사는 모든 것을 알고 있고, 학생은 아무것도 모르는 존재임
④ 학생은 무지·무능하므로 언제나 교사를 통해서만 세상을 접할 수 있음
  ⇨ 인간을 주체적 존재가 아닌 수동적·객체적 존재로 만듦

(3) **문제제기식 교육(problem-posing education)** ☆
① 개념 : 비인간화시키는 억압질서를 극복하는 교육방식으로, 교육내용은 학생으로부터 제기되며, 저장되어야 할 문제로서 다시 그들에게 되돌려지는 것
  ⇨ 문제제기식 교육을 통해 인간이 의식화되면 의식을 실천하는 존재로 변한다고 봄
② 교사와 학생은 수직적 관계가 아니라 공동탐구자가 됨 ⇨ 교사는 학생 간의 대화 속에서 학생의 의식 각성에 조력하며 교사도 배우는 자가 되고, 동시에 학생도 배우고 가르치는 자가 됨
③ 피압박자들이 억압적 상황을 극복하고 스스로 인간해방을 추구하도록 함

(4) **의식화 교육**
① 의식화 : 인간이 처한 억압적 구조의 모순을 스스로 간파하고 변화시키려는 주체적 각성. 의식의 각성을 도모하는 비판적 교육(현실에 대하여 비판적 태도를 갖고 끊임없이 변화시키려는 의지를 길러주는 교육)을 통해 이루어짐
② 문자 해독은 단순한 글자의 습득만을 의미하는 것이 아니라 글자를 통하여 세계와 만남을 이룰 수 있고, 세계 안에서 인간의 삶을 비판적으로 이해할 수 있다고 봄
  ⇨ 적극적 실천인 '프락시스(praxis)'가 도출됨

(5) **프락시스(praxis)**
① 적극적 실천
② 성찰과 행동의 통합
③ 이론과 실천의 통합

Theme 147 기출 CHECK!

01 〈보기〉에서 재생산이론, 인간자본론, 의식화이론의 각 관점에 가장 부합하는 것은? • 12 초등

─〈보기〉─
ㄱ. 경제적인 측면보다 사회 변화에 맞춰 청소년들의 의식과 가치관을 합리적으로 변화시키는 것이 더욱 중요하다.
ㄴ. 국가의 예산을 투입하여 지식과 기술력을 갖춘 인재를 육성하는 것은 경제적인 측면에서 매우 생산적이고 유용하다.
ㄷ. 사회구조상 계층이동 방식이 상위계층에 의해 결정되기 때문에 하위계층의 학생들은 상위계층에 진입하기가 힘들며 계층의 대물림이 이어진다.
ㄹ. 교육을 통해서 사회 불평등에 대한 모순을 깨닫게 하고, 비판적 의식을 저항의 실천으로 옮길 수 있도록 해야 한다.

	재생산이론	인간자본론	의식화이론
①	ㄱ	ㄴ	ㄹ
②	ㄱ	ㄹ	ㄷ
③	ㄷ	ㄱ	ㄴ
④	ㄷ	ㄴ	ㄹ
⑤	ㄹ	ㄷ	ㄴ

02 프레이리(P. Freire)의 문제제기식 교육에 대한 설명으로 옳지 않은 것은? • 11 중등
① 학생은 비판적으로 사고하는 사람으로 육성되어야 한다고 하였다.
② 학생의 탐구를 막는 것은 마치 폭력을 행사하는 것과 같다고 본다.
③ 학생에게 지식을 수동적으로 축적하게 하는 교육 방식을 비판하였다.
④ 학교에서는 경쟁을 통해 사회 적응력을 키우는 교육을 해야 한다고 본다.
⑤ 학생이 역사적 맥락에서 자신의 삶을 파악할 수 있게 교육하는 것이 중요하다고 본다.

정답 01 ④ 02 ④

Theme 148 알뛰세(Althusser)의 자본주의 국가론

1 주요 주장
자본주의 국가는 기존의 불평등한 관계를 정당화·재생산하기 위해서 억압적 국가기구의 권력행사뿐 아니라 이념적 국가기구를 작동시킨다고 주장함
⇨ 생산관계를 재생산하는 데 보다 중요한 역할을 하는 것은 학교와 같은 이데올로기적 국가기구임

2 국가기구의 종류
(1) **이데올로기적 국가기구**(ISA; Ideological State Apparatus) – 학교 ☆
  ① 종교, 교육, 가족, 정치, 법률, 대중매체 등으로 구성됨
  ② 지배와 종속의 계급관계를 은폐하고 위장하는 역할 ⇨ 기존 계급구조를 정당화하는 기능
  ③ 의무 교육제도는 가장 강력한 재생산 장치 ⇨ 지배 이데올로기를 국민에게 전파·내면화하여 자본주의적 사회질서를 유지·존속시키는 역할을 담당

(2) **억압적 국가기구**(RSA; Repressive State Apparatus)
  ① 사법제도, 군대, 경찰, 정부 등으로 구성됨
  ② 지배계급의 이익을 위해 강제적인 힘이나 물리력을 동원함

> 출제 Pick!
> ☆ 알뛰세의 자본주의 국가론에 근거하여 학교가 속하는 국가기구 종류의 명칭, 특징

Theme 148 기출 CHECK!

01 학교교육의 사회적 기능에 관한 세 교사의 견해에 부합하는 이론을 주장한 학자로 옳은 것은? ● 13 중등

> 김 교사: 저는 현대 사회에서 학교교육은 매우 중요한 사회적 기능을 하고 있다고 생각합니다. 학생들에게 한 사회가 축적한 규범과 가치를 내면화시키고, 장차 일하게 될 직업 세계에 필요한 지식과 기술을 가르쳐 주거든요.
> 이 교사: 그렇지요. 게다가 학교교육을 많이 받게 되면 더 많은 지식과 기술을 습득하게 되고 업무 생산성도 향상되잖아요. 이런 생산성의 향상이 결국 소득 증대로 이어진다고 봐야죠.
> 박 교사: 그 말은 학교교육이 사회평등에 기여할 수 있다는 얘기처럼 들리는데, 저는 그렇게 생각하지 않습니다. 학교는 이데올로기적 국가기구로서 불평등한 계급관계를 재생산하고 있다고 봅니다.

	김 교사	이 교사	박 교사
①	그람시(A. Gramsci)	애플(M. Apple)	마르크스(K. Marx)
②	뒤르케임(E. Durkheim)	애플(M. Apple)	알튀세(L. Althusser)
③	뒤르케임(E. Durkheim)	슐츠(T. Schultz)	알튀세(L. Althusser)
④	파슨스(T. Parsons)	슐츠(T. Schultz)	베커(G. Becker)
⑤	파슨스(T. Parsons)	콜린스(R. Collins)	베커(G. Becker)

02 다음은 학교의 사회적 역할과 기능에 대한 학자들의 주장이다. (가)와 (나)가 나타내는 개념과 이를 주장한 학자의 이름을 쓰시오.
● 12 중등 변형

> (가) 학교에서 교장과 교사, 교사와 학생, 학생과 학생, 학생과 학업 사이의 관계는 위계적 노동 분업을 그대로 본뜨고 있다. 자본주의 기업체의 노동 분업처럼 학교제도도 정교하게 구분된 위계적 권위와 통제 체제를 가지고 있으며, 경쟁과 외적인 보상체계가 참여자들의 관계를 지배한다.
> (나) 자본주의 사회는 생산관계의 재생산을 통해 유지된다. 이는 가족, 교회, 학교, 언론, 문학, 미디어 등에 의해 자본주의적 생산 관계의 유지에 필요한 지식, 기술, 태도, 가치 등이 전달되기 때문에 가능하다. 특히 학교는 자본주의 사회에 복종하는 순치된 노동력을 재생산하는 핵심 장치이다.

- (가) : _____
- (나) : _____

03 다음의 (가)와 (나)에 들어갈 가장 적합한 용어를 고른 것은? ● 07 중등

> 알튀세(L. Althusser)는 학교가 이데올로기적 국가기구로서 사회적 기능을 수행한다고 보았다. 이데올로기적 국가기구로서 학교가 억압적 국가기구와는 달리 가족이나 언론 매체와 유사한 기능을 수행한 것은, ((가))보다는 ((나))을(를) 통해 그 구성원들에게 영향력을 행사한다는 것을 의미한다.

	(가)	(나)
①	교화	학습
②	공권력	관리
③	강제력	동의
④	이념	설득

정답 01 ③ 02 (가) - 보울스와 긴티스의 대응이론(대응원리) / (나) - 알튀세의 이데올로기적 국가기구 03 ③

Theme 149 부르디외(Bourdieu)의 문화 재생산이론

11 초등, 09 초등, 06 중등, 06 초등, 03 중등, 02 중등

출제 Pick!
☆ 상징적 폭력의 개념
☆ 문화자본의 종류, 개념

1 주요 주장
① 문화 재생산이론은 불평등한 계급관계를 재생산하는 데 있어 문화의 매개적인 역할을 중요시함
② 학교에서 학생에게 가르치는 문화는 지배계급의 문화이며, 학교의 교육과정이 지배계층의 문화를 반영한다고 봄

2 개념

(1) **상징적 폭력(symbolic violence)**
① 학교교육에서 노동계급 학생으로 하여금 지배문화를 상식적이고 자연스러운 것으로 취급하게 만드는 교묘한 과정
② 문화를 설명함에 있어 지배계급의 경제적·정치적 이해관계가 임의적이고 우연한 것이 아니라, 사회질서의 필연적이고 자연스러운 요소라고 주장
③ 교육내용을 지배계급의 문화를 중심으로 구성하여 지배계급의 문화를 보편적으로 여기도록 함

(2) **문화자본(cultural capital)** ☆
① 학교에서 이루어지고 있는 문화적 재생산 메커니즘(인간의 행동에 영향을 미치는 심리의 작용이나 원리)을 분석하기 위해 '문화자본'이라는 개념을 고안함
  ㉠ **체화된 문화자본(아비투스적 문화자본)** : 어릴 때부터 자연스레 체득된 지속적인 성향
   > 참고 아비투스(habitus) : 계급이나 계급분파, 사회계급 내의 파벌이 그들만의 특징적인 문화 양식이나 지배 유형을 생산하고 발전시켜 내면화된 문화자본으로 만드는 것으로, 파벌이 지속적으로 생성력이 있는 원칙과 세계관을 형성하고, 이를 아동에게 사회화시키는 것을 포함
  ㉡ **객관화된 문화자본** : 형태가 있는 문화자본
   > 예 책, 예술품 등
  ㉢ **제도화된 문화자본** : 사회적으로 인정받을 수 있고 공식적으로 증명되는 것
   > 예 졸업장, 자격증 등
② 각 개인은 자신이 속한 가정의 계급 위치에 따라 상이한 의미체계·사고방식·성향 등을 물려받고, 여기에는 일정한 사회적 가치와 지위가 부여됨
③ 지배적인 문화자본을 정당화하고 재생산함에 있어 학교가 중요한 역할을 함

Theme 149 기출 CHECK!

01 다음 중 부르디외(P. Bourdieu)가 말한 '상징적 폭력(symbolic violence)'에 해당하는 사례를 모두 고르면? • 11 초등

ㄱ. 민철이는 집안이 갑자기 경제적으로 어려워져 전학을 가게 되었는데 상급생들이 인사를 안 한다고 자주 때려서 그 학교가 싫어졌다.
ㄴ. 종현이는 전국 사투리 경연 대회에 나가 1등을 하였는데 친구들이 매우 부러워해서 어른이 되면 사투리를 연구하는 사람이 되겠다고 다짐했다.
ㄷ. 수업시간에 선생님이 해외여행 경험을 발표하라고 해서 여러 학생들이 다양한 나라의 여행 경험을 발표했으나 현영이는 외국에 가본 적이 없어서 창피했다.
ㄹ. 지혜는 선생님이 클래식 음악회에 다녀와서 감상문을 써 내라고 숙제를 내줬는데 자신은 클래식 음악을 접해보지도 못한 데다 가정형편상 음악회에 다녀올 수도 없어 괴로웠다.

① ㄱ, ㄴ   ② ㄱ, ㄷ   ③ ㄱ, ㄹ   ④ ㄴ, ㄹ   ⑤ ㄷ, ㄹ

02 다음 중 부르디외(P. Bourdieu)의 문화자본론에 관한 옳은 내용을 모두 고른 것은? • 09 초등

ㄱ. 아비투스(habitus)는 제도화된 문화자본을 의미한다.
ㄴ. 학교는 인류의 보편적 가치가 담긴 문화를 가르친다.
ㄷ. 문화자본은 인류의 핵심가치를 담은 문화적 자산이다.
ㄹ. 학교교육은 지배계급의 의미체계를 주입하는 상징폭력이다.
ㅁ. 학교는 자의적 문화상징물에 대해 가치와 정통성을 부여한다.

① ㄱ, ㄴ   ② ㄴ, ㄷ   ③ ㄹ, ㅁ   ④ ㄱ, ㄹ, ㅁ   ⑤ ㄴ, ㄷ, ㅁ

03 다음의 가상적 사례를 가장 잘 설명해 주는 이론은? • 06 중등

가난한 집안에서 태어난 철수는 대중음악을 즐겨 들으며 성장하였고, 부유한 집안에서 태어난 영훈이는 고전 음악을 즐겨 들으며 성장하였다. 그런데 학교 음악시간에는 대중음악보다 고전음악을 주로 가르친다. 고전 음악에 익숙한 영훈이는 음악시간이 즐겁고 성적도 좋지만, 그렇지 못한 철수는 음악시간이 지루하고 성적도 좋지 못하다.

① 파슨스(T. Parsons)의 학교사회화론
② 부르디외(P. Bourdieu)의 문화자본론
③ 하그리브스(D. Hargreaves)의 상호작용론
④ 보울즈와 긴티스(S. Bowles & H. Gintis)의 대응이론

04 다음에서 부르디외의 문화재생산론에 부합하는 것끼리 묶은 것은? • 06 초등

가. 교사가 행하는 폭언을 상징적 폭력이라 한다.
나. 문화자본은 가정에서 지출하는 사교육비를 말한다.
다. 학업 성취는 가정에서 습득한 문화의 영향을 받는다.
라. 졸업장, 학위, 자격증 등은 제도화된 문화자본에 속한다.

① 가, 나   ② 나, 다   ③ 다, 라   ④ 가, 라

05 부르디외(P. Bourdieu)의 문화적 재생산론(cultural reproduction theory)의 관점에 해당하는 것은? • 03 중등

① 문화는 사회계급 구조와 관련이 없다.
② 현대사회는 대중문화에 의해 지배받고 있다.
③ 상징적 폭력을 통해 학교교육이 사회적으로 정당화된다.
④ 학교는 보편적·중립적인 문화적 가치를 전수하는 기관이다.

06 다음의 현상을 설명하는 데 가장 적합한 교육이론은? • 02 중등

• 사회계층별로 독특한 문화를 가지고 있다.
• 학교 교육과정은 하류계층보다 중상류계층의 문화를 더 많이 반영하고 있다.
• 예컨대 학교에서는 대중음악보다 고전음악을 중시하는데, 고전음악은 하류계층보다 중상류계층이 더 많이 향유한다.
• 따라서 중·상류계층 학생의 학업성취가 하류계층 학생보다 더 높다.

① 저항이론   ② 발전교육론   ③ 문화 재생산론   ④ 상징적 상호작용론

정답 01 ⑤   02 ③   03 ②   04 ③   05 ③   06 ③

Theme 150 애플(Apple)의 문화적 헤게모니론

기출 10 중등, 04 초등

1 문화적 헤게모니(hegemony)
학교교육이 지배계급이 선호하는 가치를 전수하고 문화적 영향력을 행사하여 능력에 따라 사회계층을 결정한다고 믿게 하는 지배력 행사 방식 ⇨ 학교는 교육과정을 통해 지배 이데올로기를 정당화함

2 주요 주장(학교의 특성)
① 학교는 자본가와 경영자층의 문화를 재생산하는 기관임
② 학교는 사회질서를 경제뿐 아니라 문화적으로도 재생산함
③ 학교는 문화적 헤게모니가 깊숙이 잠재되어 있는 기구
④ 경제적 재생산이론에 대해 학교를 순전히 피동적인 존재로만 보는 것은 잘못된 것이라 여기며, 학교는 상대적 자율성(relative autonomy)을 지니고 있어 지배 헤게모니를 비판하는 '반(反)헤게모니'를 생성하기도 하는 곳이라고 봄 ⇨ 학교는 지배와 저항이 공존함

3 애플(Apple)의 교육과정 구조적 재개념화 ☆
① **탈숙련화(deskilling)**: 교사가 표준화된 교육과정 자료에 의해 미리 정해진 교육목표, 교육내용, 평가방법 등을 그대로 실행하는 주체로 전락하며, 개인의 고유한 지식과 관점을 보유하는 것이 불필요하게 되는 현상
② **재숙련화(reskilling)**: 교사가 교육의 실천가가 아닌 관리자로 전락하게 되는 것
  ⇨ 교사는 교육의 능동적인 주체로서 비판적이고 고유한 관점과 성찰을 토대로 지배계층의 이익에 봉사하는 교육을 지양하고 학생들이 갈등과 비판을 직면하고 관리하도록 하여야 함
  ⇨ 궁극적으로 학교교육은 표면적 교육과정과 잠재적 교육과정 모두 지배계층의 이익에 봉사하고, 학생들이 갈등과 비판을 회피하게끔 규율하는데, 여기에 교육에 대한 기술공학적 접근(교육과정의 설계나 연구가 과학적 방법이라고 일컫는 기술공학적 논리에 의해 주도되고 있음)이 더해지며 현장의 실천가인 교사의 비판적 사유를 어렵게 함

출제 Pick!
☆ 문화적 헤게모니의 개념
☆ 학교의 특성
☆ 그람시의 헤게모니
☆ 탈숙련화, 재숙련화

Level Up

그람시(Gramsci)의 헤게모니 ☆
• 물리적 힘이나 폭력에 의존하지 않고 이데올로기를 주입하여 피지배계급의 자발적 동의를 창출해 지도력을 확보하는 지배 방식
• 지적·도덕적 영향력과 지도력을 바탕으로 한 동의에 의한 지배

Theme 150 기출 CHECK!

01 다음 내용과 공통적으로 관련된 개념의 명칭을 쓰고, 개념을 설명하시오. ● 10 중등 변형

- 애플(M. Apple)이 교육사회학 이론에 활용한 그람시(A. Gramsci)의 개념이다.
- 학교는 지배 이데올로기를 정당화하는 역할을 한다.
- '학교교육이 교육의 기회를 공정하게 제공하고 능력에 따라 사회계층을 결정하게 한다.'고 믿게 하는 지배력 행사 방식이다.

- 명칭 : _____

- 개념 : _____

02 다음 내용과 가장 밀접한 관련이 있는 학자는 누구인지 쓰시오. ● 04 초등 변형

- 비판적 교육과정 이론가
- 문화적 헤게모니(hegemony)의 매개자로서의 학교
- 상징적 체계를 통한 학교의 사회통제

- _____

정답 01 명칭 – 헤게모니 / 개념 – '헤게모니'란 이데올로기를 주입하여 물리적 힘이나 폭력에 의존하지 않고 피지배계급의 자발적 동의를 창출해 내어 지도력을 확보하는 지배 방식을 의미하며, 지적·도덕적 영향력과 지도력을 바탕으로 한 동의에 의한 지배를 뜻한다.
02 애플(M. Apple)

Theme 151 윌리스(Willis)의 저항이론(resistance theory)

기출
11 중등, 07 초등, 05 중등

1 주요 주장
① **재생산이론에 대한 비판** ☆ : 재생산이론은 결정론적 관점을 취함으로써 인간의 능동성·자발성을 간과하고 지배의 과정을 지나치게 단순하게 파악하고 있다고 비판함 ⇨ 재생산의 메커니즘이 결코 일방적이거나 완전하지 않으며, 학교는 그 안에 반대의 요소를 내포함
② 노동계급 학생은 학교교육이 주입하는 지배이데올로기에 저항하고 거부하는 주체적인 존재임
③ '간파(penetration)'와 '제약(limitation)'이라는 두 가지 개념을 사용하여 능동적으로 학교문화에 저항하는 학생이 어떻게 해서 기존의 자본주의 사회관계를 강화시켜주는 논리와 세계관을 드러내게 되는지에 대해 설명함

출제 Pick!
☆ 재생산이론에 대한 비판점
☆ 저항, 간파, 제약의 개념
☆ 반학교문화의 특징

2 개념
(1) **저항** ☆
① 재생산의 논리를 극복·지양하려는 노력
② 학교의 공식문화에 대한 의도적인 반발

(2) **간파** ☆
노동계급의 학생은 이미 직업세계에 대한 정보와 경험이 학교에서의 진로지도와 학교교육의 내용과 다르다는 것을 터득함으로써 그들이 장차 속하게 될 직업과 위치를 파악함

(3) **제약** ☆
불평등한 사회구조로 인해 학교교육을 통한 사회이동의 한계를 인식함

(4) **반학교문화** ☆
① 학생의 일탈행동
② 지적 활동의 가치와 중요성을 거부하고 이론보다는 실천을 훨씬 중요하게 취급하는 노동문화
③ 남성다움, 노동문화의 남성우월주의를 반영함

Theme 151 기출 CHECK!

01 교사가 회고하는 다음 학생의 삶을 가장 잘 설명하는 이론은? • 11 중등

> 그 학생은 학창 시절 말썽을 많이 피웠지. 비슷한 또래들과 몰려다니면서 싸움도 자주 하고, 각종 교칙을 밥 먹듯이 위반했어. 수업을 시시하다고 하면서 방해하기도 하고, 공부 잘 하는 애들을 계집애 같다고 놀려 대기도 했어. 반면에 자기 부류의 애들은 사내답다며 우쭐댔지. 자기는 육체노동직에 종사하는 아버지처럼 사나이답게 살고 싶다고 했지. 나중에 보니 그 학생은 스스로 진학을 포기하고 자기 아버지와 같이 육체노동직을 선택하더라고.

① 저항이론 ② 헤게모니이론 ③ 문화재생산론 ④ 경제재생산론 ⑤ 상징적 상호작용론

02 윌리스(P. Willis)가 『노동학습(Learning to labor)』에서 제시한 노동계급 학생들의 특성과 일치하지 않는 것은? • 07 초등
① 모범생들을 수동적인 존재로 간주하고 배척한다.
② 반(反) 학교 문화를 형성하는 자율적·능동적 존재이다.
③ 육체 노동을 남성적 우월성에, 정신 노동을 여성적 열등성에 결부시킨다.
④ 노동 계급의 처지를 벗어나기 위하여 스스로 포부 수준을 높게 설정한다.

03 윌리스(P. Willis)의 저항이론에서 노동자계급의 자녀가 다시 노동자계급이 되는 이유는? • 05 중등
① 공부를 잘하면 계층이동할 수 있다고 착각하기 때문이다.
② 모범생들로부터 주도권을 완전히 장악하지 못하기 때문이다.
③ 학교의 권위에 대항할 만한 반학교문화를 만들지 못하기 때문이다.
④ 남성우월주의적인 육체노동문화를 자신의 이상적 가치관으로 받아들이기 때문이다.

정답 01 ① 02 ④ 03 ④

Theme 152 신교육사회학

기출 07 초등, 07 상담, 06 중등, 03 중등, 03 초등, 02 중등, 02 초등, 01 중등, 99 초등

1 전통적 교육사회학 비판

① 경험적·실증적 연구방법을 적용하여 교육 및 교육제도에 관한 연구를 하는 구조·기능주의적 교육학을 비판함 ⇨ 구교육사회학의 구조적·거시적인 접근방식을 거부함
② 이에 새로운 시각에서 새로운 방법을 적용하여 교육연구를 해야 할 필요성을 주장하는 학자들이 나타남
  ⇨ 미시적·해석적 접근
  ㉠ 학교 내의 상호작용, 교육과정의 선택 및 조직, 학교조직 등과 같은 미시적인 것들에 주목함
    ⇨ 신교육사회학은 학교 안에서 무엇이 일어나고 있는가에 집중하는 미시적인 입장을 취함
  ㉡ '지식이 학교에서 어떻게 다루어지고 있는가?'하는 문제와, 학교조직 내에서 상호작용하는 요소들 간의 구조적인 관계 및 수업상황의 이해와 수업상황의 의미가 결정되는 방법 간의 관계를 밝히려는 시도를 함

2 신교육사회학의 지식에 대한 관점 ☆

① 지식은 존재 구속성과 상대성을 가지며 지식은 그것이 생산된 사회구조를 반영함
② 지식, 문화, 이데올로기, 규범 등의 지적 과정을 통한 지배와 억압의 구조를 파헤치고자 함
③ 지식의 상호작용적·문화적인 접근을 강조함

3 신교육사회학의 학교교육에 대한 관점 ☆

① 교육이 결코 가치중립적인 활동이 아니며, 학교교육에서 다루는 지식이 누구에게나 동일한 무게의 가치를 지니지 않는다고 보았음
② 교육과정을 기존 사회지배계층의 이해관계를 반영하여 지배집단의 이권을 세대에 걸쳐 유지시켜 주는 내재적·실질적 도구라고 여김
③ 기존 지배집단은 교육과정을 통하여 그들에게 유리한 지식을 선정·조직하여 학생들에게 분배함으로써 기존의 이권을 유지시키려 한다고 보았음

출제 pick!
☆ 지식에 대한 관점
☆ 학교교육에 대한 관점

Theme 152 기출 CHECK!

01 교사와 학생의 상호작용을 연구하는 신교육사회학의 해석적 접근 방식과 거리가 먼 것은? ● 07 초등
① 내부자 관점을 강조한다.
② 인과 법칙의 발견을 주 목적으로 한다.
③ 거시적 분석보다 미시적 분석을 강조한다.
④ 수집한 자료는 맥락 속에서 이해되어야 한다.

02 〈보기〉에서 설명하는 교육사회학 이론의 명칭을 적으시오. ● 07 초등 변형

─────〈보기〉─────
• 이론적 기초자는 영(Young)이다.
• 이론적 배경은 지식사회학이다.
• 학교의 교육과정과 내부현상에 관심을 가진다.
• 학교교육에 대한 새로운 미시적 해석이다.

• _____

03 〈보기〉와 관련 있는 것은? ● 07 상담

─────〈보기〉─────
• 지식의 상대성을 강조한다.
• 학교 지식은 사회적으로 구성된다.
• 학교 지식은 지배계급의 이해관계를 반영한다.
• 통계적 검증을 지양하며 맥락 의존성, 총체적 접근, 내부자의 관점을 강조한다.

① 인적개발론   ② 교육생태학   ③ 직업교육론   ④ 교육과정사회학

정답 01 ②   02 신교육사회학   03 ④

04 네 명의 교사들이 국사 교과서에 대하여 대화를 나누고 있다. 교과서 내용에 대한 비판적 교육과정 사회학자들의 관점과 가장 가까운 관점을 가진 교사들을 바르게 짝지은 것은?
● 06 중등

> 김 교사 : 우리나라 국사 교과서는 너무 지배층의 관점에 치우쳐 서술되어 있어요. 예를 들면 '만적의 난'과 같은 용어는 지배층의 관점을 단적으로 드러내 주고 있거든요.
> 박 교사 : 국사 교과서는 엄선된 필자에 의하여 역사적 사실과 학계의 공통된 견해에 기초하여 집필되었기 때문에 그렇게 편향되었다고 볼 수는 없어요.
> 이 교사 : 아니에요. 필자가 남자로 구성되어 있어서 여성의 역사적 활동에 대한 서술이 적고, 그것도 현모양처의 모델을 제시하는 데 중점을 두고 있어서 남성 편향적 역사관을 반영하고 있다고 할 수 있어요.
> 최 교사 : 교과서에서 현모양처의 전형을 주로 소개하는 것은 일반 여성의 보편적 역할 모델을 보여주는 것으로 크게 문제될 것은 없다고 봅니다.

① 김 교사 – 최 교사 ② 박 교사 – 이 교사 ③ 김 교사 – 이 교사 ④ 박 교사 – 최 교사

05 신교육사회학(New Sociology of Education)의 지식관에 해당하지 <u>않는</u> 것은?
● 03 중등
① 지식은 사회적으로 구성된다.
② 지식의 가치는 사회적으로 위계화되어 있다.
③ 지식의 본질은 사회적·역사적으로 변화되지 않는다.
④ 학교지식은 특정 집단의 이해관계를 반영하고 있다.

06 〈보기〉 중 교육과정 사회학의 관점에 해당하는 것을 모두 고르시오.
● 03·02 초등 + 01 중등 변형

〈보기〉
가. 교육과정에 들어 있는 지식은 사회적·정치적으로 형성된 것이다.
나. 교육과정은 보편타당한 객관적인 내용으로 구성되어 있다.
다. 무엇이 학교지식으로 중요시되는가에 관심이 많다.
라. 교사는 주어진 교육과정을 학생들에게 충실히 전달하면 된다.
마. 교육과정에는 주로 지배집단의 이데올로기가 반영되어 있다.
바. 교육은 인류의 문화유산인 지식을 가르치는 것이어야 한다.
사. 지식은 교육적으로 보편적인 가치를 지니지 않는다.
아. 교육과정은 기본적으로 선발 기능을 수행하므로 변별력 있는 내용으로 구성된다.
자. 교육과정은 지배집단의 관점이나 의식에 따라 선정된 지식으로 구성된다.

정답 04 ③ 05 ③ 06 가, 다, 마, 사, 자

07 다음은 어떤 이론적 관점에서 분석한 내용인가?

- 교과서에 등장하는 인물 중에 여성보다 남성이 많다.
- 미술 교과서에 한국 미술 아닌 서양 미술이, 음악 교과서에 국악이 아닌 양악이 중심적 위치를 차지하고 있다.

① 경제재생산론　　② 구조기능이론　　③ 근대화교육론　　④ 신교육사회학이론

08 도시 – 농촌 간 학업 성취도 격차에 대한 신교육사회학자의 설명으로 가장 적합한 것은?

① 열악한 농촌의 학교여건　　　　　　② 농촌 학부모의 낮은 교육열
③ 농촌 생활과 동떨어진 교육과정　　　④ 농촌 지역의 부족한 사설교육기관
⑤ 학습동기유발에 불리한 농촌의 취업구조

정답　07 ④　08 ③

Theme 153 번스타인(Bernstein)의 교육과정 연구

기출
13 중등, 12 초등, 10 초등, 08 초등, 06 초등, 04 중등

1 어법 ☆

① 제한된 어법(restricted linguistic codes)
  ㉠ 하류 계급의 의사소통 방식
  ㉡ 말의 복잡성이 낮고, 어휘 수가 적으며, 논리성이 부족한 일반화되지 않은 어법으로, 투박하고 비논리적임
② 세련된 어법(elaborated linguistic codes)
  ㉠ 중·상류 계급과 교사 및 교과서의 어법
  ㉡ 말이 복잡하고, 어휘의 수가 다양하며, 논리적인 구조와 보편적인 어법을 가져 정교하고 세련됨
③ 제한된 어법을 사용하는 학생들의 학업성취가 낮은 이유 ☆
  ㉠ 어법의 차이는 인지 양식의 차이로 이어져 하류 계급 아동은 교과내용을 따라가는 데 불리함
  ㉡ 학교의 교육과정이 지배집단의 어법을 수용하여 지배집단 자녀들의 학업성취를 유리하게 함

출제 Pick!
☆ 하류 계층/중·상류 계층 학생이 사용하는 어법의 명칭과 특징
☆ 사회계층에 따른 학습격차 이유
☆ 구조와 분류의 개념
☆ 통합형 교육과정과 집합형 교육과정의 개념, 각 교육과정에서 사용되는 교수법의 명칭과 개념

2 구조와 분류 ☆

구분	내용
구조 (frame)	• 교육내용의 선정 및 조직, 진도 등에 대해 교사와 학생이 소유하고 있는 통제력의 정도 • 과목 또는 학과 내 조직의 문제로 가르칠 내용과 가르치지 않을 내용의 구분이 뚜렷한 정도, 계열성의 엄격성, 시간배정의 엄격도 등을 포함하는 개념 • 구조화가 철저하면 교사, 학생의 욕구 반영이 어렵고, 느슨하면 욕구 반영이 용이함 – **약한 구조** : 가르칠 내용이 사전에 결정되어 있지 않아 교사와 학생에게 상당한 재량권이 주어지며 교사와 학생의 능동적 상호작용이 가능함 – **강한 구조** : 교사나 학생의 욕구 반영이 어려움
분류 (classification)	• 교육과정을 구성하고 있는 각 교과들의 독립성 정도 • 교육과정을 구성하는 교육내용 간 관계를 나타내는 개념으로 과목 간·전공분야 간·학과 간의 구분을 말함 – **약한 분류** : 교과 간의 구분이 뚜렷하지 않고 횡적 교류가 많아 교과가 통합되거나 융합될 수 있으며, 상급으로 갈수록 지식이 추상화·통합화됨 – **강한 분류** : 엄격히 구분된 과목 및 전공분야 또는 학과들로 구성되어 있어 과목 간·전공분야 간·학과 간의 상호 관련이나 교류가 없으며, 상급으로 갈수록 지식이 세분화·전문화됨

3 교육과정 ☆

구분	내용
통합형 교육과정 ⇒ 비가시적 교수법	• 약한 구조, 약한 분류 • 과목 및 학과 간의 구분이 뚜렷하지 않아 횡적 교류가 많아짐 • 여러 개의 과목들이 어떤 상위개념이나 원칙에 따라 큰 덩어리로 조직됨 • 인간관계는 횡적인 관계가 중시됨 • 교사와 학생의 재량권이 늘어나고, 교사와 교육행정가의 관계에서도 교사의 권한이 증대됨
집합형 교육과정 ⇒ 가시적 교수법	• 강한 구조, 강한 분류 • 엄격히 구분된 과목 및 전공분야 또는 학과들로 구성되어 있어 과목 간·전공분야 간·학과 간의 상호 관련이나 교류가 없음 • 횡적 관계는 무시되고 오로지 종적 관계만이 중시됨 • 교육이 상급과정으로 올라감에 따라 점점 전문화·세분화되어 학습영역이 좁아짐 • 학생과 교사가 어느 분야에 속해 있는지가 분명하며, 소속 학과에 대한 충성심이 요구됨 • 횡적 인간관계보다 종적 인간관계가 훨씬 중요하고, 상하 간 위계질서는 뚜렷하고 엄격 • 교육과정의 계획과 운영에 학생이 참여할 기회는 극히 적어 교육과정에서 학생이 자유롭게 선택하고 결정할 수 있는 여지가 거의 없음

Level Up
교수법과 평가 ☆

1. 비가시적 교수법(보이지 않는 교수법)
   • 학습자의 내적 변화를 중시하는 학습자 중심의 교수법
   • 공부와 놀이를 구분하지 않고 객관적 기준이나 방법에 의한 평가가 존재하지 않으며, 아동의 내적인 상태와 과정을 고려하는 평가 방식을 취함
   • 다른 학생들과의 비교를 중요시하지 않음

2. 가시적 교수법(보이는 교수법)
   • 지식의 전달과 학생들의 학업성취를 중시하는 보수적·전통적인 교수법
   • 가시적 교수법에 의한 전통적 지식교육은 학습경험을 강한 분류와 구조로 규제함
   • 학습상의 위계질서가 뚜렷하며 전달 절차의 규칙이 엄격히 계열화되어 있고, 학습내용의 선정준거가 명시적임
   • 교사 주도의 교육이며, 학교나 학급의 통제원리로 기능함
   • 명확한 기준과 정교한 측정방법에 의한 객관적인 평가방법을 중시

Theme 153 기출 CHECK!

01 번스타인의 교육과정사회학 이론에 근거하여 ○○고등학교 교육과정 운영의 특성을 설명한 것으로 옳은 것은? ● 13 중등

> ○○고등학교에서는 A, B, C 과목의 경계가 뚜렷하게 구분되지 않아서 이 교과를 담당하는 세 명의 교사는 담당 교과에 얽매이지 않고 자유롭게 상호 교류한다. 또한 세 명의 교사는 차시마다 가르칠 내용을 정하지 않고 학생들의 흥미나 수업상황에 따라 융통성 있게 조정한다. 수업에서 다루는 주제에 대한 시간 배정도 엄격하지 않다.

① 강한 분류(classification)와 강한 구조(frame)의 집합형 교육과정을 운영하고 있다.
② 강한 분류(classification)와 약한 구조(frame)의 집합형 교육과정을 운영하고 있다.
③ 약한 분류(classification)와 강한 구조(frame)의 통합형 교육과정을 운영하고 있다.
④ 약한 분류(classification)와 약한 구조(frame)의 집합형 교육과정을 운영하고 있다.
⑤ 약한 분류(classification)와 약한 구조(frame)의 통합형 교육과정을 운영하고 있다.

02 다음 내용과 가장 부합하는 관점은? ● 12 초등 변형

> 최 교사는 몇 차례 수업 참관을 통해, 김 교사가 수업 중에 매우 정교하고 세련된 논리적 어법을 사용하는 반면 학생들은 투박하고 비논리적인 어법을 사용하는 것을 확인하였다. 최 교사는 김 교사의 언어에 익숙하지 않은 학생들이 수업 내용을 제대로 이해하기 힘들어 하고 있으며, 결국 이것이 낮은 학업성취도로 이어질 수 있다고 지적했다.

① 일리치(I. Illich)의 탈학교론
② 윌리스(P. Willis)의 저항이론
③ 카노이(M. Carnoy)의 종속이론
④ 랑그랑(P. Lengrand)의 생애교육학
⑤ 번스타인(B. Bernstein)의 교육과정사회학

03 번스타인이 학업성취에서 노동계급의 자녀들은 중류계급의 자녀들에 비해 불리하다고 주장한 이유로 가장 적절한 것은? ● 10 초등

① 부모의 낮은 지적능력이 자녀들에게 유전되어 학습부진을 초래하기 때문이다.
② 부모의 교육수준이 낮아서 자녀들의 학교과제를 제대로 도와줄 수 없기 때문이다.
③ 부모가 자녀교육에 대한 관심과 열정이 부족하여 자녀와 교육적 상호작용이 부족하기 때문이다.
④ 부모의 소득수준이 낮아서 자녀들의 학습활동에 필요한 경제적 지원을 충분히 하지 못하기 때문이다.
⑤ 부모의 정교하지 못한 어법을 습득한 자녀들이 학교의 공식적 교육상황에 적응하는 데 어려움을 겪기 때문이다.

04 번스타인의 '보이는 교수법(visible pedagogy)'과 '보이지 않는 교수법(invisible pedagogy)'에 대한 설명으로 잘못된 것은? ● 08 초등

① 전통적인 지식교육은 '보이는 교수법'에 해당한다.
② '보이는 교수법'은 강한 분류와 강한 구조를 특징으로 한다.
③ '보이지 않는 교수법'에서는 놀이와 공부를 엄격히 구분한다.
④ 두 교수법 사이의 갈등은 신-구 중간계급 사이의 갈등을 반영하고 있다.

05 번스타인(B. Bernstein)의 교육과정사회학 이론 중 분류(classification)의 개념에 대한 설명으로 바른 것은? ● 06 초등

① 분류는 교과 또는 학과 내의 내용 구분을 말한다.
② 분류가 강한 경우 타 분야와의 교류가 활발해진다.
③ 분류가 약한 경우 상급 과정으로 올라갈수록 교과내용이 전문화·세분화된다.
④ 분류가 약할수록 교육과정이 사회, 경제적 요구에 민감하게 반응하여 변화한다.

06 다음의 내용과 관련 깊은 학자의 이름을 쓰시오. ● 04 중등 변형

> 진석은 대화할 때, 논리적이며 추상적이고 문법과 문장 규칙이 정확한 정교화된 언어를 구사하고 있다. 이와 달리 철수는 문법과 문장이 부정확하고 의미가 분명하지 않은 제한된 언어를 사용하고 있다. 이러한 언어 능력 차이로 인해 학교에서 진석은 철수보다 학업 성적이 우수한 것으로 나타났다.

정답 01 ⑤ 02 ⑤ 03 ⑤ 04 ③ 05 ④ 06 번스타인(B. Bernstein)

Theme 154 하그리브스(Hargreaves)의 상징적 상호작용이론

1 주요 주장

① 학교를 구성하는 주요 행위자들인 교사와 학생 간의 복잡한 상호작용의 모습을 밝히고자 함
② 학교에는 교장, 교사, 학생이 있으며, 학교를 정확하게 이해하기 위해서는 그들 간의 상호작용을 세밀히 분석하는 것이 중요하다고 보았음
③ 교사의 자아개념이나 자기역할 개념에 따라 교사의 유형이 결정되며, 이에 따라 교실의 분위기와 수업방식이 달라짐
④ 교사는 자신의 역할에 잘 적응하고 있다고 판단되는 학생을 모범생으로 인식하는 반면, 부적응하는 학생은 나쁜 학생으로 간주하는 경향이 있음. 학생도 그들 나름대로 '이상적인 교사상'을 가지고 교사를 평가하고 등급을 매기며, 이에 따라 교사를 대하는 태도가 달라짐 ⇨ 상징적 상호작용

2 교사의 자아개념에 따른 분류(교사의 유형)

맹수조련형	• 대표적인 권위주의형, 학생의 훈육을 중요시하고 교사가 전달하는 지식을 그대로 학생이 신속하게 받아들이기를 원함 • 거칠고 아무것도 모르는 학생에게 필요한 지식을 가르치는 것이 교사의 역할 • 교사는 충분한 전문적 지식을 갖추고 학생은 교사의 지시에 충실해야 한다고 생각함
연예인형	• 학생이 학습하기를 원하는 것은 아니지만, 학습자료를 재미있게 하고 학습방법을 잘 적용하면 흥미 있게 학습할 수 있다고 믿음 • 학생이 학습에 흥미를 느끼도록 풍부한 자료를 만들고 다양한 기법을 활용하는 것을 교사의 역할로 여김 • 학생을 친구처럼 대하면서 격의 없는 관계를 유지하려고 함
낭만가형	• 학생은 천성적으로 학습의욕을 가지고 있지만, 교사들의 잘못된 학습방법과 자료 때문에 학습의욕을 잃게 되는 것이라고 주장함 • 교사는 학생의 학습의욕을 존중·조장해야 하며, 학생이 원하는 것을 학습할 수 있도록 해야 한다고 여김 • 학생은 누구나 학습하기를 좋아하므로 스스로 선택할 수 있도록 다양한 기회를 만들어주는 것이 교사의 역할 • 수업내용도 학생과 상의하여 결정하고, 학습능력과 학습의지를 신뢰함

3 학생 유형 분류

낙관적 순응형	학교의 목적과 수단을 모두 수용하는 유형
도구적 순응형	학교교육을 오로지 대학에 가기 위한 수단(도구)으로 여기며 일정한 거리를 두고 학교생활을 받아들임
식민화 유형	자포자기 순응, 학습의욕 상실을 보이는 학생들
도피형	학교생활을 피하며 자퇴를 하거나 심할 경우 자살시도까지 함
반역형	새로운 학교규칙과 전통을 만들기 위해서 저항하는 유형

4 학생 유형화 과정 연구[머튼(Merton)]

① 교사가 학생을 유형화하는 과정을 세 가지로 나누어 학생의 일탈행동이 형성되는 과정을 나타냄
② 유형화 과정의 3단계

모색 단계(speculation)	학생을 처음 보고 가정하는 단계
명료화 단계(elaboration)	학생에 대한 인상(긍정 혹은 부정)을 명료화하는 단계
공고화 단계(stabilization)	학생을 범주화(착한/보통/나쁜 아이)하여 공고화하는 단계

Theme 154 기출 CHECK!

01 다음과 같은 학급상황을 설명하는 데 가장 적합한 이론을 쓰시오. ● 10 초등 변형

> 우리 학급 친구들은 대체로 쾌활하고 말이 많은 편이다. 영어 교과전담 선생님은 학급 분위기가 들떠 있어서 수업을 제대로 진행할 수가 없다고 하면서, 우리를 '문제 학생'이라고 부르며 자주 꾸짖으신다. 영어시간만 되면 힘들고 수업 분위기도 가라앉는다. 그런데, 담임선생님은 우리를 '명랑 학생'이라고 부르며 자주 칭찬해 주신다. 담임선생님의 수업 시간에는 적극적으로 의사표현을 하게 되고 수업 분위기도 활발하다.

●　

02 다음 내용에 나타난 교육사회학적 관점은? ● 08 중등

> 교육은 기계에 맞는 톱니바퀴를 만드는 것이 아닙니다. 삶의 방식은 개인의 선택에 따르는 것으로 매우 다양합니다. 성적이 부진하더라도 그것을 중요한 문제로 삼을지 여부는 학생의 인식에 달려 있습니다. 학생이 학업성적의 가치를 높게 인식하면 열심히 공부할 것이고, 그렇지 않다면 다른 가치 있는 활동에 전념할 것입니다. 교사가 할 일은 학생 자신이 상황을 어떻게 인식하는가에 따라서 사회적 현실이 달라진다는 생각을 갖게 하고, 그에 대한 책임을 다하도록 학생을 격려하는 것입니다.

① 갈등론적 관점　　② 급진론적 관점　　③ 구조기능론적 관점　　④ 상호작용론적 관점

03 다음 현상을 '해석적 관점'으로 설명하는 데 적합하지 <u>않은</u> 것은? ● 07 중등

> ○○중학교 2학년 1반의 경우, 김 교사의 수업시간에는 학생들이 비교적 많이 떠들고 수업 분위기도 산만한 편이다. 그러나 최 교사의 수업시간만 되면 긴장하여 열심히 수업에 참여한다. 이와 같이 동일한 학급에서도 교사에 따라 다른 분위기가 형성된다.

① 학생의 대응방식　　　　　　　　② 학급 사회체제의 구조
③ 교사에 관한 학생의 지식　　　　④ 상황 규정(definition of situation)

04 다음 학생의 진술을 설명하는 가장 적합한 이론은? ● 05 중등

> 우리 담임선생님은 화끈한 선생님이다. 놀 때 놀게 하고 공부할 때 공부하게 한다. 인기가 정말 좋다. 담당과목이 어려운 수학이지만 모두들 열심히 공부한다. 하지만 옆 반 선생님은 정말 종잡을 수 없다. 애들은 이상한 선생님이라고 부른다. 언제 야단칠지 도무지 알 수 없고, 언제 조용히 해야 하는지 알 수 없기 때문에 모두들 선생님의 눈치를 살피게 된다.

① 종속이론　　② 인간자본론　　③ 문화적 재생산론　　④ 상징적 상호작용론

정답 01 상징적 상호작용이론　02 ④　03 ②　04 ④

Theme 155 맥닐(McNeil)의 방어적 수업

 기출
13 중등, 06 초등

1 방어적 수업 ☆
한 명의 교사가 수십 명의 학생들을 가르치는 학급상황에서 교사는 학생으로부터 자신을 지켜야 한다는 구조적인 방어의식을 갖게 됨 ⇨ 교사의 방어의식은 교과지도에서 방어적 수업으로 나타나며, 생활지도에서는 학생다움을 요구하는 각종 규제로 구체화됨

2 방어적 수업을 위한 강의 전략 ☆
① **단순화(단편화)** : 수업의 내용을 단편적 지식과 목록으로 구성 ⇨ 토론, 반대의견 제시하지 못하도록 함
② **신비화** : 복잡한 주제는 학생이 다루기 어렵다고 말하여 신비화함
③ **생략** : 시사문제나 논쟁의 여지가 있는 주제를 다룰 때, 반대의견, 토론할 만한 자료, 자료 보는 관점 등은 언급하지 않고 생략하거나 논쟁의 여지 있는 주제 자체를 생략함
④ **방어적 단편화** : 학생을 이해시키기 위해 많은 시간이 드는 주제를 다룰 때, 간단히 언급만 하고 넘어가는 전략 ⇨ 학생의 능력이나 수업에 대한 관심이 부족하다고 생각할 때 주로 사용함
   예 빈칸 채우기 형태의 연습문제 활용, 주제의 개요만 말해줌, 이 주제는 깊이 공부하지 않아도 된다고 말함으로써 정당화시킴

출제 Pick!
☆ 방어적 수업의 개념
☆ 방어적 수업 전략의 명칭, 개념

설쌤의 팁
두문자로 외우자♪
• **방어적 수업 전략** : 단순화, 신비화, 생략, 방어적 단편화 ➡ 단신생방

Theme 155 기출 CHECK!

01 다음은 맥닐(L. McNeil)의 연구결과에서 설명하고 있는 수업전략 중 하나이다. 이 수업전략에 해당하는 것은? • 13 중등

> 사회과 교사가 학생들의 능력이나 수업에 대한 관심이 부족하다고 생각할 때 즐겨 사용하는 수업전략이다. 이것의 주요 특징은 교사가 수업 시간에 정치적으로 덜 민감하거나 논쟁의 여지가 적은 주제를 선택한다는 점이다. 이 수업전략을 사용할 때, 교사는 학생들에게 '빈칸 채우기' 형태의 연습문제를 풀게 하거나 주제의 개요만을 말해 주는 방식을 취한다. 이러한 과정을 통해 교사가 중요한 주제를 수업 시간에 다루고 있다고 학생들이 느끼게 한다.

① 사회화(socialization)
② 식민화(colonization)
③ 신비화(mystification)
④ 도구적 순응(instrumental conformity)
⑤ 방어적 단순화(defensive simplification)

02 맥닐의 방어적 수업과 가장 관계가 먼 것은? • 06 초등
① 논쟁의 여지가 있는 주제는 생략한다.
② 어려운 주제는 간단히 언급만 하고 넘어간다.
③ 복잡한 논의를 막기 위해 수업내용을 신비화한다.
④ 토론식 수업을 통해 학생과 활발하게 상호작용한다.

정답 01 ⑤ 02 ④

Theme 156 학력상승에 관한 이론 (1)

기출: 12 중등, 09 초등, 05 중등, 05 초등, 04 중등

1 학습욕구이론

(1) 주요 주장
① 매슬로우의 동기이론에 기초함
② 인간은 누구나 자신이 타고난 가능성과 소질을 실현하려는 욕구, 사물의 뜻을 알고 이해하려는 욕구, 아름다움을 추구하려는 욕구를 가지고 있다고 봄
③ 경제적으로 어려운 시절을 보내고 안전에 대해 보장되면 그 이후에는 자연스럽게 교육을 받고자 하는 욕망이 상승됨
  ⇨ 이러한 원리로 우리나라의 학력이 상승하는 결과를 초래한 '학력상승 현상'을 설명할 수 있음

(2) 한계점
교수·학습이 상위 학력을 추구하기 위한 수단으로 전락했으며 비인간화된 교육을 실시한다는 학교교육의 본질적인 기능에 대한 비판으로 인해 그 설명력이 낮음

2 블라우(Blau)와 던컨(Duncan)의 지위획득연구 ⇨ 기능론적 관점

(1) 주요 주장
① **사회에 대한 관점**: 개방사회 ⇨ 사회적 재화가 개인의 능력이나 노력과 같은 성취적인 요인에 의해 배분되는 사회
② **교육의 역할**
  ㉠ 교육을 통한 사회이동이 가능하다고 여김
  ㉡ 학교교육이 사회적 지위 상승에 긍정적인 영향을 끼친다고 주장
③ **연구내용 – 지위획득연구**: '가정배경 – 학교교육 – 직업획득'으로 이어지는 성장과정에 관한 연구
  ⇨ 개인이 받은 교육과 첫 직업이 그의 직업적 성공에 큰 영향을 미치며, 배경요인보다 상대적으로 영향력이 더 강하다는 결론을 내림

3 클락(Clark)의 기술기능이론(technical functional theory) ⇨ 기능론적 관점

(1) 주요 주장
① 산업사회에 있어 교육의 기능을 설명하기 위해 제시한 이론
② **학교의 기능**: 산업사회가 요구하는 기술자와 전문가를 양성하여 배출하는 기능
③ **학력상승의 이유** ☆ : 한 직종의 기술 수준이 높아짐에 따라 그에 상응하는 교육의 수준이 높아짐
  ⇨ 산업사회의 기술 전반에 따라 학력도 높아짐 ⇨ 많은 인구가 오랜 기간 동안 학교교육을 받게 됨으로써 전반적인 학력이 상승하게 되고 이로 인해 학교가 팽창함
④ **사회평등에 대한 입장** ☆
  ㉠ 교육을 통해 사회적 상승이동이 가능해진다고 봄
  ㉡ 교육의 기회를 확대할수록 계층의 상승이동이 촉진되어 사회적 불평등이 감소된다고 여김

(2) 한계점 ☆
① 많은 고학력자들이 자신의 학력보다 낮은 수준의 일을 하거나, 자신에게 맞는 일을 찾지 못해서 실업자로 전락하고 있음
② 과잉학력현상을 설명하지 못함

출제 Pick!
☆ 블라우와 던컨의 연구가 사회를 바라보는 관점, 교육의 역할
☆ 클락의 이론의 명칭, 학력 상승의 원인, 사회평등에 대한 입장, 한계점

Level Up
기타 학력상승 관련 이론

1. **국민통합론**
   - 국가의 형성과 이에 따른 국민통합의 필요성 때문에 국가의 이데올로기적 작용으로 교육 기회가 늘어나고 학교 팽창이 이루어졌다고 설명함
   - 한계: 현대국가 건설 초기의 초등교육의 의무화와 중등교육의 확대에 대해서는 어느 정도 설명력을 갖고 있지만 고등교육의 팽창과 과잉교육의 문제, 학력 인플레이션의 문제는 설명하지 못함

2. **세계체제론적 접근 방식**
   교육팽창 현상이 전 세계적으로 공통적으로 일어나는 현상이라고 봄

Theme 156 기출 CHECK!

01 밑줄 친 ㉠~㉢과 같은 배경에서 진행된 학교교육의 팽창을 설명해 줄 수 있는 이론으로 가장 거리가 먼 것은? ● 04 중등

> 가상의 나라 에듀니아는 제2차 세계대전 종전과 함께 식민통치에서 벗어나면서, ㉠신생 독립국가의 국민에게 요구되는 정체성을 고취시킬 목적으로 초등교육을 중심으로 교육기회를 크게 확대하였다. 그리고 경제개발이 본격화되어 ㉡농경사회에서 산업사회로 이행되면서 중등교육과 고등교육에 대한 수요도 자연스럽게 증가하였다. 특히 전통적으로 이 나라 국민들이 학력(學歷)을 ㉢특권적 직업이나 정치적 권력의 획득을 위한 수단으로 간주해 왔기 때문에, 시간이 지날수록 고등교육에 대한 수요는 더욱 크게 증가하였다.

① 학습욕구이론 ② 기술기능이론 ③ 지위경쟁이론 ④ 국민통합이론

02 다음은 교육과 사회 평등의 관계에 대한 세 교사의 대화이다. 이들 교사의 관점에 대한 설명으로 옳지 <u>않은</u> 것은? ● 12 중등

> (가) 박 교사: 교육은 사람들의 직업 능력을 향상시켜 줍니다. 실제로 개인의 교육 수준이 직업을 획득하는 데 결정적인 역할을 하고 있기 때문이죠. 그러므로 교육을 통해 지위 이동이 가능하고 사회가 평등해질 수 있습니다.
> (나) 이 교사: 교육은 사회 평등을 실현하기보다는 오히려 사회 불평등을 유지한다고 생각합니다. 단적으로, 교육 기회는 모든 사람에게 공평하게 분배되기보다는 상위계층 자녀에게 유리하게 제공되고 있죠. 교육은 계층구조를 유지하는 데 결정적 역할을 하고 있습니다.
> (다) 최 교사: 교육은 사회 평등의 문제와는 관계가 없는 것 같아요. 설령 관계가 있다고 하더라도 무시할 정도가 아닐까요? 사회 평등 또는 불평등은 교육이 아닌 다른 요인의 영향을 받는 것 같습니다.

① (가)의 관점은 블라우와 던컨(P. Blau & O. Duncan)의 지위 획득모형에 반영되어 있다.
② (가)의 관점은 누구나 자신의 재능과 노력에 따라 상급 학교에 진학할 수 있고, 원하는 직업을 획득할 수 있다는 주장과 상통한다.
③ (나)의 관점은 교육이 자본주의 체제 내의 계층 간 불평등을 정당화하는 기제에 불과하다는 주장과 유사하다.
④ (나)의 관점은 교육수익률이 높을 때에는 교육 기회의 제한과 치열한 경쟁으로 인해 중상위계층만이 교육을 통해 이익을 누리게 된다는 카노이(M. Carnoy)의 연구 결과와 일치한다.
⑤ (다)의 관점은 교육수익률이 고용주, 관리자, 노동자의 순서로 높게 나타나는 현상에 적용해 볼 수 있다.

03 블라우(P. Blau)와 던컨(O. Duncan)의 지위 획득 모형에서 지위 획득에 가장 큰 영향을 미치는 요인은? ● 05 초등

① 본인의 교육 수준 ② 본인의 첫 번째 직업 ③ 아버지의 교육 수준 ④ 아버지의 직업

04 대학의 팽창에 대해 다음과 같은 입장을 내세우고 있는 이론을 쓰시오. ● 09 초등 변형

> 한국 사회가 지식기반사회로 진입함에 따라 고급인력에 대한 수요가 증가하였다. 국가는 이러한 고급인력의 수요에 부응하기 위하여 대학교의 설립과 대학정원의 확대를 허용하였으며, 그 결과 대학이 팽창하였다.

05 '학교교육이 사회평등에 기여한다.'는 입장을 뒷받침하는 것으로 가장 적절한 것은? ● 05 중등
① 교육수익률이 높을 때는 경제적 상류층이 학교교육을 받는다.
② 부모의 사회경제적 지위는 학교교육을 매개로 하여 학생에게 대물림된다.
③ 고용주가 노동자보다 학교교육연한에 따른 수입 증가의 비율이 더 높다.
④ 경제적으로 상·하층인 학생들 간의 성적차가 수업 기간 중에는 커지지 않는 반면, 방학 기간 중에는 커지는 경향이 있다.

정답 01 ① 02 ⑤ 03 ① 04 기술기능이론 05 ④

Theme 157 학력상승에 관한 이론 (2)

기출 12 중등, 12 초등, 11 초등, 09 중등, 09 초등, 07 초등, 03 중등, 02 중등, 01 초등, 00 중등

1 지위경쟁이론 ☆

(1) 콜린스(Collins)의 지위경쟁이론 ☆
① 주요 주장 ☆
  ㉠ 직업이 요구하는 교육요건이 꾸준히 높아져 온 것은 사실이지만 이것이 기술기능이론이 주장하듯 직업의 기술 수준이 향상되었음을 입증하는 것은 아님
  ㉡ 학교팽창은 권력과 지위를 획득하려는 집단 간의 경쟁 때문임
② 학력 인플레이션에 대한 비판(= 교육의 기능론적 관점에 대한 한계점) ☆
  ㉠ 교육은 지위 획득의 통로로 작용하기 때문에 각기 다른 지위집단은 자녀에게 보다 많은 교육을 받게 함으로써 지위를 향상시키려고 함
  ㉡ 높은 지위를 차지하고 있던 집단은 자신의 높은 지위를 유지하기 위해 계속 학교교육 기간을 늘려가고, 낮은 지위에 있는 집단은 자신의 지위를 보다 높이기 위해서 점점 더 많은 교육을 받으려 함
    ⇨ 끊임없는 학력 경쟁 ⇨ 학력 인플레이션 현상 발생

(2) 도어(Dore)의 졸업장병 ☆
① 학교교육에 대한 수단적 기능이 강조됨
② 학력을 수단으로 하여 사회적 지위를 획득하는 현상이 나타남 ⇨ 학력 증명 ⇨ 개인의 능력과 노력의 수준을 나타내는 공인된 '품질 증명' ☆
③ 높은 학력과 졸업장 ⇨ 학력은 개인에 대한 능력의 판단 기준일 뿐 아니라, 경제적 소득과 더불어 지위 획득 수단으로 여겨짐 ⇨ 높은 학력을 취득하기 위해 끊임없이 경쟁하게 됨 ⇨ 권력과 지위를 획득하려는 집단 간 경쟁으로 인해 학교가 팽창하게 됨

출제 Pick!
☆ 콜린스의 이론의 명칭, 주장, 비판하는 사회 현상
☆ 도어의 졸업장병의 개념, 비판하는 사회현상

Theme 157 기출 CHECK!

01 다음은 학력(學歷) 상승의 원인에 대한 두 교사의 대화이다. 각 교사의 설명에 부합하는 학력상승 이론을 쓰시오. ● 12 중등 변형

> 강 교사 : 학교는 산업사회를 지탱하는 핵심 장치입니다. 사람들의 학력이 높아지는 원인은 직종이 다양해지고 각 직업에서 요구하는 지식의 수준이 높아지는 데 있어요. 우리 시대가 유능한 인재를 요구하고 있으니, 학교는 인재 양성에 매진해야 합니다.
> 정 교사 : 저는 그렇게 생각하지 않습니다. 직업구조의 변화가 학력 상승을 유발하기는 하지만 그것만으로는 충분한 설명이 되지 못합니다. 남보다 한 단계라도 높은 학력을 가지고 있는 것이 좋은 직업 획득에 도움이 되는 상황을 생각해 보세요. 학력 상승은 그 결과로 발생하는 현상입니다.

• 강 교사 : _____   • 정 교사 : _____

02 지위경쟁론 관점에서 일제강점기 초등교육 팽창의 사회적 동인(動因)으로 가장 적절한 것은? ● 12 초등
① 경제발전을 위한 기술 인력의 수요 증가
② 강제 징집 또는 징용을 회피하려는 취학의 증가
③ 신분제 폐지로 인한 학력(學歷)에 대한 수요 증가
④ 조선총독부의 '내선일체(內鮮一體)'와 우민화 정책 실시
⑤ 단순기술과 순응적 태도를 갖춘 노동자들에 대한 군수산업 자본가들의 수요 증가

03 교육팽창과 관련된 설명으로 옳은 것을 모두 고르면? ● 11 초등

> ㄱ. 학벌주의란 학력(學歷)보다 지적·기술적 능력이 지위 결정에 중요한 요소로 작용하는 사회적 풍토를 말한다.
> ㄴ. 학력 인플레이션이란 학력의 공급이 수요에 비하여 지나치게 많아 그 가치가 노동시장에서 평가절하되는 것을 말한다.
> ㄷ. '졸업장병(diploma disease)'이란 학력이 지위 획득의 수단으로 작용하여 더욱 높은 학력을 쌓기 위한 경쟁이 계속되는 것을 말한다.

① ㄴ   ② ㄱ, ㄴ   ③ ㄱ, ㄷ   ④ ㄴ, ㄷ   ⑤ ㄱ, ㄴ, ㄷ

정답 01 강 교사 - 기술기능이론 / 정 교사 - 지위경쟁이론   02 ③   03 ④

04 콜린스(R. Collins)의 계층경쟁론에 대한 설명으로 옳은 것을 모두 고른 것은?
● 09 중등

ㄱ. 교육팽창의 주된 원인을 개인의 경제적 동기에서 찾고자 한다.
ㄴ. '학교교육 → 생산성 향상 → 소득 증대'라는 합리적 인과관계를 주장한다.
ㄷ. 학력 상승의 원인에 대한 기술기능이론의 설명에 들어 있는 모순 및 한계점을 비판한다.
ㄹ. 고등교육의 팽창 등 학력 인플레이션이나 과잉교육 현상의 원인을 설명하는 데 관심이 많다.

① ㄱ, ㄴ   ② ㄱ, ㄹ   ③ ㄴ, ㄷ   ④ ㄴ, ㄹ   ⑤ ㄷ, ㄹ

05 다음의 내용과 부합하는 학력 상승이론은?
● 07 초등

• 학력이 취업의 기본조건이다.
• 학력이 높을수록 소득이 많아진다.
• 더 높은 학력을 얻기 위한 경쟁이 치열해진다.
• 학력 경쟁이 과열되면서 과잉 학력 문제가 발생한다.

① 학습욕구론   ② 국민통합론   ③ 지위경쟁론   ④ 문화자본론

06 다음의 내용을 설명하는 데 가장 적합한 이론을 쓰시오.
● 03 중등 변형

가정 형편이 넉넉하지 못한 영희는 학업성취 수준이 비교적 낮았다. 그래서 영희의 어머니는 성공적인 삶을 살도록 하기 위해서 경제적 형편이 어렵지만 무리하여 사교육비를 지출하면서까지 영희를 대학에 진학시키고자 하였다.

• _____

정답 04 ⑤   05 ③   06 지위경쟁이론

07 최근 대학 졸업자가 산업계에서 요구하는 수준 이상으로 늘어나 과거에는 고졸 이하 학력 소지자가 취업하던 직종으로 이동하는 현상이 나타나고 있다. 이런 현상을 설명하는 데 가장 적합한 이론을 쓰시오.

● 02 중등 변형

- _____

08 다음 〈보기〉의 내용을 포함하는 학력(學歷)상승 이론은?

● 01 초등

〈보기〉
- 학력 간 임금격차는 치열한 대학입시 경쟁을 더욱 심화시킨다.
- 학력의 양적 팽창은 학력의 평가 절하 현상을 초래하기도 한다.
- 학력이 취업 및 결혼을 결정하는 중요한 요소이므로 모든 사람이 상급학교 졸업장을 받기 위하여 온갖 노력을 경주한다.

① 인적자본론 ② 기술기능이론 ③ 지위경쟁이론 ④ 학습욕구이론

09 '졸업장병(diploma disease)'을 앓고 있는 사회의 특징을 가장 바르게 설명한 것은?

● 00 중등

① 입학시험이 아닌 졸업자격시험에 의해 학생의 진로가 결정되기 때문에 학생들이 졸업장 획득을 위해 치열한 경쟁을 하게 된다.
② 실력보다 학력(學歷)을 중시하기 때문에 사람들이 상급의 명문학교 졸업장을 획득하기 위해 과열경쟁을 하게 된다.
③ 각급 학교의 졸업자 수가 산업인력 수요를 능가하게 됨에 따라 졸업장이 경제적 가치를 잃고 제 구실을 하지 못한다.
④ 지식기반사회로 이행하면서 경험적인 지식의 중요성이 부각되고 전통적인 학교 졸업장의 가치가 크게 떨어지게 된다.

정답 07 지위경쟁이론 08 ③ 09 ②

Theme 158 평등관

1 허용적 평등관
법이나 제도상으로 누구에게나 교육기회가 허용되어야 한다는 관점

2 보장적 평등관
학교 진학을 가로막는 사회적·경제적·지리적 제반 장애를 제거해 자유로운 진학을 가능하게 하자는 관점
⇨ 의무교육제도를 통해 교육의 기회를 보장 예 무상교육, 지역별 학교 설치, 장학금 제공 등

3 과정적 평등관(조건 평등관)
(1) 개념
① 취학한 학교가 동일한 질적 수준을 유지하며 동질적 교육 프로그램을 학생에게 제공해야 한다는 관점
② 학교 간 여건, 시설, 교사진, 교육과정 등에서 차이를 최소화시켜 균등한 교육을 받을 수 있도록 하겠다는 취지
③ 교육조건에서의 평등 예 고교평준화

(2) 한계점
① 콜맨 보고서, 젠크스 연구 등을 통해 과정의 평등으로 성취 차이를 극복하지 못함이 규명됨
  ⇨ 학생의 가정배경의 차이가 학업성취에 큰 영향력을 미침, 학교 교육조건의 차이는 미미하거나 영향 미치지 않음
  ㉠ 콜맨(Coleman) 보고서
    • 학업성취의 수준을 결정하는 중요 요인은 가정환경임
    • 학교는 가정환경에 따른 학업성취도 차이를 변화시킬 수 없음 ⇨ 학교효과 없음
  ㉡ 젠크스(Jencks)의 학교효과 연구
    • 성인이 되었을 때 수입에 미치는 교육수준 영향력은 무시할 정도
    • 학업성취에 가장 큰 영향을 주는 요인은 가정의 사회·경제적 배경과 인지능력

4 결과적 평등관(보상적 평등관)
(1) 개념
① 교육받은 결과가 동일해야 한다는 관점
② 출발 단계에서부터 열악한 수준에 있는 학생에게 상대적으로 더 지원을 해야만 결과적 차이를 줄일 수 있다는 시각
③ 과정적 평등이 이루어져도 교육받은 결과가 같아야 진정한 교육평등이 이루어졌다고 봄
  ⇨ 롤스의 정의론 : 기존 사회로부터 최소 수혜자에게 최대 이익을 돌릴 수 있도록 '차등의 원칙', '기회균등의 원칙' 주장
④ 학업성취 불평등의 원인 : 학교 간 격차가 아닌 기존의 가정배경에 기인하는 것으로 여김

(2) 결과적 평등관에 입각한 해결책
① 정부 : 교육복지우선지원사업, 기회균형선발제
② 학교 : 보충지도, 방과 후 프로그램
③ 교사 : SES(Socio Economic Status)가 낮은 학생에 대한 관심, 상담, 개별 보충지도 등을 제공

(3) 비판점
우수한 학생에 대한 역차별이 생길 수 있음

Theme 158 기출 CHECK!

01 다음은 사회적 자본에 대한 콜맨(J. Coleman)의 설명이다. (가)에 들어갈 것으로 적합하지 않은 것은? • 12 중등

> 사회적 자본은 사람들 사이의 사회적 관계에서 형성된다. 가정을 중심으로 사회적 자본을 정의한다면, 좁게는 가정 내 부모와 자녀의 관계이고, 넓게는 부모가 가정 밖에서 맺고 있는 사회적 관계의 전체이다. 실증 연구를 수행하고자 할 때, 가정의 사회적 자본은 ((가))과(와) 같은 변인을 통하여 측정될 수 있다.

① 부모의 문화 취향 ② 부모의 친구 관계 ③ 어머니의 취업 여부
④ 자녀 교육에 대한 기대 수준 ⑤ 이웃과의 교육정보 교류 정도

02 젠크스(Jencks)와 동료학자들의 연구인 '불평등'에 근거하여 볼 때, 다음 중에서 학생의 학업성취에 가장 큰 영향을 주는 2가지 요인은? • 03 초등

> 가. 가정의 사회경제적 배경 나. 학생의 인지적 능력 다. 교사의 질
> 라. 학교의 물리적 시설 및 환경 마. 능력별 반편성

① 가, 나 ② 가, 라 ③ 다, 마, ④ 라, 마

03 평등의 원리 중에서 '같은 것은 같은 방식으로 대우한다.'는 동일성의 원리와 가장 부합하는 것은? • 04 중등
① 대안학교의 운영 ② 의무교육제도의 실시
③ 특수목적고등학교의 설치와 운영 ④ 저소득층 자녀에 대한 보상교육의 실시

04 교육평등관과 그 예시가 잘못 연결된 것은? • 04 초등
① 교육기회의 허용적 평등 – 소규모 학교의 통폐합 ② 교육기회의 보장적 평등 – 중등교육의 무상 의무화
③ 교육여건의 평등 – 고교평준화정책 ④ 교육결과의 평등 – 저소득층 자녀를 위한 보상교육

05 다음은 여러 가지 교육평등관을 제시한 것이다. 교육평등관의 변화를 시대적 순서에 따라 바르게 나열하시오. • 00 초등 보수 변형

> 가. 교육결과의 평등 나. 교육기회의 허용적 평등 다. 교육조건의 평등 라. 교육기회의 보장적 평등

• _____

06 다음에서 공통적으로 관계있는 교육평등관의 유형을 쓰시오. • 99 초등 변형

> ㉠ 모든 사람에게 동등한 기회가 주어져야 한다는 관점이다. ㉡ 주어진 기회의 향유는 개인의 능력에 따라 달라진다.

• _____

정답 01 ① 02 ① 03 ② 04 ① 05 나 – 라 – 다 – 가 06 허용적 평등관

07 다음에서 공통적으로 설명하고 있는 '이것'이 무엇인지 쓰시오. • 12 중등 변형

- 이것은 보상적 평등관에 입각해 있다.
- 이것의 목적은 소득분배 구조 악화, 빈곤층 비중 확대, 지역별 계층 분화 현상 등이 심화됨에 따라, 경제적 취약 집단을 비롯한 교육취약 아동·청소년의 교육적 성취를 제고하는 데 있다.
- 이것의 내용에는 저소득층 학생이 취약한 환경에서 비롯된 어려움을 극복할 수 있도록 학습, 문화·체험, 심리·정서, 복지 등과 같은 영역의 프로그램이 포함된다.

• _____

08 대학입학전형에서 실시하는 기회균형선발제(affirmative action)에 대한 설명으로 적절하지 않은 것은? • 10 중등
① 사회 구성원의 통합에 기여한다.
② 업적주의 교육관에 바탕을 두고 있다.
③ 대학 구성원의 다양성 확보에 도움을 준다.
④ 구체적인 시행 방법으로는 할당제, 가산점제, 목표설정제 등이 있다.
⑤ 교육기회의 불평등과 사회적 차별을 교정하는 차원에서 발전되었다.

09 고등학교 의무교육제도화에 관한 각 교사들의 입장을 가장 잘 반영하는 교육평등관의 명칭을 쓰시오. • 10 초등 변형

홍 교사 : 이제 우리나라 경제수준도 높아지고 했으니, 모든 국민이 고등학교 교육을 받을 수 있도록 고등학교 무상의무교육제도를 도입하는 것이 좋을 것 같아요.
정 교사 : 개인의 고등학교 진학 여부는 국가에서 개입하기보다는 당사자의 능력과 노력에 맡기는 것이 좋지 않을까요?
박 교사 : 글쎄요. 저는 요즘 같은 사회양극화 시대에는 고등학교 무상의무교육제도 도입에서 한발 더 나아가, 계층 간 학업성취도의 격차를 좁힐 수 있도록 소외계층 학생을 위한 적극적 배려 정책이 필요하다고 보는데요.

• 홍 교사 : _____ • 정 교사 : _____ • 박 교사 : _____

10 다음은 미국 존슨 대통령이 하워드 대학에서 한 연설의 일부이다. 이 연설의 취지에 부합하는 교육정책은? • 08 중등

오랫동안 쇠사슬에 묶였던 사람들을 갑자기 풀어준 뒤, '맘대로 뛰어보라.'며 달리기 출발선에 세운다면 그것은 공정한 교육정책이 아니다.

① 대학의 기여입학제 허용 ② 협약학교(charter school) 도입
③ 농어촌 자녀 특별전형제도 확대 ④ 지방교육자치제도 실시 범위 확대

정답 07 교육복지우선지원사업   08 ②   09 홍 교사 - 보장적 평등관 / 정 교사 - 허용적 평등관 / 박 교사 - 결과적 평등관   10 ③

11 다음의 ㉠과 ㉡에 해당하는 교육의 평등 개념을 쓰시오.

• 08 초등 변형

> A군은 고등학교가 없는 도서 지역의 가난한 집안 출신이다. A군은 육지로 유학을 나가 고등학교에 다닐 수 있는 경제적 형편이 안 되어 걱정이 컸었는데, ㉠지방자치단체에서 통학을 위한 배편을 무상으로 지원하게 됨에 따라 집에서 고등학교를 다닐 수 있게 되었다. 더욱이 A군의 담임교사는 미술에 재능이 있는 A군이 작은 시골 학교에서 지도를 제대로 받을 수 없는 상황을 안타깝게 여겨, 방과 후 학교에 미술 강사를 초빙하여 지도를 받을 수 있도록 하였다. A군은 ㉡대도시에서 학교를 다닌 학생들 못지않은 미술 실력을 갖춰 M 대학의 장학생으로 입학할 수 있게 되었다.

• ㉠ : _____   • ㉡ : _____

12 교육에서 보상적(補償的) 평등관에 관한 설명으로 가장 적절한 것은?

• 06 중등

① 개인의 능력주의에 기초한 평등관이다.
② 교육을 시장 원리로 접근하려는 평등관이다.
③ 누구에게나 취학기회를 개방해야 한다는 평등관이다.
④ 사회경제적 지위가 낮은 집단의 교육적 결손을 해소하려는 평등관이다.

13 우리나라의 고교평준화 정책에 관한 설명으로서 가장 적합한 것은?

• 03 초등

① 교육의 결과적 평등관에 입각한 정책이다.
② 중등교육의 보편화, 평등화라는 이념에 부합된다.
③ 중등교육의 종합학교(comprehensive school)화라는 추세에 부합된다.
④ 결과적으로 학생과 교사의 균등배정보다는 학교의 물리적 교육여건의 평준화를 초래하였다.

14 학습부진 학생을 위해 별도 교재를 만들어 방과 후 보충지도를 하는 것은 어떤 교육평등관을 실현하기 위함인가?

• 02 중등

① 보상적 평등관   ② 허용적 평등관   ③ 보수주의 평등관   ④ 자유주의 평등관

15 다음에 제시된 내용은 어떤 교육평등관을 실현하기 위한 것인지 쓰시오.

• 01 초등 변형

> • 농어촌 학생을 위한 대학 특례입학제도를 실시한다.
> • 저소득층의 취학 전 아동을 위한 보상교육을 실시한다.
> • 우수한 학생보다 열등한 학생에게 더 좋은 교육조건을 제공한다.

• _____

정답 11 ㉠ - 교육기회의 보장적 평등 / ㉡ - 결과적 평등   12 ④   13 ②   14 ①   15 결과적 평등관(보상적 평등관)

Theme 159 문화실조론과 문화다원론

기출: 14 중등, 11 중등, 04 초등, 03 중등, 00 중등

출제 pick!
- 문화실조론의 개념, 학업격차의 원인, 비판점
- 문화다원론의 개념, 학업격차의 원인

1 문화실조론

(1) 개념 ☆
가정의 문화적 자본과 활동이 부족하여 학교에서 학습하는 데 필요한 기초적인 소양을 갖추지 못한 상태

(2) 학업성취에 영향을 주는 요인 ☆
① **가정변인** : 중산층 학부모의 높은 기대 수준, 미래지향적 가치관과 현재의 만족을 미래로 연기하는 능력 등의 영향 ⇨ 성취동기와 학업성취가 높아짐
② **인지양식**
　㉠ 중산층의 문화가 지니고 있는 분석적·종합적 인지양식은 높은 학업성취를 유발함
　㉡ 하류층은 열등한 인지양식을 지니고 있어 낮은 성취를 보이게 됨
③ **언어능력**
　㉠ 중산층 아동은 교육내용이 주로 다루는 분석적·논리적·설득적 언어를 사용함으로써 성취가 높음
　㉡ 하류층 아동은 감정적·충동적 언어를 주로 사용하여 낮은 성취를 보임
④ **학습동기** : 중산층 아동은 성취동기가 높아 비교적 높은 학업성취를 보이는 경향이 있음

(3) 비판점 ☆
① 특정 집단의 문화를 사회의 보편적·정통적 문화로 규정하여 표준문화로 삼아 개념을 단정 지음
② 문화의 다양성을 인정하지 않고, 특정 문화를 우월한 것으로 보는 문화우월주의를 전제하고 있다는 점에서 비판

2 문화다원론(갈등론적 관점)

(1) 개념 ☆
① 문화에 우열이 없음 ⇨ 농촌과 도시, 하층과 상층, 흑인과 백인은 문화가 다를 뿐임
② 학교의 교육과정이 특정한 집단의 것으로 편향되지 않고, 여러 집단의 문화를 골고루 다루어 주어야 학습결손을 해결할 수 있음

(2) 학업성취에 영향을 주는 요인 ☆
① 낮은 학업성취는 문화와 교육내용, 언어와 규범 등에 익숙하지 않기 때문으로 봄
② 학교가 특정 계층의 문화를 가르침으로써 그 문화와 다른 문화권을 향유하는 학생의 학업성취를 낮춘다고 봄 ⇨ 학교에서 쓰는 어휘군과 학교에서 요구되는 규범 등이 자신의 문화와 다르므로 낮은 성취를 낼 수밖에 없다고 여김

Theme 159 기출 CHECK!

논술 기출 CHECK

다음은 A 중학교 초임 교사인 박 교사와 경력 교사인 최 교사의 대화 내용이다. 다음 대화문을 바탕으로 학생들이 수업에서 소극적으로 행동하는 문제를 문화실조에서 진단하시오.
● 14 중등

> 최 교사 : 저도 처음에는 선생님과 마찬가지로 교직 생활이 힘들었지요. 특히 수업 시간에 반응을 잘 보이지 않으면서 목석처럼 앉아 있는 학생이 있을 때는 어떻게 해야 할지 모르겠더군요.
> 박 교사 : 네, 맞아요. 어떤 학급에서는 제가 열심히 수업을 해도, 또 학생들에게 질문을 던져도 몇몇은 그냥 고개를 숙인 채 조용히 있습니다. 심지어 어떤 학생은 수업 시간에 아예 침묵으로 일관하기도 하고, 저와 눈도 마주치지 않으려고 해요. 또한 가정환경이 좋지 않은 몇몇 학생은 다양한 문화적 경험을 가질 기회가 상대적으로 부족해서 그런지 수업에 관심도 적고 적극적으로 참여하지도 않는 것 같아요.

01 다음 대화에서 두 교사의 견해와 가장 관련이 깊은 이론에 대한 설명으로 옳지 <u>않은</u> 것은? ● 11 중등

> 김 교사 : 우리 반에는 부모님이 안 계셔서 할머니와 아주 어렵게 사는 학생이 있는데, 문화적으로 결핍된 부분이 많아요. 가정에서 적절한 학습지원을 못 받아서인지, 공부에 대한 의욕도 없고 교과내용에 대한 기초 지식도 부족해요.
> 박 교사 : 우리 반에도 결혼이민자가정 학생이 몇 명 있는데, 학생들의 언어 환경이 열악한 것 같아요. 그래서인지 기본적인 읽기, 쓰기가 되지 않고 수업에서도 잘 알아듣지 못해요. 이런 학생들의 학력(學力)을 어떻게 높여야 할지 걱정입니다.

① 취학 이전의 학생의 경험이 학업 성취에 중요하게 작용한다고 본다.
② 헤드스타트(head start) 프로그램은 이 이론과 관련된 보상정책 중 하나이다.
③ 이 이론을 지지하는 연구로 젠크스(C. Jencks)와 번스타인(B. Bernstein)의 연구가 있다.
④ 가정의 문화적 자원 및 활동이 부족하면 학교에서 학습하는 데 필요한 소양을 갖추기 힘들다고 본다.
⑤ 학교 시설과 교사의 질과 같은 학교 교육환경의 차이로 인해 학생의 학업성취 격차가 발생한다고 본다.

02 다음 내용이 가리키는 문화변화의 현상은? ● 04 초등

> • 휴대폰을 많이 사용함으로써 생활이 편리해졌지만, 무분별한 사용으로 인해 타인에게 불쾌감을 주는 경우가 자주 발생한다.
> • 자동차 보급률은 급속하게 증가되고 있지만, 안전 운행에 대한 운전자들의 교통 의식은 제자리에 머물고 있다.

① 문화전승 ② 문화접변 ③ 문화실조 ④ 문화지체

03 문화결핍 이론에 대한 설명으로 가장 타당한 것은? ● 03 중등
① 보상교육의 필요성을 강조한다.
② 문화를 고급문화와 하급문화로 구분한다.
③ 가정의 사회계층이 학업 성취에 미치는 영향을 무시한다.
④ 교육현상을 설명하는 데 문화는 중요한 요인이 아니라고 본다.

04 아래와 같은 대화에 드러나 있는 교사들의 생각을 가장 잘 나타낸 것은? ● 00 중등

> 교사 ㉠ : 달동네 아이들은 가르치기가 힘들어요. 그 아이들은 문화적 경험이 부족하거든요. 가르치면서 무심코 예를 드는데 못 알아듣는 경우가 대부분이에요.
> 교사 ㉡ : 맞아요. 이쪽 부촌(富村)에 사는 아이들은 외국 얘기를 해도 잘 알아듣고, 음악·미술 얘기를 해도 잘 알아듣는데, 달동네 아이들은 수업 받을 준비가 안 되어 있어요.

① 주변에 모범으로 삼을 만한 사람이 없는 학생들은 학업성취도 낮다.
② 가난한 환경에서 성장한 학생들은 문화적 식민주의에 희생되기 쉽다.
③ 빈곤가정 학생들이 수업내용을 잘 이해하지 못하는 것은 문화실조 때문이다.
④ 사회경제적 배경이 다르면 학생들의 잠재적 교육과정도 다르게 형성된다.

정답 01 ⑤ 02 ④ 03 ① 04 ③

Theme 160 콜맨(Coleman) 보고서

기출: 12 중등, 12 초등, 11 초등, 10 초등, 09 초등, 08 중등, 04 중등, 02 초등, 01 초등, 00 중등

1 사회에 대한 관점 – 폐쇄사회
① 사회적 재화가 계층, 성, 인종, 지역 등과 같은 변수들의 귀속적 요인에 의해 배분됨
② 개인의 사회·경제적 배경이 사회이동에 강력한 영향을 미친다고 봄

2 연구결과 – 학교 효과 없음
부모의 소득 수준, 직업 지위, 교육 수준 등이 높으면 자녀의 학업성취 수준도 높은 경향이 있으며, 특히 사회·경제적 지위와 학업성취 사이에는 비교적 높은 상관관계가 보임
⇨ 학업성취의 수준을 결정하는 중요 요인은 가정환경이며, 학교는 가정환경에 따른 학업성취도 차이를 변화시킬 수 없음
⇨ 학교 재정적 투자를 차별적으로 시도하더라도 계층 간 교육격차를 해소할 수 없음

3 학업성적에 영향을 미치는 요인 ☆
① 가정배경을 구성하는 4가지 자본의 영향을 받음
② 4가지 자본
  ㉠ 경제적 자본 : 가족의 수입
  ㉡ 인간 자본 : 부모의 학력
  ㉢ 문화적 자본 : 가족이 공유하고 있는 문화적 취향, 습성
  ㉣ 사회적 자본 ☆
   • 가족을 기준으로 안과 밖의 자본으로 구분되며, 학업성취에 가장 큰 영향을 미침
   • 가정이 다른 자본을 아무리 많이 가지고 있어도 사회적 자본으로 실행되지 않으면 아동의 성취에 적절한 영향을 미치지 못함
   • 사회적 자본의 종류

종류	내용
가정 내	부모가 자녀들에게 투자하는 시간과 노력 및 부모와 자식 간의 상호 관계
가정 밖	한 가정이 사회와 연결되는 관계로 부모의 인맥이나 지인과의 정보 교류

출제 Pick!
☆ 학생의 학업성취에 영향을 미치는 가정배경의 구성요소 명칭, 개념. 이 중 가장 결정적인 요소와 특징

Theme 160 기출 CHECK!

01 다음은 사회적 자본에 대한 콜맨(J. Coleman)의 설명이다. (가)에 들어갈 것으로 적합하지 <u>않은</u> 것은? • 12 중등

> 사회적 자본은 사람들 사이의 사회적 관계에서 형성된다. 가정을 중심으로 사회적 자본을 정의한다면, 좁게는 가정 내 부모와 자녀의 관계이고, 넓게는 부모가 가정 밖에서 맺고 있는 사회적 관계의 전체이다. 실증연구를 수행하고자 할 때, 가정의 사회적 자본은 ((가))과(와) 같은 변인을 통하여 측정될 수 있다.

① 부모의 문화 취향 ② 부모의 친구 관계 ③ 어머니의 취업 여부
④ 자녀 교육에 대한 기대 수준 ⑤ 이웃과의 교육정보 교류 정도

02 『교육기회의 평등(Equality of Educational Opportunity)』이라는 콜만 보고서의 학교효과 연구 결과에서 학업성취도에 가장 큰 영향을 주는 요인으로 나타난 것은? • 12 초등

① 교육과정 ② 가정배경 ③ 동료집단 ④ 교사의 질 ⑤ 학교시설

03 가정배경과 관련된 철수 아버지와 영희 아버지의 대화에서 찾아볼 수 있는 자본으로 가장 적절한 것끼리 묶은 것은? • 11 초등

> **철수 아버지**: 저는 교육적 차원에서 철수에게 틈틈이 박물관이나 클래식 연주회에 다녀오도록 해요. 교양서적도 자주 읽도록 해 견문을 넓게 하지요. 이젠 스스로 알아서 합니다.
> **영희 아버지**: 저희 부부는 영희와 대화를 자주 합니다. 대화 시간을 늘리기 위해 텔레비전을 없앴고, 가급적 식구들이 함께 식사를 해요. 고민도 들어주며 때로는 친구가 되고, 때로는 든든한 후원자가 되려고 노력해요. 영희도 집안의 화목이 공부하는 데 큰 힘이 된다고 자주 말해요.

	철수 아버지	영희 아버지		철수 아버지	영희 아버지
①	인간 자본	문화적 자본	②	인간 자본	경제적 자본
③	문화적 자본	경제적 자본	④	문화적 자본	가정 내 사회적 자본
⑤	경제적 자본	가정 내 사회적 자본			

04 다음 사례에 나타난 학업성취도와 가정환경의 관계를 가장 잘 설명해 주는 이론을 쓰시오. • 10 초등 변형

> 진영이의 학업성적은 매우 우수하다. 사실 진영이의 가정은 경제적으로 어렵고, 부모님의 교육 수준도 낮은 편이다. 그렇지만 부모님이 자녀교육에 대해 관심과 열의가 높아서, 평소 진영이의 공부를 잘 도와주는 것은 물론 대화도 자주 나눈다. 진영이는 이러한 부모님이 있어서 든든하다.

정답 01 ① 02 ② 03 ④ 04 콜맨의 사회자본론

05 다음은 학생의 학업성취도에 영향을 미치는 가정배경에 관한 대화이다. 콜만(J. S. Coleman)의 이론에 근거하여 각 교사가 강조하는 자본이 무엇인지 쓰시오.
●09 초등 변형

> 권 교사: 부모의 교육수준이 중요하죠. 학력이 높으면 지적능력도 뛰어나고 자녀의 학습에도 알게 모르게 영향을 미칠 테니까, 결국 자녀의 성적도 높아진다고 봐야죠.
> 김 교사: 저는 부모의 소득이 자녀의 성적에 크게 영향을 미친다고 봐요. 엄청난 사교육비를 생각해 보세요.
> 류 교사: 학력과 소득이 높아도 자녀교육에 관심이 없으면 소용없어요. 자녀에게 관심을 가지고 격려도 하고 학습도우미 역할도 해 주고 그래야 성적이 좋아지죠.

• 권 교사: _____   • 김 교사: _____   • 류 교사: _____

06 콜만(J. S. Coleman)의 사회자본(social capital)과 인적자본(human capital)의 개념에 기초하여, 철수네 가정의 인적자본과 사회자본의 강약 정도를 바르게 제시한 것은?
●08 중등

> 철수는 서울 중심지의 작은 셋집에서 다섯 식구와 함께 살고 있는 중학교 2학년생이다. 부모님의 학력은 중졸이고 수입은 넉넉하지 않지만 화목한 가족 관계는 이웃의 모범이 될 정도이다. 철수는 반에서 1등을 놓친 적이 없으며, 작년에는 전국 수학경시대회에서 금상의 영예를 안았다.

① 인적자본과 사회자본이 모두 강하다.
② 인적자본과 사회자본이 모두 약하다.
③ 인적자본은 약하지만 사회자본은 강하다.
④ 인적자본은 강하지만 사회자본은 약하다.

07 학업성취 결정요인 중 하나인 가정배경은 경제자본, 문화자본, 사회자본, 인간자본 등으로 구성된다. 이 가운데 사회자본의 예로 가장 적절한 것은?
●04 중등

① 부모의 경제적 지원 능력
② 부모의 지적 능력 또는 교육 수준
③ 가정에서 형성된 취향이나 심미적 태도
④ 부모와 자녀 사이의 상호 신뢰와 유대감

08 다음의 글에서 강조하고 있는 점을 가장 바르게 기술한 것은?
●02 초등

> 최근 가정의 경제적 형편보다 부모의 학력이 아동들의 교육 성취도를 더 크게 좌우한다는 연구 결과가 보고되었다. 이러한 결과는 경제적 자본보다 문화적 자본이 교육에서 더 큰 영향력을 발휘하고 있을지 모른다는 짐작을 하게 한다. 그러나 문화적 자본이 가정 안에 아무리 많이 축적되어 있다 하더라도 사회적 자본이 같이 마련되지 못한다면, 그 문화적 자본의 효과가 발현되기는 힘들 것이다.

① 친구 관계가 가정환경보다 중요하다.
② 가정이 위치한 지역 사회의 교육 환경이 중요하다.
③ 부모와 자녀 사이의 긴밀한 상호작용이 중요하다.
④ 부모가 사회인으로서 모범을 보여주는 것이 중요하다.

정답 05 권 교사 - 인간 자본 / 김 교사 - 경제적 자본 / 류 교사 - 사회적 자본   06 ③   07 ④   08 ③

09 다음은 콜만(Coleman) 등과는 다른 시각에서 학교 효과를 탐색하였던 연구에서 얻은 것이다. 그래프를 바르게 해석한 것은?
● 02 초등

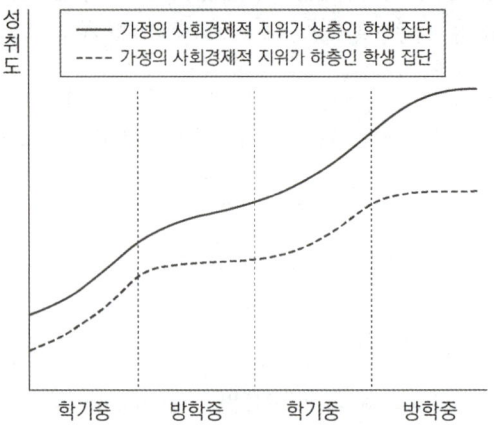

① 학교 교육은 사회경제적 지위에 따른 성취도 격차를 줄이는 데 기여하고 있다.
② 방학중에 학생들은 사회경제적 지위에 관계없이 비슷한 활동들을 하고 있다.
③ 학기중 학생들의 학습 경험은 사회경제적 지위에 따라 뚜렷한 차이를 보이고 있다.
④ 사회경제적 지위에 따른 성취도 격차는 재학중인 학교의 질 차이에서 비롯되고 있다.

10 콜만(Coleman)의 사회자본에 대한 설명으로 적절한 것은?
● 01 초등
① 학교의 사회적·심리적·교육적 분위기
② 개인의 지위를 나타내는 직업, 수입, 재산, 교육정도
③ 문화적 산물에 대해 개인이 지속적으로 갖는 주체적 성향
④ 자녀의 학습을 진작시키기 위한 부모의 관심, 노력, 교육적 노하우

Theme 161 교사의 기대와 학업성취

기출: 08 중등, 07 초등, 01 중등, 99 중등

1 로젠탈(Rosenthal)과 제이콥슨(Jacobson)의 피그말리온 효과(pygmalion effect)
(≒ 로젠탈 효과 ≒ 자성예언 ≒ 자기충족예언)

① 교사의 기대와 평가가 학생과의 상호작용의 차이, 수업자료의 차이 등으로 연결 ⇨ 학생의 학구적 규범, 학구적 자아개념 및 학구적 무력감 등의 학습풍토와 직결 ⇨ 학업성취에 깊은 영향
② **피그말리온 효과** : 학생에 대한 교사의 태도나 신념이 학생에 대한 기대감에 영향을 주어 학생의 행동에 영향을 미치는 것 ⇨ 자기충족예언

출제 Pick!
☆ 교사의 기대가 학업성취에 미치는 영향을 보여주는 현상

2 머튼(Merton)의 자기충족예언

① 하나의 예언이 형성되고 나면 그 예언이 인간행동에 구속력을 가하여 예언 실현을 위한 강력한 수단이 됨
② 미래에 대한 기대가 실제 현실로 이루어지는 경향성을 지칭 ⇨ 부정적 또는 긍정적 방향 모두로 작용 가능 ⇨ 교사는 아동의 가정 배경과 차림새에 따라 능력에 대한 기대를 달리함
③ 자신이 기대하는 바에 따라 아동 집단을 구분하여 각각 다르게 대함
  ㉠ **높은 능력 기대 집단에 속한 아동** : 교사와의 상호작용 활발, 성적 향상
  ㉡ **낮은 능력 기대 집단에 속한 아동** : 학급 활동 참여가 줄고 성적이 낮아짐

3 상징적 상호작용이론(⇨ 낙인이론과 연결)

① 거시적 관점이 간과한 개인의 능동적인 사고 과정, 행위의 선택, 타자와의 의사소통과정에 주목한 미시적 관점
② 개인의 자아에 대한 의식은 타인의 자기 자신에 대한 반응에서 비롯됨
③ 일단 일탈자로 낙인찍힐 경우 낙인찍힌 사람은 자기 자신에 대한 그릇된 의식을 갖게 됨
④ 일탈은 결국 행동하는 사람과 그 사람을 보고 판단하는 사람 간의 상호작용의 결과물임

4 하그리브스의 학생 유형화 과정

① 교사가 학생을 유형화하는 과정을 3가지로 나누어 학생의 일탈행동이 형성되는 과정을 나타냄
② 학생 유형화 과정 3단계
  ㉠ **모색 단계(speculation)** : 학생을 처음 보고 가정하는 단계
  ㉡ **명료화 단계(elaboration)** : 학생에 대한 인상(긍정 혹은 부정)을 명료화하는 단계
  ㉢ **공고화 단계(stabilization)** : 학생을 범주화(착한/보통/나쁜 아이)하여 공고화하는 단계

5 벡커(Becker)의 낙인이론(labeling)

① 본래 정상적이던 사람도 주위의 잘못된 인식이나 지각에 따라 실제 일탈자가 되거나 그렇게 될 가능성이 높아진다는 논리
② 어떤 사람을 일탈자로 낙인찍는 행위는 머튼이 말하는 일종의 자기충족예언으로 작용함
  ⇨ 일탈자로 낙인을 찍는 과정 자체가 그 사람의 후속 행위를 또 다른 일탈행위로 결정하는 중요한 요인으로 작용
③ 낙인이론은 학교에서 교사와 학생 간의 상호작용 연구에 활용됨(상징적 상호작용에 기반)
④ **낙인의 과정** : 추측 ⇨ 정교화 ⇨ 고정화
⑤ **낙인의 주요 요인** : 성, 인종, 외모, 경제적 배경

Theme 161 기출 CHECK!

01 낙인이론(labeling theory)에 관한 설명 중 옳지 않은 것은? ● 08 중등
① 낙인은 추측→고정화→정교화의 순서로 이루어진다.
② 낙인의 주요 요인에는 성, 인종, 외모, 경제적 배경 등이 있다.
③ 낙인에 따른 교사의 차별적인 기대는 학생의 자기지각에 영향을 준다.
④ 낙인이론은 학교에서 교사와 학생 간의 상호작용을 연구하는 데 활용된다.

02 〈보기〉의 내용을 설명하는 데 가장 적합한 개념은? ● 07 초등

〈보기〉
- 교사는 아동의 가정 배경과 차림새에 따라 능력에 대한 기대를 달리하였다.
- 교사는 자신이 기대하는 바에 따라 아동 집단을 구분하여 각각 다르게 대하였다.
- 높은 능력 기대 집단에 속한 아동은 교사와의 상호작용이 활발해지고 성적도 좋아졌으나, 낮은 능력 기대 집단에 속한 아동은 학급 활동 참여가 줄고 성적도 낮아졌다.

① 문화 실조(cultural deprivation)
② 상응 원리(correspondence principle)
③ 자성 예언(self-fulfilling prophecy)
④ 사회적 자본(social capital)

03 다음 현상을 가장 잘 설명하는 개념을 쓰시오. ● 01 중등 변형

김 교사는 처음으로 학교에 부임하여 담임을 맡게 되었다. 김 교사가 맡게 된 반은 보통의 학생들로 구성되었지만, 어떤 교사가 그 반은 우수한 학생들로 구성된 반이라고 하였다. 김 교사는 자기 반의 학생들이 우수한 학생들이기 때문에 공부도 잘할 것이라고 생각하였다. 실제로 학기말에 김 교사의 반은 다른 반에 비하여 높은 성취를 보였다.

· _____

04 자성예언(self-fulfilling prophecy)과 피그말리온 효과(pygmalion effect)가 교육에 공통적으로 시사하는 바를 가장 정확하게 진술하고 있는 것은? ● 99 중등
① 우수한 아동들과 같은 반에 속하는 경우에는 그렇지 않은 경우보다 높은 성적을 낼 수 있다.
② 학력이 높은 부모를 둔 학생들은 그렇지 않은 학생들에 비해 높은 성취도를 보인다.
③ 학생들은 자신에게 모범이 되는 사람들을 닮아 가려고 노력한다.
④ 교사가 공부를 잘 할 것이라고 기대하는 학생들이 실제로 공부를 잘하는 경향이 있다.

정답 01 ① 02 ③ 03 자기충족예언 효과(피그말리온 효과) 04 ④

Theme 162 브루코버(Brookover)의 사회적 체제 구성요인

기출 09 중등

1 학교의 사회 심리적 풍토 ☆
학교구성원의 학교교육에 대한 신념, 기대, 규범, 평가, 감정, 분위기, 교사의 기대, 교사의 평가, 교사의 평가와 기대에 대한 학생의 지각, 학생의 무력감 등 학교의 역사적 전통에서 파생
⇨ 학습격차에 영향 미침 ☆

2 학교의 조직구조 및 운영방식
학교의 행정적 조직으로부터 학급 내 학습집단 구성 형태까지 포함하는 개념

3 수업실천 행위
① 학급 내에서 개인 혹은 집단적으로 표출되는 의사소통 방식, 행동 강화, 보상 방식, 규제나 평가, 수업자료 제공과 수업에 투입하는 시간 등과 관련됨
② 교사의 기대와 평가, 이에 대한 학생의 지각, 학생의 무력감 등과 같은 학교의 사회 심리적 풍토를 강조함 ⇨ 학습격차에 영향 미침 ☆
③ 학교를 분석하기 위해 투입 – 과정 – 산출 모형을 도입함 ⇨ 미시적 모형
④ 학교구성원 상호 간의 역할 지각, 기대, 평가를 강조함
 ⇨ **효과적인 학교의 특성**: 교사의 높은 기대, 분명한 학습목표, 교장 및 교사의 강한 리더십
⑤ 학생의 성취에 대한 학교 사회체제모형

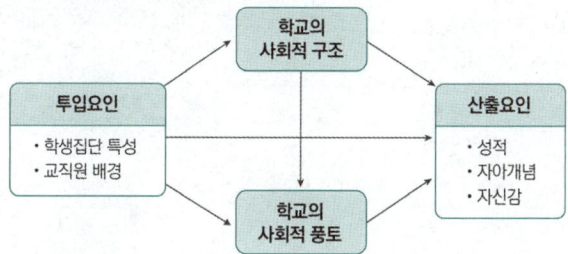

[그림 6-1] 학생의 성취에 대한 학교 사회체제모형

요인	내용
투입요인	학생집단 특성, 교직원(교장, 교사, 행정직원) 배경
과정요인	학교의 사회적 구조와 풍토
산출요인	성적, 자아개념, 자신감 등의 학습 효과

출제 Pick!
☆ 학교의 사회적 체제를 구성하는 요인
☆ 학업성취에 영향을 미치는 요소

Theme 162 기출 CHECK!

01 학교에 대한 브루코버(W. B. Brookover)와 그 동료들의 사회 체제 접근 모형에 관한 설명으로 옳은 것을 〈보기〉에서 모두 고른 것은?
• 09 중등

〈보기〉
ㄱ. 학교의 사회·심리적 풍토를 강조한다.
ㄴ. 학교사회에 대한 거시적 접근방식을 취한다.
ㄷ. 교장, 교사, 직원의 배경 요인을 과정 변인으로 설정한다.
ㄹ. 학교를 분석하기 위해 투입-과정-산출 모형을 도입한다.
ㅁ. 학교 구성원 상호 간의 역할 지각, 기대, 평가 등을 강조한다.

① ㄱ, ㄴ ② ㄱ, ㄹ, ㅁ ③ ㄴ, ㄷ, ㅁ ④ ㄷ, ㄹ, ㅁ ⑤ ㄱ, ㄴ, ㄹ, ㅁ

정답 01 ②

Theme 163 일탈행동

기출
14 추시, 09 중등, 04 초등, 00 초등

1 일탈행동(= 비행행동, 이상행동, 부적응행동, 탈선행동)

① **일탈행동**: 사회집단 또는 사회체제 속에서 사회적·문화적으로 받아들여지고 있는 표준
  ⇨ 사회적 규범에서 일탈되거나 상반되는 행동
② **비행**: 청소년의 도리나 도덕, 법규에 어긋나는 행동
  ㉠ **지위비행**: 음주 및 흡연 등과 같이 성인이 하였을 경우 문제되지 않지만, 청소년이기에 문제되는 행동
  ㉡ **범죄비행**: 형벌 법규에 규정된 범죄행위를 하는 행동
③ **편류**: 때때로 비행행동을 하나 어디까지나 일시적 현상이며, 다시 정상으로 되돌아오는 현상

> **출제 pick!**
> ☆ 일탈행동의 개념
> ☆ 이론별 일탈행동의 원인(아노미이론, 하위문화이론, 사회통제이론, 차별적 접촉이론, 사회학습이론, 낙인이론)

2 일탈행동의 원인

(1) 개인적 원인론
① **유전적 접근**: 개인의 유전적·생물학적 특성으로 인해 비행이 발생한다고 설명
② **심리학적 접근**: 개인의 심리적·성격적·정신적 문제로 인해 비행이 발생한다고 설명

(2) 사회적 원인론
① **거시적**: 사회제도, 사회구조적 문제로 청소년 비행이 발생한다고 설명
  ㉠ **머튼(Merton)의 아노미이론** ☆
    • 아노미 : 무규범 ⇨ 규제의 결핍상태
    • 사회의 문화적 목표(사회가 지향하는 바 예 자본주의에서는 자본의 축적)와 그 목표에 이르는 제도화된 수단 간 괴리(예 하류층 학생은 제도적으로 돈 획득 어려움)로 인하여 사회구성원 다수의 규범의식이 약화되고, 규범이 정당성을 상실한 상태
  ㉡ **코헨(Cohen)의 하위문화이론(subcultural theory)**
    • 비행은 대부분 하류계층의 청소년들 사이에서 많이 발생함
    • 중산층 지위라는 목표를 합법적 방법으로 성취할 수 없는 청소년은 신분좌절을 겪음 ⇨ 지위욕구 불만에 의해 비행이 발생하고, 하위집단에서 비행을 잘 저지르게 하는 가치와 태도를 학습하고 비행을 합리화하게 됨 ⇨ 비행은 하위계층의 문화가 됨

② **미시적**: 청소년이 속한 가족과 환경적 측면의 영향으로 비행이 발생한다고 설명
  ㉠ **허쉬(Hirschi)의 사회통제이론** ☆
    • 청소년 비행은 관습적인 사회, 특히 부모와의 연대가 약화·파괴될 때 발생됨
    • 자신을 규제하는 어떤 것이 깨짐으로 비행문화가 나타남

외적 규제	법에 의한 규제로, 청소년이 법이 두려워서 통제를 가함
내적 규제	심리적 요인에 의한 규제로, 부모의 기대를 저버리지 않고자 통제를 가함

  ㉡ **서덜랜드(Sutherland)의 차별적 접촉이론** ☆
    • 범죄행위가 타인과의 사회적 작용을 통한 사회화과정에서 학습됨
    • 학습내용 : 범죄행위 자체와 범죄행위에 우호적 태도
  ㉢ **에이커스(Akers)의 사회학습이론** ☆
    • 서덜랜드의 차별적 접촉이론 + 반두라(Bandura)의 이론
    • 비행이나 일탈은 사회구성원 간의 상호작용을 통해 학습됨
    • 청소년이 일탈행동을 하거나 또는 비행에 허용적 정의를 가진 또래와 접촉하게 되면 비행행동에 대한 우호적인 정의를 새롭게 배우게 됨 ⇨ 비행 정도를 강화시키고 그 청소년의 비행행동을 증가시킴
  ㉣ **벡커(Becker)의 낙인이론(labeling)** ☆ : 우연히 잘못된 행동을 저지른 것을 낙인찍게 되면 계속하여 비행을 저지르게 된다는 이론

> **Level up**
> **머튼의 아노미이론 주요 개념**
> • 문화적 목표 : 사회가 문화적으로 인정하고 지향하는 목표
> • 제도화된 수단 : 문화적 목표를 성취하는 데 있어 제도적으로 인정된 합법적 수단

> **Level up**
> **에이커스의 사회학습이론 주요 개념**
> • 차별적 접촉 : 비행에 대한 긍정적 태도, 가치, 규범을 가지는 친구와의 접촉, 상호작용
> • 차별적 강화 : 비행 결과로 긍정적인 보상을 얻고 부정적인 처벌을 회피하면 행위 강화
> • 정의 : 주어진 행위에 개인이 부여하는 태도, 의미
> • 모방 : 타인의 행동을 관찰하고 그와 유사한 행동을 자신이 하게 되는 것

Theme 163 기출 CHECK!

 논술 기출 CHECK

다음은 A 고등학교의 최 교사가 작성한 성찰 일지의 일부이다. 일지 내용을 바탕으로 철수의 학교 부적응 행동의 원인을 청소년 비행이론에서 2가지만 선택하여 설명하시오.

● 14 중등 추시

> 우리 반 철수가 의외로 반 아이들과 잘 지내지 못하는 것 같아 마음이 쓰인다. 철수와 1학년 때부터 친하게 지냈다는 학급 회장을 불러서 이야기를 해 보니 그렇지 않아도 철수가 요즘 거칠어 보이는 동네 친구들과 어울려 다니는 모습을 자주 보게 되어 학급 회장도 걱정을 하던 중이라고 했다. 그런데다 철수가 반 아이들에게 괜히 시비를 걸어 싸움이 나게 되면, 그럴 때마다 아이들이 철수를 문제아라고 하니까 그 말을 들은 철수가 더욱더 아이들과 멀어지고 제멋대로 행동한다고 한다. 오늘도 아이들과 사소한 일로 다투다가 갑자기 소리를 지르고 물건을 던지고는 교실에서 나가버렸다고 한다. 행동이 좋지 않은 친구들과 몰려다니며 그 아이들의 행동을 따라 해서 철수의 행동이 더 거칠어진 걸까? 1학년 때 담임선생님 말로는 가정 형편이 그리 넉넉하지 않고 부모님이 철수에게 신경을 쓰지 못함에도 불구하고 행실이 바른 아이였다고 하던데, 철수가 왜 점점 변하는 걸까?

01 다음 사례의 박 교사와 같이 청소년 비행에 접근하는 이론으로 가장 적절한 것은?

● 09 중등

> A 중학교에서 박 교사가 맡고 있는 반의 많은 학생들은 지각과 무단결석을 일삼고 학교폭력을 비롯한 크고 작은 말썽을 피웠다. 문제의 원인을 찾던 박 교사는 다른 아이들과는 달리 문제행동을 일으키지 않는 재민이를 주목하였다. 관찰 결과 박 교사는 재민이가 교우관계가 좋고 부모와의 관계도 친밀할 뿐만 아니라 이웃과도 사이좋게 지낸다는 것을 알게 되었다. 이에 박 교사는 재민이 주변에 있는 좋은 친구와 부모, 이웃이 재민이가 문제행동을 자제하도록 하는 데 중요한 역할을 하고 있다고 생각하게 되었다.

① 낙인 이론(labelling theory) ② 편류 이론(drift theory) ③ 아노미 이론(anomie theory)
④ 문화 일탈 이론(cultural departure theory) ⑤ 사회 통제 이론(social control theory)

02 다음을 가장 잘 설명하는 이론은?

● 04 초등 + 00 초등 변형

> • 상징적 상호작용에 기반을 둔 이론이다.
> • 가벼운 문제를 일으킨 청소년을 주위에서 비행청소년으로 보면 정말 비행청소년이 된다.
> • 사례 : 김○○가 장난삼아 던진 돌에 지나가던 아이가 중상을 입게 되었다. 이로 인해 김○○는 경찰서에 신고되고 비행청소년으로 취급되었다. 그 이후로 김○○가 가졌던 자아 정체감은 부정적으로 바뀌게 되었고, 결국은 일탈자가 되었다.

① 차별교제이론 ② 낙인이론 ③ 상호작용론
④ 아노미이론 ⑤ 하위문화이론

정답 01 ⑤ 02 ②

Theme 164 다문화교육

기출
11 초등

1 개념

다양한 인종, 민족, 계층, 문화집단 학생들의 교육 불평등을 해소하고, 자기 문화에 대한 정체성을 기반으로 상호 이해를 촉진하여 인종적·민족적 갈등의 예방과 공존을 추구하며, 세계화 시대의 세계시민성(world citizenship)을 가진 다문화적 시민을 육성하기 위한 교육

2 다문화교육 접근모형(정책모형)

구분	내용
동화주의 (문화실조론)	• 문화적 정체성을 포기하고, 주류 문화에 동화되거나 통합되도록 요구함 • 문화 용광로 ⇨ 하나의 문화로 합치도록 함 • 문화절대주의에 근거함 예) 헤드스타트 프로그램(head start program) : 지적·언어적·정서적·사회적으로 뒤떨어진 빈곤계층의 3~5세 사이의 유아들에게 언어적 기회와 다양한 경험, 적절한 행동모델을 제공(결과적 평등관)
다원주의 (문화상대주의)	• 문화적 정체성을 유지하고, 공존을 허용 • 문화의 샐러드 그릇 ⇨ 다양한 가치를 인정하고 문화를 선택할 권리를 개인에게 부여함 • 통합을 위한 교육과 다양성을 위한 교육의 균형을 추구함 • 문화상대주의에 근거함

3 뱅크스(Banks) 다문화 교육과정(접근법)

① 기여적 접근 - 교육과정 유지 : 기존 교육과정의 구조를 유지한 채 소수집단이 주류 사회에 기여한 점을 부각하여 자긍심을 갖도록 하고자 소수 집단의 영웅, 명절, 문화요소, 공예품 등을 교육과정에 삽입함
② 부가적 접근 - 교육과정 유지 : 기존 교육과정의 구조를 유지한 채 소수 집단에 관련된 내용(민족적 내용, 관점, 주제, 개념 등)을 교육과정에 부가하는 방식
③ 전환적 접근(변혁적 접근) - 교육과정 변화
  ㉠ 기존 교육과정의 근본적인 구조를 변혁하는 방식
  ㉡ 다양한 인종과 문화에 대한 다양한 관점, 개념, 주제들을 생각해 볼 수 있도록 구조를 변형
  ㉢ 개념, 이슈, 주제, 현안, 문제를 조망하고 비판적 사고 및 정당화하는 기능을 발달시킴
④ 사회적 활동 접근 - 교육과정 변화
  ㉠ 전환적 접근(변혁적 접근)의 모든 요소를 포함하며 학생들이 중요한 이슈에 대해 의사결정을 내리고 실천하도록 요구하는 방식 ⇨ 전환적 접근 + 실행
  ㉡ 중요한 사회적 문제를 선택하고 해결하기 위해 행동을 취하도록 함

4 다문화교육의 방향(5가지 차원)

① 내용 통합 : 다양한 집단과 구성원의 역사, 문화, 가치와 관련된 내용을 교육과정에 반영해야 함
② 지식 구성 과정 : 암묵적인 문화적 관점 및 편견이 지식 구성 과정에 영향을 미친다는 사실을 학생들에게 이해시키고 지식에 대한 비판적 해석 능력을 개발하도록 함
③ 편견 감소 : 교수법과 자료를 활용하여 학생들이 다른 문화에 대해 긍정적이고 우호적인 태도 및 가치를 갖도록 함
④ 평등한 교수법(공평한 교수법) 활용 : 다양한 학생들에게 적합한 교수법을 사용해야 하고, 다양한 인종, 민족, 사회 계층을 가진 학생들의 평등한 학업성취를 위한 교수법의 개발이 필요함 ⇨ 문화감응교수
⑤ 학교문화와 조직 : 다양한 배경을 지닌 학생들이 학교에서 교육적 평등과 문화적 능력을 경험할 수 있도록 학교문화와 조직을 재구성함

출제 Pick!
☆ 다문화교육의 개념
☆ 다문화교육의 접근모형 2가지의 명칭, 개념
☆ 뱅크스의 다문화 교육과정 4가지의 명칭, 개념
☆ 다문화교육의 방향

Level Up
뱅크스의 다문화교육
1. 개념
  • 교육기관의 구조를 바꾸어 모든 학생에게 평등한 교육기회를 제공하기 위한 교육철학이자 교육개혁 운동
  • 교육기관의 구조 : 사람들의 인식의 구조 ⇨ 사람들의 인식구조를 변화시키기 위해서는 교육과정의 개혁을 통해 전반적인 교육개혁이 필요
2. 다문화교육의 목표
  • 자기이해의 심화
  • 주류 교육과정에 대한 대안 제시
  • 모든 학생들이 다문화사회에서 요구되는 지식과 기능, 태도를 습득하도록 함
  • 다문화 가정 자녀들의 인종적·신체적·문화적 특성으로 겪는 고통과 차별의 감소

설쌤의 꿀팁
머리에 쏙! 박히는 청킹 Tip!
• 뱅크스 다문화 교육과정 : 기여적 접근, 부가적 접근, 전환적 접근, 사회적 활동 접근 ➡ 기부천(전)사

Level Up
문화감응교수
(culturally responsive teaching)
다양한 배경의 학생들에게 평등한 교육을 실현하고자 하는 교수방식으로, 독특한 문화지식인 이전 경험, 준거 체제, 학습유형 수행양식 등을 적극적으로 활용하여 그들의 학습경험을 더욱 효과적으로 만들고자 하는 교수방식

Theme 164 기출 CHECK!

01 (가)에 나타난 다문화 가정 학생의 교육과 관련된 설명으로 옳은 것을 〈보기〉에서 모두 고르면?　● 11 초등

> (가) 김 교사가 전보발령을 받은 푸른초등학교에는 다문화 가정 학생이 점차 증가하고 있다. 그들 대부분은 학업성취도가 낮을 뿐만 아니라 언어 문제를 비롯하여 학교 적응에 많은 어려움을 겪고 있다. 김 교사는 여러 선생님들과 함께 학교 차원의 대책을 세우기로 하였다.

〈보기〉

ㄱ. 다문화가족지원법상 다문화 가족이란 결혼이민자로 이루어진 가족만을 가리킨다.
ㄴ. 국내 거주 사실이 서류상으로 확인된 외국인 근로자의 자녀들은 초등학교에 취학할 수 있다.
ㄷ. 언어교육 등 다문화 가정 학생의 교육을 지원하는 것뿐만 아니라 일반 학생 대상의 다문화 이해 교육도 필요하다.
ㄹ. 2010년 현재 다문화 가정 학생 수는 초·중·고등학교 중에서 초등학생이 가장 많고, 그 다음이 중학생, 고등학생 순이다.

① ㄱ, ㄴ　② ㄴ, ㄹ　③ ㄱ, ㄷ, ㄹ　④ ㄴ, ㄷ, ㄹ　⑤ ㄱ, ㄴ, ㄷ, ㄹ

정답　01 ④

Theme 165 평생교육

학습 Check ○○○○○○

기출
13 중등, 11 중등, 10 초등, 08 중등, 08 초등, 07 초등, 06 중등, 06 초등, 05 중등, 04 중등, 03 중등, 03 초등, 02 중등, 02 초등, 01 초등

1 평생학습의 개념 ☆
① 유네스코는 요람에서 무덤까지 전 생애에 걸친 교육의 통합과 가정 – 학교 – 사회의 수평적 교육통합을 전제로 하는 교육의 혁명적 이념으로 '평생교육'을 제시 ⇨ 모든 이를 위한 교육
② 위로부터 주어지는 교육이 아닌 '아래로부터의 학습혁명' 강조

2 랑그랑(Lengrand)
① '평생교육(1965)'을 통해 평생교육은 학습자가 필요한 때면 언제든 접근할 수 있어야 한다고 주장
② 앎과 삶이 통합된 학습의 지원을 강조함
③ 분절되었던 각 교육제도가 연계하고 통합하는 사회적 시스템의 필요성 역설함

3 포르(Faure)
① '존재를 위한 학습(1972)'을 통해 새 시대 교육제도의 개혁방안으로 '학습사회 건설'을 제안함
② 초·중등 및 고등교육 제도와 교육의 틀을 개혁하여 교육지평을 넓힐 것을 강조함

4 노울즈(Knowles) – 안드라고지(andragogy) ☆
① 아동 청소년을 대상으로 하는 교육과 대비하여, 학습자의 자율성, 자기주도성, 학습에서의 경험, 현장 중심 학습을 중시하는 성인교육 ⇨ 안드라고지의 기본 가정
② 학습자의 학습성향은 생활·과업·문제중심적 ⇨ 학습자는 자신의 결정과 삶에 대하여 책임지려고 함, 학습자는 학습하기 전에 학습할 필요가 있는지 알고자 함

5 들로어(Delors)
① 학습: '그 안에 담긴 보물(1996)'을 통해 언제 어디서나, 누구나, 무엇이든, 어떠한 방식으로든, 배움을 주고받는 '학습사회'의 핵심 구성체로, 21세기를 준비하는 4개의 학습기둥을 강조함
② 4개의 학습기둥 ☆

학습기둥	내용
존재하기 위한 학습	• 교육의 목표를 개인의 인격 완성에 두고, 개인의 인성을 잘 성숙시키고 도덕적 자율성 신장과 책임감 있는 행동을 하도록 해주는 학습 • 스스로 전인적 발전을 위해 자기 문제를 스스로 파악하고, 해결하며, 책임질 수 있는 능력을 함양하는 학습
알기 위한 학습	• 개개인의 삶에 의미를 부여하는 생생한 살아 있는 지식 습득을 위한 학습 • 학습하는 방법에 대한 학습을 배워야 함
행동하기 위한 학습	• 개개인이 환경에 대한 창조적인 대응 능력을 습득하는 학습 • 주로 직업훈련에 가까운 것으로 다양한 직업세계에 대한 이해학습
더불어 살기 위한 학습 (함께 살기 위한 학습)	• 개개인이 속한 공동체 속에서 나와 다른 사람이나 외국 사람과 조화롭게 삶을 영위할 수 있는 능력 • 다름을 인정하고, 다양성을 존중할 줄 아는 자세와 태도를 배우는 것

6 OECD 교육혁신센터(CERI)의 순환교육(recurrent education)
① 정규교육을 마친 성인이 언제든지 직업능력 향상과 갱신을 위한 교육을 받을 수 있도록 기존의 학교 교육시스템과 직업능력 계발교육을 유기적으로 통합한 유기체제 ⓔ 유급 교육휴가제
② 성인의 생산성 증진과 지속적인 고용 가능성 지원을 위해 학습과 일 사이의 긴밀한 연계 강조
⇨ 학교의 학습과 일터의 학습이 상호 보완적으로 이루어짐

7 전환학습(transformative learning)
① 핵심요소: 경험, 비판적 성찰, 발달
② 학습자 내부에서 발생하는 인지적 과정을 집중적으로 규명함
③ 자신을 구속하는 자기신념, 태도, 가치로부터 자신을 해방시킴

출제 Pick!
☆ 평생학습의 개념
☆ 안드라고지의 개념, 기본 가정
☆ 들로어가 주장한 네 개의 학습 기둥의 명칭, 개념

Level Up

평생학습과 관련된 제도
1. **학습계좌제**
   • 국가의 총체적 인적 자원관리 위한 장치로, 평생교육을 촉진하고 인적 자원의 개발 및 관리를 위해 개인의 학습경험을 종합으로 관리하는 제도
   • 모든 성인의 다양한 교육과 학습 상황을 누적, 기록하는 종합교육, 학습기록부
2. **학습휴가제**
   국가 및 지방자치단체, 공공기관의 장, 각종 사업 경영자가 소속 직원의 평생학습 기회 확대를 위하여 유·무급의 학습휴가를 실시하는 제도
3. **학점은행제**
   학교 내외에서 이루어지는 다양한 학습활동을 학점으로 인정하여 학위 취득을 가능하게 하는 제도
4. **평생교육사**
   평생교육의 기획, 진행, 분석, 평가, 교수업무를 수행하는 전문 인력
5. **전문인력정보은행제**
   강사에 대한 인적 정보를 수집하여 제공·관리하는 제도

설쌤의 팁
두문자로 외우자 ♪
• 4개의 학습기둥: 존재하기 위한·알기 위한·행동하기 위한·함께 살기 위한 학습 ➡ 존알행함

Theme 165 기출 CHECK!

01 다음 (가)와 (나)에 해당하는 평생교육 관련 개념으로 옳은 것은?   • 13 중등

> (가) OECD 교육혁신센터(CERI)에서 제안한 개념으로, 정규 교육을 마친 성인이 언제든지 직업능력 향상과 갱신을 위한 교육을 받을 수 있도록 기존의 학교교육 시스템과 직업능력 계발교육을 유기적으로 통합한 교육체제를 의미한다. 이것은 성인의 생산성 증진과 지속적인 고용 가능성을 지원하기 위해 학습과 일 사이의 긴밀한 연계를 강조한다.
> (나) 노울즈(M. Knowles)가 제안한 개념으로, 아동·청소년을 대상으로 하는 교육과 대비된다. 이것은 학습자의 자율성 및 자기 주도성, 학습에서의 경험, 현장 중심의 학습 등을 중시한다.

	(가)	(나)
①	경험학습(experiential learning)	안드라고지(andragogy)
②	경험학습(experiential learning)	학습사회(learning society)
③	순환교육(recurrent education)	안드라고지(andragogy)
④	순환교육(recurrent education)	전환학습(transformative learning)
⑤	순환교육(recurrent education)	학습사회(learning society)

02 다음은 평생교육의 발전에 공헌한 학자들의 주장이다. (가)~(다)에 들어갈 말을 올바르게 짝지은 것은?   • 11 중등

> • 랑그랑(P. Lengrand): 『평생교육(L'ducation permanente)』(1965)을 통해 평생교육은 학습자가 필요로 할 때 언제든지 접근할 수 있어야 하며, ((가))이(가) 통합된 학습을 지원하는 것을 강조하였다. 이를 위해 분절되었던 각 교육제도들을 연계하고 통합하는 사회적 시스템의 필요성을 역설하였다.
> • 포르(E. Faure): 『존재를 위한 학습(Learning To Be)』(1972)을 통해 새 시대 교육제도의 개혁방향으로 '((나)) 건설'을 제안하였다. 이 보고서는 초·중등 및 고등교육 제도와 교육의 틀을 개혁함으로써 교육의 지평을 넓힐 것을 강조하였다.
> • 들로어(J. Delors): 『학습: 그 안에 담긴 보물(Learning: The Treasure Within)』(1996)을 통해 21세기를 준비하는 네 개의 학습 기둥을 제시했다. 네 개의 학습 기둥은 알기 위한 학습, 행동하기 위한 학습, 존재하기 위한 학습, ((다)) 위한 학습이다.

	(가)	(나)	(다)
①	앎과 삶	학습사회	함께 살기
②	여가와 노동	학습사회	성찰 하기
③	여가와 노동	민주사회	함께 살기
④	여가와 노동	민주사회	성찰 하기
⑤	앎과 삶	학습사회	성찰 하기

정답 01 ③ 02 ①

03 현행 평생교육법에 명시된 학교의 평생교육 실시에 대한 규정으로 옳은 것만을 〈보기〉에서 모두 고른 것은? •11 중등

〈보기〉
ㄱ. 학교에서 평생교육을 실시할 경우, 각급 학교의 장은 각급 학교의 교실·도서관·체육관, 그 밖의 시설을 활용하여야 한다.
ㄴ. 각급 학교의 장은 학생·학부모와 지역주민을 대상으로 교양의 증진 또는 직업교육을 위한 평생교육시설을 설치·운영할 수 있다.
ㄷ. 평생교육실시를 위해 학교를 개방할 경우, 개방시간 동안의 해당 시설의 관리·운영에 필요한 사항은 해당 지방자치단체의 조례로 정한다.
ㄹ. 각급 학교의 장은 해당 학교의 교육여건을 고려하여 학생·학부모와 지역주민의 요구에 부합하는 평생교육을 직접 실시하거나 영리를 목적으로 하는 법인 및 단체에 위탁하여 실시할 수 있다.

① ㄱ, ㄷ   ② ㄱ, ㄹ   ③ ㄴ, ㄷ   ④ ㄱ, ㄴ, ㄷ   ⑤ ㄴ, ㄷ, ㄹ

04 노울즈(M. Knowles)가 말한 안드라고지(andragogy)의 기본 가정에 해당하는 것을 모두 고르면? •10 초등

ㄱ. 학습자의 학습 성향은 생활, 과업, 문제 중심적이다.
ㄴ. 학습은 내적 동기보다 외적 동기에 의해 이루어진다.
ㄷ. 학습자는 자신의 결정과 삶에 대하여 책임지려고 한다.
ㄹ. 학습자는 학습하기 전에 학습할 필요가 있는지 알고자 한다.
ㅁ. 학습자의 경험은 학습자원으로 중요하게 간주되지 않는다.

① ㄱ, ㄴ, ㄷ   ② ㄱ, ㄷ, ㄹ   ③ ㄴ, ㄷ, ㅁ   ④ ㄷ, ㄹ, ㅁ   ⑤ ㄱ, ㄴ, ㄹ, ㅁ

05 성인학습 이론 중 다음의 특성에 가장 부합되는 이론은? •08 중등

• 경험, 비판적 성찰, 발달이 핵심 요소이다.
• 학습자의 내부에서 발생하는 인지적 과정을 집중적으로 규명한다.
• 자신을 구속하는 자기 신념, 태도, 가치로부터 자신을 해방시킨다.

① 실천학습(action learning)   ② 경험학습(experience learning)
③ 전환학습(transformative learning)   ④ 자기주도학습(self-directed learning)

정답 03 ④ 04 ② 05 ③

06 평생교육제도로서의 순환교육(recurrent education)에 대한 설명으로 잘못된 것은? ● 08 초등
① 유급 교육휴가제는 순환교육 제도 가운데 하나이다.
② 학교에서의 학습과 일터에서의 학습이 상호 보완적으로 이루어진다.
③ 유네스코(UNESCO)에서 저개발국의 교육 발전을 지원하기 위한 목적으로 제안하였다.
④ 경제협력개발기구(OECD)의 「순환교육: 평생학습의 전략」보고서 이후 순환교육의 개념이 널리 사용되었다.

07 유네스코(UNESCO) 보고서 「학습: 내재된 보물(Learning: The Treasure Within)」(1996)에 제시된 평생교육의 '네 가지 기둥(4 pillars)'을 〈보기〉에서 고르면? ● 08 초등

─────────〈보기〉─────────
가. 알기 위한 학습(learning to know) 나. 존재하기 위한 학습(learning to be)
다. 행동하기 위한 학습(learning to do) 라. 활력화를 위한 학습(learning to empower)
마. 함께 살기 위한 학습(learning to live together)

① 가, 나, 다, 마   ② 가, 나, 라, 마   ③ 가, 다, 라, 마   ④ 나, 다, 라, 마

08 평생교육 관련 개념에 대한 설명으로 적절하지 않은 것은? ● 07 초등
① 무형식 학습은 정규 학교교육과 우연적 학습을 제외한 모든 형태의 학습이다.
② 성인기초교육은 학교교육을 받지 못했던 사람을 대상으로 하는 문해교육과 생활 기능 교육을 포함하는 삶의 기본교육이다.
③ 인적자원개발은 개인, 조직 및 경력 개발에 대한 내용을 포함하는 개념으로 기업뿐 아니라 국가적 수준에서도 이루어진다.
④ 지역사회교육은 지역 주민들의 성장, 지역 문제의 해결 및 지역사회의 발전을 위해 이루어지는 다양한 형태의 교육이다.

09 평생교육의 중요성이 강조되는 사회적 배경으로 적절하지 않은 것은? ● 06 중등
① 지식과 정보가 폭발적으로 증가하고 있다.
② 지식의 생성과 소멸 주기가 짧아지고 있다.
③ 학력(學歷)을 중시하는 학력주의 사회로 나아가고 있다.
④ 다양한 직업이 등장하고, 평생직장의 개념이 약화되고 있다.

정답 06 ③ 07 ① 08 ① 09 ③

10 평생교육에 대한 랑그랑(Lengrand)의 견해와 가장 부합하는 것은? ● 06 초등
① 직업교육을 제외한 성인교육이다.
② 사회 전체가 교육의 기회를 제공한다.
③ 기존의 문화유산 전달을 주목적으로 한다.
④ 필요한 인재를 선발하고 배치하는 데 중점을 둔다.

11 랑그랑(P. Lengrand)의 평생교육에 관한 견해에 부합하지 않은 것은? ● 05 중등
① 계획적·의도적인 학습뿐만 아니라 우발적인 학습도 중시한다.
② 교사의 권위에 의존하기보다는 학생의 주도성을 중시한다.
③ 전통문화의 전달보다는 끊임없는 자기발전을 중시한다.
④ 학교교육과는 분리된 형태의 성인교육을 중시한다.

12 성인학습의 원리로서 틀린 것은? ● 04 중등
① 수동적인 참여보다 능동적인 참여가 학습을 향상시킨다.
② 내재적 동기는 영속적이고 포괄적인 학습을 가능하게 한다.
③ 학습에 대한 부적(負的) 강화가 정적(正的) 강화보다 효과적이다.
④ 성인의 학습에 대한 준비도는 선행학습의 정도에 의해 영향을 받는다.

13 평생교육의 기본 원리에 대한 설명으로 가장 적절하지 않은 것은? ● 03 중등
① 교육의 평등성과 민주성을 기본 이념으로 한다.
② 인생의 각 단계에 교육의 계속성을 추구해야 한다.
③ 학습의 내용, 방법에 있어 신축성과 다양성을 중시해야 한다.
④ 모든 사람을 위한 교육이 이루어질 때까지 학교교육의 기회가 확대되어야 한다.

정답 10 ②   11 ④   12 ③   13 ④

14 성인들에게 3R's를 가르치는 교육은 평생교육영역 중 어느 것에 속하는가? ● 03 초등
① 시민, 윤리교육　　　　　　　　　　　② 직업, 기술교육
③ 기초, 보충교육　　　　　　　　　　　④ 건강, 복지, 가족생활교육

15 평생학습사회가 지향하는 바를 가장 잘 나타낸 것은? ● 02 중등
① 전통문화의 고수　　　　　　　　　　② 자기주도적 학습
③ 전문가에 의한 평가 중시　　　　　　④ 개인의 경제력에 따른 교육기회 분배

16 최근 교육 부문에서 일어나는 변화를 가리켜 '교육에서 학습으로의 변화'라고 말하는 사람들이 주목하고 있는 변화를 가장 잘 기술한 것은? ● 02 초등
① 교육자 주도의 교육보다 학습자 스스로 추구하는 학습이 일반화되는 추세
② 교육자와 학습자의 면대면(面對面) 교육보다 원격 교육이 더 보편화되는 추세
③ 교사가 학생 교육보다 자신을 위한 학습에 투자하는 시간이 더 많아지는 추세
④ 아동을 위한 교육 시장보다 성인의 자기주도적 학습을 위한 시장이 더 확장되는 추세

정답 14 ③ 15 ② 16 ①

17 문해 교육이 단순히 글자 깨우치기를 넘어 기능 문해(functional literacy) 교육으로 확장되어야 한다는 말에 가장 가까운 것은?

● 02 초등

① 초등 단계를 지나 중등 단계에서도 이루어져야 한다.
② 교양 교육에 머물지 말고 기술 교육과 통합되어야 한다.
③ 국제 경쟁력이 있는 기능인을 양성하는 데 핵심적인 기여를 해야 한다.
④ 일상생활에 필요한 기본 능력을 두루 갖추어 주는 교육이 되어야 한다.

18 평생교육의 특징을 설명한 것으로 맞지 않는 것은?

● 01 초등

① 연령 제한이 없는 계속교육을 강조한다.
② 학습자의 자기 주도적 학습을 강조한다.
③ 교육에 있어서 융통성과 자율성을 존중한다.
④ 전문교육을 배제한 교양교육과정을 운영한다.

정답 17 ④ 18 ④

학원/동영상 강의

☑ 지스쿨
www.g-school.co.kr

PART 7
생활지도 및 상담

Theme 166-167 생활지도

Theme 168-179 상담이론

PART 7 생활지도 및 상담
핵심 테마 모아보기

생활지도	Theme 166 생활지도의 이해	개념, 기본원리, 영역
	Theme 167 진로지도 이론	파슨스의 특성 - 요인이론, 로의 욕구이론, 홀랜드의 직업적 성격 유형, 블라우의 사회학적 이론, 크롬볼츠의 사회학습이론, 수퍼의 진로발달이론, 티이드만과 오하라의 의사결정(발달)이론
상담이론	Theme 168 상담의 이해	상담의 원리, 윤리, 기법
	Theme 169 프로이드의 정신분석 상담이론	의식구조, 성격구조, 방어기제
	Theme 170 아들러의 개인심리 상담이론	부적응의 원인, 열등감, 공동체감, 생활양식, 상담기법
	Theme 171 행동주의 상담이론	상담기법
	Theme 172 엘리스의 합리정서 행동치료 상담이론	부적응의 원인, 비합리적 신념, 논박, ABCDE(F) 상담모형
	Theme 173 벡의 인지치료 상담이론	자동적 사고, 역기능적 인지도식, 인지적 왜곡
	Theme 174 글래서의 현실요법 상담이론	주요 주장, 3R, 우볼딩의 WDEP체계
	Theme 175 번의 의사교류분석 상담이론	자아의 상태(PAC), 의사교류분석, 게임분석, 각본분석
	Theme 176 로저스의 인간중심 상담이론	자기개념, 자기실현경향성, 가치조건화, 상담기법
	Theme 177 펄스의 게슈탈트 상담이론	게슈탈트, 전경과 배경, 미해결 과제, 알아차림, 접촉, 상담기법
	Theme 178 프랭클의 실존주의 상담이론	주요 주장, 상담기법
	Theme 179 스티브와 김인수의 해결중심 상담이론	주요 개념, 상담기법

Theme 166 생활지도의 이해

기출
05 중등, 05 초등

1 생활지도

(1) 개념 ☆
① 가이던스(guidance) : 학생의 학업·진로·인성 등의 영역 발달, 의사결정, 문제해결 등의 과정을 도움
  ㉠ 좁은 의미 : 학생이 가진 여러 문제를 이해하고 이를 해결할 수 있도록 돕거나 안내하는 것
  ㉡ 넓은 의미 : 학생의 생활 및 행동지도 등을 모두 포괄하는 교과지도 이외의 모든 교육활동

(2) 생활지도의 기본원리 ☆

① 기본 원리

원리	내용
학생의 존엄성 인정과 수용의 원리	학생 개개인의 가치와 존엄성을 믿고 이를 긍정적으로 수용 및 이해함
자율성 존중의 원리	학생이 자신의 문제를 파악하고 해결하는 데 있어 자신의 자율적 판단과 자발적 활동을 존중해야 함
적응의 원리	학생이 자신의 능력과 특성을 살려서 전반적인 생활에 잘 적응하고, 적극적인 삶의 주체가 될 수 있도록 도와주어야 함
인간관계의 원리	교사와 학생 사이의 진실한 인간관계가 중요함
자아실현의 원리	학생이 자신의 문제를 해결하고, 새로운 장래를 설계하고, 학교생활에 건전하게 적응할 수 있도록 지도하여 자아실현을 할 수 있도록 도와야 함

② 실천 원리

원리	내용
계속과정(계속성)의 원리	생활지도는 단발적인 것이 아니라 추수활동 등을 통한 지속적·계속적 과정임
전인적 발달(전인성)의 원리	생활지도의 중요 목표는 학생 개개인의 전체적 발달임
균등의 원리	생활지도의 대상은 전체 학생임
적극적 예방(적극성)의 원리	처벌보다는 지도를, 치료보다는 예방을 원칙으로 함
과학적 기초(과학성)의 원리	학생 생활지도 프로그램은 학교 교육계획의 통합된 일부이므로 과학적 방법에 기초한 연구와 판단에 근거해 학교의 요구와 환경 등 특수성을 고려하여 개발되어야 함
협력성의 원리	참되고 진정한 사랑에 기초하여 학생과 상호 협력에 의거한 지도를 중시함

2 생활지도의 영역

① **학생이해활동(학생조사활동)** : 교사는 개별 학생을 이해하기 위하여 학생의 지적 능력, 성격, 태도, 가치관, 적성, 흥미, 가정환경 등을 조사함
② **정보제공활동** : 학생에게 개인적 발달과 사회적응에 필요한 교칙, 학습법, 교육정보, 직업정보 등의 정보와 자료를 제공하는 것
③ **상담활동** : 학생이 자신을 이해하고 문제를 스스로 해결하는 능력을 키울 수 있도록 돕는 활동
④ **정치활동** ☆ : 학생이 자신의 소질, 능력, 적성 및 희망 진로를 정확히 이해하여 학과, 진학, 취업 선택에 있어 적합한 선택을 하도록 돕는 조직적인 활동
⑤ **추수(追隨)활동** ☆ : 교육적 지도의 계속성을 살리는 활동으로, 생활지도를 받은 학생의 적응 정도를 확인하며 후속적인 생활지도를 계속적으로 하는 활동
⑥ **자문활동** : 학생이 생활지도 과정에서 직면한 문제들을 효과적으로 해결하기 위해 전문적인 조언이나 협조를 구하는 것

> **출제 Pick!**
> ☆ 생활지도의 개념, 원리
> ☆ 정치활동과 추수활동의 개념

> **Level Up**
> **정치활동**
> • 학생을 적재적소에 배치하는 활동
> • 교과목, 동아리 등의 교육과정상의 선택뿐만 아니라 학생 개인 문제에서의 선택에서도 정치활동이 가능함

Theme 166 기출 CHECK!

01 생활지도의 원리를 바르게 실천하고 있는 예를 모두 고른 것은? ● 05 중등

ㄱ. A 교사는 담임 학급의 학생들에게 학교폭력예방을 위한 집단활동을 전개하였다.
ㄴ. B 교사는 진학지도를 위해 학생들의 적성검사와 학업성취도 검사결과를 활용하였다.
ㄷ. C 교사는 학생 개개인의 개성이나 권리보다는 학급 전체 구성원들의 집단역동에 더 많은 관심을 집중하였다.
ㄹ. D 교사는 이번 학기 들어 우울증으로 자살을 시도해 온 학생을 외부에 의뢰하지 않고 직접 지도하였다.

① ㄱ, ㄴ   ② ㄷ, ㄹ   ③ ㄱ, ㄴ, ㄷ   ④ ㄴ, ㄷ, ㄹ

02 〈보기〉의 생활지도 활동에 해당되는 것은? ● 05 초등

〈보기〉
철수는 ADHD의 증상이 자주 나타나는 아동이다. 철수의 담임 선생님은 인터넷을 통해서 그 지역의 상담 기관들을 조사하여 부모에게 알려드렸다. 그리고 부모의 동의를 얻어 상담 기관에 철수의 지도를 요청하였다.

① 위탁 활동   ② 조사 활동   ③ 정치 활동   ④ 추수지도 활동

정답 01 ① 02 ①

Theme 167 진로지도 이론

기출: 13 중등, 12 중등, 12 초등, 11 중등, 11 초등, 10 중등, 09 중등, 08 중등, 05 중등

1 파슨스(Parsons)의 특성 – 요인이론(trait and factor theory)

(1) 주요 주장 ☆
① 개인(특성)과 직업(요인) 간의 이해와 적절한 연결로 직업 선택이 이루어진다고 봄
② 개인의 특성과 직업의 요인이 밀접하게 연관을 맺을 때 직업적 성공 가능성이 증대됨
  ㉠ **특성** : 개인이 가지고 있는 고유한 특징으로 개인의 적성, 흥미, 가치관, 성격, 포부 수준, 소유 자원 등을 포함
  ㉡ **요인** : 특정 직무에서 성공적인 수행을 위해 요구되는 조건으로, 직무내용의 특징을 포함함

(2) 성공적 직업 선택의 3가지 요인 ☆
① 개인분석 : 개인의 특성, 자기 자신에 대한 이해
② 직업분석 : 취업기회, 요구조건, 자격요건, 장·단점, 보수 전망 등의 직업 요인에 대한 확인
③ 합리적 추론(합리적 선택) : 상담을 통해 개인과 직업을 연결시킴

2 로(Roe)의 욕구이론(need theory)

(1) 주요 주장 및 특징
① 부모와 자녀의 관계에 따라 자녀의 성격이 형성됨 ⇨ 직업 선택에 영향을 줌 ☆
② 새로운 직업분류체계를 개발하여 직업선호도 검사, 직업흥미검사, 직업명 사전 개발에 영향을 줌
③ 매슬로우(Maslow)의 욕구위계이론에 영향받음

(2) 부모 – 자녀의 관계에 따른 직업 선택 ☆
① **따뜻한 부모 – 자녀 관계** : 부모님과의 따뜻한 관계를 통하여 성장한 사람은 인간지향적인 성격을 형성함 ⇨ 서비스직, 비즈니스직, 단체직, 문화직, 예능직 등을 선택
② **차가운 부모 – 자녀 관계** : 부모님과의 차가운 관계를 통해 성장한 사람은 비인간지향적인 성격을 형성함 ⇨ 기술직, 옥외직, 과학직 등을 선택

출제 Pick!

☆ 파슨스의 특성 – 요인이론의 기본 개념, '특성'과 '요인'의 개념, 성공적 직업 선택 요인
☆ 로의 욕구이론에서 직업 선택에 영향을 미치는 요인, 부모–자녀 관계에 따른 직업 선택
☆ 홀랜드의 직업적 성격 유형에서 직업만족도를 높이는 방법, 6가지 직업환경
☆ 크럼볼츠의 사회학습이론에서 진로 선택에 영향을 미치는 요인
☆ 수퍼의 진로발달이론에서 진로발달의 개념과 시사점, 탐색기의 특징
☆ 티이드만과 오하라의 의사결정(발달) 이론에서 직업발달과 직업 자아정체감의 개념, 특징

설쌤의 Tip

머리에 쏙! 박히는 청킹 Tip!
• **파슨스의 성공적 직업 선택 3요인**
: 개인분석, 직업분석, 합리적 추론
⇒ 성공적으로 직업을 선택하기 위해 개적(직)합한 선택을 하는 것이 필요합니다!

3 홀랜드(Holland)의 직업적 성격 유형(vocational personality types)

(1) 주요 주장 ☆

① 개인과 환경 간의 적합성(상호작용하는 개인과 환경의 관계가 서로 일치하는 정도)이 높을수록 직업 만족도도 높아지며, 개인은 자신의 성격 유형과 일치하는 직업을 선택한다고 봄
  ㉠ 개인과 직업환경을 유형화했을 때 유사한 유형끼리의 매칭으로 진로 선택
  ㉡ 성격유형과 직업환경을 각각 6가지로 분류하고 개인의 성격 유형에 맞는 직업환경을 찾아야 함
② 직업을 선택할 때 자신의 태도와 가치관에 맞는 직업환경을 선호
③ 직업환경을 '실재적(도구, 기계), 탐구적(연구·개발), 예술적, 사회적(교사), 설득적[기업형(경영, 변호사)], 관습적(사무, 회계) 환경'으로 분류함
④ 사람마다 우세한 성격 유형이 있고, 그보다 덜 우세한 하위 유형 또는 성격패턴이 있을 수 있음

(2) 직업적 성격 및 직업 유형 ☆

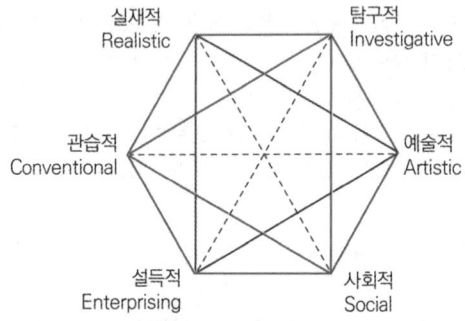

[그림 7-1] 홀랜드 이론의 육각형 모형

직업적 성격/직업 유형	대표적인 직업 분야와 직업
실재적 (현실형, realistic)	• 도구나 기계를 사용하는 것을 선호하고 실내보다는 실외 또는 야외에서 신체를 활용한 구조화된 작업에 능숙함 • **직업** : 기계 분야, 운동선수, 중장비 기사, 소방관, 군인, 운전사 등
탐구적 (investigative)	• 자연 및 사회적 현상을 관찰·분석하여 탐구하는 것을 좋아하고 지적 호기심이 많아 추리를 통한 문제해결을 선호함 • **직업** : 연구·개발 분야, 사회·경제학자, 과학 분야 학자 등
예술적 (artistic)	• 상상력이 풍부하고 개성을 추구하며 심미적인 활동을 선호함 • **직업** : 예술 분야, 음악가, 화가, 디자이너, 문학가, 배우 등
사회적 (social)	• 사람들을 돕고 가르치며 어울리기를 좋아함 • **직업** : 교육·상담 분야, 사회복지사, 상담가, 교사, 간호사, 성직자 등
설득적 (기업형, enterprising)	• 도전적·경쟁적이며 리더십을 가지고 자신이 속한 조직이나 자신의 계획에 따른 특정 목표를 이루기 위해 열정적인 태도로 임함 • **직업** : 경영 분야, 경영자, 기업대표, 고위관리자, 변호사, 영업사원 등
관습적 (conventional)	• 기존의 체계를 따르는 것을 선호하고 구조화된 일을 하는 것을 선호함 • **직업** : 사무·회계 분야, 회계사, 경리사무원, 의무기록사, 비서, 은행원 등

설쌤의 빵 팁
머리에 쏙! 박히는 청킹 Tip!
• **홀랜드의 직업 유형** : 실재적, 탐구적, 예술적, 사회적, 설득적(기업형), 관습적
  ➡ 실제(재)로 탐구가 예사롭지 않은 기관(설관)이야~

4 크럼볼츠(Krumboltz)의 사회학습이론(social learning theory)

(1) 주요 주장 및 특징
① 개인의 성격과 행동은 그의 학습경험을 통해 이해할 수 있다고 가정하며 진로상담에 있어 학습의 측면을 강조
② 진로 결정에 영향을 주는 요인 : 학습경험, 과제접근기술, 유전적 요인과 특별한 능력, 환경적 조건과 사건
  ⇨ 이 요인 간의 상호작용 결과를 '자기관찰 일반화, 세계관 일반화, 과제접근기술, 산출'로 분류함
③ 행동주의, 강화이론, 인지적 정보처리이론에 기초함

(2) 진로 선택에 영향을 주는 4가지 요인(학과유환 ⇨ 상호작용) ☆

구분		요인
심리적 성격	개인이 통제할 수 있는 것	학습경험
		과제접근기술
환경적 성격	개인이 통제할 수 없는 것	유전적 요인과 특별한 능력
		환경적 조건과 사건

① 학습경험 : 과거의 경험은 개인의 직업 선호를 형성, 개인의 교육적·직업적 의사결정에 영향을 미침
  예 아버지의 빚보증으로 인한 억울한 법정소송을 겪으며 변호사가 되어 억울한 사람을 도와주기로 함
② 과제접근기술
  ㉠ 개인이 환경을 이해하고 미래를 예견하는 능력
  ㉡ 학습경험, 유전적 요인, 환경적 조건이나 사건의 상호작용을 통하여 발달하며 문제해결기술, 일하는 습관, 정보수집능력, 인지적 과정 등을 포함함
③ 유전적 요인과 특별한 능력 : 인종, 성별, 신체적 특징, 지능 등 개인의 진로를 제한할 수 있는 타고난 특질
④ 환경적 조건과 사건 : 취업 가능한 직종, 교육훈련이 가능한 분야, 사회정책, 천재지변, 기술발달, 교육제도 등 개인의 기술개발, 활동, 진로선호에 영향을 미치는 환경적 요인

Level Up

블라우(Blau)의 사회학적 이론

1. 개관
  • 가정, 학교, 지역사회 등의 사회적 요인이 직업 선택에 영향을 미침
  • 사회계층에 따라 개인은 교육 정도, 직업포부 수준, 지능 수준 등이 다름
  • 저소득층 가정의 자녀는 원하는 직업과 실제 가질 수 있다고 예상하는 직업 간의 차이가 큰데, 이는 자신이 원하는 직업에 접근하는 것을 주위 환경에서 허용하지 않을 것이라고 생각하고 체념하는 경우가 많기 때문임

2. 직업 선택에 영향을 주는 사회적인 요인 ☆
  • 가정 : 진로 선택에 있어 부모가 가장 주요한 영향을 미침
    참 가정의 사회·경제적 지위, 부모의 직업, 부모의 수입, 부모의 교육 정도, 부모의 기대 등
  • 학교 : 교사, 동료와의 관계와 영향, 학교의 가치 등
  • 지역사회 : 지역사회에서 개인이 주로 하는 일, 지역사회의 목적 및 가치관 등

설쌤의 Tip

두문자로 외우자♪
• 진로 선택에 영향을 주는 요인 : 학습경험, 과제접근기술, 유전적 요인과 특별한 능력, 환경적 조건과 사건
  ➡ 학과유환

5 수퍼(Super)의 진로발달이론(career development)

(1) 주요 주장 ☆
① **진로발달** : 전 생애에 걸쳐서 일어나는 연속적인 과정으로, 진로는 개인이 일생 동안 수행하는 일련의 발달과업이며 진로발달은 자아실현의 과정임
   ⇨ 진로상담의 최종목표를 직업 선택으로 제한해서는 안 됨
② 개인에 따라 흥미, 능력, 성격이 다르며, 각 직업군에도 요구하는 능력, 흥미, 성격적 특성이 있음
③ 진로발달은 자아개념과 직업에 대한 인식에 의해 이루어짐
④ 진로발달은 일련의 생애단계로 표현될 수 있는 대순환적인 개념
⑤ 각 발달단계에서 발달과제를 적절히 수행하는 것을 '진로성숙(career maturity)'의 지표라고 함
   ⇨ 개인의 진로성숙도를 분석하여 진로성숙의 취약한 하위 분야들을 보완할 수 있는 진로발달 프로그램의 개발과 적용이 필요함

(2) 진로성숙도
① 특정 단계의 진로발달 과업을 성취하기 위한 심리적 자원으로, 태도 및 인지적 측면에서 사회적 기대에 부합하고 주어진 과업을 적절하게 수행할 수 있는 준비도
② 계획성, 책임감의 수용, 선호직업의 다양한 측면에 대한 인식 등의 특성으로 나타남
③ 직업성장과 관련된 역량과 바람직한 태도를 규명해 줌
④ 진로발달은 '성장기, 탐색기, 확립기, 유지기, 은퇴기'로 구분됨

(3) 탐색기(15~24세) ☆
① 직업에 대해 구체적으로 탐색하고 취업을 결정하는 시기
② 탐색기 단계
   ㉠ **결정화 단계(잠정기, 15~17세)** : 진로탐색활동을 위해 욕구, 흥미, 능력, 가치, 직업의 현실적 요건을 고려하여 잠정적인 진로를 선택하고 진로에 대한 선호를 더욱 명확히 함
   ㉡ **구체화 단계** : 고려하는 직업 중 특정 직업을 좀 더 구체적으로 알아보고 준비함
   ㉢ **실행 단계** : 선택한 직업을 얻기 위해 교육, 훈련 등을 통해 노력함

설쌤의 팁

두문자로 외우자♪
- **수퍼의 진로발달단계** : 성장기, 탐색기, 확립기, 유지기, 은퇴기 ➡ 성탐확유은
- **탐색기 단계** : 결정화 - 구체화 - 실행
   ➡ 결구실

6 티이드만(Tiedeman)과 오하라(O'hara)의 의사결정(발달) 이론

(1) 주요 개념 ☆
① **직업발달** : 직업 자아정체감을 형성해 나가는 계속적 과정
② **직업 자아정체감** : 의사결정을 되풀이하는 과정 속에서 성숙됨 ⇨ 진로발달은 직업 자아정체감을 형성해 나가는 계속적 과정으로, 직업정체감은 의사결정을 되풀이하는 과정에서 성숙됨

(2) 특징 ☆
① 연령에 관계없이 직업발달단계를 구분하고 특성을 설명함
② 문제에 따라 일생 동안 여러 번 반복될 수도 있음
③ 의사결정에 따른 직업의식의 발달을 설명함

(3) 진로 의사결정 단계
① 예상기
　㉠ **탐색기** : 지향하는 목적을 선부 고려해 보고, 자신이 그만한 능력과 여건을 갖추고 있는지 스스로 평가함
　㉡ **구체화** : 자신이 선택할 수 있는 여러 방향과 그 방향을 취했을 때의 결과를 고려하여 자신의 가치관, 목적, 실용성 등에 따라 적절한 한 가지를 선택함
　㉢ **선택기** : 한 가지 진로를 선택하고, 자신이 하고자 하는 것과 그렇지 않은 것을 분명히 구분함
　㉣ **명료화** : 자신의 선택을 더욱 신중하게 분석·검토하여 부족한 점을 찾음
② 실천기
　㉠ **적응** : 새로운 상황에서 인정을 받기 위해 자신의 한 부분을 수정함
　㉡ **개혁** : 자신이 속한 집단에 영향력을 가지고 자신의 의견이나 주장을 행사함
　㉢ **통합** : 집단의 요구와 개인의 요구 간에 균형이 이루어지며, 개인은 해당 집단에 소속된 일원으로서 새로운 자아개념을 형성함

Theme 167 기출 CHECK!

01 진로이론에 대한 설명 중 옳은 것을 〈보기〉에서 모두 고른 것은?　　　　●10 중등

〈보기〉
ㄱ. 수퍼(D. Super)의 발달이론에서는 직업 선택이 부모-자녀 관계에서 형성된 개인의 성격과 욕구구조에 의해서 결정된다고 본다.
ㄴ. 홀랜드(J. Holland)의 인성이론에서는 성격유형과 직업환경을 각각 6가지로 분류하고, 개인의 성격유형에 맞는 직업환경을 찾아야 한다고 본다.
ㄷ. 파슨스(F. Parsons)의 특성요인이론에서는 자아개념을 중요시하며, 진로선택을 타협과 선택이 상호작용하는 적응 과정으로 본다.
ㄹ. 블라우(P. Blau)의 사회학적 이론에 따르면 가정, 학교, 지역사회 등의 사회적 요인이 직업 선택에 큰 영향을 미친다.

① ㄱ, ㄴ　　② ㄱ, ㄷ　　③ ㄴ, ㄷ　　④ ㄴ, ㄹ　　⑤ ㄷ, ㄹ

02 로우(A. Roe)의 욕구이론에 관한 설명으로 옳은 것을 〈보기〉에서 모두 고른 것은?　　●11 중등

〈보기〉
ㄱ. 개인의 직업적 성격유형을 직업 환경과 연결시킨 육각형 모형에 기반하고 있다.
ㄴ. 부모와 자녀의 관계에 따라 자녀의 성격이 형성되고, 이는 직업선택에 영향을 준다고 본다.
ㄷ. 냉담한 양육 환경에서 성장한 사람은 인간 지향적인(person-oriented) 직업을 선택하게 된다고 본다.
ㄹ. 새로운 직업분류체계를 개발함으로써 직업선호도검사, 직업흥미검사, 직업명 사전 개발에 영향을 주었다.

① ㄱ, ㄴ　　② ㄱ, ㄷ　　③ ㄴ, ㄷ　　④ ㄴ, ㄹ　　⑤ ㄷ, ㄹ

03 다음은 교사가 학생들에게 진로지도 활동을 시작하면서 소개한 내용의 일부이다. 이 내용에 가장 적합한 진로 이론을 쓰시오.
●05 중등 변형

인생 초기에 어떤 방식으로 양육되었고, 어떤 경험을 했느냐는 여러분이 장차 어떤 직업을 택하게 되는가에 중요한 영향을 미칩니다. 부모가 자녀를 대하는 양상에 따라 세 가지 심리적 환경이 조성됩니다. 냉담한(cold) 가정 분위기, 온정적 또는 냉담한(warm or cold) 가정 분위기, 온정적(warm) 가정 분위기가 그것들입니다. … (중략) … 수용이나 거부 또는 과잉보호나 과잉요구에 대한 여러분의 감정이 인간지향적이거나 비인간지향적인 생활양식을 발전시키게 됩니다. 이는 결국 여러분들로 하여금 특정한 직업을 선택하도록 하는 진로 지향성을 형성하도록 합니다.

• _____

정답 01 ④　02 ④　03 로(A. Roe)의 욕구이론

04 홀랜드(J. Holland)의 진로이론에 관한 설명으로 옳은 것만을 〈보기〉에서 있는 대로 고른 것은? • 13 중등

〈보기〉
ㄱ. 직업적 행동은 성격과 환경의 상호작용의 결과이다.
ㄴ. 직업을 선택할 때 자신의 태도와 가치관에 맞는 직업환경을 선호한다.
ㄷ. 직업적 성격유형 중 실재형(realistic type)에 해당하는 사람이 선택하는 대표적인 직업으로는 정치가, 판사, 관리자 등이 있다.
ㄹ. 직업환경을 실재적(realistic), 탐구적(investigative), 예술적(artistic), 사회적(social), 설득적(enterprising), 관습적(conventional) 환경으로 분류한다.

① ㄱ, ㄷ ② ㄴ, ㄹ ③ ㄱ, ㄴ, ㄹ ④ ㄴ, ㄷ, ㄹ ⑤ ㄱ, ㄴ, ㄷ, ㄹ

05 홀랜드(J. Holland)의 직업 성격 여섯 가지 유형 중 실재적(realistic) 유형에 대한 진술로 가장 적절한 것은? • 12 초등
① 호기심이 많고 분석적이며 논리적인 활동을 선호한다.
② 지구력이 있으며 기계와 도구에 관한 체계적인 조작 활동을 선호한다.
③ 세밀하고 조심성이 많으며 자료를 기록·정리·조직하는 활동을 선호한다.
④ 이해심이 많고 다른 사람과 함께 일하거나 다른 사람을 돕는 활동을 선호한다.
⑤ 통솔력이 있으며 조직의 목적을 달성하기 위해 사람을 관리하는 활동을 선호한다.

06 최 교사는 학생들의 진로지도를 위하여 홀랜드(J. Holland)의 진로탐색검사를 실시하였다. 검사 결과, 영철이의 직업적 성격 유형은 다음 그림의 ㉠과 ㉡에 해당되는 것으로 나타났다. 영철이의 직업적 성격 특성을 가장 잘 설명하는 것은? • 09 중등

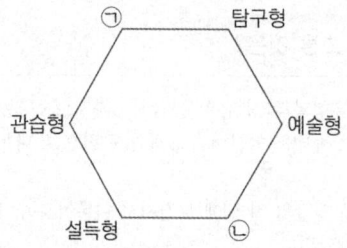

	㉠	㉡
①	다른 사람들과 어울리는 것을 좋아하고, 다른 사람들을 도와주는 활동을 선호한다.	계획에 따라 일하기를 좋아하며, 계산적인 능력을 발휘하는 활동을 선호한다.
②	지도력과 통솔력이 있으며, 말을 잘하고 다른 사람들을 관리하는 활동을 선호한다.	기계를 만지거나 조작하는 것을 좋아하며, 몸을 움직이는 활동을 선호한다.
③	정확하고 분석적이며, 지적 호기심이 많고 체계적인 활동을 선호한다.	변화와 다양성을 좋아하고, 자유롭고 창의적인 활동을 선호한다.
④	계획에 따라 일하기를 좋아하며, 계산적인 능력을 발휘하는 활동을 선호한다.	지도력과 통솔력이 있으며, 말을 잘하고 다른 사람들을 관리하는 활동을 선호한다.
⑤	기계를 만지거나 조작하는 것을 좋아하며, 몸을 움직이는 활동을 선호한다.	다른 사람들과 어울리는 것을 좋아하고, 다른 사람들을 도와주는 활동을 선호한다.

정답 04 ③ 05 ② 06 ⑤

07 진로상담에 관련된 설명으로 옳지 않은 것은?   •08 중등
① 진로를 결정한 학생도 진로상담의 대상이다.
② 누구에게나 한 가지 이상의 직업적성과 직업흥미가 있다.
③ 홀랜드(J. L. Holland)는 진로발달에서 자아개념을 가장 중시하였다.
④ 크럼볼츠(J. D. Krumboltz)는 진로의사결정에 영향을 미치는 요인들의 상호작용을 중시하였다.

08 영철이의 진로 선택 요인을 가장 잘 설명해 주는 상담이론을 쓰시오.   •11 초등 변형

> 김 교사는 '진로와 직업'이라는 집단상담 프로그램을 학생들에게 실시하였다. 김 교사는 학생들에게 직업카드를 보여 주고 좋아하는 직업을 선택하게 한 후 그 이유를 발표하게 하였다. 변호사 카드를 선택한 영철이는 변호사가 되어 억울한 사람을 도와주고 싶다고 말하였다. 영철이는 최근 아버지가 친구의 빚보증을 섰다가 억울하게 법적 소송에 휘말려 어려움을 겪고 있는 사정을 이야기하였다.

•

09 진로이론에 대한 설명 중 옳은 것을 모두 고른 것은?   •12 중등

> ㄱ. 홀랜드(J. Holand)의 진로이론 : 성격 유형과 환경 유형을 각각 6가지로 구분하고, 책무성 수준에 따라 직업 분류 체계를 만들었다.
> ㄴ. 로우(A. Roe)의 진로이론 : 흥미에 기초해서 직업분야를 8개의 군집으로 나누고, 직업군의 선택은 부모-자녀 관계 속에서 형성된 도구적 학습경험에 의해서 결정된다.
> ㄷ. 수퍼(D. Super)의 진로이론 : 진로발달은 인간의 전 생애에 걸쳐서 이루어지며, 15~17세 시기는 자신의 욕구, 흥미, 능력 등을 고려하여 잠정적인 진로를 선택하는 탐색기에 해당된다.
> ㄹ. 티이드만과 오하라(D. Tiedeman & R. O'Hara)의 진로이론 : 직업발달이란 직업 자아정체감을 형성해 나가는 계속적 과정이며, 직업 자아정체감은 의사결정을 되풀이하는 과정에서 성숙된다.

① ㄱ, ㄴ   ② ㄱ, ㄷ   ③ ㄴ, ㄷ   ④ ㄴ, ㄹ   ⑤ ㄷ, ㄹ

정답 07 ③   08 크럼볼츠(J. Krumboltz)의 사회학습이론   09 ⑤

Theme 168 상담의 이해

학습 Check ○○○○○

기출
12 초등, 10 중등, 10 초등, 09 중등, 09 초등,
08 중등, 08 초등, 07 초등, 06 초등, 05 중등,
04 중등, 04 초등, 03 초등, 02 중등, 02 초등,
01 초등

1 상담의 원리(기본 조건) ☆
① **무조건적인 긍정적 존중** : 아무런 조건 없이 내담자의 발전 가능성을 존중해야 함
② **진실성** : 상담자의 생각을 솔직하게 드러내야 함
③ **공감적 이해** : 상담자가 내담자의 내면적 감정을 마치 자신의 감정인 것처럼 느껴야 함
④ **라포(신뢰관계) 형성** : 내담자가 상담자를 믿도록 해야 함

2 상담윤리 ☆
① **비밀 보장** : 내담자는 상담자가 상담과정에서 나눈 이야기나 자신의 비밀을 보장할 것이라고 기대하며, 상담자 역시 이를 보장해야 함
② **내담자의 복지 우선** : 상담자는 내담자의 복지와 이익을 증진시키고 내담자의 성장과 발달을 도모해야 함
③ **내담자 차별 금지** : 내담자의 나이, 인종, 성, 종교 등을 이유로 차별하지 말아야 함
④ **내담자의 권리와 자유 존중**
  ㉠ 상담자는 내담자에게 상담의 목적, 목표, 기법, 절차, 한계, 잠재적 위험 등에 대해 충분히 설명함
  ㉡ 내담자가 상담계획에 참여할 권리가 있고 상담서비스를 거부할 수 있다는 조언을 해주어야 함
⑤ **내담자와의 개인적 관계 금지** : 내담자와 친분적·금전적·사업적·사회적·성적 관계를 맺는 등의 이중관계를 맺지 말아야 함

3 상담자의 비밀 누설이 가능한 경우 ☆
① 법정의 요구가 있을 때
② 내담 학생이 성 학대를 받은 사실을 알게 되었을 때
③ 내담 학생이 스스로에게 해를 입히려는 의도를 밝혔을 때
④ 내담 학생이 부모에게 상습적으로 매를 맞는다는 사실을 알게 되었을 때

4 상담기법 ☆
① **경청** : 상담자는 내담자의 언어적 메시지뿐만 아니라 비언어적 메시지까지 적극적으로 경청함
② **계속 반응** : 상담자는 내담자가 이야기할 때, 계속적인 반응, 장단 맞추기 등을 통해 내담자에게 그의 이야기를 열심히 듣고 있음을 알리고 대화를 촉진하는 분위기를 형성함
③ **질문** : 상담자는 적절한 질문을 통하여 내담자가 자신을 더 많이 개방하고, 더 많은 이야기를 구체적으로 하며, 그의 이야기를 명확히 이해하도록 함
④ **반영** : 상담자가 내담자의 이야기에 담긴 내용과 감정을 다시 되돌려주며, 내담자가 자신의 내면을 탐색할 수 있게 함
⑤ **요약** : 상담자가 상담내용의 일부나 전체를 정리해서 표현함으로써 내담자가 여러 상담 장면에 흩어져 있던 주제를 확인·종합할 수 있도록 도움
⑥ **직면** : 상담자가 내담자 행동의 모순, 불합리함, 말과 감정의 불일치, 말과 행동의 차이 등을 지적하며, 내담자가 자신의 모습을 되돌아보고 반성해 볼 수 있게 함
⑦ **해석** : 상담자가 내담자의 진술 중 표면적 내용 아래의 이면의 의미를 설명해주고 내담자가 자신의 모습과 행동의 의미를 좀 더 잘 이해할 수 있게 함
⑧ **자기개방** : 상담자가 자신의 경험이나 감정을 내담자에게 노출하며 진실하고 솔직한 태도로 상담에 임한다는 것을 보여주는 것을 의미함
⑨ **명료화** : 상담자가 내담자의 말의 내용에 담긴 의미를 정확히 이해하지 못했을 때, 상담자가 자신이 들은 바가 맞는지 확인하고 싶을 때, 질문 등을 통해 내담자가 전달하고자 하는 바의 의미를 분명하게 확인하는 기법
⑩ **구조화** : 상담의 방향과 방법을 내담자에게 알려주고, 상담의 방법과 한계에 대해 분명히 이해시키는 것
⑪ **즉시성** : 대인관계 문제에 있어서 과거에 벌어진 일 자체보다는 지금-여기에서 벌어지는 일에 직면하여 이를 중점적으로 다루는 것으로, 내담자의 과거의 경험 그 자체보다는 그 경험이 지금 현재 내담자에게 어떤 영향을 끼치고 있는지에 대해 초점을 맞추는 것

출제 Pick!
☆ 상담의 원리(기본조건)
☆ 상담윤리
☆ 상담자의 비밀 누설이 가능한 경우
☆ 상담기법

설쌤의 Tip
두문자로 외우자♪
• **상담의 기본 조건** : 무조건적인 긍정적 존중, 진실성, 공감적 이해, 라포 형성
➡ 무진공라

Theme 168 기출 CHECK!

01 다음 (가), (나), (다)의 박 교사 반응과 가장 부합하는 상담 기법을 각각 바르게 짝지은 것은? ● 12 초등

> (가) (가영이가 같은 반 친구와 다툰 일에 대해 괜찮다고 말하면서 울먹이며 눈시울이 약간 젖어 있다.)
> 박 교사 : 가영아, 너는 괜찮다고 말하지만 목소리가 떨리고 눈물이 글썽이네.
> (나) (자신이 공부를 못해서 친구들에게 무시당한다고 생각하는 철수는 학교에서 친구들에게 습관적으로 욕을 하고 자주 싸운다. 그러나 박 교사는 이런 철수가 자신에게 관심을 보이는 음악 선생님께는 깍듯이 인사도 하고, 음악 시간에 좋은 수업태도를 보인다는 것을 알고 있다. 박 교사는 철수와 상담을 하고 있다.)
> 철　수 : 애들이 나보고 공부 못한다고 할 때마다 화가 나서 참을 수가 없어요.
> 박 교사 : 철수가 제일 화가 날 때는 친구들이 너를 무시한다는 느낌이 들 때구나. 무시당하는 느낌이 들면 화가 나고 그래서 욕을 하고 싸우게 되니 말이야. 그런 걸 보면 다른 사람들이 철수를 함부로 대하지 않고 존중해 주고 인정해 주는 것이 너에게는 정말 중요한가 보다.
> (다) 기　욱 : 선생님, 저는 영희가 좋아요. 그런데 영희가 어떤 때는 저에게 웃으며 대해 주다가 어떤 때는 차갑게 대해요. 영희가 저를 좋아하는지 싫어하는지 헷갈려요.
> 박 교사 : 영희가 너를 대하는 태도가 때에 따라 달라지니까 너를 좋아하는지 아닌지 잘 모르겠다는 거구나.

	(가)	(나)	(다)
①	공감	해석	재진술
②	직면	재진술	해석
③	즉시성	재진술	자기개방
④	직면	해석	재진술
⑤	즉시성	직면	공감

02 상담면접 방법 중 '감정의 반영'에 대한 설명으로 옳은 것을 모두 고른 것은? ● 10 중등

> ㄱ. 상담자는 내담자가 진술하거나 함축적으로 표현한 감정을 내담자에게 반영해 준다.
> ㄴ. 상담자는 내담자가 자신의 문제를 새로운 관점에서 볼 수 있도록 행동, 사고, 감정의 새로운 의미를 설명해 준다.
> ㄷ. 상담자는 내담자로 하여금 자신의 감정을 알아차리고 경험하게 함으로써 문제해결에 이르도록 돕는다.

① ㄱ　　② ㄴ　　③ ㄱ, ㄷ　　④ ㄴ, ㄷ　　⑤ ㄱ, ㄴ, ㄷ

03 상담에서 활용되는 심리검사와 관련된 진술로 옳은 것은? ● 10 초등

① 문장완성검사는 투사법 검사의 일종이다.
② 아동용 회화통각검사(TAT)는 성격평가를 위한 표준화 검사이다.
③ MBTI는 성격문제의 원인과 증상 정도를 평가하는 임상진단 검사이다.
④ MMPI는 성격유형의 장단점을 밝혀줌으로써 진로결정 등에 도움을 준다.
⑤ 개인용 지능검사는 주로 영재판별 목적으로 쓰이며, 상담교사라면 실시와 해석이 가능하다.

정답 01 ④　02 ③　03 ①

04 상담을 구조화하기 위해 상담교사가 학생에게 하는 말로 적절한 것을 〈보기〉에서 모두 고르면?   •10 초등

―〈보기〉―
ㄱ. 상담은 40분에서 50분 정도 하게 될 거고, 일주일에 한 번씩 약 네 번쯤 만나게 될 거야.
ㄴ. 나는 진심으로 너를 도와줄 생각이야. 그러니까 힘든 일이 있을 때는 언제든지 나를 찾아와도 돼.
ㄷ. 이 시간은 훈계를 듣는 시간이 아니니까 네가 생각하고 느끼는 것을 솔직하게 이야기하는 게 무엇보다 중요하단다.
ㄹ. 여기서 하는 이야기는 모두 비밀이야. 하지만 너나 다른 사람에게 해로울 수 있는 내용에 대해서는 예외가 있을 수 있지.
ㅁ. 우선 이렇게 시작하지만, 혹시 힘든 점이 있으면 중간에라도 이야기해주면 좋겠구나. 어떤 식으로 할지는 다시 정할 수 있으니까.

① ㄱ, ㄴ   ② ㄱ, ㄷ, ㅁ   ③ ㄴ, ㄷ, ㅁ   ④ ㄱ, ㄷ, ㄹ, ㅁ   ⑤ ㄱ, ㄴ, ㄷ, ㄹ, ㅁ

05 다음 대화의 ㉠, ㉡, ㉢에서 김 교사가 활용하고 있는 상담기법으로 가장 적절한 것은?   •09 중등

철　수：친구들이 모두 저를 싫어하는 것 같아요. 저한테는 아무도 말을 걸지 않아요.
김 교사：㉠친구들과 친하게 지내고 싶은데 철수에게 말을 거는 친구가 없어 속상한가 보구나.
철　수：네.
김 교사：그런데 친구들이 철수를 싫어한다는 것은 어떻게 알게 되었지?
철　수：그냥 알아요. 직접 듣지는 않았지만 느낌으로 알아요.
김 교사：㉡철수 얘기를 들어보니 선생님 생각에는 그것이 사실이라기보다 철수 혼자서 그럴 거라고 짐작하고 있는 것 같구나.
철　수：아니에요. 진짜 싫어해요.
김 교사：그렇다면 철수 생각이 맞는지 우리 한번 확인해 보면 어떨까?
철　수：어떻게요?
김 교사：혹시 철수가 친구들한테 먼저 말을 걸어본 적 있니?
철　수：아니요.
김 교사：이번에는 철수가 친구들한테 먼저 말을 걸어보면 어떨까? 만약 다섯 명의 친구들에게 말을 건다면 몇 명이나 대답을 할 것 같아?
철　수：아마 한 명도 없을 걸요?
김 교사：㉢그럼 내일 다섯 명의 친구들에게 말을 걸어보고, 친구들이 한 명도 대답을 하지 않을 거라는 철수의 생각이 맞는지 확인해 보자. 그리고 방과 후에 나랑 만나서 결과를 살펴보고 다음 단계를 의논해 보는 거야. 할 수 있겠니?
철　수：한번 해 볼게요. 그런데 무슨 말을 하죠?
김 교사：아무 말이라도 좋아. 지우개를 빌려 달라고 해도 좋고 말이야.

	㉠	㉡	㉢
①	반영	직면	행동수정
②	재진술	해석	행동실험
③	반영	직면	문제해결
④	반영	해석	행동실험
⑤	재진술	해석	행동수정

정답 04 ④   05 ④

06 다음은 김 교사가 영철이를 상담하는 장면에서의 대화내용이다. 〈보기〉에서 김 교사가 사용한 상담기법에 대한 옳은 설명을 모두 고른 것은?

● 09 초등

> 영　철 : 오늘도 지난번 그 애들이 저를 놀렸어요.
> 김 교사 : 네가 말한 그 애들이란 진수, 용선이, 희철이를 애기하는 거니?

───── 〈보기〉 ─────
ㄱ. 학생으로 하여금 보다 구체적으로 말하도록 돕는다.
ㄴ. 학생으로 하여금 자신의 감정을 더 많이 표현하도록 격려한다.
ㄷ. 학생의 진술내용이 모호하거나 분명하지 않은 경우에 사용한다.
ㄹ. 학생이 한 말 중에서 일관성 있게 강조되어 표현되는 내용을 확인하여 드러내는 기술이다.

① ㄱ, ㄴ　　② ㄱ, ㄷ　　③ ㄱ, ㄴ, ㄹ　　④ ㄱ, ㄷ, ㄹ　　⑤ ㄴ, ㄷ, ㄹ

07 다음의 집단상담 상황에서 철수가 보이는 문제행동은?

● 09 초등

> 영희 : 우리 엄마, 아빠는 제가 초등학교 1, 2학년 때만 하더라도 공부도 잘 하고 말도 잘 듣는다고 무척 예뻐하셨어요. 그런데 6학년에 올라오면서 엄마는 사사건건 제게 잔소리만 하고, 아빠는 사정도 잘 모르면서 소리 지르고 꾸중만 하시는 거예요. 저도 나름대로 좋은 딸이 되려고 얼마나 노력하고 있는지 아빠는 잘 모르실 거예요. (이야기를 잇지 못하고 흐느껴 울기 시작한다.)
> 철수 : 영희야, 다 잊어버려. 너희 엄마, 아빠만 그런 것이 아니고, 우리 엄마, 아빠도 그래. 뭘 그런 것 가지고 고민하고 그러니? 그러지 말고 모두 잊어버려.

① 대화 독점　　② 소극적 참여　　③ 습관적 불평　　④ 의존적 자세　　⑤ 일시적 구원

08 다음의 행동 특징을 보이는 아동에 대한 담임교사의 지도전략으로 적합한 것을 〈보기〉에서 모두 고른 것은?

● 09 초등

> • 자리에 앉아 있어야 하는 수업장면에서 지나칠 정도로 돌아다닌다.
> • 수업시간에 끊임없이 친구들의 일에 참견하거나 간섭하여 학습을 방해한다.
> • 공부를 포함하여 학교에서 이루어지는 대부분의 활동에서 주의를 집중하지 못하고 과제를 완성하지 못한다.

───── 〈보기〉 ─────
ㄱ. 행동교정을 위해 단회상담적 접근방법을 적용한다.
ㄴ. 부모가 비협조적이라도 설득을 통해서 지도과정에 참여시킨다.
ㄷ. 행동수정 기법, 인지행동적 기법, 사회성 증진훈련 등을 다양하게 활용한다.
ㄹ. 학습을 지도할 때 시청각 보조자료, 구조화된 자료, 조작 가능한 자료 등은 주의를 분산시킬 수 있으므로 사용하지 않는다.

① ㄱ, ㄴ　　② ㄱ, ㄹ　　③ ㄴ, ㄷ　　④ ㄱ, ㄴ, ㄷ　　⑤ ㄴ, ㄷ, ㄹ

정답　06 ②　07 ⑤　08 ③

09 상담교사가 '재진술'을 사용하여 학생과 상담하려고 한다. 다음 빈칸에 들어갈 알맞은 반응은? ● 08 중등

> 학생: 친구들이 저만 따돌리고, 선생님께서도 저에게 관심이 없어요.
> 교사: _____

① 친구들이 너만 따돌리고 선생님들께서도 관심이 없단 말이구나.
② 선생님도 예전에 친구들한테 따돌림을 당했을 때 몹시 힘들었단다.
③ 친구들이 너만 따돌린다는 말이 무슨 말인지 좀 더 이야기해 줄 수 있니?
④ 친구들이 따돌리지 않고 선생님들도 너에게 관심을 가져주었으면 했는데, 그렇지 않아서 많이 힘들었겠다.

10 〈보기〉의 상담사례에서 교사가 사용한 상담기법을 바르게 나열한 것은? ● 08 초등

〈보기〉
> 아동: 어제 오빠랑 싸웠다고 엄마에게 혼났어요. 전 억울해요.
> 교사: ㉠ 엄마에게 혼나서 억울하다는 거구나.
> 아동: 예, 정말 오빠가 먼저 잘못했단 말이에요. 그런데도 엄마는 저를 인정하지 않으시고 항상 저만 혼내세요.
> 교사: ㉡ 엄마가 너를 좀 인정해 주셨으면 하는 마음이 있구나. 그런데 그렇지 않았으니 정말 섭섭했겠다.
> 아동: (울면서) 정말이에요. 엄마는 계속 저를 인정해주지 않았어요.
> 교사: 그래, 울어도 괜찮아. 그동안 많이 울고 싶었겠다.

	㉠	㉡
①	명료화	즉시적 반응
②	명료화	공감적 이해
③	재진술	즉시적 반응
④	재진술	공감적 이해

11 〈보기〉의 대화에 나타난 상담교사의 상담행위를 가장 적절하게 표현한 것은? ● 07 초등

〈보기〉
> 아　　동: 상담실에는 매일 와야 해요?
> 상담교사: 상담은 보통 1주일에 한 번 하는데, 필요하다면 더 자주 할 수도 있단다.
> 아　　동: 그런데, 제가 선생님한테 말씀드리는 거 우리 엄마한테 말씀하실 건가요?
> 상담교사: 아니란다. 네가 여기서 말하는 것은 선생님만 알고 있을 거야. 하지만, 네가 너 자신이나 다른 사람에게 해가 되는 일을 한다고 생각이 들면 부모님께 말씀드릴 수도 있어.

① 직면　　　② 상담목표 설정　　　③ 상담의 구조화　　　④ 상담자의 자기노출

정답 09 ①　10 ④　11 ③

12 〈보기〉의 대화에서 상담교사가 사용하고 있는 상담 면접기술로 가장 적절한 것은? • 07 초등

─────────〈보기〉─────────
아   동 : 애들이 저를 놀리고 때려요. 어쩌죠? 선생님이라면 어떻게 하시겠어요? 선생님이 시키시는 대로 할게요.
상담교사 : 글쎄. 그런데 지금까지 네가 하는 이야기를 들어보면, 너한테 어떤 문제들이 있지만 계속 이야기하고 있어. 방금 전에 말한 문제뿐 아니라 이전에 말했던 문제들도 내가 어떻게 생각하는지 물어보고, 또 내가 시키는 대로 하겠다고 계속 이런 식으로 말하고 있거든. 선생님은 자세한 내용을 모르니까 당황스럽고, 또 마치 너한테 해결책을 줘야 할 것 같은 기분이 들어서 부담스럽기도 하구나.

① 즉시적 반응(immediacy)
② 정보 제공(information giving)
③ 직접적 지도(direct guidance)
④ 내담자의 감정 반영(reflection of feelings)

13 아동이 "나는 태어나지 말았어야 했나 봐요."라고 말했을 때, 상담 교사가 "난 이해가 잘 안 되는데 무슨 뜻인지 자세히 설명해 줄래?"라고 반응했다. 상담 교사가 사용한 면담 기술은? • 06 초등

① 직면   ② 명료화   ③ 재진술   ④ 감정의 반영

14 〈보기〉의 종합적 학교상담 모형의 특성에 관한 설명 중, 옳은 것끼리 묶인 것은? • 05 중등

─────────〈보기〉─────────
ㄱ. 전(全) 교사의 상담교사화를 지향한다.
ㄴ. 프로그램 중심의 접근방법을 강조한다.
ㄷ. 교육발달, 진로발달, 인성·사회성 발달 영역으로 구성된다.
ㄹ. 모든 학생들의 발달을 촉진하는 일련의 서비스 제공을 목적으로 한다.

① ㄱ, ㄴ   ② ㄱ, ㄷ, ㄹ   ③ ㄴ, ㄷ, ㄹ   ④ ㄱ, ㄴ, ㄷ, ㄹ

15 교사는 상담을 통해 알게 된 학생에 관한 사적인 정보를 원칙적으로 유출해서는 안 되지만 예외적인 경우가 있다. 〈보기〉에서 비밀보장의 원칙을 파기할 수 있는 상황을 모두 고른 것은? • 04 중등

─────────〈보기〉─────────
ㄱ. 법정의 요구가 있을 때
ㄴ. 내담 학생이 성 학대받은 사실을 알게 되었을 때
ㄷ. 내담 학생이 스스로에게 해를 입히려는 의도를 밝혔을 때
ㄹ. 내담 학생이 부모에게 상습적으로 매를 맞는다는 사실을 알게 되었을 때

① ㄱ   ② ㄴ, ㄷ   ③ ㄴ, ㄷ, ㄹ   ④ ㄱ, ㄴ, ㄷ, ㄹ

정답 12 ① 13 ② 14 ③ 15 ④

16 다음의 진로지도 상황에서 교사가 적용한 상담기법은? ● 04 중등

> 학생: 우리 엄마 아빠는 제가 의과대학에 진학해서 의사가 되기를 바라세요. 하지만 어려서부터 제 꿈은 좋은 선생님이 되는 것이었거든요. 저는 사범대학에 진학해서 학생들을 잘 가르치고 지도하는 정말 좋은 선생님이 되는 꿈을 이루고 싶어요.
> 교사: 네가 장차 의사가 되었으면 하는 부모님의 기대와 교사가 되려는 너의 꿈이 일치하지 않아서 많이 혼란스러운가 보구나. 너는 네 꿈을 이루기 위해 의과대학보다는 사범대학에 진학하고 싶은가 본데…….
> 학생: 맞아요, 선생님. 저는 꼭 사범대학에 진학하고 싶은데, 부모님을 어떻게 설득해야 할지 모르겠어요. 저는 지금까지 한 번도 부모님 말씀을 거역한 적이 없었거든요.

① 반영 ② 직면 ③ 해석 ④ 구조화

17 다음은 상담을 담당하는 김 교사가 자기 반 학생을 접수면접하는 과정에서 행한 내용이다. 이 내용과 가장 밀접하게 관련되는 상담윤리는? ● 04 초등

> 상담실에서는 담임도 학생도 아닌 한 인간으로서 인격적으로 동등한 관계여야 해. 그리고 상담실을 나가면 우리는 다시 학생과 담임의 관계로 돌아갈 수 있어야 하거든. 그래야 상담이 될 수 있단다. 그럴 수 있겠니?

① 상담자는 내담자에게 해로운 영향을 끼칠 수도 있는 이중적 관계를 피해야 한다.
② 상담자는 상담 전 내담자에게 상담의 목표, 기술, 규칙, 한계 등을 알려 주어야 한다.
③ 상담자는 자기가 속한 기관의 목적 및 방침에 모순되지 않는 활동을 할 책임이 있다.
④ 상담자는 상담을 통해 알게 된 내담자의 정보에 대해서 비밀을 보장할 책임이 있다.

18 집단상담의 초기 탐색단계에서 지도자가 취해야 할 행동으로 가장 적절한 것은? ● 04 초등
① 구성원들이 자신감과 적극성을 갖고 문제를 처리할 수 있도록 도와준다.
② 구성원들이 서로 협력하는 자세를 갖고 소속감과 신뢰감을 형성할 수 있도록 격려한다.
③ 특정 구성원이 직면한 문제를 다른 동료가 이해·공감하며 공동으로 해결하도록 격려한다.
④ 지도자와 구성원 모두가 집단 과정에서 배운 것을 생활에 어떻게 적용할 것인지 평가한다.

19 〈보기〉의 상황에서 나올 수 있는 어머니의 응답 중 공감수준이 가장 높은 것은? ● 03 초등

> ─〈보기〉─
> 엄마! 남의 방에 노크도 없이 막 들어오면 어떡해요. 여긴 내 방이란 말이에요.

① 너 왜 화를 내고 그러니? 집안에서 꼭 노크를 해야 하니?
② 어, 얘 말하는 것 좀 봐. 엄마가 자식 방에도 맘대로 못 들어오니?
③ 혼자 있고 싶었는데 방해를 받아서 기분이 몹시 상했나 보구나.
④ 너도 엄마 방에 들어올 때 노크하지 않잖니? 입장을 바꿔 생각해 보렴.

정답 16 ① 17 ① 18 ② 19 ③

20 다음은 교사와 학생과의 상담과정에서 일어날 수 있는 대화의 일부이다. 가장 바람직하지 않은 것은? ● 02 중등

① "안녕하세요? 무슨 일로 찾아 왔나요? 무슨 걱정이라도 있나요?"
② "오늘 상담은 오후 3시까지 약 50분간 합니다."
③ "내가 도움을 줄 수는 있지만, 최종적인 문제해결은 학생 스스로가 해야 합니다."
④ "너무 걱정하지 말아요. 솔직하게 말해주기만 하면 내가 해결해 줄 겁니다."

21 〈보기〉에 있는 내담자의 경험을 중심으로 상담할 때, 상담자의 면담 기법과 내용이 바르게 짝지어진 것은? ● 02 초등

─〈보기〉─
지난 밤 꿈에 저는 아버지와 사냥을 갔어요. 제가 글쎄 사슴인줄 알고 총을 쏘았는데, 나중에 가까이 가 보니 아버지가 죽어 있었어요. 그래서 깜짝 놀라 잠을 깼어요. 제가 얼마 전에 '디어 헌터'라는 영화를 보아서 그런 꿈을 꾸었는지도 모르겠어요.

① 해석 : 그런 꿈을 꾼 후, 여러 날 잠을 잘 못 이루었겠군요.
② 명료화 : 그런 끔찍한 꿈을 꾸고 마음이 몹시 아팠겠군요.
③ 직면 : 혹시 아버지가 일찍 사고로 세상을 떠났으면 하는 생각이 마음 한 구석에 있었던 것 아닌가요?
④ 반영 : 꿈이었겠지만 총을 잘못 쏘아서 아버지를 돌아가시게 한 죄책감 같은 것을 느꼈겠군요.

22 다음은 상담, 생활지도, 심리치료에서 다루는 내용영역의 중요도를 보여주는 그래프이다. 상담의 내용영역을 가장 잘 나타내고 있는 그래프는? ● 01 초등

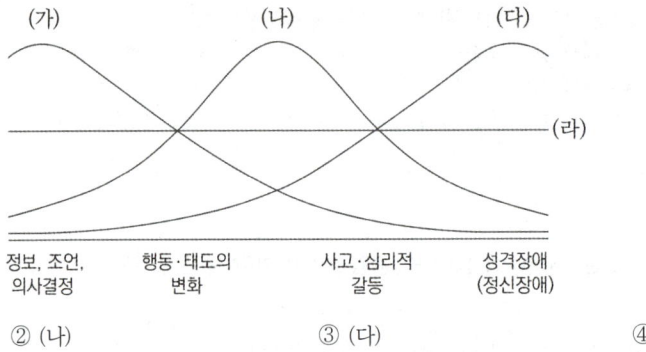

① (가)   ② (나)   ③ (다)   ④ (라)

Theme 169 프로이드(Freud)의 정신분석 상담이론

기출
11 초등, 08 초등, 06 중등, 06 초등, 05 중등, 04 초등, 03 초등

1 주요 주장

① 인간의 행동은 무의식에 존재하는 억압된 사건, 특히 유아기의 경험에 의해 결정됨
  ⇨ 인간의 행동은 결코 우연적인 것이 아니며 무의식에 있는 충동에서 그 원인을 찾을 수 있다는 정신결정론을 주장함
② 인간의 원초적인 욕구는 성욕과 공격성이며, 이러한 욕구(리비도)가 인간의 행동에 영향을 끼침
  ⇨ 건강한 인간은 이런 자신의 욕구를 알아차리고, 자신의 행동을 의식적으로 선택할 수 있어야 함
③ 유아기의 욕구 충족 및 좌절 경험을 겪게 되면 이후 그 욕구가 고착되어 성격 형성에 영향을 미침

출제 Pick!
☆ 프로이드의 의식구조, 성격구조
☆ 방어기제의 개념

2 정신구조

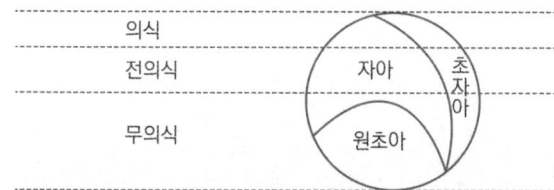

[그림 7-2] 프로이드의 의식구조와 성격구조

(1) 의식구조 ☆

① **의식(consciousness)**: 순간의 사고, 지각, 느낌, 기억 등 매 순간 느끼는 모든 경험과 감각
② **전의식(subconsciousness)**: 의식 수준은 아니지만 조금만 노력하면 곧 의식이 될 수 있는 의식과 무의식 사이에 존재하는 영역으로, 숨겨진 기억이나 잊혀진 경험들이 이에 해당됨
③ **무의식(unconsciousness)**: 가장 깊은 위치에 있으며 가장 강력하고 이해하기 어려운 수준으로, 개인의 행동을 지배하고 행동의 방향성을 결정함

(2) 성격구조 ☆

① **원초아(id)**: 개인의 심리적 에너지의 원천이자 본능으로, 즉각적·충동적인 쾌락의 원칙을 따름
② **자아(ego)**: 현실적·논리적 사고를 담당하고 원초아의 본능과 외부 세계를 중재하거나 통제하는 역할을 하며, 현실의 원칙을 따르는 정신구조의 집행자
③ **초자아(superego)**: 양심과 도덕성을 관장하고 완전과 이상을 추구하며 양심의 원칙을 따름
④ 건강한 성격은 심적 에너지가 원초아, 자아, 초자아 사이에서 균형 있게 분배·활용됨

Level Up

방어기제 ☆

1. 개념
   인간이 이해할 수 없는 불안을 경험하고 이를 통제할 수 없을 때 자아를 보호하기 위해 무의식적으로 사용하는 대처방법

2. 유형
   - **억압**: 고통스러운 생각이나 감정을 기억에서 없애고 무의식으로 억누르는 것
   - **부정**: 고통스러운 현실을 인정하지 않는 것
   - **투사**: 스스로 용납하기 어려운 부끄럽거나 두려운 자신의 생각 또는 욕망을 타인이나 외부세계의 탓으로 돌리는 것
   - **퇴행**: 심각한 곤경에 처했을 때, 이전의 발달단계로 후퇴하는 것
   - **합리화**: 받아들이기 힘든 현실 속에서 그럴듯한 좋은 이유를 만들어 내는 것
   - **승화**: 성 에너지나 공격 에너지를 사회적으로 인정되는 방법으로 전환시키는 것
   - **치환(전치)**: 특정 대상에게 자신의 충동이나 감정을 해결할 수 없을 때, 상대적으로 손쉬운 다른 대상에게 그 감정을 풀어내는 것
   - **반동 형성**: 위협적인 충동을 느낄 때, 이에 정반대되는 행동으로 충동을 표현하는 것
   - **동일시**: 열등감에 대한 방어적 반응으로 자신에게 중요한 인물들의 태도나 행동을 따라하고 그 사람과 자신을 동일시하는 것
   - **지성화(주지화)**: 자신의 감정과 충동을 추상적 사고과정을 통해 해소하여 불안을 막는 것

Theme 169 기출 CHECK!

01 다음의 사례에 나타난 방어기제는? ● 11 초등

> 초등학교 3학년인 민호에게 동생이 태어났다. 동생이 태어난 이후로 민호는 나이에 어울리지 않게 손가락을 빨고, 바지에 오줌을 싸는 등의 행동을 다시 하게 되었다.

① 퇴행　② 억압　③ 투사　④ 부인　⑤ 동일시

02 〈보기〉의 두 사례에 공통적으로 나타난 방어기제는? ● 08 초등

〈보기〉
- 민수는 진영이를 싫어하지만 오히려 진영이가 자기를 싫어한다고 생각한다.
- 승희는 밤길을 무서워한다. 어느 날 밤, 엄마가 심부름을 시키자 언니에게 함께 나가자고 하면서 "언니, 무섭지? 내가 같이 가니까 괜찮지?"라고 말한다.

① 투사　② 승화　③ 동일시　④ 합리화

03 〈보기〉의 사례에 해당하는 프로이드(S. Freud)의 방어기제는? ● 06 중등

〈보기〉
외아들인 기수는 형제가 있는 친구들을 볼 때마다 매우 부러워했다. 특히 학교를 가지 않는 날이면 외롭고 쓸쓸하였다. 그래서 기수는 시(市)에서 운영하는 청소년 단체에 가입해서 나이가 서로 다른 사람들과 어울림으로써 외로움을 많이 달랬고, 그 결과 사교성도 발달하였다.

① 승화　② 투사　③ 치환　④ 합리화

정답 01 ①　02 ①　03 ①

04 <보기>에 해당하는 프로이드의 성격 발달 단계는?

●06 초등

<보기>
이 시기에 남자 아이는 어머니에 대한 이성애적 감정과 갈등을 경험하고 극복하게 되는데, 아버지와의 동일시를 통해 대리 만족을 경험할 뿐만 아니라 성역할 태도를 발달시키고 부모의 가치와 규범 등을 내면화하게 된다.

① 구강기 ② 항문기 ③ 남근기 ④ 잠복기

05 다음의 사례에서 보람이가 사용한 방어기제는?

●05 중등

보람이는 학급 임원으로 선출되기를 기대했다. 그러나 아무도 추천하지 않아 후보에도 오르지 못했다. 선거가 끝난 후 보람이는 스스로에게 "임원이 되면 공부할 시간이 없을텐데, 잘된 거야."라고 말하였다.

① 투사(projection) ② 동일시(identification)
③ 합리화(rationalization) ④ 반동형성(reaction formation)

06 다음은 성격 이론과 그 핵심 개념을 나타낸 것이다. (가), (나), (다)에 해당되는 성격 이론은?

●04 초등

(가) 이론 : 무의식적 갈등, 열등감, 방어기제, 심리적 위기
(나) 이론 : 자기효능감, 통제 부위, 자기조절, 계획
(다) 이론 : 자아실현, 의미, 책임감, 개인적 신화

	(가)	(나)	(다)
①	정신분석학	인지 – 사회학습	인본주의
②	인본주의	정신분석학	인지 – 사회학습
③	인지 – 사회학습	인본주의	정신분석학
④	정신분석학	인본주의	인지 – 사회학습

정답 04 ③ 05 ③ 06 ①

07 다음은 프로이트(Freud)의 이론에서 가정하는 인간의 성격구조를 그림으로 표현한 것이다. 이 그림에서 A의 특징에 해당되는 것은?

● 03 초등

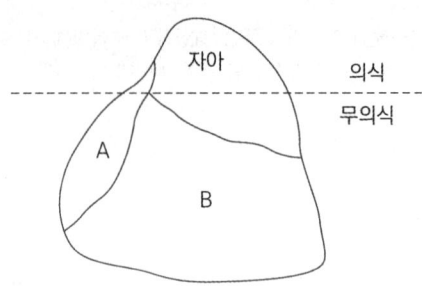

① 현실원리를 따른다.
② 너무 강하면 불안을 야기한다.
③ 인간정신의 모든 것을 관장한다.
④ 인간의 정신에너지가 저장된 창고이다.

Theme 170 아들러(Adler)의 개인심리 상담이론

07 초등, 04 중등

1 주요 주장
모든 인간은 열등감을 갖고 태어나며, 인간은 열등감을 극복하고 완전성을 이루어내기 위하여 현실적으로 불가능한 가상의 목표를 가지고 이를 달성하기 위해 행동함

2 문제행동의 원인 및 해결 방안 ☆

(1) **열등감(inferiority)** ☆ ⇨ 내담자가 열등감을 극복하고 잠재력과 존엄성을 느끼도록 존중
① 모든 인간은 열등감을 가지고 있으며, 이를 극복하고 우월성을 추구하기 위해 열등감을 활용하면 건전한 생활양식과 심리적 건강을 가질 수 있음
② 신체적 결함이나 형제 또는 부모와의 관계가 열등감에 영향을 줌
③ 인간의 행동은 열등감에 대한 보상이며, 열등감은 이를 극복하고자 노력하게 만드는 동기가 됨
④ 부모 양육 방식에 따라 인간이 병적 열등감을 갖게 될 경우 ⇨ 파괴적인 생활양식
  ㉠ 부모 과보호 : 아이는 스스로 할 수 있는 것이 아무것도 없다는 자기 무가치감
  ㉡ 부모 무관심 : 아이는 자신이 사랑받거나 인정받을 가치가 없다는 자기 무가치감
  예 폭력적인 영철이의 행동은 자신의 열등감을 극복하고 우월해지고자 하는 동기가 표출된 결과 ⇨ 자신을 알아주지 않는 주위 사람들에게 공격성을 나타냄으로써 자신도 중요한 사람이 될 것으로 여기는 문제행동

(2) **허구적(가상적) 목적 추구** ⇨ 비현실적인 삶의 목적을 현실적인 것으로 수정
① 인간은 목표지향적이기 때문에 스스로 계획을 세우고 목표를 이루기 위해 행동함
② 이 중 현실적으로 실현 불가능한 허구적 목표도 많이 있으며, 이는 행동의 동기가 됨
③ 허구적 목적을 잘못 추구하게 되면 신경증, 정신병, 도착증 등 정신병리적 행동의 원인이 됨
④ **우월성 추구** : 부족한 상황을 극복하고 완전성을 추구하며 지금보다 끊임없이 향상하려는 동기

(3) **공동체감(사회적 관심) 부족** ☆ ⇨ 사회적 관심 향상시키기 / 타인 공감, 타인 입장·복지 존중
① 공동체감 : 타인에 대한 관심과 공감 ⇨ 정신건강의 척도
② 심리적으로 건강한 사람 ⇨ 높은 공동체감, 사회적 목표 추구, 모두의 복지 증진을 위해 노력
③ 공동체감 부족 시 ⇨ 파괴적 생활양식 형성
④ 활동 수준 : 타인과 교류하는 에너지·활동 수준이 높으면 사교적이고 활발한 대인관계를 가짐
⑤ **생활양식** ☆
  ㉠ 개인의 독특한 행동 양상 ⇨ 아동기의 경험에 대한 태도에 따라 다르게 형성됨
  ㉡ '공동체감'과 '활동수준'에 따라 '지배형, 기생형, 회피형, 사회적 유용형'의 4가지 유형으로 구분됨

유형	공동체감	활동수준	특징
지배형	낮음	높음	주장이 많고 공격적·적극적이며, 다른 사람의 입장을 고려하지 않음
기생형	낮음	낮음	타인에게 의존하고, 다른 사람들로부터 가능한 한 더 많은 것을 얻으려 함
회피형	낮음	낮음	실패를 두려워하고 생활과제를 회피하고자 함
사회적 유용형	높음	높음	자신뿐만 아니라 다른 사람들의 복지를 위해 협력하고자 함

3 상담기법 ☆
① **질문법** : 개인의 대인관계와 가족관계를 묘사하는 데 사용하는 순환질문 등을 통해 내담자가 자신의 생활양식의 전반에 대해 이해할 수 있게 질문을 던지고 답을 하게 함
② **버튼 누르기 기법** : 좋은 기분 버튼, 나쁜 기분 버튼을 누른다고 상상하고 이에 따라 자신의 기분을 설정함으로써 자신의 기분은 내담자 스스로가 창조하는 것임을 깨닫도록 도움
③ **'마치 ~인 것처럼' 행동하기** : 내담자가 원하는 행동을 가상의 장면에서 '마치 ~인 것처럼' 해보거나 바람직한 자신의 모습을 연기해 봄으로써 실제로 그렇게 되도록 도움

출제 Pick!
☆ 문제행동(부적응)의 원인
☆ 열등감의 개념
☆ 공동체감의 개념
☆ 생활양식의 유형과 특징
☆ 상담기법

Level Up
아들러의 출생 순위
- 아들러는 출생 순위에 따라 독특한 성격을 형성한다고 보았음
- 출생 순위에 따른 성격 유형
  - **첫째** : 독립적, 자율적, 자아중심적, 독단적
  - **둘째** : 첫째보다 빠른 발전, 야망, 경쟁적
  - **막내** : 형제 간 경쟁을 포기하고 의존 or 강한 야망, 성취욕
  - **외동** : 경쟁 형제가 없어 자기중심적, 의존성 강한 응석받이

Theme 170 기출 CHECK!

01 상담에서 〈보기〉의 내용을 강조한 인물은?
• 07 초등

―――――――――――――――――〈보기〉―――――――――――――――――
• 열등감   • 생활양식   • 사회적 관심   • 허구적 최종 목적론

① 번(E. Berne)   ② 아들러(A. Adler)   ③ 로저스(C. Rogers)   ④ 프로이드(S. Freud)

02 다음은 교칙을 위반한 학생의 문제행동의 원인에 대해 설명한 상담기록의 일부이다. 여기에 적용된 상담 접근방법을 쓰시오.
• 04 중등 변형

> 상습적으로 다른 학생들에게 폭력을 휘두르는 영철이의 행동은 자신의 열등감을 극복하고 우월해지고자 하는 동기가 표출된 결과이다. 이러한 행동은 자신을 알아주지 않는 주위 사람들에 대해 공격성을 나타냄으로써 자신도 중요한 사람이 될 수 있을 것으로 여기는 문제행동으로 볼 수 있다.

•

정답 01 ②   02 아들러의 개인심리학적 상담이론

Theme 171 행동주의(behaviorism) 상담이론

기출
14 추시, 12 중등, 11 초등, 09 중등, 08 중등, 06 초등, 05 초등, 04 초등, 03 초등, 02 초등

1 고전적 조건형성이론

(1) 개념
중성 자극을 무조건 자극과 연합하여 조건 반응으로 만드는 것

(2) 주요 내용
① **자극 일반화**: 조건 형성 시 조건 자극과 비슷한 다른 자극에도 조건 반응이 일어남
② **소거**: 조건 형성 이후 무조건 자극이 제거된 채 조건 자극만 계속 제시될 경우 반응이 점점 줄어들다가 더 이상 일어나지 않게 되는 것
③ **자발적 회복**: 소거된 조건 반응이 일시적으로 다시 회복되어 나타나는 것
④ **고차적 조건 형성**: 조건 형성 이후 조건을 무조건 자극으로 조건 반응을 무조건 반응으로 하여 또 다른 조건 반응을 형성하는 것

(3) 상담기법
① **이완훈련** ☆: 긴장 수준과 스트레스 수준을 낮추어 스트레스를 극복하는 방법으로, 근육을 의도적으로 수축·이완시키는 동작을 반복하며 심리적 긴장 통제기술을 훈련함
② **체계적 둔감법** ☆: 약한 불안자극에서 강한 불안자극으로 옮겨가며 불안자극의 자극력을 감소
③ **혐오요법**: 불쾌한 그림, 전기충격 등의 혐오자극과 벌을 통해 바람직하지 않은 행동을 소거
④ **홍수법**: 강력한 불안자극에 장시간 노출하여 그 자극에 둔감하게 하는 것으로, 공포증에 활용함

2 조작적 조건형성이론

(1) 개념
강화와 처벌을 제공함으로써 특정 반응을 증가시키거나 감소시키는 것

(2) 주요 내용

강화	• **정적 강화**: 반응에 대한 선호자극을 제공하여 반응 빈도를 증가시키는 것 • **부적 강화**: 반응의 결과로 혐오자극을 제거하여 반응 빈도를 증가시키는 것
처벌	• **정적 처벌**: 행동에 대해 혐오자극을 제시하여 그 반응의 빈도를 감소시킴 • **부적 처벌**: 반응의 결과 선호자극을 제거함으로써 그 반응의 빈도를 감소시킴

(3) 상담기법 ☆
① **행동조형**: 강화를 이용하여 목표행동을 점진적으로 형성해 나가는 것
② **토큰경제**: 내담자가 바람직한 행동을 할 때마다 토큰 제공, 추후 내담자가 원하는 것을 사게 함
③ **타임아웃**: 처벌의 일종으로, 긍정적 강화에서 격리시켜 부적절한 행동을 감소시킴
④ **프리맥 원리**: 높은 확률로 일어날 행동을 강화물로 사용하여 일어날 확률이 적은 행동으로 촉진
⑤ **행동계약**: 자신의 문제를 이해하고, 그것의 해결방향에 대해 분명하게 지각하고 있는 둘 이상의 사람들이 정해진 기간 내에 각자 해야 할 행동을 분명하게 명시하여 이를 지키자는 계약을 함

3 사회학습이론

(1) 개념
개인은 사회적 환경 속에서 모방을 통하여 학습함

(2) 주요 내용
① **관찰학습**: 타인의 행동을 관찰함으로써 학습함
② **대리적 강화**: 타인의 행동과 그에 대한 강화를 관찰하는 게 관찰자에게도 강화로 작용함

(3) 상담기법 ☆
모델링 ⇨ 동기화, 불안 감소 등을 위해 다른 사람이 행동하는 것을 관찰하고 이를 활용함

출제 Pick!
☆ 이완훈련, 체계적 둔감법, 행동조형, 토큰경제, 타임아웃, 프리맥 원리, 행동계약, 모델링의 개념

Level Up
행동주의 개관
• 외현적 행동의 변화를 중시함
• 부적응 행동 역시 학습의 결과로서, 관찰 가능한 행동의 변화를 통해 문제를 해결하고자 함

Theme 171 기출 CHECK!

논술 기출 CHECK

다음은 A 고등학교의 최 교사가 작성한 성찰일지의 일부이다. 일지 내용을 바탕으로 철수의 학교생활 적응을 향상시키기 위한 상담 기법을 2가지 관점(① 행동중심 상담, ② 인간중심 상담)에서 각각 2가지씩만 논하시오.   • 14 중등 추시

> 일지 #2014년 4월 ○○일 ○요일
>
> 우리 반 철수가 의외로 반 아이들과 잘 지내지 못하는 것 같아 마음이 쓰인다. 철수와 1학년 때부터 친하게 지냈다는 학급 회장을 불러서 이야기를 해 보니 그렇지 않아도 철수가 요즘 거칠어 보이는 동네 친구들과 어울려 다니는 모습을 자주 보게 되어 학급 회장도 걱정을 하던 중이라고 했다. 그런데다 철수가 반 아이들에게 괜히 시비를 걸어 싸움이 나게 되면, 그럴 때마다 아이들이 철수를 문제라고 하니까 그 말을 들은 철수가 더욱더 아이들과 멀어지고 제멋대로 행동한다고 한다. 오늘도 아이들과 사소한 일로 다투다가 갑자기 소리를 지르고 물건을 던지고는 교실에서 나가버렸다고 한다. 행동이 좋지 않은 친구들과 몰려다니며 그 아이들의 행동을 따라서 철수의 행동이 더 거칠어진 걸까? 1학년 때 담임 선생님 말로는 가정 형편이 그리 넉넉하지 않고 부모님이 철수에게 신경을 쓰지 못함에도 불구하고 행실이 바른 아이였다고 하던데, 철수가 왜 점점 변하는 걸까? 아무래도 중간고사 이후에 진행하려고 했던 개별 상담을 당장 시작해야겠다. 그런데 철수를 어떻게 상담하면 좋을까?

01 다음 세 명의 교사가 학생의 행동 특성을 변화시키기 위해 제안한 상담기법을 각각 쓰시오.   • 12 중등 변형

> 김 교사 : 명수는 숙제를 해오지 않는 경우가 많습니다. 이 문제를 해결하기 위해 부모님과 의논해서, 숙제를 모두 마치면 명수가 좋아하는 인터넷 게임을 할 수 있도록 해주는 것이 좋을 것 같습니다.
>
> 박 교사 : 영수는 교사의 지속적인 칭찬이 있을 때에는 주의집중하거나 과제물을 챙겨오는 등 긍정적 행동변화를 보이지만, 그 행동이 계속 유지되지 못하는 경향이 있습니다. 긍정적 행동변화를 지속시키기 위해 매번 칭찬하기보다는 가끔씩 하는 것이 좋을 것 같습니다.
>
> 서 교사 : 진수는 학교에서 당번이 되어 화장실 청소하는 것을 매우 싫어합니다. 그리고 과제물을 챙겨오지 않는 경우가 빈번하여 학습에 지장을 초래하곤 합니다. 진수가 과제물을 잘 챙겨 오도록 하기 위해, 과제물을 챙겨 올 경우 화장실 청소를 면제해 주는 방법이 좋을 것 같습니다.

• 김 교사 : _____   • 박 교사 : _____   • 서 교사 : _____

정답 01 김 교사 – 프리맥의 강화 원리 / 박 교사 – 간헐적 강화 / 서 교사 – 부적 강화

02 다음의 (가)와 (나)에서 최 교사가 학생들의 문제를 해결해 주기 위해 사용한 상담기법을 바르게 짝지은 것은? • 11 초등

> (가) 수희는 학생들 앞에서 발표할 때마다 앞이 캄캄해지고 전날 준비한 발표 내용이 전혀 기억나지 않는다. 어지럼증이 나고 숨쉬기도 힘들어진다. 최 교사는 먼저 수희에게 이완 훈련을 실시한 후 긴장될 때마다 이를 활용하도록 하였다. 다음으로는 불안을 유발하는 요인들을 그 강도에 따라 순서대로 적어 보도록 하였다. 마지막으로 이완된 상태에서 발표 장면을 상상하며 불안 강도가 낮은 것부터 높은 것까지 떠올려 보는 연습을 반복하게 하였다.
>
> (나) 재　영 : 선생님, 저는 엄마 잔소리 때문에 괴로워요. 엄마는 제가 조금만 쉬고 있어도 "공부 안 하니?" 하고, 학교 마치고 집에 조금만 늦게 가도 "왜 이렇게 늦게 오니?" 하며 야단치세요. 엄마는 칭찬은 않고 늘 꾸중만 하세요.
>
> 　　　최 교사 : 엄마가 잔소리하고 야단만 쳐서 속상한 모양이구나. 그런데 그건 너에 대한 엄마의 관심의 표현일 거야. 너를 많이 사랑해서 그러시는 게 아닐까?

	(가)	(나)
①	역설적 개입	재구조화
②	역설적 개입	탈중심화
③	체계적 둔감법	직면
④	체계적 둔감법	재구조화
⑤	홍수법(flooding)	탈중심화

03 책상 앞에 앉아 공부하는 습관을 들이도록 다음과 같은 행동조성(behavior shaping) 절차를 적용하였다. 여기에서 사용되지 않은 기법은? • 09 중등

목표행동	책상 앞에 앉아 90분 이상 공부하는 습관을 들이도록 한다.
기저선	학교에서 돌아온 후 책상 앞에 앉아 공부하는 시간은 평균 20분 정도였다.
강화물	자유 시간을 준다.
목표행동 세분화	책상 앞에 앉아 공부하는 시간을 30분, 60분, 90분으로 세분화하였다.
강화계획 1	처음 1주일 동안에는 30분 이상 책상 앞에 앉아 공부한 날에만 자유 시간 30분을 주었다.
강화계획 2	2주일째부터는 60분 이상 책상 앞에 앉아 공부한 날에만 자유 시간 30분을 주었다.
강화계획 3	3주일째부터는 90분 이상 책상 앞에 앉아 공부한 날에만 자유 시간 60분을 주었다.
강화계획 4	4주일째부터는 90분 이상 책상 앞에 앉아 공부한 날이라도 어떤 날은 자유 시간 60분을 주고, 어떤 날은 자유 시간을 주지 않았다.

① 간헐적 강화　　② 점진적 접근　　③ 차별적 강화　　④ 연속적 강화　　⑤ 대리적 강화

04 수업에서 활용한 상담기법을 옳게 제시한 것은? • 08 중등

> 김 교사는 수학시간에 ㉠일차 방정식을 푸는 과정을 보여주고 학생들에게 그 방법을 적용하여 문제를 따라서 풀어 보도록 하였다. 그리고 ㉡학생들이 문제를 맞게 풀 때마다 칭찬을 하고 스티커 한 장을 주며 네 장 이상 모으면 자기가 하고 싶은 활동을 해도 좋다고 허락하였다. ㉢문제를 풀지 않고 떠들거나 다른 행동을 하는 학생에게는 교실 뒤편에 서서 김 교사가 풀어 놓은 방정식을 보도록 하였다.

	㉠	㉡	㉢
①	모델링	부적강화	자극통제
②	모델링	토큰강화	타임아웃
③	조성법	토큰강화	자극통제
④	조성법	부적강화	타임아웃

정답 02 ④　03 ⑤　04 ②

05 시험불안 증세를 보이는 학생에게 적용할 수 있는 행동주의적 상담 기법은? ● 06 초등
① 시험불안과 관련된 내담자의 방어기제를 해석한다.
② 불안 위계 목록을 작성하고 단계적으로 둔감화시킨다.
③ 내담자가 말하는 내용 속에 다른 숨은 의도가 있는지 분석한다.
④ 내담자에 대한 상담자의 생각과 감정을 솔직하게 이야기해준다.

06 〈보기〉에서 김교사가 영희의 행동을 변화시키기 위해서 사용한 강화 원리는? ● 05 초등

〈보기〉

영희는 수학을 잘하는 아동이다. 김 선생님은 수학 시간에 영희에게 자신이 푼 문제를 발표하게 하였다. 영희는 긴장했는지 얼굴이 빨개지면서 한 마디도 하지 못했다. 다음 시간부터 김 선생님은 영희가 수학 시간에 한 마디라도 발표하면 그때마다 관심을 보여 주었고, 오랫동안 발표를 잘 했을 때에는 적극적으로 관심을 보여 주었다. 그 이후 영희는 차차 용기를 내어 스스로 발표를 하게 되었다.

① 정적 강화   ② 부적 강화   ③ 상반행동 강화   ④ 간헐 강화

07 다음은 조작적 조건형성을 위한 방법을 제시한 것이다. 〈라〉에 해당하는 조건형성의 예를 적절히 기술한 것은? ● 04 초등

강화자극		자극의 성질	
		유쾌	불쾌
제시 방식	제시	가	나
	제거	다	라

① 숙제를 다하면 나가서 놀게 한다.
② 관심을 끌려는 행동을 모른 체 한다.
③ 소란을 피울 때 자유시간을 박탈한다.
④ 착한 일을 할 때 교실청소를 면제한다.

08 수업시간이 너무 소란스러워 떠드는 아이들에게 체벌을 가하였더니 조용해졌다. 이런 일이 반복된 후 교사의 체벌이 잦아졌다. 이러한 사태를 행동주의 학습이론 중 강화이론으로 해석할 때, 교사의 체벌행동의 빈도를 높인 강화물은? ● 03 초등
① 학생들의 소란행위   ② 학생들의 조용해진 행동
③ 체벌을 받는 학생의 생각   ④ 체벌행동을 하는 교사의 의지

09 〈보기〉에서 교사가 사용하고 있는 강화의 원리는? ● 02 초등

〈보기〉

학생들: 싫어요! 또 산수 문제를 풀어야 하나요? 옆 반은 만화 영화를 보고 있어요.
교 사: 옆 반은 어제 이 산수 문제를 다 풀었어. 우리도 거의 다 끝났잖아.
학생들: 우리도 만화 영화 봐요. 그렇게 해 주세요.
교 사: 만일 열심히 산수 문제를 다 푼다면 재미있는 만화 영화를 보여 주지.
학생들: 네! 좋아요.
교 사: 자, 빨리 시작해야지.

① 프리맥(Premack)의 원리   ② 변동 간격 강화의 원리   ③ 간헐 강화의 원리   ④ 계속 강화의 원리

정답 05 ② 06 ① 07 ④ 08 ② 09 ①

Theme 172. 엘리스(Ellis)의 합리정서 행동치료 상담이론 (REBT; Rational Emotive Behavior Therapy)

기출: 12 중등, 11 중등, 11 초등, 10 중등, 08 초등, 05 초등, 03 중등, 03 초등, 02 중등

1 주요 주장
① 개인의 인지과정에 초점을 맞춘 상담이론
② **부적응의 원인** ☆ : 개인의 정서 문제 및 문제행동의 원인을 비합리적 신념으로 여김

2 상담 목표
① 비합리적 신념을 합리적 신념으로 변화시켜 자기패배적 사고와 행동을 변화시키고, 합리적이고 생산적인 삶을 영위할 수 있도록 도움
② 이를 통해 내담자가 정서적 건강과 성숙을 이룰 수 있도록 함

3 상담자의 주요 역할
① 내담자의 비합리적 신념을 논박하여 합리적 신념으로 바꾸는 것
② 논박 기법
  ㉠ **인지적 기법** : 논박, 인지적 과제, 내담자 언어 변화
  ㉡ **정서적 기법** : 무조건적인 수용, 수치심 공격하기, 유머, 역할연기
  ㉢ **행동적 기법** : 조작적 조건형성, 체계적 둔감화, 이완훈련, 모델링

4 주요 개념
① **비합리적 신념** ☆
  ㉠ 당위적 사고, 과장적 사고, 인간비하적 사고, 낮은 인내성 등의 특징
  ㉡ 정서장애 및 문제행동의 원인이 되는 믿음체계
② **논박(Dispute)** ☆
  ㉠ 내담자가 가지는 비합리적 신념에 도전하여 그 신념체계가 옳은 것인지 확인하도록 하는 것
  ㉡ 내담자의 비합리적 신념을 상담자가 반박하여 합리적인 신념으로 수정하는 단계
③ 상담과정 – ABCDE(F) : 선행사건(A) ⇨ 신념체계(B, 합리적·비합리적 신념) ⇨ 결과(C, 신념체계를 적용·해석한 정서적 결과) ⇨ 논박(D) ⇨ 효과(E) ⇨ 감정(F)

출제 Pick!
☆ 부적응의 원인
☆ 비합리적인 신념과 논박의 개념
☆ ABCDE(F) 상담모형

Level Up
ABCDEF 상담모형 ☆
- A : 선행사건(Activating event) – 개인에게 정서적 혼란을 야기하는 사건의 발생
- B : 신념체계(Belief system) – 선행사건을 지각 및 판단, 평가하는 근거
- C : 결과(Consequence) – 선행사건으로 야기된 부정적 정서
- D : 논박(Dispute) – 내담자가 가지고 있는 비합리적 신념, 사고에 대해 반박
- E : 효과(Effect) – 내담자가 가진 비합리적 신념을 논박을 통해 합리적 신념으로 대체
- F : 감정(Feeling) – 비합리적인 신념이 합리적인 신념으로 대치된 후 느끼게 되는 자기수용적 태도와 긍정적 감정의 결과

Theme 172 기출 CHECK!

01 상담이론에 대한 설명 중 옳은 것을 〈보기〉에서 고른 것은? • 12 중등

〈보기〉
ㄱ. 프로이드(S. Freud)의 정신분석 상담이론은 집단 무의식을 강조하며, 주요한 상담기법 중의 하나로 자유연상을 사용한다.
ㄴ. 엘리스(A. Ellis)의 합리, 정서, 행동 상담이론(REBT)은 신념 체계를 강조하며, 주요한 상담기법 중의 하나로 논박을 사용한다.
ㄷ. 번(E. Berne)의 교류분석 상담이론은 세 가지 자아상태(부모, 성인, 아동)를 강조하며, 주요한 상담기법 중의 하나로 구조분석을 사용한다.
ㄹ. 글래서(W. Glasser)의 현실주의 상담이론은 인간의 5가지 기본 욕구(소속감, 힘, 즐거움, 자유, 생존)를 강조하며, 주요한 상담기법 중의 하나로 생활양식을 분석한다.

① ㄱ, ㄴ   ② ㄱ, ㄷ   ③ ㄴ, ㄷ   ④ ㄴ, ㄹ   ⑤ ㄷ, ㄹ

02 다음 글의 (가) ~ (다)에서 김 교사가 학생들의 문제를 해결하기 위해 활용한 상담기법을 올바르게 짝지은 것은? • 11 중등

(가) 기훈이는 공부한 만큼 성적이 나오지 않는 편이라 공부 방법을 개선하고 싶어 한다. 김 교사는 기훈이가 효과적인 공부 방법을 사용할 수 있을 때까지 적절한 공부 방법을 알려주고 사용해 보도록 한 후, 피드백을 제공하였다.
(나) 수정이는 시험 때가 되면 너무 예민해지고 압박감을 많이 느낀다. 김 교사는 이완훈련과 불안 위계를 사용하여 수정이의 시험불안을 줄이고자 하였다.
(다) 철수는 기말고사를 앞두고 '이번 시험은 틀림없이 망칠 것이고, 난 결국 인생의 실패자가 될 거야.'라고 생각하고 있다. 김 교사는 철수에게 왜 이번 시험을 망칠 것이라고 확신하는지, 또 시험에 한두 번 실패 안 해 본 사람이 어디 있으며, 설령 시험성적이 원하는 만큼 나오지 않는다고 해도 그것이 어떻게 인생의 실패와 관련되는지를 생각해 보도록 하여 합리적인 신념을 갖게 하고자 하였다.

	(가)	(나)	(다)
①	행동시연	체계적 둔감법	역설적 기법
②	행동시연	체계적 둔감법	논박하기
③	행동시연	용암법(fading)	논박하기
④	자극포화법	용암법(fading)	역설적 기법
⑤	자극포화법	용암법(fading)	논박하기

03 다음에서 무단결석을 한 철수의 문제행동에 대한 박 교사의 생각인 (가)에 가장 부합하는 상담이론은? • 11 초등

철   수: 어제 늦잠을 잤어요. 아무리 서둘러도 1교시 수업에 늦을 것 같아 '지각할 바엔 학교에 가서 뭐하나?' 하는 생각을 했어요.
박 교사: 음, 그래서 결석을 했구나! …… 그런데 조금 늦게라도 학교에 왔으면 좋지 않았을까?
철   수: 어차피 수업에 늦을 바에는 학교에 안 가는 게 나을 것이라고 생각했어요.
박 교사: 지각할 바에는 결석하는 게 낫다고 생각했구나.
(박 교사는 철수의 무단결석이 흑백논리적 사고 때문이라고 보고, 그가 보다 합리적으로 사고할 수 있도록 도와주어야겠다고 생각하였다.)
(가)

① 인지행동 이론   ② 교류분석 이론   ③ 게슈탈트 이론   ④ 정신분석 이론   ⑤ 실존주의 이론

정답 01 ③ 02 ② 03 ①

04 상담이론에 대한 설명으로 옳은 것을 〈보기〉에서 고른 것은?   • 10 중등

― 〈보기〉 ―
ㄱ. 합리적·정서적 행동치료(REBT)에서는 정서적 문제를 유발하는 원인이 사건 자체가 아니라 그 사건에 대한 비합리적인 신념 때문이라고 본다.
ㄴ. 인간중심 상담이론에서는 성장을 위한 적절한 조건이 갖추어지면 누구나 자아실현을 이룰 수 있다고 본다.
ㄷ. 정신분석 상담이론에서는 '지금-여기'에 초점을 두며 접촉을 통한 자각으로 통합을 이루게 된다고 본다.
ㄹ. 게슈탈트 상담이론에서는 죽음과 비존재, 실존적 불안, 삶의 의미를 강조한다.

① ㄱ, ㄴ   ② ㄱ, ㄹ   ③ ㄴ, ㄷ   ④ ㄴ, ㄹ   ⑤ ㄷ, ㄹ

05 다음의 대화에서 각각이 합리적-정서적 행동치료의 ABCDE 상담 모형 중 무엇에 해당하는지 쓰시오.   • 08 초등 변형

　　　교사 : 어떤 이야기를 하고 싶니?
(가) 아동 : 너무 화가 나서 죽겠어요.
　　　교사 : 무슨 일이 있었길래 그러니?
(나) 아동 : 호영이가 다른 애랑만 놀아요.
　　　교사 : 어떤 생각이 들어 화가 난 걸까?
(다) 아동 : 호영이는 나랑만 놀아야 해요.
(라) 교사 : 호영이는 정말 너랑만 놀아야 될까?
(마) 아동 : 꼭 그렇지는 않지만……. 나랑 많이 놀면 좋겠어요.

• (가) : _____ • (나) : _____ • (다) : _____ • (라) : _____ • (마) : _____

06 〈보기〉에서 합리적-정서적 상담의 기법을 골라 바르게 묶은 것은?   • 05 초등

― 〈보기〉 ―
가. 전이의 분석　　　　　　나. 역설 의도법　　　　　　다. 사고 정지법
라. ABCDE의 적용　　　　마. 수치감-공격 연습　　　바. 부적절한 정서와 행동의 확인

① 가, 나, 다   ② 나, 다, 라   ③ 다, 라, 마   ④ 라, 마, 바

[정답] 04 ①　05 (가)-C / (나)-A / (다)-B / (라)-D / (마)-E　06 ④

07 다음 가~사의 상황과 엘리스(Ellis)의 합리 – 정서치료(RET) 요소를 바르게 연결하시오. • 03 중등 변형

가. 나는 입학시험에 떨어졌다.
나. 부모님께 죄책감이 들고 자신에게 절망감이 들었다.
다. 방안에서만 지내면서 아무도 만나지 않았다.
라. 입학시험에 떨어진 것은 곧 파멸이라 생각했기 때문이었다.
마. "떨어진 아이들도 많은데 유독 너만 파멸이라고 생각하면 되겠느냐?"라는 어머니의 말씀을 듣고, "나는 왜 시험에 떨어지면 파멸이라고 생각했지?"라고 스스로 반문했다.
바. 시험에 떨어진 것이 자랑은 아니지만, 그것이 곧 파멸은 아니라는 생각이 들었다.
사. 시험에 떨어진 것이 불쾌하지만 절망하지는 않게 되면서, 내 실력에 맞는 다른 학교를 알아보게 되었다.

A : 선행사건   irB : 비합리적 신념   rB : 합리적 신념   C : 결과   D : 논박   E : 효과

- 가 : _____
- 나 : _____
- 다 : _____
- 라 : _____
- 마 : _____
- 바 : _____
- 사 : _____

08 〈보기〉에 제시된 상담이론과 인간에 대한 관점이 옳게 짝지어진 것은? • 03 초등

〈보기〉

a. 합리적 – 정서적 상담
b. 인간중심적 상담
c. 행동적 상담
d. 개인심리학적 상담

가. 인간은 무의식의 지배를 받는다.
나. 인간은 현상적 장에 대하여 체제화된 전체로서 반응한다.
다. 인간의 모든 행동은 학습된 것이다.
라. 인간은 자신에게 정서적 혼란을 일으키는 생각을 만들어 낸다.

① a – 라   ② b – 다   ③ c – 가   ④ d – 나

09 다음 내용에 따르면 김 교사는 어느 이론의 입장에서 상담하고 있는가? • 02 중등

- 철수는 항상 남보다 공부를 잘하고 선생님으로부터 인정받아야 한다고 생각하고 있다.
- 그래서 철수는 성적이 떨어지거나 선생님으로부터 꾸중을 들으면 심하게 좌절을 한다.
- 교사는 상담과정에서 철수가 가지고 있는 신념은 현실성이 없음을 깨우치게 하려고 노력하고 있다.
- 교사는 철수에게 '남으로부터 항상 인정받고 있는 사람'이 있으면 예를 들어 보라고 말하기도 한다.

① 행동주의적 상담이론
② 정신분석적 상담이론
③ 형태주의적 상담이론
④ 합리적·정서적·행동적 상담이론

정답 07 가 – A / 나 – C / 다 – C / 라 – irB / 마 – D / 바 – rB / 사 – E   08 ①   09 ④

Theme 173 벡(Beck)의 인지치료 상담이론 (CT; Cognitive Therapy)

기출: 06 초등, 01 초등

출제 Pick!
☆ 자동적 사고, 역기능적 인지도식, 인지적 왜곡의 개념

1 주요 주장
① 인간은 자신의 인지, 정서, 행동, 과정을 변화시킬 수 있는 능력을 가진 능동적 존재임
② 개인의 문제는 현실에 대한 인지적 왜곡으로 인한 것
  ㉠ 인지를 변화시켜 심리적·행동적 문제를 해결할 수 있음
  ㉡ 역기능적·자동적 사고를 합리적 사고로 변화시키려고 함(by 인지적 기법 + 행동적 기법)

2 주요 개념
(1) **자동적 사고**(automatic thoughts) ☆
  ① 특정 사건에 대해 즉각적으로 떠오르는 생각
  ② 심리적 장애가 있는 사람은 자동적 사고가 왜곡되거나, 극단적이거나, 부정확함
(2) **역기능적 인지도식**(dysfunctional cognitive schema) ☆
  ① 인지도식 : 개인이 세상을 살아오는 과정에서 자신의 삶에 관해 형성한 이해의 틀
  ② 역기능적 인지도식 : 현실 적응에 도움이 되지 않는 부정적 내용으로 구성된 인지도식
    ⇨ 역기능적 인지도식을 가진 사람은 자신, 세상, 자신의 삶에 대해 부정적인 해석을 가짐
(3) **인지적 왜곡**(cognitive distortion) ☆
  ① 역기능적 자동적 사고, 추론과정에 있어 나타나는 체계적·인지적(cognitive) 오류
    ⇨ 정보의 처리가 부정확하거나 비논리적이고 비현실적임
  ② 인지적 왜곡의 종류
    ㉠ 이분법적 사고 : 사건의 의미를 이분법적으로 해석함
      예 1등이 아니면 안 된다고 생각함
    ㉡ 자의적 추론 : 어떠한 충분한 근거 없이 결론을 내림
      예 답장이 없을 경우 '날 싫어하네?'라고 생각함
    ㉢ 과잉일반화 : 특수한 사건의 경험을 일반화함
      예 '두 번이나 차인 걸 보니 평생 연애는 못 할 거야.'라고 여김
    ㉣ 정신적 여과 : 일부 정보만 선택적으로 받아들인 것을 전체라고 해석함
      예 한두 명의 부정적 반응에 '망했다!'라고 여김
    ㉤ 극대화와 극소화 : 사건의 의미나 중요성을 실제보다 과장 혹은 축소함

Theme 173 기출 CHECK!

01 상담 교사는 〈보기〉에 제시된 아동의 반응을 '자동적 사고'로 해석하고, 과대 일반화, 임의적 추론, 낙인찍기의 개념을 사용하여 아동과 상담하였다. 상담 교사가 취한 상담 접근은?
● 06 초등

―〈보기〉―
애들이 모두 저를 따돌려요. 오늘은 교문에서 미성이가 저를 못 본 체하고 가버렸어요. 애들이 저를 왕따시키는 것 같아요.

① 교류분석 ② 의미치료 ③ 인지치료 ④ 현실치료

02 다음의 사례를 보고 인지치료적 접근을 하는 상담자가 취하게 될 판단이나 행동으로 적절한 것은?
● 01 초등

―사례―
사례 : 내담자는 성적이 상위권인 모범생이다. 그러나 시험 준비를 할 때가 되면 항상 긴장이 심하고 두통, 설사, 몸살로 고생을 한다. 또 시험을 잘 못보면 어쩌나 하는 걱정이 항상 떠나지 않고 시험에 실패하는 상상을 하면서 괴로워한다.

① 불안을 수용하고 공감하는 방법을 모색한다.
② 시험과 관련된 어떤 나쁜 경험이 있었을 것으로 판단한다.
③ 불안 반응을 대체할 수 있는 이완기법을 가르치는 프로그램을 고려한다.
④ 불안을 지속시키고 증폭시키는 내담자의 생각이 무엇인지를 알려고 한다.

정답 01 ③ 02 ④

Theme 174 글래서(Glasser)의 현실요법 상담이론(reality therapy)

기출
13 중등, 10 초등, 09 초등, 06 중등, 05 중등

1 주요 주장 ☆
① 인간은 자신의 기본 욕구를 충족시키기 위해 자신의 환경을 통제하고 선택함
   ⇨ 모든 행동은 선택에 의한 것임
② 인간은 행동을 선택할 때 자신의 욕구를 최대한으로 충족시키기 위해 자신을 통제함
③ 감정과 태도보다는 현재의 행동에 초점이 있으며, 과거나 미래보다는 현재가 중요함
   예 현재를 중시하며 절수의 감성이나 태도보다 행동에 초점
④ 인간의 기본 욕구가 제대로 충족되지 못할 때 부적응 행동이 발생 ☆
   ⇨ 인간의 5가지 욕구 충족을 위해 현실적·책임적·도덕적 행동 선택을 이끄는 상담이 필요함
   예 결핍된 힘의 욕구를 충족하고자 폭력이라는 방법을 선택함

출제 Pick!
☆ 부적응의 원인
☆ 우불딩이 제안한 상담 절차

2 상담 목표
① 내담자가 자신의 욕구를 제대로 파악하고 이것을 제대로 달성할 수 있도록 조력하는 것
② 자신의 행동이 타인의 욕구를 방해하지 않는 선에서 효율적으로 자신의 욕구를 충족시키는 효율적인 삶의 통제자가 될 수 있도록 도움

3 주요 개념
(1) 선택이론
① 파워의 통제이론(행동은 외적 자극에 따른 반응이 아닌 내적 동기가 통제)을 발전시킨 것
② 인간은 5가지 기본 욕구를 충족하기 위해 자신의 행동을 선택함
③ 우울감 또한 상황에 의한 결과가 아니라 개인이 스스로 선택한 것

(2) 5가지 기본 욕구
① 사랑과 소속감의 욕구, 힘과 성취의 욕구, 자유의 욕구, 즐거움의 욕구, 생존의 욕구
② 기본 욕구가 충족되지 못할 시 부적응이 발생함 ☆

(3) 전체 행동
① 욕구를 만족시키기 위해 행하는 모든 행동 ⇨ 활동하기, 생각하기, 느끼기, 생리반응
② 통제 정도 : 활동하기는 개인의 완전한 통제가 가능하나 생각하기, 느끼기, 생리반응으로 갈수록 통제가 어려움 ⇨ 통제 가능한 행동을 변화시켜 생각하기, 느끼기, 생리반응을 변화시킬 수 있음

(4) 3R
① 책임(Responsibility) : 인간은 자신의 행동에 대한 책임뿐 아니라, 자신의 욕구를 충족시킬 책임까지 있음을 고려해야 함
② 현실(Reality) : 자신의 현실을 정확히 직면하고, 현실세계의 여건을 수용하고 현실세계를 통제하며 욕구를 충족해야 함
③ 옳고 그름(Right and wrong) : 욕구 충족을 위한 합리적인 방법을 찾고 책임 있는 행동을 하기 위해서 사회제도, 도덕, 규범 등 현실요건을 고려하고 타인 욕구를 방해하지는 않는지를 판단해야 함
④ 3R이 부족할 경우 부적응이 발생함

4 상담 절차 – 우불딩(Wubbolding)의 WDEP체계 ☆
① 현실치료 상담기법으로 행동 변화를 이끄는 구체적인 절차를 제안함
② 절차
  ㉠ 욕구·바람 탐색하기(Want) : 진정으로 원하는 것은 무엇인가, 삶을 어떻게 바꾸고 싶은가
    ⇨ 5가지 욕구 관련
  ㉡ 현재 행동 탐색하기(Doing) : 욕구 충족을 위해 무엇을 하고 있는가 ⇨ 전체행동 차원
  ㉢ 자신의 행동 평가하기(Evaluation) : 선택한 행동이 원하는 것을 얻는 데 도움이 되는가, 어떤 효과가 있는가
  ㉣ 계획하기(Planning and commitment) : 앞으로 어떻게 할 것인가
    ⇨ 욕구 충족을 위한 행동 개선 및 대안 탐색

Level Up
현실요법 상담이론의 상담기법
- 유머 : 상담자는 내담자의 상황이 생각보다 심각하지 않다는 것을 깨닫게 해주기 위해 적절한 유머를 사용
- 계약 : 행동변화에 대한 내담자의 구체적인 계획을 문서로 작성하여 행동변화를 구체적으로 인식 & 구속력 제공
- 역할 연기 : 역할 연기 통해 행동의 변화가 삶을 어떻게 달라지게 할지를 경험하고 평가할 수 있도록 함
- 과제 : 상담결과 촉진을 위해 새로운 행동, 현재 행동의 감소, 현재 행동의 기록 등을 과제로 내줌

Theme 174 기출 CHECK!

01 글래서와 우볼딩의 현실주의 상담에서 사용되는 다음의 4단계 상담과정을 순서대로 옳게 배열하시오. • 13 중등 변형

ㄱ. 내담자의 책임 있는 행동 계획하기 ㄴ. 내담자의 욕구 파악하기
ㄷ. 내담자의 현재행동 탐색하기 ㄹ. 내담자 자신의 행동 평가하기

02 다음의 민호에게서 나타나는 문제행동의 원인에 대한 주요 상담이론과 가설을 적으시오. • 10 초등 변형

초등학교 5학년, 외동아들인 민호는 엄격하고 폭력적인 아버지와 무엇이든 다 받아주는 어머니 밑에서 자라왔다. 어려서는 얌전하고 말을 잘 듣는 아이였으나, 커가면서 점점 폭력적이고 반항적인 아이로 변해가고 있다. 최근에 민호는 싸움 중에 친구의 앞니를 부러뜨렸는데, 어머니가 사태를 해결해주지 않으면 학교에 안 가겠다며 버티고 있다.

03 〈보기〉에서 글래서(W. Glasser)의 현실치료 이론에 대한 옳은 설명을 모두 고르시오. • 09 초등 변형

─〈보기〉─
ㄱ. 인간은 기본적으로 생존, 자유, 힘, 즐거움, 소속의 욕구를 가지고 있다.
ㄴ. 인간은 행동을 선택할 수 있고 이미 행한 모든 행동은 선택에 의해서 이루어진 것이다.
ㄷ. 인간은 행동을 선택할 때 자신의 욕구를 최대한으로 충족시키기 위해서 자신을 통제한다.
ㄹ. 전행동(total behavior)은 '활동(acting), 생각(thinking), 느낌(feeling), 신체반응(physiology)'의 네 가지로 구성된다.
ㅁ. 전행동 중에서 인간이 통제할 수 있고, 행동의 방향을 잡아주는 것은 활동과 신체반응이다.

04 다음과 같은 절차에 따라 상담을 실시한 김 교사의 상담기법이 무엇인지 쓰시오. • 06 중등 변형

단계 1 : 김 교사는 내담자인 선미가 무엇을 원하는지, 그리고 상담을 통하여 무엇을 기대하는지를 물었다. 이에 선미는 급우들의 따돌림에서 벗어나 좋은 관계를 맺고 싶다고 답하였다.
단계 2 : 김 교사는 선미가 급우들에게 무슨 행동을 어떻게 하고 있는지를 탐색하였다.
단계 3 : 김 교사는 선미에게 급우관계를 개선하기 위해 얼마나 노력했는지, 급우를 대하는 자신의 행동이 얼마나 적절했는지 등을 스스로 평가해 보도록 도왔다.
단계 4 : 김 교사는 선미의 급우관계를 개선하기 위해 선미가 앞으로 실천해야 할 구체적 방안과 계획을 수립하도록 도왔다.

05 다음은 교사가 파악한 어떤 학생의 문제이다. 다음 중 현실요법을 적용하여 이 학생을 상담하고자 하는 상담교사의 접근으로 옳은 것을 모두 고르시오. • 05 중등 변형

우수한 학업성적으로 주위로부터 인정을 받아왔던 철수는 최근 여자친구와 헤어지게 되면서 학업성적이 크게 떨어졌고, 동료학생들과 다투는 등의 부적응 행동으로 교무실에 불려오는 일이 잦아졌다. 그는 누구든 가치 있는 사람이 되려면 반드시 유능해야 하고, 모든 영역에 걸쳐 완벽하게 일을 성취해야 한다고 믿고 있었다. 그러나 철수는 그렇지 못해 너무나도 무능하고 무가치한 사람이라고 자신을 비하하였다.

ㄱ. 현재를 중시하면서 철수의 감정이나 태도보다 행동에 초점을 맞춘다.
ㄴ. 철수의 비합리적 신념에 대한 근거와 타당성을 입증하도록 논박하여 합리적인 신념을 갖게 한다.
ㄷ. 철수의 욕구충족을 위해 선택한 행동의 효과성을 평가하면서, 새롭고 합당한 방법을 찾도록 돕는다.
ㄹ. '지금 여기'에서 철수의 현재 감정에 초점을 맞추어 반영하고, 그에게 주는 의미를 자각할 수 있도록 돕는다.

정답 01 ㄴ-ㄷ-ㄹ-ㄱ 02 상담이론 – 현실치료 / 가설 – 결핍된 힘의 욕구를 충족하기 위해 폭력이라는 잘못된 방법을 선택한 것이다.
03 ㄱ, ㄴ, ㄷ, ㄹ 04 현실요법 05 ㄱ, ㄷ

Theme 175 번(Berne)의 의사교류분석 상담이론(상호 교류분석)

학습 Check ○○○○○○

 기출
12 초등, 07 초등, 01 초등

1 주요 개념

(1) 구조분석 이론 ☆
① 자아 상태 모델의 관점에서 개인의 성격이나 일련의 교류들을 분석하여 자아 상태를 파악하는 것
② 자아의 세 가지 상태(PAC) ☆
  ㉠ **어버이 자아**(Parent): 학습된 생활개념, 유아 시절 부모 등 중요 인물의 행동 또는 태도로부터 영향을 받아 형성된 사아
  ㉡ **어른 자아**(Adult): 사고적 생활개념, 객관적으로 현실을 파악하고 감정이나 정서가 배제된 자아
  ㉢ **어린이 자아**(Child): 감정적 생활개념, 타인을 의식하지 않고 자유롭게 기능, 자기중심적, 쾌락 추구, 자유롭게 표현

(2) 교류분석
① **교류**: 인간이 생존을 위해 반드시 필요한 접촉(stroking)을 주고받는 것, 교류를 통하여 인정받고 싶은 욕구를 충족함
② **의사교류**: 두 사람 사이에 일어나는 사회적 상호작용의 단위로, 두 사람의 각 자아 상태로부터의 자극과 반응에 따라 의사교류의 형태가 달라짐
③ 의사교류의 형식 ☆
  ㉠ 상보적 의사교류 ☆

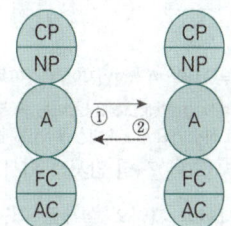

(P: 부모자아, A: 성인자아, C: 아동자아)
A: 시간 좀 내줘
B: 무슨 일인데?

[그림 7-3] 상보적 의사교류

• 자극과 반응의 주고받음이 평행을 이루며, 갈등을 일으키지 않는 의사교류 형태
• 특정한 자아 상태에서 메시지를 보냈을 때 특정 자아로부터 예견되는 반응을 얻음
  ⇨ 적절한 반응

> **출제 Pick!**
> ☆ 자아의 세 가지 상태
> ☆ 바람직한 생활자세
> ☆ 상보적 의사교류, 교차적 의사교류, 암시적(이면적) 의사교류의 개념
> ☆ 상담기법 중 구조분석의 개념

ⓒ **교차적 의사교류** ☆

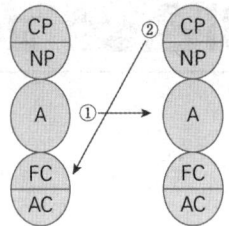

(P : 부모자아, A : 성인자아, C : 아동자아)
A : 내 커프스 단추 봤어요?
B : 왜 자기 물건도 못 챙겨요? 한두 살 먹은 애도 아니고!

[그림 7-4] 교차적 의사교류

- 의사소통의 방향이 서로 어긋나는 의사교류 형태
- 상대방이 예상 외의 반응을 보여 갈등 및 불쾌감을 유발함
  예 "야, 나이에 맞게 행동해! 쓸데없이 시간낭비하면 안 돼!"

ⓒ **암시적(이면적) 의사교류** ☆

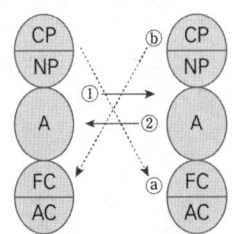

(P : 부모자아, A : 성인자아, C : 아동자아)
A : 이게 더 낫긴 한데, 고객님한테는 좀 부담스럽죠?
B : 이걸로 하겠어요.(⇨ 속마음은 어떨까요?)

[그림 7-5] 암시적 의사교류

- 겉으로 표현되어 나타나는 사회적 자아와 실제로 내면에서 기능하는 심리적 자아가 서로 다른 의사교류 형태
- 겉으로 드러난 메시지와 달리 대화 이면에 다른 동기를 감춤

(3) **게임분석**
① **게임** : 애정이나 자극을 충족시키기 위해 숨겨진 동기를 가진 암시적 의사교류의 일종
② 교류의 한쪽 또는 양쪽 모두에게 라켓 감정을 불러일으키는 역기능적 의사소통

(4) **각본분석**
내담자가 자신의 자아 상태에 통찰하여 자신의 각본을 이해하고 벗어날 수 있도록 하는 것

2 주요 개념

① <u>스트로크</u>
   ㉠ 스킨십, 칭찬, 표정, 몸짓, 웃음 등 심신이 성장하는 데 영향을 미치는 생물학적 자극
   ㉡ 인생 태도에 큰 영향 ⇨ 정적 스트로크와 부정적 스트로크로 나뉨
② **라켓 감정** : 어릴 때부터 어른들에게 스트로크를 받기 위해 발달시킨 감정습관으로, 본래 감정을 표출하지 않고 허용되는 감정만을 느끼는 것
③ **생활각본** : 패자 각본, 승자 각본, 평범한 각본
④ **생활자세** ☆
   ㉠ 인간의 각본에서 최초로 형성되는 각본 중에 하나로 자기, 타인, 세상에 대한 태도를 의미함
   ㉡ 4가지 생활자세

생활자세	내용
자기긍정 – 타인긍정	• 가장 바람직하고 건전한 생활자세 • 아동의 정서적·신체적 욕구가 애정적·수용적인 방식으로 충족 시 획득 • 승리자의 각본을 갖게 됨
자기긍정 – 타인부정	• 어린 시절 부모에 의해 심한 상처나 학대를 당한 경우 반항심으로 형성되는 투사적 입장 • 불신, 증오, 비난, 양심부재 등을 가질 수 있음
자기부정 – 타인긍정	• 생애 초기에 부모의 무조건적인 스트로크를 경험 시 자신은 무능하고 다른 사람의 도움 없이는 살아갈 수 없다는 좌절감을 느낄 경우 형성됨 • 자기비하, 자책, 죄의식, 우울, 열등감 등 가짐
자기부정 – 타인부정	• 아동이 성장하면서 스트로크가 심각하게 결핍되거나 극도로 부정적일 경우 형성됨 • 이후 심한 정신적 문제를 가지게 될 수 있음

3 상담 목표

① 내담자가 자신의 삶에 책임성과 자율성을 가지고, 자신의 행동·생활에 있어 긍정적인 방향으로 새로운 결정을 하도록 도움
② 내담자가 조작적 게임 수행 또는 자기 패배적인 각본으로 된 생활양식을 버리고 삶의 인식, 자발성, 친밀감이 있는 자율적 생활양식을 갖도록 함

4 상담 절차 및 기법 ☆

① **계약** : 상담자와 내담자가 대화를 통하여 상담목표와 상담자·내담자의 능력 및 한계를 설정하고, 각각의 제한점과 책임사항을 명시하는 과정
② **구조분석** : 내담자가 자신의 자아 상태가 제대로 기능하지 못하는 원인을 찾고 그것을 수정함
③ **의사교류분석** : 내담자의 의사교류 유형을 알아보고 그것이 발생시키는 인간관계 문제를 확인·해결
④ **게임분석** : 게임 상황(암시적·이면적 의사교류가 지속되는 상황)을 분석해 내담자의 암시적(이면적) 의사교류가 어떻게 형성·유지되는지 확인
⑤ **각본분석** : 내담자에게 각본의 의미와 유형을 이해시키는 것으로, 내담자의 각본은 어떤 것이며 문제 행동과 어떻게 관련되는지 확인 ⇨ 자기긍정 – 타인긍정 생활자세 유지를 촉진함
⑥ **재결단** : 내담자가 자율·정상적인 자아 상태를 확인하고 긍정적인 생활자세로 돌아오는 단계

Theme 175 기출 CHECK!

01 교류분석(transactional analysis) 상담이론에 관한 진술로 옳지 <u>않은</u> 것은? • 12 초등
① 각본분석은 내담자를 조력하기 위해 사용되는 방법 중의 하나다.
② 어른자아(adult ego)는 현실을 검증하고 문제를 해결하는 합리적이고 객관적인 기능을 한다.
③ 자기긍정-타인긍정의 생활자세를 갖는 아동은 자신과 타인에 대한 긍정적인 삶의 태도를 갖는다.
④ 구조분석을 통해 내담자는 자신의 세 가지 자아상태가 어떻게 구성되어 있는지 알 수 있다.
⑤ 상보교류(complementary transaction)는 두 사람이 대화할 때 상대방이 기대하는 욕구가 무시되거나 잘못 이해되는 경우에 나타나는 교류 유형이다.

02 상담 접근과 그 주요 기법을 <u>잘못</u> 짝지은 것은? • 07 초등

	상담 접근	상담 기법
①	인지치료	왜곡된 사고를 찾아내어 보다 현실적인 사고로 대체시킨다.
②	정신분석	꿈의 내용을 분석하여 무의식 속에 억압된 욕구를 파악한다.
③	현실치료	현재의 행동이 소망하는 것을 달성시키고 있는지 파악하게 한다.
④	교류분석	불안을 느끼는 상황을 상상하게 하면서 동시에 이완훈련을 시킨다.

03 다음은 교류분석 이론에서 볼 수 있는 내담자의 대인관계를 나타내는 그림이다. 화살표가 나타내는 대인관계 유형의 예로 가장 적절한 것은? • 01 초등

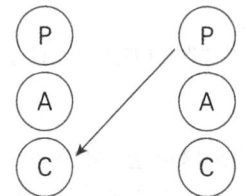

(P : 부모자아, A : 성인자아, C : 아동자아)

① 나하고 같이 농구하러 가지 않을래?
② 나는 너하고 함께 있으면 항상 마음이 편하고 즐겁단다.
③ 야, 사소한 일에 너무 신경 쓰지 말고 어른스럽게 그냥 넘겨버려.
④ 야, 나이에 맞게 행동해. 그런 쓸데없는 일에 시간을 낭비하면 못써!

정답 01 ⑤ 02 ④ 03 ④

Theme 176 로저스(Rogers)의 인간중심 상담이론 (person-centered theory)

🎯 기출
14 추시, 13 중등, 06 초등, 03 중등, 02 초등, 01 중등

1 주요 주장
① 모든 인간은 긍정적이고 바람직한 방향으로 성장할 수 있는 잠재력이 있으나 부적응 행동의 선택으로 잠재능력을 발휘하지 못함
② '카운슬링'이라는 용어를 사용함
  ⇨ 권위적·지시적 상담에서 비지시적·인간중심 상담으로 발전하는 계기

출제 Pick!
☆ 자기개념, 자기실현경향성, 가치조건화의 개념
☆ 상담기법

2 주요 개념
(1) **자기개념** ☆
① 자신에 대한 인식으로, 타인과의 상호작용을 통해 자기개념을 발달시킴
② 타인의 가치조건을 무비판적으로 수용할 때 왜곡된 자기개념이 형성됨

(2) **자기실현경향성** ☆
① 모든 인간이 자신의 잠재력을 실현하려는 선천적인 경향성
② 생활에서 직면하게 되는 고통이나 성장 방해요인을 극복할 수 있게 함

(3) **가치조건화** ☆
① 어린 시절 부모나 보호자로부터 긍정적 존중을 얻기 위해 노력한 결과
② 아이의 내면에 형성되어 사고와 행동에 영향을 미치는 가치
③ 자신에게 의미 있는 가치가 아니라 타인의 기대에 따라 행동하며 인정받기 위해 받아들인 가치

3 상담기법 ☆
① **무조건적인 긍정적 존중** : 내담자에 대해 어떤 가치판단도 하지 않고 내담자의 존재 그 자체를 따뜻하고 긍정적인 태도로 수용하고 존중해야 함
② **진실성(일치성)** : 상담자가 자신의 감정이나 태도를 가식이나 왜곡 없이 인정·표현하며 내담자와의 관계에 온전히 진실되고 솔직해야 함
③ **공감적 이해** : 상담자가 내담자의 이야기를 수용하고 이를 자신의 이야기처럼 이해하려는 노력 필요

설쌤의 팁
두문자로 외우자♪
• 로저스의 상담기법 : 무조건적인 긍정적 존중, 진실성, 공감적 이해 ➡ 무진공

Theme 176 기출 CHECK!

논술 기출 CHECK

다음은 A 고등학교의 최 교사가 작성한 성찰일지의 일부이다. 일지 내용을 바탕으로 철수의 학교생활 적응을 향상시키기 위한 상담 기법을 2가지 관점(① 행동중심 상담, ② 인간중심 상담)에서 각각 2가지씩만 논하시오. • 14 중등 추시

일지 #2014년 4월 ○○일 ○요일

우리 반 철수가 의외로 반 아이들과 잘 지내지 못하는 것 같아 마음이 쓰인다. 철수와 1학년 때부터 친하게 지냈다는 학급 회장을 불러서 이야기를 해 보니 그렇지 않아도 철수가 요즘 거칠어 보이는 동네 친구들과 어울려 다니는 모습을 자주 보게 되어 학급 회장도 걱정을 하던 중이라고 했다. 그런데다 철수가 반 아이들에게 괜히 시비를 걸어 싸움이 나게 되면, 그럴 때마다 아이들이 철수를 문제아라고 하니까 그 말을 들은 철수가 더욱더 아이들과 멀어지고 제멋대로 행동한다고 한다. 오늘도 아이들과 사소한 일로 다투다가 갑자기 소리를 지르고 물건을 던지고는 교실에서 나가버렸다고 한다. 행동이 좋지 않은 친구들과 몰려다니며 그 아이들의 행동을 따라서 철수의 행동이 더 거칠어진 걸까? 1학년 때 담임 선생님 말로는 가정 형편이 그리 넉넉하지 않고 부모님이 철수에게 신경을 쓰지 못함에도 불구하고 행실이 바른 아이였다고 하던데, 철수가 왜 점점 변하는 걸까? 아무래도 중간고사 이후에 진행하려고 했던 개별 상담을 당장 시작해야겠다. 그런데 철수를 어떻게 상담하면 좋을까?

01 로저스(C. Rogers)의 인간중심 상담이론에 따른 상담자의 태도로서 공감(empathy), 수용(unconditional positive regard), 진정성(genuineness)에 관한 설명으로 옳지 않은 것은? • 13 중등

① 진정성은 자신의 감정과 경험을 주관적으로 표현하는 것이다.
② 공감, 수용, 진정성을 내담자에게 얼마나 잘 지각하게 하느냐가 중요하다.
③ 공감은 객관적인 현실보다 내담자가 지각한 현실에 초점을 두는 것이다.
④ 공감, 수용, 진정성은 함께 행해지는 것보다 각각 행해질 때에 더 효과적이다.
⑤ 수용은 내담자의 '자기실현 경향성(self-actualization tendency)'을 인정하고 신뢰하는 것이다.

정답 01 ④

02 인간중심 치료적 접근을 하는 상담자가 상담 장면에서 가장 중점적으로 취하는 행동은? ● 06 초등
① 내담자의 자아 상태, 교류, 게임, 각본 등을 분석한다.
② 내담자의 경험과 감정을 정확하게 공감하고 반영해준다.
③ 자유연상을 통해 내담자의 무의식 속에 억압된 욕구들을 찾아낸다.
④ 내담자의 역기능적인 행동을 소거시키고 효과적인 행동을 학습시킨다.

03 내담자 중심 상담이론에 가장 부합하는 것은? ● 03 중등
① 방어기제와 가족관계 등의 분석을 통해 내담자를 이해한다.
② 심리검사를 통해 개인을 파악하고, 필요한 자료를 수집하여 제공한다.
③ 인간주의적 접근으로 무조건적 수용과 인정을 통해 내담자의 문제해결 과정을 돕는다.
④ 과잉된 행동이 문제가 될 경우에는 그 행동을 감소시키고, 결손이 문제가 될 경우에는 그 행동을 새로이 학습시키거나 증가시킨다.

04 인간중심 상담활동에서 볼 때, 내담자의 심리적 성장을 촉진하는 분위기를 만들기 위해 상담자가 갖추어야 할 태도로 적절하지 <u>않은</u> 것은? ● 02 초등
① 진솔함 ② 합리적 판단 ③ 공감적 이해 ④ 무조건적·긍정적 관심

정답 02 ② 03 ③ 04 ②

05 다음과 같은 특징을 가장 잘 나타내는 상담기법은?

- 피상담자는 자아실현의 욕구와 가능성이 있다고 본다.
- 피상담자의 자기통찰을 통한 행동변화를 중시한다.
- 상담자와 피상담자의 공감적 관계를 중시한다.

① 인간주의적 상담기법
② 행동주의적 상담기법
③ 정신분석학적 상담기법
④ 합리적-정서적 상담기법

정답 05 ①

Theme 177 펄스(Perls)의 게슈탈트 상담이론(gestalt therapy)

기출: 11 중등, 08 중등, 07 중등

출제 Pick!
☆ 게슈탈트, 전경과 배경, 미해결 과제, 알아차림, 접촉의 개념
☆ 상담기법

1 주요 주장
① 인간이 자신이 속한 환경 속에서 자기 자신을 자각하고 '지금 – 여기'에서 온전히 자신을 신뢰하고 책임질 것 강조함
② 상담의 목표 : 내담자의 알아차림을 증진시키는 것 ⇨ 지금 – 여기에서의 자신의 삶에 대한 올바른 접촉을 통해 게슈탈트를 잘 형성하고 해소하도록 조력함

2 주요 개념
① 지금 – 여기(here and now) : 지나간 과거나 아직 오지 않은 미래보다 중요한 것은 현재
② 게슈탈트 ☆
  ㉠ 전체 ⇨ 구성요소의 단순 합 이상의 통합된 전체
  ㉡ 인간은 특정 자극을 부분으로 인식하지 않고 의미 있는 전체나 형태, 즉 게슈탈트로 지각함
③ 전경과 배경(figure – ground) ☆
  ㉠ 전경 : 주어진 시점에서 관심의 초점이 되는 것
  ㉡ 배경 : 관심 밖에 놓이는 부분
  ㉢ 게슈탈트 형성은 중요한 욕구나 감정을 전경으로 떠올리는 것을 의미함
  ㉣ 끊임없이 게슈탈트의 형성과 해소의 순환과정이 반복됨
  ㉤ 건강하지 못한 사람은 전경과 배경을 명확하게 구분하지 못하며, 자신에게 중요한 게슈탈트 형성에 어려움을 가짐
④ 미해결 과제(unfinished business) ☆
  ㉠ 사고, 감정, 반응이 미처 표현되지 않아 시간이 흐른 후에도 개인에 영향을 미치고 삶을 방해하는 과거의 감정
  ㉡ 게슈탈트의 형성·해소가 제대로 안 이루어질 때, 전경과 배경의 중간층에 남아있는 게슈탈트
⑤ 알아차림(자각, awareness) ☆
  ㉠ 개인 내면 또는 타인, 대상과의 접촉에서 자기 욕구와 감정을 지각하고 게슈탈트를 형성하여 전경으로 떠올리는 것
  ㉡ 형태주의 상담이론에서 긍정적 성장과 통합을 위한 핵심
⑥ 접촉(contact with the environment) ☆
  ㉠ 전경에 떠올린 게슈탈트 해소를 위해 에너지를 동원하여 실제로 환경과 만나고 상호작용하는 것
  ㉡ 접촉이 제대로 이루어지지 않을 시 내사, 투사, 융합, 반전, 편향 등의 접촉경계 장애가 이루어짐

3 상담기법 ☆
(1) 자기각성 기법
① 욕구와 감정 자각 : 지금 – 여기에서의 욕구와 감정을 자각하고, 내면을 제대로 인식하도록 도움
② 신체 자각 : 신체감각에 대해 자각하여 자신의 감정, 욕구, 무의식적 생각을 알아차릴 수 있게 도움
③ 환경 자각 : 환경, 사물, 상황, 타인 등 주변 환경과 제대로 접촉하여 미해결 과제 해결을 도움
④ 언어 자각 : 무심코 내뱉은 언어 자각, 책임회피적 언어 습관을 수정하여 내담자가 자신의 말에 책임을 질 수 있도록 함

(2) 빈 의자 기법(empty chair)
① 두 의자 중 하나에는 내담자가 앉고, 다른 하나에는 특정 타인이 앉아있다고 상상하며 대화함
② 상담 장면에 없는 특정 타인과 상호작용하고, 그 과정에서의 자신의 감정을 자각하기 위해 사용함

(3) 실연
과거의 어떤 장면이나 미래에 벌어질 수 있는 장면이 현재 벌어지고 있다고 상상하면서 행동하는 것

Theme 177 기출 CHECK!

01 다음 대화에서 최 교사가 활용하고 있는 상담기법과 가장 밀접한 상담이론에 대한 설명으로 옳은 것은? • 11 중등

> 민　　영 : 요즘 영주가 저를 멀리하는데, 저를 정말 싫어하는 것 같지 않으세요?
> 최 교사 : 나한테 질문하지 말고 네가 영주에 대해 어떻게 느끼는지 말해 보렴.
> 민　　영 : 예전에는 정말 친했는데 요즘은 영주를 보면 섭섭한 마음이 들어요.
> 최 교사 : 요즘 영주와 얘기를 잘 안 하는 이유가 뭐니? 여기 의자가 두 개 있는데 먼저 네가 앉고 싶은 곳에 앉고, 나머지 의자에는 영주가 앉아 있다고 상상해 보렴. 자, 지금부터 네가 영주에게 원하는 것이 무엇이고, 어떤 감정을 느끼고 있는지 영주에게 직접 얘기해 보겠니?
> 민　　영 : 무엇을 말해야 할지 모르겠어요.
> 최 교사 : 그럼 '내가 너에게 무엇부터 말해야 할지 잘 모르겠어.'라고 말해 보렴.
> 민　　영 : 영주야. 무슨 말부터 해야 할지 잘 모르겠지만……. 난 너와 계속 좋은 친구로 지내면 좋겠어. 그런데 요즘 넌 나한테 신경을 너무 안 쓰는 것 같아. 내가 말을 걸면 대꾸도 잘 안 해서 너무 속상해.
> 최 교사 : 그럼 이제 의자를 바꾸고, 네가 영주의 입장이 되어 민영이에게 얘기해 보겠니?
> 민　　영 : 난 여전히 너를 가장 친한 친구로 생각하고 있어. 그런데 내가 공부에 열중하고 있을 때 네가 말을 걸면 짜증날 때가 많았어. 중학교에 오면서 공부할 게 많아져서 부담스러웠고, 그래서 너한테 신경을 많이 못 썼던 것 같아.
> 최 교사 : 민영아, 지금 기분이 어떠니?

① 미해결 과제는 현재에 대한 자각(awareness)을 방해한다고 본다.
② 상담자의 진솔성, 무조건적인 긍정적 존중, 공감적 이해를 강조한다.
③ 자아가 무의식적 충동을 조절하기 위해 방어기제를 사용한다는 점을 강조한다.
④ 3R(책임감, 현실, 옳고 그름)을 강조하며, 책임감 있는 사람이 정신적으로 건강하다고 본다.
⑤ 상담자로 하여금 내담자가 최종목표행동에 도달하도록 행동조형(shaping)을 사용할 것을 강조한다.

02 게슈탈트(gestalt) 상담이론의 특징은? • 08 중등
① 자유와 책임, 삶의 의미, 죽음과 비존재, 진실성을 강조한다.
② 미해결 사태를 해결하기 위해 전경과 배경의 자연스러운 교체를 강조한다.
③ 개인의 사회적 관심과 생활양식에 초점을 두고, 열등감의 극복을 강조한다.
④ 자아 상태를 부모 자아, 성인 자아, 어린이 자아로 나누고, 세 가지 자아 상태의 균형을 강조한다.

03 다음 진술의 내용과 관련된 상담이론에서 주로 적용하는 상담 기법은? • 07 중등

> 상담은 내담자가 알아차림(awareness)을 통해 '지금-여기'의 감정에 충실하거나 미해결 과제를 자각하고 표현하게 하여 비효율적인 감정의 고리에서 벗어나도록 돕는 것을 목표로 삼는다.

① 빈 의자 기법　　② 자유연상　　③ 합리적 논박　　④ 체계적 둔감법

정답　01 ①　02 ②　03 ①

Theme 178 프랭클(Frankl)의 실존주의 상담이론

1 주요 주장 ☆
① 인간의 존재 의미, 자유와 책임, 의지, 불안과 고립, 죽음을 중시함
  ㉠ 인간에게 가장 중요한 것은 삶의 의미와 목적을 아는 것
  ㉡ 삶의 의미를 깨닫지 못하고 자신의 존재에 대한 공허함을 느낄 때 문제적 행동이 일어난다고 가정함
② 인간의 가장 중요한 문제는 존재 의미 상실로 인한 불안 ⇨ 불안을 해결하기 위해서는 존재 의미를 찾아야 함
③ 인간의 자유와 책임을 강조 ⇨ 문제행동의 증상보다는 증상에 대한 내담자의 태도를 중요시 여김

2 상담 절차
① 증상 확인 : 적절한 진단을 통해 내담자의 문제가 무엇인지 확인함
② 의미 자각 : 삶과 죽음, 일, 사랑, 고통의 의미에 대해 내담자가 자각하도록 함
③ 태도 수정 : 내담자가 상담자와의 신뢰관계를 형성하고 자신의 삶에 대한 태도를 표현하면, 상담자는 객관적·무비판적으로 그러한 태도가 건강하지 못한 것인지, 심리적으로 어려움이 있는 것인지를 판단하고 그 태도를 내담자의 삶이나 생존에 긍정적인 것으로 수정할 수 있도록 조력함
④ 증상 통제 : 태도의 수정이 이루어지면 내담자가 문제 증상을 약화시키거나, 증상 자체를 통제할 수 있다는 사실을 받아들일 수 있도록 도움
⑤ 삶의 의미 발견 : 내담자가 의미 있는 활동과 경험을 할 수 있도록 도우며, 내담자가 삶의 의미를 발견하여 현재 생활에 대한 긍정적인 요인을 찾고 긍정적인 태도를 갖도록 도움

3 상담기법 ☆
① 실존주의적 상담은 상담기법보다는 상담의 철학과 인간관이 강조되며, 내담자가 자신의 존재 의미를 찾을 수 있도록 돕는 어떤 기법이든 활용될 수 있음
② 역설적 의도 : 지나친 주의나 의도는 불안을 더하여 이를 회피하도록 하기 때문에, 오히려 내담자가 두려워하는 행동을 더 하도록 하여 내담자가 불안에 직면하게 함
③ 탈숙고 : 지나친 숙고는 자발성과 활동성에 방해가 되므로 자신 이외의 것에 대한 지나친 숙고를 상쇄시켜 내담자의 자발성과 활동성을 회복시켜주는 것

Theme 178 기출 CHECK!

*해당 테마는 기출문제가 없어 '확인문제'를 수록하였습니다.

01 빈칸에 들어갈 알맞은 말을 쓰시오. ● 확인문제

> 실존주의 상담이론에서는 (A)을(를) 깨닫지 못하고 자신의 존재에 대한 공허함을 느낄 때 문제적 행동이 일어난다고 보았으며, 내담자가 두려워하는 행동을 더 하도록 하여 내담자가 불안에 직면하게 하는 (B)(이)나 자신 이외의 것에 대한 지나친 숙고를 상쇄시켜 내담자의 자발성과 활동성을 회복시켜주고자 하는 (C) 등의 방법을 통해 내담자가 존재 의미를 찾도록 하는 것을 상담의 목적으로 삼는다.

- A: _____
- B: _____
- C: _____

정답 01 A - 삶의 의미 / B - 역설적 의도 / C - 탈숙고

Theme 179. 스티브(Steve)와 김인수의 해결중심 상담이론

12 초등, 10 초등, 08 중등

1 주요 개념(스티브, 김인수, 드 세이저) ☆
① 문제가 무엇이고 문제의 원인이 무엇인지를 파악하는 데 치중하는 문제중심적 사고가 아닌, 내담자가 원하는 해결 및 해결방안에 초점을 두는 해결중심적 사고를 지향함
② 내담자 스스로 구체적으로 원하는 목표를 세우고 이를 이루어나가도록 돕는 것을 목표로 함

2 상담기법 ☆
① **예외질문**: 내담자가 문제로 생각하는 행동이 일어나지 않은 상황이나 행동을 질문하는 기법
 ⇨ 변화 가능성 강조
② **척도질문**: 내담자가 자신의 문제, 문제의 우선순위, 성공에 대한 태도 등을 수치로 표현하여 내담자의 문제해결에 대한 태도를 정확하게 확인하는 질문기법
③ **기적질문**: 문제가 해결된 상황을 상상하게 하고 내담자가 변화하고 싶은 방향을 스스로 설명함으로써 문제에 대한 집착으로부터 벗어나게 하는 기법
④ **대처질문**: 자신의 미래를 매우 절망적으로 보는 내담자에게 사용하며, 지금까지 해결해 온 방법을 떠올리게 하여 자신이 문제해결의 가능성을 가진 존재임을 깨닫게 하는 질문

출제 Pick!
☆ 해결중심 상담이론의 개념
☆ 상담기법

설쌤의 꿀팁
두문자로 외우자 ♬
• **해결중심 상담기법**: 예외질문, 척도질문, 기적질문, 대처질문 ➡ 예척기대

Theme 179 기출 CHECK!

01 다음에서 김 교사가 사용한 해결중심 상담의 질문기법으로 가장 적절한 것은? ● 12 초등

> (철수 어머니는 학교를 방문하여, 철수의 문제행동에 대해 김 교사와 상담하였다. 어머니는 철수 아버지가 교통사고로 갑자기 돌아가신 후 혼자서 철수를 힘들게 키워온 이야기를 하였다.)
> **철수 어머니** : 철수가 내 말은 이제 전혀 듣지 않아요. 정말 제 나름대로는 최선을 다해 왔는데……. 왜 이렇게 계속해서 힘든 일들이 생기는지 모르겠어요. 이제는 지치네요.
> **김 교사** : 고생을 많이 하셨겠군요. 그래도 철수 어머니께서 그렇게 힘든 상황에서도 포기하지 않고 지금까지 버틸 수 있게 해 준 것은 무엇이었나요?
> **철수 어머니** : 철수 아버지가 부모 없이 자라서 늘 입버릇처럼 철수가 하고 싶은 건 다 해주고 싶다고 하셨거든요. 전 정말 그 바람을 지켜 드리고 싶어요.

① 기적 질문 ② 척도 질문 ③ 관계 질문 ④ 대처 질문 ⑤ 악몽 질문

02 시험불안 증상이 있는 학생과의 상담에서 해결중심 상담이론의 전형적인 질문의 예시라고 할 수 <u>없는</u> 것은? ● 10 초등
① 시험을 볼 때마다 불안하다고 했는데, 혹시 불안하지 않은 적은 없었니?
② 만약 오늘 밤 기적이 일어난다면, 내일 아침 무슨 일이 일어나 있을 것 같니?
③ 그렇게 불안해하면서도 어떻게 그동안 결석 한 번 없이 학교를 잘 다닐 수 있었니?
④ 시험을 앞두고 매번 반복적으로 떠오르는 생각이 있니? 그렇게 생각하는 근거는 뭐지?
⑤ 가장 불안할 때는 10점, 불안하지 않을 때를 0점이라고 한다면, 지금은 몇 점 정도 될까?

03 다음 대화에서 김 교사가 적용한 상담이론을 쓰시오. ● 08 중등 변형

> **철 수** : 인터넷 게임을 너무 많이 하고 지각을 자주 하니까 성적이 말이 아니에요.
> **김 교사** : 그래, 인터넷 게임 시간을 줄이고, 지각을 하지 않았으면 좋겠단 말이지? 그런데 게임 시간과 지각을 줄일 자신이 있니? 완전히 줄일 수 있는 것을 100점으로 하면 몇 점을 줄 수 있어?
> **철 수** : 인터넷 게임 줄이기는 80점 정도 자신 있고요, 지각 안 하기는 95점 정도 자신 있어요.
> **김 교사** : 철수야, 네가 원하는 대로 이루어진다면 너에게 어떤 일이 일어날 것 같아?
> **철 수** : 당연히 성적이 오르겠죠. 부모님이 제일 좋아하실 것 같아요. 요즘 집안 분위기가 별로 안 좋아요. 그런데 제가 성적이 오르고, 게임도 덜 하면, 부모님이 기뻐하실 것 같아요.

정답 01 ④ 02 ④ 03 해결중심 상담

학원/동영상 강의

지스쿨
www.g-school.co.kr

PART 8
교육사 및 교육철학

Theme 180-184	Theme 185-192	Theme 193-200
동양교육사	서양교육사	교육철학

PART 8 교육사 및 교육철학
핵심 테마 모아보기

동양교육사	Theme 180 화랑도	세속오계
	Theme 181 서당	교육목표, 특징, 오늘날 교육에 주는 함의
	Theme 182 제술 - 강경 논쟁	제술, 강경
	Theme 183 이황	거경궁리, 위기지학, 위인지학
	Theme 184 실학	특징, 학습법, 정약용
서양교육사	Theme 185 고대 그리스 교육	자유교육
	Theme 186 소크라테스	교육목적, 산파술(문답법), 주지주의, 지행합일설, 교사관
	Theme 187 플라톤	교육목적, 이데아론, 교육사상
	Theme 188 아리스토텔레스	교육목적, 특징
	Theme 189 로크	백지설, 교육방법, 삼육론
	Theme 190 루소	교육목표, 교육원리, 특징
	Theme 191 페스탈로치	목적, 교육사상(3H), 교육방법, 교육원리
	Theme 192 헤르바르트	교육사상, 교수 4단계, 자연주의 교육
교육철학	Theme 193 교육의 목적	주형관, 성장관, 내재적 목적, 외재적 목적
	Theme 194 피터스의 교육의 준거	교육의 준거, 선험적 정당화
	Theme 195 관념론 vs 실재론	관념론, 실재론
	Theme 196 라일의 지식의 유형	명제적 지식, 방법적 지식
	Theme 197 20세기 전기 교육철학	진보주의, 본질주의, 항존주의, 재건주의
	Theme 198 20세기 후기 교육철학	마르크스주의, 실존주의, 분석적 교육철학, 현상학적 교육철학, 해석학적 교육철학, 비판적 교육철학
	Theme 199 포스트모더니즘	개념, 교육원리, 시사점, 한계점
	Theme 200 신자유주의	개념, 특징

Theme 180 화랑도

11 중등

1 개념
① 신라의 인재 양성제도
② **목적** : 문무를 겸비한 인재 양성 및 선발
③ 전인교육과 협동능력을 중시함

2 교육이념 – 원광의 세속오계
① **사군이충(事君以忠)** : 충성으로써 임금을 섬긴다.
② **사친이효(事親以孝)** : 효도로써 어버이를 섬긴다.
③ **교우이신(交友以信)** : 믿음으로써 벗을 사귄다.
④ **임전무퇴(臨戰無退)** : 싸움에 임해서는 물러남이 없다.
⑤ **살생유택(殺生有擇)** : 산 것을 죽임에는 가림이 있다.
 ⇨ 유교 교육, 정서 함양, 군사적·신체적 연마

☆ 세속오계의 개념

Theme 180 기출 CHECK!

01 삼국시대 및 통일 신라와 발해의 교육에 대한 설명으로 옳은 것은? • 11 중등
① 백제 성왕 대에는 전업박사(專業博士)가 사서(四書)를 가르쳤다.
② 신라 진흥왕 대에는 화랑도(花郞徒)를 개편하고 국선(國仙)을 두었다.
③ 신라의 국학(國學)은 독서삼품과(讀書三品科)를 통해 입학생을 선발하였다.
④ 고구려의 경당(扃堂)은 태학(太學) 입학을 준비하기 위한 귀족교육기관이었다.
⑤ 발해는 국자감(國子監)에 왕족 여성 교육을 위한 여사(女師) 제도를 두었다.

정답 01 ②

Theme 181 서당

기출: 05 초등, 01 초등

1 교육목표 ☆
① 사학, 향교 등의 중등 수준의 상급학교 진학 준비
② 직접 중등교육하기도 함
③ **실제적 목표**: 문해력 및 독해력 향상, 학문의 기초적 지식을 획득하도록 도움

2 특징 ☆
① 고려시대부터 존재한 조선 후기 대표적인 기초 교육기관
② 한자를 해독하는 문해교육과 초보적 수준의 유학 입문교육을 담당함
③ 민간에서 자발적으로 운영함
④ 개인 수준차에 따른 개별화 학습, 반복학습, 주입식·암기식 교육을 하고 전인교육을 지향함

3 오늘날 교육에 주는 함의 ☆
융통성 있는 교육과정 운영, 전인교육, 개별화, 무학년제, 교육기회 확대

출제 Pick!
☆ 서당의 교육목표, 특징
☆ 오늘날 교육에 주는 함의

Theme 181 기출 CHECK!

01 서당에서 사용된 아동교육용 교재에 대한 내용으로 바른 것은? ● 05 초등
① 천자문은 문자 학습서이며, 맹자가 편찬했다.
② 소학은 사서(四書) 중의 하나이며, 정약용이 편찬했다.
③ 동몽선습은 유학 및 우리나라와 중국의 역사를 담고 있으며, 박세무가 편찬했다.
④ 격몽요결은 초학자들의 입지(立志)를 강조한 유학 입문서로, 이황이 편찬했다.

02 조선시대의 서당과 관련된 설명이다. 이 중 옳은 것은? ● 01 초등
① 서당은 경국대전에 의해 설립과 유지 방식이 정해진 관학이었다.
② 서당교육은 지방장관의 주요 임무에 속했던 지방민 교육의 중핵이었다.
③ 조정(朝廷)에서는 서당교육용 교과서로 소학(小學)을 편찬하고 사용을 의무화하였다.
④ 초기에는 개인적인 서재서당이 대부분이었으나 후기에는 공동체적 성격의 향촌서당이 주류를 이루었다.

정답 01 ③ 02 ④

Theme 182 제술 – 강경 논쟁

1 제술과 강경의 개념 ☆
① **제술(製述)** : 수험자의 문장력을 중시하는 방식
② **강경(講經)** : 사서오경에 대한 구두문답 형식, 경서에 대한 지식적 측면을 강조함

2 제술 – 강경 논쟁
① 과거시험의 시행 방식에 있어 '제술'과 '강경' 중 어느 것을 위주로 진행할 것인가에 대한 논쟁
② 조선 사회가 추구했던 이상적 인재를 선발하는 방식으로 논술 방식인 '제술'이 적합한가, 문답시험인 '강경'이 적합한가에 대한 논쟁이 상당히 오랫동안 지속됨 ⇨ 오늘날 선발제도에 대한 함의 ☆

☆ 제술과 강경의 개념
☆ 오늘날 교육에 주는 함의

설쌤의 꿀팁
제술은 지금의 논술 전형, 강경은 지금의 면접 전형과 비슷하지요? 오늘날의 선발 제도와 연결 지어 기억해 두세요.

Theme 182 기출 CHECK!

*해당 테마는 기출문제가 없어 '확인문제'를 수록하였습니다.

01 A와 B에 들어갈 알맞은 말을 쓰시오. ● 확인문제

> 조선시대의 제술 – 강경 논쟁은 과거시험의 시행 방식에 있어 수험자의 문장력을 중시하는 방식인 (A) 위주로 진행할 것인가, 경서에 대한 지식적 측면을 강조하는 구두문답 형식의 (B) 위주로 진행할 것인가에 대한 논쟁이었다.

• A: _____   • B: _____

정답 01 A – 제술 / B – 강경

Theme 183 이황(李滉)

학습 Check ○○○○○

기출
12 중등, 12 초등, 10 중등, 10 초등, 08 중등, 07 초등, 04 초등, 03 중등, 03 초등, 02 초등

1 거경궁리(居敬窮理) ☆
① 이황은 마음공부인 '거경'과 이치탐구인 '궁리'를 최상의 공부방법으로 간주함
② **거경** : 공부에 있어 절대적 진리를 인정하고 이를 탐구하는 것
③ **궁리** : 거경에 의해 사물의 이치를 구한 후 덕성을 높이고 학문을 실천하는 것

2 위기지학(爲己之學) ☆
① 이황은 공부의 목적으로 높은 벼슬이나 출세를 목적으로 하는 '위인지학'을 비판하고, 자기수양을 통한 인격완성의 '위기지학'을 강조함
② **위기지학의 뜻**
　㉠ 자신을 위한 공부, 이기적인 공부가 아니라 자신의 덕성과 학문을 완성시키기 위한 공부
　㉡ 자기 자신의 내면적 완성을 1차적 목적으로 하는 공부
　　⇨ 교육의 수단적 가치보다 본질적·내재적인 가치를 추구함

출제 Pick!
☆ 거경궁리, 위기지학(위인지학)

Level Up
거경, 위기지학, 위인지학
- **거경(居敬)** : 인간의 타고난 순수한 도덕심이 드러나도록 몸과 마음을 바르게 함
- **위기지학(爲己之學)** : 자기수양을 통한 인격완성의 추구, 자기 자신의 성찰을 통한 공부, 성현의 말씀과 가르침을 통해서 도리와 덕행의 참뜻을 깨닫고 몸소 실행하는 일
- **위인지학(爲人之學)** : 남에게 내세우기 위한 학문

Theme 183 기출 CHECK!

01 조선시대 16세기 사림파 선비를 대표하는 이황, 조식, 이이의 교육사상과 실천을 〈보기〉에서 고른 것은? ● 12 중등

〈보기〉
ㄱ. 북학의 수용을 통한 교육개혁론을 주장하였다.
ㄴ. 위인지학(爲人之學)을 위기지학(爲己之學)보다 중시하였다.
ㄷ. '경(敬)', '의(義)', '성(誠)'과 같은 개념을 학문과 실천의 중심 사상으로 삼았다.
ㄹ. 저술이나 상소 등을 통하여 군주를 성군(聖君)으로 만들려고 하였다.
ㅁ. 향촌에 생활 근거지를 두면서 제자 양성을 통해 학파 수립의 기반을 마련하였다.

① ㄱ, ㄴ, ㄷ   ② ㄱ, ㄴ, ㄹ   ③ ㄱ, ㄷ, ㅁ   ④ ㄴ, ㄷ, ㅁ   ⑤ ㄷ, ㄹ, ㅁ

02 다음 율곡 이이의 저술 내용 중 (가)에 공통적으로 들어갈 용어는? ● 12 초등

• 배우는 이는 먼저 마땅히 ((가))하여 도(道)로써 자신의 임무를 삼아야 한다. 도(道)는 높고 먼 것이 아닌데도 사람이 스스로 행하지 않는다.
— 이이, 「학교모범」

• 처음으로 배우는 이는 먼저 마땅히 ((가))해야 한다. 반드시 성인(聖人)이 되는 것을 자기의 목표로 삼고서, 털끝만큼이라도 스스로 작게 여기고 물러서고 미루려는 생각을 가져서는 안 된다. 대개 보통 사람도 성인과 그 본성은 동일하다. ……(중략)…… 그러므로 맹자는 성(性)이 선(善)하다고 말하시며 늘 요순(堯舜)을 언급해 그것을 실증하면서 "사람은 다 요순이 될 수 있다."고 하였다. 어찌 우리를 속이셨으랴!
— 이이, 『격몽요결』

① 격물(格物)   ② 치지(致知)   ③ 수의(守義)   ④ 입지(立志)   ⑤ 거경(居敬)

03 다음은 조선 중기 학교교육의 위기와 그 극복의 노력에 관한 이황(李滉)의 견해이다. (가)와 (나)에 들어갈 명칭을 바르게 짝지은 것은? ● 10 중등

일찍이 듣기로, 사람에게는 도(道)가 있지만 가르침이 없으면 금수에 가깝게 된다. 성인(聖人)이 이를 염려하여 사람의 도리[人倫]를 가르쳤으니 삼대(三代)의 학교는 모두 사람의 도리를 밝히고자 한 것이다. 후세에 이르러 성왕(聖王)이 일어나지 않고 옛 도가 무너짐에 따라, 문사(文詞)와 과거(科擧), 이록(利祿)의 풍습이 사람의 마음을 어지럽혀 광란으로 치달아 돌아오지 못하게 하였다. 이에 안으로는 국학(國學)이, 밖으로는 ((가))이/가 모두 어두워 가르침을 알 수 없고 막연하여 배움을 일삼지 못하게 되었다. 이것이, 뜻 있는 선비들이 발분(發憤)하고 개탄하며 한 짐의 책을 짊어지고 깊은 산중에 들어가 서로 들은 바를 강론하여 도를 밝히며 자신을 이루고 남도 이루어 주게 된 까닭이니, 후세에 ((나))이/가 만들어진 것은 그 상황의 형세가 그렇지 않을 수 없었던 것이다. 그 일의 가상함이 어떠한가?
— 『퇴계전서(退溪全書)』 42권 〈기(記)〉 중 —

	(가)	(나)		(가)	(나)
①	사학(四學)	향교(鄕校)	②	사학(四學)	서원(書院)
③	향교(鄕校)	서원(書院)	④	사학(四學)	서당(書堂)
⑤	향교(鄕校)	서당(書堂)			

정답 01 ⑤   02 ④   03 ③

04 다음은 퇴계 이황(李滉)이 풍기 군수로 재직 시 경상도 관찰사에게 보낸 글의 일부를 번역한 것이다. (가)와 (나)에 들어가야 할 것은? •10 초등

> 제가 현재 국학(성균관)을 살펴보니, 진실로 어진 선비들의 관문입니다. 그러나 지방 군, 현에 설치되어 있는 교육기관의 경우는 한낱 허울에 불과합니다. 그 교육이 크게 무너져 선비들이 ((가))에 머물며 공부하는 것을 수치로 여기니, 시들고 피폐함이 매우 심합니다. 어떤 방법으로도 고칠 수 없으니 한심하다 하겠습니다. 오직 ((나))에서의 교육이 지금부터 활발하게 일어난다면 아마도 학정의 부족한 부분을 채울 수 있고, 배우는 사람들이 돌아와 의탁할 곳이 있게 될 것입니다.
>
> —『퇴계선생문집(退溪先生文集)』

	(가)	(나)		(가)	(나)
①	사학(四學)	도회(都會)	②	서원(書院)	사학(四學)
③	영학(營學)	도회(都會)	④	영학(營學)	향교(鄕校)
⑤	향교(鄕校)	서원(書院)			

05 조선시대 성리학자 이황의 교육 사상을 설명한 것으로 옳지 않은 것은? •08 중등
① '마음공부[거경(居敬)]'와 '이치탐구[궁리(窮理)]'를 최상의 공부 방법으로 간주하였다.
② '위인지학(爲人之學)'을 일삼는 세태를 개탄하면서 '위기지학(爲己之學)'을 강조하였다.
③ 이(理)는 형체도 없고 작용도 없지만 기(氣)는 작용이 있기 때문에 '기가 우위에 선다.'고 주장하였다.
④ 순전히 선(善)한 도심(道心)과는 달리 인심(人心)은 선과 불선(不善)이 공존하는 상태에 놓여 있기 때문에 '인욕을 경계하라.'고 가르쳤다.

06 〈보기〉는 퇴계 이황이 '올바른 공부란 무엇인가'라는 주제와 관련하여 한 말이다. ㉮와 ㉯에 들어갈 말로 옳은 것은? •07 초등

―〈보기〉―
(㉮)이란 우리가 마땅히 알아야 할 바가 도리이며 우리가 마땅히 실천해야 할 바가 덕행이라 믿고 가까운 데서부터 시작하여 나가되 마음으로 이해하고 몸으로 실천하는 것을 목표로 삼는 공부이다. (㉯)은 마음으로 이해하고 몸으로 실천하는 데 힘쓰는 대신 자기 안의 공허함을 감추고 바깥으로 관심을 돌려 지위와 명성을 얻고자 하는 공부이다.

	㉮	㉯
①	위기지학(爲己之學)	위인지학(爲人之學)
②	위인지학(爲人之學)	위기지학(爲己之學)
③	명물지학(名物之學)	도수지학(度數之學)
④	도수지학(度數之學)	명물지학(名物之學)

정답 04 ⑤ 05 ③ 06 ①

07 조선시대 성리학자 이황(李滉)이 강조한 위기지학(爲己之學)에 가장 가까운 것은? ● 04 초등
① 문예(文藝)와 경학(經學)을 배워서 과거에 급제하여 군주의 왕도정치를 돕는 일
② 자연 현상의 과학적 관찰과 연구를 통해 사물에 내재해 있는 진리를 밝혀내는 일
③ 성현의 말씀과 가르침을 통해서 도리와 덕행의 참뜻을 깨닫고 몸소 실행하는 일
④ 학문적 도야를 통해 높은 학식을 쌓은 후 그 지식을 사회개선을 위해 활용하는 일

08 다음은 조선시대 유학자 이황(李滉, 1501~1570)의 교육관에 대한 설명이다. (가)와 (나)에 들어갈 말로 옳은 것은? ● 03 중등

| 이황은 학문과 수양의 방법으로 ((가))을/를, 목적으로 ((나))을/를 중시하였다. |

	(가)	(나)
①	격물(格物)	위인지학(爲人之學)
②	입신(立身)	천인합일(天人合一)
③	거경(居敬)	위기지학(爲己之學)
④	박학(博學)	효제충신(孝悌忠信)

09 퇴계 이황의 생애 말년 저술로서 성인이 되는 공부방법을 보여주고 있는 것은? ● 03 초등
① 입학도설 ② 성학집요 ③ 천명도설 ④ 성학십도

10 공부의 목적을 '위기지학(爲己之學)'과 '위인지학(爲人之學)'으로 구별할 때, 위기지학에 가장 가까운 것은? ● 02 초등
① 자기 자신의 성찰만이 진정한 공부가 된다.
② 남에게 보이기 위해서가 아니라 자신의 출세를 위해 공부한다.
③ 남이 무엇이라고 하든 자신의 전문성을 신장시키기 위해 공부한다.
④ 한 분야의 전문가가 되기보다는 여러 분야를 광범위하게 공부한다.

정답 07 ③ 08 ③ 09 ④ 10 ①

Theme 184 실학

1 특징
① **합리주의**
② **민본주의**: 토지개혁, 교육개혁 등
③ **실심향학**: 허구적·관념적 배경, 실제적이고 쓸모 있는 지식 습득을 주장함

2 학습법
① **실사구시 강조**: 사실에 기대어 진리 탐구, 탈관념론, 경험적·실증적 학습을 중시함
② 실생활 중심의 도덕적 실천교육을 강조함

3 정약용
① 실학의 대표적 학자
② "덕행을 근본으로 삼고, 경술을 그 다음으로 하고, 문예를 끝으로 삼아야 한다." ⇨ 덕행 중시
③ 과거시험 과목과 관련하여 우리나라의 역사를 과거의 시험 과목으로 삼아야 한다고 주장함
④ 실천하는 지성을 강조함

출제 Pick!
☆ 실학의 특징, 학습법, 정약용

Theme 184 기출 CHECK!

01 다음은 반계 유형원이 제안한 교육개혁안 중 중앙의 교육 기관에 관한 내용이다. (가), (나), (다)에 들어갈 적절한 기관은? • 12 초등

> 서울에는 ((가))을 설립한다. 여기에 선사(選士)들을 수용한다. 또한 그 아래에 ((나)) 및 ((다))을 설치한다. ((나))은/는 ((다))에서 올라온 선비들을 수용한다. ((다))은 동·서·남·북의 학교이다.   - 유형원, 『반계수록』

	(가)	(나)	(다)		(가)	(나)	(다)
①	태학(太學)	중학(中學)	사학(四學)	②	중학(中學)	영학(營學)	읍학(邑學)
③	태학(太學)	성균관(成均館)	사학(四學)	④	성균관(成均館)	영학(營學)	읍학(邑學)
⑤	성균관(成均館)	향교(鄕校)	사학(四學)				

02 조선 후기 교육개혁론자인 유형원(柳馨遠)의 주장에 해당되는 것은? • 09 초등
① 우수한 인재가 모여 있는 한성(漢城)과 경상도부터 개혁해야 한다.
② 주자학은 공리공론(空理空論)이므로 실용적인 교육내용으로 대체해야 한다.
③ 과거제도가 문제는 많지만 점진적으로 개선하여 부작용을 최소화해야 한다.
④ 능력만 갖추면 반상(班常)을 불문하고 관직으로 진출할 수 있게 해야 한다.
⑤ 학교 교육을 확대하기 위해서 관학(官學)과 사학(私學)을 고루 지원해야 한다.

03 다음은 조선시대 실학자 최한기(崔漢綺, 1803~1877)의 교육론에 대한 설명이다 (가)와 (나)에 적합한 것은? • 07 중등

> 최한기는 본체 개념에 해당되는 것으로 ((가))를 공부의 원리로 ((나))을(를) 제시하였다.

	(가)	(나)		(가)	(나)
①	성즉리(性卽理)	천인합일(天人合一)	②	심즉리(心卽理)	거경궁리(居敬窮理)
③	운화기(運化氣)	추측지리(推測之理)	④	심즉기(心卽氣)	위기지학(爲己之學)

04 보기의 조선 후기 실학자들의 교육사상에 대한 설명으로 옳은 것끼리 묶은 것은? • 06 중등

> ㄱ. 최한기는 교육내용으로 수학의 중요성을 강조하였다.
> ㄴ. 유형원은 교육방법으로 일신전공(日新全功)을 주장하였다.
> ㄷ. 김정희는 교육제도개혁으로 과거제 폐지와 공거제(貢擧制) 시행을 주장하였다.
> ㄹ. 정약용은 교육덕목으로 '효(孝)', '제(悌)', '자(慈)'를 주장하였다.

① ㄱ, ㄴ   ② ㄴ, ㄷ   ③ ㄷ, ㄹ   ④ ㄱ, ㄹ

05 조선시대 유학자 유형원(柳馨遠, 1622~1673)의 교육론에 해당하는 것은? • 03 중등
① 지방 유생의 안거강학(安居講學)을 장려하여 사학(私學)을 진흥한다.
② 엄격한 학력 시험에 입각한 개인 능력 본위의 취사(取士) 제도를 도입한다.
③ 방상(坊庠), 향상(鄕庠)에서 태학(太學)에 이르는 4단계의 학제를 시행한다.
④ 모든 교육 단계에서 사(士)와 민(民)의 구별이 없는 만민평등의 교육을 행한다.

06 조선시대 실학자 홍대용(洪大容)이 주장한 것은? • 01 초등
① 박학(博學)과 이용후생(利用厚生)의 위인지학(爲人之學)보다 의리(義理)를 밝히는 위기지학(爲己之學)이 근본이다.
② 행한 뒤에 아는 지혜는 적실(的實)하고 상명(詳明)하지만, 안 뒤에 행한 지혜는 모양을 모방하고 짐작한 것에 지나지 않는다.
③ 중앙에서는 방상(坊庠) → 사학(四學) → 중학(中學), 지방에서는 향상(鄕庠) → 읍학(邑學) → 영학(營學)을 거쳐, 최종적으로 태학(太學)에 진학하는 통일적 체제를 정비해야 한다.
④ 전국을 '도(道)-군(郡)-현(縣)-사(司)-면(面)'으로 편제하고 '도'에서 '면'에 이르기까지 각급 교육기관을 설치하며, 면에는 재(齋)를 두어 8세 이상의 모든 자제를 모아 가르쳐야 한다.

정답 01 ①   02 ④   03 ③   04 ④   05 ③   06 ④

Theme 185 고대 그리스 교육

기출: 15 중등, 13 중등, 09 중등, 08 초등, 03 중등

1 특징 ☆
① 고대 그리스 사회는 인문주의적 문화를 배경으로 개인의 자유로운 발전을 인정하고, 전인적인 인간의 형성을 교육의 목표로 함
② 힘든 생산활동으로부터 해방된 시민의 가치 있는 문화적 활동 전반 ⇨ '인문주의(humanism)'
③ 지적·도덕적·심미적인 능력까지 골고루 갖춘 총체적인 교육을 중시함 ⇨ 전인교육 ⇨ 이러한 교육적 이상을 '파이데이아(Paideia)'라고 함
④ 파이데이아로 대표되는 '전인교육'의 이상은 서양에서 최고의 교육적 인간상으로 받아들여짐 ☆

2 자유교육(liberal education) ☆
① 자유시민으로서의 자유를 누리고 선용하는 능력을 기르는 교육
  ㉠ 자유인으로서의 교육을 중시하는 교육
  ㉡ 자유를 올바르게 누리고 유익하게 사용할 수 있는 이성적 능력을 기르는 교육
② 실제적인 목적에서가 아니라 지식 그 자체의 가치를 목적으로 한 교육으로, 교육의 내재적 가치를 추구함(↔ 실용교육)
③ 맥락에 따라 '교양교육', '일반교육'으로 번역되기도 함
④ **자유교육의 성격**
  ㉠ 자유교육은 '자유시민'이라는 특수계층을 위한 교육으로 귀족주의적 성격을 띰
  ㉡ 인간의 이성, 주지주의적 면모, 이론적 지식을 통한 인간의 지적 능력의 향상을 강조함
  ㉢ 공동체 일원으로서의 개인, 시민으로서의 교육을 강조 ⇨ 아테네와 스파르타의 공통 교육목적
  ㉣ 지식교육을 통해 무지, 편견, 오류로부터 벗어나 합리적·이성적인 마음을 발달시킴
    ⇨ 7자유과(문법, 수사학, 논리학, 수학, 기하학, 천문학, 음악) 강조

출제 pick!
☆ 그리스 교육의 특징, 전인교육
☆ 자유교육

Theme 185 기출 CHECK!

논술 기출 CHECK

A 중학교가 내년에 중점을 두고자 하는 교육 목적을 자유교육의 관점에서 논하시오. • 15 중등

> 먼저, 교육 목적에 관한 문제점과 개선 방안입니다. 우리 학교는 학생들의 합리적 정신을 계발하기 위해 지식 교육을 추구해 왔습니다. 그런데 지난해 도입된 국어, 수학, 영어 교과에 대한 특별 보상제 시행으로 이들 교과의 성적은 전반적으로 상승하였지만, 학교가 추구하고자 한 것과 달리 반별 경쟁에서 이기거나 포상을 받기 위한 것으로 교육 목적이 왜곡되는 경향이 있었습니다. 이러한 교육 목적의 왜곡으로 인하여 교사는 주로 문제 풀이식 수업이나 주입식 수업을 하게 되었고, 학생들은 여러 교과에 스며 있는 다양한 사고방식을 내면화하지 못하는 결과가 초래되었습니다. 이러한 문제점을 보완하기 위하여 내년에는 교육 개념에 충실한 지식 교육, 즉 자유교육(liberal education)의 이상을 구현하는 데 중점을 두고자 합니다.

01 다음 (가)와 (나)에 들어갈 말로 옳은 것은? • 13 중등

> 학생: 선생님, "교육받은 사람은 누구나 희랍에서 고향을 느낀다."는 말이 있는데, 여기에서 희랍의 교육은 어떤 교육을 가리키는지요?
> 교사: 음, 교육의 원형이라고 볼 수 있는 자유교육(liberal education)이라 할 수 있겠지.
> 학생: 그러면 희랍의 자유교육은 구체적으로 무엇인지요?
> 교사: 글쎄, 제대로 설명하려면 아주 길어. 간단히 말하면, 희랍의 자유교육은 근본적으로 인간의 마음(mind)을 무지, 오류, 환상으로부터 해방시키는 교육이라 할 수 있지. 여기에는 두 가지 철학적 주장이 들어 있는데, 허스트(P. Hirst)에 따르면, 그것은 마음과 ((가)), ((가))와/과 ((나))의 관련성에 관한 것이지.
> 학생: 휴, 생각보다 복잡한 것 같습니다.
> 교사: 희랍의 자유교육에는 형이상학적 가정이 들어 있어서 그렇게 느껴지는가 보구나.

	(가)	(나)		(가)	(나)
①	감각	실재	②	정서	경험
③	정서	실재	④	지식	경험
⑤	지식	실재			

정답 01 ⑤

02 고대 그리스 시대의 이소크라테스(Isocrates) 교육사상에 대한 진술로 옳지 않은 것은?　● 13 중등
① 수사학을 통해서 덕을 함양하고 영혼을 고상하게 만들 수 있다고 보았다.
② 공공의 선과 행복에 기여하는 훌륭한 웅변가를 양성하는 데 주요 목적을 두었다.
③ 최상의 행복은 이성을 계발함으로써 사물의 본질을 관조하는 데서 찾을 수 있다고 보았다.
④ 철학자 양성에 주요 목적을 둔 플라톤의 아카데미아 교육에 대해 비판적인 입장을 취하였다.
⑤ 웅변가가 되기 위해서는 수사학의 원리와 기술뿐만 아니라 문학, 논리학, 역사 등 일반적인 지식도 갖추어야 한다고 보았다.

03 서양의 자유교육(liberal education) 전통에 관한 설명으로 옳은 것을 모두 고른 것은?　● 09 중등

> ㄱ. 자유교육은 이론적 지식보다는 실제적 지식을 추구한다.
> ㄴ. 현대의 자유교육론은 마음과 지식의 논리적 관계에 토대를 두고 있다.
> ㄷ. 영국의 서머힐(Summerhill) 학교는 자유교육의 이상을 실현할 목적으로 설립되었다.
> ㄹ. 고대 로마나 중세 유럽의 자유교육은 7자유학과를 가르치는 프로그램으로서의 자유교육을 강조하는 경향이 있었다.
> ㅁ. 자유교육의 출발점은 이소크라테스(Isocrates)의 사상에서 찾기도 하나, 아리스토텔레스의 사상에서 비롯되었다고 보는 것이 일반적이다.

① ㄱ, ㄷ　　② ㄱ, ㄴ, ㄹ　　③ ㄴ, ㄷ, ㅁ　　④ ㄴ, ㄹ, ㅁ　　⑤ ㄱ, ㄷ, ㄹ, ㅁ

정답 02 ③　03 ④

04 〈보기〉에서 고대 그리스의 교육사상가에 관한 설명 중 옳은 것을 고르면? ● 08 초등

〈보기〉
가. 소피스트들은 법과 관습보다 시민 개개인의 권리를 더 중요시하였다.
나. 소크라테스는 선의 실천이 선행되어야 선의 본질을 이해할 수 있다고 주장하였다.
다. 크세노폰은 덕의 기초는 지식이 아니라 좋은 습관에 있다고 주장하였다.
라. 플라톤은 사물의 실재는 개별적 존재 속에 구현되어 있는 이데아에서 찾아야 된다고 주장하였다.

① 가, 다   ② 가, 라   ③ 나, 다   ④ 나, 라

05 고대 그리스의 교육을 가장 잘 설명한 것은? ● 03 중등
① 아테네인들은 여성의 교육을 특별히 중시했다.
② 솔론(Solon)의 입법에 의해 스파르타 교육제도의 기초가 놓여졌다.
③ 이소크라테스(Isocrates)의 학교는 수학과 변증법을 가르치는 철학 학교였다.
④ 아테네 교육은 B. C. 5세기 후반 소피스트의 출현과 함께 질적 변화를 이루었다.

정답 04 ①   05 ④

Theme 186 소크라테스(Socrates)

1 교육목적 및 방법 ☆
① **교육목적**: 무지의 세계에서 벗어나 진리의 세계로 인도함
② **교육방법**: 반문법과 산파술(문답법)
③ **산파술(문답법)**: 교사가 학생이 스스로 답을 찾아가도록 계속 질문을 던져 스스로의 무지를 자각하게 하는 방식

2 주지주의(主知主義) ☆
① 지식교육을 강조함
② "지식은 곧 덕이고, 덕은 곧 지식이다."
③ 이성적 사고와 반성을 통해 영혼 내면에 존재하는 참다운 지식(episteme)을 자각해야 함

3 지행합일설과 교사관 ☆
① **지행합일설**: 보편적 진리에 대한 인식이 반드시 실천으로 나타나는 것
② **교사관**
  ㉠ 암시와 자극을 통해 제자의 정신적 활동을 자극함
  ㉡ 교사는 학생에게 일방적으로 지식을 전달하는 존재가 아니라 대화와 공동의 사색을 통해 진리를 함께 추구해 나가는 동반자적 존재임

출제 Pick!
☆ 소크라테스의 교육목적 및 방법
☆ 주지주의
☆ 지행합일설과 교사관

Theme 186 기출 CHECK!

01 학습자를 '무지에 대한 자각'으로 이끄는 소크라테스의 교수법에 비추어 볼 때, 다음 인용문의 ㉠에 들어갈 소크라테스의 발언으로 가장 적합한 것은?
● 09 초등

> 메   논: (덕이 있는 모든 사람들에게 해당하는 특징은) '사람을 다스릴 수 있는 것'이라고 말할 수밖에 없습니다.
> 소크라테스: 그렇지. 내가 찾는 것은 바로 그런 대답이네. 하지만 주인을 지배할 수 있는 것이 과연 아이와 노예의 덕일까?
> 메   논: 아닙니다. 절대 그렇지 않습니다.
> 소크라테스: 그렇지. 생각할 수도 없는 일이지. 메논, 이렇게 한번 생각해 보게. (㉠   )
> 메   논: 그렇군요. 정의롭다는 것은 덕이 있다는 것이니까요.
> 소크라테스: 그런데 정의라는 것은 덕 그 자체일까? 아니면 덕의 한 가지일까?
> 메   논: 무슨 말씀이신지요?
> – 플라톤, 『메논』, 73d~e

① 자네 스승인 고르기아스의 말처럼 정의가 곧 덕이라고 해야 하지 않을까?
② 아테네인이면 누구나 믿고 있듯이 정의가 곧 덕이라고 해야 하지 않을까?
③ 내가 시종일관 자네에게 가르쳐 주었듯이, 정의롭다는 것이 바로 덕 있는 것이라고 해야 하지 않을까?
④ 자네는 덕을 가리켜 다스리는 능력이라고 말했는데, 거기에 정의롭게라는 말을 추가해야 하지 않을까?
⑤ 정의가 곧 최고의 덕이라는 것을 잘 기억해두라고 가르친 소피스트의 경고를 따르는 것이 유익하지 않을까?

02 다음은 소크라테스(Socrates)에 관한 진술이다. 이것으로부터 추론할 수 있는 학습자에 대한 이해로 옳은 것은?
● 08 중등

> • 일방적인 지식 전수 대신에 문답법을 사용했다.
> • "학습은 지식을 상기(想起)하는 것이다."라고 주장했다.

① 학습자는 신의 형상을 닮은 존재이다.
② 학습자는 탐구하는 능력을 지닌 존재이다.
③ 학습자의 내면은 창이 없는 소우주와 같다.
④ 학습자의 내면은 무엇이든지 다 쓸 수 있는 백지와 같다.

03 소크라테스의 교육사상과 관계가 먼 것은?
● 07 초등
① 덕(德)이 곧 지식이라고 보았다.
② 교육방법으로서 대화법을 강조하였다.
③ 절대적 진리를 향한 열정을 중시하였다.
④ 이성에 대한 감각의 우위를 주장하였다.

04 소크라테스의 '산파술'에 들어 있는 지식교육에 대한 관점을 바르게 설명한 것은?
● 06 초등
① 주관적인 의견을 논박하여 해체하고 객관적인 지식을 외부에서 제공해야 한다.
② 교사는 회상의 과정을 통하여 자신의 지식을 이끌어내 이를 학습자에게 제공해야 한다.
③ 학습자가 지식을 회상해 내도록 교사는 탐구의 과정을 안내하고 필요한 조력을 제공해야 한다.
④ 교사는 학습자가 지식을 회상하는 과정에 개입하지 않되, 교사 자신의 의견을 진리의 준거로 제시한다.

05 다음과 같은 주장을 한 교육사상가는?
● 03 초등

> 나는 지혜에 관해서는 아무것도 잉태한 것이 없네…. 나는 아무것도 모르는 자일세. 나는 영혼과 정신의 생산이라는 사건을 결코 경험해 본 적이 없네. 그러나 내가 대화를 나누었던 사람들은 처음에는 아무것도 모르는 것처럼 보였으나, 대화가 진행되는 가운데 신의 도움을 받아 놀라운 발전을 이룩하였다네. 그들이 나에게 무엇인가 배운 바가 전혀 없이 오직 자신으로부터 많은 아름다운 것을 발견해 내고 그것을 확고하게 간직한 것은 명확한 사실이라네.

① 코메니우스   ② 성 오거스틴   ③ 소크라테스   ④ 아리스토텔레스

정답 01 ④ 02 ② 03 ④ 04 ③ 05 ③

Theme 187 플라톤(Platon)

1 교육목적 ☆
① 덕을 갖춘 개인 양성
② 교육은 개인의 능력과 사회적 계급에 따라 요구되는 덕성에 맞춰 내용과 방법을 달리해야 함

2 사상적 특징

(1) 철인통치론
① 지혜를 사랑하고 획득한 철학자가 왕이 될 때 이상국가의 실현이 가능해질 것이라고 보았음
② 지혜를 갖춘 자만이 이상국가의 통치자가 되어야 한다고 주장함

(2) 이데아론(theory of forms)
① 이데아(idea)의 세계는 참으로 실재하는 세계임
② 경험의 세계에 있는 모든 개체는 이데아의 세계의 모사에 불과함

(3) 지식론
① '지식(眞知)'과 '의견' 구분 : '지식'은 실재에 관여하고, '의견'은 현상에 관여하는 것이라고 보았음
② 지식은 이데아를 인식하는 것이라고 주장함

3 교육사상

(1) 동굴의 비유
지상의 세계를 '동굴'로, 인간을 동굴에 갇힌 '죄수'로 비유함
⇨ 밝은 실재의 세계를 인식하도록 도와주는 것이 교육

(2) 영혼 삼분설
'욕망(appetite, 절제의 덕, 생산자), 기개(spirit, 용기의 덕, 군인), 이성(reason, 지혜의 덕, 통치자)' 세 가지가 모여 인간을 형성하며, 절제·용기·지혜의 덕이 조화롭게 갖추어졌을 때 '정의(justice)'의 덕이 실현됨

(3) 상기설(想起說)
① 인간의 영혼은 원래 이데아의 세계에 속하였으나, 신체와 결합하면서 이데아의 세계에 대한 모든 지식을 상실함
② 영혼의 이성적인 부분의 사유작용을 통해 잃어버린 이데아 세계의 기억을 상기시킴으로써 진리에 대한 앎에 이름
③ 학습에 대해서는 감각을 통한 확인은 필요하나, 개념적 이해가 더 중요하다고 보았음

출제 Pick!
☆ 플라톤의 교육목적, 사상적 특징, 교육사상

Theme 187 기출 CHECK!

01 고대 그리스 시대의 교육사상에 대한 설명으로 옳지 <u>않은</u> 것은? • 12 중등

① 소크라테스(Socrates)는 교수방법으로서 반어법과 문답법을 활용하였다.
② 플라톤(Platon)은 웅변가를 이상적으로 교육받은 인간상으로 간주하였다.
③ 이소크라테스(Isocrates)는 논증과 변론을 통한 수사학 교육을 강조하였다.
④ 프로타고라스(Protagoras)는 모든 가치의 기준이 개인에 따라 상대적이라고 주장하였다.
⑤ 아리스토텔레스(Aristoteles)는 최고선으로서의 행복을 추구하기 위해 지성적 삶과 습관 형성을 중시하였다.

02 다음은 플라톤의 대화편 일부를 재구성한 것이다. (가)에 공통적으로 들어갈 가장 적합한 말은? • 12 초등

> **아데이만토스**: (트라시마코스는 ((가))을/를 강자의 이익이라고 말했습니다만) 우리가 소크라테스 선생님께 듣고자 하는 것은 ((가))의 외양이 아닌 실재, 즉 ((가))이/가 이익이 되느냐 손해가 되느냐 하는 것과 관계없이 그 자체로 좋다는 것입니다. 만약 아이들이 어렸을 때부터 ((가))이/가 그 자체로 좋은 것이라는 말을 듣고 자란다면, 나중에 그들은 다른 사람의 감시가 필요 없이 자기 자신의 감시자가 되어 그것을 행하게 될 것입니다.
> – 플라톤, 『국가』 366d~367c
>
> **소크라테스**: 나를 고발한 사람들에게 한 가지 요구하고 싶습니다. 내 아이들이 훌륭한 인간이 되기보다는 돈을 쫓아다닌다고 생각되거나 자신이 아무것도 아니면서 마치 무엇이나 된 것처럼 행동한다고 생각되면, 내가 여러분을 질타했듯이 여러분도 그들을 질타해 주십시오. 만약 여러분이 이렇게 해 주신다면, 여러분은 나와 내 아이들에게 ((가))을/를 행하는 것입니다.
> – 플라톤, 『변론』 41e~42a

① 덕(virtue) ② 지혜(wisdom) ③ 용기(courage) ④ 절제(temperance) ⑤ 정의(justice)

정답 01 ② 02 ⑤

03 다음은 플라톤의 대화편 『프로타고라스』의 일부를 재구성한 것이다. 덕(德)에 관한 소크라테스의 견해에 비추어, 빈칸에 들어갈 가장 적절한 말은?

• 11 초등

> 소크라테스: 용감한 사람은 어떤 사람입니까?
> 프로타고라스: 적군을 향하여 주저 없이 나아가는 사람이 용감한 사람이지.
> 소크라테스: 그러면 물불 안 가리고 앞으로 돌진하는 사람도 용감한 사람입니까?
> 프로타고라스: 그야 절대 아니지.
> 소크라테스: 그러면 무엇을 향해 나아가는 사람이 용감한 사람입니까? 선(善)의 이상(理想)입니까? 아니면 추한 욕망입니까?
> 프로타고라스: 그야 물론 선의 이상이지.
> 소크라테스: 그러면 (   )
> 프로타고라스: 그렇지. 무지한 사람은 용감한 사람이 될 수 없다네.

① 용감한 사람은 착한 사람이겠군요?
② 용감한 사람은 대담한 사람이겠군요?
③ 용감한 사람은 무서운 것이 없는 사람이겠군요?
④ 용감한 사람은 선이 무엇인지 아는 사람이겠군요?
⑤ 용감한 사람은 자신의 욕망을 실현하는 방법을 아는 사람이겠군요?

04 다음의 재구성된 동굴 비유에서 밑줄 친 부분을 플라톤(Platon)의 관점에 기초하여 교육학적으로 해석한 것으로 적합하지 <u>않은</u> 것은?

• 10 초등

> 사람들이 어릴 적부터 사지와 목이 결박당한 채로 지하의 (가)<u>동굴</u> 속에 살고 있다. 그들은 동굴의 벽면에 비치는 그림자들만을 보면서 살아왔기 때문에 그것들을 실물이라고 생각한다. 그런데 그들 중 하나가 결박에서 풀려나서 뒤쪽에서 타고 있는 모닥불을 바라보도록 강요받자, 그는 눈이 부셔서 고통스러워하며 보다 진실한 것을 제대로 보지 못한다.
> 또한 (나)<u>누군가</u>가 그를 힘하고 가파른 (다)<u>오르막길</u>을 통해서 동굴 밖으로 억지로 끌고 나가자, 그는 더욱 고통스러워한다. 처음에는 눈이 부셔서 어느 하나도 제대로 볼 수 없지만, 익숙해지면서 차츰 실물들을 보게 된다. 마지막으로 그는 하늘의 (라)<u>태양</u>을 보고 나서, 그것이 계절을 가져다주며 모든 것의 원인이 된다는 것을 알게 된다.
> 더불어 그는 자신이 살던 곳의 동료들을 떠올리면서 자신은 그 모든 변화로 인해서 행복하지만, 그들을 불쌍하다고 생각하게 된다. 그래서 그는 (마)<u>동굴로 내려가서</u> 결박된 자들을 풀어주어 위로 이끌고 가려고 한다.
>
> 『국가론』, 7권, 514a 이하

① (가) - 인간은 자기 자신에게만 책임을 돌리기 어려운 무지와 오류의 가능성 속에 살고 있다.
② (나) - 그(누군가)의 핵심적인 활동은 학습자의 영혼이 올바른 방향으로 전환하도록 이끄는 것이다.
③ (다) - 오르막길은 세계를 감각적으로 경험하는 상태에서 지성적 인식의 상태로 상승하는 것을 상징한다.
④ (라) - 태양은 학습과 탐구를 통해 최종적으로, 그리고 각고의 노력 끝에 보게 되는 선의 이데아를 상징한다.
⑤ (마) - 동굴로 내려가는 이유는 그 안에 갇힌 사람들의 보지 못하는 눈에 시력을 넣어 주듯이, 그들의 영혼 속에 지식을 넣어 주기 위해서이다.

정답 03 ④ 04 ⑤

05 〈보기〉의 빈칸 (가), (나), (다)에 들어갈 말을 바르게 나열한 것은?   • 05 초등

〈보기〉

플라톤의 국가론에 따르면, 철인왕의 육성을 위한 교육은 신체 단련과 덕성 함양, 산술·기하 등의 교과 교육으로 이루어지는 기초 교육, 2년간의 ((가)) 교육, 20세부터 10년간의 ((나)) 교육, 5년간의 ((다)) 교육, 그리고 행정 실무 활동에의 참여라는 순서로 이루어진다.

	(가)	(나)	(다)
①	수학	변증법	신체 및 군사
②	신체 및 군사	수학	변증법
③	변증법	수학	신체 및 군사
④	수학	신체 및 군사	변증법

06 플라톤의 교육사상에 대한 설명으로 옳은 것은?   • 04 중등
① 교육의 초기 단계에서는 변증법을 공부한다.
② 교육의 최종 단계는 선의 이데아를 획득하는 것이다.
③ 학문을 탐구하는 목적은 변화의 모습을 파악하는 데 있다.
④ 계층에 관계없이 모든 사람에게 동일한 교육을 실시한다.

정답 05 ② 06 ②

Theme 188 아리스토텔레스(Aristoteles)

기출: 11 중등, 10 초등, 08 중등, 02 중등

1 교육목적 ☆
① 행복한 생활을 영위할 수 있는 인간의 육성
② 행복은 과학과 철학을 통한 이성의 훈련을 통해 가능함
③ 인간이 최고의 목적으로 추구해야 할 것은 '행복'이며, 이를 위해서는 중용의 덕이 필요함

2 교육의 특징
① 플라톤의 이상주의적인 교육사상과 달리 자연주의적이고, 경험적이며, 현실적인 사상을 주장함
② 관찰과 분석을 중시함
③ **자유교육 이론화**
  ㉠ 이성의 훈련을 위한 지식교육
  ㉡ 교육은 실용적 목적을 떠나 오직 진리 자체를 목적으로 추구해야 함
  ㉢ 자유교육의 이념을 이론화함
④ **소요학파** : 제자들과 산책하며 토론·강의하는 것, 한적하게 유유히 산책하는 학문공동체

☆ 아리스토텔레스의 교육목적, 교육의 특징

Theme 188 기출 CHECK!

01 다음 대화에 나타난 교사의 견해를 뒷받침하는 고대 그리스 철학자는? • 11 중등

> 학생 : 선생님, 아는 것과 행동하는 것이 반드시 일치하지는 않는 것 같습니다.
> 교사 : 그 둘 사이의 불일치 문제는 고대 그리스어 아크라시아(akrasia)에 해당하는데, 이 단어는 본래 자제력이 없다는 의미를 가진단다.
> 학생 : 자제력은 어디서 오는 것인가요?
> 교사 : 자제력은 앎에서 오는 것이 아니라, 감정이나 정서에서 오는 것이지.
> 학생 : 그럼 도덕이 합리성에만 의존하는 것은 아니네요?
> 교사 : 그렇지. 도덕성은 합리성 그 이상을 의미하고, 거기엔 정서의 문제가 함께 자리하는 셈이지.

① 플라톤(Platon)　　② 고르기아스(Gorgias)　　③ 소크라테스(Socrates)
④ 이소크라테스(Isocrates)　　⑤ 아리스토텔레스(Aristoteles)

02 덕성교육에 대한 다음과 같은 아리스토텔레스(Aristoteles)의 진술이 성립되기 위해서 (가)와 (나)에 들어가야 할 것은? • 10 초등

> • 인간이 선량하고 도덕적으로 되는 데에는 세 가지의 조건이 있는데, 그것은 ((가))과 ((나)) 그리고 이성이다(『정치학』, 1332a).
> • ((가))과 ((나))을 통하여 통제되거나 소용없게 되며, 보다 좋거나 보다 나쁜 성향들로 바뀌게 된다(『정치학』, 1332a-b).
> • 이성은 모든 경우에 힘을 발휘하는 것이 아니라, 듣는 사람들의 영혼이 ((나))을 통해서 고귀하게 기뻐하고 미워하는 것으로, 미리 준비되어 있어야 힘을 발휘한다(『니코마코스 윤리학』, 1179b).
> • 성품적인 덕은 ((가))에서 저절로 생겨나는 것이 아니며, ((가))에 반하여 생겨나는 것도 아니다. 우리는 성품적인 덕을 받아들일 수 있는 가능성을 갖추었을 뿐이며 ((나))을 통해 성품적인 덕을 형성하게 된다(『니코마코스 윤리학』, 1103a).

	(가)	(나)		(가)	(나)
①	습관	감성	②	감성	본성
③	습관	직관	④	직관	본성
⑤	본성	습관			

03 고대 아리스토텔레스(Aristoteles)의 교육론과 근대 로크(J. Locke)의 교육론에서 찾을 수 있는 공통점이 <u>아닌</u> 것은? • 08 중등

① 체육·덕육·지육의 통합적인 교육을 주장한다.
② 교육목적으로 관조적인 삶의 실현을 내세운다.
③ 인간은 정치적·사회적 존재라는 것을 전제로 한다.
④ 학습뿐만 아니라 훈련과 습관의 중요성도 함께 강조한다.

04 다음의 설명에 해당하는 교육이론을 제시한 사람은? • 02 중등

> • 인간의 영혼은 신체적 힘의 총화로서 신체가 없이는 존재할 수 없다.
> • 교육은 참된 윤리적 생활을 가능하게 하는 것으로, 정치적 문제와 관련되어 있다.
> • 본성, 습관, 이성이 함께 해야 교육이 가능하다.

① 에라스무스　　② 소크라테스　　③ 플라톤　　④ 아리스토텔레스

정답 01 ⑤　02 ⑤　03 ②　04 ④

Theme 189 로크(Locke)

04 초등, 02 중등

1 교육사상 ☆
① **백지설** : 인간은 순수한 백지 상태로 태어나며 모든 지식은 후천적으로 획득됨
② 훈련을 통한 습관의 형성을 강조함 ⇨ 형식도야설의 이론적 근거
③ 경험을 통해 어떠한 것도 학습할 수 있음

2 교육방법 및 특징
① **삼육론** : 체육론, 덕육론, 지육론 ⇨ 신사 양성을 위한 구체적 방안
② 학습자 흥미 중심, 직관을 통한 구체적·경험적 방법과 논리적 사고를 중시함

출제 Pick!
☆ 로크의 교육사상, 교육방법 및 특징

Theme 189 기출 CHECK!

01 다음 교육관과 가장 관련이 깊은 인물들로 묶인 것은? • 04 초등

- 학교교육은 정치적 능력의 신장, 사회적 책임감의 함양, 그리고 경제의 성장에 도움이 되는 기술과 지식을 제공하는 일에 크게 기여할 수 있다.
- 학교는 문해능력(literacy), 질서, 효용 등의 가치를 젊은이에게 전수해야 하며, 사회 내의 일탈적 구성원들에 대한 사회적 통제와 통합 기능을 수행해야 한다.
- 교육정책은 여러 이해집단의 참여를 통해 점진적으로 형성되고 또 실행되는 것이 좋으며, 다양한 이해관계를 균형 있게 반영해야 한다.

① 존 듀이(J. Dewey), 킬패트릭(W. H. Kilpatrick)
② 존 로크(J. Locke), 호레이스 만(H. Mann)
③ 로버트 오웬(R. Owen), 생 시몽(Saint-Simon)
④ 키에르케고르(S. Kierkegaard), 싸르트르(J. P. Sartre)

02 다음 중 서로 맞게 연결된 것은? • 02 중등
① 로크 - 교육에서 경험과 습관을 중요시하였다.
② 페스탈로치 - 교육을 민중교육과 귀족교육으로 이원화하였다.
③ 바제도우 - 낭만주의 교육사상가로 유아체육교육을 강조하였다.
④ 홈볼트 - 교사를 정원사에 비유하였으며 학교환경을 중요시하였다.

정답 01 ② 02 ①

Theme 190 루소(Rousseau)

1 교육사상 ☆
① 완전한 교육은 자연에 의한 교육, 인간에 의한 교육, 사물에 의한 교육이 일치하는 것
⇨ 합자연의 원리
② **교육목표** : 자연적인 본성을 잘 보전하고 사회적 제약으로부터 벗어난 자연인의 육성
③ 교사중심의 권위적 교육, 지식 위주의 주입식 교육 등과 같은 전통적 교육의 틀을 탈피하여 아동의 흥미와 경험을 중시하는 아동중심 교육의 기틀을 마련함

2 교육방법 및 내용 ☆
① 아동의 흥미와 적성에 따라 이루어져야 함 ⇨ 아동의 자발성·개인차 고려
② 교사는 아동의 자연스런 성장이 구속받지 않도록 해야 함
③ 교사는 자연적 성장을 돌보는 정원사, 안내자 ⇨ 성선설, 타고난 자연성 발현 돕는 소극적 교육
④ **교육원리** : 성장의 원리, 아동활동의 원리, 개별화의 원리

3 특징 ☆
① 교사중심의 권위적 교육, 지식 위주의 주입식 교육 등의 전통적 교육을 탈피함
② 아동의 흥미와 경험을 중시하는 아동중심주의 교육의 기틀을 마련함
③ 19C 새교육운동 및 20C 진보주의 교육이론 형성에 영향을 줌

☆ 루소의 교육사상, 교육방법 및 내용, 특징

Theme 190 기출 CHECK!

01 루소(J. Rousseau)가 초기(2~12세)교육에 대하여 다음과 같이 주장하는 이유로 볼 수 <u>없는</u> 것은? ● 09 초등

> 초기교육은 완전히 소극적이어야 한다. 그것은 미덕이나 진리를 가르치는 것이 아니라 마음을 악덕으로부터, 또 정신을 과오로부터 지켜주는 것이다. 만약에 그대들이 여러분의 제자를 오른손과 왼손의 구분조차 못하는 상태로 열두 살까지 그저 건강하고 튼튼하게 기를 수만 있다면, 그대들의 첫 가르침으로부터도 그의 오성은 이성에 눈뜨게 될 것이다.
>
> – 루소, 『에밀 또는 교육에 관하여』, 제2권 –

① 올바른 교육은 바로 자연을 돕고 따르는 것이다.
② 어린이 시절은 이성(理性)이 잠자고 있는 시기이다.
③ 초기교육의 제1원리는 시간을 낭비하는 것이 아니라 절약하는 것이다.
④ 초기교육은 어린이를 감각기관을 통해서 이성의 입구까지 이끌어가는 것이다.
⑤ 초기교육은 필연성의 법칙에서 출발하여 유용성의 법칙으로 이끌어가는 것이다.

02 <보기>에서 루소(J. Rousseau)의 교육관에서 강조되는 사항들로만 묶인 것은? ● 07 중등

〈보기〉
ㄱ. 발달단계론   ㄴ. 고상한 야인(noble savage)   ㄷ. 소극교육론
ㄹ. 삼육(三育)의 조화적 발전   ㅁ. 남녀별학(男女別學)   ㅂ. 완전한 생활교육

① ㄱ, ㄴ, ㄷ, ㅁ   ② ㄱ, ㄴ, ㄹ, ㅂ   ③ ㄱ, ㄷ, ㅁ, ㅂ   ④ ㄴ, ㄷ, ㄹ, ㅂ

03 루소(J. Rousseau)의 아동 교육사상을 충실히 반영하고 있는 견해는? ● 06 초등

① 아동의 성장은 사회적 삶의 장면에서만 가능하다.
② 아동의 수준에 맞게 성인의 교과를 번역하여 제시한다.
③ 아동교육은 성인기를 위한 준비 교육의 성격을 갖는다.
④ 아동교육에서는 언어 이전에 실물에 대한 감각적 경험이 중요하다.

정답 01 ③   02 ①   03 ④

04 〈보기〉와 같은 교육론을 주창한 인물은?   ● 05 초등

─────────────────── 〈보기〉 ───────────────────
• 초기의 교육은 전적으로 소극적이어야 한다. 그것은 미덕이나 진리를 가르치는 것이 아니라 마음을 악습으로부터, 정신을 오류로부터 지켜주는 교육이다.
• 아동의 신체와 감각기관을 단련시켜라. 그렇지만 아동의 정신은 가능한 한 오랫동안 한가롭게 내버려 두라. 악이 생겨나는 것을 막아 주겠다며 일찍부터 선을 행하도록 서두르는 일은 금물이다.

① 꽁트(A. Comte)   ② 루소(J. Rousseau)   ③ 헤르바르트(J. Herbart)   ④ 오웬(R. Owen)

05 다음은 루소의 『에밀』에서 발췌한 내용이다. (   )에 들어갈 단어가 바르게 연결된 것은?   ● 04 중등

창조주의 손에서 나올 때 만물은 선하나 인간의 손에 들어오면서 만물은 타락하기 시작한다. 인간은 무엇 하나 원래의 자연 상태 그대로 놓아두는 것을 좋아하지 않는다. 우리 인간은 연약한 상태에서 태어난다. 그러므로 강한 인간이 되기 위해, 그리고 태어날 때에 가지지 못한 능력을 갖추기 위해 교육을 필요로 한다. 우리는 세 종류의 교사를 통해 교육을 받는다. 세 교사의 가르침이 일치하고 같은 목표를 향하여 나아갈 때에 사람은 올바른 인간이 될 수 있다. 그런데 (㉠)의 교육은 전혀 우리가 어떻게 할 수 있는 것이 아니다. (㉡)의 교육은 몇 가지 점에서만 우리가 어떻게 할 수 있다. (㉢)의 교육만이 우리가 마음대로 할 수 있는 교육이기는 하지만 그것도 그렇게 마음대로 할 수 있는 것은 아니다.

	㉠	㉡	㉢
①	신	자연	인간
②	신	자연	문화
③	자연	사물	인간
④	본성	인간	자연

정답 04 ②   05 ③

06 〈보기〉는 에밀에서 특정의 개념을 나타내기 위해 사용한 말이다. 이 개념은 무엇인가?
● 03 초등

─────────────〈보기〉─────────────
• 우리는 인간을 만들든 시민을 만들든 어느 것을 택하지 않으면 안 된다. 왜냐하면 양자를 동시에 만들 수 없기 때문이다.
• 아동에게 형성되어야 할 습관은 어떠한 습관에도 물들어서는 안 된다는 것이다.

① 자유　　　　　　② 평등　　　　　　③ 박애　　　　　　④ 자연

07 『에밀』에 나타난 루소(Rousseau)의 교육사상을 잘못 진술한 것은?
● 01 초등

① 모든 인간은 평등하므로 여성 교육이 남성 교육과 달라서는 안 된다.
② 교육은 자연적인 발달 순서에 맞추어 단계적으로 실행해야 한다.
③ 아동기에는 서적을 통한 지적 교육보다 체험을 통한 신체적 교육이 더 중요하다.
④ 사회악에 물들지 않도록 초기 교육은 사회로부터 격리시켜 시행하는 것이 바람직하다.

정답 06 ④　07 ①

Theme 191 페스탈로치(Pestalozzi)

기출 10 초등, 06 중등, 99 초등

1 교육목적과 교육사상 ☆
① 루소와 마찬가지로 인간의 자연적 본성은 선하다고 보았음 ⇨ 합자연의 원리 주장
② 3H(Head, Heart, Hand) : 교육은 지적(머리)·도덕적(가슴)·신체적(손)으로 조화로운 발달을 도모해야 하며, 그 중심은 가슴이 되어야 함
  ⇨ 인간을 도덕적 상태로 변화시키는 것을 교육의 목적으로 봄
③ 인간은 평등하고, 교육을 통해 누구나 발전될 수 있으므로 누구에게나 교육의 기회가 주어져야 함

2 교육방법 및 내용 ☆
① 감각적 경험을 바탕으로 한 외면적 직관은 자신의 사고과정을 통해 다시 파악·재구성되는 내면적 직관의 단계를 거쳐 진정한 앎으로 변환됨
② 직관의 3요소인 '수(수학 및 논리능력)', '형(도형 및 공간 능력)', '어(언어 및 표현 능력)'를 제시함
  ⇨ 수, 형, 어의 세 개 교과를 통한 정신 도야
③ 삼육(三育)을 통한 전인적 발달을 강조함
④ 관찰, 감각적 경험, 협동작업, 노작교육, 생활교육의 중요성을 강조함

3 교육원리 ☆
① **자발성의 원리** : 합자연 교육의 방법적 원리로 아동의 흥미와 자발성을 기초로 해야 함
② **조화의 원리 = 도덕성 중시의 원리** : 지·덕·체의 조화로운 발달을 교육의 기본원리로 삼되, 특히 도덕성의 계발 강조함
③ **방법의 원리** : 발달단계에 따라 인간중심 교육으로 행해져야 함
④ **직관의 원리** : 아동 자신의 직접 경험 또는 직접 체험을 교육의 기본원리로 삼아야 함
⑤ **사회의 원리 = 안방교육의 원리** : 어머니와 자녀의 인간적 만남을 통해 도덕성을 배울 수 있으며, 교사와 학생 간에도 모자관계와 같은 신뢰가 형성되어야 함

출제 Pick!
☆ 페스탈로치의 교육목적, 교육사상 (3H)
☆ 교육방법 및 내용(수형어)
☆ 교육의 원리

Theme 191 기출 CHECK!

01 페스탈로찌(J. H. Pestalozzi)가 말하는 합자연 교육의 방법적 원리와 그에 대한 설명을 가장 적절하게 짝지은 것은? • 10 초등
① 자발성의 원리 – 자발성은 외부적 자극에 의해 촉발되므로, 외부로부터의 주입과 주형이 교육의 근간이 되어야 한다.
② 도덕성 중시의 원리 – 교육은 손(기능), 가슴(심정), 머리(지력)의 조화로운 발달을 도모하지만, 그 중심은 가슴이 되어야 한다.
③ 안방(거실) 교육의 원리 – 교육의 목적은 사회적 인간을 육성하는 것이기 때문에, 안방교육은 공공교육기관의 원리를 따라야 한다.
④ 일반도야의 원리 – 인간적인 실존의 바탕은 직업이기 때문에, 직업교육이 전인교육에 앞서야 하며 전인교육은 직업교육에 종속되어야 한다.
⑤ 직관의 원리 – 직관은 감각이 아니라 마음의 눈을 통해서 세계의 본질을 직접 파악하는 것이기 때문에, 감각 중심의 교육을 지양해야 한다.

02 〈보기〉의 내용과 가장 관련이 있는 교육사상가는? • 06 중등

〈보기〉
- 아동의 흥미와 노력을 중시한다.
- 아동을 성인의 축소판으로 보지 않는다.
- 교육방법은 직관의 원리에 따른다.
- 교육목적을 지식·도덕·기능의 조화로운 발달에 둔다.

① 페스탈로찌(Pestalozzi) ② 에라스무스(D. Erasmus) ③ 루터(M. Luther) ④ 로크(J. Locke)

03 다음의 교육방법 원리를 주장한 교육사상가를 쓰시오. • 99 초등 변형

- 감각적 직관이 학습지도의 기초가 되어야 한다.
- 교육을 보다 높은 목적에 종속시켜야 한다.
- 교사는 아동의 개성을 존중하며 훈육은 애정에 의해서 실시되어야 한다.

• _____

정답 01 ② 02 ① 03 페스탈로치

Theme 192 헤르바르트(Herbart)

학습 Check ○○○○○

 기출
10 중등, 07 초등

1 교육사상 ☆
① 교육의 목적을 도덕성의 함양에 둠
② 명료한 도덕적 판단능력을 중시하고, 주지주의적 성향을 띰
③ 아동의 외적인 흥미가 아닌 다면적 흥미를 중시함

2 교육방법 및 내용 ☆
① 관리, 교수, 훈육
② 교수 4단계 - 강의법 ☆
  ㉠ **명료화** : 학생에게 학습주제를 명료하게 제시하는 단계
  ㉡ **연합** : 학생이 새로운 학습내용을 이전에 배운 것들과 관련지어 해석할 수 있도록 하는 단계
  ㉢ **조직(계통)** : 새로 배운 내용을 기존 지식체계 내에 자리 잡도록 하는 것
  ㉣ **방법** : 새로 얻은 지식과 주제를 활용하여 새로운 문제에 적용할 수 있는 능력을 기르는 연습을 하고, 새로운 내용을 올바르게 배웠는가를 확인하기 위한 과정

출제 Pick!
☆ 헤르바르트의 교육사상, 교육방법 및 내용, 교수 4단계
☆ 자연주의 교육의 개념, 교육관, 특징

설쌤의 팁
두문자로 외우자♬
• **헤르바르트 교수 4단계** : 명료화, 연합, 조직(계통), 방법 ➡ 명연계방

Level Up
자연주의 교육
1. 개념 ☆
  • 자연을 유일한 실재로, 인간을 자연의 일부로 보는 교육철학
  • 루소(Rousseau), 프뢰벨(Fröbel), 페스탈로치(Pestalozzi), 헤르바르트(Herbart)를 거쳐 진보주의 교육철학으로 연결되어 아동중심 교육사상의 기본 원리가 됨
2. 교육관 ☆
  • 아동을 자라나는 식물로 비유하고, 교사는 그 식물의 성장을 도와주는 정원사에 비유함
  • 교사의 역할은 아동의 본성, 자연적 성질을 자유롭게 발전시켜야 한다는 입장
3. 특징 ☆
  • 인간을 자연의 일부로 보아 아름답고 순수하며, 잠재적인 능력을 타고난다고 생각함
  • **교육목적** : 아동의 천부적인 잠재력과 개성이 자연의 법칙에 따라 자연스럽게 실현될 수 있도록 도와주는 것

Theme 192 기출 CHECK!

01 김 교사는 헤르바르트(J. Herbart)의 '교수 단계론'을 현대적 관점에서 해석하여 자신의 국어 수업에 적용해 보았다. 〈보기〉에 기술된 김 교사의 교수행위를 헤르바르트의 '교수 단계론'에 따라 순서대로 배열한 것은? ● 10 중등

〈보기〉
ㄱ. '시(詩)의 구조'를 학생들이 이미 배운 시에 관한 지식과 관련지어 설명하였다.
ㄴ. 이번 시간에 배운 '시의 구조' 개념을 새로운 시에 적용하여 해석할 수 있도록 설명하였다.
ㄷ. '시의 구조' 개념과 관련된 내용 요소를 세분하여 학생들에게 명료하게 설명하였다.
ㄹ. '시의 구조'를 구성하고 있는 지식들 사이에 체계적인 질서가 있음을 설명하였다.

① ㄱ-ㄴ-ㄷ-ㄹ　　② ㄱ-ㄷ-ㄹ-ㄴ　　③ ㄴ-ㄱ-ㄷ-ㄹ
④ ㄷ-ㄱ-ㄹ-ㄴ　　⑤ ㄷ-ㄴ-ㄱ-ㄹ

02 헤르바르트의 교육적 공헌에 대한 설명으로 옳은 것은? ● 07 초등
① 교육학을 근대적 의미에서의 학문으로 정립하였다.
② 교육에서 심미적 차원을 제거하고자 하였다.
③ 능력심리학에 입각하여 통각 개념을 설명하였다.
④ 교육 목적을 정당화하기 위해 헤겔의 실천철학을 활용하였다.

정답　01 ④　02 ①

Theme 193 교육의 목적

기출 11 초등, 10 중등, 06 초등, 05 중등, 04 중등, 03 중등, 03 초등, 02 초등, 01 중등

1 주형관과 성장관 ☆

(1) **주형관**
① moulding = 주입 ⇨ 교육 만능성
② 교사 – 학생의 관계 : 전통적·수직적 관계
③ 로크(Locke) : '아동 = 백지' ⇨ 행동주의
④ 교과중심 교육(주지주의 교육) ⇨ 문화적 전통과 지식의 핵심
⑤ 에듀카레(educare) ⇨ 양육, 수직적, 교사 주도
⑥ 문제점
　㉠ 교사와 학생의 관계에 대하여 교사는 일방적으로 가르치는 존재, 학생은 수동적인 존재로 잘못 인식하게 됨
　㉡ 교사가 잘못된 권위주의에 빠지거나, 학생의 인격을 존중하지 않는 문제가 발생할 수 있음

(2) **성장관**
① 아동의 내부에 잠재된 가능성이 올바른 방향으로 발현되도록 도와야 함
② 교사 – 학생의 관계 : 수평적 ⇨ 학생 = 식물, 교사 = 정원사, 교육과정 = 식물 성장과정
③ 대표적 학자 : 루소, 듀이, 프뢰벨, 페스탈로치, 헤르바르트
　㉠ 루소에 의해 체계화되었고 프뢰벨, 페스탈로치, 헤르바르트 등에 의해 전개되어 19세기 유럽 신교육 운동의 바탕이 되었고, 이후 20세기 미국 진보주의 교육이론을 통해 체계가 완성됨
　㉡ 듀이(Dewey)
　　• 교육을 통한 아동의 계속적 성장을 도움
　　• 경험의 끊임없는 재구성 통한 성장 = 욕구 해결을 위한 환경과의 상호작용 = 교변작용
　　　⇨ 경험중심 교육과정
　　• 교사는 반성적 사고 촉진시킴 ⇨ 추상적 지식 습득이 아닌 살아있는 삶의 성장이 목표
　　　⇨ 도구주의, 실용주의
④ 진보주의의 아동중심 교육
⑤ 에듀케레(educere) ⇨ 성장, 수평적, 학생 주도
⑥ 문제점 : 교과 및 교사 역할을 과소평가함

2 교육의 목적 ☆

(1) **내재적 목적** ⇨ 가치지향성
① 교육의 개념 혹은 활동 자체가 가지고 있는 목적
② 교육활동 안에서 의미, 가치, 이상을 발견하려 함
③ 아리스토텔레스 : 그 자체가 목적인 활동 = 학문을 위한 학문
④ 듀이 : 교육목적은 교육활동 밖에서 부여되는 것이 아니라, 교육활동 그 자체가 목적임
⑤ 피터스 : 교육은 어떤 것의 수단이 아니라, 그 자체의 기준 또는 준거를 목적으로 함
⑥ 교육내용 : 지적·도덕적 덕목, 합리성·자율성 습득
⑦ 위기지학(爲己之學) : 자기성찰과 완성을 위한 공부

(2) **외재적 목적** ⇨ 가치중립성
① 교육을 수단으로 여김
② 실제적·즉시적 목적 : 경제 성장, 직업 준비, 생계 유지
③ 위인지학(爲人之學) : 입신출세, 처세술, 사회적 성공을 위한 공부

(3) **내재적 목적과 외재적 목적의 조화**
① 내재적 목적 우선 추구 ⇨ 외재적 목적 부수적 실현
② 내재적 목적 자체의 중요성 인지가 필요함

출제 pick!

☆ 주형관과 성장관의 개념, 교사-학생의 관계, 관련된 교육과정, 문제점
☆ 교육의 내재적 목적과 외재적 목적의 개념 및 예시

Level Up

에듀카레와 에듀케레

1. 에듀카레(educare)
　• '양육하다(bring up)'라는 의미에서 유래 ⇨ 부모가 자녀를 양육하는 것과 같이 미성숙한 상태에 있는 아동을 성숙한 상태로 끌어올리는 것을 의미함
　• 동양적 어원이나 '페다고지(pedagogy)'와 마찬가지로 부모-아동, 교사-학생 간의 수직적 관계를 가정하며, 부모나 교사가 교육에서 주도적인 역할을 함

2. 에듀케레(educere)
　• '밖으로(e-)'라는 의미와 '이끌어내다(ducere, lead out)'라는 의미에서 유래하였으며, 아동이 내면에 가지고 있는 성장가능성과 잠재력을 발현시킬 수 있도록 이끌어내는 것을 의미함
　• 즉, 교사와 부모는 아동에게 무엇인가를 가르침으로써 원하는 인간상을 만드는 것이 아니라 아동이 이미 갖고 있는 잠재가능성을 발현하도록 도와주는 '성장'의 비유에 가까움
　➡ 교사와 아동 간의 수평적 관계를 가정하며, 교육에서 교사나 부모보다 아동이나 학생의 역할이 중요

Theme 193 기출 CHECK!

01 다음은 지식교육에 대한 듀이(J. Dewey)의 주장이다. (가)와 (나)에 들어갈 말로 바르게 짝지은 것은? ● 11 초등

- ((가))는 흔히 ((나))과 단절된 것으로서 그것과 별도로 개발될 수 있는 것으로 생각되어 왔다.
- ((가))는 우리가 하고자 하는 것과 그 결과로서 일어나는 것 사이의 관련을 파악함으로써 ((나))을 의미 있는 것으로 만들어 준다.

– 듀이, 『민주주의와 교육』

	(가)	(나)		(가)	(나)
①	교과	습관	②	도야	경험
③	도야	습관	④	사고	성격
⑤	사고	경험			

02 다음은 듀이(J. Dewey)의 민주주의와 교육의 내용을 서술한 것이다. ( )에 공통적으로 들어갈 말을 쓰시오. ● 10 중등 변형

( )은/는 어원적으로 본 때 '사이에 있는 것', 즉 거리가 있는 두 사물을 관련짓는 것을 뜻한다. 교육의 경우에, 두 사물 사이의 메워야 할 거리는 시간적인 것으로 생각할 수 있다. 어떤 것이 발달하는 데 시간이 걸린다는 것은 너무도 자명하다. 그래서 성장에는 시작 단계가 있고 완성 단계가 있으며 그 사이에 밟아야 할 과정, 즉 중간 과정이 있다. 학습의 경우에, 학생이 현재 갖고 있는 능력과 성향이 학습의 출발 단계가 되며, 교사는 최종적으로 도달하게 될 교육목표를 설정한다. 이 두 가지 사이에 있는 ( )이/가 바로 수단(means)인데, 그것은 학생이 어떤 사물에 몰입하는 상태이다. 이 수단을 통해서만 애초에 시작한 교육활동이 만족스러운 최종 결과에 도달하게 된다.

- _____

03 듀이(J. Dewey)가 〈보기〉의 주장을 통하여 직접적으로 비판하고 있는 전통적인 교육이론은? ● 06 초등

〈보기〉
전통적인 교육이론에서는 '인간의 마음의 능력들은 아동기에서부터 성인기에 이르기까지 동일한 것이기 때문에 성인의 교과가 거의 그대로 아동을 위한 교과가 된다.'고 생각하였다. 이로 인해 발달의 단계나 순서라는 관념이 무시되는 그릇된 관행이 생겨났다.

① 형태이론 ② 통각이론 ③ 회상이론 ④ 형식도야이론

04 다음 (가)와 (나)에 들어갈 개념을 쓰시오. ● 06 초등 변형

교육 목적에 대하여 듀이(J. Dewey)는 교육활동 그 자체, 피터스(R. S. Peters)는 교과의 고유한 가치에 주목하면서 교육의 ((가))을 주장하였다. 또한 우리 선조들은 ((나))이라는 말로 공부의 근본적 목적이 자아의 성찰과 완성에 있음을 강조하였다.

- (가) : _____
- (나) : _____

정답 01 ⑤ 02 흥미 03 ④ 04 (가) – 내재적 목적 / (나) – 위기지학

05 빈칸 A와 B에 들어갈 말을 바르게 나열한 것은?

교육의 기능은 크게 두 가지로 나누어 설명할 수 있다. 첫째는 교육이라는 개념에 함의된 기능, 즉 인간을 가르치고 기르는 기능이다. 둘째는 교육 이외의 바람직한 결과를 가져오는 기능이다. 교육을 통한 경제 발전이 그 예이다. 이 중 전자를 교육의 (A) 기능이라 하고, 후자를 (B) 기능이라 부른다.

	A	B		A	B
①	실용적	장식적	②	본질적	수단적
③	자연적	인위적	④	외재적	내재적

06 다음 내용을 모두 포괄하는 이론은?

- 성장과 습관의 의미가 교육적 과정으로 해석되어야 한다.
- 교과의 논리와 학습자의 심리가 동시에 고려되어야 한다.
- 계속성(continuity)과 상호작용(interaction)의 원리를 강조한다.

① 로크(J. Locke)의 경험론(empiricism)
② 듀이(J. Dewey)의 경험(experience) 이론
③ 가다머(H. G. Gadamer)의 해석적 경험(hermeneutic experience) 이론
④ 오크쇼트(M. Oakeshott)의 경험의 양상(experience and its modes) 이론

07 다음 대화에서 '슬기'가 교육내용에 부여하는 가치는?

보람 : 너 성적 잘 나왔어?
슬기 : 아니. 우리가 왜 학교에서 이런 내용을 배우는지 모르겠어. 대학입학에 필요하기는 하지만 실생활에는 별 쓸모가 없지 않아? 공부 잘 한다고 꼭 부자가 되는 것도 아니고 말이야.

① 내재적 가치　② 외재적 가치　③ 보수적 가치　④ 사회통합적 가치

08 교육의 내재적 목적에 대한 설명으로 옳은 것은?

① 노작교육을 통한 실천적 인간 양성 강조
② 지식교육을 통한 합리적 마음의 계발 강조
③ 직업교육을 통한 전문적 직업인 육성 강조
④ 교양교육과 실용적 교육의 조화 강조

정답 05 ②　06 ②　07 ②　08 ②

09 〈보기〉는 교육에 대하여 서로 상반되는 두 가지 입장을 서술한 것이다. (가)와 (나)의 성격을 대비한 것으로 적절하지 <u>않은</u> 것은?
● 04 중등

─〈보기〉─
(가) 교과는 진리를 담고 있으며 정리된 질서의 세계로 인도해 준다. 참된 세계는 교과 속에서 발견할 수 있다. 중요한 것은 교과를 순서에 따라 단계적으로 가르치는 것이다.
(나) 아동은 출발점이고 중심이며 목적이다. 교육의 모든 기준은 아동에서 찾아야 한다. 교사는 아동으로부터 출발해야 한다. 학습의 효과를 결정하는 것은 교과가 아니라 아동 자신이다.

	(가)	(나)
①	지식의 구조 중시	지식의 형식 중시
②	사회적 가치 중시	본성과 흥미 중시
③	교사의 통제 강조	학습자의 자유 강조
④	전통 중시	변화의 중요성 인정

10 듀이(J. Dewey)의 교육관으로 가장 적합한 것은?
● 03 중등
① 교육은 삶의 본질인 성장(成長)과 동일하며, 교육 그 자체 이외의 다른 목적을 가지지 않는다.
② 자연은 단지 교육의 효소(酵素)만을 제공해 주며 그것을 발달시키고 완성시키는 것은 교육의 일이다.
③ 교육은 개인의 천부적인 적성을 발견하여 그것을 사회에 유용하도록 훈련시키는 것을 과제로 삼아야 한다.
④ 진정한 교육은 아동의 타고난 본성의 보존과 발달을 의미하며 그를 위해 무엇보다 아동의 연구가 중요하다.

11 다음은 듀이(Dewey)가 어떤 개념을 설명하기 위해 주장한 내용이다. 어떤 개념인가?
● 03 초등

- 거리가 있는 두 개의 사물을 연결하는 것이다.
- 자아와 사물의 활동적·유동적 동일성을 의미한다.
- 노력이나 의무와 대립된 개념이라고 할 수 없다.
- 사람과 재료, 행위와 결과 사이의 거리감을 없앤다.

① 경험   ② 성장   ③ 지식   ④ 흥미

12 듀이(Dewey)의 교육 사상과 거리가 먼 것은?
● 02 초등
① 실용주의 교육   ② 고전 중심 교육   ③ 경험 중심 교육   ④ 아동 중심 교육

13 다음 중 듀이의 '행함으로써 배운다(learning by doing).'는 말과 가장 밀접한 것은?
● 01 중등
① 교육은 경험을 재구성하는 것이다.
② 교육은 미래생활을 준비하는 것이다.
③ 교육은 인간의 이성을 훈련하는 것이다.
④ 교육은 인류의 문화유산을 전수하는 것이다.

정답 09 ① 10 ① 11 ④ 12 ② 13 ①

Theme 194. 피터스(Peters)의 교육의 준거

🎯 기출: 09 중등, 08 중등, 08 초등

1 교육에 관한 세 가지 준거 ☆
① **규범적 준거**: 교육을 통해 가치가 전달되어야 한다는 것
② **인지적 준거**: 교육의 내용을 구체화한 것으로, '지식, 이해, 인지적 안목'이 해당함
③ **과정적 준거**: 도덕적으로 온당하게 가르치는 것으로, 규범적 준거를 방법적 측면에서 구체화함
 ⇨ 학습자의 의식, 자발성, 흥미를 고려해야 함

2 선험적 정당화 ☆
① 교과를 배우지 않은 사람은 정당화 문제를 제기할 수 없으며, 교과의 정당화를 요청한 사람에게 요청의 논리적 가정을 밝혀줄 수 있다는 것
② '공적 전통에의 입문'이라는 개념과 밀접한 관련이 있음

3 문명화된 삶의 형식에로의 입문
① **문명화된 삶의 형식**: 인간다운 삶을 살기 위해 공유하는 삶의 형식, 문명화된 삶의 형식을 체계적으로 정리한 것이 지식의 형식 = 교육의 개념에 내재되어 있는 가치
② **'입문'으로서의 교육**
 ㉠ '입문'은 성년식을 뜻하며, 사회의 구성원이 되는 관문에 들어섰다는 것을 의미함
 ㉡ 교육은 객관적인 지식의 형식의 세계로 사람들을 입문시킴으로써 인간다운 삶을 살도록 도와주며 문명화된 삶의 형식이 다음 세대로 계속 이어지게 하는 일종의 성년식으로 여김
  ⇨ 교육은 '성년식'(교육내용과 방법 모두 중시/주형관과 성장관의 대안적 비유)

출제 Pick!
☆ 교육의 준거
☆ 선험적 정당화

Level Up
허스트(Hirst)의 지식의 형식

1. **개념**
 • 지식의 형식은 지식의 본질
 • 자유교육은 인간 본성의 발현을 자유롭게 하며, 이성을 오류와 환상, 선입견 등과 같은 장애로부터 자유롭게 하고자 함
 • 인간의 마음을 자유롭게 하는 교과가 '자유교과'라고 할 수 있음
 • 지식은 모두 지식의 형식으로 구분됨 지식을 배운다는 것은 지식의 형식을 배운다는 것

2. **특징**
 • 지식의 형식에는 각각 고유한 핵심적 개념이 있음 ➡ 자연과학에서 중력, 가속도, 수학의 미적분 등
 • 지식의 형식에 속하는 개념들이 유기적으로 연결되어 있고, 그 결과 하나의 독특한 논리적 구조를 이룸
 • 상징을 이용하여 만들어졌기 때문에 인간의 경험을 제대로 표현하고 있는지 검증할 수 있음
 • 각각에 해당하는 인간 경험들을 제대로 표현하고 있는지를 검증하는 데 필요한 기준들과 함께, 해당 경험 영역을 탐구하는 데 필요한 기술과 기법 포함

3. **과목**
 수학, 자연과학, 인간과학, 역사, 종교, 문학과 순수예술, 철학

Theme 194 기출 CHECK!

01 다음은 어느 교육학자와 한 가상 인터뷰의 일부이다. 이 내용과 가장 관계가 깊은 학자를 쓰시오. ● 09 중등 변형

> 저는 지난 20년 남짓 동안 교육은 합리적 마음을 계발하기 위해 학생을 '지식의 형식(forms of knowledge)'에 입문시키는 일이라고 생각하여 왔습니다. 그러나 저는 이론적 지식이 훌륭한 삶을 결정하는 유일한 논리적 토대라고 보는 중대한 오류를 범하였습니다. 지금 저의 입장은 교육이 '지식의 형식'에의 입문이라기보다는 '사회적 실제(social practices)'에의 입문이어야 한다는 것입니다. 저의 변화된 교육 개념은 좀 더 체계적으로 가다듬어야 할 필요가 있고, 종전 견해와의 관련성에 대해서도 더 논의가 필요합니다. 그럼에도 불구하고, 저는 교육이 근본적인 면에서 '사회적 실제'에 학생을 입문시키는 일이어야 한다는 주장에는 주저함이 없습니다.

- _____

02 피터즈(Peters)가 제시한 교과의 '선험적 정당화(transcendental justification)'에 관한 설명으로 옳지 <u>않은</u> 것은? ● 08 중등

① 사회적 필요에 의하여 교과의 가치를 확립한다.
② 교과를 배우지 않은 사람은 정당화 문제를 제기할 수 없다.
③ 공적 전통에의 입문이라는 개념과 밀접한 관련을 맺게 된다.
④ 교과의 정당화를 요청한 사람에게 요청의 논리적 가정을 밝혀준다.

03 다음에 해당하는 피터스(R. S. Peters)의 교육의 개념적 준거를 쓰시오. ● 08 초등 변형

> 아무리 좋은 내용이라 하더라도 그것을 학습자의 의지와 자발성이 결여된 방식으로 가르쳐서는 안 된다. 이 점에서 조건화(conditioning)나 세뇌(brainwashing) 등과 같은 방법은 교육이라 부를 수 없다.

- _____

정답 01 허스트(P. H. Hirst) 02 ① 03 과정적 준거

Theme 195 관념론 vs 실재론

> 출제 Pick!
> ☆ 관념론과 실재론의 개념, 교육관, 특징, 교육방법 및 내용

1 관념론

(1) 개념 ☆
① 현실 너머의 이상적 세계의 존재(이데아)를 인정하고, 이상적 세계를 정신적인 영역으로 인식함
② 보편적 진리 지향, 진리를 향한 이성 훈련 및 관념적 지식을 중시함
③ 플라톤의 이원론적 세계관을 바탕으로 함
④ 장점 : 가치 회의주의, 상대주의적 논의를 극복할 수 있음
⑤ 단점 : 현실세계와 동떨어진 논의로 이어질 수 있음, 진보하는 사회적 요구 수용 어려움, 지나치게 추상적

(2) 교육관 ☆
① 교육은 새로운 세대에게 정신적 가치를 깨닫게 하는 것을 중요한 과제로 삼아야 하며, 참된 지식은 영구불변하는 것으로 정신적 가치 속에 있음
② 인간교육에 있어 최우선 순위는 '도덕교육'
③ 아동은 교육을 통하여 동물적 위치에서 인격적 위치로 발전함

(3) 특징 ☆
① 이성적 진리의 보편성·불변성을 주장하고, 지식의 절대성 강조함
② 교육은 인간의 이성을 발달시켜 이데아를 인식하도록 하는 것
③ 진리와 지식은 이데아를 나타내는 것으로, 일관성 있고 논리적·체계적이어야 함

(4) 교육방법 및 내용 ☆
① 관념적 지식과 언어교과를 통한 이성의 훈련 ⇨ 교사주도의 학습 강조
② 관념적 지식 학습을 통한 이성의 훈련
③ 논리학, 수사학, 변증법 등이 주된 내용임
④ 회상설(상기설), 소크라테스 대화법 등 누구나 가지고 있는 이성을 이끌어내는 방식을 추구함

2 실재론

(1) 개념 ☆
① 진리 추구와 이성 계발을 강조 ⇨ 현실세계 탐구를 통한 진리 발견
② 우주의 본질은 정신이나 관념이 아니라 물질
③ 아리스토텔레스를 기반으로 하여 과학적 철학의 기초가 됨
④ 이상적 대상에 해당하는 '형상(form)'과 감각적 대상에 해당하는 '질료(matter)'

(2) 교육관 ☆
① 사물을 지배하는 객관적·보편적인 법칙을 설명해 줄 수 있는 것을 지식이라 봄
② **교육목적** : 진리의 추구와 이성의 계발 강조, 사물에 대한 감각적 능력 배양, 사물에 내재하는 자연법칙을 탐구할 수 있는 능력을 기르는 것

(3) 특징 ☆
① **합리적 실재론** : 교육은 아동으로 하여금 주변의 객관적 세계를 인식할 수 있도록 교재의 핵심을 전달하는 데 있음
② **고전적 실재론** : 아동이 지적으로 잘 조화된 인간으로 성장하도록 돕는 것, but 개인차를 무시함
③ **과학적 실재론** : 교육은 주관적인 것을 제외하고, 보다 많은 객관적 사실을 획득·축적하는 것
   ⇨ 일반적 교양교육보다는 실생활에 유용한 교육 강조
④ 장점 : 모든 객관적 실험에 의한 과학적 지식을 중시하고, 현실성이 높음
⑤ 단점 : 교사중심의 주입식 교육, 창조적 이성의 역할에 대한 고민이 소홀함, 지식 전달만 강조

(4) 교육방법 및 내용 – 과학적·실험적 방식 ☆
① 교육내용은 과학적 지식이어야 함 ⇨ 현실에 필요한 지식 중시
② 특정한 기술이나 지식보다 사물을 지배하는 객관적·보편적인 법칙에 관한 지식을 중요시하여 서양의 자유교양교육의 전통을 수립함

Theme 195 기출 CHECK!

*해당 테마는 기출문제가 없어 '확인문제'를 수록하였습니다.

01 빈칸에 알맞은 말을 쓰시오.

● 확인문제

(A)적 교육론은 보편적이고 변하지 않으면서도 이성적인 진리를 상정하는 입장을 갖고 있으며, 지식의 절대성을 강조한다. 따라서 교육은 인간의 이성을 발달시켜 이데아를 인식하도록 하는 활동으로 이해될 수 있다. 진리와 지식은 이데아를 나타내는 것이며, 일관성 있고 논리적이면서도 체계성을 갖추어야 한다. (A)에 입각한 교육사상이 중시하는 교육방법은 관념적인 지식을 학습함으로써 이성을 훈련시키는 것이다. 소크라테스의 대화법이나 플라톤의 상기설 등은 이러한 생각을 단적으로 드러내는 예시라고 할 수 있다. 전근대 시기 논리학, 수사학, 변증법 등은 이러한 이성의 훈련을 위하여 필수적인 교과목으로서 중시되었다.

한편, (B)적 교육론은 주관적인 내용을 교육에서 제외하고 최대한 많은 객관적 사실을 획득하는 것을 강조한다. 이러한 관점에서 일반적인 교양교육보다는 실생활에 유용한 교육을 강조한다. (B)은 정신이나 관념보다 물질적 요소가 우주의 본질이라고 본다. 이러한 입장에 따를 때 지식은 사물을 지배하는 객관적이고 보편적인 법칙에 상응한다. 교육의 목적은 진리를 추구하고 이성을 계발함으로써 사물에 대한 감각적 능력과 더불어 사물에 내재하는 자연법칙을 탐구할 수 있는 능력을 배양하는 데에 있다고 본다. 이는 특정한 지식이나 기술보다 보편적이고 객관적인 법칙에 관한 지식에 대한 중시로 이어지며 서양 자유교양교육의 전통을 수립하는 데에 일조하였다.

• A : _____
• B : _____

정답 01 A - 관념론 / B - 실재론

Theme 196 라일(Ryle)의 지식의 유형

1 명제적 지식 ☆
① '~라는 것을 안다(know that)'라고 표현될 수 있는 지식으로, 명제가 진리임을 아는 지식
② 명제의 형태로 표시되므로 진위를 명확하게 분별하고 말로 표현할 수 있음

2 방법적 지식 ☆
① '~할 줄 안다(know how)'로 표현되는 지식으로, 특정한 과제를 수행하는 방법에 대한 지식
   예 자전거를 탈 줄 아는 것, 요리를 할 줄 아는 것 등
② 말로 정확하게 표현하거나 참과 거짓을 명확하게 분별하기 어려움
③ 지식기반 사회의 등장과 더불어 강조되는 지식
   ⇨ 다양한 지식과 정보를 효과적으로 활용할 수 있는 능력으로, 새로운 정보와 문제해결 방안을 생성·창출하는 능력이 강조됨

출제 Pick!
☆ 지식의 유형

Theme 196 기출 CHECK!

*해당 테마는 기출문제가 없어 '확인문제'를 수록하였습니다.

01 A와 B에 알맞은 것을 적으시오.

● 확인문제

> 분석적인 관점에서 일반적으로 '안다'는 것은 수영할 줄 '안다'와, 삼각형의 내각의 합은 2직각이라는 것을 '안다'와 같이 크게 두 가지 유형으로 나눠질 수 있다. 전자는 (A) 지식에, 후자는 (B) 지식에 속한다. (A) 지식은 '~할 줄 안다(know how)'로 표현되는 지식으로 특정한 과제를 수행하는 방법에 대한 지식이다. (B) 지식은 '~라는 것을 안다(know that)'라는 것으로 표현될 수 있는 지식으로 명제가 진리임을 아는 지식이다. 이러한 지식은 명제의 형태로 표시되기 때문에 진위를 명확하게 분별하고 말로 표현할 수 있다. 지식기반 사회의 등장과 더불어 강조되는 지식은 (A) 지식이다. 다양한 지식과 정보를 효과적으로 활용할 수 있는 능력, 새로운 정보와 문제해결 방안을 생성하고 창출되는 능력이 강조되고 있기 때문이다.

- A : _____
- B : _____

정답 01 A - 방법적 / B - 명제적

Theme 197 20세기 전기 교육철학

1 진보주의 ☆

(1) 개념
① 20C 초반 미국의 대표적 교육철학으로, 20C 교육혁신 운동의 중추적 역할을 함
② 미국의 듀이(Dewey)가 주창한 실용주의(pragmatism) 철학에 의하여 촉진되었으며, 전 세계적인 교육개혁운동에 큰 영향을 줌
③ 지식의 영원성을 부정하고 변화를 강조함 ⇨ 따라서 교육은 항상 발달과정에 기초해야 한다고 봄
④ 사회의 변화와 지식의 변화를 교육에 반영해야 한다고 주장함

(2) 교육철학적 특징 – 지식의 상대성
① 형식주의 반대, 불변의 진리를 거부함
② 흥미 위주의 교육 ⇨ 어린이의 긍정적 가능성을 신뢰하고 흥미에 따른 교육을 추구함
③ 경험 중시 ⇨ 교육은 생활의 준비가 아니라 생활 그 자체이며, 따라서 경험의 재구성을 통한 성장이 교육의 핵심임
④ 민주주의적 교육 ⇨ 민주주의적 교육이념, 학생의 창의적 활동, 생활 속 교육, 학교와 사회의 밀접한 관계를 강조함

(3) 교육원리
① 교육은 경험의 개조와 발달을 포함하기 때문에 아동은 자기 연령에 맞는 학습상황을 가져야 함
   ⇨ 경험 위주
② 교육은 아동의 흥미와 직접 관련되어야 함
③ 교사의 역할 ⇨ 지시 아닌 안내자
④ 교재를 가르치는 것보다 문제해결을 통한 학습이 우선되어야 함
⑤ 학교에서 경쟁보다는 협동을 강조해야 하며, 민주주의적 환경을 갖추어야 민주주의를 가르칠 수 있다고 주장함
⑥ 한계 : 기초학력 저하, 수업의 비효율성, 명확한 목표 설정의 어려움, 수업과정의 구체성 부실, 교사 태만 초래

출제 pick!
☆ 진보주의의 개념, 특징, 교육원리
☆ 본질주의의 개념, 교육원리, 한계
☆ 항존주의의 개념, 교육원리, 한계

Level Up

실용주의(프래그마티즘) 교육

1. 개념 및 주요 주장
   - 20C 미국의 대표적인 철학사조로 발전하였으며, 진보주의 교육사조의 기본이 되는 철학적 관점
   - 학습자의 실제 경험을 중시하며 경험과 교육과의 관계를 강조
   - 현실과 실천을 강조하며 전통철학의 관념성을 비판하였으며, 실용적 지식이 중요하다고 여김
   - 현실 속 실제 경험이 실재라고 보았으며, 절대적·객관적 진리관을 거부

2. 특징
   - 절대적 진리라 여겨졌던 지식을 학습하는 지식 위주의 교육에서 벗어날 것 강조
   - 아동에게 중요한 것은 변화하는 삶 속에서 일어나는 문제해결능력임
   - 학교는 지식을 전달하는 장소가 아니라 아동의 경험을 반영하고 넓히는 장소

3. 교육방법 및 내용
   - 진리의 상대성을 주장하며 영원불변하는 진리를 거부
   - 교육내용은 학생의 경험을 토대로 결정되어야 하며, 학생의 참여와 주도적인 학습을 이끌어내야 한다고 여김
   - 교육원리로서 생활중심 교육, 아동중심 교육, 경험중심 교육 등 주장

2 본질주의 ☆

(1) 개념
① 1930년대 진보주의 교육사상에 대한 반발로 등장함
② 인간이라면 누구나 알아야 할 본질적 지식이 있다고 보았음
③ **교육의 역할**: 과거의 가치 있는 문화적 전통을 보존하여 다음 세대에 전달하는 것

(2) 교육원리
① 학습은 고된 훈련과 근면함을 필요로 함
② 아동의 흥미나 관심은 시시각각 변하므로 노력이 흥미보다 중요함
③ 학습자의 노력이 흥미를 가져올 수 있으며, 수준 높은 단계의 흥미는 처음부터 나타나기보다는 엄격한 훈련을 통해 나타남
④ 교육의 주도권은 학생이 아니라 교사에게 있음
⑤ 교육과정의 본질은 선정된 교육내용을 자기 것으로 체화시키는 데 있음 ⇨ 교사중심 수업

(3) 한계
① 변화하는 문화에 대해서 지나치게 정적인 태도를 보임
② 지식과 문화의 근본적인 것을 보존해야 한다고 주장했지만, 이러한 지식과 문화를 누가 선정하고 어떠한 기준으로 구분할 수 있는지 명확하게 제시하지 못함
③ 지적 진보성·창의성을 저해할 수 있음

3 항존주의 ☆

(1) 개념
① 항구적으로 불변하는 진리를 포함한 고전(古典)학습을 통해 인간의 지성을 계발시키고자 함
② 1930년대 진보주의를 전면적으로 부정하며, 실재의 지식과 가치에 대한 확고하고 분명한 신념을 통해 교육에 필요한 것은 영원불변의 '확실성'이라고 주장함

(2) 교육원리
① 인간의 본성은 어느 곳에서나 동일하기 때문에, 교육의 목적은 장소와 교육대상에 관계없이 동일해야 함
② 이성은 인간이 보유한 최고의 속성이기 때문에, 교육은 이성을 발전시켜야 함
③ 아동은 이성의 계발에 필요한 기본적인 학습내용을 습득해야 하며, 과거의 훌륭한 고전을 공부함으로써 발견하는 진리가 더욱 가치 있음
④ 문학, 철학, 역사, 과학 분야에서의 인간의 위대한 지적 유산이 담긴 고전저서 교육을 강조함
⇨ 아들러(Adler)의 파이데이아(Paideia) 제안, 위대한 저서(고전) 읽기 운동[허친스(Hutchins)]

(3) 한계
① 교육내용을 고전과 일부 과목으로 협소화함
② 비판적 사고능력의 배양에는 좋지 않음
③ 엘리트주의적·주지주의적 경향이 강하고, 지적 훈련을 강조함 ⇨ 개성의 자유로운 성장을 저해함
④ 실용적인 학문 경시, 고전지식만 강조함
⑤ 지나치게 이상적, 현실 문제와 가치를 경시함

4 재건주의

(1) 개념
① 교육을 이상적인 국가의 수립 또는 사회 개조의 수단으로 여기는 입장에서 출발함
② 교육은 현대의 사회적·경제적 세력과 조화를 이루어야 하며, 새로운 사회질서의 창조에 도움이 되어야 한다고 보았음

(2) 교육원리
① 진보주의 교육 비판 ⇨ 교육은 사회적 자아실현이자 사회에 공헌하기 위한 것으로 보았음
② 교사는 새로운 사회의 필요성과 정당성을 학생에게 교육해야 하며, 그 과정은 민주적이어야 한다고 주장함 ⇨ 교사는 이 과정에서 중립적·객관적인 입장을 취해야 함
③ 교육의 목적이나 수단은 행동과학의 발견과 일치해야 하며, 현재의 문화적 위기로 인한 요구를 충족시킬 수 있도록 재조직되어야 함 ⇨ 교육을 통한 문화적 위기 극복과 철저한 사회 개조 강조

(3) 한계
① 새로운 사회질서를 수립하기 위한 교육의 설계를 누가 어떻게 해야 하는지에 대한 구체적인 명시가 결여됨
② 교사의 중립적·객관적 입장을 강조했으나, 교육의 실제에 있어 교사는 특정 지식과 원리를 학생에게 객관적인 입장에서 가르치는 것은 사실상 불가능함

Theme 197 기출 CHECK!

01 다음은 듀이(J. Dewey)의 교육에 대한 견해이다. (가)와 (나)에 들어갈 말로 바르게 짝지은 것은? • 12 초등

> 교과를 직접 다루는 개인의 입장에서 보면 방법은 어떻게 규정되는가? 다시, 이 경우에도 방법은 외적인 것이 아니다. 그것은 바로 ((가))에 관한 것이며, ((가))을/를 효율적으로 다루는 것을 일컫는 것 이외의 아무것도 아니다. 여기서 효율이라는 것은 시간과 정력의 낭비를 최소한으로 하면서 ((가))을/를 활용하는 것-즉, 목적에 도움이 되도록 하는 것-을 뜻한다. ((나))은/는 수업을 받는 학생들의 활동에 맞추어 그것을 도와주는 방법을 직접 시사할 수 있는 것이어야 한다. ((나))은/는 그들의 능력을 이끌어내고 조직하는 데에 필요한 환경이 어떤 것인가를 시사하는 것이어야 한다. ((나))이/가 구체적인 교육의 절차를 마련하는 데에 도움이 되지 않는다면, 또 이 절차가 교육목표를 검증하고 수정하고 확장하는 데에 도움이 되지 않는다면 ((나))은/는 전혀 쓸모가 없다.
> – 듀이, 『민주주의와 교육』

	(가)	(나)			(가)	(나)
①	내용	교육목적		②	논리	교육목적
③	흥미	교육평가		④	내용	교육평가
⑤	흥미	교육목적				

02 다음은 지식교육에 대한 듀이(J. Dewey)의 주장이다. (가)와 (나)에 들어갈 말로 바르게 짝지은 것은? • 11 초등

> • ((가))는 흔히 ((나))과 단절된 것으로서 그것과 별도로 개발될 수 있는 것으로 생각되어 왔다.
> • ((가))는 우리가 하고자 하는 것과 그 결과로서 일어나는 것 사이의 관련을 파악함으로써 ((나))을 의미 있는 것으로 만들어 준다.
> – 듀이, 『민주주의와 교육』

	(가)	(나)			(가)	(나)
①	교과	습관		②	도야	경험
③	도야	습관		④	사고	성격
⑤	사고	경험				

03 다음은 교사 A, B, C의 교육관을 나타낸 것이다. 진보주의 교육관을 가진 교사를 모두 고른 것은? • 05 중등

> • A: 교육의 출발점은 아동이어야 한다. 따라서 모든 교육 활동은 아동의 필요와 흥미를 중심으로 이루어져야 한다.
> • B: 교육은 아동의 경험을 토대로 하는 활동이다. 따라서 교사는 아동의 경험이 확장되도록 교육의 과정을 주도해야 한다.
> • C: 교육에서 경쟁은 아동을 동기화시키는 중요한 수단이라고 생각한다. 그러므로 교사는 경쟁을 적절히 활용할 필요가 있다.

① A ② B ③ A, C ④ A, B, C

정답 01 ① 02 ⑤ 03 ①

04 다음 내용과 가장 잘 어울리는 교육관은?
●04 초등

> • 존재란 불확실한 것이며, 산다는 것은 곧 변화와 우연으로 가득 찬 세계 속으로 말려 들어가는 것을 뜻한다. 인간이 추구해야 할 것은 절대 불변의 확실한 진리가 아니라, 불확실하고 불완전한 세계 속에서 진행되는 변화의 과정을 통제하고 지도할 적절한 수단이나 방법을 찾는 일이다.
> • 사고와 행위는 진행 중의 경험 안에서 통일되는 하나의 흐름이며, 양자는 분리 불가능하다. 사고는 그것이 경험 속에서 검증되기 전까지는 불완전하며, 이론은 경험에서 나와서 다시 실천 행위 속에서 그 진실성을 시험받는다.

① 교육은 인간의 삶과 마찬가지로 경험을 부단히 재구성해 가는 과정이다.
② 교육은 외부로부터 제시된 교과를 수단으로 하여 마음을 형성하는 일이다.
③ 교육은 인류 문명의 정수(精髓)를 아동의 발달단계에 맞추어 전수하는 일이다.
④ 교육은 개인의 자연적 본성을 사회악으로부터 지키는 일에서 출발해야 한다.

05 다음 중 프래그머티즘의 진리관을 바르게 표현한 것은?
●00 초등

① 지식은 선험적 인지구조에 의해 구성된다.
② 지식은 보편적 실체에 대한 직관적 통찰의 산물이다.
③ 지식은 이성적 사유를 통해 구축된 논리적 체계이다.
④ 지식은 외부 세계에 대한 감각적 경험을 원천으로 한다.
⑤ 지식은 당면한 문제를 해결할 수 있는 현실적합성으로 증명된다.

06 듀이는 교육을 '계속적인 경험의 재구성'이라고 하였다. 이때 경험의 의미에 가장 가까운 것은?
●00 초등

① 경험은 유기체와 환경의 상호작용 과정이다.
② 경험은 외부의 자극에 대한 수동적 반응이다.
③ 경험은 지력과 무관한 행동적 차원의 것이다.
④ 경험의 대상은 문화유산의 형태로 주어진다.
⑤ 경험은 개인에 의해 체험되는 주관적인 것이다.

07 다음의 ㉠~㉢에 들어갈 단어를 쓰시오.
●94 중등 변형

> 반드시 1대 1의 관계는 아니지만, 현대 교육사조 중 (㉠)주의 교육철학 속에는 기독교적 전통이 반영되어 있으며, (㉡)주의 교육철학 속에는 다분히 인문주의적 교육전통의 요소들이 들어있고, (㉢)주의 교육관은 자연주의 교육철학의 연장으로 볼 수 있다.

• ㉠ : _____   • ㉡ : _____   • ㉢ : _____

08 다음에 나타난 교육관을 가장 잘 설명할 수 있는 교육철학은?
●06·91 중등 변형

> • 민족적 경험이 엄선되어 체계화되었다고 생각하는 교재를 사용해 교사중심의 수업을 실시
> • 수업의 주안점을 학생의 미래준비를 위한 훈련에 둠
> • 개인적 경험보다는 인류의 경험으로서의 문화적 유산을 중시
> • 아동의 흥미와 자발성을 존중하되, 교육의 주도권은 교사가 가짐
> • **대표적인 학자**: Bagley, Home, Ulich 등

① 진보주의   ② 실존주의   ③ 본질주의   ④ 분석철학

정답 04 ①   05 ⑤   06 ①   07 ㉠-항존 / ㉡-본질 / ㉢-진보   08 ③

09 김 교사는 다음과 같은 교육관을 가지고 있다. 그의 교육관에 가장 가까운 교육철학 사조는? ● 02 중등

- 배우는 일은 본래 쉽지 않기 때문에 열심히 노력해야 한다.
- 교사가 이끄는 대로 배우는 것이 중요하다.
- 반복학습과 암기가 매우 중요하다.
- 교과 및 교재의 논리적 체계에 따라 가르쳐야 한다.

① 계몽주의 ② 이상주의 ③ 본질주의 ④ 재건주의

10 다음 주장에 함의되어 있는 교육관으로 가장 적절한 것은? ● 11 초등

교육은 가르침이요, 가르침은 지식이다. 지식은 진리이며, 진리는 모든 곳에서 동일하다. 그러므로 교육은 모든 곳에서 동일하다.
— 허친스(R. Hutchins)

① 교육은 생활을 위한 준비가 아니라 생활 그 자체이어야 한다.
② 교육은 인간 본성인 이성을 계발하는 일이므로 지식을 중심으로 이루어져야 한다.
③ 교육은 아동의 흥미와 필요를 존중하고 아동의 발달 단계에 근거하여 이루어져야 한다.
④ 교육은 새로운 사회 질서의 창조에 전력해야 한다는 점에서 사회적 자아실현을 추구해야 한다.
⑤ 교육은 한 사회의 고유한 문화적 전통과 가치를 전수함으로써 그 사회의 후속 세대를 길러내야 한다.

11 1980년대 미국 교육과정에서 나타난 주지주의 교육으로의 복고 경향과 관련이 깊은 것을 〈보기〉에서 모두 고르면? ● 10 중등

〈보기〉
ㄱ. 환경 교육, 소비자 교육, 인권 교육 등의 새 프로그램 개발
ㄴ. 중핵교육과정(core curriculum)의 강조
ㄷ. 파이데이아 제안서(Paideia Proposal)의 발표
ㄹ. 조직화된 지식 습득과 지적 기능 계발의 강조

① ㄱ, ㄴ ② ㄱ, ㄹ ③ ㄷ, ㄹ ④ ㄱ, ㄴ, ㄷ ⑤ ㄴ, ㄷ, ㄹ

12 '전인교육에 소홀하기 쉽고, 소수 엘리트 귀족 교육에 빠지기 쉽고, 고전을 통한 교육은 인문주의에 빠지기 쉽다.'는 무슨 사조에 대한 설명인가? ● 93 중등

① 진보주의 ② 재건주의 ③ 항존주의 ④ 실존주의

13 사회적 자아실현(social self-realization)을 매우 중요시하는 교육사조는? ● 91 중등

① 진보주의 ② 본질주의 ③ 항존주의 ④ 재건주의

정답 09 ③ 10 ② 11 ③ 12 ③ 13 ④

Theme 198 20세기 후기 교육철학

기출: 12 중등, 12 초등, 11 중등, 10 중등, 09 중등, 09 초등, 08 중등, 08 초등, 07 중등, 07 초등, 06 초등, 04 중등, 04 초등, 03 초등

1 마르크스주의
① 사회·문화적 변화는 경제적 변화의 결과이며 사회 계급적 투쟁임
② 자본주의에 의한 생산력 증대가 노동자 소외, 교육을 통한 불평등 심화 및 재생산을 초래함
  ⇨ 평등한 공교육 실현, 지식교육과 노동교육 결합, 공동체중심 교육 주장

2 실존주의 ☆
(1) 주요 주장 ☆
① 교육내용과 지식의 강조가 인간의 실존 자체를 간과했다고 비판 ⇨ 교육의 비인간화
② 교육은 선택의 자유·의미·책임을 의식하도록 일깨우는 과정
  ⇨ 아동이 삶의 의미를 자각하고 자유의사에 따라 책임지는 주체적 존재가 되도록 교육함
③ **교육의 목적**: 개인의 자유의사에 따른 주체적 판단과 선택에 따라 그에 책임질 수 있는 자아실현적 인간 형성을 목적으로 삼으며, 전인교육을 추구함

(2) 대표적 학자 – 부버(Buber), 볼노브(Bollnow)의 '만남' ☆
① 부버: '나 – 그것(비인격적 관계)' ⇨ '나 – 너(인격적 관계)' 통한 인간 실존과 자아실현의 각성과 회복
  ⇨ 대화관계
② 볼노브
  ㉠ 만남은 교육에 선행해야 함
  ㉡ 교육은 인간의 영혼과 영혼이 부딪치며 서로의 인격에 영향을 줄 때 발생하는 변화

(3) 교육의 특징
① **전인교육을 중시함**: 개인의 자유로운 선택과 판단에 의해 행동하는 것과 자아실현적 인간 형성을 교육의 목적으로 삼음
② **학생의 개성과 주체성을 존중함**: 인간은 자신의 존재 의미를 결정한 후 본질을 규명함
  ⇨ 학생의 개성과 주체성을 존중하는 교육을 중시함
③ **인격적 만남**: 만남은 교육에 선행하며, '나 – 너'의 인격적 만남을 통해 진정한 교육이 이루어짐

출제 Pick!
☆ 마르크스주의의 주요 주장
☆ 실존주의의 주요 주장, 부버와 볼노브의 주장
☆ 분석적 교육철학의 주요 주장
☆ 현상학적 교육철학의 주요 주장, 교육원리, 시사점
☆ 해석학적 교육철학의 주요 주장, 교육원리, 시사점
☆ 비판이론의 주요 주장

3 분석적 교육철학
① **교육목적** : 논리학과 언어에 관심을 갖고 사고를 분명하게 만드는 것, 경험과 논리에 의해 실증할 수 있는 것을 교육의 대상으로 삼음
② 교육용어와 이론의 명료화를 통해 논리적 관계를 규명하고자 함
  ㉠ **피터스(Peters)** : 교육의 준거 – 규범적·인지적·과정적 준거
  ㉡ **허스트(Hirst)** : 지식의 형식

4 현상학적 교육철학

(1) **주요 주장** ☆
① 인간의 인식과정을 탐구하며, 의미부여 작용에 초점을 둠
② 실증주의를 부정하며 지식의 상대성·주관성·가치추구성을 강조함

(2) **교육원리** ☆
① 지식의 상대성·주관성을 주장하고 보편적 진리관을 부정함
② 인간이 구성해 낸 지식은 개인의 주관적 신념과 사회적·역사적 환경이 반영되어 있으며, 인간은 대상을 자신이 갖고 있는 개념과 이미지를 결합하여 파악한다고 봄
③ **현상(phenomenon)** : 모든 외부의 대상물은 객관적 대상물이 아니라 인간의 의식작용에 의하여 새롭게 구성됨
④ 인간이 대상에게 부여하는 의미는 구체적 생활 속에서 경험을 통해 획득된다고 보기 때문에 실제 생활세계를 중시함

(3) **시사점** ☆
① 기존 교과서에 수록된 지식에 대한 새로운 인식을 요구함
② 교육방법에 대한 재검토가 이루어지게 했으며, 현장학습 및 체험학습을 강조함
③ 아이즈너(Eisner)의 교육과정 이론, 스프래들리(Spradley)의 문화기술적 연구 등에 영향을 미침
④ 앎의 주체성의 중요성 부각 ⇨ 인식과 윤리의 문제

5 해석학적 교육철학

(1) **주요 주장** ☆
① 텍스트를 비롯한 모든 인간행위의 의미를 이해하고자 하는 철학적 방법론
② 언어, 의사소통, 대화에 관심을 두며 인간의 언어와 상호작용을 이해하고자 함

(2) **교육원리** ☆
① 지식의 맥락과 상황을 중시하였으며, 사회의 문화적·역사적 맥락을 중시함
② 해석자(학생, 교사)는 그가 해석하는 바에 대한 예비적 이해(선이해)를 가지고 해석하게 되며, 따라서 교사의 역할은 학생의 현재 지식과 관심에 비추어 텍스트에 접근하도록 유도해야 함
③ 인간의 지식 속에는 개인의 주관적 견해와 사회적·역사적 환경, 이데올로기가 포함된다고 봄

(3) **시사점** ☆
① 교육에 있어 대화의 중요성을 강조함
② 학교에서 다루는 교육과정이 객관적·보편적이라는 기존의 교육과정관을 비판적으로 분석하는 흐름이 등장하는 데 중대한 영향을 미침

6 비판이론 / 비판적 교육철학 ☆

① 비판적 교육철학의 관점에서 '철학'은 사변적인 학문인 동시에 실천적인 학문임
② 교육이론과 교육실천에 숨어 있는 이데올로기적 전제를 드러냄으로써 교육의 자율성을 추구함
    ㉠ 자본주의 체제하에서 교육이 자본가 계급의 이익과 계급 재생산을 위해 존재한다고 비판
    ㉡ 학교교육을 통해 자본가 계급의 이데올로기 주입 ⇨ 학생사고 억압, 삶 구속, 몰개성화, 획일화
       ⇨ 교육의 계급 재생산을 규명하고자 함
③ 개인적 측면에서 자율적·의식적인 인간 육성, 사회적 측면에서 해방된 사회 건설을 강조함
④ 하버마스, 프레이리(은행저금식 교육 vs 문제제기식 교육)

Theme 198 기출 CHECK!

01 다음과 같은 교육관이 기초하고 있는 현대 교육철학 사조를 쓰시오. ● 12 중등 + 06 초등 변형

- 학생 개인의 독자적인 삶과 자유를 존중한다.
- 추상적이고 보편적인 인간을 지향하는 교육목표를 비판한다.
- 관념적인 지식 위주 교육을 비판하고 학생 스스로 각성하여 자아를 발견하는 것을 중시한다.
- 철저한 신념과 확인으로 뭉친 책임감을 지닌 실천가와 개성을 가진 인간을 양성하는 것을 추구한다.
- 교사는 학생을 대화에 참여시킴으로써 학생이 스스로 사고하도록 격려한다. 교사는 학생에게 그의 견해를 묻고, 다른 견해를 제시하며, 그중에서 어느 하나의 견해를 선택하도록 한다. 이를 통해 학생은 진리가 인간에게 부여되는 것이 아니라, 인간에 의해 선택되는 것임을 알게 된다. 이보다 더 중요한 것은 학생은 학습활동의 장면에 있어서 방관자가 아니라 주인공이 된다는 것이다.
- 지식은 그것이 아무리 가치 있는 것이라고 하더라도 학습자의 주체적인 결단과 추구를 통하여 그의 내면으로 자리 잡을 때에 의미를 지닐 수 있다. 이 점에서 학습자가 무엇을 말할 수 있느냐보다는 자신이 말하는 바대로 사고하고 행동하는 진정한 존재로 거듭날 수 있느냐가 중요하다.

• _____

02 다음 교사들의 토론에서 박 교사와 최 교사의 견해와 가장 유사한 교육철학이 무엇인지 쓰시오. ● 12 초등 변형

김 교사: 학교에서는 무엇보다 지식교육을 해야 합니다. 학교에서 지식교육을 하지 않고 도대체 어떤 교육을 할 수 있단 말입니까?
박 교사: 글쎄요, 김 선생님께서는 학교에서 지식교육을 해야 한다고 주장하시는데, 지금까지 지식교육을 해 온 결과가 어떻게 되었는지 생각해 보십시오. 학교에서 그토록 열심히 지식을 가르쳐 왔는데도 불구하고, 제대로 된 인간을 기르는 데 실패하지 않았습니까? 저는 지식교육이 그 자체로 상당한 결함이 있다고 보고, 그렇기 때문에 인간교육을 해야 한다고 생각합니다.
최 교사: 잠깐만요. 두 선생님의 주장에는 지식교육과 인간교육이 다르다는 것이 논리적으로 가정되어 있군요. 제 생각에는 '지식교육을 해야 한다.' 혹은 '인간교육을 해야 한다.'는 주장에 대해 논하기 전에 지식교육과 인간교육이 과연 별개의 개념인지를 검토해야 할 것 같습니다.

• 박 교사 : _____   • 최 교사 : _____

정답 01 실존주의   02 박 교사 – 실존주의 / 최 교사 – 분석철학

03 현대 교육철학의 특징에 관한 설명으로 옳지 <u>않은</u> 것은?   • 09 중등

① 분석적 교육철학은 교육의 주요 개념 및 용어에 대한 철학적 분석을 강조한다.
② 실존주의 교육철학은 인간의 본질이 실존에 우선한다고 보고, 인간의 본질을 탐구한다.
③ 포스트모더니즘 교육철학은 진리의 상대성을 주장하며, 다원주의적 입장에 서 있다.
④ 페미니즘 교육철학은 교육에서 상대적으로 소외되어 온 가정의 삶 영역과 여성의 가치 회복을 중시한다.
⑤ 비판적 교육철학은 현대사회의 학교교육에서 나타나는 교육의 불평등과 부정의(不正義)를 드러내는 데 관심이 있다.

04 〈보기〉에 제시된 (가)와 (나)의 진술방식과 가장 가까운 교육 철학적 논의방법은?   • 09 초등

―〈보기〉―
(가) 일반적으로 '안다'라는 개념은 ① 수영할 줄 '안다', ⓒ 삼각형의 내각의 합은 2직각이라는 것을 '안다'와 같이 크게 두 가지 유형으로 나눠질 수 있다. 이때 ①은 방법적 지식에, ⓒ은 명제적 지식에 속한다.
(나) 오늘날 교육철학의 중심과제 중 하나는 교육을 결과로만 번역하려고 하는 시도의 정당성을 캐묻는 것이다. 결과중심의 교육관은 정당화되기 어렵다. 왜냐하면 그것은 교육의 외재적인 결과에만 주목함으로써 교육의 내재적인 가치를 간과하기 때문이다. 더욱 심각한 것은 그러한 교육관에는 이성을 단순히 절차적 능력으로 격하시키는 도구주의라는 이데올로기가 숨어 있다는 것이다.

	(가)	(나)
①	비판하기	분석하기
②	분석하기	비판하기
③	해석하기	비판하기
④	비판하기	해석하기
⑤	해석하기	분석하기

05 실존주의 교육에서 강조되지 <u>않는</u> 것은?   • 07 중등

① 교육방법의 체계화
② 「나 – 너」의 인격적 만남
③ 인문학 및 예술 영역의 교과
④ 인간의 비연속적 형성 가능성

정답 03 ② 04 ② 05 ①

06 다음과 같은 비판을 받고 있는 교육철학적 접근은?
● 07 초등

- 언어의 투명성에 대해 지나치게 신뢰한다.
- 교육적 언어의 역사적·사회적 측면을 소홀히 한다.
- 교육의 가치지향성을 충분히 고려하지 못한다.

① 분석철학적 접근　　② 실존주의적 접근　　③ 구조주의적 접근　　④ 마르크스주의적 접근

07 다음의 경우에 적용된 철학적 탐구방법으로 가장 적절한 것을 쓰시오.
● 04 중등 변형

'똑똑하다'는 말은 여러 가지 의미로 사용될 수 있다. 이 말은 경우에 따라서 학교성적이 우수하다는 뜻으로, 실생활에서 부딪히는 문제를 잘 처리한다는 뜻으로 사용될 수 있다. 심지어는 영악하다는 뜻으로도 사용될 수 있다. 그러므로 '똑똑하다'는 말을 들었을 때에 우리는 그 말이 어떤 뜻으로 사용되는 것인가 하는 의문을 가질 수 있으며, 똑똑하다는 것은 과연 무엇인가 하는 의문을 가질 수도 있다. 나아가 우리는 '똑똑하다'는 말이 '영리하다', '뛰어나다'라는 것과 같은 유사한 다른 말과 의미상의 차이는 무엇인지 궁금해 할 수 있다.

- _____

08 다음 내용과 가장 잘 어울리는 교육관은?
● 04 초등

- 존재란 불확실한 것이며, 산다는 것은 곧 변화와 우연으로 가득 찬 세계 속으로 말려 들어가는 것을 뜻한다. 인간이 추구해야 할 것은 절대 불변의 확실한 진리가 아니라, 불확실하고 불완전한 세계 속에서 진행되는 변화의 과정을 통제하고 지도할 적절한 수단이나 방법을 찾는 일이다.
- 사고와 행위는 진행 중의 경험 안에서 통일되는 하나의 흐름이며, 양자는 분리 불가능하다. 사고는 그것이 경험 속에서 검증되기 전까지는 불완전하며, 이론은 경험에서 나와서 다시 실천 행위 속에서 그 진실성을 시험받는다.

① 교육은 인간의 삶과 마찬가지로 경험을 부단히 재구성해 가는 과정이다.
② 교육은 외부로부터 제시된 교과를 수단으로 하여 마음을 형성하는 일이다.
③ 교육은 인류 문명의 정수(精髓)를 아동의 발달단계에 맞추어 전수하는 일이다.
④ 교육은 개인의 자연적 본성을 사회악으로부터 지키는 일에서 출발해야 한다.

정답　06 ①　07 분석적 방법　08 ①

09 <보기>의 내용과 가장 가까운 교육사조는?

• 03 초등

― 〈보기〉 ―

교사는 학생을 대화에 참여시킴으로써 학생이 스스로 사고하도록 격려한다. 교사는 학생에게 그의 견해를 묻고, 다른 견해를 제시하며, 그중에서 어느 하나의 견해를 선택하도록 한다. 이를 통해 학생은 진리가 인간에게 부여되는 것이 아니라, 인간에 의해 선택되는 것임을 알게 된다. 이보다 더 중요한 것은 학생은 학습활동의 장면에 있어서 방관자가 아니라 주인공이 된다는 것이다.

① 실존주의　　② 실증주의　　③ 항존주의　　④ 구조주의

10 다음 내용에 공통적으로 영향을 끼친 현대철학 사조를 쓰시오.

• 11 중등 변형

- 특정 사회의 정치·경제 구조가 교육에 미치는 영향에 관한 분석
- 교육에서 발생하는 억압 관계와 인간 소외 문제를 개선하는 방안 마련
- 교육의 과정에서 왜곡된 의사소통을 합리적인 의사소통으로 전환시키려는 시도
- 교육이념의 사회적 발생 조건을 학문적으로 밝히고 그 잘못된 영향을 드러내려는 시도

11 다음 명제들을 가장 충실하게 따르는 교육철학을 쓰시오.

• 08 중등 변형

- 철학은 사변적인 학문인 동시에 실천적인 학문이다.
- 철학의 핵심 과제는 인식과 행위의 가능성과 한계를 엄격하게 따지는 것이다.
- 교육철학은 교육이론과 교육실천에 숨어 있는 이데올로기적 전제를 드러냄으로써 교육의 자율성을 추구한다.

정답　09 ①　　10 비판적 교육철학　　11 비판적 교육철학

12 다음과 같은 교육학 연구에 공통적으로 영향을 끼친 철학 사조는? ● 10 중등

- 아이즈너(E. Eisner)의 교육과정 이론
- 스프래들리(J. Spradley)의 문화기술 연구
- 마이어-드라베(K. Meyer-Drawe)의 학습이론
- 반 마넨(M. van Manen)의 체험적 글쓰기
- 랑에펠트(M. Langeveld)의 아동의 인간학

① 구조주의 ② 실존주의 ③ 비판철학 ④ 포스트모더니즘 ⑤ 현상학

13 〈보기〉는 예술 교육의 가치에 대한 서로 다른 입장이다. (가)와 (나)에 들어갈 학자는? ● 08 초등

─〈보기〉─

- (가)은/는 학교에서 가르칠 가치가 있는 지식에 대해 우선순위를 정하면서 개인적 기호와 취미를 만족시키는 여가 활동에 관한 지식을 최하위에 두었다.
- (나)은/는 학교교육이 언어 논리나 수리력만 강조함으로써 창의력 신장이나 인성 함양에 지장을 가져왔다고 보고 다양한 표현형식을 제공하는 예술이 교육과정에서 중요하게 취급되어야 한다고 주장하였다.

	(가)	(나)
①	스펜서(H. Spencer)	블룸(B. S. Bloom)
②	스펜서(H. Spencer)	아이즈너(E. W. Eisner)
③	허스트(P. Hirst)	블룸(B. S. Bloom)
④	허스트(P. Hirst)	아이즈너(E. W. Eisner)

정답 12 ⑤ 13 ②

Theme 199 포스트모더니즘

 기출
10 초등, 08 초등, 07 중등, 05 중등, 04 초등, 03 중등, 01 초등

1 개념 ☆
① 상대적·다원적·주관적, 지식의 사회적·문화적 맥락, 구성주의 학습, 공교육의 재개념화
② 계몽사상적 이성·합리성을 거부하고 근대사회를 지배했던 보편적 이론이나 사상의 해체를 주장
③ 지식이나 인간의식에 있어서 궁극적·절대적인 기초가 존재한다는 '정초주의(foundationalism)'적 사고를 거부하고, '반(反)정초주의'적 사고를 표방함
 ⇨ 페미니즘, 생태주의, 환경문제, 다문화주의, 다원주의로 전개됨

2 교육원리 ☆
① 지식은 인간이 지닌 동기, 신념, 가치관, 기존 지식·경험에 따라 이루어지는 하나의 가능한 '해석'임
② '주관'과 '객관'의 분리는 지식에 적용될 수 없으며, 지식의 성격은 다원적임
③ 진리와 합리성의 기준은 결코 누군가에 의해 결정되거나 주어지는 것이 아니라 다양한 욕구와 이해로 형성되며, 관심과 신념을 가진 개인들 간의 논의와 비판적 검토를 통해 선택적으로 형성되는 인간의 주체적이자 협동적인 노력의 산물임

3 시사점 및 한계점 ☆
(1) 시사점
① 이성 중심의 교육에 의해 배제된 비이성적인 요소를 교육에 새롭게 도입함
② 공통의 이성에 근거한 공통의 진리를 부정함
 ⇨ 진리를 담은 교과서의 권위와 진리를 가르치는 교사의 역할이 변화해야 한다고 보았음
(2) 한계점
① 교육에 대한 전체 방향·비전을 제시하지 않음
② 교육적 가치에 대한 합의가 어려움
③ 주지주의를 대체할 만한 대안교육을 제시하지 않음

출제 Pick!
☆ 포스트모더니즘의 개념, 교육원리, 시사점, 한계점

Level Up

푸코(Foucault)의 교육 관점

1. 훈육론
- 지식과 권력이 결탁하고 있으며, 권력을 가진 지식인들이 생산한 지식(이데올로기)을 주입하여 자신들의 기득권을 유지하는 수단으로써 교육을 이용하고, 새로운 지배방식으로써 교육을 선택함
- 권력의 힘과 지식의 힘은 동일하며, 그 관계는 '지식-권력'으로 표현됨
 ➡ 권력은 효율적 통제를 위해 길들여진 인간을 만들고자 함 = 교육(= 훈육)은 '길들여진 인간을 만들어 내는 것'

2. 학교(panopticon)
- 건물 안에 수용되어 있는 죄수를 감시하기 위해 원형으로 축조된 감옥
 = 학교는 교사가 학생 전체를 한눈에 감시할 수 있는 판옵티콘(panopticon) 구조
 = 관찰과 감시를 위한 감옥 구조
- 학생을 감시하여 문제행동 발생 시 즉시 훈육하고 처벌함으로써 체제를 일관되게 유지하게 함
- 체제에 길들여진 인간을 육성하여 기득권을 해치지 않도록 함
- 학교의 각종 검사와 시험은 드러나지 않는 방식으로 규율적 권력을 행사
 ➡ 학생을 규격화하여 기존 질서에 순응하게 함

3. 시험
- 모든 사람들을 동일한 사람과 다른 사람으로 구분하기 위해 계산가능한 모습으로 분석하는 방법
- 즉, 정상인과 비정상인을 구분하여 인간을 규격화하여 사람들로 하여금 기존의 규율 질서를 쉽게 순응할 수 있도록 만드는 역할을 하는 것

Theme 199 기출 CHECK!

01 포스트모던주의자의 주장과 그 속에 함축된 교육적인 변화 요청을 가장 적절하게 짝지은 것은? ● 10 초등
① 전체성(totality)에 대한 거부 – 자기 실험과 자기 창조의 윤리에 입각하여 차이를 존중하는 생활지도를 해야 한다.
② 정초주의(foundationalism)에 대한 거부 – 여러 영역으로 세분화된 언어게임을 재통합시켜줄 형식논리학 교육을 확대해야 한다.
③ 권위주의(authoritarianism)에 대한 거부 – 지식교육의 패러다임을 교육에서 교화로 전환해야 한다.
④ 대서사(grand narratives)에 대한 거부 – 인간해방과 역사의 진보를 교육이념으로 채택함으로써 교육활동의 정당성을 확보해야 한다.
⑤ 본질주의(essentialism)에 대한 거부 – 지식의 유한성과 상대성을 극복할 수 있도록 보편적 이성에 기반을 둔 학습을 강화해야 한다.

02 다음에서 포스트모더니즘의 주요한 특징으로만 묶인 것은? ● 07 중등

| ㄱ. 다원주의 | ㄴ. 반정초주의(anti-foundationalism) | ㄷ. 인간해방 |
| ㄹ. 소서사(little narrative)의 정당화 | ㅁ. 몸의 경시 | ㅂ. 보편주의 |

① ㄱ, ㄴ, ㄹ　　② ㄱ, ㄹ, ㅂ　　③ ㄴ, ㄷ, ㅁ　　④ ㄷ, ㅁ, ㅂ

03 포스트모더니즘(postmodernism) 교육과정 이론에 가장 부합되는 교사의 활동은? ● 05 중등 + 04 초등 + 03 중등 변형
① 객관적이고 보편적인 지식을 교육내용으로 가르친다.
② 중앙집권형 교육과정 개발의 이론적 근거를 정당화한다.
③ 수업시간에 문화적 다원주의 또는 상대주의를 강조한다.
④ 현대의 과학적 관리이론을 적용하여 인적 자원을 효율적으로 개발한다.
⑤ 문화 상대주의가 초래한 학교교육의 혼란을 극복하려는 노력이 필요하다.
⑥ 정보화에 따른 사고의 파편화에 대항하여 합리적 비판능력의 함양이 요청된다.
⑦ '세계화의 충격'으로 인해 발생한 위기를 극복하기 위한 사회 통합의 교육이 필요하다.
⑧ 보편적 이성의 계발을 통한 개인과 사회의 진보라는 계몽주의적 신념은 재검토되어야 한다.
⑨ 지식의 구조와 학문적 성과의 전달을 중시한다.
⑩ 인류의 고전적 문화 유산의 계승 전달을 추구한다.
⑪ 보편적 지식의 전달보다 국지적 지식의 이해를 더 중시한다.
⑫ 거대 서사(grand narratives)의 체계적 지식 전달을 지향한다.

04 다음 〈보기〉의 내용과 관련이 가장 깊은 철학사조는? ● 01 초등

〈보기〉
• 지식 및 지식행위에 내재된 권력적 속성을 폭로함
• 절대적 진리(absolute truth) 대신에 국지적 진리(local truth)를 옹호함
• 전체화(totalizing)를 추구하는 거대담론(grand narratives)에 반대함

① 실존주의　　② 비판이론　　③ 신자유주의　　④ 포스트모더니즘

05 〈보기〉에서 푸코(M. Foucault)가 설명한 근대 학교의 특성을 고르면? ● 08 초등

〈보기〉
가. 학교는 중세의 지하 감옥과 동일한 형태로 되어 있다.
나. 시험은 학생들을 규격화하여 기존 질서에 순응하도록 든다.
다. 학교는 가시적 폭력을 중심으로 통제와 지배가 행사되는 공간이다.
라. 교사가 학생 전체를 한눈에 감시할 수 있는 판옵티콘(panopticon) 구조로 되어 있다.

① 가, 나　　② 나, 라　　③ 나, 다　　④ 다, 라

정답 01 ①　02 ①　03 ③, ⑧, ⑪　04 ④　05 ②

Theme 200 신자유주의

학습 Check ○○○○○

기출
10 중등, 10 초등, 09 중등, 08 초등, 03 중등, 03 초등

1 개념 ☆
① 자유시장원리에 기초한 교육을 구현하여 교육의 시장화·상품화를 강조함
② 교육에서 시장의 자유경쟁원리를 도입하여 교육의 질을 높일 것을 요구함
③ 1995년 '5·31 교육개혁안'을 필두로 신자유주의 교육체제가 형성되기 시작함

2 기본 가정
① 시장경쟁의 도입은 재정, 인력배치, 정책결정에 관한 권한을 개별 교육기관에 이양하는 것을 포함
② 모든 학교는 입학생의 특성과 무관하게 성공적으로 경쟁할 수 있음
③ 학부모 선택의 개념은 문제가 없는 것으로 여김
④ 시장을 학업성취 부진과 불평등에 대한 해결책으로 봄

3 특징 ☆
① 학교교육이 자본의 대상이 되고 상품화될수록 교육의 공공성은 더욱 침해됨
② 공급자 간의 경쟁이 지속화되면 상품의 질적 수준이 상승하고 비용은 줄어들 것이라는 효율성의 가정이 교육에도 적용될 수 있다고 믿음
③ 학교 다양화, 교육 민영화, 학교 선택, 자율과 경쟁 등의 공교육을 사적인 시장 공간으로 전환시킴

출제 Pick!

☆ 신자유주의의 개념, 특징

Theme 200 기출 CHECK!

01 신자유주의 관점에 기초한 교육개혁과 관련성이 가장 적은 것은? • 10 중등
① 교육복지정책을 확대하려고 한다.
② 교육에 대한 국가 역할을 축소하려고 한다.
③ 공교육 유지를 위한 비용의 한계에서 비롯되었다.
④ 학교 민영화를 통해 비효율적 요소를 개혁하려고 한다.
⑤ 학교 선택권 확대를 통해 교육 경쟁력을 제고하려고 한다.

02 각 교사들의 견해에 가장 부합하는 공교육의 개혁방향에 대한 관점을 고르시오. • 10 초등

> 김 교사 : 학교에 대한 국가의 획일적 통제와 학교의 비효율성이 문제입니다. 수요자의 선택권과 학교 간 경쟁을 강화하고, 민간주도의 교육서비스를 확대해야 합니다.
> 정 교사 : 그럼 방식은 계급 간 교육 불평등을 더욱 심화시킬 뿐입니다. 교육 불평등을 줄일 수 있는 대책을 세워야 해요. 지배집단의 관점에 치우친 교육과정도 수정해야 하구요.
> 최 교사 : 저는 학교교육이 학습자의 자율성을 억압하는 것이 문제라고 생각해요. 누구나 자율적으로 학습할 수 있도록 학교를 '학습 조직망'으로 대체하는 것이 문제해결의 열쇠가 될 수 있을 것 같아요.

	김 교사	정 교사	최 교사
①	신자유주의	신마르크스주의	탈학교론
②	신자유주의	포스트모던주의	생태주의
③	포스트모던주의	신자유주의	탈학교론
④	포스트모던주의	탈학교론	생태주의
⑤	탈학교론	신마르크스주의	생태주의

정답 01 ① 02 ①

03 학교교육과 관련된 바우처(voucher) 제도에 관한 설명으로 옳은 것을 〈보기〉에서 모두 고른 것은? • 09 중등

〈보기〉
ㄱ. 학교와 학생이 교육성취에 관하여 상호 계약을 맺는다.
ㄴ. 경제학자인 프리드만(M. Friedman)에 의해 주장되기 시작하였다.
ㄷ. 일반 학교에서는 운영하기 어려운 특성화된 교육 프로그램을 제공한다.
ㄹ. 학부모들이 특정 학교를 선택하여 학교에 등록금 대신 쿠폰을 제출하고, 학교는 이 쿠폰을 정부의 지원금과 교환한다.

① ㄱ, ㄴ ② ㄱ, ㄷ ③ ㄴ, ㄹ ④ ㄱ, ㄷ, ㄹ ⑤ ㄴ, ㄷ, ㄹ

04 〈보기〉의 내용과 가장 밀접한 사상적 경향은? • 08 초등

〈보기〉
• 공립학교의 비효율적 운영의 근본 원인은 학교교육체제 내의 획일적 통제에 있으며, 이것은 '선택'과 '경쟁'이라는 방식을 통해 해결될 수 있다.
• 새로운 학교형태를 도입하여 학교 간의 경쟁을 강화하고, 민간 주도의 교육서비스를 확대한다.

① 낭만주의 ② 생태주의 ③ 신자유주의 ④ 신마르크스주의

정답 03 ③ 04 ③

05 '자율성의 확대와 경쟁의 강화'를 원칙으로 교육개혁이 이루어져야 한다는 주장에 가장 부합하는 것은? ● 03 중등
① 무상 의무교육의 확대 ② 유치원 교육의 공교육화
③ 자립형 사립고등학교의 확대 ④ 대학 입시에서의 지역 할당제 도입

06 신자유주의에 입각한 교육 정책에 해당되는 것으로 묶인 것은? ● 03 초등

| 가. 교원노조 합법화 | 나. 교육시장의 대외 개방 | 다. 성과급제도의 도입 |
| 라. 학교평가에 따른 낙후된 학교 지원 | 마. 자립형 사립고교 설치 | |

① 가, 나, 다 ② 가, 라, 마 ③ 나, 다, 마 ④ 다, 라, 마

정답 05 ③ 06 ③

학원/동영상 강의

☑ 지스쿨
www.g-school.co.kr

부록

2025~2013학년도 교육학 기출문제

- 2025학년도 교육학 기출문제
- 2024학년도 교육학 기출문제
- 2023학년도 교육학 기출문제
- 2022학년도 교육학 기출문제
- 2021학년도 교육학 기출문제
- 2020학년도 교육학 기출문제
- 2019학년도 교육학 기출문제
- 2018학년도 교육학 기출문제
- 2017학년도 교육학 기출문제
- 2016학년도 교육학 기출문제
- 2015학년도 교육학 기출문제(전문상담 추시)
- 2015학년도 교육학 기출문제
- 2014학년도 교육학 기출문제(전문상담 추시)
- 2014학년도 교육학 기출문제
- 2013학년도 교육학 기출문제(특수 추시)

2025학년도 중등학교교사 임용후보자 선정경쟁시험

교 육 학

| 제1차 시험 | 1 교시 | 1문항 20점 | 시험 시간 60분 |

다음은 ○○ 고등학교에서 경력 교사와 신임 교사가 나눈 대화의 일부이다. 이 내용을 읽고 '변화하는 환경에서 교육의 기본에 충실한 교사'라는 주제로 교육과정, 교육방법, 교육평가, 교육행정에 대한 내용을 구성 요소로 하여 서론, 본론, 결론을 갖추어 논하시오. [20점]

경력 교사 : 선생님, 교직 생활의 첫해를 보내면서 어려움은 없으셨나요? 특히, 교육과정을 재구성하면서 교육목표를 설정하는 데 어려움이 있었을 텐데요.

신임 교사 : 예. 다행히도 재구성의 방향을 찾을 수 있었습니다. 최근에는 사회적 요구와 학습자의 특성을 반영한 교육이 두드러져 보이더군요. 그래서 올해는 이 두 가지와 교과에 대한 저의 전문성을 바탕으로 교육목표를 설정하는 데 주력했습니다.

경력 교사 : 잘하셨네요. 그래도 제 의견을 말씀드리면, 선생님이 생각하는 사회적 요구, 학습자의 특성, 교과 전문가의 의견과 함께 교육철학과 학습심리학도 고려하면 앞으로 더 좋은 교육목표를 설정할 수 있을 겁니다.

신임 교사 : 예, 알겠습니다. 또한, 저는 수업 측면에서 학생의 주도적 역할을 강조하는 최근 경향에 따라 구성주의 학습환경을 조성하고자 하였습니다.

경력 교사 : 그러한 학습환경을 설계할 때 선생님께서는 어떤 점을 고려하셨나요?

신임 교사 : 저는 구성주의 학습환경을 설계하면서, 수업에서 어떤 문제를 다루어야 할지 생각했습니다. 또한, 학생이 잘하지 못하는 경우에는 제가 직접 시범을 보여 주기도 했으나, 학생 주도적인 학습환경이라는 측면에서 가급적 개입하지 않으려고 했습니다.

경력 교사 : 그러셨군요. 그런데 구성주의 학습환경에서는 그 환경에 적합한 특성을 갖춘 문제를 선정해야 하고, 그 문제가 전체 학습 과정에서 어떤 역할을 하는지 생각해야 합니다. 또한, 학습 과정에서 교사는 필요하다면 시범 이외에 다른 지원 활동도 해야 합니다.

신임 교사 : 좋은 제안 감사합니다. 그리고 변화된 평가 방식에 따라 지난 학기에 준거참조평가를 실시해 봤는데, 아직 저한테는 준거 설정 방법이 익숙하지 않은 것 같습니다.

경력 교사 : 아! 그러시군요. 준거참조평가에서는 성취수준을 구분하는 것이 중요한데, 준거 설정 방법이 쉽지만은 않지요. 하지만 점차 나아질 겁니다. 더불어 어떠한 평가 방식을 사용하더라도 교사는 교육평가의 기본 가정을 항상 염두에 두는 것이 중요하다고 생각합니다.

신임 교사 : 예, 알겠습니다. 그리고 최근에는 교사가 최신 디지털 기술도 잘 활용할 필요가 있어서, 저는 이런 것에 관심을 갖고 배우는 데 집중했습니다. 또한, 학급과 학교에 대한 전반적인 상황을 파악하기 위해 노력했습니다.

경력 교사 : 네. 그러한 기술적 능력과 상황 파악 능력도 중요하죠. 그리고 학교는 다양한 사람으로 구성된 조직이므로 이와 관련된 능력도 키운다면 선생님의 교직 생활이 점차 좋아질 것이라 기대합니다.

─〈배 점〉─

○ 논술의 내용 [총 15점]
 - 타일러(R. Tyler)의 교육목표 설정 근거(sources)를 바탕으로, 경력 교사가 언급한 '교육철학'을 교육목표 설정에 적용한 사례를 이유와 함께 1가지, 경력 교사가 언급한 '학습심리학'을 교육목표 설정에 적용한 사례를 이유와 함께 1가지 [4점]
 - 구성주의 학습환경을 조나센(D. Jonassen)의 모형에 따라 설계할 때, 경력 교사가 언급한 '문제'의 특성과 역할 각각 1가지, 모델링 이외의 교사의 지원 활동 사례 2가지 [4점]
 - 경력 교사가 언급한 준거참조평가에서 '준거 설정 방법' 1가지, 교육평가의 기본 가정 3가지 [4점]
 - 카츠(R. Katz)의 리더십 이론에 근거하여, 경력 교사가 언급한 '이와 관련된 능력'의 명칭과, 동료 교사와 관련한 이 능력의 구체적 실천 사례 2가지 [3점]

○ 논술의 구성 및 표현 [총 5점]
 - 논술의 내용과 '변화하는 환경에서 교육의 기본에 충실한 교사'의 연계 및 논리적 형식 [3점]
 - 표현의 적절성 [2점]

초 안 작 성 용 지

2024학년도 중등학교교사 임용후보자 선정경쟁시험

교 육 학

| 제1차 시험 | 1 교시 | 1문항 20점 | 시험 시간 60분 |

다음은 20○○학년도 중등신규임용교사 연수에서 신임 교사와 교육 전문가가 나눈 대담의 일부이다. 이 내용을 읽고 '학습자 맞춤형 교육 지원을 위한 교사의 역량'을 주제로 교육과정, 교수전략, 교육평가, 교육행정을 구성 요소로 하여 서론, 본론, 결론을 갖추어 논하시오. [20점]

… (상략) …

사 회 자 : 지금까지 세 분의 교육 전문가를 모시고 학습자 맞춤형 교육을 준비하는 학교 현장의 최근 동향과 정책을 들어 봤습니다. 이제, 선생님들께서 궁금한 점을 질문하시면 해당 교육 전문가께서 추가 설명을 해 주시겠습니다.

교 사 A : 제가 교육실습을 나갔던 학교는 학생의 신체 활동을 장려하기 위해 '1인 1운동 맞춤형 동아리'를 운영했어요. 그랬더니 의도치 않게 몇몇 학생은 교우 관계가 좋아져서 봉사활동까지 같이 하는 반면, 일부 학생은 너무 친해져서 자기들끼리만 어울리는 문제가 생겼어요. 이렇게 의도치 않게 생긴 현상은 교육과정 측면에서 어떻게 설명할 수 있을지 궁금했습니다.

… (중략) …

교 사 B : 강연 중에 교사의 온라인 수업 역량도 강조하셨는데, 온라인 수업을 위한 콘텐츠를 개발하거나 실제 온라인 수업을 운영할 때 교사가 특별히 더 신경 써야 할 점을 추가로 말씀해 주실 수 있을까요?

전문가 C : 네. 온라인 수업은 대면 수업보다 학습자가 상호작용을 하는 데 어려움이 많이 있지요. 따라서 온라인 수업에서 학습자가 할 수 있는 다양한 유형의 상호작용을 고려하여 콘텐츠를 개발하고 온라인 수업을 운영해야 학습 목표를 효과적으로 달성할 수 있을 것입니다.

교 사 D : 강연을 듣고 학습자 맞춤형 교육에서 평가가 중요하다는 것을 잘 이해할 수 있었습니다. 추가적으로, 학생의 능력 수준을 고려한 평가 유형과 검사 방법을 소개해 주실 수 있을까요?

전문가 E : 네. 예를 들어, 평가 유형으로는 능력참조평가를, 검사 방법으로는 컴퓨터 능력적응검사(Computer Adaptive Testing : CAT)를 고려해 볼 수 있습니다. 특히, 컴퓨터 능력적응검사는 단순히 컴퓨터를 이용하여 검사를 실시하고 채점하는 방법에서 더 발전된 특성이 있습니다. 교육 환경의 변화에 따라 학습자 맞춤형 교육이 강조되는 추세이므로 오늘 소개한 평가 유형과 검사 방법에 관심을 가지면 좋을 듯합니다.

교 사 F : 그렇다면, 학습자 맞춤형 교육의 구체적 내용을 학교 교육과정에 반영하려면 학교 내에서 어떠한 논의 과정을 거쳐야 하나요?

전문가 G : 여러 과정이 있습니다만, 학교 교육과정 운영 방법에 대해 법에서 규정한 대로 학교운영위원회의 심의나 자문을 거쳐야 합니다. 이를 위해서는 먼저 학생과 교사의 의견 수렴 과정을 거치는 것이 좋겠습니다.

… (하략) …

─────〈배 점〉─────

○ 논술의 내용 [총 15점]
  - 교사 A의 궁금한 점을 설명할 수 있는 교육과정 유형에 근거하여 학습 목표 설정, 교육 내용 구성, 학생 평가 계획 시 교사가 고려해야 할 점 각 1가지 [3점]
  - 전문가 C가 언급한 온라인 수업에서 학습자 상호작용의 어려운 점 1가지, 온라인 수업에서 학습자 상호작용의 유형 3가지와 유형별 서로 다른 기능 각 1가지 [4점]
  - 전문가 E가 학습자 맞춤형 교육을 위해 제시한 평가 유형의 적용과 결과 해석 시 유의점 2가지, 단순히 컴퓨터를 이용하는 검사 방법과 구별되는 컴퓨터 능력적응검사(Computer Adaptive Testing)의 특성 2가지 [4점]
  - 전문가 G가 언급한 학교운영위원회의 법적 구성 위원 3주체, 이러한 3주체 위원 구성의 의의 1가지, 위원으로 학생 참여의 순기능과 역기능 각 1가지 [4점]

○ 논술의 구성 및 표현 [총 5점]
  - 논술의 내용과 '학습자 맞춤형 교육 지원을 위한 교사의 역량'의 연계 및 논리적 형식 [3점]
  - 표현의 적절성 [2점]

초 안 작 성 용 지

2023학년도 중등학교교사 임용후보자 선정경쟁시험

교 육 학

| 제1차 시험 | 1 교시 | 1문항 20점 | 시험 시간 60분 |

다음은 ○○고등학교에서 작성한 '학교 운영 자체 평가 보고서' 중 전년도에 비해 학교 교육 만족도가 높아진 항목에 대한 분석 결과의 일부이다. 만족도 조사 결과 그래프, 서술식 응답, 분석 내용을 읽고 '학생, 학부모, 교사의 의견을 반영한 학교 교육 개선'이라는 주제로 교수전략, 교육평가, 교육과정, 학교 조직을 구성 요소로 하여 서론, 본론, 결론을 갖추어 논하시오. [20점]

학생 만족도 조사 결과
Q. 수업 내용과 과제의 수준이 적절하다.
(*5점 리커트 척도)

- 어려운 과제도 해결할 자신이 생겼어요.
- 공부하기 전에 목표를 설정하는 연습을 했던 것이 도움이 되었어요.

분석 내용
수업 내용과 과제의 수준에 실질적인 변화가 없었지만, 학생들의 만족도가 높아졌다. 이는 사회인지이론에서 제시한 자기효능감과 자기조절을 증진하기 위해 노력한 결과로 분석된다. 특히 자기효능감 형성에 영향을 미치는 숙달 경험과 대리 경험을 학생들에게 제공하고, 자기조절을 촉진하기 위해 학생들 스스로 목표 설정 및 계획 단계를 실행하도록 한 것이 효과적이었다. 향후 학생들의 자기효능감 향상을 위해 적절한 교수전략을 지속적으로 모색하고, 자기조절 과정에서 목표 설정 및 계획 단계 이후로 나아가도록 지원할 필요가 있다.

학생 만족도 조사 결과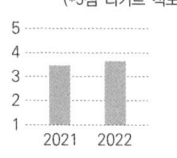
Q. 학교에서 시행하는 평가는 적절하다.
(*5점 리커트 척도)

- 수업 중 퀴즈, 질문이 학습에 도움이 되었어요.
- 시험 문제가 수업에서 배운 것과 약간 다른 것 같아요.

분석 내용
수업 진행 중에 퀴즈, 질문과 같은 형성평가 방법을 적절하게 적용한 점이 학생들의 평가 만족도를 높인 것으로 분석된다. 학생들이 이러한 평가로 인해 부담감을 느끼지 않도록 형성평가에 대해 잘 설명한 것이 효과가 있었다. 한편, 학생 의견 중 검사의 타당도에 대한 의견도 있었다. 교육 현장에서는 정기고사에서의 평가 방법도 중요하므로, 앞으로 평가 문항 개발 시 교육과정에 따라 수업 중에 가르친 부분을 점검하여 타당도를 높일 수 있는 방안을 모색해야 한다.

학부모 만족도 조사 결과
Q. 학교 교육과정이 잘 편성·운영된다.
(*5점 리커트 척도)

- 우리 아이가 다양한 과목과 활동을 경험할 수 있어 좋았어요.
- 학문적 지식을 좀 더 많이 다루어 주셨으면 합니다.

분석 내용
우리 학교에서는 듀이(J. Dewey)의 경험중심 교육과정 이론에 근거하여 과목을 다양화하고 경험을 통한 학습이 가능하도록 하였다. 이 점이 학부모의 만족도를 높이는 데 영향을 주었을 것으로 분석된다. 한편, 학생들이 지식에 더 중점을 두고 학습하기를 희망하는 학부모의 의견이 있었다. 이를 반영하여 학생들의 교과 학습에 도움을 줄 수 있도록 교육과정의 내용 체계를 보완할 필요가 있다. 다음 학년도에는 학문적 지식을 강조한 브루너(J. Bruner)의 교육과정 이론을 바탕으로 교육내용을 선정·조직하는 방안을 보다 체계화하여 균형 잡힌 교육과정을 편성·운영해야 할 것이다.

교사 만족도 조사 결과
Q. 학교 운영에 대해 전반적으로 만족한다.
(*5점 리커트 척도)

- 기본에 충실해야 한다는 생각이 학교 문화로 자리 잡았습니다.
- 학교 구성원 간의 약속이 더 잘 지켜지도록 노력해야 합니다.

분석 내용
학교 운영 전반에 대한 교사의 만족도가 전년도에 비해 상승했다. 학교의 외부 환경 변화와 내부 구성원의 변동이 있었음에도 불구하고 함께 이루어낸 성과였다. 이는 교사의 서술식 응답에서 볼 수 있듯이 기본에 충실한 학교 문화가 형성되었고, 학교 구성원 간 공동의 약속이 준수된 결과라 할 수 있다. 즉, 베버(M. Weber)가 제시한 관료제 이론의 특징 중 하나인 '규칙과 규정'이 학교 조직에 잘 적용된 것으로 판단된다. 앞으로도 이러한 결과가 유지될 수 있도록 '규칙과 규정'의 순기능을 강화하고 역기능을 줄여야 할 것이다.

〈배 점〉

○ 논술의 내용 [총 15점]
- 평가 보고서에서 자기효능감 형성에 영향을 미친다고 분석한 요인에 따른 교수전략 2가지, 자기조절 과정에서 목표 설정 및 계획 단계 이후의 지원 방안 2가지 [4점]
- 평가 보고서에서 언급한 형성평가를 교사 측면에서 활용할 수 있는 방안 2가지, 평가 보고서에서 제안한 타당도의 명칭과 이 타당도의 확보 방안 1가지 [4점]
- 평가 보고서에서 학교 교육과정 편성·운영의 만족도를 높인 것으로 분석한 교육과정 이론의 장점 2가지, 학교 교육과정을 보완하기 위해 제안한 교육과정 이론의 교육내용 선정·조직 방안 2가지 [4점]
- 평가 보고서에서 언급한 관료제 이론의 특징 중 '규칙과 규정'이 학교 조직에 미치는 순기능 2가지, 역기능 1가지 [3점]

○ 논술의 구성 및 표현 [총 5점]
- 논술의 내용과 '학생, 학부모, 교사의 의견을 반영한 학교 교육 개선'의 연계 및 논리적 형식 [3점]
- 표현의 적절성 [2점]

초 안 작 성 용 지

2022학년도 중등학교교사 임용후보자 선정경쟁시험

교 육 학

| 제1차 시험 | 1 교시 | 1문항 20점 | 시험 시간 60분 |

다음은 ○○중학교에서 학교 자체 특강을 실시한 교사가 교내 동료 교사와 나눈 대화의 일부이다. 이 내용을 읽고 '학교 내 교사 간 활발한 정보 공유를 통한 교육의 내실화'라는 주제로 교육과정, 교육평가, 교수전략, 교원연수에 대한 내용을 구성 요소로 하여 서론, 본론, 결론을 갖추어 논하시오. [20점]

김 교사 : 송 선생님, 제 특강에 관심을 가져 주셔서 감사합니다. 선생님은 올해 우리 학교에 발령받아 오셨으니 도움이 필요하시면 말씀하세요.

송 교사 : 정말 감사합니다. 그동안은 교과 간 통합에 주로 관심을 가져왔는데, 김 선생님의 특강을 들어 보니 이전 학습 내용과 다음 학습 내용이 자연스럽게 연결되어야 한다는 수직적 연계성도 중요한 것 같더군요. 그래서 이번 학기에는 교과 내 단원의 범위와 계열을 조정할 계획입니다. 선생님께서는 교육과정을 어떻게 재구성하시는지 함께 이야기할 수 있을까요?

김 교사 : 그럼요. 제가 교육과정 재구성한 것을 보내 드릴 테니 보시고 다음에 이야기해요. 그런데 교육 활동에서는 학생에 대한 이해가 중요하잖아요. 학기 초에 진단은 어떤 방식으로 하려고 하시나요?

송 교사 : 이번 학기에는 선생님께서 특강에서 말씀하신 총평(assessment)의 관점에서 진단을 해 보려 합니다.

김 교사 : 좋은 생각입니다. 그리고 우리 학교에서는 평가 결과로 학생 간 비교를 하지 않으니 학기 말 평가에서는 다양한 기준을 활용해 평가 결과를 해석해 보실 것을 제안합니다.

송 교사 : 네, 알겠습니다. 이제 교실 수업에서 사용할 교수전략을 개발해야 하는데 딕과 캐리(W. Dick & L. Carey)의 체제적 교수설계모형을 적용하려고 해요. 이 모형의 교수전략개발 단계에서 개발해야 할 교수전략이 무엇인지 생각 중이에요.

김 교사 : 네, 좋은 전략을 찾으시면 제게도 알려 주세요. 그런데 우리 학교는 온라인 수업을 해야 될 상황이 생길 수도 있어요. 제가 온라인 수업을 해 보니 일부 학생들이 고립감을 느끼더군요. 선생님들이 온라인 수업을 하는 데 필요한 정보를 공유하는 학교 게시판이 있어요. 거기에 학생의 고립감을 해소하는 데 효과를 본 테크놀로지 기반의 교수·학습 활동을 정리해 올려 두었어요.

송 교사 : 네, 온라인 수업을 하게 되면 활용할게요. 선생님 덕분에 좋은 정보를 많이 얻을 수 있어 좋네요. 선생님들 간 활발한 정보 공유의 기회가 더 많아지길 바랍니다.

김 교사 : 네. 앞으로는 정보 공유뿐만 아니라 교사들 간 실질적인 협력도 있었으면 해요. 이를 위해 학교 중심 연수가 활성화되면 좋겠어요.

─〈배 점〉─

○ 논술의 내용 [총 15점]
 - 송 교사가 언급한 교육과정의 수직적 연계성이 학습자 측면에서 갖는 의의 2가지, 송 교사가 계획하는 교육과정 재구성의 구체적인 방법 2가지 [4점]
 - 송 교사가 총평의 관점에서 학생을 진단할 수 있는 실행 방안 2가지 제시, 송 교사가 활용할 수 있는 평가 결과의 해석 기준 2가지를 각각 그 이유와 함께 제시 [4점]
 - 송 교사가 교실 수업을 위해 개발해야 할 교수전략 2가지 제시, 송 교사가 온라인 수업에서 학생의 고립감 해소를 위해 활용할 수 있는 구체적인 교수·학습 활동 2가지를 각각 그에 적합한 테크놀로지와 함께 제시 [4점]
 - 김 교사가 언급한 학교 중심 연수의 종류 1가지, 학교 중심 연수를 활성화하기 위해 학교 차원에서 지원할 수 있는 구체적인 방안 2가지 [3점]

○ 논술의 구성 및 표현 [총 5점]
 - 논술의 내용과 '학교 내 교사 간 활발한 정보 공유를 통한 교육의 내실화'의 연계 및 논리적 형식 [3점]
 - 표현의 적절성 [2점]

초 안 작 성 용 지

2021학년도 중등학교교사 임용후보자 선정경쟁시험

교 육 학

| 제1차 시험 | 1 교시 | 1문항 20점 | 시험 시간 60분 |

다음은 ○○ 고등학교에 재직하고 있는 김 교사가 대학 시절 친구 최 교사에게 쓴 이메일의 일부이다. 이 내용을 읽고 '학생의 선택과 결정의 기회를 확대하는 교육'이라는 주제로 교육과정, 교육평가, 수업설계, 학교의 의사결정을 구성요소로 하여 서론, 본론, 결론을 갖추어 논하시오. [20점]

보고 싶은 친구에게

… (중략) …

학생의 선택과 결정의 기회를 확대하기 위해 우리 학교가 학교 운영 계획을 전체적으로 다시 세우고 있어. 그 과정에서 나는 교육과정 운영, 교육평가 방안, 온라인 수업설계 등을 고민했고 교사 협의회에도 참여했어.

그동안의 교육과정 운영을 되돌아보니 운영에 대한 나의 관점이 달라진 것 같아. 교직 생활 초기에는 국가 교육과정의 내용을 있는 그대로 실행하는 관점으로 교육과정을 운영해 왔어. 그런데 최근 내가 새롭게 관심을 가지게 된 관점은 교육과정을 교사와 학생이 함께 생성하는 교육적 경험으로 보는 거야. 이 관점으로 교육과정을 운영하는 방안을 찾아봐야겠어.

오늘 읽은 교육평가 방안 보고서에는 학생이 주체가 되는 평가가 학습에 도움이 된다는 내용이 담겨 있었어. 내가 지향해야 할 평가의 방향으로는 적절한데 그 내용이 구체적이지는 않더라. 학생이 스스로 자신을 평가하게 하면 어떠한 효과를 거둘 수 있을지, 그리고 내가 수업에서 이러한 평가를 어떻게 실행할 수 있을지 더 자세히 알아봐야겠어.

… (중략) …

요즘 온라인 수업을 하게 되었어. 학기 초에 학생의 일반적인 특성과 상황은 조사를 했는데 온라인 수업과 관련된 학생의 특성과 학습 환경에 대해서도 추가로 파악해야겠어. 그리고 학생이 자신만의 학습 목표를 설정하고 학습의 주체가 되는 수업을 어떻게 온라인에서 지원할 수 있을지 고민하다가, 학습 과정 중에 나와 학생뿐만 아니라 학생들 간에도 소통이 이루어지도록 토론 게시판을 활용하려고 해.

교사 협의회에서는 학교 운영에 학생들의 요구를 반영하는 방안에 대해 논의했어. 다양한 의사결정 방식들이 제안되었는데 그중 A 안은 문제를 확인한 후에 목적과 세부 목표를 설정하고, 가능한 대안들을 모두 탐색하고, 각 대안에 따른 결과를 예측하고 비교해서 최적의 방안을 찾는 방식이었어. B 안은 현실적인 소수의 대안을 검토하고 부분적으로 수정해서 현재의 문제 상황을 조금씩 개선해 나가는 방식이었어. 많은 논의를 거친 끝에 B 안으로 결정했어. 나는 B 안에 따른 구체적인 방안을 다음 협의회 때 제안하기로 했어.

… (하략) …

〈배 점〉

○ 논술의 내용 [총 15점]
 - 교육과정 운영 관점을 스나이더 외(J. Snyder, F. Bolin, & K. Zumwalt)의 분류에 따라 설명할 때, 김 교사가 언급한 자신의 기존 관점의 장점과 단점 각각 1가지, 새롭게 관심을 가지게 된 관점에 적합한 교육과정 운영 방안 2가지 [4점]
 - 김 교사가 적용하고자 하는 평가 방식이 학생에게 줄 수 있는 교육적 효과 2가지, 이 평가를 수업에서 실행하는 방안 2가지 [4점]
 - 김 교사가 온라인 수업을 위해 추가로 파악하고자 하는 학생 특성과 학습 환경의 구체적인 예 각각 1가지, 김 교사가 하고자 하는 수업에서 토론 게시판을 활용하여 학생을 지원할 수 있는 구체적인 방안 2가지 [4점]
 - A 안과 B 안에 해당하는 의사결정 모형의 단점 각각 1가지, 김 교사가 B 안에 따라 학생들의 요구를 반영하기 위해 제안할 수 있는 구체적인 방안 1가지 [3점]

○ 논술의 구성 및 표현 [총 5점]
 - 논술의 내용과 '학생의 선택과 결정의 기회를 확대하는 교육'의 연계 및 논리적 형식 [3점]
 - 표현의 적절성 [2점]

초 안 작 성 용 지

2020학년도 중등학교교사 임용후보자 선정경쟁시험

교 육 학

| 제1차 시험 | 1 교시 | 1문항 20점 | 시험 시간 60분 |

오늘날과 같은 초연결 사회에서는 다수의 사람이 소통하면서 협력하는 것이 중요하다. 이러한 시대적 추이를 반영하여 ○○고등학교에서는 토의식 수업 활성화를 위한 교사협의회를 개최하였다. 다음은 여기에서 제안된 주요 의견을 정리한 것이다. 그 내용은 지식관, 교육내용, 수업설계, 학교문화의 변화 방향에 관한 것이다. 이를 바탕으로 '토의식 수업 활성화 방안'이라는 주제로 서론, 본론, 결론을 갖추어 논하시오. [20점]

구 분	주요 의견
A 교사	• 토의식 수업을 활성화하려면 먼저 지식을 보는 관점의 변화가 필요함 • 교과서에 주어진 지식이 진리라는 생각이나, 지식은 개인이 혼자 만드는 것이라는 생각에서 벗어나는 것이 중요하며, 이와 관련하여 비고츠키(L. Vygotsky)의 지식론이 많은 시사점을 줄 수 있음 • 이 지식론의 관점에서 보면, 교사와 학생의 역할도 기존의 강의식 수업에서의 역할과는 달라질 필요가 있음
B 교사	• 교육과정 분야에서는 교육내용의 선정과 조직방식에 대한 교사의 전문성이 강화될 필요가 있음 • 교육내용 선정과 관련해서는 '영 교육과정'에 관심을 가지는 것이 도움이 됨 • 교육내용 조직과 관련해서는 생활에 필요한 문제를 토의의 중심부에 놓고 여러 교과를 주변부에 결합하는 방식을 활용할 필요가 있음
C 교사	• 토의식 수업이 활발하게 이루어지기 위해서는 수업방법과 학습도구도 달라져야 함 • 수업방법 측면에서는 학생이 함께 다양한 관점에서 문제를 탐색하며 해답을 찾아가는 데 있어서 정착수업(Anchored Instruction)을 활용할 수 있음 • 학습도구 측면에서는 학생이 상호 협력하여 지식을 생성하기 위해 인터넷에서 수집한 정보를 공유하고, 공동으로 수정, 추가, 편집하는 데 위키(Wiki)를 이용할 수 있음(예 : 위키피디아 등) - 단, 위키를 활용할 때 발생할 수 있는 문제점에 유의해야 함
D 교사	• 학교문화 개선은 토의식 수업 활성화를 위한 토대가 됨 • 우리 학교의 경우, 교사가 학생의 명문대학 합격이라는 목표 달성에 필요한 수단으로 간주되는 학교문화가 형성되어 있어 우려스러움 • 이런 학교문화에서는 활발한 토의식 수업을 기대하기 어려움

〈배 점〉

○ 논술의 내용 [총 15점]
 - A 교사가 언급한 비고츠키 지식론의 명칭, 이 지식론에서 보는 지식의 성격 1가지와 교사와 학생의 역할 각각 1가지 [4점]
 - B 교사가 말한 '영 교육과정'이 교육내용 선정에 주는 시사점 1가지, B 교사가 말한 교육내용 조직방식의 명칭과 이 조직방식이 토의식 수업에서 가지는 장점과 단점 각각 1가지 [4점]
 - C 교사의 의견에서 제시된 토의식 수업을 설계할 때 활용할 수 있는 정착수업의 원리 2가지, 위키를 활용할 때 발생할 수 있는 문제점 2가지 [4점]
 - 스타인호프와 오웬스(C. Steinhoff & R. Owens)가 분류한 학교문화 유형에 따를 때 D 교사가 우려하는 학교문화 유형의 명칭과 학교 차원에서 그러한 학교문화를 개선하는 방안 2가지 [3점]

○ 논술의 구성 및 표현 [총 5점]
 - 논술의 내용과 '토의식 수업 활성화 방안'의 연계 및 논리적 형식 [3점]
 - 표현의 적절성 [2점]

초 안 작 성 용 지

2019학년도 중등학교교사 임용후보자 선정경쟁시험

교 육 학

| 제1차 시험 | 1 교시 | 1문항 20점 | 시험 시간 60분 |

다음은 ○○중학교 김 교사가 모둠활동 수업 후 성찰한 내용을 기록한 메모이다. 김 교사의 메모를 읽고 '수업 개선을 위한 교사의 반성적 실천'이라는 주제로 학습자에 대한 이해, 교육과정의 편성과 운영, 평가도구의 제작, 교사의 지도성에 대한 내용을 구성 요소로 하여 논하시오. [20점]

#1 평소에 A 학생은 언어 능력이 뛰어나고 B 학생은 수리 능력이 우수하다고만 생각했는데, 오늘 모둠활동에서 보니 다른 학생을 이해하고 도와주면서 상호작용을 잘 하는 두 학생의 모습이 비슷했어. 이 학생들의 특성을 잘 살려서 모둠을 이끌도록 하면 앞으로 도움이 될 거야. 그런데 C 학생은 모둠활동에 참여하는 것을 좋아하지 않았지만 자신의 감정과 장단점을 잘 이해하는 편이야. C 학생을 위해서는 자신의 강점을 살릴 수 있는 개별 과제를 먼저 생각해 보자.

#2 모둠활동에 적극적으로 참여하지 못한 학생들이 몇 명 있었지. 이 학생들은 제대로 된 학습경험을 갖지 못한 것이 아닐까? 자신의 학습경험에 대하여 어떻게 느꼈을까? 어쨌든 모둠활동에 관해서는 좀 더 깊이 고민해 봐야겠어. 생각하지 못했던 결과가 이 학생들에게 나타날 수도 있고……

#3 모둠을 구성할 때 태도나 성격 같은 정의적 요소도 반영해야겠어. 진술문을 몇 개 만들어 설문으로 간단히 평가하고 신뢰도는 직접 점검해 보자. 학생들이 각 진술문에 대한 반응을 등급으로 선택하면 그 등급 점수를 합산할 수 있게 해 주는 척도법을 써야지. 설문 문항으로 쓸 진술문을 만들 때 이 척도법의 유의점은 꼭 지키자. 그리고 평가를 한 번만 실시해서 신뢰도를 추정해야 할 텐데 반분검사 신뢰도는 단점이 크니 다른 방법으로 신뢰도를 확인해 보자.

#4 더 나은 수업을 위해서 새로운 지도성이 필요하겠어. 내 윤리적·도덕적 기준을 높이고 새로운 방식으로 학생들을 대하자. 학생들의 혁신적·창의적 사고에 자극제가 될 수 있을 거야. 학생들을 적극 참여시켜 동기와 자신감을 높이고 학생 개개인의 욕구에 특별한 관심을 가지며 잠재력을 계발시켜야지. 독서가 이 지도성의 개인적 신장 방안이 될 수 있겠지만, 동료교사와 함께 하는 방법도 찾아 보면 좋겠어.

〈배 점〉

○ 논술의 내용 [총 15점]
 - #1과 관련하여 가드너(H. Gardner)의 다중지능이론 관점에서 A, B 학생의 공통적 강점으로 파악된 지능의 명칭과 개념, 김 교사가 C 학생에게 제공할 수 있는 개별 과제와 그 과제가 적절한 이유 각 1가지 [4점]
 - #2와 관련하여 타일러(R. Tyler)의 학습경험 선정 원리 중 기회의 원리로 첫째 물음을 설명하고 만족의 원리로 둘째 물음을 설명, 잭슨(P. Jackson)의 잠재적 교육과정의 개념을 쓰고 그 개념에 근거하여 김 교사가 말하는 '생각하지 못했던 결과'의 예 제시 [4점]
 - #3에 언급된 척도법의 명칭과 이 방법을 적용하기 위하여 진술문을 작성할 때 유의할 점 1가지, 김 교사가 사용할 신뢰도 추정 방법 1가지의 명칭과 개념 [4점]
 - #4에 언급된 바스(B. Bass)의 지도성의 명칭, 김 교사가 학교 내에서 동료교사와 함께 이 지도성을 신장할 수 있는 방안 2가지 [3점]

○ 논술의 구성 및 표현 [총 5점]
 - 서론, 본론, 결론 형식의 구성 및 주제와의 연계성 [3점]
 - 표현의 적절성 [2점]

초 안 작 성 용 지

2018학년도 중등학교교사 임용후보자 선정경쟁시험

교 육 학

| 제1차 시험 | 1 교시 | 1문항 20점 | 시험 시간 60분 |

다음은 A 중학교 학생들의 학업 특성 조사 결과에 관해 두 교사가 나눈 대화 중 일부이다. 대화의 내용은 (1) 교육과정, (2) 수업, (3) 평가, (4) 장학에 관한 것이다. (1)~(4)를 활용하여 '학생의 다양한 특성을 고려하는 교육'이라는 주제로 논하시오. [20점]

박 교사 : 선생님, 우리 학교 학생의 학업 특성을 보면 학습흥미와 수업참여 수준이 전반적으로 낮아요. 그리고 학업성취, 학습흥미, 수업참여의 개인차가 크다는 것이 눈에 띄네요.

김 교사 : 학생의 개인별 특성이 그만큼 다양하다는 것을 의미하겠죠. 우리 학교 교육과정도 이를 반영해야 하지 않을까요?

박 교사 : 그렇습니다. 그런데 교육과정을 개발하는 과정에서 학생의 개인별 특성을 중시하는 의견과 교과를 중시하는 의견 간에 차이가 있습니다. 이를 조율하기 위해서는 시간이 걸리겠지만 적절한 논쟁을 거쳐 합의에 이르는 심사숙고의 과정이 필요합니다.

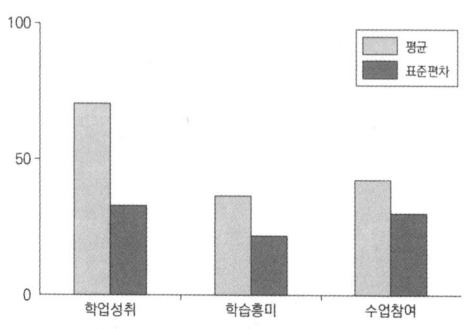
[그림] A 중학교 학생들의 학업 특성
(*3가지 변인의 점수는 서로 비교 가능한 것으로 가정함)

김 교사 : 네, 그렇다면 학생의 다양한 특성을 반영하기 위한 수업 방법으로 어떤 것이 있을까요?

박 교사 : 우리 학교 학생에게는 학습흥미와 수업참여를 높이는 수업이 필요할 것 같아요. 제가 지난번 연구수업에서 문제를 활용한 수업을 했는데, 수업 중에 학생들이 무엇을 해야 하는지 모르는 것 같았어요. 게다가 제가 문제를 잘 구성하지 못했는지 별로 흥미를 보이지 않더라고요. 문제를 활용하는 수업에서는 학생의 역할을 안내하고 좋은 문제를 개발하는 것이 중요하다는 것을 알게 되었어요.

김 교사 : 그렇군요. 이처럼 수업이 학생의 다양한 특성을 반영하게 되면 평가의 방향도 달라질 필요가 있습니다. 앞으로의 평가에서는 학생의 능력, 적성, 흥미에 적합한 목표를 설정하고 그에 따라 수업과 평가가 이루어지는 것도 의미가 있어 보입니다.

박 교사 : 동의합니다. 그러기 위해서는 평가결과를 해석하고 판단하는 기준도 달라질 필요가 있습니다. 예컨대 학생의 상대적 위치가 어느 정도인지를 판단하기보다는 미리 설정한 학습목표에 도달했는지 여부를 중시하는 평가유형이 적합해 보입니다.

김 교사 : 네, 저도 그렇게 생각합니다. 그리고 말씀하신 유형 외에 능력참조평가와 성장참조평가도 제안할 수 있겠네요.

박 교사 : 좋은 생각입니다.

김 교사 : 그런데 저 혼자서 학생의 다양한 특성을 고려해서 교육과정을 개발하고 수업을 설계하고 평가하는 것은 힘들어요. 선생님과 저에게 이 문제가 공동 관심사이니, 여러 선생님과 경험을 공유하고 협력해서 피드백을 주고받는 것이 좋겠어요.

──〈배 점〉──

○ 논술의 내용 [총 15점]
 - 박 교사가 제안하는 워커(D. F. Walker)의 교육과정 개발 모형의 명칭, 이 모형을 교육과정 개발에 적용하는 이유 3가지 [4점]
 - 박 교사가 언급하는 PBL(문제중심학습)에서 학습자의 역할 2가지, PBL에 적합한 문제의 특성과 그 특성이 주는 학습 효과 1가지 [4점]
 - 박 교사가 제안하는 평가유형의 명칭과 이 유형에서 개인차에 대한 교육적 해석 1가지, 김 교사가 제안하는 2가지 평가유형의 개념 [4점]
 - 김 교사가 언급하는 교내장학 유형의 명칭과 개념, 그 활성화 방안 2가지 [3점]

○ 논술의 구성 및 표현 [총 5점]
 - 논술은 서론, 본론, 결론으로 구성하고 [1점], 주어진 주제와 연계할 것 [2점]
 - 표현이 적절할 것 [2점]

초 안 작 성 용 지

2017학년도 중등학교교사 임용후보자 선정경쟁시험

교 육 학

| 제1차 시험 | 1 교시 | 1문항 20점 | 시험 시간 60분 |

다음은 신문 기사의 일부이다. 이를 바탕으로 '2015 개정 교육과정의 실질적 구현 방안'이라는 주제로 서론, 본론, 결론의 형식을 갖추어 단위 학교 차원에서의 교육기획, 교육과정 내용의 조직, 학생 참여 중심 수업과 그에 따른 평가의 타당도를 논하시오. [20점]

○○신문
2016년 ○○월 ○○일

교육부 『2015 개정 교육과정』 발표 이후, 학교 현장의 준비는?

교육부는 핵심역량을 갖춘 창의융합형 인재 양성을 위한 『2015 개정 교육과정』을 발표하였다. 개정 교육과정에 따르면, 학교 교육에서는 인문·사회·과학기술에 대한 기초 소양 함양을 위한 교육과정을 마련하고, 학생 참여 중심의 수업을 진행하며, 배움의 과정을 평가하는 방향으로 나아가야 한다는 것이다. 새 교육과정을 적용하기 위해 노력하고 있는 중·고등학교 현장의 목소리를 들어 보았다.

◆ **교육기획의 중요성 부각**
A 교장은 단위 학교에서 새 교육과정이 체계적으로 운영되도록 돕는 교육기획(educational planning)을 강조하였다.

"새 교육과정은 교육의 핵심인 교수·학습 활동의 중심을 교사에서 학생으로 이동시키는 근본적인 전환을 강조하고 있습니다. 저는 실질적 의미에서 학생 중심 교육이 우리 학교에 정착할 수 있도록 모든 교육활동에 앞서 철저하게 준비할 생각입니다."

◆ **학생 참여 중심 수업 운영**
C 교사는 학생 참여 중심의 교수·학습을 준비하기 위해서 교사 연수 프로그램에 참여하고 있다고 말했다.

"저는 구성주의 학습환경 설계에 관한 연수에 참여하고 있습니다. 문제 중심이나 프로젝트 중심의 학습 활동을 실행하기 위해서는 적합한 학습 지원 도구나 자원을 학생들에게 제공해야 한다는 것을 알게 되었고, 학습 활동 중에 교사가 수행해야 할 역할에 대해서도 이해하게 되었습니다."

◆ **교육과정 재구성 확대**
개정 교육과정의 취지에 따른 교과 내용 재구성에 대해, B 교사는 다음과 같이 말했다.

"교사는 내용 조직의 원리를 제대로 파악할 필요가 있습니다. 저는 몇 개의 교과를 결합해 교육과정을 편성·운영해 보려고 합니다. 각 교과의 내용이 구획되지 않도록 교과 교사들 간 협력을 강화하고자 합니다. 이러한 시도는 교육과정 설계에서 교과 간의 단순한 연계성 이상을 의미합니다."

◆ **학생 평가의 타당도 확보**
학생 중심 수업에서의 평가와 관련하여 D 교사는 다음과 같이 말했다.

"학생 참여 중심 수업에서도 평가의 타당도는 여전히 중요합니다. 타당도에는 준거 타당도와 구인 타당도 등이 있습니다. 그러나 저는 이원분류표를 작성해 평가가 교육목표에 부합하는지를 확인하는 방법으로 타당도를 높이는 방안을 고려하고 있습니다."

(학교 현장의 목소리)

〈배 점〉

○ 논술의 내용 [총 15점]
- A 교장이 강조하고 있는 교육기획의 개념과 그 효용성 2가지 제시 [4점]
- B 교사가 채택하고자 하는 원리 1가지와 그 외 내용 조직의 원리 2가지(연계성 제외) 제시 [4점]
- C 교사가 실행하려는 구성주의 학습 활동을 위한 학습 지원 도구·자원과 교수 활동 각각 2가지 제시 [4점]
- D 교사가 고려하고 있는 타당도의 유형과 개념 제시 [3점]

○ 논술의 구성 및 표현 [총 5점]
- 논술의 내용과 '2015 개정 교육과정의 실질적 구현 방안'의 연계 및 논리적 형식 [3점]
- 표현의 적절성 [2점]

초 안 작 성 용 지

2016학년도 중등학교교사 임용후보자 선정경쟁시험
교 육 학

| 제1차 시험 | 1 교시 | 1문항 20점 | 시험 시간 60분 |

다음은 A 중학교에 재직 중인 김 교사가 작성한 자기개발계획서의 일부이다. 김 교사의 자기개발계획서를 읽고 예비 교사 입장에서 '교사가 갖추어야 할 역량'이라는 주제로 교육과정 및 평가 유형, 학생의 정체성발달, 조직 활동에 대한 내용을 구성 요소로 하여 서론, 본론, 결론의 형식을 갖추어 논하시오. [20점]

〈자기개발계획서〉

개선 영역	개선 사항
수업 구성	• 학생의 경험을 중시하는 교육과정을 실행할 것 • 학생의 흥미, 요구, 능력을 토대로 한 활동을 증진할 것 • 학생이 관심을 가지는 수업 내용을 찾고, 그것을 조직하여 학생이 직접 경험하게 할 것 • 일방적 개념 전달 위주의 수업을 지양할 것
평가 계획	• 평가 시점에 따라 적절한 평가 방법을 마련할 것 • 진단평가 이후 교수·학습이 진행되는 중간에 평가를 실시할 것 • 총괄평가 실시 전 학생의 학습 진전 상황에 관한 정보를 수집·분석할 것
진로 지도	• 진로를 결정하지 못한 학생의 경우 성급한 진로 선택을 유보하게 할 것 • 학생에게 다양한 진로를 접할 수 있는 충분한 탐색 기회를 제공할 것 • 선배들의 진로 체험담을 들려줌으로써 간접 경험 기회를 제공할 것 • 롤모델의 성공 혹은 실패 사례를 제공할 것
학교 내 조직 활동	• 학교 내 공식 조직 안에서 소집단 형태로 운영되는 다양한 조직 활동을 파악할 것 • 학교 구성원들의 욕구 충족을 위한 자발적 모임에 적극 참여할 것 • 활기찬 학교생활을 위해 학습조직 외에도 나와 관심이 같은 동료 교사들과의 모임 활동에 참여할 것

〈배 점〉

○ 논술의 구성 요소 [총 15점]
 - '수업구성'에 나타난 교육과정 유형의 장점 및 문제점 각각 2가지 [4점]
 - 김 교사가 실시하려는 평가 유형의 기능과 효과적인 시행 전략 각각 2가지 [4점]
 - 에릭슨(E. Erikson)의 정체성발달이론에 제시된 개념 1가지(2점)와 반두라(A. Bandura)의 사회인지학습이론에 제시된 개념 1가지(1점) [3점]
 - '학교 내 조직 활동'에 나타난 조직 형태가 학교 조직과 구성원에 미치는 순기능 및 역기능 각각 2가지 [4점]
○ 논술의 구성 및 표현 [총 5점]
 - 논술의 구성 요소와 '교사가 갖추어야 할 역량'과의 연계 및 논리적 형식 [3점]
 - 표현의 적절성 [2점]

초 안 작 성 용 지

2015학년도 중등학교교사 추가(전문상담) 임용후보자 선정경쟁시험

교 육 학

| 제1차 시험 | 1 교시 | 1문항 20점 | 시험 시간 60분 |

다음은 A 고등학교 초임 교사들을 대상으로 진행한 학교장의 특강 내용 중 일부를 발췌한 부분이다. 발췌한 특강 부분은 학교에 대한 이해 차원에서 1) 학교 교육의 기능과 2) 학교 조직의 특징, 수업에 대한 이해 차원에서 3) 수업 설계와 4) 학생 평가에 대한 내용이다. 이를 바탕으로 1)~4)의 요소를 활용하여 '다양한 요구에 직면한 학교 교육에서의 교사의 과제'라는 주제로 서론, 본론, 결론의 형식을 갖춰 논하시오.

여러분들도 잘 아시겠지만 최근 우리 사회는 학교가 다양한 역할을 수행하도록 요구하고 있습니다. 이에 따라 선생님들께서는 학교 및 수업에 대한 기본적인 이해가 필요하다고 생각합니다.

먼저 교사로서 우리는 학교 교육의 기능을 이해해야 합니다. 지금까지 학교는 학생들이 사회 구성원으로서 올바로 성장할 수 있는 보편적 가치와 규범을 가르쳐 왔습니다. 그러나 최근 사회는 학교 교육에 다양한 요구를 하게 되면서 학교가 세분화된 직업 집단의 교육 요구를 충족시켜 주기를 원하고 있고, 학교 교육의 선발·배치 기능에 다시 주목하고 있습니다. 그러므로 여러분은 학교 교육의 선발·배치 기능을 이해하는 한편, 이것이 어떤 한계를 갖는지도 생각해야 할 것입니다.

이와 함께 학교에 대한 사회의 요구에 효율적으로 대응하기 위해서 학교장을 포함한 모든 학교 구성원들은 서로의 행동 특성을 이해해야 합니다. 이를 위해서 학교 조직의 특징을 먼저 파악해야 합니다. 학교라는 조직을 합리성의 측면에서만 파악하면 분업과 전문성, 권위의 위계, 규정과 규칙, 몰인정성, 경력 지향성의 특징을 갖는 일반적 관료제의 틀로 설명할 수 있습니다. 그러나 교사들의 전문성이 강조되는 교수·학습의 측면에서 보면 학교 조직은 질서 정연하게 구조화되거나 기능적으로 분명하게 연결되어 있지 않은 이완결합체제(loosely coupled system)의 특징을 지닙니다. 따라서 우리는 관료제적 관점과 이완결합체제의 관점으로 학교 조직의 특징을 이해할 필요가 있습니다.

한편, 사회가 학생들에게 새로운 역량을 요구하고 있고, 이를 키우기 위해 교사는 다양한 수업을 설계할 수 있어야 합니다. 제가 경험했던 많은 교사들은 다양한 수업을 시도해 보고자 하는 열정은 높았지만 새로운 수업 방법이나 모형을 활용하여 수업을 설계하거나 수업 상황에 맞게 기존의 교수·학습지도안을 적용하는 데 어려움을 느꼈습니다. 다양한 교수체제설계 이론과 모형이 있지만 분석, 설계, 개발, 실행, 평가의 과정은 일반적이라고 생각합니다. 이 중 분석과 설계는 다른 과정의 기초가 되기 때문에 중요합니다. 수업 요소들이 서로 어떻게 관련되어 있는지 파악하여 여러분의 수업에 적용해 보시기 바랍니다.

수업 설계를 잘 하는 것 못지않게 수업 결과를 평가하는 것 또한 중요합니다. 여러분이 어떤 평가 기준을 활용하느냐에 따라 평가 유형이 달라질 수 있습니다. 자칫하면 평가로 인해 학생들 사이에 서열 주의적 사고가 팽배하여 서로 경쟁만 하는 문제가 발생할 수 있습니다. 이를 보완할 수 있는 평가 유형에 대해 고민해 볼 필요가 있습니다.

〈배 점〉

○ 논술의 내용 [총 15점]
  - 기능론적 관점에서 학교 교육의 선발·배치 기능 및 한계 각각 2가지만 제시 [4점]
  - 학교 조직의 관료제적 특징과 이완결합체제적 특징 각각 2가지만 제시 [4점]
  - 일반적 교수체제설계에서 분석 및 설계 과정의 주요 활동 각각 2가지만 제시 [4점]
  - 준거지향평가의 개념을 설명하고, 장점 2가지만 제시 [3점]

○ 논술의 구성 및 표현 [총 5점]
  - 논술의 내용과 '학교 교육에서의 교사의 과제'와의 연계 및 논리적 형식 [3점]
  - 표현의 적절성 [2점]

초 안 작 성 용 지

2015학년도 중등학교교사 임용후보자 선정경쟁시험

교 육 학

| 제1차 시험 | 1 교시 | 1문항 20점 | 시험 시간 60분 |

다음은 A 중학교의 학교교육계획서 작성을 위한 워크숍에서 교사들의 분임 토의 결과의 일부를 교감이 발표한 내용이다. 이 내용을 바탕으로 A 중학교가 내년에 중점을 두고자 하는 1) 교육 목적을 자유교육의 관점에서 논하고, 2) 교육과정 설계 방식의 특징, 3) 학습 동기 향상을 위한 학습 과제 제시 방안, 4) 학습조직의 구축 원리를 각각 3가지씩 설명하시오. [20점]

　이번 워크숍은 우리 학교의 교육에서 드러난 몇 가지 문제점을 확인하고, 개선 방안을 제시하는 방식으로 진행되었습니다. 주요 내용을 말씀드리면 다음과 같습니다.
　먼저, 교육 목적에 관한 문제점과 개선 방안입니다. 우리 학교는 학생들의 합리적 정신을 계발하기 위해 지식 교육을 추구해 왔습니다. 그런데 지난해 도입된 국어, 수학, 영어 교과에 대한 특별 보상제 시행으로 이들 교과의 성적은 전반적으로 상승하였지만, 학교가 추구하고자 한 것과 달리 반별 경쟁에서 이기거나 포상을 받기 위한 것으로 교육 목적이 왜곡되는 경향이 있었습니다. 이러한 교육 목적의 왜곡으로 인하여 교사는 주로 문제 풀이식 수업이나 주입식 수업을 하게 되었고, 학생들은 여러 교과에 스며 있는 다양한 사고방식을 내면화하지 못하는 결과가 초래되었습니다. 이러한 문제점을 보완하기 위하여 내년에는 교육 개념에 충실한 지식 교육, 즉 자유교육(liberal education)의 이상을 구현하는 데 중점을 두고자 합니다.
　다음으로, 교육과정 설계 방식 및 수업 전략에 관한 문제점과 개선 방안입니다. 교육과정 설계 방식 측면에서, 종전의 방식은 평가 계획보다 수업 계획 중심으로 설계되어 있어서 교사가 교과의 학습 목표에 비추어 학생들이 배우는 내용을 올바르게 이해하였는지를 확인하는 데 한계가 있었습니다. 교사는 계획한 진도를 나가기에 급급한 나머지, 학생들의 학습 결손을 예방하지 못하였습니다. 내년에는 학생들의 학습 목표 달성 정도를 확인하는 데 유용한 교육과정 설계를 하고자 합니다. 또한 수업 전략 측면에서 볼 때, 수업에 흥미를 잃어 가는 학생들이 있음에도 불구하고 교사는 학생들의 학습 동기를 높일 수 있는 전략을 적극적으로 사용하는 데 소홀했습니다. 수업 상황에서 학생들이 배워야 할 학습 과제 그 자체는 학생들에게 흥미로울 수도 있고 그렇지 않을 수도 있습니다. 교사가 수업에 흥미를 잃은 학생들에게 학습 과제를 어떻게 제시하느냐에 따라 학습 동기를 높일 수 있습니다. 내년에는 이들의 학습 동기를 향상할 수 있는 학습 과제 제시 방안을 마련하는 데 관심을 기울이고자 합니다.
　내년에 우리 학교는 교육 개념에 충실한 지식 교육을 하고, 학생들의 학업 성취와 학습 동기를 향상하는 데 좀 더 세심한 관심을 가져야 할 것입니다. 이 일의 성공 여부는 교사가 변화의 주체로서 자발적인 노력을 얼마나 기울이느냐에 달려 있습니다. 그래서 우리 학교는 교사 모두가 교육 활동에 능동적으로 참여하여, 지식과 학습 정보를 서로 공유하면서 지속적으로 변화해 가는 학습조직(learning organization)을 구축하고자 합니다.

─〈배 점〉─

○ 논술의 내용 [총 16점]
　- 자유교육 관점에서의 교육 목적 논술 [4점]
　- 교육과정 설계 방식의 특징 3가지 설명 [4점]
　- 학습 동기 향상을 위한 학습 과제 제시 방안 3가지 설명 [4점]
　- 학습조직의 구축 원리 3가지 설명 [4점]

○ 답안의 논리적 구성 및 표현 [총 4점]

초 안 작 성 용 지

2014학년도 중등학교교사 추가(전문상담) 임용후보자 선정경쟁시험

교 육 학

| 제1차 시험 | 1 교시 | 1문항 20점 | 시험 시간 60분 |

다음은 A 고등학교의 최 교사가 작성한 성찰 일지의 일부이다. 일지 내용을 바탕으로 철수의 학교 부적응 행동의 원인을 청소년 비행이론에서 2가지만 선택하여 설명하고, 철수의 학교생활 적응을 향상시키기 위한 상담 기법을 2가지 관점(① 행동중심 상담, ② 인간중심 상담)에서 각각 2가지씩만 논하시오. 그리고 최 교사가 수업 효과성을 높이기 위하여 선택한 2가지 방안(① 학문중심교육과정 이론에 근거한 수업 전략, ② 장학 활동)에 대하여 각각 논하시오.

일지 #1 2014년 4월 ○○일 ○요일

　우리 반 철수가 의외로 반 아이들과 잘 지내지 못하는 것 같아 마음이 쓰인다. 철수와 1학년 때부터 친하게 지냈다는 학급 회장을 불러서 이야기를 해 보니 그렇지 않아도 철수가 요즘 거칠어 보이는 동네 친구들과 어울려 다니는 모습을 자주 보게 되어 학급 회장도 걱정을 하던 중이라고 했다. 그런 데다 철수가 반 아이들에게 괜히 시비를 걸어 싸움이 나게 되면, 그럴 때마다 아이들이 철수를 문제아라고 하니까 그 말을 들은 철수가 더욱 더 아이들과 멀어지고 제멋대로 행동한다고 한다. 오늘도 아이들과 사소한 일로 다투다가 갑자기 소리를 지르고 물건을 던지고는 교실에서 나가 버렸다고 한다. 행동이 좋지 않은 친구들과 몰려다니며 그 아이들의 행동을 따라 해서 철수의 행동이 더 거칠어진 걸까? 1학년 때 담임 선생님 말로는 가정 형편이 그리 넉넉하지 않고 부모님이 철수에게 신경을 쓰지 못함에도 불구하고 행실이 바른 아이였다고 하던데, 철수가 왜 점점 변하는 걸까? 아무래도 중간고사 이후에 진행하려고 했던 개별 상담을 당장 시작해야겠다. 그런데 철수를 어떻게 상담하면 좋을까?

일지 #2 2014년 5월 ○○일 ○요일

　중간고사 성적이 나왔는데 영희를 포함하여 몇 명의 점수가 매우 낮아서 답안지를 확인해 보았다. OMR 카드에는 답이 전혀 기입되어 있지 않거나 한 번호에만 일괄 기입되어 있었다. 아이들이 시험 자체를 무성의하게 본 것이다. 점심시간에 그 아이들을 불러 이야기를 해 보니 학교에서 배우는 내용이 대학 진학을 하지 않고 취업할 본인들에게는 전혀 쓸모없이 느껴진다고 했다. 특히 오늘 내 수업 시간에 휴대전화만 보고 있어서 주의를 받았던 영희의 말이 아직도 귀에 생생하다. "저는 애견 미용사가 되려고 하는데, 생물학적 지식 같은 걸 배워서 뭐 해요? 내신 관리를 해야 하는 아이들조차 어디 써먹을지도 모르는 개념을 외우기만 하려니까 지겹다고 하던데, 저는 얼마나 더 지겹겠어요."라고 말하는 것이었다. 학교에서 배우는 기초 지식이나 원리가 직업 활동의 근간이 되기도 한다는 것을 어떻게 아이들이 깨닫게 할 수 있을까? 내가 일일이 다 설명해 주지 않아도 아이들이 스스로 교과의 기본 원리를 찾을 수 있게 하려면 어떤 종류의 과제와 활동이 좋을까? 이런 생각들로 머릿속이 복잡하던 중에, 오후에 있었던 교과협의회에서 수업 전문성 개발을 위한 장학 활동을 몇 가지 소개받았다. 이제 내 수업에 대해 차근차근 점검해 봐야겠다.

〈배 점〉

○ 답안의 논리적 구성 및 표현 [총 5점]

○ 논술의 내용 [총 15점]
　- 청소년 비행이론 관점에서의 설명 [3점]
　- 행동중심 상담 관점에서의 기법 논의 [3점]
　- 인간중심 상담 관점에서의 기법 논의 [3점]
　- 학문중심교육과정 이론에 근거한 수업 전략 논의 [3점]
　- 교사 전문성 개발을 위한 장학 활동 논의 [3점]

초 안 작 성 용 지

2014학년도 중등학교교사 임용후보자 선정경쟁시험

교 육 학

| 제1차 시험 | 1 교시 | 1문항 20점 | 시험 시간 60분 |

다음은 A 중학교 초임 교사인 박 교사와 경력 교사인 최 교사의 대화 내용이다. 다음 대화문을 바탕으로 학생들이 수업에서 소극적으로 행동하는 문제를 2가지 관점(① 잠재적 교육과정, ② 문화실조)에서 진단하고, 수업에 소극적인 학생들의 학습 동기를 유발하기 위한 방안을 3가지 측면(① 협동학습 실행, ② 형성평가 활용, ③ 교사지도성 행동)에서 각각 2가지씩만 논하시오. [20점]

박 교사 : 선생님께서는 교직 생활을 오래 하셨으니 학교의 일상적인 업무뿐만 아니라 가르치는 일에서도 큰 어려움이 없으시죠? 저는 새내기 교사라 그런지 아직 수업이 힘들고 학교 일도 낯섭니다.

최 교사 : 저도 처음에는 선생님과 마찬가지로 교직 생활이 힘들었지요. 특히 수업 시간에 반응을 잘 보이지 않으면서 목석처럼 앉아 있는 학생이 있을 때는 어떻게 해야 할지 모르겠더군요.

박 교사 : 네, 맞아요. 어떤 학급에서는 제가 열심히 수업을 해도, 또 학생들에게 질문을 던져도 몇몇은 그냥 고개를 숙인 채 조용히 있습니다. 심지어 어떤 학생은 수업 시간에 아예 침묵으로 일관하기도 하고, 저와 눈도 마주치지 않으려고 해요. 또한 가정환경이 좋지 않은 몇몇 학생은 다양한 문화적 경험을 가질 기회가 상대적으로 부족해서 그런지 수업에 관심도 적고 적극적으로 참여하지도 않는 것 같아요.

최 교사 : 선생님의 고충은 충분히 공감해요. 그렇다고 해서 수업 시간에 학생들을 그대로 방치해서는 안 됩니다. 교육적으로 바람직하지 않아요.

박 교사 : 그럼 수업에 소극적인 학생들을 적극적으로 참여시킬 수 있는 동기 유발 방안을 고민해 보아야겠네요. 이를테면 수업방법 차원에서 학생들끼리 서로 도와 가며 학습하는 형태로 수업을 진행하면 어떨까요?

최 교사 : 그거 좋은 생각이네요. 다만 학생들끼리 함께 학습을 하도록 할 때는 무엇보다 서로 도와주고 의존하도록 하는 구조가 중요하다는 점을 유의해야겠지요. 그러한 구조가 없는 경우에는 수업활동에 열심히 참여하지 않는 학생들이 많아진다는 문제가 발생할 수 있어요.

박 교사 : 아, 그렇군요. 그런데 선생님, 요즘 저는 수업방법뿐만 아니라 평가에서도 고민거리가 있어요. 저는 학기 중에 수시로 학업성취 결과를 점수로 학생들에게 알려 주고 있는데요. 이렇게 했을 때 성적이 좋은 몇몇 학생들을 제외하고는 나머지 학생들은 자신의 성적을 보고 실망하는 것 같아요.

최 교사 : 글쎄요, 평가결과를 선생님처럼 그렇게 제시할 수도 있겠죠. 하지만 학습 동기를 유발하기 위해서는 평가를 어떻게 활용하느냐가 중요해요.

박 교사 : 그렇군요. 그런데 제가 보기에는 학생들의 수업 참여 정도가 교사의 지도성에 따라서도 다른 것 같아요.

최 교사 : 그렇죠. 교사의 지도성 행동에 따라 달라질 수 있죠. 그래서 교사는 지도자로서 학급과 학생의 상황을 고려하여 학생들의 학습 동기를 불러일으킬 수 있는 지도성을 발휘해야겠지요.

박 교사 : 선생님과 대화를 하다 보니 교사로서 더 고민하고 노력해야겠다는 생각이 듭니다.

최 교사 : 그래요, 선생님은 열정이 많으니 잘하실 거예요.

───────────────── 〈배 점〉 ─────────────────

○ 답안의 논리적 구성 및 표현 [총 5점]

○ 논술의 내용 [총 15점]
  - 잠재적 교육과정 관점에서의 진단 [3점]
  - 문화실조 관점에서의 진단 [3점]
  - 협동학습 실행 측면, 형성평가 활용 측면, 교사지도성 행동 측면에서의 동기 유발 방안 논의 [9점]

초 안 작 성 용 지

2013학년도 특수학교교사 임용후보자 선정경쟁시험

교 육 학

| 1 교시 특수학교(중등) 교육학 | 1문항 20점 | 시험 시간 60분 |

다음은 박 교사가 담당학급의 쌍둥이 남매인 철수와 영희의 어머니와 상담을 실시한 사례이다. 박 교사가 ㉠에서 말했을 법한 영희의 IQ에 대한 올바른 해석에 기반을 두고 영희의 문제를 해결하고자 할 때, '기대×가치 이론'과 Maslow의 '욕구위계이론'을 각각 활용하여 영희가 학습동기를 잃게 된 원인과 그 해결 방안을 논하시오. [총 20점]

어 머 니 : 선생님, 얼마 전에 외부 상담기관에서 받은 철수와 영희의 지능검사 결과에 대해 상의하고 싶어서 왔어요. 철수는 IQ가 130이라고 나왔는데 자기가 생각한 것보다 IQ가 높지 않다며 시무룩해 있네요. 영희는 IQ가 99로 나왔는데 자신의 IQ가 두 자리라고 속상해하고, 심지어 초등학교 때부터 늘 가지고 있던 간호사의 꿈을 포기한다면서 그동안 학교 공부는 철수보다 오히려 성실했던 아이가 더 이상 공부도 안하려고 해요.

박 교사 : 그런 일이 있었는지 몰랐습니다. 사실 IQ의 의미에 대한 자세한 설명 없이 검사 점수만 알려주게 되면 지금 철수나 영희처럼 IQ의 의미를 오해하는 경우가 많습니다. 아이들은 물론이고 일반 어른들도 IQ의 개념을 정확히 이해하기는 좀 어렵거든요.

어 머 니 : 선생님, 그러면 아이들에게 어떻게 이야기해 주어야 할까요? 영희의 IQ가 두 자리라면 문제가 있는 건가요?

박 교사 : 10부터 99까지가 다 두 자리인데, IQ가 두 자리라고 무조건 문제가 있는 것은 아닙니다.

어 머 니 : 그럼, 영희의 IQ는 대체 어느 정도인가요?

박 교사 : _____㉠_____

어 머 니 : 아, 그렇군요. 더 높았으면 당연히 좋겠지만 그렇게 실망할 일은 아니네요. 그럼, 철수의 IQ는 어떤가요?

박 교사 : 철수의 IQ 130은 철수의 지능검사 점수가 자기 또래 학생들 중에서 상위 2% 정도에 해당한다는 것을 말해줍니다. 따라서 철수가 매우 높은 수준의 지능을 가지고 있다는 것을 알 수 있습니다. 철수가 시무룩해할 이유가 전혀 없는 것이죠.

어 머 니 : 그렇군요. 하여튼 요즈음 영희 때문에 걱정인데, 수업 시간에는 잘하고 있나요? 선생님이 보시기에는 어떤가요?

박 교사 : 사실 영희의 경우에는 학습에 더 신경을 써야 할 것으로 보입니다. 그저께 실시했던 중간고사를 채점하는 중인데, 영희의 성적이 많이 떨어졌더라고요. 오늘 어머님의 말씀을 듣고 보니 그 이유를 알겠네요.

〈배 점〉

○ 논술의 체계 [총 5점]

○ 논술의 내용 [총 15점]
  - IQ의 해석 [3점]
  - 기대×가치 이론에 따른 원인 및 해결방안 [6점]
  - 욕구위계이론에 따른 원인 및 해결 방안 [6점]

초 안 작 성 용 지

2026
설보연 SANTA 교육학 단권화 (이론 + 기출 ver.)

1판 1쇄 발행 2025년 4월 28일

지은이 설보연
펴낸곳 도서출판 **계획된우연**
펴낸이 허은혜

주소 경기도 파주시 책향기숲길 134, 25호
대표전화 050-6898-9346
전자우편 planned.hs@gmail.com

출판등록 제 406-251002020000009 호
ISBN 979-11-94798-02-6

가격 40,000원

저작권자 ⓒ 2025, 설보연

이 책의 모든 내용, 이미지, 디자인, 편집 형태는 저작권법에 의해 보호받고 있습니다.
서면에 의한 저자와 출판사의 허락 없이 내용의 일부 혹은 전부를 인용, 발췌하거나 복제, 배포할 수 없습니다.

저자와의
협의하에
인지생략